David Korn

WER IST WER IM JUDENTUM?
Lexikon der jüdischen Prominenz

David Korn

WER IST WER
IM JUDENTUM?

Lexikon der jüdischen Prominenz

FZ-VERLAG

© 1996 by FZ-Verlag GmbH, 81238 München
Alle Rechte bleiben vorbehalten.
Druck: DSZ-Druck GmbH, München
Printed in Germany
ISBN 3-924309-63-9
2. Auflage

Vorwort

Die Frage, warum das vorliegende Buch geschrieben wurde, läßt sich einfach beantworten: Weil es bislang kein Nachschlagewerk dieser Art gab. Warum aber sollte angesichts der Fülle an Lexika über unterschiedlichste Gruppen ausgerechnet eine jüdische Lücke in den Bücherschränken klaffen? Es besteht kein Grund, die jüdische Herkunft bedeutender Gestalten und Gestalter unserer Zeit krampfhaft zu vertuschen oder schamhaft zu verschweigen.

Das Buch handelt von einigen tausend Personen aus dem Judentum, die größere Bedeutung erlangten. Sie werden in meist kurzen, manchmal auch ausführlicheren Lebensläufen porträtiert. Um den Rahmen nicht zu sprengen, wurde nur berücksichtigt, wer noch im 20. Jahrhundert gelebt hat. Den Schwerpunkt bilden mit Deutschland verbundene Schicksale. Wegen der höchst unterschiedlichen Charaktere, die hier sichtbar werden, kommen weder vor Liebe erblindete Philosemiten noch verbohrte Antisemiten auf ihre Kosten.

Trotz Mißbrauchs durch den entsetzlichen NS-Antisemitismus, der zu Massenverbrechen wie in Auschwitz führte, werden Ausdrücke wie »Judentum«, »Halbjude« usw. verwendet. Erstens, weil man den vor mehr als einem halben Jahrhundert untergegangenen Hitler nicht zum Herrscher über die Sprache machen sollte. Zweitens, weil diese Begriffe in der jüdischen Literatur durchgängig bis heute verwendet werden und deshalb sachgerecht sind.

Einen Anspruch auf auch nur annähernde Vollständigkeit erhebt dieses Lexikon selbstverständlich nicht. Vermutlich wird jeder Leser den einen oder anderen Lebenslauf, der ihm besonders wichtig erscheint, vermissen. Hier könnte ein Folgeband Abhilfe schaffen. Dafür und für verbesserte Neuauflagen des vorliegenden Druckwerks ist die sachdienliche Mitarbeit der Leserschaft willkommen. Quellenangaben bei Einsendungen wären hilfreich.

Schon aus Platzgründen ist es unmöglich gewesen, alle gewürdigten Personen abzubilden. Eine Auswahl war erforderlich. Man hat sich bemüht, eine größere Zahl auch jener im Bilde zu bringen, deren Konterfeis nicht allgemein bekannt sind.

Personen, deren Stammbaum einen jüdischen Vorfahren in weiter zurückliegenden Zeiten aufweist, blieben unberücksichtigt. Beispielsweise US-Präsident Franklin Delano Roosevelt, von dem der »Jewish Chronicle« am 5. Februar 1982 meldete, seine Urgroßmutter sei jüdisch gewesen. Oder der schwedische Forschungsreisende, Deutschenfreund und NS-Sympathisant Sven Hedin, über den das »Lexikon des Judentums« notiert: »Stammt in der 4. Generation von dem nach Schweden eingewanderten Juden Abraham Brody (alias Berlin) ab.« Personen, bei denen die jüdische Herkunft noch kontrovers erörtert wird, wurden in der Regel nicht aufgenommen. Das gilt z.B. für Lenin, obschon nicht nur die »Moscow News«, sondern auch jüdische Publizisten wie Jessie Zel Lurie (»Broward Jewish Journal«, 25. Februar 1992) über jüdische Wurzeln des Begründers der Sowjetunion berichtet haben.

Verlag und Herausgeber dieses Buches verhehlen nicht, daß ihnen nationalgesinnte jüdische Persönlichkeiten besonders sympathisch sind. Sei es, daß es sich um Menschen jüdischer Herkunft handelt, die vaterländisch für ihr Geburtsland empfinden, oder um Juden, die in der Fremde ihrer Abstammungsgemeinschaft die Treue halten, oder um israelische Patrioten, bei denen im übrigen volks- und vaterlandslose Deutsche in die Lehre gehen sollten.

München, im November 1995   DAVID KORN

Quellen und weiterführende Literatur

Für das vorliegende Buch leisteten die Archive des DSZ- und des FZ-Verlages wertvolle Hilfe. Die jüdischen wie nichtjüdischen Autoren und Mitarbeiter beider Verlagshäuser haben in den vergangenen Jahrzehnten aufschlußreiches Material zum Thema beigebracht, das man in der gängigen Literatur nicht findet.
An jüdischen Zeitungen wurden vor allem ausgewertet die in Bonn (vormals in Düsseldorf) erscheinende »Allgemeine Jüdische Wochenzeitung«, der »Aufbau« (New York), die in Wien herauskommende »Illustrierte Neue Welt«, die »Israel Nachrichten« (Tel Aviv) und das »Mitteilungsblatt der Israelitischen Kultusgemeinde Bayern« (München).
An Nachschlagewerken wurden für die Arbeit insbesondere herangezogen: Wolfgang Benz/Hermann Graml (Hg.), »Biographisches Lexikon zur Weimarer Republik« (München 1988); »Der große Brockhaus« in 12 Bänden (Wiesbaden 1952 ff.); die »Brockhaus-Enzyklopädie« in 24 Bänden (Mannheim 1986-1994); die von Dr. Gerhard Frey herausgegebenen vier Lexikonbände »Prominente ohne Maske« (München 1986 ff.); »Harenbergs Personenlexikon 20. Jahrhundert« (Dortmund 1992); Wilhelm Kosch, »Biographisches Staatshandbuch«, fortgeführt von Eugen Kuri in 2 Bänden (Bern/München 1963); »Meyers Enzyklopädisches Lexikon« in 25 Bänden (Mannheim/Wien/Zürich 1971 ff.); das »Munzinger Archiv« (Ravensburg); das »Reichshandbuch der deutschen Gesellschaft« in 2 Bänden (Berlin 1931); Werner Röder, Herbert A. Strauss (Hg.), »Biographisches Handbuch der deutschsprachigen Emigration« (München, New York, London, Paris 1980); dies., »International Biographical Dictionary of Central European Emigrés 1933-1945« in 2 Bänden (München/New York/London, Paris 1983); Martin Schumacher (Hg.), »M.d.R. Die Reichstagsabgeordneten der Weimarer Republik in der Zeit des Nationalsozialismus« (Düsseldorf ²1992); Gerhard Taddey (Hg.), »Lexikon der deutschen Geschichte« (Stuttgart ²1983).
Aus der Menge der für das vorliegende Buch ausgewerteten Literatur zum Thema Judentum seien beispielhaft als Quelle und weiterführender Lesestoff erwähnt:

Hans-Günther ADLER: Die Juden in Deutschland. Von der Aufklärung bis zum Nationalsozialismus, München 1960.
BIN GURION u.a. (Hg.): Philo-Lexikon. Handbuch des jüdischen Wissens, Berlin 1937
Ismar ELBOGEN: Geschichte der Juden in Deutschland, Berlin 1935
Amos ELON: Die Israelis. Gründer und Söhne, Wien/München/Zürich 1972
Bernt ENGELMANN: Deutschland ohne Juden. Eine Bilanz. München 1970
Heinz GANTHER: Die Juden in Deutschland. Ein Almanach. Hamburg 1959
Nachum T. GIDAL: Die Juden in Deutschland. Von der Römerzeit bis zur Weimarer Republik, Gütersloh 1988
Walter GRAB, Julius H. SCHOEPS (Hg.): Juden in der Weimarer Republik, Bonn 1986
Heinrich HÄRTLE: Deutsche und Juden. Studien zu einem Weltproblem, Leoni 1976
Ernest HAMBURGER: Juden im öffentlichen Leben Deutschlands, Tübingen 1968
Klaus J. HERRMANN: Das Dritte Reich und die deutsch-jüdischen Organisationen 1933/34, Köln 1969
I.J. Carmin KARPMAN (Hg.): Who's Who in World Jewry, New York/London/Tel Aviv 1972
Siegmund KAZNELSON (Hg.): Juden im deutschen Kulturbereich. Ein Sammelwerk, Berlin ³1962
Werner KELLER: Und wurden zerstreut unter alle Völker. Die nachbiblische Geschichte des jüdischen Volkes. München/Zürich 1966
Erich KERN: Die Tragödie der Juden. Preußisch Oldendorf 1979
KRIEGSBRIEFE GEFALLENER DEUTSCHER JUDEN, Stuttgart 1961 (erstmals 1935 erschienen)
Salcia LANDMANN: Die Juden als Rasse, München ³1991
Theodor LESSING: Der jüdische Selbsthaß, Berlin 1930
Arno LUSTIGER: Schalom Libertad. Juden im Spanischen Bürgerkrieg, Frankfurt/Main 1989
Arno LUSTIGER: Zum Kampf auf Leben und Tod! Vom Widerstand der Juden 1933-1945, Frankfurt/M. 1994
MILITÄRGESCHICHTLICHES FORSCHUNGSAMT (Hg.): Deutsche jüdische Soldaten 1914-1945, Herford/Bonn 1982
John F. OPPENHEIMER u.a. (Hg.): Lexikon des Judentums, Gütersloh/Berlin/München/Wien 1971
Judith ROSENBLATT (Hg.): Who's Who in World Jewry, Baltimore/New York 1987
William S. SCHLAMM: Wer ist Jude? Ein Selbstgespräch, Stuttgart 1964
Hans-Joachim SCHOEPS: Bereit sein für Deutschland! Der Patriotismus deutscher Juden und der Nationalsozialismus, Berlin 1970
Julius H. SCHOEPS u.a. (Hg.): Neues Lexikon des Judentums, München 1992
Leo SIEVERS: Juden in Deutschland. Die Geschichte einer 2000jährigen Tragödie, Hamburg ⁴1981
Edmund SILBERNER: Sozialisten zur Judenfrage, Berlin 1962
Walter TETZLAFF: 2000 Kurzbiographien bedeutender deutscher Juden des 20. Jahrhunderts, Lindhorst 1982
Jürgen THORWALD: Das Gewürz. Die Saga der Juden in Amerika, Locarno 1978
Jacob TOURY: Die politischen Orientierungen der Juden in Deutschland, Tübingen 1966
Leo TREPP: Die amerikanischen Juden, Stuttgart/Berlin/Köln 1991
Jörg von UTHMANN: Doppelgänger, du bleicher Geselle. Zur Pathologie des deutsch-jüdischen Verhältnisses, München 1984 (Taschenbuchausgabe)
Michael WOLFFSOHN: Die Deutschland-Akte. Juden und Deutsche in Ost und West, München 1995
Im übrigen sei auf die rund anderthalbtausend Buchtitel verwiesen, die in den Lebensläufen dieses Lexikons erwähnt werden und die auch den stärksten Wissensdurst stillen dürften.   *D.K.*

Sigmund Freuds Schüler **Karl Abraham**, geboren 1877 in Berlin, zählte zu den bedeutendsten Vertretern und eifrigsten Verfechtern der von seinem jüdischen Meister begründeten Psychoanalyse. 1920 schuf er mit seinem gleichfalls jüdischen Forscherkollegen Eitington eine psychoanalytische Klinik in Berlin. 1922 wurde Abraham Generalsekretär, 1924 Präsident der Internationalen Psychoanalytischen Gesellschaft. Er starb 1925 in der deutschen Reichshauptstadt.

Die Erkenntnisse des 1875 in Danzig geborenen Physikers **Max Abraham** waren grundlegend für die spezielle Relativitätstheorie. Die von Einstein vertretene allgemeine Relativitätstheorie verwarf er. Er hatte auch maßgeblichen Anteil an der Entwicklung der drahtlosen Telegraphie. 1909 folgte der Physiker einem Ruf der Universität Mailand und lehrte dort fortan als Professor. 1915 wurde er aufgrund deutschfeindlicher Hetze als Hochschullehrer entlassen und aus Italien ausgewiesen. Er diente bis 1918 als deutscher Offizier und starb 1922 in München.

Der Operettenkomponist **Paul Abraham** (sein eigentlicher Vorname lautete Pál) kam 1892 im ungarischen Apatin zur Welt. Bekannt wurde er mit den Operetten »Viktoria und ihr Husar« (Uraufführung 1930 in Budapest und Leipzig) und »Blume von Hawai« (Leipzig 1931). Er ließ sich in Berlin nieder, wo 1932 seine Operette »Ball im Savoy« Premiere hatte. 1933 ging Abraham nach Paris, 1939 nach Amerika. Dort fiel er in geistige Umnachtung. 1956 wurde er nach Deutschland zurückgebracht. Er starb 1960 in Hamburg. Von ihm stammen auch Filmmusiken, z.B. für »Die singende Stadt«

(1930), »Das Blaue vom Himmel«, »Zigeuner der Nacht« (1932).

US-Präsident Ronald Reagan ernannte 1984 **James A. Abrahamson** zum Chef des SDI-Programms zur Rüstung im erdnahen Weltraum. Als erste Staaten der sogenannten westlichen Wertegemeinschaft brachte er Israel und die Bundesrepublik Deutschland dazu, das SDI-Vorhaben voll zu unterstützen. Geboren wurde Abrahamson 1933 in Williston/Nord-Dakota. Ab 1955 diente er in der US-Luftwaffe. Er war Kampfflieger in Vietnam und wurde 1967 zum Astronauten ausgebildet.

Als »juristischer Berater der Anklagebehörde« hatte **Morris B. Abram**, geboren 1918 in Fitzgerald/Georgia, erheblichen Einfluß hinter den Kulissen der sogenannten Kriegsverbrecherprozesse in Nürnberg. Er war Major der US-Luftwaffe im Zweiten Weltkrieg. Unter Kennedy wurde er Mitglied des Beraterstabes des Präsidenten und wirkte als »General Counsel« des »Peace Corps«. Unter Präsident Johnson gehörte er der US-Delegation bei den Vereinten Nationen an. Abram fungierte von 1964 bis 1968 als Präsident des einflußreichen American Jewish Committee und von 1968 bis 1970 als Präsident der Brandeis-Universität, der Kaderschmiede des jüdischen akademischen Nachwuchses in den USA. Über viele Jahre war er Mitglied des Council on Foreign Relations (CFR), eines Zusammenschlusses mächtiger Personen aus Politik, Wirtschaft und Publizistik.

Mitinhaber und langjähriger führender Mann der Firma Harrison E. Abramowitz (New York), einem der größten Bauunternehmen der Vereinigten Staaten von Amerika, war über viele Jahre **Max Abramovitz**, der 1908 in Chikago zur Welt kam. Der Architekt hatte die Bauleitung bei der Errichtung des UNO-Wolkenkratzers in New York. Auch war er federführend beim Bau der New Yorker Philharmonic Hall, der

Columbia Universität und der Law School. Für die Universität von Illinois baute er das »Center for the Performing Arts«. Ferner errichtete er einige der bekanntesten Synagogen Amerikas wie z.B. den Temple Beth Zion (Buffalo) und das jüdische Gotteshaus der US-Militärakademie West Point.

Er wurde als Ruben Abramow Levi im Jahre 1900 in Samokow (Bulgarien) geboren, nannte sich im Spanischen Bürgerkrieg General Miguel Gomez und wirkte nach 1945 für die KP-Diktatur in Bulgarien als Minister unter dem Namen **Ruben Abramow**. Levi-Gomez-Abramow schloß sich schon als Jugendlicher der KP an. 1925 emigrierte er aus Bulgarien in die Sowjetunion. Er wurde leitender Komintern-Funktionär und Chef sowohl der bulgarischen als auch der spanischen und südamerikanischen Sektion der Moskauer Lenin-Hochschule. Im Spanischen Bürgerkrieg war er Generalinspekteur des Kriegskommissare-Korps der Roten. »Er baute den politischen Apparat der Armee nach sowjetischem Muster auf« (Lustiger, »Schalom Libertad«). 1939 kehrte er nach Moskau zurück. Dort avancierte er 1942 zum Direktor aller Schulen von Stalins Komintern. 1944 zog Abramow im Troß der Roten Armee in Bulgarien ein. Als enger Freund der Diktatoren Dimitrow und Tscherwenkow war er die graue Eminenz des kommunistischen Regimes in Sofia. Über viele Jahre fungierte er als Kulturminister.

Zu den (nach Angaben von Prof. Julius Epstein mindestens anderthalb Millionen) jüdischen Opfern Stalins gehörte **Alexander Abramowitsch**. Er kam 1888 in Odessa am Schwarzen Meer zur Welt; ein Viertel der Einwohnerschaft der Stadt war damals jüdisch. 1908 schloß er sich der sozialdemokratischen Bewegung Rußlands an, aus der die Bolschewisten hervorgingen. 1913 emigrierte er in die Schweiz. 1917 kam er mit Lenin zurück. Abramowitsch war entscheidend an der Bolschewisierung Rußlands beteiligt und 1919 der wichtigste Verbindungsmann zwischen bayerischer Räterepublik und den Sowjets. Später zählte er zu den Führern der Komintern. In den 30er Jahren geriet er ins Räderwerk von Stalins »Säuberungen«. Seine Spur verliert sich im Gulag.

Alexander Abusch, 1902 in Krakau geborener Sohn des jüdischen Händlers Chaskel Abusch, war bis zu seinem Tode (1982 in Ostberlin) führender Partei- und Staatsfunktionär der DDR. Unter anderem wirkte er als Vizepräsident des »Kulturbundes«, Kulturminister, stellvertretender Vorsitzender des Ministerrates (zuständig für Kultur und Erziehung) und als ZK-Mitglied. Er veröffentlichte Hymnen auf Stalin wie »Stalin und die Schicksalsfragen der deutschen Nation« (1949) und »Von der Wissenschaft und Kultur der Sowjetunion lernen« (1953) und war über viele Jahre Agent der »Staatssicherheit«. Abusch war als Kleinkind mit der Familie nach Deutschland gekommen. 1919 schloß er sich der KPD an, in der er bald hochrangiger Funktionär war und als Chefredakteur diverser Blätter fungierte. Im Exil (Frankreich, Saargebiet, CSR, Mexiko) war er einer der einflußreichsten kommunistischen Propagandisten und Parteimanager. 1946 kam er über die Sowjetunion nach Deutschland zurück und stieg in die SBZ- bzw. DDR-Führungsmannschaft auf.

Als »philosophischen Ausdeuter des historischen Judentums im national-biologischen Sinne« charakterisiert das »Lexikon des Judentums« den Schriftsteller **Haam Achad,** der 1856 in Skwira/Ukraine geboren wurde und 1927 in Tel Aviv starb. Eigentlich hieß er Ascher Ginsberg; sein hebräisches Pseudonym bedeutet: »Einer aus dem Volke«. Achad-Ginsberg studierte in Berlin und Wien. Ab 1885 war er Aktivist der jüdischen Nationalbewegung Chowewe Zion. 1908 ging er nach London, 1922 nach Palästina. Er gilt als Schöpfer des »Kulturzionismus«, begriff den Zionismus als »überstaatliche jüdische Idee mit geistigem Zentrum in Palästina«, erhoffte jedoch die jüdische Renaissance in der Diaspora und geriet so in Widerspruch zu Theodor Herzl und dessen Anhängern.

Das »Biographische Handbuch der deutschsprachigen Emigration« bezeichnet **Alfred Adler** als »earliest Synthesizer of Marxist and Freudian thought«. Der Mann, der die Synthese von Marx und Freud versuchte, kam 1870 in Penzing bei Wien als Sohn eines Getreidehändlers zur Welt. Er schloß sich den österreichischen Sozialisten an und arbeitete von 1902 bis 1911 eng mit Freud zusammen. 1904 trat er zum Protestantismus über. Im Unterschied zu Freud, der die Geschlechtlichkeit zum Wichtigsten erklärte, sah Adler im »Willen zur Macht« die Hauptantriebsfeder des Menschen. Besonders interessant ist die folgende seiner Kernaussagen: »Mangelndes Gemeinschaftsgefühl ist immer Zeichen von Minderwertigkeitskomplexen.« Der »Begründer der Individualpsychologie« war ab Ende der 20er Jahre vorwiegend in Amerika tätig. Er lehrte unter anderem am jüdischen Temple Emanu-El und an der New School for Social Research in New York. Er starb 1937 im schottischen Aberdeen.

»Einer der bedeutendsten Führer des amerikanischen Judentums« (so die Einschätzung im »Lexikon des Judentums«) war **Cyrus Adler**, der 1863 in Van Buren zur Welt kam und 1940 in Philadelphia starb. Der Orientalist und Semitist stieg zum Präsidenten des Jewish Theological Seminary in New York auf und stand schließlich an der Spitze des American Jewish Committee. 1910 gehörte er mit Jacob Schiff und Mayer Sulzberger zu einer Delegation im Weißen Haus, die den US-Präsidenten Taft zu militärischen Aktionen gegen das als unerträglich antisemitisch empfundene zaristische

Rußland bewegen sollte. In den 30er Jahren spornte Adler die US-Politiker zu massiven Vorgehen gegen NS-Deutschland an.

Der Fabrikant **Fred Adler** kam 1889 im bayerischen Brückenau zur Welt. Er hieß eigentlich Friedrich mit Vornamen und war als Schuhverkäufer im Laden der Eltern tätig. Später gründete und leitete er mit seinem Bruder Lothar den ICAS-Konzern mit Sitz in Frankfurt am Main. Das Unternehmen wuchs zum größten Hausschuhhersteller Europas und hatte dreitausend Beschäftigte. 1938 erfolgte der Verkauf im Zuge der sogenannten Arisierung. Adler ging im April 1939 über Großbritannien in die Vereinigten Staaten von Amerika und machte in Milwaukee eine Gerberei auf. Er starb 1965 in New York.

»Wenn die ebenso reaktionäre wie widerliche Utopie einer österreichischen Nation Wahrheit würde und ich gezwungen wäre, zwischen ihr und der deutschen zu wählen, würde ich mich für jene entscheiden, in der Goethes ›Faust‹, Freiligraths revolutionäre Gedichte und die Schriften von Marx, Engels und Lassalle nicht zur ausländischen Literatur gehören.« Mit diesem Wort brachte der österreichische Sozialistenführer **Friedrich Adler** (geboren 1879 in Wien, gestorben 1960 in Zürich) seine zeitlebens bewahrte großdeutsche Gesinnung zum Ausdruck. Auch in der Emigration kämpfte er radikal gegen alle Genossen, die Österreich von Deutschland absprengen wollten. Als sich die SPÖ 1945 auf Österreichs Eigenstaatlichkeit festgelegt hatte, stellte Adler seine politischen Aktivitäten zornig ein. Der Sohn des nicht minder großdeutsch eingestellten Sozialistenführers Victor Adler war als Repräsentant des linken Flügels der Sozialisten in Erscheinung getreten. 1916 erschoß Friedrich Adler den österreichischen Ministerpräsidenten Graf Stürgkh, »um gegen Krieg und Ausnahmezustand zu protestieren«. Er wurde wegen des Attentats zunächst zum Tode verurteilt, dann zu 18 Jahren Kerkerhaft begnadigt. Nach dem Zusammenbruch der k.u.k. Monarchie kam er frei. Von 1919 bis 1924 wirkte er als Vorsitzender des »Reichsvollzugsausschusses der Arbeiterräte«. Das Angebot, die Führung der KPÖ zu übernehmen, schlug er aus. Er sorgte als Generalsekretär der sozialistischen II. Internationale von 1923 bis 1940 für eine deutliche Distanzierung vom Bolschewismus. Zur Zeit der Dollfuß-Diktatur in Österreich lebte er hauptsächlich in Brüssel. Von 1940 bis 1946 befand sich Adler in der US-Emigration.

Der Musikwissenschaftler **Guido Adler** war maßgeblich an der Gründung des Wiener Musikhistorischen Institutes beteiligt. Geboren 1855 im mährischen Eibenschütz, lehrte er seit 1885 als Professor an der Deutschen Universität zu Prag. Von 1894 bis 1938 gab er dreiundachtzig Bände der »Denkmäler der Tonkunst in Österreich« heraus. Nach dem Österreich-Anschluß war ihm weitere publizistische Arbeit untersagt. Er starb 1941 in Wien.

Der 1910 in Prag geborene und 1988 in London gestorbene Schriftsteller **Hans-Günther Adler** mußte die Kriegszeit in KZs verbringen. Er überlebte u.a. das Todeslager Auschwitz. 1947 emigrierte er aus der Tschechoslowakei nach England. Er wirkte von 1973 bis 1985 als Präsident des Pen-Zentrums deutschsprachiger Autoren im Ausland. In zahlreichen Büchern und Schriften berichtete er über die nationalsozialistische KZ-Barbarei und das schwere Hitler-Unrecht an Juden. Doch verschwieg er nicht die Massenverbrechen an Deutschen. Über die Zustände im tschechischen Machtbereich nach 1945 schrieb er in seinem Theresienstadt-Buch: »Die Fetzen, in die man die Deutschen hüllte, waren mit Hakenkreuzen beschmiert. Die Menschen wurden elend ernährt, mißhandelt, und es

ist ihnen um nichts besser ergangen, als man es von deutschen Konzentrationslagern her gewohnt war.« Scharf wandte er sich gegen eine Kollektivanklage gegen die Deutschen. Er als Jude habe es erleben müssen, was Kollektivverdammung bewirken könne. Eine solche Verallgemeinerung sei »der Anfang des Terrors«.

In Deutsch-Diosek nahe Preßburg kam 1911 der Schriftsteller **Hermann Adler** zur Welt. Seine Kindheit verbrachte er in Nürnberg. Als Lehrer wirkte er in Schlesien. 1934 ging er in die Tschechei, später nach Polen. Er beteiligte sich aktiv am Ghetto-Aufstand in Warschau 1943 und flüchtete nach dessen Niederschlagung nach Ungarn, wo er gefaßt wurde. Er wurde im Lager Bergen-Belsen interniert, gelangte aber Ende 1944 in die Schweiz und verblieb dort. Zu seinen bekanntesten Werken zählen die »Gesänge aus der Stadt des Todes« (1945), »Fieberworte von Verdammnis und Erlösung« (1948), »Judentum und Psychotherapie« (1948), »Das Lied vom letzten Juden« (1951) und »Das Christusbild im Lichte jüdischer Autoren« (1968).

John Adler (eigentlicher Vorname: Hans) kam 1912 im böhmischen Tachau als Sohn eines Fabrikanten zur Welt, der aktiv in der Deutschen Demokratischen Freiheitspartei war. Er studierte an der Deutschen Universität Prag und ging 1938 nach Amerika, wo er als Kellner und Schneeschaufler begann. Dann bekam er einen Posten zunächst im US-Kriegsministerium (Amt für Auswertung der strategischen Bombardierungen), danach im Federal Reserve Board, der US-Notenbank. Von 1945 bis 1947 wirkte Adler als Chef der Devisenabteilung bzw. als stellvertretender Leiter der Finanzabteilung der US-Besatzer in Österreich. Später rückte er in führende Stellungen der Weltbank auf, deren Planungs- und Budgetabteilung er von 1968 bis 1977 vorstand. Zeitweise wirkte er auch als

Präsident der Weltkonferenz der »American Economics Association«.

Als Hauptvertreter des sogenannten Austromarxismus gilt der Soziologe **Max Adler**, der 1873 in Wien das Licht der Welt erblickte. Er grenzte sich sowohl von Lenins Bolschewismus als auch von Bernsteins marxistischem Revisionismus ab und versuchte, Karl Marx ausgerechnet mit den Lehren Immanuel Kants zu verbinden. Adler lehrte ab 1921 als Professor in Wien, wo er 1937 starb. Zu seinen bekanntesten Büchern gehören: »Marx als Denker« (1908), »Engels als Denker« (1920), »Lehrbuch der materialistischen Geschichtsauffassung« (1930), »Das Rätsel der Gesellschaft« (1936).

Zeitlebens war **Victor Adler** energischer Verfechter des großdeutschen Gedankengutes. Er kam 1852 als Sohn eines jüdischen Kaufmanns im damals noch überwiegend deutschen Prag zur Welt und wurde 1878 protestantisch getauft. Zunächst war er Programmatiker der deutschnationalen Bewegung in der k.u.k. Monarchie. Er zählte zu den Gründern des Deutschnationalen Vereins, dessen Linzer Programm seine Handschrift trug; es war ein Bekenntnis zu Großdeutschland und zu einem festen Bündnis zwischen Berlin und Wien. Später erfolgte Adlers Hinwendung zum Sozialismus. Er war der eigentliche Begründer der österreichischen Sozialdemokratie. Von seinem großdeutschen Denken wich er aber nicht ab. Als Sozialistenführer unterstützte er ab 1914 die österreichische Kriegspolitik und das Bündnis mit dem Deutschen Reich. Am 30. Oktober 1918 wurde er österreichischer Außenminister. Bis zu seinem Tode (11. November 1918 in Wien) waren ihm allerdings kaum zwei Wochen in dem Amte vergönnt. Doch auch in dieser kurzen Frist machte er unmißverständlich klar, daß sein Kampf der Abwehr fremden Zugriffs auf deutsche Gebiete wie Sudetenland und Südtirol galt so-

wie der Schaffung Großdeutschlands. Einen Tag vor seinem Tod schrieb die von ihm gegründete und seit 1889 geleitete Wiener »Arbeiter-Zeitung« (Untertitel: »Zentralorgan der deutschen Sozialdemokratie in Österreich«) unter der Schlagzeile »Heil Deutschland!«: »Die österreichische Monarchie ist zerstückelt, das alte Preußen ist gefallen, und auf den Trümmern beider erhebt sich frei und geeint die deutsche Republik, die alle deutschen Stämme vereinigen wird. Wir kehren dorthin zurück, wohin wir nach Geschichte, Sprache, Kultur gehören, zu Deutschland.« Der ebenso großdeutsch gesinnte österreichische Sozialistenführer Friedrich Adler war Victor Adlers Sohn.

Schalom Adler-Rudel (geboren 1894 in Czernowitz, gestorben 1975 in Jerusalem) fungierte ab 1915 als Generalsekretär der jüdischen Gruppe Poale Zion in Wien, die Zionismus und Bolschewismus in Einklang bringen wollte. Von 1919 bis 1934 wirkte er als Direktor der Wohlfahrtsorganisation der Ostjuden in Berlin. Anschließend war er Generalsekretär der Reichsvereinigung der deutschen Juden. 1936 ging er nach London, dann nach Palästina. Als Leiter der Abteilung »Internationale Beziehungen« der Jewish Agency (1949-1955) und als Chef des Jerusalemer Leo-Baeck-Institutes (1958-1975) zählte er zu den Führern des Weltzionismus. Er war Mitglied der Delegation für Wiedergutmachung bei den Verhandlungen mit Bonn.

Eigentlich hieß der neomarxistische Theoretiker und Mitbegründer der »Frankfurter Schule«, **Theodor W. Adorno** (geboren 1903 in Frankfurt am Main, gestorben 1969 in Visp/Schweiz), Wiesengrund. Sein Vater war ein jüdischer Weinhändler, der die nichtjüdische Maria Cavelli-Adorno della Piana heimgeführt hatte. Soziologie studierte Wiesengrund-Adorno in Frankfurt; in der Musik ließ er sich in Wien von Arnold Schönberg unterweisen. Er lehrte am Institut für Sozialforschung in Frankfurt am Main, das wegen eindeutiger Ausrichtung »die Marxburg« genannt wurde. Den Versuch einer Annäherung (er lobte als Musikkritiker Vertonungen von Gedichten des NS-Reichsjugendführers Baldur von Schirach) wies das NS-Regime 1933 schroff zurück. 1934 setzte sich Adorno nach England ab. 1938 kam er auf Vermittlung seines Freundes Horkheimer ans Institute for Social Research in New York. Ab 1944 wirkte er als Direktor am »Project on the Nature and Extent of Antisemitism« der Universität Berkeley. 1949 kehrte er nach Deutschland zurück. Als Direktor des Frankfurter Instituts für Sozialforschung ab 1959 prägte er mit Horkheimer und Marcuse die sogenannte Neue Linke. Eines seiner Hauptwerke trägt den Titel »Minima Moralia«.

Als Pionier und Wegbahner der sogenannten Op-Art und Kinetik in der bildenden Kunst wird der Maler und Bildhauer **Yaacov Agam** (geboren 1928 in Rishon-le-Zion/Palästina) bezeichnet. Der Rabbinersohn wirkt seit 1951 hauptsächlich in Paris. Unter anderem schuf er Kolossal-Skulpturen vor dem Elysée-Palast und am Verteidigungsministerium in Paris, für das Hauptquartier des Konzerns AT & Co. in New York und für den Sitz des israelischen Präsidenten in Jerusalem.

Als bedeutendster hebräischer Prosaschriftsteller des 20. Jahrhunderts (»Chronist der jiddischen Welt Osteuropas«) wird vielfach **Samuel Josef Agnon** gewürdigt, der 1888 in Buczacz/Galizien als Schmuel Czaczkes zur Welt kam und 1970 in Rehovot/Israel starb. Er lebte von 1909 bis 1913 in Palästina, von 1914 bis 1924 in Deutschland und dann wieder in Nahost. Zunächst schrieb er jiddisch, wechselte dann aber zum Neuhebräischen. 1966 erhielt er den Nobelpreis für Literatur. Seine bekanntesten Werke sind »Die Tage der Anbetung« und »Das Krumme wird gerade«. Seine Anthologie re-

ligiöser jüdischer Feiertagsgebräuche, Jamim Noraim (»die Furcht gebietenden Tage«), konnte 1938 in Berlin erscheinen.

Die Literatin **Ilse Aichinger** kam 1921 in Wien als Tochter einer jüdischen Ärztin und eines nichtjüdischen Lehrers zur Welt. Nach dem Österreich-Anschluß 1938 konnte sie das Abitur machen, bekam aber keinen Studienplatz. Im Kriege war sie dienstverpflichtet. Seit 1945 wartet sie mit zahlreichen Stücken zur »Bewältigung« des toten Hitler und seiner untergegangenen Diktatur auf. Dafür hat sie zuhauf staatliche Auszeichnungen der Bundesrepublik Deutschland und Österreichs erhalten. Sie schloß sich der Umerziehungs-»Gruppe 47« an, wo sie ihren Ehemann, Günter Eich, kennenlernte. Der betreibt ebenfalls NS-»Bewältigung«. Im Dritten Reich hatte er fleißig publiziert; für den nationalsozialistischen »Deutschlandsender« der Reichshauptstadt Berlin beispielsweise hatte er das Hörspiel »Das fröhliche Lumpenpack« verfaßt. Der 1948 erschienene Roman »Die größere Hoffnung« wird als bedeutendstes Aichinger-Werk bezeichnet; es ist die Schilderung des Schicksals eines rassisch verfolgten Mädchens. Laut Kritik hat die Literatin in ihrem Hörspiel »Knöpfe« das Thema Entfremdung genial verarbeitet: Frauen, die immerfort Knöpfe fabrizieren, verwandeln sich schließlich selber in Knöpfe.

Reuben Ainsztein war »der Historiker des jüdischen Widerstandes« - so lautet seine Charakterisierung durch den jüdischen Publizisten Arno Lustiger. 1974 erschien in London sein voluminöses »Standardwerk« (Lustiger) unter dem Titel »Jüdischer Widerstand im deutschbesetzten Osteuropa«, das 1994 auch auf deutsch herauskam. Ainsztein wurde 1917 im litauischen Wilna geboren. Er studierte in den 30er Jahren in Brüssel Medizin und meldete sich nach Kriegsausbruch 1939 bei der britischen Bot-

Paul ABRAHAM

Friedrich ADLER

Victor ADLER

Theodor W. ADORNO

Samuel Josef AGNON

Ilse AICHINGER

Jewgenija ALBAZ

Heinrich ALBERTZ

Woody ALLEN

schaft in Belgien als Freiwilliger für die Royal Air Force. Man wies ihn ab. Immer wieder versuchte er – auch via Spanien – RAF-Bomber im Kampf gegen die Deutschen zu werden. Die Spanier internierten ihn, ließen ihn dann aber nach Gibraltar weiterziehen. 1942 hatte er es geschafft: Er wurde Bordschütze der RAF-Bomberflotte. Nach dem Krieg war er britischer Besatzer in Hildesheim. Danach wirkte er als Mitarbeiter der Nachrichtenagentur »Reuter« und der »Sunday Times«. Er starb 1981.

Die russisch-jüdische Publizistin **Jewgenija Albaz** (Jahrgang 1958) arbeitet seit dem Zusammenbruch der kommunistischen Herrschaft für Zeitungen wie »Moskowskije nowosti« und »Chicago Tribune«. 1992 erschien in Moskau (und noch im selben Jahr in deutscher Übersetzung) ihr Buch »Geheimimperium KGB«. Darin schreibt sie über die Sowjetunion: »In diesem Land wurde ein schrecklicher Rekord aufgestellt: Über 66 Millionen Menschen wurden vom Oktober 1917 bis 1959 Opfer der staatlichen Repression und des Terrors - unter Lenin, Stalin, Chruschtschow. Wer wollte zählen, wie viele Schicksale nach 1959 zerstört wurden?« Die Sowjetmachthaber haben, so berichtet Jewgenija Albaz, auch vor Massenvergasungen nicht zurückgeschreckt: »Wegen der großen Zahl an Verurteilten setzte man Vergasungswagen ein und tötete die Menschen mit Auspuffgasen.« Sie fährt fort: »Als Jüdin interessiert mich, warum gab es unter den gefürchtetsten Untersuchungsführern des NKWD-MGB (stalinistische Terror-Geheimdienste) so viele Juden? Eine Frage, die mich sehr bewegt. Ich habe viel über sie nachgedacht, qualvoll nachgedacht.« Jede Revolution bringe eben »auch den Abschaum an die Oberfläche«, versucht sie das Phänomen zu erklären. In ihrem Buch schildert Albaz ferner, daß einstige NS-KZs wie Buchenwald

und Sachsenhausen von den sowjetischen Siegern weiterbetrieben wurden. Gerecht wäre gewesen, findet sie, die bolschewistischen Verbrechen mit den Auschwitz-Untaten auf die gleiche Stufe zu stellen und die sowjetischen Greueltaten mit jenen gleichzusetzen, wegen derer die Gerichte der UdSSR bis in jüngste Zeit »faschistische Kriegsverbrecher« zu Höchststrafen verurteilt hätten. Ein »sowjetisches Nürnberg« habe es leider nicht gegeben.

Bis zum Österreich-Anschluß 1938 wirkte **John Albert** (geboren 1912 in Wien) als stellvertretender Leiter der Wiener Telegrafen-Compagnie. 1940 emigrierte er in die USA, wo er in der Auslandsabteilung des CBS-Rundfunks eingesetzt wurde. 1945/46 war er Chefdolmetscher bei den Nürnberger Prozessen und von 1947 bis 1953 Chefredakteur des »Deutschland-Dienstes« des US-Außenministeriums in New York. Ende der 50er Jahre leitete er die Europa-Abteilung der amerikanischen »Information Agency«. In den 60er Jahren kontrollierte Albert den amerikanischen Propagandasender »Voice of America«, der den Ostblock destabilisieren sollte. Er leitete dessen zentralen Programmdienst und die Abteilung für Tagesnachrichten.

Der Theologe und Politiker **Heinrich Albertz** (1915 in Breslau geborener Sohn eines Deutschnationalen), der zur Hitlerzeit Pfarrer wurde und der bekennenden Kirche angehörte, behauptete, er habe über seine Mutter (einer geborenen Meinhof) »polnisches Blut in den Adern«. Vor Verfolgung wegen »jüdischen Blutes« bewahrte ihn in der Wehrmacht zur Kriegszeit General von Grolman. Nach Kriegsende schloß sich Albertz der SPD an. Von 1948 bis 1955 war er Flüchtlings- und Sozialminister in Niedersachsen, ab 1961 Innensenator von Berlin, ab 1966 dort Regierender Bürgermeister. Nach den blutigen APO-Krawallen anläßlich des Schah-Besuches mit einem Todesopfer trat er 1967 zurück. In den 70er Jahren war Albertz als Sympathisant linker Bewegungen aktiv. Er fand, die Baader-Meinhof-Attentäter seien »sogenannte (!) Terroristen«. In bezug auf jugendliche »Rechtsextremisten« sagte er: »Denen gehört der Hintern versohlt und ab ins Gefängnis!«. Er starb, politisch verbittert, 1993 in Bremen.

Henry Alexander hieß eigentlich mit Vornamen Heinz Gustav und kam 1914 in Berlin als Sohn eines Bankiers und Mitglieds der liberalen DDP zur Welt. Er studierte in Hamburg, ging 1933 nach Prag, später nach Bukarest, wo er als Korrespondent britischer Blätter wirkte. 1939 kam er nach London. 1940 war er wie die meisten Hitler-Emigranten als »verdächtiger Ausländer« auf der Insel Man interniert. Von 1948 bis 1974 arbeitete Alexander als Auslandskorrespondent für den Hamburger »Spiegel«. 1969 bis 1971 wirkte er als Präsident der Vereinigung der Auslandspresse in London. Er schrieb »Zwischen Bonn und London« (1959).

1915 gab es für die jüdische Gemeinde der Vereinigten Staaten von Amerika einen besonderen Grund zum Feiern: Mit dem 1853 in Deutschland geborenen **Moses Alexander** wurde in Idaho der erste nicht-einheimische Jude Gouverneur eines US-Bundesstaates. Alexander blieb bis 1919 im Amt. Er starb 1932 in Boise/Idaho.

Eigentlich heißt der Hollywood-Schauspieler und -Regisseur **Woody Allen** (geboren 1935 in Brooklyn/New York) Allen Stewart Königsberg. Seine Eltern waren streng orthodoxe Juden. Er begann als Witzautor für Zeitschriften, beispielsweise den »Playboy«, und war »Gag-Schreiber« für US-Komiker wie Bob Hope. Als Nachtklub-Komiker trat er im »Borscht Belt«, dem New Yorker jüdischen Künstlerviertel, auf. In seinen »Oscar«-preisgekrönten Filmen schuf er den Komödientyp des »Stadt-

neurotikers« (ein jüdischer Schlemihl). Er war seit frühester Jugend für die zionistische Bewegung aktiv, äußerte sich aber gelegentlich »mit Betroffenheit« über israelische Brutalitäten gegen palästinensische Kinder. Er war mit der Schauspielerin Mia Farrow verheiratet, die ihn nach der Trennung beschuldigte, sich an der Adoptiv-Tochter vergangen zu haben.

Heinrich Allina, geboren 1878 im mährischen Schaffa, gehörte 1919/20 als Sozialdemokrat der Konstituierenden Nationalversammlung in Wien und dann bis 1934 dem österreichischen Nationalrat an. Ab 1931 war er auch Vorstandsmitglied im Bund der Freien Gewerkschaften Österreichs. 1934 wurde er kurzfristig eingesperrt (Lager Wöllersdorf), ebenso nach dem Anschluß 1938 (Lager Dachau) und nach seiner Emigration nach Großbritannien (Insel Man). Nach Zerwürfnis mit der Führung des österreichischen sozialistischen Exils gründete und leitete er die »Association of Austrian Social Democrats in Great Britain« (Gruppe Allina) mit dem Organ »Der Freiheitskampf«. 1949 kehrte er nach Österreich zurück. Er schrieb u.a. »Bankenkontrolle« (1932) und »Zurück zu Victor Adler« (1940).

Über Jahrzehnte wurde die israelische Politik maßgeblich bestimmt von **Yigael Allon** (geboren 1918 in Kfar Tabor/Palästina, gestorben 1980 in Afula). Der fanatische Zionist zählte 1937 zu den Mitbegründern des Kibbuz Ginnosar und schuf 1941 die »Palmach«, eine rücksichtslos militante Sondertruppe der zionistischen Untergrundstreitkräfte in Palastina. »Palmach« trat mit zahlreichen Anschlägen und anderen Gewaltaktionen gegen die britische Mandatsmacht und gegen arabische Palästinenser in Erscheinung. 1948 wurde Allon Generalmajor der israelischen Streitkräfte. Von 1961 bis 1968 wirkte er als Arbeitsminister, von 1968 bis 1977 als stellvertretender Ministerpräsident (1968/69 zugleich als Einwanderungsminister, 1969 bis 1974 als Erziehungsminister, 1974 bis 1977 als Außenminister). Er schrieb »The Palmach Story«.

Der Bankier **Leo Alport**, geboren 1863 in Posen, spielte in der Wirtschafts- und Finanzwelt zur Kaiserzeit und in der Weimarer Republik eine herausragende Rolle. Er führte bis 1920 das Posener Bankhaus Adolph Alport, das nach der Einverleibung Posens durch Polen nach Hamburg umsiedeln mußte, und bekleidete dann maßgebliche Posten bei der Firma Ferdinand Bendix Söhne AG (Holzbearbeitung) und als stellvertretender Aufsichtsratsvorsitzender der Chemischen Fabrik Beiersdorf. Nach der nationalsozialistischen Machtübernahme ging er nach England, wo er 1935 starb.

Als Strafverteidiger in vielen Sensationsprozessen trat **Max Alsberg** (geboren 1877 in Bonn) in Erscheinung. Ab 1906 wirkte er von seiner Berliner Kanzlei aus. Mit Erfolg verteidigte er den deutschnationalen Helfferich gegen den Zentrumspolitiker Erzberger. Er war aber auch Verteidiger linker und linksextremer Literaten in den meisten »Weltbühne«- und »Pazifizisten«-Prozessen. Schlagzeilenträchtig waren seine Plädoyers beim Stinnes-Prozeß, dem Kölner Tuchprozeß, dem Prozeß um die Spielbank von Korfu, dem Wucherprozeß Kommerzienrat Schöndorf, dem Perlauer Mordprozeß usw. Schließlich wurde er als Rechtsprofessor an die Universität Berlin berufen. Mit Otto Ernst Hesse schrieb er das Schauspiel »Voruntersuchung«, das 1931 von Robert Siodmak mit Albert Bassermann in der Hauptrolle verfilmt wurde. Alsberg verübte 1933 in Samaden (Schweiz) Selbstmord.

Robert Alt, geboren 1905 in Breslau, lehrte bis 1933 an der Karl-Marx-Schule zu Berlin und war dann Ausbilder an jüdischen

Lehranstalten. Die Kriegszeit überstand er im Lager Auschwitz. Wieder in Freiheit, war er maßgeblich am Aufbau der kommunistischen Diktatur in Mitteldeutschland beteiligt. Er wurde Pädagogik-Professor an der Ostberliner Universität, 1952 Präsident der Gesellschaft für kulturelle Verbindungen mit dem Ausland, gehörte von 1954 bis 1958 dem SED-ZK an, avancierte 1961 zum Präsidiumsmitglied der »Liga für Völkerfreundschaft« und hatte eine Schlüsselstellung im System der DDR-Pädagogenausbildung. Unter anderem wurde er mit dem »Vaterländischen Verdienstorden« in Gold und dem »Nationalpreis« II. Klasse dekoriert.

Der Schriftsteller **Peter Altenberg** hieß eigentlich Richard Engländer. Er kam 1859 in Wien zur Welt, studierte Juristerei und Medizin und wurde zum »Prototypen des Wiener Bohemien und Kaffeehausliteraten im Umkreis von Kraus, Polgar, Friedell und Schnitzler« (»Neues Lexikon des Judentums«). Seine Werke gelten als betont impressionistisch. Im Jahre 1900 konvertierte Altenberg zum Katholizismus. Das brachte ihm jüdischerseits heftige Kritik ein. Andererseits hielt auch er sich nicht mit Angriffen auf das Judentum zurück. Er starb 1919 in Wien.

Über Jahrzehnte war der marxistische Theoretiker **Louis Althusser** (geboren 1918 in Birmandreis bei Algier) die bestimmende ideologische Kraft der französischen Roten. Er beeinflußte auch die bundesdeutsche Linke wie den internationalen Neomarxismus insgesamt maßgeblich. Als französischer Soldat hatte er von 1940 bis 1945 in deutscher Kriegsgefangenschaft zugebracht. 1948 wurde er Professor an der Ecole Normale Supérieure in Paris. In einem Anfall von Wahnsinn erwürgte er 1980 seine Frau, woraufhin man ihn in eine Pariser Irrenanstalt brachte. Dort starb er 1990.

»Er war im ersten Deutschen Bundestag einer der beiden Abgeordneten jüdischer Herkunft und der einzige, der sich zur jüdischen Glaubensgemeinschaft bekannte«, notiert das »Neue Lexikon des Judentums« über **Jakob Altmaier**. Das trifft insofern nicht zu, als es mehr als nur zwei MdB jüdischer Abkunft gab. Altmaier kam 1889 in Flörsheim zur Welt. 1913 schloß er sich der SPD an. In der Weimarer Zeit war er Korrespondent des »Vorwärts« und anderer Linksblätter sowie britischer Zeitungen. Die Emigration führte ihn ab 1933 nach Paris, London, Belgrad, Kairo. Im Spanischen Bürgerkrieg war er Berichterstatter für die Roten. 1948 nach Deutschland zurückgekehrt, zog er ein Jahr später für die Sozialdemokraten in den Bundestag ein, dem er bis 1963 angehörte. Von 1950 bis 1962 war er auch Mitglied der Versammlung des Europarates. Altmaier hatte entscheidenden Anteil am Zustandekommen des deutsch-israelischen Wiedergutmachungsvertrages von 1952 (»Luxemburger Vertrag«). Er starb 1963 in Bonn.

Zum Hofmaler und Lieblingsbildhauer der bolschewistischen Führer in Moskau stieg **Nathan Altman** auf. Er war Jahrgang 1889 und stammte aus Winniza in der Ukraine. 1918 schuf er die bombastische Festdekoration für die Feierlichkeiten zum ersten Jahrestag der Oktoberrevolution. Er fertigte Zeichnungen, Gemälde und Skulpturen von Lenin und fast der gesamten bolschewistischen Führungsgarde an. Auch wirkte er als Bühnenbildner des jüdischen Staatstheaters der Sowjets. Von 1928 bis 1935 hielt sich Altman in Paris auf. Dann kehrte er in die Sowjetunion (nach Leningrad) zurück. Er starb 1970.

Der Theologe und Historiker **Alexander Altmann** (geboren 1906 in Kaschau/Slowakei, gestorben 1987 in Boston) beschäftigte sich vor allem mit Leben und Werk des Moses Mendelssohn. Der Sohn des Oberrabbiners von Trier wirkte von 1931 bis 1938 als Rabbiner und Dozent am Orthodoxen Rabbinerseminar zu Berlin, wo er das »Rambam-Lehrhaus« für jüdische Erwachsenenbildung gründete. 1935 erschien in Berlin Altmanns Schrift »Des Rabbi Mosche Ben Maimon More Newuchim im Grundriß«. Ab 1938 hielt er sich in England auf, wo er als Rabbiner in Manchester wirkte und das »Institute of Jewish Studies« schuf. Ab 1958 war er Professor an der jüdischen Brandeis-Universität in Boston und ab 1960 Direktor des »Lown-Institute of Advanced Jewish Studies« in den USA. Er gehörte in leitender Funktion der jüdischen B'nai B'rith-Logenverbindung an.

Als eine Patin der internationalen Frauenrechtsbewegung wird **Elisabeth Altmann-Gottheiner** bezeichnet. Sie kam 1874 in Berlin als Tochter des Geheimen Baurates Paul Gottheiner zur Welt und war mit dem Finanzwissenschaftler Sally Altmann verheiratet, der von 1878 bis 1931 lebte und ebenfalls jüdischer Herkunft war. Ab 1912 gab Altmann-Gottheiner die »Jahrbücher der Frauenbewegung« heraus. Ab 1919 lehrte sie als Volkswirtin an der Hochschule Mannheim. Dort gründete sie die »Soziale Frauenschule«. Sie starb 1930 in Mannheim.

Nach dem Nervenarzt **Alois Alzheimer** ist jene Krankheit benannt, die zur Senilität mit vollständigem Schwund des Gedächtnisses führt. Alzheimer kam 1864 als Sproß einer jüdischen Familie in Marktbreit/Bayern zur Welt. Ab 1912 lehrte er als Professor an der Breslauer Universität. Er war Mitbegründer und Herausgeber der »Zeitschrift für die gesamte Neurologie und Psychiatrie«. 1915 starb er in Schlesiens Hauptstadt.

Eigentlich hieß der Schriftsteller **Jean Améry**, geboren 1912 in Wien, Johannes Mayer. 1933 verließ er die jüdische Glaubensgemeinschaft, trat jedoch vier Jahre später wieder ein. 1938 emigrierte er nach Belgien, wo er nach dem Einmarsch der deutschen Wehrmacht in Untergrundgruppen mitwirkte. Er wurde gefaßt und überlebte die Lager Auschwitz, Buchenwald und Bergen-Belsen. Dann ließ er sich in Brüssel nieder. Das schriftstellerische Werk von Jean Améry gilt als im wesentlichen von Sartre beeinflußt. Die »Aliénation« empfand er als jüdisches Schicksal. Er schrieb u.a.: »Gerhart Hauptmann - Der ewige Deutsche« (1963), »Jenseits von Schuld und Sühne« (1966), »Hand an sich legen - Diskurs über den Freitod« (1976). 1978 nahm er sich in Salzburg das Leben.

Der Dirigent **Karel Ancerl** kam 1908 in Tucapy bei Soleslav als Sproß einer jüdischen Familie zur Welt. Ab 1931 wirkte er als Kapellmeister in Prag. 1941 kam er nach Theresienstadt, wo er das Lagerorchester leitete. 1950 wurde Ancerl Dirigent der Tschechischen Philharmonie. Nach Niederschlagung des sogenannten Prager Frühlings 1968 ging er in die Emigration. Er übernahm die Leitung des Sinfonieorchesters von Toronto und starb 1973.

An sein Pseudonym soll der Literat **Günther Anders**, der eigentlich Stern hieß, auf Anraten des »Börsen-Courier«-Herausgebers Ihering gekommen sein, der ihm wegen eines Mitarbeiters des Blattes, der auch jüdisch war und Stern hieß, empfahl: »Nennen Sie sich doch anders«, was der Literat wörtlich nahm. Anders-Stern war 1902 in Breslau als Sohn des Psychologen William Stern zur Welt gekommen. Er studierte bei Heidegger (den er später verdammte), lernte dabei auch seine Ehefrau (bis 1936) Hannah Arendt kennen, schloß Freundschaft mit Brecht, arbeitete ab 1930 für die »Vossische«, ging 1933 nach Paris und 1936 in die USA, wo er an der New School for Social Research lehrte. 1950 kam Anders nach Wien, wo er als Publizist wirkte, der

sich nach eigenem Bekunden »den alttestamentarischen Unheilspropheten verwandt« fühlte. Er prophezeite in »Endzeit und Zeitenwende« (1972) die atomare Selbstauslöschung der Menschheit. Wegen Israels Libanon-Invasion trat er 1982 demonstrativ aus der jüdischen Gemeinde Wiens aus. Als Waldheim Bundespräsident geworden war, verweigerte er die Annahme staatlicher österreichischer Ehrungen. Er starb 1992 in Wien.

Zu den einflußreichsten Finanzmächtigen der Weimarer Zeit gehörte der Bankier **Fritz Andreae**, der 1873 in Frankfurt am Main das Licht der Welt erblickt hatte. Sein Vater war der Bankier Karl Louis Andreae. Aus dieser Familie stammte auch Joh.Val. Andreae, der im 16. Jahrhundert den Rosenkreuzer-Orden gegründet hatte. Die Mutter entsproß der jüdisch-britischen Familie Holland (Gerson). Fritz Andreae (verheiratet mit Edith Rathenau, der Schwester des Reichsaußenministers) war u.a. Chef des Bankhauses Hardy u. Co, Aufsichtsratsvorsitzender der Dresdner Bank, stellvertretender Aufsichtsratsvorsitzender der AEG seines Schwiegervaters und Chef der Aufsichtsräte zahlreicher weiterer Unternehmen vor allem des Bankwesens, der Montan- und der Bauindustrie. Er gehörte dem Zentralausschuß der Deutschen Reichsbank an. Als Mäzen förderte er insbesondere das Schaffen von Max Reinhardt und Max Liebermann. 1935 schied er aus seinen Funktionen im Deutschen Reich aus. 1939 ging er in die Schweiz. Er starb 1950 in Zürich.

Der Vater des 1875 in Wien geborenen Schriftstellers **Leopold Freiherr von Andrian-Werburg** war Ministerialrat aus altem Tiroler Geschlecht, die Mutter (Cäcilie Meyerbeer) jüdisch. Andrian-Werburg besuchte eine Jesuitenschule und studierte die Rechte in Wien. Er gehörte dem Kreis um Stefan George an und war freundschaftlich mit Hugo von Hofmannsthal verbunden. Ab 1912 wirkte er als österreichischer Generalkonsul in Warschau. Er nahm an der Friedenskonferenz von Brest-Litowsk als k.u.k.-Vertreter teil. 1918 wurde er Generalintendant des Wiener Hoftheaters. Die Emigration ab 1938 führte ihn in die Schweiz, nach Frankreich, Brasilien und Portugal, schließlich zurück in die Eidgenossenschaft. Er schrieb unter anderem »Die Ständeordnung des Alls - Rationales Weltbild eines katholischen Dichters« (München 1930). Er verschied 1951 in Freiburg/Schweiz.

Mordechai Anielewicz war »Kommandant und Seele« (Arno Lustiger) des jüdischen Aufstands im Warschauer Ghetto 1943. Er beging am 8. Mai 1943 in seinem Befehlsbunker Selbstmord, um der Gefangennahme durch den Feind zu entgehen. Vorher hatte er aufgefordert, bis zur letzten Kugel den Kampf gegen die gegnerische Übermacht zu führen. Anielewicz war 1919 in Wyszkow (nach anderen Angaben 1920 in Warschau) zur Welt gekommen. Zunächst war er bei der zionistischen Kampforganisation »Beitar« aktiv, dann wechselte er zur linken Zionistengruppe »Haschomar Hazair«, in deren Führung er aufstieg. Nach dem deutschen Einmarsch in Polen versuchte er vergeblich, über Rumänien nach Palästina zu gelangen. Rumänien schottete sich gegen Juden ab, und England drosselte die jüdische Einwanderung nach Palästina. In Ostpolen kam Anielewicz für einige Zeit in sowjetische Haft. Dann ging er nach Warschau zurück, wo er die jüdische Untergrund- und Partisanengruppe »Z.O.B.« aufbaute, die den Ghettoaufstand 1943 führte.

Moses Annenberg, geboren 1865 im ostpreußischen Kalwischen als Sohn des Trödlers Tobias Annenberg, begründete in den USA eines der größten Medienimperien der Welt (Triangle Publications Inc.). Er begann in den 1880er Jahren nach der Einwan-

derung der Familie als Laufbursche. Später war er Mitarbeiter der Auflagenabteilung der Hearst-Presse. 1899 heiratete er die reiche Jüdin Sadie Friedmann. 1922 erwarb Annenberg den »Daily Racing Form«, 1936 den maroden »Philadelphia Inquirer«. Er unterhielt enge Beziehungen zu den Bossen der US-amerikanischen Unterwelt. 1941 zu Gefängnis wegen Steuerhinterziehung verurteilt, starb er im folgenden Jahr in Chikago an einem Gehirntumor. Er war als spendenfreudiger Gönner jüdischer Einrichtungen in Erscheinung getreten, zum Beispiel als Sponsor des Albert-Einstein-Colleges.

Nach dem Tode seines Vaters Moses im Jahre 1942 übernahm **Walter H. Annenberg** (geboren 1908 in Milwaukee) die »Triangle Publications Inc.« Sie wurde unter ihm zu einem der größten amerikanischen Medienkonzerne mit zahlreichen Zeitungen, Rundfunk- und Fernsehstationen. Als glühender Zionist wurde Walter H. Annenberg zu einem der spendabelsten Finanziers Israels. Aber auch für die Wahlkämpfe Nixons spendete er Millionen. Ab 1974 diente er kurzfristig als US-Botschafter in London. Seine Kunstsammlung gilt als eine der gewaltigsten der Welt. Am 19.7.1991 meldete das »Magazin« der FAZ: »Die Untaten der Väter kehren manchmal als Heimsuchung der Kinder wieder. So erging es dem Kunstsammler Walter Annenberg. Sein Vater Moses Annenberg, Emigrant aus Ostpreußen, war zu einem Medienimperium gekommen, an dessen Markterfolg Al Capone entscheidenden Anteil hatte. Kein Wunder, daß dem Nachfahren das peinlich ist. Darum hat er auf großherzige Weise die Öffentlichkeit um Nachsicht gebeten: Er schenkte seine wertvolle Sammlung europäischer Impressionisten dem Metropolitan Museum in New York - in der Hoffnung, daß damit auch die Steuerhinterziehungen seines Vaters abgegolten seien.«

Als Hauptvertreter der romantischen jiddischen Dichtung wird der Schriftsteller **An-Ski** (geboren 1863 in Witebsk, gestorben 1920 in Warschau) bezeichnet. Eigentlich hieß er Salomon Sanwil Rapoport. Zunächst schrieb er russisch, dann jiddisch. Als linker Umstürzler in Rußland ging er 1894 in die Pariser Emigration, um 1905 zurückzukehren. Er verfaßte das Gedicht »Der Schwur«, das zur Hymne des jüdisch-sozialistischen »Bund« (»Allgemeyner Yidischer Arbeterbund in Lite, Polyn un Rußland«) wurde. An-Skis bekanntestes Werk ist »Der Dibbuk« mit Milieuschilderungen aus der Welt des chassidischen Judentums.

Der jüdisch-amerikanische Komponist und Pianist **George Antheil** kam 1900 in Trenton/New Jersey zur Welt und starb 1959 in New York. Musik hatte er bei E. Bloch studiert. Ersten Erfolg erzielte er mit dem 1925 uraufgeführten »Ballet mécanique«. 1926 wurde in der Carnegie-Hall erstmals seine »Jazz Symphony« öffentlich intoniert. Das Orchester bestand ausschließlich aus schwarzen Musikern; Antheil spielte den Klavierpart. In Europa erlebte seine dreiaktige Oper »Transatlantic« 1930 ihre Uraufführung. Zwei Violinsonaten komponierte Antheil auf Anregung von Ezra Pound, mit dem er eine Zeitlang Kontakt hatte. In seinen letzten Jahren schuf der Komponist vorwiegend Filmmusiken für Hollywood.

Von 1909 bis 1922 wirkte **Alfred Apfel** als Präsident des Verbandes der Jüdischen Jugendvereine Deutschlands, den er auch gegründet hatte und der bis zu 40 000 Mitglieder aufwies. Apfel war 1882 in Düren zur Welt gekommen. 1926 übernahm er den Vorsitz der Zionistischen Vereinigung Berlin mit engen Beziehungen zur Führung der Zionistischen Internationale. Als Rechtsanwalt verteidigte er den kommunistischen Umsturzführer Max Hölz, den linksextre-

men Maler George Grosz, den kommunistisch-jüdischen Literaten Friedrich Wolf (Vater des nachmaligen Stasi-Bosses), die linken Publizisten Carl von Ossietzky und Berthold Jacob usw. Wahrscheinlich ab 1931 gehörte er der semikommunistischen SAPD an. 1922 erschien Apfels Hauptwerk: »Der Mutterboden des jüdischen Genius«. Nach der NS-Machtübernahme ging er nach Frankreich. Er starb 1940 in Marseille.

SED-Literat **Bruno Apitz** (geboren 1900 in Leipzig, gestorben 1979 in Berlin) wurde mit seinem Buchenwald-Roman »Nackt unter Wölfen« (veröffentlicht 1958) bekannt, der von DDR-Regisseur Frank Beyer verfilmt wurde. Den Terror kommunistischer Kader, sogenannter »Kapos«, im Lager Buchenwald zur NS-Zeit vertuschte Apitz dabei ebenso wie die Tatsache, daß die KZ-Barbarei in Buchenwald nach Kriegsende unter rotem Vorzeichen fortgesetzt wurde. Der Literat war Stempelschneider von Beruf. Im Ersten Weltkrieg wurde er wegen roter Desertionspropaganda zu 19 Monaten Gefängnis verurteilt. 1927 schloß er sich der stalinistischen KPD an; er avancierte zum Leiter des Zentralverlages der kommunistischen »Roten Hilfe«. 1934 wurde er verhaftet. Von 1937 bis 1945 war er im Lager Buchenwald. In der DDR wurde er Direktor der Leipziger Bühnen, Redakteur der gleichgeschalteten »Leipziger Volkszeitung«, Dramaturg bei der Filmgesellschaft Defa und SED-Bezirksverordneter in Berlin. Ulbricht verlieh ihm 1965 den »Vaterländischen Verdienstorden« in Gold und 1970 die höchste Auszeichnung der SED, den »Karl-Marx-Orden«.

Max Apt (geboren 1869 in Groß-Strehlitz/Oberschlesien, gestorben 1957 in Berlin) war zur Kaiserzeit Direktor der Rechtsabteilung der Nationalbank für Deutschland (später Danatbank), Hauptgeschäftsführer des Ältesten-Kollegiums der Kauf-

Leo ALPORT

Peter ALTENBERG

Jean AMÉRY

Karel ANCERl
in Theresienstadt

Günther ANDERS

Bruno APITZ

Georg Graf von ARCO

Hannah ARENDT

Chaim ARLOSOROFF

mannschaft in Berlin, Vorstandsmitglied des Deutsch-Israelitischen Gemeindebundes und ab 1903 erster Syndikus der Korporation der Kaufmannschaft von Berlin. 1906 zählte er zu den Mitbegründern der Berliner Handelshochschule. Er gründete und redigierte die »Deutsche Wirtschaftszeitung«, gab die Sammlung »Die deutsche Reichsgesetzgebung« heraus, schloß sich der liberalen DDP an und wirkte - abseits der Öffentlichkeit - in der jüdischen B'nai B'rith-Loge. 1936 erschien in Berlin seine Schrift »Konstruktive Auswanderungspolitik. Ein Beitrag zur jüdischen Überseekolonisation«. 1938 war er Vertreter der Berliner jüdischen Gemeinde bei der internationalen Konferenz von Evian zur Lösung der Judenfrage durch Auswanderung. 1939 ging er nach England. Er kehrte 1954 nach Deutschland zurück.

Georgij Arkadewitsch Arbatow, geboren 1923, entsproß einer jüdischen Familie. Er gehörte zum engsten Beraterkreis des langjährigen KPdSU-Generalsekretärs sowie sowjetischen Staatspräsidenten Leonid Iljitsch Breschnew, der zwar nicht selbst, dessen Frau aber jüdisch war. Arbatow fungierte als Direktor des Moskauer »Institut für USA- und Kanadastudien« und galt als wichtigster Verbindungsmann der sowjetischen Machthaber nach Amerika. Nach Beginn der Glasnost-Periode verschwand er, als »Relikt der Breschnjew-Zeit« beschimpft, in der politischen Versenkung.

Georg Graf von Arco, geboren 1869 in Großgorschütz bei Ratibor, war ein Pionier der Funktechnik. Väterlicherseits entsproß er dem schlesischen Ast eines alten Tiroler Geschlechts. Seine Mutter war eine Schwester Walther von Mossners, der im Herbst 1918 als letzter General die höchste Auszeichnung Preußens, den Schwarzen Adlerorden, verliehen bekam. Die Familie Mossner war jüdischer Herkunft. Georg Graf

von Arco diente als preußischer Offizier. Ab 1898 assistierte er Professor Adolf Slaby, dem Mitbegründer der modernen Funktechnik. Von 1903 bis 1930 war Arco technischer Direktor der Telefunken-Gesellschaft. Zu seinen Erfindungen zählte das Sendesystem mit tönenden Löschfunken, der Hochfrequenz-Maschinensender mit ruhendem Frequenzwandler und ein bahnbrechend neuer Röhrensender. Er war auch maßgeblich am Bau der Großfunkstation Nauen beteiligt. Graf von Arco, ein stets deutsch-vaterländisch gesinnter Mann, starb 1940 in Berlin.

»Er hat die Literatur der DDR mitgeprägt«, hieß es im Nachruf der Ostberliner Akademie der Künste auf den jüdisch-kommunistischen Literaten **Erich Arendt**. Er kam 1903 in Neuruppin (Brandenburg) zur Welt und schloß sich 1926 der stalinistischen KPD an. Er war Lehrer an der Berliner Karl-Marx-Schule. Nachdem seine Aktivitäten, Deutschland zu stalinisieren, gescheitert waren, versuchte er dasselbe mit Spanien. Er diente im Bürgerkrieg 1936-1939 in der Division »Carlos Marx«. Nach französischer Internierung gelangte er 1941 nach Kolumbien, wo er zum Kriegseintritt gegen Deutschland anstachelte. Das südamerikanische Land, das in keiner Weise vom Deutschen Reich bedroht war, mußte schließlich dem Druck Washingtons nachgeben und den Deutschen den Krieg erklären. Wegen Umsturzaktivitäten saß Arendt 1948 zeitweise in kolumbianischer Haft. 1950 tauchte er in der stalinisierten DDR auf, wo er zum führenden Literaten im Sinne der SED-Herrschenden wurde. Sie zeichneten ihn u.a. mit dem »Nationalpreis« aus. Er starb 1984 in Ostberlin.

»Eichmann in Jerusalem« - mit diesem 1963 erschienenen Werk machte die Schriftstellerin und Politologin **Hannah Arendt** Furore. Sie zog sich den Haß einflußreicher jüdischer Kreise zu. Denn sie klagte nicht nur alliierte Mächte der Mitschuld am jüdischen Schicksal in der Hitlerzeit an. Sie warf auch Judenführern, beispielsweise den sogenannten Judenräten, NS-Kollaboration vor. Hannah Arendt war 1906 in Hannover als Kind einer jüdischen Familie zur Welt gekommen. Sie studierte bei Husserl und Heidegger und promovierte bei Jaspers. Ihre Dissertation von 1928 handelte über den »Liebesbegriff bei Augustin«. In erster Ehe war sie bis 1936 mit dem Literaten Günther Anders (recte Stern) verheiratet. 1933 emigrierte sie nach Paris. Sie war führend für die »Jugend-Allijah«, die Organisation zur Unterstützung jüdischer Jugend-Einwanderung in Palästina, tätig. Doch stand sie dem Zionismus im Prinzip ablehnend gegenüber. 1940 ging sie in die USA. Sie lehrte an der Princeton-Universität und an der New School for Social Research. Sie war Mitbegründerin der Totalitarismus-Lehre. Sie sah Bolschewismus und Nationalsozialismus als wesensverwandt. Sie lehnte alle antideutschen Kollektivanschuldigungen entschieden ab. Sie starb 1975 in New York.

Zu den deutschen Politikern jüdischer Herkunft der Kaiserzeit und der Weimarer Republik, die – bezogen auf das heutige Parteienspektrum – rechts der »Rechtsradikalen« stünden, gehörte **Otto Arendt**. In Jacob Tourys Schrift »Die politischen Orientierungen der Juden in Deutschland« heißt es: »Er tendierte weit nach rechts.« Otto Arendt kam 1854 in Berlin als Sproß einer jüdischen Kaufmannsfamilie zur Welt und wurde evangelisch getauft. 1878 promovierte er. Er engagierte sich bei den »Alldeutschen« und war Mitbegründer der Deutschen Kolonialgesellschaft, die für den Erwerb deutscher Kolonien eintrat. 1886 erschien seine Schrift »Ziele deutscher Kolonialpolitik«. Er unterstützte die Arbeit des (ebenfalls aus jüdischer Familie stammenden) deutschen Kolonialpioniers Emin Pascha

(eigentlich Schnitzer). Als »Bimetallist« trat Arendt für das Silber als dem Golde gleichberechtigtes Edelmetall im internationalen Währungssystem ein. Von 1888 bis 1898 gab er das rechte »Deutsche Wochenblatt« heraus. Otto Arendt vertrat als Abgeordneter erst die konservative Reichspartei, dann die Deutschnationalen von 1885 bis 1918 im Preußischen Abgeordnetenhaus und von 1898 bis 1918 im Deutschen Reichstag zu Berlin. 1920 schloß er sich der Deutschen Volkspartei an, die »Großdeutschland« und »Volksgemeinschaft« propagierte. Er starb 1936 in Berlin.

Zu den einflußreichsten Personen der israelischen Politik zählt **Moshe Arens**, der 1925 in Kaunas/Litauen geboren wurde. 1939 kam er in die USA, wo er sich der militanten zionistischen »Beitar«-Bewegung anschloß. Von 1944 bis 1946 diente er in der US-Army. 1948 war er in Palästina Mitglied der terroristischen »Irgun Zwai Leumi«. Später machte er als Chefingenieur und Vizepräsident in Israels Luftfahrtkonzern Karriere. Als Politiker erwarb er sich den Ruf eines »Falken« und absoluten Verfechters von »Großisrael« auf Kosten des Selbstbestimmungsrechtes der arabischen Palästinenser. 1983 wirkte er als Botschafter in den USA; im gleichen Jahr wurde er als Nachfolger des nicht minder radikalen Ariel Scharon Verteidigungsminister. 1984 wurde Arens als Minister ohne Geschäftsbereich, 1988 als Außenminister, 1990 abermals als Verteidigungsminister ins Kabinett berufen.

Helmut Aris (geboren 1908), Sohn eines Eisenwarenhändlers, hatte sich zur Weimarer Zeit der SPD angeschlossen und in der Kriegszeit Zwangsarbeit geleistet. In der sowjetischen Zone trat er der SED bei und stieg zum Verwaltungsdirektor des Instituts für Chemieanlagen in Dresden auf. Von 1962 bis zu seinem Tode (Dresden 1987) war er Präsident des Verbandes der jüdischen

Gemeinden in der DDR. Er gehörte dem Nationalrat der SED-Gleichschaltungsorganisation »Nationale Front« und dem Präsidium des sogenannten Friedensrates an. Eine maßgebliche Führungsrolle spielte er auch im »Komitee der Antifaschistischen Widerstandskämpfer«. Ausgezeichnet wurde er u.a. mit dem Vaterländischen Verdienstorden der DDR in Gold. Über die DDR-Zustände äußerte er: »Die Verwirklichung der Menschenrechte und die Achtung der Menschenwürde, das Bewußtsein, geschätzte Bürger unserer Republik zu sein, gibt uns Freude am Leben.« In Honeckers Nachruf auf Aris hieß es: »Er setzte sich mit seiner ganzen Persönlichkeit für die Stärkung unserer Deutschen Demokratischen Republik ein.«

Zu den Mitbegründern sowohl der sozialistisch-zionistischen Organisation »Hapoel Hazair« als auch des »Sozialistisch-Zionistischen Weltverbandes« gehörte **Chaim Victor Arlosoroff** aus Romny in der Ukraine (Jahrgang 1899). Er war als Kind mit der Familie nach Deutschland gekommen und siedelte 1924 nach Palästina über. Ab 1926 war er der Vertreter der palästinensischen Juden beim Völkerbund in Genf. Ab 1931 gehörte er dem Vorstand der Jewish Agency an. Er wirkte als Leiter von deren politischer Abteilung in Jerusalem und bekleidete damit eine Schlüsselstellung im Weltzionismus. 1933 wurde er in Tel Aviv »von Unbekannten ermordet«, wie es hieß. Möglicherweise fiel er einem internen Machtkampf zum Opfer. Sein Hauptwerk trägt den Titel »Der jüdische Sozialismus«.

Kurt C. Arnade (geboren 1890 im schlesischen Görlitz, gestorben 1967 in New York) war jüdischer Herkunft und deutschnational gesinnt. Er schlug die Laufbahn eines Berufsoffiziers ein und war zum Zeitpunkt der NS-Machtübernahme Oberst. Wegen des fanatischen Antisemitismus der NS-Herrschenden emigrierte er nach Amerika. In New York vervollständigte er seine akademischen Studien und war schließlich als Professor für russische und asiatische Geschichte tätig. Er stemmte sich antideutscher Propaganda und Kollektivbeschuldigungen des deutschen Volkes entgegen. Als er 1965 das Bundesverdienstkreuz Erster Klasse erhielt, nannte er als seine Hauptaufgabe: »Versöhnung der einst Verfolgten mit der alten deutschen Heimat.« Die Geschichte werde »das deutsche Volk von der Gemeinschuld freisprechen«. Er empfinde »Anhänglichkeit zum Land unserer Geburt, zu Deutschland«. Professor Arnade war Dr. Gerhard Frey freundschaftlich verbunden. Er verfaßte Artikel für dessen »Deutsche National-Zeitung«. In bezug auf Deutschlands Spaltung rief er ein Lincoln-Wort ins Gedächtnis: »Ein geteiltes Land wie ein geteiltes Haus können auf die Dauer nicht bestehen.«

»Er hatte bedeutenden Einfluß auf das deutsche und preußische Verfassungs- und Verwaltungsrecht«, heißt es bei Tetzlaff (»2000 Kurzbiographien bedeutender deutscher Juden«) über den Staatsrechtler **Adolf Arndt** senior (geboren 1849 in Freienwalde/Pommern, gestorben 1926 in Marburg). Der streng preußisch-konservativ ausgerichtete Rechtsgelehrte unterrichtete an den Universitäten Halle, Königsberg/Pr. und zuletzt in Marburg. Zu seinen bedeutendsten Veröffentlichungen zählen »Das Staatsrecht des Deutschen Reiches« (1901) und »Die Verfassung des Deutschen Reiches« (1919). Der bundesdeutsche Politiker Adolf Arndt jr. und der Jurist Helmut Arndt waren seine Söhne.

Adolf Arndt jr. (geboren 1904 in Königsberg/Pr., gestorben 1974 in Kassel) war Sohn des gleichnamigen konservativ-monarchistisch gesinnten, christlich getauften Rechtsgelehrten aus jüdischer Familie. In Weimarer Zeit wirkte Adolf Arndt jr. als

Richter in Strafsachen, nach der NS-Macht-übernahme als Rechtsanwalt. Er hatte ge-genüber den nationalsozialistischen Macht-habern geltend gemacht, als Richter Frei-sprüche für NS-Leute, aber scharfe Urteile gegen Kommunisten gefällt zu haben. Nach 1945 avancierte Adolf Arndt jr. zum »Kron-juristen der SPD«, die er längere Zeit im Deutschen Bundestag vertrat. Besonders scharf wandte er sich gegen die politische Rechte, vor allem gegen Dr. Frey und dessen Deutsche National-Zeitung, die sich der »Sprache der Mörder von morgen« bediene. Sein Sohn Claus Arndt gelangte in den 70er Jahren für die SPD in den Bundestag.

Als Sohn des berühmten Rechtsprofes-sors Adolf Arndt sen. und Bruder des späte-ren SPD-Politikers Adolf Arndt jr. kam der Wirtschaftswissenschaftler **Helmut Arndt** 1911 in Königsberg/Pr. zur Welt. Er promo-vierte 1934 zum Dr.jur., veröffentlichte 1941 sein Buch »Instinkt oder Vernunft«, wurde 1943 Diplom-Volkswirt und promovierte 1944 zum Dr.rer.pol. mit dem Thema »Die Währungsprobleme in der Großraumwirt-schaft«. 1946 wurde er Privatdozent in Mar-burg, 1952 Professor für Volkswirtschafts-lehre in Syracuse (USA). In der Bundesre-publik fungierte er als Direktor des »Insti-tuts für Konzentrationsforschung« und als Schriftführer des Vereins für Sozialpolitik.

Als »Kaiserjuden« wurden jene deutsch und national gesinnten honorigen jüdischen Persönlichkeiten bezeichnet, die von Wil-helm II. besondere Ehrung erfuhren. Einer von ihnen war der Industrielle **Eduard Arn-hold**, der 1849 in Dessau zur Welt kam. Ihm gehörte u.a. die Kohlen-Firma »Cäsar Woll-heim.« Er war Aufsichtsratsmitglied von Rathenaus AEG, großer chemischer und Maschinenfabriken sowie der Berliner Stra-ßenbahn und der Dresdner Bank. Die deut-sche Künstler-Villa Massimo in Rom wurde von ihm gestiftet, und er förderte maßgeb-lich die Kaiser-Wilhelm-Gesellschaft (die

heutige Max-Planck-Gesellschaft). Der Kai-ser berief ihn 1913 ins Preußische Herren-haus. Auch in der Weimarer Zeit blieb Arn-hold Monarchist. »Einer der verdienstvoll-sten Männer des Vaterlandes«, lautete das Urteil Adolf von Harnacks über ihn.

»Was kann der Sigismund dafür, daß er so schön ist« - mit diesem Schlager aus Benatzkys »Weißem Rößl« wurde der Sän-ger und Komiker **Siegfried Arno** (eigentlich Aron) in Weimarer Zeit bekannt, als er sich besonderer Förderung des Theatermanagers Erik Charell erfreute. Geboren 1895 in Hamburg, hatte Aron-Arno die dortige Tal-mud-Thora-Realschule besucht, bevor er Karriere im Kabarett und im Film machte. 1933 verließ er Deutschland. Er gelangte schließlich nach Amerika, wo er in einigen Hollywood-Filmen Verwendung fand, z.B. in Chaplins »The Great Dictator«. In den 50er und 60er Jahren tauchte er hin und wieder in Deutschland zu Gastspielen auf, oder um Preise entgegenzunehmen (Bun-desfilmpreis, Filmband in Gold usw.). Aron-Arno starb 1975 in Hollywood. Sein Bruder war der Schauspieler und Tänzer Bruno Arno.

Paul Arnsberg gehörte von 1966 bis 1973 dem Zentralrat der Juden in Deutsch-land an und war von 1966 bis 1969 Mitglied in dessen Direktorium. Er arbeitete bei der »Frankfurter Allgemeinen Zeitung« mit, hatte das CDU-Parteibuch und veröffent-lichte eine Frankfurter Rabbiner-Chronik. Arnsberg hatte 1899 in der Mainmetropole das Licht der Welt erblickt, 1917 die jüdi-sche Studentenverbindung »Saronia« ge-gründet, war in Weimarer Zeit Richter und 1927 wie auch 1929 Delegierter zu den Zio-nistischen Weltkongressen in Basel und Zü-rich. 1933 ging er nach Palästina, wo er über zwei Jahrzehnte (bis 1956) Direktor der größten Zeitungs- und Buchvertriebsorgani-sation, der Pales-Press, war. Im Zweiten

Weltkrieg diente er als britischer Presseoffizier. Er starb 1978 in Frankfurt am Main.

Als »Vordenker der französischen Liberalen« bezeichnete man den Soziologen und Publizisten **Raymond Aron**. Geboren 1905 in Paris, war er zwischen 1930 und 1933 als Lektor an den Universitäten Köln und Berlin, von 1935 bis 1939 als Professor an den Universitäten Saint-Cloud und Toulouse tätig. 1940 diente er in der französischen Luftwaffe. 1944 war er Chefredakteur des de Gaulle-Organs »La France Libre«, von 1947 bis 1977 maßgeblicher Mann beim »Figaro« (zuletzt politischer Direktor). Ab 1955 hatte er einen Lehrstuhl an der Sorbonne. Aron wandelte sich vom engagierten Gaullisten zum herben Kritiker des Generals, vom Verfechter Sartres zum bissigen Gegner der Linken. Der Ritter der französischen Ehrenlegion schrieb u.a. »L'Opium des Intellectuels« (1955). Gestorben ist er 1983 in Paris.

Zvi Asaria-Helfgott, der ursprünglich Hermann mit Vornamen hieß, kam 1913 in Beodra im Banat zur Welt. Er wurde in Wien zum jüdischen Geistlichen ausgebildet und war ab 1940 Hauptrabbiner in Veliki Betschkerek/Jugoslawien. Als Militärrabbiner der jugoslawischen Armee geriet er im selben Jahr in deutsche Kriegsgefangenschaft (bis 1945). Danach wirkte er als Hauptrabbiner aller jüdischen Gemeinden in der britisch besetzten Zone Deutschlands. Im Auftrage der zionistischen Militärorganisation rekrutierte er junge Juden in deutschen DP-Lagern für den Einsatz in Nahost. 1948 kam Asaria-Helfgott nach Israel und wirkte dort als Armeerabbiner. In den 50er Jahren war er wieder in Deutschland als Rabbiner in Köln und in den 60ern als Landesrabbiner von Niedersachsen. 1971 ging er endgültig nach Israel.

Mit der Aufführung seines Dramas »Der Gott der Rache« 1908 in Berlin machte der jüdische Theatermogul Max Reinhardt den jiddischen Schriftsteller **Schalom Asch** (geboren 1880 in Kutno/Polen) auf einen Schlag bekannt. Der Literat hatte sich bereits zwei Jahre zuvor nach Palästina begeben, ging dann aber 1914 nach England und Amerika. Dort avancierte er zu einem der erfolgreichsten jiddischen Schriftsteller. Hochgelobt wird seine Romantrilogie »Vor der Sintflut« (1927-32), ein inniges Bekenntnis zum östlichen Judentum. Wegen angeblicher »Öffnung zum Christentum« mußte er sich vom orthodoxen Rabbinat verdammen lassen. Zu Aschs bekanntesten Werken zählt »Motke Ganew« (»Mottke der Dieb«). Die letzten Lebensjahre verbrachte der Schriftsteller in Israel, doch starb er 1957 in London.

Häufig wird **Gustav Aschaffenburg** als Gründer der forensischen Psychiatrie in Deutschland bezeichnet. Er war als Sproß einer Textilhändlerfamilie 1866 in Zweibrücken zur Welt gekommen. 1899 trat er vom religiösen Judentum zum Protestantismus über. Ab 1900 lehrte er an der Universität Heidelberg. 1904 wurde er Direktor der Kölner Irrenanstalt und Professor an der Universität der Domstadt. Er gab bis 1935 das »Handbuch der Psychiatrie« heraus. 1938 emigrierte er in die USA, wo er an der Catholic University of America/Washington und an der Johns Hopkins Universität lehrte. Er starb 1944 in Baltimore. »Das Verbrechen und seine Bekämpfung« (1903), »Die Sicherung der Gesellschaft vor gemeingefährlichen Geisteskranken« (Berlin 1912) und »Psychiatrie und Strafrecht« (1928) sind seine Hauptwerke.

Der Komponist **Leo Ascher** (geboren 1880 in Wien als Sohn eines Regenschirmhändlers) schrieb zweiunddreißig Operetten, zum Beispiel »Vergeltsgott«, »Die keusche Susanna« oder »Der Soldat der Marie«. Einzig »Hoheit tanzt Walzer« konnte sich auf Dauer im Repertoire halten. 1938 kam Ascher in die USA, wo er 1940 vor den Obersten Gerichtshof ging, um deutsches Honorar für Darbietungen seiner Musik in Deutschland einzuklagen. Er starb 1942 in New York. Die Literatin Franziska Ascher-Nash ist seine Tochter.

Mit dem gleichfalls jüdischen Gynäkologen Bernhard Zondek gelang dem Frauenarzt **Selmar Aschheim** 1927 der Schwangerschaftsnachweis der »AZ-Reaktion«. Aschheim, geboren 1878 in Berlin, war ab 1912 an der Berliner Charité tätig (ab 1931 als Professor) und hatte im Ersten Weltkrieg im Rahmen des deutsch-türkischen Bündnisses als Militärarzt bei den Osmanen gewirkt. 1937 entwich er vor dem antisemitischen Nationalsozialismus nach Frankreich, wo er als Wissenschaftler am »Centre National de la Recherche Scientifique« (Paris) wirkte. Zur Zeit der deutschen Besatzung sei er untergetaucht, heißt es. Er starb 1965 in Paris.

Der Jurist und Diplomat **Ernst Aschner** wurde 1883 als Kaufmannssohn in Crossen an der Oder geboren. In Weimarer Zeit wirkte er als Vorsitzender der Bankenfachkammer beim Arbeitsgericht Berlin und als Referent beim Reichsentschädigungsamt. Nach der nationalsozialistischen Machtübernahme war er amtlich zugelassener Devisenberater für jüdische Auswanderer. Später emigrierte er nach Schanghai. Nach Deutschland zurückgekehrt, wurde er 1947 Landgerichtsdirektor in Frankfurt am Main und 1951 Regierungsdirektor. Das Bundeswirtschaftsministerium zog ihn als »Sachverständigen für Israel« (Wiedergutmachung usw.) heran. Ab 1953 fungierte er als bundesdeutscher Generalkonsul in Melbourne, wo er 1956 starb.

Besonderer Zuwendung westlicher Medien erfreute sich der Pianist und Dirigent **Wladimir Ashkenazy** (geboren 1937 in Gorki) schon, als er noch in der Sowjetuni-on lebte. Der Sohn des Pianisten David Ashkenazy machte vor allem als Interpret der Klavierwerke Rachmaninows und Prokowjews von sich reden. 1962 siegte er im Moskauer Tschaikowsky-Wettbewerb. 1963 verließ er die UdSSR und siedelte sich in Großbritannien an. 1987 wurde er Musikdirektor des Royal Philharmonic Orchestra in London sowie Chefdirigent des Radio-Symphonie-Orchesters Berlin.

Nach eigenen Angaben hat der Schriftsteller und gelernte Biochemiker **Isaac Asimov** weit über 300 Bücher veröffentlicht. Er kam 1920 in Petrovichi/Rußland zur Welt und emigrierte 1923 mit den Eltern nach Amerika. 1949 wurde er Professor für Biochemie an der Universität von Boston. Asimov gilt als einer der erfolgreichsten Unterhaltungsschriftsteller der Vereinigten Staaten von Amerika. Besonders weit verbreitet sind seine Zukunftsgeschichten (»Science Fiction«); er wird als Meister dieses Genres bezeichnet. Hohe Auflagen erreichten vor allem »I, Robot« (1950), »The Naked Sun« (1957) und seine populärwissenschaftliche »Short History of Chemistry« (1965). In seinem »Asimov's Book of Facts« von 1979, das auch in deutscher Übersetzung erschien, sind haarsträubende zeitgeschichtliche Falschdarstellungen enthalten.

Der Name des Pianisten **Stefan Askenase** (geboren 1896 in Lemberg, gestorben 1985 in Bonn) leitet sich von der alten jüdischen Bezeichnung für Deutschland (Aschkenas) ab. Askenase verließ den russischen Machtbereich und begann seine Karriere als Klavierlehrer am Kairoer Konservatorium (1922 bis 1925). Dann wirkte er in Brüssel. 1940 flüchtete er nach Südfrankreich. Von 1945 bis 1961 war er Professor in der belgischen Hauptstadt, 1968 kam er nach Deutschland, wo er die größten Erfolge erzielte. Vor allem interpretierte er Chopin, Bach und Mozart.

Als Hauptdarsteller der Serie »Lou Grant« wurde der US-amerikanische Schauspieler **Edward (»Ed«) Asner**, geboren 1929 in Kansas City, auch Teilen des deutschen Fernsehpublikums bekannt. Er wurde zum Vorsitzenden der US-Film- und Fernsehschauspieler-Gewerkschaft gewählt und ist als glühender Zionist aktiv. Asner erhielt rund ein Dutzend Mal die höchsten US-amerikanischen Fernsehauszeichnungen, den »Golden Globe« und den »Emmy«.

Der 1922 in Wien geborene Komponist **André Asriel**, Sohn eines jüdischen Arztes, emigrierte 1938 nach England und kam 1946 nach Ostberlin. Dort wurde er »Meisterschüler« des kommunistisch-jüdischen Agitprop-Tonsetzers Hanns Eisler. 1968 erfolgte Asriels Ernennung zum Professor an der Ostberliner Universität. Er komponierte Stücke auf Worte von Brecht und etliche SED-Propagandalieder (»Die FDJ stürmt Berlin«, »Tapfer lacht die junge Garde« usw.), schuf aber auch Weisen zu jiddischen Texten. Er wurde unter anderem mit dem DDR-»Nationalpreis« und dem »Vaterländischen Verdienstorden« dekoriert. Er forderte: »Das Massenlied soll auf die breite Öffentlichkeit erziehend und organisierend einwirken.«

Tobias Michael Carel Asser, geboren 1838 in Amsterdam, stammte aus niederländisch-jüdischer Familie und erhielt 1911 gemeinsam mit dem ebenfalls jüdischen Gründer der »Deutschen Friedensgesellschaft«, A.H. Fried, den Friedensnobelpreis. Asser war Mitbegründer des »Institut de Droit International« und regte mit anderen die Einberufung der Haager Konferenz zur Vereinheitlichung des Internationalen Privatrechts (ab 1862) an. Er lehrte die Rechte am »Athenäum« (ab 1876 Universität) in Amsterdam. 1893 wurde er Mitglied des niederländischen Staatsrates und 1904 Staatsminister. Er starb 1913 im Haag.

»Das beflügelte Tanzgenie **Fred Astaire**, der liebenswürdige Komiker Danny Kaye, das Kraftpaket Kirk Douglas oder der kauzig-komische Walter Matthau: Sie alle starteten durch aus der unterprivilegierten Position jüdischer Immigrantenabkömmlinge«, notierte 1995 die »Allgemeine Jüdische Wochenzeitung« (Bonn). Astaire soll eigentlich Frederick bzw. Friedrich Austerlitz geheißen haben und, je nach Quelle, 1899 im burgenländischen Eisenstadt oder in Omaha/Nebraska geboren worden sein. Mit seiner Schwester Adele tingelte er durch amerikanische Musik-Hallen, bis er 1933 von Hollywood für die Leinwand entdeckt wurde und »zum besten Filmtänzer aller Zeiten« avancierte. Besonders erfolgreich waren seine Streifen mit Ginger Rogers. Astaire starb 1987 in Los Angeles.

Jacques Attali, 1943 in Algier geborener Sohn eines jüdischen Parfümhändlers, galt seit den 70er Jahren als enger Freund und Berater des französischen Sozialistenführers und späteren Staatspräsidenten Mitterrand. Er trat zunächst als Schriftsteller in Erscheinung. 1991 wurde er Chef der im Jahr zuvor gegründeten »Bank für Wiederaufbau und Entwicklung« - der »ersten paneuropäischen Institution«, wie er das Bankhaus charakterisierte. Bei 40 Mitgliedsstaaten wird die Bank, die der ökonomischen Entwicklung der einstigen Ostblockländer dienen soll und in London sitzt, zu annähernd 10 Prozent von der Bundesrepublik Deutschland finanziert. Nach einer Reihe von Skandalen mußte Attali 1993 zurücktreten. Die »Financial Times« berechnete, die Bank habe unter seiner Führung doppelt so viel an Spesen verursacht wie an Krediten für die reformbedürftige Wirtschaft in Osteuropa ausgezahlt. Das »EG-Magazin« schrieb: »Bankchef Attali verbrauchte allein 1,5 Millionen DM, um im Privatjet seine armen Kunden in Osteuropa zu besuchen.

Adolf ARNDT jr.

Schalom ASCH

Fred ASTAIRE

Jacques ATTALI

Philipp AUERBACH

Siegfried AUFHÄUSER

Rose AUSLÄNDER

Pawel AXELROD

Hermann AXEN

Fast 2 Millionen verschlang die Erneuerung des Marmors in der Empfangshalle des Bankpalastes.«

Eigentlich heißt der Dirigent **Moshe Atzmon**, geboren 1931 in Budapest, Groszberger. Mit den Eltern kam er nach Palästina. Ab 1951 trat er als Hornist in Tel Aviv in Erscheinung. 1967 wurde er Leiter der Wiener Philharmoniker bei den Salzburger Festspielen, 1969 Chefdirigent des Sydney Symphony Orchestra, 1972 Chef der NDR-Sinfoniker und des Basler Sinfonieorchesters. 1991 avancierte Atzmon-Groszberger zum Generalmusikdirektor an der Dortmunder Oper.

Wegen zahlreicher Delikte wie Unterschlagung, Betrug, Untreue, unberechtigtem Führen eines Doktor-Titels wurde **Philipp Auerbach** 1952 von einer Münchner Strafkammer zu zweieinhalb Jahren Gefängnis verurteilt. Vor Haftantritt verübte er Selbstmord. Hintergrund: Er hatte mit Kumpanen Wiedergutmachungsbetrug in großem Stile betrieben. Auerbach war 1906 in Hamburg zur Welt gekommen. Zur Weimarer Zeit war er beim »Reichsbanner Schwarz-Rot-Gold« aktiv. 1933 emigriert, wurde er 1940 in Frankreich verhaftet. Er überlebte Auschwitz und stieg nach 1945 zum Führer der jüdischen Gemeinde Bayerns, Staatskommissar für rassisch, religiös und politisch Verfolgte, dann zum Generalanwalt für Wiedergutmachung und 1949 zum Präsidenten des Landesentschädigungsamtes auf. Seine Wiedergutmachungsgaunereien führten 1951 zur Dienstenthebung und Verhaftung. Gleichwohl schrieb die »Allgemeine Jüdische Wochenzeitung« am 27. Mai 1988 (soeben waren die Wiedergutmachungsbetrügereien des langjährigen jüdischen Zentralratsvorsitzenden Nachmann aufgeflogen): »Wenn die zukünftigen Generationen in den Annalen der Nachkriegsgeschichte der Juden in Deutschland

blättern werden, wird ihr Blick länger als üblich beim Kapitel Dr. Philipp Auerbach verweilen. Mit Staunen und Achtung werden sie das Wirken des Mannes betrachten, dessen Name untrennbar mit der Wiedergutmachung des NS-Unrechts verbunden ist.«

1905 kam der nachmals einflußreiche bundesdeutsche Politiker **Walter Auerbach** als Sohn des jüdischen Händlers Aron Auerbach in Hamburg zur Welt. Walter Auerbach trat 1923 der SPD bei. In der Emigration (1933 Holland, 1939 England) betrieb er einen »Sender der europäischen Revolution«, der dazu aufrief, das Deutsche Reich in rätesozialistischem Sinne umzufunktionieren. Ab 1957 wirkte Auerbach als Staatssekretär im Arbeitsministerium von Niedersachsen und von 1969 bis 1971 im Bundesministerium für Arbeit und Sozialordnung. Er starb 1975 in Bonn.

Der Schriftsteller **Raoul Auernheimer** (geboren 1876 in Wien, gestorben 1948 in Oakland/Kalifornien) hatte vor allem mit Komödien, Kurzgeschichten und Sketchen Erfolg. Von ihm stammt zum Beispiel ein Stück über Casanova und eines über Metternich als Liebhaber. Ab 1922 wirkte Auernheimer als Präsident des österreichischen PEN-Clubs. Als engagierter Feind der Nationalsozialisten kam er beim Österreich-Anschluß 1938 in Lagerhaft (Dachau). Seine Freilassung erfolgte auf Intervention von Emil Ludwig und des US-Diplomaten Prentiss Gilbert. 1939 gelangte Auernheimer in die USA.

»Als antifaschistisch aktiver Politiker, Gewerkschaftsführer und als Volljude wurde ich vom Hitler-Regime seit Anfang 1933 verfolgt«, schrieb **Siegfried Aufhäuser** in seinem Antrag auf Wiedergutmachung. Er war 1884 in Augsburg als Sohn eines Hopfenhändlers und Schnapsbrenners zur Welt gekommen. Ab 1912 gehörte er (mit einem

Zwischenspiel ab 1917 bei der semikommunistischen USPD) der SPD an. Von 1917 bis 1933 war er Vorsitzender des »Allgemeinen freien Angestelltenbundes« (»Afabund«) und von 1921 bis 1933 SPD-Reichstagsabgeordneter. Die Emigration ab 1933 führte ihn zuerst nach Paris, wo er den Aufruf zur Bildung einer Volksfront aus SPD und KPD unterschrieb. Über London kam er 1939 nach New York, wo er eine »Erziehungsdiktatur« für die Deutschen nach deren Niederlage forderte und die US-Staatsbürgerschaft annahm. 1951 tauchte er wieder in Deutschland auf. Er ließ sich in Berlin nieder, wurde dort Vorsitzender, dann Ehrenpräsident der Deutschen Angestellten-Gewerkschaft (DAG). Er starb 1969 in Berlin.

Die Literatin **Rose Ausländer** kam 1907 in Czernowitz/Bukowina als Rosalie Scherzer zur Welt. 1921 ging sie mit ihrem Mann Ignatz Ausländer in die USA, kam aber 1931 nach der Scheidung wieder zurück. 1939 war sie abermals in Amerika, um schon bald darauf erneut in die Bukowina zurückzukehren. In der Kriegszeit lebte sie im Ghetto von Czernowitz. Ihr Antrag auf US-Visum wurde 1942 von der amerikanischen Botschaft in Rumänien abgelehnt. 1946 emigrierte sie aus der nunmehr kommunistischen Bukowina in die USA. Ab 1965 lebte sie in Deutschland. Sie wurde mit bundesdeutschen Preisen überschüttet. In ihrer auf Grundworte reduzierten Sprache nahm die Kritik »jüdisch-chassidische Sprachmystik« wahr. Ihre Poesie erinnere an Celan und an die Bildersprache Chagalls, hieß es. Karl Kraus jedenfalls hatte, um Beurteilung ihrer Gedichte gebeten, 1928 geschrieben: »Immerhin sei gesagt, daß sich neben viel Ungestaltetem da und dort Spuren einer starken Sprachbegabung gezeigt haben.« Rose Ausländer starb 1988 in Düsseldorf.

Eitan Avissar, wie er sich in Israel nannte, kam 1892 im galizischen Sambor unter dem Namen Sigmund (von) Friedmann zur Welt. Sein Vater war Moritz Edler von Friedmann. Friedmann-Avissar absolvierte die Wiener Neustädter Militärakademie und diente als k.u.k. Offizier im Ersten Weltkrieg. 1923 nahm er im Range eines Hauptmanns seinen Abschied, um als Industrieberater zu wirken. Von 1934 bis 1938 war er Vorsitzender des Bundes Jüdischer Frontsoldaten Österreichs, von 1935 bis 1940 Chef des Weltbundes Jüdischer Frontsoldaten. 1938 ging er nach Palästina, wo er Operations- und Planungschef der zionistischen Untergrund-Streitmacht Haganah wurde; 1943 wirkte er kurzzeitig als deren Generalstabschef. 1948 wurde er Präsident des Obersten Militärgerichtshofes von Israel. 1951 wurde er im Range eines Generalleutnants pensioniert. Avissar, der auch Freimaurer von hohen Graden war, schrieb u.a. »Hohe Strategie und ihre Ausführung« (1949) und »Die Kriege des Judas Makkabäus« (1956).

Der eigentliche Name des israelischen Politikers und Journalisten **Uri Avnery** lautet Helmut Ostermann. Als solcher kam er 1923 im westfälischen Beckum zur Welt. Sein Vater war Bankier und glühender Zionist. 1933 kam Ostermann-Avnery mit seiner Familie nach Palästina, wo er sich der zionistischen Untergrundarmee Haganah anschloß. Von 1938 bis 1941 wirkte er in der terroristischen »Irgun Zwai Leumi«. Nach 1945 war er Redakteur verschiedener israelischer Blätter und verwandelte sich vom »Falken« in eine »Taube«. Als Gründer einer eigenen Partei (»Haolam Hazeh«, 1965) und als Knesset-Abgeordneter setzte er sich für eine israelisch-palästinensische Verständigung ein. Er schrieb u.a. »Israel ohne Zionisten« (1968).

1970 erhielt der 1912 in New York geborene Neurochemiker **Julius Axelrod** mit

Euler-Chelpin und Katz den Nobelpreis für Medizin. Seine Forschungen waren bahnbrechend für das Verständnis der physiologischen und pharmakologischen Bedeutung von Bildung, Lagerung, Freisetzung und Abbau biogener Amine. Axelrod war von 1955 bis 1984 Chef der Pharmakologischen Abteilung am »National Institute of Mental Health« in Bethesda (US-Bundesstaat Maryland).

Pawel Borissowitsch Axelrod, geboren 1850 in einem Dorf bei Tschernigow, war ursprünglich Tischler in einem jüdischen Schtetl. Er schloß sich Umstürzlern an und emigrierte 1874 aus Rußland. Mit Plechanow gründete er 1883 in der Schweiz die erste russische Marxisten-Organisation (»Bund zur Befreiung der Arbeit«). Ab 1900 war er Redakteur von Lenins Organ »Iskra« (Der Funke). Als Führer der Menschewiki geriet er in Konflikt mit dem Oberhaupt der Bolschewiki. Nach dem Sieg der Bolschewisten Lenins verließ Axelrod Rußland. Er ging in die Emigration nach Deutschland und starb 1928 in Berlin.

Wie Professor Michael Wolffssohn in seinem Buch »Die Deutschland-Akte« 1995 berichtete, wollte der »Herkunftsjude« **Hermann Axen**, im SED-Politbüro für internationale Beziehungen zuständig, 1989 die kommunistische Diktatur in der DDR durch eine Kampagne »gegen Neonazismus in der BRD« über Wasser halten. Höhepunkt sollte eine »internationale Konferenz gegen Neonazismus« in Dachau sein, für die man auch den Chef des jüdischen Zentralrats, Galinski, einspannen wollte. Der Geistesblitz kam zu spät, die DDR war nicht mehr zu retten. Hermann Axen war 1916 in Leipzig geboren worden; sein Vater war jüdisch-kommunistischer Funktionär. Als 16jähriger schloß sich Axen den Stalinisten an. 1935 wurde er wegen kommunistischer Umsturzaktivität in Dresden zu drei Jahren Zuchthaus verurteilt. Nach seiner

Freilassung ging er nach Paris. Die Franzosen internierten ihn nach Kriegsausbruch 1939 und lieferten ihn 1941 an die Deutschen aus. Von 1942 bis 1945 war er in den Lagern Buchenwald und Auschwitz. Die neugewonnene Freiheit nutzte er, um sich aktiv an der Stalinisierung der Sowjetischen Besatzungszone zu beteiligen. Er war Mitbegründer der FDJ, zog 1950 ins SED-ZK ein, war von 1956 bis 1966 Chefredakteur des Zentralorgans »Neues Deutschland«, wirkte von 1966 bis 1989 als ZK-Sekretär für internationale Beziehungen und gehörte von 1970 bis zum Untergang der SED-Herrschaft dem Politbüro an. 1987 fädelte er das gemeinsame SPD/SED-Papier ein, das einem Kotau vor den kommunistischen Diktatoren in Mitteldeutschland durch die westdeutsche Sozialdemokratie gleichkam. Nach der Wende wurde gegen Axen u.a. wegen Mißbrauchs öffentlicher Mittel für sein 1985 bezogenes, viereinhalb Millionen Mark teures Privathaus auf dem Darß sowie für sein »Freizeitobjekt mit Bedienstetenhaus« (Kosten 7 Millionen Mark) ermittelt. Aus Gesundheitsgründen kam es nicht zur Prozeßeröffnung. Axen starb 1992 in Berlin.

Der Schriftsteller und Theaterkritiker **Julius Bab** kam 1880 in Berlin zur Welt. Den Durchbruch schaffte er 1915 als Dramaturg bei Jessner am Neuen Schauspielhaus zu Königsberg. Später dozierte er an Max Reinhardts Berliner Schauspielschule. Politisch schloß sich Bab der liberalen DDP an. Er schrieb für zahlreiche Zeitungen, auch für »Die Weltbühne«, und gab von 1923 bis 1933 die »Dramatischen Blätter« heraus. Ab

1933 war er führend im Jüdischen Kulturbund tätig, den die NS-Regierung eingerichtet hatte. Bab wirkte als Leiter der Theaterabteilung des Bundes und war Herausgeber der »Monatsblätter des jüdischen Kulturbundes«. 1934 erschien in Berlin sein tiefschürfendes Werk »Rembrandt und Spinoza: Doppelbildnis im deutsch-jüdischen Raum«. 1939 ging Bab nach Paris, 1940 nach New York. In Amerika war er vorwiegend für Emigrantenblätter wie den »Aufbau« tätig. Er starb 1955 in New York.

Zu den prominentesten unter den nach Schätzung von Professor Julius Epstein mindestens anderthalb Millionen jüdischen Todesopfern der Gewaltherrschaft Stalins zählte der Schriftsteller **Isaak Emmanuelowitsch Babel**. Er kam 1894 in Odessa am Schwarzen Meer, einer Stadt mit damals rund 25 Prozent jüdischen Einwohnern, als Kaufmannssohn zur Welt. Ab 1919 diente er als Rotarmist. Er machte den sowjetischen Polenfeldzug in der bolschewistischen Kosakenarmee des Generals Budjonny mit. Darüber schrieb er den Roman »Rote Kavallerie« - mit einem jüdischen Intellektuellen als herausragenden »Helden« unter den »rohen Kosaken«. Das Werk wird als »bedeutendstes literarisches Zeugnis der Revolution in Rußland« bezeichnet. In »Geschichten aus Odessa« schilderte Babel sein heimatliches Ghetto. 1939 wurde er im Zuge der sogenannten Säuberungen verhaftet. Er kam 1941 im Archipel Gulag um. Seine offizielle Rehabilitierung erfolgte 1958.

Die US-amerikanische Filmschauspielerin **Lauren Bacall** (Betty Joan Weinstein Perske) kam 1924 in New York zur Welt. Sie war erfolgloses »Pin-up-Girl«, bis Milliardär Howard Hawks sie 1944 »entdeckte«. Im selben Jahr debütierte Perske-Bacall in Hollywood. 1945 heiratete sie den von seiner Alkoholsucht bereits schwer gezeichneten Filmmimen Humphrey Bogart († 1957).

Lauren Bacall wirkte in zahlreichen Hollywoodstreifen mit. Am erfolgreichsten war »Wie angelt man sich einen Millionär?« aus dem Jahre 1953 mit Marilyn Monroe als ihrer Partnerin unter der Regie von Jean Negulesco.

Der kommunistische Politiker **Kurt Bachmann** kam 1909 in Düren zur Welt. 1929 schloß er sich der stalinistischen KPD an, für die er ab 1933 illegale Umsturzarbeit vor allem in Köln betrieb. 1938 ging er nach Frankreich, wo er 1942 dingfest gemacht wurde. Er mußte ins Konzentrationslager Buchenwald. Nach kurzem Palästina-Aufenthalt nach Ende des Zweiten Weltkrieges engagierte er sich für die KPD in Westdeutschland in leitender Stellung und nach deren Verbot bei der »Deutschen Friedens-Union« (DFU). Nach Gründung der Deutschen Kommunistischen Partei (DKP) 1968 war er für fünf Jahre deren Vorsitzender. Er saß auch lange Zeit im Präsidium des kommunistisch beherrschten Vereinigung der Verfolgten des Naziregimes (VVN). 1974 erhielt Bachmann den sowjetischen »Orden der Völkerfreundschaft«.

Geboren 1887 in Breslau, gestorben 1946 in Jerusalem, lauten die Eckdaten im Leben des **Hermann Badt**. Nach Promotion und Rückkehr vom Kriegsdienst engagierte er sich in Weimarer Zeit für Sozialdemokratie und Zionismus. 1919 wurde er erster jüdischer Regierungsassessor im preußischen Verwaltungsdienst. Von 1922 bis 1926 vertrat er die SPD im Preußischen Landtag. Als Ministerialdirigent leitete er von 1927 bis 1932 die Rechts- und Verfassungsabteilung im preußischen Innenministerium. 1932 war er Rechtsvertreter Preußens vor dem Staatsgerichtshof wegen des sogenannten Preußenschlages Papens; als Vertreter des Reiches stand ihm der jüdische Jurist Georg Gottheiner (deutschnationales Reichstagsmitglied von 1928 bis 1932) gegenüber. Als führender Zionist in Deutschland ging Badt 1933 nach Palästina. Er starb 1946 in Jerusalem. Die Schriftstellerin Bertha Badt-Strauss war seine Schwester.

Leo Baeck, einer der bedeutendsten Repräsentanten des Judentums in Deutschland im 20. Jahrhundert, kam 1873 in Lissa/Posen zur Welt. Er entstammte einem alten Rabbinergeschlecht. Er studierte jüdische Theologie an der Hochschule für die Wissenschaft des Judentums in Berlin. An dieser Lehranstalt, die bis ins Kriegsjahr 1942 bestand, war er auch Dozent. Ab 1897 war Baeck als Rabbi aktiv. Im Ersten Weltkrieg wirkte er als jüdischer Feldgeistlicher. Nach 1918 war er Vorsitzender des Allgemeinen Deutschen Rabbinerverbandes und ab 1924 Chef der jüdischen B'nai B'rith-Logenvereinigung in Deutschland. Seine Bemühungen, jüdisches Gemeindeleben auch unter dem NS-Regime zu bewahren, trug ihm den Vorwurf der »Kollaboration mit den Nazis« ein. Im März 1933 erklärte er öffentlich, daß »der Kampf zur Überwindung des Bolschewismus und die Erneuerung Deutschlands« durchaus begrüßenswert seien und darin auch »eine Sehnsucht innerhalb der deutschen Juden« zum Ausdruck komme. Im selben Jahr wurde Baeck Präsident der Reichsvertretung der deutschen Juden. Bis 1943 war er als jüdischer Funktionsträger, Lehrer und Geistlicher in Berlin tätig. Dann mußte er nach Theresienstadt, »wo er Vorlesungen über Kant hielt« (Tetzlaff, »2000 Kurzbiographien bedeutender deutscher Juden«). Nach dem Zusammenbruch der NS-Herrschaft hat er sich vor die Wachmannschaften gestellt, um sie vor Racheakten zu schützen. Er nahm gegen Kollektivbezichtigungen der Deutschen Stellung. Er lebte ab 1945 vorwiegend in England und starb 1956 in London.

Der geniale Chemiker **Adolf Ritter von Baeyer,** geboren 1835 in Berlin, war mütter-licherseits jüdischer Herkunft. Seine Mutter war eine geborene Hitzig, sein Vater der preußische General und bedeutende Geodät Johann Jakob Baeyer, Begründer der wissenschaftlichen Landvermessung. Adolf Baeyer ging bei Bunsen und Kekulé in die Lehre. Ab 1872 wirkte er an der neugeschaffenen Kaiser-Wilhelm-Universität zu Straßburg und ab 1875 als Nachfolger Liebigs in München. 1878 gelang Baeyer die erste Vollsynthese des Indigo. 1883 fand er die Indigo-Formel. Damit war er Mitbegründer der neuzeitlichen Kunststoff-Industrie. Auf zahlreichen anderen Gebieten, beispielsweise bei der Photosynthese der Pflanzen, kam er zu bahnbrechenden Erkenntnissen. Der Wissenschaftler wurde 1885 geadelt, 1905 mit dem Chemie-Nobelpreis ausgezeichnet und war Mitglied des Ordens Pour le mérite (Friedensklasse). Er starb 1917 in Starnberg. Sein Sohn, der bedeutende Physiker Otto von Baeyer (1877-1946), wirkte auch zur NS-Zeit in Deutschland.

Jüdischer Herkunft ist der sozialdemokratische Politiker **Egon Bahr** (geboren 1922 in Treffurt an der Werra). Er war im Kriege bei der Firma Borsig dienstverpflichtet, kam also nicht als Wehrmachtsoldat an die Front. Er begann 1945 bei der sowjetisch gelenkten »Berliner Zeitung«. Von 1948 bis 1950 wirkte er für den Berliner »Tagesspiegel«, von 1950 bis 1960 für den RIAS (zeitweilig als Chefredakteur). Von seinem Freund Willy Brandt, dem Regierenden Bürgermeister, wurde er 1960 zum Leiter des Presse- und Informationsamtes des Berliner Senates berufen, 1966 zum Sonderbotschafter im Bonner Auswärtigen Amt, dem Brandt nunmehr als Außenminister vorstand. Als Staatssekretär im Bundeskanzleramt war Bahr (Spitzname: »Tricky Egon«) ab 1969 unter Brandt der Drahtzieher der sogenannten neuen Ostpolitik, die auf »Anerkennung der Realitäten« abzielte (Verlust der Ostgebiete; DDR als eigener Staat). Von 1972 bis 1990 vertrat er die SPD im Bundestag. Zeitweise war er Minister für wirtschaftliche Zusammenarbeit (Entwicklungshilfe) und SPD-Bundesgeschäftsführer. Seit den 80er Jahren tritt er als SPD-»Abrüstungsexperte« auf. Der Titel der von M. Ushner 1991 veröffentlichten Bahr-Biographie lautet ausgerechnet: »Ein Leben für Deutschland«.

Die dunkelhäutige Tänzerin **Josephine Baker** (geboren 1906 in St. Louis/Missouri, gestorben 1975 in Paris) hatte einen jüdischen Vater aus alter Rabbinerfamilie. Ab 1925 wurde sie auch in Europa bekannt als »Tänzerin mit dem Bananengürtel« (ihr einziges »Bekleidungsstück« bei ihren Darbietungen). Sie wurde zu einer »Attraktion des Pariser Folies Bergère und des Casino de Paris«. Im Zweiten Weltkrieg soll sie gegen die deutsche Besatzungsmacht in Frankreich untergründigen Widerstand geleistet haben. Weil sie in ihrem Schloß in Frankreich Kinder aller Hautfarben beherbergte, gilt sie neuerdings als Pionier der multikulturellen Gesellschaft. Wobei übersehen wird, daß nur in den wenigsten Fällen ein Schloß zur Verwirklichung einer solchen Gesellschaft zur Verfügung steht.

Der eigentliche Name des in Rußland wirkenden Publizisten **Grigori Baklanow** lautet Fridman. Er kam 1923 in Woronesch zur Welt. Er schrieb Kriegsromane über »sowjetische Heldentaten im Kampf gegen brutale hitlerfaschistische Wehrmachtsoldaten«, zum Beispiel »Ein Fußbreit Erde« (1959). In den 80er Jahren wandelte er sich zu einem »Modernisierer der Gesellschaft«, wurde 1987 Chefredakteur der Zeitschrift »Snamjac« und erschien in der Darstellung westlicher Medien als »Vorkämpfer für Glasnost und Perestroika«.

Zu den bekanntesten Bühnenbildnern der Jahrhundertwende-Zeit gehörte **Lyon**

Bakst, der in Wahrheit Lew Samojlowitsch Rosenberg hieß und 1866 in St. Petersburg (nach anderen Angaben in Grodno) zur Welt kam. Besonders gerühmt wurde seine Ausstattung für Claude Debussys »L'aprèsmidi d'un faune« aus dem Jahre 1912. Als Maler und Zeichner wurden vor allem seine Illustrationen von Gogols »Die Nase« bekannt. Bakst-Rosenberg lebte ab 1893 in Paris. In seiner Jugend wurde er getauft, doch später kehrte er zur jüdischen Glaubensgemeinschaft zurück.

Enge Mitarbeiterin Mussolinis während dessen Zeit als Sozialistenführer war die Jüdin **Angelika Balabanoff**, geboren 1877 im ukrainischen Cernigov. Als der spätere Faschistenduce Chefredakteur des Zentralorgans der italienischen Sozialisten, »Avanti« (Vorwärts) war, wirkte sie als Schriftleiterin des Blattes. Unter Mussolini verfünffachte sich die Auflage des »Avanti«. 1919 wurde die Balabanoff erste Sekretärin der Kommunistischen Internationale. Drei Jahre später brach sie mit den Bolschewisten und wurde aus der Partei verstoßen. Seit Mitte der 20er Jahre lebte sie hauptsächlich in Paris und New York. Sie schrieb »My Life as a Rebel« (1928) und starb 1965 in Rom.

Albert Ballin, wegen seiner Vertrauensstellung bei Wilhelm II. »des Kaisers Reeder« genannt, kam 1857 in Hamburg als Sohn des Fabrikanten und Mitbegründers der Auswandereragentur Morris & Co., Samuel Joel Ballin, zur Welt. 1888 trat er in den Vorstand der »Hamburg-Amerika-Linie« (HAPAG) ein. 1889 gelangte er an die Spitze dieses sich zur größten Reederei der Welt (1914: 200 Schiffe) entwickelnden Unternehmens, das auch die Auswanderung osteuropäischer Juden nach Amerika managte. Ballin suchte den deutschen Kaiser zu weiterem Kolonialerwerb in Mittelafrika und im Orient auf Kosten des Osmanischen Reiches zu bewegen. Wie auch Wilhelm II.

wünschte er einen engen Schulterschluß mit den Briten. 1914, aber auch später während des Krieges, unternahm er vergebliche Anstrengungen, London zu Friedensverhandlungen zu bewegen. Am 9. November 1918, dem Tag des Zusammenbruchs des Kaiserreiches, nahm sich Ballin das Leben.

Der erste Gouverneur des US-amerikanischen Bundesstaates Utah, der nicht den Mormonen angehörte, war der aus Deutschland eingewanderte Jude **Simon Bamberger**. Er kam 1847 in Darmstadt zur Welt und emigrierte 1861 mit der Familie nach Amerika. Er betätigte sich geschäftlich im Bergbau (Gold, Kohle), dann im Eisenbahnbau und als Bankier. Bamberger schloß sich der Demokratischen Partei an und fungierte von 1916 bis 1920 als Gouverneur im Mormonenstaat. Er förderte jüdische Ansiedlungen in Utah und war führender Mann der jüdischen Loge B'nai B'rith. 1926 starb er in Salt Lake City.

1914 (er war gerade als k.u.k.-Soldat in Kriegsgefangenschaft geraten) erhielt **Robert Barany** den Medizin/Physiologie-Nobelpreis zugesprochen. Damit wurden seine Untersuchungen zur Physiologie und Pathologie des Bogengang-Apparates des Menschen gewürdigt. Barany, geboren 1876 in Wien, hatte 1906 als Ohrenarzt den Zeigeversuch und 1908 die Lärmtrommel als neue Methoden in seinem Fach eingeführt. 1917 wurde er Leiter der Universitätsklinik für Hals-, Nasen- und Ohrenkrankheiten in Uppsala, wo er 1936 starb.

Ludwig Barbasch, geboren 1892 in Berlin als Sproß einer jüdischen Familie, avancierte 1918 zum »Staatsminister ohne Portefeuille« des roten Umsturzregimes in Mecklenburg. Nach Niederschlagung der dortigen linksextremen Bewegung (1919) wurde er zum Tode verurteilt, dann jedoch begnadigt. Ab 1924 unterhielt er in Bürogemeinschaft mit dem bekanntesten kommunisti-

schen Anwalt, Hans Litten, eine Rechtsanwaltskanzlei in Berlin. Er vertrat in spektakulären Prozessen linksradikale Personen und Organisationen. Nach einigen Monaten »Schutzhaft« 1933 ging Barbasch über die Schweiz und Italien nach Palästina. Ab Ende der 50er Jahre war er in Wiesbaden vor allem als Wiedergutmachungsanwalt aktiv. Er starb 1967 in der hessischen Landeshauptstadt.

Der Pianist und Dirigent **Daniel Barenboim** kam 1942 in Buenos Aires zur Welt. 1949 debütierte er als »Wunderkind« in der argentinischen Hauptstadt. 1965 wurde er Chefdirigent des English Chamber Orchestra, London. Von 1957 bis 1989 war er musikalischer Direktor des Orchestre de Paris, von 1987 bis 1989 zugleich auch der Pariser Bastille-Oper. 1990 übernahm er das Dirigat der Berliner Philharmoniker, 1991 - als Nachfolger Soltis - auch das der Chikagoer Sinfoniker. Er wirkt zudem als Musikdirektor der Berliner Staatsoper Unter den Linden. Zur Wiedervereinigung 1990 erklärte er: »Ich habe die Vereinigung beider deutscher Staaten sehr positiv empfunden und sehe darin keine beängstigende Tatsache wie so mancher anderer. Es war eine künstliche Trennung, die beseitigt werden mußte.« 1995 widersprach er der These von deutscher »Kollektivverantwortung« für Hitlerverbrechen: »Es ist falsch, die heutige Generation für die Geschehnisse von damals verantwortlich zu machen.«

In der Führung Israels sitzt seit Jahrzehnten der Politiker und General **Chaim Bar-Lew**. 1924 in Wien zur Welt gekommen, wanderte er 1939 in Palästina ein. Dort schloß er sich militanten zionistischen Untergrundgruppen wie der »Palmach« an. Er diente als Offizier in den Kriegen 1948, 1956 und 1967. 1964 war er Operationschef, von 1968 bis 1971 Stabschef im Hauptquartier von Zahal, der israelischen Armee. 1972 trat

Isaak BABEL

Laureen BACALL

Kurt BACHMANN

Leo BAECK

Adolf von BAEYER

Egon BAHR

Josephine BAKER

Albert BALLIN

Ludwig BARNAY

er als Handelsminister ins Kabinett des jüdischen Staates ein, 1973 kommandierte er die südliche Front im »Jom-Kippur-Krieg«, von 1978 bis 1984 wirkte er als Generalsekretär von Mapai (»Arbeiterpartei«), anschließend bis 1990 als Polizeiminister. Den Aufstand der Palästinenser in den besetzten Gebieten (Intifada) ließ er ohne Pardon niederschlagen. Im Lexikon »Who's Who in World Jewry« schrieb er zur Frage, worauf er am meisten stolz sei: »An der Verteidigung des jüdischen Volkes und der Schaffung des Staates Israel beteiligt gewesen zu sein.«

Der Schauspieler und Theaterleiter **Ludwig Barnay** kam 1842 in Budapest zur Welt. In Berlin hatte er vor allem als »Tell«, »Hamlet«, »Wallenstein« und »Othello« Erfolg. Er gründete die Genossenschaft deutscher Bühnenangehöriger und 1870 das Berliner Theater. Auch zählte er zu den Mitgründern des Schauspielhauses Berlin sowie des Theaters in Hannover. Seine Erinnerungen erschienen 1903. Er starb 1924 in Hannover.

Der eigentliche Name des Theaterdirektors **Viktor Barnowsky**, geboren 1875 in Berlin, lautete Isidor Abrahamowsky. Nach einigen Jahren Schauspielerei an Provinzbühnen war er ab 1903 in Berlin tätig. Von 1905 bis 1913 leitete er in der Nachfolge Max Reinhardts das »Kleine Theater«, 1913 bis 1924 das Lessing-Theater, 1924 bis 1933 das Theater in der Königgrätzer Straße. Zeitweise war er auch Direktor des Deutschen Künstlertheaters und des Theaters am Schiffbauerdamm. Er gilt als »Entdecker« u.a. der Elisabeth Bergner. 1933 ging er nach Österreich, dann nach Frankreich und England. Ab 1937 war er in Amerika, wo er sich vor allem als Dramaturg für Hollywood-Konzerne wie MGM und 20th Century Fox betätigte. Später lehrte er in den USA Theaterwissenschaft. Er starb 1952 in New York.

Bettelarm, so heißt es in Biographien, sei **Bernhard Baron** (geboren 1850 in Rostow am Don) als 16jähriger in die Vereinigten Staaten von Amerika gekommen. Er begann als Tabakarbeiter in Baltimore. Schon 1870 gründete er eine eigene Zigarettenfabrik (»Admiral«). 1895 ging er nach England, wo er ein neues Verfahren zur Zigarettenherstellung einführte und zum »Zigarettenkönig des Empire« avancierte. Er war einer der Hauptfinanziers der britischen Labour-Party und Sponsor der Hebräischen Universität Jerusalem. Baron starb 1929 in Brighton/England.

Ein »finsterer baruchischer Blick« hielt laut dem amerikanischen Banker und Publizisten Curtis B. Dall seinen Schwiegervater, den US-Präsidenten Franklin D. Roosevelt, gefangen und trieb ihn - ohne Not für die USA - in den Krieg gegen Deutschland. Damit spielte Dall auf **Bernard Mannes Baruch** an, den einflußreichsten Kriegsmanager der USA und engen Ratgeber Roosevelts. Er kam 1870 in Camden/Süd-Karolina als Sproß einer aus Deutschland zugewanderten Rabbinerfamilie zur Welt. Der altjüdische Name »Baruch« bedeutet »der Gesegnete«. Baruch war an der Schwelle zum 20. Jahrhundert als Spekulant an der Wallstreet vermögend geworden. 1916 berief ihn Präsident Wilson in das »Komitee des Nationalen Verteidigungsrates«. In dieser Funktion und als Chef des Kriegsindustrieamtes hatte Baruch die Oberaufsicht über die gesamte Kriegswirtschaft der USA. 1919 war er Wilsons Berater in Versailles. Baruchs Einfluß wuchs unter Roosevelt noch mehr. Man nannte ihn »Superpresident«. Er stand dem »New Deal« Pate und wirkte im Zweiten Weltkrieg abermals als Chef des Kriegsamtes und damit als Manager der US-Kriegswirtschaft. Er setzte sich vehement für den Morgenthau-Plan zur Vernichtung des Deutschen Reiches ein, der bei völliger Verwirklichung mehr als dreißig Millionen Deutschen das Leben gekostet hätte. Nach 1945 wirkte Baruch unter anderem als Chef der UN-Atomenergiekommission. 1962 erschienen seine Erinnerungen »Jahre des Dienens«. Er starb 1965 in New York.

Aus jüdischer Familie stammte **Salvatore Barzilai**, der über viele Jahre die italienische Politik mitbestimmte. Er kam 1860 in Triest zur Welt. 1915/16 wirkte er als Minister für die »unbefreiten Gebiete«, worunter man in Rom auch das deutsche Tirol bis zum Brenner begriff. Zu jener Zeit vollzog Italien den Frontwechsel im Ersten Weltkrieg und fiel - gegen Zusicherung der Westmächte, daß es Südtirol erhalte - den Deutschen in den Rücken. 1919 war Barzilai Mitunterzeichner des Versailler Friedensdiktates auf der »Siegerseite«. 1920 wurde er Senator in Rom. Unter Mussolini zog er sich aus der Politik zurück. Er starb 1939 in Rom.

Als einer der bedeutendsten Gegenwartsdichter Italiens und neben P. Levi und N. Ginzburg als jener Literat, der das Schicksal der italienischen Juden während des Faschismus am eindringlichsten geschildert habe, gilt **Giorgio Bassani**, der 1916 in Bologna zur Welt kam. Zur Faschistenzeit habe er Widerstand geleistet und sei 1943 verhaftet worden, wird berichtet. Ab 1957 lehrte er als Professor an der Schauspielakademie in Rom. Sein Erstlingswerk »Cinque storie ferraresi« schildert das Schicksal von Juden in Ferrara. Als »Klassiker des Antifaschismus« hat man seinen Roman »Il giardino dei Finzi-Contini« bezeichnet, der 1970 von de Sica verfilmt wurde. Bassanis literaturkritische Arbeiten erschienen 1984 unter dem Titel »Jenseits des Herzens«.

Trat er ansonsten als »Strafrechtsliberalisierer« auf, so verfocht der jüdische Jurist **Fritz Bauer** in bezug auf schon Jahrzehnte zurückliegende NS-Delikte unnachsichtige Härte und Strafrechtsverschärfung. Er galt in seiner Zeit als Generalstaatsanwalt in Frankfurt am Main von 1956 bis 1968 als oberster »Nazijäger« der Bundesrepublik und war federführend beim großen Auschwitz-Prozeß. Nach Angaben des israelischen Geheimdienstchefs Isser Harel war Bauer konspirativ an der Eichmann-Entführung beteiligt. Fritz Bauer, geboren 1903 in Stuttgart, war zu Weimarer Zeit in diversen linken Vereinigungen aktiv (Reichsbanner, Republikanischer Richterbund, SPD). 1933 kam er zeitweise in »Schutzhaft«. 1936 ging er nach Dänemark, wo er als Vertreter deutscher Textilfirmen tätig war. 1943 tauchte er in Schweden auf, wo er Mitarbeiter der »Sozialistischen Tribüne« wurde. 1949 nach Deutschland zurückgekehrt, wurde er Landgerichtsdirektor, 1950 Generalstaatsanwalt am OLG Braunschweig und 1956 am OLG Frankfurt am Main. Er war Mitherausgeber des SPD-Blattes »Die Neue Gesellschaft« und schrieb u.a. über »Sexualität und Verbrechen«. Er starb 1968 in Frankfurt/Main.

Eliezer Lippa Ben Jossip David ha Cohen aus Skalat bei Tarnopol (Jahrgang 1912) wurde unter den Aliasnamen **Leo Bauer** und Rudolf Katz einflußreicher Kommunist bzw. Sozialdemokrat. Der Sohn eines Strumpfhändlers kam 1914 mit der Familie nach Deutschland. 1928 schloß er sich der SPD, 1931 der KPD an. Er gehörte jener KP-Abteilung an, die »schwarze Listen« mit den Namen von »Parteischädlingen« führte. Ab 1934 wirkte er als »Rudolf Katz« in Frankreich; er rekrutierte Rotbrigadisten für Spanien. 1939 wurde er in Frankreich interniert. Von 1942 bis 1944 war er in der Schweiz in Haft. Man warf ihm Sowjetspionage vor. Von 1946 bis 1949 amtierte er als KPD-Fraktionschef im Hessischen Landtag. Dann war er in Ost-

berlin Leiter des SED-»Deutschlandsenders«. Weil er mit dem »zionistischen Agenten« Noel Field konspiriert habe, kam er
1950 in Haft (ab 1953 im Gulag). Nach dem
Adenauer-Besuch in Moskau 1955 kam er
frei. In der Bundesrepublik wurde er
»Stern«-Redakteur, SPD-Mitglied und enger Berater des SPD-Vorsitzenden Brandt.
Cohen-Bauer-Katz war maßgeblich an der
Vorbereitung der Brandtschen »neuen Ostpolitik« beteiligt. Er wirkte auch als Chefredakteur des SPD-Organs »Neue Gesellschaft«. Er starb 1972 in Bonn.

Für den österreichischen Sozialistenführer jüdischer Herkunft **Otto Bauer** (geboren 1881 in Wien als Sohn eines Textilfabrikanten) waren Sozialismus und großdeut-
sches Bekenntnis kein Gegensatz. In Koschs
»Biographischem Staatshandbuch« heißt es:
»Trotz seiner sonstigen radikal links orientierten politischen Einstellung nahm er eine
stark nationale Haltung ein.« Bauer, seit
1907 Redakteur sozialdemokratischer Blätter, geriet 1917 als k.u.k. Soldat in russische
Gefangenschaft. Als Nachfolger des ebenfalls großdeutsch gesinnten Sozialistenführers jüdischer Herkunft Victor Adler war
er von November 1918 bis Juli 1919
Staatssekretär des Äußeren der Österreichischen Republik (Außenminister). Am 2.Mai
1919 unterzeichnete er mit dem reichsdeutschen Außenminister von Brockdorff-Rant-
zau das »Berliner Protokoll« für den Zusammenschluß der Republiken von Weimar
und Wien zu einem Großdeutschen Reich.
Reichstag und Reichspräsident sollten abwechselnd in Wien und Berlin residieren.
Unter Androhung militärischer Gewalt verhinderten die Alliierten das Entstehen eines
demokratischen Großdeutschlands, das mit
an Sicherheit grenzender Wahrscheinlichkeit die kommenden Verhängnisse verhindert hätte. Aus Protest gegen das alliierte
Anschlußverbot und gegen die Abtrennung

Südtirols sowie der Sudetengebiete trat Bauer von seinem Amt zurück. Von 1920 bis
1934 wirkte er als Abgeordneter des Wiener
Nationalrates. Nach den Februar-Unruhen
emigrierte er nach Paris. Den Nationalsozialismus lehnte er aufs schärfste ab. Nach
dem Anschluß Österreichs im März 1938
plädierte er für eine »gesamtdeutsche Revolution« und verwarf die Forderung nach
Abtrennung Österreichs vom Deutschen
Reich. Otto Bauer starb am 4. Juli 1938 in
der französischen Hauptstadt.

Als oberste israelische Autorität der Holocaust-Forschung gilt Professor **Yehuda
M. Bauer**. Er kam 1926 in Prag zur Welt und
ging mit der Familie 1939 nach Palästina, wo
er zionistischen Militärdienst bei der Untergrundarmee Haganah (Palmach) ableistete.
In den 60er Jahren wirkte er an der Brandeis-Universität, der jüdischen akademischen
Kaderschmiede in den USA. 1973 wurde er
Professor für Holocaustkunde an der Hebräischen Universität Jerusalem, seit 1983
leitet er das Internationale Zentrum für Antisemitismusforschung in Israel. Er schrieb
unter anderem »The Holocaust in Historical Perspective« (1978) und »A History of
the Holocaust« (1982). Daß Professor Bauer
einige antideutsche Horrordarstellungen als
gefälscht und widerlegt bezeichnete (z.B.
Juden seien zu Seife eingekocht worden),
nutzte in der Bundesrepublik wenig: Diese
»storys« werden von deutschen Extrem-
umerziehern ungerührt weiter verbreitet.
Bauer lebt in einem Kibbutz.

Der 1912 in Moschin/Posen geborene
Herbert Baum, seit 1932 Aktivist der stalinistischen KPD, bildete ab 1937 eine hauptsächlich aus jüdischen Kommunisten beste-
hende Untergrundgruppe, die rund 30 Leute umfaßte. 1942 verübte die Gruppe einen
Brandanschlag auf die antikommunistische
Ausstellung »Das Sowjetparadies« im Berliner Lustgarten. Das rechtzeitige Eingreifen

Victor BARNOWSKY

Bernard BARUCH

Fritz BAUER

Otto BAUER

Vicki BAUM

Jurek BECKER

Menachem BEGIN
in den 40er Jahren

Saul BELLOW

Ralph BENATZKY

der Feuerwehr verhinderte nur knapp eine Katastrophe mit vermutlich Hunderten Todesopfern. Baum verübte nach seiner Verhaftung bald nach dem Terroranschlag Selbstmord; fast alle Angehörigen seiner Gruppe wurden hingerichtet. Der jüdische Publizist Lustiger berichtet: »Auf Herbert Baums Grabstätte in Weißensee errichtete die Berliner Jüdische Gemeinde für die jüdischen und nichtjüdischen Angehörigen der Widerstandsgruppe eine gemeinsame Gedenktafel. Rabbiner waren zugegen, als das Mahnmal eingeweiht wurde. 27 Namen sind auf ihm verzeichnet.«

Der jüdische Publizist **Leopold Baum** zählte zu den annähernd einhundert Todesopfern, die 1946 nach dem Sprengstoffanschlag der radikalzionistischen Stern-Bande (Begin, Schamir usw.) auf das King-David-Hotel in Jerusalem zu beklagen waren. Durch Attentate wollten die Terroristen die britische Mandatsmacht und möglichst viele arabische Palästinenser aus dem künftigen Staat Israel vertreiben. Baum war 1909 in Prag zur Welt gekommen (sein Vater war Pianist und Musikkritiker). Bis 1938 wirkte er als Redakteur beim »Prager Tageblatt« bzw. als Chefredakteur der »Prager Abendzeitung«. 1939 ging Leopold Baum in die Emigration nach Palästina, wo er Sekretär des Finanzbüros der Mandatsverwaltung wurde und weiter journalistisch aktiv war.

Die Jüdin **Vicki Baum** zählt zu den auflagenstärksten Schriftstellerinnen des 20. Jahrhunderts. Sie kam 1888 in Wien zur Welt und starb 1960 in Hollywood. Eigentlich hieß sie mit Vornamen Hedwig und war Harfenistin, die 1910 vom Großherzog von Hessen als Musikerin nach Darmstadt gerufen worden sein soll. Als Schriftstellerin wurde sie vom Berliner Ullstein-Verlag entdeckt, wo sie als Redakteurin des Blattes »Die Dame« arbeitete. Theatermogul Max Reinhardt verhalf ihr endgültig zum Durch-

bruch. 1931, anläßlich der Verfilmung ihres bekanntesten Werkes, »Menschen im Hotel« mit Greta Garbo in der Hauptrolle, begab sich Vicki Baum in die USA. Dort blieb sie. Sie schrieb bald darauf nur noch englisch und nahm 1938 die US-Staatsbürgerschaft an. Ihre Erinnerungen heißen »Es war alles ganz anders«. Sie war mit dem jüdischen Dirigenten Richard Lert verheiratet.

Als einer der bedeutendsten Theater- und Fernsehregisseure Bundesdeutschlands gilt **Peter Beauvais**, der 1916 als Fabrikantensohn im oberfränkischen Weißenstadt zur Welt kam und 1936 wegen seiner jüdischen Abstammung in die Vereinigten Staaten von Amerika emigrierte. Nach Ende des Zweiten Weltkrieges war er im amerikanisch besetzten Teil Deutschlands Kulturkontrolleur und Umerzieher. Seit den 50er Jahren trat er mit vielen Inszenierungen fürs Fernsehen in Erscheinung. Er war als Regisseur auch für die Hamburgische Staatsoper, das Opernhaus Zürich und die Deutsche Oper in Berlin aktiv. Beauvais war einige Jahre mit der Schauspielerin Sabine Sinjen verheiratet. Er starb 1986 in Baden-Baden.

Die Kommunistin **Lilly Becher** kam 1901 als Lilly Korpus in Nürnberg zur Welt und starb 1976 in Ostberlin. Ihr Vater war Marineoffizier jüdischer Herkunft, ihre Mutter Adoptivtochter des jüdischen Großreeders Albert Ballin. Lilly Becher schloß sich 1919 der KPD an und wurde Chefredakteurin des kommunistischen Frauenblattes »Die Arbeiterin«. 1933 ging sie in die Schweiz. 1936 brachte sie in Paris zusammen mit dem später auf Stalins Geheiß ermordeten jüdischen Agitprop-Chef Münzenberg das Buch »Der gelbe Fleck« heraus. Es wird heute als »erste Dokumentation über Judenverfolgung in Hitlerdeutschland« gewürdigt. Als die französischen Behörden gegen sie wegen Stalin-Spionage ermittelten, setzte sie sich in die Sowjetunion ab, wo sie für Radio Moskau arbeitete. In der DDR wirkte sie als Chefredakteurin der »Neuen Berliner Illustrierten«, als Gründerin und Präsidiumsmitglied des »Demokratischen Frauenbundes« und als Vizevorsitzende der »Gesellschaft für Deutsch-Sowjetische Freundschaft«. Sie war mit dem kommunistischen DDR-Staatsdichter Johannes R. Becher verheiratet.

Der Literat **Jurek Becker**, geboren 1937 im polnischen Lodz, überlebte die Lager Ravensbrück und Sachsenhausen. 1957 schloß er sich in der DDR der SED an. Er schuf vor allem Drehbücher für Film und Fernsehen, die in der DDR und später auch in der Bundesrepublik inszeniert wurden. Weil er sich mit Wolf Biermann solidarisiert hatte, wurde er 1977 aus der SED ausgeschlossen. Im selben Jahr erhielt er ein 10-Jahres-Visum für die Bundesrepublik. Zu seinen bekanntesten Werken, die um das Thema NS-»Bewältigung« kreisen, zählen der von der DDR-Defa verfilmte Roman »Jakob der Lügner«, »Der Boxer« und die (ebenfalls verfilmte) Erzählung »Bronsteins Kinder«. Auch lieferte er die Drehbücher zur Fernsehserie »Liebling Kreuzberg«. In der DDR war er Mitglied des Schriftstellerverbandes und wurde mit dem Heinrich-Mann-Preis (1971) sowie dem »Nationalpreis« dekoriert.

Menachem Begin (geboren 1913 in Brest-Litowsk, gestorben 1992 in Tel Aviv) wurde als Jugendlicher Aktivist der militanten zionistischen Beitar-Bewegung, deren Führung er in den 30er Jahren in Polen übernahm. Nach dem deutschen Einmarsch in Polen flüchtete er nach Litauen, von wo aus Stalin ihn nach Sibirien deportieren ließ. Aufgrund eines Abkommens zwischen Moskau und der polnischen Exilregierung wurde er in die exilpolnische Anders-Armee entlassen. Begin desertierte und schlug sich nach Palästina durch. Dort trat er 1942 an die Spitze der Terrororganisation Irgun

Zwai Leumi, die Briten und Araber mit Gewalt aus Palästina vertreiben wollte und ein Jahr zuvor Hitler ein Bündnisangebot unterbreitet hatte. Die Briten setzten Begin als »Terrorist Nr. 1« auf ihre Fahndungslisten. Auf das Konto der Irgun gingen u.a. der Anschlag auf das King David Hotel in Jerusalem mit rund 100 Toten und das Massaker an arabischen Zivilisten in Deir Jassin, das mindestens 250 Menschenleben forderte. 1948 gründete Begin die extremzionistische Cherut-Partei. Von 1977 bis 1983 war er als Chef des chauvinistischen Likud-Blocks israelischer Ministerpräsident. Wegen des unter US-amerikanischem Patronat zustandegekommenen Abkommens mit Ägypten erhielt er mit Sadat 1978 den Friedensnobelpreis. Gegenüber den Deutschen zeigte sich Begin unversöhnlich, denn: »Diese Nation wurde zu einer blutdürstenden Meute.«

Als Sohn eines jüdischen Schiffsarztes kam **Martin Beheim-Schwarzbach** 1900 in London zur Welt. Er behauptete, zu seinen Vorfahren hätte der Nürnberger Globus-Erfinder Martin Beheim gehört. 1927 trat er mit dem Novellenband »Die Runen Gottes« als Literat in Erscheinung. Ungeachtet seiner jüdischen Herkunft kamen zur NS-Zeit zahlreiche Werke aus seiner Feder auf den deutschen Buchmarkt, beispielsweise der Roman »Der Gläubiger« (1934), »Das Buch vom Schach« (1934), der Gedichtband »Die Krypta« (1935), die Erzählung »Die Todestrommel« (1935), die Novelle »Der Schwerttanz« (1938), der Roman »Die Verstoßene« (1938). Seine Übersetzung von Margaret Mitchells »Vom Winde verwehrt« ins Deutsche kam 1937 heraus. Kurz vor Ausbruch des Zweiten Weltkrieges ging er (er hatte wegen seines Geburtsortes den britischen Paß) nach London. Dort war er in der BBC-Rundfunkpropaganda tätig. 1946 kam er als »Control Officer« zurück. U.a. kontrollierte er die Redaktion der »Welt«.

Dann arbeitete er als freier Schriftsteller. Er starb 1985 in Hamburg.

Über **Alfred Beit** schreibt das »Lexikon des Judentums«: »Er starb als der erste Milliardär der Welt.« Geboren wurde er 1853 in Hamburg als Sproß einer jüdischen Familie. 1875 ging er nach Südafrika, wo er sich mit dem Diamantenhändler und Hauptvertreter des britischen Imperialismus Cecil Rhodes zusammentat. Die beiden gründeten den De Beers-Konzern, der fortan den größten Teil des Welt-Diamantenmarktes beherrschte und in den später die Oppenheimer einstiegen. In London schuf Beit, von der britischen Krone zum »Sir« gemacht, das Bankhaus Wernher, Beit & Co. Sir Alfred besaß Kunstsammlungen ungeheuren Wertes. 1906 starb er auf Schloß Tewin Water/Hertfordshire.

Als »bedeutendster Erzähler der US-amerikanischen Gegenwartsliteratur«, welcher »jüdischen Humanismus dem modernen Materialismus gegenüberstellt«, wird oftmals **Saul Bellow** porträtiert. Er kam 1915 in Lachine/Quebec als Sohn aus Rußland zugewanderter Juden zur Welt. 1924 ging er in die USA, wo er Anthropologie studierte und als Journalist und Lehrer tätig war. 1953 gelang ihm der Durchbruch mit dem Roman »Die Abenteuer des Augie March« über einen jungen amerikanischen Juden. In sämtlichen Bellow-Werken stehen jüdische Fragen im Mittelpunkt. Ab 1962 lehrte der Schriftsteller Literatur an der Universität Chikago. 1976 sprach man ihm den Literaturnobelpreis zu. Bellow schrieb auch »Nach Jerusalem und zurück«.

Als Heinz Banner kam der israelische Offizier und Geschäftsmann **Uri Ben-Ari** 1925 in Berlin zur Welt. Er wanderte 1939 in Palästina ein und wurde Offizier der radikalzionistischen Palmach (»Harel-Brigade«). 1956 war er Kommandeur der 7. Panzerbrigade im Sinai-Feldzug, der der Durchbruch zum Suezkanal gelang. In den 60er Jahren wirkte Ben-Ari als Geschäftsführer bedeutender israelischer Unternehmen (Electric Motors, Verlag Lewin Epstein usw.). Im Kriege 1967 war er Kommandeur der Panzerabteilung der Harel-Brigade, 1973 stellvertretender Kommandeur des Süd-Abschnitts der ägyptischen Front. Von 1976 bis 1978 wirkte er als Israels Generalkonsul in New York.

Die Operette »Im weißen Rößl« (1930) ist das bekannteste Werk des 1889 in Mährisch-Budwitz geborenen halbjüdischen Komponisten **Ralph Benatzky**. Er diente im Ersten Weltkrieg als k.u.k. Offizier. 1926 kam er nach Berlin. 1933 kehrte er nach Wien zurück. 1938 wanderte er in die USA aus. Dennoch blieb er im NS-Reich auf den Spielplänen der Musikbühnen. Der polnische Theaterwissenschaftler Boguslaw Drewniak berichtet in seinem Werk »Das Theater im NS-Staat«: »Benatzky gelangte zunächst auf die ›Schwarze Liste‹, wurde aber bald zugelassen, und man spielte ihn immer mit Kassenerfolgen, allerdings nur Teile seines umfangreichen Schaffens. Den Stoff von Benatzkys Lustspiel ›Axel an der Himmelstür‹ benutzte Rabenalt zu seinem Film ›Liebespremiere‹ (1943).« Selbst der schon in den USA weilende Benatzky wurde von Dr. Goebbels' Berliner »Reichsstelle für Musikbearbeitung« mit Aufträgen bedacht. Daß er damit »für eine Fälscherwerkstätte« tätig gewesen sei, habe er nicht bemerkt oder es habe ihn nicht gestört, schreibt zornig der Publizist Prieberg in seiner Studie »Musik im NS-Staat«. Nach Kriegsende ließ sich der Komponist in der Schweiz nieder. Er starb 1957 in Zürich.

»In einer Weihnachtsnacht, als wir wie unsere Nachbarn einen Christbaum hatten, beschloß ich: Diesen Klimbim mache ich nicht mehr mit.« So schildert **Schalom Ben-Chorin** (geboren 1913 in München) den Beginn seiner Rückkehr zum religiösen Judentum. Eigentlich heißt der Publizist Fritz Franz Rosenthal. Als Jugendlicher schloß er sich den zionistischen Bewegungen Kadimah und Beitar an. 1935 wanderte er nach Palästina aus. Dort war er als Journalist tätig, gründete und leitete eine Reformgemeinde und wurde in der David-Jellin-Loge des B'nai B'rith-Bundes aktiv. Seit 1970 lehrt er Religionsphilosophie in Jerusalem, Tübingen und München. Er bezeichnet Martin Buber als seinen Lehrer und Freund. Laut »Stuttgarter Zeitung« »träumt er von einem Israel, das alle Völker umfaßt«. Vor allem geht es ihm darum, »das Jüdische« an Jesus zu untersuchen. U.a. veröffentlichte er »Bruder Jesus. Der Nazarener in jüdischer Sicht«.

Der deutschnational gesinnte Großvater des Politikers und Juristen **Ernst Benda** (geboren 1925 in Berlin) benannte sich von Ben David in Benda um. Während sein Vater bei der Organisation Todt dienstverpflichtet war, machte Ernst Benda in Berlin das Abitur und leistete anschließend Kriegsdienst als Funker in der deutschen Kriegsmarine. Von 1957 bis 1971 gehörte er dem Bundestag als CDU-Abgeordneter an. Er setzte sich besonders für die Aufhebung der Verjährung ein, damit Personen, die der NS-Verbrechen beschuldigt werden, bis ins 21. Jahrhundert hinein, wenn der letzte von ihnen gestorben ist, verfolgt werden können. Als Innenminister der Großen Koalition 1968/69 wollte er die NPD verbieten lassen und stellte den Antrag, dem »National-Zeitungs«-Herausgeber Dr. Frey das Recht auf freie Meinungsäußerung zu entziehen. Das Ansinnen scheiterte nach langem juristischen Kampf vor den Gerichten. Von 1967 bis 1970 wirkte Benda als Präsident der Deutsch-Israelischen Gesellschaft. 1971 bis 1983 amtierte er als Präsident des Bundesverfassungsgerichtes. Nun mußte er sich mit zahlreichen Verfassungsbrüchen etablierter

Politiker, darunter oftmals eigener Parteifreunde, beschäftigen. 1984 übernahm er einen Lehrstuhl für öffentliches Recht mit Schwerpunkt Verfassungsrecht an der Universität Freiburg im Breisgau.

»Deutsch-vaterländisch vom Scheitel bis zur Sohle« - so charakterisierte die »Deutsche National-Zeitung« in einer Serie mit dem Titel »Große jüdische Deutsche« **Felix von Bendemann**. Er war ein Sohn des Historienmalers Eduard von Bendemann (1811-1889), der 1835 vom jüdischen Glauben zum Christentum konvertiert war und als Nachfolger Schadows die Düsseldorfer Kunstakademie geleitet hatte. Felix von Bendemann kam 1848 in Dresden zur Welt. Er kämpfte am 9. November 1870 bei Havanna und wurde 1899 Vizeadmiral und Chef des reichsdeutschen Admiralstabes. 1900 bis 1902 befehligte er das Ostasiatische Kreuzergeschwader und leitete nach dem Eintreffen des Expeditionskorps die Operationen zur See. Unter ihm wurden die Takuforts eingenommen. Von 1903 bis 1907 war er Chef der Marinestation in der Nordsee. 1905 wurde er in den erblichen Adel erhoben. Er starb 1915 in Halensee bei Berlin.

Der 1916 in Berlin geborene Sozialwissenschaftler **Reinhard Bendix** brachte es in der amerikanischen Emigration (ab 1938) unter anderem zum Professor an den Universitäten Chikago, Colorado und Berkeley und zum Präsidenten des US-Soziologenverbandes (ab 1969). Er war der Sohn des Schriftstellers Ludwig Bendix, der sich Baruch Broker nannte, und betätigte sich in den 30er Jahren in Deutschland als Aktivist in zionistischen Gruppierungen. Reinhard Bendix veröffentlichte u.a. eine ausführliche Arbeit über Max Weber (deutsch 1964).

Der Schriftsteller **Moscheh Yaakov Ben-Gavriel**, wie er sich im Nahen Osten nannte, hieß ursprünglich Eugen Höflich und kam 1891 in Wien zur Welt. Er diente im Ersten Weltkrieg als k.u.k. Soldat im damals türkischen Jerusalem. Als glühender Zionist ging er 1927 für immer nach Palästina und wurde dort Offizier der jüdischen Untergrundarmee. Als Literat nahm er sich des Schicksals NS-verfolgter Angehöriger seines Volkes an; vor allem aber schrieb er skurrile und ironische Geschichten. Einige seiner bekanntesten Werke sind »Schakale in Jerusalem« (1928), »Das anstößige Leben des großen Osman« (1956), »Kamele trinken auch aus trüben Brunnen« (1965). Höflich alias Ben-Gavriel starb 1965 in Jerusalem.

Als »Vater des Staates Israel« gilt der Zionistenführer **David Ben-Gurion**. Er kam 1886 in Plonsk, damals Russisch-Polen, unter dem Namen David Grün zur Welt. Als zionistischer Sozialist, Aktivist der Gruppe »Poale Zion«, ging er 1906 nach Palästina. 1917/18 war er Führer in der »Jüdischen Legion«, die auf britischer Seite mit dem Ziel eines jüdischen Palästina kämpfte. 1920 begründete Ben-Gurion die zionistische Gewerkschaft »Histradut« und wurde deren Chef, 1930 hob er die »Arbeiterpartei« (Mapai) aus der Taufe, der er viele Jahre vorstand. Von 1935 bis 1948 fungierte er zunächst als Vorsitzender der Jewish Agency, dann der Zionistischen Weltorganisation. Mit seiner Billigung verübten radikalzionistische Aktivisten Terror gegen britische Mandatsmacht und arabische Palästinenser. 1948 proklamierte er den Staat Israel, dessen Ministerpräsident er bis 1953 und von 1955 bis 1963 war. Adenauer bewegte er zu weitgehenden deutschen Wiedergutmachungsverpflichtungen. 1965 verließ Ben-Gurion die Mapai im Streit und gründete eine neue Partei (»Rafi«). Er starb 1973 in Tel Aviv.

Wegen ihrer brutalen Amtsführung in Schlüsselstellungen der DDR-»Justiz« erhielt **Hilde Benjamin** (geboren 1902 in Bernburg an der Saale als Hilde Lange, gestorben 1989 in Ostberlin) den Beinamen »Rote Guillotine«. Von 1949 bis 1953 wirkte sie - nach Absolvierung eines »Volksrichterlehrgangs« - als Vizepräsidentin des Obersten Gerichtshofes der DDR. Sie führte den Vorsitz in zahlreichen Schauprozessen, die mit der Verhängung der Todesstrafe endeten. Von 1953 bis 1967 war sie DDR-Justizministerin, von 1954 bis zu ihrem Tode SED-ZK Mitglied. Außerdem war sie »Professorin« an der DDR-Akademie für Staats- und Rechtswissenschaften »Walter Ulbricht« in Potsdam-Babelsberg. Die Tochter aus jüdischem Hause (der Vater war Direktor) heiratete 1926 den kommunistischen Funktionär Georg Benjamin, Bruder des Linksliteraten Walter Benjamin. Ein Jahr später schloß sie sich selbst den Stalinisten in Deutschland an. Als Rechtsanwältin verteidigte sie vorwiegend Angehörige des militanten KP-Apparates, dessen Ziel die Beseitigung der Weimarer Republik und die Errichtung Sowjetdeutschlands war. Auch im Mordprozeß Horst Wessel war sie an der Verteidigung beteiligt. Nach der NS-Machtübernahme erhielt sie als Rechtsanwältin Berufsverbot. Sie fungierte bis 1939 als juristische Beraterin der sowjetischen Handelsgesellschaft in Berlin. Im Krieg war sie als Werkstattschreiberin und als Angestellte in der Konfektion dienstverpflichtet. Nach dem Einmarsch der Roten Armee begann ihre Karriere als »oberste Staatsterroristin in Mitteldeutschland« (Charakterisierung im Lexikon »Prominente ohne Maske DDR«).

Über den Literaten **Walter Benjamin** heißt es im »Internationalen Biographischen Handbuch der deutschsprachigen Emigration«, er habe zunächst dem Zionismus nahegestanden, sei dann eine Zeitlang stark vom jüdischen Mystizismus beeinflußt gewesen und habe sich - veranlaßt durch Brecht - schließlich dem Marxismus zugewandt. Benjamin kam 1892 in Berlin als Sohn eines jüdischen Kunstversteigerers zur Welt. Er war zur Weimarer Zeit als Linkspublizist tätig und schrieb auch für Stalins »Sowjetenzyklopädie«. 1933 ging er nach Frankreich, wo er für die Pariser Niederlassung der »Marxburg« (des Instituts für Sozialforschung, ehedem Frankfurt am Main) arbeitete. Neben Adorno, Horkheimer und Marcuse gilt Benjamin als ein Vater der sogenannten Frankfurter Schule des Neomarxismus. Er starb 1940 in Port Bou an der französisch-spanischen Grenze (vermutlich Selbstmord oder Gehirnschlag). Er war Schwager der nachmaligen Chef-Anklägerin und Justizministerin der DDR, Hilde Benjamin (genannt »Rote Guillotine«).

Der Linguist **Elieser Ben Jehuda** gilt als Wiedererwecker der hebräischen Sprachen. Er kam 1858 im litauischen Lukschi zur Welt, ging 1881 nach Palästina und gründete dort den »Waadhalaschon« (Sprachenrat). Nach dem Vorbild des »Wörterbuchs der deutschen Sprache« (Brüder Grimm) verfaßte er sein Lebenswerk, den »Thesaurus totius Hebraitatis«. Ben Jehuda starb 1922 in Jerusalem.

»Davidstern und Deutschland« lautet der Titel der 1970 erschienenen Erinnerungen des israelischen Politikers und Diplomaten **Ascher Ben-Nathan**. Er ist Jahrgang 1921 und stammt aus Wien. 1938 kam er nach Palästina, wo er aktiv in der Kibbuz-Bewegung war und sich an der Organisierung illegaler jüdischer Einwanderung beteiligte. Ein besonderes Vertrauensverhältnis verband ihn mit Israels Gründervater Ben-Gurion, dessen persönlicher Referent er wurde. Ab 1957 wirkte Ben-Nathan als Mitarbeiter des israelischen Verteidigungsministeriums, zuletzt im Range eines Generaldirektors. Er hatte für Waffenbeschaffung aus Westeuropa, nicht zuletzt aus der

Bundesrepublik, zu sorgen, was ihm überreichlich gelang. Von 1965 bis 1970 war er (erster) israelischer Botschafter in Bonn, dann bis 1975 in Paris. Über viele Jahre wirkte er als Vorsitzender der »Deutsch-Israelischen Gesellschaft«.

Der Jurist und Publizist aus jüdischer Familie **Norman Bentwich**, geboren 1883 in London, brachte es 1918 zum britischen Kronanwalt in Palästina. Dieses Amt hatte er bis 1931 inne. Dann wirkte er bis 1951 als Völkerrechtsprofessor in Jerusalem. Daneben war er von 1933 bis 1936 Direktor beim Völkerbundshochkommissar für Flüchtlinge. Bentwich fungierte lange Zeit als Vorsitzender der zionistischen »United Restitution Organization«.

Nach dem Tode von Chaim Weizmann wählte die israelische Knesset 1957 **Izhak Ben-Zwi** zum zweiten Staatspräsidenten. Er bekleidete das Amt bis zu seinem Tode (1963 in Jerusalem). Ben-Zwi war 1884 in Poltawa/Ukraine zur Welt gekommen und hieß eigentlich Isaak Schimschelewitz. Er setzte sich aktiv für die »Poale Zion« ein; diese Bewegung wollte Kommunismus und Zionismus verknüpfen. Was für ihn aber stets die Hauptsache blieb, schilderte er in seinen Memoiren am Beispiel seiner Rede nach Ausbruch der Revolution in Rußland im Jahre 1905: »Zehntausende Menschen hörten mir zu. Aber während ich sprach, erschien vor meinem geistigen Auge das Bild Jerusalems, der heiligen Stadt mit ihren Ruinen, die von ihren Söhnen verlassen wurde.« Schimschelewitz kam 1907 nach Palästina, verwandelte sich in Ben-Zwi, wurde Weggefährte Ben-Gurions (mit dem zusammen er in Istanbul studierte und nach New York emigrierte), wurde 1931 Chef des zionistischen Nationalrates und, wie eingangs beschrieben, 1957 Israels Staatsoberhaupt.

Die Schriftstellerin **Alice Berend**, die 1878 als Tochter aus jüdischem Hause in Berlin geboren wurde, bis 1936 protestantisch, dann katholisch und Schwägerin des berühmten Malers Lovis Corinth war, emigrierte 1935 vor Hitlers Nationalsozialismus über die Schweiz ins faschistische Italien. Sie starb 1938 in Florenz. Sie verfaßte rund 20 meist humoristische Romane wie »Frau Hempels Tochter« (1913), »Die Bräutigame der Babette Bomberling« (1914), »Ein Hundeleben« oder »Spießbürger«, die oft außergewöhnlich hohe Verkaufsauflagen erzielten.

Die jüdische Malerin und Grafikerin **Charlotte Berend-Corinth** (geboren 1880 in Berlin), Schwester der Schriftstellerin Alice Berend, heiratete 1904 den berühmten nichtjüdischen Maler Lovis Corinth, bei dem sie in die Lehre gegangen war. Berend-Corinth schuf vor allem Landschaften und Porträts, beispielsweise von Max Pallenberg, Fritzi Massary, Valeska Gert. 1933, inzwischen verwitwet, ging sie ins faschistische Italien, 1937 in die Schweiz, 1939 in die USA, wo sie in New York eine Malschule gründete. Ihre Autobiographie erschien 1948 unter dem Titel »Mein Leben mit Lovis Corinth«. Sie starb 1967 in New York.

Als Sohn eines Getreidehändlers kam 1862 in Zempelburg/Westpreußen **Julius Berger** zur Welt. Er baute ab den 1890er Jahren in Bromberg, ab 1910 in Berlin das größte deutsche Tiefbauunternehmen mit bis zu 25 000 Beschäftigten auf. Zu den bedeutendsten Aufträgen seiner Firma zählte der Bau der Berliner U-Bahn. Berger, 1914 zum Kommerzienrat ernannt, erstreckte die Tätigkeit seiner AG in Weimarer Zeit auch auf Frankreich, die Schweiz, den Balkan, Kleinasien und Südamerika. Zur Kriegszeit mußte er nach Theresienstadt, wo er 1944 im Alter von 82 Jahren starb.

»Der Dieb von Bagdad« (1940) ist der wohl bekannteste Streifen des Theater-, Film- und Fernsehregisseurs **Ludwig Berger**. Eigentlich hieß er Bamberger. Er kam 1892 in Mainz zur Welt und starb 1969 in Schlangenbad/Taunus. Die jüdischen Theatermächtigen Max Reinhardt und Leopold Jessner standen zur Weimarer Zeit seiner Karriere Pate. Bergers erfolgreichster Film der 20er Jahre in Deutschland war »Ein Walzertraum« (1926). Nach der NS-Machtübernahme ging der Sohn eines jüdischen Bankiers in die Niederlande, später in die Schweiz und nach England. Einige Jahre nach Ende des Zweiten Weltkrieges kam er nach Deutschland zurück, wo er auch für das Fernsehen wirkte. Seine Erinnerungen tragen den Titel »Wir sind vom gleichen Stoff, aus dem die Träume sind«.

Die Familie des US-Fernsehproduzenten **Robert Berger** (genannt »Buzzi«) wanderte Anfang dieses Jahrhunderts aus Ungarn in die USA ein. »Buzzis« größter Erfolg war der Mehrteiler »Holocaust« über die NS-Judenverfolgung, den er im Auftrag des NBC-Programmdirektors Irwin Siegelstein in Szene setzte. Als Berater fungierte Rabbiner Mark Tanenbaum. Die Serie verschaffte Berger nach eigenem Bekenntnis »ungeheure Befriedigung«, wobei er einräumte: »Natürlich mußte man mitunter die Ereignisse simplifizieren.« Israels Ex-Außenminister Abba Eban fand: »Die Holocaust-Serie tat mehr für die Juden in aller Welt als jedes andere Ereignis seit dem Krieg.«

Der erste marxistische Sozialist, der im Kongreß der Vereinigten Staaten von Amerika saß (1911 bis 1913, 1922 bis 1929), war ein aus Österreich zugewanderter Jude: **Victor Berger**. Geboren 1860 im österreichischen Nieder-Rehbach, kam er als 18jähriger nach Amerika. Dort war er Mitbegründer der sozialistischen Bewegung. Unter

Schalom BEN-CHORIN

Ernst BENDA

David BEN-GURION

Hilde BENJAMIN

Walter BENJAMIN

Itzhak BEN-ZWI

Elisabeth BERGNER

Arnold BERGSTRÄSSER

Irving BERLIN

dem Vorwurf der Wehrkraftzersetzung wurde er 1919 verurteilt. Der Oberste Gerichtshof hob jedoch 1921 den Schuldspruch auf. Berger starb 1929 in Milwaukee.

Die Schauspielerin **Elisabeth Bergner** hieß eigentlich Ettel und wurde 1897 im galizischen Drohobycz geboren. Nach der Jahrhundertwende kam die Familie nach Wien. 1919/20 war Elisabeth Bergner an der Neuen Wiener Bühne engagiert. In dieser Zeit schloß sie sich der KPÖ an und hielt für die Kommunisten Kontakt zu dem inhaftierten gestürzten roten Diktator Ungarns, Bela Kun. Auf der Bühne wurde sie von den jüdischen Theatermogulen Barnowsky und Reinhardt gefördert, im Film von dem ebenfalls jüdischen Regisseur Paul Czinner, der sie 1933 heiratete. Ab 1932 lebte sie in England, dessen Staatsangehörigkeit sie 1938 annahm. Angeblich hat Dr. Goebbels ihr die Rückkehr, »arische Papiere« und eine glänzende Karriere im Deutschen Reich angeboten. Von 1940 bis 1951 hielt sich Elisabeth Bergner mit ihrem Mann in Hollywood auf. Dann kam sie nach England zurück. Sie gab auch Gastspiele in der Bundesrepublik. Das laut Kortner »mit allen Wassern gewaschene Genie der Weiblichkeit« starb 1986 in London.

Die Vorfahren des Philosophen **Henri Bergson** (geboren 1859 in Paris, gestorben 1941 dortselbst) waren Hofjuden in Warschau. Bergson machte eine steile akademische Karriere. 1900 war er Professor am College de France, 1914 erhob man ihn zum Mitglied der Académie française 1927 erhielt er den Literatur-Nobelpreis. Er gilt als »Begründer einer neuen spiritualistischen Metaphysik«. Er neigte dem Christentum zu und, so notiert das »Neue Lexikon des Judentums« vorwurfsvoll, »entfremdete sich dem Judentum vollständig«. Allerdings lehnte Bergson die Taufe ab, »um bei meiner verfolgten Nation zu bleiben«.

Arnold Bergsträsser wurde 1896 in Darmstadt geboren. Seine Mutter war eine geborene Brandeis. Er schloß sich der Wandervogel-Bewegung an, soll aber entschieden gegen »rechtsradikale« und »rassistische« Elemente in ihr opponiert haben. 1928 habilitierte er sich, ab 1932 lehrte er als Professor in Heidelberg. 1935 mußte er sein Lehramt aufgeben und 1937 in die amerikanische Emigration gehen. In Chikago wirkte er als Professor für deutsche Kultur und europäische Geschichte. 1950 kehrte er nach Deutschland zurück. Ab 1954 war er Professor in Freiburg und ab 1955 Direktor des »Instituts für europäische Politik und Wissenschaft«. Es heißt über ihn, er habe »die internationale Politik als wissenschaftliche Disziplin in Deutschland eingeführt«. Bergsträsser starb 1964 in Freiburg/Br. Das nach ihm benannte Freiburger Bergsträsser-Institut hat zahlreiche maßgebliche bundesrepublikanische Soziologen und Politologen hervorgebracht, z.B. den als »CDU-Vordenker« bezeichneten Prof. Dieter Oberndörfer, der behauptet, Deutschland brauche die Einwanderung weiterer 15 Millionen Ausländer.

Zu den führenden Theoretikern (und Praktikern) des Anarchismus zählte **Alexander Berkman**, der 1870 in Wilna als Sproß einer jüdischen Familie das Licht der Welt erblickte. 1888 ging er in die USA, wo er enger Mitarbeiter der Führerin der amerikanischen Anarchisten, Emma Goldmann, wurde. Wegen Mordversuchs an dem Stahlindustriellen Henry Clay Frick saß Berkmann von 1892 bis 1906 im Gefängnis. Unter dem Vorwurf wehrkraftzersetzender Aktivitäten nahm man ihn 1917 erneut in Haft. 1919 wurde er von den amerikanischen Behörden nach Sowjetrußland abgeschoben. Berkman hielt es unter den Bolschewisten nicht lange aus. Er emigrierte 1922 nach Deutschland, befand sich längere

Zeit in Berlin und ging dann nach Frankreich. 1936 starb er in Nizza.

Mit »White Christmas« und »Alexander's Ragtime Band« schrieb der Schlagerkomponist **Irving Berlin** Stücke, die zu »Welthits« wurden; mit »God bless America« ersann er eine Weise, die in den USA oft als »zweite Nationalhymne« bezeichnet wird. Berlin wurde 1888 in Temum/Kirgisien unter den Namen Isidor Baline geboren. 1892 kam er mit den Eltern nach Amerika und begann als singender Kellner. Im Ersten Weltkrieg diente er bei der Truppenbetreuung der US-Army. 1919 gründete er einen Musikverlag. Im Zweiten Weltkrieg half er bei der Hollywood-Propaganda. Baline-Berlin starb im Alter von 101 Jahren 1989 in New York. Zu seinem 100. Geburtstag hatte das New Yorker jüdische Blatt »Aufbau« geschrieben: »Weniger bekannt ist die Tatsache, daß Berlin 1959 einen Song ›Israel‹ verfaßte; seine starke Zuneigung zum jüdischen Staat hat er oft zum Ausdruck gebracht.«

Emil Berliner gilt als »Vater der Schallplatte«. Er kam 1851 in Hannover als neuntes von 13 Kindern des jüdischen Kaufmanns Samuel Berliner zur Welt. 1870 wanderte er nach Amerika aus. In den 1880er Jahren entwickelte er Edisons Phonographen zum Grammophon weiter - mit Aufnahme der Schallschwingungen auf gewachste kreisförmige Zinkplatten, den ersten Schallplatten (1887). Ferner war er Erfinder des Kontaktmikrofons, eines neuen Flugmotors und einiger Neuerungen, die zur Entwicklung des modernen Telefons beitrugen. Emil Berliner starb 1929 in Washington D.C.

Der Großindustrielle **Joseph Berliner**, geboren 1858 in Hannover, war ein Bruder des Grammophon-Erfinders Emil Berliner. Er zählte zu den Gründervätern der Deutschen Grammophon-Gesellschaft, wirkte an der Einführung des Telefons in Deutschland mit und leitete mit seinem Bruder die »Hackethaldraht-Gesellschaft« (Telefon- und Telegrafenleitungen). Joseph Berliner starb 1938 in seiner Geburtsstadt Hannover.

Der Verleger **Gottfried Bermann-Fischer** kam 1897 im oberschlesischen Gleiwitz als Sohn des Arztes Salomon Bermann zur Welt. Er studierte Medizin und trat 1925 in den Berliner S. Fischer-Verlag ein. 1926 heiratete er die Tochter und Erbin des Verlagsgründers Samuel Fischer und nahm den Doppelnamen an. Ab 1929 war Bermann-Fischer Generaldirektor des einflußreichen Verlagshauses S. Fischer. 1936 emigrierte er nach Wien, 1938 über die Schweiz nach Schweden und 1940 über die Sowjetunion nach Amerika. In den USA gründete er den L.B. Fischer-Verlag, der hauptsächlich Exilautoren aus Deutschland, meist Juden, betreute. 1947 wurde er US-Staatsbürger. 1950 erhielt er mit seiner Frau den S. Fischer-Verlag zurückerstattet. In den 60er Jahren zog er sich teilweise, 1972 vollständig aus dem Geschäftsleben zurück und ließ sich in der Toskana nieder. Er starb 1995 im dortigen Lucca. Der Verlag wurde an die Holtzbrinck-Gruppe veräußert.

Maßgeblichen Einfluß auf die jüdische Publizistik in Deutschland zur Kaiserzeit und in der Weimarer Republik übte **Simon Bernfeld** aus. Er kam 1860 im galizischen Stanislau zur Welt. Unter anderem redigierte er das Berliner jüdische Gemeindeblatt. Zu seinen Hauptwerken zählen: »Juden und Judentum im 19. Jahrhundert« (1898), »Die jüdische Literatur« (1921), »Die Lehren des Judentums« (1920/24) und das »Buch der Tränen« (1924/25; vierbändiges Werk über Judenverfolgungen). Bernfeld starb 1940 in Berlin.

Der Journalist **Georg Bernhard**, ursprünglich Marxist, dann Linksliberaler, kam 1875 als Kaufmannssohn in Berlin zur Welt. Er gründete 1904 die Zeitschrift »Plutus«, die bis 1925 erschien. Von 1920 bis 1930 wirkte er als Chefredakteur der »Vossischen Zeitung«, Berlin. Von 1928 bis 1930 saß er für die DDP im Deutschen Reichstag. Ein Spionageskandal im Hause Ullstein beendete seine Karriere: Er hatte die zweite Frau des Verlegers Franz Ullstein zu Unrecht der Spionage für Frankreich bezichtigt. Die Affäre hatte einen Rattenschwanz an Prozessen zur Folge, »die nicht zuletzt die bereits eingetretene geistig-politische Verunsicherung im deutsch-jüdischen Bürgertum reflektierten« (»Biographisches Lexikon zur Weimarer Republik«). 1933 ging Bernhard nach Paris, wo er das Emigrantenblatt »Pariser Tageblatt« herausgab. Ab 1938 lebte er in den USA, wo er hauptberuflich für den Jüdischen Weltkongreß arbeitete. Schon zur Weimarer Zeit hatte er leitende Ämter in jüdischen Vereinigungen, z.B. dem Pro-Palästina-Komitee, bekleidet. Er starb 1944 in New York.

Ludwig Bernhard war, so schreibt Linksliterat Bernt Engelmann in seinem Buch »Deutschland ohne Juden«, »sehr weit rechts stehender volljüdischer Berliner Nationalökonom«. Bernhard kam 1875 in Berlin als Sohn eines Fabrikanten zur Welt und wurde evangelisch getauft. Nach der Promotion in München zum Dr.oec.publ. und in Berlin zum Dr.jur. habilitierte er sich 1903 an der Berliner Universität. 1904 wurde er als Professor an die Akademie in Posen berufen, 1906 als Ordinarius für Staatswissenschaft nach Greifswald, 1907 in gleicher Eigenschaft nach Kiel geholt. 1909 begann seine Lehrtätigkeit an der Handelshochschule, dann an der Universität der Reichshauptstadt. Politisch engagierte er sich bei den »Alldeutschen« und in der Deutschnationalen Volkspartei. Im Ersten Weltkrieg stand er als Freiwilliger im Feld und diente als Leutnant im Stabe der Obersten Heeresleitung. 1907 war seine grundlegende Schrift

»Die Polenfrage«, ein Appell zur Stärkung des Deutschtums im Osten, erschienen. Für die Oberste Heeresleitung verfaßte er 1917 das Buch »Elsaß-Lothringen im Kriege«. Weit beachtet wurden auch seine Werke über die Sozialpolitik, den Völkerbund, über den Hugenberg-Konzern und Mussolini. Ludwig Bernhard starb 1935 in Berlin.

Der Filmregisseur **Kurt Bernhardt** kam 1899 in Worms zur Welt und starb 1967 in Culver City/USA. In Weimarer Zeit war er in Deutschland erfolgreich mit Streifen wie »Die Frau, nach der man sich sehnt« (1927, nach Max Brod) , »Schinderhannes« (1928), »Die letzte Kompanie« (1931), »Der Rebell« (1932, mit Luis Trenker) und »Der Tunnel« (1932, nach Bernhard Kellermann). Bernhardt emigrierte 1933 über Frankreich und England in die USA. Dort drehte er u.a. »The beloved Vagabond« (1938), »The blue Veil« (1951) und »Kisses for my President« (1963).

Halbjüdisch war die berühmte Schauspielerin **Sarah Bernhardt**, die eigentlich Henriette-Rosine Bernhard hieß und 1844 in Paris zur Welt kam. Man spricht von ihr als der »Göttlichen«, der »Femme fatale« der Bühne. Sie debütierte 1862 in einer Nebenrolle an der Comédie Française. 1893 wurde sie Leiterin des Théâtre de la Renaissance in der französischen Hauptstadt. 1899 übernahm sie die Direktion des Pariser Théâtre des Nations, das später nach ihr benannt wurde. Infolge schwerer Krankheit mußte ihr 1915 ein Bein amputiert werden. Sarah Bernhardt starb 1923 in Paris. Die 1907 erschienenen Memoiren der als extrem exzentrisch bekannt gewesenen Mimin tragen den Titel »Mein Doppelleben«.

Gleichermaßen als Geschäftsmann und als Forschungsreisender war **Charles L. Bernheimer** erfolgreich. Er kam 1864 in Ulm zur Welt und starb 1944 in Stockholm. Er war wesentlich an der Erschließung des

Wüstenlandes zwischen dem Colorado und den Navajo-Bergen in Nordamerika beteiligt und gilt als Entdecker indianischer Felsenwohnungen sowie von Dinosaurierabdrücken, die zu den am besten erhaltenen der Welt gehören.

»Kein jüdischer Parlamentarier, ausgenommen Oskar Cohn, hat so intensiv für jüdische Interessen gewirkt wie er«, schreibt das »Neue Lexikon des Judentums« über **Eduard Bernstein**. Der »Begründer des marxistischen Revisionismus«, der sowohl das Gothaer als auch das Görlitzer Programm der SPD entscheidend beeinflußt hat, kam 1850 in Berlin zur Welt und war ab 1870 Angestellter der Rothschild-Bank. Ab 1888 befand er sich wegen der Sozialistengesetze in der englischen Emigration, wo ihn Engels als Nachlaßverwalter einsetzte. 1901 kam Bernstein zurück nach Deutschland. Er gehörte dem Reichstag von 1902 bis 1907, 1912 bis 1918 und 1920 bis 1928 an. Von 1917 bis 1919 gab er ein Gastspiel bei der semikommunistischen USPD. Bernstein, der 1932 in Berlin starb, hat »die Entwicklung der SPD in hohem Maße beeinflußt« (Taddey, »Lexikon der deutschen Geschichte«). Er war prozionistisch. Er schrieb »Vom Mittlerberuf der Juden«.

Über den Dirigenten und Komponisten **Leonard Bernstein** schreibt Rabbi Professor Leo Trepp in seinem Buch »Die amerikanischen Juden«, sein Schaffen sei »Ausdruck des jüdischen Elements«, er habe »dem jüdischen Ideal entsprochen«, an ihm würden sich »viele typisch jüdische Züge studieren lassen.« Vor allem habe er sich öffentlich zum Judentum bekannt. Er habe »das Empfinden, zum ›Licht der Völker‹ (Jesaja 42,6) werden zu mussen«, zum Ausdruck gebracht, welches »zutiefst in den Juden verwurzelt« sei. In der Tat war Bernstein ein selbstbewußter Jude. Er schrieb zahlreiche jüdische Musikstücke, darunter eine »Jeremiah«- und eine »Kaddish«-Sinfo-

nie; zum Lebensende war er mit einer »Holocaust-Oper« beschäftigt. Einen Journalisten, der seinen Namen amerikanisiert aussprach, wies er mit der stolzen Bemerkung zurecht: »Ich möchte meine jüdische Herkunft nicht verleugnen.« Leonard Bernstein kam 1918 in Lawrence/US-Bundesstaat Massachusetts als Sohn eines aus der Ukraine zugewanderten Perückenhändlers zur Welt und hieß eigentlich Louis mit Vornamen. 1945 wurde er Dirigent bei den New Yorker Sinfonikern, deren Führung er 1958 übernahm. Sein bekanntestes Werk als Komponist ist das 1957 in New York uraufgeführte Musical »West Side Story« zu dem Libretto des ebenfalls jüdischen Schriftstellers Stephen Sondheim. 1976 schrieb Bernstein eine Hymne auf das 200jährige Bestehen der USA (»1600 Pennsylvania Avenue«). Seine Homosexualität lebte er offen aus. Eine deutsche Illustrierte schrieb nicht ohne Bewunderung: »Wo immer Lenny etwas Zeit hat, flirtet er mit jungen Männern.« 1987 begründete er das »Schleswig-Holstein«-Musik-Festival mit. Nachdem die Berliner Mauer gefallen war, führte er in der deutschen Hauptstadt mit internationaler Besetzung Beethovens Neunte Sinfonie auf, wobei er im Schlußchor das Wort »Freude« durch »Freiheit« ersetzte. Leonard Bernstein starb 1990 in New York.

Zu einem maßgeblichen Juristen der Bundesrepublik Deutschland stieg **Manfred Bernstein** nach seiner Rückkehr aus der amerikanischen Emigration, in der er als Buchhalter tätig gewesen war, auf. Er wurde Amtsgerichtsrat in Berlin, 1951 Landgerichtsdirektor und wirkte von 1956 bis 1966 als Senatspräsident beim Berliner Kammergericht. Bernstein war 1892 in Aschersleben/Harz zur Welt gekommen. Sein Vater war Händler. Bis zur Entlassung 1938 fungierte er als Amtsrichter in Berlin. 1941 gelangte er nach Spanien, anschließend nach

Amerika. Manfred Bernstein starb 1976 in London.

Von 1907 bis 1935 war der Publizist **Perez Bernstein**, geboren 1890 in Meiningen, Oberhaupt der zionistischen Bewegung in den Niederlanden. 1936 wanderte er nach Palästina ein. Dort stand er an der Spitze der Allgemeinen Zionisten, die sich später »Liberale« nannten. Ab 1938 gab er das zionistische Zentralorgan »Haboker« heraus. 1948/49 und 1953 bis 1955 fungierte er als israelischer Handelsminister. Er schrieb »Antisemitismus als Gruppenerscheinung« (erschienen 1926).

Der jüdische Musikkritiker Heinrich Porges war einer der engagiertesten Sympathisanten des Werkes Richard Wagners und mit dem Meister persönlich bekannt. Seine Tochter **Elsa Bernstein-Porges** - sie war mit dem Schriftsteller Max Bernstein verheiratet - kam 1866 in Wien zur Welt. Als Dramatikerin veröffentlichte sie unter dem Pseudonym Ernst Rosmer einige erfolgreiche, vom Naturalismus beeinflußte Werke. Ihr Theaterstück »Die Königskinder« wurde vom Opernkomponisten Engelbert Humperdinck vertont. Zur Hitlerzeit mußte die alte Dame in ein Konzentrationslager. Sie starb 1949 in Hamburg.

Arthur Berson war ein bahnbrechender Meteorologe und Pionier des wissenschaftlichen Ballonfluges. Er kam 1859 im galizischen Neu-Sandez zur Welt, das damals zu Österreich gehörte. Sein Vater war der Jurist Dr. Leon Berson. Hauptmann d.R. Arthur Berson wirkte zur Kaiserzeit als Hauptobservator am Preußischen Aeronautischen Observatorium und lehrte als Professor Meteorologie. Er unternahm mehr als 100 wissenschaftliche Ballonfahrten. 1901 erreichte er mit seinem Forscherkollegen Reinhard Süring an Bord des Ballons »Preußen« eine Höhe von 10 800 Metern (ein Rekord, der ein Vierteljahrhundert Bestand hatte). Bei dieser Fahrt wiesen die beiden Wissenschaftler die Existenz der Stratosphäre nach. Berson startete zu Ballonexpeditionen über Spitzbergen, dem Polarmeer, über Deutsch-Ostafrika, dem Indischen Ozean und Südamerika. Ab 1928 war er Mitherausgeber der wissenschaftlichen Schriftenreihe »Arktis«. Er starb 1943 in Berlin.

Zu den Vätern der Atombombe und der Wasserstoffbombe zählt der Physiker **Hans Albrecht Bethe,** der 1906 in Straßburg als Halbjude (jüdische Mutter Anna Kuhn) zur Welt kam. Er studierte und promovierte in München, erhielt 1930/31 ein Rockefeller-Stipendium und nahm 1932 einen Lehrauftrag der Universität Tübingen an. 1933 ging er nach England, 1935 in die Vereinigten Staaten von Amerika, wo er von 1937 bis 1975 Professor an der Cornell Universität/Ithaca war. Bethe hatte im Zweiten Weltkrieg im US-Forschungszentrum Los Alamos entscheidenden Anteil an der Entwicklung der Atombombe, des wohl schrecklichsten modernen Massenvernichtungsmittels. Nach 1945 wirkte er maßgeblich an der Herstellung der nicht minder scheußlichen Wasserstoffbombe mit. 1967 bekam er den Physik-Nobelpreis, 1986 wurde er Ritter des Ordens pour le mérite, Friedensklasse, in der Bundesrepublik Deutschland.

Anton Bettelheim (geboren 1851 in Wien, gestorben 1930 dortselbst) war Professor der Rechte und einer der einflußreichsten Publizisten jüdischer Herkunft in der Habsburgermonarchie. Er arbeitete für die Wiener »Neue Freie Presse«, gab von 1890 bis 1897 die »Allgemeine Deutsche Biographie«, von 1896 bis 1918 das »Biographische Jahrbuch« und seit 1921 die »Neue österreichische Biographie« heraus. Er schrieb Werke u.a. über Balzac, Marie von Ebner-Eschenbach, Karl Schönherr und gab die Briefe von Conrad Ferdinand Meyer heraus.

Über **Bruno Bettelheim** schreibt der jüdische Publizist Arno Lustiger: »Er hat sich vor seinem Tod eher als ein Mr. Hyde als ein Dr. Korczak entpuppt.« Betroffene und Augenzeugen schilderten furchtbare Quälereien, denen die kleinen Schutzbefohlenen Bettelheims in seiner Schule für autistische Kinder ausgesetzt waren. Man gab ihm den Spitznamen »Benno Brutalheim«. Bettelheim, über Jahrzehnte in Amerika, vor allem aber in Deutschland, als Autorität der Holocaustforschung und Kindererziehung bewundert, beging 1990 in Silver Springs/US-Bundesstaat Maryland Selbstmord. Er war 1903 in Wien als Sohn eines Trödlers geboren worden und schloß sich der Freudschen Richtung der Psychoanalyse an. 1938/39 war er im Lager Dachau; er kam auf Fürsprache von Präsidenten-Gattin Eleanor Roosevelt und Herbert Lehmans frei, wie es in Biographien heißt. Fortan lebte er in den USA. Seine Bücher über Nationalsozialismus, NS-KZs und Holocaust wurden zu »Standardwerken«. Von 1944 bis 1973 lehrte Bettelheim an der Universität von Chikago. In seiner »Sonia Shankmann Orthogenic School« praktizierte er angeblich antiautoritäre Erziehung ohne Strafe.

In den 60er und 70er Jahren profilierte sich der Ökonom **Charles Bettelheim**, geboren 1913 in Paris, als führender Theoretiker der Linksradikalen in Frankreich. Besonders begeisterte er sich für den chinesischen Weg des Sozialismus unter Mao. Bettelheim gilt als Mitbegründer der Theorie der »Planifikation« (staatlich programmierte Wirtschaftsordnung). Von 1944 bis 1948 war er Direktor des »Instituts für Sozialforschung und internationale Beziehungen« in Paris, von 1958 bis 1964 Professor am »Insitut d'Études du Développement Economique et Social« in der französischen Hauptstadt.

Über das Ende des Publizisten **Georg Beyer** heißt es im »Biographischen Handbuch der deutschsprachigen Emigration«: »Ab November 1942 durch Vermittlung des Erzbischofs von Toulouse Unterkunft in einem Kloster, dort verstorben und unter falschem Namen beerdigt.« Beyer war 1884 in Breslau als Sohn eines jüdischen Kaufmanns zur Welt gekommen. Ab 1905 war er SPD-Genosse; er redigierte sozialdemokratisch orientierte Blätter, zum Beispiel die »Arbeiterzeitung« (Dortmund).1919 bis 1933 war er Kölner Stadtverordneter, und er wirkte als stellvertretender Chefredakteur der »Rheinischen Zeitung«. Er bekämpfte separatistische Bestrebungen im Rheinland. Später schoß er sich auf die Nationalsozialisten ein. 1933 ging er nach Saarbrücken, wo er die »gegen den Anschluß an Nazideutschland« agitierende »Deutsche Freiheit« herausgab. Ab 1935 lebte er in Frankreich, wo er sich der Theorie des Dietrich von Hildebrand vom »christlichen Ständestaat« näherte.

Der jüdische Jugendführer **Hans Beyth**, geboren 1902 in Bleicherode/Harz, stand in Weimarer Zeit an der Spitze der zionistischen Organisation »Blau-Weiß«. 1935 wanderte er in Palästina ein. Neben Henrietta Szold, einer aus Amerika stammenden Zionistin, war er maßgeblicher Mann der jüdischen Jugendeinwanderung in Palästina. Er hatte entscheidenden Anteil daran, daß mehrere Zehntausend jüdische Jugendliche aus Hitlers Machtbereich ins spätere Israel kamen. Daß es nicht noch viel mehr waren, lag nicht am NS-Diktator - der darauf erpicht war, die Juden unter seiner Herrschaft schnell loszuwerden - sondern an London, das den Zustrom nach Palästina drosselte. Beyth wurde 1947 von militanten Arabern in Palästina erschossen.

Als »Kulturpapst« des ausgehenden Wilhelminismus und der Weimarer Zeit galt dem linksliberalen Bürgertum der jüdische Kunsthistoriker **Oscar Bie** (geboren 1864 in

Breslau, gestorben 1938 in Berlin). Er lehrte als Ästhetik-Professor an der Berliner Musikhochschule und war von 1894 bis 1922 Herausgeber der von Brahm gegründeten, im Verlag Samuel Fischers erscheinenden Kulturmonatsschrift »Neue Rundschau«. Nach 1933 wirkte er im jüdischen Kulturbund mit. Er starb 1938 in Berlin.

Der Vater des linken Politsängers **Wolf Biermann** (geboren 1936 in Hamburg) war jüdisch und Aktivist der stalinistischen KPD. Der kleine Wolf (eigentlicher Vorname Karl-Wolf) wuchs bei seiner Großmutter, einer Altbolschewistin, auf. Nach 1945 ging er in die Sowjetzone, wurde dort FDJ-Funktionär und Assistent an Brechts »Berliner Ensemble«. Weil ihm die DDR nicht links genug war, übte er Kritik an der SED. Nach einem Auftritt im Westen 1976 durfte er nicht mehr in die DDR zurück. In der DDR hatte er 1969 den Fontane-Preis erhalten. Robert Havemanns Tochter Sybille gebar im ein Mädchen. Die »Rockröhre« jüdischer Herkunft Nina Hagen wuchs als seine Stieftochter auf, als er mit der DDR-Schauspielerin Eva-Maria Hagen liiert war. 1990 schrieb die »Allgemeine Jüdische« über Biermann: »Vielleicht sollte man doch dem ziellos Gewordenen raten, in einen Kibbuz zu gehen, wo ein Großteil seiner Ideen, seiner Träume, Verwirklichung gefunden hat.«

Der Sänger, Schauspieler und Literat **Theodore Bikel** kam 1924 in Wien zur Welt. 1938 ging er nach Palästina. Erfolge als Darsteller gab es für ihn aber erst in Großbritannien (ab 1946), wo er von Peter Ustinov unter die Fittiche genommen wurde. 1955 ging der jüdische Künstler nach Amerika, wo er zu einem »Star« vor allem im Radio und Fernsehen avancierte. Er gründete die »Sektion Kunst« des American Jewish Committee, engagierte sich in der radikal anti-antisemitischen Anti Defamation League der jüdischen B'nai B'rith-Loge.

Der Publizist Gilbert Mill nannte im »Esquire« Bikels Erfolgsrezept: »Charisma und Chuzpe«.

Der jüdische Publizist **Joseph Bikermann** (geboren 1867 in Okny/Podolien als Sohn eines Wodkahändlers, gestorben 1942 in Nizza) promovierte 1903 in Odessa zum Dr. phil. Er nahm in Schriften und Artikeln gegen den Zionismus Stellung und erhoffte sich eine Revitalisierung des Ostjudentums. 1921 emigrierte er aus dem bolschewisierten Rußland nach Berlin, wo er die »Patriotische Union Russischer Juden« mit dem Ziel einer Wiederherstellung der russischen Monarchie gründete. Mit russischen Juden wie Grigorij Landau und Daniil Pasmannik brachte Bikermann 1924 in Berlin die Schrift »Rußland und die Juden« heraus, in der es hieß: »Die übertrieben eifrige Teilnahme der jüdischen Bolschewiki an der Unterjochung und Zerstörung Rußlands ist eine Sünde, die die Vergeltung schon in sich trägt. Denn welch größeres Unglück könnte einem Volk widerfahren als das, die eigenen Söhne ausschweifend zu sehen. Man wird uns dies nicht nur als Schuld anrechnen, sondern auch als Ausdruck unserer Kraft, als Streben nach jüdischer Hegemonie vorhalten. Der grimmige Haß auf die Bolschewiki wird sich in Judenhaß verwandeln.« Bikermann emigrierte 1936 nach Frankreich.

Der jüdische Theaterleiter **Rudolf Bing** (eigentlicher Vorname: Franz-Josef) kam 1902 in Wien zur Welt. Er war der Sohn eines ursprünglich Landau heißenden Unternehmers, der nach dem Ersten Weltkrieg Bankrott machte. In Weimarer Zeit leitete Bing Berliner Bühnen. 1933 mußte er zurück nach Wien. 1934 ging er nach England, wo er u.a. das Festival von Edinburgh leitete (die Queen machte ihn 1971 zum »Sir Rudolf«). 1949 kam er in die USA und war dort bis 1972 Generaldirektor der Metropolitan Opera in New York, dessen Ehrenbürger-

Emil BERLINER

Georg BERNHARD

Sarah BERNHARDT

Eduard BERNSTEIN

Leonard BERNSTEIN

Hans Albrecht BETHE

Bruno BETTELHEIM

Wolf BIERMANN

Leo BLECH

schaft ihm verliehen wurde. In den 80er Jahren geriet er in schwere Konflikte mit der US-Justiz. 1987 emigrierte er mit seiner 40 Jahre jüngeren Frau in die Südsee, nachdem ein New Yorker Richter seine Untersuchung in der Psychiatrie angeordnet hatte. Seine Gattin bekundete gegenüber der Presse, die verantwortlichen amerikanischen Richter seien »unsere Feinde wie Hitler« und würden »genauso besiegt«.

Zahlreiche Juden standen auch in Frankreich im Zweiten Weltkrieg an der Spitze der Partisanenbewegung. Zu ihnen zählte **Jacques Bingen** (geboren 1908), der nach dem Tod von Jean Moulin Führer der »vereinigten Résistance« wurde. Er hatte zum Stabe de Gaulles in London gehört, der ihn zum Chef der »freifranzösischen« Handelsmarine in Nordafrika ernannte. Mit einem Kurierflugzeug kam er Mitte August 1943 nach Nordfrankreich, um Moulins Nachfolge anzutreten. Ab Mai 1944 wirkte er in Südfrankreich als Oberhaupt der »Maquisards«. Im selben Monat erfolgte seine Festnahme in Clermont-Ferrand. Nach einem vergeblichen Fluchtversuch schluckte Bingen Zyankali. Frankreich ehrte ihn auf einer Briefmarke als »Héros de la Résistance«.

Immanuel Birnbaum (geboren 1894 in Königsberg/Pr., gestorben 1982 in München) bekleidete Schlüsselpositionen in Politik und Publizistik der Bundesrepublik. Er wirkte ab 1960 als stellvertretender Chefredakteur der »Süddeutschen Zeitung«, war Mitbegründer der »Deutsch-Polnischen Gesellschaft« und half maßgeblich, 1969 die sogenannte »neue Ostpolitik« Brandts einzufädeln. Er hatte sich schon zur Kaiserzeit, 1917, der SPD angeschlossen. In der Weimarer Republik wirkte er als Chefredakteur sozialdemokratischer Organe, z.B. in Breslau. 1935 tauchte er als Presseattaché der österreichischen Gesandtschaft in Breslau auf. 1939 ging er über Finnland nach Schweden. Dort wurde er wegen Kontakte zur Rickmann-Bande verhaftet (Sabotagesprengungen gegen die für Deutschland lebenswichtigen Erzzufuhren aus Skandinavien). Nach einem Zwischenspiel in Warschau und Wien ab 1945 kam Birnbaum 1949 in die Bundesrepublik.

Der Begriff »Zionismus« wurde von dem Schriftsteller **Nathan Birnbaum** geprägt. Er stammte aus Wien (Jahrgang 1864), lebte ab 1911 in Berlin, war Gründer und Leiter der ersten zionistischen Zeitschrift außerhalb Osteuropas (»Selbst-Emanzipation«) und gab von 1930 bis 1933 das jüdische Blatt »Der Aufstieg« heraus. Nach der NS-Machtübernahme verließ er Berlin und ging nach Holland, wo er die Zeitung »Der Ruf« leitete und 1937 in Scheveningen starb. Birnbaum brach mit dem Zionismus, wollte eine Wiederbelebung des Ostjudentums mit dem Jiddischen als Hauptsprache und wechselte schließlich zu den Orthodoxen. Er schrieb »Vom Sinn des Judentums« und »Vom Freigeist zum Gläubigen«.

Peter Blachstein, 1911 in Dresden geborener Sohn eines jüdischen Textilhändlers, gehörte von 1949 bis 1969 als sozialdemokratischer Abgeordneter dem Bundestag an; zeitweise fungierte er als Mitglied des SPD-Fraktionsvorstandes. 1968/69 war er erster bundesdeutscher Botschafter in Belgrad. Er starb 1977 in Hamburg. In Weimarer Zeit war er zunächst Aktivist der Deutsch-Jüdischen Jugendgemeinschaft. 1929 schloß er sich der SPD an, 1931 der semikommunistischen SAPD. Nach Haft und Internierung im KZ Hohnstein emigrierte er aus dem nationalsozialistischen Deutschland. Stationen waren u.a. CSR, Norwegen, Frankreich, Schweden. Im Spanischen Bürgerkrieg diente er als Rotbrigadist. 1947 kam er nach Deutschland zurück.

Ende der 60er Jahre übernahm Ex-Rabbiner **Eli M. Black**, Jahrgang 1922, die Aktienmehrheit beim US-Konzernriesen United

Fruit (genannt: »Der Polyp«; bekannteste Marke: »Chiquita«-Bananen). Unter seiner Führung schlingerte der über weite Teile Lateinamerikas herrschende Multi in eine schwere Existenzkrise. Black flog 1975 aus dem Fenster seines Büros im vierundvierzigsten Stockwerk des New Yorker Pan Am-Gebäudes. Der Aufstieg der United Fruit ist eng mit dem Namen des Samuel Zmuri (gestorben 1961), eines jüdischen Einwanderers aus Rußland, verknüpft. Er nannte sich in Amerika Zemurray und hieß in der Branche »Sam, der Bananenmann«. Schließlich kontrollierte er 33 Prozent des gesamten Welt-Bananenmarktes und die größte kommerzielle Flotte der Erde.

Der Dirigent und Komponist **Leo Blech** (geboren 1871 in Aachen, gestorben 1958 in Berlin) lernte bei Humperdinck und wurde 1893 Kapellmeister in seiner Geburtsstadt. 1899 ging er in gleicher Funktion ans Deutsche Theater Prag, 1906 an die königliche Oper zu Berlin. 1913 erfolgte seine Ernennung zum Königlich Preußischen Generalmusikdirektor. Wegen seiner jüdischen Herkunft kehrte er 1937 von einer Gastspielreise nach Riga nicht zurück. Die Kriegszeit verbrachte er in Schweden, wo er das Dirigat der Königlichen Oper in Stockholm übernahm. Nach Deutschland zurückgekehrt, wurde er 1949 Generalmusikdirektor der Städtischen Oper Berlin. Er schrieb sechs Opern, Klavierstücke und einige Tondichtungen in der Art Richard Wagners.

James von Bleichröder, geboren 1859 in Berlin, trat nach juristischer Ausbildung 1888 in das väterliche Bankhaus als Teilhaber ein. Im Jahre seines Todes (Berlin 1937) wurde das Unternehmen von der deutschen Reichshauptstadt nach New York verlegt. James war der Enkel des Gründers des berühmten Privatbankhauses, Samuel Bleichröder, und Sohn des Bankiers Gerson (von) Bleichröder (1822-1893). Der

führte die Firma in enger Kooperation mit den Rothschilds zu größtem Einfluß. Bismarck bediente sich mehrfach der Kapitalkraft Bleichröders, um seine politischen Ziele durchzusetzen. 1872 wurde Gerson Bleichröder auf Antrag des Eisernen Kanzlers als erster ungetaufter Jude in den erblichen preußischen Adelsstand erhoben.

»Er bemühte sich um einen nationaljüdischen Musikstil«, schreibt Tetzlaff (»2000 Kurzbiographien bedeutender deutscher Juden«) über den Komponisten **Ernest Bloch,** der 1880 in Genf geboren wurde und 1959 in Portland/US-Bundesstaat Oregon starb. Nach Studium in Frankfurt am Main und München ging Bloch 1916 nach Amerika, wo er (mit Ausnahme einer Schweizer Unterbrechung in den Jahren 1930 bis 1938) verblieb. Er lehrte Musik an der Universität von Berkeley und gilt als Schöpfer der neuhebräischen Musikkultur auf der Grundlage des altjüdischen Tempelgesanges. Das »Lexikon des Judentums« nennt ihn die »stärkste Persönlichkeit unter den jüdisch betonten Komponisten«. Unter anderem schuf er »Trois Poèmes Juifs« (1913), eine »Israel-Sinfonie« (1912-1917), die Hebräische Rhapsodie »Schelemo« (1916) und »Sacred Service« (1933) für den Gottesdienst am Sabbat.

Ernst Bloch (geboren 1895 in Ludwigshafen, gestorben 1977 in Tübingen) wurde in den 60er Jahren zum Leitbild und ideologischen Führer der sogenannten Neuen Linken in der Bundesrepublik. Er wird heute noch von der hiesigen Linksbewegung wie ein Heiliger verehrt. Er hatte sich zur Vermeidung des Wehrdienstes im Ersten Weltkrieg in die Schweiz begeben und die bolschewistische Machtübernahme in Rußland mit dem Wort bejubelt »Ubi Lenin, ibi Jerusalem« (wo Lenin herrsche, da liege Jerusalem). Anfang der 20er Jahre schloß sich Bloch der KPD an. 1933 emigrierte er aus Deutschland. Nach Zürich, Paris, Wien und

Prag kam er 1938 in die USA, wo er in der stalinistisch durchsetzten Bewegung »Freies Deutschland« mitwirkte und mit Heinrich Mann, Döblin, Feuchtwanger und Brecht den kommunistischen »Aurora-Verlag« (New York) gründete. Er veröffentlichte nicht nur Hymnen auf Stalin, sondern propagierte auch eine »Weltkoalition« zum Kampf gegen Deutschland. Zeitweise forderte er dazu auf, dem Nationalsozialismus eine jüdische Rassenideologie entgegenzusetzen, wie Jörg von Uthmann in seinem Buch über die »Pathologie des deutsch-jüdischen Verhältnisses« berichtet. Bloch begab sich in die stalinisierte DDR, wo er an der Universität Leipzig lehrte, 1955 den »Nationalpreis« erhielt und 1957 an den DDR-Diktator Pieck, den er als den »besten Steuermann des deutschen Volkes« bezeichnete, eine Solidaritätsbekundung zur Niederschlagung der Aufstandsbewegungen in Polen und Ungarn im Jahr zuvor richtete. Im September 1961 verlagerte Bloch seine Aktivitäten in den Westen. Er brachte es zum Professor in Tübingen, wo er 1977 starb. Nach Ansicht der jüdischen Philosophen Michael Landmann und E. Lévinas gibt es in Blochs Werk »Parallelen zur rabbinischen und kabbalistischen jüdischen Eschatologie«. Im »Spiegel«-Nachruf auf ihn hieß es: »Messianismus war der Inhalt allen Denkens und Dichtens, dessen Bloch fähig war. Marxist war er, insofern auch Marx messianisch dachte, wie die Propheten des Alten Testaments.« In der National-Zeitung hieß es profaner: »Ein Dinosaurier des Marxismus-Leninismus ist tot.« In zweiter Ehe war er mit der Architektin Karola Bloch (1905-1994) aus der jüdischen Stoffhändlerfamilie Piotrowski verheiratet. 1990 bekundete sie ihre »Angst vor einem geeinten starken Deutschland, das so viel Leid über die Menschheit gebracht hat«.

Zu den Vätern der Atombombe gehörte der Physiker **Felix Bloch** (geboren 1905 in Zürich, gestorben 1983 dortselbst). Nach Studium in Deutschland wurde er 1932 Dozent an der Universität Leipzig. Seiner jüdischen Abkunft wegen ging er in die amerikanische Emigration. Von 1934 bis 1971 wirkte er als Professor an der Stanford-Universität in Kalifornien. Im Krieg war er an der Entwicklung der Atombombe im US-Forschungszentrum Los Alamos (»Projekt Manhattan«) beteiligt. Die Bombe war eigentlich für Deutschland bestimmt, fiel aber dann auf Hiroschima und Nagasaki. Bloch bekam 1952 den Nobelpreis für Physik, wurde 1954 Direktor des Europäischen Kernforschungszentrums in Genf, avancierte 1965 zum Präsidenten der American Physical Society. 1979 wurde der Mitkonstrukteur der Atombombe in der Bundesrepublik mit dem Orden pour le mérite, Friedensklasse, ausgezeichnet.

Den jüdischen Hautarzt **Iwan Bloch**, geboren 1872 in Delmenhorst, bezeichnet man heute im allgemeinen als Mitbegründer der Sexualwissenschaft. Als seine Hauptwerke gelten »Der Ursprung der Syphilis« (1901; hier stellte er die These auf, diese venerische Krankheit sei von Kolumbus' Matrosen in Europa eingeschleppt worden), »Das Sexualleben unserer Zeit in seinen Beziehungen zur modernen Kultur« (1907), »Die Prostitution« (1912), »Handbuch der gesamten Sexualwissenschaften« (1912-15 in drei Bänden). Bloch starb 1922 in Berlin.

Joseph Bloch kam 1850 im galizischen Dukla als Sohn eines Bäckers zur Welt. Er wirkte als Rabbiner in Posen, Böhmen und Floridsdorf bei Wien und war ab 1883 Abgeordneter des österreichischen Reichsrates. 1884 gründete er die »Österreichische Wochenschrift« und 1885 die »Österreichisch-Israelische Union«. Das »Biographische Staatshandbuch« nennt ihn einen »eifrigen Vorkämpfer des Judentums«, der jedoch das deutsche Assimilationsjudentum ebenso abgelehnt habe wie den Zionismus und der mit dem Prager Hebraisten August Rohling einen heftigen Streit in Talmudfragen austrug. Mit »Israel und die Völker« (1922) suchte Bloch den Antisemitismus zu widerlegen. Er starb 1923 in Wien.

Für seine richtungweisenden Forschungen zum Cholesterin- und Fettsäurenstoffwechsel wurde der jüdische Biochemiker **Konrad Emil Bloch** 1964 mit dem Nobelpreis für Physiologie/Medizin ausgezeichnet. 1912 im oberschlesischen Neiße geboren, verließ er Deutschland 1934. Zunächst hielt er sich in der Schweiz auf, Ende 1935 ging er nach Amerika, wo er Professor an der Universität Chikago und an der Harvard Universität in Cambridge/Mass. wurde.

Über den Historiker **Marc Bloch** wird berichtet, er sei 1942 in Frankreich untergetaucht, habe sich aktiv am Untergrundkampf gegen die Deutschen beteiligt, sei 1944 von der Gestapo verhaftet, auf Befehl Barbies gefoltert und 1944 in Les Rousiless (Dep. Ain) hingerichtet worden. Der Sohn eines Historikers hatte ab 1919 als Professor an der Universität Straßburg gelesen. 1929 begründete er mit Lucien Febvre die Zeitschrift »Annales«, ab 1936 war er Professor an der Sorbonne, ab 1940 in Montpellier. Er gilt als einer der einflußreichsten Geschichtswissenschaftler im Frankreich der 30er Jahre, der auch das Bild von Deutschland beim akademischen Nachwuchs nachhaltig geprägt hat.

Mit Superlativen wird in gängigen Nachschlagewerken der Schriftsteller **Alexander Alexandrowitsch Blok** (geboren 1880 in St. Petersburg, gestorben 1921 dortselbst) bedacht. Man nennt ihn »den führenden Vertreter des russischen Symbolismus«, den »größten modernen Lyriker im vorrevolutionären Rußland« usw. Der Professorensohn begrüßte 1917 ausdrücklich die Oktoberrevolution, die er hymnisch feierte. In seinem (von Paul Celan ins Deutsche übersetzten) Poem »Die Zwölf« von 1918 beispielsweise ließ Blok Jesus Christus die rote Fahne der Revolution tragen; den bolschewisierten Heiland begleiten an der Jünger Statt Rotarmisten. Der Literat übersetzte Heine ins Russische.

Sol Bloom war einer der mächtigsten Politiker jüdischer Herkunft in den Vereinigten Staaten von Amerika. Er kam 1870 in Pekin/Illinois zur Welt und starb 1949 in Washington/D.C. In den Jahren 1923 bis 1949 wurde er 14mal zum demokratischen Abgeordneten für New York City gewählt. 1940 übernahm er den Vorsitz des einflußreichen außenpolitischen Komitees der USA (Foreign Affairs Committee) und drängte vor wie hinter den Kulissen zur amerikanischen Beteiligung am Krieg gegen Deutschland. 1945 war er Mitglied der US-amerikanischen Delegation bei der Gründung der UNO. Von ihm ist der Satz verbürgt: »Ich habe keine Schulbildung, aber Bildung.«

Charles (»Charlie«) Chaplin, stets an Kindfrauen besonders interessiert, entdeckte 1953 **Claire Bloom** für seinen Film »Limelight«. Das Mädchen war 1931 in London zur Welt gekommen. Ihr Vater, Edward Max Blume, war ein Jude aus Deutschland. Der bekannteste Film, in dem Claire Bloom später mitwirkte, war »Der Spion, der aus der Kälte kam« mit Richard Burton als Filmpartner. Von 1959 bis 1969 war sie mit dem jüdischen Hollywood-Mimen Rod Steiger verheiratet, dann ehelichte sie den ebenfalls jüdischen Regisseur Hilly Elkins (»O Calcutta«).

In den 60er und 70er Jahren erwarb sich der Industrielle **Charles G. Bluhdorn** den Ruf des »verrückten Österreichers der Wall Street« (Wall Street's Mad Austrian) und eines bedingungslosen Expansionisten in der Wirtschaft (»The Collector of Companies«).

Er war 1926 in Wien zur Welt gekommen, gelangte 1937 mit der Familie nach England und erreichte 1942 Amerika. Er begann als Baumwollhändler, gründete eine Kaffeefirma und wurde 1958 Präsident der »Gulf and Western Corporation«. Er »schluckte« u.a. den bedeutendsten Zinkhersteller in den USA (New Jersey Zinc Co.), die Paramount Pictures Corp., das größte Filmtheaterkartell Nordamerikas, den New Yorker Simon & Schuster-Verlag, die Kayser-Roth Corp. (größte Textilfabrik der USA) usw. usf.

Die französische Politik wurde in den ersten vier Jahrzehnten des 20. Jahrhunderts wesentlich von dem Juden **Léon Blum** bestimmt. Er kam 1872 in Paris zur Welt und starb 1950 in Jouy-en-Josas (Dep. Seine-Oise). 1902 war er Mitbegründer der Sozialistischen Partei Frankreichs (ab 1919 deren Führer), und er leitete das sozialistische Zentralorgan »Le Populaire«. Im Ersten Weltkrieg fungierte er als Kabinettschef des Ministers für öffentliche Arbeiten. Nach 1918 war er der eigentliche Schmied der sogenannten Volksfront, des Bündnisses von Sozialisten und Kommunisten. 1936/37 und im März/April 1938 war er Ministerpräsident einer Volksfrontregierung. Mit ganzer Kraft stemmte er sich gegen jedes Arrangement mit dem NS-regierten Deutschland. 1940 wurde er von französischen Behörden verhaftet und in Riom wegen Mitschuld an der Niederlage vor Gericht gestellt. Von 1943 bis 1945 war er privilegierter Sondergefangener in den Lagern Dachau und Buchenwald. 1946/47 wirkte er nochmals kurzfristig als Regierungschef in Paris. Für jüdische Interessen hatte er stets ein offenes Ohr. 1929 zum Beispiel beteiligte er sich an der Gründung der erweiterten Jewish Agency for Palestine.

Die Erforschung des menschlichen Erbgutes zieht jüdische Koryphäen der Medizin magisch an. So sind außergewöhnlich viele prominente Genforscher der letzten Jahrzehnte Juden. Zu ihnen zählt der 1925 in New York geborene **Baruch Samuel Blumberg**. 1964 wurde er stellvertretender Direktor am Institut für Krebsforschung in Philadelphia, 1977 Professor an der Universität von Pennsylvanien. Ihm gelang mit seinem Forscherkollegen Anthony Allison die bahnbrechende Entdeckung, daß das Australia-Antigen der Erreger der Virushepatitis B ist. Dafür erhielt er 1976 den Nobelpreis für Medizin oder Physiologie.

Über Jahrzehnte hatte **Erik Blumenfeld**, geboren 1915 in Hamburg, großen Einfluß in der CDU. Er hatte 1933 Abitur gemacht und dann an der TH Berlin studiert. 1939 wurde er zur Wehrmacht eingezogen, jedoch ab 1941 als Halbjude nicht an die Front geschickt. Er mußte in die Konzentrationslager Buchenwald und Auschwitz. Nach 1945 übernahm er den Familienbetrieb (Brennstoffhandel) und schloß sich den Christdemokraten an. Er war von 1949 bis 1955 Fraktionschef in der Hamburger Bürgerschaft, von 1958 bis 1966 CDU-Landesvorsitzender, 1961 bis 1980 Bundestagsabgeordneter und christdemokratischer Europa-Parlamentarier. Darüber hinaus präsidierte er ab 1977 der Deutsch-Israelischen Gesellschaft. Im Auftrag Bonns hatte er 1965 die Aufnahme diplomatischer Beziehungen zu Israel eingefädelt.

In Israel wurde der 1884 in Ostpreußen geborene zionistische Jurist und Politiker **Kurt Blumenfeld** Direktor des Keren Hajessod, der für die jährlichen Milliardenspenden aus aller Welt für Israel zuständigen Sammelvereinigung. Bevor er 1933 nach Palästina gegangen war, hatte Blumenfeld als Chef der zionistischen Propaganda in Deutschland (ab 1909), als Generalsekretär des zionistischen Weltkongresses (ab 1911), als Chefredakteur des zionistischen Zentralorgans »Die Welt« (ab 1913) und als Vorsitzender der Zionistischen Vereinigung für Deutschland gewirkt.

Seitdem er mit seiner Familie von den Sowjetbehörden zur Deportation abgeholt wurde, ist **Ferdinand Blumenthal**, einer der bedeutendsten Krebsforscher des 20. Jahrhunderts, verschollen. Er kam 1870 in Berlin zur Welt. Sein Vater war Arzt und Geheimer Sanitätsrat. Ferdinand Blumenthal promovierte 1895 in Freiburg/Br. 1902 wurde er Direktor am Berliner Israelitischen Krankenhaus, 1905 Professor an der weltberühmten Charité in der Reichshauptstadt, 1915 Direktor des Instituts für Krebsforschung der Charité, 1919 Generalsekretär der Deutschen Gesellschaft für Krebsforschung. 1933 ging der Mediziner in die Tschechei, dann nach Österreich. 1938 führte ihn die Emigration nach Jugoslawien (Universität Belgrad), 1940 nach Reval/Estland. Nach Ausbruch des deutsch-sowjetischen Krieges wurde seine Verschleppung in den Archipel Gulag verfügt.

Eine herausragende Stellung im Berliner Theaterbetrieb zur Kaiserzeit hatte **Oscar Blumenthal**, der 1852 in der Reichshauptstadt geboren worden war. Er machte sich als Kritiker des einflußreichen »Berliner Tageblatt« einen Namen und hatte einigen Erfolg als Lustspielautor (von ihm stammt die 1898 entstandene Komödie »Im weißen Rößl«). 1888 gründete Blumenthal das Berliner Lessing-Theater. Er starb 1917 in Berlin.

Aus jüdischer Kaufmannsfamilie stammt der Politiker und Industrielle **Werner Michael Blumenthal**. Er kam 1926 in Oranienburg zur Welt und emigrierte 1939 mit seiner Familie über Italien und China in die Vereinigten Staaten von Amerika. Dort begann er in einer Keksfabrik, wurde Kellner und Pförtner. Er studierte mit einem Stipendium des »Social Science Research Council«, wurde 1961 Wirtschaftsexperte des US-Außenministeriums und 1967 Generaldirektor sowie Geschäftsführer des Konzerns Bendix International Corp., New York. Von 1976 bis 1979 wirkte er als US-amerikanischer Finanzminister. Er gehört zu den leitenden Männern der Rockefeller-Stiftung.

Als Begründer der modernen amerikanischen Ethnologie wird der Anthropologe **Franz Boas** bezeichnet. Er kam 1858 in Minden zur Welt und war ein Neffe des Mediziners und Politikers Abraham Jacobi, »der als aufrechter deutscher Patriot 1848 nach Amerika fliehen mußte und dort die erste Kinderklinik gründete« (Ganther, »Die Juden in Deutschland«). Boas wanderte 1886 in die USA ein. Ab 1899 war er Professor an der Columbia-Universität, New York. Er untersuchte Eskimos, Indianer und europäische Einwanderer und kam zu dem Schluß, die Unterschiede der Rassen, Nationen und Kulturen seien nur umweltbeeinflußt, nicht erbbedingt (»Kulturrelativismus«). Eine Meinung, die eigentlich jüdischen Grundauffassungen widerspricht. Boas starb 1942 in New York.

Zu den Gründervätern des Zionismus in Deutschland gehörte **Max Isidor Bodenheimer** (geboren 1865 in Stuttgart, gestorben 1940 in Jerusalem). Der Jurist und Politiker schuf 1893 mit D. Wolffsohn den zionistischen Verein »Chowewe-Zion«, drei Jahre später hob er in Köln die »National-Jüdische Vereinigung« (ab 1897: Zionistische Vereinigung für Deutschland) aus der Taufe, deren Chef er bis 1910 war. Mit Wolffsohn verfaßte er die »Kölner Thesen« als Leitlinien des Zionismus. Bodenheimer wirkte auch als Vizevorsitzender des »Deutschen Komitees für die Befreiung der russischen Juden«, das den Sturz des russischen Kaisertums im Schilde führte. 1933 ging er in die Niederlande, 1935 nach Palästina.

Der Bankier **Siegmund Bodenheimer**, geboren 1875 in Heidelberg, wurde 1906

Direktor der Bank für Handel und Industrie, 1907 Direktor und 1922 Teilhaber der Darmstädter und Nationalbank (Danatbank), Berlin, deren Zusammenbruch 1931 die Weimarer Republik erschütterte. Von 1931 bis 1933 wirkte Bodenheimer als Direktor der Dresdner Bank, von der die marode Danat-Bank übernommen worden war. Er gehörte der Führung des Centralverbandes des Deutschen Bank- und Bankiersgewerbes an. 1934 emigrierte er in die Schweiz, 1936 in die USA, wo er 1966 starb.

Mütterlicherseits ist der Journalist und Politiker **Klaus Bölling** jüdischer Herkunft. Er wurde 1928 in Potsdam geboren. Nach 1945 war er zunächst Mitarbeiter des FDJ-Organs »Neues Leben« (SED-Verlag »Volk und Wissen«, Ost-Berlin). 1956 schloß sich Bölling der SPD an. 1973 wurde er Intendant von Radio Bremen. Ab 1974 fungierte er in Bonn als Regierungssprecher mit enger Vertrauensstellung bei Kanzler Helmut Schmidt. 1981 übernahm Bölling das Amt des Ständigen Vertreters in Ost-Berlin. In der Endphase der Schmidt-Regierung, 1982, war er noch einmal deren Sprecher in Bonn. Seither wirkt er hauptsächlich publizistisch. Von 1980-1982 war er in dritter Ehe mit einer Tochter des Brillen-Fabrikanten Rodenstock verheiratet.

Einer jüdischen Familie entstammend, kam der Arzt und Publizist **Felix Boenheim** 1890 in Berlin zur Welt. 1918 war er Spartakist und Soldatenrat. Dann schloß er sich der KPD an und zählte zu den Gründern der »Gesellschaft der Freunde des neuen Rußland«. Längere Zeit hielt er sich in Moskau auf. Nicht nur als Stalinist, sondern auch als »Vorkämpfer der Sexualpädagogik« profilierte sich Boenheim. Nach der NS-Machtübernahme emigrierte er. Zwischen Bolschewismus und Zionismus schwankend, verbrachte er einige Zeit in Palästina. Dann ging er nach Amerika. In den USA entwarf er ein »gesundheitspolitisches Programm« zur Radikalumerziehung der Deutschen. In der Sowjetzone bzw. DDR wirkte Boenheim als Direktor des Medizinisch-Poliklinischen Instituts der Universität Leipzig und als Chef des Karl-Sudhoff-Institutes für Geschichte der Medizin und Naturwissenschaft der Karl-Marx-Universität. U.a. erhielt er von Ulbricht den »Vaterländischen Verdienstorden«. Er starb 1960 in Leipzig.

Der Physiker jüdischer Herkunft **Niels Hendrik David Bohr** (geboren 1885 in Kopenhagen, gestorben 1962 dortselbst) gilt als einer der bedeutendsten Naturwissenschaftler des 20. Jahrhunderts. An Rutherford anknüpfend, stellte er 1913 sein berühmtes Atommodell auf. 1916 wurde er Professor an der Universität Kopenhagen, 1922 erhielt er den Physik-Nobelpreis. 1943 ging er aus dem deutschbesetzten Dänemark nach Amerika. Dort hatte er unter dem Tarnnamen »Mister Baker« entscheidenden Anteil an der Verwirklichung des »Projekts Manhattan«, des Baus der Atombombe. 1945 kam er wieder nach Kopenhagen. Fortan trat der Vater der Atombombe als engagierter Pazifist auf (»Atoms for Peace Conference«); von den Deutschen erhielt er 1950 den Pour le Mérite, Friedensklasse. 1994 beschuldigte der Ex-KGB-General Pawel A. Sudoplatow in seinem Buch »Der Handlanger der Macht« Bohr, Oppenheimer, Fermi und Szilard, Atomgeheimnisse an die Sowjets verraten zu haben, wodurch Stalin ebenfalls in den Besitz der Atombombe gekommen sei. Bohr habe sich zu diesem Zwecke mit dem Sowjetphysiker Jakow Terlitzkiy, einem Abgesandten des Moskauer Geheimdienstchefs Berija, getroffen.

Harry Bohrer (Jahrgang 1916), 1939 aus Prag nach Großbritannien emigrierter jüdischer Journalist, war der eigentliche Gründervater des bundesdeutschen Nachrichtenmagazins »Der Spiegel«. Nach Kriegsende

Ernst BLOCH

Claire BLOOM

Léon BLUM

Erik BLUMENFELD

Werner Michael BLUMENTHAL

Klaus BÖLLING

Niels BOHR

Jelena BONNER

Ludwig BORCHARDT

wirkte er als britischer Besatzungsoffizier in Deutschland und war auch für die Vergabe von Lizenzen an kollaborationswillige Deutsche zuständig. Seine Wahl fiel auf Rudolf Augstein, dessen Artikel zur Kriegszeit in der hannoverschen NS-Presse, im NSDAP-Zentralorgan »Völkischer Beobachter« und in Dr. Goebbels' »Das Reich« erschienen waren. Bohrer erteilte Augstein die Lizenz für das Blatt »Diese Woche«, das bald darauf zum »Spiegel« mutierte, und machte ihn damit zum künftigen Multimillionär. Leo Brawand, ein Mann der ersten Stunde beim Augstein-Bohrer-Blatt, schreibt in seiner »Spiegel-Story«: »Daß und wie die jüdischen Emigranten Bohrer und Ormond mitwirkten, stieß bei uns auf großen Respekt. ›Diese Woche‹ entstand als ein deutsch-englisch-jüdisches Gemeinschaftswerk.« Bohrer wirkte später als »Verlagsrepräsentant« des »Spiegel« in London und starb dort 1985.

Der Schauspieler **Curt Bois**, geboren 1901 in Berlin, war in den 20er und frühen 30er Jahren in Berlin u.a. am Kabarett der Komiker, am Ku'damm-Theater und an der kommunistischen Piscator-Bühne engagiert. Von 1933 bis 1950 befand er sich im amerikanischen Exil. Dort wirkte er als Nebendarsteller in 40 Hollywood-Filmen mit, darunter »Casablanca«. 1950 tauchte er in Ost-Berlin auf, wurde Direktor des Deutschen Theaters und arbeitete mit Brecht zusammen. Auch führte er Regie für die »Defa« der DDR. Später pendelte er zwischen Ost und West. In Westberlin förderte ihn Kortner. Bois trat auch in etlichen Fernsehrollen auf. Als 80jähriger machte er noch beim »jungen deutschen Film« (Fassbinders »Die Sehnsucht der Veronika Voss«) mit. Bois' Memoiren tragen den Titel »So schlecht war mir noch nie«. Er starb 1991 in Berlin.

Zunächst war die jüdische Professorentochter **Käthe Boll-Dornberger**, geboren 1909 in Wien, Sozialdemokratin. 1931 schloß sie sich der stalinistischen KPD an. Zur Kriegszeit hielt sie sich in England auf. In der DDR wurde sie SED-Genossin. Ab 1949 fungierte sie als Direktorin des »Instituts für Strukturforschung« der Deutschen Akademie der Wissenschaften, ab 1960 als Professorin an der Ostberliner Humboldt-Universität. Sie betätigte sich in »Antifa«-Gruppen des Stasi-Systems und wurde u.a. mit dem Vaterländischen Verdienstorden in Silber dekoriert.

Der Mathematiker **Hermann Bondi** wurde von der Queen in den Adelsstand erhoben. Sir Hermann war 1919 in Wien als Sohn des aus Mainz stammenden Arztes Samuel Bondi zur Welt gekommen. Ein Jahr vor dem Anschluß verließ er Österreich und ging nach England. 1940/41 war er wie die meisten Emigranten aus Deutschland auf der Insel Man interniert. 1954 wurde er Professor für angewandte Mathematik am King's College in London und 1964 Vorsitzender des Komitees für Weltraumforschung des englischen Verteidigungsministeriums. Von 1967 bis 1971 wirkte Bondi als Generaldirektor der europäischen Organisation für Weltraumforschung. Er brachte es ferner zum Mitglied des Gerichtshofes der Londoner Universität und zum Ehrenvizepräsidenten des »Advanced Centre for Education«.

Ab 1961 wirkte **Curt Bondy** als Vorsitzender des Berufsverbandes deutscher Psychologen. Er starb 1972 in Hamburg, wo er 1894 als Sohn des Händlers Salomon Bondy zur Welt gekommen war. Nach seiner Entlassung als Professor in Göttingen 1933 war Bondy Mitarbeiter von Martin Buber in der »Mittelstelle für jüdische Erwachsenenbildung« Berlin. Von 1936 bis 1939 fungierte er als Direktor des jüdischen Auswandererlehrgutes Groß-Breesen bei Breslau. Dann ging er in die USA. Nach dem Kriege aus der

Emigration zurückgekehrt, wurde er 1950 Direktor des Psychologischen Instituts der Universität Hamburg.

An der Seite ihres Mannes Andrej Sacharow, den sie 1971 geheiratet hatte, wurde die Publizistin **Jelena Bonner** eine der bekanntesten Dissidentinnen der Sowjetunion. Das Ehepaar setzte sich mutig für die Rechte auch der Deutschen im sowjetischen Machtbereich ein. Jelena Bonner, Jahrgang 1923, stammte aus Moskau. Ihr Vater, Gervok Alikhanov, war Leiter der Kaderabteilung der Komintern und wurde 1937 auf Geheiß Stalins ermordet; ihre jüdische Mutter war von 1937 bis 1954 im Archipel Gulag. Jelena Bonner diente im Zweiten Weltkrieg als Soldatin der Roten Armee. Sie wurde schwerverwundet und 1945 im Range eines Leutnants entlassen. Dann wirkte sie als Ärztin.

Das Haus Bonnier ist der größte Verlag Schwedens. Gegründet wurde das Unternehmen von **Albert Bonnier**. Dieser jüdische Verleger war 1820 in Dresden zur Welt gekommen. Er wanderte in Schweden ein und starb im Jahre 1900 in Stockholm. Sohn Karl Otto Bonnier (1856-1941) baute den Verlag zum Branchenriesen in Skandinavien aus. Seine Schwester Eva, Tochter des Verlagsgründers, lebte von 1857 bis 1909 und hatte als Malerin Erfolg.

Der bedeutende Archäologe und Bauforscher **Ludwig Borchardt** kam 1863 in Berlin als Sohn des Kaufmanns Hermann Borchardt und seiner Gattin Bertha geborene Levin zur Welt. Ab 1895 leitete er die deutschen Ausgrabungen bei Abusir, Abu Gur und Amarna in Ägypten. Dabei gelang die Entdeckung der weltberühmten Büste der ägyptischen Königin Nofretete. 1906/07 gründete Borchardt das Deutsche Institut für ägyptische Altertumskunde in Kairo, als dessen Direktor er bis 1928 wirkte. Borchardt, der auch zu den führenden Pyramiden-Forschern und Experten der altägyp-

tischen Astronomie zählte, starb 1938 in Paris.

Rudolf Borchardt, geboren 1877 in Königsberg, gehörte zu jenen jüdischen Intellektuellen, die 1933 Hoffnungen in die NS-Machtübernahme setzten, aber schroff von den bedingungslos antisemitischen NS-Herrschern abgewiesen wurden. Borchardt, Sohn eines jüdischen Kaufmanns, war entschiedener Verfechter der Assimilationstheorie. Es sei die »historische Pflicht des Judentums zum Aufgehen im Christentum«. Dies trug ihm scharfe Kritik überzeugter Juden ein. Er war mit Hofmannsthal befreundet und gehörte einige Zeit dem Kreis um Stefan George an. Im Kriege diente er als deutscher Infanterist. 1915 brachte er den glühend patriotischen Aufruf »Der Krieg und die deutsche Selbsteinkehr« heraus. Seit den 20er Jahren lebte er meist in Italien. Er gab 1922 bis 1927 die Zeitschrift »Neue deutsche Beiträge« heraus und übersetzte 1930 Dantes »Göttliche Komödie« ins Deutsche. Als »Naturverfassung« des deutschen Volkes sah er ein monarchisches, ständisch gegliedertes Reich an. Er propagierte das Kaisertum. Rudolf Borchardt starb 1945 in Trins/Tirol.

Max Born (geboren 1882 in Breslau, gestorben 1970 in Göttingen) begründete eine neue Atomtheorie und mußte 1933 wegen jüdischer Herkunft seinen Dienst als Professor in Göttingen quittieren. Er ging nach Britannien, wo er an der Universität von Edinburgh lehrte. 1939 wurde er britischer Staatsbürger. 1954 kam er zurück nach Deutschland und erhielt einen Lehrstuhl in Göttingen. 1954 wurde Born, der sich den Quäkern angeschlossen hatte, mit dem Physik-Nobelpreis für seine Forschungen zur Quantentheorie und für seine Theorie der Kristallgitter ausgezeichnet. Seine Schüler waren die »Väter der Atombombe« Oppenheimer, Teller und Wigner. Die Hollywood-

Sängerin und -Schauspielerin Olivia Newton-John ist seine Enkelin.

1995 beging »Sex-Papst« **Ernest Borneman** Selbstmord, nachdem ihn seine 42 Jahre jüngere Freundin mit einem anderen verlassen hatte. Im Nachlaß des »Triebtäters in Sachen Aufklärung« (»Stern«), der u.a. das »Recht von Kindern auf Geschlechtsverkehr mit Erwachsenen« propagiert hatte, fanden sich, wie Medien berichteten, »sexuelle Abgründe auf Tonband: Orgasmus-Schläge, Hörigkeit, Verzweiflung«. Der »Sex-Papst« war 1915 in Berlin unter dem Namen Ernst Julius Wilhelm Bornemann zur Welt gekommen. Sein Vater war Kaufmann und Mitglied der DDP, seine Mutter KPD-Aktivistin. Borneman(n) schloß sich als 16jähriger Wilhelm Reichs »Reichsverband für proletarische Sexualpolitik« an. 1933 ging er nach London, wo er sich zunächst als Jazzmusiker durchgeschlagen haben soll. 1940/41 war er als »verdächtiger Ausländer« in England und Kanada interniert. Er kam auf Fürsprache des jüdischen Regisseurs John Grierson, Leiter der kanadischen Kriegspropaganda, frei und wurde von diesem in die Filmbranche eingeführt. 1945 nahm Borneman die kanadische Staatsangehörigkeit an. Er wirkte an zahlreichen Film- und Fernsehproduktionen Nordamerikas mit und wurde 1960 auf Geheiß Adenauers zum Programmchef eines ZDF-Vorläufers ernannt. Ein Jahr später zog sich Borneman vom TV-Geschäft zurück, ging nach Österreich und wurde Sexual-Publizist. Seine Saat ging ab Ende der 60er Jahre im Zuge der sogenannten »sexuellen Befreiung« auf. Borneman propagierte »freie Liebe«, also permanenten Vertrauens- und Ehebruch, sowie Partnertausch. Er gründete und leitete in Österreich und in der Bundesrepublik die »Gesellschaft für Sexualforschung«. In den 80er Jahren ging es ihm hauptsächlich um »Das Geschlechtsleben

des Kindes« (Titel eines seiner Bücher von 1985). In der letzten Lebensphase bekundete er tiefe Enttäuschung über den Zusammenbruch des Marxismus, dem er sich zeitlebens verbunden fühlte, und über »Nachlassen der Libido«. Den Männern bleibe »die Spucke und das Sperma« weg. Immer mehr Frauen würden »regelrecht allergische Reaktion auf den männlichen Samen« entwickeln, klagte er.

Eine Synthese aus Bolschewismus und Zionismus strebte der Publizist und Politiker **Beer Borochow** an. Geboren 1881 in Solotonoschka, gründete er 1901 in Rußland den »Sozialistisch-Zionistischen Bund der Arbeiter«. Später stieg er zum Führer der Poale Zion-Bewegung auf, die verschiedene jüdisch-sozialistische Gruppen vereinigte. 1907 tauchte Borochow in Wien, 1914 in New York auf. Dort gab er das Zionistenblatt in jiddischer Sprache »Di Warheit« heraus. Borochow, der sich ein künftiges Israel als »strategische Basis« einer sozialistischen Weltrevolution vorstellte, kam 1917 nach dem Sieg der Bolschewisten nach Rußland zurück. Er starb im gleichen Jahr in Kiew - nach offizieller Lesart an einer Lungenentzündung.

Aus jüdischer Familie stammte der bolschewistische Publizist und Politiker **Michail M. Borodin**, Jahrgang 1884. Als Chef der Nachrichtenagentur TASS, Leiter der in Englisch erscheinenden »Moscow Daily News« und Boß des sowjetischen »Informationsdienstes« war er im Zweiten Weltkrieg der Hauptverantwortliche für die Kreml-Propaganda, wobei er in Zusammenarbeit mit Ilja Ehrenburg auch vor den maßlosesten Übertreibungen und absurdesten Erfindungen nicht zurückschreckte, um die Deutschen in der Weltöffentlichkeit als eine einzige Horde von Bestien erscheinen zu lassen. Allerdings wurde er des Sieges seiner Sache nicht froh. Nach dem Zweiten

Weltkrieg geriet Borodin ins Räderwerk der stalinistischen »Säuberungen«. Er starb 1951 qualvoll im Gulag. Ursprünglich war er Aktivist des jüdisch-sozialistischen »Bund« gewesen. 1903 hatte er sich den Bolschewisten angeschlossen, 1918 war er von Lenin aus dem amerikanischen Exil zurückgerufen worden. Er bekleidete diplomatische Posten u.a. in Skandinavien, Mexiko und England und fungierte auch als sowjetischer Arbeitsminister.

Zu den einflußreichsten US-amerikanischen Politikern jüdischer Herkunft gehört **Rudy Boschwitz**. Er kam 1930 in Berlin zur Welt und emigrierte 1936 mit den Eltern nach Amerika. Er studierte Staats- und Rechtswissenschaften. 1963 gründete er das Unternehmen »Plywood Minnesota Inc.« Seit 1979 ist er Senator des Bundesstaates Minnesota im US-amerikanischen Kongreß zu Washington (Republikanische Partei). Unter anderem gehört er der Budget-Kommission der Volksvertretung an. Boschwitz ist aktiv in der jüdischen Gemeinde (Lubavitch-House, Temple Israel).

Der halbjüdische italienische Faschistenführer **Giuseppe Bottai** (geboren 1895 in Rom, gestorben 1959 dortselbst) war ein Mitstreiter des Duce Mussolini der ersten Stunde. Er nahm am »Marsch auf Rom« 1922 teil. Er wurde nach der faschistischen Machtübernahme 1926 Unterstaatssekretär und 1929 Minister für Korporationen. Von 1936 bis zum Sturz der faschistischen Herrschaft 1943 war er Erziehungsminister. Er arbeitete die faschistische Wirtschaftsverfassung (»Charta del Lavoro«) aus und trug entscheidende Mitverantwortung für die Ende der 30er Jahre in Italien eingeführten »Rassengesetze«, die den Nürnberger Gesetzen Hitlers ähnelten. Als die Alliierten zunehmend die Oberhand gewannen, stimmte Bottai im Juli 1943 im Faschistischen Großrat für Mussolinis Entmachtung.

1944 setzte er sich nach Algerien ab, wo er bis 1948 in der Fremdenlegion gedient haben soll. Nach Italien zurückgekehrt, stritt Bottai vergebens für die Wiederherstellung der Monarchie. 1995 wurde in Rom auf Geheiß des linken Bürgermeisters Rutelli, der ein Jahr zuvor die Wahl nur knapp gegen den Chef der »Neofaschisten«, Fini, gewonnen hatte, eine Straße nach Bottai benannt.

Dem Judentum entstammen zahlreiche Koryphäen des Schachspieles. Zu ihnen zählte **Michail Botwinnik**, geboren 1911 in St. Petersburg. Er amtierte als Schachweltmeister von 1948 bis 1956, im Jahre 1958 und von 1961 bis 1963. Ab 1955 wirkte er als Professor am Institut für Energetik in Moskau. Aus Botwinniks Feder stammen Schriften zur Elektrowissenschaft und Maschinenbautechnik.

Als eine Art Theatermogul bestimmte **Otto Brahm** im Berlin der Kaiserzeit das Bühnengeschehen der Reichshauptstadt wesentlich mit. Er war 1856 in Hamburg zur Welt gekommen und hieß eigentlich Otto Abrahamson. Ab 1894 war er Direktor des Deutschen Theaters in Berlin, ab 1904 Chef des Lessing-Theaters. Er gründete und leitete überdies die »Freie Bühne«. Verdienstvollerweise setzte sich Brahm besonders für die Werke Hauptmanns und Ibsens ein. Zugleich bahnte er einer ganzen Gilde jüdischer Theaterleute den Weg in führende Positionen. So stand er beispielsweise der Karriere des Max Reinhardt (eigentlich Goldmann) Pate, den er als 21jährigen zu sich ans Deutsche Theater als Regisseur holte. Brahm starb 1912 in Berlin.

Eine besonders bemerkenswerte Rolle spielte der Zionist **Joel Brand**, geboren 1906 in Naszod/Ungarn, zur Kriegszeit. Er hatte ein »Jüdisches Rettungskomitee« gegründet und traf 1944 mit Adolf Eichmann zusammen. Man handelte aus, daß rund eine Million Juden des deutschen Machtbereichs freigegeben werden sollten, wenn Deutschland dafür einige Zehntausend Lastkraftwagen für Kriegszwecke erhalte, die nur an der Ostfront eingesetzt werden sollten. Als Brand in den Nahen Osten fuhr, um dort Mittel für die Aktion zu beschaffen, wurde er von den Briten verhaftet, so daß es nicht zur Durchführung des Rettungsplanes kam. Brand war von Beruf Textilkaufmann und in linkszionistischen Gruppen aktiv. Nach dem Zweiten Weltkrieg wurde er verdächtigt, »Nazi-Agent« gewesen zu sein. Als Hauptbelastungszeuge in NS-Prozessen suchte er, einen guten Eindruck zu hinterlassen. Er starb 1964 in Bad Kissingen bei einem Kuraufenthalt.

Kaum ein anderer Jude hat die US-amerikanische Politik und Gesellschaft derart nachhaltig beeinflußt wie **Louis Dembitz Brandeis** (geboren 1856 in Louisville/Kentucky, gestorben 1941 in Washington). Seine Familie war 1848 eingewandert und stammte aus Böhmen. Aus Verehrung für seinen streng orthodoxen Oheim, der ihn erzogen hatte, nahm Brandeis zusätzlich dessen Namen Dembitz an. Nach Ausbruch des Ersten Weltkrieges wurde der Hauptsitz der Zionistischen Internationale von Berlin nach New York in die damals noch nominell neutralen USA verlegt und Brandeis zum Vorsitzenden auserwählt. 1916 ernannte ihn Präsident Wilson als ersten Juden zum Richter am Obersten US-Gerichtshof. Damit hatte Brandeis, der formell seine zionistischen Ämter aufgab, eine Schlüsselstellung inne, da das US-Höchstgericht die Weichen der amerikanischen Politik entscheidend stellen kann. Brandeis gewann kaum zu überschätzenden Einfluß auf Franklin Delano Roosevelt, der 1933 zum US-Präsidenten gewählt wurde. Mit aller Kraft drängte er zum Eintritt in den Krieg gegen Deutschland. Nach Brandeis ist die 1948 gegründete erste nicht religiös gebundene jüdische Hochschule Amerikas benannt; sie dient als Zentrum der Judaistik und gilt als Kaderschmiede des akademischen jüdischen Nachwuchses. Zu Brandeis' bekanntesten Schriften zählt »Other People's Money« (1914).

Der eigentliche Name der in Dänemark zu Ruhm und Einfluß gelangten Familie Brandes lautete Cohen. **Edvard Brandes** (geboren 1847 in Kopenhagen, gestorben 1931 dortselbst) stieg zu einem der mächtigsten dänischen Politiker auf. Er fungierte 1909/10 und von 1913 bis 1920 als Finanzminister. Nebenher war er Dramatiker und Theaterkritiker, der die dänische Kunstszene maßgeblich mitbestimmte. Der Schriftsteller Georg Brandes war sein Bruder.

»Er gilt als der maßgebliche Urheber der antiklerikalen und internationalistischen Geisteshaltung in den nordischen Ländern«, heißt es in Lexika über den Literaturhistoriker **Georg Brandes**, der eigentlich Morris Cohen hieß und 1842 in Kopenhagen zur Welt kam. Der Schriftsteller und Politiker (dänischer Finanzminister) Edvard Brandes war sein Bruder. Kaufmannssohn Georg Brandes wirkte ab 1902 als Literaturprofessor in der dänischen Hauptstadt. Man bezeichnet ihn auch als »Wegbereiter des Werkes Nietzsches«. Das bekannteste Buch aus seiner Feder trägt den Titel »Die Hauptströmungen der europäischen Literatur des 19. Jahrhunderts«. Er verfaßte ferner eine weithin beachtete Disraeli-Biographie. Er starb 1927 in Kopenhagen.

Heinz Brandt (geboren 1909 in Posen, gestorben 1986 in Frankfurt/Main) schloß sich zur Weimarer Zeit der stalinistischen KPD an. Seine jüdisch-kommunistischen Eltern fielen dem NS-Antisemitismus zum Opfer, sein in die Sowjetunion emigrierter Bruder wurde auf Geheiß Stalins umgebracht. Brandt überlebte das Lager Auschwitz und wurde dann erneut aktiver KPD-Genosse. In der Sowjetzone bzw. DDR war er führender Propagandist. 1958 ging er in den Westen und wurde Gewerkschaftsfunktionär. Auf dem Transit nach West-Berlin wurde er von DDR-Polizisten verhaftet; drei Jahre später kam er wieder frei. Ende der 70er Jahre profilierte sich Brandt als Anti-Atomkraft-Aktivist. Er warf auch DGB-Funktionären »Atomfilz« vor. Für einige Zeit wirkte er bei den Grünen mit.

Horst Brasch (geboren 1922 in Berlin, gestorben 1989 in Ost-Berlin) ging nach dem Besuch der Klosterschule Ettal 1939 wegen jüdischer Herkunft nach England. Sein Stiefvater, der Biologe und Schriftsteller Thesing (1879-1956), brachte 1934 im Deutschen Reich das Buch »Unser Weltbild« heraus und übersetzte Werke von Henry Ford ins Deutsche. Brasch zählte in England zu den Mitgründern der stalinistischen »Freien Deutschen Jugend« (FDJ). In der Sowjetzone bzw. DDR fungierte er als FDJ-Zentralratsmitglied, von 1950 bis 1952 als brandenburgischer Minister für »Volksbildung«, ab 1963 als SED-ZK-Mitglied und ab 1965 als stellvertretender Kulturminister. Von 1975 an war er Vizepräsident der »Liga für Völkerfreundschaft«. Der Schriftsteller und Regisseur Thomas Brasch ist sein Sohn.

Schriftsteller **Thomas Brasch** kam 1945 in Westow/England als Sohn des jüdischen Emigranten und nachmaligen DDR-Vizekulturministers Horst Brasch zur Welt. Brasch junior studierte an der DDR-Filmhochschule in Potsdam-Babelsberg. Nachdem er gegen die Besetzung der CSSR 1968 protestiert hatte, wurde er verhaftet. 1971/72 war er am Ostberliner Brecht-Archiv tätig. Seit 1976 lebt er hauptsächlich in Westberlin. Zu seinen bekanntesten Werken zählen »Lieber Georg« und »Lovely Rita«. Er schuf auch etliche Werke zur »NS-Bewältigung«. Das »Autorenlexikon« von rororo attestiert ihm ein »anarchisches Lebensgefühl«. Aus seiner Verbindung mit der Schauspielerin Katharina Thalbach hat er eine Tochter.

Eigentlich heißt der österreichische Maler (der hin und wieder auch als Sänger auftritt) **Arik Brauer**, geboren 1929 in Wien, mit Vornamen Erich. Seine Familie war einst vor russischen Pogromen nach Österreich geflohen. Zur Kriegszeit befand sich Brauer in einem NS-Arbeitslager. Mit einer Israelin verheiratet, lebt er seit 1960 abwechselnd in Paris, Wien und Ein Hod/Israel. Er gilt als Hauptvertreter des »Phantastischen Realismus«. Das von Robert Darmstaedter herausgegebene Künstlerlexikon notiert: »In seiner surrealistischen Kunst verbindet sich starker Realismus mit dem Grotesken eines Bruegel oder Bosch.«

Adolf Braun war Mitbegründer der SPÖ und gehörte von 1920 bis 1927 dem Parteivorstand der SPD an. Er war 1862 in Laag in der Untersteiermark zur Welt gekommen und wirkte als Redakteur sozialistischer Zeitungen in Wien, Dresden, München und Nürnberg. Ab 1919 war er Reichstagsmitglied. Er starb 1928 in Nürnberg. Jacob Toury schreibt in »Die politischen Orientierungen der Juden in Deutschland«: »Mehr als die Hälfte aller jüdischen politischen Schriftsteller (in wilhelminischer Zeit) waren Sozialisten, unter ihnen manche bedeutende Persönlichkeiten, von denen Joseph Bloch, die Brüder Adolf und Heinrich Braun, Rudolf Hilferding, Friedrich Stampfer, Julius Kaliski, Hans Goslar, Theodor Lessing, Alexander Parvus, Kurt Eisner, Rosa Luxemburg, Eugen Leviné, Karl Radek und Hugo Simon hervorzuheben sind.«

Zu den einflußreichsten marxistischen Journalisten der Kaiserzeit und der Weimarer Republik zählte der Bruder des SPÖ-Begründers Adolf Braun, **Heinrich Braun** (geboren 1854 in Laag/Steiermark, gestorben in Berlin 1927). Er hob 1883 die »Neue Zeit«, eines der wichtigsten sozialistischen Organe, aus der Taufe. Von 1888 bis 1903 wirkte er als Herausgeber des »Archivs für Soziale Gesetzgebung«, ab 1905 als Herausgeber der »Neuen Gesellschaft«, und ab 1911 oblag ihm die Edition der »Annalen für Sozialpolitik und Gesetzgebung«.

Der Kommunist **Otto Braun** kam 1900 in Ismaning bei München zur Welt und starb 1974 in Ost-Berlin. Er war nach dem Ersten Weltkrieg an Leviens und Levinés Versuch beteiligt, Bayern zu bolschewisieren. Später anvancierte er zu einem Leiter des schwerbewaffneten KP-Militärapparates in Deutschland. 1925 wurde er Reichsnachrichtenleiter der KPD, also Führer des gesamten Spitzel- und Subversionssystems der Stalinisten im Deutschen Reich. 1926 kam er in Haft. 1928 gewaltsam befreit, setzte er sich nach Moskau ab. Als Führungsmann von Stalins Komintern wurde Braun zu den chinesischen Genossen geschickt, aber von Mao rasch kaltgestellt. Als einziger Fremder machte er in China den »Langen Marsch« mit. Im Zweiten Weltkrieg war Braun »Antifa«-Lehrer für deutsche Kriegsgefangene (Krasnogorsk). In der DDR, dem stalinisierten Mitteldeutschland, oblag ihm die Herausgabe der Werke Lenins auf deutsch, er wurde Erster Sekretär des DDR-Schriftstellerverbandes und erhielt die höchste Auszeichnung des Mauermordsystems, den Karl-Marx-Orden.

Häufig ist der Schauspieler **Pinkas Braun**, Jahrgang 1923, in bundesdeutschen Fernsehproduktionen zu sehen. Der jüdische Mime und Regisseur erhielt seine ersten Engagements in der Kriegszeit am Schauspielhaus Zürich. In den 50er Jahren tingelte er mit einer eigenen Truppe. Seither ist er freischaffend tätig. Meist wird er in Rollen als finsterer Schurke eingesetzt.

Der Filmproduzent **Artur Brauner** kam 1918 in Lodz als Sohn eines Holzhändlers zur Welt. Er läßt sich gern »Atze« nennen, heißt aber eigentlich Abraham mit Vorna-

men. Die Kriegszeit verbrachte er in einem NS-KZ. Obwohl es Deutschland eigentlich nicht wert sei, daß sich Juden wieder dort niederließen, wie er später einmal bekundete, kam Brauner 1946 mit einer Lizenz für die »Central Cinema Company« (CCC), die er mit seinem Schwager Joseph Epstein gründete, nach Berlin. Nach Angaben des »Spiegel« observierte ein Killertrupp aus Tel Aviv 1949 von der Braunerschen Wohnung in Berlin aus das alliierte Kriegsverbrechergefängnis von Spandau, um die dort inhaftierten deutschen Politiker, Diplomaten und Militärs niederzuschießen; Israel habe jedoch das Kommando »zurückgepfiffen«. Brauners CCC produzierte über 200 Filme. Er engagierte häufig jüdische Emigranten als Regisseure, zum Beispiel Siodmak, Lang, Gottfried Reinhardt. Brauners Filme zur »Vergangenheitsbewältigung« wie »Morituri«, »Lebensborn«, »Die weiße Rose« und zuletzt »Hitlerjunge Salomon« waren Mißerfolge beim Publikum. Umsatzrenner wurden die von ihm produzierten Unterhaltungsfilme, zum Beispiel die Karl-May-Streifen der 60er Jahre, wobei er - wie oft - auf einen »fahrenden Zug« sprang, denn Produzent Wendlandt hatte mit Erfolg den bundesdeutschen »Karl-May-Boom« eingeleitet. 1976 veröffentlichte Brauner seine Erinnerungen »Mich gibt's nur einmal«. Zum 50. Jahrestag des Kriegsendes veröffentlichte er Anzeigen in der deutschen Tagespresse »Wider das Vergessen«: Flucht, Vertreibung usw. seien nur die Folge eines Hitler gewesen, dem der überwiegende Teil der Deutschen zugejubelt habe. Die Opfer, nämlich die Juden, und nicht die Täter seien zu bemitleiden. Aus der Haut getöteter KZler seien Lampenschirme und aus den Körpern Vergaster Seife hergestellt worden. Laut Israels führendem Holocaust-Forscher Jehuda Bauer ist die frei erfundene Geschichte vom Einkochen gemordeter Juden zu Seife »von den Nazis« damals in die Welt gesetzt

Rudolf BORCHARDT

Max BORN

Ernest BORNEMAN

Otto BRAHM

Joel BRAND

Louis BRANDEIS

Pinkas BRAUN

Artur BRAUNER

Felix BRESSART

worden, um mit dieser Horrorvorstellung Juden seelisch zu quälen.

Der Komponist **Walter Braunfels** (geboren 1882 in Frankfurt am Main, gestorben 1954 in Köln) war väterlicherseits jüdisch und mütterlicherseits mit der Familie des berühmten deutschen Komponisten Spohr verwandt. 1925 wurde er neben Abendroth Direktor der Kölner Staatlichen Hochschule für Musik. Radikalantisemiten verhängten 1933 in Deutschland ein Aufführungsverbot über seine Werke. 1935 schuf Braunfels das Mysterium »Verkündigung«, 1937 das dramatische Märchen »Der Traum, ein Leben«, 1943 die »Szenen aus dem Leben der heiligen Johanna«. Von 1945 bis 1950 war er Präsident der Kölner Musikhochschule. Man sieht ihn in der Nachfolge Pfitzners und Debussys.

Als Emigrant in England wehrte der sozialistische Historiker jüdischer Herkunft **Julius Braunthal** (geboren 1891 in Wien, gestorben 1972 in London) zur Kriegszeit Behauptungen von »deutscher Kollektivschuld« ab. Er arbeitete in dieser Beziehung eng mit dem britisch-jüdischen Humanisten und Sozialisten Victor Gollancz zusammen, mit dem er 1941 das »International Socialist Forum« gründete, und brachte 1943 in London die Schrift »Need Germany Survey?« heraus. Braunthal war der Sohn eines Vergolders, hatte die Wiener Thora-Schule besucht und war von 1919 bis 1934 Redakteur der sozialistischen »Arbeiterzeitung«. Ab 1927 gehörte er dem SPÖ-Parteivorstand an. 1934 wurde er im Zeichen des »Austrofaschismus« inhaftiert; 1935 ging er nach England, wo er Redakteur des Emigrantenblattes »Tribüne« wurde. Von 1949 bis 1956 wirkte er als Sekretär der Sozialistischen Internationale.

Der jüdische Schauspieler **Felix Bressart**, geboren 1892 im ostpreußischen Eydtkuhnen, wurde vom jüdischen Thea-

terleiter Victor Barnowsky entdeckt und hatte auf der Bühne des semikommunistischen Piscator in Berlin erste Erfolge. Zu den bekanntesten Filmen der Weimarer Zeit, in denen er mitwirkte, zählte »Die Drei von der Tankstelle«. Über Österreich ging er nach Amerika (1938), wo er sich dem German-Jewish Club in Los Angeles anschloß und etliche Nebenrollen in Hollywood-Filmen bekam, z.B. in »Ninotschka« (1939). Im Krieg wirkte er in antideutschen Propagandastreifen wie »Sein oder Nichtsein« und »Das siebte Kreuz« mit. Sein letzter Film hieß »Der Fehltritt«. Bressart starb 1949 in Hollywood.

Der 1848 in Dannenberg/Hannover geborene und 1926 in Heidelberg gestorbene Historiker **Harry Breßlau**, Schwiegervater von Albert Schweitzer, glaubte an eine »Amalgamierung« (Verschmelzung) der Juden mit der deutschen Kultur. 1885 initiierte er die »Historische Kommission für die Geschichte der Juden in Deutschland«. Breßlau lehrte ab 1872 in Berlin und ab 1890 an der Kaiser-Wilhelm-Universität Straßburg. Nach dem Ersten Weltkrieg teilte er das Schicksal über 100 000 Deutscher, die auf Befehl der französischen Machthaber Elsaß-Lothringen verlassen mußten. Breßlau war Mitherausgeber der Monumenta Germaniae Historica, der vom Freiherrn vom Stein begründeten Sammlung deutscher Geschichtsquellen des Mittelalters. Er galt als Meister der Diplomatik (Urkundenlehre).

Der eigentliche Name des Publizisten **Robert Breuer** lautete Lucian Friedländer. Geboren 1878 in Rzeki nahe Tschenstochau/Polen, schloß er sich in Deutschland der SPD an und wurde Geschäftsführer des »Schutzverbandes Deutscher Schriftsteller«. Ab 1918 wirkte er als stellvertreter Pressechef der Reichskanzlei und des Auswärtigen Amtes. 1920 bis 1925 war er Geschäftsführer des Verlages für Sozialwissenschaft, 1925 bis 1932 der »Reichszentrale für Heimatdienst«, die vor allem den Auftrag hatte, antideutsche Propaganda (zum Beispiel die Kriegsschuldlüge) zu widerlegen. Nach der NS-Machtübernahme ging Breuer in die Tschechei, dann nach Frankreich. 1940 flüchtete er auf die Insel Martinique, wo er 1943 starb.

Der jüdische Schriftsteller **Breyten Breytenbach**, geboren 1939 in Bonnievale/Kapprovinz, wurde in bundesdeutschen Medien als »Symbol des weißen Widerstandes gegen das Apartheid-System« gefeiert. 1951 war er aus Südafrika nach Paris gekommen. Er heiratete eine Asiatin, kehrte 1975 nach Südafrika zurück, wurde 1982 abgeschoben und nahm die französische Staatsbürgerschaft an. Das Afrikaans, die Sprache der südafrikanischen Buren, die hauptsächlich niederländische und deutsche Vorfahren haben, hält Breytenbach »nur noch für Inschriften auf Grabmälern geeignet«.

Der kommunistische Politiker **André Brie** kam 1950 in Schwerin als Sohn des jüdischen FDJ-Mitbegründers und Honekker-Diplomaten Horst Brie zur Welt. Er wurde SED-Genosse, Mitarbeiter der »Akademie für Staat und Recht« in Potsdam-Babelsberg und Leiter des Bereichs »globale Probleme und moderne Gesellschaft« am »Institut für Interdisziplinäre Zivilisationsforschung« der Ostberliner Universität. In der PDS wurde er zum führenden ideologischen Kopf und zum Stellvertreter des Parteichefs Gysi. Als die DDR unterging, war er »nicht bereit, meine Traurigkeit zu verbergen«. Das Schlimmste wäre eine deutsche Politik, »den Zweiten Weltkrieg 45 Jahre nach dem Ende zu gewinnen«. In seinem 1990 veröffentlichten »Umbaupapier« forderte Brie die Bekämpfung eines »neu-deutschen Nationalstaates« durch »europäische Visionen« und eine »weltoffene, multikulturelle Gesellschaft«.

1992 kam heraus, daß Brie rund 20 Jahre, seit 1970, aus eigenem Entschluß mit der Stasi zuammengearbeitet hatte. Als Beweggrund nannte er u.a. »Hakenkreuzschmiereien«, die ihn erschüttert hätten (in vielen Fällen aber von der Stasi selbst inszeniert worden waren).

Der 1923 in Berlin geborene **Horst Brie** ging 1933 mit seiner jüdischen Familie in die englische Emigration. Dort zählte er zu den Mitbegründern der kommunistischen »Freien Deutschen Jugend« (FDJ). Von 1947 bis 1955 war er Mitglied des Zentralrates der SED-Jugendorganisation. 1958 trat er in den diplomatischen Dienst der DDR ein. Er amtierte u.a. als Botschafter in Nordkorea und Japan und leitete die Planungsabteilung im Außenministerium. Auf Geheiß Honeckers erhielt er den »Vaterländischen Verdienstorden«. Der PDS-Chefideologe André Brie ist sein Sohn.

Grigori Jakowlewitsch Brillant (eigentlich Sokolnikow) kam 1888 in Romny/Ukraine zur Welt. Wie alle führenden Bolschewisten entsproß auch er der Sozialdemokratie. 1917 kehrte er als enger Vertrauter Lenins mit diesem aus der Emigration zurück. Er wurde Politbüro-Mitglied und unterzeichnete als sowjetrussischer Delegationsleiter den Vertrag von Brest-Litowsk. Erbarmungslos unterdrückte er oppositionelle Bestrebungen. So führte er die Niederschlagung der Bauernaufstände von Wjatka und der Arbeiteraufstände von Iljewsk und Wotkinsk an. Er fungierte als Befehlshaber der Roten Armee bei der mit unbeschreiblicher Grausamkeit betriebenen Unterwerfung Turkestans. 1921 bis 1926 war Brillant Finanzkommissar (Finanzminister) der Sowjetunion. 1929 wurde er Botschafter in London, 1934 stellvertretender Außenminister. Dann fraß die Revolution auch ihn. Im zweiten Moskauer Schauprozeß zu 10 Jahren verurteilt, kam er 1939 in Moskau in Haft ums Leben.

Als Vize-Präsident der EG- bzw. EU-Kommission zu Brüssel bestimmt **Leon Brittan** auch über die deutsche Politik mit. Die Queen schlug ihn 1989 zum Ritter. Sir Leon kam 1940 in London als Sohn eines aus Litauen zugewanderten Arztes zur Welt; seine Muttersprache war das Jiddische. Er studierte in Cambridge und schloß sich den Konservativen an. Von 1974 bis 1988 vertrat er sie im Unterhaus. Er galt als enger Vertrauter der Premierministerin Thatcher. Ab 1979 war er Staatsminister für Inneres, ab 1983 Innenminister. 1985/86 amtierte er als Handelsminister der Thatcher-Regierung. 1988 wurde er EG-Handelskommissar, 1989 Vizechef der Brüsseler Kommission. Sein Bruder Samuel (»Financial Times«) gilt als einer der einflußreichsten britischen Wirtschaftspublizisten.

Der Dichter **Hermann Broch**, geboren 1886 in Wien, entstammte einer jüdischen Familie von Textilhändlern und -fabrikanten. 1908 mußte er, vom gestrengen Vater dazu bestimmt, die Leitung des Familienunternehmens antreten, obwohl er, durch Karl Kraus für die Schriftstellerei begeistert, lieber literarisch tätig geworden wäre. 1927 verkaufte er die Firma und führte seither ein Leben als freier Schriftsteller. Nach dem Anschluß Österreichs ging er über England in die USA, wo er sich mit Massenpsychologie beschäftigte und als Professor deutsche Literatur lehrte. Zu seinen bekanntesten Werken zählen die Trilogie »Der Schlafwandler« und der Roman »Der Versucher«. Broch starb 1951 in New Haven/Connecticut.

Der jüdische Schriftsteller **Max Brod** (geboren 1884 in Prag) rief als Student einem Professor zu, der betont hatte, aus dem Judentum ausgetreten zu sein: »Ja, aber nicht das Judentum aus Ihnen!« Bankierssohn Brod war ab 1912 aktiver Zionist. 1918 gehörte er zu den Gründern des jüdischen Nationalrates in der CSR. Die meisten seiner Werke spielen im jüdischen Milieu. »Seine Entwicklung führte von erotisch betontem ›Indifferentismus‹ zu bewußt jüdischer Haltung«, schreibt das »Lexikon des Judentums«. In seinem Werk »Im Kampf um das Judentum« (Wien 1920) hielt Brod fest: »Historisch ist ja sicher, daß die Juden aller Weltteile mehr als zweitausend Jahre lang (seit Esra) mit ganz geringfügigen Ausnahmen nur untereinander geheiratet haben. Dadurch hat sich eine Konstanz der jüdischen Typen und eine Blutsgemeinschaft ausgebildet, die unser Volkstum konstituiert. Nur die Mischehe kann diese Konstanz aufheben ... Mischehe ist die einzige ernsthafte Gefahr, die dem Judentum droht!« 1939 ging der jüdische Literat nach Palästina. Er starb 1968 in Tel Aviv. Einst war er mit Franz Kafka eng befreundet. Gegen dessen testamentarisch verfügten Willen (Kafka wünschte die Vernichtung seiner Schriften) gab Brod posthum die gesammelten Werke seines Freundes heraus.

Der jüdische Literat **Henryk M. Broder** kam 1946 in Kattowitz zur Welt. 1958 emigrierte er mit den Eltern in die Bundesrepublik Deutschland. Er wurde Mitarbeiter zahlreicher etablierter Blätter (»Zeit«, »Spiegel«, »profil« usw.) und hielt, so die »Süddeutsche Zeitung«, »das schlechte Gewissen der Deutschen wach«. Vor allem wandte er sich gegen linken Antizionismus, der für ihn nur die »Variante des traditionellen Rassismus« war. Weil er »die Nase voll« davon hatte, sich »mit linken Antisemiten herumzuschlagen«, ging er 1981 nach Israel. Seit einiger Zeit aber lebt er abwechselnd in Berlin und Jerusalem. 1986 kam sein Buch »Der ewige Antisemit. Über Sinn und Funktion eines beständigen Gefühls«

heraus. Er sieht im Antisemitismus eine »anthropologische Grundkonstante«, vergleichbar dem »Bedürfnis nach Sexualität«. In den 90er Jahren kam er zu einer moderateren Haltung den Deutschen gegenüber (»Erbarmen mit den Deutschen« ist der recht überheblich klingende Titel eines Buches von 1993). Auch wandte er sich gegen eine Kommerzialisierung der Vergangenheitsbewältigung, einen »Shoah-Business«.

Der Mathematiker **Selig Brodetsky** war einer der bedeutendsten Führer der Zionistischen Internationale. Er kam 1888 in Olivopol in der Ukraine zur Welt. 1893 ging die Familie nach England. Brodetsky wirkte von 1920 bis 1949 als Professor an der Universität von Leeds. Über viele Jahre stand er als Präsident dem »Board of Deputies of British Jews« vor, dem Zusammenschluß der wichtigsten jüdischen Vereinigungen des britischen Empire. Er starb 1954 in London.

Das wohl bedeutendste Werk des jüdischen Philo-Verlages war das 1935 in Berlin erschienene »Philo-Lexikon«, das bis 1937 vier Auflagen erlebte und die wesentlichen Fakten zum Judentum in bis dahin einzigartiger Weise in Form eines Nachschlagewerkes erfaßte. Gründer des Philo-Verlages war der Jurist und Publizist **Julius Brodnitz** (geboren 1866 in Posen, gestorben 1936 in Berlin). Von 1920 bis 1936 führte er als Vorsitzender den »Central-Verein deutscher Staatsbürger jüdischen Glaubens« mit zeitweise mehr als 70 000 Mitgliedern. 1922 schuf er die CV-Zeitung. »Er lehnte Mischehen und Taufen ab«, notiert Tetzlaff in den »2000 Kurzbiographien bedeutender deutscher Juden des 20. Jahrhunderts«.

Der Schriftsteller **Joseph Alexandrowitsch Brodsky**, geboren 1940 in Leningrad, gilt als einer der bedeutendsten jüdischen Gegenwartsdichter. In der Sowjetunion wurde er als Dissident verfolgt. 1964 erhielt er wegen »Parasitentums« fünf Jahre Lagerhaft. 1972 erfolgte seine Ausreise in den Westen und die Ausbürgerung. Fortan lebte er zumeist in den USA. Er erhielt ein Lehramt an der Columbia Universität, New York. 1987 wurde er mit dem Nobelpreis für Literatur ausgezeichnet. Zu seinen bekanntesten Werken zählen »Isaak und Abraham« und »Der jüdische Friedhof bei Leningrad«.

Edgar Miles Bronfman, geboren 1929 in Montreal als Sohn des »Spirituosenkönigs« und Zionistenführers Samuel Bronfman, dessen Eltern aus Bessarabien stammten, trat 1958 als Nachfolger des Vaters an die Spitze des »Seagram«-Konzerns, des größten Spirituosen-Unternehmens der Welt. In Deutschland erwarb »Seagram« u.a. die Marken Burgeff & Co, Godefroy H. von Mumm & Co, Julius Keyser & Co., Sektkellerei Hoehl, Fritz Lehment GmbH, Vinotheka und MM. Durch Kauf großer Aktienpakete des Konzerns Du Pont de Nemours stiegen die Bronfmans auch ins Chemiegeschäft ein. Seit 1995 gehört Edgar Bronfman in Kooperation mit Steven Spielberg zu den einflußreichsten Hollywood-Bossen. Er wirkt seit 1981 als Chef des Jüdischen Weltkongresses, zählt zur Führung der »Anti-Defamation-League« (ADL) der jüdischen B'nai B'rith-Loge, ist Gründungsmitglied des »Rockefeller Council« und gehört dem hinter den Kulissen außerordentlich einflußreichen Council on Foreign Relations (CFR), dem »Politbüro des Kapitalismus«, an.

Samuel Bronfman, der Vater des Chefs des Jüdischen Weltkongresses, Edgar Miles Bronfman, wurde »Rothschild der Neuen Welt« genannt. Er kam 1891 in Brandon in der kanadischen Provinz Manitoba zur Welt, ein Jahr, nachdem seine Eltern aus dem bessarabischen Soroki zugewandert waren. Sam Bronfman gründete 1924 eine Whisky-Brennerei in Montreal und machte zur Zeit der Prohibition durch Ausfuhr von Schnaps in die USA »auf Umwegen« Abermillionen. 1928 schluckte er das Spirituosenunternehmen Seagram & Sons. Bald darauf galt Bronfman als größter Spirituosenhändler der Welt. Von 1939 bis 1962 stand er als Präsident dem kanadischen Jüdischen Kongreß vor, und er wirkte als Vizepräsident des Jüdischen Weltkongresses. Als glühender Zionist gehörte er zu den finanziellen Gönnern Israels. Er starb 1971 in Montreal.

Eigentlich hieß der 1895 in Wien geborene Literat **Arnolt Bronnen** Bronner (mit »r«). Er war Sohn des aus Auschwitz stammenden jüdischen Dramatikers Ferdinand Bronner (1867-1948). Zunächst sympathisierte er mit dem Zionismus, dann schrieb er parakommunistische Artikel und Bücher. Mit dem Roman »O.S.« über Oberschlesien trat er ins Lager der Nationalisten über. Publizist von Uthmann berichtet: »1920 hatte Arnolt Bronnen mit seinem Drama ›Vatermord‹, zu dem Brecht die Regieanweisungen schrieb, einen Theaterskandal provoziert. Zehn Jahre später brachte er, um der NSDAP beitreten zu können, seine halbblinde Mutter dazu, vor einem Notar an Eides Statt zu versichern, er sei nicht der Sohn ihres Gatten Ferdinand Bronner.« Der »arisierte« Bronner stieg 1933 zum Programmleiter der Reichsrundfunk GmbH auf und fungierte von 1936 bis 1940 als Programmchef des jungen reichsdeutschen Fernsehens. 1940 soll er aus der NSDAP ausgestoßen worden sein und im Kriege »Widerstand« geleistet haben. Die sowjetischen Besatzer ernannten ihn 1945 zum Bürgermeister eines Dorfes in Österreich. Er wurde Redakteur des stalinistischen Blattes »Neue Zeit« (Linz) und 1951 stellvertretender Direktor der Wiener »Scala«. 1956 ging er in die DDR, wo er in Wort und Schrift SED-Linientreue bekundete. Unter anderem veröffentlichte er in Klaus Gysis

»Aufbau-Verlag«. Bronnen starb 1959 in Ostberlin.

Mel Brooks (eigentlich Kaminsky) kam 1926 in New York-Brooklyn zur Welt. Sein Vater war ein Jude aus Danzig. Ab Ende der 40er Jahre versuchte sich Brooks-Kaminsky als »Gagschreiber« in Hollywood. 1964 heiratete er die Schauspielerin Anne Bancroft (eigentlich Anna Maria Italiano). 1968 erhielt er für das Drehbuch zum Film »Frühling für Hitler« (es war auch sein Regiedebüt) den »Oscar«. Erfolgreich waren ferner seine Streifen »Frankenstein Junior« (1974) und »Das Leben stinkt« (1991). Selbstbekundungen des Mel Brooks: »Ich hasse die Deutschen, weil mein Vater ein Deutscher war. Ich hasse meinen Vater.« »Ich mache meschuggene Filme.« »Ständiges Jammern und Wehklagen wäre auf die Dauer unerträglich. Deshalb hat Gott für zehn Juden, die lamentieren, jeweils einen geschaffen, der verrückt ist und die Lamentierer aufheitert. Als ich fünf war, hatte ich heraus, daß ich dieser eine war.«

Theodor Tagger, geboren 1891 in Wien, gestorben 1958 in Berlin, wurde unter seinem Aliasnamen **Ferdinand Bruckner** bekannt. 1923 gründete er das Renaissance-Theater in Berlin. Er bezog in seine Dramen die Psychoanalyse von Freud ein. Die Emigration führte ihn nach Frankreich und in die USA. Es heißt, er habe mit seinem Stück »Die Rassen« (1933) das erste Exildrama gegen die Rassentheorien der Nationalsozialisten geschrieben. Eine literarische Bewältigung anderer Auserwähltheitsdünkel hat er allerdings unterlassen. Nach Deutschland zurückgekehrt, wirkte Tagger-Bruckner als Dramaturg am Schiller-und Schloßparktheater in Berlin.

Über das seltsame Leben des **Bruder Daniel** schreibt das »Lexikon des Judentums«: »Geboren 1922 in Polen als Oswald Rufeisen. Seit 1945 Karmeliter-Mönch in Haifa. Sein einzigartiges Schicksal (er arbeitete mit gefälschten Papieren unter den Nationalsozialisten in Polen und half so Juden und Nichtjuden der Untergrundbewegung; 1942 von einem jüdischen Kapo verraten; entfloh in ein Kloster, wo er 18 Monate als Nonne verkleidet lebte) wurde am 6.12.1962 ein Testfall (Staatsbürgerschaft) vor dem Obersten Gericht in Jerusalem. Dieses entschied, daß Daniel nicht automatisch, sondern nur auf besonderen Antrag Bürger werden könne.«

Der Karriere des jüdischen Komponisten und Pianisten **Ignaz Brüll**, der 1846 im mährischen Proßnitz geboren wurde und 1907 in Wien starb, stand der Musiklehrer J. Epstein Pate. Brüll wirkte an den Horakschen Klavierschulen in Wien und trat 1881 in die Direktion dieses Unternehmens ein. Eine Zeitlang gehörte er zum Kreis um Johannes Brahms. Zu den von Brüll geschaffenen Opern zählen »Das goldene Kreuz«, »Das steinerne Herz« und »Der Bettler von Samarkand«. Er schuf auch Lieder und Instrumentalmusik.

Die Behauptung, Jesus Christus sei »geistiger Höhepunkt« und »reinste Verkörperung« des Judentums, stammte von **Constantin Brunner**. Er kam 1862 in Altona auf die Welt, hieß eigentlich Leo Wertheimer und war Enkel des Rabbi Akiba Wertheimer von Altona. Brunner gründete das Blatt »Der Hamburger Beobachter«, sah sich berufen, Spinoza weiterzuentwickeln, lehnte den Zionismus scharf ab und rief zum entschlossenen Kampf gegen jeden Antisemitismus auf. Seine Jünger, vor allem aus der jüdischen Jugendbewegung, sammelten sich in esoterischen Brunner-Zirkeln. Brunner ging 1933 in die Niederlande. Er starb 1937 im Haag. Zu seinen bekanntesten Werken gehören »Der Judenhaß und die Juden« (1919) und »Der entlarvte Mensch« (posthum 1951 erschienen).

Martin Buber (geboren 1878 in Wien, gestorben 1965 in Jerusalem) war einer der bedeutendsten jüdischen Philosophen und Theologen des 20. Jahrhunderts. Für ihn waren Blut und Boden die wichtigsten Voraussetzungen für die Bewahrung des Judentums: Blut im Sinne von Abstammungsgemeinschaft, Boden gemäß der zionistischen Idee einer nationalen Heimstatt des jüdischen Volkes. In seinen 1932 in Berlin erschienenen »Reden über das Judentum« forderte Buber, »die Erkenntnis, daß unser Blut das Gestaltende in unserem Leben ist«, zu »unserem lebendigen Eigentum zu machen«. Buber entstammte einer galizischen Judenfamilie. Seit 1898 betätigte er sich aktiv in der zionistischen Bewegung. Ab 1916 gab er die zionistischen Organe »Der Jude« und »Die Welt« heraus. 1930 wurde er Professor für Religionswissenschaft in Frankfurt am Main; dieses Lehramt verlor er 1933. Nach der NS-Machtübernahme initiierte er die »jüdischen Mittelstellen für Erwachsenenbildung« im Deutschen Reich, die er in Frankfurt führte. Diese jüdische Hochschule wurde eine zionistische Kaderschmiede. 1938 ging Buber mit seiner vom Katholizismus zum Judentum konvertierten Frau in sein gelobtes Land, nach Palästina, wo er fortan an der Hebräischen Universität Jerusalem lehrte. Als Philosoph schöpfte er vor allem aus dem Geist des jüdischen Chassidismus. Ungeachtet seines festen Glaubens an die jüdische Auserwähltheit, seiner Überzeugung vom jüdischen Anspruch auf Palästina und seiner scharfen Verurteilung des NS-Systems mahnte er zu einer Verständigung mit Arabern und Deutschen. Als der Eichmann Prozeß mit gewaltigem Medienspektakel 1961 alte Wunden wieder aufriß, appellierte Buber vergebens, die Anklage fallenzulassen, zumindest aber von der Hinrichtung abzusehen. Der große jüdische Philosoph hinterließ eine Fülle tiefschürfender Schriften zu politischen, religiösen und gesellschaftlichen Fragen.

Ignatz Bubis kam 1927 als siebtes Kind des Schiffahrtsbeamten Jehoshua Josef Bubis und seiner Frau Hanna, geborene Bronspiegel, in Breslau zur Welt. Die Kriegszeit überlebte er im jüdischen Ghetto von Deblin bei Warschau bzw. in einem Arbeitslager einer Munitionsfabrik bei Tschenstochau. Nach Kriegsende begann er als Schwarzmarkthändler in Dresden. Dann zog er in der Sowjetzone in Absprache mit der Besatzungsmacht eine Kette von »Tauschhandelszentralen« auf. Er stand mit den Russen auf gutem Fuße, so daß sie ihm - wie er selbst berichtet - die ehemalige Karosse des NS-Reichsaußenministers von Ribbentrop zur Verfügung stellten. 1952 wurden Ignatz Bubis, Ciryl Sztamfater, Oldrich Janousek und andere vom Landgericht Dresden unter dem Vorwurf der Spekulationsverbrechen in Abwesenheit zu 12 Jahren Zuchthaus mit Vermögenseinziehung bestraft. Zur Begründung hieß es, Bubis und seine Kompagnons hätten illegal auf Kosten der Gesellschaft Waren verschoben »und dabei Riesengewinne erzielt, die ihnen ein Schlemmerleben ermöglichten«. Zum Zeitpunkt der Verurteilung befand sich Bubis bereits im Westen. Auf das Urteil angesprochen, macht er geltend, es habe sich um einen politisch motivierten Richterspruch gehandelt. In der Bundesrepublik machte Bubis zunächst als Edelmetallhändler, dann im Immobiliengeschäft ein Vermögen. In den späten 60er und frühen 70er Jahren war er als »Westend-Spekulant« Zielscheibe der linken Bewegung in Frankfurt am Main. 1983 wurde er Chef der jüdischen Gemeinde in Frankfurt. 1991 unterlag er in einer Kampfabstimmung mit 9 zu 11 Stimmen gegen Heinz Galinski bei der Wahl zum Chef des Direktoriums des Zentralrats der Juden in Deutschland. 1992, nach Galinskis Tod,

wurde Bubis zum Direktoriumschef mit 13 gegen 7 Stimmen seines Gegenkandidaten Robert Guttmann gewählt. 1995 erfolgte die einstimmige Bestätigung im Amt. Bubis ist Schatzmeister der europäischen Sektion des Jüdischen Weltkongresses. Er ist zudem Vizepräsident der Claims Conference, die für die Durchsetzung jüdischer Wiedergutmachungsforderungen zuständig ist. Außerdem ist er seit 1987 Rundfunkratschef des Hessischen Rundfunks und seit 1992 FDP-Bundesvorstandsmitglied.

Halbjüdisch war der Schauspieler, Regisseur und Intendant **Harry Buckwitz** (geboren 1904 in München, gestorben 1987 in Zürich). Nach Engagements an verschiedenen deutschen Bühnen ging er 1937 als Hotelier nach Afrika (Tanganjika). Bei Kriegsausbruch 1939 sperrten ihn die Engländer dort in ein Lager; 1940 konnte er nach Deutschland zurückkehren. Er übernahm die Leitung des Savoy-Hotels im deutschbesetzten Lodz (Litzmannstadt). In der Nachkriegszeit profilierte sich Buckwitz als Linker. In den 50er und 60er Jahren war er Generalintendant in Frankfurt am Main, 1970 wurde er Direktor am Schauspielhaus Zürich. Im selben Jahr warf ihm Hans Habe Konjunkturrittertum und »Zusammenarbeit mit den Nazis« vor. Habe zitierte aus dem vom NS-Kolonialbund herausgegebenen Buch »Vertrieben aus deutschem Land in Afrika«, dessen Verfasser Buckwitz war. Da war von »jüdisch-schmieriger Art« zu lesen und das Bekenntnis enthalten: »Ich bin ein Deutscher und deshalb Nationalsozialist«.

Der kommunistische Publizist **Hermann Budzislawski** kam 1901 in Berlin als Sohn eines Schächters zur Welt. In Weimarer Zeit schrieb er für Ossietzkys »Weltbühne«. Als Nachfolger Schlamms war er von 1934 bis 1939 Chef der in Prag bzw. Paris erscheinenden »Neuen Weltbühne«.

Leon BRITTAN

Edgar BRONFMAN

Arnolt BRONNEN

Mel BROOKS
als Außerirdischer

Martin BUBER

Ignatz BUBIS

Harry BUCKWITZ

Josef BURG

Arthur BURNS

1940 setzte er sich in die USA ab. In der DDR wurde er Professor für Zeitungswissenschaften, Direktor des Institutes für Pressegeschichte, Dekan für Journalistik, Mitglied der Volkskammer (SED) und des FDGB-Bundesvorstandes, Vizepräsident der »Weltföderation der Wissenschaftler«, Herausgeber der DDR-»Weltbühne«. Man zeichnete ihn mit etlichen DDR-Orden aus. Er starb 1978 in Ostberlin.

»Der rote Industriebaron« wurde der Industrielle **Hugo Bunzl** wegen seiner Liebäugelei mit sozialistischen Ideen genannt. Er kam 1883 in Preßburg zur Welt, wirkte ab 1904 in Wien und war Österreichs führender Papierfabrikant (Bunzl & Biach, Wien). 1938 ging Bunzl, der auch Freimaurer von hohen Graden war, nach England. Von dort aus weitete er seine unternehmerischen Aktivitäten auf siebzehn Länder aus (Tissue Papers Ltd.). Nach seinem Tode 1961 in London trat sein Bruder Georg Bunzl (1895-1976) an die Spitze des Unternehmens. Beide waren aktiv in der jüdischen Gemeindearbeit.

Josef Schlomo Burg war über Jahrzehnte einer der einflußreichsten Politiker Israels. Er bekleidete unter sechs verschiedenen Regierungschefs in elf Kabinetten von 1951 bis 1986 ununterbrochen Ministerposten (Innenminister, Religionsminister, Gesundheitsminister, Postminister, Sozialminister) und gehört immer noch zu den Führern der Zionistischen Internationale. Er kam 1909 in Dresden als Sohn eines Weinhändlers zur Welt. Er schloß sich der jüdischen nationalreligiösen Misrachi-Bewegung an, in deren Vorstand er aufrückte. 1934 machte er sein Lehrerdiplom am Pädagogischen Institut Leipzig, 1939 absolvierte er die Rabbinerprüfung am Rabbinerseminar in Berlin. Er gehörte in jener Zeit zur zionistischen Führung in Deutschland, war Mitherausgeber der Zeitung »Zion« und Vorstandsmitglied

im Berliner »Palästina-Amt« zur Förderung jüdischer Umsiedlung nach Nahost. 1939 wanderte er nach Palästina aus. In Israel wurde er Führer der Nationalreligiösen.

Der »Daily Telegraph« hat stets zu den maßgeblichsten meinungsbildenden Blättern Englands gehört. Er wurde 1855 von **Edward Burnham**, der eigentlich Levy hieß, als erstes »Penny-Blatt« herausgebracht. Burnham-Levy, der 1833 in London geboren worden war und 1916 starb, wurde von der britischen Krone zum Lord gemacht. Sein Sohn Harry Lawson Burnham (1862-1933) übernahm die Führung des Blattes 1903 und wurde 1916 Präsident der »Empire Press Union«, des Zusammenschlusses der Verleger des gesamten britischen Weltreiches. Burnham jr. war von 1885 bis 1916 Abgeordneter, zunächst für die Liberalen, dann für die Konservativen.

Arthur F. Burns, graue Eminenz der US-Politik nach 1945, kam 1904 als Arthur Bernstein im galizischen Stanislau zur Welt. Sein Vater machte Bankrott und kam mit dem kleinen Arthur in die USA. Der Junior studierte Wirtschaftswissenschaften, lehrte seit 1944 als - wie es heißt - »führender Repräsentant des amerikanischen Konservatismus« an der Columbia-Universität, New York, und war enger Berater der republikanischen Präsidenten Eisenhower, Nixon, Ford und Reagan. Von 1970 bis 1978 wirkte Burns als Präsident der US-Notenbank (Federal Reserve Board). Von 1973 bis 1978 war er stellvertretender Gouverneur des Internationalen Währungsfonds. Dann gehörte er der hinter den Kulissen außerordentlich einflußreichen »Trilateralen Kommission« an. Von 1981 bis 1985 diente er als US-Botschafter in Deutschland. Hier erschreckte er deutsche Radikalumerzieher und Nestbeschmutzer, die sich gerade von ihm Rückendeckung versprochen hatten, mit dem Appell ans deutsche Volk, mehr

Nationalstolz und Patriotismus zu entwik-keln sowie »die Ehre des deutschen Volkes wiederherzustellen«. Es sei wichtig, so Burns-Bernstein weiter, »das Geschichts-bild, das in den letzten Jahrzehnten von be-stimmter Seite geprägt« worden sei, »ins rechte Lot zu rücken«. Der heutigen deut-schen Generation müsse »das Schuldgefühl genommen werden, das uns in der Völkerfa-milie so sehr schadet«. Arthur F. Burns starb 1987 in Baltimore.

Ein grundkonservativ gesinnter Politi-ker und Staatsrechtler war **Wilhelm Cahn** (geboren 1839 in Mainz, gestorben 1920 in Berlin), der als ungetaufter Jude zunächst im bayerischen diplomatischen Dienst tätig war und dann, von Bismarck ins Auswärtige Amt nach Berlin gerufen, bis zu seiner Pen-sionierung als Geheimer Legationsrat wirk-te. Das »Lexikon des Judentums« charakte-risiert Cahn als »Vorkämpfer des Grundsat-zes ›expatriatio est delenda‹, der zur Erhal-tung des Deutschtums im Ausland beitrug«. Cahn hatte maßgeblichen Anteil am Reichs- und Staatsangehörigkeitsgesetz von 1889.

Der jüdische Jurist **Rudolf Callmann**, der 1892 in Köln geboren wurde und 1976 in New York starb, war in Weimarer Zeit ein führender Fachmann für unlauteren Wett-bewerb und nach dem Zweiten Weltkrieg maßgeblicher Hintermann diverser Wieder-gutmachungsregelungen. Er fungierte in den 30er Jahren als stellvertretender Vorsit-zender des Centralvereins deutscher Staats-bürger jüdischen Glaubens und repräsen-tierte die Organisation in der Reichsvertre-tung der deutschen Juden in Berlin. 1936

emigrierte er in die USA. Dort war er Präsi-dent der 1940 in New York gegründeten »American Federation of Jews from Central Europe.« Nach Deutschland zurückge-kehrt, wurde er 1959 Rechtsprofessor in Köln.

Zu den zahlreichen Nobelpreisträgern jüdischer Herkunft gehört der Chemiker **Melvin Calvin**, geboren 1911 in St. Paul/Minnesota. Ab 1937 lehrte er an der University of California in Berkeley. 1946 wurde er Direktor der Abteilung für chemi-sche Biodynamik am dortigen Lawrence Radiation Laboratory. Er untersuchte die »Dunkelreaktion«, den chemischen Verlauf der Photosynthese, und kam dabei zu bahn-brechenden Erkenntnissen. Dafür erhielt er 1961 den Chemie-Nobelpreis.

Elias Canetti stammte aus einer sephar-dischen Familie und kam 1905 im bulgari-schen Rustschuk zur Welt. Er wuchs in Eng-land, Österreich und der Schweiz auf und war in den 20er Jahren mit Brecht ideolo-gisch eng liiert. Er arbeitete für den para-kommunistischen Malik-Verlag. 1938/39 ging er über Paris nach London. Zuvor, 1936, war seine Novelle »Die Blendung« in Wien, Zürich und Leipzig erschienen; sie gilt als sein bedeutendstes Werk. 1981 wurde er mit dem Literatur-Nobelpreis ausge-zeichnet. Er starb 1994 in Zürich.

Der Schauspieler **Eddie Cantor** galt als führender Komiker Amerikas. Er wurde 1893 in New York als Sproß einer jüdischen Einwandererfamilie geboren und avancierte zum Star der sogenannten »Ziegfeld Fol-lies«. Über viele Jahre wirkte er als Präsident der »Jewish Theatrical Guild« und der »American Federation of Radio Artists«. In jüdischen Würdigungen seiner Person wird vor allem hervorgehoben, daß er Hitler-Emigranten in Amerika geholfen habe. Can-tor starb 1964 in Hollywood.

1913 kam in Budapest Andrej Friedmann zur Welt. Später nannte er sich **Robert Capa** und wurde zu einem der bekanntesten Kriegsfotografen. Ab 1931 hielt er sich als Fotoassistent in Berlin auf. 1933 ging er nach Paris. Im Spanischen Bürgerkrieg schoß er das durch Medien weltweit bekanntgemachte Foto »Tod eines Soldaten«. 1938 beobachtete er durch die Linse den Chinesisch-Japanischen Krieg. Ab 1941 war er Kriegsberichter für das Magazin »Life« (auch 1944 bei der Invasion in der Normandie). Da die Welt mit der Niederlage der Deutschen nicht friedlicher wurde, hatte Capa nach dem 8. Mai 1945 weiterhin viel zu tun. 1948 berichtete er vom Palästinakrieg, dann vom blutigen Konflikt in Indochina. Bei einem Einsatz dort, 1954 in Thai-Binh, kam er zu Tode. Mit seinem Bruder Cornel Capa, der ebenfalls Fotograf war und im Kriege als US-Geheimdienstspitzel wirkte, hatte Robert Capa die Agentur »Magnum Photos« gegründet.

Bei den Cardozos handelt es sich um eine alte sefardische (westjüdische) Händlerfamilie, die jahrhundertelang im transatlantischen Geschäft tätig war. Ihr entstammte **Benjamin Nathan Cardozo** (geboren 1870 in New York, gestorben 1938 in Port Chester, New York), der 1932 Richter am Obersten Gerichtshof der Vereinigten Staaten von Amerika wurde und damit die gleiche Schlüsselstellung hatte wie Louis D. Brandeis.

Zu sagenhaftem Reichtum und gewaltigem Einfluß in England brachte es die jüdische Bankiersfamilie Cassel aus Deutschland. **Ernest Cassel**, geboren 1852 in Köln, kam 1870 nach London. 1884 machte er sich als Bankmann selbständig. Bei gewinnbringenden Finanztransaktionen in Ägypten, China, Marokko, Mexiko, der Türkei, Uruguay erwirtschaftete er Abermillionen Pfund Sterling. Er gelangte in den engsten Kreis um den englischen König Eduard VII. und wurde 1899 als »Sir Ernest« zum Ritter geschlagen. Seine Enkelin heiratete Lord Louis Mountbatten und wurde so zur Tante der Königin Elisabeth II. Ernest Cassel starb 1921 in London.

1965, im Alter von 78 Jahren, wurde der Jurist und Politiker **René Cassin** aus Frankreich Vorsitzender des Europäischen Gerichtshofes für Menschenrechte. Er stammte aus Bayonne und lehrte als Rechtsprofessor an der Pariser Sorbonne. Von 1924 bis 1938 war er Frankreichs Vertreter im Völkerbund zu Genf. In de Gaulles Exilregierung während des Zweiten Weltkrieges fungierte Cassin als Unterrichts- und Justizminister. Nach Ende des Krieges war er bis 1951 französischer Abgesandter bei den Vereinten Nationen in New York. Als Präsident der »Alliance Israélite Universelle« gehörte Cassin zu den obersten Führern des Judentums in der Welt.

Der Verleger **Bruno Cassirer** aus Breslau (Jahrgang 1872) gründete 1898 mit seinem Vetter Paul Cassirer die »Verlagsbuchhandlung Bruno und Paul Cassirer«. 1901 schuf er einen eigenständigen Verlag, der hauptsächlich Werke der Kunst, Dichtung und Wissenschaft herausbrachte. Von 1902 bis 1933 edierte Bruno Cassirer das einflußreiche Blatt »Kunst und Künstler«. In der Emigration gründete er in London 1938 den Kunstverlag »Bruno Cassirer Publishers Ltd«. Er starb 1941 in Oxford. Er war Cousin des Philosophen Ernst Cassirer.

Als führender Vertreter des Neukantianismus gilt der Philosoph **Ernst Cassirer**, der 1874 in Breslau zur Welt kam und 1945 in New York starb. Der Kaufmannssohn promovierte 1899 bei H. Cohen in Marburg. Von 1919 bis 1933 lehrte er als Professor an der Universität Hamburg. 1933 emigrierte er. In England wirkte er an der Universität Oxford, in Schweden an der Universität

Elias CANETTI

Robert CAPA

Bruno CASSIRER

Ernst CASSIRER

Paul CELAN

Marc CHAGALL

Ernst Boris CHAIN

Charles »Charlie« CHAPLIN

Noam CHOMSKY

Göteborg, in den Vereinigten Staaten von Amerika ab 1941 an der Yale Universität, New Haven, und in seinem letzten Lebensjahr an der New Yorker Columbia-Universität. Er war Cousin des Verlegers Bruno Cassirer.

Der Kunsthändler und Verleger **Paul Cassirer** wird als »einer der führenden Persönlichkeiten der Berliner Kulturszene« seiner Zeit porträtiert. Er kam 1871 im schlesischen Görlitz zur Welt. Mit seinem Vetter Bruno gründete er 1898 eine Verlags- und Kunsthandlung in der Reichshauptstadt. 1908 schuf er den »Verlag Paul Cassirer«. Ein Jahr später gründete er die »Pan-Presse« mit der Kunstzeitschrift »Pan« - als Sprachrohr jener Kräfte, die man heute »Kulturschickeria« nennen würde. Ab 1913 war Cassirer Präsident der Berliner Secession. Er starb 1926 in Berlin.

Aus orthodox-jüdischer Familie stammte der Komponist **Mario Castelnuovo-Tedesco** (geboren 1898 in Florenz, gestorben 1968 in Los Angeles). Er kam 1938 in die Vereinigten Staaten von Amerika. Am bekanntesten wurden seine Oper »Aucassin et Nicoletta« sowie manche Filmmusiken, die er geschaffen hatte. Vielfach widmete er sich jüdischen Themen. So stammt eine »Hebräische Rhapsodie« von ihm. Der jüdische Geigenvirtuose Jascha Heifetz gab bei ihm das Violinkonzert »The Prophets« in Auftrag. Castelnuovo-Tedesco verstarb 1968 in Los Angeles.

Eigentlich hieß der Schriftsteller **Paul Celan**, geboren 1920 in Tschernowitz/Bukowina, Antschel. 1942/43 mußte er in ein rumänisches Arbeitslager. Dann flüchtete er und schlug sich zu den Sowjets durch. 1945 (nach anderen Angaben 1947) emigrierte er aus Rumänien nach Österreich, 1948 wanderte er nach Paris weiter. 1959 wurde er französischer Staatsbürger und Lektor an der Pariser Ecole Normale Supérieure. Seine Werke sind vom jüdischen Chassidismus

beeinflußt und gehen teilweise auf die Kabbala zurück. Die Zeile »Der Tod ist ein Meister aus Deutschland« stammt aus seiner die barbarische NS-Judenverfolgung anklagenden »Todesfuge«. Er wurde auch mit zahlreichen bundesdeutschen Ehrungen bedacht. Gemütskrank ertränkte er sich 1970 in Paris in der Seine.

Der Maler **Marc Chagall** (geboren 1887 in Liosno bei Witebsk, gestorben 1985 in Saint-Paul-de-Vence/Frankreich) entstammte einer streng chassidischen Judenfamilie. Er ging bei Bakst in St. Petersburg in die Lehre. 1918 wurde er bolschewistischer Kommissar für bildende Kunst im Bezirk Witebsk. 1922 emigrierte er nach Berlin, 1923 nach Paris. Von 1941 bis 1949 hielt er sich in den USA auf, um dann nach Frankreich zurückzukehren. Schwerpunktmäßig beschäftigten ihn in seinen Werken jüdische Themen. Er schuf auch Glasmalereien für bedeutende christliche Kirchen. Ihm oblag die künstlerische Ausgestaltung der Pariser Oper und der Knesset in Jerusalem, des israelischen Parlamentes.

1945 wurde der aus Berlin stammende Chemiker **Ernst Boris Chain** (Jahrgang 1906) mit dem Nobelpreis für Physiologie/Medizin ausgezeichnet. Damit würdigte das Preiskomitee seine bahnbrechende Penicillin-Forschung. Chain hatte ab 1930 als Biochemiker an der Berliner Charité gewirkt. 1933 ging er in die englische Emigration. Er lehrte zunächst in Cambridge, dann in Oxford. 1939 nahm er die britische Staatsbürgerschaft an. Nach einer Professur in Rom von 1950 bis 1961 war der Wissenschaftler Lehrer am Imperial College der Universität London. 1969 erhob ihn die Queen in den Ritterstand. Sir Ernst starb 1979 in Castlebar/Irland.

Charles Spencer Chaplin, genannt Charlie Chaplin, kam 1889 in London zur Welt. »Er war der Sohn einer nach Großbritannien ausgewanderten ostjüdischen Familie« (»Neues Lexikon des Judentums«). Nach dem Alkoholtod des Vaters (1901) und nach der Einweisung der Mutter in eine Nervenheilanstalt (1903) tingelte der junge Chaplin mit einer Wanderbühne durch die Lande. In Amerika wurde er von Filmmogul Mack Senett entdeckt. Schon im Ersten Weltkrieg stellte sich Chaplin der antideutschen Hollywood-Propaganda zur Verfügung und wirkte in entsprechenden Streifen mit. Mit Fairbanks, Mary Pickford und Griffith gründete er 1919 die »United Artists«, die zu einem Branchenführer unter den Filmproduktionsfirmen in Hollywood wuchs. Chaplin machte mit zahlreichen Sexualaffären Schlagzeilen, deretwegen er auch vor Gericht stand. Vor allem lösten seine Beziehungen zu Kindfrauen Medienfurore aus. In erster Linie jedoch avancierte er zu einem der berühmtesten Komiker der Filmgeschichte. Mit »Der große Diktator« (Drehbeginn 1938) eröffnete Chaplin den Reigen erneuter Hollywood-Propaganda gegen Deutschland. Hitler soll ihn verächtlich einen »Zappeljuden« genannt haben. Nach 1945 geriet Chaplin wegen seiner prokommunistischen Haltung ins Visier des »Ausschusses für unamerikanische Umtriebe«. Er verließ Amerika und siedelte in die Schweiz über. 1975 erhob ihn die Queen in den Ritterstand. Sir Charlie starb 1977 im schweizerischen Vevey.

Karl Löwenberg lautete der wahre Name des Theatermanagers **Erik Charell**. Er war Jahrgang 1894 und stammte aus Breslau. Er begann als Pantomime in der Schweiz, kam dann nach Berlin und schloß Freundschaft mit Max Reinhardt, der ihn kräftig förderte. 1930 fand unter Löwenberg-Charells Leitung die Premiere von Benatzkys »Im Weißen Rößl« in Berlin statt. 1931 war er an der Produktion des Filmes »Der Kongreß tanzt« beteiligt. Man sieht in ihm den eigentlichen »Entdecker«

der Marlene Dietrich. Auch gab er den Startschuß für die Karriere der überwiegend jüdischen Sängergruppe »Comedian Harmonists«. Ab 1932 hielt sich Charell in London auf. 1937 ging er nach Amerika, wo er an der von Emigranten aus Deutschland gegründeten »New School for Social Research« wirkte. In Bundesdeutschland wurde er u.a. mit dem Bundesfilmpreis und dem Filmband in Gold ausgezeichnet. Er starb 1974 im schweizerischen Zug.

Noam Avram Chomsky kam 1928 als Sohn eines aus Rußland eingewanderten jüdischen Hebräisch-Lehrers in Philadelphia zur Welt. 1966 übernahm er den Lehrstuhl für Moderne Sprachen und Linguistik am Massachusetts Institute of Technology. Er begründete die generative Transformationsgrammatik, die dem Behaviorismus Skinners grundlegend widerspricht. In der zweiten Hälfte der 60er Jahre wurde Chomsky mit seinen den US-Imperialismus und Auswüchse der kapitalistischen Gesellschaftsordnungen geißelnden Schriften zum »Guru der Neuen Linken« (»Der Spiegel«). In »The Fateful Triangle: The U.S., Israel and the Palestinians« und in »Pirate & Emperor« legte er aufsehenerregende Werke vor, die Washingtons und Israels Verantwortung für das Unrecht an den Palästinensern aufzeigen sollten. Zu Livia Rokachs Buch »Israels heiliger Terror« über die Mißachtung der palästinensischen Selbstbestimmung steuerte Chomsky das Vorwort bei, in dem er die Publikation als »eine wertvolle Hilfe für all jene« bezeichnete, »die daran interessiert sind, die Wirklichkeit zu entdekken, die sich hinter der ›offiziellen Geschichtsschreibung‹ verbirgt«. Weil er gegen jede Zensur ist, setzt sich Professor Chomsky auch für die Meinungsfreiheit sogenannter Holocaust-Leugner ein. Er verfaßte das Vorwort zu dem Buch des französischen Revisionisten und »Leugners« Professor Faurisson, »Memoire en défense« (Paris 1980). In mehreren Aufsätzen legte Chomsky dar, warum er das Recht auf freie Meinungsbekundung auch für Leute wie Faurisson befürwortet. Zu nennen sind beispielsweise seine Artikel »Freedom of Expression? Absolutely!« in »Village Voice«, 1.-7. Juli 1981; »The Faurisson Affair: His Right to Say It« in »Nation«, 28. Februar 1991; »All Denials of Free Speech Undercut a Democratic Society« in »The Journal of Historical Review«, Nr. 1/1986.

Eine Schlüsselstellung hatte der Pianist und Schriftsteller **Samuel Chotzinoff** als NBC-Musikdirektor ab 1951 im US-amerikanischen Musikwesen. Er war 1889 in Witebsk zur Welt gekommen und 1906 in die USA eingewandert. Als Klavierspieler begleitete er die jüdischen Virtuosen Efrem Zimbalist und Jascha Heifetz, dessen Schwester er heiratete. Von großem Einfluß war er als Musikkritiker der »New York World« und der »New York Post«. Er war es, der Arturo Toscanini, Arthur Rubinsteins Schwager, zum NBC-Orchester brachte. Chotzinoff starb 1964 in New York.

Die französische Automobilmarke »Renault« ist nach dem nichtjüdischen Industriellen Louis Renault benannt, der im Oktober 1944 als »Kollaborateur der Deutschen« Opfer der blutigen »Säuberungen« in Frankreich wurde. Die Marke »Citroën« aber hat ihren Namen von dem jüdischen Kraftwagenfabrikanten **André Citroën**. Als Abkomme einer holländisch-sefardischen Familie kam er 1878 in Paris zur Welt. Er begründete 1915 die nach ihm benannte Automobilfirma, wurde zu einem der einflußreichsten Wirtschaftskapitäne Frankreichs und zum Offizier der Ehrenlegion ernannt und trat als finanzieller Gönner zahlreicher jüdischer Einrichtungen in Erscheinung. Citroën starb 1935 in Paris.

Der US-amerikanische Schauspieler **Lee J. Cobb**, bekannt als Darsteller schurkischer Charaktere, hieß eigentlich Lou Jacoby. 1911 wurde er in New York geboren, er starb 1976 in Woodland Hills (Kalifornien). Mitte der 30er Jahre war er Mitglied des als »linksprogressiv« geltenden »Group Theater« in New York; die Truppe bestand weit überwiegend aus Juden. Dann wurde Cobb für den Hollywood-Film entdeckt. Seine erste Rolle bekam er 1937 im Streifen »Die Todesranch«. Die bekanntesten Filme, in denen er mitwirkte, waren »Die Faust im Nacken« und »Die zwölf Geschworenen«, wo er das fanatisch intolerante Mitglied der Jury gab. In den 60er und 70er Jahren wurde Cobb in amerikanischen Fernsehserien eingesetzt, die auch im deutschen Programm liefen. Er wirkte ferner in einigen nichtamerikanischen Leinwandproduktionen mit, zum Beispiel im 1976 in England entstandenen Kinofilm »Bleib mir ja vom Leib«.

Als führender Mann der Zionistischen Internationale war der Schriftsteller **Albert Cohen** (geboren 1895 auf der Insel Korfu, gestorben 1981 in Genf) nicht nur enger Mitarbeiter von Chaim Weizmann, sondern auch hoher Funktionsträger im Präsidium des Völkerbundes in Genf und des UNO-Generalsekretariats in New York. Er war im Jahre 1900 mit den Eltern nach Frankreich gekommen und ging 1914 in die Schweiz, deren Staatsbürgerschaft er 1919 annahm. Von 1940 bis 1947 hielt er sich in London auf. Als Dramatiker wurde Cohen mit dem Stück »Ezéchiel« (1956) bekannt, für das man ihn mit dem Literaturpreis der Académie française auszeichnete.

Als Präsident des jüdischen B'nai B'rith-Ordens von 1925 bis 1938 gehörte der Jurist und Politiker **Alfred Morton Cohen** zu den Führern der internationalen Judenheit. B'nai B'rith bzw. Bne Briss heißt übersetzt »Söhne des Bundes«. Die 1843 in New York von jüdischen Einwanderern aus Deutschland gegründete Geheimgesellschaft hat ein den Freimaurern ähnliches Gebaren. »Jüdische Selbsterziehung« sei eines der Hauptziele, schreibt das »Lexikon des Judentums«. Mitglied dürfen nur Juden werden; man schätzt, daß es 500 000 Angehörige des jüdischen Ordens gibt. Cohen wirkte ferner von 1918 bis 1937 als Chef des Verwaltungsrates der jüdischen Hochschule »Hebrew Union College«. Zuvor, von 1897 bis 1900, fungierte er als Senator von Ohio. Er war 1859 in Cincinnati zur Welt gekommen und starb 1949 dortselbst.

Der Jurist **Benno Cohen** war bis 1939 Generalsekretär und letzter Vorsitzender der Zionistischen Vereinigung für Deutschland. Dann ging er nach Palästina, lehrte dort öffentliche Verwaltung, war Mitbegründer von Parteien und Präsident des Disziplinargerichts des Staates Israel von 1951 bis 1959. 1961 trat er als Zeuge der Anklage im Eichmann-Prozeß auf; von da an gehörte er bis 1965 dem israelischen Parlament, der Knesset, an. Cohen (Jahrgang 1894) stammte aus Breslau und hatte sich als Jugendlicher der jüdischen Bewegung Blau-Weiß angeschlossen. 1975 verschied er in Tel Aviv.

In hohe politische, juristische und militärische Stellungen auf dem Fünften Kontinent rückte der Jude **Harold Cohen** auf. Geboren 1881 in Melbourne, diente er im Ersten Weltkrieg als Offizier in der australischen Armee. Obwohl in keiner Weise von den Deutschen bedroht, kämpfte Australien damals gegen das Deutsche Reich. In der Zwischenkriegszeit brachte es Cohen zum stellvertretenden australischen Verkehrsminister und zum Generalstaatsanwalt des Landes. Bei seinem Tode (1946 in Melbourne) war er stellvertretender Oberbefehlshaber der australischen Armee.

Eigentlich sollte **Hermann Cohen** (geboren 1842 Coswig/Anhalt, gestorben 1918

in Berlin) Rabbiner werden. Doch es kam anders: Nach Veröffentlichung seiner Schrift »Kants Theorie der Erfahrung« (1871) wurde er als erster Jude in Deutschland zum Ordinarius für Philosophie nach Marburg berufen und dort 1876 ordentlicher Professor. In seinem »Bekenntnis zur Judenfrage« (1880) trat er für die vollständige Integration der Juden in Deutschland ein. Er postulierte sogar einen deutschen »Rechtsanspruch auf die Juden aller Völker«. In dem Buch »Deutschtum und Judentum« (1916) schrieb Cohen von einer seines Erachtens idealen Kombination von Deutschen und Juden. Den Zionismus lehnte er ab, doch betrachtete er sich nach langer Zeit der Abstinenz als »Ba'al t'schuwa« (Rückkehrer) zum Judentum. Nach seiner Emeritierung in Marburg lehrte er an der Hochschule für die Wissenschaft des Judentums in Berlin.

Nicht nur die Atom- und die Wasserstoffbombe, sondern auch die Neutronenbombe, die alles Leben tötet, Gebäude aber verschont, wurde hauptsächlich von jüdischen Wissenschaftlern entwickelt. Als Vater der Neutronenbombe gilt der US-Physiker **Samuel Cohen** (Jahrgang 1921). Ab 1958 gehörte er jenem Stab von Wissenschaftlern an, die im Auftrage des Pentagons neue Kernwaffen zur Massenvernichtung entwickeln sollten. Cohen bedauert, daß die Neutronenbombe nicht schon »zum Kampf gegen die Nazis« zur Verfügung stand. Am liebsten hätte er nach eigenem Bekunden sein »Kind« im Zweiten Weltkrieg gegen Deutschland eingesetzt. Außerdem stellte er klar: »Wenn ich gefragt werde, ob es nicht unmoralisch sei, Menschen zu töten, aber Eigentum zu verschonen, dann sage ich immer: Die Menschen sind feindliche Soldaten, und Zivileigentum zu verschonen, ist sehr richtig.«

In großer Zahl wurden jüdische Wissenschaftler mit Nobelpreisen ausgezeichnet.

Einer von ihnen ist der Biochemiker **Stanley Cohen**, der 1922 in New York zur Welt kam. Seit 1962 lehrte er als Professor an der Vanderbilt-Universität in Nashville/Tennessee. 1986 erhielt er den Nobelpreis für Physiologie oder Medizin für seine Erforschung des »Epidermal Growth Factor«.

Über das Verhalten des Politikers und Publizisten **Max Cohen-Reuss** (geboren 1876 in Langenberg/Rheinland) zur Kaiserzeit heißt es bei Tetzlaff (»2000 Kurzbiographien bedeutender deutscher Juden des 20. Jahrhunderts«): »Er hatte sich vom Revolutionär zum Revisionisten gewandelt, für die Kriegskredite gestimmt und für ein deutsches Kolonialreich in Afrika ›vom Ozean des Westens bis zum Ozean des Ostens‹ geschrieben.« Cohen hatte sich 1901 der SPD angeschlossen, die er von 1912 bis 1918 im Reichstag vertrat (Wahlkreis Reuss). Er war maßgeblich an der Anwerbung ostjüdischer Arbeitskräfte für die deutsche Kriegsindustrie zwischen 1914 und 1918 beteiligt; er hatte die Jüdische Abteilung in der »Deutschen Arbeiter-Zentrale« im besetzten Russisch-Polen initiiert. 1918/19 war er Vorsitzender des Zentralrats der Arbeiter- und Soldatenräte. Er stand in engem Kontakt zur Zionistischen Internationale und lebte ab 1934 in Frankreich, wo er ab 1947 offizieller Vertreter des SPD-Parteivorstandes war. Er starb 1963 in Paris. Aus seiner Feder stammen u.a. »Das Volk und der Krieg« (1917) und »Die politische Bedeutung des Zionismus« (1918).

Der in der Schweiz ansässige **Arthur Cohn**, geboren 1927 in Basel, zählt zu den einflußreichsten Filmproduzenten Europas. Der Enkelsohn des ersten orthodoxen Rabbiners der eidgenössischen Geschichte und Sohn von Markus Cohn, Gründer des Palästina-Amtes in Genf, stellte auch Streifen zur »Bewältigung der deutschen Nazi-Vergangenheit« her, zum Beispiel »The Final Solution«. Cohn ist mit Preisen und Aus-

zeichnungen überschüttet worden. Mehrfach sprach man ihm den »Oscar« und den »Academy Award« zu, zweimal den Filmpreis der EG; die bundesdeutschen Ehrungen wie z.B. dcr »Goldene Bär« waren obligatorisch. Der Produzent kam 1977 in den Zentralrat der Föderation Jüdischer Gemeinden der Schweiz.

Die nichtjüdischen Mitglieder des deutschen Reichsgerichts in Leipzig fielen zum größten Teil dem Siegerterror zum Opfer. 1957 deckte der Präsident des Bundesgerichtshofs, Dr. Weinkauff, auf, daß von den 38 durch die Sowjets 1945 eingesperrten Reichsrichtern »nur drei die mörderische Haft überlebten«. Die jüdischen Reichsrichter konnten zum Glück - überwiegend in der Emigration - überleben. Zu ihnen zählte **Daniel Cohn**. Er war ursprünglich Kammergerichtsrat und erhielt Anfang der 30er Jahre seine Ernennung zum Mitglied des höchsten deutschen Gerichtes in Leipzig. Nachdem er 1938 im Lager Sachsenhausen interniert war, konnte Cohn 1939 nach Großbritannien emigrieren. 1947 war er Chef der Wiedergutmachungsabteilung der Vereinigung jüdischer Flüchtlinge in Großbritannien, dann ging er in die USA. Er starb 1965 in Chikago. »Im Rahmen der Wiedergutmachung wurde er Senatspräsident am Reichsgericht a.D.«, heißt es im »Biographischen Handbuch der deutschsprachigen Emigration« über seine nachträgliche Beförderung.

Daß sich der langjährige israelische Oberrichter **Haim Hermann Cohn** 1993 unter dem Eindruck des Demjanjuk-Verfahrens dafür einsetzte, »Nazi-Prozesse« zu beenden (»Es ist an der Zeit, damit aufzuhören«), wurde in etablierten bundesdeutschen Medien verschwiegen. Hätte er zur Fortsetzung solcher Prozesse angespornt, wären ihm anerkennende Schlagzeilen in Presse, Funk und Fernsehen der Bundesrepublik sicher gewesen. Cohn war 1911 in

Lübeck als Sohn des Bankiers Zeev Cohn aus Mähren zur Welt gekommen. 1930 ging er über Frankreich nach Palästina, wo er Rechtsberater der Jewish Agency wurde. 1948 war er Mitglied der israelischen gesetzgebenden Nationalversammlung. Ab 1950 wirkte er als Generalstaatsanwalt (bis 1960). 1952/53 war er israelischer Justizminister. Ab 1960 amtierte er als Richter am Obersten Gerichtshof des nahöstlichen jüdischen Staates. Nach seiner Emeritierung wurde er Mitglied des Internationalen Gerichtshofes im Haag.

Eine Biographie des Filmproduzenten **Harry Cohn** trägt den Titel »King Cohn«, eine andere heißt »The Movie Mogul«. Der nachmalige »King Cohn«, Sproß einer Familie aus dem Galizischen und Jahrgang 1891, kam 1918 als Kronprinz des aus Deutschland stammenden jüdischen Filmbosses Carl Laemmle nach Hollywood. Dort gründete er 1920 mit seinem Bruder Jack und dem jüdischen Geschäftsmann Joe Brandt als Kompagnons die »CBS Sales Company«. Im rororo-Filmlexikon heißt es: »Es war sehr ungewöhnlich, daß Harry Cohn zugleich Präsident und Produktionschef der Columbia war, deren Studios er wie ein absoluter Diktator bis zu seinem Tode beherrschte. Sein anmaßendes Verhalten seinen Angestellten gegenüber machte ihn unbeliebt, aber durch ihn wurde die Columbia zu einer der größten Produktionsgesellschaften im Hollywood der 30er und 40er Jahre.« U.a. sei ihm die »Erschaffung (!) des Stars Rita Hayworth« gelungen. Im Zweiten Weltkrieg produzierte Cohn antideutsche Propaganda. Er starb 1958 in Hollywood.

Kurt Cohn, geboren 1899, stand in der DDR jahrzehntelang an der Spitze des »Rechtssystems«. Er stammte aus Glogau und war von 1934 bis 1938 Geschäftsführender Vorsitzender des Landesverbandes Mitteldeutschland des Centralvereins deutscher Staatsbürger jüdischen Glaubens

(CV). 1939 emigrierte er nach Australien. In der Sowjetzone wurde er Richter am Landgericht Chemnitz und Strafrechtsdezernent im sächsischen Justizministerium. Von 1949 bis 1971 wirkte er als Oberrichter, ab 1962 als Präsidiumsmitglied am Obersten Gericht der DDR. Ab 1964 gehörte er dem Zentralvorstand der gleichgeschalteten LDPD an, ab 1972 war er ehrenamtlicher Rechtsberater der jüdischen Gemeinde Ostberlins. Neben etlichen anderen Orden erhielt er die »Medaille für Kämpfer gegen den Faschismus« und den »Vaterländischen Verdienstorden« in Gold, Silber und Bronze.

Der Jurist und Politiker **Oskar Cohn** (geboren 1869 in Guttentag/Oberschlesien, gestorben 1934 in Genf) war strenger Zionist, Aktivist der »Poale Zion«-Bewegung und Mitglied der Berliner jüdischen Repräsentantenversammlung. Für die SPD saß er von 1912 bis 1918 und von 1921 bis 1924 im Deutschen Reichstag, war von 1919 bis 1924 preußischer Landtagsabgeordneter und 1919/20 Angehöriger der Nationalversammlung. Er trat als Verteidiger von Kommunisten in Strafprozessen auf und war führend in der linken »Liga für Menschenrechte« tätig. »Als Mitglied eines Untersuchungsausschuses wies er die Dolchstoßlegende des Generals Ludendorff energisch zurück« (Tetzlaff, »2000 Kurzbiographien bedeutender deutscher Juden«). 1933 ging Cohn über Palästina nach Frankreich, dann in die Schweiz, wo er für zionistische Organisationen aktiv war. Seinem Wunsche gemäß wurde seine Asche nach Degania gebracht, dem ältesten jüdischen Kibbuz in Palästina.

Theodor Cohn kam 1876 im oberschlesischen Krisanowitz zur Welt. Zu seinen Vorfahren zählte der Schriftsteller Max Ring (1817-1901), der u.a. mit dem »Buch der Hohenzollern« hervorgetreten war. Dem bahnbrechenden Chirurgen, Generalarzt der Reserve, gelang als erstem die Entfernung einer kranken Niere bei einseitiger Nierentuberkulose. Er lehrte an der Universität Königsberg. Für Deutschlands Recht und gegen polnischen Imperialismus trat er als patriotischer Vorsitzender der »Vereine heimattreuer Oberschlesier und West- und Ostpreußen« ein. Er starb 1934 in Ostpreußens Hauptstadt Königsberg.

Daniel Cohn-Bendit kam 1945 in Montauban (Dep. Tarn-et-Garonne) zur Welt. Seine jüdischen Eltern waren aus Deutschland nach Frankreich emigriert. Sein Vater sei nicht gläubig, seine Mutter »linkszionistisch« gewesen; er selbst habe sich »mit keiner Nationalität identifizieren« können, berichtete er. Als Halbwüchsiger hielt er sich in Deutschland auf, 1965 ging er mit einem deutschen Wiedergutmachungs-Stipendium zum Studium wieder nach Frankreich. Dort war Cohn Einpeitscher der Mai-Unruhen 1968 (»Bewegung 22. März 1968«), die Frankreich an den Rand eines Bürgerkrieges brachten. Von den französischen Behörden ausgewiesen, wirkte er in Deutschland als ein Anführer der sogenannten APO. In seinem in den 70er Jahren erschienenen Buch »Der große Basar« schilderte er nicht nur, wie er als »fortschrittlicher Kindergärtner« mit kleinen Schutzbefohlenen Onanie betrieb, sondern breitete auch genüßlich sein luxuriöses Schickimickileben als Hätschelkind der Medien aus. 1976 gründete er das linke Blatt »Pflasterstrand«. 1984 stieß er zu den Grünen, deren »Multikultureller Stadtrat« in Frankfurt am Main er 1989 wurde. In den 90er Jahren tritt Cohn als »Realo« auf, der auch mit der CDU kokettiert.

In den 60er und 70er Jahren war **Frank Collin**, geboren in Chikago, durch mächtige Medienberichterstattung der weltweit bekannteste amerikanische »Neonazi«. Er führte mit einer Schar Anhänger spektakuläre NS-Aufmärsche in US-Großstädten durch. Ergingen behördliche Verbote, waren es meist jüdische Anwälte, die vor Gericht die Versammlungen durchsetzten. Anfang der 80er Jahre wurde gemeldet, daß Collin wegen Sexualdelikten in Haft genommen worden sei. Der Vater des »Neonazi-Führers«, der 1913 in München geborene Max Simon Cohn, hatte Deutschland als Jude verlassen und war 1939 nach New York gekommen. 1945 erhielt er die US-Staatsbürgerschaft. Jude war auch der langjährige Ku-Klux-Klan-Führer Daniel Burros, der 1937 in New York zur Welt kam und 1965 Selbstmord beging. Er war der Sohn streng orthodox-jüdischer Einwanderer.

Bevor sie als »Biest« in der US-amerikanischen Dauerserie »Dynasty« (lief in Deutschland als »Der Denver-Clan«) auftrat, hatte die Mimin **Joan Collins**, geboren 1933 in London, »vorwiegend Vamps, Huren und Megären gespielt« (»Der Spiegel«). Ihr bekanntester Streifen hieß »Die Zuhälterin«. Sie stammt aus einer Varietéfamilie. Ihr Vater ist der jüdische Film- und Theatermanager Joe Collins. 1986 produzierte Joan Collins den Film »Sins« (Sünden), in dem sie auch die Hauptrolle übernahm. Das selbst für Hollywood-Verhältnisse außergewöhnlich brutale Stück schildert, wie die Heldin (Joan Collins) den von einem »Nazi-Offizier« an ihrer Filmmutter begangenen Mord rächt.

Von **Max Colpet**, geboren 1905 in Königsberg als Max Kolpenitzki, stammen etliche bekannte Schlagertexte, zum Beispiel »Sag mir, wo die Blumen sind« (gesungen von Marlene Dietrich) oder »Bohnen in die Ohr'n« (interpretiert von Gus Backus). Nach dem Besuch der Talmud - Thora-Schule in Hamburg und Mitgliedschaft in der zionistischen Jugendbewegung ging er zur Weimarer Zeit nach Berlin, wo er als Kompagnon von Werner Finck Kabarett machte und seine Zusammenarbeit mit dem Regisseur Billy Wilder begann. Nach der

NS-Machtübernahme emigrierte er nach Wien und Paris, wo er »Les Sept Crimes d'Adolf Hitler« für das Radio schrieb. Zur Kriegszeit geriet er in Schweizer Internierung. Von 1948 bis 1954 hielt er sich in Hollywood auf. Seit 1954 lebt er wieder in Deutschland. 1992 wandte er sich in einem Artikel für das jüdische Emigrantenblatt »Aufbau« (New York) gegen die »Verfremdung« der deutschen Sprache, gegen »wilden Sprach-Mischmasch«. Es wimmele in Deutschland von Fremdwörtern; erforderlich aber sei »einfaches, schönes und reines Deutsch«.

»Die ersten Juden, die dem amerikanischen Völkertopf geistige oder wissenschaftliche ›Würze‹ beigaben, kamen im Gefolge der revolutionären Ereignisse von 1848 über den Atlantik«, schrieb Thorwald in seinem Buch über die Juden Amerikas, »Das Gewürz«. Diese Leute, zu denen er auch **Heinrich Conried** rechnet, hätten späteren jüdischen Einwanderen in den USA die Bahn frei gemacht. Conried, geboren 1855 in Bielitz, stieg in Amerika zu einem der wichtigsten Theatermanager auf. 1903 wurde er Generaldirektor der Metropolitan Opera (»Met«) in New York. Er war es, der die weltweit erste Aufführung von Wagners »Parsifal« außerhalb Bayreuths durchführte, was dem testamentarisch festgelegten Willen des deutschen Komponisten widersprach. Conried brachte auch Werke von Richard Strauss, zum Beispiel die »Salomé«, in Amerika erstmals zur Aufführung. Der Theaterdirektor starb 1909 bei einem Besuch in Meran.

Der eigentliche Name des (übertrieben) »Vater der amerikanischen Musik« genannten **Aaron Copland** lautete Caplan. Der Sproß einer jüdischen Familie wurde 1900 in New York-Brooklyn geboren. Er wurde von L. Wolffson, V. Wittenstein, C. Adler, R. Goldmark und Nadia Boulanger ausge-

bildet. 1937 gründete Copland die Vereinigung der US-Tonsetzer, »American Composers Alliance«. 1951 wurde er Professor für Kompositionslehre an der Harvard-Universität. Besonderer Beliebtheit in den USA erfreut sich sein Ballett »Billy the Kid« über den Revolverhelden und vielfachen Mörder. An den Patriotismus der US-Amerikaner appelliert sein Werk für Sprecher und Orchester »A Lincoln Portrait«. Copland ließ auch jüdische Motive in sein Werk einfließen, z.B. im Klaviertrio »Vitebsk« (1929). Er starb 1990 in Westchester/New York.

Mit ihrem nichtjüdischen Mann und Berufskollegen Carl Ferdinand Cori erhielt die Biochemikerin **Gerty Cori** 1947 den Nobelpreis für Physiologie/Medizin. Sie war eine geborene Radnitz (Jahrgang 1896) und stammte aus Prag. Das Ehepaar Cori (sie waren ab 1931 Professoren an der Universität von Saint Louis) erforschte den Kohlehydratstoffwechsel und die Funktion der Enzyme in tierischem Gewebe. Dabei kamen die beiden Wissenschaftler zu bahnbrechenden Erkenntnissen. Gerty Cori starb 1957 in Saint Louis, US-Bundesstaat Montana.

Bernard Cornfeld, der einen der gewaltigsten Finanzskandale des 20. Jahrhunderts verschuldete, kam 1927 als Sohn eines jüdischen Literaten aus Istanbul zur Welt. In den 70er Jahren rief er durch waghalsige Börsenspekulationen die Pleite seines »Investor Overseas Service« (IOS) hervor. Weltweit brachte er 750 000 Personen um ihre Ersparnisse, Abertausende um ihre Existenz. Unter den Geprellten waren rund 300 000 Deutsche, hauptsächlich Kleinverdiener und Angehörige des Mittelstands, die von Cornfelds Werbern für den Kauf von IOS-Papieren geködert worden waren. Das verschachtelte Imperium mit »Stammsitz« auf den Bahamas machte Bankrott. Wegen

Betrugs verurteilt, gelang es »Bernie« dennoch, seine Schäfchen ins Trockene zu bringen. Er hatte einen Großteil der ergaunerten Milliarden zur Seite geschafft und starb 1995 in London als reicher Mann an Lungenentzündung. Als Lebensphilosophie hatte er verkündet: »Wir sind der neue Kommunismus, der kapitalistische Kommunismus.« Er selbst sei der »Marx des Kapitals«.

Der jüdische Regisseur **Axel Corti**, der 1993 in Oberndorf bei Salzburg starb, galt nicht nur als »Spezialist« für Fernsehopern und -shows, sondern auch als Fachmann für NS-Bewältigung in Film und Fernsehen selbst rund ein halbes Jahrhundert nach Hitlers Tod. Er war 1933 in Paris zur Welt gekommen, wohin die jüdischen Eltern fünf Jahre zuvor aus Österreich zugewandert waren. Ab 1943 lebte Corti in der Schweiz. In der Nachkriegszeit kam er nach Österreich, wo er 1956 beim ORF-Fernsehen begann. Als Theaterregisseur war er unter anderem am Burgtheater und bei den Salzburger Festspielen aktiv. Er erhielt 1976 als erster den Großen Österreichischen Staatspreis für Filmkunst. In der Bundesrepublik wurde er u.a. mit dem Adolf-Grimme-Preis ausgezeichnet«.

»Wegen seiner stets unerschrockenen deutsch-vaterländischen Haltung und seines Kampfes gegen antideutsche Lügen der Sieger verdient er besonderen Respekt«, schrieb die »Deutsche National-Zeitung« in ihrer 1993 erschienenen Serie »Große jüdische Deutsche« über den Publizisten **Paul Nikolaus Cossmann**. Er wurde 1869 in Baden-Baden geboren und konvertierte 1905 vom jüdischen zum katholischen Glauben. 1903 war er Mitbegründer und von 1904 bis 1933 Leiter der rechten deutschnationalen »Süddeutschen Monatshefte«. Im Ersten Weltkrieg trat er für einen »Siegfrieden« zu Deutschlands Gunsten ein. Nach 1918 stellte er den Kampf gegen das Diktat der Sieger in den Mittelpunkt seiner publizistischen Arbeit. 1924 legte er eine Dokumentation vor, die beweisen sollte, daß die sogenannte Dolchstoßlegende doch der Wahrheit entsprach. Obwohl Cossmann den Kampf für die Befreiung Deutschlands von Versailles schon geführt hatte, als es noch gar keine NSDAP gab, wurde er 1933 für einige Monate inhaftiert und zur Kriegszeit ins Ghettolager Theresienstadt gebracht, wo er 1942 starb.

Der Mathematiker **Richard Courant**, der 1888 im oberschlesischen Lublinitz zur Welt kam und 1972 in New Rochelle/USA starb, gilt als eine der größten Koryphäen seines Fachs im 20. Jahrhundert. Politisch war er zur Weimarer Zeit Sozialdemokrat. Er lehrte als Professor zunächst in München, dann in Göttingen. Gegen seine Amtsenthebung 1933 protestierten 22 Professoren - darunter Heisenberg, von Laue, Planck, Prandtl und der berühmte Hilbert, sein Lehrer. Courant ging 1934 nach Amerika. Zur Kriegszeit arbeitete er im Forschungszentrum Los Alamos, wo die erste Atombombe entstand. Er starb 1972 in New Rochelle/USA. Seine Söhne Ernst David und Hans Wolfgang Courant lehrten als Professoren der Physik.

Die Unterstützung Israels war für den Großverleger Axel Cäsar Springer, der im Dritten Reich absolut systemtreu publizistisch gewirkt hatte, ein Hauptanliegen. Über viele Jahre war **Ernst Cramer**, geboren 1913 in Augsburg, sein engster Vertrauter. Cramer mußte nach der sogenannten Reichskristallnacht ins Lager Buchenwald, konnte aber 1939 über Holland und England nach Amerika auswandern. Er trat in die Dienste der US-Armee und kam als amerikanischer Offizier 1945 nach Deutschland zurück, wo er im Kontroll- und Lizenzwesen der Besatzungsmacht wirkte. 1957 berief ihn Springer in die Chefredaktion der

»Welt«. Cramer stieg zum Herausgeber der »Welt am Sonntag« auf, wurde stellvertretender Vorsitzender des Springer-Aufsichtsrates und nach dem Tode des Medienmoguls Vorsitzender der Axel-Springer-Stiftung. Er brachte es u.a. zum Professor h.c. in Berlin und 1991 zum »akademischen Ehrenbürger« der Universität seiner Geburtsstadt Augsburg.

David Arnold Croll kam 1900 als Sproß einer jüdischen Familie in Moskau zur Welt und stieg, als sechsjähriger Knabe mit den Eltern in die Neue Welt gekommen, zu einem der einflußreichsten kanadischen Politiker auf. Von 1931 bis 1933 und 1939/40 fungierte er als Bürgermeister von Windsor. Von 1934 bis 1937 wirkte er als erstes jüdisches Kabinettsmitglied Kanadas. Ab 1945 war er Parlamentsabgeordneter, ab 1956 Senator.

»Auf beiden Seiten wurden Kriegsverbrechen begangen, und es ist eine zwiespältige Gerechtigkeit, wenn die Übeltäter der einen Seite bestraft werden, während man die der Gegenseite ungeschoren läßt ... Ich bin für eine Generalamnestie ... Es wäre Wiedergutmachung auf der Grundlage der Gegenseitigkeit notwendig ... Mir scheint, daß das deutsche Volk genug gebüßt hat.« So lauteten Kernaussagen eines aufsehenerregenden Interviews, das Rabbiner Professor Dr. **Abraham Cronbach** Dr. Frey gewährt hatte und das von der »Deutschen National-Zeitung« in ihrer Ausgabe vom 29. Mai 1964 abgedruckt wurde. Cronbach hatte sich schon zur Kriegszeit gegen antideutschen Haß gewandt, denn, so schrieb er an den jüdischen Juristen Proskauer im März 1943: »Wir wollen die Menschenrechte nicht nur für die Juden. Wir wollen sie für alle Menschen. Wenn wir sie nur für die Juden verlangten, wäre das ein Kampf gegen uns selbst und niedrig und gemein.« Abraham Cronbach war 1882 in Indianapolis (USA) als Sohn einer aus Deutschland stammenden Familie zur Welt gekommen. Er wurde am Hebrew Union College der USA zum Rabbiner ordiniert. 1913 promovierte er am selben College zum Doktor der Theologie. 1922 wurde er Mitglied der Fakultät des Hebrew Union Colleges. Ab 1939 wirkte er führend an der Herausgabe des College-Jahrbuches mit. Auch lehrte er als Professor für Sozialwissenschaften. Zeitweise wirkte er als Assistent von Rabbi Wise in New York und als Kaplan des Chikagoer Synagogenvereins. Cronbach starb 1965.

Regisseur **George Dewey Cukor**, geboren 1899 in New York, kam 1929 vom Broadway, wo ihn der jüdische Impresario Charles Frohman gefördert hatte, nach Hollywood. Er wirkte als Dialogregisseur des Films »Im Westen nichts Neues« und erhielt 1932 von Lubitsch den ersten richtigen Regie-Job zugeschanzt. In den folgenden Jahrzehnten hatte Cukor mit Streifen wie »David Copperfield« (1934), »Pride and Prejudice« (1940) und »My Fair Lady« Erfolg. Er stand der Karriere von »Stars« wie Ava Gardner, James Stewart und Katherine Hepburn Pate. 1983 starb er in Los Angeles.

1978 wurde **Henri Curiel** von Unbekannten im Fahrstuhl seines Pariser Wohnhauses mit zahlreichen Schüssen tödlich niedergestreckt. Er entstammte einer jüdischen Familie Ägyptens und war Jahrgang 1914. Sein Vater betätigte sich als Bankier in Kairo. In den 40er Jahren zählte Curiel zu den Mitbegründern der Kommunistischen Partei Ägyptens. Ab 1951 lebte er als staatenloser Flüchtling im französischen Exil. Von dort aus war er in die Aktivitäten mehrerer international tätiger Untergrund- und Terrorbewegungen verwickelt.

Als **Tony Curtis** ist ein Schauspieler bekannt geworden, der eigentlich Bernard Schwartz heißt und 1925 in Manhattan als Sohn eines Juden aus dem Ungarischen, der von Beruf Schneider gewesen sein soll, zur Welt kam. Den Namen Curtis mit »s« hat er sich dem Pseudonym eines entfernten Verwandten, des Regisseurs Michael Curtiz mit »z« (eigentlich: Kertesz), entliehen. Tony Curtis ist »eine Entdeckung« von Produzent Bob Goldstein und Regisseur Robert Siodmak. Sein letzter größerer Filmerfolg war »The Boston Strangler« (»Der Frauenmörder von Boston«), indem er 1968/69 unter der Regie von Richard Fleischer überzeugend einen perversen Killer gab. In den 70er und 80er Jahren machte er hauptsächlich mit Drogen- und Alkoholexzessen Schlagzeilen und trat in Sexfilmen sowie TV-Serien auf. Die Schauspielerin Jamie Lee Curtis ist eine Tochter des Schwartz-Curtis aus erster Ehe mit der Mimin Janet Leigh. Zeitweise war er mit der deutschen Schauspielerin Christine Kaufmann verheiratet, die sich von seinen »wunderschönen, samtigen, jüdischen Augen, die wir Germanen nie haben könnten«, hinreißen ließ.

Rund einhundert Filme drehte **Michael Curtiz** alias Mihaly Kertesz (geboren 1888 in Budapest, gestorben 1962 in Hollywood). Der Spielleiter, entfernt verwandt mit dem Schauspieler Curtis (alias Schwartz), hatte seinen ersten Erfolg in Amerika 1932 mit einem Film über das berüchtigte Zuchthaus »Sing-Sing«. Im folgenden Jahr setzte er den Horrorfilm »Mystery of the Wax Museum« in Szene. 1942 drehte er im Auftrag der Warner (alias Eichelbaum)-Brüder den Stalin verherrlichenden Streifen »Mission to Moscow«. 1943 entstand, ebenfalls von den Warners produziert, der mit drei »Oscar« ausgezeichnete antideutsche Propagandafilm »Casablanca« unter Curtiz' Regie. Das Drehbuch stammte von Howard Koch und den Brüdern Julius und Philip Epstein.

Regisseur **Paul Czinner**, geboren 1890 in Wien, debütierte 1919 mit »Satans Maske« an den Wiener Kammerspielen. Sein erster Film entstand im selben Jahr und hieß »Der Unmensch«. 1924 begann seine Partnerschaft mit der Schauspielerin Elisabeth Bergner, die er 1933 - die beiden waren nach England ausgewandert - heiratete. Von 1940 bis 1951 hielt sich Czinner in den USA auf. In den 50er und 60er Jahren setzte er große Bühnenproduktionen für den Film in Szene, zum Beispiel »Don Giovanni« oder »Der Rosenkavalier«. Czinner starb 1972 in London.

Der israelische Schriftsteller, Diplomat und Politiker **Avigdor Dagan** heißt eigentlich Viktor Fischl. Er kam 1921 in Königgrätz zur Welt. In der Tschechoslowakei wirkte er als Parlamentssekretär der Jüdischen Partei. 1936 brachte er den Gedichtband »Hebräische Melodien« heraus. Im Zweiten Weltkrieg stand er in den Diensten der tschechoslowakischen Exilregierung in London und der Zionistischen Internationale. Von ihm stammt das Stück »Das tote Dorf« über Lidice. Jenes Dorf war als Vergeltung für den von der CSR-Exilregierung befohlenen Mord an Heydrich brutal niedergemacht worden; nach Kriegsende existierte dort ein tschechisches Todes-KZ für Deutsche (was allerdings nicht Gegenstand der literarischen Bewältigung durch Fischl-Dagan war). 1949 kam Dagan nach Israel. Dort leitete er die Ostabteilung des Außenministeriums. Er wirkte als Botschafter in Polen, Jugoslawien, Norwegen und Österreich.

Der Vater des israelischen Politikers und Militärs **Mosche Dajan**, Schmuel Dajan, war in Rußland Zionist der ersten Stunde

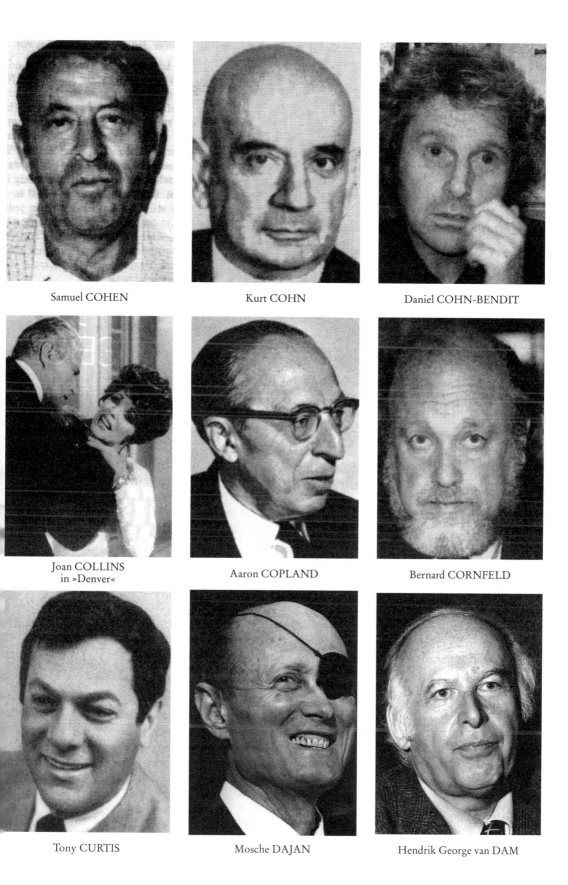

Samuel COHEN

Kurt COHN

Daniel COHN-BENDIT

Joan COLLINS
in »Denver«

Aaron COPLAND

Bernard CORNFELD

Tony CURTIS

Mosche DAJAN

Hendrik George van DAM

und betätigte sich schriftstellerisch. Sohn Mosche erblickte 1915 im ältesten jüdischen Kibbuz Palästinas, Degania, das Licht der Welt. Als Offizier der jüdischen Untergrundgruppe »Palmach« wurde er 1939 für zwei Jahre von den Briten in Haft genommen. Danach wirkte er als Instrukteur jüdischer Truppen, die auf der Seite Englands im Zweiten Weltkrieg gegen Deutschland kämpften. Beim Einsatz in Syrien gegen Vichy-treue Truppen verlor Dajan ein Auge. Beim britisch-israelischen Überfall auf Suez 1956 war er Generalstabschef der israelischen Streitkräfte. Von 1959 bis 1964 fungierte er als Landwirtschafts-, von 1967 bis 1974 als Verteidigungs- und von 1977 bis 1979 als Außenminister. Nach seinem Tod (1981 Tel Aviv) kam heraus, daß er durch illegalen Handel mit archäologischen Funden, auch aus besetzten arabischen Gebieten, ein Vermögen gemacht hatte.

Israel Mosche Blauschild lautete der eigentliche Name des Schauspielers **Marcel Dalio** (geboren 1900 in Paris, gestorben 1983 dortselbst). Er war Sohn jüdischer Einwanderer aus Rumänien und wurde in den 30er Jahren in Filmen von Jean Renoir bekannt (»La grande illusion«, »La règle du jeu«). Zur Zeit der deutschen Besatzung Frankreichs war Blauschild-Dalio in Amerika. Nach 1945 pendelte er zwischen Frankreich und Hollywood. Er wirkte in einer Vielzahl von Filmen als Nebendarsteller mit - von »Le Golem« bis zu »Les aventures de Rabbi Jacob«. 1976 erschienen seine Erinnerungen »Mes années folles« (Meine verrückten Jahre). 1983 starb er in Paris.

Der jüdische Jurist und Funktionär **Hendrik George van Dam** kam 1906 in Berlin als Sohn eines Antiquitätenhändlers zur Welt. Die Familie war im 19. Jahrhundert aus Holland zugewandert. Er begann eine Juristenausbildung und emigrierte 1933. Über die Schweiz und die Niederlande kam er 1940 nach England, wo er zunächst in einem Lager für »verdächtige Ausländer« interniert war. 1945 kehrte er nach Deutschland zurück. Im Auftrag der britischen Besatzungsmacht war er mit der »Reorganisation des deutschen Rechtswesens« beschäftigt. Von 1950 bis zu seinem Tode (1973 in Düsseldorf) amtierte er als Generalsekretär des Zentralrates der Juden in Deutschland. Er galt als Experte für Wiedergutmachungsfragen. Kurz vor seinem Ableben übernahm er die Chefredaktion der »Allgemeinen Jüdischen Wochenzeitung«.

Als Mathilde Deutsch kam die Schauspielerin **Mathilde Danegger** 1903 in Wien zur Welt. Die Tochter eines Theaterdirektors wurde von Max Reinhardt entdeckt. Sie trat am Berliner Deutschen Volkstheater, am Schauspielhaus Zürich und in kommunistischen Agitprop-Theatern auf. Ab 1933 wirkte sie in KP-Gruppen der Schweiz. 1951 tauchte sie in der DDR auf. Dort wurde sie u.a. Mitglied von Brechts »Berliner Ensemble«. Sie wurde mit etlichen DDR-Auszeichnungen bedacht. Im DDR-Theaterlexikon hieß es, sie habe ihre Rollen »mit der Überlegenheit sozialistischer Parteilichkeit gestaltet«.

Der Schriftsteller **Carl Jacob Danzinger** wurde 1909 in Berlin als Joachim Chaim Schwarz geboren. 1934 ging er nach Palästina. 1950 tauchte er in Ostberlin auf, um sich dort im Sinne der kommunistischen Machthaber literarisch zu betätigen. Er spezialisierte sich auf Werke, die vom »antifaschistischen Exil« handelten. Er wurde unter anderem mit dem Literaturpreis des FDGB ausgezeichnet. Zu seinen Veröffentlichungen zählen »Der Befreiungskampf Israels« (erschienen 1950 in Jerusalem), »Das gespaltene Herz« (Ostberlin 1962) sowie der autobiographische Roman »Kein Talent für Israel«.

Marcel Dassault alias Marcel Bloch war einer der bedeutendsten Industriellen Frankreichs. 1892 in Paris als Sohn des Arztes Adolph Bloch aus Straßburg geboren, stieg er nach dem Ersten Weltkrieg in die Flugzeugbranche ein. Schließlich galt er als »bedeutendster Flugzeugkonstrukteur Frankreichs«. 1944/45 war Bloch-Dassault im Lager Buchenwald. In seinen Werken wurden die Militärflugzeuge »Mirage« und »Mystère« gebaut. Dassault war auch Immobilienhändler großen Stils. Politisch engagierte er sich bei den Neogaullisten. In den 70er Jahren war er Alterspräsident der Französischen Nationalversammlung. Er starb 1986 in Neuilly-sur-Seine.

Einer aus Rußland nach Amerika ausgewanderten jüdischen Familie entstammt der Regisseur und Schauspieler **Jules Dassin**, der 1911 in Middletown/Connecticut das Licht der Welt erblickte. In den 30er Jahren war er kommunistischer Aktivist und Mitwirkender linker Agitprop-Theater. 1940 engagierte ihn Hitchcock, der Horror- und Krimi-Meister, als Regieassistent. Dassin verwertete die Hitchcock-Lehren sogleich bei seinem 1941/42 entstandenen antideutschen Propagandafilm »Nazi-Agent«. Nach 1945 mußte sich Dassin wegen seiner kommunistischen Aktivitäten vor dem »Ausschuß für unamerikanische Umtriebe« verantworten. Anfang der 50er Jahre ging er nach Frankreich, wo er mit dem Gaunerstück »Rififi« (1956) besonders erfolgreich war und 1966 die griechische Schauspielerin und nachmalige Kulturministerin in Athen, Melina Mercouri, heimführte. Aus der Ehe ging der Sänger Joe Dassin hervor.

Zur Führungsspitze des Weltkommunismus zählte der 1897 in der Region Wilna geborene bolschewistische Funktionär **Fritz David** (eigentlich Ilja-David Krugljanskij). Als Komintern-Beauftragter Stalins wurde er 1929 nach Deutschland geschickt. Er wurde Schriftleiter des KP-Zentralorgans »Rote Fahne«, enger Mitarbeiter von Wilhelm Pieck und galt als KPD-Chefideo-

loge der Endzeit der Weimarer Republik. Im Exil stellte er die Weichen, daß in der deutschen KP die Thälmann-Gruppe durch die Gruppe Pieck-Ulbricht abgelöst wurde. Damit stand er dem späteren Aufstieg Piecks und Ulbrichts zu DDR-Diktatoren Pate. 1936 nach Moskau zurückgekehrt, geriet David in die Maschinerie der »Säuberungen«. Man befand ihn für schuldig, im Auftrage Trotzkis ein Attentat auf Stalin geplant zu haben. Am 25. August 1936 erfolgte seine Hinrichtung in Moskau.

1994 starb in Genf der »Zigarrenkönig« **Zino Davidoff**. Er wurde 1906 in Kiew geboren. Sein Vater betrieb dort einen Zigarrenladen. Auf der Flucht vor ukrainischem Antisemitismus ging die Familie in die Schweiz. Im Schweizer Zigarrengeschäft von Davidoff senior soll damals auch Emigrant Lenin Kunde gewesen sein. Entscheidendes Glück hatte Zino (dessen Vorname ein Anagramm von Zion sein dürfte) 1940: Er übernahm vor dem Einmarsch der Deutschen das in Paris lagernde kubanische Kontingent an frisch importierten Zigarren. Mit diesem Bestand versorgte er zur Kriegszeit die internationale Kundschaft. Er kam später auch mit Castro ins Geschäft und ließ seit 1967 auf Kuba seine »Davidoff Nr. 1« drehen. Als Castro 1988 die Hochpreispolitik seines Partners nicht mehr mitmachen wollte, ließ Davidoff 130 000 Havannas wegen angeblicher Qualitätsmängel verbrennen und bezog fortan seinen Tabak aus der Dominikanischen Republik. Zusätzliche Gelder nahm der »Zigarrenkönig« aus dem Verkauf von Produkten mit seinem Namen, vom Parfüm bis zur Brille, ein.

1942 starb in Berlin im Alter von 80 Jahren der jüdische Politiker **Georg Davidsohn**. Er stammte aus Gnesen/Posen. Er promovierte zum Dr.phil., war Journalist, Mitarbeiter an führenden Blättern der Linken und gründete 1903 den Arbeiter-Abstinenzler-Bund. Als Frontsoldat im Ersten Weltkrieg wurde er zweimal verwundet; er war Mitbegründer des Reichsbundes der Kriegsbeschädigten. Von 1912 bis 1920 gehörte er als sozialdemokratischer Abgeordneter dem Deutschen Reichstag an. 1921 verließ er die SPD. In einigen Quellen heißt es, er sei »im Zweiten Weltkrieg in Berlin untergetaucht«.

Der 1866 im ostpreußischen Lötzen geborene Filmproduzent **Paul Davidson** gründete 1905 eine Kinogesellschaft, die sich 1917 mit anderen Unternehmen der Branche zur Universum Film AG (Ufa) zusammenschloß. Fortan wirkte Davidson als Generaldirektor der Ufa. Er gilt als Entdecker der dänischen Schauspielerin Asta Nielsen, die er 1911 für seine Gesellschaft verpflichtet hatte, und gab dem jungen Ernst Lubitsch als Regisseur die entscheidende Starthilfe. Davidson starb als einer der mächtigsten Männer der europäischen Filmwirtschaft 1927 in Berlin.

Der 1925 in New York-Harlem geborene und 1990 in Beverly Hills gestorbene Schauspieler und Tänzer **Sammy Davis jr.** war katholisch getauft und trat zunächst erfolglos in Vorstadtvarietés auf. Nach schwerer Verletzung bei einem Autounfall (Verlust eines Auges) und Übertritt zum Judentum avancierte der Unterhaltungskünstler von kleinem Wuchs (1,50 m) zum »Mister Wonderful« und zum »größten Entertainer der Welt«. Sein Aufstieg fiel in die Zeit, als es führenden Juden Amerikas darum ging, als Sachwalter der Schwarzen aufzutreten. Davis selbst wunderte sich nach eigenem Bekunden, daß er als »einäugiger schwarzer Jude« einen solchen Erfolg haben konnte. Er war von 1960 bis 1968 mit der schwedischen Schauspielerin May Britt verehelicht, die deswegen zum Judentum übertrat. Die Lebenserinnerungen von Sammy Davis jr. tragen den Titel »Yes, I can«.

In den 50er und 60er Jahren wurde die französische Politik maßgeblich von **Michel Debré** (geboren 1912 in Paris) geprägt. Er entstammte einer seit langem in Frankreich befindlichen jüdischen Familie, war aber katholisch getauft worden. Schon vor Ausbruch des Zweiten Weltkrieges bekleidete er in Paris hohe politische Ämter. Zur Zeit der deutschen Besetzung war er in der Résistance aktiv. Von 1959 bis 1962 wirkte er als erster Ministerpräsident der 5. Republik. Von 1966 bis 1968 amtierte er als Wirtschafts- und Finanzminister, dann als Außenminister und von 1969 bis 1973 als Finanzminister. 1981 kandidierte er vergebens als Staatspräsident.

Der Schauspieler **Michael Degen**, geboren 1932 in Chemnitz, verdankt sein Leben einem »Wächter, der ihn auf dem Weg nach Auschwitz fliehen ließ«, wie es in Biographien heißt. Nach Kriegsende besuchte er die Schauspielschule des Deutschen Theaters in Ost-Berlin. Ab 1954 spielte er beim (Ost-)Berliner Ensemble, das von Brecht gegründet worden war. Im Westen wurde Degen von Elisabeth Bergner besonders gefördert. Er erhielt zahlreiche Fernsehrollen. In dem TV-Zweiteiler »Geheime Reichssache« stellte er Hitler dar. Verschiedentlich hat er gegen »Rechtsradikalismus« Stellung genommen, den er allenthalben grassieren und von dem er sich auch persönlich bedroht sieht.

Die Schriftstellerin **Paula Dehmel**, geboren 1862 in Berlin, war eine Tochter des Predigers der Berliner jüdischen Reformgemeinde, Julius Oppenheimer, und Schwester des Nationalökonomen Carl Oppenheimer sowie des führenden Zionisten Franz Oppenheimer. Der nichtjüdische Dichter Richard Dehmel (1863-1920) heiratete sie in erster Ehe. Mit ihm gab sie »Das liebe Wort. Gesammelte Kindergeschichten« heraus. Bekannt wurde sie auch durch

Kinderbücher wie »Fitzebutze« (1900), »Rumpumpel« (1903) und »Das grüne Haus« (1907). Sie starb 1918 in Berlin.

Bernhard Dernburg (geboren 1865 in Darmstadt, gestorben 1937 in Berlin) gestaltete unter Kaiser Wilhelm II. die deutsche Kolonialpolitik maßgeblich mit, und er wirkte als nationalkonservativer Reichstagsabgeordneter. Sein Vater war der Schriftsteller und Publizist Friedrich Dernburg. Bernhard Dernburg wurde 1906 Direktor der Kolonialabteilung im Berliner Auswärtigen Amt. Von 1907 bis 1910 war er für Kolonialfragen zuständiger Staatssekretär der reichsdeutschen Regierung. Die »Brockhaus-Enzyklopädie« notiert: »Er leitete mit großer Tatkraft eine nach rationell-wirtschaftlichen Gesichtspunkten ausgerichtete Kolonialpolitik, die auch der einheimischen Bevölkerung zugute kam.« 1914 wurde er beauftragt, der antideutschen Propaganda in den USA entgegenzuwirken. 1919 war er kurzfristig Reichsfinanzminister und Vizekanzler im Kabinett Scheidemann. Er verweigerte seine Unterschrift unter den Diktatfrieden von Versailles und trat aus Protest gegen die Siegerwillkür zurück. Bis 1930 war er DDP-Mitglied des Reichstages.

Die Berliner »Nationalzeitung«, ursprünglich liberal, wechselte 1866 ins Bismarck-Lager und wurde zu einer wichtigen publizistischen Stütze des Eisernen Kanzlers. In der entscheidenden Zeit, von 1871 bis 1890, war der einer jüdischen Familie entstammende, christlich getaufte Publizist **Friedrich Dernburg** Chefredakteur der »Nationalzeitung«. Er war 1833 in Mainz zur Welt gekommen. Von 1871 bis 1881 vertrat er die Nationalliberalen im Deutschen Reichstag. Er starb 1911 in Berlin. Der Kolonialpolitiker der Kaiserzeit und Vizekanzler im Kabinett Scheidemann, Bernhard Dernburg, war sein Sohn.

Der kommunistische Komponist **Paul Dessau** (geboren 1894 in Hamburg, gestorben 1979 in Zeuthen bei Berlin) entstammte einer jüdischen Kantorenfamilie. 1925 wurde er Kapellmeister in Berlin. 1933 emigrierte er nach Frankreich, 1939 nach Amerika, wo er für Hollywood tätig war. In der stalinisierten DDR schloß er sich der SED an und wurde Vizepräsident der Akademie der Künste. Die SED-Herrschenden zeichneten ihn mit ihrem höchsten, nach Karl Marx benannten Orden aus. Im ZK-Nachruf auf ihn hieß es: »Sein Schaffen ist unverlierbarer Bestandteil der sozialistischen Nationalkultur.« Schon in Weimarer Zeit hatte Dessau zahlreiche rote Agitpropstücke zu Notenpapier gebracht. In der DDR schuf er Massenlieder wie »Die Thälmann-Kolonne« und das »Aufbaulied der FDJ« (in Zusammenarbeit mit Brecht entstanden). Er komponierte die Trauermusik zum Tode des DDR-Diktators Pieck und eine »Hymne auf den Beginn einer neuen Geschichte der Menschheit« zum 10. »Geburtstag« der DDR. Seine 1. Sinfonie enthielt Elemente des jüdischen »Kol Nidre«. Außerdem komponierte er eine »Jüdische Chronik« und ein Oratorium »Hagada« auf einen Text von Max Brod in hebräischer Sprache.

Friedrich Dessauer kam 1881 in Aschaffenburg als Sproß einer jüdischen, seit drei Generationen konfessionell katholischen Industriellenfamilie zur Welt. Er verewigte sich als genialer Mitbegründer der Quantenbiologie, der Tiefentherapie mit Röntgenstrahlen, als Erfinder der Moment-Röntgenaufnahme und Pionier der Röntgenkinematographie in den Annalen der Wissenschaft. In Frankfurt am Main, wo er ab 1920 als Professor lehrte, schuf er das Institut für Biophysik. Politisch engagierte sich Dessauer für das Zentrum. Dem marxistischen Klassenkampf wollte er einen katholischen Solidarismus entgegensetzen. Ab

1930 wirkte er als Berater des Reichskanzlers Brüning. 1933 gehörte Dessauer zu jenen Reichstagsabgeordneten jüdischer Herkunft, die dem Ermächtigungsgesetz zustimmten. Bald nach der NS-Machtübernahme wurde ein Strafprozeß gegen ihn angestrengt (angebliche rechtswidrige Bereicherung), der jedoch im Dezember 1933 mit Freispruch endete. Ab 1934 lehrte er an der Universität Istanbul, ab 1937 in Freiburg in der Schweiz. Nach dem Krieg kehrte er nach Deutschland zurück und lehrte bis zur Emeritierung erneut an der Frankfurter Universität. Er starb 1963 in Frankfurt/Main.

1995 berief US-Präsident Clinton **John Deutch** zum neuen Chef des Geheimdienstes Central Intelligence Agency (CIA) im Range eines Kabinettsmitglieds. Der CIA-Chef führt auch die Aufsicht über die drei anderen US-Geheimdienste: National Security Agency (elektronische Aufklärung), Defence Intelligence Agency (militärische Aufklärung) und Reconnaissance Office (Spionagesatelliten). Deutch kam 1938 als Sohn einer jüdischen Familie namens Deutsch (damals noch mit »s«) in Brüssel zur Welt. Er ist der erste im Ausland geborene CIA-Chef. Im Krieg kamen die Deut(s)chs in die USA. Anfang der 60er Jahre diente John Deutch unter Präsident Kennedy im Pentagon. Unter Carter war er Staatssekretär im Energieministerium. Dann arbeitete er einige Jahre am Massachusetts Institute of Technology in Boston. 1992/93 amtierte er als Staatssekretär im US-Verteidigungsministerium, 1994 wurde er stellvertretender Verteidigungsminister.

Als »Wegbereiter des Expressionismus« und »Herold des expressionistischen Theaters« wird der jüdische Schauspieler **Ernst Deutsch** bezeichnet, der 1890 in Prag das Licht der Welt erblickte und 1969 in Westberlin starb. Er debütierte 1914 in Wien.

Berthold Viertel entdeckte ihn. Ab 1917 arbeitete Deutsch in Berlin, besonders gefördert von Jessner und Reinhardt. 1920 trat er erstmals im Film (»Der Golem«) auf. Anfang der 30er Jahre mimte er hauptsächlich am Burgtheater zu Wien. 1933 ging er nach Prag, 1938 nach Hollywood, wo er sich in den Dienst der US-amerikanischen Kriegspropaganda stellte. Ab 1951 war er wieder hauptsächlich in Deutschland tätig, wo er mit Orden und Ehrenzeichen überhäuft wurde.

Felix Deutsch kam 1858 in Breslau als Sohn des im Judentum prominenten Kantors Moritz Deutsch (1818-1892) zur Welt. Er gründete mit Emil Rathenau die »Deutsche Edison-Gesellschaft«. Aus ihr ging 1887 die »Allgemeine Elektricitäts-Gesellschaft« (AEG) hervor. 1915 trat Deutsch an die Spitze dieses europäischen Branchenriesen. Er wurde zum Geheimen Kommerzienrat ernannt und erhielt 1921 von der TH Karlsruhe den Dr. Ing.h.c. Er starb 1928 in Berlin.

Zu einem der größten Fälle von Wiedergutmachungsschwindel wuchs sich der »Fall Deutsch« aus. Zentralfigur war der Rechtsanwalt **Hans Deutsch**, Jahrgang 1907, aus Wien. Er war 1938 nach Palästina gegangen und nannte sich dort Dishon. Wieder zurück, gründete er in Österreich den »Hans-Deutsch-Verlag«. Als Rechtsanwalt vertrat er u.a. die Rothschilds und Radziwills mit Wiedergutmachungsansprüchen. Als »Wiedergutmachung« für eine »von der SS geraubte« Kunstsammlung des ungarischen Zuckerbarons Hatvany verlangte Deutsch zunächst 400 Millionen Mark, gab sich dann aber »großzügig« mit 35 Millionen zufrieden. Er selbst war mit fast 10 Millionen Mark an dem »Deal« beteiligt. Doch bald darauf stellte sich heraus, daß Deutsch den Wert der Hatvany-Sammlung nicht nur extrem übertrieben hatte, sondern daß ein Teil der angeblich verschwundenen Sammlung die Villa des Barons nie verlassen hatte und ein anderer Teil nicht von der SS, sondern von Rotarmisten geraubt worden war. Ein deutsches Gericht befand 1972 allerdings, daß bei Deutschs Gebaren kein strafbares Handeln vorgelegen habe.

Helene Deutsch geborene Rosenbach gehörte lange Zeit der Führung der Psychoanalytischen Internationale an. 1884 im galizischen Przemysl geboren, heiratete sie 1912 Sigmund Freuds Arzt Felix Deutsch. Sie wurde Mitarbeiterin des Begründers der Psychoanalyse und schloß enge Freundschaft mit Rosa Luxemburg. 1925 avancierte Helene Deutsch zur Chefin des Psychoanalytischen Ausbildungsinstitutes in Wien. In der amerikanischen Emigration wurde sie 1934 Professorin an der Bostoner Universität. Dann ging sie ans New Yorker Psychoanalytische Institut (New York hat traditionell die höchste Psychiater-Quote der Welt). In den 60er und 70er Jahren war Helene Deutsch weiblicher »Guru« linker und »fortschrittlicher« Bewegungen. Sie starb 1982 in Cambridge/Massachusetts.

Julius Deutsch (geboren 1884 im burgenländischen Lackenbach, gestorben 1968 in Wien) vertrat die SPÖ von 1919 bis 1934 im Wiener Nationalrat. 1918-1920 organisierte er als Heeresminister die Volkswehr, danach den Republikanischen Schutzbund, den er von 1923 bis 1934 leitete. Dann emigrierte er in die CSR und nach Spanien, wo er als General der Roten wirkte. 1939 ging er nach Paris, 1940 in die USA, wo er sich vom US-Geheimdienst als Mitarbeiter anheuern ließ. 1946 kehrte er nach Wien zurück und betätigte sich als sozialistischer Publizist und SPÖ-Verlagsleiter. 1956 erhielt er von den SED-Herrschern die »Hans-Beimler-Medaille«. In dritter Ehe war er mit der Schriftstellerin Adrienne Thomas verheiratet. Sein Sohn aus erster Ehe, Gustav Deutsch, war aktiv im Republikanischen Schutzbund, emigrierte 1934 in die Sowjetunion und wurde 1939 auf Stalins Geheiß liquidiert.

Als Anhänger der Umsturzbewegung (Narodniki) emigrierte **Leo Deutsch**, geboren 1855 in Tultschin bei Winniza, 1880 aus Rußland in den Westen. In der Schweiz gründete er mit Axelrod, Plechanow, Sassulitsch und anderen die erste marxistische Organisation Rußlands, »Befreiung der Arbeit«. 1884 wurde er von den Eidgenossen an die Russen ausgeliefert. Er kam in die sibirische Verbannung, flüchtete und tauchte später in Amerika auf. 1917 kam er erneut nach Rußland und betätigte sich als bolschewistischer Publizist und Historiker. Nach seinem Bruch mit den Bolschewisten ging er 1923 nach Berlin. Über sein Ende gehen die Nachrichten auseinander. Mal heißt es, er sei 1941 in Leningrad gestorben, andere Quellen nennen Berlin 1936 als Todesort und -jahr.

Ähnlich wie bei Mozart (Köchel-Verzeichnis) werden die Kompositionen von Franz Schubert - seit den 50er Jahren - mit D(Deutsch)-Nummern bezeichnet. Der Thematische Katalog des Musikschaffens Schuberts ist benannt nach dem Musikforscher **Otto Erich Deutsch** (geboren 1883 in Wien, gestorben 1967 dortselbst). Er wirkte ab 1926 als Bibliothekar der Musiksammlung van Hoboken und emigrierte 1938 nach England. 1952 kam er nach Österreich zurück. Seit 1913 hatte Deutsch mehrere voluminöse Bücher über Schubert veröffentlicht. 1936 trat er auch mit einer Untersuchung über Leben und Werk Leopold Mozarts hervor.

Der Journalist und Gewerkschaftsfunktionär **Max Diamant** kam 1908 in Lodz zur Welt. Im Zuge der Masseneinwanderung von Ostjuden kam auch er nach

Deutschland. 1922 schloß er sich der KPD-Jugend an. 1924 ging er nach Sowjetrußland, wo er in Charkow Mitarbeiter des deutschsprachigen Bolschewistenblattes »Die Saat« wurde. Sein Vater fiel Stalins »Säuberungen« zum Opfer. 1928 wieder in Deutschland, schloß sich Max Diamant der SPD, 1931 der linksextremen SAP an. In der französischen Emigration gab er die »Marxistische Tribüne« heraus, im Spanischen Bürgerkrieg betrieb er Agitprop für die Roten. Nach französischer Internierung gelangte er 1942 nach Mexiko. Nach Kriegsende erneut in Deutschland, arbeitete er im Auftrage des SPD-Parteivorstandes. Von 1961 bis 1973 war er Chef der Abteilung »Ausländische Arbeitnehmer« beim Vorstand der IG Metall.

Simon Dimantstein aus Sebezh bei Witebsk (Jahrgang 1886) war Lenins und Stalins »Kommissar für jüdische Angelegenheiten«. Er hatte sich 1904 den Bolschewisten angeschlossen, war verhaftet und verbannt worden und ins französische Exil gegangen. Auf Geheiß Lenins kehrte er 1917 zurück und übernahm das Judenreferat in der roten Regierung. Er war der Hauptorganisator des Projektes Birobidschan. Dort im fernen Asien wollte Stalin die Juden auf einem eigenen Territorium ansiedeln, doch nur wenige ließen sich dazu bewegen. Dimantstein, der als »Fachmann für das Minderheitenwesen« auftrat, war auch Herausgeber der bolschewistischen Tageszeitung in jiddischer Sprache »Der Emes«. 1936 wurde er - wie so viele hochrangige, aber auch namenlose Juden des Sowjetreiches - Opfer der »Säuberungen«. Er verschwand im Archipel Gulag.

Initiator der israelischen Gedenkstätte Jad Vaschem, die an die Opfer der NS-Judenverfolgung erinnern soll, war **Ben-Zion Dinur**. Eigentlich hieß er Dinaburg. Er kam 1884 in Chorol in der Ukraine zur Welt. Er studierte ab 1911 in Berlin, wirkte als Rabbiner und zionistischer Funktionär. 1921 ging er nach Palästina. Von 1936 bis 1952 lehrte er Geschichte an der Hebräischen Universität Jerusalem, ab 1943 war er Rektor der zionistischen Bet ha-Kerem-Lehrerakademie in Jerusalem. Von 1951 bis 1955 bekleidete er das Amt des israelischen Erziehungsministers, dann leitete er bis 1959 das auf seine Initiative errichtete Jad Vaschem. Dinaburg-Dinur verschied 1973.

Den Rang, der wahre »Vater der Anti-Baby-Pille« zu sein, machten sich zwei jüdische Forscher streitig: Gregory Pincus und **Carl Djerassi**. Letztgenannter kam 1923 in Wien zur Welt. »Wir waren total assimilierte Juden, viele haben sich deutscher gefühlt als die Deutschen«, sagt er rückblickend. Nach dem Österreich-Anschluß emigrierten die Djerassis, die aus Bulgarien stammten, nach Amerika. Dort wirkte Carl Djerassi als Chemie-Professor und trat in die Dienste des Arzneimittelkonzerns »Syntex«, für den er in Sachen Empfängnisverhütung forschte. In den 90er Jahren trat er als Professor für »feministische Studien« an der Stanford-Universität und als Verfasser eines Romanes, in dem ein betagter Professor »Sex-Abenteuer« mit Studentinnen erlebt, hervor. »Ich gehöre zu den exzentrischsten Leuten der Welt«, schätzt er sich selbst ein.

Zu den bedeutendsten jiddischen Literaten des 20. Jahrhunderts zählt **Jeheskiel Dobruschkin**. 1883 kam er im ukrainischen Mutin zur Welt. Er wirkte ab 1917 als Professor für jiddische Literatur an der Universität von Kiew und war jiddischer Dramatiker am Moskauer Jüdischen Staatstheater. Auch er fiel dem bolschewistischen Terror zum Opfer. Nach seiner Verhaftung verlor sich seine Spur im Archipel Gulag, in dem er vermutlich bald nach 1955 umkam.

Der mehrfach verfilmte Roman »Berlin Alexanderplatz« ist das bekannteste Werk des Literaten **Alfred Döblin**. Er kam 1878 in

Zino DAVIDOFF

Sammy DAVIS jr.

Michel DEBRÉ

Bernhard DERNBURG

Paul DESSAU

Friedrich DESSAUER

John DEUTCH

Ernst DEUTSCH
als »Shylock«

Carl DJERASSI

Stettin als Sohn eines jüdischen Schneiders zur Welt, ließ sich als Psychiater in Berlin nieder, war Mitbegründer der expressionistischen Zeitung »Der Sturm« und veröffentlichte 1913 sein Erstlingswerk »Die Ermordung einer Butterblume«, nachdem er ein Jahr zuvor die jüdische Religionsgemeinschaft verlassen hatte. 1918 schloß er sich der USPD, 1921 der SPD an. Die Emigration vor Hitler führte ihn zunächst in die Schweiz und dann nach Frankreich, 1940 in die USA. Dort war er eine Zeitlang für MGM tätig und trat zum Katholizismus über. 1945 war er im Auftrage der französischen Besatzungsmacht in Deutschland als Kultur- und Literaturaufseher tätig. 1949 gehörte er zu den Mitbegründern der Akademie der Wissenschaften und Literatur in Mainz. Günter Grass bezeichnete ihn als seinen Lehrer und stiftete einen Döblin-Preis. Alfred Döblin starb 1957 in Emmendingen im Breisgau. Das »Neue Lexikon des Judentums« schreibt: »Jüdische Tradition und Geschichte haben in seinem Werk mannigfache Spuren hinterlassen.« So liege beispielsweise der Struktur seines letzten Romans (»Hamlet oder die lange Nacht nimmt ein Ende«) der Ablauf des Jom-Kippur-Festes zugrunde.

»Der Führer hat entschieden, daß Reichsgerichtsrat **Hans von Dohnanyi** trotz seiner nichtarischen Abstammung (jüdischer Mischling 2. Grades) im Beamtenverhältnis weiter verbleiben darf«, hieß es in einem von Martin Bormann am 17. Januar 1939 unterschriebenen Bescheid. Dohnanyi stammte aus Wien (Jahrgang 1902) und wirkte ab Mai 1933 als persönlicher Referent des Reichsjustizministers Gürtner. Zur Kriegszeit leitete er das politische Referat der deutschen Abwehr unter Oster und Canaris, die kriegsentscheidende Verratshandlungen begingen. Dohnanyi unterhielt ferner enge Kontakte zum Kreis um Goerdeler. 1943 wurde er verhaftet und kurz vor Kriegsende, Anfang April 1945, im KZ Sachsenhausen hingerichtet. Klaus von Dohnanyi, der langjährige SPD-Bürgermeister von Hamburg, und der Dirigent Christoph von Dohnanyi sind seine Söhne.

Hilde Domin, 1912 in Köln geborene Tochter eines jüdischen Rechtsanwaltes, studierte ab 1932 in Italien. Als Hitler in Deutschland an die Macht kam, blieb sie beim Duce. 1939 emigrierte sie nach England, dann in die Dominikanische Republik, in die USA und nach Spanien (wo Franco herrschte). Während eines Aufenthaltes auf Santo Domingo 1948-1952 nahm die Literatin, eine verheiratete Palm, den Künstlernamen »Domin« an. 1954 kam sie nach Deutschland zurück. Laut Darstellungen in zahlreichen Feuilletons ist sie eine der bedeutendsten deutschen Gegenwartsdichterinnen. Bekannt ist u.a. ihr Roman »Das zweite Paradies«. 1978 berichtete sie in einem Berliner Sammelband über »Mein Judentum«. Ihre Autobiographie heißt »Von der Natur nicht vorgesehen«.

Der Journalist **John Robert Dornberg**, geboren 1931 in Erfurt, hieß bis 1945 Dörnberg. Er war 1939 mit seinen Eltern in die USA gekommen. In der Bundesrepublik Deutschland arbeitete er als Korrespondent für viele meinungsbildende Presseorgane der sogenannten westlichen Wertegemeinschaft, z.B. »New York Times«, »Boston Globe«, »Washington Post«, »The Nation«, »Newsweek«, »The Jerusalem Post«. Er hat mehrere Bücher über Deutschland und die Deutschen verfaßt; das erste erschien 1961 und trug den Titel »Schizophrenic Germany«. In den 70er und 80er Jahren galt er auch als führender Kommunismus-Fachmann.

Der eigentliche Name des US-Schauspielers **Kirk Douglas** lautet Issur Danielowitsch Demsky. Er kam 1916 in Amsterdam (US-Bundesstaat New York) auf die Welt und ist Sproß einer jüdischen Einwandererfamilie aus Rußland. Gefördert vom Regisseur Lewis Milestone und von der Schauspielerin Lauren Bacall debütierte Douglas-Demsky 1946 im Hollywood-Film. 1955 gründete er eine eigene Produktionsfirma. Insgesamt wirkte er in mehr als 80 Filmen mit. 1988 veröffentlichte er seine Memoiren »A Peddler's Son« (»Der Sohn eines Hausierers«). Sein Sohn Peter ist Produzent, sein Sprößling Joel Manager und seine Söhne Eric und Michael sind Schauspieler.

Der Hollywood-Schauspieler und -Produzent **Michael Douglas** kam 1944 in New Brunswick (New Jersey) als Sohn des Filmstars Kirk Douglas alias Demski zur Welt. Bevor er sich dem Kinofilm als erfolgreicher Produzent und Darsteller widmete, spielte er mit dem nichtjüdischen Mimen Karl Malden eine Hauptrolle in der Dauerkrimiserie »Die Straßen von San Francisco«. Den Einstieg ins Geschäft als Hollywood-Produzent schaffte Douglas 1975 mit dem Irrenhaus-Streifen »Einer flog über's Kukkucksnest«, der den »Oscar« erhielt.

In den 80er Jahren stieg **Garth Drabinsky** (Jahrgang 1939) zum »Kinozaren des Kontinents« (Medienbezeichnung) auf. Die jüdische Familie des kanadischen Unternehmers stammt aus Osteuropa. Trotz Lähmung infolge Polioerkrankung im Kindesalter stieg Drabinsky zunächst zu einem der bekanntesten »Jet-Set«-Anwälte Amerikas auf. Nachdem er Einblick in die Welt des Films bekommen hatte, beschloß er, in dieser Branche tätig zu werden. Mit dem Erwerb einiger Lichtspielhäuser begann es. Dann wuchs der Konzern auf 1500 Kinos an. Der Aufstieg gelang in enger Kooperation mit Bronfmans Seagram-Multi.

1995 starb in Wien der Schriftsteller **Albert Drach**. Er war 1902 in Österreichs Hauptstadt als Sohn jüdischer Eltern zur Welt gekommen. Der ausgebildete Jurist (Rechtsanwalt) emigrierte 1938 über Jugoslawien nach Frankreich. Zur Kriegszeit soll er in der französischen Résistance aktiv gewesen sein. 1947 kehrte er nach Österreich zurück. Er schrieb über den Marquis de Sade (1929), »Gottes Tod, ein Unfall« (1964) und - es war sein verhältnismäßig größter Erfolg - den anti-antisemitischen Roman »Das große Protokoll gegen Zwetschkenbaum«. Er erschien Mitte der 60er Jahre, soll aber schon 1938 entstanden sein.

Als Sohn eines persischen Juden kam 1925 in Berlin der Journalist **Sammy Drechsel** (eigentlich Karl-Heinz Kamke) zur Welt. Seine Laufbahn begann im Dritten Reich. Drechsel war als Sportreporter deutscher Rundfunkstationen, vornehmlich bei Radio Berlin, aktiv. Er wirkte zur Kriegszeit auch beim deutschen Soldatensender Saloniki. 1945 fing er beim Berliner Besatzersender »Rias« an. 1956 gründete er mit dem einstigen HJ-Spieltruppen-Mimen Dieter Hildebrandt das Linkskabarett »Münchner Lach- und Schießgesellschaft«. In den 60er und 70er Jahren widmete sich Drechsel hauptsächlich der Sportreportage in Funk und Fernsehen. Er starb 1985 in München.

Der kommunistische Literat **Alfred Dreifuss** kam als Sohn eines Textilwarenhändlers 1902 in Stuttgart zur Welt. Ab 1930 war er Dramaturg an der »Jungen Volksbühne« (Berlin), einer KP-Agitprop-Einrichtung. Auch gehörte er zum Funktionariat der KPD. 1935 wurde er wegen kommunistischer Umsturzarbeit eingesperrt; vier Jahre später kam er aufgrund einer Vereinbarung zwischen der Gestapo und jüdischen Organisationen frei. Er ging nach Schanghai, wo er Propaganda für eine sowjetisch gesteuerte Radiostation betrieb und Kontakte zum Verräterkreis um Spion Richard Sorge unterhielt. In der DDR wurde Dreifuss einer der maßgeblichsten Funktionäre der Theaterszene. Er war Chefdramaturg zahlreicher Bühnen und erhielt DDR-Orden- und Ehrenzeichen.

Der Zeitungsverleger **Orvil Eugene Dreyfoos** (geboren 1912 in New York, gestorben 1963 dortselbst) stammte aus einer jüdischen Kleiderhändlerfamilie. 1941 führte er die Tochter des Verlegers der »New York Times«, Marian Sulzberger, heim. Ab 1943 war er bei der »New York Times« beschäftigt, bei der er 1954 Direktor, 1961 Präsident und Herausgeber wurde. Zu jener Zeit hatte »der informative und geistige Einfluß der New York Times auf führende Schichten Amerikas einen Höhepunkt erreicht; das Weiße Haus allein erhielt täglich 50 Exemplare« (Thorwald, »Das Gewürz - Die Saga der Juden in Amerika«). Der ehrgeizige Dreyfoos aber wollte mehr und versuchte, eine ähnlich erfolgreiche Zeitung an der US-Westküste, in Los Angeles, aus der Taufe zu heben. Das Unternehmen endete in einem Fiasko. Dreyfoos erlitt einen Kollaps und verschied.

Die »Affäre Dreyfus« gilt jüdischerseits als ein Schlüsselereignis des 20. Jahrhunderts, weil den Judenfeinden letztlich ein empfindlicher Schlag versetzt worden sei. Zentralfigur der Affäre war **Alfred Dreyfus**, 1859 im elsässischen Mülhausen geborener Sohn eines jüdischen Kaufmanns. Er wurde 1894 wegen angeblichen Verrats militärischer Geheimnisse an die Deutschen zu lebenslanger Verbannung verurteilt. Sowohl antijüdischer als auch sogar noch heftigerer antideutscher Haß brandeten in Frankreich auf. Daraufhin setzte eine gewaltige Kampagne jüdischer und projüdischer Kräfte für Dreyfus ein. Gerechtigkeitsfanatiker, die einem unschuldig Verurteilten zu Hilfe kommen wollten, gesellten sich hinzu. Nachdem man andere Schuldige gefunden hatte, wurde Dreyfus 1899 vom französischen Staatspräsidenten Emile Loubet begnadigt; 1906

erfolgte seine völlige Rehabilitierung. Er diente im Ersten Weltkrieg als Oberstleutnant und starb 1935 in Paris. Die Dreyfus-Affäre soll Herzl den letzten Anstoß zur Schaffung der zionistischen Bewegung gegeben haben, da seiner Überzeugung nach der Antisemitismus überall dort grassiere, wo sich Juden in größerer Zahl befänden und es daher nötig sei, einen Staat zu schaffen, in dem die Juden unter sich sind. Daß es in Frankreich, speziell in der französischen Armee, zur Dreyfus-Zeit wirklich eine für das Judentum lebensbedrohliche Feindschaft gegeben habe, hält kritischer Prüfung nicht stand. Das »Lexikon des Judentums« räumt ein: »Dem Generalstab der 3. Republik gehörten über 150 jüdische Offiziere, darunter 50 Generäle und 14 Oberste, an. Unter den weiteren 200 Offizieren war Alfred Dreyfus«. Bleibt noch nachzutragen, daß der »Renault«-Generaldirektor Dreyfus, ein Nachfahre des berühmten jüdischen Offiziers, in den 60er Jahren dem höchstausgezeichneten deutschen Soldaten des 2. Weltkrieges, Rudel, die Generalvertretung des französischen Automobilwerkes in der Bundesrepublik offerierte. Es kam nicht dazu, weil Bonn nach Paris meldete, man würde die Berufung eines »Neonazis« und »Unverbesserlichen« wie Rudel zum Repräsentanten des staatlichen französischen Kfz-Herstellers in Deutschland als »unfreundlichen Akt« werten.

Über den Linkspublizisten **Paul Maria Dreyfuss** (geboren 1883 in Aachen, gestorben 1940 im französischen KZ Le Vernet) heißt es bei Walter Tetzlaff (»2000 Kurzbiographien bedeutender deutscher Juden des 20. Jahrhunderts«): »Apotheker, Pazifist. Veröffentlichte 1920 anonym ›Der Feldherr Ludendorff‹, deckte die Fememorde der Schwarzen Reichswehr auf und führte zusammen mit Berthold Jacob durch Veröffentlichungen in der Korrespondenz ›Zeit-

Alfred DÖBLIN

Hilde DOMIN

Kirk DOUGLAS
an der Klagemauer

Michael DOUGLAS

Sammy DRECHSEL

Alfred DREYFUS
in Haft

Theodor DUESTERBERG

Paul DUKAS

Freimut DUVE

Notizen‹ den Sturz des Generalobersten Hans von Seeckt, des Chefs der Heeresleitung im Reichswehrministerium, herbei.«

Der Hollywood-Schauspieler **Richard Dreyfuss** kam 1947 in Brooklyn (New York) zur Welt. Zur Spitzengarde in der amerikanischen Traumfabrik stieg er mit Hilfe des gleichfalls jüdischen Regisseurs und Produzenten Steven Spielberg auf. Dreyfuss wirkte u.a. in Spielbergs Kassenschlagern »Der weiße Hai« (1974) und »Unheimliche Begegnung der dritten Art« (1980) mit. 1977 bekam er einen »Oscar« für die Hauptrolle im Film »The Goodbye Girl«.

Der deutschgesinnte »Stahlhelm«-Führer **Theodor Duesterberg**, geboren 1875 in Hameln, war Nachfahr jüdischer Kaufleute aus dem Ostwestfälischen. Als preußischer Offizier nahm er an der Ostasienexpedition 1900/01 teil (Boxeraufstand). 1915 wurde er Chef der Abteilung »Verbündete Heere« im preußischen Kriegsministerium. Der Monarchist schloß sich in Weimarer Zeit den Deutschnationalen an und fungierte von 1924 bis 1933 mit Seldte als Vorsitzender des »Stahlhelm-Bund der Frontsoldaten« (»2. Bundesführer«). 1930 ging er mit Hitler das Bündnis der »Harzburger Front« ein, das aber nur kurz Bestand hatte. 1932 war Duesterberg Kandidat der DNVP und des Stahlhelm (»Kampffront Schwarz-Weiß-Rot«) bei der Reichspräsidentenwahl. Er kam auf 6,8 Prozent der Stimmen. Hindenburg wurde als Präsident wiedergewählt. 1934 beim sogenannten Röhm-Putsch kurzfristig inhaftiert, soll Duesterberg später dem Widerstandskreis um Goerdeler nahegestanden haben, wurde aber vom NS-Regime nicht verfolgt. 1949 schrieb er »Der Stahlhelm und Hitler«. 1950 starb er in Hameln.

Auch der weltberühmte Komponist **Paul Dukas** war Jude. Er wurde 1865 in Paris geboren und starb 1935 in der französischen Hauptstadt. Von Selbstzweifeln gepeinigt, vernichtete er die meisten seiner Kompositionen eigenhändig und ließ nur wenige eigene Stücke gelten. Im Repertoire gehalten hat sich seine Tanzdichtung »La Péri« (1912). Häufig zu hören ist sein bekanntestes Stück, »L'apprenti sorcier«, nach Goethes »Zauberlehrling«, das 1897 Premiere hatte. In seinem letzten Lebensabschnitt wirkte Dukas als Musikprofessor am Pariser Konservatorium und an der Ecole Normale de Musique.

Der Anthropologe **Alan Dundes**, 1980 zum Präsidenten der Gesellschaft für Völkerkunde der USA gewählt, kam 1934 in New York zur Welt und entstammt einer jüdischen Zuwandererfamilie. Seine Mutter ist eine geborene Rothschild. Er lehrt an der kalifornischen Berkeley-Universität. 1985 erschien auf deutsch sein Buch »Sie mich auch« (Untertitel: »Das Hinter-Gründige in der deutschen Psyche«). Kernaussage: »Die Deutschen sind gekennzeichnet durch eine Vorliebe für das Hinternbezogene.« Dundes diagnostiziert »einen auffallenden Hang der Deutschen, sich mit dem Hintern und seinen Ausscheidungen zu beschäftigen«. Dieser Nationalcharakter sei schon in Luthers Zeiten zutage getreten. Ursache sei, daß die Deutschen mit ihrem »übertriebenen Reinlichkeitsbedürfnis« ihren Kindern jede Möglichkeit rauben würden, die »anale Phase« richtig zu durchleben und damit zu überwinden. Niemand habe das After-Deutschtum eindrucksvoller verkörpert als Adolf Hitler. Zeitlebens habe der NS-Führer aus Angst vor Blähungen Anti-Gas-Pillen bei sich getragen. Der von ihm verübte Holocaust an den Juden sei die typisch deutsche »Reinigungs-Raserei eines Analfixierten«.

Als »Klassiker der modernen Soziologie« wird **Emile Durkheim** bezeichnet. Geboren 1858 in Epinal (Vogesen), lehrte er

Bordeaux, dann an der Pariser Sorbonne. Er hob die französische Soziologenzeitung »L'Année Sociologique« aus der Taufe und gilt als Begründer einer eigenen »Schule des Positivismus«, welcher u.a. die Sozialwissenschaftler M. Mauss und M. Halbwachs entsprossen. Durkheim verschied 1917 in Paris.

Als einziger der sieben Hamburger SPD-MdB stimmte **Freimut Duve** 1990 gegen den deutsch-deutschen Wirtschafts- und Finanzvertrag. Vor dem Fall der Mauer hatte er im Bundestag erklärt: »Wir Deutschen haben die von der Geschichte erzwungene Zweistaatlichkeit mehr und mehr akzeptiert. Eine Einheit der Deutschen im Nationalstaat wird es nie wieder geben.« Bismarck sei der »Vergewaltiger der deutschen Geschichte« gewesen. Im »stern« brachte er 1988 zu Papier, bei den Deutschen sei der Nationalstaat »zur Todesfabrik« geworden. Der sozialdemokratische Politiker, seit 1980 Bundestagsabgeordneter, war 1936 als Sohn der Steuerberaterin Hildegard Duve und des jüdischen Journalisten Bruno Herzl, der 1941 starb, in Würzburg zur Welt gekommen. Er war Redakteur des »stern« und Herausgeber der Buchreihe »rororo-aktuell«. Der SPD hatte er sich 1966 angeschlossen. Als Volksvertreter in Bonn verficht er sogenannte »progressive« Positionen. Besonders setzt er sich für die »multikulturelle Gesellschaft« ein.

Zu den führenden Partisanen des Zweiten Weltkrieges gehörte in Polen **Alter Dworzecki** aus Zdzieciol bei Nowogrodek. Er war Jahrgang 1906. Er gehörte vor dem Krieg zur Führung der linkszionistischen Poale Zion in Polen. Nach dem Einmarsch der Deutschen amtierte er als Vorsitzender des Judenrates seiner Geburtsstadt. Dann schuf er in den Wäldern der Umgebung eine Partisanenstreitmacht, die hauptsächlich aus Juden bestand. Die Deutschen setzten auf

seine Ergreifung eine Belohnung von 25 000 Mark aus. Über sein Ende berichtet der jüdische Chronist des Partisanenkampfes im Zweiten Weltkrieg, Arno Lustiger: »Als Dworzecki bei einer der Operationen verwundet wurde, fand er Aufnahme in einem Bauernhof. Dort wurde er von einem sowjetischen Partisanen ermordet, der es auf seine Maschinenpistole abgesehen hatte.«

Aus jüdischer Familie stammte der Geologe und Geograph **Günther-Oskar Dyhrenfurth**. Er kam 1886 in Breslau zur Welt und starb 1975 in Ringgenberg in der Schweiz. Im Ersten Weltkrieg wirkte er als Geologe im deutschen Armee-Hauptquartier und kämpfte als Offizier an der Alpenfront. Die von ihm geleiteten Himalaja-Expeditionen 1930 und 1934 brachten bedeutsame Erkenntnisse, beispielsweise über das andauernde Höhenwachstum des Gebirgszuges. Mit der Bezwingung des Jongsang Peak stellte Dyhrenfurth im Jahre 1930 einen bergsteigerischen Weltrekord auf. Einen 20 Jahre gültigen Frauenweltrekord vollbrachte seine erste Ehefrau Hettie mit der Erstbesteigung des 7315 Meter hohen Sia-Kangri-Westgipfels. Bei den Olympischen Spielen 1936 wurde das Ehepaar mit der Goldmedaille für Alpinismus geehrt. Beider Sohn, der in den USA lebende Norman G. Dyhrenfurth bezwang 1963 an der Spitze einer Expedition erstmals die Westflanke des Everest-Berges im Himalaja.

Der Schlagersänger Robert Zimmermann aus Duluth in Minnesota (Jahrgang 1941) entlehnte sein Pseudonym dem Vornamen des seiner Trunksucht erlegenen walisischen Dichters Dylan Thomas und nannte sich **Bob Dylan**. Der Sohn streng jüdisch-orthodoxer Einwanderer aus Deutschland wurde von dem Manager Albert Grossmann erfolgreich betreut und schloß 1961 seinen ersten Plattenvertrag ab. Schon wenige Jahre später schrieb die Presse von ihm als »dem einflußreichsten amerikanischen Popmusiker der 60er Jahre«. Mit Lust an Morbidität befand das »Time«-Magazin, seine Stimme klinge, »als käme sie über die Mauer eines Tuberkulose-Sanatoriums«. In einer Biographie des Zimmermann-Dylan heißt es: »Seine Songs reflektieren in ihren dunklen, vieldeutigen Versen den durch Rauschmittel wie LSD und Marihuana bewirkten Aufbruch der Rock-Jugend in die eigene Psyche.«

In die oberste Führungsgarde der herrschenden Kommunisten in Sowjetrußland stieg **Benjamin Emmanuelowitsch Dymschiz** (geboren 1910 in Feodosija auf der Krim) auf. 1961 wurde er Mitglied des Zentralkomitees der KPdSU und 1962 stellvertretender Ministerpräsident. Im selben Jahr übernahm er den Vorsitz des Staatlichen Planungskomitees für die sowjetische Wirtschaft des Ministerrates der UdSSR (»Gosplan«) und war damit Chef der sowjetischen Wirtschaft unter Chruschtschow und Breschnjew. Ferner wirkte er als Vorsitzender des sogenannten Volkswirtschaftsrates.

E

Abba Salomon Eban, geboren 1915 im südafrikanischen Kapstadt, beeinflußte über Jahrzehnte maßgeblich die israelische Politik. Im Zweiten Weltkrieg war er Verbindungsoffizier zwischen britischer Mandatsmacht und der Zionistischen Internationale, speziell der Jewish Agency, in Palästina, deren Führung er 1946 übernahm. Von 1948 bis 1959 wirkte Eban als Israels UNO-Vertreter, zugleich war er ab 1950 Botschafter in Washington. Er fungierte von 1960 bis 1963 als Unterrichtsminister, von 1963 bis 1966 als stellvertretender Ministerpräsident und

von 1966 bis 1974 als Außenminister. Seit den 70er Jahren profilierte er sich als »Taube« und geriet zunehmend in die politische Isolation. Er wurde von israelischen Scharfmachern heftig attackiert. 1970 erschien auf deutsch sein Bekenntnisbuch »Dies ist mein Volk. Die Geschichte der Juden«.

Fritz Eckhardt, geboren 1907 in Linz, zählte zu den bekanntesten Fernsehdarstellern Österreichs. Von 1963 bis 1987 verkörperte er den »Oberinspektor Marek« in der Kriminalserie »Tatort«. Eckhardts Vater war jüdischen Glaubens und mußte in einem Konzentrationslager der Kriegszeit sterben. Nach dem Österreich-Anschluß 1938 hatte der Mime zunächst Berufsverbot. 1940 verfaßte er das Bühnenstück »Der rote Winkel«, 1941 »Brasilianischer Kaffee«, 1942 »Das Fräulein mit dem Koffer«. In der Nachkriegszeit war er zunächst hauptsächlich Theaterschauspieler, bevor er ab Ende der 50er Jahre das Schwergewicht auf die Fernseharbeit legte. 1994 bekundete er: »Haider ist natürlich ein Reizwort für mich. Trotzdem glaube ich nicht, daß wir wieder nationalsozialistisch werden.« Er starb 1996 in Wien.

Hirschweh lautete der eigentliche Name des Schriftstellers und Grafikers **Peter Edel**. Er kam 1921 in Berlin zur Welt und starb 1983 in Ostberlin. In der NS-Zeit überlebte er u.a. die Lager Mauthausen, Sachsenhausen und Auschwitz. Nach 1945 betätigte er sich aktiv am Aufbau der kommunistischen Diktatur in Mitteldeutschland. Das SED-Mitglied avancierte zum Mitglied des Präsidiums des DDR-»Friedensrates« und des »Komitees der Antifaschistischen Widerstandskämpfer«. Ferner wirkte er als Chef des Ostberliner Schriftstellerverbandes. Er erhielt den DDR-»Nationalpreis«, den Heinrich Heine-Preis, den »Vaterländischen Verdienstorden« in Gold. Einige sei-

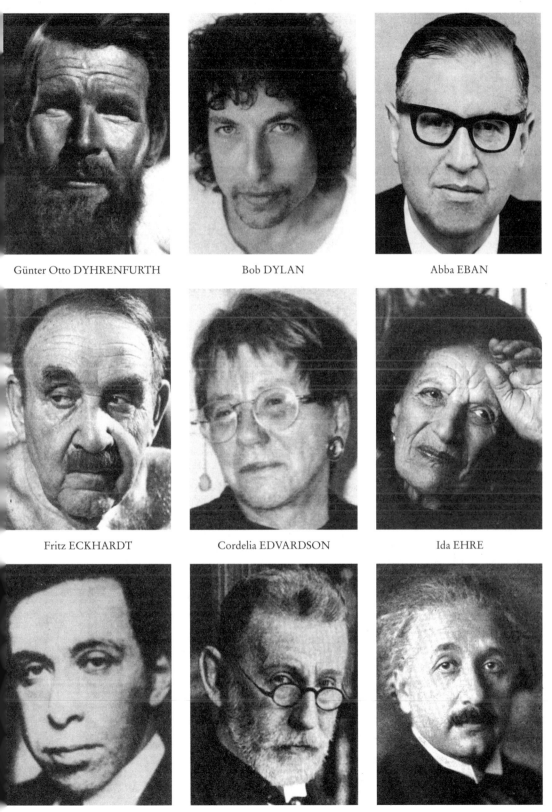

Günter Otto DYHRENFURTH

Bob DYLAN

Abba EBAN

Fritz ECKHARDT

Cordelia EDVARDSON

Ida EHRE

Ilja EHRENBURG

Paul EHRLICH

Albert EINSTEIN

ner Werke zur »Bewältigung des Faschismus« wurden in der DDR verfilmt.

Der US-Biochemiker **Gerald Maurice Edelman**, geboren 1929 in New York, ging 1957 ans Rockcfcllcr-Institut, New York, wo er ab 1960 als Professor lehrte. Er machte sich u.a. um die Aufklärung der biochemischen Grundlagen der Antigen-Antikörper-Reaktion verdient. 1969 gelang unter seiner Leitung die vollständige Strukturanalyse eines Immunglobulins. Zusammen mit R.R. Porter erhielt er 1972 den Nobelpreis für Medizin/Physiologie.

Die Journalistin **Cordelia Edvardson**, geboren 1929 in München, ist die uneheliche Tochter eines jüdischen Vaters und der ebenfalls aus jüdischer Familie stammenden Schriftstellerin Elisabeth Langgässer (1899-1950). Sie klagt, ihre »weltfremde Mutter« habe sie nicht vor der Einlieferung ins Lager Auschwitz retten können. Nach ihrer Befreiung aus dem grauenvollen KZ ging Cordelia Edvardson nach Schweden. Seit 1974 lebt sie in Israel, dem sie sich verpflichtet fühlt. Dem deutschen Volk sagt sie: »Eure Eltern hätten sagen sollen: Wir waren ein Volk von Verbrechern.« Auch über Erbgesetze zeigt sie sich unterrichtet. Sie hält jungen Deutschen vor: »Die Verantwortung ist erblich.« Sie wurde mit zahlreichen bundesdeutschen Ehrungen bedacht.

Die Schauspielerin und Theaterleiterin **Ida Ehre** (geboren 1900 im mährischen Prerau, gestorben 1989 in Hamburg) war Tochter eines jüdischen Oberkantors und begann als Stipendiatin der k.u.k. Akademie für Musik und Darstellende Kunst in Wien. Das »Zeit-Magazin« berichtete 1985: »Ihr Mann (der Gynäkologe Bernhard Heyde) hatte anfangs, bis zum Röhm-Putsch, sogar für Hitler gestimmt. Jetzt zog er sich mit Frau und Kind in die Provinz zurück. Seine Frau arbeitete als seine Sprechstundenhilfe.« Im New Yorker Emigrantenblatt »Aufbau«

hieß es: »Sie lebte während der Nazi-Zeit in einer privilegierten Mischehe, was jedoch nicht verhindern konnte, daß sie Berufsverbot erhielt und gegen Kriegsende auch noch in ein Frauen-KZ verbracht wurde.« »Ausgerechnet durch Beziehungen zu Himmler bekam ihr Mann sie frei«, meldete wiederum das Magazin der »Zeit«. Ida Ehre gründete und leitete von 1945 bis zu ihrem Tod 1989 die Hamburger Kammerspiele. Über die Deutschen sagte sie: »Kollektivscham, ja, die sollte es geben.«

Über **Ilja Ehrenburg** berichtet der jüdische Publizist Arno Lustiger in seinem Buch »Schalom Libertad«: »Er wurde 1891 als Sohn einer vermögenden jüdischen Familie in Kiew geboren. Die Mutter Chana hielt sich an alle Regeln und Rituale der jüdischen Religion.« Später habe er sich als Kosmopolit gefühlt. Im deutsch-sowjetischen Krieg aber sei sein »jüdischer Nationalstolz« wiedererweckt worden. »Dieser Geist des jüdischen Selbstbewußtseins prägte das jüdische Antifaschistische Komitee der Sowjetunion.« Ehrenburg war Mitgründer des Komitees, das die Aufgabe hatte, die Juden nicht nur der Sowjetunion, sondern in aller Welt, vor allem aber in Amerika, in den Kampf Stalins gegen Hitler einzuspannen. Schon im Spanischen Bürgerkrieg hatte sich Ehrenburg als stalinistischer Propagandist betätigt. Nach 1945 war er einer der wenigen Führer des obengenannten jüdischen Komitees, die den Terror Stalins überlebten. Seine Linientreue hatte er nicht nur durch zahllose Hymnen auf Stalin, sondern auch dadurch bewiesen, daß er sich als Zeuge sogar in Schauprozessen gegen jüdische Intellektuelle zur Verfügung stellte. Der Literat paßte sich auch der Zeit nach Stalin gut an und stieg 1959 ins Präsidium des sowjetischen Schriftstellerverbandes und in den Obersten Sowjet auf. 1967 starb er in Nowo-Jerusalem bei Moskau. Ehrenburg hatte eine Flut schauriger Anschuldigungen gegen die Deutschen in Umlauf gebracht; entweder waren es Lügen oder maßlose Übertreibungen tatsächlich geschehenen Unrechts zum Beispiel der »Einsatzgruppen«. Er stachelte die Rotarmisten mit furchtbaren Aufrufen zu Mord, Vergewaltigung und Totschlag an. »Ihr müßt die Deutschen vom Erdboden vertilgen!« rief er ihnen zu. Begründung: »Wir setzen damit die Arbeit all der Wissenschaftler fort, die die Mittel zur Vernichtung tödlicher Mikroben entdeckten.« In seinem 1943 in Moskau erschienenen Buch »Wojna« (Krieg) brachte Ehrenburg u.a. zu Papier: »Die Deutschen sind keine Menschen. Von jetzt ab ist das Wort Deutscher für uns der allerschlimmste Fluch. Wenn du nicht im Laufe eines Tages einen Deutschen getötet hast, so ist es für dich ein verlorener Tag gewesen. Für uns gibt es nichts Lustigeres als deutsche Leichen.«

1961 wurde **Ernst Ludwig Ehrlich** Direktor der jüdischen B'nai B'rith-Logen in Europa und hatte damit eine Schlüsselstellung in der Judenheit, denn diese im 19. Jahrhundert in den USA von Einwanderern aus Deutschland gegründete freimaurerartige, verdeckt wirkende Gesellschaft ist außerordentlich einflußreich. Ehrlich kam 1921 in Berlin zur Welt, wo er 1940 das Abitur machte. 1942 absolvierte er in der Reichshauptstadt sein jüdisches Religionslehrerexamen. 1943 wanderte er in die Schweiz aus. Er promovierte 1950 über »Den Traum im Alten Testament«, wurde Dozent für jüdische Religionsgeschichte, erhielt 1956 den »Leo-Baeck-Preis« und 1976 die »Buber-Rosenzweig-Medaille«. Er schrieb über die »Kultsymbolik im Alten Testament und im nachbiblischen Judentum« und war Mitherausgeber des 1964 erschienenen Buches »Judenhaß - Schuld der Christen?«

Auf den seit Anfang der 90er Jahre im Umlauf befindlichen 200-DM-Scheinen sieht man das Porträt von **Paul Ehrlich.** Er war einer der bedeutendsten Mediziner, die jemals in Deutschland gewirkt haben und entstammte einer jüdischen Familie. Er wurde 1854 im schlesischen Strehlen geboren und war Schüler des (nichtjüdischen) Wohltäters der Menschheit, Robert Koch. Ehrlich arbeitete vor allem als bahnbrechender Serologe. Er führte mit »Salvarsan« das erste wirksame Heilmittel gegen die Syphilis ein. Er fand die Diazosereaktion, war Mitbegründer der Chemotherapie und stand der Immunitätslehre Pate. Mit der Begründung, er sei einer der genialsten Wissenschaftler Deutschlands, wurde ihm 1908 im Deutschen Reich der Titel »Exzellenz« verliehen; im selben Jahr wurde das Genie mit dem Nobelpreis ausgezeichnet. Paul Ehrlich starb 1915 in Bad Homburg v.d.H.

Physik-Nobelpreisträger **Albert Einstein** (geboren 1879 in Ulm, gestorben 1955 in Princeton/USA) war »bewußter Jude und aktiver Zionist« (»Lexikon des Judentums«). Man bot ihm 1952 das Amt des israelischen Staatspräsidenten an, was er jedoch ablehnte. Daß ihm in Deutschland viel Verehrung widerfährt (seine Büste wurde sogar 1990 in der Ruhmeshalle »Walhalla« bei Regensburg aufgestellt), erscheint erstaunlich, forderte er doch schon vor Ausbruch des Zweiten Weltkrieges US-Präsident Roosevelt zum Bau einer gegen Deutschland gerichteten Atombombe auf. Einstein empfand »Haß gegen die Deutschen, der ihn seit seiner Schulzeit (!) erfüllte«, schrieb der Publizist Michael Braun 1979. Nach dem Zweiten Weltkrieg erklärte er, er empfinde »keine Freundschaft zu irgendeinem Deutschen«. Bereits vor 1914 hatte er seine deutsche Staatsbürgerschaft abgelegt und erst nach lukrativer Berufung an eine deutsche Universität wieder angenommen. 1933 diagnostizierte er in Deutschland einen »Zustand psychischer Erkrankung der Massen«. 1944 schrieb Einstein: »Die Deutschen als ganzes Volk sind für die Massenmorde verantwortlich und müssen als Volk bestraft werden.« Er bekundete: »Ich fühle eine unwiderstehliche Aversion dagegen, an irgendeiner Sache beteiligt zu sein, die ein Stück des deutschen öffentlichen Lebens verkörpert, einfach aus Reinlichkeitsbedürfnis.« Bundespräsident Heuss erhielt von Einstein am 10. Januar 1951 den Bescheid, daß »ein sich selbst respektierender Jude nicht wünschen kann, irgendwie mit einer offiziellen deutschen Institution verbunden zu sein«. In der 1974 erschienenen Einstein-Biographie des britischen Historikers Ronald W. Clark ist nachzulesen, daß der Physik-Nobelpreisträger sogar drei »Bomben-Briefe« an Roosevelt richtete und daß er sich direkt am Atombombenbau beteiligte. Wem Einstein die Bomben, die Hiroschima und Nagasaki trafen, eigentlich zugedacht hatte, ist unzweifelhaft. Denn er war, so Clark, »von einem Deutschenhaß besessen, der paranoide (also krankhafte) Züge trug«. Einstein war 1914 in die Dienste des Kaiser-Wilhelm-Instituts Berlin getreten. Schon 1932 verließ er Deutschland. 1941 erwarb er die US-amerikanische Staatsbürgerschaft. Zur Nachricht, daß seine Büste in die »Walhalla« kommen sollte, feixte der in New York erscheinende jüdische »Aufbau«: »Albert Einstein in Walhalla! Kann eine solche Meldung vier Monate vor dem 1. April stimmen?«

Der Musikwissenschaftler **Alfred Einstein** (geboren 1880 in München, gestorben 1952 in El Cerrito/Kalifornien) war ein Vetter von Albert Einstein und Schüler von Sandberger und Beer-Walbrunn an der Universität München. Von 1918 bis 1933 redigierte er die »Zeitschrift für Musikwissenschaft«. Auch wirkte er zur Weimarer Zeit als Musikkritiker u.a. des »Berliner Tageblattes«, als Korrespondent der »New York Times«, Herausgeber von »Riemanns Musiklexikon« und Mitarbeiter der Encyclopaedia Judaica. 1933 verließ er Deutschland. Über England und Italien ging er 1939 nach Amerika. Er lehrte dort am Smith College, Northampton. Seine aufwendigste Arbeit war die Neuherausgabe des Köchelverzeichnisses der Werke W.A. Mozarts.

Der Literat **Carl Einstein** (geboren 1885 in Neuwies, Selbstmord 1940 bei Pau in Frankreich) wird »Wegbereiter surrealistischer Prosa« und »Bahnbrecher des Kubismus« genannt. Sein Vater war Direktor am Israelitischen Landesstift Karlsruhe. Carl Einstein wandte sich der radikalen Linken zu, wurde für eine Schmähung Jesu Christi in seinem Buch »Die schlimme Botschaft« zu einer Geldstrafe verurteilt und wirkte 1918 als roter Soldatensowjet in Brüssel. Er gehörte zum »Dada«-Kreis. Er ging 1928 nach Frankreich. Im Spanischen Bürgerkrieg stand er auf der Seite der Roten, wobei »der spanische libertäre und undogmatische Anarchismus ihn angezogen hatte« (Lustiger, »Schalom Libertad - Juden im Spanischen Bürgerkrieg«). Nach Ende des Bürgerkrieges tauchte er wieder in Frankreich auf und wurde dort in einem Lager der Franzosen interniert. Die letzten Wochen seines Lebens hielt er sich in einem Kloster versteckt. Dann öffnete er sich die Pulsadern und stürzte sich in einen Fluß.

Nach Besuch der jüdischen Volkshochschule »Jeschiwa« in Frankfurt am Main emigrierte **Saul Eisenberg** (geboren 1921 in München) nach Schanghai, wohin über 20 000 Juden aus Hitlers Machtbereich auswanderten. Er stieg zu einem der einflußreichsten Juden Ostasiens auf und machte ein Vermögen durch Belieferung der US-Besatzungstruppen in Japan mit Haushaltswaren. Später war er in der Metallbranche tätig. Er gründete Fabriken im südlichen Korea und stand jahrelang der jüdischen Gemeinde Tokios vor. 1968 verlegte er den Firmensitz nach Israel, wo er sich Shaul Nehemiah Eisenberg nannte. Die wichtigste Niederlassung seiner besonders in Ländern der Dritten Welt aktiven »Eisenberg Export Co.« eröffnete er in Panama.

Ungeachtet der Tatsache, daß er über Jahrzehnte der wichtigste Propagandaregisseur Stalins war, wird **Sergej Michailowitsch Eisenstein** von vielen deutschen Medien hochgelobt. Er kam 1898 in Riga als Sohn eines aus Deutschland stammenden Juden und einer nichtjüdischen Mutter zur Welt. 1918 meldete er sich als Bolschewist zur Roten Armee. Dann wirkte er als Regieassistent beim ebenfalls jüdischen Spielleiter Meyerhold. 1925 entstand Eisensteins bekanntester Film, »Panzerkreuzer Potemkin«. Anfang der 30er Jahre hielt er sich in den USA auf, finanziert von Paramount-Chef Jesse Lasky. Dort schloß er auch Freundschaft mit Chaplin. Auf Geheiß Stalins wandte sich Eisenstein russisch-nationalen Themen zu. Filme wie »Alexander Newski« (1938) oder »Iwan der Schreckliche« (1944) wirken derart chauvinistisch, daß die zeitgleichen Historienfilme im nationalsozialistischen Deutschland wie z.B. die Streifen über Friedrich den Großen oder »Kolberg« zurückhaltend anmuten. 1940, beim Besuch von Reichsaußenminister von Ribbentrop in Moskau, inszenierte Eisenstein mit großem Pomp Wagners »Walküre« zu Ehren des nationalsozialistischen Gastes aus Deutschland. Der »talentierteste und größte Filmregisseur« (Chaplin) starb 1948 in Moskau.

Der jüdische Jurist und Politiker **Arnold Eisler** erblickte 1897 im mährischen Holleschau das Licht der Welt. Er wurde bei den Sozialdemokraten in Brünn und in Graz aktiv und stand im November 1918 an der Spitze der Landesverwaltung der Steiermark. 1919 wirkte er als Unterstaatssekretär im Kabinett Renner. 1919/20 gehörte er der Konstituierenden Nationalversammlung in Wien an, die einmütig die Schaffung Großdeutschlands unter Einschluß Österreichs und der Sudetengebiete forderte. Von 1920 bis 1934 war Eisler Mitglied des österreichischen Nationalrates und des Verfassungsgerichtshofes. 1938 ging er in die Emigration, die ihn schließlich nach Amerika führte. Mit Edgar Russ gründete er in Havanna auf Kuba eine »Liga Austriaca«. Er starb 1947 in New York.

Die kommunistische Journalistin **Brunhilde Eisler** kam 1912 in Tarnopol/Podolien als Brunhilde Rothstein zur Welt. In Weimarer Zeit wirkte sie an der Herausgabe der Schriften von Marx und Engels mit. In der amerikanischen Emigration heiratete sie den kommunistisch-jüdischen Funktionär Gerhart Eisler. Im Zeichen des neuen amerikanischen Antikommunismus wurde das Paar 1947 verhaftet, konnte aber 1948 in die DDR ausreisen. Dort wurde die Eisler leitende Kulturredakteurin der SED-Blätter »Friedenspost« und »Wochenpost«. Ab 1955 fungierte sie als stellvertretende Chefredakteurin des DDR-Organs »Das Magazin«. 1961 wurde sie Vizevorsitzende des Verbandes der Deutschen Presse der DDR. Außerdem war sie Mitglied des Zentralvorstandes des Journalistenverbandes. U.a. erhielt sie den »Vaterländischen Verdienstorden«.

Gerhart Eisler wurde 1897 in Leipzig geboren und starb 1968 in Eriwan (Sowjetrepublik Armenien). Sein Vater war Philosophie-Professor in Wien. Eisler stieg ins Politbüro der KPD auf und wurde Führungsmann in Stalins Komintern. Ab 1935 gehörte er der KPD-Auslandsleitung in Prag und Paris an. In der amerikanischen Emigration heiratete er die kommunistisch-jüdische Propagandistin Brunhilde Rothstein. 1947 wurde er in den USA wegen Paßfälschung zu vier Jahren Haft verurteilt, gegen 20 000 Dollar Kaution aber freigelassen. 1948 tauchte er in der Sowjetzone auf. Er wurde Leiter des »Amtes für Information« der DDR, Vorsitzender des Staatlichen Rundfunkkomitees und (1967) Mitglied des SED-Zentralkomitees. Sein Bruder Hanns Eisler komponierte die DDR-Hymne »Auferstanden aus Ruinen«, seine Schwester Elfriede Eisler alias Ruth Fischer war Führerin der KPD in den 20er Jahren.

Hanns Eisler, Bruder der KPD-Führerin Elfriede Eisler alias Ruth Fischer und des Komintern-Agenten sowie DDR-Rundfunkchefs Gerhart Eisler, kam 1898 in Leipzig zur Welt. Er ließ sich von Arnold Schönberg in Musik unterweisen und machte zur Weimarer Zeit Propaganda für die stalinistische KPD, der er 1926 beitrat. In der Moskauer Emigration wurde er 1935 Vorsitzender des »Internationalen Musikbüros«. Im Spanischen Bürgerkrieg organisierte er Konzerte für Rotbrigadisten. Von 1938 bis 1948 hielt er sich in den USA auf, wo er an der Emigrantenschule »New School for Social Research«, der von Frankfurt am Main nach Amerika übergesiedelten »Marxburg«, lehrte. In Hollywood wurde er Chaplins Freund. Er komponierte die Musik zu Chaplins Film »Der Heiratsschwindler von Paris« (USA 1947). Wegen seiner stalinistischen Aktivitäten wurde Eisler aus den USA ausgewiesen. Über Wien kam er 1950 nach Ostberlin. Dort wurde er u.a. Präsident des DDR-Musikrates. Eisler schuf zum Beispiel das »Einheitsfrontlied«, die »Zuchthauskantate« und die Melodie der DDR-»National«hymne »Auferstanden aus Ruinen«, die viel Ähnlichkeit mit Kreuders »Good bye Jonny« hat.

Am 21. Februar 1919 wurde **Kurt Eisner** in München von dem fanatisch deutsch-patriotischen Anton Graf Arco Valley er-

schossen. Der Todesschütze war nach jüdischem Verständnis selbst Jude: Arcos Mutter entstammte der jüdischen Bankiersfamilie Oppenheimer. Nach der NS-Machtübernahme trug sich der Graf mit der Absicht, auch Hitler zu beseitigen. 1945 kam er bei einem mysteriösen Autounfall (Zusammenstoß mit US-Besatzern) ums Leben. Kurt Eisner war 1867 in Berlin als Kaufmannssohn zur Welt gekommen. Daß er in Wahrheit Kosmanowsky oder ähnlich hieß, ist nicht beweiskräftig belegt. Zuerst wirkte er im »Nationalsozialen Verein« des rechtsliberalen Vorkämpfers eines deutschbeherrschten Mitteleuropas, Friedrich Naumann. Dann gehörte er bis zum Parteiausschluß 1905 der SPD an. Als Führer der semikommunistischen USPD in München rief Eisner am 7. November 1918 ohne demokratische Legitimation die Republik Bayern aus und setzte sich an die Spitze der Regierung. Bei den Wahlen kurz darauf erlitt seine USPD mit nur drei Mandaten eine vernichtende Abfuhr durch das Volk. Angeblich um durch Eingeständnis deutscher Schuld Milde der Sieger zu erreichen, fälschte Eisner mit seinem ebenfalls jüdischen Sekretär Felix Fechenbach Dokumente, die den Eindruck deutscher Verantwortung für den Kriegsausbruch 1914 verstärkten. Das war Wasser auf die Mühlen des antideutschen Hasses im alliierten Lager. Bei einem Prozeß in den 20er Jahren erklärten zwölf ausländische Koryphäen der Geschichts- und Dokumentenforschung das Eisner-Fechenbach-Papier für eine Fälschung. Professor Edouard Dujardin von der Pariser Sorbonne sagte: »Es ist eine der offenkundigsten und verbrecherischsten Fälschungen, welche die Geschichte kennt.«

Als Tochter eines jüdischen Kleiderhändlers kam die Publizistin **Lotte Henriette Eisner** 1896 in Berlin zur Welt. Zur Weimarer Zeit wirkte sie als Filmkritikerin.

1933 ging sie nach Paris, wo sie ein umfangreiches Filmarchiv anlegte. 1940 tauchte sie unter dem Namen Louise Escoffier unter und soll sich als Köchin betätigt haben. Nach dem Krieg leitete sie die »Cinémathèque Française«, und sie war führende Mitarbeiterin des Staatlichen Filmarchivs der DDR. Besonders bemüht war sie um den sogenannten »jungen deutschen Film«. Ihr Buch »Die dämonische Leinwand« erschien 1975. Sie starb 1983 in Gorches/Frankreich. Das SED-Zentralorgan »Neues Deutschland« rief ihr nach, sie sei eine »mit Brecht und Einstein eng verbundene, hochgeachtete bolschewistische Jüdin« gewesen.

Der Psychiater **Leo Shura Eitinger**, geboren 1912 in Lomnitz/Mähren, beschäftigte sich als erster mit dem »survivor syndrome« bei Juden. Es geht hierbei um die These, daß bei KZ-Überlebenden noch Jahre und Jahrzehnte später Psycho-Krankheiten wegen der Erlebnisse in Haft auftreten können, daß sogar Kinder und Kindeskinder der Opfer betroffen seien. Daraus wird seit einiger Zeit eine Wiedergutmachungspflicht der Deutschen auch gegenüber nach 1945 geborenen Juden geschlußfolgert. Eitinger selbst ist Auschwitz-Überlebender. Er wirkte nach 1945 als Psychiater in Norwegen. Er brachte es zum Kommandeur des norwegischen Ordens vom Heiligen Olav und zum Ehrenprofessor der Universität Haifa. 1984 gab er das Buch »The Antisemitism in Our Time. A Threat Against Us All« heraus.

Zum engsten Kreis um Sigmund Freud gehörte der Psychiater **Max Eitington**. Er kam 1881 im weißrussischen Mohilev zur Welt. Über Galizien gelangte sein Vater, der Kaufmann Chaim Eitington, 1893 mit der Familie nach Deutschland. Mit seinem Kollegen Karl Abraham gründete Max Eitington 1920 die Psychoanalytische Poliklinik und Lehranstalt in Berlin, deren Leitung er 1924 übernahm. Von 1926 bis 1933 war er - in der Nachfolge Abrahams - Präsident der Internationalen Psychoanalytischen Vereinigung. 1933 ging Eitington nach Palästina. Er gründete das Psychoanalytische Institut an der Hebräischen Universität Jerusalem und starb dort 1943.

Seit Jahrzehnten ist **Stuart E. Eizenstat**, geboren 1943 in Chicago, enger Mitarbeiter US-amerikanischer Präsidenten aus den Reihen der Demokratischen Partei. Er gehörte schon zum »brain trust« von Lyndon B. Johnson, organisierte Hubert Humphreys (gescheiterte) Präsidentschaftskampagne und agierte am einflußreichsten als politischer Direktor im Stab des Präsidenten James Earl (»Jimmy«) Carter (1977 bis 1981). Eizenstat war an der Universität Harvard zum Juristen ausgebildet worden und in die bekannte Kanzlei Powell, Goldstein, Frazer & Murphy eingetreten. Er erhielt Orden mehrerer jüdischer Organisationen, darunter der Logenvereinigung B'nai B'rith. Gegenüber dem »Who's Who in World Jewry 1987« äußerte er, besonders stolz auf seine Aktivitäten für die Sowjetjuden und auf seine direkte Rolle bei der Übersiedlung Tausender iranischer Juden in die USA zu sein.

Bei der »Vossischen Zeitung« handelte es sich um das älteste Tageblatt Berlins. Sie wurde 1914 vom jüdischen Ullstein-Verlag übernommen und unter der Leitung des jüdischen Publizisten Georg Bernhard »als Organ des gebildeten linksstehenden Bürgertums weitergeführt« (Kosch, »Biographisches Staatshandbuch«). Letzter Chefredakteur der »Vossischen« zur Weimarer Zeit war **Julius Elbau** (geboren 1881 in Stuttgart), der eigentlich Mandelbaum hieß. Er fing 1914 bei Ullstein an und leitete die »Vossische Zeitung« von 1930 bis 1933. In der amerikanischen Emigration schrieb er vor allem für die »New York Staats-Zeitung und Herold.« Er starb 1965 in Croton am Hudson/New York.

Der Historiker **Ismar Elbogen,** 1874 in Schildberg/Posen zur Welt gekommen, wirkte bis 1934 als Mitherausgeber der Encyclopaedia Judaica, bis 1937 als Herausgeber der von ihm gegründeten »Zeitschrift für die Geschichte der Juden in Deutschland«, bis 1938 als Professor an der Hochschule für die Wissenschaft des Judentums in Berlin und von 1933 bis 1938 als Vorsitzender der Schulabteilung der Reichsvertretung der Juden in Deutschland. Promoviert hatte er 1898 in Breslau. Zunächst war er Dozent am Collegio Rabbinico Italiano in Florenz. In der amerikanischen Emigration ab 1938 lehrte er am Hebrew Union College, New York. Er schrieb »Die Religionsanschauungen der Pharisäer« (1904) und »Die Geschichte der Juden in Deutschland« (1935). Er starb 1943 in New York.

Norbert Elias, »einer der bedeutendsten Soziologen der Gegenwart«, wie es häufig heißt, schrieb von einer deutschen »Barbarisierung« die erst mit der linken 1968er Bewegung abgeschwächt worden sei. Der Experte für Barbarei war 1897 in Breslau zur Welt gekommen und hatte sich der jüdischen Bewegung »Blau-Weiß« verschrieben. Von 1930 bis 1933 war er Assistent des ebenfalls jüdischen Soziologen Karl Mannheim in Frankfurt am Main. 1933 ging Elias nach Frankreich, 1938 nach England. In der Nachkriegszeit lehrte er u.a. an der Universität von Leicester und in Ghana, in Amsterdam, Konstanz und Bochum. 1977 bekam er den Adorno-Preis der Stadt Frankfurt/M. 1990 starb er in Amsterdam.

Bildhauer **Benno Elkan** stammte aus Dortmund, wo er 1877 geboren wurde. Dort schuf er auch sein erstes Monument, ein Denkmal für den Herausgeber des »General-Anzeigers«, Karl Richter. In Weimarer Zeit gestaltete Elkan im Auftrage patriotischer deutscher Kreise u.a. das Rheinland-Befreiungs-Denkmal (zum Abzug der alliierten Besatzer) und das Gefallenen-Ehrenmal in Frankfurt am Main. 1933 ging er nach London. Er nahm die britische Staatsbürgerschaft an. Von ihm stammt der kolossale jüdische Leuchter vor der israelischen Knesset, die »Große Menorah«. Er porträtierte u.a. Churchill, John D. Rockefeller, James de Rothschild und Chaim Weizmann. Carl Einstein war sein Schwager, Edwin Bootz von den »Comedian Harmonists« war sein Schwiegersohn. Elkan starb 1960 in London.

Weil er Carl Goerdeler nach dem Attentat des 20. Juli 1944 in seinem Haus in Berlin-Dahlem verborgen hatte, wurde **Fritz Elsas** ins KZ Sachsenhausen gebracht. Dort erschossen ihn am 4. Januar 1945 Wachmänner. Er stammte aus Stuttgart-Cannstadt (Jahrgang 1890), war promovierter Jurist, gehörte der DDP an, wurde 1919 Stadtrechtsrat von Stuttgart, 1926 Vizepräsident des Deutschen Städtetages und 1931 Bürgermeister von Berlin, was er bis zur Amtsenthebung 1935 blieb. Anschließend war er als Rechtsanwalt, u.a. in Auswanderungsangelegenheiten, tätig.

Heinz Elsberg, geboren 1919 in Berlin, war Sohn eines Ullstein-Journalisten. Über sein Schicksal zur NS-Zeit berichtete das New Yorker jüdische Blatt »Aufbau«: »Er konnte nach dem Abitur 1937 als ›Nichtarier‹ nicht das von ihm beabsichtigte Studium der Volkswirtschaftslehre aufnehmen. Er arbeitete vorübergehend im Büro von Probst Grüber mit, der sich der nichtarischen Christen annahm, und kam später zum Musikverlag Bote & Bock.« In der Nachkriegszeit wirkte Elsberg u.a. als Berlin-Korrespondent des »Aufbau« und als Chefredakteur der »Mahnung«, des Organs des »Bundes der Verfolgten des Naziregimes« (nicht zu verwechseln mit der kommunistisch dominierten »Vereinigung der Verfolgten des Naziregimes«). Er starb 1986 in Berlin.

Der führende kommunistische Propagandist **Alexander Emel**, 1897 bei Minsk als Moses Lurje zur Welt gekommen, schloß sich 1921 der KPD an. Ab 1929 war er stellvertretender Leiter der KP-Agitpropabteilung. Er lehrte an diversen Parteischulen der deutschen Stalinisten. 1933 ging er in die Sowjetunion, wo er als Dozent an der Moskauer Universität wirkte. 1936 war er Mitangeklagter Sinowjews und Kamenews im großen Schauprozeß jenes Jahres. Man beschuldigte ihn, sowohl einen von Ruth Fischer und Arkadij Maslow übermittelten Auftrag Trotzkis zur Ermordung Stalins als auch über den Agenten Weitz einen Hitler-Auftrag zur Liquidierung des Führers der Sowjetunion angenommen zu haben. Nach entsprechenden Verhören war Emel-Lurje »geständig«. Er wurde am 24. August 1936 erschossen.

Was hätte **Eduard Engel** heute alles anzuprangern! Dem deutsch-jüdischen Literaturgeschichtler (geboren 1851 im pommerschen Stolp) ging es um ein sauberes und möglichst fremdwortfreies Deutsch. Er war von 1871 bis 1919 als Stenograph im Deutschen Reichstag tätig und brachte 1906 seine »Geschichte der deutschen Literatur« in zwei Bänden heraus. 1911 veröffentlichte er seine »Deutsche Stilkunst« (bis 1931 einunddreißig Auflagen) und 1918 sein vorzügliches Werk »Gutes Deutsch«, das 1933 in fünfter Auflage erschien. Sehr beherzigenswert ist auch Engels Ausarbeitung »Entwelschung, ein Verdeutschungswörterbuch« von 1929, das 1955, von Professor Makkensen überarbeitet, neu erschien. Engel verstarb 1938 in Bronim bei Potsdam.

Jüdisch war auch der bekannte Theaterkritiker **Fritz Engel** aus Breslau (Jahrgang 1867). Als Schriftsteller trat er mit Werken wie »Draußen ist Krieg« und Bühnenführern hervor. Im »Reichshandbuch der deutschen Gesellschaft« (Berlin 1930) heißt es über ihn: »Er ist Mitglied des Obersten Ehrengerichts Berlin im Reichsverband der Deutschen Presse; Vorsitzender der Kleiststiftung; stellvertretender Vorsitzender der Notgemeinschaft des Deutschen Schrifttums; 2. Vorsitzender des Verbandes der Berliner Theaterkritiker; Gutachter des Berliner Polizeipräsidiums; Mitglied der Film-Oberprüfstelle Berlin und der Oberprüfstelle in Sachen Schund und Schmutz in Leipzig; Ehrenmitglied des Vereins Berliner Journalisten und Mitglied des Vereins Berliner Presse.« Der von ihm initiierten Kleist-Stiftung stand Engel bis zu seinem Tode (Berlin 1935) vor. Über zehn Prozent der von ihr mit Preisen geförderten jungen Dichter waren Juden.

Der Schriftsteller **Georg Engel** (geboren 1866 in Greifswald, gestorben 1931 in Berlin) erreichte mit seinen historischen Romanen wie zum Beispiel über Eulenspiegel oder den Seeräuber Störtebeker, vor allem aber mit zum Teil derben Komödien (»Der Ausflug ins Sittliche«, »Der scharfe Junker« usw.) hohe Auflagen. Er brachte es zum Präsidenten des Reichsverbandes des deutschen Schrifttums und zum Ehrenvorsitzenden des Verbandes deutscher Erzähler.

Paul Eppstein wurde 1901 in Mannheim geboren. Dort wirkte er ab 1926 als Dozent an der Handelshochschule. Von 1934 bis 1938 war er Vorsitzender des Reichsausschusses der jüdischen Jugendverbände und gehörte zur Reichsvertretung der deutschen Juden. Bei Tetzlaff (»2000 Kurzbiographien bedeutender deutscher Juden«) heißt es: »In diesen zentralen Gremien übernahm er leitende Funktionen. So wurden ihm schwierige Verhandlungen mit der Gestapo übertragen. 1940 wurde er verhaftet, 1943 in Theresienstadt zum Judenältesten ernannt. Im Herbst 1944 wurde er von der Gestapo erschossen. Seine Frau wurde mit dem letzten

Transport in das Todeslager Auschwitz geschickt.«

Das berühmteste Werk des Bildhauers **Jacob Epstein** befindet sich an der Kathedrale von Coventry. Man sieht, wie der Teufel (als Sinnbild für die Deutschen) von Sankt Michael (der für die Alliierten steht) vernichtet wird. Der Koloß entstand 1958. Epstein war 1880 in New York zur Welt gekommen. Er entsproß einer aus Russisch-Polen zugewanderten Familie. Ab 1904 hielt er sich in England auf. Er schuf Büsten u.a. von Churchill, Einstein und Weizmann. 1954 wurde er von der britischen Krone geadelt. Sir Jacob verschied 1959 in London.

Der jüdische Chronist des Partisanenkampfes gegen die Deutschen im Zweiten Weltkrieg, Arno Lustiger, hat folgende »Erfolgsbilanz« der Partisaneneinsätze in Paris veröffentlicht: »31 Zugentgleisungen vorgenommen, 11 Verräter exekutiert, 40 führende Nazibeamte und Offiziere exekutiert, 29 deutsche Hotels (= Quartiere) mit Zeitbomben angegriffen, 33 Hotels und Restaurants mit Granaten angegriffen, 7 Wehrmachtskasernen mit Granaten angegriffen.« Führer der Partisanen in der Region Paris war **Joseph Epstein**, der sich als Rotbrigadist in Spanien »Hauptmann André« und als Résistance-Führer »Colonel Gilles« nannte. Er war 1911 im polnischen Zamosc zur Welt gekommen. Nach Ende des Spanischen Bürgerkrieges ging er nach Frankreich, wo er sich mit einer Gruppe von 150 jüdischen Soldaten bei der Fremdenlegion verdingte. Aus deutscher Gefangenschaft konnte er im November 1940 entweichen. 1942 wurde er Résistance-Chef im Raum Paris. 1944 erfolgte seine Festnahme und Erschießung auf dem Mont Valérien. Posthum wurde er zum Ritter der Französischen Ehrenlegion geschlagen.

»Unter den gerechtdenkenden jüdischen Persönlichkeiten Amerikas ist auch Professor **Julius Epstein** zu nennen«, schrieb die »Deutsche National-Zeitung« 1995 in ihrer Serie »Versöhnung statt Haß«. Epstein kam 1901 in Wien zur Welt und wurde dort journalistisch tätig. 1933 brachte er die Anti-NS-Streitschrift »Weltgericht über den Judenhaß« heraus. 1939 ging er in die USA, wo er im Krieg für die US-Propaganda (»Voice of America«) wirkte. Ab 1963 arbeitete er am Hoover-Institut, ab 1965 lehrte er Internationale Politik an der Lincoln-Universität in San Franzisko. Er starb 1975 in Palo Alto/Kalifornien. Als erster war er in den USA der antideutschen Lüge entgegengetreten, die Wehrmacht habe die Tausenden von polnischen Offizieren bei Katyn ermordet. Auf sein Betreiben wurde der amerikanische Senatsausschuß gebildet, der Stalins Schuld am Massaker dokumentierte. Epstein setzte sich in den 50er und 60er Jahren dafür ein, den vollen Umfang des Massenunrechts an den Ost- und Sudetendeutschen aufzuklären. Er forderte energisch die Freigabe aller noch in den USA geheimgehaltenen Unterlagen. Er hatte auch keine Scheu, besonders »heiße Eisen« anzufassen: In der »New York Herald Tribune« schrieb er, rund anderthalb Millionen Morde an polnischen Juden seien auf Stalins Konto gegangen. Das mindere in keiner Weise Hitlers Schuld, doch, so Epstein: »Um der Gerechtigkeit und historischen Richtigkeit willen sollten wir Stalins Opfer - das bezieht sich nicht nur auf die jüdischen - nicht vergessen.« In seiner letzten Publikation (»Operation Keelhaul«, New York 1973) dokumentierte Professor Epstein das Verbrechen der Westmächte an Millionen Osteuropäern nach 1945. Sie wurden an Stalin und damit in den Archipel Gulag ausgeliefert.

Bis 1939 hieß er noch Erik Homburger, dann nannte sich dieser Psychoanalytiker **Erik H. Erikson**. Er kam 1902 in Frankfurt am Main zur Welt. Seine Mutter und sein Stiefvater, der Arzt Homburger, waren Juden. In Wien lernte Homburger-Erikson

Freuds Tochter Anna kennen. Der Begründer der Psychoanalyse wurde für ihn zu einem Übervater. 1933 ging Homburger über Dänemark nach Amerika. Dort lehrte er an den Universitäten Berkeley (ab 1951) und Harvard (ab 1960). Erikson, in dem Professor Klaus Mehnert »Identitätsverwirrungen gebündelt« sah, versuchte, Geschichte, Politik und Kultur über die Psychoanalyse zu erfassen und zu erklären. Er legte sogar Martin Luther auf die Couch (»Young Man Luther. A Study in Psychoanalysis and History«, New York 1958). Der Soziologe Kai Theodor Erikson ist sein Sohn.

Der Neurophysiologe jüdischer Herkunft **Joseph Erlanger**, geboren 1874 in San Franzisko, lehrte ab 1906 an der Universität Wisconsin und ab 1910 an der Washington-Universität, Saint Louis. Er entdeckte mit H.S. Gasser unter Verwendung eines Kathodenstrahloszillographen unterschiedliche Funktionen einzelner Nervenfasern. Gasser und er wurden dafür im Jahre 1944 mit dem Nobelpreis für Medizin oder Physiologie ausgezeichnet. Erlanger starb 1965 in Saint Louis.

Knapp 19jährig kam 1914 ein aus dem ukrainischen Oratowo stammender glühender Zionist namens Schkolnik nach Palästina. Dort nannte er sich **Levi Eschkol**, was Pampelmuse heißt, wurde Mitbegründer der »Jüdischen Legion«, der zionistischen Gewerkschaftsbewegung »Histradut« und der israelischen Sozialistenpartei »Mapai«. Nach 1933 war er einer der Cheforganisatoren der jüdischen Emigration aus Deutschland nach Palästina, was auch im Sinne Hitlers war, der möglichst viele Juden seines Machtbereichs schnell loswerden wollte. Ab 1939 gehörte Eschkol dem Oberkommando der zionistischen Untergrundarmee Haganah an. Als Schatzmeister der Jewish Agency von 1950 bis 1952 und als israelischer Finanzminister von 1952 bis 1963 war die Durchführung der Wiedergutmachungsab-

kommen mit den Deutschen eine seiner Hauptaufgaben. 1963 wurde er Ben-Gurions Nachfolger als Ministerpräsident, von diesem infolge heftiger persönlicher Abneigung als »perfid«, ja »unmoralisch« charakterisiert und als »erschreckender Lügner« bezeichnet. Eschkol trat 1969 zurück und starb noch im selben Jahr in Jerusalem.

Der Historiker **Helmut Eschwege**, Jahrgang 1912, emigrierte nach der NS-Machtübernahme nach Palästina. 1946 kam er in die Sowjetzone Deutschlands. Dort etablierte er sich als Dozent an der TU Dresden, Geschichtswissenschaftler und Schriftsteller. 1965 erschien in Ostberlin sein Buch über Judenverfolgung mit dem Titel »Kennzeichen J«, 1978 seine »Geschichte der deutschen Synagogen«. 1984 wurde ihm in der Bundesrepublik die Buber-Rosenzweig-Medaille verliehen. Eschwege übte Kritik an den SED-Gewaltigen, weil sie seines Erachtens den überragenden Anteil von Juden am Kampf gegen Hitler zu wenig gewürdigt hätten.

Auch der jüdische Physiker **Immanuel Estermann** gehörte zu den Vätern der Atombombe; er war ab 1943 am »Manhattan-Projekt« der USA maßgeblich beteiligt. Hinter diesem Namen verbarg sich die Entwicklung der später über Hiroschima und Nagasaki eingesetzten Bomben. Estermann war 1900 in Berlin als Sohn eines aus dem Baltikum nach Deutschland eingewanderten Literaten und einer Korsettmacherin zur Welt gekommen. Er war in jüdischen Organisationen (»Blau-Weiß« usw.) aktiv und hielt sich in den 20er Jahren einige Male in Palästina auf. Er wurde Assistent von Professor Otto Stern an der Universität Hamburg. 1933 emigrierte Estermann nach Amerika, wo er am Carnegie-Institut in Pittsburgh wirkte. Ab 1951 war er am Office of Naval Research in London beschäftigt, dessen Direktor er 1959 wurde. Er starb 1973 in Haifa/Israel.

Von dem jüdischen Komponisten **Edmund Eysler** (eigentlich Eisler), der 1874 in Wien das Licht der Welt erblickte, stammen sechzig Operetten und zwei Opern. Besonders erfolgreich war »Die goldene Meisterin« (1927). Im Repertoire hin und wieder zu hören ist »Die Schützenliesel« (1905), »Der unsterbliche Lump« (1910) oder »Der Frauenfresser« (1911). Recht populär wurde sein Wein-Lied »Bella Mammina«. Eysler blieb nach dem Österreich-Anschluß in Wien und starb 1949 in der österreichischen Hauptstadt.

F

Nach seiner Rückkehr aus der Schweizer Emigration Mitte der 50er Jahre wurde **Walter Fabian** maßgeblicher Mann der bundesdeutschen Publizistik. Er war Chefredakteur der »Gewerkschaftlichen Monatshefte«, stand von 1958 bis 1971 der Deutschen Journalistenunion vor, wirkte ab 1966 als Professor in Frankfurt am Main, übernahm 1969 den Vorsitz der Humanistischen Union, fungierte ab 1971 als Vorsitzender bzw. Ehrenpräsident der Deutsch-Polnischen Gesellschaft. Er wurde mit der bundesdeutschen Ossietzky-Medaille und dem »Orden für kulturelle Verdienste« des kommunistischen Polen ausgezeichnet. Fabian war 1902 in Berlin zur Welt gekommen. Er hatte sich zur Weimarer Zeit als linker Journalist betätigt und wurde wegen allzu radikalen Kurses 1921 aus der SPD ausgeschlossen. 1935 verließ er Deutschland. Er starb 1992 in Köln. 1983 hatte er gegen die nach seiner Meinung undemokratische Aberkennung des Doktortitels von Dr. jur. Stäglich,

eines sogenannten Holocaust-Leugners, protestiert.

Laurent Fabius kam 1946 in Paris als Sproß einer jüdischen Familie zur Welt. Nach steiler politischer Karriere bei den Sozialisten wurde er 1981 von Präsident Mitterrand zum Industrie- und Forschungsminister im Kabinett Mauroy ernannt und 1984 Ministerpräsident. Er wurde 1986 von Mitterrand wieder abberufen, nachdem seine Politik zu einem Stimmungstief der Sozialisten bei den Wählern geführt hatte. 1988 wurde Fabius zum Präsidenten der Kammer gewählt. Wegen politischer Verstrickung in den französischen Blut-Aids-Skandal stagnierte seine Karriere. 1995 gelang ihm die Rückkehr in eine Spitzenfunktion der französischen Politik: Er wurde Fraktionschef der Sozialisten in der Nationalversammlung. Angesichts der Wahlerfolge des rechten Front National rief er zum Boykott der Städte und Gemeinden mit Bürgermeistern aus der Bewegung Le Pens auf.

Der weltbekannte amerikanische Schauspieler **Douglas Fairbanks senior** (geboren 1883 in Denver, gestorben 1939 in Santa Monica, Kalifornien) hieß eigentlich Ullman. 1916 gab er sein Filmdebüt in einem Streifen mit dem doppeldeutigen Titel »American Aristocrazy«. 1919 gründete er mit Chaplin, Griffith und Mary Pickford (die er ein Jahr später heiratete) die Filmgesellschaft »United Artists«, die in den folgenden Jahrzehnten zu einem Branchenriesen wurde. In zahlreichen Filmen mimte Fairbanks den draufgängerischen Helden. 1926 besuchte er mit Mary Pickford Stalins Reich und spielte eine Gastrolle in einer sowjetischen Komödie. Im »rororo-Filmlexikon« heißt es: »Er wurde zu einem Leitbild der Jugend. Er und Mary Pickford regierten in ihrer berühmten Residenz ›Pickfair‹ das gesellschaftliche Leben Hollywoods.«

Sergej EISENSTEIN   Hanns EISLER   Kurt EISNER

Levi ESCHKOL   Douglas FAIRBANKS jr.   Bernhard FALK

Leo FALL   Dianne FEINSTEIN   Lion FEUCHTWANGER

Douglas Fairbanks jr., 1908 geborener Sohn aus erster Ehe seines gleichnamigen Vaters, gab 1923 in Hollywood sein Filmdebut. 1934 ging er nach England, um als Partner von Elisabeth Bergner in Alexander Cordas »Katharina die Große« mitzuwirken. Später arbeitete er hauptsächlich mit den Regisseuren Ophüls und Lubitsch zusammen. Ein Publikumserfolg war »Sindbad der Seefahrer« mit Fairbanks jr. als draufgängerischem Helden im Stile der Filme seines Vaters. In den 60er Jahren verlegte er sich auf die Produktion von Fernsehstücken.

Der 1887 in Warschau geborene und 1975 in Ann Arbor/US-Bundesstaat Michigan gestorbene Chemiker **Kasimir Fajans** war ein Schüler des berühmten Prof. Willstätter. Von 1917 bis 1936 wirkte Fajans als Professor an der Universität München; 1932 wurde er dort Instituts-Direktor. In der amerikanischen Emigration erhielt er einen Lehrauftrag der Universität Ann Arbor. Von Fajans stammt der »radioaktive Verschiebungssatz«. An der Entdeckung des Elementes Uranium X2 (Brevium) war er beteiligt. Sein Sohn ist der Medizinprofessor Stefan Stanislaus Fajans.

Als deutscher Patriot trat **Bernhard Falk** insbesondere nach 1918 hervor, u.a. indem er scharf gegen Fremdbesetzung deutscher Gebiete und gegen Separatismus Stellung bezog. Der Jurist und Politiker war 1867 in Bergheim/Erft zur Welt gekommen. Er avancierte zum Kölner Vorsitzenden der Nationalliberalen und wurde deren Stadtverordneter in der Domstadt (1908-1930). Im Ersten Weltkrieg diente er als Hauptmann an der Front; sein Sohn Alfred fiel 1917 als Offizier des Richthofen-Geschwaders. 1918 schloß sich Bernhard Falk der DDP, später der Deutschen Staatspartei an. Er war Mitglied der Weimarer Nationalversammlung und führte Ende der 20er Jahre die DDP-Abgeordneten im Preußischen Landtag als Fraktionschef. Mit einer staatlichen Ausnahmegenehmigung konnte er bis 1938 als Rechtsanwalt am Oberlandesgericht Köln wirken. 1939 emigrierte er nach Belgien. In einer SD-Liste hieß es über ihn: »Jude, Freimaurer, Emigrant«. Bernhard Falk starb 1944 in Brüssel.

Als »Inspektor Columbo«, der nur scheinbar trottelig, klein und häßlich, in Wahrheit jedoch allen überlegen ist, erlangte der jüdische Schauspieler **Peter Falk**, geboren 1927 in New York, Bekanntheit. Der Sohn einer Einwandererfamilie aus Deutschland, der als 3jähriger durch einen Tumor ein Auge verlor, besuchte die von jüdischen Hitler-Emigranten gegründete »New School for Social Research«, hatte 1956 sein Theater- und 1958 sein Filmdebüt. In den ersten Jahren als Mime wirkte er hauptsächlich in Krimis und Thrillern mit, in denen er den kleinen Gangster gab (»Sumpf unter den Füßen«, »Die blutige Nachkommenschaft«, »Der Killer mit dem Babygesicht«, »Murder Inc.«). In den 70er und 80er Jahren spielte er in 40 Fernsehfilmen den »Inspektor Columbo«.

Zahlreiche bekannte Operetten stammen von einem der erfolgreichsten Meister dieses Genres: **Leo Fall**. Er kam 1873 im mährischen Olmütz zur Welt, begann als Kapellmeister in Hamburg, Köln und Berlin und lebte ab 1906 in Wien. Er gilt neben Lehár und Oscar Straus als führender Vertreter der jungen Wiener Operette. Zu seinen bekanntesten Werken gehören: »Der liebe Augustin« (1905), »Der fidele Bauer« (1907), »Die Dollarprinzessin« (1907), »Rose von Stambul« (1916), »Madame Pompadour« (1922), »Die spanische Nachtigall« (1924). Fall starb 1925 in Wien. Sein Bruder Richard Fall (1882 - ca. 1943) war Komponist in Hollywood, hielt sich zur Kriegszeit in Südfrankreich auf und ist verschollen. Wahrscheinlich kam er in Auschwitz um.

Die erste selbständige TV-Regiearbeit von **Eberhard Fechner** (geboren 1926 in Liegnitz/Schlesien, gestorben 1992 in Hamburg) war 1966 die Gaunerkomödie »Selbstbedienung«. Danach setzte der Schauspieler, Theaterleiter und Regisseur zahlreiche Fernsehstücke zur NS-»Vergangenheitsbewältigung« in Szene. Je länger die Hitlerzeit zurücklag, desto heftiger wurde sein »Kampf gegen die Nazis«. Dabei hatte es mit dem Sproß einer außerehelichen Beziehung zwischen der Frau eines Hauptschullehrers und einem jüdischen Studenten in der NS-Ära vielversprechend angefangen: Nachdem Mutter und Sohn 1936 aus Schlesien nach Berlin umgezogen waren, absolvierte der junge Eberhard die Höhere Handelsschule, wurde Mitglied des Staats- und Domchores der Reichshauptstadt und begann nach der Mittleren Reife eine Lehre bei der Ufa, wobei die Mutter für den Filius sogar die Freistellung vom Arbeitsdienst erreichte. Erst im Januar 1945 kam Fechner zum Kriegseinsatz; drei Monate später war er US-Gefangener. 1948 gab er sein Bühnendebüt als Schauspieler am Deutschen Theater im Stück »Der Schatten«.

Der Wirtschaftswissenschaftler **Arthur Feiler** - 1879 in Breslau als Sohn eines Kaufmanns geboren - wirkte als Berater der deutschen Delegation bei den Konferenzen von Versailles und Genua nach dem Ersten Weltkrieg. 1932 wurde er Professor an der Universität Frankfurt am Main und an der Königsberger Handelshochschule. Er emigrierte nach Amerika, wo er an der New School for Social Research lehrte und 1942 in New York starb. Feiler gilt als Vordenker der Totalitarismus-Theorie. Er schrieb u.a. eine »Geschichte der Frankfurter Zeitung« (1906), »Ostpreußen hinter dem Korridor« (1922) und »Das Experiment des Bolschewismus« (1930).

In seinem 1970 erschienenen Buch »The Politics of Rescue. The Roosevelt Administration and the Jews« schildert der Historiker **Henry L. Feingold**, wie sich zahlreiche Länder gegen die Aufnahme von Juden aus Hitlers Machtbereich sperrten. Das wurde besonders deutlich bei der Konferenz von Evian (6. Juli 1938), als die Vertreter von 32 Staaten, einschließlich des Deutschen Reiches, über die Judenfrage debattierten. Die Zusammenkunft endete in einer Sackgasse, weil - so Feingold - kein einziges Land bereit gewesen sei, eine hinreichend große Zahl jüdischer Flüchtlinge aufzunehmen. Die Situation sei dadurch verschärft worden, daß Rumänien und Polen ihrerseits klarmachten, die Millionen Juden ihres eigenen Bereiches loswerden zu wollen. Feingold war 1931 in Ludwigshafen als Sohn zehn Jahre zuvor aus dem Polnischen eingewanderter Juden zur Welt gekommen. 1938 emigrierte die Familie nach Belgien, 1939 in die USA. Der Historiker lehrte u.a. am Baruch College und am Jewish Theological Seminare, New York. Er ist auch Verfasser des Buches »Zion in America« (New York 1974).

In Schlüsselstellungen der US-amerikanischen Politik ist **Dianne Feinstein** gelangt. Sie kam 1933 in San Franzisko als Tochter eines Leon Goldman und dessen Frau Betty geborene Rosenburg zur Welt. 1962 heiratete sie den gleichfalls jüdischen Bertram Feinstein. Seit Ende der 50er Jahre bekleidet sie wichtige kommunalpolitische Posten in ihrer Geburtsstadt. Anfang der 70er Jahre war sie Direktorin des dortigen »Multi-Culture Institutes«. 1978 wurde sie zur Bürgermeisterin von San Franzisko, einer der bedeutendsten US-Metropolen, gewählt. Sie vertritt den Staat Kalifornien im US-amerikanischen Senat.

Der Nationalökonom **Herbert Feis**, geboren 1893 in New York, gelangte in eine Schaltstelle der US-amerikanischen Politik. Er gehörte zum engsten Mitarbeiterstab der

Präsidenten Herbert Hoover, Franklin D. Roosevelt und Harry S. Truman. Auch war er führender Mitarbeiter des »Institute for Advanced Studies« in Princeton. 1922 heiratete Feis Ruth Stanley-Brown, die Enkelin des ehemaligen US-Präsidenten James A. Garfield.

1979 wurde der Hebraist und führende jüdische Religionswissenschaftler **Leon Aryeh Feldman** Gründungsrektor der Hochschule für jüdische Studien in Heidelberg, die nach acht Semestern den Magister verleiht und Rabbiner, Kantoren, Religionslehrer und Mitarbeiter jüdischer Gemeinden und Organisationen ausbildet. Feldman kam 1921 in Berlin zur Welt. Sein Vater war Rabbi Chaim Moses Feldmann-Postman aus der Ukraine. Der Junior besuchte bis 1939 (Abitur) die Adass Jisroel-Schule in Berlin und erwarb anschließend ein Diplom am »Hildesheimer Rabbiner-Seminar« in der Reichshauptstadt. Unmittelbar darauf emigrierte er. In den folgenden Jahren und Jahrzehnten avancierte der überzeugte Zionist zu einem der maßgeblichsten Gelehrten des Judentums in der Welt mit Professuren sowohl in den USA als auch in Israel.

Der Film- und Fernsehkomiker **Marty Feldman**, der - je nach Quelle - 1933, 1934 oder 1938 als Sproß jüdischer Einwanderer aus Kiew zur Welt kam und im Londoner East End heranwuchs, hatte infolge einer Schilddrüsenerkrankung stark hervorgetretene Augen, die sein »Markenzeichen« wurden. »Er spielt böse, tückische Kerle, die draufhaun und sich wohl fühlen, rebellisch kläffende Underdogs und impertinente Störenfriede«, schrieb der Publizist Fritz Rumler. Feldman nannte die jüdische Komikergruppe »Marx Brothers« als sein Vorbild und Jack the Ripper, Lucrezia Borgia und Peter Lorre als seine Idole. Daß er mit seiner »anarchischen, bizarren Destruktions-Wut« (Rumler) in Deutschland Erfolg hatte,

machte ihn nach eigenem Bekunden »ganz perplex«. Feldman starb 1982 in Mexiko-Stadt.

Die Händlerstochter **Fania Fenelon** kam 1922 in Paris zur Welt, wo sie 1983 auch starb. Zur Zeit der deutschen Besatzung Frankreichs zählte sie zu den bekanntesten Sängerinnen des Landes. Wegen ihrer Verwicklung in Aktivitäten der kommunistischen Untergrundbewegung wurde sie verhaftet und kam Anfang 1944 ins Frauenlager Auschwitz-Birkenau. Dort gehörte sie dem Mädchenorchester an. In der Nachkriegszeit war sie wieder als Chansonsängerin in Paris aktiv. 1966 siedelte sie mit ihrem schwarzen Freund nach Ost-Berlin um und stellte sich der DDR-Propaganda zur Verfügung. Einige Jahre später kehrte sie nach Frankreich zurück. Sie verfaßte das Buch »Das Mädchenorchester von Auschwitz«; Arthur Miller benutzte es als Sujet für ein TV-Stück.

Zu den Führern der Psychoanalytischen Internationale gehörte **Sandor Ferenczi**, der in Wahrheit Fränkel hieß. Er wurde 1873 in Miskolc/Ungarn geboren. Ab 1897 wirkte er als Psychiater in Budapest. Zehn Jahre später begann seine enge Zusammenarbeit mit Sigmund Freud, zu dessen engagiertestem Vorkämpfer Fränkel-Ferenczi wurde. 1910 war er Mitbegründer der »Internationalen Psychoanalytischen Vereinigung«. Er starb 1933 in Budapest.

Die Eltern des US-amerikanischen Warenhausmoguls **Eugene Ferkauf** waren aus Transsylvanien nach Amerika eingewandert. Ferkauf kam 1921 in New York--Brooklyn zur Welt. Er begann mit kleinen »Discount-Shops« und stieg zu einem der sechs erfolgreichsten Kaufleute der USA auf (neben Wannamaker, Woolworth, Penney, Sears Roebuck und Michael Cullen). Unter dem Firmennamen »E.J. Korvette Inc.« baute er eine Kette von Warenhäusern mit

Rabattangeboten auf, deren Prinzip weltweit nachgeahmt wurde.

Lion Jacob Arje Feuchtwanger aus orthodoxer jüdischer Familie kam 1884 in München zur Welt und starb 1958 in Pacific Palisades (Kalifornien). Er promovierte über Heinrich Heines stark judenfeindliches Werk »Rabbi von Bacherach«, verfaßte 1925 den Roman »Jud Süß«, der dem gleichnamigen NS-Film des Jahres 1940 als Vorlage diente, schrieb eine Abhandlung »Der jüdische Krieg« (1932), eine Josephus-Trilogie (1932-1945) und brachte mit Arnold Zweig 1933 die Schrift »Die Aufgabe des Judentums« zu Papier. Vor allem aber war er - der 1933 Deutschland verließ und über Frankreich, Sowjetrußland 1941 in die USA kam - ein bedingungsloser Sänger Stalins. Ende 1936 reiste Feuchtwanger auf Stalins Einladung in die Sowjetunion, um als »neutraler Beobachter« dem Schauprozeß gegen Radek und Genossen beizuwohnen. Stalin empfing Feuchtwanger in Privataudienz. Sein Buch »Moskau 1937 - Ein Reisebericht für meine Freunde« wurde in gewaltiger Auflage von der stalinistischen Propaganda in aller Welt verbreitet. Zu Stalins Sowjetunion könne er »von Herzen ja, ja, ja sagen«, bekundete Feuchtwanger in dem Buch. Der Diktator selbst wird als »liebenswürdig«, »ehrlich«, »bescheiden«, ja sogar als »gütig« charakterisiert. »Stalin ist wirklich Fleisch vom Fleisch des Volkes.« Das Schautribunal, dem er beigewohnt hatte, sei in jeder Hinsicht gerecht und »im Konversationston von gebildeten Männern« vonstatten gegangen. Die Todesurteile des Schautribunals fand Feuchtwanger »erfreulich eindeutig«. Stalins UdSSR sei ein »wahrer Turm von Babel, doch ein solcher, der nicht die Menschen dem Himmel, sondern den Himmel den Menschen näherbringen will«. In der »Prawda« lobte Feuchtwanger - von 1936 bis 1939 Herausgeber des stalinistischen Blattes »Das Wort« (Moskau) - die Sowjet-

verfassung als »demokratischste Verfassung der Welt«. Er solidarisierte sich auch mit den SED-Machthabern. Nach dem Arbeiteraufstand des 17. Juni 1953 nahm er von Ulbricht gerührt den »Nationalpreis I. Klasse« an; bald darauf ließ er sich die Ehrendoktorwürde der Ostberliner Universität verleihen. Kurz vor seinem Tod schickte Feuchtwanger der »Sowjetskaja Rossija« (Moskau) ein glühendes Bekenntnis zum KPdSU-Regime anläßlich des Neujahrsfestes 1959.

Ludwig Feuchtwanger (geboren 1885 in München, gestorben 1947 in Winchester/England), der Bruder des Literaten Lion Feuchtwanger und des Verlegers Martin Mosche Feuchtwanger, war ab 1913 als Rechtsanwalt in München tätig. 1915 wurde er Direktor des Verlages Duncker & Humblot (bis 1933). Von 1930 bis 1939 wirkte er als Herausgeber der Zeitungen des bayerischen israelitischen Gemeindezentrums und als Direktor der Israelitischen Kultusgemeinde München; von 1936 bis 1939 war er zudem Direktor des dortigen Jüdischen Lehrhauses. Dann emigrierte er nach England, wo er im Kriege als Dolmetscher für die Royal Air Force arbeitete. 1920 war er mit einem Kommentar zum Steuerfluchtgesetz hervorgetreten. Ein Sohn Ludwig Feuchtwangers ist der Historiker Edgar Joseph Feuchtwanger, der der britischen Royal Historical Society angehört.

Neben dem Literaten Lion und dem Juristen Ludwig ist der Verleger **Martin Moshe Feuchtwanger** der dritte bekannte Sohn des jüdischen Margarineverkäufers Sigmund Feuchtwanger aus Fürth. Er kam 1886 in München zur Welt und gründete dort 1910 den »Olympia-Verlag«, in dem Romane und Zeitschriften erschienen. Außerdem gab er Zeitungskorrespondenzen heraus (»Martin-Feuchtwanger-Korrespondenz«). In Halle war er Chefredakteur der »Saale-Zeitung«. 1940 emigrierte er über

Prag nach Palästina. Dort gründete er abermals einen »Olympia-Verlag«. Er schrieb u.a. das Buch »Ebenbilder Gottes«, das in seinem Todesjahr 1952 (er starb in Tel Aviv) erschien.

Auch **Richard Philip Feynman** war ein Vater der Atombombe, und auch er erhielt den Physik-Nobelpreis (1965). Zur Welt gekommen war er 1918 in New York, einer aus Deutschland eingewanderten jüdischen Familie entstammend. Von 1942 bis 1945 arbeitete er an der US-amerikanischen Geheimforschungsstätte Los Alamos am »Projekt Manhattan«, dem Bau des furchtbarsten modernen Massenvernichtungsmittels. Nachdem sich die Atombombe in Hiroschima und Nagasaki »bewährt« hatte, wurde Feynman 1945 Professor an der Cornell-Universität in Ithaka/New York, 1950 in Pasadena. Neben dem Nobelpreis bekam er auch den Einstein-Preis (1954). Feynman starb 1988 in Los Angeles.

Im Schachspiel haben es viele Juden zur Meisterschaft, einige sogar zum Weltmeistertitel gebracht. Zu ihnen gehört **Robert James Fischer** (genannt »Bobby«). Er wurde 1943 in Chikago als Sohn eines deutschen Einwanderers und einer jüdischen Mutter geboren. 1958 war er der jüngste Großmeister der Schachgeschichte. 1972 bezwang er Boris Spasski und errang damit den Titel eines Weltmeisters im Schach. Angeblich weil er sich geweigert hatte, gegen seinen Herausforderer Karpow anzutreten, wurde ihm 1975 die Weltmeisterwürde aberkannt. Sporadisch findet man seither in Medien Meldungen über einen gefährlichen Verfolgungswahn und eine »Geistesgestörtheit« Fischers. Er »phantasiere« von einer Weltherrschaft, die Hintergrundmächte anstreben würden. Er »fasele« über eine jüdische Verschwörung hinter den Kulissen der Weltpolitik. Er sei »Antisemit« und äußere sich sogar »extrem rechts und faschistisch«.

Ruth Fischer (geschiedene Friedländer, geschiedene Golke, geschiedene Pleuchot) hieß eigentlich Elfriede Eisler, war Schwester des KPD- bzw. SED-Funktionärs Gerhart Eisler und des kommunistischen Komponisten Hanns Eisler und in der Weimarer Politik für einige Zeit zusammen mit ihrem Lebensgefährten Arkadij Maslow Führerin der KPD. Sie war 1895 in Leipzig geboren worden. 1914 trat sie der SPD bei, 1919 stieß sie zur KPÖ und gleichzeitig zur KPD, in deren ZK und Politbüro sie rasch aufstieg. 1924 bis 1928 vertrat sie die KPD im Reichstag, 1924/25 war sie Vorsitzende der Kommunisten in Deutschland. Wegen ihrer Nähe zu Trotzki wurde sie verstoßen und in den 30er Jahren in Abwesenheit in Moskau zum Tode verurteilt. Sie gründete 1927 einen »Lenin-Bund« und flüchtete 1933 zuerst nach Frankreich, dann in die USA. 1945 kam sie nach Paris zurück und wirkte fortan nur noch als Linkspublizistin. Sie starb 1961 in der französischen Hauptstadt. Ihr erster Mann, der KP-Funktionär Paul Friedländer, kam im NS-Lager Auschwitz um. Der Bruder ihres zweiten Mannes, KPD-ZK-Mitglied Arthur Golke, wurde in Moskau von einem Agenten Stalins ermordet.

Der Name »S.-Fischer-Verlag« geht auf den Gründer des Hauses, **Samuel Fischer**, zurück. Er kam 1859 in Lipto Szent Miklos/Slowakei zur Welt. 1886 gründete er in Berlin seinen Verlag, 1890 die einflußreiche Literatur-Zeitschrift »Neue Rundschau« und 1899 den Theaterverein »Freie Bühne«. Er brachte nicht nur Knut Hamsun und den Wegweiser des Faschismus, d'Annunzio, auf deutsch heraus und verlegte Hesse und Stehr, Mann und Hauptmann, sondern förderte auch wesentlich den Erfolg jüdischer Autoren, die ihren Aufstieg nicht zuletzt Samuel Fischer verdankten. Zum Beispiel: Agnon, Döblin und Beer-Hofmann, Beradt, Freud und Heimann,

Kafka, Kerr und Pasternak, Rathenau, Schnitzler, Wassermann und Zweig. Fischer starb 1934 in Berlin.

Über **Wilhelm Fischer-Graz**, geboren 1846 im ungarischen Tschakathurn, heißt es in Tetzlaffs »2000 Kurzbiographien bedeutender deutscher Juden«: »Er wurde von dem antisemitischen Literaturhistoriker A. Bartels ahnungslos in die Gruppe der mit Blut und Scholle besonders eng verbundenen deutschen Dichter eingereiht.« Doch ganz so »ahnungslos« war Bartels, ein »Literaturpapst« im Dritten Reich, nicht. In seiner »Geschichte der deutschen Literatur« (19. Aufl., 1943) stand sehr wohl der ausdrückliche Hinweis, daß Fischer-Graz Jude gewesen war. Dennoch, fuhr Bartels fort, habe der Schriftsteller »zur alten Schule gehört«, »treffliche Novellen, die stilistisch an Keller und Paul Heyse erinnern«, geschaffen sowie den »frischen und feinen« Roman »Die Freude am Licht« geschrieben. Fischer-Graz war von 1901 bis 1919 Direktor der Steirischen Landesbibliothek. Rosegger nannte ihn den »Grazer Hofpoeten«. Im Ersten Weltkrieg schrieb er ein »Kriegsbuch« und die Erzählung »Wagemut«. Er starb 1932 in Graz, das er zum Bestandteil seines Namens gemacht hatte.

Nicht nur als maßgeblicher Kartell- und Handelsrechtler, sondern auch als Wirtschaftsboß hatte **Julius Flechtheim** in der Kaiserzeit einigen, in der Weimarer Republik erheblichen Einfluß. Er kam 1876 in Münster/Westfalen zur Welt. Ab 1913 lehrte er in Köln, ab 1924 in Berlin. Er gehörte zahlreichen Vorständen, auch dem des Chemieriesen IG Farben, an und saß unter anderem in den Aufsichtsräten der AEG, der Deutschen Bank und der Gelsenkirchener Bergwerks AG. Er schrieb »Deutsches Kartellrecht« (1912) und »Kommentar zum Handelsgesetzbuch« (1932-1935). Flechtheim ging nach der NS-Machtübernahme in die Schweiz. Er starb 1940 in Zürich.

Der linke Politologe **Ossip K. Flechtheim**, geboren 1909 in Nikolajew/Ukraine, entstammt einer jüdischen Kunsthändlerfamilie. 1919 kam er mit den Eltern nach Deutschland. Von 1927 bis 1932 war er KPD-Aktivist; dann agitierte er für die kryptokommunistische Gruppe »Neu Beginnen«. 1934 promovierte er in Köln zum Dr.jur. Nach kurzzeitiger Inhaftierung konnte er Deutschland 1935 verlassen. Über die Schweiz und Belgien kam er 1939 in die USA, wo er zum Kreis um Horkheimer gehörte. 1946/47 wirkte Flechtheim als Bürochef des US-Hauptanklägers bei den Nürnberger Kriegsverbrecherprozessen. 1951 ließ er sich in Westberlin nieder und avancierte als Professor an der FU Berlin sowie als Chef des Otto-Suhr-Instituts zu einem der führenden Umerzieher des deutschen Volkes. Die SPD verließ er 1962, weil sie ihm »zu rechts« erschien. Er war Mitbegründer des Linksaußen-Zirkels »Republikanischer Club« und kandidierte erfolglos für die Grün-Alternativen zum Berliner Abgeordnetenhaus. Flechtheim, der Werke der Rosa Luxemburg herausgegeben hat und »Rosa Luxemburg zur Einführung« schrieb, wird als »Begründer der Futurologie« bezeichnet.

Die recht bekannte Bildergeschichtenfigur »Popeye der Seemann« wurde 1933 vom Trickfilmer **Max Fleischer** erstmals der Öffentlichkeit präsentiert. Fleischer, Jahrgang 1885, kam als 5jähriger mit den jüdischen Eltern aus Österreich in die USA. Mit seinem Bruder Dave Fleischer, der als Produzent wirkte, stieg er im Ersten Weltkrieg ins Filmgeschäft ein. Er stellte Trickfilme für die US-Armee her. Von seinen Streifen konnte nur »Gulliver's Travel« (1939) einigermaßen erfolgreich gegen die Konkurrenz von Walt Disney bestehen. Später stellte Fleischer »Erziehungsfilme«, zum Beispiel über den Begründer der Relativitätstheorie und Spiritus rector der Atombombe, Albert

Einstein, her. Der Trickfilmer starb 1972. Hollywood-Regisseur Richard Fleischer ist sein Sohn.

Als bester Film des Hollywood-Regisseurs **Richard Fleischer** wird von der Kritik überwiegend »The Boston Strangler« (1968) bewertet, ein »Thriller« über einen perversen Frauenmörder, der von Tony Curtis dargestellt wird. Fleischer, Jahrgang 1916, ist ein Sohn des Trickfilmers Max Fleischer (»Popeye«). Im Zweiten Weltkrieg stellte er Propagandafilme her. 1948 zeichnete man ihn mit dem »Oscar« für den besten Dokumentarfilm (»Design for Death«) aus, an dem er als Mitproduzent beteiligt war. Vom Publikumszuspruch her waren seine Filme »20 000 Meilen unter dem Meer« (1954 als Disney-Produktion entstanden) und »Tora! Tora! Tora!« (1970 über den Krieg zwischen Amerikanern und Japanern) am erfolgreichsten.

Der Völkerrechtler **Max Fleischmann**, geboren 1872 in Breslau, lehrte ab 1911 als Professor an der Universität Königsberg/Pr. und von 1921 bis 1935 in Halle, wo er auch als Direktor des Instituts für Zeitungswesen fungierte. Ab 1915 gab er die »Zeitschrift für Völkerrecht« heraus. 1929 wurde er Mitglied des Ständigen Vergleichsrates in Streitfällen zwischen Deutschland und Dänemark, 1930 Vertreter des Deutschen Reiches bei der Konferenz zur Kodifizierung des Völkerrechts im Haag. Zu seinen wichtigsten Publikationen zählen »Einwirkung auswärtiger Gewalten auf die Reichsverfassung« (1925) und »Verfassungserbgut von Reich zu Reich« (1928). Fleischmann starb 1943 in Berlin.

Als Kind kam **Raoul Fleischmann**, geboren 1885 im österreichischen Ischl, nach Amerika. Sein Vater betrieb eine Bäckerei in New York. In den 20er Jahren griff Fleischmann eine Idee des nichtjüdischen Reporters Harold Ross auf und gründete - zunächst als Satireblatt - die Zeitschrift »The New Yorker«, die bald zu einem führenden Organ der US-Ostküste wurde. Thorwald schreibt in »Das Gewürz - Die Saga der Juden in Amerika«: »Auch Fleischmann hegte wie Ochs, Sulzberger oder Meyer (andere jüdische Pressemagnaten) seine Abneigung gegen betontes Judentum. Von einem Mann, den er nicht leiden konnte, meinte er: ›Er hat Rabbiner-Füße.‹ « Fleischmann starb 1969 in New York. Sein Onkel Charles Fleischmann aus Wien war der »Hefekönig« Amerikas.

Leo Flieg, geboren 1893 in Berlin, zählte zur obersten Führungsspitze des internationalen Bolschewismus. Er war Mitbegründer der KPD, wurde 1918 Sekretär von Leo Jogiches, war enger Mitarbeiter von Willi Münzenberg und begründete mit diesem die internationale kommunistische Jugendbewegung. In den 20er Jahren wurde Flieg »einer der führenden Köpfe der konspirativen und illegalen Parteiarbeit, Verbindungsmann zum Komintern-Apparat« (»Internationales Biographisches Handbuch der deutschsprachigen Emigration«). Von 1923 bis 1935 war er Leiter der »Paßzentrale« der KPD (Beschaffung falscher Papiere), 1927 wurde er ZK-, 1929 Politbüro-Mitglied. Seit 1928 gehörte er der »Internationalen Kontrollkommission« von Stalins Komintern an, zuständig für das Aufspüren nicht linientreuer Genossen, die meist liquidiert wurden. Von 1924 bis 1933 war Flieg KPD-Landtagsabgeordneter in Preußen. 1934/35 hielt er sich im Komintern-Auftrag in Frankreich und Belgien auf. In die Sowjetunion zurückbefohlen, wurde er 1939 im Zuge von Stalins »Säuberungen« umgebracht.

Die sozialdemokratische Politikerin **Katharina Focke**, geboren 1922 in Bonn, ist eine Tochter des einstigen »Zeit«-Chefredakteurs und Präsidenten der »Europa-Union« Ernst Friedländer. Die Familie ging schon 1931 in die Schweiz. 1946 kam Katharina Focke nach Hamburg; Anfang der 50er Jahre hielt sie sich längere Zeit in den USA auf. 1964 schloß sie sich der SPD an, zwei Jahre später war sie bereits Landtagsabgeordnete in Nordrhein-Westfalen, 1969 Bundestagsabgeordnete, bald darauf Parlamentarische Staatssekretärin im Bundeskanzleramt, von 1972 bis 1976 Bundesministerin für Jugend, Familie und Gesundheit. Das von ihr im wesentlichen mitgestaltete neue Abtreibungsgesetz mit nahezu völliger Schutzlosigkeit Ungeborener wurde 1975 vom Bundesverfassungsgericht für verfassungswidrig erklärt. 1979 zog sie ins EG-Parlament ein; 1984 war sie Spitzenkandidatin der SPD bei der Europawahl. Bis 1990 war sie MdB. Ihre Dissertation von 1954 trug den Titel »Über das Wesen des Übernationalen«.

Herbert Förder wirkte ab 1957 als Generaldirektor der Staatsbank Leumi und war damit einer der mächtigsten Finanzmanager Israels. Er wickelte den Milliardentransfer deutscher Wiedergutmachungszahlungen ab. Zur Welt gekommen war er 1901 in Berlin. Er studierte Rechtswissenschaft und war führend im Kartell jüdischer Studentenverbindungen aktiv. 1933 ging er als glühender Zionist nach Palästina, wo er zunächst Direktor einer Kibbuz-Gesellschaft wurde. Nach Gründung des Staates Israel wirkte er zeitweise auch als Abgeordneter der Knesset (»Progressive« bzw. »Liberale« Partei). Er starb 1970 in Tel Aviv.

Der Jurist **Hans Forester** hieß eigentlich Lissner (wie sein Vater) mit Nachnamen, dann von 1920 bis 1948 Zborowski (wie sein Stiefvater), bevor er sich als maßgeblicher Mann der bundesdeutschen Justiz Forester nannte. Er war 1902 in Posen als Kaufmannssohn geboren worden, studierte Rechtswissenschaften und war bis 1934 im Rechtsanwaltsbüro seines Stiefvaters tätig. Danach betätigte er sich als kaufmännischer Angestellter, zuletzt als Geschäftsführer in Berliner Wirtschaftsbetrieben. 1939 ging er nach England. Dort wurde er im KZ auf der Insel Man interniert; später diente er im britischen Pionierkorps. Nach Deutschland zurückgekehrt, wurde Lissner-Zborowski-Forester 1954 Amtsgerichtsrat, 1956 Landgerichtsdirektor beim Landgericht Frankfurt am Main, 1957 Vorsitzender der dortigen I. Großen Strafkammer, 1963 Senatspräsident. Im selben Jahr sollte er den Vorsitz im großen Auschwitzprozeß übernehmen. »Er verzichtete, um einem Befangenheitsvorwurf als Verfolgter des Nationalsozialismus vorzubeugen« (Internationales Biographisches Handbuch der deutschsprachigen Emigration). Nach seiner Pensionierung wirkte er als Treuhänder einer Hypothekenbank. Er starb 1976 in Frankfurt/M.

Der Oberste Gerichtshof der USA hat eine außergewöhnlich starke Stellung und kann auch die entscheidenden politischen Weichen stellen. Zu den jüdischen Mitgliedern des Gerichtshofes zählte **Abe Fortas** (geboren 1910 in Memphis/Tennessee), der 1965 als Nachfolger von Arthur Goldberg Oberster Bundesrichter der Vereinigten Staaten wurde. Der Sohn einer aus England zugewanderten Judenfamilie hatte in den 30er Jahren an der Yale-Universität gewirkt. Von 1942 bis 1946 war Fortas Unterstaatssekretär im US-Innenministerium. 1946 wurde er US-Delegierter bei den Vereinten Nationen. Das Amt des Mitglieds am Obersten Gerichtshof übte er bis zum Jahre 1969 aus.

Beim Börsenkrach 1929 an der Wall Street, dem »Schwarzen Freitag«, wurde das gewaltige Vermögen des Film-Moguls **William Fox** (geboren 1879 in Tolcva/Ungarn, gestorben 1952 in New York) vernichtet. Er hatte als Kleiderhändler begonnen und erwarb dann einige Leinwandtheater. 1915 schuf er in Hollywood den Filmkonzern »20th Century Fox Film Corp.«, der zu einem Branchenriesen wuchs. Besonders eng arbeitete er mit Carl Laemmle zusammen. Wegen des Börsenkrachs 1929 schwer angeschlagen, gab ihm der Konkurrenzkampf mit der (ebenfalls jüdisch geführten) MGM den Rest. Fox zog sich aus dem Filmgeschäft zurück.

Zu den bedeutenden deutschen Medizinern jüdischer Herkunft zählt **Albert Fraenkel**. Er kam 1864 in Mußbach (Rheinpfalz) zur Welt. Der Internist und Pharmakologe entdeckte 1906 die intravenöse Strophanthinbehandlung zur Abwendung lebensbedrohender Herzschwäche. Mit R. Thauer veröffentlichte er 1933 sein Hauptwerk »Strophanthintherapie«. Professor Fraenkel lehrte ab 1914 an der Universität Heidelberg. Er starb 1938 in der Universitätsstadt. Nicht verwandt mit ihm war ein anderer berühmter jüdischer Arzt namens Albert Fraenkel, der 1848 in Frankfurt an der Oder zur Welt kam und 1916 in Berlin starb. Er entdeckte 1884 den Erreger der Lungenentzündung.

Zu den einflußreichsten Umerziehern der Deutschen im Auftrage Washingtons zählte **Ernst Fraenkel** (geboren 1898 in Köln, gestorben 1975 in Berlin). Er lehrte seit Anfang der 50er Jahre Zeitgeschichte in Berlin und war Gründer des dortigen John F. Kennedy-Instituts für Amerikastudien. Zur Weimarer Zeit hatte Fraenkel, einst Assistent von Hugo Sinzheimer, als Rechtsberater des SPD-Parteivorstandes gewirkt. Als Veteran des Ersten Weltkrieges hatte er von 1933 bis 1938 die Sondergenehmigung des NS-Staates, trotz seines Judentums als Anwalt am Berliner Kammergericht tätig zu sein. Er verteidigte u.a. Personen, häufig Juden, die wegen Oppositions- und Untergrundarbeit angeklagt waren. Dann ging Fraenkel nach Amerika, wo er ab 1941 in den Diensten der US-Regierung stand. Er arbeitete ein Konzept aus, wie Deutschland als besetztes Land zu verwalten sei und orientierte sich dabei an der alliierten Rheinlandbesetzung nach 1918. Bis zum Ausbruch des Korea-Krieges war Fraenkel als amerikanischer »Rechtsberater« in Seoul tätig. Dann kam er nach Deutschland.

Bemerkenswerterweise wird bei etlichen jüdischen Vätern der Atombombe als Hauptsache in den Vordergrund gerückt, daß sie später pazifistische Aufrufe unterschrieben haben, als ob damit die Mitwirkung am Bau des schrecklichsten Kriegsmittels der Neuzeit moralisch »ausgeglichen« sei. So ist es auch bei dem Physiker **James Franck**. Als Bankierssohn 1882 in Hamburg geboren, lehrte er ab 1917 an der Berliner Universität und wurde 1920 Professor in Göttingen. 1925 erhielt er den Nobelpreis für seine Energieforschung mit Gas-Atomen. 1933 ging er nach Dänemark, 1936 in die USA. Dort lehrte er an der Johns Hopkins Universität, Baltimore, und an der Universität Chikago. Im Zweiten Weltkrieg war er maßgeblich am »Projekt Manhattan«, der Entwicklung der US-Atombombe, beteiligt. Er starb bei einem Besuch in Göttingen, das ihm die Ehrenbürgerschaft verliehen hatte, im Jahre 1964.

Der Chemiker und Unternehmer jüdischer Herkunft **Adolf Frank**, geboren 1834 in Klötze in der Altmark, gilt als Begründer der deutschen Kali- und Zellulose-Industrie. 1860 entdeckte er die Kalilager von Staßfurt. 1865 entwickelte er eine bahnbrechende Methode, aus Abraumsalzen Brom zu Desinfektionszwecken zu gewinnen. 1899 gelang ihm, gemeinsam mit dem ebenfalls jüdischen Nicodem Caro, ein Verfahren zur Herstellung von Kalkstickstoff zu finden. Auf Frank gehen auch die licht- und wärmegeschützten braunen Flaschen zurück. Seine Forschungen hatten zudem wichtige Bedeutung für die deutsche Kriegswirtschaft. Sein Verfahren zur Gewinnung von Wasserstoff aus Wassergas lieferte, während des Ersten Weltkrieges Wasserstoff für deutsche Luftschiffe, für die Fetthärtungsindustrie und für die Ammoniak-Synthese nach Professor Fritz Haber. Frank verschied 1916 in Charlottenburg.

Die Schauspielerin **Amy Frank** kam 1896 in Schüttenhofen/Böhmen als Emilie Rosenthal zur Welt. 1928 schloß sie sich der stalinistischen KPD an. Nach der NS-Machtübernahme emigrierte sie in die Tschechei, dann in Stalins Reich. 1939 tauchte sie in England auf, wo sie bei der prosowjetischen, antideutschen Kriegspropaganda mitwirkte. 1948 kam sie in die SBZ und mimte fortan hauptsächlich am Ostberliner Deutschen Theater. Das »DDR-Theaterlexikon« schrieb: »Nach 1945 gehörte sie zu denen, die die fortschrittliche humanistische Tradition deutscher Schauspielkunst, gepaart mit revolutionären Erfahrungen des Klassenkampfes, in die Neubauphase führte und zu einer Vorbildgestalt für das sozialistisch-realistische Theater der DDR wurde.« Rosenthal-Frank, verheiratet mit dem kommunistischen Mimen Friedrich Richter, starb 1980 in Ostberlin.

Weltberühmt ist das »Tagebuch der **Anne Frank**«. Anneliese (so der eigentliche Vorname des 1929 in Frankfurt am Main geborenen Mädchens) war Tochter des jüdischen Kaufmanns Otto H. Frank, der nach 1945 für die Verbreitung des Tagebuches sorgte. Die Familie ging 1933 nach Holland. 1941 besuchte Anneliese im deutschbesetzten Amsterdam das jüdische Mädchenlyzeum. Von 1942 bis 1944 verbargen sich die Franks, um der Deportation zu entgehen. In dieser Zeit spielen die im Tagebuch geschilderten Geschehnisse. Nach Auffliegen des Amsterdamer Schlupfwinkels im August 1944 kam Anneliese zunächst ins Schreckenslager Auschwitz. Dann wurde sie ins

KZ Bergen-Belsen gebracht. Dort erlag sie gegen Kriegsende, im März 1945, einer Typhus-Epidemie. Ob dieses junge Opfer antisemitischer NS-Barbarei zu retten gewesen wäre, hätte England mehr Juden aus dem Lager Bergen-Belsen aufgenommen, wird sich wohl nie endgültig klären lassen. Tatsache ist, daß deutscherseits auf Austauschaktionen gedrängt wurde (in Bergen-Belsen internierte Juden gegen im englischen Machtbereich internierte Deutsche), London sich aber sperrte. 1994 berichteten die »Israel Nachrichten« (Tel Aviv) über eine Austauschaktion des Juli 1944, die tatsächlich stattfand und 222 jüdischen KZlern aus Bergen-Belsen die Freiheit brachte. Das jüdische Blatt notierte: »Nur auf unaufhörlichen Druck der Deutschen und auch der Schweizer stimmten die Engländer widerwillig zu.« Zweifel an der Authentizität des Tagebuches der Anne Frank sind von zahlreichen Geschichtsforschern scharf zurückgewiesen worden. Solche Zweifel sind in Deutschland überdies strafbar. Leider hat sich eine Holocaust-»Unterhaltungsindustrie«, wie sie u.a. auch vom britischen Oberrabbiner Jacobovits verurteilt wird, des Themas Anne Frank im Stile eines »Shoah-Business« bemächtigt. Hinzu kommt, daß einstige NS-konforme Publizisten, die sich nach 1945 zu »Vergangenheitsbewältigern« (allerdings nicht in eigener Sache) gewandelt haben, das Thema ausschlachteten. Literat Ernst Schnabel beispielsweise verfaßte das als »Klassiker« bezeichnete Buch »Anne Frank - Spuren eines Kindes«. Als sich das bedauernswerte Mädchen vor den Gestapo-Häschern verbergen mußte, erschienen Schnabels linientreue Artikel u.a. in Dr. Goebbels' Hauptorgan »Das Reich«. Der mit dem DDR-»Nationalpreis« ausgezeichnete Hofpoet Ulbrichts und Honeckers, Günther Deicke, der das bekannte »Tagebuch für Anne Frank« verfaßte, war zu der Zeit, als das Mädchen wegen jüdischer Herkunft leiden mußte, HJ-Führer und glühender NSDAP-Parteigenosse.

Auch auf sowjetischer Seite wirkten jüdische Wissenschaftler führend am Atomprogramm mit. Zu ihnen zählte **Ilja Michailowitsch Frank**, der 1908 in St. Petersburg geboren wurde und 1990 in Moskau starb. Ab 1934 lehrte er am Moskauer Institut für Physik. 1944 wurde er Professor an der Universität Moskau, 1946 Mitglied der Akademie der Wissenschaften. Ab 1957 fungierte er als Direktor am sowjetischen Kernforschungsinstitut in Dubna. Mit Tamm und Tscherenkow wurde ihm 1958 der Physik-Nobelpreis verliehen.

Zwei Reichstagsabgeordnete fielen als deutsche Frontsoldaten im Ersten Weltkrieg: Der nichtjüdische Hans von Mendig (Deutsch-Hannoversche Partei), den der Soldatentod 1917 vor Riga ereilte, und Sozialdemokrat Dr. **Ludwig Frank**, Sohn eines jüdischen Händlers. Er fiel am 3. September 1914 bei Lunéville, nur drei Tage, nachdem er als Freiwilliger ins Feld eingerückt war. Frank, geboren 1874 im badischen Nonnenweier, vertrat die SPD ab 1907 im Reichstag. Er begründete die Sozialistische Arbeiterjugend und gab deren Zeitschrift »Junge Garde« heraus. Vaterland und Sozialismus waren für ihn kein Gegensatz. In ihrer Serie »Große jüdische Deutsche« schrieb die »National-Zeitung« 1993: »Franks glühende Bekenntnisse zu Deutschland würden ihm heute einen Stammplatz im sogenannten Verfassungsschutzbericht unter der Rubrik Rechtsextremismus sichern.« In seinem letzten Brief schrieb Frank: »Das Blut für das Vaterland fließen zu lassen ist nicht schwer und umgeben von Romantik und Heldentum. Jetzt ist für mich der einzig mögliche Platz in der Linie in Reihe und Glied, und ich stehe wie alle anderen freudig und siegessicher.«

1986 übernahm **Max Frankel** die Nachfolge von A. Rosenthal als Chefredakteur der einflußreichsten Zeitung der Vereinigten Staaten von Amerika, der »New York Times«. Frankel kam 1930 in Gera zur Welt. 1938 ging er mit den Eltern nach Polen, 1940 mit der Mutter nach Amerika. Der Vater war von 1940 bis 1946 in Stalins Gulag eingesperrt. 1952 fing Frankel als Reporter bei der »New York Times« an. Für seine China-Berichterstattung (Nixon-Besuch) bekam er den Pulitzer-Preis. Zur Zeit des Watergate-Skandals war er Leiter des Washingtoner Büros der »Times«. Ab 1977 wirkte er als Leitartikel-Redakteur. Er gehört dem hinter den Kulissen äußerst einflußreichen Council on Foreign Relations (CFR), einem Rockefeller-Zirkel, an.

Joseph Franken (geboren 1887 in Bedburg/Rheinland, gestorben 1981 in Düsseldorf) war als Landgerichtsrat und später als Oberlandesgerichtsrat in Köln bzw. Düsseldorf tätig. In Düsseldorf führte er die jüdische Gemeinde und war auch Präsident der B'nai B'rith-Loge. Als überzeugter Zionist ging er 1939 nach Palästina. 1951 nach Deutschland zurückgekehrt, wurde er Senatspräsident in Düsseldorf. Er stieg zum Ehrenpräsidenten der Franz-Rosenzweig-Loge des Bundes B'nai B'rith auf und wurde u.a. mit dem Großen Bundesverdienstkreuz dekoriert.

Die linke Politikerin **Käte Frankenthal** kam 1883 in Köln zur Welt; ihr Vater war der Chef der Kieler jüdischen Gemeinde, Julius Frankenthal. Sie studierte Medizin und schloß sich 1914 der SPD an. Von 1919 bis 1930 war sie Stadtverordnete in Berlin, 1930 bis 1932 Abgeordnete im Preußischen Landtag. 1931 wechselte sie zur semikommunistischen SAP. Sie trat besonders für »sexuelle Freiheit« ein, forderte »Sexualberatungsstellen« und die Freigabe der Abtreibung. 1933 setzte sie sich über Prag und die Schweiz nach New York ab, wo sie 1936 anlangte. In den USA war sie vorwiegend

Robert »Bobby« FISCHER

Samuel FISCHER

Katharina FOCKE

Abe FORTAS

James FRANCK

Anne FRANK
als Medienobjekt

Ludwig FRANK

David FRANKFURTER

Felix FRANKFURTER

für den »Jewish Family Service« aktiv. Sie starb 1976 in New York.

»Rache« (erschienen 1948) und »I Killed a Nazi Gauleiter« (1950) lauten die Titel zweier Bücher des Terroristen **David Frankfurter**. Er kam 1909 im slawonischen Daruvar als Rabbinersohn zur Welt. Nach gescheitertem Medizinstudium in Deutschland tauchte er 1933 in der Schweiz auf. Dort ermordete er am 4. Februar 1936 den NSDAP-Landesgruppenleiter Wilhelm Gustloff. Damit habe er die Juden aufrütteln wollen, gab er an: »Der Tod Gustloffs konnte die Nazis nicht ändern, aber ich hoffte, daß meine Tat die Juden ändern würde.« Die Schweiz reagierte auf den Mord an dem Nationalsozialisten mit dem Verbot der NSDAP, und die Schweizer Gerichtsbarkeit verurteilte Frankfurter nicht etwa zu lebenslänglich, sondern zu 18 Jahren Gefängnis. »Persönlichkeitsstörungen wie z.B. »Selbstmordphantasien« wurden strafmildernd bewertet. 1946 wurde der Attentäter aus der Haft entlassen. Er ging nach Israel, bekam dort maßgebliche Posten im Verteidigungsministerium und starb 1982 hochdekoriert in Tel Aviv.

Zu den jüdischen Richtern am äußerst einflußreichen Obersten Gerichtshof der Vereinigten Staaten von Amerika gehörte ab 1939 **Felix Frankfurter**. Er war 1882 in Wien geboren worden und als Zwölfjähriger mit den Eltern in die USA gekommen. Ab 1914 dozierte er an der Harvard-Universität. Er wurde fanatischer Zionist und wirkte 1919 als Rechtsberater der zionistischen Delegation in Versailles. Frankfurter schloß Freundschaft mit Franklin D. Roosevelt, dessen engsten Beraterstab (»brain trust«) er angehörte, als »FDR« Präsident war. Nach Ende des Zweiten Weltkrieges rühmte Frankfurter, wie raffiniert Roosevelt die USA in den Zweiten Weltkrieg gegen Deutschland manövriert habe: »Er führte

alle diese komplizierten Schritte so geschickt aus, daß er selbst den Anschein einer Angriffshandlung unsererseits vermied.« Frankfurter starb 1965 in Washington.

Richard Otto Frankfurter, geboren 1873 im schlesischen Bielitz, war unter dem Kaiser und in Weimarer Zeit ein bekannter Filmanwalt und brachte es zum Syndikus des Deutschen Bühnenvereins. Er gehörte zu den Gründern der Deutschen Demokratischen Partei (DDP), deren linken Flügel er repräsentierte. 1928 zog er für die DDP in den Deutschen Reichstag ein. 1933 ging er über die Schweiz nach Uruguay, dessen Staatsbürgerschaft er annahm und wo er 1953 - in Montevideo - starb. Von ihm stammte das Buch »David schlägt die Harfe« (1923).

Viktor E. Frankl kam 1905 in Wien zur Welt. Sein Großonkel mütterlicherseits war der Prager Dichter Oskar Wiener. Frankl war ab 1936 in Wien als Facharzt für Neurologie und Psychiatrie tätig. Er ist der Begründer der Logotherapie. Von 1940 bis 1942 war er Chefarzt der neurologischen Abteilung des Krankenhauses der Israelitischen Kultusgemeinde Wien (»Rothschildspital«). Dann wurde er in mehrere KZs gebracht, darunter Auschwitz. Zuletzt befand er sich in einem Lager nahe dem schwäbischen Türkheim. Seine erste Frau starb im Lager Bergen-Belsen. Frankl hatte sich als Arzt in den KZs hingebungsvoll um seine Leidensgenossen bemüht. In seinem 1946 erschienenen Werk »Trotzdem Ja zum Leben sagen - Ein Psychologe erlebt das Konzentrationslager« erteilte er antideutschen Kollektivvorwürfen eine Absage. Er berichtete über die Zustände im Türkheimer Lager: »Der Lagerälteste eben dieses Lagers, also ein Häftling, war schärfer als alle SS-Wachen des Lagers zusammen; er schlug die Häftlinge, wann und wo und wie er nur konnte, während beispielsweise der Lagerführer meines Wissens kein einziges Mal die Hand gegen einen seiner Häftlinge erhoben hat.« Daraus schlußfolgerte Frankl: »So einfach dürfen wir es uns also nicht machen, daß wir erklären: die einen sind Engel und die anderen Teufel.« Bis 1970 leitete Frankl die Wiener Neurologische Poliklinik. 1955 wurde er Professor an der Universität Wien. Er hält 27 Ehrendoktorate. 1982 wollte er bei einem Besuch in Türkheim den ehemaligen SS-Lagerkommandanten wiedersehen, um ihn zu begrüßen und Dank dafür auszusprechen, daß er seinerzeit sogar aus eigener Tasche Medikamente für die Internierten gekauft hatte. Doch war der Mann bereits einige Jahre zuvor gestorben. 1994 ehrte Landsberg am Lech den Wissenschaftler und Humanisten Frankl mit dem Hubert-von-Herkomer-Preis. Auch bei dieser Gelegenheit wandte er sich entschieden gegen antideutsche Kollektivschuld-Vorwürfe.

Wilhelm Frankl, hochausgezeichneter deutscher Soldat des Ersten Weltkrieges (er erhielt u.a. den Pour le Mérite), kam 1893 in Hamburg als Sohn eines jüdischen Kaufmanns nationaldeutscher Gesinnung zur Welt. 1914 verließ er die jüdische Glaubensgemeinschaft und nahm die Taufe an. Bei Kriegsausbruch meldete er sich als Freiwilliger. Als Jagdflieger errang Frankl 19 Luftsiege. Im Februar 1917 wurde er Führer der Jagdstaffel 4. Am 6. April des Jahres gelang es ihm, drei Gegner an einem Tage zu bezwingen. Nur zwei Tage später fiel Frankl im Luftkampf über Vitry-Sailly. In seinem 1934 in Berlin erschienenen Buch »Der Soldat« widmete ihm Adolf Viktor von Koerber, sein ehemaliger Abteilungs-Kommandeur, ein eigenes Kapitel und schrieb: »Ich sah nie wieder einen so leidenschaftlichen Flieger wie Frankl.« 1973 erhielt die Kaserne des nach Mölders benannten Jagdgeschwaders 74 der Bundesluftwaffe in Neuburg an der Donau den Namen Wilhelm-Frankl-Kaserne.

Er war galizischer Jude, galt als bedeutender österreichischer Schriftsteller und hieß **Karl Emil Franzos**. Geboren 1848 in Czortkow/Galizien, behandelte er in seinen Romanen meist das ostjüdische Milieu, wobei der polnische Antisemitismus heftig attackiert wurde. Unter anderem schrieb er: »Aus Halbasien« (1876), »Die Juden von Barnow« (1877), »Der Pojaz« (1904). Er leitete die erste Gesamtausgabe der Werke Georg Büchners. Von Franzos stammt der Satz: »Jedes Land hat die Juden, die es verdient.« Er starb 1904 in Berlin.

Der Publizist **Herbert H. Freeden**, der 1909 in Posen geboren wurde, heißt in Wahrheit Friedenthal. Zur Weimarer Zeit arbeitete er bei sozialdemokratischen Organen und für Berliner Tageszeitungen wie dem »8 Uhr Abendblatt«. Von 1933 bis 1939 leitete Freeden-Friedenthal die Kulturabteilung der Zionistischen Vereinigung für Deutschland und war als Dramaturg für den jüdischen Kulturbund tätig. Dann ging er nach England, wo man ihn im Konzentrationslager Kitchener Camp auf der Insel Man internierte. Er meldete sich freiwillig zur britischen Armee. Ab 1942 fungierte er als Propagandachef des Jewish National Fund in England. Er nahm die britische Staatsangehörigkeit an. 1950 ging er nach Israel. Als Korrespondent u.a. der »Frankfurter Rundschau«, der »Stuttgarter Nachrichten«, der »Badischen Zeitung« und der »Kieler Nachrichten« hat er das Israel-Bild in der veröffentlichten Meinung der Bundesrepublik wesentlich mitbestimmt. Zeitweilig gab er die Wochenzeitung »Hakidmah« in Israel heraus. Er wirkt als Präsident der David Yellin Loge des jüdischen Bundes B'nai B'rith. Sein Vater, der Kaufmann Isidor Friedenthal, gehörte zu den fast 200 Todesopfern, als die »Patria« 1940 in der Bucht von Haifa gesprengt wurde.

Als Benedikt Freistadt 1897 in Preßburg geboren, nannte sich dieser Literat später

Bruno Frei. Bis 1929 in Wien, danach in Berlin war er journalistisch im prokommunistischen Sinne aktiv. Er unterhielt gute Kontakte zum KPD-Chefpropagandisten Willi Münzenberg. Nach der NS-Machtübernahme emigrierte er über die Tschechei nach Frankreich, wo man ihn zwei Jahre im KZ Vernet internierte, und nach Mexiko. 1934 war er KPD-Mitglied geworden. Als KPÖ-Genosse fungierte er von 1948 bis 1956 als Chefredakteur des »Abend« und von 1959 bis 1966 war er Herausgeber des »Tagebuch« (Wien). 1966 wurde er mit dem »Heinrich-Heine-Preis« der DDR geehrt. Er schrieb u.a. die Bücher »Im Lande der fluchenden Rabbis und hungernden Bauern« (1926) und »Sozialismus und Antisemitismus« (1978).

Eigentlich hieß **Ludvik Frejka**, hochrangiger Kommunist in Böhmen, Ludwig Freund. Als solcher wurde er 1904 im böhmischen Reichenberg geboren. 1922 schloß er sich der KPD, im folgenden Jahr den tschechischen Kommunisten an. Er wirkte ab 1935 als Redakteur des deutschsprachigen kommunistischen Zentralorgans »Die Rote Fahne« in Prag. 1939 ging er nach England, wo er bei KP-Blättern arbeitete. Zwar nahm er im August 1942 namens der emigrierten sudetendeutschen Kommunisten gegen tschechische Pläne zur Vertreibung Stellung, doch »bekannte er sich gegen Kriegsende aus Wiedergutmachungsgründen zur tschechischen Nationalität; Namensänderung in Ludvik Frejka« (»Internationales Handbuch der deutschsprachigen Emigration«). In der kommunistisch beherrschten Tschechoslowakei wurde er ZK-Mitarbeiter, führender Ökonom und verantwortlich für den Zweijahresplan (1947) und den Fünfjahresplan (1949). Im Zuge des Slansky-Prozesses verurteilte man ihn wegen Hochverrats zum Tode. Er wurde 1952 in Prag hingerichtet und 1963 von der KPC rehabilitiert.

Marcel Frenkel brachte es in Bundesdeutschland nicht nur zum Präsidiumsmitglied der kommunistisch beherrschten »Vereinigung der Verfolgten des Naziregimes« (VVN), sondern auch zu einer Schlüsselfigur der Wiedergutmachung. 1907 war er in Berlin geboren worden. Als die Nationalsozialisten die Macht übernahmen, war er Rechtsanwalt in Düsseldorf. Er emigrierte in die Niederlande und gehörte dort im Zweiten Weltkrieg einer Untergrundbande an. Im September 1945 tauchte er in Westdeutschland auf. Anfang 1946 war er Wiedergutmachungsreferent beim Oberpräsidenten der Nordrheinprovinz der britischen Besatzungszone, ab November des Jahres Ministerialdirigent im NRW-Innenministerium, von April 1949 bis Dezember 1950 Leiter der dortigen Wiedergutmachungsabteilung. Dann betätigte er sich wieder als Rechtsanwalt. Er gab die Loseblatt-Sammlung »Handbuch der Wiedergutmachung in Deutschland« heraus und schrieb Erläuterungen zum Entschädigungsrecht für NS-Opfer. Er starb 1960 in Düsseldorf.

Anna Freud, Tochter des Begründers der Psychoanalyse, Sigmund Freud, kam 1895 in Wien zur Welt. Bis 1938 war sie Chefin des Psychoanalytischen Instituts in Wien. Mit 250 000 Schilling der Prinzessin Marie Bonaparte soll ihr im Juni 1938 die Emigration »erkauft« worden sein. In London leitete sie den »Internationalen Psychoanalytischen Verlag« und gründete eine Psychoanalytische Kinderklinik. Sie gab die Werke ihres Vaters heraus und kam auf die Idee, seine Lehre auch auf Kinder anzuwenden, weshalb sie mit der gleichfalls jüdischen Therapeutin M. Klein als Begründerin der Kinderpsychotherapie gilt. Anna Freud starb 1982 in London.

»Er war bewußter, aber auf Grund seiner Lehre kein gläubiger Jude«, schreibt das »Lexikon des Judentums« über **Sigmund**

Freud. Der Begründer einer die Geschlecht-
lichkeit ins Zentrum aller Überlegungen
rückenden Psychoanalyse kam 1856 im
mährischen Freiberg als Sohn des galizischen Wollhändlers Jakob Freud zur Welt.
In dem in seinem Todesjahr (er starb 1939 in
London) erschienenen Buch »Der Mann
Moses und die monotheistische Religion«
legte Freud sogar das Judentum »auf die
Couch« und sah Religionsstifter Moses als
Opfer eines »Vatermordes« immer wieder
vom Glauben abfallender Juden der alten
Zeit. Seit 1860 lebten die Freuds in Wien.
Dort eröffnete Sigmund Freud eine Praxis
als Nervenarzt und wirkte von 1902 bis 1938
als Professor. In den 1890er Jahren entwik-
kelte er seine Psychoanalyse. Als »Begrün-
der einer jüdischen Unzuchtslehre«, die den
Menschen zum Anhängsel seiner Ge-
schlechtsorgane erniedrige, wurde er von
den Nationalsozialisten angegriffen. Dem
Faschismus und dem Duce Mussolini stand
Freud aufgeschlossen gegenüber. Nach dem
Österreich-Anschluß ging er ins englische
Exil. Freuds Einfluß auf zeitgenössische
Weltanschauungen ist kaum zu überschät-
zen. Seine Verherrlichung des Kokains löste
eine erste Rauschgiftwelle in Europa aus.
Seine Fixierung auf das Sexuelle hat die Por-
nographisierung der westlichen Gesellschaften in den 70er und 80er Jahren maßgeblich mitbewirkt. Schärfster Kritik ist
Freud von einem der bedeutendsten zeitgenössischen Psychologen, dem Hitler-Emigranten Hans Jürgen Eysenck, unterzogen
worden, für den die Freudsche Psychoanalyse gefährliche Scharlatanerie ist. 1990 wartete der jüdische Psychologe und Ge-
schichtsforscher John Kerr (New York) mit
Enthüllungen über gravierende Fälschungen und Manipulationen auf, die Sigmund
Freud anzulasten seien. Am schärfsten hielt
der israelische Philosoph Professor Jeshajahu Leibowitz Gericht über Freud: Dessen
Psychoanalyse sei »hauptsächlich eine jüdi-

sche Möglichkeit, Geld zu verdienen«, was
»ein schlechtes Zeichen für die Juden« sei.
Die »ganz in jüdischen Händen« sich befin-
dende Psychoanalyse habe unsägliches Leid
über Millionen Menschen gebracht und viel
zum Unheil der heutigen Zeit beigetragen,
schrieb Leibowitz.

Der Schauspieler und Filmregisseur
Erich Freund (geboren 1902 in Berlin, gestorben 1958 in Ostberlin) war in Weimarer
Zeit u.a. an den Theatern von Neiße, Frank-
furt/Oder, Elberfeld und Magdeburg engagiert. Auch spielte er Nebenrollen im Film
und sprach fürs Radio. Politisch hatte er sich
der stalinistischen KPD angeschlossen. Er
ging 1933 in die Prager Emigration, 1939
nach England. Auch dort war er im prokommunistischen Sinne agitatorisch tätig.
Im Kriege wirkte er in der BBC-Propaganda
mit. 1946 ging er in die Sowjetzone
Deutschlands. Er wurde maßgeblicher
Mann der DDR-Filmgesellschaft Defa.

1918 wurde der Journalist **Georg
Freund** (geboren 1881 in Berlin) in die Presseabteilung des deutschen Auswärtigen
Amtes berufen. Von 1922 bis 1933 wirkte er
als stellvertretender Chefredakteur der einflußreichen »Deutschen Allgemeinen Zeitung« (bis 1937 Mitarbeiter). Er bekleidete
zur Weimarer Zeit zahlreiche Ämter in journalistischen Berufsorganisationen; so war er
beispielsweise Mitglied des Obersten Eh-
rengerichtes beim Reichsverband der Deutschen Presse. 1939 ging er nach Montevideo
(Uruguay). Dort war er bis 1960 Chef des
»Boletin informativo«, des deutschsprachigen Wochenblattes der jüdischen Gemeinde. 1961 kehrte er nach Deutschland zurück.
Er starb 1971 in Frankfurt am Main.

Gisèle Freund (geboren 1912 in Berlin)
wird als »eine der bedeutendsten Fotogra-
finnen des 20. Jahrhunderts« bezeichnet. In-
doktriniert wurde sie an der »Marxburg«,
dem Frankfurter Institut für Sozialfor-

schung. Als ihre Lehrer werden Adorno, Norbert Elias, Friedrich Pollock und Karl Mannheim genannt. Sie wurde aktiv im Sozialistischen Studentenbund. 1933 ging sie nach Paris, wo sie mit dem KP-Propagandisten Münzenberg zusammenwirkte. 1940 tauchte sie in Frankreich unter und 1942 in Argentinien auf, um 1946 wieder nach Paris zurückzugehen. Sie wirkte für die Foto-Agentur »Magnum« (gegründet und geführt von Capa). Ihre Fotoreportagen - vor allem in »Life«, »Look« und »Paris Match« - gelten als bahnbrechend.

Ludwig Freund (geboren 1898 in Mülheim/Ruhr, gestorben 1970 in Hannover) war im Ersten Weltkrieg Frontsoldat. Von 1930 bis 1934 wirkte er als Geschäftsführer des Reichsbundes jüdischer Frontsoldaten, in dem sich vorwiegend deutschjüdische Patrioten gesammelt hatten, und er war auch Chefredakteur des Organs dieser Vereinigung, »Der Schild«. Er emigrierte nach Amerika, wo er Politologie lehrte. 1942 trat er in die Dienste der US-Armee. 1944/45 war er im US-Nachrichtendienst als »Sonderberater« tätig. Er kehrte 1959 nach Deutschland zurück. Er schrieb »Unter dem Schirm der nuklearen Angst« (1969).

Der Schriftsteller (ursprünglich Buchhändler) **Alfred Hermann Fried** aus Wien (Jahrgang 1864) hatte 1892 wesentlichen Anteil an der Gründung der Deutschen Friedensgesellschaft, an deren Spitze er trat. Seit 1899 gab er das Organ der Vereinigung, »Die Friedenswarte«, heraus. 1911 wurde ihm der Friedensnobelpreis verliehen. 1914 ging er in die neutrale Schweiz. Daß er von dort aus Proteste gegen kriegerische Kräfte in Deutschland richtete, wird ihm heute allgemein hoch angerechnet und steht bei der Berichterstattung über ihn im Vordergrund. Daß er aber auch gegen die Feinde Deutschlands, vor allem gegen deren brutale Kneblungspolitik in Versailles, Stellung bezog

und aus ihr die Gefahr eines Zweiten Weltkrieges erwachsen sah, ist wenig bekannt. 1919 veröffentlichte Fried »Der Weltprotest gegen den Versailler Frieden«. Er starb 1921 in Wien.

Zeitlebens war **Erich Fried** (geboren 1921 in Wien, gestorben 1988 in Baden-Baden) ein Literat der extremen antinationalen Linken. Bezeichnend ist der Titel eines seiner Bücher: »100 Gedichte ohne Vaterland«. Nichtsdestotrotz muß ihm Zivilcourage bescheinigt werden, wie er sich gegen US-Imperialismus (Vietnamkrieg), israelisches Unrecht an Palästinensern und gegen die Verteufelung der politischen Rechten in der Bundesrepublik eingesetzt hat. Daß er sich sogar mit dem sogenannten Neonazi-Führer Kühnen im Gefängnis traf (ohne daß es zu irgendeiner weltanschaulichen Annäherung gekommen wäre), brachte Meinungsmacher in Harnisch, die sonst für den Dialog sogar mit der »RAF« eintraten. Dabei saß Kühnen nicht etwa wegen Mordanschlägen ein. Fried war 1938 nach England emigriert, wo er für die kommunistische Jugendliga aktiv war und für die BBC arbeitete. Ab 1968 wirkte er als freier Schriftsteller in Österreich, dessen Staatsbürgerschaft er annahm. Fried ist auch als Übersetzer von T.S. Eliot, Graham Greene und Dylan Thomas in Erscheinung getreten.

Über **Emil Albert von Friedberg** heißt es im Almanach »Die Juden in Deutschland«, herausgegeben von Heinz Ganter: »Friedrich Julius Stahl und der gleichfalls von Juden abstammende Professor Emil von Friedberg, ein Bruder des preußischen Justizministers Heinrich von Friedberg, übten größten Einfluß auf den späteren Reichskanzler Fürst Bismarck aus, den sie während des von ihm geführten Kulturkampfes berieten.« Friedberg kam 1837 in Konitz zur Welt; er wurde christlich getauft. Er wirkte als Professor in Berlin, Halle, Freiburg/Br.

und Leipzig. 1872 war er maßgeblich an der Kulturkampfgesetzgebung beteiligt. Von 1864 bis 1890 gab er die Zeitschrift für Kirchenrecht heraus. Er starb 1910 in Leipzig. Sein bereits erwähnter Bruder, Heinrich von Friedberg, fungierte von 1879 bis 1889 als preußischer Justizminister und hatte maßgeblichen Einfluß auf das Reichsstrafgesetzbuch von 1870.

Es gab in der Kaiserzeit nicht wenige Politiker jüdischer Herkunft, die in der Bundesrepublik rechts von den »Rechtsradikalen« stünden. Zu ihnen zählte **Robert Friedberg**. Geboren 1851 in Berlin, wirkte er ab 1885 als Professor für Staatswissenschaft in Leipzig. Für die Nationalliberalen war er von 1885 bis 1918 preußischer Landtagsabgeordneter (1913 Fraktionsvorsitzender), von 1893 bis 1898 Reichstagsabgeordneter. 1904 wurde er stellvertretender Vorsitzender, 1917 Vorsitzender der Nationalliberalen. Als führender Mann fungierte er auch im Alldeutschen Verband und verfocht dessen betont nationalistische Forderungen. 1918 wirkte er als geschäftsführender preußischer Ministerpräsident. 1919 war er DDP-Mitglied der Nationalversammlung und der Preußischen Landesversammlung. Friedberg starb 1920 in Berlin.

Zu den jüdischen Prominenten, die sich mit dem Nationalsozialismus arrangieren wollten, von diesem aber zurückgestoßen wurden, zählte neben Persönlichkeiten wie Werfel und Schoeps auch der Schriftsteller **Egon Friedell** (geboren 1878 in Wien). Der Sohn eines Tuchfabrikanten hieß eigentlich Friedmann mit Nachnamen. Als sein Hauptwerk gilt die tiefschürfende »Kulturgeschichte der Neuzeit«, in drei Bänden erschienen zwischen 1927 und 1931. Nach dem Österreich-Anschluß nahm er sich 1938 in Wien das Leben. Das »Neue Lexikon des Judentums« erläutert: »Das Judentum kannte für den zum Protestantismus übergetretenen Friedell keinen (philosophischen) Idealismus und verbreitete das Gift des Rationalismus. Von daher war sein Versuch naheliegend, sich 1935 dem Nationalsozialismus anzuschließen - ein Verhalten, das zur Tragödie seines Selbstmordes führte.«

Max Friedemann, geboren 1905 in Orsoy am Niederrhein, schloß sich als Halbwüchsiger den Kommunisten an. Im Spanischen Bürgerkrieg war er »Hauptmann Mäcki« in der »Centuria Thälmann«, dann stellvertretender Chef des Nachrichtendienstes der Roten Brigaden. In Frankreich verwandelte er sich in »Commandant François Heuzé« und war führender Partisan im Zweiten Weltkrieg. In der DDR brachte er es zum Diplomaten (u.a. an der Botschaft in Peking) und zum Staatssekretär. Er war »Held der Arbeit« und trug den »Vaterländischen Verdienstorden«. Als Mäcki-Heuzé-Friedemann 1986 starb, ordnete Honekker ein Staatsbegräbnis an.

Der Schriftsteller **Richard Friedenthal** ist vor allem mit seinen Biographien Goethes (1963), Luthers (1967) und Jan Hus' (1971) bekannt geworden. Er kam 1896 in München als Sohn des Anthropologen Hans Friedenthal (1870-1942) zur Welt, der wichtige Erkenntnisse über die Blutsverwandtschaft zwischen Mensch und Affe gewann. Richard Friedenthal wandte sich nach dem Ersten Weltkrieg der freien Schriftstellerei zu. Besonders wurde er von Stefan Zweig gefördert. 1938 ging er in die englische Emigration; im Krieg war er für die BBC-Propaganda tätig. Nach 1945 war er maßgeblicher Schriftleiter der »Neuen Rundschau« (Stockholm) und des Verlages Droemer-Knaur in Deutschland. 1956 ging er nach England zurück. Er starb 1979 in Kiel bei einer Deutschlandreise.

Dem österreichischen Publizisten und Historiker **Heinrich Friedjung**, geboren 1851 im mährischen Rostschin, sagt Meyers Enzyklopädisches Lexikon »betontes Deutschbewußtsein« nach. Der Große Brockhaus nennt ihn einen »Vertreter der gesamtdeutschen Geschichtsauffassung«. Kröners »Lexikon der deutschen Geschichte« bezeichnet ihn als Verfechter »entschieden gesamtdeutscher Auffassungen«. Und das »Lexikon des Judentums« erwähnt seine »großdeutschen Anschauungen«. Friedjung hatte sich während des Studiums in Wien einer deutschnationalen Studentenverbindung angeschlossen. Mit Schönerer und Victor Adler arbeitete er 1882 das deutschnationale »Linzer Programm« aus. Er wirkte als Chefredakteur der großdeutsch ausgerichteten »Deutschen Wochenschrift« und der »Deutschen Zeitung«. Auch in seinen historischen Werken schrieb Friedjung im Sinne eines Deutschen Reiches von der Maas bis an die Memel, von der Etsch bis an den Belt. Er starb 1920 in Wien.

Seinen ersten größeren Erfolg bei Kritikern errang der Hollywood-Regisseur **William Friedkin**, Jahrgang 1939, mit dem Film »The Birthday Party« (1968) nach dem Stück von Harold Pinter. Beifall erhielt er auch für »The Boys in the Band« (1970) nach dem als besonders »fortschrittlich« geltenden Homosexuellenstück von Mart Crowley. Dann stieg Friedkin auf harte »Thriller« um. 1971 zum Beispiel bannte er »French Connection«, einen brutalen Kriminalfilm, auf die Leinwand. 1973 folgte unter seiner Regie der »Horror-Klassiker« über einen Teufelsaustreiber, »The Exorcist«. Seither gilt er als einer der gefragtesten Kommerzregisseure Hollywoods. Sogar das »rororo-Filmlexikon« kann sich eine kritische Anmerkung nicht verkneifen: »Unübersehbar ist ein gewisser Zynismus in der Rücksichtslosigkeit, mit der er die fragwürdigsten Inhalte transportiert, solange sie kassenträchtig zu sein versprechen.«

Bei dem Publizisten **Ernst Friedländer** (geboren 1895 in Wiesbaden, gestorben 1973 in Köln) handelt es sich um den Vater der sozialdemokratischen Politikerin Katharina Focke. Zur Weimarer Zeit war er beim Chemiekonzern IG Farben beschäftigt. 1929 wurde er dessen Direktor und Filialleiter in den USA. Lange vor Hitlers Machtübernahme, 1931, ging er mit der Familie in die Schweiz, dann nach Liechtenstein. Von 1946 bis 1950 wirkte Friedländer als stellvertretender Chefredakteur der Hamburger »Zeit«. Er galt als journalistischer Vertrauter von Konrad Adenauer; auch »Zeit«-Chef Gerd Bucerius war politisch eng mit dem ersten Kanzler verbunden und vertrat die CDU von 1949 bis 1963 im Bundestag. Von 1954 bis 1958 stand Friedländer an der Spitze der Europa-Union in Deutschland. Ab 1960 lebte er im italienischen Siena. Er starb 1973 in Köln.

Der Kunsthistoriker **Max Jacob Friedländer** kam 1867 in Berlin als Sohn eines Bankiers zur Welt. Er war ab 1896 an der Berliner Gemäldegalerie tätig. 1902 wurde er Zweiter, 1924 Erster Direktor des Berliner Kupferstichkabinetts. Schließlich fungierte er als Direktor der staatlichen Gemäldegalerien in Berlin. Dieses Amt hatte er bis 1932 inne. 1939 emigrierte er in die Niederlande. Er starb 1958 in Amsterdam. Friedländer galt als eine Koryphäe seines Faches, besonders in bezug auf die Malerei des 15. und 16. Jahrhunderts, aber auch in Sachen Impressionismus. In 14 Bänden gab er »Die altniederländische Malerei« heraus. 1924 schrieb er ein ausführliches Werk über Max Liebermann.

»Weise von Zion« nannte der jüdische Publizist **Otto Friedlaender** (geboren 1897 in Berlin, gestorben 1954 in Stockholm) sein 1936 in der Prager Emigration erschienenes Werk über Moses, Marx, Spinoza, Einstein, Disraeli und Rathenau. Friedlaender war

Viktor FRANKL

Wilhelm FRANKL

Anna FREUD

Sigmund FREUD

Erich FRIED

Richard FRIEDENTHAL

Michel FRIEDMAN

Karl Ritter von FRISCH

Erich FROMM

1924 Vorsitzender des Sozialistischen Studentenbundes geworden und wirkte von 1926 bis 1932 als Sekretär der Sozialistischen Studenten-Internationale. 1933 ging er nach Prag, 1938 nach Norwegen, 1940 nach Schweden. Von ihm stammen auch »Hammer, Sichel und Mütze« (1972), »Volkscharakter und Umerziehung in Deutschland« (1947) und die Autobiographie »Zwischen zwei Zeiten« (1950).

Zu den kaisertreuen und patriotischen deutschen Industriellen jüdischer Herkunft zählte **Paul Friedländer**. Geboren 1857 in Königsberg und christlich getauft, lehrte er bis 1911 als Chemiker an der TH Karlsruhe, anschließend war er Professor in Wien und Darmstadt. Früh trat er in die Teerfarbenindustrie ein und hatte maßgeblichen Anteil am Welterfolg der Firma Cassella. 1905 fand er den Thioindigo. Kaiser Wilhelm II. verlieh ihm 1908 den erblichen Adel. Nach Ausbruch des Ersten Weltkrieges diente Paul von Friedländer als deutscher Major. Dann wurde er ins Kriegsministerium berufen und leitete dort das kriegswichtige Referat Chemie. Er starb 1923 in Darmstadt.

»Versöhnung ist ein absolut sinnloser Begriff. Den Erben des judenmordenden Staates kommt gar nichts anderes zu, als die schwere historische Verantwortung auf sich zu nehmen, generationenlang, für immer.« Dieses Wort über die Deutschen stammt von **Michel Friedman**. Er gehört dem Präsidium des Zentralrates der Juden in Deutschland an, ist seit 1985 CDU-Stadtverordneter in Frankfurt am Main und wurde 1994 in den Bundesvorstand der Christdemokraten gewählt. Er kam 1956 in Paris zur Welt. Die aus dem Polnischen stammenden Eltern wurden - nach seinen Angaben - auf »Schindlers Liste« vor dem Tod in Auschwitz bewahrt. Als Friedman neun Jahre alt war, wechselte der Vater mit seinem Pelzgeschäft von Paris nach Frankfurt am Main. Daheim wurde jiddisch gesprochen. 1995

warf der (ebenfalls aus jüdischer Familie stammende) Publizist Gerhard Löwenthal Friedman vor, »die Grundlagen von Stil und Anstand im Umgang mit Andersgläubigen mit Füßen getreten zu haben«. Er bezog sich auf einen Zeitungsbeitrag des jüdischen CDU-Funktionärs. Darin hatte dieser die Meinung vertreten, mit dem Gedenken an die Kreuzigung Jesu verbinde sich »der Anti-Judaismus der organisierten Kirche«. Dem »Munzinger-Archiv« fällt Friedmans »Dauerpräsenz in Frankfurts Jet-Set-Kreisen« auf. Im »Fragebogen« des Blattes »Die Woche« antwortete Friedman auf die Frage, was ihm seines Erachtens seine Feinde nachsagen: »Klugheit«. Wie er einem Blinden sein Äußeres beschreiben würde? Friedman: »Schön.«

In den 60er und 70er Jahren war der Ökonom **Milton Friedman**, geboren 1912 in New York, der Vordenker und Wegbereiter eines »Neokapitalismus« mit radikalen Einschnitten bei Sozialstaatsleistungen. Seine Philosophie wurde von der US-Regierung Reagan (»Reaganomics«) und besonders von Premierministerin Thatcher (»Thatcherismus«) übernommen. Friedman lehrte von 1946 bis 1985 an der Universität Chikago. Ab 1977 war er auch Professor an der Hebräischen Universität Jerusalem, wo er als Berater der israelischen Regierung tätig war.

Bei der Kryptologie handelt es sich um die Lehre von der vor allem bei Agenten gebräuchlichen Geheimschrift und ihrer Entzifferung. Als einer der weltbesten Kryptologen des 20. Jahrhunderts wird **William F. Friedman** bezeichnet. Er kam 1891 in Kischinero/Moldau zur Welt und starb 1969 in der US-Bundeshauptstadt Washington. 1917 war er in die Dienste des US-amerikanischen Geheimdienstes getreten. Besonderes Engagement legte er im Zweiten Weltkrieg im Kampf gegen Deutschland an den Tag. Er wurde von den US-Behörden vielfach geehrt.

Der bahnbrechende Verhaltensforscher **Karl Ritter von Frisch** wurde 1886 in Wien als Chirurgensohn geboren. Mütterlicherseits war er jüdischer Abstammung. Sein Großvater war der Philosoph Franz Exner, sein Onkel der Physiologe Sigmund Exner. Die Familien Frisch und Exner wurden 1878 bzw. 1918 geadelt. Karl von Frisch lehrte in Rostock, Breslau und ab 1925 in München. Dort leitete er bis 1945 das Zoologische Institut der Universität. Von 1945 bis 1950 las er in Graz, dann wieder in München. Ihm gelang die Entschlüsselung der sogenannten Bienensprache. Sein populärwissenschaftliches Werk »Du und das Leben - Eine moderne Biologie«, das 1936 im Deutschen Reich erstmals erschien, hat bis heute 19 Auflagen erreicht. Den Nobelpreis für Medizin/Physiologie erhielt Ritter von Frisch 1973 zusammen mit den (nichtjüdischen) Verhaltensforschern Konrad Lorenz, dem Begründer der Ethologie, und Nikolaas Tinbergen. Karl von Frisch starb 1982 in München.

Einer der Väter der Atombombe war der Physiker **Otto Robert Frisch**. Der Neffe der (gleichfalls jüdischen) Atomforscherin Lise Meitner kam 1904 in Wien zur Welt. Bis 1933 wirkte er unter Prof. Otto Stern an der Universität Hamburg, dann wanderte er nach England aus. 1934 bis 1939 war er Mitarbeiter von Niels Bohr in Kopenhagen. Dann ging er erneut nach England und wurde britischer Staatsbürger. Ab 1943 war er führender Mitarbeiter am US-Atombombenprojekt in Los Alamos. Von 1947 bis 1972 lehrte er an der Universität Cambridge in England. Er starb 1979 in der Hochschulstadt. U.a. schrieb er »Meet the Atoms« (New York, London 1947) und »The Nuclear Handbook« (London 1958).

Enge Gefährtin von Rosa Luxemburg war die marxistische Politikerin jüdischer Abkunft **Rosi Frölich-Wolfstein**. Geboren 1888 in Witten an der Ruhr, schloß sie sich 1908 der SPD an. 1918/19 hob sie mit Luxemburg und Liebknecht zunächst den »Spartakusbund«, dann die KPD aus der Taufe. Sie vertrat die Kommunisten von 1921 bis 1924 im Preußischen Landtag. Im Kampf um die Macht mit der ebenfalls jüdischen KP-Führerin Ruth Fischer unterlegen, wurde Frölich-Wolfstein sämtlicher Parteiämter enthoben. Mit ihrem Lebensgefährten Paul Frölich war sie Nachlaßverwalterin der Luxemburg. Sie gab die Werke der Schöpferin der KPD heraus. 1933 emigrierte sie. 1950 kam sie aus New York nach Deutschland zurück. Sie wirkte wieder in der SPD mit. 1987 starb Rosi Frölich-Wolfstein in Frankfurt am Main.

Mit seinen Brüdern Charles (der 1915 an Bord der »Lusitania« ertrank) und Gustave übte **Daniel Frohman** großen Einfluß auf das nordamerikanische Theaterwesen aus. Geboren 1851, begann er als Plakatzeichner. Dann übernahm er mit David Belasco als Direktor das Lyceum Theater in New York. Er wirkte als Agent u.a. für Ossip Gabrilowitsch, Sarah Bernhardt, Lilian Gish und Mary Pickford (die »Hollywood-Queen« an der Seite des Mimen Douglas Fairbanks sen.). Daniel Frohman war von 1903 bis 1940 Präsident des einflußreichen »Actors Fund of America«. Er starb 1940 in New York.

Der Psychoanalytiker **Erich Fromm** (geboren 1900 in Frankfurt am Main, gestorben 1980 in Muralto bei Locarno) versuchte Moses, Marx und Freud zu verknüpfen, »propagierte die Endzeitpropheten Jesaja, Amos und Hosea« (Tetzlaff, »2000 Kurzbiographien bedeutender deutscher Juden«) und gewann großen Einfluß auf die sogenannte Neue Linke. Der Sohn des jüdischen Fruchtweinhändlers Naphtali Fromm ging bei Rabbi Noel in die Lehre. Er betrieb zur Weimarer Zeit mit seiner Frau Frieda

Fromm-Reichmann das nach streng jüdischer Sitte ausgerichtete »Freie Jüdische Lehrhaus« und wurde 1929 Dozent für Psychoanalyse am Institut für Sozialforschung in Frankfurt am Main, der sogenannten Marxburg. In der amerikanischen Emigration ab 1934 war er Lehrer an der New Yorker Columbia-Universität, Direktor des Psychoanalytischen Institutes von Mexiko-Stadt und Professor an der Michigan State University. Ab 1965 lebte er in der Schweiz.

Zur Führung der Psychoanalytischen Internationale gehörte **Frieda Fromm-Reichmann**, die von 1926 bis 1942 mit Erich Fromm verheiratet war. Sie kam 1889 in Karlsruhe zur Welt und war Schülerin sowie Assistentin des Psychiaters Kurt Goldstein. 1924 eröffnete sie mit Erich Fromm in Heidelberg eine Privatklinik, in der sie versuchte, jüdische Lebensweise mit psychoanalytischem Denken zu verbinden. Die strenge Einhaltung jüdischer Speise- und Sabbatvorschriften war ebenso Teil des Programmes, wie tägliche Gebete Pflicht waren. 1929 war sie Mitbegründerin und anschließend bis 1933 Leiterin des Psychoanalytischen Instituts in Frankfurt am Main. 1933 ging sie über Palästina in die USA. Sie unterrichtete u.a. in Stanford. 1957 starb sie in Rockville/Maryland.

An die Spitze der Stasi rückte in der DDR **Hans Fruck** auf. Geboren 1911 in Berlin, schloß er sich 1929 der stalinistischen KPD an und wurde 1933 Mitglied im Bund Deutsch-Jüdischer Jugend. Er beteiligte sich an Untergrundaktivitäten. Im Spanischen Bürgerkrieg war er Rotbrigadier. Dann kam er auf KP-Befehl nach Deutschland zur kommunistischen Umsturzarbeit zurück. Er wurde dingfest gemacht und zu einer Haftstrafe verurteilt, die er bis 1945 im Zuchthaus Brandenburg verbüßte. Dann wurde er einer der übelsten Staatsterroristen in der SBZ bzw. DDR. Zunächst war er Leiter des Fahndungsdezernats der Ostber-

liner Kripo, dann Chef der dortigen Kriminaldirektion. Von 1952 bis 1956 führte er die Stasi-Verwaltung von Berlin. Er hatte maßgeblichen Anteil am Aufbau des Ministeriums für Staatssicherheit. Ab 1957 wirkte er als stellvertretender Leiter der Hauptverwaltung Aufklärung und als Stasi-Vizeminister. Er war engster Vertrauter des Markus Wolf. 1974 wurde Fruck Leiter der für Mauermord und »Grenzssicherung« zuständigen »Arbeitsgruppe Grenze« der Stasi im Range eines Generalleutnants.

Der Begründer und Hauptvertreter der Wiener Schule des Phantastischen Realismus, der von Bosch und Böcklin angeregte und von Dali beeinflußte Maler, Graphiker und Gestalter **Ernst Fuchs**, kam 1930 in Wien als Sohn eines jüdischen Altwarenhändlers zur Welt. Nach Studienabschluß an der Wiener Akademie am Schillerplatz, 1950, ließ er sich vier Jahre lang im Benediktiner-Kloster Zion in Jerusalem inspirieren. In seinen Gemälden findet man häufig jüdische Motive und Bezugnahmen. Er prangert den modernen Kunstbetrieb an: »Ich sehe eine geradezu faschistische Gängelung darin, wie sich heute gewisse Leute in der Bundesrepublik über die Kunst des Dritten Reiches aufregen, obwohl sie selbst eine Kunstpolitik betreiben, die sich durchaus mit derjenigen während der NS-Ära vergleichen läßt.« Die öffentliche Schmähung und Verbannung von Werken zum Beispiel eines Arno Breker zeige, daß die Politik der Reichskulturkammer heute unter umgekehrtem Vorzeichen ihre Fortsetzung finde.

Der Jurist **Richard Fuchs** (geboren 1886 in Berlin, gestorben 1970 in London) amtierte ab 1914 als Richter in der Reichshauptstadt, war ab 1919 im Wirtschaftsministerium, 1922 im Reichsfinanzministerium (Ministerialrat) tätig. Nach der NS-Machtübernahme war er Rechtsberater der Reichsvertretung der Juden, und er dozierte an der Lehranstalt für die Wissenschaft des

Judentums in Berlin. 1939 ging er nach England. Von 1945 bis 1947 wirkte er als Rechtsberater der englischen Besatzer in Deutschland (»Control-Commission for Germany«) und von 1957 bis 1960 als juristischer Beistand der britischen Botschaft in Bonn. U.a. schrieb er über »The Hochschule für die Wissenschaft des Judentums in the Period of Nazi Rule« (1967).

Nach seiner Rückkehr aus der chinesischen Emigration bekleidete der Jurist jüdischer Herkunft **Walter Fuchs** hohe diplomatische Posten der Bundesrepublik Deutschland. So wirkte er beispielsweise von 1952 bis 1955 als Generalkonsul in Paris. Er war 1888 im oberschlesischen Tarnowitz als Sohn eines Fabrikanten geboren worden. 1920 trat er in den deutschen diplomatischen Dienst. U.a. war er Legationssekretär in Addis Abeba und Athen, Konsul in Singapur, Surabaja und Schanghai. Wegen der NS-Rassengesetzgebung aus dem Dienst entlassen, machte er eine Rechtsanwaltspraxis in Schanghai auf, wo mehr als 20 000 Hitleremigranten lebten. Fuchs erhielt u.a. das Bundesverdienstkreuz und den Griechischen »Erlöserorden«. Er starb 1966 in Bonn.

»Die Partei, die Partei, sie hat immer recht!« Es war der kommunistische Literat aus jüdischer Familie **Louis Fürnberg**, der der Menschheit den Text zu diesem SED-Bekenntnislied gab. Zur NS-Zeit war der 1909 im mährischen Iglau geborene und 1928 der KPC beigetretene Fürnberg 1939 nach Palästina emigriert. Dort reimte er u.a. »Im Namen der Menschlichkeit - Eine Kantate auf die Sowjetunion«. Nach 1945 tauchte er als linientreuer Stalinist zuerst in Prag auf, wo er Diplomat des roten Regimes wurde. Ab 1954 war er als SED-Literat in der DDR aktiv. Er bejubelte die Niederschlagung des Ungarnaufstandes durch Sowjetpanzer und feierte Karl Marx mit den Worten: »Furchtlos den Ungeheuern die Stirne

bietend,/ seine eiskalte Stirne erfüllt von einem Gedanken:/ diese Welt zu verändern!/ Wann je ging eines Menschen Fuß so über die Erde!« Fürnberg starb als Vorstandsmitglied des SED-gelenkten DDR-Schriftstellerverbandes 1957 in Weimar.

Über den Bankier **Carl F. Fürstenberg** hieß es 1930 im »Reichshandbuch der deutschen Gesellschaft« u.a.: »Betätigte sich in geschäftlichen und aktienrechtlichen Transaktionen sowie der Finanzierung großindustrieller Unternehmen der Elektrizitäts-, Montan- und Maschinen-Industrie ... Er ist Vorsitzender des Aufsichtsrats der AEG, der Bank elektrischer Werte, der Deutschen Hypothekenbank und der Kraftübertragungswerke Rheinfelden. Er ist ferner stellvertretender Vorsitzender des Aufsichtsrats der Allgemeinen Lokalbahn und Kraftwerke, der Kokswerke und Chemische Fabriken A.G., der Julius Pintsch AG, der Permutit AG, der Treuhand AG für Verkehrs- und Industriewerte und der Zuckerraffinerie Tangermünde.« Es folgte die Auflistung seiner zahlreichen weiteren Posten. Fürstenberg, geboren 1850 in Danzig, war von Gerson Bleichröder ausgebildet worden und ab 1883 Inhaber der Großbank »Berliner Handels-Gesellschaft«. Eine enge Freundschaft verband ihn mit den Rathenaus. Politisch galt er als nationalliberal. Er starb 1933 in Berlin. Seine Autobiografie heißt: »Lebensgeschichte eines deutschen Bankiers.«

Vor allem mit rund 40 Bühnenwerken ist der Schriftsteller **Ludwig Fulda**, geboren 1862, hervorgetreten. Eigentlich hieß er Ludwig Anton Salomon. In München gehörte er in den 1880er Jahren dem Kreis um Heyse an, in Berlin (ab 1888) gründete er die »Freie Bühne«. Mehr als 20 Jahre war er Vorsitzender des Verbandes der Bühnenschriftsteller in Deutschland. 1926 wurde er Vorsitzender der Sektion für Dichtkunst in der Preußischen Akademie der Künste (bis

1933). Aus antideutschem Ressentiment war ihm 1914 vom französischen Staat das für seine Molière-Übersetzungen verliehene Kreuz der Ehrenlegion aberkannt worden, aus antisemitischen Erwägungen sollte er 1939 die Ehrenplakette des Wiener Burgtheaters zurückgeben. Er nahm sich im selben Jahr in Berlin das Leben.

1989 wurde **Alisa (Ilse) Fuss** zur Präsidentin jener Internationalen Liga für Menschenrechte gewählt, die sich vor allem auf Einstein, Tucholsky und Ossietzky beruft. Ilse Fuss kam 1919 als Tochter eines jüdischen Kaufmanns in Berlin zur Welt. 1935 ging sie als Aktivistin der zionistischen Jugendbewegung nach Palästina. Dort diente sie in der zionistischen Untergrundarmee Haganah. Sie war in Tel Aviv als Sonderschullehrerin tätig, als sie 1976 ein Ruf der Universität Bielefeld ereilte, wo sie bis 1980 lehrte. Dann zog sie nach Berlin. »Widerstand gegen zunehmende ausländerfeindliche und antisemitische Entwicklungen zu organisieren, rückte für sie immer mehr in das Zentrum ihres Engagements; sie organisierte Gedenkveranstaltungen, Schutzwachen vor Asylbewerberheimen und rief zu Mahnwachen vor Flüchtlingslagern auf«, berichtet das Biographische Archiv von Munzinger. Ihr Bundesverdienstkreuz am Bande von 1992 gab sie ein Jahr später »aus Protest gegen die ausländerfeindliche neue Asylgesetzgebung« dem Bundespräsidenten von Weizsäcker zurück.

Als »bedeutender Repräsentant der abstrakt-konstruktiven Plastik« wird **Naum Gabo** bezeichnet, der 1890 in Brjansk/Rußland als Naum Nehemia Pevsner zur Welt kam. 1905 war er als Umstürzler in Haft. 1910 emigrierte er nach Deutschland, wo er sich mit Kandinsky zusammentat. 1914 ging er nach Skandinavien. Nach dem bolschewistischen Sieg kehrte er nach Rußland zurück. Er wurde dort Kulturfunktionär. Ab 1922 wirkte er wieder hauptsächlich in Berlin. Er beteiligte sich mit Vorschlägen an der Gestaltung des Sowjet-Palastes in Moskau. Albert Speer soll angeblich den später als Lichterdom bekanntgewordenen Lichteffekt bei NS-Reichsparteitagen von Gabo imitiert haben. 1932 tauchte Gabo in Paris auf, später ging er nach England und in die USA. Dort lehrte er ab 1953 Kunst in Harvard. 1977 starb er in Waterbury, US-Bundesstaat Connecticut.

Ossip Salomonowitsch Gabrilowitsch ist als »herausragender Vertreter der russischen Musik« gefeiert worden. Er wurde 1878 in St. Petersburg als Sproß einer jüdischen Familie geboren. A. Rubinstein bildete ihn aus. Gabrilowitsch kam nach Deutschland und wurde hier Direktor des Münchner Konzertvereins. 1914 ging er nach Amerika, wo er ab 1918 als Generalmusikdirektor in Detroit die Stabführung übernahm. Er heiratete die Sängerin Clara Clemens, eine Tochter des amerikanischen Schriftstellers Mark Twain. Gabrilowitsch verschied 1936 in Detroit.

1991 erlag der Kunstschaffende **Serge Gainsbourg** unter schwersten Qualen in Paris seinen Suchtkrankheiten. Der Sohn eines jüdischen Barpianisten aus Rußland, geboren 1928 in der französischen Hauptstadt, hatte mit seinem von »Sex- und Suff«-Orgien erfüllten Leben Erfolg bei der westlichen Kultur-Schickeria. Berühmt wurde er 1969 mit seinem und seiner damaligen Lebensgefährtin Birkin »Sex«-Stöhnen auf der Schallplatte »Je t'aime«. Gainsbourg, der sich selbst als »Mister Häßlich« und »Zuhälternatur« charakterisierte, legte ein Jahr vor seinem Tod bundesdeutsche Zeitungen und Illustrierte mit der Behauptung herein, seine neue »ständige Begleiterin« sei die Enkelin des »deutschen Feldmarschalls von Paulus«. Tatsächlich hatte Feldmarschall Paulus weder Adelstitel noch Enkelin. Es handelte sich in Wahrheit bei der Gainsbourg-Gefährtin um ein halbasiatisches Fotomodell namens Bambou.

Als **Heinz Galinski**, Chef der jüdischen Gemeinde Westberlin seit 1948 und des Zentralrats der Juden in Deutschland seit 1988, im Jahre 1992 in Berlin starb, sagte Bundespräsident Richard von Weizsäcker, es sei das Recht und die Pflicht des Dahingegangenen gewesen, »daß er uns wahrhaftig immer wieder die Leviten gelesen« habe. Galinski sei ein »Vorbild an Bürgersinn« gewesen. Und, so fuhr Weizsäcker fort: »In ganz Deutschland hörte jeder auf seine Stimme, um täglich von neuem den rechten Weg zu finden.« Auch von DDR-Staatschef Honecker war Galinski noch zu Lebzeiten mit hoher Ehrung versehen worden: Der SED-Chef verlieh dem Zentralratsvorsitzenden in Ostberlin den »Stern der Völkerfreundschaft«. Galinski sprach nach der Begegnung mit Honecker von »menschlicher Wärme und ehrlichem Entgegenkommen«. Nach dem Krieg hatte Galinski dem in der NS-Zeit inhaftierten Honecker ein Zertifikat als NS-Verfolgter ausgestellt. Galinski war 1912 in Marienburg als Sohn eines jüdischen Textilhändlers zur Welt gekommen. Er überlebte mehrere KZs, darunter Auschwitz, wo er zur Zwangsarbeit für die IG Farben eingesetzt worden war. Galinskis unablässiges Streben war darauf gerichtet, Israel zu unterstützen und bei den Deutschen ein Schuldbewußtsein wegen Hitler wachzuhalten. In den eigenen Reihen wurde sein selbstherrlicher Führungsstil kritisiert. Anfang 1992 wehrte er sich gerichtlich gegen jüdische Widersacher, die ihn als eine

Art »letzten Stalinisten« attackiert hatten. Galinski stachelte zu radikalem Vorgehen gegen die gesamte politische Rechte der Bundesrepublik an. Ständig suchte er das Rampenlicht der Medien für seine Auftritte und verhielt sich damit grundsätzlich anders als der jüdische Zentralrat in den ersten Jahrzehnten der Bundesrepublik, als die jüdische Führung der Ansicht war, penetrantes Hervortreten mit Anklagen und Forderungen könne eines Tages Unmut schaffen und der jüdischen Sache schaden. 1975 scheiterte ein der »Roten Armee Fraktion« (RAF) zugerechneter Attentatsversuch auf Galinski. Am 10. Februar 1993 erklärte sein Nachfolger Bubis, die Stasi habe ernsthaft erwogen, Galinski umzubringen. In den 60er Jahren sei eine an ihn gerichtete Briefbombe abgefangen und entschärft worden. Die Untat sollte als rechtsradikales, antisemitisches Verbrechen erscheinen, um die Bundesrepublik international in Mißkredit zu bringen.

Der 1920 in Berlin geborene Publizist **Peter Galliner** ging 1938 nach England. Dort wurde er Mitarbeiter der Agentur »Reuter« und der »Financial Times«, zu deren Direktor in der Auslandsabteilung er aufstieg. 1946 trat er in London der SPD bei. Von 1961 bis 1964 fungierte er als Geschäftsführer des Berliner Ullstein-Verlages. Dann eröffnete er eine eigene Presse-Agentur in London (»Peter Galliner Assoc.«). Seit 1975 ist er Chef des Internationalen Presseinstitutes, das seinen Sitz in Zürich hat. Er erhielt das Bundesverdienstkreuz Erster Klasse (Deutschland), The Knight Commander's Cross (England) und den Orden der Königin Elisabeth der Katholischen (Spanien).

Eine maßgebliche Rolle im kommunistischen Rumänien spielte der Ökonom jüdischer Abkunft **Gheorghe Gaston-Marin**. Er ist Jahrgang 1918 und stammt aus dem transsylvanischen Petrosani. Eigentlich heißt er Großmann. In jungen Jahren war er glühender Zionist. Im Zweiten Weltkrieg beteiligte er sich in den Reihen der französischen Sabotagetrupps und Heckenschützen des Maquis an antideutschen Aktionen. Das KP-Parteibuch erwarb er 1941. 1945 ging er nach Rumänien zurück. 1948 wurde er dort stellvertretender Industrieminister. Von 1962 bis 1965 amtierte er als stellvertretender Ministerpräsident. Außerdem leitete er das staatliche rumänische Planungskomitee.

»Vom 17. bis zu meinem 44. Lebensjahr hoffte ich, der Menschheit als Kommunist dienen zu können. Dies war eine Illusion, aber ich möchte keinen Moment meines kämpferischen Lebens missen«, sagt **John Gates**. Er kam 1913 im jüdischen Viertel New Yorks als Solomon Regenstreif zur Welt. Anfang der 30er Jahre wurde er im KP-Parteiauftrag zu den Stahlkochern nach Ohio geschickt, um bei den Streiks mitzumischen. Auf Parteibefehl nahm er seinen Decknamen an. Im Spanischen Bürgerkrieg wirkte Gates-Regenstreif als Kommissar in der XV. »Lincoln-Brigade«, die von Milton Wolff geführt wurde. 1945 zog er als Angehöriger der 17. US-Fallschirmdivision ins geschlagene Deutschland ein. 1948 erhielt er als führender Kommunist in den USA eine fünfjährige Haftstrafe, von der er vier Jahre im Gefängnis von Atlanta absaß. Dann wurde er Chefredakteur der KP-Zeitung »Daily Worker«. In den späten 50er Jahren wandte er sich vom Kommunismus ab und wurde Funktionär der Gewerkschaft IGLWU.

Robert Raphael Geis (geboren 1906 in Frankfurt am Main, gestorben 1972 in Baden-Baden) wirkte bis 1934 als Rabbiner in München, dann bis 1937 in Mannheim und bis 1939 als Oberrabbiner von Hessen. Dann ging er nach Palästina. Er lehrte dort jüdische Religion und war im Kriege Stabsmitglied einer jüdischen Kriegspropaganda-Einheit in Jerusalem. Nach 1945 war er zunächst als Rabbiner in Zürich und in Amsterdam aktiv. 1952 wurde er Landesrabbiner in Baden. Von 1956 bis 1972 war er Professor für jüdische Religionswissenschaft an der PH Duisburg. Er fungierte als Vorsitzender der Arbeitsgruppe »Juden und Christen« des Deutschen Evangelischen Kirchentages und gehörte dem WDR-Rundfunkrat an. Er schrieb u.a. »Der Begriff des Patriotentums bei Hermann Cohen« (1942) und »Vom unbekannten Judentum« (1961).

1891 wurde in Lemberg **Nathan Michael Gelber** geboren. Er kam 1909 aus Galizien nach Wien, dann nach Berlin. Ab 1921 wirkte er als Generalsekretär der Zionistischen Organisation Österreichs. 1927, 1929 und 1933 war er Generalsekretär der zionistischen Weltkongresse. Auch arbeitete er an der Encyclopaedia Judaica und am Jüdischen Lexikon des Philo-Verlages Berlin mit. 1931 bis 1940 vertrat er »Keren Hajessod«, eine Organisation zur Förderung jüdischer Einwanderung in Palästina, in Wien bzw. Jerusalem. 1934 ging er nach Palästina, wo er von 1940 bis 1954 als Direktor in der Keren Hajessod eine Schlüsselstellung der Zionistischen Internationale einnahm. Er starb 1966 in Jerusalem.

Kein anderer sowjetischer Architekt prägte den gigantomanischen »Zuckerbäcker-Stil« der Stalin-Zeit dermaßen wie **Wladimir Georgijewitsch Gelfreich**. 1885 wurde er in St. Petersburg geboren, 1967 starb er in Moskau. Meist in Zusammenarbeit mit W.A. Schtschuko entwarf er zahlreiche öffentliche Bauten für die Bolschewisten, vor allem in Leningrad und in Moskau. Er errichtete zum Beispiel die kolossale Leninbibliothek (Baubeginn 1928) und das Außenministerium (1948-52). An der Gestaltung der Moskauer U-Bahn war er maßgeblich beteiligt.

Ernst FUCHS,
modelliert von Breker

Louis FÜRNBERG

Serge GAINSBOURG

Heinz GALINSKI

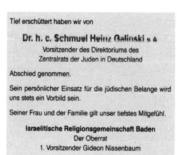

Tief erschüttert haben wir von

Dr. h. c. Schmuel Heinz Galinski s. A
Vorsitzender des Direktoriums des
Zentralrats der Juden in Deutschland

Abschied genommen.

Sein persönlicher Einsatz für die jüdischen Belange wird
uns stets ein Vorbild sein.

Seiner Frau und der Familie gilt unser tiefstes Mitgefühl.

Israelitische Religionsgemeinschaft Baden
Der Oberrat
1. Vorsitzender Gideon Nissenbaum

Galinski-Traueranzeige in der
»Allgemeinen Jüdischen«

George GERSHWIN

Therese GIEHSE

Allen GINSBERG

Ralph GIORDANO

Juden aus Österreich waren die Eltern des amerikanischen Physikers **Murray Gell-Mann**. Er kam 1929 in New York zur Welt und lehrte ab 1955 als Professor für theoretische Physik am »California Institute of Technology« in Pasadena. Unter anderem stellte er - unabhängig von G. Zweig - das »Quark«-Modell auf. Mit Feynman, einem Vater der Atombombe, entwickelte er die Theorie der »schwachen Wechselwirkungen« fort. 1969 erhielt er den Nobelpreis für Physik.

Friedrich Geminder zählte zu den führenden KP-Funktionären jüdischer Herkunft in der Tschechoslowakei, die 1952 im Zuge des Slansky-Prozesses zum Tode verurteilt und hingerichtet wurden. Er war 1901 im nördlichen Mähren geboren worden. Zunächst war er in der zionistischen Jugendvereinigung »Blau-Weiß« aktiv. 1921 schloß er sich der KP der Tschechoslowakei an. Mitte der 20er Jahre wurde er von der sowjetischen Geheimpolizei GPU als Spitzel angeheuert; gleichzeitig war er für Stalins Komintern tätig. Ab 1939 leitete er in Moskau die Informations- und Presseabteilung der Komintern und ihrer Nachfolgeorganisation, des »Instituts Nr. 205«. Geminder hatte maßgeblichen Anteil an der geradezu unglaublichen Flut bolschewistischer Greuelpropaganda gegen die deutsche Wehrmacht. 1945 nach Prag zurückgekehrt, übernahm er die Abteilung für internationale Beziehungen im ZK der KPC. Wegen seiner großen Machtfülle hinter den Kulissen galt er als »graue Eminenz« der KP-Herrschaft in der Tschechoslowakei. Anfang der 50er Jahre war er Betreiber einer der größten KP-Säuberungsaktionen außerhalb der Sowjetunion. Doch 1952 fraß der Terror ihn selbst.

Der Publizist **Manfred Georg** (der sich zeitweise auch »George« nannte) kam 1893 in Berlin zur Welt. In Weimarer Zeit arbeitete er für Blätter der jüdischen Verlage Mosse und Ullstein und für rein zionistische Organe. Als Chefredakteur der »Berliner Abendpost« saß er an einer Schaltstelle der Meinungsbildung in Deutschland. 1933 ging er nach Prag, wo er die jüdische »Revue« gründete und leitete. 1938 wanderte er in die USA aus. Er wurde Chefredakteur des Emigrantenblattes »Aufbau« (New York) und bekleidete maßgebliche Posten in der jüdischen B'nai B'rith-Loge. 1965 starb er in New York. Aus seiner Feder stammen u.a. die Bücher »Theodor Herzl. Sein Leben und sein Vermächtnis« (1932), »Das Wunder Israel« (1949) und Erzählungen wie »Männer, Frauen, Waffen« und »Aufruhr im Warenhaus«.

Maßgeblicher Politiker und Publizist der nachkommunistischen Zeit in Polen ist der Rabbinersohn **Bronislaw Geremek**. Er kam 1932 in Warschau zur Welt. 1980 bekundete er Solidarität mit den streikenden Arbeitern von Danzig. Nach seiner Rückkehr aus Frankreich (er hatte an der Sorbonne gelehrt) wirkte er als einer der Wortführer der neuen, nichtkommunistischen Ordnung im polnischen Machtbereich. 1989 zog er in den Sejm, das polnische Parlament, ein. Ein Jahr später geriet er in Streit mit Walesa und trat aus dem Bürgerkomitee der »Solidarnoscz« aus.

Rudolf (»Rudi«) Gernreich, »Schöpfer der Oben-ohne-Mode«, wurde 1922 in Wien geboren. 1938 kam er mit seiner Mutter in die USA. Dort versuchte er sich zunächst erfolglos als Ballett-Tänzer. Dann wurde er Modezeichner und gründete 1960 seine erste »Design-Firma«. Unter dem Motto »Busenfreiheit« brachte er 1964 die »Oben-ohne-Mode« auf. »Fortschrittliche« Kreise bescheinigten Rudi, er habe mit seiner »Lehre von der Freiheit des Körpers« liberale Strömungen gefestigt. Gernreich, der auch knöchellange Kaftane entwarf, starb 1985 in Los Angeles.

»Er war der Sohn eines bettelarmen, 1891 aus Petersburg/Rußland nach den Vereinigten Staaten ausgewanderten jüdischen Hungerkünstlers namens Moritz Gerschowitz«, schrieben die »Israel Nachrichten« (Tel Aviv) über den begnadeten Komponisten und Pianisten **George Gershwin**, der 1898 in New York-Brooklyn geboren wurde und eigentlich Jakob mit Vornamen hieß. Er begann als Barpianist und wirkte seit 1919 am Broadway, wo ihn der »König des Jazz«, Paul Whiteman, unter seine Fittiche nahm. 1924 wurde Gershwins berühmtestes Werk, die »Rhapsody in Blue«, in der New Yorker Carnegie Hall uraufgeführt. 1935 erklang in Boston und New York erstmals seine Negeroper »Porgy and Bess«. Von Gershwin stammt auch das Musical »Ein Amerikaner in Paris«. Ab 1931 arbeitete er als Komponist für Hollywood. Er starb 1937 in Beverly Hills/Kalifornien an einem Gehirntumor.

Wesentliche Vorarbeiten für die deutschen Wiedergutmachungszahlungen an Juden, die mittlerweile - in Kaufkraft der 90er-Jahre - mindestens 250 Milliarden Mark ausmachen, leistete der jüdische Jurist **Alfred Gerstel**. Er kam 1879 im oberschlesischen Laurahütte zur Welt. Er wurde Richter in Berlin und wirkte dort von 1928 bis 1933 als Senatspräsident am Kammergericht. 1933 wanderte er nach Amerika aus. Er kam über Kuba 1940 in die USA. An der Universität in Berkeley wurde er Chef eines - fast ausschließlich jüdischen - Juristenkreises zur Vorbereitung der Wiedergutmachung. Gerstel starb 1954 in El Cerrito/Kalifornien.

Bis 1944 hieß **Gerard Martin Gert** noch Gutstein. Der führende Umerzieher der Deutschen im US-Geheimdienst war 1920 in Danzig als Sohn des Geschäftsmannes Samuel Gutstein zur Welt gekommen. 1937 ging er in die USA, wo er zunächst als Schuh- und Kurzwarenhändler unterwegs war. Er studierte an der New Yorker »New School for Social Research«, die von jüdischen Emigranten nach Amerika gebracht worden war. 1942 ließ er sich vom Nachrichtendienst der US-Armee anheuern. Von 1946 bis 1949 war er »Entnazifizierungsinspektor« bei der US-Besatzungsbehörde in Deutschland, »Omgus«. Als Hauptverantwortlicher der »Abteilung Demokratisierung« hatte Gutstein-Gert maßgeblichen Einfluß auf die Lizenzierung von Parteien und Zeitungen. In den 60er Jahren tauchte er in Indochina auf, um auch dort den - von Krieg, Napalm und Agent Orange geschundenen - Menschen den »american way of democracy« nahezubringen. Er bekleidete maßgebliche Posten an den US-Botschaften in Saigon und Vientiane (Laos). 1968 wurde er Rias-Direktor in Berlin.

Die Schauspielerin **Valeska Gert** (geboren 1892 in Berlin) war die Tochter des jüdischen Händlers und Freimaurers von hohen Graden Theodor Samosch. »Sie nutzte mit Stil und Witz ihr häßliches Aussehen für ihre Darstellungen«, heißt es in einem Künstlerlexikon. In den 20er Jahren trat sie vor allem in Berliner Kabaretts auf; Max Reinhardt förderte ihre Karriere. 1925 konnte sie als Bordellmutter im Film »Die freudlose Gasse« unter der Regie von Pabst überzeugen; sie wirkte auch in der Verfilmung der »Dreigroschenoper« Brechts durch denselben Regisseur mit (1930). Die Emigration führte sie u.a. nach Paris, London, Budapest, Prag, New York, wo sie eine Bar »Hexenküche« unterhielt. In der Bundesrepublik zurück, machte sie mit ihrem Berliner Kabarett »Hexenküche« Pleite. Auf Sylt unterhielt sie den »Ziegenstall«. 1976 setzte sie Schlöndorff im Streifen »Der Fangschuß« ein. Sie starb 1978 in Kampen auf Sylt. Ihre Erinnerungen heißen »Ich bin eine Hexe«.

Nachum Tim Gidal, der eigentlich Ignaz Nachum Gidalewitsch heißt und 1909 in München zur Welt kam, wird als einer der größten Fotografen des 20. Jahrhunderts bezeichnet. Zur Weimarer Zeit war er nicht nur Mitarbeiter maßgeblicher Zeitungen, sondern auch Jugendführer in zionistischen Gruppen wie »Blau-Weiß«, »Bar Kochba« oder »Kadima«. 1933 ging er in die Schweiz. 1935/36 bereiste er mit Fotomaterial aus Nahost die jüdischen Gemeinden in Deutschland, um für die Auswanderung nach Palästina zu werben. 1936 erschien in Berlin sein Bildband »Jüdische Kinder in Eretz Israel«. Im Zweiten Weltkrieg war Gidal Offizier der britischen Armee. Nach 1945 hielt er sich häufig in den USA auf und arbeitete für einflußreiche westliche Illustrierte. Seinen zahlreichen Ehrungen gesellte sich 1983 der »Erich-Salomon-Preis« der Deutschen Gesellschaft für Photographie hinzu. 1988 erschien sein Bildband »Juden in Deutschland. Von der Römerzeit bis zur Weimarer Republik«.

Die Schauspielerin **Therese Giehse** kam 1898 in München als Tochter des Stoffrestehändlers Salomon Gift zur Welt. Nach dem Besuch der Höheren Töchterschule nahm sie Schauspielunterricht. 1929 schloß sie Bekanntschaft mit Brecht. Anfang 1933 gründete sie in München das Linkskabarett »Die Pfeffermühle«. In der Schweizer Emigration schloß sie sich der stalinistisch beeinflußten »Bewegung Freies Deutschland« (BFD) an. Nach 1945 hielt sie sich meist in Westdeutschland auf, wirkte jedoch von 1949 bis 1952 in Brechts (Ost-)Berliner Ensemble mit und war von 1968 bis zu ihrem Tode (München 1975) Mitglied des Ehrenpräsidiums der kommunistisch dirigierten »Vereinigung der Verfolgten des Naziregimes« (VVN). 1990 gab die Bundespost eine Sondermarke zu Ehren der Gift-Giehse heraus.

Dirigent **Michael Gielen** kam 1927 in Dresden zur Welt. Sein Vater war Josef Gielen, der jüdische Burgtheater-Direktor von 1937 bis 1939 und 1948 bis 1954. Die Familie lebte von 1940 bis 1950 in Argentinien. 1951 wurde Michael Gielen Kapellmeister an der Staatsoper in Wien, 1960 Chefdirigent in Stockholm. Ab 1969 leitete er das Orchestre National de Belgique, ab 1973 die Niederländische Oper. Als Generalmusikdirektor der Frankfurter Oper von 1977 bis 1987 schaltete er die Weichen auf »fortschrittlich«. Dabei arbeitete er eng mit der Ostberliner SED-Regisseurin und Paul Dessau-Ehefrau Ruth Berghaus (früher NSDAP) zusammen. Die Besucherzahlen bei den progressiven Darbietungen waren allerdings rückläufig. Der »Frankfurter Allgemeinen« kam Gielens Schaffen wie ein »akustisches Vexierbild der Dekadenz und des Verfalls« vor. Gielen erhielt 1986 den Adorno-Preis der Stadt Frankfurt und wurde noch im selben Jahr Chefdirigent des SWF-Sinfonieorchesters.

»Puppchen, Du bist mein Augenstern« ist der bekannteste Schlager von **Jean Gilbert,** der 1879 in Hamburg geboren wurde und bis 1903 Max Winterfeld hieß. 1910 erzielte er einen Durchbruch mit seiner Operette »Die keusche Susanne«. Insgesamt schuf er mehr als 60 Operetten und Musicals wie zum Beispiel »Die Frau im Hermelin«, »Puppchen« und »Polnische Wirtschaft«. 1933 emigrierte er. Er starb 1942 in Buenos Aires/Argentinien. Der Textdichter Robert Gilbert ist sein Sohn.

Zu den bekanntesten Holocaust-Publizisten zählt der jüdische Historiker **Martin Gilbert** (geboren 1936 in London). Er begann als offizieller Biograph Winston Churchills und brachte mit Richard Gott eine Lebensbeschreibung des englischen Kriegspremiers in fünf Bänden heraus. Seit 1979 lehrt er an der Universität Tel Aviv, seit 1980 an der Hebräischen Universität Jerusalem. Er verfaßte mehrere Bücher über die sogenannte Endlösung. In »Auschwitz and the Alliies« klagt er die Westmächte an, den Geschehnissen in dem Todeslager tatenlos zugesehen und nicht einmal die Verkehrswege nach Auschwitz bombardiert zu haben.

Der Schriftsteller **Robert Gilbert** hieß eigentlich Robert David Winterfeld und kam 1899 in Berlin als Sohn des Komponisten Jean Gilbert alias Max Winterfeld zur Welt. Robert Gilbert verfaßte die Libretti für viele Operetten, darunter »Im weißen Rößl« und »Feuerwerk«. Auch übersetzte er Texte amerikanischer Musicals wie »Annie Get Your Gun«, »Hello Dolly« oder »The Man from La Mancha«. Von ihm stammen ferner die Texte vieler Schlager aus Kinofilmen wie »Das ist die Liebe der Matrosen«. 1933 ging er nach Österreich, 1938 über Paris in die USA. Nach dem Zweiten Weltkrieg lebte er überwiegend in der Schweiz. Er starb 1978 in Locarno.

Zur stattlichen Reihe genialer Pianisten, die aus dem Judentum hervorgegangen sind, zählte **Emil Gilels**. Er kam 1916 in Odessa am Schwarzen Meer, einer damals in weiten Teilen jüdischen Stadt, zur Welt. 1929 trat er erstmals öffentlich mit großem Erfolg auf. 1952 wurde er Professor am Moskauer Konservatorium. Ab Mitte der 50er Jahre gab er häufig auch im Westen Gastspiele. Gilels starb 1985 in Moskau.

Als »Wortführer der Beatgeneration« wird häufig der Literat **Allen Ginsberg** dargestellt. Er kam 1926 in Newark/New Jersey zur Welt. Sein offenes »Bekenntnis« zur Homosexualität sowie zu »LSD-Experimenten« begeisterte in gewissen Teilen der »fortschrittlichen« Medien der westlichen Wertegemeinschaft derart, daß man Ginsberg zur »Kultfigur« stilisierte. Seine Verherrlichung der Dekadenz wurde allerdings im Rabbinat scharf abgelehnt, erst recht nachdem er die jüdische Glaubensgemeinschaft verlassen und zum Buddhismus konvertiert war. Ginsberg, als angeblich »scharfer Kritiker der US-Gesellschaft« einer kritischen Jugend schmackhaft gemacht, wurde 1986 zum Professor ehrenhalber des Brooklyn College zu New York ernannt. Zu seinen Hauptwerken zählen »Das Geheul«, »T.V. baby poems« und »Kaddish«.

Zu Stalins Chefarchitekten gehörte **Moissei Jakowlewitsch Ginsburg** (geboren 1892 in Minsk, gestorben 1946 in Moskau). Man nennt ihn einen »führenden Vertreter des Konstruktivismus«. Ab 1928 wirkte er als Chef von Stalins »Stroikom«, der »Sektion Typisierung beim Komitee für Bauwesen der Russischen Sowjetrepublik«. Ab 1930 war Ginsburg der führende Stadtbaumeister von Moskau. 1935 übernahm er die Leitung der Errichtung von Repräsentationsbauten auf der Krim. Er starb 1946 in Moskau.

Witali Lasarewitsch Ginsburg, geboren 1916 in Moskau, gilt als einer der bedeutendsten Naturwissenschaftler in der Geschichte der Sowjetunion. 1942 wurde er Leiter der theoretischen Abteilung des Physikalischen Instituts der Akademie der Wissenschaften der Sowjetunion in Moskau. Ab 1945 lehrte er an der Universität Gorki. Mit seinem (ebenfalls aus jüdischer Familie stammenden) Kollegen Landau entwickelte er die Ginsburg-Landau-These über die Supraleitung, die von Gorkow weitergeführt wurde und - nach den Anfangsbuchstaben der Wissenschaftler - »GLAG-Theorie« genannt wird (nicht zu verwechseln mit »Gulag«, der Abkürzung für das sowjetische KZ-System). 1966 erhielt Ginsburg von Breschnjew den Lenin-Preis überreicht.

Literat **Ralph Giordano** kam 1923 in Hamburg als Sohn eines Musikanten mit Vorfahren aus Sizilien und einer jüdischen Mutter zur Welt. 1943 wäre er beinahe dem völkerrechtswidrigen britischen RAF-Angriff auf Hamburg (»Operation Gomorrha«) zum Opfer gefallen. Unter den

50 000 Toten waren rund 15 000 Kinder, meist an Gasen erstickt, die durch den Feuersturm freigesetzt wurden. Die Giordanos waren ausgebombt worden. Bis dahin durch »privilegierte Mischehe« vor Deportation bewahrt geblieben, mußte die Mutter ab 1944 mit der Verbringung in ein KZ rechnen. Die Familie verbarg sich. Nach Kriegsende habe sich Ralph Giordano entschlossen, in Deutschland zu bleiben, um sich »um Aufarbeitung und Erklärung der Dehumanisierung in Nazi-Deutschland zu bemühen«, heißt es in seiner »Munzinger«-Biographie. Die »Aufarbeitung« gestaltete sich so, daß er der KPD beitrat, also der Bewegung eines Stalin, der - nach zurückhaltenden jüdischen Schätzungen – für 66 Millionen Morde verantwortlich war. Giordano war über ein Jahrzehnt für die KPD aktiv, auch noch nach ihrem Verbot, und brachte es als Altonaer Stadtteilsekretär zum Führer von rund 1000 Genossen. Außerdem ließ er sich am Leipziger »Institut für Literatur«, einer SED-Kaderschmiede, ausbilden. Wegen illegaler KPD-Aktivität zu Gefängnisstrafe verurteilt, richtete er sich nach eigenem Bekunden hinter Gittern an einem Stalin-Bild auf, das er auf der Brust trug. Nach Abwendung von der (ohnehin verbotenen) KPD widmete er sich der Fernseharbeit und dem Zionismus. Für WDR und SFB drehte er rund 100 Filme, viele davon mit NS-»Bewältigung« und Anklagen gegen die Deutschen, die angeblich nicht genug gesühnt und gebüßt und sich deshalb laut Giordano eine »zweite Schuld« aufgeladen haben. In seinem Buch »Israel, um Himmels willen Israel« (1991) bekundete er absolute Loyalität zum Staat Israel. »Zur Abwehr des Rechtsradikalismus« forderte er 1992 die Juden in der Bundesrepublik auf, sich zu bewaffnen. Zur Wiedervereinigung sagte er, als die Mauer noch stand: »Die Summe meiner Erfahrungen ist zu sehr von der Kontinuität des häßlichen Deutschen geprägt, als daß mir diese Vorstellung nicht kalte Schauder den Rücken herunterlaufen ließe.« Für ihn sind die Deutschen »eine Täternation«.

An der Wiege der kommunistischen Bewegung Amerikas stand der Sohn einer jüdischen Einwandererfamilie: **Benjamin Gitlow**. 1891 wurde er in Elizabethport, US-Bundesstaat New Jersey, geboren. Ab 1907 war er in der marxistischen Bewegung aktiv. 1919 zählte er mit dem Vater des nachmaligen jüdischen Konzernbosses Armand Hammer zu den Gründern der KP der Vereinigten Staaten von Amerika. Später driftete Gitlow zum Anarchismus. Von 1922 bis 1925 saß er in Haft (verurteilt gegen die Stimme von US-Oberrichter Louis Brandeis). 1929 wurde er aus der KP ausgeschlossen. Er starb 1965 in Crompdon (New York).

Für die Entwicklung der »bubble chamber«, der Blasenkammer in der Atomforschung, wurde der US-amerikanische Physiker jüdischer Herkunft **Donald Arthur Glaser** im Jahre 1960 mit dem Physik-Nobelpreis ausgezeichnet. Er war 1926 in Cleveland/Ohio zur Welt gekommen. Ab 1949 wirkte er an der Universität von Michigan in Ann Arbor (ab 1957 als Professor). 1959 ging er an die Universität von Berkeley in Kalifornien.

André Glucksmann gilt als führender Philosoph Frankreichs. Er wirkt als Professor am Pariser Centre de la Recherche Sciéntifique. Er kam 1937 in Boulogne-sur-Mer als Sproß einer jüdischen Familie zur Welt, die vor Hitler emigriert war. Seine Mutter stand in den Reihen der Partisanen. In den 50er Jahren war Glucksmann zunächst für die KPF aktiv, wandte sich nach dem Ungarnaufstand jedoch von ihr ab. 1968 zählte er zu den Anführern der linken Mai-Revolte in Paris. In den 70er Jahren brach er endgültig mit dem Marxismus, den er nun als »Menschenfresser des 20. Jahrhunderts« bezeichnete. In den 80er Jahren propagierte er seine »Philosophie der Abschreckung« gegenüber der Sowjetunion und schlug vor, den Deutschen den Besitz von Atombomben zu erlauben, damit sie Moskau noch besser in Schach halten können. In einem Interview betonte er 1995: »Gleich als die Mauer fiel, habe ich mich für die deutsche Wiedervereinigung ausgesprochen.« Er forderte die Europäer auf, sich in Bosnien, »dem Angriff der serbischen Milizen, der ehemaligen Roten Armee«, entgegenzustellen.

Bis 1923 war **Erich Glückauf** (geboren 1903 in Wittlich/Eifel, gestorben 1977 in Ostberlin) in zionistischen Gruppen aktiv. Dann stieß er zur KPD. Ab 1927 diente er als Sekretär der kommunistischen Reichstagsfraktion sowie als Chefredakteur ihres Pressedienstes. 1934/35 betrieb er im Saargebiet stalinistische Propaganda gegen die Wiedervereinigung mit Deutschland. Ab 1936 war er unter dem Decknamen »Oskar« für die Roten im Spanischen Bürgerkrieg aktiv. Nachdem er in Schweden aufgetaucht war, internierten ihn die dortigen Behörden für einige Zeit. 1945 gründete der glühende Anhänger des Gulag-Systems ein »Hilfskomitee für deutsche und staatenlose Opfer der Konzentrationslager der Nazis«. Ab 1946 leitete er die SED-Propaganda in Mecklenburg, und 1961 rückte er ins Politbüro der in der Bundesrepublik verbotenen KPD auf. Er war der Ostberliner Koordinator der KPD-Aktivitäten in der Bundesrepublik. Zuletzt wirkte Glückauf am Institut für Marxismus-Leninismus in Ostberlin. Mit dem Karl Marx-Orden dekoriert, starb er 1977.

In der lateinamerikanischen Emigration (ab 1939) beteiligte sich **Anselm Glücksmann** (Jahrgang 1913) führend an der kommunistischen Propaganda gegen Deutschland. Er gründete ein »Comite de Antihit-leranos« in Mexiko und wirkte als Vizepräsident des parakommunistischen »Lateinamerikanischen Komitees der Freien Deutschen«. 1948 tauchte er in der Sowjetzone Deutschlands auf. Er wurde in der DDR Lehrbeauftragter für Verlags- und Presserecht der Universität Leipzig und Mitglied der Revisionskommission des »Kulturbundes zur demokratischen Erneuerung Deutschlands«.

Eigentlich hieß die US-Filmschauspielerin **Paulette Goddard** Pauline Levy. Sie wurde 1911 in Great Neck auf Long Island/New York geboren. Bis sie von Charles Spencer (»Charlie«) Chaplin entdeckt und 1933 geheiratet wurde, trat sie in Nebenrollen, zum Beispiel bei »Dick und Doof«-Filmen, auf. Chaplin gab ihr Hauptrollen in »Moderne Zeiten« (1936) und in »Der große Diktator« (1940), in dem sie die jüdische Heldin Hannah mimt. 1942 erfolgte die Scheidung von »Charlie«. Zur Kriegszeit wirkte Levy-Goddard noch in einigen Streifen wie »Sternenbanner-Rhythmus« und »Ich liebe einen Soldaten« mit. Von 1958 bis 1970 war sie mit dem Literaten Erich Maria Remarque (»Im Westen nichts Neues«) verheiratet. Sie starb 1990 in Porto Ronca (Schweiz).

Einer der mächtigsten Männer der US-amerikanischen Judenheit ist seit Jahrzehnten **Arthur J. Goldberg**, geboren 1908 in Chikago. Der Jurist wirkte im Zweiten Weltkrieg als Chef der Arbeitsabteilung des Office of Strategic Services. Nach 1945 hatte er eine Schlüsselrolle bei der Vereinigung der US-Gewerkschaftsbewegungen zur AFL-CIO. 1961 wurde Goldberg Arbeitsminister unter Kennedy. Von 1962 bis 1965 amtierte er als Nachfolger von Felix Frankfurter als Richter am Obersten Bundesgericht der USA. Dann war er UNO-Botschafter der USA und in den 70er Jahren Leiter der US-Delegation bei den KSZE-

Konferenzen. Als aktiver Zionist war Goldberg in den 60er Jahren Vorsitzender des höchsten Gremiums des Jewish Theological Seminary, des Zentrums der amerikanischen Judaistik. 1969/70 fungierte er als Präsident des American Jewish Committee, seither ist er Ehrenpräsident der Organisation.

Wie der amerikanische Zeitgeschichtler Alan Abrams in seinem 1986 in New York erschienenen Buch »Special Treatment« über »jüdische Mischlinge« im Dritten Reich schreibt, soll der Journalist **Werner Goldberg** 1939 auf einem NS-Plakat als »tadelloser arischer Soldat« in Wehrmachtuniform abgebildet worden sein. Goldberg wirkte ab 1955 als persönlicher Referent des Intendanten des Senders Freies Berlin, Alfred Braun. Er stieg zum Leiter des Fernsehens in Berlin auf und wurde Mitherausgeber der »Mahnung«, »Zentralorgan Demokratischer Widerstandskämpfer- und Verfolgten-Organisationen«, die kommunistische Infiltration ablehnten.

»Der Ministerpräsident Perus trägt einen für südamerikanische Verhältnisse atypischen Namen«, notierte die »Allgemeine Jüdische« (Bonn) im Mai 1995: **Efrain Goldenberg** war 1930 als Sohn jüdischer Einwanderer aus Rußland in Talara/Peru auf die Welt gekommen. Sein Vater fungierte als Präsident der Zionistischen Organisation des Landes und betrieb eine Exportfirma. 1993 avancierte Efrain Goldenberg zum Außenminister Perus. Ein Jahr später wurde er zum Regierungschef ernannt. »Allgemeine Jüdische«: »Schwierigkeiten als Jude hatte Ministerpräsident Goldenberg nur einmal: Es ist in Peru Tradition, daß neuernannte Minister ihren Amtseid auf Knien vor einem Kruzifix ablegen. Bei Goldenbergs Vereidigung ließ Präsident Fujimori - als gelernter Ingenieur ein Mann pragmatischer Entscheidungen - das Kreuz abhängen, um es dann für die katholischen - Minister wieder aufzustellen.«

»Vater des jiddischen Theaters« wird der Dramatiker und Komponist **Avram Goldfaden** genannt, der 1840 im ukrainischen Staro Konstantinow zur Welt kam. 1866 erzielte er seinen ersten Erfolg mit dem Stück »Das Yudele«. Er trat mit einer Sammlung jiddischer Lieder hervor und gründete 1876 in Rumänien das erste professionelle jiddische Theater. In den 1880er Jahren hielt sich Goldfaden in London und Paris auf, dann ging er nach Amerika. Er starb 1908 in New York.

Bruno Goldhammer (geboren 1905 in Dresden, gestorben 1971 dortselbst) schloß sich 1922 der KPD an. 1929 wurde er Chefredakteur der kommunistischen »Sächsischen Arbeiterstimme«. Herbert Wehner diente damals unter ihm. In der Schweizer Emigration unterhielt Goldhammer Kontakte zum Agenten Noel H. Field. Von 1940 bis 1944 war er bei den Eidgenossen interniert. Nach Kriegsende wirkte Goldhammer als KPD-Landesvorsitzender in Bayern. 1947 ging er in die Sowjetzone. In Ostberlin wurde er Chefredakteur des Rundfunks. Wegen seiner »zionistischen Verbindungen zu Noel Field« wurde er zum Tode verurteilt, dann aber begnadigt. 1956 freigelassen und rehabilitiert, fungierte er als Redakteur des SED-Blattes »Zeit im Bild«, wurde maßgeblicher Mann der DDR-Journalistenausbildung und erhielt den »Vaterländischen Verdienstorden«.

Emma Goldman(n) (sie bediente sich unterschiedlicher Schreibweisen) gehörte lange Zeit zu den Oberhäuptern der Anarchistischen Internationale. Sie stammte aus Kaunas in Litauen und war Jahrgang 1869. 1885 kam sie in die USA, wo sie zunächst Mitarbeiterin des Soziologen Ben Reitman war und mit ihrem anarchistisch-jüdischen Freund Alexander Berkmann das Blatt

André GLUCKSMANN   Arthur GOLDBERG   Nahum GOLDMANN

Isaak GOLDSTEIN   Samuel GOLDWYN   Victor GOLLANCZ

Claire GOLL   Yvan GOLL   Benny GOODMAN

»Mother Earth« herausgab. Wegen ihrer Gewaltpredigten wurde sie mehrfach inhaftiert, vom Vorwurf der Beteiligung an der Ermordung des US-Präsidenten McKinley jedoch freigesprochen. 1919 schob man sie in die Sowjetunion ab, wo sie es allerdings nicht lange aushielt. Sie ging 1921 nach Schweden, dann nach Deutschland, Frankreich, Spanien und England und ließ sich schließlich in Toronto/Kanada nieder, wo sie 1940 starb. Emma Goldman, die auch die »freie Liebe« propagierte, schrieb »My Disillusion in Russia« (1923).

Als Präsident des freimaurerartigen jüdischen B'nai B'rith-Logenbundes hatte **Frank Goldman** von 1947 bis 1953 eine Schlüsselstellung in der nordamerikanischen Judenheit. Er war 1890 in Lowell/Massachusetts zur Welt gekommen, wo er 1965 auch starb. Er hat sich als führender Lobbyist für Israel hervorgetan und war mit dem Präsidenten Truman eng befreundet, der die Gründung Israels massiv unterstützte. Als Mitbegründer der »Conference on Jewish Material Claims Against Germany« hatte Goldman entscheidenden Anteil an der Durchsetzung von Milliardenansprüchen gegen die Deutschen (Stichwort: »Wiedergutmachung«).

1895 kam im litauischen Wischnewo **Nahum Goldmann** zur Welt, der als jahrzehntelanger Führer der Zionistischen Internationale »König des Diaspora-Judentums« genannt wurde. Ohne zionistische Grundauffassungen aufzugeben, mahnte er vor allem in seinen letzten Lebensjahren (er starb 1982 in Bad Reichenhall) zu einem gemäßigten Umgang mit Deutschen und Arabern. Den Deutschen riet er, die Unterwürfigkeit nicht zu übertreiben (»Ich empfand den Philosemitismus als ein Hindernis bei der Normalisierung«), und schon in den 70er Jahren nahm er hinter den Kulissen Kontakt zu Arafat auf. Goldmann war als sechsjähri-

ger Knabe mit seinem Vater, dem jüdischen Literaten Solomon Zevi Goldmann, nach Deutschland gekommen. Im Ersten Weltkrieg verschaffte er sich mit der prodeutschen Schrift »Der deutsche Krieg« einen Posten in der Propagandaabteilung des Berliner Auswärtigen Amtes. Die Zionisten sahen Deutschland damals als Verbündeten gegen das als antisemitisch empfundene russische Kaiserreich und hofften auf Berlins Hilfe bei der Durchsetzung ihrer Palästina-Pläne. Seit Mitte der 20er Jahre gehörte Goldmann der Führung der Zionistischen Internationale an. Von 1953 bis 1978 war er Chef des Jüdischen Weltkongresses, von 1956 bis 1968 Präsident der Zionistischen Weltorganisation. Er schuf 1951 die »Claims Conference« zur Durchsetzung von Wiedergutmachungsansprüchen gegen die Deutschen und gestand später ein, mit solch gewaltigen Milliardensummen, wie sie die Deutschen schließlich zahlten, niemals gerechnet zu haben. In diesem Zusammenhang verriet Goldmann: »Ich habe die Erfahrung gemacht, daß die Leute, die irgendwie eine Nazi-Belastung hatten, im Umgang die leichtesten waren.« In seinem 1978 erschienenen Buch »Das jüdische Paradox« schilderte er, daß ihn Mussolini 1935 zu sich eingeladen habe, um einen Kompromiß zwischen Hitler und der Judenheit einzufädeln. Er, Goldmann, aber habe abgelehnt. Einen ähnlichen Vermittlungsversuch habe auch der deutsche Botschafter in London, Dr. Hoesch, unternommen, der ihn mit Göring zusammenbringen wollte. Auch dies lehnte der Zionistenführer ab. Goldmann im nachhinein: »Hätte ich Auschwitz voraussehen können, wäre ich vielleicht auf dieses Angebot eingegangen.«

Der Soziologe **Rudolf Goldscheid**, geboren 1870 in Wien, wo er 1931 auch starb, war Redakteur der pazifistischen »Friedenswarte«, saß in der Führung des 1906 von

Haeckel geschaffenen Deutschen Monisten-
bundes und gründete mit Max Weber, Tön-
nies und anderen im Jahre 1909 die
Deutsche Gesellschaft für Soziologie. Zu
seinen Hauptwerken gehören: »Friedensbewegung und Menschenökonomie« (1912)
und »Staatssozialismus oder Staatskapitalis-
mus« (1917).

Bevor er 1939 nach England ging, hieß
der Jurist **Frederick Goldschmidt** noch
Fritz mit Vornamen. Er war 1893 in Breslau
geboren worden und hatte ab 1932 als Hilfs-
richter am Kammergericht Berlin amtiert.
Zur NS-Zeit war er bis 1938 leitender
Rechtsbeistand der Reichsvertretung der Juden und bis 1939 Berater insbesondere für
jüdische Akademiker und Vertreter jüdischer Ärzte bei nationalsozialistischen Behörden. Außerdem gehörte er der Großloge
des B'nai B'rith, der freimaurerähnlichen
jüdischen Vereinigung, an. In England war
er für jüdische Flüchtlingsorganisationen
und für die Zionistische Internationale aktiv.
Im Auftrage des Rates der Juden aus
Deuschland nahm er an der Konferenz teil,
die zum Bundesentschädigungsgesetz von
1953 und zum Bundesrückerstattungsgesetz
von 1957, die beiden rechtlichen Grundlagen der bundesrepublikanischen Wiedergutmachung an Juden, führte. In dieser
Angelegenheit verhandelte er oft mit der
Regierung Adenauer. Goldschmidt starb
1968 in London. Er war Gründer und Präsident der Leo Baeck-Loge von B'nai B'rith in
London.

Erfinder des Goldschmidt-Thermitver-
fahrens zur Erzeugung hoher Temperaturen
durch Umsetzung von Aluminiumpulver
mit Metalloxiden zu Aluminiumoxid und
Metallen war der geniale Chemiker **Hans
Goldschmidt** (geboren 1861 in Berlin, gestorben 1923 in Baden-Baden). Er war von
1888 bis 1918 Mitinhaber der von seinem
Vater 1847 in Berlin gegründeten Firma

Theodor Goldschmidt (seit 1890 in Essen).
Ein von Hans Goldschmidt gefundenes Verfahren eignete sich insbesondere zum
Schweißen von Eisenbahnschienen. Im Ersten Weltkrieg arbeitete er an der Produktion von Bomben und Leuchtspurgeschossen.
Auch sein Bruder Karl Goldschmidt (1857-
1926) war ein bedeutender Chemiker.

Die Publizistin **Henriette Goldschmidt**
kam 1825 in Krotoschin/Posen als Tochter
des Kaufmanns Levin Benas zur Welt. Sie
heiratete Rabbi Abraham Mayer Goldschmidt. Ab 1858 lebte sie in Leipzig, wo sie
sich der Bewegung Fröbels, des Pädagogen
und Begründers der Kindergärten, anschloß. Sie war Mitbegründerin des »Leipziger Frauenbildungsvereins« (1865) und damit eine der Schöpferinnen der deutschen
Frauenbewegung. Später baute sie die Leipziger »Hochschule für Frauen« auf. Sie starb
1920 in Leipzig.

An der Spitze der Darmstädter und Nationalbank (Danat-Bank), einem der größten Geldinstitute der Welt, stand zur Weimarer Zeit der Bankier **Jakob Goldschmidt**.
Der Danat-Zusammenbruch 1931 stürzte
die Weimarer Republik in eine schwere Existenzkrise. Goldschmidt war 1882 in
Eldagsen, Hannover, zur Welt gekommen.
Er begann im Bankhaus H. Oppenheimer
und kam 1907 nach Berlin. 1920 wurde er
Geschäftsinhaber der Danat-Bank. Er bekleidete eine Vielzahl maßgeblicher Posten
in der deutschen Wirtschaft, engagierte sich
besonders in Fragen der Handelsflotte und
trat als Mäzen der Berliner Kunstszene in
Erscheinung. Er verließ Deutschland 1933
und starb 1955 in New York.

Lazarus Goldschmidt (geboren 1871 in
Plongian/Litauen, gestorben 1950 in Lon-
don) gilt als einer der bedeutendsten jüdi-
schen Talmud-Experten. Er kam 1890 nach
Berlin und schrieb meist unter dem Namen
Arzelaj bar Bargelaj. Sein Hauptwerk ist die

Übersetzung des Babylonischen Talmud ins Deutsche (neun Bände, 1896 bis 1935). Nach der nationalsozialistischen Machtübernahme ging er nach England.

Der 1896 in Teplitz-Schönau geborene Journalist **Leopold Goldschmidt** betätigte sich in der Tschechei als sozialdemokratischer Redakteur. 1938 ging er zunächst nach Frankreich, dann nach Großbritannien, wo er als Privatsekretär des Führers der sozialdemokratischen Emigration aus den Sudetengebieten, Wenzel Jaksch, arbeitete. Bei Kriegsende war er im britischen Abhördienst tätig. 1945 erhielt Goldschmidt von den alliierten Militärdiktatoren im besetzten Deutschland die Umerziehungslizenz für die »Frankfurter Neue Presse«, deren Chefredakteur er bis 1949 war. Von 1950 bis 1953 war er Mitglied im Zentralrat der Juden in Deutschland; von 1952 bis 1960 stand er der größten jüdischen Gemeinde Westdeutschlands, Frankfurt am Main, vor. Auch fungierte er als Vorsitzender des »Internationalen Komitees für christlich-jüdische Verständigung«. Er starb 1987 in Frankfurt am Main.

Nach seiner Rückkehr aus der englischen Emigration (1948) stieg **Ludwig Goldschmidt** (geboren 1895 in Kassel, gestorben 1970 dortselbst) zu einem der einflußreichsten Juristen der Bundesrepublik Deutschland auf. Er fungierte zunächst als Oberlandesgerichtsrat, dann bis 1966 als Senatspräsident des Oberlandesgerichtes Frankfurt am Main und von 1960 bis 1966 als Vizepräsident des Hessischen Staatsgerichtshofes. In Weimarer Zeit war er Rechtsanwalt und Notar. Von 1933 bis 1939 gehörte er dem Vorstand der Israelitischen Gemeinde Kassels an und leitete deren Wohlfahrtsamt. Dann ging er nach London.

Es wäre eine wissenschaftliche Untersuchung wert, welchen Einfluß der starke jüdische Wille zur Bewahrung des nationalen Erbgutes auf den signifikant hohen Anteil von Juden unter Erbgutforschern in der Biologie hat. Zu ihnen zählte **Richard Goldschmidt**, der 1878 in Frankfurt am Main geboren wurde. Von 1921 bis 1935 war er Direktor am Kaiser-Wilhelm-Institut für Biologie in Berlin. Dann wanderte er nach Amerika aus, wo er eine Professur an der Universität von Kalifornien in Berkeley erhielt. Er starb dort 1958. Sein Hauptgebiet war die Erforschung der Genphysiologie. Er schrieb unter anderem: »Einführung in die Vererbungswissenschaft« (1911), »Mechanismus und Physiologie der Geschlechtsbestimmung« (1920), »Theoretical Genetics« (1955). Seine Memoiren heißen »Innerhalb und außerhalb des Elfenbeinturms«.

Victor Moritz Goldschmidt wird als »Begründer der Geochemie« bezeichnet. Er kam 1888 in Zürich als Sohn des Chemie-Professors Heinrich Jacob Goldschmidt zur Welt. Von 1914 bis 1928 lehrte er als Professor an der Universität Oslo, danach bis 1935 in Göttingen. Er ging nach Norwegen zurück, wo er als Direktor des Geologischen Museums in Oslo wirkte. 1942 verließ er das deutschbesetzte Land und ging über Schweden nach England. Er starb 1947 in Oslo. Goldschmidt schuf das nach ihm benannte Diagramm der chemischen Elemente und beschäftigte sich intensiv mit der Atomforschung.

Clifford Henry Goldsmith aus Leipzig (Jahrgang 1919) stieg in den USA zu einem »Zigaretten-King« auf. 1945 wurde er Betriebsleiter der Zigarettenfabrik Benson, Hedges Co., in den 50er Jahren geschäftsführender Vizepräsident und Direktor des Tabakkonzerns Philip Morris, zugleich Präsident von Philip Morris USA und Direktor der Central National Corp. und Central National Bank, New York. Er war 1936 zunächst nach England gegangen, wo er in der Textilbranche aktiv wurde. 1940 wanderte er in die USA ein. Ab 1943 leistete er Kriegsdienst bei der US-Army.

James Goldsmith (Spitzname: »Der Geldmacher«) kam 1933 in Paris zur Welt. Sein Vater, ein Hotelier, saß für die britischen Konservativen im Unterhaus. Die Vorfahren waren, wie ihre Verwandten, die Rothschilds, Bankiers in Frankfurt am Main. James Goldsmith legte den Grundstein zu seinem Vermögen durch den Erwerb einer bankrotten Keksfabrik, die er zu einem »Multi« ausbaute (Cavenham-Konzern). In den 70er Jahren erwarb er ein Drittel der Londoner Beaverbrook-Pressegruppe (»Daily Express«, »Sunday Express«, »Evening Standard« usw.). 1986 kaufte er die französische »Presse de la Cité« hinzu, das zweitgrößte Verlagshaus Frankreichs. In den 80er Jahren meldete er sich mit seiner Furcht zu Worte, Deutsche und Russen könnten sich einigen, und ein neutrales Gesamtdeutschland mit engen Beziehungen zu Moskau würde entstehen. Um das zu verhindern, sei stets »eine starke Führung in Amerika mit einem unfehlbaren Gefühl für eine Mission« erforderlich.

Im Februar 1960 sorgte ein in der »Deutschen National-Zeitung« (damals noch »Soldaten-Zeitung«) erschienenes Interview Dr. Freys mit dem Großrabbiner Dr. **Isaak Goldstein** für internationale Medienaufmerksamkeit. Es war die Zeit unmittelbar nach der Hakenkreuz-Welle in der Bundesrepublik, die vom sowjetischen KGB und der Ostberliner Stasi inszeniert worden war. In diesem Gespräch bekundete Goldstein seine Liebe zu Israel und seine unbedingte Treue zum Judentum. Gerade deshalb, so fuhr er fort, fordere er die Deutschen auf, das Büßen, Sühnen, Kriechen einzustellen. »Die Deutschen sollen nicht beschämt sein und nicht bitten.« Über die Wehrmachtsoldaten äußerte Goldstein: »Im Krieg wart Ihr Helden und von einer bewunderungswürdi-

gen Tapferkeit. Die deutschen Soldaten haben heldenhaft gekämpft.« Und der Großrabbiner weiter: »Die Deutschen sind nicht schöner als wir, aber auch nicht häßlicher, sie sind nicht besser, aber auch nicht schlechter. Man soll sie nicht bevorrechtigen, aber man darf sie um Himmels willen nicht benachteiligen. Sie müssen in ihrem eigenen Land noch frei atmen können.« Isaak Goldstein war 1896 in Budapest als Sproß eines alten Rabbinergeschlechtes zur Welt gekommen. Er studierte in Budapest, Preßburg, Klausenburg. Im Ersten Weltkrieg war er Feldrabbiner der k.u.k. Armee. Er amtierte als Oberrabbiner in Bukarest, als jüdischer Geistlicher in Paris und als Gemeinderabbiner in Berlin. Den Zweiten Weltkrieg verbrachte er in Rumänien. Dem antisemitischen Wahn fielen damals seine 22jährige schwangere Tochter sowie weitere Familienangehörige zum Opfer. Nach dem Interview mit Dr. Frey wurde Rabbiner Goldstein von unversöhnlich gesinnten Vertretern des jüdischen Funktionariats, insbesondere von Heinz Galinski, scharf angegriffen. Er mußte sich vor Gericht gegen Verunglimpfungen von seiten seiner Gegner durchsetzen. Er wurde sogar auf offener Straße angegriffen und niedergeschlagen. Doch es gab auch jüdische Geistliche, die ihm sekundierten. So etwa der berühmte Jerusalemer Rabbiner Reich, Rabbiner Cassorla und Großrabbiner Aaron de Borton, der lange vor Goldstein, von 1913 bis 1923, Geistlicher der jüdischen Gemeinde in Berlin gewesen war. Isaak Goldstein starb 1962 in Berlin an den Folgen eines Schlaganfalls.

Die Tatsache, daß die meisten Nobelpreisträger der Medizin und Chemie der letzten Jahrzehnte in der Genforschung tätig waren, belegt den neuen hohen Stellenwert der wissenschaftlichen Erkundung des Erbgutes. Zu den zahlreichen jüdischen Koryphäen der Vererbungsforschung gehört

Joseph Leonhard Goldstein, geboren 1940 in Sumter/Südkalifornien. Er wirkt seit 1977 als Dekan für Molekulargenetik an der Universität Dallas. Mit seinem Forscherkollegen M. Brown erhielt er 1985 den Nobelpreis für Physiologie/Medizin, womit insbesondere seine bahnbrechenden Erkenntnisse über Cholesterin gewürdigt wurden.

Kurt Goldstein, geboren 1914 in Dortmund, war zunächst in der jüdischen Jugendbewegung aktiv und schloß sich Ende der 20er Jahre der KPD an. 1935 war er in Palästina. Dann kämpfte er für die Roten im Spanischen Bürgerkrieg. Die Franzosen lieferten ihn 1941 an Deutschland aus; er überlebte das entsetzliche Lager Auschwitz. Nach 1945 war er zunächst hochrangiger KPD-Führer in Westdeutschland. Dann ging er in die DDR. Dort wurde er 1961 stellvertretender Chefredakteur, später Intendant des Ostberliner »Deutschlandsenders«, den er auch nach Umbenennung in »Stimme der DDR« dirigierte. Er gehörte der Führung des DDR-»Komitee der Antifaschistischen Widerstandskämpfer« an und war Vorsitzender der »Lagerarbeitsgemeinschaft Auschwitz«. U.a. erhielt er den Karl-Marx-Orden (1984). 1993 zog er sich den Haß vaterlandsloser Genossen zu, weil er es gewagt hatte, sich zu Deutschland zu bekennen (»Ja, ich liebe Deutschland«) und auch »von meiner deutschen Nation« und »meinem deutschen Vaterland« geschrieben hatte. Im Berliner Blatt »AntiFa« hieß es aus der Feder des Chefredakteurs Löwenberg, in Goldsteins Identifikation mit dem Nationalstaat komme eine »gefährliche Krankheit« zum Ausdruck.

Der Schriftsteller **Moritz Goldstein** (geboren 1880 in Berlin, gestorben 1977 in New York) gab von 1907 bis 1914 die »Goldene Klassikerbibliothek« heraus. In Weimarer Zeit war der überzeugte Zionist leitend bei der Berliner »Vossischen Zeitung« tätig. Von 1933 bis 1939 wirkte er in Italien, wo er u.a. als Direktor des deutschen Landschulheimes in Florenz amtierte. Dann ging er nach England und in die USA. Als Mitarbeiter des Lizenzblattes »Neue Zeitung« schaltete er sich 1945 in die »Reeducation« der Deutschen ein. Goldstein schrieb u.a. »Die Gabe Gottes« und »Der Wert des Zwecklosen«.

Der Journalist **Werner Goldstein**, geboren 1920 in Berlin, begann als Aktivist der zionistischen Bewegung. 1939 ging er nach England. Er arbeitete in der britischen Rüstungsindustrie. 1947 tauchte er in Ostberlin auf. Er schloß sich der SED an und wurde Mitarbeiter des kommunistischen Zentralorgans »Neues Deutschland«. Er wirkte als Auslandskorrespondent in Moskau und London. Nachdem die SED-Herrschaft zusammengebrochen war, entdeckte Goldstein sein Herz für die zionistische Bewegung wieder. Den Besuch der Führung des Jüdischen Weltkongresses in Ostberlin 1990 nutzte er zu einer Hymne auf die Zionistische Internationale und deren Chef, Schnaps- und Chemieboß Bronfman. Im »Neuen Deutschland« schrieb er über Bronfmann: »Ist sein Business der Whisky, heißt sein Credo: Humanität.«

Der Literaturwissenschaftler und Diplomat **Eduard Goldstücker** kam 1913 im slowakischen Podbiel zur Welt. 1939 ging er nach England, wo er Mitarbeiter der tschechischen Exilregierung wurde. 1946 in den Prager Machtbereich zurückgekehrt, trat er in den diplomatischen Dienst des kommunistischen Regimes ein. Er war Attaché in Paris, London, Israel und Schweden und wirkte u.a. als erster CSSR-Botschafter in Irland. Im Zuge der sogenannten Slansky-Affäre wurde er zu lebenslanger Haft verurteilt. 1955 erfolgte seine Freilassung. Goldstücker stieg zum Präsidenten des CSSR-Schriftstellerverbandes auf und galt als ein Mentor des sogenannten Prager Frühlings. Nach der Besetzung des Landes durch Truppen des Warschauer Paktes emigrierte er 1969 nach Wien, später nach England, wo er weiter publizistisch wirkte.

Der US-amerikanische Politiker **Barry Morris Goldwater** kam 1909 in Phoenix/Arizona als Sohn einer irischen Mutter und eines jüdischen Warenhaus-Besitzers zur Welt. Er wurde christlich getauft. Er diente als Frontsoldat im Zweiten Weltkrieg und war von 1952 bis 1964 sowie von 1969 bis 1986 Senator für Arizona. 1964 bewarb er sich als republikanischer Kandidat um das Amt des US-Präsidenten, unterlag aber dem Bewerber der Demokratischen Partei, Lyndon B. Johnson. Von 1981 bis 1984 war Goldwater Vorsitzender des Senatsausschusses für Geheimdienste, von 1984 bis 1986 wirkte er als Chef des Verteidigungsausschusses in Washington. Er war stets strikt antikommunistisch, wurde als »Vater des amerikanischen Konservativismus« bezeichnet (er schrieb »The Conscience of a Conservative«, 1960), und er wünschte ein starkes Deutschland zur Abwehr der Bolschewisten. Die deutsche Rechte unterstützte fast einhellig die Kandidatur dieses bisher einzigen US-Politikers mit jüdischem Elternteil, der eine Chance hatte, US-Präsident zu werden.

Die in Wien erscheinende zionistische »Illustrierte Neue Welt« schreibt: »Juden waren die Begründer der nach wie vor bedeutendsten Hollywooder Filmindustrie, für die Namen wie Jesse Lasky, **Samuel Goldwyn** und andere als Synonym gelten. Juden schufen die Filmstudios Columbia, Universal, Warner Brothers, Paramount und MGM. In den 30er Jahren lagen sechs von den acht wichtigsten Hollywooder Filmstudios in jüdischen Händen.« Goldwyn hieß eigentlich Samuel Goldfisch (nach anderen Quellen Schmuel Gelbfisz) und war 1882 in Warschau zur Welt gekommen. Als Handschuhmacher kam er 1899 in die USA. Er tat sich 1913 mit seinem ebenfalls aus der Handschuhbranche stammenden Schwager Jesse Lasky, Cecil B. DeMille und Adolph Zukor zusammen, um die Führung in Hollywood zu übernehmen. Dies gelang ihm weitgehend in den zwanziger Jahren mit seiner Produktionsgesellschaft »Metro-Goldwyn-Mayer« (Markenzeichen: brüllender Löwe). Nach einer Reihe von »Flops« zog er sich Ende der 50er Jahre aus dem Filmgeschäft zurück. Er starb 1974 in San Franzisko.

»Education barbare« (1941), »Arsenic« (1945) und »Selbstmord eines Hundes« werden als Hauptwerke der Literatin **Claire Goll** angesehen, die unter dem Namen Clarissa Aischmann 1891 in München als Halbjüdin zur Welt kam. In zweiter Ehe war sie mit dem jüdischen Schriftsteller Yvan Goll (in Wahrheit: Isaac Lang) verheiratet. 1911 kam sie nach Berlin, wo sie eng mit Kurt Wolff zusammenarbeitete. 1916 emigrierte sie in die Schweiz, 1919 nach Paris. In jener Zeit gehörte sie zum Kreis um Rilke. 1939 ging sie mit ihrem Mann ins amerikanische Exil, 1947 kehrte sie nach Paris zurück, wo sie 1977 starb. Ihre Memoiren heißen »Ich verzeihe keinem«.

Mit Werken wie »Sodom und Berlin«, »Der Stall des Augias«, »Traumkraut«, »Die Unterwelt« und »Die Eurokokke« ist der jüdische Schriftsteller **Ivan Goll**, der eigentlich Isaac Lang hieß, hervorgetreten. Er kam 1891 in Saint-Dié (Vogesen) zur Welt und starb 1950 in Neuilly-sur-Seine bei Paris. Er war mit Claire Goll (recte: Clarissa Aischmann) verheiratet. In den 20er und 30er Jahren lebte er abwechselnd in Paris und Berlin. 1939 ging er nach New York, wo er im Archiv der US-Kriegsbehörde OWI arbeitete. Ab 1947 hielt er sich wieder in Frankreich auf. Zunächst war er Expressionist, dann machte er bei der »Dada«-Bewegung mit. In seinem Spätwerk treten jüdische Figuren und Motive in den Vordergrund.

Als »Missionar der Menschlichkeit« bezeichnete die »Deutsche National-Zeitung« 1967 in ihrem Nachruf auf den in London gestorbenen **Victor Gollancz** diesen bedeutenden jüdischen Humanisten, Sozialisten und Verleger. Er war 1893 in London als Sproß einer aus dem Polnischen eingewanderten jüdischen Familie zur Welt gekommen und ein selbstbewußter, orthodox erzogener Jude. Er schloß sich der Labour Party an und gründete 1928 einen Verlag, der seinen Namen trug und hauptsächlich linke Literatur herausbrachte. Dem deutschen NS stand Gollancz schon schroff ablehnend gegenüber, als führende Briten, auch Churchill, Hitler noch als möglichen Partner (»Bollwerk gegen den Bolschewismus«) betrachteten. Nach Ausbruch des Zweiten Weltkrieges gründete Gollancz ein »Nationalkomitee zur Befreiung vom Naziterror«. Doch schon bald wandte er sich, trotz heftiger Anfeindung, gegen antideutschen Haß: »Ich bitte Euch alle flehentlich, widersetzt Euch dieser Welle des Hasses.« Gollancz setzte sich nach Kriegsende auch persönlich für die Linderung des Elends der Deutschen ein. Nach einem Besuch in Deutschland, wo er Hilfsmaßnahmen leitete, brachte er den erschütternden Bildband »In Darkest Germany« heraus, der zum Stimmungsumschwung im Westen beitrug und antideutschen Haß eindämmte. In seiner bereits 1945 erschienenen Schrift »Above all Nations« hatte er Beispiele auch für ritterliches Verhalten deutscher Soldaten aufgeführt. Er verlangte die Freilassung der deutschen Kriegsgefangenen, geißelte die Vertreibung der Ost- und Sudetendeutschen und verwarf die Potsdamer Beschlüsse zur Teilung und Knebelung Deutschlands. Der Linie der Versöhnung blieb er stets treu. Als der Eichmann-Prozeß alte Wunden wieder

aufbrechen ließ, appellierte er vergebens, auf Rachejustiz zu verzichten. Auch setzte er sich für die Menschenrechte der palästinensischen Araber ein. 1960 erhielt Gollancz den Friedenspreis des Deutschen Buchhandels. In seinem Dankeswort hieß es: »Ich bin einfach dem Drange eines ganz gewöhnlichen menschlichen Herzens gefolgt. Ich habe, so gut ich es konnte und so wenig es auch war, die Übel Unrecht und Unterdrükkung, Grausamkeit, Gewalttat und Krieg zu mindern versucht.«

Zum maßgeblichen Kunsthistoriker des britischen Empire stieg **Ernst Gombrich**, geboren 1909 in Wien, nach seiner Auswanderung nach England im Jahre 1936 auf. Er avancierte zum Direktor des Warburg-Institutes der Universität London, war im Zweiten Weltkrieg im britischen Abhördienst tätig, lehrte als Professor unter anderem in Oxford und wurde von der Queen geadelt. Sir Ernst erfreute sich auch in Nachkriegsdeutschland vieler Ehrungen und Auszeichnungen. So erhielt er u.a. den Pour le Mérite (Friedensklasse). 1936 hatte er eine »Weltgeschichte für Kinder« verfaßt; in England schrieb er die »Story of Art« (Geschichte der Kunst). Er verfaßte auch eine Biographie des jüdischen Kunstforschers Aby Warburg.

Als besonderen Erfolg und Etappensieg betrachtet man es jüdischerseits, daß 1952 der Jurist **Arthur Lehman Goodhart** als erster Jude Präsident der altehrwürdigen britischen Oxford-Universität werden konnte. Goodhart war 1891 in New York geboren worden. Seit 1926 gab er die »Law Quarterly Review« heraus, 1931 wurde er Professor in Oxford. Zu seinen Hauptwerken zählen »Poland and the Minority Races« (1920) und »The Legal Philosophy« (1949).

Der jüdisch-amerikanische Klarinettenvirtuose **Benjamin David** (»Benny«) **Goodman** wird als »König des Swing« bezeichnet. Er kam 1909 in Chikago zur Welt. 1934 gründete er seine erste Band, die eines der erfolgreichsten Orchester der leichten Muse in den USA wurde. Das Leben des Benny Goodman, für den Aaron Copland ein Konzert schrieb, wurde von Hollywood mehrfach verfilmt. Der Klarinettenspieler starb 1986 in New York.

Die Literatin **Nadine Gordimer**, geboren 1923 in der Diamantenschürferstadt Springs/Transvaal (Südafrika) als Tochter eines aus Litauen zugewanderten jüdischen Uhrmachers, wurde vom »FAZ-Magazin« als »internationale First Lady der Literatur« bezeichnet. In westlichen Medien wurde sie vor allem als »Streiterin gegen die Apartheid« charakterisiert und ihre »Unterstützung des bewaffneten Kampfes des Afrikanischen Nationalkongresses« gerühmt. 1971 erhielt sie eine Professur »für kreatives Schreiben« an der Columbia-Universität, New York. 1991 wurde sie mit dem Literaturnobelpreis ausgezeichnet. Als ihre »Heldin in der Geschichte« nennt sie Rosa Luxemburg.

Gleichermaßen als Sozialdemokrat und Zionist war **Hans Goslar**, geboren 1889 in Hannover, zur Weimarer Zeit aktiv. Von 1919 bis 1933 wirkte er als Berater des sozialdemokratischen preußischen Ministerpräsidenten Otto Braun. Er leitete die Pressestelle des preußischen Staatsministeriums im Range eines Ministerialrates. 1933 emigrierte er nach Amsterdam. Von dort aus wurde er 1943 ins Lager Westerbork, 1944 nach Bergen-Belsen deportiert. Das NS-Regime wollte in Bergen-Belsen internierte Juden gegen Deutsche austauschen, die in England gefangengehalten wurden. London ließ sich darauf nur ausnahmsweise, jedoch nicht in dem von Berlin gewünschten Umfange ein. Goslar starb 1945 im Lager Bergen-Belsen. Er hatte 1911 »Die Krise der jüdischen Jugend Deutschlands«, 1919 »Die Sozialethik

der jüdischen Wiedergeburt« und im selben Jahr »Jüdische Weltherrschaft: Phantasiegebilde oder Wirklichkeit« veröffentlicht.

Als »jüdischen Mischling« bezeichnete Meyers Enzyklopädie 1938 den Politiker und Publizisten **Georg Gothein** und erwähnte: »Er trat 1919 als Reichsschatzminister aus Protest gegen die Annahme des Versailler Diktates zurück.« Gothein, geboren 1857 im schlesischen Neumarkt, war Sohn eines Arztes jüdischer Herkunft und dessen nichtjüdischer Frau. Ab 1891 diente er als Syndikus der Breslauer Handelskammer. 1893 wurde er Mitglied des Preußischen Landtages, 1901 Abgeordneter des Reichstages. Er vertrat nationalliberale Positionen. Nach dem Krieg war er Mitbegründer der Deutschen Demokratischen Partei (DDP), die »Großdeutschland« und »Volksgemeinschaft« forderte. In der Nationalversammlung und im Reichstag der Weimarer Republik (er war Abgeordneter von 1920 bis 1924) nahm er gegen antideutsche Kriegsschuldlüge und brutale Siegerpolitik Stellung. Zeitweise wirkte er als Vorsitzender des Vereins gegen den Antisemitismus. Daß er, wie in manchen Quellen behauptet wird, in einem KZ starb, trifft nicht zu. Er verschied 1940 im Alter von 83 Jahren in Berlin.

Zeff Gottesman war einer der Anführer der Partisanenbewegung im Süden Frankreichs während des Zweiten Weltkrieges. Er nannte sich Capitaine Philippe. 1912 in Polen geboren, war »Capitaine Philippe« 1930 als glühender Zionist nach Palästina gegangen. 1937 tauchte er in Paris auf. Ab 1941 gehörte er der Partisanenbewegung FTP-MOI an. 1944 übernahm er das Kommando der 35. Brigade der FTP-MOI, die vor allem im Raume Toulouse operierte. Dort kam er im August 1944 bei einem Einsatz um. An der Stelle seines Todes erinnert eine Tafel an »Zeff Gottesman, Held der Libération«;

eine Einheit der französischen Armee wird ihm zu Ehren »Bataillon Philippe« genannt.

Als er noch Frahm hieß und Aktivist der semikommunistischen Sozialistischen Arbeiterpartei (SAP) war, ging der nachmalige SPD-Vorsitzende und Bundeskanzler Willy Brandt bei einem jüdischen Journalisten in die Lehre, der von Beruf eigentlich Kleiderhändler war: **Erich Gottgetreu**, geboren 1903 in Chemnitz. Die beiden trafen Ende der 20er Jahre beim »Lübecker Volksboten« zusammen. Als Gottgetreu 1933 nach Palästina ging, war er Redakteur des SPD-Pressedienstes in Berlin. Der glühende Zionist wirkte von 1942 bis 1968 als Korrespondent der Nachrichtenagentur Associated Press (AP) in Nahost. Auch als Berichterstatter für Springers unbedingt prozionistische »Welt«, für die »Kölnische Rundschau«, »Die Rheinpfalz«, das »Berner Tagblatt« und andere Blätter bestimmte er das Israel-Bild der deutschen Öffentlichkeit. Er schrieb ein »Tagebuch aus dem belagerten Jerusalem«. 1934 war sein Buch »Das Land der Söhne - Palästina nahegerückt« auf deutsch erschienen; es warb für jüdische Palästina-Einwanderung. Gottgetreu starb 1981.

Genaues über sein Schicksal nach 1933 und den Tod des Politikers **Georg Gottheiner** ist nicht zu erfahren. Er dürfte 1934 gestorben sein. Zur Welt gekommen war er 1879 in Berlin. Er wirkte als Landrat in Königsberg/Pr. und schloß sich als streng deutsch-patriotisch gesinnter Mann der Deutschnationalen Volkspartei (DNVP) an. Er vertrat sie vom Mai 1928 bis zum Juli 1932 als Abgeordneter des Wahlkreises 1 Ostpreußen im Deutschen Reichstag. In einer offiziellen Zusammenstellung über höhere Beamte war er 1934 noch verzeichnet. Dann erfolgte seine Entlassung aus dem Staatsdienst wegen jüdischer Herkunft aufgrund des »Gesetzes zur Wiederherstellung

das Berufsbeamtentums« vom 7. April 1933. Zu den Ungeheuerlichkeiten des antisemitischen Wahnes gehörte damals, daß selbst konsequent national gesinnte Deutsche jüdischer Herkunft diskriminiert und verfolgt wurden.

Der 1902 im Haag geborene Physiker **Samuel Abraham Goudsmit** lehrte in der amerikanischen Emigration ab 1941 als Professor am Wissenschaftszentrum M.I.T. und war ab 1943 am US-Atombombenprojekt führend beteiligt. 1944 erhielt er den Auftrag, herauszufinden, ob Deutschland wirklich eine Atombombe baue. Sämtliche Geheimdienstinformationen und Meldungen von Verrätern aus Deutschland besagten, daß die Deutschen - im Gegensatz zu fast allen anderen wissenschaftlich-technischen Gebieten - beim Atombombenbau um Jahre hinter den USA herhinkten, also keine atomare Gefahr von ihnen ausging. Die Unterlagen, die Goudsmit im November 1944 an der verlassenen Wirkungsstätte des führenden deutschen Atomforschers Prof. von Weizsäcker in Straßburg fand, bestätigten, daß es keine ernsthaften deutschen Anstrengungen zum Bau der Atombombe gab. Dennoch wurde das US-Projekt weiterbetrieben, und die Atombomben wurden nach der Niederlage Deutschlands auf die Japaner geworfen. Im besetzten Deutschland war Goudsmit führend an der Ausbeutung des deutschen wissenschaftlichen Fundus durch die Siegermächte beteiligt. Er starb 1978 in Reno/Nevada.

Eigentlich heißt der US-Schauspieler und Filmproduzent **Elliott Gould** (geboren 1938 in New York-Brooklyn) Elliott Goldstein. Mit Barbra Streisand, deren Manager er später wurde, debütierte er am Broadway im Musical »I Can Get It for You Wholesale«. Seinen ersten Erfolg als Filmschauspieler hatte er 1970 in Robert Altmans »Mash«, in dem er als verrückter Chirurg überzeugte.

1969 begründete Gould-Goldstein mit Jack Brodsky die »Brodsky-Gould-Productions Inc.« Zu den erfolgreichsten Streifen, in denen er als Mime mitwirkte, zählen: »Kleine Mörder«, »Spur der Gewalt«, »Der miese Johnny Barrows«, »Tödliche Botschaft«, »Die Brücke von Arnheim« (nach Ryans Roman), »Und morgen wird ein Ding gedreht«, »Schmutzige Tricks«.

Der Klavierspieler **Glenn Gould** (geboren 1932 in Toronto, gestorben 1982 dortselbst) zählt zu den bekanntesten zeitgenössischen Musikern jüdischer Herkunft. 1945 gab er sein erstes Solokonzert, 1947 erfolgte das Orchesterdebüt. 1950 absolvierte er seine erste Schallplattenaufnahme. 1964 gab er ein letztes öffentliches Konzert und spielte fortan nur noch für Aufnahmen auf Tonträgern.

Mit mehreren US-patriotischen Orchesterwerken wartete der Komponist **Morton Gould** auf. So schuf er eine »Lincoln Legend«, die 1942 von Toscanini erstmals öffentlich aufgeführt wurde, und eine »Cowboy Rhapsody« (1944) zur Verherrlichung der Unterwerfung des »Wilden Westen«. Gould, geboren 1913 in Richmond Hill (New York), wurde von Leopold Stokowski entdeckt. Er komponierte auch ein Konzert für Stepptänzer und Orchester sowie Musicals wie »Billion Dollar Baby« und »Arms and the Girl«. 1956 brachte er »Jekyll and Hyde-Variationen für Orchester« zu Notenpapier. Daneben entstanden Filmmusiken.

Der israelische Historiker **Walter Grab**, 1971 Gründer und bis 1985 Leiter des von der VW-Stiftung und der Friedrich-Ebert-Stiftung gesponserten »Instituts für Deutsche Geschichte« in Tel Aviv, kam 1919 in Wien auf die Welt. 1938 ging er nach Palästina. 1965 habilitierte er sich bei Professor Fritz Fischer in Hamburg, der Deutschland auch noch die Alleinschuld am Ersten Weltkrieg aufladen will (»Griff nach der Weltmacht«). Grab wurde 1970 Professor der Universität Tel Aviv und hatte Gastprofessuren in Duisburg und Hamburg. Er schrieb über Heinrich Heine (1982) und verfaßte das Buch »Der deutsche Weg der Judenemanzipation« (1991). Eine besondere Vorliebe hat er für die Französische Revolution, deren Auswirkung auf Deutschland er mehrere Bücher widmete (z.B. »Eroberung oder Befreiung. Deutsche Jakobiner und die Franzosenherrschaft im Rheinland«). Er gehört der »Société des Etudes Robespierristes« an.

»Zur konservativen Rechten gehörte auch **Adolf Grabowsky**, Schöpfer der 1917 gegründeten Sammelorganisation ›Volksbund für Vaterland und Freiheit‹ und Herausgeber der Zeitschrift ›Das Neue Deutschland‹, die die deutsche Intelligenz für die Rechtsparteien zu gewinnen trachtete«, schreibt Bernt Engelmann in »Deutschland ohne Juden«. Grabowsky kam 1880 in Berlin zur Welt. Von 1907 bis 1933 gab er die »Zeitschrift für Politik« und von 1912 bis 1923 das bereits erwähnte »Neue Deutschland« heraus. Von 1921 bis 1933 war er Dozent an der Berliner Hochschule für Politik. 1932 wechselte er vom jüdischen zum katholischen Glauben. 1934 emigrierte er und gründete 1937 in Basel das »Weltpolitische Archiv«. 1952 bis 1965 lehrte er als Professor politische Wissenschaft in Marburg und Gießen, wobei er sich besonders der Geopolitik widmete. Adolf Grabowsky starb 1969 in Arlesheim bei Basel.

Als bedeutendster israelischer Musikwissenschaftler wird der Publizist und Komponist **Peter Emanuel Gradenwitz** bezeichnet. Er stammt aus Berlin und ist Jahrgang 1910. Er studierte unter anderem bei Hanns Eisler und Julius Weisman und war zu Weimarer Zeit Mitarbeiter jüdischer Zeitungen. 1934 ging er nach England, 1936 nach Palästina. Er gründete den wichtigsten israelischen Musikverlag. Zu seinen Schriften gehört »The Music of Israel. Its Rise and Growth Through 5000 Years« (New York 1949).

Aus einer Judenfamilie entstammte auch der große deutsch-patriotische Sozialdemokrat **Georg Gradnauer**, der 1866 in Magdeburg zur Welt kam. Er war Verfassungsrechtler und Journalist. 1898 zog er als Abgeordneter des »roten Königreiches« (Sachsen) in den Reichstag ein. Im Ersten Weltkrieg trat er unbedingt für den Burgfrieden im Inneren ein, um Deutschlands Sieg zu sichern. 1919/20 wirkte er als sächsischer Ministerpräsident. Als USPD und Kommunisten einen Umsturzversuch inszenierten, um Sachsen in eine Sowjetrepublik zu verwandeln, rief er die Reichswehr zu Hilfe, die die drohende Bolschewisierung des Landes verhinderte. 1921 wirkte Gradnauer als Reichsminister des Innern, von 1924 bis 1932 als Gesandter Sachsens beim Reich. Das NS-Regime schreckte nicht davor zurück, diesen verdienten Patrioten 1944 als 78jährigen noch nach Theresienstadt zu deportieren. Er überlebte und starb Ende 1946 in Berlin.

Der aus dem galizischen Werbowitz stammende Jessaja Szajko Gronach (Jahrgang 1890) tingelte in jiddischen Wandertheatern durch Russisch-Polen. Von Max Reinhardt nach Berlin geholt, verwandelte er sich in **Alexander Granach** und wurde, nach gängiger Version, »einer der größten Charakterdarsteller Deutschlands«. Vor allem spielte er in Stücken von Brecht und Bronnen. Er wirkte für den roten Theatermogul Piscator und ging dann zum Film. Hatte er auf der Bühne besonders als Shylock beeindruckt, überzeugte er auf der Leinwand in Streifen wie dem Horrorfilm »Nosferatu«. 1933 ging er in die Schweiz, 1935 bis 1937 hielt er sich in der Sowjetunion auf, wo er als Direktor des Jüdischen Nationaltheaters der Ukraine fungierte und den Komintern-Chef Dimitroff in von Wangenheims Agitprop-Film »Kämpfer« darstellte. Seit 1938 in den USA, wirkte er dort an jiddischen Theatern und in Hollywoodfilmen mit wie z.B. »Mission to Moscow« (Verherrlichung von »Uncle Joe« Stalin), »The Hitler-Gang« oder »Das siebte Kreuz« nach der Vorlage der Altstalinistin Seghers. Granach starb 1949 in New York.

Der unter dem Namen **Gilbert Grandval** bekanntgewordene, 1904 in Paris geborene und 1981 in Paris gestorbene französische Politiker hieß in Wahrheit Hirsch-Ollendorf. Im Krieg war er führend in der französischen Heckenschützenbewegung. Lustiger schreibt in »Zum Kampf auf Leben und Tod - Zum Widerstand der Juden 1933-1945«: »Der Geschäftsmann und Luftwaffenpilot Grandval (Hirsch-Ollendorf) organisierte den Widerstand in Lothringen und wurde später als persönlicher Beauftragter de Gaulles Chef des nationalen Widerstandes der Militärregion C mit den Provinzen Elsaß, Lothringen, Champagne und Argonne.« Von 1945 bis 1955 mühte sich Grandval-Hirsch nacheinander als französischer Gouverneur, »Hoher Kommissar« und Botschafter an der Saar, das Saarland Deutschland endgültig zu entreißen. Danach unterdrückte er als Generalkommissar die Freiheitsbewegung in Marokko. 1958 wurde er Marinesekretär in Paris. Von 1962 bis 1966 fungierte er als Arbeitsminister im Kabinett Pompidou.

Der Operettenkomponist und Librettist **Bruno Granichstaedten** lebte von 1879 bis 1944. Er kam in Wien zur Welt und starb in Hollywood. Sein Lehrer am Leipziger Konservatorium war Salomon Jadassohn. In der Zeit von 1908 bis 1930 schrieb Granichstaedten 16 Operetten. 1938 ging er in die Vereinigten Staaten von Amerika. Als seine Hauptwerke gelten »Bub oder Mädel«

Nadine GORDIMER

Samuel GOUDSMIT

Georg GRADNAUER

Gilbert GRANDVAL

Lorne GREENE

Alan GREENSPAN

GROCK

Alfred GROSSER

Kurt GROSSMANN

(1908), »Auf Befehl der Kaiserin« (1915), »Das Schwalbennest« (1926).

Eigentlich hieß der als »Ben Cartwright« in der US-amerikanischen Fernsehserie »Bonanza« bekanntgewordene Schauspieler **Lorne Greene** (geboren 1916 in Ottawa, gestorben 1987 in Santa Monica) David Feuerstein. Er begann als Nachrichtensprecher im kanadischen Fernsehen und gründete die »Academy of Radio Arts«. Ab 1953 wirkte Greene-Feuerstein auch in den USA. Die Western-Serie »Bonanza« lief von 1959 bis 1978 und wurde in 80 Ländern ausgestrahlt. Auch Greenes Filmsohn »Little Joe« wurde von einem jüdischen Schauspieler, Michael Landon (eigentlich Daniel Orowitz), verkörpert.

Chef des einst von Mandel House, Warburg und weiteren meist jüdischen Finanzmagnaten geschaffenen Federal Reserve Board (US-Notenbank) wurde 1987 **Alan Greenspan**. Er war 1926 als Sproß einer jüdischen Familie in New York-Manhattan zur Welt gekommen. Er begann als Händler an der Warenbörse und gründete die Finanzberatungsfirma Townsend-Greenspan. Ab 1970 gehörte er dem Wirtschaftsrat des US-Präsidenten an, von 1974 bis 1977 war er Chef dieses Gremiums. 1981 bis 1983 leitete Greenspan in Reagans Auftrag die »Nationale Kommission zur Reform der Sozialversicherung«.

»Nit möööglich!« rief der Clown und Akrobat **Grock** auf dem Höhepunkt seiner Darbietungen zum Gaudium des Publikums aus. Tatsächlich möglich aber war es , daß er als Halbjude auch während der ganzen Zeit des Dritten Reiches umjubelte Auftritte in Deutschland hatte. Eigentlich hieß Grock Dr. Adrian Wettach. Er kam 1880 in der Schweiz als Sohn eines Juden zur Welt. Bereits als 7jähriger wirkte er in einem Wanderzirkus mit. Er trat als »Schlangenmensch« auf. Später war der hochgebildete Spaßmacher zeitweise Hauslehrer des nachmaligen ungarischen Ministerpräsidenten Graf Bethlen. Der internationale Durchbruch gelang Grock um 1913 mit seiner Solonummer als Musikclown. Erfolgreiche Tourneen führten ihn um die ganze Welt. Doch seine größte und treueste »Gemeinde« hatte er stets in Deutschland. 1951 gründete Grock einen eigenen Zirkus, fünf Jahre später trat er von der Manege ab. Er starb 1959 in Imperia an der Riviera.

Der Publizist und Historiker **Alfred Grosser**, geboren 1925 in Frankfurt am Main, kam 1933 mit seinen jüdischen Eltern nach Frankreich. 1937 erhielt er die französische Staatsbürgerschaft. Im Krieg war er für die Résistance aktiv. 1945 wirkte er als Pressezensor des Militärs in Marseille. 1955 wurde er Professor für Politische Wissenschaft an der Pariser Sorbonne. Als Mitarbeiter zahlreicher bundesdeutscher Blätter und des Fernsehens zählte er zu den führenden Umerziehern im Sinne der Sieger. 1975 erhielt er dafür den Friedenspreis des Deutschen Buchhandels. Allerdings gehört Grosser zu den prominenten Juden, die im Gegensatz zu bundesrepublikanischen Radikal-Umerziehern zur Mäßigung im Umgang mit den Deutschen raten. So rief er in seinem in den 90er Jahren erschienenen Buch »Ermordung der Menschheit. Der Genozid im Gedächtnis der Völker« in Erinnerung, was er schon 1947 geschrieben hatte: »Der junge Deutsche betrachtet sich nicht als verantwortlich für die wahnsinnigen Verbrechen des Hitlerregimes. Damit hat er recht. Für die Kinder und Jugendlichen gibt es keine kollektive Verantwortung.«

Arno Lustiger, der Historiker des bewaffneten jüdischen Untergrundkampfes gegen Hitler, bezeichnet **Chaika Grossmann** als »eine der großen Gestalten des jüdischen Widerstandes in Osteuropa« und als »die Seele des Widerstandes« im Gebiet von Bialystok. Sie war 1920 in Bialystok zur Welt gekommen und schloß sich in jungen Jahren der semikommunistischen zionistischen Bewegung »Haschomer Hazair« an. Im Zweiten Weltkrieg zählte sie zur obersten Partisanenführung in Polen. Nach 1945 organisierte sie die illegale polnische Einwanderung nach Palästina. 1948, nach Ausrufung des Staates Israel, kam auch sie nach Nahost. Ab 1969 war sie Knesset-Abgeordnete. Lange Jahre wirkte sie als Vizepräsidentin des israelischen Parlamentes. Sie fungiert als Präsidentin des Archivs, Verlags und Instituts »Moreschet« zur Erforschung des jüdischen Untergrundkampfes im Weltkrieg. Sie verfaßte das Buch »Die Untergrundarmee«.

Kurt Richard Großmann (geboren 1897 in Berlin, gestorben 1972 in Petersburg/US-Bundesstaat Virginia) gilt als einer der ersten Juden, der die Westmächte ca. 1943 auf die »Endlösung« im Sinne eines millionenfachen Mordes in Hitlers Machtbereich aufmerksam machte. Man schenkte ihm keinen Glauben. Großmann war Linksjournalist zur Weimarer Zeit und wurde 1926 Generalsekretär der semikommunistischen »Deutschen Liga für Menschenrechte«. 1933 ging er in die Tschechei, 1938 nach Frankreich, 1939 in die USA. Ab 1943 wirkte er als Beauftragter des Jüdischen Weltkongresses für die europäische Flüchtlingsfrage. In der Nachkriegszeit avancierte er zum Experten der zionistischen Jewish Agency für Wiedergutmachungsfragen. Er hatte erheblichen Anteil an der Durchsetzung jüdischer Wiedergutmachungsforderungen in Milliardenhöhe. Großmann schrieb u.a. »Deutschland am Hakenkreuz« (1933) und »Die Ehrenschuld. Kurzgeschichte der Wiedergutmachung« (1967).

Über das Ende des jüdisch-marxistischen Wirtschafts- und Gesellschaftswissenschaftlers **Carl Grünberg** streiten sich die Quellen. Während Krohn (»Wissenschaft im Exil«) schreibt, er sei 1930 verstorben, gibt Koschs »Biographisches Staatshandbuch« an: »gest. nach 1935«, im »Lexikon des Judentums« wird zum Tode nur »1940 Frankfurt am Main« notiert, während das »Neue Lexikon des Judentums« berichtet, er sei »1940 von Nationalsozialisten ermordet« worden. Daß Grünberg 1861 in Focsani/Rumänien zur Welt kam, steht fest. Mit Ludo Moritz Hartmann gründete er in Wien den »Sozialwissenschaftlichen Bildungsverein«. Ab 1909 lehrte er Nationalökonomie in Wien. 1911 gründete SPÖ-Mitglied Grünberg das »Archiv für die Geschichte des Sozialismus«. Von 1924 bis 1930 leitete er das Institut für Sozialforschung in Frankfurt am Main (die »Marxburg«). Grünberg schrieb u.a. »Sozialismus, Kommunismus und Anarchismus« (1894)« und »Das Grundgesetz der Russischen Sowjetrepublik« (1919).

»Ein guter Mensch ist von uns gegangen«, hieß es in der Traueranzeige im »Neuen Deutschland«, dem langjährigen Zentralorgan von Mauermord und Stasiterror, mit der 1992 das Ableben von **Herbert Grünstein** gemeldet wurde. Er war Jahrgang 1912 und stammte aus Erfurt. Schon als Halbwüchsiger wurde er Kommunist. 1936 tauchte er als roter Kommissar in der Division »Carlos Marx« im Spanischen Bürgerkrieg auf. Im Zweiten Weltkrieg war er als Geheimagent Stalins u.a. in Schweden und Rumänien tätig. Als Vizechef einer »Antifa-Schule« bei Gorki sollte Grünstein kriegsgefangene Deutsche für den Stalinismus gewinnen. 1950 wurde er Chefinspekteur der DDR-»Volkspolizei«. Ab 1956 amtierte der gute Mensch als stellvertretender Innenminister und Staatssekretär. 1974 übernahm er als Pensionär die Führung des sogenannten Antifaschistischen Komitees in Ostberlin. 1944 hatte er die Tochter der (ebenfalls herkunftsjüdischen) rumänischen KP-Führerin Anna Pauker, Paula Pauker, geheiratet. An sein Leben erinnerte sich Grünstein unter dem Titel »An der Seite sowjetischer Genossen erfüllte ich meine Pflicht«.

Die Grafikerin **Lea Grundig** (geboren 1906 in Dresden als Lea Langer, gestorben 1977 dortselbst) entstammte einer jüdischen Händlerfamilie. Zur Weimarer Zeit wurde sie Aktivistin der stalinistischen KPD, wobei sie sich insbesondere für die Freigabe der Abtreibung einsetzte. 1940 ging sie nach Palästina, wo sie in einer vom Vater betriebenen Bar arbeitete. Sie wirkte als Grafikerin in dieser Zeit sowohl für die Kommunisten als auch für die Zionisten. Als israelische Staatsbürgerin kam sie 1948 in die Sowjetzone. Sie wurde Professorin an der Akademie der Schönen Künste der DDR und ZK-Mitglied der SED (1963). Sie avancierte zur »unantastbaren Repräsentationsfigur« (»Der Spiegel«) im Dienste der kommunistischen Diktatoren. Der Maler Hans Grundig, den sie 1928 geheiratet hatte, war 1926 KPD-Mitglied geworden, kam nach KZ-Haft 1944 zur Bewährung an die Front, lief zur Roten Armee über und starb 1958 als linientreuer SED-Genosse in Dresden.

Eigentlich heißt der Publizist und Diplomat **Henry Grunwald**, der 1922 in Wien geboren wurde, Heinrich Anatol Grünwald. Sein Vater war der Texter Alfred Grünwald (»Gräfin Mariza«). Die Emigration führte die Grünwalds 1938 nach Frankreich, 1940 in die USA. Dort begann Heinrich-Henry als Laufbursche beim »Time«-Magazine. 1945 wurde er Redakteur. 1979 gelangte er als Chefredakteur an die Spitze von »Time«, und er dirigierte schließlich insgesamt den einflußreichsten Pressekonzern der Welt, zu dem auch »Life«, »People«, »Time-Life-Books« usw. gehören. 1987 wurde Grunwald US-Botschafter in Österreich. Er schrieb eine Churchill-

Biographie und gab das Buch »Sex in America« heraus.

Wahrscheinlich hat der jüdische Attentäter **Herschel Feibel Grynszpan** (auch Grünspan geschrieben), dessen Mord am deutschen Botschaftsrat vom Rath 1938 die sogenannte Reichskristallnacht auslöste, die NS-Haft überlebt. Im »Biographischen Handbuch der deutschsprachigen Emigration« heißt es: »April 1942 endgültige Verschiebung des Prozesses auf Befehl Hitlers. Nach 1945 vermutlich Rückkehr nach Paris, Aufenthalt unter falschem Namen, um französischer Strafverfolgung zu entgehen; andererseits ist seine Ermordung in deutscher Haft nicht auszuschließen.« Im »Großen Lexikon des Dritten Reiches« steht: »Er überlebte, weil die Nationalsozialisten bis zum Schluß einen Schauprozeß gegen ihn planten zum Beweis der These von der Kriegsschuld des ›Weltjudentums‹.« Grynszpan-Grünspan war 1921 als Sohn eines Altwarenhändlers in Hannover zur Welt gekommen. Die Familie war 1911 vor polnischem Antisemitismus nach Deutschland emigriert. Bis 1935 studierte Grynszpan an der jüdischen »Jeschiwah Salomon Breuer«-Schule in Frankfurt am Main. Dann ging er zu seinem Onkel Abraham nach Paris, wo er sich illegal aufhielt. 1938 bekam er die Ausweisungsanordnung und hatte Frankreich rasch zu verlassen. Inzwischen hatte die polnische Regierung allen aus Polen emigrierten Juden (allein nach Deutschland waren mehr als eine halbe Million ausgewandert) die polnische Staatsangehörigkeit entzogen und 55 000 von ihnen an der Grenze zurückgeschickt, darunter Grynszpans Eltern. Hinzu kam eine heftige Auseinandersetzung mit Onkel Abraham. Da faßte Herschel den Entschluß, »aus Protest« den deutschen Botschafter in Paris zu erschießen. Doch er traf nur den Legationsrat Ernst vom Rath, der dem NS-Regime distanziert gegenüberstand. Die tödlichen Schüsse auf vom Rath gaben den Anlaß zum furchtbaren Pogrom der »Reichskristallnacht«, der nicht nur entsetzliches Unrecht an den betroffenen Juden war, sondern auch dem deutschen Ansehen weltweit Schaden zufügte. Wie die Geheimpolizei des Dritten Reiches in ihren Protokollen notierte, stießen die Ausschreitungen bei der gewaltigen Mehrheit der Deutschen auf Ablehnung und bei Millionen auf Empörung. Internationale jüdische Kreise, vor allem der Jüdische Weltkongreß, starteten eine massive Kampagne, um die Freilassung des Attentäters zu erwirken. Das gab Vermutungen Nahrung, Grynszpan habe im Auftrag gehandelt. 1940 lieferten die französischen Behörden ihn an Deutschland aus.

Zu gewaltigem Reichtum und Einfluß gelangte die jüdische Familie Guggenheim, speziell der Industrielle **Meyer G. Guggenheim**, in Amerika. Geboren 1828 im schweizerischen Lengnau, kam er mit seinem Vater Simon 1847 in die USA. Er heiratete seine Stiefschwester, die ihm elf Kinder gebar. Sie gelangten meist in Schlüsselstellungen in der Neuen Welt. Die Guggenheims begannen in Amerika mit einem Hausiererhandel in Schweizer Spitzen, stiegen dann auf den Verkauf einer Herdputzpaste um und machten schließlich in Eisenbahnbau und mit einer 1870 in Colorado erworbenen Silbermine ein Vermögen. Meyer Guggenheim stieg zu einem der bedeutendsten Montanindustriellen Amerikas auf. 1901 erwarb er die »American Smelting and Refining Co.«. Er starb als Multimillionär 1905 in St. Augustin/Florida.

Peggy (eigentlich: Marguerite) Guggenheim, geboren 1898 in New York, war eine Enkelin Meyer Guggenheims und Nichte von Solomon R. Guggenheim, des Begründers des gleichnamigen Museums. In zweiter Ehe verheiratete sie sich mit dem nichtjüdischen deutschen Maler Max Ernst. Sie gründete Galerien zur Förderung moderner Kunst in Venedig, London und New York. 1947 bezog sie ihr Hauptquartier in Venedig, wo sie 1979 starb. Sie schrieb »Von Kunst besessen« (1965). Ihre Tochter, die Malerin Pegeen Rumey, beging 1967 in Paris Selbstmord.

Der Industrielle **Solomon Guggenheim**, Jahrgang 1861, war ein Sohn des als Hausierer in die USA gekommenen Meyer Guggenheim, der zum führenden Wirtschaftsboß Amerikas aufstieg. Anfang der 20er Jahre kontrollierten die Guggenheims unter Führung des Solomon 80 Prozent der Weltproduktion an Silber, Kupfer und Blei; die größten Erzschmelzen und zahlreiche Raffinerien unterstanden ihnen, sie geboten über Diamantenminen in Afrika, Zinngruben in Chile, Kohleminen in Alaska. Einen herben Rückschlag mußte das Imperium hinnehmen, als sein Salpeter-Monopol 1935 von den Deutschen gebrochen wurde, die ein Verfahren zur künstlichen Herstellung von Salpeter gefunden hatten. Solomon Guggenheim kaufte die weltweit größte Galerie moderner Malerei zusammen und finanzierte für die Sammlung das Guggenheim-Museum in Manhattan. Er starb 1949 in Sands Point/New York.

Zu den einflußreichsten Industriellen des Deutschen Reiches unter Kaiser Wilhelm II. und in Weimarer Zeit zählte **Emil Guggenheimer**, der 1860 in München geboren wurde und 1925 in Berlin starb. Er war Vorstand der Maschinenfabrik Augsburg-Nürnberg (MAN) und Vorstandsmitglied des Reichsverbandes der deutschen Industrie. Nach dem Ersten Weltkrieg fungierte er als Reichskommissar für den Wiederaufbau der zerstörten deutschen Gebiete.

Neben dem Franzosen de Gobineau, dem Engländer H.St. Chamberlain und den

Amerikanern Lothrop Stoddard sowie Madison Grant ist der Jude **Ludwig Gumplowicz** zu den »Klassikern« der Lehre zu rechnen, daß die Geschichte im wesentlichen aus Rassenkämpfen bestehe. Er kam 1838 in Krakau als Sproß einer galizischen Rabbinerfamilie zur Welt und wirkte nach dem Studium in Wien als Rechtsanwalt und Journalist. In Graz lehrte er als Professor Staats- und Verwaltungslehre. In seinem Hauptwerk »Der Rassenkampf« von 1883 stellt er die These auf, die Geschichte der Zivilisation sei die eines unablässigen Konfliktes zwischen Großgruppen, vor allem sei der Kampf der Rassen miteinander die treibende Kraft. Die jüdische Orthodoxie warf ihm vor, um seiner Karriere willen zum Christentum übergetreten zu sein. Gumplowicz verübte 1909 in Graz Selbstmord.

Weil er jüdischer Herkunft war, wurde das Werk des Literaturhistorikers **Friedrich Gundolf** (eigentlicher Name Gundelfinger) im Dritten Reich verfemt. Weil er - nach heutigen Kategorien - »rechtsextrem« und »nationalistisch« schrieb, wird er in der Bundesrepublik totgeschwiegen. Friedrich Gundolf kam 1880 in Darmstadt zur Welt und starb 1931 in Heidelberg. Er gehörte dem Kreis um Stefan George an, leistete Kriegsdienst von 1916 bis 1918 (vor allem in dieser Zeit veröffentlichte er glühend patriotische Schriften) und wirkte ab 1920 an der Universität Heidelberg. Professor Gundolf gab dem jungen Joseph Goebbels das Promotionsthema (»Wilhelm von Schütz - Ein Beitrag zur Geschichte des Dramas der Romantischen Schule«), wurde aber wegen Befreiung vom Prüfdienst nicht dessen Doktorvater (es war dann Professor Waldberg).

Der Geophysiker **Benno Gutenberg** (geboren 1889 in Darmstadt, gestorben 1960 im kalifornischen Pasadena) bildete im Ersten Weltkrieg die deutsche Schallmeßtruppe aus. Er hatte seit 1912 am Seismologischen Büro in Straßburg gewirkt und wurde 1926 Professor an der Universität Frankfurt am Main. 1930 schon ging er in die USA, wo er zum Direktor des Seismologischen Laboratoriums in Pasadena aufstieg. Von 1951 bis 1954 präsidierte er der Internationalen Vereinigung für Seismologie.

In seinem Buch »Zum Kampf auf Leben und Tod« nennt der jüdische Publizist Lustiger **Israel Gutman** »die herausragende Gestalt unter den Forschern des Holocaust und des jüdischen Widerstandes«. Gutman kam 1923 in Warschau zur Welt. Er gehörte der jüdischen Untergrundgruppe ZOB im Warschauer Ghetto an und nahm am Aufstand 1943 teil. Er überlebte die Lager Majdanek und Auschwitz, wo er an der Erhebung der Häftlinge teilgenommen hatte. Nach 1945 emigrierte Gutman nach Palästina. Er avancierte in Israel zum Professor für Neuere Jüdische Geschichte an der Hebräischen Universität von Jerusalem und zum Direktor des Internationalen Forschungsinstitutes der Gedenkstätte Jad Vaschem. Als sein Lebenswerk gilt die 1989 in hebräischer, 1990 in englischer und 1993 in deutscher Sprache erschienene kolossale »Enzyklopädie des Holocaust«, für die er allein sechzig Artikel verfaßte.

Die Dresdner Bank wurde 1872 gegründet. 1884 erfolgte die Verlegung des Hauptsitzes von Dresden nach Berlin. 1932 verschmolz sie mit der Darmstädter und Nationalbank (Danatbank). Der Gründung des Bankinstituts stand der jüdische Bankier **Eugen Gutmann** Pate. Er wurde 1840 in Dresden geboren und starb 1925 in Berlin. Bei Ganther (»Die Juden in Deutschland«) heißt es über die Kaiserzeit: »Staatsbanken holten häufig jüdische Fachleute und Direktoren zum Aufbau heran. Hier sei an L. Bamberger erinnert, den Gründer der Deutschen Bank und Reichsbank, an E. Gutmann, der die Dresdner Bank ins Leben rief, an A. Oppenheim, der die Darmstädter

Bank leitete, an Max Steinthal von der Preußischen Hypothekenbank, an Adolf Salomonsohn von der Diskonto-Gesellschaft.«

»Aus einem kleinen Ferkel wird keine koschere Delikatesse, wie sehr sich der Koch auch bemühen mag«, kommentiert der jüdische Literat Broder die Versuche des kommunistischen Parteifunktionärs **Gregor Gysi**, sein jüdisches Erbteil herauszukehren. Professor Michael Wolffsohn schreibt in seinem 1995 erschienenen Buch »Die Deutschlandakte«: »Immer wenn Gysi und die Seinen sich in der Defensive befanden, entdeckten sie ihr ansonsten nie praktiziertes Judentum.« Wolffsohn weist nach, daß Gysi kurz vor Untergang der DDR verzweifelt versucht hat, international mächtige jüdische Persönlichkeiten und Organisationen, insbesondere den Jüdischen Weltkongreß, zu mobilisieren, um die deutsche Wiedervereinigung zu sabotieren. Gregor Gysi kam 1948 in Ostberlin zur Welt. Sein Vater Klaus Gysi war Minister unter Ulbricht und Staatssekretär unter Honecker. Die Familie der Mutter (Lessing) stammt aus der jüdischen Gemeinde St. Petersburgs. Gysis Mutter Irene geborene Lessing brachte es in der DDR zur Verlagsleiterin und zur Direktorin des Internationalen Theaterinstituts; sein Onkel Gottfried Lessing wurde DDR-Botschafter; die Schriftstellerin Doris Lessing ist seine Tante. Als 18jähriger schloß sich Gregor Gysi der SED an. Ab 1971 gehörte er zur handverlesenen Schar der vom roten Regime zugelassenen Rechtsanwälte. Im Mai 1988 wurde er Chef des Ostberliner Rechtsanwaltskollegiums und Leiter aller 15 Anwaltskollegien der DDR-Bezirke. Ab November 1989 war er Nachfolger Honeckkers bzw. Krenz' als SED-Vorsitzender. Er etikettierte die Partei in PDS um. Den Vorsitz gab er 1992 an Bisky ab; im Deutschen Bundestag aber blieb er PDS-Wortführer. Den Vorwurf, daß er über Jahre Spitzel der Stasi gewesen sei, hat Gysi energisch bestrit-

ten. Weil er in beachtlicher Mimikry Allüren, Gehabe, Worthülsen und »Botschaften« der bundesdeutschen Linksbourgeoisie perfekt nachahmt, gehört Gysi zu den Stammgästen von »Talk Shows« und ähnlichen Medienveranstaltungen.

Klaus Gysi, geboren 1912 in Berlin, der Vater des nachmaligen PDS-Wortführers Gregor Gysi, schloß sich zur Weimarer Zeit der stalinistischen KPD an. Über seine Aktivitäten in Deutschland während des Krieges heißt es im »Biographischen Handbuch der deutschsprachigen Emigration«: »1940 bis 1945 freie wissenschaftliche Tätigkeit und Teilnahme am illegalen Widerstand.« Die sowjetischen Besatzer machten ihn 1945 zum Bezirksbürgermeister in Berlin, dann wurde er Chefredakteur des SED-Blattes »Aufbau«. Von 1957 bis 1966 leitete er den SED-Staatsverlag »Aufbau« und war damit Chef des größten belletristischen Verlages der DDR. Von 1966 bis 1973 war er DDR-Kulturminister, dann amtierte er fünf Jahre als DDR-Botschafter in Rom. Von 1979 bis 1988 war er Staatssekretär für Kirchenfragen der Regierung Honecker. Über seine Verwicklung in das Stasi-System und seine Versuche, die DDR mit Hilfe mächtiger internationaler jüdischer Kreise zu retten, also die Wiedervereinigung zu torpedieren, berichtet der jüdische Publizist Professor Michael Wolffsohn ausführlich in seinem 1995 erschienenen Buch »Die Deutschlandakte«. Gregor Gysi ging aus Klaus Gysis erster Ehe mit Irene Lessing hervor, die hochrangige DDR-Staatsfunktionärin war.

Max Pallenberg und Erik Charell standen zu Weimarer Zeit der Karriere der jüdischen Schauspielerin **Dolly Haas**, die eigentlich Dorothea Clara Eleonore mit Vornamen hieß, Pate. Sie wurde 1911 in Hamburg geboren. 1935 ging sie nach England, 1936 in die USA, wo sie zur Kriegszeit in der antideutschen Propaganda mitwirkte. Zu ihren bekanntesten Filmen gehören: »Dolly macht Karriere« (1930) und »Ich beichte« (1953). Sie starb 1994 in New York.

»Im Oktober 1918 wurde er Innenminister in der ersten republikanischen Regierung Badens und damit nach Moritz Ellstätter der zweite Jude, der, ohne einen Glaubenswechsel vorzunehmen, in einem deutschen Land an die Spitze eines Ministeriums berufen wurde«, heißt es im »Neuen Lexikon des Judentums« über **Ludwig Haas**. Er wurde 1875 in Freiburg im Breisgau geboren und starb 1930 in Karlsruhe. Haas betätigte sich als Student in der deutsch-jüdischen Verbindung »Kartell Convent« und gründete die »Friburgia« (Freiburg). Von 1912 bis 1930 vertrat er die Fortschrittliche Volkspartei bzw. die DDP im Deutschen Reichstag. 1915 wurde er Leiter des jüdischen Dezernates der deutschen Zivilverwaltung im besetzten Polen. In dem Bestreben, sowohl die Juden wie die Polen auf die Seite der Mittelmächte zu ziehen, setzte sich Deutschland zwischen die Stühle, denn der Haß zwischen Polen und Juden war abgrundtief. Haas wurde 1929 Vorsitzender der Reichstagsfraktion der Deutschen Demokratischen Partei und saß im Vorstand des Reichsverbandes jüdischer Frontsoldaten.

Der gleichnamige Vater des bundesdeutschen Diplomaten **Wilhelm Haas** war von 1956 bis 1958 erster Bonner Botschafter in Moskau. Unter Hitler war Haas senior bis 1937 im diplomatischen Dienst des Deutschen Reiches tätig und dann bis 1945 Repräsentant der IG Farben in Fernost. Deshalb wuchs sein Sohn, der 1931 in Berlin zur Welt gekommen und dessen Mutter Jüdin war, in Japan und China auf. 1947 kamen die Haases nach Deutschland zurück. Haas jr. trat 1955 in den Auswärtigen Dienst ein. 1984 avancierte er zum Leiter der Abteilung Dritte Welt, von 1985 bis 1990 wirkte er als bundesdeutscher Botschafter in Israel. »Seine Entsendung wurde als eine besonders freundschaftliche Geste gegenüber dem jüdischen Staat gewertet; die israelische Presse vermerkte die Tatsache, daß Haas Sohn einer jüdischen Mutter ist, mit Genugtuung«, heißt es im »Internationalen Biographischen Archiv« von Munzinger. Seine letzte Tat im Nahen Osten war, daß er der israelischen Regierung riet, mit Wiedergutmachungsansprüchen gegenüber den neuen Bundesländern noch zu warten, da ja die DDR bankrott sei. 1990 bis 1994 war Haas Botschafter in Japan, 1994 wurde er Bonns Vertreter in Holland.

Als Annemarie Hirsch kam die Schauspielerin **Annemarie Haase** im Jahre 1900 in Berlin zur Welt, wo sie 1971 auch starb. Die Tochter aus jüdischem Hause studierte bei Max Reinhardt die Schauspielkunst. 1936 emigrierte sie nach England, wo sie sich dem semikommunistischen »Freien Deutschen Kulturbund« anschloß und im Kriege als »typische Berliner Putzfrau Wernicke« BBC-Propaganda gegen das Deutsche Reich im Auftrag des Sefton Delmer (»Jede Lüge ist erlaubt«) betrieb. Laut »Biographischem Handbuch der Emigration« wurde sie zur »symbolic figure of anti-Nazi propaganda«. Sie wirkte auch in entsprechenden Propagandafilmen mit. 1947 kam sie in die stalinisierte Sowjetzone Deutschlands, wo sie Brechts Mitarbeiterin wurde. 1961 wechselte sie nach Westberlin. Gleichwohl galt sie dem DDR-»Theaterlexikon« von 1977 als »namhafte Schauspielerin sozialistisch-realistischer Darstellerkunst«.

Herbert GRÜNSTEIN

Herschel GRYNSZPAN

Meyer GUGGENHEIM

Friedrich GUNDOLF

Gregor GYSI

Klaus GYSI

Hugo HAASE

Hans HABE

Fritz HABER

Hugo Haase, 1863 im ostpreußischen Allenstein als Sohn eines jüdischen Schusters aus orthodoxer Familie geboren, wirkte ab 1890 als Rechtsanwalt in Königsberg. Er vertrat u.a. Karl Liebknecht vor Gericht. Von 1897 bis 1907 und von 1912 bis 1918 saß Haase im Reichstag, von 1911 bis 1916 stand er gemeinsam mit Friedrich Ebert der SPD im Reich vor. Als Fraktionsvorsitzender hatte er 1914 nach Kriegsausbruch erklärt: »Wir lassen das Vaterland in der Stunde der Gefahr nicht im Stich.« Doch später kündigte er den Burgfrieden auf, stimmte gegen weitere Kriegskredite, geriet darüber in heftige Konflikte mit dem unbeirrten Patrioten Ebert und gründete 1917 die semikommunistische USPD, deren Vorsitzender er wurde. 1918 war Haase als Mitglied des »Rates der Volksbeauftragten« bestrebt, eine »Sowjetdemokratie« durchzusetzen. Er starb an den Folgen eines am 8. Oktober 1919 durch den später per Gerichtsbeschluß für geisteskrank erklärten Lederarbeiter Johann Voß verübten Revolverattentates. Haases Tochter war glühende Zionistin und schon vor 1914 nach Palästina ausgewandert.

Eigentlich hieß der Publizist **Hans Habe** (geboren 1911 in Budapest, gestorben 1977 in Locarno/Schweiz) Janos Bekessy. Sein Vater war der in Ungarn wirkende Verleger Imre Bekessy. Habe schloß sich als Jugendlicher den Kommunisten an und arbeitete ab Ende der 20er Jahre als Linksjournalist in Wien. 1940 geriet er als Soldat der französischen Armee in deutsche Gefangenschaft, aus der er entwich und nach Amerika floh. 1945 kam er als US-Hauptmann nach Deutschland. Hier oblag ihm die Neuformierung der westdeutschen Presselandschaft. Er lizenzierte insgesamt 18 Zeitungen und leitete das Besatzerblatt »Neue Zeitung«. Später ließ er sich im Tessin nieder und trat von dort aus in den bundesrepublikanischen Medien als zunehmend konserva-

tiver Leitartikler und Buchautor in Erscheinung. Israel blieb er in Treue fest verbunden. Er war Mitglied des israelischen Journalistenverbandes und Gouverneur der Universität Haifa. Für sein Buch »Wie einst David«, eine Verherrlichung Israels, bekam er den Herzl-Preis. Insgesamt führte er sechs Ehen. Seine Tochter Marina, eine Tänzerin, die seiner Ehe mit der Tochter des früheren US-Botschafters in Moskau, Davies, entsproß, wurde 1969 in Hollywood ermordet.

Fritz Haber, geboren 1868 in Breslau, gelang als erstem die Ammoniaksynthese. 1911 wurde er Chef des Kaiser-Wilhelm-Instituts für Physikalische Chemie in Berlin. Im Ersten Weltkrieg war er wissenschaftlicher Berater im deutschen Hauptquartier und leitete als Sachverständiger den Einsatz von Gas als Kampfmittel. Deutschland setzte, völkerrechtlich zulässig, Kampfgase ein, nachdem Frankreich damit begonnen hatte. Auf den französischen Erstschlag wies auch Haber immer wieder hin. 1918 setzten die Alliierten ihn auf die Liste »deutscher Kriegsverbrecher«, die sie vor ein Tribunal stellen wollten. Im selben Jahr erhielt Haber den Chemie-Nobelpreis. Die »New York Times« giftete: »Warum geht der Nobelpreis für Literatur nicht an die Verfasser von Ludendorffs Kriegskommuniqués?« 1933 bekam es Haber mit dem NS-Antisemitismus zu tun. Er ging nach England, wo ihm antideutscher Haß entgegenschlug. Schließlich emigrierte er weiter in die Schweiz. Er starb 1934 in Basel.

Die 1890 gegründete Berlinische Boden-Gesellschaft gehörte zur Kaiserzeit und in der Weimarer Republik zu den bedeutendsten Bauunternehmen des Deutschen Reiches mit zeitweise mehr als 2000 Beschäftigten. **Georg Haberland** (geboren 1861 in Wittstock/Brandenburg, gestorben 1933 in Berlin) übernahm die Firma nach dem Tode seines Vaters, des Gründers. Unter seiner Leitung wurden in Berlin die Bismarck- und die Hardenbergstraße, das Bayerische Viertel und Neu-Tempelhof errichtet. Haberland gehörte der Berliner Stadtverordnetenversammlung an, wurde zum Königlich Preußischen Kommerzienrat ernannt, regte die Hauszinssteuer an und war nach dem Ersten Weltkrieg auch in Ostpreußen im Städtebau aktiv.

Als stellvertretender Direktor des Wiener Theaters in der Josefstadt von 1953 bis 1959 und als Chef dieses Hauses ab 1970 sowie als Direktor des Burgtheaters von 1959 bis 1968 und maßgeblicher Inszenator in Salzburg ab 1973 (»Jedermann«) hatte der jüdische Theaterleiter und Regisseur **Ernst Haeussermann** erheblichen Einfluß auf die Kulturszene der zweiten österreichischen Republik. Er war 1916 in Leipzig zur Welt gekommen und starb 1984 in Wien. Schauspielersohn Ernst Häussermann (damals noch mit »ä«) war ein Lieblingsschüler Max Reinhardts, dessen Adjutant er in der gemeinsamen US-Emigration ab 1939 wurde. 1943 nahm Haeussermann die US-Staatsbürgerschaft an, 1945 kam er als US-Kulturoffizier zurück nach Wien. Zunächst leitete er die Kulturabteilung der Wiener US-Botschaft und fungierte als Programmdirektor des Senders »Rot-Weiß-Rot«. In zweiter Ehe war er mit der (nichtjüdischen) Schauspielerin Susi Nicoletti geborene Habersack verheiratet.

Eigentlich hieß der rheinische Bankier und Wirtschaftsmagnat **Louis Hagen** (geboren 1855 in Köln, gestorben 1932 dortselbst) Levy mit Nachnamen. Mit der Taufe hatte er auch den Namen verändert. Besonders in der Zeit der Weimarer Republik wirkte er als »Fusionsmanager« und brachte zahlreiche Kartelle zustande. Auf der Höhe seines Einflusses war er Aufsichtsratsmitglied von 64 Aktiengesellschaften, davon siebenmal als Vorsitzender und zwölfmal als stellvertretender Vorsitzender. Ab 1915 präsidierte er der Industrie- und Handelskammer. 1922 wurde er Mitinhaber des Bankhauses Sal. Oppenheim, bei dem sein Großvater als Kassenbote begonnen hatte. Louis Hagen war auch Mitglied des Preußischen Staatsrates und des Reichswirtschaftsrates. Besonders eng arbeitete er mit dem damaligen führenden Zentrumspolitiker und Kölner Oberbürgermeister Konrad Adenauer zusammen. Hagen trat, hart an der Grenze des separatistischen Landesverrats, nach 1918 für eine währungspolitische Autonomie des Rheinlandes mit einer eigenen, an den französischen Franc angelehnten Währung ein.

Rock-Röhre **Nina Hagen** (früher hieß ihre Familie Levy) kam 1955 in Ostberlin zur Welt. Ihr Vater war der Literat und DDR-Nationalpreisträger Hans Hagen, über den sie berichtet: »Mein Papi hat, als ich Kind war, viele Schlaftabletten gefressen. Er wurde in die Nervenklinik eingeliefert. Er rechtfertigte seine Sucht mit seinen Erlebnissen als jüdischer Teenager bei seinem Zuchthausaufenthalt bei den Nazis.« Ihre Mutter ist die einst bekannte DDR-Schauspielerin Eva-Maria Hagen. Sie trennte sich von ihrem süchtigen Mann und zog zu Wolf Biermann, der Nina Hagens Stiefvater wurde. Kurz nach Biermann kamen auch Eva-Maria und Nina Hagen in den Westen. Hier avancierte Nina Hagen mit kräftiger Medienunterstützung zeitweise zur bekanntesten Rocksängerin der Bundesrepublik. 1988 ernannte sie das Goethe-Institut zur »deutschen Kulturbotschafterin«. In ihrem Buch »Ich bin ein Berliner« (Vorwort: Fürstin Gloria von Thurn und Taxis) schilderte sie ihr Leben zwischen »LSD-Trips« und lesbischem »Sex« mit »Porno-Rita«. »Das Wort Deutschland bringt mich um den Verstand, das hört sich so national an«, bekundet sie. Einer ihrer »Songs« heißt »Dirty Deutschland«. Sie ist Mitbesitzerin einer »Mega-Disko« in Senden bei Ulm namens »Gorki Park«.

»Maßgeblichen Einfluß auf die internationale Goldpreispolitik« bescheinigt das »Biographische Handbuch der deutschsprachigen Emigration« dem Bankier und Finanzwissenschaftler **Albert Ludwig Hahn**. Er wurde 1889 in Frankfurt am Main als Sohn eines Bankiers geboren. Von 1919 bis 1933 gehörte er als Vorstandsmitglied der Deutschen Effekten- und Wechselbank (vormals Bankhaus L.A. Hahn) an. Auch war er maßgeblicher Mann im Centralverband des Deutschen Bank- und Bankiersgewerbe. 1929 wurde er Honorarprofessor für Geld- und Kreditwesen an der Universität Frankfurt am Main. 1936 ging er in die Schweiz, 1939 nach Amerika. Er lehrte an der New School for Social Research. Er starb 1968 in Zürich. Aus seiner Feder stammt das Buch »Geld und Gold«, das posthum 1969 erschien.

Unter dem Patronat des Prinzen Max von Baden, des letzten Kanzlers des deutschen Kaiserreiches, dessen Berater er war, gründete der Pädagoge aus jüdischer Industriellenfamilie **Kurt Hahn** 1920 die Schule Schloß Salem. Er ließ sich dabei von den Ideen des Erziehers Hermann Lietz (»Deutsche Nationalschule«) leiten. Zu den berühmtesten Salem-Schülern zählt der Gemahl der englischen Königin Elisabeth II., Prinz Philip. Hahn, geboren 1886 in Berlin, hatte im Ersten Weltkrieg als England-Experte in der Obersten Heeresleitung, dann in der Reichskanzlei gedient. Nach der NS-Machtübernahme ging er in die englische Emigration. Er gründete in Gordonstoun/Schottland eine »British Salem-School«. Nach 1945 übernahm er wieder das Gymnasium in Salem, wo er 1974 starb.

Martin Hahn zählte zu den bedeutendsten deutsch-jüdischen Wissenschaftlern des 20. Jahrhunderts. Er kam 1871 in Berlin zur Welt und war christlich getauft. Er wirkte als Professor (Hygieniker) an den Universitäten München, Königsberg/Pr., Freiburg im Breisgau und Berlin. In der Reichshauptstadt fungierte er seit 1922 als Direktor des Hygiene-Institutes. Er hatte 1903 die Zymase nachgewiesen (ein Gärungsferment, das sich besonders in der Hefe bindet). Im Zentrum seiner Arbeit stand die Gewerbehygiene. Hahn starb 1943 in Berlin.

Der Kernphysiker jüdischer Herkunft **Hans von Halban** (geboren 1908 in Leipzig, gestorben 1964 in Paris) war als maßgeblicher Mann beim »Manhattan Project« ein Vater der US-amerikanischen Atombombe. Vor Hitler war er nach Kopenhagen, wo er mit Niels Bohr zusammenarbeitete, und nach Paris geflohen. Beim Einmarsch der deutschen Wehrmacht in Frankreich 1940 schaffte er sowohl die Deuterium-Vorräte (Schwere Wasser) als auch den Großteil des französischen Vorrats an Industriediamanten nach England. Nach dem Kriege kehrte Halban nach Paris zurück, wurde Professor an der Sorbonne und erhielt zahlreiche internationale Auszeichnungen.

»Es gab tatsächlich eine Erklärung von Professor Chaim Weizmann aus dem Jahre 1939, die man als Kriegserklärung des Judentums an Deutschland verstehen konnte«, sagte der israelische Richter **Benjamin Halevi** 1961 beim Eichmann-Prozeß. Er spielte damit auf die Erklärung des Oberhauptes der Zionistischen Internationale, Weizmann, unmittelbar vor Kriegsausbruch 1939 an, daß die Juden in aller Welt im kommenden Konflikt auf der Seite Großbritanniens stünden. Halevi wurde 1910 in Weißenfels/Sachsen geboren. Nach dem Studium in Berlin und der Promotion emigrierte er 1933 nach Palästina. 1955 führte er den

Vorsitz im Verfahren um die Verleumdungsklage Kastners wegen angeblicher Kollaboration mit den Nationalsozialisten in Ungarn. 1961 war Halevi einer der drei Richter im Eichmannprozeß. 1963 wurde er Richter am Obersten Gericht.

Eigentlich hieß die in Frankreich wirkende Künstler- und Gelehrtenfamilie Halévy nur Levy. Ihr entsproß der Schriftsteller **Ludovic Halévy**, der 1834 in Paris geboren wurde und Neffe des Komponisten Jacques F. Halévy war. Er wurde vor allem als Opern- und Operettenlibrettist für den ebenfalls jüdischen Jacques Offenbach bekannt. Mit dem Dramatiker Henri Meilhac schrieb er z.B. den Text zu Offenbachs »Die schöne Helena« (1864). Mit Meilhac war er ferner am Libretto zu Georges Bizets »Carmen« (1875) beteiligt. Von Halévy stammt das Bühnenstück »Frou-Frou«, eine »Sittenkomödie« von 1872. 1884 wurde er Mitglied der Académie française. Er starb 1908 in Paris. Der sozialistische Philosoph Elie Halévy (1870- 1937) und der Historiker Daniel Halévy (1872-1962) waren seine Söhne.

Als »Kommunist, der sich von Angriffen gegen das Judentum fernhielt«, charakterisiert das »Lexikon des Judentums« den Schriftsteller **Samuel Halkin** (geboren 1899 in Rogatschew/Rußland, gestorben 1960 in Moskau). Er hatte eine maßgebliche Stellung im jiddischen Kulturbetrieb der Sowjetunion und trat vor allem als jiddischer Dramatiker und Lyriker hervor. Von 1948 bis 1955 saß er in Gulag-Haft. 1939 hatte er für sein dramatisches Gedicht »Bar Kochba« noch einen Sowjetorden erhalten.

Ernst Hamburger, geboren 1890 in Berlin, vertrat die Sozialdemokraten von 1924 bis 1933 im Preußischen Landtag; die letzten fünf Jahre gehörte er dem Fraktionsvorstand an. Von 1933 bis 1940 hielt er sich in Paris auf, dann kam er mit Hilfe des Jewish Labor Committee in die USA. Dort lehrte er an der von Emigranten aus Deutschland gegründeten New School for Social Research und bekleidete maßgebliche Ämter bei der UNO-Menschenrechtsorganisation. 1962 wurde er Vorstandsmitglied des Leo-Baeck-Institutes, New York. 1968 erschien sein aufschlußreiches Hauptwerk »Juden im öffentlichen Leben Deutschlands 1848-1918«. Hamburger starb 1980 in New York.

1985 berichtete die »Allgemeine Jüdische«: »**Paul Hamlyn**, der im Alter von sieben Jahren im November 1933 aus Berlin in London eintraf, ist jetzt zum größten Buchverleger Großbritanniens geworden. Sein bisheriger ›Octopus‹-Verlag hat sich mit der Heinemann-Verlagsgruppe zusammengetan, deren Wert auf rund 100 Millionen Pfund Sterling geschätzt wird.« Eigentlich heißt Hamlyn Hamburger. Er kam 1926 in Berlin zur Welt. Sein Vater soll Kinderarzt gewesen sein. Er begann 1942 als Bürogehilfe bei der Monatszeitschrift »Country Life«. Bald avancierte er zum Redakteur der Rubrik Leserbriefe, von denen er - so meldete die »Times« - manche selbst verfaßt hatte, weil die wirklichen zu langweilig gewesen seien. Er gründete die »Hamlyn Publishing Group«, schluckte 1968 die Butterworth & Co. und entwickelte sich so zu Britanniens Medienzar.

Die freidemokratische Politikerin jüdischer Herkunft **Hildegard Hamm-Brücher**, geboren 1921 in Essen, besuchte zur NS-Zeit das Nobel-Internat Salem am Bodensee, machte 1939 in Konstanz Abitur, studierte an der Münchner Universität Chemie und promovierte dort 1945. In Biographien heißt es, sie habe »zum weiteren Widerstandskreis um die Weiße Rose der Geschwister Scholl« gehört. An direkten Widerstandshandlungen teilzunehmen, sei sie krankheitshalber verhindert gewesen. Daß sie in der Schulzeit am Bodensee von einem

NS-Direktor schikaniert worden sei, wie sie 1993 dem »Südkurier« (Konstanz) gegenüber behauptet hatte, rief ehemalige Mitschülerinnen auf den Plan, die in der Ortspresse das Gegenteil bezeugten. Die nachmalige FDP-Politikerin begann 1945 beim US-Besatzungsblatt »Neue Zeitung«. 1946 schloß sie sich den Freidemokraten an und trat als Linksliberale hervor. 1950 wurde sie bayerische Landtagsabgeordnete. Von 1969 bis 1972 wirkte sie als Staatssekretärin im Bundesbildungsministerium, von 1976 bis 1982 als Staatsministerin im Auswärtigen Amt. Von 1969 bis 1990 war sie Bundestagsabgeordnete. Sie ist eine »dem Sühnedeutschtum verpflichtete Politikerin« (»Deutsche National-Zeitung«). 1994 kandidierte sie vergebens um das Amt des Bundespräsidenten.

Hauptmatador des transozeanischen US-SU-Geschäftes war seit Lenins Tagen der amerikanisch-jüdische Großindustrielle **Armand Hammer.** Er kam 1898 in der New Yorker Bronx zur Welt. Sein Vater war in der Stahlbranche tätig, praktizierte als »Frauenarzt« (wegen einer für die Patientin tödlich verlaufenen Abtreibung mußte er für drei Jahre ins Gefängnis) und gehörte zu den Gründern der KP der USA. Armand Hammer legte den Grundstock zu seinem Vermögen durch Verschiffung großer Mengen von Armeebeständen nach dem Ersten Weltkrieg in die Sowjetunion. 1921 reiste er erstmals nach Moskau und schloß Freundschaft mit Lenin. Die Bolschewisten bauten ihm eine feudale Datscha in Moskau, er ehelichte die russische Sängerin Olga von Root. Stalin überließ ihm für treue Dienste güterwagenweise Kunstwerke aus altrussischem Besitz, vor allem aus dem Bestand der Sammlung der Zaren. Im Kriege trieb Hammer intensiv zur Beteiligung der USA am Kampf gegen Deutschland an. Schon vor 1933 hatte ihm Hitlers Aufstieg »das Blut in

den Adern gefrieren« lassen. Hammer entfachte eine Kampagne zur US-Beteiligung auch am Bombenkrieg gegen die Deutschen, die zum Erfolg führte. In den 50er Jahren stieg er in das Ölgeschäft ein. Seine »Occident Oil« zählte bald zu den Marktriesen. Er partizipierte nicht zuletzt am Ölreichtum der Nordsee. 1988 explodierte seine dortige Bohrinsel »Piper Alpha«. Seine Firma »Hooker Chemical« war 1979 in einen der größten Umweltskandale der USA verwickelt; Hammer erhielt ein Jahr Gefängnis auf Bewährung. Er war einer der Hauptfinanziers Israels und arrangierte die Auslieferung des (später als erwiesenermaßen unschuldig freigesprochenen) Ukrainers Demjanjuk, der Hunderttausende Juden in Majdanek umgebracht habe, an Israel. Armand Hammer starb 1990 in Los Angeles.

Oscar Hammerstein senior (auch »Hammerstein I.« genannt) kam 1847 in Stettin zur Welt. 1863 siedelte er in die USA über. Zunächst versuchte er sich als Erfinder in der Zigarettenindustrie, dann gründete er einen einflußreichen Theaterkonzern in New York und Philadelphia. Er schuf die »Manhattan Opera«, die jedoch im Wettstreit mit der New Yorker »Metropolitan Opera« (Met) unterlag. Hammerstein I. starb 1919 in New York. Der Texter Oscar Hammerstein II. war sein Sohn.

Oscar Hammerstein II. (geboren 1895 in New York, gestorben 1960 dortselbst) gilt als einer der erfolgreichsten Librettisten der leichten US-amerikanischen Muse. Für den gleichfalls jüdischen Komponisten Richard Rodgers lieferte er die Texte u.a. der Musicals »Oklahoma«, »South Pacific«, »The King and I« sowie »Carousel« (nach Molnars »Liliom«). Für den jüdischen Tonsetzer Jerome Kern schrieb Hammerstein das Libretto zu »Showboat«.

Im Zusammenhang mit den Aktivitäten des Revolutions-Spekulanten Israel Lasarewitsch Helphand alias Parvus notierte Walter Görlitz in seinem Buch »Geldgeber der Macht«: »Helphands wichtigster Gehilfe wurde ein Mann, der aus früheren Tagen wiederum mit Lenin verbunden war, der 1879 in Warschau geborene **Jakob Hanecki**, ein polnisch-jüdischer Sozialist.« Eigentlich hieß Hanecki Fürstenberg; sein Deckname lautete »Kuba«. Er schloß sich Ende des 19. Jahrhunderts der polnischen Sozialdemokratie an. Ab 1912 gehörte er zu den engsten Mitarbeitern Lenins. 1915 wirkte Fürstenberg-Hanecki als Direktor des »Handelsbüros« Helphands, des Hauptfinanziers der Bolschewisten. Seine Aufgabe war es, die von Helphand beschafften Millionen reibungslos der geplanten bolschewistischen Revolution zuzuführen. Nach der Machtübernahme Lenins wurde Hanecki Generalkommissar der Sowjet-Banken und Außenhandelsminister. Später fiel er bei Stalin in Ungnade. Er wurde 1937 mit Frau und Kind erschossen.

Zu den erbittertsten Feinden Richard Wagners zählte der Musikkritiker **Eduard Hanslick**, der 1825 in Prag geboren wurde. Seine Mutter war Jüdin (Josephine Hirsch). Ab 1861 lehrte er als Professor für Musikgeschichte an der Universität Wien. Als Foren für seine Kritiken dienten ihm vor allem die »Wiener Presse« und die »Neue Freie Presse«. Wagner erwog, den kleinlichen Kritikaster in seinen »Meistersingern« in Anspielung auf Hanslick »Hanslich« zu nennen, bezeichnete die Figur dann aber als »Beckmesser«. Als Hauptwerk Hanslicks gilt das 1854 erschienene Buch »Vom Musikalisch-Schönen«. Er starb 1904 in Baden bei Wien.

Nachdem er als Taschendieb, Schwindler und Falschspieler nur bescheidenen Ertrag erwirtschaftet hatte, entdeckte der im Jahre 1889 im Böhmischen zur Welt gekommene Herschmann Steinschneider seine »hellseherischen Fähigkeiten« und nannte sich **Jan Erik Hanussen**. Er kam zu Weimarer Zeit nach Berlin und wurde mit seinem »Palast des Okkultismus« zur Anlaufstelle der Schickeria in der Reichshauptstadt. Über sein Ende berichtet das »Große Lexikon des Dritten Reiches«: »Trotz seiner jüdischen Herkunft versuchte er sich an den aufkommenden Nationalsozialismus anzuhängen, pries sich als nordischer Seher und befreundete sich mit SA-Gruppenführer Helldorf, dem er mehrmals mit Krediten aus der Patsche half. Als sich Hanussen dessen öffentlich rühmte, wurde er von einem SA-Rollkommando entführt und am 24. März 1933 in einem Waldstück bei Zossen erschossen.« Bei dem erwähnten SA-Führer Helldorf, der auch als NSDAP-Polizeipräsident von Berlin amtierte, handelte es sich um einen der späteren Hauptbeteiligten des Umsturzversuches vom 20. Juli 1944. Er wurde am 15. August 1944 hingerichtet.

Der berühmte Publizist **Maximilian Harden** (geboren 1861 in Berlin, gestorben 1927 in Montana/Schweiz) hieß eigentlich Felix Ernst Witkowski und war Sohn eines jüdischen Seidenhändlers. Nach abgebrochener Schulausbildung war er als Schauspieler in Wanderbühnen unterwegs. Dann wurde er Publizist und gründete 1892 die Wochenschrift »Die Zukunft«. Seine Versuche, die Gunst des Kaisers zu gewinnen, schlugen fehl. Fortan war er einer der schärfsten Kritiker Wilhelms II., den er mit Polemiken überzog. Auch schreckte er nicht davor zurück, Mitarbeiter und Freunde des Kaisers als Homosexuelle anzuprangern (»Eulenburg-Affäre«). Im Kriege schwankte er zwischen Imperial- und Verständigungspolitik. Den Umsturz 1918 begrüßte er zunächst, fühlte sich dann aber von den »roten Primadonnen« (Sozialdemokraten) zu gering geachtet. Ultramonarchisten schlugen ihn mit Eisenstangen zusammen. Er zog sich daraufhin in die Schweiz zurück. In seinem zur Kaiserzeit erschienenen Werk »Köpfe« warnte Harden vor den Folgen von übertriebenem Philosemitismus und eines überzogenen Kampfes gegen judenkritische Personen, wodurch sich der Antisemitismus nur radikalisieren werde.

Der großdeutsch gesinnte österreichische Sozialist **Ludo Hartmann** war jüdischer Herkunft und kam 1865 in Stuttgart zur Welt. Sein Vater war der gebürtige Böhmerwäldler Schriftsteller Dichter Moritz Hartmann (1821-1871). Ihn wählten die Prager Deutschen 1848 in die Frankfurter Nationalversammlung. Prag war damals noch mehrheitlich deutsch. Moritz Hartmann gehörte der Linken in der Paulskirche an und war einer der engagiertesten Verfechter des Großdeutschen Reiches. Sein Sohn Ludo lehrte Geschichte an der Universität Wien. Von 1918 bis 1921 wirkte er als Gesandter Österreichs in Berlin, wo er unermüdlich für die Vereinigung der deutschen Republiken von Weimar und Wien focht. Auch als Mitglied der Konstituierenden Nationalversammlung 1919 in Wien bekannte er sich zu Großdeutschland. Er plädierte für Schwarz-Rot-Gold als deutsche Nationalfarben, nicht aus Verachtung für Schwarz-Weiß-Rot, sondern wegen der großdeutschen schwarzrotgoldenen Tradition (1848). Hartmann starb 1924 in Wien. Das von ihm ersehnte demokratische Großdeutschland, das mit großer Wahrscheinlichkeit die folgenden Verhängnisse verhindert hätte, scheiterte am Veto der Siegermächte des Ersten Weltkrieges.

Die Mutter des Schriftstellers **Walter Hasenclever**, der 1890 in Aachen geboren wurde, war Jüdin, was auch ihn nach jüdischem Verständnis zum Juden machte. Der Literat gilt als führender Vertreter des deutschen Expressionismus. Im Ersten Welt-

krieg täuschte er Irresein vor und erreichte so die Entlassung aus dem Kriegsdienst. In den 20er Jahren war er als Pressekorrespondent meist in Frankreich aktiv. 1933 ging er in die Emigration, zunächst auf die Insel Krk, später nach Frankreich. Dort wurde er nach Kriegsausbruch von den französischen Behörden ins KZ Les Milles bei Aix-en-Provence gesperrt, wo er sich am 22. Juni 1940 das Leben nahm.

Der Schauspieler **Ulrich Haupt** wurde 1915 in Chikago geboren. 1932 kam er nach Deutschland. Er besuchte die Schauspielschule Berlin. Ab 1937 hatte er ein Engagement am Bayerischen Staatstheater zu München. Das jüdische Blatt »Aufbau« (New York) berichtete: »Obwohl Halbjude und Amerikaner, konnte er von 1940 bis zur Schließung aller deutschen Theater im Herbst 1944 dem Staatlichen Schauspielhaus in Berlin angehören.« Haupt wirkte auch in großdeutschen Filmen mit, zum Beispiel in »Komödianten« (1941) und »Träumerei« (1944). Nach mehrjährigem USA-Aufenthalt ab Ende des Zweiten Weltkrieges kehrte der Mime 1951 nach Deutschland zurück, wo er in der Folgezeit vor allem auf der Theaterbühne und im Fernsehen zum Einsatz kam. Er starb 1991 in München.

Der Wissenschaftler und Publizist **Robert Havemann** kam 1910 in München zur Welt und starb 1982 in Grünheide bei Berlin. 1932 schloß er sich der KPD an. Obwohl kommunistisch und jüdisch, erhielt er nach 1933 ein Stipendium der Deutschen Forschungsgemeinschaft, konnte 1935 in Berlin promovieren, ab 1937 als wissenschaftlicher Assistent am Pharmakologischen Institut der Universität Berlin wirken und sich 1943 habilitieren, also die Lehrbefugnis an Hochschulen bzw. Universitäten erlangen. Als Gründer der Widerstandsgruppe »Europäische Union« wurde er im selben Jahr vom Volksgerichtshof zum Tode verurteilt. Auf

Louis HAGEN

Nina HAGEN

Hildegard HAMM-BRÜCHER

Armand HAMMER

Maximilian HARDEN

Walter HASENCLEVER

Robert HAVEMANN

André HELLER

Paul HENCKELS

Intervention des Heeres-Waffenamtes wurde der Vollzug der Strafe ausgesetzt. Er durfte weiter als (kriegswichtiger) Wissenschaftler wirken. Nach 1945 war Havemann am sowjetischen Atombombenprogramm beteiligt. Ab 1947 lehrte er an der Ostberliner Humboldt-Universität. Von 1950 bis 1963 war er SED-Abgeordneter der Volkskammer. Oppositionelle Äußerungen führten 1964 zu seinem Parteiausschluß. 1977 bis 1979 stand er unter Hausarrest. Er betrachtete sich nach eigenem Bekunden stets als »deutscher Kommunist«.

Als führender Mann der US-Bürgerrechtsbewegung profilierte sich der jüdische Jurist **Garfield Hays**. 1881 in Rochester/New York geboren, wurde er 1912 Syndikus der »American Civil Liberties Union«. Er engagierte sich vor allem im »Sacco-und-Vanzetti-Fall«. In Sachen Reichstagsbrand stellte er sich in die Dienste der antideutschen Propaganda. Er starb 1954 in New York.

Als »Begründer der politischen Collage« erfreut sich der Kommunist **John Heartfield** (geboren 1891 in Berlin, gestorben 1968 in Ostberlin) besonderer Wertschätzung von Medien. Eigentlich hieß er Helmut Franz Josef Herzfeld. Den Namen anglisierte er, »um im Ersten Weltkrieg seinem Deutschtum zu entrinnen« (»Frankfurter Allgemeine Zeitung«). Sein Vater war der marxistische Literat Franz Herzfeld, der sich Franz Held nannte, sein Bruder der marxistische Publizist Wieland Herzfeld, der noch ein »e« an den Namen hängte. Ursprünglich gestaltete Heartfield-Herzfeld Pappschachteln für die Verpackungsindustrie. 1919 wurde er KPD-Genosse. Er schuf mit seinem Bruder und mit George Grosz eine »Dada-Gruppe« und gründete den »Malik-Verlag« zum Verkauf sowjetischer Bücher. Er war für Reinhardt und Piscator als Bühnenbildner tätig und

betrieb für KP-Münzenberg rote Propaganda. 1933 ging er nach Prag, 1938 nach London, wo er nach Entlassung aus der Internierung in der antideutschen Propaganda mitwirkte. 1950 kam er in die DDR, wo er Propagandaarbeiten für Ulbricht verrichtete. 1967 erhielt er den Karl-Marx-Orden.

Der jüdischen Familie Heckscher entstammten mehrere bedeutende Politiker in Deutschland. Johann Gustav Moritz Heckscher (1797-1865) war entschiedener Verfechter des Großdeutschen Reiches unter Einschluß der Deutschen der Habsburgermonarchie. **Siegfried Heckscher** (geboren 1870 in Hamburg, gestorben 1929 dortselbst) war Reichstagsabgeordneter (ab 1907), Direktor der HAPAG und im »Nebenberuf« Dramatiker (»Der Stürmer«, 1905; »König Karl I.«, 1908; »Der Tod«, 1911). Toury schreibt in »Die politischen Orientierungen der Juden in Deutschland«: »Der getaufte Dr. Siegfried Heckscher bemühte sich in den Reihen der Fortschrittspartei, das Verhängnis des Krieges, der Niederlage und der Revolution von Deutschland abzuwenden. Obzwar er selten öffentlich hervortrat, war er im Reichstag als ›Ballins junger Mann‹ geachtet und hatte als Vertreter der HAPAG-Interessen einen gewissen politischen Einfluß, der ihn auch mit Bülow und anderen leitenden Staatsmännern in Verbindung brachte.«

Zu den bedeutendsten jüdischen Geigern des 20. Jahrhunderts gehörte **Jascha Heifetz**. Er kam 1901 im litauischen Wilna zur Welt und hieß eigentlich Jossif Robertowitsch Cheifetz. Unter dem Dirigat Nikischs hatte er 1914 seinen ersten großen Auftritt: Er spielte in Berlin das Violinkonzert von Tschaikowsky. 1917 ging Heifetz nach Amerika. 1925 wurde er US-Staatsbürger. Er lehrte ab 1959 als Professor in Berkeley/Kalifornien und starb 1987 in Los Angeles.

Der US-amerikanische Ökonom **Robert Louis Heilbroner** kam 1919 in New York zur Welt. Er wurde an der von jüdischen Emigranten aus Deutschland aufgebauten New School for Social Research ausgebildet und lehrte ab 1972 an dieser neuamerikanischen Kaderschmiede. 1976 brachte er mit seinen Kollegen Leontief, Galbraith und Lekachment den »National Economic Planning Act« im US-Senat ein (ein Gesetz zur verbesserten staatlichen Wirtschaftsplanung). Für Heilbroner ist das Ende des kapitalistischen Systems recht nahe. Er sieht eine Periode des Niedergangs ähnlich wie in der Endzeit des Römischen Reiches voraus, was vor allem durch hemmungslose Profitjagd verursacht werde. Er schrieb u.a. »Jagd nach Reichtum« (1960) und »Der Niedergang des Kapitalismus« (1977).

Der Jurist und Politiker **Ludwig Heilbrunn** kam 1870 in Frankfurt am Main zur Welt. Von 1907 bis 1919 gab er die »Monatsschrift für Handel und Bankwesen« heraus. Von 1915 bis 1918 gehörte er als Abgeordneter der Fortschrittlichen Partei dem Preußischen Landtag an. 1919 bis 1921 saß er für die DDP in der Preußischen Verfassungsgebenden Landesversammlung. 1939 ging er nach England. Nach Kriegsende zurückgekehrt, trat er vor allem mit Schriften zur NS-Bewältigung hervor (z.B. »Kaiserreich, Republik, Naziherrschaft«, 1947). Er starb 1951 in einem Sanatorium in Bühl/Baden.

Nach schweren Torturen kam der sozialdemokratische Politiker jüdischer Herkunft **Ernst Heilmann** 1940 im Konzentrationslager Buchenwald ums Leben. Er war 1881 in Berlin zur Welt gekommen, hatte sich als Student der SPD angeschlossen und wirkte ab 1904 als Chefredakteur der sozialdemokratischen »Chemnitzer Volksstimme«. 1919 wurde er als SPD-Abgeordneter Mitglied der preußischen Verfassungsgebenden Landesversammlung. Anschließend gehörte er dem Preußischen Landtag an. 1924 wurde er SPD-Fraktionschef. Von 1928 bis 1933 war Heilmann sozialdemokratischer Reichstagsabgeordneter. Nach der NS-Machtübernahme wurde er verhaftet.

Der Jude **Hugo Heimann** aus Konitz in Posen (Jahrgang 1859) war einer der wichtigsten sozialdemokratischen Politiker der Weimarer Zeit. Von 1890 bis 1900 wirkte er als Chef der Guttentagschen Verlagsbuchhandlung (später Verlag de Gruyter) in Berlin. Er hatte sich der SPD angeschlossen und war mit Bebel befreundet. Ab 1900 gehörte er als SPD-Abgeordneter der Berliner Stadtverordnetenversammlung an, ab 1906 war er Chef des zentralen Bildungsausschusses der SPD, 1908 gelangte er in den Preußischen Landtag. 1918 war er einer der vier »Volksbeauftragten« für Berlin, 1919/20 saß er in der Weimarer Nationalversammlung, von 1920 bis 1932 wirkte er als SPD-Reichstagsabgeordneter, wobei er als Vorsitzender des Haushaltsausschusses eine Schlüsselfunktion einnahm. 1939 verließ Heimann Deutschland und ging nach New York. Dort starb er 1951.

Als Lektor des S. Fischer-Verlages saß der jüdische Schriftsteller **Moritz Heimann** ab 1896 an entscheidender Stelle des deutschen Literaturbetriebes. Heimann war 1868 in Werder/Brandenburg zur Welt gekommen. Er gilt als »Meister des Aphorismus«. Er war Schwager von Gerhart Hauptmann und von Emil Strauß. Seine ausgewählten Schriften erschienen unter dem Titel »Die Wahrheit liegt nicht in der Mitte«. Heimann starb 1925 in Berlin.

Thomas Theodor Heine (eigentlich Thomas David Heine) war einer der bekanntesten Karikaturisten in Deutschland der späten Kaiserzeit und der Weimarer Republik. Er stammte aus Leipzig, war Jahrgang 1867 und hatte eine jüdische Mutter.

1898 gehörte er dem Kreis um Ludwig Thoma an, der die satirische Zeitung »Simplicissimus« gründete. 1918 wirkte Heine als »Arbeiterrat für Kunst«. 1933 emigrierte er nach Prag, 1942 über Oslo nach Schweden. Er starb 1948 in Stockholm. Seine 1945 erschienenen Lebenserinnerungen heißen »Ich warte auf Wunder«.

Der Religionsphilosoph **Isaak Heinemann**, geboren 1876 in Frankfurt am Main, lehrte bis 1933 als Professor für Hellenismus an der Universität Breslau; er gab die Werke Philons in sieben Bänden heraus. Bis 1938 war Heinemann Professor am Breslauer jüdisch-theologischen Seminar und Herausgeber der »Monatsschrift für Geschichte und Wissenschaft des Judentums«. Dann wanderte er nach Palästina aus. Er starb 1957 in Jerusalem. Aus seiner Feder stammt das 1924 in Berlin erschienene, sehr aufschlußreiche Buch »Vom ›jüdischen Geist‹ Ein Wort an die Ehrlichen unter seinen Anklägern«.

Der Politiker **Kurt Heinig**, geboren 1886 in Leipzig, war von Beruf Lithograph und engagierte sich ab 1906 für die SPD. 1918 war er Beauftragter des preußischen Finanzministeriums für die Liquidation des Hohenzollernvermögens. Von 1927 bis 1933 gehörte er als sozialdemokratischer Abgeordneter des Wahlkreises 3 (Potsdam) dem Deutschen Reichstag an. 1933 ging er nach Dänemark, 1940 nach Schweden. Er war strikt antikommunistisch und setzte sich in Schriften für einen nationalen Weg der deutschen Arbeiterschaft zum Sozialismus ein. Er stand nach 1945 mit dem SPD-Vorsitzenden Kurt Schumacher in engem Kontakt. Er starb 1956 in Stockholm.

Als David Hirsch kam der kommunistische Schauspieler und Theaterintendant **Wolfgang Heinz** 1900 in Pilsen zur Welt. Max Reinhardt holte ihn 1920 nach Berlin. 1930 wurde Hirsch-Heinz KPD-Genosse.

1933 ging er nach Österreich, wo er sich für die KPÖ engagierte. Auch in der folgenden Schweizer Emigration arbeitete er aktiv für die Stalinisten. Von den sowjetischen Besatzern beauftragt, gründete er nach 1945 das »Neue Theater in der Scala« in Wien. 1956 ging er in die DDR. Dort wurde er Direktor des Deutschen Theaters und der Staatlichen Schauspielschule, Intendant der Volksbühne und der Kammerspiele, Präsident der Theaterschaffenden und Vizepräsident der Akademie der Künste. Er erhielt sämtliche hohen Auszeichnungen des SED-Regimes. Er starb 1984 in Ostberlin. Sein Halbbruder Theodor machte in den USA, wo er sich David Hurst nannte, als Theaterdirektor und Hollywoodregisseur Karriere.

Als »Multimedia-Künstler« (Munzinger-Archiv) und »genialischer Kunst-Zigeuner« (Kritiker Schmidt-Joos) wird der österreichische Spektakel-Spezialist **André Heller** bezeichnet. Eigentlich heißt er Franz Heller. Er wurde 1947 in Wien geboren und entstammt einer ursprünglich ostjüdischen Zuckerbäckerfamilie, die durch die Erfindung eines besonderen Lutschbonbons Erfolg hatte. 1970 wurde Heller mit Medienhilfe durch die Uraufführung seines Bühnenstücks »King-Kong-King«, das einen Theaterskandal auslöste, bekanntgemacht. 1976 gründete er einen »Zirkus Roncalli« (benannt nach dem bürgerlichen Namen des Papstes Johannes XXIII.). 1987 ging er mit einem Rummelplatz »Luna-Luna« auf Tournee. Zeitweise war Heller mit der Schauspielerin und Sängerin Erika Pluhar verheiratet.

Der sozialdemokratische Staatsrechtler aus jüdischer Familie **Hermann Heller**, geboren 1891 in Teschen/Österreichisch-Schlesien, gilt als »erster Theoretiker des sozialen Rechtsstaates« (»Meyers Enzyklopädie«). Er diente im Ersten Weltkrieg als k.u.k. Offizier, schloß sich 1910 der Sozialdemokratie an, lehrte als Professor ab 1928 in Berlin und ab 1932 in Frankfurt am Main. Nach der NS-Machtübernahme ging er nach Spanien. Er starb im November 1933 im Alter von nur 42 Jahren in Madrid. In seinem 1925 erschienenen Grundlagenwerk »Sozialismus und Nation« schrieb Heller: »Blut und Boden, die Abstammung und die Landschaft bilden natürliche Grundlagen der Nation.« Hinzu kämen als »gemeinsamer Kulturbesitz eines Volkes« Muttersprache, Sitten und Gebräuche. Die »nationale Eigenart« sei »die endgültige geistige Lebensform«. Die Nation solle und könne durch den Sozialismus nicht beseitigt werden. »Sozialismus bedeutet die Vollendung der nationalen Gemeinschaft, die Vernichtung der Klasse durch eine wahrhaft nationale Volksgemeinschaft.« Mit kosmopolitischen und internationalistischen Eiferern ging Heller scharf ins Gericht: »Dieses wandelnde Gehirn läßt sich nach Belieben aus- und einorganisieren, es ist nirgends in Natur und Kultur verwurzelt, die Nation ist ihm unbekannt. Zum Teufel mit diesen ausgedienten Ladenhütern ... Solange wir Menschen von Fleisch und Blut sind, werden Organisationen nur dann Bestand haben, wenn sie äußerster Ausdruck, letztes Vorwerk einer durch Blut, Boden, irrationale Gefühlswerte, Geschichte, gemeinsamen Kulturbesitz verbundenen Gemeinschaft sind.« Die Deutschen hätten, so der jüdische Professor weiter, gerade wegen des Versailler Diktats »das Recht und die Pflicht zur nationalen Selbsterhaltung«.

Was Max Reinhardt in Berlin war, war der ebenfalls jüdische Theaterleiter **Arthur Hellmer** in Frankfurt/Main: Ein Bühnenmogul, der die Fäden fest in der Hand hielt. Hellmer kam 1880 in Thomasdorf/Neubrandenburg als Arthur Ehrlich zur Welt. Mit den Eltern ging er ein Jahr später nach Wien. Kurz nach der Jahrhundertwende ließ sich Ehrlich-Hellmer in Frankfurt nieder. Dort bestimmte er als Intendant diverser Häuser über Jahrzehnte das Theatergeschehen. Er gründete das Frankfurter »Neue Theater«. Mitte der 20er Jahre war er als Theatermanager auch in Berlin aktiv. 1936 ging er nach Wien, 1939 nach England. Von 1946 bis 1949 amtierte er als Intendant des Deutschen Schauspielhauses in Hamburg. Unter ihm kam es u.a. zur deutschsprachigen Premiere von Zuckmayers »Des Teufels General«. Hellmer starb 1961 in Hamburg.

Über den »äußerst geschäftigen und gerissenen Revolutions-Spekulanten« **Alexander Helphand** schreibt Walter Görlitz in »Geldgeber der Macht«: »Als bolschewistischer Agitator und marxistischer Schriftsteller nannte er sich ›Parvus‹ (der Kleine). Geboren als Israel Lazarewitsch Helphand 1867 in der Kleinstadt Beresina im zaristischen Gouvernement Minsk, gestorben 1924 als Millionär und Besitzer der Villa auf dem Schwanenwerder am Wannsee in Berlin.« Mit den jüdischen Brüdern Sklarz (Sklarek) als Teilhaber (sie stürzten Ende der 20er Jahre die Weimarer Republik durch einen Bestechungsskandal in eine schwere Krise) zog Parvus-Helphand ein international verflochtenes Imperium auf, das sich u.a. durch Waffenschiebungen finanzierte. Kaum ein Produkt, kein Rohstoff, die nicht von Helphand über Länder oder gar Kontinente hinweg verschoben worden wären. »Parvus« gehörte bereits 1905 zu den Finanziers der Revolution in Rußland. Eng mit Trotzki-Bronstein verbunden, sorgte er dann für die Geldmittel, die es Lenin 1917 ermöglichten, die Macht zu erringen. 1918 ging Helphand in die Schweiz. »Sein obskures Treiben, seine Orgien und der Sklarz-Skandal veranlassen die Schweizer Behörden, Parvus auszuweisen. Er läßt sich auf der Schwanenwerder-Insel bei Berlin nieder.« (Solschenizyn, »Lenin in Zürich.«).

Parvus-Helphand hatte auch als »Finanzberater« der türkischen und bulgarischen Regierung Millionen gescheffelt.

In den »2000 Kurzbiographien bedeutender deutscher Juden des 20. Jahrhunderts« von Walter Tetzlaff wird im Kapitel »Halbjuden« der berühmte Charakterdarsteller **Paul Henckels** erwähnt. Er wurde 1885 im rheinischen Hürth bei Köln geboren und starb 1967 auf Schloß Hugenpoet bei Kettwig. Henckels debütierte 1907 am Düsseldorfer Schauspielhaus und war später Mitbegründer des Berliner Schloßparktheaters. 1923 trat er erstmals im Film auf. In der nationalsozialistischen Zeit war er Mitglied des Ensembles des Preußischen Staatstheaters in Berlin, und er wirkte in nicht weniger als 97 Filmen mit. Damit war er der meistbeschäftigte Filmschauspieler des Dritten Reiches. Er spielte auch in »Kolberg« (1943); unvergeßlich ist seine Darstellung des skurrilen Professors in der »Feuerzangenbowle« (1944). Zu den bekanntesten Filmen, in denen Henckels nach 1945 mitwirkte, zählen »Der fröhliche Weinberg« (1953) und »Der tolle Bomberg« (1957).

Isidor Georg lautete der eigentliche Vorname des Dirigenten und Komponisten **George Henschel**. Er wurde 1850 in Breslau geboren. 1881 übernahm er das Dirigat der neugegründeten Bostoner Sinfoniker. 1884 kam er nach England. Dort gründete er die Londoner Symphony-Concerts und wurde - als Nachfolger von Jenny Lind-Goldschmidt - Professor am Royal College of Music. Von 1893 bis 1895 führte er das Schottische Sinfonie-Orchester in Glasgow. Er war aus der jüdischen Gemeinde ausgetreten. Von der britischen Krone in den Ritterstand erhoben, starb Sir George 1934 im schottischen Aviemore.

Vom Architekten **Hermann Henselmann**, geboren 1905 in Roßla/Harz, heißt es, er sei wegen seiner jüdischen Herkunft im Dritten Reich verfolgt worden. Jedenfalls wirkte er von 1941 bis Kriegsende als Mitarbeiter der NS-»Gesellschaft Bauernsiedlung Hohensalza«, für die er fast 2000 Bauernhöfe errichtete. Später machte er in der DDR Karriere. Er wurde Professor und Direktor der Staatlichen Hochschule für Baukunst und Bildende Künste in Weimar, danach Direktor des Institutes für Theorie und Geschichte der Baukunst an der Deutschen Bau-Akademie. Von 1953 bis 1958 wirkte er als Chefarchitekt von Ost-Berlin, wobei die Stalin-Allee sein Prachtstück werden sollte. Wegen der Schinderei bei den Bauarbeiten begannen Arbeiterproteste, die 1953 zum 17. Juni-Aufstand führten. Ab 1965 war Henselmann Leiter der Experimentalwerkstatt des Institutes für Städtebau und Architektur der Deutschen Bau-Akademie der DDR. Er wurde u.a. mit dem »Vaterländischen Verdienstorden« und dem »Stern der Völkerfreundschaft«, jeweils in Gold, dekoriert. Er starb 1995 in Berlin.

Der Schriftsteller **Georg Hermann**, geboren 1871 in Berlin, hieß eigentlich Borchardt und war ein Bruder des Literaten Ludwig Borchardt. Er begann als Kunstkritiker im Ullstein-Verlag. 1906 schaffte er bei Kritikern den Durchbruch mit seinem Doppelroman »Jetchen Gebert« und »Henriette Jacoby« über Berliner jüdische Familien der Biedermeier-Zeit. Überhaupt spielten jüdische Motive in seinem Werk die Hauptrolle. Hermann war Mitbegründer und erster Vorsitzender des »Schutzverbandes deutscher Schriftsteller«. Das Judentum definierte er »als die Weste unter dem Rock des anständigen Europäers«. 1933 ging er in die Niederlande. 1943 kam er ins Lager Westerbork. Über die Umstände seines Todes gehen die Nachrichten auseinander. Mal heißt es, er sei auf dem Weg nach Auschwitz umgekommen; andere Quellen nennen das KZ Auschwitz als Todesort.

Der eigentliche Name des 1915 in Chemnitz als Sohn eines Textilhändlers geborenen kommunistischen Literaten **Stephan Hermlin** lautet Rudolf Leder. Er schloß sich als Jugendlicher der stalinistischen KPD an und emigrierte 1936 über Palästina nach Spanien, wo er für den Anschluß Iberiens an Stalins Reich Propaganda machte. Zu Kriegsbeginn 1939 hielt er sich in Frankreich auf, dann wechselte er in die Schweiz, wo er im Arbeitslager Birmensdorf interniert war. Sein Bruder fiel als Angehöriger der britischen Bomberflotte im Kampf gegen die Deutschen. Hermlin-Leder war nach Kriegsende bis 1947 in Westdeutschland KP-Journalist und wechselte dann in die Sowjetzone. Er verfaßte ungezählte Hymnen auf Stalin, rechtfertigte den Bau der Mauer und wurde Intimus des Diktators Honecker. Er kam in den Vorstand des gleichgeschalteten DDR-Schriftstellerverbandes und wurde u.a. dreimal mit dem »Nationalpreis« ausgezeichnet. Es wird ihm nachgesagt, er habe sich »bemüht, kommunistische Zukunftsentwürfe mit jüdisch-messianischer Hoffnung zu koppeln«. In einer seiner Oden auf Stalin hieß es: »Aus dem unendlichen Raunen von Inseln und Ländern/ Hebt das Entzücken sich mit einer Botschaft dahin,/ Wo die Verheißungen leben und die Epochen verändern,/ Namenlos sich die Zeit endlich selbst nennt:/ Stalin.« Als der Kreml-Diktator, dem nach jüdischen Schätzungen 66 Millionen Menschen zum Opfer gefallen sind, gestorben war, schrieb Hermlin: »Nur einmal habe ich ihn gesehen - aufrecht an der Brüstung des Lenin-Mausoleums an einem Ersten Mai, umblüht von Millionen Menschengesichtern. Aber mehr als zwanzig Jahre hindurch, in guten und schwersten Stunden, konnte ich Stalin, den lebenden Stalin befragen. Lautlos, in der eigenen Brust, antwortete er, hieß er gut, tadelte und tröstete er. Und noch ein Gedanke: Er starb für mich, für dich, für

uns. Vergiß es nie, Jugend Deutschlands!« An anderer Stelle bekundete Hermlin: »Stalin ruht im Regenbogenglanz von Millionen Tränen, im Ruf der Sirenen, im gewitterhaften Aufzucken der Streiks zu seinem Gedenken in Paris, Turin, Hamburg... Die Völker sagen zu ihrem teuersten Toten hinüber... Schlaf ruhig.« Beim Ungarnaufstand forderte Hermlin die Sowjetmacht auf, »die Kultur gegen den Pöbel zu verteidigen«.

Franz Herrmann (geboren 1886 in Berlin, gestorben 1967 in Bonn) entstammte einer jüdischen Familie, war aber getauft. In Weimarer Zeit amtierte er als Staatsanwalt in Berlin. 1924 war er Ankläger im Prozeß gegen die Küstriner Putschisten (Buchrucker). Anschließend wirkte er als Referent und Abteilungsleiter im preußischen Justizministerium. Er schloß sich der SPD an. 1933 wurde er für einige Zeit inhaftiert. Wieder freigelassen, ging er nach Italien, wo er als Kaninchenzüchter fungierte, und 1939 über die Schweiz nach Chile. Auf Ersuchen Bonns kam er 1952 nach Deutschland zurück. Im Bundesministerium des Inneren leitete er die Abteilung für Wiedergutmachung im öffentlichen Dienst. 1956 bekam er das Große Bundesverdienstkreuz.

Bevor er während der Machtkämpfe nach Stalins Tod kaltgestellt und als Archivar nach Potsdam geschickt wurde, gehörte **Rudolf Herrnstadt** (geboren 1903 in Gleiwitz, gestorben 1966 in Halle) zur Führungsgarde der SED. Er leitete die »Berliner Zeitung«, wirkte als Chef des Zentralorgans »Neues Deutschland« und gehörte sowohl ZK als auch Politbüro an. Er hatte sich zur Weimarer Zeit, vermutlich 1924, der KPD angeschlossen. Ab Anfang der 30er Jahre war er für die sowjetische Spionage tätig. Nach 1933 wirkte er in Moskau als Deutschlandreferent des Geheimdienstes Stalins. Unter anderem oblag ihm die Beaufsichtigung der »Roten Kapelle«. 1943 zählte er zu den Begründern des sogenannten Nationalkomitees Freies Deutschland, das die Wehrmachtsoldaten zu Fahnenflucht und Sabotage aufrief und als Keimzelle der künftigen Stalinisierung im sowjetisch eroberten Deutschland gedacht war. 1945 kam Herrnstadt nach Deutschland zurück und startete seine SED-Karriere, die 1953 endete.

In etlichen Buchveröffentlichungen wie beispielsweise »Moderne Rassentheorien« (1904) oder »Rasse und Kultur« (1925) bemühte sich der Ökonom und Soziologe **Friedrich Otto Hertz**, geboren 1878 in Wien, dem Wahn entgegenzuwirken, die nordischen Menschen seien die Auserwählten und Juden die Minderwertigeren. Um diese Theorien zu bekämpfen, verbreitete er auch, eine Rasse könne ohne weiteres von der anderen, ein Volk vom anderen assimiliert werden, was allerdings althergebrachter jüdischer Auffassung radikal widerspricht. Von 1930 bis 1933 lehrte Hertz Soziologie an der Universität Halle. Von den Nationalsozialisten als »Jude und Freimaurer« attakkiert, ging er 1933 nach Wien, 1938 nach England. Er starb 1964 in London.

Der Physik-Nobelpreisträger des Jahres 1925, **Gustav Hertz**, kam 1887 in Hamburg zur Welt. Er war Sohn eines jüdischen Rechtsanwaltes und einer nichtjüdischen Mutter. Sein Onkel Heinrich Hertz (1857-1894) hatte den Fotoeffekt entdeckt und erstmals Radiowellen erzeugt; die Einheit der Frequenz (Schwingung) ist nach ihm benannt. Gustav Hertz, als Frontkämpfer im Ersten Weltkrieg schwer verwundet, entdeckte Gesetze, die beim Zusammenstoß eines Elektrons mit einem Atom herrschen. Ab 1928 lehrte er an der TH Berlin. Als man gegen ihn, den »Nichtarier«, 1935 vorgehen wollte, gab es heftige Proteste auch nationalsozialistischer Studenten und des glühend nationalsozialistischen Nobelpreisträgers Johannes Stark. Von 1934 bis 1945 leitete

Hertz das Forschungslaboratorium II der Berliner Siemens-Werke (Atomphysik). Nach Kriegsende wurde er von den Sowjets in ihr Kernforschungszentrum Suchumi ans Schwarze Meer geschafft. Nach fast einem Jahrzehnt kam er nach Deutschland zurück und leitete fortan das Physikalische Institut der Leipziger Universität. Er erhielt den »Vaterländischen Verdienstorden« in Gold. Hertz starb 1975 in Ostberlin.

Der jüdische Unternehmer **John W. Hertz** begründete die heute weltweit bekannte Auto-Verleih-Firma »Hertz-Rent-A-Car«. Er war 1879 im österreichischen Ruttka geboren worden und kam als Fünfjähriger mit den Eltern in die Vereinigten Staaten von Amerika. Zunächst versuchte er sich erfolglos als Journalist, dann schuf er das »Yellow Cab« (Taxi)-System und hob den bekannten Autoverleih aus der Taufe. Er kaufte sich als Mitinhaber ins jüdisch geführte Bankhaus Lehman Brothers ein. Hertz starb 1961 in Los Angeles.

Mehr als drei Jahrzehnte, von 1913 bis 1945, war **Joseph Hermann Hertz** als »Chief Rabbi of the British Empire« das geistliche Oberhaupt des Judentums unter der englischen Krone. Er stammte aus dem slowakischen Rebrits, wo er 1872 geboren worden war. Als 12jähriger kam er mit den Eltern nach Amerika. Von 1899 bis 1912 wirkte er als Rabbiner in Südafrika und war dort heftiger Gegner des Burenführers Ohm Krüger. Hertz war glühender Zionist und an der Balfour-Deklaration (Palästina als »jüdische Heimstatt«) der Briten entscheidend beteiligt. Als Rabbiner gehörte er dem konservativen Lager an. Seine große Sorge galt der Verhinderung von Mischehen zwischen Juden und Nichtjuden. Er schrieb »A Book of Jewish Thoughts«, das 1920 erschien. Der Rabbiner des Empire starb 1946 in London.

Zu den jüdischen Reichstagsabgeordneten der Weimarer Zeit zählte der Sozialdemokrat **Paul Hertz**. Geboren 1888 in Worms, trat er 1905 der SPD bei, für die er nach einer Zeit bei der USPD von 1922 bis 1933 im Reichstag saß, davon über zehn Jahre als Fraktionssekretär. Im März 1933 erhielt er nach einer Besprechung zwischen Hermann Göring und dem SPD-Führer Paul Löbe neben dem außenpolitischen Redakteur des »Vorwärts«, Victor Schiff, und anderen SPD-Politikern wie F. Stampfer, O. Wels und E. Kirschmann offiziell Gelegenheit, »ins Ausland (in seinem Falle Skandinavien) zu reisen, um dort über die wirklichen Zustände in Deutschland Auskunft zu geben«. Hertz ging bald darauf endgültig außer Landes, und zwar nach Prag. 1938 führte ihn die Emigration nach Paris, 1939 in die USA. Auf Bitten des Regierenden Bürgermeisters Reuter kam er 1949 nach Berlin zurück; er amtierte von 1951 bis 1960 als Senator für Wirtschaft und Kreditwesen und starb 1961 in Berlin.

Der kommunistische Journalist, Politiker und Diplomat aus jüdischer Familie **Gustav Hertzfeld** wurde 1928 in Berlin geboren. In der NS-Zeit soll er zur Zwangsarbeit herangezogen worden sein. 1945 trat er der KPD, 1946 der SED bei. Von 1950 bis 1962 wirkte er als leitender Redakteur des SED-ZK-Organs »Einheit«. Dann trat er in die Dienste des Auswärtigen Amtes der DDR. Unter anderem war er stellvertretender DDR-Außenminister (1966 bis 1969) und DDR-Botschafter in China. Von 1973 bis 1983 leitete er die einflußreiche SED-Zeitschrift »Deutsche Außenpolitik«. Er erhielt den »Vaterländischen Verdienstorden«.

Einer jüdischen Familie entstammte **Jelia Hertzka** (geboren 1873 in Wien, gestorben 1948 dortselbst). Von 1913 bis 1938 amtierte sie als Direktorin der Wiener Gartenbauschule, von 1909 bis 1933 als Präsidentin des »Neuen Wiener Frauenklubs« und von 1921 bis 1938 als Präsidentin der »Internationalen Frauenliga für Frieden und Freiheit«. Ab 1932 war sie hauptberuflich als Verlegerin tätig. Sie ging 1938 in die englische Emigration und kehrte 1946 nach Wien zurück, wo sie ihren Verlag »Universal-Edition« wieder aufbaute.

Der Vater des 1904 in Berlin geborenen Diplomaten und Publizisten **Hans Herwarth von Bittenfeld** war halbjüdisch, seine Mutter eine Tochter aus jüdischer Bankiersfamilie. Dennoch konnte Herwarth im Dritten Reich Karriere machen. Er stieg zum Legationsrat an der deutschen Botschaft in Moskau auf. Er verriet schon in einem frühen Stadium den Amerikanern, daß es zum deutsch-sowjetischen Pakt kommen werde. Das auf Krieg erpichte Washington verschwieg dieses Wissen gegenüber Polen, um nicht im letzten Augenblick Ende August 1939 ein Warschauer Einlenken gegenüber deutschen Forderungen zu riskieren. Bis 1945 diente Herwarth als Offizier der Deutschen Wehrmacht, zuletzt im Stab des Inspekteurs der Wlassow-Armee, General Köstring. Seine Beteiligung am Anschlag des 20. Juli 1944 hat er laut eigener Bekundung nach anstrengenden Tagen »verschlafen«. Nach dem Krieg machte er in Bundesdeutschland Karriere: Bis 1955 wirkte er als Protokollchef des Auswärtigen Amtes, von 1955 bis 1961 als Botschafter in London, anschließend bis 1965 als Chef des Bundespräsidialamtes, von 1971 bis 1977 als Präsident des Goethe-Institutes, dann als Aufsichtsratschef der deutschen Niederlassung des Multi-Konzerns Unilever.

Vom Verleger **Emil Emanuel Herz** wird berichtet, daß er es gewesen sei, der zur Weimarer Zeit die Ullstein-Taschenbücher eingeführt habe. Herz kam 1877 in Warburg/Westfalen zur Welt. Sein Vater Aron Herz war Häute- und Fellhändler. Der Junior absolvierte eine Lehre als Buchhändler und trat 1903 in die Dienste des jüdischen

Ullstein-Verlages (Berlin) wo er Direktor und Vorstandsmitglied von 1921 bis 1934 war. Er gründete die Ullstein-Abteilung »Propyläen-Verlag«. Die Emigration führte ihn 1938 in die Schweiz und Italien, dann nach Kuba, 1941 schließlich in die USA. Er starb 1971 in Rochester/New York. Er schrieb »Denk ich an Deutschland in der Nacht«, erschienen 1951.

Als jüdischer Mischling - in der damaligen Diktion - mußte der 1927 in Berlin geborene **Hans Peter Herz**, Sohn des Ullstein-Journalisten Hans Herz, 1942 das Gymnasium verlassen. Der akademische Weg war ihm versperrt, er machte dafür eine Kaufmannslehre. 1944 wurde er zur Organisation Todt dienstverpflichtet. Nach 1945 begann Herz beim US-Besatzungssender RIAS, wo er zuletzt die Abteilung Innenpolitik leitete. Von 1965 bis 1973 wirkte er als Berliner Senatssprecher (Leiter des Presse- und Informationsamtes), von 1973 bis 1977 war er Chef der Senatskanzlei, 1977 bis 1981 Stadtrat für Sozialwesen, 1981 bis 1985 Stadtrat für Bauwesen. Dann wurde er Vorsitzender des Berliner Journalistenverbandes.

Der Industrielle **Wilhelm Herz** (geboren 1823 in Berlin, gestorben 1914 dortselbst) gehörte zu den Persönlichkeiten jüdischer Herkunft, die man als »Kaiserjuden« bezeichnete, weil sie dem Staat treu ergeben und vom Kaiser besonders ausgezeichnet worden waren. Herz amtierte als erster Präsident der Berliner Handelskammer. Engelmann schreibt in »Deutschland ohne Juden«: »Von 1846 an gehörte Wilhelm Herz der preußischen Ersten Kammer an, dem späteren Herrenhaus, wo er gelegentlich, trotz sonst fortschrittlicher Haltung, für stockreaktionäre Anträge stimmte, etwa den des konservativen Abgeordneten jüdischer Herkunft Friedrich Julius Stahl, bei allen staatlichen Schulen und ähnlichen Einrich-

tungen die christliche Religion zur Grundlage des Unterrichts zu machen.«

Joseph Herzfeld, jüdischer Fabrikantensohn aus Neuss (Jahrgang 1853), hielt sich als Rechtsanwalt für einige Zeit in New York auf. 1892 kam er nach Berlin. Von 1898 bis 1906 und 1912 bis 1917 vertrat er die SPD als Angehöriger des linksextremen Flügels im Deutschen Reichstag. Dann war er MdR der semikommunistischen USPD und von 1922 bis 1924 MdR der Kommunisten. 1933 setzte er sich in die Schweiz ab. 1934 ging er in den Machtbereich des faschistischen Duce (Südtirol). Er starb 1939 in Ritten bei Bozen.

Wieland Herzfelde (geboren 1896 in Weggis/Schweiz, gestorben 1989 in Ostberlin) war ein Sohn des jüdisch-marxistischen Literaten Franz Herzfeld, der sich Held nannte. Im Ersten Weltkrieg wurde Herzfelde unehrenhaft aus der deutschen Armee entlassen. Mit seinem Bruder, der sich zu »John Heartfield« anglisierte, gründete er den parakommunistischen »Malik-Verlag«, der u.a. die Werke des Ilja Ehrenburg herausbrachte. Ab 1919 gehörte Herzfelde der KPD an. Er zählte zu den Gründern der sogenannten Dada-Bewegung und war ab 1928 führend im stalinistisch dirigierten »Bund Proletarischer und Revolutionärer Schriftsteller« tätig. Von 1933 bis 1938 wirkte er als »Malik«-Chef in Prag sowie als Propagandist von KP-Münzenberg. In den USA war er zunächst Briefmarkenhändler, dann Leiter des kommunistischen »Aurora«-Verlages. 1948 tauchte er in der Sowjetzone auf, erhielt einen Lehrstuhl an der »Karl Marx-Universität« Leipzig und wurde Vizepräsident der DDR-Akademie der Künste sowie Präsidiumsmitglied des DDR-Pen-Clubs. Er erhielt den Karl-Marx-Orden.

Auf den Publizisten **Theodor Herzl** (geboren 1860 in Budapest, gestorben 1904 in

Edlach an der Rax/Niederösterreich) geht der neuzeitliche Zionismus zurück. Herzls Grundgedanke war, den nicht assimilationsfähigen bzw. -willigen Juden, die verstreut in aller Welt lebten und deren sogenannte Fremdkörperexistenz immer wieder antisemitische Erscheinungen hervorrief, eine nationale Heimstatt zu schaffen. Wobei er nicht auf Palästina festgelegt war. Er faßte auch Zentralafrika oder Zypern ins Auge. »Kurz vor seinem Tode beugte er sich dem Willen der zionistischen Mehrheit und erklärte die Heimstatt in Palästina als das Endziel«, berichtet das »Lexikon des Judentums«. Herzl hatte die Rechte studiert und sich der Burschenschaftsbewegung in Wien angeschlossen. 1891 wurde er Paris-Korrespondent der Wiener »Neuen Freien Presse«. Unter dem Eindruck der Dreyfus-Affäre und - nach eigenem Bekunden - inspiriert von den Werken seines Lieblingskomponisten Richard Wagner, verfaßte er die zionistische Grundsatzschrift »Der Judenstaat« (1896). Ein Jahr später fand auf seine Initiative in Basel der erste Zionistische Weltkongreß statt. Er wurde Präsident der Zionistischen Weltorganisation und verhandelte u.a. mit dem türkischen Sultan und Kaiser Wilhelm II. über Ansiedlungsmöglichkeiten für Juden. 1902 erschien Herzls Roman »Altneuland« als weitere Bekenntnisschrift des »Vaters des Zionismus«. »Wir sind ein Volk!« hatte er propagiert. Überall, wo Juden in größerer Zahl unter den Völkern siedelten, herrsche »Judennot«. Deshalb gelte es, die nationale Kraft der Judenheit zu entdecken. »Ja, wir haben die Kraft, einen Staat, und zwar einen Musterstaat zu bilden« (aus einem Herzl-Artikel für den »Jewish Chronicle«). 1949 wurden seine sterblichen Überreste feierlich nach Israel überführt.

1983 wurde **Chaim Herzog** zum Staatspräsidenten Israels gewählt. Er bekleidete das Amt bis 1993. Er ist ein glühend-nationaler Politiker, der stets nur als Anwalt seines Volkes auftritt. Chaim Herzog kam 1918 in Belfast als Sohn des Oberrabbiners von Irland zur Welt. 1935 zog die Familie nach Palästina. Zunächst diente er in der zionistischen Untergrundarmee Haganah, dann in den britischen Streitkräften. Als britischer Major soll er 1945 den in Gefangenschaft geratenen Reichsführer SS, Heinrich Himmler, »verhört« haben. Herzog war von 1948 bis 1950 und von 1959 bis 1962 Chef des israelischen militärischen Geheimdienstes Modiin. 1967 wurde er zum Generalgouverneur des von Israel besetzten Westjordanlandes ernannt. Von 1975 bis 1978 amtierte er als Israels Botschafter bei der UNO. Vor den Kameras der Weltöffentlichkeit zerriß er den Beschluß der Weltorganisation, der Zionismus und Rassismus gleichsetzte. Der langjährige israelische Außenminister Abba Eban ist sein Schwager.

Isaak Eisik Halevi Herzog, geboren 1888 in Loniza/Polen, gehörte über viele Jahre zu den geistlichen Führern des Judentums in der Welt. Von 1919 bis 1936 fungierte er als Oberrabbiner in Irland. Ab 1936 war er Oberrabbiner in Palästina, danach des Staates Israel mit Sitz in Jerusalem (wo er 1959 starb). Sein Sohn Chaim wurde 1983 zum israelischen Staatspräsidenten gewählt.

Zu den bedeutendsten jüdischen Chemikern unserer Zeit gehörte **Reginald Oliver Herzog**. Er kam 1878 in Wien zur Welt. Ab 1905 lehrte er an der Technischen Hochschule Karlsruhe. Von 1919 bis 1933 war er Direktor des Kaiser-Wilhelm-Instituts für Faserstoffchemie in Berlin Dahlem. Nach der NS-Machtübernahme verließ er Deutschland. Ab 1934 lehrte er an der Universität Istanbul. Bei einem Urlaub in der Schweiz nahm er sich 1935 in Zürich das Leben. Er verfaßte ein grundlegendes »Handbuch Technik der Textilfasern«.

Der Literat **Wilhelm Herzog** kam 1884 in Berlin als Sohn eines jüdischen Händlers zur Welt. Mit Paul Cassirer gab er ab 1910 in Berlin das Organ der »avantgardistischen« Kunstschickeria, »Pan«, heraus. 1914 gründete er »Forum« mit dem Untertitel »Zeitschrift für Völkerverständigung«. 1918/19 war er Herausgeber der parakommunistischen Tageszeitung »Die Republik«. 1920 traf er sich in Sowjetrußland mit Lenin und Trotzki. 1929 wurde sein mit Hans José Rehfisch verfaßtes Schauspiel »Die Affäre Dreyfus« an der Berliner Volksbühne uraufgeführt. Ab diesem Jahr hielt er sich meist in Frankreich und der Schweiz auf. 1941 ging er nach Amerika. Er war von 1941 bis 1945 auf Trinidad interniert. 1947 tauchte er - aus den USA kommend - wieder in der Schweiz auf. 1952 ließ er sich in München nieder, wo er - dekoriert u.a. mit dem Kunstpreis der Stadt - 1960 starb.

Aus chassidischer Familie entstammte der jüdische Philosoph **Abraham Joshua Heschel**. Er wurde 1907 in Warschau geboren und starb 1972 in New York. Mit einer an Husserl orientierten Arbeit, »Die Prophetie«, promovierte er 1933 in Berlin. 1935 veröffentlichte er in Berlin eine tiefschürfende Biographie des jüdischen Gelehrten Maimonides. 1937 berief ihn Martin Buber als Dozenten ans Jüdische Lehrhaus zu Frankfurt am Main. Im Herbst 1938 wurde Heschel nach Polen abgeschoben. 1939 ging er nach England, 1940 kam er in die USA. Er lehrte am konservativen Jewish Theological Seminary (New York). Während Heschel »nach innen« (in bezug auf die jüdische Gemeinschaft) als Konservativer, die alten Überlieferungen strikt bewahrender Gelehrter auftrat, wirkte er nach außen hin (auf die nichtjüdische Umwelt in Amerika) als »fortschrittlich«, so daß er sogar zu einem Leitbild der sogenannten Bürgerrechts- und Protestbewegung avancieren konnte. Heschel hatte auch entscheidenden Anteil an projüdischen Veränderungen, die vom Zweiten Vatikanischen Konzil beschlossen wurden. Er starb 1972 in New York.

Eigentlich hieß der jüdische Chemiker **Georg Karl von Hevesy** Gyorgy Hevesi. Er kam 1885 als Sohn eines Minenbesitzers in Budapest zur Welt. Er begann als Assistent von Fritz Haber und war von 1918 bis 1920 Professor in Budapest, dann - bis 1934 - in Freiburg im Breisgau, anschließend von 1935 bis 1943 in Kopenhagen und dann in Stockholm. Mit dem (nichtjüdischen) Forscher D. Coster hatte er 1922 das Element Hafnium entdeckt. 1943 erhielt er für die Einführung der Methode der radioaktiven Indikatoren den Nobelpreis. Er veröffentlichte u.a. ein »Lehrbuch der Radioaktivität« (Leipzig 1931). Er starb 1966 in Freiburg/Br.

Nicht etwa ein höheres Maß an Humanismus und Einsatz für Unterdrückte unterschied den DDR-Literaten **Stefan Heym** von gleichgeschalteten Zunftgenossen, sondern besseres Augenmaß für historische Gesamtentwicklungen. So bezeichnete er die Vorstellung von ewiger deutscher Teilung als »unmarxistischen Gedanken«. Er bastelte, als erste Risse im Sowjetimperium erkennbar wurden, an seinem Dissidenten-Mythos. In der Einschätzung seines Nach-DDR-Schicksals lag er allerdings falsch. SED-Ministerpräsident Modrow gegenüber äußerte er die Befürchtung, man werde an Laternenpfählen enden. Tatsächlich zog Heym vier Jahre später auf der Liste der PDS in den Bundestag ein und wurde dessen Alterspräsident. Der Literat kam 1913 in Chemnitz als Helmut Flieg auf die Welt. Er ging 1933 in die Tschechei, 1935 in die USA. Dort wirkte er für die US-Propaganda gegen Deutschland und schrieb u.a. einen Roman mit dem programmatischen Titel »The Crusaders« (»Die Kreuzzügler«). Ab 1943 war Heym Mitarbeiter der psychologischen

Stephan HERMLIN

Gustav HERTZ

Wieland HERZFELDE

Theodor HERZL

Chaim HERZOG

Stefan HEYM

Paul von HEYSE

Raul HILBERG

Wolfgang HILDESHEIMER

Kriegführung der USA. 1945 ließ er die Hinrichtung »deutscher Spione« direkt im Radio übertragen. Er zog als US-Besatzer in Deutschland ein. Er zählte zu den Gründern von US-Lizenzblättern. 1953 setzte er sich in die stalinisierte DDR ab. Er rechtfertigte die Niederschlagung des Volksaufstandes vom 17. Juni 1953 und brachte mit »Keine Angst vor Rußlands Bären« eine Hymne auf die von Stalin gestaltete Sowjetunion zu Papier. Aus der Schilderung seines Besuches im Lenin-Stalin-Mausoleum: »Lenins hohe, gewölbte Stirn, hinter der die schwersten Entscheidungen sich formten, ist glatt und ruhig mit den streng geschlossenen Lidern. Doch der Mund ist gütig... Stalins Hände sind die Hände eines alten Arbeiters. Ein alter, grauhaariger Arbeiter, mit sehr markantem, sehr ausgeprägtem Gesicht. Draußen hinter dem Museum sind die Gräber anderer Soldaten der Menschheit, die gleichfalls, wie es so wundervoll heißt, eingeschreint sind in den Herzen der Arbeiterklasse.« Bei Stalin und Lenin handele es sich um die beiden »größten Toten« der Menschheit. Gerd Koenen schreibt in »Die großen Gesänge« über das von Heym vermittelte Bild der Sowjetunion: »Sie erscheint ihm als eine einzige, große Sittlichkeitsanstalt, wie sie nur verdorbene Geister bemäkeln können.« 1978 bekannte Heym: »Wenn es irgendwo einen besseren Sozialismus geben würde als in der DDR, wäre ich dort.«

Der sozialdemokratische Politiker **Berthold Heymann** kam 1870 in Posen zur Welt. 1901 wurde er Redakteur des »Wahren Jakob«, des in Stuttgart erscheinenden satirischen Wochenblattes der SPD. Von 1906 bis 1933 vertrat er die Sozialdemokraten im Württembergischen Landtag. 1918 wurde er dort Kultusminister, 1919 Innenminister. Anschließend gehörte er dem württembergischen Staatsgerichtshof an. Nach der NS-Machtübernahme emigrierte er in die Schweiz. Er starb 1939 in Zürich. Der SPD-Politiker Ignaz Auer war sein Schwiegervater.

Der langjährige hochrangige DDR-Funktionär **Stefan Heymann** (geboren 1896 in Mannheim, gestorben 1967 in Ostberlin) entstammte einer jüdischen Familie, die angeblich deutschnational war. 1919 gehörte er als Anhänger der jüdischen Anarchisten Toller und Mühsam zur Führung der kurzlebigen »Räterepublik Kurpfalz«. Dann stieß er zur KPD. Unter dem Decknamen »Dietrich« avancierte er zu einem der Chefs des KP-Militärapparates. Er wurde ein Führer des Roten Frontkämpferbundes, Chefredakteur des KP-Blattes »Arbeiterzeitung« sowie Redakteur des Zentralorgans »Rote Fahne«. Heymann, der wegen seiner Umsturzarbeit schon zur Weimarer Zeit zwei Jahre eingesessen hatte, wurde von den Nationalsozialisten abermals eingesperrt. Ab 1942 war er im KZ Auschwitz. In der DDR wurde er Botschafter in Ungarn und Polen. Er leitete die Hauptabteilung Presse des Außenministeriums und erhielt 1960 eine Professur an der Akademie für Staats- und Rechtswissenschaft »Walter Ulbricht«.

Als »jüdischen Kriegsdichter, der sich der Zeit gewachsen erwies«, würdigte NS-»Literaturpapst« Adolf Bartels in seiner 1943 in 19. Auflage erschienenen »Geschichte der deutschen Literatur« den Schriftsteller **Walter Heymann**. Der war 1882 in Königsberg/Pr. zur Welt gekommen. 1909 brachte er die »Nehrungsbilder« heraus, eine Huldigung der ostpreußischen Heimat. Bei Kriegsausbruch 1914 meldete sich Heymann als Freiwilliger zu den deutschen Fahnen. Am 9. Januar 1915 fiel er beim Sturmangriff auf Soissons in Frankreich. Im selben Jahr erschienen postum seine von vaterländischer Begeisterung zeugenden Feldpostbriefe und Kriegsgedichte.

1919 kam seine Textsammlung »Von Fahrt und Flug« heraus. Am 12. September 1914 hatte er geschrieben: »Es ist keine Phrase, wer fällt, ist ein Opfer für alle, besonders für die Überlebenden. Mit seinem Leben bezahlen ist sicher schwer. Aber im Tode wie durch ein volles Leben noch für andere Nutzen stiften, ist ungeheuer viel.«

Schlager wie »Das ist die Liebe der Matrosen« oder »Das muß ein Stück vom Himmel sein« stammen vom Komponisten **Werner Richard Heymann**. Er kam 1896 in Königsberg zur Welt und starb 1961 in München. Zunächst schuf er ernste Musik (eine Sinfonie, Orchesterstücke, Kammermusik). Dann verlegte er sich auf Kabarettsongs, zum Beispiel auf Texte von Tucholsky, und auf Filmmusik. Er untermalte Filme wie »Die Drei von der Tankstelle«, »Bomben auf Monte Carlo«, »Der Kongreß tanzt« musikalisch. 1933 ging er nach Amerika. Auch in Hollywood komponierte er für den Film (»Ninotschka«, »Sein oder Nichtsein«). 1951 kehrte er nach Deutschlad zurück.

Im »Lexikon des Judentums« wird beklagt, »der Halbjude Heyse« sei »ohne jüdische Bindung« gewesen. **Paul von Heyse**, der 1910 als erster deutscher Dichter den Literaturnobelpreis erhielt, kam 1830 in Berlin zur Welt. Sein Vater war der Sprachforscher Carl Wilhelm Ludwig Heyse (1797-1855), seine Mutter stammte aus der Familie des jüdischen Juweliers am preußischen Hof, Jakob Salomon, und hieß nach der Taufe Saaling. Paul (seit 1910 von) Heyse schuf u.a. das deutschpatriotische Drama »Kolberg« über den heroischen Widerstand der pommerschen Stadt gegen Napoleon. Dieses Werk wurde zum Sujet für den berühmten deutschen Kolberg-Film von 1943/44. Ebenso deutschpatriotisch waren Heyse-Dramen über Kaiser Ludwig den Bayern oder Wolfram von Eschenbach. Der Schriftsteller rief dem deutschen Volk zu: »Ob sie dem Licht den Sieg mißgönnen,/ Die Nacht wird's nicht bezwingen können./ Solange der Feldruf der Jugend heißt:/ Hie deutsches Gewissen und deutscher Geist.« Paul von Heyse starb 1914 in München.

Nach 1945 spielte **Juliusz Hibner** eine Schlüsselrolle bei der Bolschewisierung des polnischen Machtbereiches einschließlich der okkupierten deutschen Ostgebiete: Er wurde Befehlshaber der »Sicherheitstruppen« und stellvertretender Innenminister der rotpolnischen Diktatur. Als Brigadegeneral trat er in den Ruhestand. Er war 1912 im polnischen Grzymalow zur Welt gekommen und hatte sich schon als Halbwüchsiger den Kommunisten angeschlossen. Im Spanischen Bürgerkrieg diente er als Stabschef des ebenfalls jüdischen Kommandanten Henryk Torunczyk, der - gleich ihm - im Nachkriegspolen wichtige Ämter bekleidete. Nach Freilassung aus französischer Internierung nahm Hibner als Offizier der auf Stalins Geheiß gebildeten polnischen Armee am Kampf gegen die Deutschen teil. Er wurde als »Held der Sowjetunion« ausgezeichnet.

Als jüdische Koryphäe der Holocaust-Forschung gilt der Geschichtswissenschaftler **Raul Hilberg**. Er wurde 1926 in Wien geboren. Mit den Eltern kam er Ende der 30er Jahre nach Amerika. Bei Kriegsende diente er in der US-Army. 1961 erschien sein »Klassiker« der Holocaust-Literatur, »The Destruction of the European Jews« (verlegt in London und Chikago). Deutscher Titel: »Die Vernichtung der europäischen Juden«. Ab dem folgenden Jahr brachte er die »Jewish Encyclopaedial Handbooks« heraus. 1978 wurde er von US-Präsident Carter in die »Holocaust-Kommission« berufen, deren Aufgabe u.a. die Errichtung eines gewaltigen Holocaust-Museums in Washington war. Daß Hilberg - wie auch andere jüdische Holocaustforscher - etliche besonders haarsträubende antideutsche Greuelmärchen widerlegt hat (z.B. die Geschichte von KZlern, die zu Seife eingekocht worden seien) und dazu kommentierte: »All diese Gerüchte sind unwahr«, hat wenig genutzt. Die »Storys« leben in bundesdeutschen Medien und Schulbüchern fort. 1991 brachte er das Buch »Täter, Opfer, Zuschauer – Die Vernichtung der Juden« heraus.

Ein überragender Meister der Bildhauerkunst in Deutschland war **Adolf von Hildebrand** (geboren 1847 in Marburg an der Lahn, gestorben 1921 in München). Er war mütterlicherseits jüdisch. Er ging bei Zumbusch in die Lehre, war mit Marées befreundet und wirkte vornehmlich in München und Rom. Er schuf monumentale Brunnenanlagen, Denkmäler, Marmorstandbilder, Porträtbüsten, Reliefs, Plaketten. Zu seinen bekanntesten Werken zählen der Wittelsbacher Brunnen und das Bismarck-Denkmal in München, das Schiller-Denkmal zu Nürnberg und das Brahms-Denkmal in Meiningen.

Als »Pionier des absurden Theaters in Deutschland« gilt der Literat **Wolfgang Hildesheimer**, der 1916 in Hamburg geboren wurde. Von 1933 bis 1937 hielt er sich in Palästina auf, dann ging er nach England, um 1940 abermals im Nahen Osten aufzutauchen. In dieser Zeit war er britischer Informationsoffizier. Von 1945 bis 1949 arbeitete er als Dolmetscher bei den Nürnberger Siegerprozessen gegen die deutsche Führung. Danach blieb er einige Jahre als Umerzieher in Deutschland, begab sich aber 1957 in die Schweiz. Er starb 1991 in Poschiavo/Graubünden. Hildesheimer, der mit bundesdeutschen Preisen überschüttet wurde, schrieb u.a. die Dramen »Der Drachenthron« und »Paradies der falschen Töne«.

Rudolf Hilferding, geboren 1877 in Wien, war von 1904 bis 1923 Herausgeber der »Marx-Studien«. 1918 bis 1922 gehörte er der semikommunistischen SPD-Absplitterung USPD an, kehrte dann aber zur SPD zurück. Er galt als Wirtschaftsfachmann der Sozialdemokraten und diente als Finanzminister in den Regierungen Stresemann (1923) und Hermann Müller (1928/29), ohne jedoch die im wesentlichen importierte deutsche Finanzkrise (Siegerdiktat, Weltwirtschaftskrise) in den Griff zu bekommen. Von 1924 bis 1933 war er Reichstagsabgeordneter. In der Emigration entwarf er 1934 das »Prager Manifest« der SPD. 1941 lieferte ihn Vichy-Frankreich an die Gestapo aus. Er starb in einem Pariser Gefängnis, ob an den Folgen von Mißhandlungen oder durch Freitod ist nicht sicher. Sowohl das »Biographische Handbuch der deutschsprachigen Emigration« als auch die Bonner biographische Dokumentation über das Schicksal von Reichstagsabgeordneten in der NS-Zeit vermerken, daß die Todesumstände ungeklärt seien.

Zum 80. Geburtstag des linken jüdischen Schriftstellers **Kurt Hiller** schrieb die »Deutsche National-Zeitung«: »Von seiner Überzeugung ist er in einem solch souveränen Maße erfüllt, daß er die Kraft hat, auch die seinen diametral entgegenstehenden Überzeugungen zu respektieren. Wir haben es erfahren und respektieren ihn daher.« Der 1885 in Berlin geborene Fabrikantensohn desertierte im Ersten Weltkrieg als radikaler Pazifist. Er trat als Vorkämpfer des Expressionismus in der Literatur hervor; schon 1909 hatte er den expressionistischen »Neuen Club« gegründet. 1926 hob er die Vereinigung »Revolutionäre Pazifisten« aus der Taufe, 1931 den »Sozialistenbund«. 1934 aus dem KZ entlassen, ging er erst nach Prag, dann nach London. Mit dem sozialistischen Nationalisten und einstigen Hitler-Kampfgefährten Otto Strasser veröffentlichte er in der Emigration ein Manifest, und er gründete den »Freiheitsbund Deutscher Sozialisten«. 1955 kehrte er nach Deutschland zurück. Er starb 1972 in Hamburg.

Zu einer Zentralfigur der US-amerikanischen Gewerkschaftsorganisation wurde **Sidney Hillman** (1887 als Sproß einer jüdischen Familie im litauischen Zagare geboren). 1907 wanderte er in die Vereinigten Staaten von Amerika aus. Schon acht Jahre später stand er als Präsident an der Spitze der Gewerkschaft der Bekleidungsindustrie, was er bis 1946 blieb. 1935 war er Mitbegründer der gewerkschaftlichen Dachorganisation CIO. Er unterstützte Roosevelts »New Deal« und gehörte zum Beraterstab des US-amerikanischen Kriegspräsidenten. Im Zweiten Weltkrieg engagierte sich Hillman für einen reibungslosen Ablauf der Waffenproduktion. Er fungierte als stellvertretender Generaldirektor des »Office of Production Management«, wo er eng mit dem obersten Kriegsmanager der USA, Bernard Baruch, zusammenarbeitete. Hillman starb 1946 in New York.

Als die Wiedervereinigung von Bundesrepublik und DDR wahr wurde, prophezeite der jüdische Literat **Edgar Hilsenrath**: »Die Deutschen, die den Russen und Amerikanern vierzig Jahre lang den Arsch geleckt haben, werden eine Supermacht werden und sich von niemandem etwas sagen lassen. Sie werden sich auch von den Juden nichts sagen lassen. Kein Volk kann eben auf die Dauer ohne Stolz leben. Das wird eine große Reinwäscherei geben.« Hilsenrath kam 1926 in Leipzig als Kaufmannssohn zur Welt. 1938 ging er zu Verwandten nach Rumänien. Ab 1941 mußte er im Ghetto von Moghilew leben. Von 1944 bis 1947 hielt er sich als gläubiger Zionist in Palästina auf, dann wanderte er über Frankreich nach Amerika aus. (»Dort habe ich in einer jüdischen Stadt gelebt, New York«). 1975 emigrierte er aus der jüdischen Stadt nach Westberlin. Sein Debütroman »Nacht« über das

Moghilewer Ghetto stieß auf Vorbehalte. »Man befürchtete im Romaninhalt eine Verunglimpfung jüdischer Opfer und befürchtete Antisemitismus-Vorwürfe«, heißt es im Munzinger-Archiv. Einhellig begeistert war die Kritik allerdings von späteren Werken wie »Der Nazi und der Frisör«, in dem die Hitlerzeit »mit stets eingebauter Geschlechtslust« (»Die Welt«) »bewältigt« wird.

Aus Birnbaum an der Warthe stammte der 1884 geborene jüdische Komponist **Hugo Hirsch**. Sein bekanntester Schlager ist »Wer wird denn weinen, wenn man auseinandergeht« aus seiner Operette »Die Scheidungsreise« von 1918. Auch die - zum Teil verfilmten - Operetten »Bummelmädchen«, »Die tolle Lola«, »Der blonde Traum«, »Charleys Tante« stammen von ihm. Ferner komponierte er einen »Marsch der deutschen Republik« und einen »Max-Schmeling-Marsch«. 1933 emigrierte er nach Paris, dann nach London. 1950 kehrte er nach Deutschland zurück. Er starb 1961 in Berlin.

Wichtige Positionen nahm der jüdische Nationalökonom **Julius Hirsch** (geboren 1882 in Mandel bei Bad Kreuznach) zur Weimarer Zeit ein. Er war Staatssekretär im Reichswirtschaftsministerium von 1919 bis 1923 und danach Professor an der Handelshochschule Berlin. 1933 emigrierte er nach Dänemark, wo er bis 1940 an der Handelshochschule in Kopenhagen lehrte. Ab 1941 war er Hochschullehrer in New York (New School für Social Research). 1954 avancierte er in den USA zum Direktor des »Business Administration Center«. Er starb 1961 in New York.

Die britischen Trade Unions schwebten dem Nationalökonomen jüdischer Herkunft **Max Hirsch** (geboren 1832 in Halberstadt) vor, als er 1868/69 zusammen mit Duncker die Hirsch-Dunckerschen Gewerkvereine als Interessenvertretung der Arbeiterschaft gründete. Der Kaufmannssohn war bis zu seinem Tode (1905 in Homburg v.d.H.) Verbandsanwalt der Organisation und Herausgeber ihres zentralen Presseorgans. Hirsch gehörte dem Deutschen Reichstag 1869 bis 1871, 1877/78, 1881 bis 1889 und 1890 bis 1893 als Abgeordneter der Fortschrittspartei bzw. des Freisinns an.

Mit aller Kraft bemühte sich **Otto Hirsch** im Dritten Reich um die Ausreise möglichst vieler jüdischer Schicksalsgenossen, was sich mit Hitlers Wunsch deckte, die Juden seines Machtbereichs rasch loszuwerden. Doch die Bemühungen scheiterten oft an der mangelnden Aufnahmebereitschaft des Auslandes. Otto Hirsch kam 1885 in Stuttgart zur Welt. Er studierte Rechtswissenschaft. Unter Leo Baeck amtierte er als Leiter der Reichsvertretung der Juden im nationalsozialistischen Deutschland. Er nahm auch an der Konferenz von Evian teil (1938), bei der andere Staaten wenig Bereitschaft zeigten, Juden aufzunehmen. Ganz im Gegenteil bekundeten z.B. Polen und Rumänien, die eigenen Juden abschieben zu wollen. Im Frühjahr 1941 kam Hirsch ins Lager Mauthausen, wo er wenige Monate später umkam.

Von 1918 bis 1920 stand mit **Paul Hirsch** ein Ministerpräsident jüdischer Herkunft an der Spitze Preußens. Er war 1868 in Prenzlau/Mark Brandenburg als Kaufmannssohn geboren worden. Von 1900 bis 1921 vertrat er die SPD in der Berliner Stadtverordnetenversammlung. 1918 wurde er preußischer Regierungschef, 1919 auch Innenminister. Jörg von Uthmann berichtet in seinem Buch »Doppelgänger, du bleicher Geselle - Zur Pathologie des deutsch-jüdischen Verhältnisses«: »Auf einer Sitzung der Nationalversammlung in der Aula der Berliner Universität lehnte der preußische Ministerpräsi-

dent Paul Hirsch, unter dem Bilde Fichtes im Befreiungskrieg stehend, namens der Länderregierungen einen Diktatfrieden ab; er schloß mit dem leidenschaftlichen Ausruf: ›Lieber tot als Sklave!‹« 1925 bis 1932 wirkte Hirsch als zweiter Bürgermeister von Dortmund. Von 1908 bis 1933 war er darüber hinaus sozialdemokratischer Abgeordneter im Preußischen Landtag. Ursprünglich konfessionslos, trat Paul Hirsch 1933 der jüdischen Gemeinde bei. Er starb 1940 in Berlin.

Vom streng antifaschistischen Sowjetdichter Jewgenij Jewtuschenko stammt folgende Schilderung: »Die Frau von Reichsmarschall Göring, die mit der Familie von **Werner Hirsch**, einem Redakteur der kommunistischen Zeitung ›Rote Fahne‹ bekannt war, überredete die Behörden, ihn aus dem Gefängnis zu entlassen und ihm die Erlaubnis zu erteilen, in die Sowjetunion ausreisen zu dürfen. Doch Stalin war nicht so liberal wie Görings Frau, und Werner Hirsch, von den Hitlerfaschisten freigelassen, wurde von den Stalinschen Faschisten umgebracht.« Hirsch war 1899 vermutlich in Berlin (die Quellen streiten sich) als Bankierssohn zur Welt gekommen; seine Mutter war eine geborene von Bismarck. 1919 war er enger Mitarbeiter von KP-Führer Jogiches. Ab 1930 wirkte er als Chefredakteur des Zentralorgans der KP, »Rote Fahne«. Ab 1932 war er persönlicher Sekretär von KP-Führer Thälmann. Im März 1933 wurde er in Schutzhaft genommen. Ein Jahr später konnte er mit Görings Einverständnis in die Sowjetunion emigrieren. Dort hielt er Vorträge mit dem Titel »KZ-Greuel in Hitlerdeutschland«. 1937 wurde er als angeblicher Gestapo-Spitzel verhaftet. Er trat aus Protest in einen Hungerstreik. 1941 kam er in Sowjet-Haft um.

Als »Vorkämpfer des deutschen Naturalismus« gilt der Schriftsteller **Georg**

Hirschfeld, der mit Dramen aus dem Berliner Milieu, Komödien, Volksstücken und Novellen Erfolg hatte. Er kam 1873 in der deutschen Reichshauptstadt als Kind einer jüdischen Familie zur Welt. Seine jüdisch geprägten Bühnenstücke wie »Die Mütter« und »Agnes Jordan« wurden nach 1933 besonders häufig vom Jüdischen Kulturbund in Deutschland gespielt. Hirschfeld starb 1942 in München.

Der Vater des Journalisten und Politikers **Hans Emil Hirschfeld**, Emil Hirschfeld, amtierte von 1919 bis 1927 als sozialdemokratischer Senator in Hamburg. Hans E. Hirschfeld kam 1894 in Hamburg-Harburg zur Welt. Er fungierte als Ministerialrat und Pressechef im preußischen Ministerium des Inneren unter Severing. 1933 begab er sich zunächst ins französische, 1940 ins amerikanische Exil. Er diente in der US-Kriegsbehörde OWI. Auf Veranlassung des Berliner Regierenden Bürgermeisters Ernst Reuter kehrte er 1949 zurück. Von 1950 bis 1960 leitete Hirschfeld das Presse- und Informationsamt des Berliner Senates. 1957 bis 1959 war er Chef der Senatskanzlei. Von 1961 bis 1970 stand er dem Berliner Presse-Club vor. Er starb 1971 in Muri/Bern.

Während seiner Schweizer Emigrationsjahre ließ **Kurt Hirschfeld** als Regisseur bzw. Intendant in Zürich etliche Bühnenstücke von Bert Brecht als Welt-Uraufführungen in Szene setzen. Zum Beispiel »Mutter Courage« (1941), »Leben des Galilei« (1943), »Der gute Mensch von Sezuan« (1943), »Herr Puntila« (1948). Hirschfeld, geboren 1902 in Lehrte bei Hannover, hatte als Dramaturg in Darmstadt begonnen. 1933 verließ er Deutschland. Von 1935 bis 1938 war er Regieassistent bei Meyerhold in Moskau. Danach ließ er sich in der Schweiz nieder. In der Nachkriegszeit inszenierte er auch in bundesdeutschen und israelischen Städten. Er starb 1964 in Tegernsee.

Die weltweit erste »Sexforschungsstelle«, das Berliner »Institut für Sexualwissenschaft«, wurde 1919 von **Magnus Hirschfeld** eröffnet. Er war 1868 in Kolberg als Sohn des jüdischen Balneologen Hermann Hirschfeld (1825-1885) zur Welt gekommen. 1908 gründete er die »Zeitschrift für Sexualwissenschaft«, 1913 war er Mitbegründer der »Ärztlichen Gesellschaft für Sexualwissenschaft«. 1928 avancierte er zu einem der drei Präsidenten der »Weltliga für Sexualreform«. Zu Weimarer Zeit arbeitete er eng mit dem KP-Propagandisten Willi Münzenberg und mit KP-Führer Heinz Neumann zusammen. Es ging Hirschfeld um eine ähnliche »sexuelle Befreiung«, wie sie in den 90er Jahren bereits erheblichenteils durchgesetzt wurde. Die Homosexualität wollte er als »natürlich«, als »drittes Geschlecht«, anerkannt, vor- und außerehelichen Geschlechtsverkehr gesellschaftlich akzeptiert wissen und auch Transvestiten u.ä. »aus der Verfemung erlösen«. Zu diesen Themen veröffentlichte er zahlreiche Bücher. 1933 ging er nach Frankreich, wo er im Gegensatz zu Weimar-Deutschland keine staatliche Unterstützung erhielt. Er starb 1935 in Nizza.

Der 1911 in Wien geborene und 1986 in Zürich gestorbene jüdische Schriftsteller **Fritz Hochwälder** war in Österreich in linksextremen Gruppierungen aktiv, emigrierte 1938 in die Schweiz, wurde dort einige Zeit interniert und schloß sich in der Eidgenossenschaft der illegalen KPÖ an. Nach dem Krieg wurde er von der Republik Österreich mit zahlreichen Preisen bedacht, z.B. dem Grillparzer-Preis, dem Wildgans-Preis, dem National-Preis. Zu seinen bekanntesten Bühnenstücken zählen »Esther« (1940), »Das heilige Experiment« (1943) und »Der öffentliche Ankläger« (1948).

Der 1937 in Los Angeles geborene jüdische Schauspieler **Dustin Hoffman** hatte zunächst am Broadway Erfolg. 1967 kam er nach Hollywood, wo er im Film »Die Reifeprüfung« seine erste Hauptrolle spielte und von der Kritik begeistert gefeiert wurde. Hoffman erhielt mehrmals den »Oscar«, so 1980 für die Hauptrolle in dem Streifen »Kramer gegen Kramer« (Regie: Benton) und 1989 für »Rain Man« (Regie: Levison).

Jüdischer Herkunft war der Vater (ein Bankier), nichtjüdisch die Mutter des Dichters **Hugo von Hofmannsthal**, der 1874 in Wien geboren wurde. Professor Walter Grab (Jerusalem) faßt in »Die Juden in der Weimarer Republik« jüdische Kritik an ihm zusammen: Er sei »vom Antisemitismus angesteckt« gewesen, habe den »Rassenantisemitismus als salonfähig angesehen«, Freundschaft mit deutschvölkischen Intellektuellen geschlossen und sei bemüht gewesen, seine jüdische Abstammung mit dem Hinweis »abzumildern«, daß schon der Großvater zum Christentum übergetreten sei. Hofmannsthal hatte an Juden den Appell gerichtet, »aus einer nicht mehr begreiflichen Absonderung in die als die menschliche und allgemein erkannte Sphäre zu treten«. Politisch empfand der Dichter vor allem Abscheu vor dem Bolschewismus (»die Drohung des Chaos an die Ordnung«); doch auch dem westlichen Liberalismus konnte er nichts abgewinnen. Er trauerte der Habsburger Ordnung des Donauraumes nach. Am Wiener Kulturleben bemängelte er, daß es »jüdisch beherrscht« sei. Neben vielen anderen bedeutsamen Werken ist Hofmannsthal mit Opernlibretti für Richard Strauss unsterblich geworden: »Elektra«, »Ariadne auf Naxos«, »Frau ohne Schatten«, »Die ägyptische Helena«. Mit Strauss und Max Reinhardt initiierte der Dichter 1920 die Salzburger Festspiele, die traditionell mit seinem mittelalterlichen Mysterienspiel »Jedermann« eröffnet werden und insbesondere der Pflege des Werkes

Mozarts dienen. Hugo von Hofmannsthal verschied 1929 in Rodaun bei Wien.

Zu den zahlreichen führenden jüdischen Atomforschern zählte der Physiker **Robert Hofstadter.** Er wurde 1915 in New York geboren, lehrte ab 1943 in Princeton und wirkte von 1954 bis 1985 als Physik-Professor an der Stanford-Universität in Kalifornien. 1961 wurde er mit dem Physik-Nobelpreis ausgezeichnet. Hofstadter starb 1990 in Stanford.

»Was hat der Amerikaner, das die anderen nicht hatten?« fragte die »Süddeutsche Zeitung« im September 1995, nachdem sich für US-Präsident Clintons Unterhändler **Richard Holbrooke** auf dem Balkan Türen öffneten, die für andere verschlossen geblieben waren. Das Blatt lieferte die Antwort mit: »Hinter ihm steht die stärkste Streitkraft der Welt, jederzeit bereit loszuschlagen, um seinen Worten Gewicht zu verleihen.« Holbrooke kam 1941 in New York auf die Welt. Sein Großvater, der jüdische Kaufmann Samuel Moos, hatte Deutschland 1933 verlassen. Angeblich aus Angst um seine Karriere habe Holbrooke seine jüdische Herkunft lange Zeit verschwiegen, behauptete »Die Woche«. Sogar seine Frau habe erst nach drei Jahren Ehe »durch Zufall« das Jüdische (also den kleinen Unterschied) an ihrem Gatten entdeckt. 1963 entsandte ihn die US-Regierung nach Vietnam; als »Entwicklungshelfer«, wie es deutsche Medien darstellen. Später gehörte er zum Indochina-Stab von Präsident Johnson, unter dem der Vietnamkrieg eskalierte. In den 70er Jahren war Holbrooke Chefredakteur von »Foreign Policy«, Berater von Carter und Chef der Ostasienabteilung im US-Außenministerium. In den 80er Jahren wirkte er als Investment-Banker an der Wall Street. Clinton holte ihn 1992 in seinen Stab. Für einige Monate wirkte er als Botschafter in Bonn.

Rudolf HILFERDING

Kurt HILLER

Edgar HILSENRATH

Paul HIRSCH

Magnus HIRSCHFELD

Fritz HOCHWÄLDER

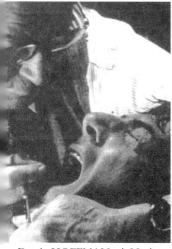

Dustin HOFFMAN mit Nazi-
Zahnarzt in »Marathon-Man«

Hugo von HOFMANNSTHAL

Friedrich HOLLAENDER

Mit **Felix Hollaender,** geboren 1867 im oberschlesischen Leobschütz, löste 1920 ein jüdischer Literat den Theatermogul Max Reinhardt als Intendant des Großen Schauspielhauses in Berlin ab. Hollaender, ein Bruder des Operettenkomponisten Victor Hollaender, hatte ab 1908 als Dramaturg am Deutschen Theater in der Reichshauptstadt gewirkt. Zu seinen bekanntesten Werken zählen »Jesus und Judas« (1891) und »Erlösung« (1899). Er starb 1931 in Berlin.

»Ich bin von Kopf bis Fuß auf Liebe eingestellt«, dieser von Marlene Dietrich im Film »Der blaue Engel« (1930) gesungene Schlager stammt vom jüdischen Komponisten **Friedrich Hollaender.** Er war 1896 in London als Sohn des Komponisten Victor Hollaender und Neffe des Schriftstellers Felix Hollaender geboren worden. In Weimarer Zeit vertonte Friedrich Hollaender auch Texte von Tucholsky. 1930 gründete er in Berlin das »Tingel-Tangel Theater«. Wie sein Vater emigrierte er 1933 über Paris nach Hollywood, wo er die Musik zu zahlreichen Filmen komponierte. 1956 kehrte er nach Deutschland zurück. Er lieferte die musikalische Untermalung u.a. für »Das Spukschloß im Spessart« (1960) und starb 1976 in München.

Der Operettenkomponist **Victor Hollaender** wurde 1866 in Leobschütz/Oberschlesien geboren. Ab 1901 wirkte er vorwiegend am Metropoltheater in Berlin. In den folgenden Jahrzehnten war er einer der erfolgreichsten Vertreter der Unterhaltungsmusik in Deutschland. Er schrieb Schlager wie »Kirschen in Nachbars Garten«, »Unterm Machandelbaum«, »Schaukellied« und Operetten wie »Der Regimentspapa« (1914) und »Die Prinzessin vom Nil« (1915). 1934 ging er nach Amerika. Er starb 1940 in Hollywood. Der Komponist Friedrich Hollaender war sein Sohn,

der Schriftsteller und Theaterleiter Felix Hollaender sein Bruder.

Rund ein Dritteljahrhundert nach Ende des Zweiten Weltkrieges begann in den USA die »Nazijagd« auf amerikanische Staatsbürger meist osteuropäischer Herkunft, die bezichtigt wurden, auf deutscher Seite Kriegs- bzw. KZ-Verbrechen begangen zu haben. Eine spezielle Behörde des Justizministeriums (»OSI«) wurde zur Jagd auf die überwiegend hochbetagten Männer geschaffen. Hatte man sie aufgespürt, erfolgte die Auslieferung zur Hinrichtung an die Sowjetunion, Jugoslawien oder Israel. Die vom Kongreß in Washington beschlossene rechtliche Grundlage der »Nazijagd« ist das »Holtzman«-Amendment, benannt nach der jüdisch-amerikanischen Politikerin **Elisabeth Holtzman.** Sie kam 1941 in New York, der größten jüdischen Stadt der Welt, zur Welt. Von 1973 bis 1981 war sie Abgeordnete der Demokratischen Partei im US-Kongreß und avancierte zur Vorsitzenden des Ausschusses für Einwanderung, Flüchtlinge und internationales Recht. Danach wirkte sie als Oberstaatsanwältin in Brooklyn.

Von 1902 bis 1928 erschien in Weimar in sieben Bänden das »Deutsche Anonymen-Lexikon«, 1906 kam das »Deutsche Pseudonymenlexikon« heraus. Die Zusammenstellung und Veröffentlichung dieser voluminösen Sammlungen von Alias-Namen des gesamten deutschen Sprachraumes hatte der Germanist aus jüdischer Familie **Michael Holzmann** besorgt. Er kam 1860 im mährischen Slawathen zur Welt und starb 1930 in Wien. Lange Jahre amtierte er als Oberbibliothekar der Wiener Universität.

Jüdisch war auch der Schauspieler **Oskar Homolka** (geboren 1901 in Wien, gestorben 1978 in Sussex/England). Max Reinhardt, der Theatermogul, der der Karriere vieler jüdischer Bühnenkünstler Pate stand, holte ihn 1925 nach Berlin. 1934 ging Homolka nach Wien zurück. 1935 emigrierte er aus Österreich zunächst nach England, 1937 in die Vereinigten Staaten von Amerika. In der Nachkriegszeit ließ er sich in England nieder. Er wirkte in zahlreichen Spielfilmen mit, zum Beispiel in »Affäre Dreyfus« (Deutschland 1930) und in der Stalin-Verherrlichung made in Hollywood »Mission to Moscow« (1943). In erster Ehe war er mit der jüdischen Mimin Grete Mosheim verheiratet.

In einem Leitartikel vom 3. Juli 1938 bezeichnete das amerikanische Zionistenblatt »The American Hebrew« den englischen Politiker **Leslie Hore-Belisha** zusammen mit Stalins Außenminister Litwinow (Wallach-Finkelstein) und dem französischen Ministerpräsidenten Léon Blum als »einen der drei Söhne Israels, die sich vereinigen werden, um den tollen Nazidiktator zum Teufel zu schicken«. Hore-Belisha kam 1895 in London als Sproß einer jüdischen Familie aus Nordafrika zur Welt. 1923 zog er ins Londoner Unterhaus ein, von 1934 bis 1937 amtierte er als englischer Verkehrsminister, danach bis 1940, also in den entscheidenden Jahren, als Kriegsminister. Massiv drängte er darauf, die »Appeasement«-Politik gegenüber Deutschland zu beenden und Hitler hart und kompromißlos entgegenzutreten. 1945 wurde Hore-Belisha Sozialversicherungsminister. Er starb 1957 in Reims.

»Max Horkheimer war out, da ziemlicher Antikommunist und Renegat«, schreibt Ex-Apo-Aktivist Gerd Koenen in seinem Buch »Die großen Gesänge« über den Sinneswandel bei den »68ern«: Weil sich Horkheimer im Alter zunehmend von marxistischer Heilserwartung distanzierte und schließlich fast wie ein Wertekonservativer auftrat, stürzten sie ihr einstiges Idol vom Sockel. Horkheimer war 1895 in Stuttgart-Zuffenhausen als Sohn eines jüdischen Textilfabrikanten zur Welt gekommen. Ab 1930 war er Professor der »Marxburg«, des Instituts für Sozialforschung in Frankfurt am Main. Er war ein Gründervater der neomarxistischen »Frankfurter Schule«. 1934 kam er über die Schweiz nach Amerika, wo er in New York am Institute for Social Research wirkte, die US-Staatsbürgerschaft annahm und 1943 als Direktor in die Dienste des American Jewish Committee trat. »In seiner Philosophie trat nun immer deutlicher ein Zug zur jüdischen Theologie zutage« (Munzinger-Archiv). 1949 kehrte er nach Deutschland zurück. Er leitete die wiedergegründete »Marxburg«. Als er 1973 in Nürnberg starb, war er für die sogenannte Neue Linke nur noch ein »sklerotischer alter Sack« (Szenewort).

Neben C. Stumpf gilt **Erich Moritz von Hornbostel** (geboren 1877 in Wien, gestorben 1935 in Cambridge/England) als Begründer der Musikethnologie, also der volksbezogenen Musikforschung. Seine Mutter war die jüdische Sängerin Helene Magnus. 1906 unternahm Hornbostel eine ausgedehnte Reise nach Amerika, um die Musik eingeborener Indianer zu studieren. Mit Curt Sachs verfaßte er eine »Systematik der Musikinstrumente«. Mit seinen Forschungen über das Richtungshören war er auch ein Wegbahner der Stereophonie. Im Ersten Weltkrieg arbeitete er für die deutsche Kriegswirtschaft an der Entwicklung von Detektoren zum Aufspüren feindlicher U-Boote. 1933 ging er in die USA, wo er an der New School for Social Resarch lehrte. Ein Jahr später folgte er einem Ruf der Universität Cambridge.

Als Vorkämpfer der hauptsächlich von jüdischen Politikern und Wirtschaftswissenschaftlern betriebenen »New Deal«-Politik des Präsidenten Franklin Delano Roosevelt trat **Henry Horner** in Erscheinung. Auch gehörte er zum Beraterstab Roosevelts. Horner, geboren 1878 in Chikago, wurde 1914 Richter für Erbsachen in seiner Geburtsstadt. Von 1933 bis zu seinem Tode (1940 in Chikago) war er demokratischer Gouverneur des Staates Illinois.

Der Jurist **Willy Hornstein**, geboren 1893 in Kassel, wirkte in Weimarer Zeit als Regierungsrat beim Finanzamt in Braunschweig und in Dortmund. 1933 erfolgte die Entlassung aus rassischen Gründen. 1939 emigrierte er nach England, wo er im Intelligence Corps gegen Deutschland arbeitete. 1950 kehrte er zurück. Schon ein Jahr später war er Regierungsdirektor am Finanzgericht Hannover. 1954 stieg er zum Finanzgerichtspräsidenten und 1956 zum Richter am Bundesfinanzhof München auf. Er starb 1974 in München.

Zu den weltbekannten jüdischen Klavierspielern gehörte **Wladimir Samojlowitsch Horowitz**. Er war Jahrgang 1904 und stammte aus dem ukrainischen Berditschew. Ab 1924 ging er auf Tournee, wobei er die meiste Anerkennung in Deutschland fand. 1928 trat er erstmals in den USA auf, deren Staatsbürgerschaft er 1944 annahm. 1933 heiratete er Wanda Toscanini, die Tochter des Dirigenten Arturo Toscanini, der ihn in Amerika förderte. Horowitz starb 1989 in New York. Er widmete sich als Pianist vor allem der Werke Schumanns, Liszts, Tschaikowskys, Rachmaninows und Prokowjews.

Der Schauspieler, Regisseur und Theaterleiter **Kurt Horwitz**, geboren 1879 in Neuruppin, wirkte in den 20er Jahren an den Münchner Kammerspielen. 1933 emigrierte er in die Schweiz, wo er eng mit seinem jüdischen Kollegen Ernst Ginsberg zusammenarbeitete und von 1946 bis 1950 Direktor des Basler Stadttheaters war. Wieder in Deutschland, amtierte er von 1953 bis 1958 als Intendant des Bayerischen Staatsschauspiels. Er starb 1974 in München. Er

wurde u.a. mit dem Bayerischen Verdienstorden ausgezeichnet. Das DDR-»Theaterlexikon« schrieb über ihn: »Er war ein antifaschistischer und humanistischer Schauspieler sowie ein befähigter Theaterleiter, der dem bürgerlich-kapitalistischen Theaterapparat Äußerstes an politischer Kunst abverlangt hatte. Er galt als Entdecker von Autoren, Regisseuren und Schauspielern, als Autorität; Brecht bezeichnete ihn einmal als den ›richtigsten Mackie Messer‹, und Kortner fühlte sich ihm zu Dank verpflichtet.«

Als »zweites Ich« des US-Präsidenten Woodrow Wilson wurde **Edward Mandel House** bezeichnet. Er war über Jahrzehnte die graue Eminenz der amerikanischen Politik. House kam 1856 in Houston/Texas als Sohn eines Baumwollhändlers zur Welt. 1892 wurde er politischer Berater des Gouverneurs von Texas. Ab 1912 gehörte er Wilsons persönlichem Beraterstab an. In Zusammenarbeit mit jüdischen Großbankiers wie Warburg war er maßgeblich an der Schaffung des Federal Reserve Banksystems in den USA beteiligt. Die Finanzhoheit ging damit von der Volksvertretung, dem Kongreß, auf die Banken über. Fernau schreibt in seinem Buch zur Geschichte der USA, »Halleluja«, dieser Vorgang sei die »Machtübernahme der Hochfinanz« in Amerika gewesen. 1919 war House Mitbegründer der äußerst einflußreichen, insgeheim wirkenden Council on Foreign Relations (CFR), des »Politbüros des Kapitalismus«. Er hatte Wilson zum Eintritt in den Ersten Weltkrieg gedrängt, in dem sich die USA vom größten Schuldner zum größten Gläubiger der Welt verwandelten. In den 30er Jahren trat er als »Sponsor« und Freund F.D. Roosevelts in Erscheinung. Edward Mandel House starb 1938 in New York.

Eigentlich hieß der 1902 in Bukarest geborene und 1988 in Malibu/Kalifornien gestorbene Filmproduzent **John Houseman** mit Nachnamen Haussmann. Nach Einwanderung in die USA kam er als Mitbegründer des »Mercury Theater« mit Orson Welles zusammen; er produzierte dessen Film »Citizen Kane« (1941). Danach wurde Houseman Vizepräsident der Firma David O. Selznicks, und er wirkte beim Sender »Voice of America« in der Kriegspropaganda mit. Später war er als Produzent für Paramount, RKO und MGM tätig. Er förderte insbesondere die Regisseure Max Ophüls und Fritz Lang. Als Schauspieler debütierte er 1973 in »The Paper Chase«; er gewann auf Anhieb den »Oscar«. Er spielte auch in »Rollerball« von Norman Jewison und »Three Days of the Condor« von Sidney Pollack mit.

»Zerreiße die Mauern, die uns starr umgeben,/ Erwecke aufs neue den Willen zum Leben,/ Der tief in uns schlummert und doch nimmer wich!/ Deutschland, mein Deutschland, wir glauben an dich!« Diesen Flehruf richtete **Günther Freiherr von Hünefeld** »an den Allmächtigen« angesichts der deutschen Not nach dem verlorenen Ersten Weltkrieg. Der glühende Patriot war 1892 in Königsberg als Sohn eines preußischen Offiziers und dessen jüdischer Gattin zur Welt gekommen. Trotz schwerster Behinderungen von Geburt an meldete er sich 1914 als Kriegsfreiwilliger und wurde Melder an der Front. Dann trat er in den diplomatischen Dienst des Reiches. Später wirkte er als Pressechef des Norddeutschen Lloyd. Als der tollkühne (nichtjüdische) einstige Kriegsflieger Hermann Köhl 1928 zur ersten Nordatlantik-Überquerung in Ost-West-Richtung mit dem Flugzeug startete, war auch von Hünefeld mit an Bord, der zur Finanzierung des Fluges, der Deutschlands Ruhm mehren sollte, fast sein ganzes Vermögen geopfert hatte. Von schweren Krankheiten gemartert, verstarb der Freiherr 1929 nach der 13. Operation in einem Berliner Krankenhaus.

Zu den radikalsten antideutschen Einpeitschern in den USA in der Zeit des Zweiten Weltkrieges zählte der Psychiater **Wilfred Cohn Hulse**, der eigentlich W.C. Hülse hieß. Der 1900 im schlesischen Namslau geborene Arztsohn promovierte 1925 in Breslau und eröffnete 1928 eine Privatpraxis in Berlin. Er emigrierte 1933 und kam über Frankreich und Tunesien 1935 in die USA. Dort soll er zunächst Arzt bei der Heilsarmee gewesen sein. 1936 machte er eine Privatpraxis in New York auf. 1942 wurde er Präsident des »New World Club« (vormals: »German-Jewish Club«) und zählte fortan zu den Hauptmitarbeitern des vom Club herausgegebenen Blattes »Aufbau« (New York). Das »Internationale Biographische Handbuch der deutschsprachigen Emigration« schreibt: »Er vertrat die konsequente Amerikanisierung der deutschsprachigen Emigranten und harte Straf- und Kontrollmaßnahmen gegenüber Deutschland nach dem Sturz des Nationalsozialismus.« Ab 1943 war W.C. Hulse-Hülse US-Armeearzt, zuletzt im Range eines Majors. Nach dem Krieg war er wieder hauptsächlich als Psychiater in seiner eigenen Praxis und am Mount Sinai Hospital New York tätig. Er starb 1962 in New York.

Der Maler, Grafiker und Gestalter **Friedensreich Hundertwasser** kam 1928 in Wien zur Welt. Eigentlich heißt er Fritz Stowasser. Sein Vater war Beamter, die Mutter Jüdin. Ihre Familie hatte unter dem antisemitischen NS-Wahn schwer zu leiden. Hundertwasser, seit 1981 Professor an der Wiener Kunstakademie, hat unter anderem durch seine »Naturhäuser« Aufsehen erregt. Er lebt abwechselnd in Wien, auf seinem Bauernhof in der Normandie und - fünf Monate im Jahr - in Neuseeland, dessen Staatsangehörigkeit er zusätzlich angenommen hat. Mehrfach sprach er sich gegen modernistische Auswüchse in der Kunst aus. Er findet: »Die zeitgenössische Kunst ist eine intellektuelle Onanie geworden. Unsere Kunst wurde häßlich und leer, ohne Schönheit, ohne Gott, dumm und kalt und herzlos. Der avantgardistische Sklave der Kunstmafia trampelt in Ruinen herum. So wird die Kunst pervers. Dieses negative, das Leben verneinende Ruinengerümpel füllt nun unsere Museen, rostet, verstaubt und zerfällt. Dieses Horrorpanoptikum der zeitgenössischen Kunst wird von einer kleinen farben- und formenblinden Clique angebetet wie das Goldene Kalb und bestaunt wie des Kaisers neue Kleider. Nie war die Kunst so ohne Kunst, so künstlich, so entartet, so weit von der Natur und der Schöpfung entfernt wie heute.«

Jüdischer Herkunft war auch der französische General **Charles Léon Clément Huntziger** (geboren 1880 in Lesneven). Er diente ab 1934 als Oberbefehlshaber der französischen Kolonialtruppen in Syrien und 1939/40 als Chef der französischen Streitkräfte im Heimatland. Im September 1940 wurde er Kriegsminister der mit Deutschland zusammenarbeitenden Regierung Pétain, 1941 Oberbefehlshaber der Pétaintreuen Truppen in Nordafrika. Er kam 1941 bei einem Flugzeugabsturz um. Huntziger hatte im Juni 1940 die französische Delegation beim Abschluß des Waffenstillstandes mit den Deutschen in Compiègne geführt. Bei der Unterzeichnung des Kapitulationsdokumentes sagte er: »Es ist hart für einen Soldaten zu tun, was ich jetzt tun werde.« Darauf der deutsche Generaloberst Keitel : »Es ist ehrenvoll für einen Sieger, einen Besiegten zu ehren. Es drängt mich, der Tapferkeit der französischen Soldaten Tribut zu zollen. Ich bitte um eine Minute Schweigen zum Gedächtnis derer, die auf beiden Seiten ihr Blut für ihr Vaterland vergossen haben.«

Die jüdische Mutter des deutschen Vertriebenenpolitikers **Herbert Hupka**, eine geborene Rosenthal, überlebte das NS-Ghettolager Theresienstadt, in das man sie 1944 geschafft hatte. Sein Vater, ein Physikprofessor, kam infolge Internierung in einem britischen Lager des Ersten Weltkrieges ums Leben. Er sollte einen Lehrauftrag an der deutsch-chinesischen Hochschule Tsingtau wahrnehmen, wurde mit seiner Frau nach Kriegsausbruch von den Engländern gefangengenommen und in einem KZ auf Ceylon interniert. Dort wurde Herbert Hupka 1915 geboren. 1919 erst wurden die Hupkas freigelassen. Doch an Bord des Rückkehrerschiffes brach Lungenpest aus. Der Vater starb daran. Herbert Hupka wuchs in Ratibor, der oberschlesischen Heimat der Eltern, auf. Er machte 1934 Abitur und promovierte 1940 in Leipzig zum Dr.jur. Er diente in der Wehrmacht bis 1944 und war dann kriegsdienstverpflichtet. Nach Kriegsende wurde er von den Sowjets, dann von polnischer Miliz verhaftet und im Oktober 1945 aus Schlesien vertrieben. 1948 gehörte er zu den Gründern der Landsmannschaft Schlesien, deren Vorsitz er 1968 übernahm. Im Bundestag war er von 1969 bis 1987 zuerst SPD -, dann CDU-Vertreter. Von der christdemokratischen Führung wurde er wegen seines Festhaltens am deutschen Rechtsanspruch auf die Vertreibungsgebiete ähnlich »abserviert« wie zuvor von den Sozialdemokraten. Den Mechanismus der Extrembewältigung erklärt Hupka mit folgendem Wort: »Je größer Hitler erscheint und erhalten bleibt, um so leichter ist es, die Deutschen zur Buße zu zwingen und zur Anerkennung der Teilung zu bringen.«

Als Begründer der Phänomenologie gilt der Philosoph **Edmund Husserl**, der 1859 in Proßnitz/Mähren als Sproß einer Tuchhändlerfamilie zur Welt kam. Ab 1906 lehrte er als Professor in Göttingen, von 1916 bis 1933 in Freiburg im Breisgau. Sein Assistent und bedeutendster Schüler war Martin Hei-

Heidegger. Von 1913 bis 1930 gab Husserl, der 1887 von der jüdischen Religionsgemeinschaft zum Protestantismus konvertiert war, das »Jahrbuch für Philosophie und phänomenologische Forschung« heraus. 1936 erschien in Deutschland sein Alterswerk »Die Krisis der europäischen Wissenschaften und die transzendentale Phänomenologie«. Husserl starb 1938 in Freiburg im Breisgau.

Paul Hymans, einflußreicher Politiker in Belgien in den ersten Jahrzehnten des 20. Jahrhunderts, war Halbjude. Er hatte einen jüdischen Vater. Er kam 1865 in Brüssel zur Welt und starb 1941 in Nizza. Ab 1896 lehrte Hymans als Geschichtsprofessor an der Universität Brüssel. 1900 zog er für die Liberalen ins belgische Parlament ein. Von 1915 bis 1917 war er Gesandter Belgiens in London. Es war die Zeit, als sich eine Flut von Greuelmärchen über deutsche Untaten im besetzten Belgien (»abgehackte Kinderhände« usw.) über England und die ganze Welt ergoß. Von 1918 bis 1920 sowie 1924 bis 1935 amtierte Hymans als belgischer Außen- bzw. Justizminister. Brüssel erwog, den Deutschen das völkerrechtswidrig annektierte Gebiet von Eupen-Malmedy zurückzugeben, was die Weimarer Republik entscheidend stabilisiert hätte. Doch Paris legte sein Veto ein. 1920 war Hymans erster Präsident des Völkerbundes in Genf.

In den nach heutiger Sprachregelung faschistischen bzw. semifaschistischen Regimen Europas der 20er und 30er Jahre bekleideten Politiker jüdischer Herkunft zahlreiche höchste Ämter. Zu ihnen gehörte **Bela Imredy** in Ungarn. Er kam 1891 in Budapest zur Welt. Von 1932 bis 1935 amtierte er als ungarischer Finanzminister, anschließend als Präsident der Nationalbank und 1938/39 als Ministerpräsident unter dem prodeutschen Staatschef Horthy. Das »Lexikon des Judentums« berichtet: »Er war verantwortlich für die Einführung judenfeindlicher Gesetze in Ungarn und resignierte am 15. Februar 1939, da er zugeben mußte, daß einer seiner Urgroßväter (Georg Senger) und eine seiner Großmütter (Caroline Heller) Juden waren«. Auf Geheiß des von Moskau installierten kommunistischen Regimes wurde Imredy 1946 in Budapest nach einer Prozeßfarce hingerichtet, wie überhaupt die politische Führung Ungarns nahezu vollständig von den Siegern liquidiert wurde.

Aus jüdisch-französischer Offiziersfamilie stammte der Historiker **Jules Isaac** (geboren 1877 in Paris, gestorben 1963 in Aix-en-Provence). Von 1936 bis 1940 amtierte er als Generalschulinspektor in Frankreich; sein Geschichtsbuch war offizieller Leitfaden an allen Volksschulen. In der deutsch-französischen Schulbuchkonferenz von 1935 war man übereingekommen, die Schulbücher vom Ballast des alten Erbfeindschaftsdenkens zu befreien. Nach der deutschen Besetzung Frankreichs schloß sich Isaac der Résistance an. Nach 1945 profilierte er sich als Historiker des Antisemitismus. 1957 erschien seine »Genesis des Antisemitismus«. Er hatte Anteil an der Wandlung offizieller Stellungnahmen des Vatikans zum Judentum. Das »Lexikon des Judentums« schreibt: »Seine Persönlichkeit und sein Werk waren einflußreiche Faktoren für die Beschlüsse des Vatikanischen Konzils 1964/65.«

Als Generalgouverneur von Australien im Dienste der britischen Krone von 1931 bis 1936 hielt **Isaac Alfred Isaacs** die politischen Fäden auf dem Fünften Kontinent fest in seiner Hand. Er war 1855 in Melbourne als Sohn eines aus England kommenden mittellosen Schneiders geboren worden. Er studierte Rechtswissenschaft und ließ sich als Anwalt nieder. 1906 wurde er Mitglied, 1930 Präsident des Obersten Gerichtshofes Australiens. Isaacs mußte sich harsche zionistische Kritik gefallenlassen; man kreidete ihm an, er setze sich nicht energisch genug für die Schaffung eines Staates Israel in Palästina ein. Isaacs starb 1948 in Melbourne.

Der Bildhauer **Kurt Harald Isenstein** (geboren 1898 in Hannover, gestorben 1980 in Kopenhagen), Schüler von Hugo Lederer, schuf in Weimarer Zeit Büsten zahlreicher bekannter Juden, z.B. von Ernst Cassirer, Alfred Döblin, Albert Einstein, Magnus Hirschfeld, Ernst Toller, Fritz Kortner. Aber auch die Reichspräsidenten Ebert und Hindenburg wurden von ihm porträtiert. 1933 ging er nach Kopenhagen, wo er eine Skulptur von Niels Bohr, dem nachmaligen Vater der Atombombe, fertigte. Auf dem Reichssportfeld in Berlin schuf er für die Olympischen Spiele 1936 eine Büste Wilhelm Dörpfelds, des berühmten deutschen Archäologen und Ausgräbers Olympias. 1943 ging Isenstein nach Schweden. Von ihm stammen auch das Heinrich-Heine-Denkmal in Cleveland, das Grabmal für Th.Th. Heine in Stockholm, Denkmale auf jüdischen Friedhöfen in Drontheim und Oslo sowie der Entwurf der deutschen Briefmarke zu Ehren von Heinrich Hertz (1958).

J

Wie der jüdische Publizist Amos Elon in seinem Buch »Die Israelis - Gründer und Söhne« berichtet, war **Wladimir Zeev Jabotinsky** »ein Extremist des rechten Flügels«, der »die Eroberung Palästinas durch das Schwert predigte« und auf die Frage nach dem Schicksal der arabischen Palästinenser mit der ironischen Gegenfrage geantwortet habe, ob sich auch während der Kolonisation Amerikas oder Australiens jemand die Mühe gemacht habe, die Eingeborenen um Erlaubnis zu fragen. Jabotinsky, Jahrgang 1880, stammte aus Odessa. Er gründete dort 1903 eine militante zionistische Gruppe. Im Ersten Weltkrieg gehörte er zu den Schöpfern der an der Palästinafront gegen die Türken kämpfenden Jüdischen Legion. Ab 1920 war er Organisator der zionistischen Untergrundarmee Haganah in Palästina. In Berlin schuf er die Zionisten-Revisionisten und die militante Beitar-Bewegung; in Wien wurde er 1935 Präsident der »Neuen Zionistischen Organisation«. Anschließend schuf er in London den Vorläufer der späteren Terrorgruppe Irgun. Er starb 1940 in Camp Bethar bei Hunter im US-Bundesstaat New York. Seine Überreste wurden 1964 feierlich nach Israel gebracht. Wie Arno Lustiger in seinem Buch »Zum Kampf auf Leben und Tod« schreibt, sind die Anhänger Jabotinskys von anderen jüdischen Untergrundkämpfern in Polen im Zweiten Weltkrieg als Faschisten beschimpft und aus der vereinten Widerstandsorganisation ausgesperrt worden. Die meisten jüdischen Reserveoffiziere der polnischen Armee seien Anhänger Jabotinskys gewesen.

Zur stattlichen Reihe führender jüdischer Erbgutforscher gehört der Genetiker **François Jacob**. Er kam 1920 in Nancy zur Welt und soll im Zweiten Weltkrieg bei den Maquisards in Frankreich tätig gewesen sein, den Untergrundkämpfern gegen die deutsche Besatzungsmacht. 1960 wurde Jacob Leiter der Abteilung Mikrobengenetik am Pasteur-Institut in Paris, 1964 dort Professor. 1965 erhielt er mit Lwoff und Monod den Medizin-Nobelpreis für seine Vererbungsforschung.

Zu einem der mächtigsten Getreidehändler Deutschlands in Weimarer Zeit stieg
Johann Jacob aus dem hessischen Metten-
heim (Jahrgang 1865) auf. Sein Vater betrieb
eine Mühle. Johann Jacobs Aufstieg begann,
als er sich als Getreidehändler in Worms
und Mannheim (1902) etablierte. Er erwarb
Malzfabriken und ab 1917 Brauereien; zugleich betätigte er sich im Hopfenhandel. Er
dehnte seine Aktivitäten auch auf Übersee
aus. Schließlich kontrollierte er rund 20 Prozent des deutschen Getreidehandels. Er gehörte dem Aufsichtsrat der Dresdner Bank
und von fünfzehn Brauereien an. Nach der
NS-Machtübernahme mußte er seine Unternehmen verkaufen. 1939 ging er in die
Schweiz, 1940 nach Argentinien, wo er 1946
starb.

1944 wurde der Dichter und Maler **Max
Jacob** als fast 70jähriger von der Gestapo in
Drancy nahe Paris unter dem Vorwurf, mit
Partisanen in Verbindung zu stehen, verhaftet. Er zog sich eine Lungenentzündung zu,
die zum Tode im Gefängnis führte. Schäbig
benahm sich Picasso. Seine Biographin Ari-
anna Stassinopoulos schreibt in ihrem 1988
erschienenen Werk »Genie und Gewalt«,
der »Widerstandskämpfer Picasso« sei ein
Mythos; tatsächlich habe der Maler ausgezeichnete Beziehungen zu den deutschen
Besatzern unterhalten und sich aus Feigheit
geweigert, ein gutes Wort für den inhaftierten Freund Jacob einzulegen. Jacob war
1876 in Quimper/Bretagne zur Welt gekommen. Er gilt als »Vater der surrealistischen
Lyrik«. Er trat 1919 vom jüdischen zum katholischen Glauben über. Fünf Jahre später
erschienen seine »Visions Infernales«, eines
seiner Hauptwerke.

Erwin Jacobi (geboren 1884 in Zittau,
gestorben 1965 in Leipzig) war in den 20er
Jahren Rechtsprofessor an der Leipziger
Universität. 1933 wurde er wegen seiner jüdischen Herkunft entlassen. Von 1945 bis

1958 wirkte er als Professor mit Lehrstuhl
für Staatsrecht, Verwaltungsrecht, Arbeits-
recht und Kirchenrecht an der Leipziger
Karl-Marx-Universität, wo er 1947/48 auch
Rektor war. 1948/49 gehörte er dem »Ver-
fassungsausschuß Deutscher Volksrat« an.
Von den DDR-Diktatoren wurde er u.a. mit
dem »Vaterländischen Verdienstorden« in
Silber dekoriert.

Der Jurist und Politiker **Sam Jacobs**,
lange Jahre einer der mächtigsten Juden in
Nordamerika, hieß eigentlich Samuel Wolf.
Er kam 1871 in Lancaster/Ontario zur Welt.
Ab 1897 war er Mitherausgeber der »Jewish
Times«, der ersten jüdischen Zeitung in Kanada. 1917 zog er als erster Jude in das kanadische Bundesparlament ein. Er setzte sich
insbesondere für großzügigere Aufnahme
jüdischer Einwanderer ein. Von 1934 bis zu
seinem Tode (1938 in Montreal) stand er
dem Kanadischen Jüdischen Kongreß als
Präsident vor. Der Schnapsbrenner Samuel
Bronfman folgte ihm in diesem Amt.

Das Linksorgan »Die Weltbühne« wurde 1905 von dem Berliner Theaterkritiker
Siegfried Jacobsohn unter dem Titel »Die
Schaubühne. Wochenschrift für die gesamten Interessen des Theaters« unter Mithilfe
Hugo von Hofmannsthals gegründet. 1918
benannte Jacobsohn, der 1881 in Berlin geboren worden war, die Zeitung in »Die
Weltbühne« um und politisierte sie. Sie erreichte in seinem Todesjahr 1926 (er starb in
der Reichshauptstadt) zwar nur eine Auflage von 12 000 Stück, hatte aber doch maßgeblichen meinungsbildenden Einfluß auf
die Linksbourgeoisie der Weimarer Republik. Weil die »Weltbühne« über geheime
Aufrüstung der Reichswehr berichtet hatte
(diese Aufrüstung war ein Versuch der sozialdemokratisch bzw. bürgerlich geführten
Weimarer Regierungen, die Fesseln des Versailler Diktats zu lockern), wurde gegen Jacobsohn 1926 Anklage wegen Landesverrats erhoben. Seine Nachfolge in der Lei-

tung der »Weltbühne« traten Ossietzky und Tucholsky an.

Die Nürnberger Prozesse gegen die Führung der besiegten Deutschen waren nicht nur eine Erfindung von Juden, wie Nahum Goldmann schreibt. Auch deren Vorbereitung und Durchführung lag in weiten Bereichen in jüdischen Händen. Mit von der Partie war u.a. der Jurist **Gerhard Jacoby**. Er war 1891 in Berlin als Sohn eines der größten Schrotthändler Deutschlands, Oscar Jacoby (1860-1922), geboren worden. Gerhard Jacoby unterhielt mit Wenzel Goldbaum eine Rechtsanwaltskanzlei in Berlin und war Syndikus des S. Fischer-Verlages, zugleich Mitgründer und Syndikus der »Gema« (Genossenschaft zur Verwertung musikalischer Aufführungsrechte). 1935 emigrierte er nach Palästina, 1937 in die USA. Von 1939 bis zu seinem Tode (1960 in New York) war er führend im Jüdischen Weltkongreß tätig, vor allem als Deutschland-Beauftragter. Er war nicht nur an der Vorbereitung des Nürnberger Tribunals beteiligt, sondern gehörte auch zu den Gründern des Zentralrats der Juden in Deutschland. Ab 1949 vertrat er den Jüdischen Weltkongreß bei der Unesco.

Wolfgang Jaenicke war halbjüdisch; seine Mutter entstammte einer jüdischen Arztfamilie in Breslau, wo er 1881 zur Welt kam. 1913 wirkte er als Bürgermeister von Elbing, danach als Oberbürgermeister von Zeitz, 1919 wurde er Regierungspräsident von Breslau sowie Reichs- und Staatskommissar für die an Polen zwangsweise abzutretenden schlesischen und Posener Gebiete. 1930 bis 1933 wirkte er als Regierungspräsident von Potsdam und als Chef der Verwaltung aller Reichs- und Wasserstraßen zwischen Elbe und Oder. Von 1930 bis 1932 gehörte er als Abgeordneter der Staatspartei dem Deutschen Reichstag an. Von 1933 bis 1935 war er vom Völkerbund entsandter Be-

rater der chinesischen Nationalregierung (Marschall Tschiang Kai-schek) in Nanking. Nach seiner Rückkehr wurde Jaenicke 1937 Mitarbeiter der Militärgeschichtlichen Forschungsstelle beim deutschen Generalstab in Berlin. Er verfaßte in dieser Funktion das Buch »Das Ringen um die Macht im Fernen Osten«. 1945 bis 1950 amtierte er als Staatssekretär für Flüchtlingswesen in Bayern. In den 50er Jahren war er bundesdeutscher Botschafter in Pakistan und beim Vatikan. Er starb 1968 in Lenggries.

Edgar Jaffé war einer von mehreren jüdischen Ministern (Finanzen), die 1918 der Regierung des ebenfalls jüdischen Semikommunisten Kurt Eisner in Bayern angehörten. Er trat noch vor Ausrufung der Räterepublik zurück, verließ Bayern zeitweise und starb 1921 in München. Jaffé, geboren 1866 in Hamburg, hatte sich ab 1888 als Teilhaber einer von seinem Vater gegründeten Textilexportfirma in Manchester betätigt. Wieder in Deutschland, wurde er Volkswirt, gab ab 1904 das »Archiv für Sozialwissenschaften und Sozialpolitik« heraus, wurde 1910 Professor an der Handelshochschule München und wirkte ab 1914 als Finanzberater beim deutschen Generalgouverneur Belgiens in Brüssel. Ab 1916 gab er die »Europäische Staats- und Wirtschaftszeitung« heraus.

Eine beachtliche Karriere machte **Otto Jaffe**. 1846 kam er als Sproß einer jüdischen Familie in Hamburg zur Welt. Die Sippe zog nach England, dann nach Irland weiter. 1899 und 1904 wurde Jaffe zum Bürgermeister von Belfast gewählt. Die britische Krone adelte ihn im Jahre 1900. Sir Otto war auch Präsident der jüdischen Gemeinde in Belfast. Er starb 1929 in London.

Genrich Georgijewitsch Jagoda, geboren 1891 in Lodz, war einer der brutalsten bolschewistischen Führer und über Jahre der eigentliche Kopf des Massenterrors in der Sowjetunion. 1918 wurde er Kommandeur der Roten Armee. 1920 gelangte er als Vertrauter Stalins ins Präsidium der Geheimpolizei Tscheka. Von 1924 bis 1934 wirkte Jagoda als stellvertretender Vorsitzender der GPU, Stalins Terrorgeheimdienst. 1930 wurde er Chef des Systems der Zwangsarbeitslager (Archipel Gulag). Auch als Volkskommissar des Innern von 1934 bis 1936 trug er Verantwortung für den Tod von Millionen. 1938, beim dritten Moskauer Schauprozeß, wurde er angeklagt und zum Tode verurteilt. Die Hinrichtung erfolgte am 15. März 1938 in Moskau.

Der britische Oberrabbiner **Immanuel Jakobovits** verurteilt die hemmungslose Vermarktung der jüdischen Leiden der NS-Zeit. Für den Holocaust, so klagt er an, gebe es heute »einen ganzen Industriezweig mit großen Profiten für Autoren, Forscher, Museenplaner und Politiker«. Manche Rabbiner und Theologen seien »Partner in diesem Big Business«. Jakobovits kam 1921 in Königsberg/Pr. zur Welt. Sein Vater war bis 1938 Rabbiner in Berlin und Dajan (Vorsitzender) des dortigen rabbinischen Gerichts (1945-47 Dajan in London). Sohn Immanuel besuchte bis 1936 die jüdische Adass-Jisroel-Schule in der Reichshauptstadt und ging dann in die britische Emigration. 1940 kam er auf der Insel Man ins Internierungslager. Von 1949 bis 1958 war er Oberrabbiner in Irland, dann an der Fifth Avenue Synagoge zu New York tätig. 1967 wurde er »Chief Rabbi of the United Hebrew Congregations of the British Commonwealth of Nations« und damit Oberhaupt rund eines Viertels der Weltjudenheit. Die Queen erhob ihn in den Ritterstand. Eine Hauptsorge Sir Immanuels ist die »Gefahr von Mischehen«. Er schrieb »Order of Jewish Marriage« (1950) und »Jewish Identity« (1971).

Die kommunistische Sängerin und Tänzerin **Lin Jaldati**, geboren 1912 in Amsterdam, trat in den 30er Jahren in Amsterdam und Paris beim Ballett auf. In den Reihen der niederländischen KP kämpfte sie für Hollands Stalinisierung. 1944 wurde sie von den deutschen Besatzern verhaftet und ins KZ Bergen-Belsen gebracht. Sie überlebte auch Auschwitz. Nach Kriegsende trat sie hauptsächlich mit jüdischen Volksliedern und mit kommunistischer Propaganda in Erscheinung. Sie schloß sich der SED an und wirkte als Mitglied der kommunistischen Agitprop-Organisation »Komitee für Menschenrechte«. 1960 erhielt sie vom Diktator Ulbricht den DDR-Kunstpreis. Zweimal (1976 und 1983) überreichte ihr Honekker den »Vaterländischen Verdienstorden« in Gold.

Gründer des Berliner »Kaufhaus des Westens« (KadeWe) war der jüdische Unternehmer **Adolf Jandorf** (geboren 1870 in Hengstfeld/Württemberg, gestorben 1932 in Berlin). 1892 eröffnete er in Berlin die Firma A. Jandorf & Co., aus der sich ein Warenhaus-Konzern entwickelte, zu dem auch das KadeWe gehörte. Jandorf beschäftigte mehr als 3000 Mitarbeiter. 1926, inzwischen zum Kommerzienrat ernannt, verkaufte er seinen Konzern an die gleichfalls jüdisch geführte Hermann Tietz AG (nachmals »Hertie«).

Sowohl als Politiker wie auch als führender jüdischer Funktionär hatte **Barnett Janner** immensen Einfluß in England. Er kam 1892 in London zur Welt. Von 1931 bis 1935 saß er für die Liberal Party im Unterhaus, nach 1945 vertrat er im Parlament die Labour-Partei. Banner wirkte als Präsident der Zionistischen Vereinigung in England und war von 1955 bis 1964 als Präsident des »Board of Deputies of British Jews« der oberste Sachwalter der jüdischen Interessen im Empire. Die Queen erklärte ihn zum Ritter.

Dem Kreis um Franz Kafka und Max Brod (Prager Expressionisten) entsproß der Literat **Hans Janowitz** (geboren 1890 in Podiebrad/Böhmen, gestorben 1954 in New York). Mit C. Mayer verfaßte er das Drehbuch für den Film »Das Kabinett des Dr. Caligari«, der 1920 entstand und als »Klassiker des Leinwandexpressionismus« gilt. Vor Hitler flüchtete Janowitz nach Amerika. Er starb 1954 in New York. Weitere Werke aus seiner Feder waren »Asphaltballaden« (1923) und »Phantasien in New York« (1948).

Als Abgeordneter, Generalstaatsanwalt, Senator und Israel-Lobbyist nahm **Jacob Koppel Javits** über Jahrzehnte maßgeblichen Einfluß auf die US-amerikanische Politik. Der Sohn aus Osteuropa stammender Einwanderer kam 1904 in New York zur Welt. Von 1947 bis 1954 war er republikanischer Abgeordneter im Kongreß, von 1954 bis 1956 wirkte er als Generalstaatsanwalt des Staates New York, und ab 1957 amtierte er als »erster jüdisch geborener Senator der Moderne in Washington« (Thorwald, »Das Gewürz«). Er bekleidete Schlüsselstellungen in mehreren Senatsausschüssen. Aktiv betätigte sich Javits im jüdischen öffentlichen Leben. Er gehörte in führender Position der Amerikanisch-Israelischen Kulturstiftung an und war Logenbruder des B'nai B'rith-Bundes.

Über den katholisch getauften ungarischen Volkswirtschaftler und Unternehmer jüdischer Herkunft **Henrik Jellinek** (geboren 1853 in Budapest, gestorben 1919 dortselbst) weiß das »Lexikon des Judentums«: »Er finanzierte die antisemitische Wochenschrift (später Tageszeitung) ›Uj Nemzedek‹ (Neue Generation).« Sein Vater war der Revolutionär, Getreidehändler und Mitbegründer der Budapester Börse, Moricz Jellinek; sein Onkel erreichte im Judentum

als Oberrabiner von Wien und Leipzig besondere Bedeutung.

Als einer der bedeutendsten Verwaltungsrechtler Deutschlands wird der Jurist **Walter Jellinek** angesehen. Er kam 1885 in Wien als Sohn des Staatsrechtlers Georg Jellinek zur Welt, wurde 1911 Professor in Kiel und wirkte von 1929 bis 1935 an der Universität Heidelberg. Von 1935 bis 1945 war er zwangsemeritiert, aber er blieb im Reich. Nach 1945 erhielt er wieder seinen Heidelberger Lehrstuhl. Sein Lehrbuch über Verwaltungsrecht von 1928 (neu erschienen 1966) gilt als juristisches Standardwerk. Walter Jellinek starb 1955 in Hamburg. Sein Großvater Adolph (eigentlich Aaron) Jellinek war Oberrabiner in Wien und Leipzig und galt als einer der bedeutendsten Talmud- und Kabbala-Forscher.

Die bekanntesten Operetten des jüdischen Komponisten **Leon Jessel** sind »Die beiden Husaren« (1913) und »Schwarzwaldmädel« (1917). Der Tonsetzer kam 1871 in Stettin zur Welt. Er war Kapellmeister an den Theatern in Bielefeld, Kiel, Stettin, Chemnitz und Lübeck. Mit seiner »Parade der Zinnsoldaten« errang er 1912 den ersten größeren Erfolg. Er schloß sich dem deutschnationalen »Kampfbund für die Erneuerung des Deutschtums« an. Seine Werke standen auch nach der NS-Machtübernahme auf den Spielplänen. Aufgrund einer Denunziation war er im Krieg einige Zeit in Haft. Er wurde freigelassen und starb 1942 in Berlin im Jüdischen Krankenhaus.

Wie die beiden jüdischen Theaterbosse Brahm und Reinhardt hatte auch **Leopold Jessner** (geboren 1878 in Königsberg/Pr., gestorben 1945 in Hollywood) entscheidenden Einfluß auf die deutsche Kulturszene der ersten Jahrzehnte des 20. Jahrhunderts. 1904 wurde er Regisseur, später Intendant des Thalia-Theaters Hamburg. Von 1915 bis 1919 wirkte er als Direktor des Königsber-

Victor HOLLAENDER

Wladimir HOROWITZ

Friedensreich
HUNDERTWASSER

Herbert HUPKA

Edmund HUSSERL

Wladimir JABOTINSKY

Siegfried JACOBSOHN

Leopold JESSNER

Leo JOGICHES

ger Neuen Schauspielhauses. Von 1919 bis 1930 war er Intendant des Preußischen Staatstheaters Berlin, 1928 bis 1930 Generalintendant der Staatlichen Schauspiele in der Reichshauptstadt. Außerdem war er Chef der Berliner Schauspielschule. Man sieht in ihm einen Vorkämpfer des Expressionismus; politisch war er ein Sozialdemokrat des linken Flügels. Er gehörte dem Vorstand des Centralvereins deutscher Staatsbürger jüdischen Glaubens an. 1933 ging er in die Niederlande, 1935 nach Palästina, 1937 in die USA. Dort arbeitete er zeitweise als Lektor bei MGM. 1940 wurde er Präsident des »Jewish Club of 1933« (Los Angeles).

Der Regisseur und Produzent **Norman Jewison** zählt zu den erfolgreichsten Juden Hollywoods. Er kam 1926 in Toronto/Kanada zur Welt und startete seine Karriere bei BBC London. 1953 wurde er Direktor der TV-Gesellschaft CBC, 1958 bei CBS. 1962 gab er sein Regiedebüt. Zu seinen bekanntesten Streifen zählen der Kriminalfilm »Thomas Crown ist nicht zu fassen«, ein »antirassistischer Thriller« mit dem Titel »In der Hitze der Nacht«, die Verfilmung des jüdischen Musicals »Anatevka« und von »Jesus Christ Superstar«.

Joseph Joanovici, der 1903 in Bessarabien geboren wurde und 1965 in Paris starb, wird im »Lexikon des Judentums« als »eine der eigenartigsten Figuren der Nazizeit« bezeichnet. Das jüdische Nachschlagewerk berichtet wie folgt über ihn: »Er brachte es vom Lumpensammler zum Multimillionär; half der französischen Untergrundbewegung unter Einsatz seiner Person mit seinem Vermögen und seinen Beziehungen zur Unterwelt (Waffen- und Menschenschmuggel); gleichzeitig rettete er sich und seine Familie durch Bestechung von Nazi- und Vichybeamten vor dem KZ; 1949 als Kollaborateur verurteilt, 1951 begnadigt, 1957 von Israel (wohin er geflohen war) wegen Betruges an

Frankreich ausgeliefert, 1962 aus dem Gefängnis entlassen; starb in Armut.«

Curt Joël, geboren 1865 in einer jüdischen Familie im schlesischen Greiffenberg, wurde der konservativen Rechten zugeordnet. Er war die wohl wichtigste Persönlichkeit des Weimarer Justizwesens. Im Ersten Weltkrieg hatte er als Hauptmann und Sektionschef der deutschen Spionageabwehr in Belgien gedient. Seit 1908 im Dienste des Reichsjustizministeriums stehend, amtierte er von 1920 bis 1931 als Justiz-Staatssekretär und 1931/32 als Reichsjustizminister. Sein Einfluß auf die Ernennung der Reichsanwälte und der Mitglieder des Reichsgerichts war dominierend. Über die innere Einstellung des »Kronjuristen der Weimarer Republik« heißt es, er sei im Herzen Monarchist geblieben. Im »Biographischen Lexikon zur Weimarer Republik« steht, er habe als Reichsjustizminister nicht nur Zurückhaltung im Kampf gegen die NSDAP gezeigt, sondern sogar einen solchen entschlossenen Kampf verhindert. Joël blieb im Dritten Reich unbehelligt. Er starb 1945 in Berlin kurz vor der Einnahme der Reichshauptstadt durch die Rote Armee.

Abraham Fjodorowitsch Joffe (geboren 1880 in Romny/Ukraine, gestorben 1960 in Leningrad) gehörte über Jahrzehnte zu den prominentesten Forschern in der Sowjetunion. Er war bei Röntgen in die Lehre gegangen. Ab 1918 wirkte er als Professor, bis 1951 als Direktor zunächst des Physikalisch-Technischen Instituts, danach des Instituts für Halbleiter der Akademie der Wissenschaften der UdSSR in Leningrad. Er wird als einer der Pioniere der Halbleiterphysik bezeichnet (»Joffe-Effekt«, 1924). Er erhielt die höchste Auszeichnung der Sowjetunion, den Stalinpreis.

Adolf Abramowitsch Joffe, einer der zahlreichen führenden Bolschewisten jüdischer Herkunft, fiel dem Machtkampf zwischen Stalin (Dschugaschwili) und Trotzki (Bronstein) zum Opfer. Als Sympathisant der Trotzki-Richtung nahm er sich 1927 in Moskau das Leben, bevor Stalins Genickschußkommandos ihm ein Ende bereiten konnten. Joffe war 1883 in Simferopol zur Welt gekommen. 1918 gehörte er der sowjetrussischen Delegation bei den Friedensverhandlungen mit den Deutschen in Brest-Litowsk an. Im selben Jahr wurde er Sowjetbotschafter in Berlin. 1922 war er Delegierter der UdSSR bei der Konferenz von Genua, in deren Verlauf es zum deutsch-sowjetrussischen Vertrag von Rapallo kam. 1923 wirkte Joffe als Botschafter in China, 1924 in Wien.

Selig Aronowitsch Joffe starb 1980 in Moskau als Träger u.a. des Lenin-Ordens, des Rotbanner-Ordens, des Ordens des Großen Vaterländischen Krieges und des Ordens vom Roten Stern. Die »Krasnaja Swjesda«, das Armeeorgan der Sowjets, widmete dem General der Roten Armee im Ruhestand einen ehrenvollen Nachruf. Er war 1902 geboren worden und hatte sich im Bürgerkrieg 1918 freiwillig zu den Roten gemeldet. Im Spanischen Bürgerkrieg war er in Stalins Auftrag Chef der technischen Dienste der republikanischen Luftwaffe. Der jüdische Publizist Lustiger schreibt in seinem Buch »Schalom Libertad« (über Juden im Spanischen Bürgerkrieg): »Joffe baute über 50 neue Militärflughäfen, zahlreiche Montagefabriken für sowjetische Flugzeuge, schulte das technische Bodenpersonal und überwachte die technische Infrastruktur, die erforderlich ist, um Hunderte von Flugzeugen operationsfähig zu halten.« Im Zweiten Weltkrieg kämpften Joffes Luftwaffenverbände u.a. an der Front bei Leningrad und Stalingrad. Nach 1945 wirkte er im Verteidigungsministerium, an der Kriegsakademie und an der Akademie der Luftwaffe.

In den Märzkämpfen 1919 in Berlin ging es **Leo Jogiches**, dem neben Rosa Luxemburg und Karl Liebknecht führenden kommunistischen Umstürzler in Deutschland, darum, die junge Weimarer Republik in einen Sowjetstaat nach Moskauer Muster umzuwandeln. Er wurde verhaftet und kam im Untersuchungsgefängnis Berlin-Moabit ums Leben. Jogiches war 1867 in Wilna geboren worden. Als Umstürzler in Rußland zu vier Jahren Haft verurteilt, flüchtete er 1890 in die Schweiz, wo er die mit ihm befreundete Luxemburg traf. 1897 tauchte Jogiches in Deutschland auf; er schloß sich der SPD an. 1916, nach der Verhaftung Liebknechts und Luxemburgs, war er Führer des »Spartakusbundes«. Nach Ende des Ersten Weltkrieges gehörte er zur Gründungsriege der KPD.

Reichlich überzogen heißt es zum Sänger und Schauspieler **Al Jolson**, der eigentlich Joseph Rosenblatt (nach anderen Angaben Asa Joelson) hieß: »Durch ihn wurde der Tonfilm zur Kunstform.« Das ist eine Anspielung auf seine Mitwirkung in dem Streifen »The Jazz Singer«, wo er einen jüdischen Gesang (Kol Nidre) vortrug. Jolson-Rosenblatt war 1856 in Washington D.C. zur Welt gekommen. Sein Vater war Kantor in der Synagoge. 1899 debütierte Jolson in der New Yorker Aufführung von Israel Zangwills »Kinder des Ghettos«. In zwei apologetischen Hollyoodfilmen, »The Jolson Story«(1946) und »Jolson Sings Again« (1949), wurde sein Leben dargestellt. Er starb 1950 in San Franzisko.

Als »Kundschafter im Niemandsland der Ethik« (Zitat aus der offiziellen Verleihungsurkunde) wurde 1987 der Philosoph **Hans Jonas** mit dem Friedenspreis des Deutschen Buchhandels ausgezeichnet. Er war 1903 in Mönchengladbach zur Welt gekommen, studierte bei Husserl, promovierte bei Heidegger und emigrierte 1933 über

England nach Palästina. Er lehrte ab 1938 an der Hebräischen Universität Jerusalem. Im Krieg wirkte er für die alliierte Propaganda. 1948/49 war er Offizier der zionistischen Haganah-Armee. Dann emigrierte er nach Kanada, wo er an der Universität Ottawa lehrte. Von 1955 bis 1976 war er an der New York School for Social Research tätig. 1987 erschien sein Grundlagenwerk »Der Gottesbegriff nach Auschwitz«.

Der niederländische Historiker **Louis de Jong** ist jüdischer Herkunft und wurde 1914 in Amsterdam geboren. Nach 1945 avancierte er zum Oberhaupt der Zeitgeschichtsschreibung in Holland. Über Jahrzehnte führte er das staatliche »Reichsinstitut für Kriegsdokumentation«. Aus seiner Feder stammen zahlreiche Werke mit stark antideutschen Tendenzen. So übersetzte er beispielsweise die auf einem Kriegsfoto erkennbare Parole antisemitischer Dummköpfe »Wir fahren nach Polen, um Juden zu versohlen« wie folgt: »Deutsche Soldaten auf dem Weg nach Polen, um aus Juden Sohlenleder zu machen« (»om van den Joden zoolleer te maken«). In wenigen Fällen hat er auch der Wahrheit zum Durchbruch verholfen, so vor allem bei der Entlarvung der antideutschen Schwindeleien des Masseurs Himmlers, Kesten.

Zu den einflußreichsten jüdischen Politikern Großbritanniens im 20. Jahrhundert ist **Keith Joseph** zu rechnen. Er kam 1918 als Sohn des Großindustriellen Sir Samuel George Joseph in London zur Welt und nahm in britischer Uniform am Zweiten Weltkrieg teil. 1956 zog er für die Konservativen ins Unterhaus ein. 1962 bis 1964 amtierte er als Minister für Wohnungsbau, 1970 bis 1974 als Sozialminister im Kabinett des Premiers Heath. In der Regierung von Margaret Thatcher wurde er 1979 zunächst Industrieminister, anschließend Minister für Unterricht und Wissenschaft. Er gehörte in den 80er Jahren zum engsten Stab von Frau Thatcher und galt als ihr »Chefideologe«. Die Königin schlug ihn zum Ritter. Er schloß mit der Bildhauerin Helen Louise Guggenheimer aus der bekannten US-jüdischen Milliardärssippe den Bund der Ehe.

Zu erheblichem Einfluß in der US-amerikanischen Politik kam der Jude **Lazarus Joseph**. Geboren 1891 in New York, studierte er Rechtswissenschaften. Er schloß sich der Demokratischen Partei an. Ab 1934 wirkte er als Senator in Albany (Hauptstadt des US-Bundesstaates New York), ab 1940 amtierte er als Sozialminister. Von 1946 bis 1954 verwaltete er als »City Controller« - in der Rolle eines Stadtkämmerers - die Finanzen von New York. Joseph, der besonders aktiv im jüdischen Gemeindeleben und ein engagierter Israel-Lobbyist war, starb 1966 in New York.

Giora Josephthal (so nannte er sich in Palästina, eigentlich hieß er Georg mit Vornamen) wurde 1912 in Nürnberg geboren. Er war aktiv in der zionistischen Jugendbewegung. 1936 wurde er in Berlin Generalsekretär der »Hechaluz«. Diese Organisation bildete mit Unterstützung der NS-Reichsregierung junge Leute für die Auswanderung nach Palästina aus. Tausende Pioniere des Staates Israel durchliefen dieses Training. 1938 ging Josephthal in sein gelobtes Land. Von 1943 bis 1945 war er in der britischen Armee tätig, u.a. als »Umerzieher« deutscher Kriegsgefangener. 1945 wurde er Chef der zionistischen Jewish Agency; 1952 leitete er die israelische Delegation bei den Wiedergutmachungsgesprächen mit den Deutschen. 1956 trat er sein Amt als Generalsekretär der israelischen Arbeiterpartei (Mapai) an, 1960/61 war er Arbeitsminister, dann Minister für Wohnungsbau und Entwicklung. Er starb 1962 in Luzern.

Der berühmte Psychoanalytiker **Carl Gustav Jung** (geboren 1875 im schweizerischen Keßwill / Kanton Thurgau, gestorben

1961 in Küsnacht / Kanton Zürich) leistete, obwohl selbst jüdischer Herkunft, den Nationalsozialisten zur Hitlerzeit antisemitische Schützenhilfe, um dann nach 1945 als einer der Väter der These von deutscher Kollektivschuld in Erscheinung zu treten. Jung, der als Begründer der analytischen Psychologie gilt, wirkte als Professor in Zürich, als er 1933 Präsident der Allgemeinen Gesellschaft für Psychotherapie wurde. Ab 1936 redigierte er mit Professor M.G. Göring, dem Reichsführer der Psychotherapeuten und Vetter des Reichsmarschalls, das »Zentralblatt für Psychotherapie«. Er machte nach der NS-Machtübernahme keinen Hehl aus seiner Begeisterung für »das deutsche Phänomen«, attestierte dem »arischen« Unbewußten ein höheres Potential als dem »jüdischen«. Er warf seinem Lehrer Freud nun »jüdische Denkkategorien vor«; Freud habe überdies »die germanische Seele in der gewaltigen Erscheinung des Nationalsozialismus« nicht begriffen. Und Jung brachte zu Papier: »Meines Erachtens ist es ein schwerer Fehler der bisherigen medizinischen Psychologie, daß sie jüdische Kategorien unbesehen auf den christlichen Germanen verwandte.« Sofort nach Hitlers Untergang schaltete Jung radikal um. Nun erklärte er die Deutschen zu Untermenschen (»allgemeine psychische Minderwertigkeit des deutschen Menschen«). In der »Weltwoche«, Zürich, schrieb er 1945, es müsse nun Aufgabe der Psychologen und Therapeuten sein, die Deutschen zur »Anerkennung ihrer Kollektivschuld« zu bringen. Deutschland sei immer schon »das Land der psychischen Katastrophen« gewesen, angefangen bei der Reformation. Abermillionen Deutsche seien »rettungslose Psychopathen«. In den späten 80er Jahren begann die kritische Aufarbeitung des Jungschen Antisemitismus. Die Jahrestagung der Deutschen Gesellschaft für Analytische Psychologie 1991 stand ganz im Zeichen dieses »Bewälti-

gungsaktes«. Die »Frankfurter Rundschau« empfand es als »rätselhaft, daß die Hälfte der Mitglieder der internationalen Jung-Gesellschaft heute Juden sind«. Eine Distanzierung von Jungs Antideutschtum ab 1945 allerdings findet nicht statt.

Zu den führenden italienischen Politikern der Faschistenzeit, die jüdischen Familien entstammten, zählte der Finanzwissenschaftler **Guido Jung**. Er kam 1876 in Palermo als Sproß einer jüdischen Sippe zur Welt, die aus dem Badischen nach Italien gekommen war. 1919 gehörte er der italienischen Delegation in Versailles an. 1924 wurde er faschistischer Abgeordneter in Rom. Von 1932 bis 1935 amtierte er als Mussolinis Finanzminister, danach war er Präsident des italienischen Nationalinstituts für Außenhandel. Jung starb 1949 in Rom.

Der wahre Name des 1994 in Salzburg gestorbenen Linkspublizisten und Zukunftsforschers **Robert Jungk**, der als grüner Kandidat bei der österreichischen Präsidentenwahl 1991 auf 6 Prozent kam, lautete Baum. Sein Vater war der jüdische Schauspieler und Autor David Baum, der sich Max Jungk nannte; seine Mutter war eine Mimin, die sich Elli Brandes nannte, aber ursprünglich Sara Bravo hieß. Baum-Jungk kam 1913 in Berlin zur Welt. Nach der NS-Machtübernahme in Haft genommen, kam er durch Beziehungen zum Reichsbankpräsidenten Schacht, dessen Neffen Sven er kannte, frei und konnte nach Frankreich emigrieren. 1939 erschien in Paris Jungks erstes Buch: »Wachsfiguren. Das Leben der Madame Tussaud«. Zur Kriegszeit lebte er in der Schweiz. Bei Kriegsende berichtete er als Korrespondent über furchtbare Siegerverbrechen an Ostdeutschen. Am 16. November 1945 schrieb er: »Es ist wahr, daß in Oberschlesien die von Syphilis angesteckten Frauen als Behandlung einfach einen Kopfschuß erhalten. Es ist wahr, daß eine Selbstmordwelle durch das Land geht. In einzelnen Orten hat sich sogar ein Fünftel der Bevölkerung ums Leben gebracht.« Über den unter rotpolnischer Regie weiterbetriebenen KZ-Komplex Auschwitz berichtete er: »Insassen müssen nächtelang bis zum Halse im eiskalten Wasser stehen und man schlägt sie bis zur Bewußtlosigkeit.« 1950 nahm Jungk die US-amerikanische, 1967 die österreichische Staatsbürgerschaft an. 1970 erhielt er eine Professur an der TU Berlin. Sein bekanntestes Werk als Zukunftsforscher war »Heller als tausend Sonnen« (über die Atombombe).

Weil er unter Zionismus-Verdacht stand, wurde **Erich Jungmann**, bis dahin Chefredakteur der »Volkswacht« (Gera), 1952 inhaftiert. Nach seiner Rehabilitierung 1956 avancierte er zum Chef der (Ost-) »Berliner Zeitung«. Von 1972 bis 1977 war er Intendant von Radio Berlin International. Er starb 1986 in Ostberlin. Zur Welt gekommen war er 1907 im sächsischen Reichenbach. In der Endphase der Weimarer Republik amtierte er als Vorsitzender des Kommunistischen Jugendverbandes und als KPD-Reichstagsabgeordneter. In der Moskauer Emigration wurde er führender Komintern-Mitarbeiter und unterhielt enge Verbindungen zu Herbert Wehner, dem nachmaligen SPD-»Zuchtmeister«. Zur Kriegszeit war Jungmann in Stalins Auftrag in Mexiko tätig. 1946 kam er nach Deutschland zurück.

K

Die finster, unheimlich und bedrohlich anmutenden Werke des Dichters **Franz Kafka** (geboren 1883 in Prag, gestorben 1924 in Kierling bei Wien) wurden stark geprägt vom Versuch des Literaten, sich vom Einfluß seines dominierenden Vaters, eines jüdischen Fabrikanten, zu befreien, sowie eine 1917 offen ausgebrochene und sein Leben schließlich vernichtende Tuberkulose zu bewältigen. Kafka besuchte das deutsche Gymnasium und die deutsche Universität zu Prag, vom Vater zum ungeliebten Studium der Rechte vorbestimmt. Zu den bekanntesten Werken Kafkas zählt »Die Verwandlung«; geschildert wird, wie ein Mensch zum Ungeziefer mutiert. Berühmt sind auch »Das Schloß« und »Der Prozeß«. Autobiographisch sind die »Forschungen eines Hundes«. Die meisten seiner Werke wurden postum von Max Brod veröffentlicht, der damit den letzten Willen seines Freundes mißachtete. Kafka nämlich hatte die Vernichtung seiner eigenen Schriften verfügt.

In einer 1987 in Amerika erschienenen Biographie nennt der jüdische Publizist Stuart Kahan den jahrzehntelang führenden Bolschewisten **Lasar Moissejewitsch Kaganowitsch** im Buchtitel den »Wolf des Kreml«. Kaganowitsch sei der »Architekt der Furcht« gewesen. Kahan: »Als Stalins Schwager und engster Vertrauter war Kaganowitsch einer der mächtigsten und gefährlichsten Männer der Welt, ein Vollstrecker, an dessen Händen das Blut von 20 Millionen Menschen klebt.« Obwohl selbst Jude von Herkunft habe der »Wolf des Kreml« auch ungezählte Juden im sowjetischen Machtbereich liquidiert. Kaganowitsch kam 1893 in Kabany (Bezirk Kiew) auf die Welt. Er ist vermutlich in den 1980er Jahren gestorben. Wo und wann konnte nicht herausgefunden werden. 1991 jedenfalls meldeten die »Israel Nachrichten« (Tel Aviv), daß seine Familie in Israel lebe. Kaganowitsch, Sohn eines jüdischen Schuhhändlers, wurde 1911 Bolschewist. 1924 zog er ins ZK der KPdSU ein.

1930 wurde er Politbüro-Mitglied. Als Chef der »Zentralkommission für die Überprüfung der Parteikader« war er hauptverantwortlich für die »Säuberungen«. Nach Stalins Tod wurde er aller Ämter enthoben, 1961 aus der Partei entfernt. Zwei seiner Brüder, einer davon sowjetischer Rüstungsminister, wurden bei den »Säuberungen« liquidiert.

Die 1955 in Ostberlin geborene Tochter des Altkommunisten Max Kahane und Rabbiner-Enkelin **Anetta Kahane** trat 1990 als neue Ausländerbeauftragte in Ostberlin in Erscheinung. Sie war von den Parteien des sogenannten Runden Tisches in das Amt berufen worden. Als Ziel gab sie vor, daß es auch im Osten Berlins möglichst rasch »multikulturell« zugehen möge, da es ihr ein »Greuel« sei, wenn nur eine Kultur herrsche. Das Emigrantenschicksal ihres Vaters sei mitentscheidend für ihr ausländerpolitisches Engagement, betonte sie.

Max Leon Kahane, der Vater der 1990 zur Ostberliner Ausländerbeauftragten avancierten Anetta Kahane, wurde 1910 als Sproß einer jüdischen Händlerfamilie geboren. Schon als 15jähriger schloß er sich den Kommunisten an. Nach der NS-Machtübernahme ging er in die Tschechei, dann nach Frankreich. Im Spanischen Bürgerkrieg kämpfte er auf der Seite der Roten. In Frankreich war er Capitaine der Partisanenbewegung »Forces Françaises de l'Intérieur«. In Stalins Auftrag sollte er aus deutschen Kriegsgefangenen Kader für die Kommunisten machen, was fehlschlug. 1945 tauchte Kahane in Ostberlin auf. In den 50er Jahren war er Chefredakteur und stellvertretender Direktor der DDR-Nachrichtenagentur ADN, dann Redakteur des SED-Blattes »Berliner Zeitung« und Korrespondent des Zentralorgans »Neues Deutschland« im Ausland. Ab 1965 wirkte er als Chefkommentator des »Neuen Deut-

schland«, ab 1968 in gleicher Funktion bei der Wochenzeitung des DDR-Außenministeriums »horizont«. Er erhielt zahlreiche Orden des DDR-Regimes.

»Er erreichte, daß der in London nicht geliebte de Gaulle am 25. August 1943 als Chef der französischen Exilregierung von den Alliierten anerkannt wurde und später die erste französische Regierung bilden konnte«, behauptet der jüdische Historiker Lustiger in seinem Buch »Zum Kampf auf Leben und Tod« über **Louis Kahn** (geboren 1893 in Versailles, gestorben 1967 in Paris). Kahn soll die ersten modernen Kreuzer der französischen Kriegsmarine konstruiert haben. Er war von 1928 bis 1938 Chef der technischen Abteilung des Luftfahrtministeriums und entwarf einen der ersten Flugzeugträger. 1942 ging er zum Stab de Gaulles nach London. Hier gelang es ihm, laut Lustiger, derart revolutionär neue und erfolgreiche Tiefenminen gegen deutsche U-Boote zu erfinden, daß - wie eingangs betont - er bei den dankbaren Westalliierten de Gaulles Anerkennung habe durchsetzen können. Im Range eines Admirals befehligte Kahn 1944 in der Normandie die Landung französischer Schiffe der Invasionsstreitmacht. 1950 wurde er Generaldirektor im Verteidigungsministerium. Von 1963 bis zu seinem Tod 1967 in Paris war er Präsident des Zentralverbandes der jüdischen Gemeinden Frankreichs.

Siegbert Kahn wurde 1909 in Berlin geboren. 1928 trat er der stalinistischen KPD bei. 1936 emigrierte er nach seiner Entlassung aus dem Zuchthaus Brandenburg nach England, wo er die Exil-KPD organisierte und sich führend in der Emigrantenvereinigung »Freie Deutsche Bewegung« (FDB) engagierte. Im April 1944 erteilte er in einem Schreiben an den tschechischen Exilpräsidenten Benesch das Einverständnis für dessen Plan zur »final solution« (ein Wort von

Benesch) des Problems der Sudetendeutsch-en durch »Bevölkerungstransfer« (= Ver-treibung) und Gebietsabtretung. Etliche deutsche Emigranten verließen daraufhin aus Protest die FDB. 1946 tauchte Kahn in Ostberlin auf, wo er 1949 Direktor des »Deutschen-Wirtschafts-Institutes« wurde. Dieses Amt bekleidete er bis zu seinem Ein-tritt in den Ruhestand. Er starb 1976 in Ost-berlin. Er war mit sämtlichen hohen Orden des Mauermordregimes dekoriert worden. Sein 1948 erschienenes Hauptwerk heißt »Antisemitismus und Rassengesetze«.

1976 machte Queen Elisabeth II. den Rechtsberater des Hauses Windsor (vormals Sachsen-Coburg-Gotha), **Otto Kahn-Freund**, zum Sir. Kahn-Freund war 1900 in Frankfurt am Main zur Welt gekommen und wirkte 1933 als Amtsgerichtsrat in Berlin. Er ging in die britische Emigration. Zur Kriegs-zeit arbeitete er für die BBC-Propaganda und stand in engem Kontakt mit Richard Crossman, dem Chef der psychologischen Kriegsführung Londons gegen die Deutsch-en. Kahn-Freund arbeitete Umerziehungs-pläne für die Deutschen aus. 1943 kam sein Buch »The Next Germany« heraus. Nach 1945 brachte er es zum Rechtsprofessor an der Universität London und schließlich zum Hofjuristen. Sir Otto verschied 1979 in Haslemere, Grafschaft Surrey.

Der jüdische Literat und Kunstgalerist **Daniel-Henry Kahnweiler** verhalf moder-nistischen Richtungen wie dem Fauvismus und Kubismus zum Durchbruch und stand den Karrieren etlicher Vertreter der als mo-dern bezeichneten Kunst wie Braque, Léger, vor allem aber Picasso, Pate. Unter seinem Einfluß wandte sich Picasso von der gegen-ständlichen Malerei ab und der Abstraktion zu. Kahnweiler war 1884 als Sohn eines Edelmetallhändlers in Mannheim geboren worden. Nach Paris kam er, weil der Vater wollte, daß er an der dortigen Börse das Spekulieren lerne. Daniel-Henry verlegte sich auf den Kunsthandel und eröffnete 1907 in der französischen Hauptstadt seine erste Galerie. 1920 gründete er in Paris die bekannte »Galerie Simon«. Zur Zeit der deutschen Besetzung lebte er in der Provinz. Ab 1944 führte er in Paris die Galerie »Louis Leiris«. Kahnweiler starb 1979 in Paris.

Bruno Kaiser kam 1911 in Berlin als Sohn eines Lehrers zur Welt. Bis 1933 wirk-te er als Redakteur der Berliner »Vossischen Zeitung«. 1938 ging er nach Belgien, 1940 nach Frankreich, dann nach Basel, wo er ein »Herwegh-Archiv« mitbegründete. 1947 tauchte er in Ostberlin auf, wo er zum Direktor der Bibliothek des Instituts für Marxismus-Leninismus beim ZK der SED aufstieg. 1961 erhielt er den Professorentitel. Es war das Jahr des Mauerbaus. Sein Hauptwerk trägt den Titel »Der Freiheit eine Gasse«.

Der Schriftsteller **Georg Kaiser** wird häufig als »führender Dramatiker des Ex-pressionismus« charakterisiert. 1878 in Magdeburg geboren, kehrte er 1901 malaria-krank aus Argentinien zurück, wohin ihn sein Vater, ein Kaufmann, zur Ausbildung geschickt hatte. Kaiser arbeitete mit dem Kommunisten Ernst Toller zusammen; 1921 wurde er wegen Betrugs zu einer Haftstrafe verurteilt. 1938 setzte er sich aus dem von Hitler beherrschten Deutschen Reich in die Schweiz ab. Er starb 1945 in Ascona. Kaiser schrieb mehr als 60 fast durchweg vergesse-ne Dramen, darunter »Gas I« (1918), »Gas II« (1920), »Die jüdische Witwe« (1921) »Das Floß der Medusa« (1945). »In Kaisers späten Griechischen Dramen (in Blankver-sen) erscheinen die Menschen als schlecht-hin böse« (Brauneck, »Autorenlexikon deutschsprachiger Literatur des 20. Jahr-hunderts«).

»Der Papagei, die Mamagei« (1961), »Der Gott der kleinen Webfehler« (1977 posthum veröffentlicht) - solche Werke der

Carl Gustav JUNG

Robert JUNGK

Franz KAFKA

Lasar
KAGANOWITSCH

Daniel-Henry
KAHNWEILER

Georg KAISER

Emmerich KÁLMÁN

Leo KAMENEW

Alfred KANTOROWICZ

Schriftstellerin **Mascha Kaléko** haben Kritiker bewogen, sie in der Tradition eines Tucholsky oder Heinrich Heine zu sehen. Sie kam 1912 im polnischen Schidlow als Tochter des Händlers Fischel Engel, der aus Rußland stammte, zur Welt. Ab 1930 wurde sie von Monty Jacobs, dem in der Berliner Szene federführenden Feuilleton-Chef der »Vossischen Zeitung«, massiv gefördert. 1938 ging sie in die USA, ab 1960 hielt sie sich überwiegend in Jerusalem auf. Sie starb 1975 in Zürich. Hermann Hesse erkannte bei ihr eine »Mischung von Sentiment und Zynismus, frühreifer Desillusion und heimlicher Verzweiflung«.

Der geniale Physiker **Hartmut P. Kallmann** kam 1896 in Berlin zur Welt. Er war der Sohn des als Erfinders der Osramlampe bekanntgewordenen Felix (eigentlich: Nathan) Kallmann, der 1938 in Berlin starb. Hartmut Kallmann war von 1920 bis 1933 am Kaiser-Wilhelm-Institut in Berlin tätig. Die Hitlerzeit überstand er in der Reichshauptstadt. 1945 lehrte er an der Berliner Universität, dann ging er in die USA, wo er ab 1950 an der New Yorker Universität las. Seine größte Leistung war die Entdeckung des Szintillationsverfahrens zum Zählen von Alphateilchen.

Emmerich (eigentlich Imre) Kálmán zählt zu den bedeutendsten Operettenkomponisten des 20. Jahrhunderts. Von ihm stammen beispielsweise die berühmten musikalischen Bühnenstücke »Der Zigeunerprimas« (Uraufführung 1912), »Csárdásfürstin« (1916), »Gräfin Mariza« (1924), »Die Zirkusprinzessin« (1926), »Kaiserin Josephine« (1936). Der von der jüdischen Glaubensgemeinschaft zum Katholizismus übergetretene Sohn eines Getreidehändlers kam 1882 im ungarischen Siófok zur Welt. 1897 debütierte er als Konzertpianist. 1908 kam er nach Wien, wo er mit seinen Kompositionen berühmt wurde. 1938 ging er über Zürich und Paris nach New York. In Amerika

brachte er »Arizona Lady« zu Notenpapier, das in seinem Todesjahr (er starb 1953 in Paris) uraufgeführt wurde. Seine sterbliche Hülle wurde nach Wien gebracht.

Leo Rosenfeld war der wirkliche Name des Bolschewistenführers **Lew Borissowitsch Kamenew**, der beinahe Lenins Nachfolger geworden wären. Er kam 1883 in Moskau zur Welt. 1901 wurde er Sozialdemokrat, 1903 Bolschewist. Er beteiligte sich an der Revolution von 1905 und wurde 1908 enger Vertrauter Lenins. 1917 rückte er ins ZK der Bolschewisten auf. Er leitete die sowjetrussische Delegation bei den Verhandlungen mit den Deutschen in Brest-Litowsk. Ab 1919 war er Mitglied des Politbüros. Er amtierte schließlich als Vorsitzender des Exekutivkomitees des Moskauer Sowjets und als stellvertretender Vorsitzender des Rates der Volkskommissare. Er trug eine Hauptschuld am Terror der bolschewistischen Machthaber. 1927 war er kurzfristig Sowjetbotschafter im faschistischen Italien, zu dem die bolschewistische Führung gute Beziehungen unterhielt. Über das Ende Rosenfeld-Kamenews berichtet Solschenizyn in seinem Werk »Lenin in Zürich«: »Bildete nach Lenins Tod mit Stalin und Sinowjew (eigentlich Hirsch Apfelbaum) zunächst die sogenannte Führungstroika. Verbündete sich dann mit Trotzki und Sinowjew gegen Stalin und wurde daraufhin aller Ämter enthoben. Auf dem Parteitag von 1924 bereits geächtet, forderte er noch, die Partei solle mit den ›Kulaken‹ (Bauern) nicht diskutieren, sondern sie erschießen. Im 1. Moskauer Schauprozeß (1936) wurde Kamenew zum Tode verurteilt und hingerichtet.«

Der Literat **Heinz Kamnitzer**, geboren 1917 in Berlin, schloß sich in Weimarer Zeit den Stalinisten in Deutschland an. 1935/36 hielt er sich in Palästina auf, dann tauchte er in London auf, wo er zum Chefredakteur der von Sympathisanten Stalins, vor allem

Heinrich Mann und Lion Feuchtwanger, gegründeten antifaschistischen Zeitung »Inside Nazi Germany« avancierte. Später in Kanada war er Redakteur des »Petroleum Press Service« und Führungsgenosse des »Jüdischen Hilfskomitees für die Sowjetunion«, eines Scharniers zwischen Juden in Amerika und solchen in Sowjetrußland. 1946 trat er in Ostberlin der SED bei. Man machte ihn zum Geschichtslehrer an der Humboldt-Universität. Ab 1964 war er Vizepräsident, ab 1970 Präsident des DDR-Pen-Clubs (bis 1989). Er war Präsidiumsmitglied des DDR-»Friedensrates« und Vizepräsident der »Liga für Völkerfreundschaft«. Proteste gegen die SED-Herrschaft anläßlich der Rosa-Luxemburg-Feier in Ostberlin bezeichnete er 1988 als »verwerflich wie eine Gotteslästerung«. Nach »Biographischem Handbuch der deutschsprachigen Emigration« handelt es sich bei Kamnitzer um den »neben Alfred Meusel bedeutendsten Vertreter der marxistisch-leninistischen Neuhistoriker«.

Bevor **Max M. Kampelman**, geboren 1920 in New York, eine steile Karriere im US-amerikanischen Auswärtigen Amt absolvierte, hieß er noch Kampelmacher wie sein Vater (ein aus Deutschland eingewanderter Hutmacher) und war fliegender Händler in Bürsten. Kampelmacher-Kampelman studierte die Rechte und gehörte ab 1949 als Jurist dem Stab des Senators und späteren Vizepräsidenten Hubert Humphrey an. Außerdem betrieb er eine Anwaltskanzlei, zu deren Klienten Golda Meir, die nachmalige israelische Ministerpräsidentin, zählte. 1980 wurde Kampelman US-Chefdelegierter bei der KSZE-Folgekonferenz in Madrid. 1985 ernannte ihn Präsident Reagan zum Chef der Genfer Abrüstungsgespräche mit den Russen. Kampelman ist führend im US-amerikanischen Judentum aktiv. Er wirkt z.B. als Chef des Nationalen Beirates des Jewish Committe, als Vizepräsident der »Jewish Publications Society« und als Vizepräsident der radikal anti-antisemitischen »Anti Defamation League«, einer Nebenorganisation des mächtigen jüdischen Logenbundes B'nai B'rith.

1992 wurde **Jerzy Kanal** (geboren 1921 im polnischen Blasik) zum neuen Vorsitzenden der Berliner jüdischen Gemeinde gewählt. Die Entscheidung im fünfköpfigen Gemeindevorstand fiel einstimmig. Die Berliner jüdische Gemeinde hatte zu diesem Zeitpunkt nach ihren eigenen Angaben 8000 Mitglieder. Kanal hatte wie sein Vorgänger, der 1992 gestorbene Galinski, das furchtbare KZ Auschwitz überlebt. Nach dem Krieg war er zunächst u.a. in Prag und Paris aktiv, um sich dann in Berlin niederzulassen. Seit 1969 gehört er dem Vorstand der Gemeinde an. 1982 wurde er Galinskis Stellvertreter. Nach seiner Wahl erklärte Kanal, er wolle »weniger in der Öffentlichkeit agieren« als sein Vorgänger.

Die Familie des Mediziners und Forschungsreisenden **Richard Kandt** (geboren 1867 in Posen, gestorben 1918 in Nürnberg) hieß eigentlich Kantorowicz. Er erkundete zwischen 1897 und 1907 weite Teile des bis dahin dem Abendland unbekannten Afrikas. Er war entscheidend an der Entdeckung der Nilquellen beteiligt. Von 1907 bis 1914 wirkte Kandt als Kaiserlicher Resident in Ruanda, damals Teil des deutschen Überseegebietes Deutsch-Ostafrika. Im Ersten Weltkrieg diente er als Stabsarzt. Er starb an den Folgen einer im Frontdienst erlittenen Gasvergiftung.

Als »Pionier des sprecharmen Bildertheaters« gilt der Regisseur und Schriftsteller **Tadeusz Kantor**. Er kam 1915 in Wielopole zur Welt und starb 1990 in Krakau. Zur Zeit der deutschen Besetzung Polens leitete er eine Bühne in Krakau, die als »Untergrundtheater« bezeichnet wird. Als Grundlage seiner Werke und Inszenierungen dienen unheimliche Todesvisionen wie zum Beispiel die Folterkammer seines Bühnenstückes »Die Künstler sollen krepieren« (1985).

»Neben Lukacs und H. Mayer ist er der bedeutendste Literaturtheoretiker des Sozialismus, der resignierend erkennen mußte, daß Humanität und Sozialismus unvereinbar sind«, heißt es in Krywalskis »Lexikon der Weltliteratur« über **Alfred Kantorowicz** (geboren 1899 in Berlin, gestorben 1979 in Hamburg). Der Sohn eines jüdischen Wollhändlers promovierte 1923 in Erlangen mit der Arbeit »Die völkerrechtlichen Grundlagen des nationaljüdischen Heimes in Palästina«. Er freundete sich mit Brecht, Bloch und Feuchtwanger an und wurde 1927 Nachfolger Tucholskys als Literaturkritiker der »Vossischen Zeitung«. 1931 wurde er KPD-Mitglied, 1932 verließ er die jüdische Gemeinde, 1933 ging er ins Exil. Im Spanischen Bürgerkrieg war er Offizier der XI. Roten Brigade. 1941 tauchte er in New York auf und wurde dort ein Chefpropagandist bei Radio CBS. In der DDR gründete er die Zeitung »Ost und West« und brachte es zum Literaturprofessor und Direktor des Heinrich-Mann-Archivs. 1957 kam er in den Westen. Hier nannte er die DDR-Führung ein »Rabauken-Regime«. In Bundesdeutschland wurden ihm zahlreiche Orden und Ehrungen zuteil.

Die kommunistische Journalistin **Frida Kantorowicz**, Jahrgang 1905, schloß sich 1925 der KPD an. 1933 entwich sie nach Frankreich. Im Spanischen Bürgerkrieg war sie Mitarbeiterin des kommunistischen Propagandasenders »Radio Madrid« und Kommissarin der Roten Brigaden. Außerdem wirkte sie im Generalkommissariat der Rotfrontkämpfer mit, das für stalinistischen Terror in Spanien, auch gegen linke Genossen, hauptverantwortlich war. Später tauchte sie in den USA auf. In der DDR arbeitete

sie zunächst als SED-Genossin im »Amt für Information«. Dann wurde sie maßgebliche Mitarbeiterin der Nachrichtenagentur ADN. U.a. wirkte sie lange Zeit als ADN-Korrespondentin bei der Genfer Niederlassung der UNO und in New York. Sie wurde mit dem »Vaterländischen Verdienstorden« und anderen Auszeichnungen des SED-Regimes bedacht.

Aufgrund seiner Ausarbeitung »Ökonomische Berechnung der bestmöglichen Ausnutzung der Ressourcen« erhielt der sowjetische Ökonom und Mathematiker **Leonid Witaljewitsch Kantorowitsch** 1975 den Nobelpreis für Wirtschaftswissenschaften. Der 1912 in Sankt Petersburg geborene Sohn eines Arztes wirkte von 1935 bis 1960 an der Universität Leningrad. 1948 wurde er Chef des Mathematischen Institutes der sowjetischen Akademie der Wissenschaften. Später amtierte er dort als stellvertretender Direktor, ab 1971 als maßgeblicher Mann des Instituts für Planung und Leitung der Volkswirtschaft beim Ministerrat der UdSSR und ab 1976 am Wissenschaftlichen Institut für Systemforschung. Das DDR-Ökonomenlexikon schrieb 1989 über ihn (er war 1986 in Moskau gestorben): »Seine Verdienste wurden von der KPdSU und vom sowjetischen Staat hoch gewürdigt. Er wurde zweimal mit dem Leninorden, dreimal mit dem Orden des Roten Arbeitsbanners und mit vielen anderen Auszeichnungen geehrt ... Seine Methode hat maßgeblich die Optimalplanung in den sozialistischen Ländern beeinflußt.«

Eliezer Kaplan, der 1891 in Minsk geboren wurde, schloß sich als Jugendlicher begeistert der zionistischen Bewegung an. 1923 ging er nach Palästina. 1933 rückte er in die Führung der Zionistischen Internationale auf, er wurde Mitglied der Exekutive der Jewish Agency und Leiter von deren Finanzabteilung. 1948/49 wirkte Kaplan als israelischer Finanzminister, 1952 als stellvertretender Ministerpräsident. Er starb im selben Jahr bei einer Auslandsreise in Genua.

Zu den führenden Organisatoren und Aktivisten des Partisanenkampfes gegen die Deutschen in Polen während des Zweiten Weltkrieges zählte **Hirsch Kaplinski**. Er war 1910 in Zdzieciol (Polen) zur Welt gekommen. Dort betätigte er sich als Verwalter einer jüdischen Schule. Er engagierte sich für die zionistische Bewegung und diente nach Kriegsausbruch 1939 als polnischer Sergeant. In den Wäldern von Lipiczany wurde er Kommandant einer nach ihm benannten Partisaneneinheit. Zu den Haupteinsätzen zählten Brückensprengungen, Feuerüberfälle auf deutsche Einheiten und »Strafaktionen gegen Bauern, die Juden denunziert oder ermordet hatten« (Lustiger, »Zum Kampf auf Leben und Tod«). Wie etliche andere Untergrundführer fiel auch Kaplinski Mördern aus den Reihen der Partisanenbewegung zum Opfer. Der jüdische Historiker Lustiger berichtet: »Am 10. Dezember 1942 geriet Kaplinski in einen Hinterhalt und wurde beim Kampf schwer verletzt. Er wurde von Partisanen einer anderen Einheit entwaffnet und ermordet.«

Das vor allem bei Aidskranken im letzten Stadium auftretende »Kaposi-Sarkom« (ein Hautkrebs) ist nach dem Dermatologen aus jüdischer Familie **Moritz Kaposi** benannt. Er kam 1837 in Kaposvar (Ungarn) zur Welt. 1875 wurde er Nachfolger des nichtjüdischen Professors Ritter von Hebra in Wien, dessen Schüler er war. Kaposi ließ sich 1889 christlich taufen. Von ihm stammt ein »Handatlas der Hautkrankheiten« und ein »Handbuch der Syphilis«. Er starb 1902 in Wien.

Als »Nazijäger« in Diensten des Jüdischen Weltkongresses tat sich **Oscar Karbach** hervor. Der Sohn eines Klavierfabrikanten kam 1897 in Wien zur Welt. Als Student wurde er für den Zionismus aktiv. Ab 1924 war er Delegierter der »Jüdischen Gesellschaft für den Völkerbund«. Er emigrierte 1939 über die Niederlande nach Amerika. Dort trat er in die Dienste des Jüdischen Weltkongresses. Ab 1945 war er Assistent des Generalsekretärs, ab 1948 führend in der Abteilung für »internationale Angelegenheiten« tätig. Von 1964 bis zu seinem Tode (1973 in New York) war er Chef der »Abteilung für Verfolgung von Nazi-Verbrechen« des Jüdischen Weltkongresses.

Der Psychoanalytiker **Abram Kardiner** (geboren 1891 in New York City, gestorben 1981 in Easton/US-Bundesstaat Connecticut) gilt als Begründer der Sozialisationsforschung in der Ethnologie. 1923 wurde er Mitarbeiter des Psychologischen Instituts der Universitäten Cornell und Columbia, 1955 Direktor der Psychoanalytischen Klinik in Columbia und 1961 Professor für Psychiatrie an der Emory-Universität von Georgia.

Den Industriellen und Politiker **Georg Kareski** wegen seines Versuches eines zionistischen Arrangements mit dem NS-Staat zum verräterischen oder irrsinnigen Außenseiter zu erklären, wie dies nach 1945 häufig geschah, ist schon allein deshalb problematisch, weil es viele jüdische Anstrengungen dieser Art gab - auch im Kriege, als beispielsweise die zionistische Kampforganisation, der die späteren israelischen Regierungschefs Begin und Schamir angehörten, Hitler einen Pakt vorschlug. Kareski, geboren 1878 in Posen, war als Chef der C.A.F. Kahlbaum AG und der Berliner Schultheiß-Brauerei, als Direktor der Michael-Industrie und in anderen Funktionen ein maßgeblicher Unternehmer im Deutschen Reich; er saß im Vorstand des Reichsverbandes der Deutschen Industrie. Früh schloß er sich der zionistischen Bewegung an, war im Vorstand der Berliner Jüdischen Gemeinde und gründete die jüdische Genossenschaftsbank

»Iwria« in Berlin. 1933 schuf er die Staatszionistische Partei, nachdem er 1932 vergeblich für das Zentrum zum Preußischen Landtag kandidiert hatte. Wie viele Juden, so begrüßte auch Kareski im Prinzip die Trennung zwischen Deutschen und Juden, weil er die größte Gefahr in der »Vermischung« und Assimilation sah. Am 23. Dezember 1935 veröffentlichte das NS-Blatt »Der Angriff« ein aufsehenerregendes Interview, in dem Kareski als Chef der Staatszionistischen Vereinigung die NS-Politik der »Rassentrennung« als Erfüllung zionistischer Sehnsucht grundsätzlich guthieß. 1937 emigrierte er nach Palästina. Weil er angeblich Juden bei der NS-Führung angeschwärzt, ja sogar zum Mord an ihnen aufgestachelt habe, wurde er von seinen innerjüdischen Gegnern attackiert. Das rabbinische Obergericht in Palästina lehnte seine Verleumdungsklagen demonstrativ ab. Kareski zog sich weitgehend aus dem öffentlichen Leben zurück und fungierte bis 1947 als Vorsitzender des Krankenfonds der Zionisten-Revisionisten in Palästina. Er starb 1947 in Ramat Gan. Wie man ihn nach geltender Sprachregelung einschätzen soll, macht der Titel einer von Herbert S. Levine verfaßten Biographie des Jahres 1975 deutlich: »A Jewish Collaborator in Nazi-Germany«.

Der bekannteste Film, in dem **Oscar Leopold Karlweis** zur Weimarer Zeit mitwirkte, war »Die drei von der Tankstelle« (mit Rühmann und Fritsch). Der Karriere des 1894 im österreichischen Hinterbrühl geborenen jüdischen Mimen stand der Berliner Theatermogul Max Reinhardt Pate, der ihm die ersten Rollen verschaffte. Karlweis ging 1938 nach Paris und 1940 in die USA. In der Emigration war er für die »Anti-Nazi-Propaganda« aktiv. Ende der 40er Jahre trat er auch wieder in Wien und Berlin auf und wirkte in einigen deutschen Filmen mit. Er starb 1956 in New York.

Theodor(e) von Karman war der erste Wissenschaftler, der vom US-Präsidenten Kennedy mit der »National Medal of Science« dekoriert wurde. Der Ausgezeichnete starb bald darauf (1963) in Aachen. Der Physiker und Mathematiker war 1881 in Budapest als Sohn des jüdischen Philosophieprofessors Moritz von Karman (eigentlich Kleinmann) geboren worden. Theodor Karman galt als »mathematisches Wunderkind«. 1908 promovierte er an der Universität Göttingen, 1912 wurde er Direktor an der Technischen Hochschule Aachen. 1926 verließ er Weimar-Deutschland und emigrierte in die USA. Er wirkte fortan am Guggenheim Aeronautics Laboratory.

1981 fiel der dem rechten Flügel seiner Partei zugerechnete FDP-Politiker jüdischer Herkunft **Heinz Herbert Karry** (geboren 1920 in Frankfurt am Main) einem Mordkommando der sogenannten Roten Zellen zum Opfer. Die von Medien lancierte Falschmeldung, »Rechtsradikale« hätten ihn erschossen, mußte bald darauf widerrufen werden. Karry war während des Krieges in einem Arbeitslager. Nach 1945 betätigte er sich als Textilgroßhändler. Er schloß sich den Freidemokraten an und wurde 1970 hessischer Wirtschaftsminister. Zur Ausländerbeschäftigung sagte er 1977 im »Spiegel«: »Wenn wir heute noch fast zwei Millionen Ausländer beschäftigen, dann kann man sowieso nicht von einer echten Arbeitslosigkeit sprechen.« Er befürwortete den Bau der Frankfurter Startbahn West und lehnte einen FDP-Linkskurs ab. Sein Bruder Eric Karry, der 1995 im Alter von 86 Jahren starb, war u.a. Vertreter der Europäischen Akademie im Deutschen Rat der Europäischen Bewegung, Beisitzer im Europa-Komitee des Hessischen Innenministers, Ehrenvorsitzender der Europäischen Akademie Hessen und kommunaler FDP-Mandatsträger.

Fritz Karsen (geboren 1885 in Breslau, gestorben 1951 in Guayaquil/Ekuador) »betreute« von 1946 bis 1948 im Auftrag der US-Besatzungsmacht die deutschen Universitäten der amerikanischen Zone. Das heißt, er war für deren Ausrichtung im Sinne der »Reeducation« (Umerziehung) der Deutschen zuständig. Karsen war von 1921 bis 1933 Direktor des Kaiser-Friedrich-Realgymnasiums in Berlin-Neukölln, das 1927 zu einer Gesamtschule ausgebaut und 1930 in Karl-Marx-Schule umgetauft wurde. 1933 emigrierte er nach Paris, wo er eine hauptsächlich von jüdischen Kindern aus dem Ausland besuchte Schule schuf. Danach, so wird berichtet, sei er am Aufbau der Universität Bogota/Kolumbien beteiligt gewesen. Bis 1951 wirkte Karsen als Deutsch-Professor in New York.

Zu den erfolgreichsten Literaten der Stalin- und Chruschtschow-Ära in der Sowjetunion zählte **Emmanuil Genrichowitsch Kasakewitsch**. Er kam 1913 in Krementschuk/Ukraine zur Welt. Auf Stalins Geheiß lebte er einige Jahre in Birobidschan, dem Siedlungsgebiet in Asien am Amur, in dem der Kremldiktator die Juden konzentrieren wollte. Kasakewitsch leitete dort eine kibbuzartige »Kollektivfarm«; er wirkte auch als Journalist und Publizist. Bis zum Ausbruch des Zweiten Weltkrieges verfaßte er seine Schriften auf jiddisch. Im Zweiten Weltkrieg diente er als Offizier im Armeegeheimdienst. Dann erwarb er sich im Sowjetreich den Ruf eines »Epikers des Großen Vaterländischen Krieges«. Sein 1948 erschienener Roman »Der Stern« schildert, wie stets edelmütige Rotarmisten über grundsätzlich verbrecherische Wehrmachtsoldaten siegen. »Frühling an der Oder« (1950) offenbart, wie »wunderbar« die »Befreiung« 1945 gewesen sei. »Das blaue Heft« (1962) ist eine Hymne auf Lenin. Kasakewitsch starb 1962 in Moskau.

»Ich gewinne immer« lautet der nicht unbedingt bescheiden anmutende Titel eines Buches des Schachspielers **Garri Kasparow**, das 1991 erschien. Zweifellos gehört er zu den größten Koryphäen des Brettspiels im 20. Jahrhundert. Er kam 1963 in Baku unter dem Nachnamen Weinstein zur Welt. Sein 1971 gestorbener jüdischer Vater stammte aus Deutschland. 1975 nahm der Schachspieler den Namen seiner Mutter, Kasparow, an. Fünf Jahre später errang er den Titel eines Junioren-Weltmeisters. 1985 wurde er mit seinem Sieg über Karpow der jüngste Weltmeister in der Geschichte des neuzeitlichen Schachs.

Rudolf Kastner aus Klausenburg/Siebenbürgen war Jahrgang 1906. Er gehörte zur stattlichen Zahl zionistischer Führer, die Kontakte zur nationalsozialistischen Führung unterhielten und ein Arrangement mit dem Hitler-Regime anstrebten. Bis 1939 war er zionistischer Funktionär und Journalist in Transsylvanien; zeitweise amtierte er als Vizepräsident der Zionistischen Organisation Rumäniens. Im Kriege nahm er Verbindungen zu Eichmann und zur SS auf. Zum Beispiel handelte man die Ausreise des Rabbis von Szatmar mit fast zweitausend Juden aus. Die Szatmarer Juden gelangten so in die Schweiz. In Verdacht geraten, »Nazi-Kollaborateur« gewesen zu sein, wurde Kastner nach Deutschlands Niederlage heftig attackiert. Er trat als Zeuge der Anklage 1945/46 in Nürnberg auf, ging 1947 nach Palästina und fungierte dort als Sprecher des Handels- und Industrieministeriums. Seine erbitterten innerjüdischen Feinde ließen ihm keine Ruhe. Der Literat Ben Hecht beispielsweise widmete ihm ein Stück mit dem bezeichnenden Titel »Perfidy«. 1957 wurde Rudolf Kastner in Tel Aviv »von Unbekannten erschossen«.

Beeindruckend viele jüdische Wissenschaftler wurden mit dem Nobelpreis ausgezeichnet. Zu ihnen gehört **Bern(h)ard**

Katz. Er kam 1911 in Leipzig zur Welt; seine Eltern waren staatenlose Juden aus dem Russischen. Früh schloß sich Katz der zionistischen Bewegung an; er war persönlich bekannt mit Chaim Weizmann, dem Führer der Zionistischen Internationale. Katz emigrierte 1935 zunächst nach England, später nach Australien. Er war im Kriege in der Radarforschung tätig und diente als Fliegerleutnant der australischen Royal Air Force. Nach 1945 wirkte er wieder in London, wo er von 1952 bis 1978 als Professor Biophysik lehrte. 1970 wurde ihm der Nobelpreis für seine Arbeiten zur Chemie des Nervensystems zuerkannt. 1969 erklärte ihn die Queen zum »Sir Bernard«.

Kaufmannssohn **Iwan Katz**, geboren 1889 in Hannover, schloß sich 1906 der SPD an. Nach 1918 wurde er KP-Genosse. Er war ab 1921 im Preußischen Landtag, ab 1924 im Reichstag KPD-Abgeordneter. Er arbeitete mit dem NS-Politiker und nachmaligen Innenminister der Hitler-Regierung, Frick, eng im Amnestie-Ausschuß des Reichstages zusammen; es war Frick, der Katz nach der NS-Machtübernahme 1933 zur KZ-Entlassung verhalf. 1926 brach Katz mit der KP und gründete einen »Spartakusbund der linkskommunistischen Organisation«. Zwischen seiner Vereinigung und der KPD entbrannten blutige Schlachten. Ab 1941 mußte Katz zwangsweise Arbeit leisten; 1944 kam er nach Auschwitz. Trotz seiner Rolle in Weimarer Zeit konnte er in der DDR SED-Funktionär und Mitarbeiter des Zentralorgans »Neues Deutschland« werden. Dann jedoch brach er auch mit der SED. Er kam nach Westdeutschland, wo er mit titoistischen Kleingruppen sympathisierte, und ließ sich schließlich in der Schweiz nieder. Er starb 1956 in Castagnola bei Lugano. Seine Frau war nicht, wie es vielfach heißt, im KZ Ravensbrück umgekommen, sondern starb 1947.

Wesentlich mehr führende jüdisch-kommunistische Politiker fielen dem Kommunismus als dem Nationalsozialismus zum Opfer. So auch **Otto Katz**, der nach 1945 maßgeblicher KP-Propagandist in Prag war (und im Vorstand der zionistischen »Tribuna Israelitica« saß). Er wurde 1952 im Zuge des Slansky-Prozesses als »zionistischer Agent« hingerichtet. Katz, geboren 1895 in Prag als Sohn eines Händlers, war 1922 KPD-Mitglied geworden. Er betätigte sich als Verlagsleiter bei Leopold Schwarzschild und als Verwaltungsdirektor der semikommunistischen Piscator-Bühne in Berlin. 1930 ging er nach Moskau, wo er zum Direktor einer Film-Agitprop-Produktion aufstieg. 1933 kam er nach Frankreich. Dort leitete er im Auftrage des Stalin-Propagandisten Münzenberg die Kampagne, den NS-Herrschern die Schuld am Reichstagsbrand zuzuschieben. In London arrangierte Katz den sogenannten »Reichstagsbrand-Gegenprozeß«. 1936 wurde er Chef der rotspanischen Nachrichtenagentur »Agence Espagne« (Paris). 1940 ging er nach Mexiko, wo er das »Schwarzbuch über Naziterror in Europa« herausbrachte. Dann ging er nach Prag zu seinen späteren Henkern.

Der Schriftsteller **Richard Katz**, geboren 1888 in Prag, fing bei der »Vossischen Zeitung« (Berlin) an und leitete ab 1927 die »Grüne Post«, die erste Wochenend-Zeitung, die eine Millionenauflage in Deutschland erreichte. Ab 1930 wirkte er als freier Schriftsteller. Besonders erfolgreich waren seine Reiseberichte. 1933 verlegte er seinen Wohnsitz in die Schweiz, 1941 nach Brasilien. 1945 kehrte er in die Eidgenossenschaft zurück. Er starb 1968 in Locarno. Er schrieb u.a. »Heitere Tage mit braunen Menschen« und »Gruß aus der Hängematte«.

Als Justizminister von Schleswig-Holstein (1947 bis 1950) und Vizepräsident des Bundesverfassungsgerichtes in Karlsruhe

(1951 bis 1961) war **Rudolf Katz** ein maßgeblicher Mann des bundesdeutschen Rechtswesens. Er war 1895 im pommerschen Falkenburg als Sohn eines jüdischen Synagogensängers zur Welt gekommen. In Weimarer Zeit wirkte er als Notar und SPD-Mandatsträger im Altonaer Stadtparlament Von 1933 bis 1935 war er Kommunalberater der chinesischen Nanking-Regierung des Marschalls Tschiang Kai-schek. 1935 emigrierte Katz nach Amerika. Er wirkte bis 1946 an der Columbia-Universität, New York, und war führend in Emigrantenvereinigungen tätig, z.B. als Generalsekretär der von Grzesinski gegründeten »German Labor Delegation«. Rudolf Katz starb 1961 in Baden-Baden.

Als führender Mann des Abstinentenbundes (Alkoholgegner) und der Sozialdemokratie trat **Simon Katzenstein**, geboren 1868 in Gießen, zur Kaiserzeit, in der Weimarer Republik und in der Emigration hervor. Der Sohn eines jüdischen Holzhändlers schloß sich Ende der 1880er Jahre den Sozialdemokraten an. Ab 1905 lehrte er an der SPD-Parteischule in Berlin. Dort wurde er 1915 Stadtverordneter. 1919/20 saß er als SPD-Abgeordneter in der Deutschen Nationalversammlung zu Weimar. 1933 ging er ins Saarland, 1935 ließ er sich in Schweden nieder. Er starb 1945 in Solna bei Stockholm.

Eigentlich hieß der Naturwissenschaftler und Politiker **Ephraim Katzir**, der von 1973 bis 1978 Staatspräsident Israels war, Katchalskij. Er war 1916 in Bielsk/Rußland zur Welt gekommen. Mit seiner glühend zionistischen Familie kam er als Sechsjähriger nach Palästina. Er studierte an der Hebräischen Universität Jerusalem und wurde 1951 Leiter der Biophysikalischen Abteilung des Weizmann-Instituts in Rehovot. Von 1966 an war er »wissenschaftlicher Chefberater von Zahal«, der israelischen Armee.

Als seine Frau Hilde geborene Rosenthal ihm 1927 im hessischen Wenings einen Knaben namens Heinrich gebar, konnte der jüdische Metzger Gustav Kaufmann wohl nicht ahnen, daß sein Sprößling dereinst unter dem Namen **Henry Kaufman** an der New Yorker Börse zum »Zins-Papst der Wallstreet« (von Medien verliehener Titel) aufsteigen würde. Klein-Heinrich kam 1937 mit der Familie in die USA. Zwölf Jahre später trat er in die Dienste der People Industrial Bank. 1961 wurde er führender Mitarbeiter des New Yorker Investmenthauses Salomon Brothers. Sein wöchentlicher Börsenbericht »Comment in Credit« hat erheblichen Einfluß auf das Gebaren der Börsianer an der Wall Street. »Welt am Sonntag«: »Drei Männer (Joe Granville, der ebenfalls aus Deutschland stammende Albert Wojnilower und Henry Kaufman) beherrschen die Kurse an der Wallstreet.«

Nach Ausbildung u.a. in Paris gründete der Maler **Arthur Kaufmann** (geboren 1888 in Mühlheim an der Ruhr, gestorben 1971 bei Rio de Janeiro) mit Gert H. Wollheim 1919 die Künstlergruppe »Das junge Rheinland«, die in engem Kontakt zu Klee, Kokoschka und Kandinsky stand. 1930 wurde Kaufmann Direktor der von ihm gegründeten »Neuen Schule für die dekorative Kunst« in Düsseldorf. 1933 ging er nach Holland, 1936 - mit dem Komponisten George Gershwin als Bürgen - nach US-Amerika. Zehn Jahre darauf ließ er sich in Brasilien nieder. Als sein Hauptwerk gilt ein von 1938 bis 1965 entstandenes Triptychon »Arts and Sciences Finding Refuge in the United States of America«. Das Panoptikum zeigt die Porträts zahlreicher Emigranten, darunter Weill, Schönberg, Piscator, die Brüder Mann usw.

»Bedenken Sie die Macht des Judentums!« sagte Adenauer einem Kritiker, der ihm zu große Nachgiebigkeit gegenüber jüdischen Forderungen vorgehalten hatte. Diese Einschätzung trug vermutlich dazu bei, daß sich der erste Bundeskanzler auch mit jüdischen Vertrauten umgab. Als sein wichtigster Rechtsberater galt **Erich Kaufmann** (geboren 1880 in Demmin/Pommern, gestorben 1972 in Karlsruhe). Dieser evangelisch getaufte Jurist aus jüdischer Familie war schon als Rechtsberater des Auswärtigen Amtes zu Weimarer Zeit in Erscheinung getreten. 1934 verlor er seine Berliner Professur. Von 1939 bis 1946 hielt er sich in Holland auf. Adenauer holte ihn 1950 nach Bonn, wo er acht Jahre die Bundesregierung in internationalen Angelegenheiten vertrat, zum Beispiel vor dem Gerichtshof im Haag.

Als Zweijähriger wurde der 1924 in Berlin geborene **Walter Kaufmann** von einem jüdischen Ehepaar adoptiert. Sein Stiefvater war Rechtsanwalt. 1940 ging er über die Niederlande nach England. Er wurde interniert, war Obstpflücker in Australien und danach Soldat in britischer Uniform. Seit Mitte der 50er Jahre hielt er sich in der DDR auf. Dort schrieb er Romane, Rundfunkstücke und Drehbücher für Fernsehfilme. Häufig ging es in seinen literarischen Erzeugnissen um den »Kampf gegen den Faschismus«. 1985 stieg er zum Generalsekretär des Pen-Zentrums der DDR auf. Als SED-Genosse wurde er u.a. mit dem Preis der kommunistischen Weltjugendfestspiele in Warschau (1955) und dem Heinrich-Mann-Preis (1967) ausgezeichnet. 1990 erfolgte seine Wiederwahl zum Generalsekretär des Pen-Clubs (Ost).

Chefjurist des DDR-Mauermordregimes war über Jahrzehnte der aus jüdischer Familie stammende **Friedrich Karl Kaul**. Er kam 1906 in Posen zur Welt und starb 1981 in Ostberlin. 1932 schloß er sich der stalinistischen KPD an. Bis 1935 war er in Deutschland als Rechtskonsulent tätig. Gegen Zusicherung, aus dem Reich zu verschwinden, wurde er 1937 aus der Haft entlassen. Er emigrierte nach Amerika. Im besetzten Deutschland wollten die Amerikaner ihn 1945 zum Intendanten des Rundfunks in Stuttgart machen. Kaul lehnte ab, ging in die Sowjetzone, wurde Richter, dann Justitiar des Ostberliner Rundfunks und avancierte zum »DDR-Kronjuristen«. Er war KPD-Hauptbevollmächtigter beim Verbotsprozeß, trat als Nebenkläger in NS-Verfahren (z.B. Auschwitz-Prozeß in Frankfurt am Main) in Erscheinung, war »Beobachter« beim Eichmann-Prozeß in Israel, erhielt den Professorentitel, amtierte als Vizepräsident der DDR-Juristen, schrieb »Ich klage an - Der Fall Grynzpan« und Krimis wie »Mord im Grunewald«. Er erhielt sämtliche hohen DDR-Orden. Mit seinem zionistischen Nazijagdgenossen Wiesenthal war er verfeindet. Er nannte ihn einen »Gauner«, der ihn »am Arsche lecken« könne.

Der 1893 auf Geheiß Kaiser Wilhelms II. geadelte Bankier **Alfred von Kaulla** war 1852 in Stuttgart zur Welt gekommen. Er wirkte als Vorsitzender der einflußreichen Württembergischen Vereinsbank (die nach seinem Tode in der Deutschen Bank aufging), finanzierte die Waffenfabrik Mauser und entwickelte den Plan für die Bagdadbahn fort, an dem bereits Bismarcks jüdischer Bankier Gerson von Bleichröder gearbeitet hatte. Von 1910 bis 1922 war von Kaulla Aufsichtsratsvorsitzender der Daimler-Motoren-Gesellschaft. Er starb 1924 in Stuttgart.

Der sozialdemokratische Politiker und Publizist **Karl Kautsky** (geboren 1854 in Prag, gestorben 1938 in Amsterdam) war der Sohn eines jüdischen Theatermalers. Er studierte in Wien und schloß sich 1875 den österreichischen Sozialisten an. Von 1885 bis 1890 war er Privatsekretär von Friedrich Engels in London. 1890 wurde er SPD-Mitglied. Er war Mitverfasser des sozialdemokratischen Erfurter Programmes und galt als Chefideologe der Sozialdemokratie in Deutschland. Aus Opposition gegen die Burgfriedenpolitik der SPD-Führung gründete er 1917 die USPD, deren Chef er wurde. 1918/19 wirkte er als Unterstaatssekretär im Reichsaußenministerium. Ihm oblag ab 1919 die Herausgabe der deutschen Dokumente zum Kriegsausbruch. Bei dieser Gelegenheit wandelte sich Kautsky zum entschiedenen Widersacher der These von deutscher Haupt- oder gar Alleinschuld. 1923 fand er zur SPD zurück und verfaßte deren Heidelberger Programm mit. Vor Hitler flüchtete er in die Niederlande.

Ein begnadeter Spaßmacher auf der Leinwand war **Danny Kaye**. Der jüdische Schauspieler kam 1913 in New York-Brooklyn als David Daniel Kaminskij auf die Welt. Die Eltern stammten aus der Ukraine. Schon als 13jähriger trat er als Clown und Artist in Varietés auf. 1940 debütierte er am Broadway. 1943 nahm ihn MGM für Hollywood unter Vertrag. Seine bekanntesten Streifen waren »Hans Christian Andersen« (1952), »Der Hofnarr« (1955) und »König der Spaßmacher« (1957). Als entschlossener Zionist engagierte er sich für die Sache Israels, und er betonte seinen Stolz aufs Judentum. Als Kinderfreund wirkte er für die Unicef. Kaye starb 1987 in Los Angeles.

Eigentlich hieß der Filmkomiker **Buster Keaton** mit Vornamen Joseph Francis. Er kam 1895 in Pickway/US-Bundesstaat Kansas als Sohn jüdischer Varietékünstler zur Welt. Schon als Kleinkind wirkte er bei Auftritten der Eltern mit. 1917 verpflichtete ihn »Fatty« Arbuckle für Hollywood. Keaton avancierte zu einem der bekanntesten Stummfilmkomiker. Als »der Mann, der niemals lacht« war es sein Markenzeichen, auch bei den groteskesten Situationen keine Miene zu verziehen. Der Trunksucht verfallen und mit MGM-Boß Louis Mayer in einen furchtbaren Kampf hinter den Kulissen verwickelt, verschwand er für Jahrzehnte von der Leinwand. Erst Anfang der 60er Jahre wurde er - wie ein Relikt aus ferner Zeit - wieder von Regisseuren eingesetzt. Der letzte Streifen, in dem er auftrat, hieß »Toll trieben es die alten Römer«; im selben Jahr (1966) starb Keaton in Wooden Hills/Kalifornien.

Der Literat und Psychoanalytiker **Hans A. Keilson**, geboren 1909 in Bad Freienwalde an der Oder, legte 1934 sein Arztexamen ab und war dann als Leiter an jüdischen Schulen in Berlin tätig. 1936 ging er nach Holland. Zur Zeit der deutschen Besatzung der Niederlande soll er untergetaucht und in Widerstandsgruppen aktiv gewesen sein. Nach 1945 praktizierte er als Kinderpsychologe in Holland und schuf die Organisation für jüdische Waisen »Le Ezrat Ha-Jeled«. Von 1985 bis 1988 präsidierte er dem Pen-Zentrum deutschsprachiger Autoren im Ausland. Besonders aufschlußreich ist sein 1985 erschienenes Buch »Linker Antisemitismus«.

Der kommunistische Parteifunktionär und Grafiker **Max Keilson**, Jahrgang 1900, war in Weimarer Zeit führend in der Agitprop der KPD aktiv. 1928 war er Mitbegründer der kommunistischen »Assoziation Revolutionärer Bildender Künstler Deutschlands« (ARBKD), deren Vorsitz er übernahm. In sowjetischer Emigration betrieb er über Radio Moskau Stalin-Propaganda. Er war Chef des Senders »SA-Mann Weber«, mit dem die Moral der Wehrmacht untergraben werden sollte. »Der Sender arbeitete mit bewußten Falschmeldungen und Zwecklügen« (Conrad Pütter, »Rundfunk gegen das Dritte Reich«). In der DDR brachte es Keilson zum Chefredakteur der »Deutschen Volkszeitung« und des »Vorwärts« (Ostberlin). 1949 stieg er zum Präsidenten des Verbandes der Deutschen Presse und zum Leiter der Abteilung Sowjetunion im Außenministerium auf. Anfang Januar 1953 kam er im Zusammenhang mit der Affäre um den DDR-Außenminister Dertinger in Haft. Er starb im selben Jahr hinter Gittern.

Der 1881 in Prag geborene Rechtswissenschaftler **Hans Kelsen** (eigentlicher Name Kohn) war nach 1918 wesentlich an der Ausarbeitung der österreichischen Verfassung mit ihrem großdeutschen Bekenntnis beteiligt. Von 1920 bis 1929 wirkte er als Mitglied des Obersten Verfassungsgerichtes in Wien. Ab 1930 lehrte er Völkerrecht in Köln. 1933 ging er an die Universität Genf, 1936 nach Prag, 1940 nach Cambridge und 1943 nach Berkeley, wo er hochbetagt 1973 starb. Er gilt als Schöpfer der sogenannten reinen Rechtslehre. Zu seinen Hauptwerken zählen »Der Staat als Übermensch« (1926) und »Reine Rechtslehre« (1934). Er war 1905 zum Katholizismus übergewechselt, bekannte sich ab 1940 aber wieder zum jüdischen Glauben.

Paul H. Kempner (geboren 1889 in Berlin, gestorben 1956 in New York) war ein Sohn des Industriellen und Politikers Maximilian Kempner, des Vorsitzenden des Deutschen Kalisyndikats (1918 in den Reichstag gewählt). Paul H. Kempner trat 1919 in das Bankhaus Mendelssohn & Co. ein und war von 1922 bis 1938 Mitinhaber dieses Geldinstituts, das zu den bedeutendsten Privatbanken Deutschlands gehörte. Im Ersten Weltkrieg hatte er als Adjutant beim Verwaltungschef des deutschen Generalgouverneurs in Belgien gedient. Er gehörte in Weimarer Zeit dem Vorstand der DDP an, wirkte als stellvertretender Vorsitzender der Friedrich-List-Stiftung und vertrat

Deutschland im Finanzausschuß des Völkerbundes. 1939 ging er in die amerikanische Emigration.

Nach dem Prinzip »Ausländer raus!« wollte **Robert Max Wasilij Kempner**, geboren 1899 in Freiburg im Breisgau, das Problem Hitler lösen: Als Justitiar der Polizeiabteilung im preußischen Innenministerium im Range eines Oberregierungsrates empfahl er 1931, den aus Österreich stammenden NS-Führer als »lästigen Ausländer« auszuweisen. Kempner, Sohn der bekannten Tbc-Forscherin Lydia Rabinowitsch-Kempner (1871-1935), war in Weimarer Zeit politisch auf dem linken SPD-Flügel aktiv und wirkte im Vorstand des »Republikanischen Richterbundes«. Besonders stolz war er zeitlebens auf seine Rolle beim Sturz des »reaktionären« Reichswehrchefs Hans von Seeckt. Tatsächlich trug dieser Sturz Seeckts, der 1923 nach Hitler-Putsch und kommunistischen Unruhen auf Ersuchen Eberts die vollziehende Gewalt im Reich übernahm und die Weimarer Republik rettete, zur Destabilisierung der ersten deutschen Republik entscheidend bei. Nach der NS-Machtübernahme war Kempner Devisen- und Auswanderungsberater für Juden. 1935 ging er in das Reich des Duce, wo er das »Instituto Fiorenza« (Florenz) leitete. Nach Kriegsbeginn tauchte er in den USA auf. Dort wurde er Mitarbeiter von Robert Houghwout Jackson, der als Justizminister Roosevelts 1940/41 die Doktrin verkündete, die USA hätten das Recht, sich in alle Konflikte der Welt einzumischen, da es sich im Grunde um »Weltbürgerkriege« handele. 1945/46 war Kempner Jacksons Stellvertreter als Ankläger in Nürnberg. 1947 wirkte er als Hauptankläger im Prozeß gegen den einstigen stellvertretenden Reichsaußenminister und Vater des nachmaligen Bundespräsidenten, Ernst von Weizsäcker (»Wilhelmstraßenprozeß«). Seit den 50er Jahren betätigte sich Kempner

Georg KARESKI

Heinz-Herbert KARRY

Garri KASPAROW

Friedrich Karl KAUL

Karl KAUTSKY

Danny KAYE

Buster KEATON

Robert KEMPNER

Alexander KERENSKY

hauptsächlich als Wiedergutmachungsanwalt. Unermüdlich propagierte er längst widerlegte Behauptungen, zum Beispiel, Göring habe als Oberhaupt einer NS-Verschwörung den Reichstag in Flammen gesetzt. Kempners 1983 erschienenen Memoiren trugen den Titel »Ankläger einer Epoche«. Er starb 1993 in Königstein im Taunus. Er war Ehrenbürger von Jerusalem. Zu seinem Tode fiel das offizielle Bonn in Trauer und bekundete der Regierende Bürgermeister Diepgen: »Berlin war stolz auf ihn.«

Nicht nur in Lenins Reihen standen viele Juden; auch der Widersacher der Bolschewisten nach dem Sturz des Kaisertums, **Alexander Fjodorowitsch Kerenski**, war einer von ihnen. 1881 in Simbirsk geboren, schlug er die Laufbahn eines Rechtsanwalts ein. 1912 zog er für die sozialrevolutionären »Trudowiki« ins russische Parlament, die Duma, ein. 1917 wurde er stellvertretender Vorsitzender des Soldaten- und Arbeiterrates von Petrograd (St. Petersburg), dann Justiz- und Kriegsminister. Von Juli bis September 1917 amtierte er als letzter kaiserlicher Ministerpräsident und von September bis November 1917 als republikanischer Staatspräsident Rußlands. Am 15. September 1917 hatte er die Russische Republik ausgerufen. Im Gegensatz zu Lenin, der ihn im November 1917 verdrängte, wollte Kerenski unbedingt weiter an der Seite der Westmächte gegen die Deutschen kämpfen. Er exilierte zunächst nach Westeuropa, dann ging er 1940 in die USA, wo er als Geschichtsprofessor lehrte. Er starb 1970 in New York.

Jerome David Kern, einer der erfolgreichsten jüdischen Musicalkomponisten der USA, kam 1885 in New York zur Welt. Seine Ausbildung zum Musiker erfuhr er in Europa (Berlin, London). 1912 wurde in Amerika sein erstes Musical, »The Red Petticoat«, uraufgeführt. 1927 brachte man sein berühmtestes musikalisches Bühnenstück, »Show Boat« (nach Edna Ferbers Roman), zum ersten Male öffentlich zu Gehör. Der Song »Ol' Man River« daraus wurde zu einem international erfolgreichen Schlager. 1934 verlegte Kern sein Schaffen vom Broadway nach Hollywood, wo er Filmmusiken schrieb. Er starb 1945 in New York.

1935 brachte der Literat **Alfred Kerr** (geboren 1867 in Breslau unter dem Namen Kempner als Sohn eines jüdischen Händlers) in der englischen Emigration eine antideutsche Schrift heraus mit einem Germanen auf der Titelseite, der wie aus der Geisterbahn entsprungen schien und unschuldige Opfer mit Dracula-Zähnen aufspießte: »Der Ewige Deutsche«. Bei Kerr handelte es sich um jenen Literaten, der im Ersten Weltkrieg als militaristischer Einpeitscher in Deutschland aufgetreten war. In bezug auf die Russen stachelte er im »Ostdeutschen Kriegsalmanach« die Deutschen an: »Zarendreck, Barbarendreck/ Peitsch sie weg! Peitsch sie weg!« Unter dem Decknamen »Gottlieb« brachte er Hunderte Haßreime zu Papier wie: »Das wahre Glück bringt Schießen nur,/ drum gaudeamus igitur.« Zum Tode Lenins hatte sich Kerr wie folgt eingelassen: »Lenin unternahm das grandioseste Experiment, das seit zweitausend Jahren gemacht wurde. Gegner beschuldigen ihn der Härte. Das ist irrig. Dieser Tote wird immer wieder auferstehen - in hundert Formen - bis im Chaos der Erde Gerechtigkeit herrscht.« In England begrüßte Kempner-Kerr 1939 die Errichtung der Churchill-KZs, in die auch jüdische Emigranten mußten. Denn: »Die Nazis verkleiden ihre Spione oft als Auswanderer.« Kempner, der zur Kaiserzeit als Herausgeber des linksbourgeoisen Kulturblattes »Pan« begonnen hatte, kam nach 1945 wieder nach Deutschland und war bis zu seinem Tode (er starb auf Vortragsreise 1948 in Hamburg) als Umerzieher aktiv. Das »Neue Lexikon des Judentums« findet: »Das Judentum spielte bei ihm eine große Rolle.«

Joseph Kessel, 1898 im argentinischen Clara geborener Sohn aus Rußland stammender jüdischer Eltern, kam in Frankreich als Schriftsteller groß heraus. Im Ersten Weltkrieg diente er als französischer Soldat in der Luftwaffe; im Spanischen Bürgerkrieg stand er auf der Seite der Roten. 1962 wurde er in die Académie française aufgenommen. Sein bekanntestes Werk ist der von Buñel 1966/67 (mit Deneuve und Piccoli) verfilmte Roman »Die Schöne des Tages«. Geschildert wird, daß eine scheinbar glücklich verheiratete Frau nur als Hure »sexuelle Erfüllung« findet. Kessel verschied 1979 in Val d'Osief bei Paris.

Der Literat **Hermann Kesten** kam 1900 im galizischen Podwoholoczyska zur Welt. Er profilierte sich in Weimarer Zeit als Linkspublizist und wurde Cheflektor beim Kiepenheuer-Verlag zu Berlin. Nach Hitlers Machtantritt ging er in die Niederlande, dann nach Frankreich und 1940 in die USA, deren Staatsbürger er 1949 wurde. Trotz seines Wohnsitzes Rom (ab 1952) wurde er 1972 zum Chef des bundesdeutschen Pen-Zentrums gewählt, was er bis 1977 blieb. Fortan lebte er in der Schweiz. Kesten hat sich in vielen seiner Arbeiten um die »Bewältigung« des - längst toten - Hitler bemüht. Er war Mitarbeiter des ultralinken Münchner »Pressedienst Demokratische Initiative« (PDI). Er wurde mit zahlreichen Preisen deutscher Kommunen und Institutionen ausgezeichnet. Den deutschen Staatsorden, das Große Bundesverdienstkreuz, aber lehnte er ab: »Das paßt nicht zu mir.« Er starb 1996 in Riehen bei Basel.

Trotz seiner jüdischen Herkunft war der Sänger und Schauspieler **Jan Kiepura** im Dritten Reich (bis er sich 1939 an die New Yorker »Met« verpflichten ließ) erfolgreicher und geförderter Künstler. Dr. Goebbels

ließ ihn 1938 sogar auf die Liste der staatlich besonders zu begünstigenden Kunstschaffenden setzen. Kiepura war 1902 in Sosnowitz/Russisch-Polen geboren worden. Seine Mutter, Maria Najman, war eine getaufte Jüdin. »Die Mutter war stolz auf diese Abkunft«, schreibt das »Lexikon des Judentums«. 1925 erhielt Kiepura sein erstes Engagement (Warschauer Oper), 1932 wurde er Kammersänger in Wien. Sein erfolgreichster Film war »Ich liebe alle Frauen«, der 1935 als deutsch-französische Koproduktion entstand. 1936 heiratete er die nichtjüdische Sängerin und Schauspielerin Martha Eggerth. Auch nach 1945 trat er umjubelt in Deutschland auf. Er starb 1966 in Harrison (US-Bundesstaat New York.)

Der Arzt und Verbandsfunktionär **Peter Kirchner**, geboren 1935 in Berlin, besuchte bis 1942 die jüdische Schule in der Reichshauptstadt, an der zu diesem Zeitpunkt trotz des unsäglichen NS-Antisemitismus der Unterricht noch lief. In der DDR promovierte er zum Facharzt für Psychiatrie. 1971 übernahm Kirchner den Vorsitz der jüdischen Gemeinde in Ostberlin. Fortan zeigte er sich - wie auch andere Führer der DDR-Juden - in gutem Einvernehmen mit den Machthabern. 1990, nach der Wende, erhob er Forderungen nach Einstellung jeder antizionistischen Propaganda, Anerkennung Israels durch die DDR, Umformulierung der DDR-Geschichtsbücher, in denen der Holocaust zu wenig berücksichtigt werde, und nach DDR-Wiedergutmachung für Hitlers Judenverfolgung.

Einiges spricht dafür, daß der Literat **Egon Erwin Kisch** - wie so viele andere kommunistische Juden - von einem stalinistischen Liquidierungskommando umgebracht worden ist. Jedenfalls sind die Umstände seines Todes 1948 in Prag mysteriös. Er war 1885 in der böhmischen Hauptstadt zur Welt gekommen, wurde 1919 KPÖ-Mitglied und schloß sich 1925 zusätzlich der stalinistischen KPD an. 1929 war er Gründungsmitglied des »Bund Proletarisch-Revolutionärer Schriftsteller«, einer absolut moskautreuen Organisation. Kisch hielt sich mehrfach längere Zeit in Stalins Genickschuß- und Gulag-Reich auf (z.B. 1925/26, 1931/32), ohne vom kommunistischen Glauben abzufallen oder gar zu protestieren. 1933 tauchte er wieder in Prag auf. 1936 machte er in Spanien Propaganda für den Anschluß Iberiens an das Imperium Stalins. 1940 bis 1946 hielt sich der »rasende Reporter« in Mexiko auf, 1946 kam er nach Prag zurück. Er schrieb u.a. »Geschichten aus sieben Ghettos« (1934).

Arno Lustiger, der Historiker des bewaffneten jüdischen Kampfes gegen Hitler ab 1933, schreibt: »Vielleicht hätte der erste Staatspräsident Israels nicht Weizmann sondern Kisch geheißen, wenn General **Frederic Kisch**, Engineer-Kommandeur der Pioniertruppen der 8. Britischen Armee, am 14. April 1943 im Wadi Akarit in Tunesien nicht durch eine Mine getötet worden wäre.« Kisch war 1888 in Indien zur Welt gekommen, wo sein Vater als britischer Generalpostmeister von Bengalen amtierte. Im Ersten Weltkrieg diente Kisch als führender Offizier der Militärspionage. Als »Militärexperte« nahm er an der Versailler Konferenz teil, wo er u.a. mit Churchill und Lord Balfour zusammentraf. 1923 wurde er in die Führung der Zionistischen Internationale gewählt (Vorsitzender der Exekutive der Jewish Agency). Er ging nach Jerusalem und hatte maßgeblichen Anteil an der Schaffung der Haganah, der zionistischen Untergrundarmee. Ab 1941 diente er als Chef der Pioniertruppen der 8. britischen Armee in Nordafrika im Kampf gegen den »Wüstenfuchs« Rommel.

Der Satiriker **Ephraim Kishon** ist der auflagenstärkste israelische Autor. Er kam 1924 in Budapest als Ferenc Hoffmann zur Welt. Die Kriegszeit verbrachte er in ungarischer, deutscher, dann in sowjetischer Lagerhaft. 1949 kam der überzeugte Zionist und nationalbewußte Jude nach Israel. Er wählte sein Pseudonym nach dem Qishon oder Kishon, dem einzigen ständig wasserführenden größeren Fluß zu Israels Mittelmeerküste. Am Kishon errangen laut Altem Testament die Juden einen Sieg über die Kanaaniter und ließ der Prophet Elia 450 Führer des Baal-Kultes umbringen. Die meisten Werke Ephraim Kishons wurden von Friedrich Torberg ins Deutsche übersetzt. Der jüdische Satiriker hat sich mehrfach gegen dekadenten Kunstmodernismus ausgesprochen. Kishon-Zitat: »Die moderne Kunst ist ein Welt-Bluff, die größte Betrügerei, die es je gab. Niemand sagt ein Wort, weil er sofort von der Kunstmafia in den Massenmedien erledigt wird. Immer wieder taucht die Frage auf, ob ich mir darüber im klaren bin, daß das Naziregime die Tendenzen der modernen Kunst und ihre Künstler mit eiserner Faust unterdrückt hat. Ja, natürlich weiß ich das. Aber ich möchte doch festhalten: Nicht die Nazis werden meine Weltanschauung bestimmen. Wenn Göring Chopins Musik liebt, hätte ich sie zu hassen? Oder wenn Dr. Goebbels gegen den Stierkampf war, müßte ich unbedingt dafür sein? Jeder Kritiker der modernen Kunst wird heute in die Ecke der reaktionären Spießer verwiesen. Genauso haben es die Meinungsmacher von damals getan.« Zur Wiedervereinigung 1990 sagte er: »Das war mehr als nötig. Es war eine absolut künstliche Regelung, daß ein Volk in zwei kontroversen Systemen leben soll, nur weil es einige Großmächte so entschieden haben.« Zur Zukunft Deutschlands meinte er 1993: »Deutschland wird bald nicht nur eine Großmacht sein, sondern die größte Macht in Europa.«

Henry Kissinger kam 1923 in Fürth als Heinrich Alfred Kissinger zur Welt. Sein Vater war der Studienrat Louis Kissinger, der 1938 mit der Familie nach Amerika emigrierte und 1982 im Alter von 95 Jahren in New York verschied (die Weltpresse hatte 1974 gemeldet, die gesamte Verwandtschaft Kissingers sei »von den Nazis zu Seife verarbeitet« worden). Der junge Heinrich-Henry diente ab 1943 als US-Soldat und kam als Geheimdienstoffizier ins besetzte Deutschland. Von 1954 bis 1971 lehrte er Staatswissenschaften in Harvard, ab 1962 als Professor. Er wurde enger Weggefährte Nelson Rockefellers, dessen Assistentin Nancy Maginnes er 1974 in zweiter Ehe heiratete. In den 60er Jahren hatte Kissinger dem Beraterstab der Präsidenten Kennedy und Johnson angehört. Von 1969 bis 1973 war er Sicherheitsberater des US-Präsidenten Nixon, von 1973 bis 1977 Außenminister unter Nixon und Ford. Seither ist er hauptsächlich publizistisch tätig. Kissinger, der Metternich als sein Vorbild bezeichnete, war in den 70er Jahren bestrebt, den machtpolitischen Status quo festzuschreiben. Als Publizist warnt er vor allem vor einer deutsch-russischen Allianz.

Eigentlicher »Vater« der These von einer eigenständigen »Österreichischen Nation« war der fanatische Stalinist **Alfred Klahr** (recte Klaar). Er kam 1904 als Sohn eines Funktionsträgers der jüdischen Gemeinde Wiens in der österreichischen Hauptstadt zur Welt. Er war in den 30er Jahren Chefredakteur des Zentralorgans der Kommunisten in Österreich, »Rote Fahne«, leitete 1935 bis 1938 in Moskau die österreichische Abteilung der Lenin-Schule, zählte in Frankreich zu den Organisatoren der Partisanenbewegung gegen die Deutschen, wurde bei einem illegalen Schweiz-Aufenthalt verhaftet und an die Franzosen, die ihn wiederum den Deutschen übergaben, ausgeliefert. Ihm gelang die Flucht aus Auschwitz, doch wurde er 1943, bevor er am Ghetto-Aufstand mitwirken konnte, von einem deutschen Kommando in Warschau aufgegriffen und erschossen. Das »Biographische Handbuch der deutschsprachigen Emigration« schreibt: »Er vertrat im Frühjahr 1937 in zwei Aufsätzen in ›Weg und Ziel‹ (KP-Organ) unter dem Pseudonym Rudolf und in weiteren Aufsätzen unter dem Pseudonym Ph. Gruber die Auffassung, daß die großdeutsche Idee und das Anschlußdenken, die die österreichische Arbeiterbewegung insgesamt geprägt hätten, historisch überholt und für die weitere Entwicklung Österreichs und seiner Arbeiterbewegung schädlich seien; Österreich bilde eine eigenständige Nation. Diese Auffassung setzte sich nach anfänglichen Widerständen in der KPÖ rasch durch.«

Als Senatspräsident des Obersten Gerichtshofes in Wien spielte der jüdische Jurist **Heinrich Klang** nach dem Zweiten Weltkrieg eine zentrale Rolle im Rechtswesen der zweiten österreichischen Republik. Er war 1875 in Wien zur Welt gekommen. Nach Dienst im Ersten Weltkrieg als k.u.k. Offizier wurde er 1925 Rechtsprofessor in Wien. Er gab die »Juristischen Blätter« heraus und verfaßte von 1927 bis 1935 einen grundlegenden, sechsbändigen Kommentar zum Allgemeinen Bürgerlichen Gesetzbuch. 1942 wurde er nach Theresienstadt deportiert. Klang starb 1954 in Wien.

»Vertreter einer vom Darwinismus geprägten Geschichtsauffassung, Kämpfer gegen die Intellektualisierung des Lebens, zugleich Vertreter des jüdischen Nationalismus und des Zionismus als ›realistischer‹ Ideologie für die jüdische Selbsterhaltung.« So charakterisiert das »Handbuch der deutschsprachigen Emigration« den Philosophen, Publizisten und Verleger **Jacob Klatzkin**. Er kam 1882 in Kartusskaja Beresa/Russisch-Polen als Sohn des bedeutenden Rabbiners und »nationalen jüdischen Publizisten« (»Lexikon des Judentums«)

Elija Ben Naftali Herz Klatzkin, des »Lubliner Raw«, zur Welt. Er studierte bei H. Cohn in Marburg und orientierte sich an Bergson und Spinoza. 1909 wurde er Herausgeber des zionistischen Zentralorgans »Die Welt«, ab 1912 gab er in Heidelberg die »Freien Zionistischen Blätter« heraus. Mit dem späteren Führer der Zionistischen Internationale, Nahum Goldmann, gründete er 1923 in Berlin den Eschkol-Verlag und nahm die Encyclopaedia Judaica in Angriff. Nach 1933 ging er in die Schweiz, 1941 in die USA, wo er am Chikagoer College of Jewish Studies lehrte. Klatzkin starb 1948 in New York (nach anderen Angaben in Vevey/Schweiz).

Als »bedeutendster österreichischer Jurist seiner Zeit« wird bei Tetzlaff (»2000 Kurzbiographien bedeutender deutscher Juden des 20. Jahrhunderts«) der jüdische Rechtswissenschaftler und Politiker **Franz Klein** porträtiert. Er kam 1854 in Wien zur Welt, wurde dort Professor und wirkte von 1906 bis 1908 sowie 1916 als österreichischer Justizminister. 1919 war er als Staatssekretär des österreichischen Auswärtigen Amtes bei den Friedensvertragsverhandlungen zugegen, die zum Diktat von Saint-Germain führten. Er hatte wesentlichen Anteil an der Schaffung der österreichischen Zivilprozeßordnung, die auch die reichsdeutsche ZPO beeinflußte. Klein starb 1926 in Wien.

Zum Ableben von **Julius Klein** (er starb 1984 in Chikago) schrieben die in Tel Aviv erscheinenden »Israel Nachrichten«: »Er war von der US-Regierung beauftragt, mit Bundeskanzler Adenauer Schadenersatzabkommen für Holocaustüberlebende und Angehörige jüdischer Naziopfer auszuarbeiten. Er war es, der die historische Begegnung zwischen Adenauer und Ben Gurion zustandebrachte.« Klein war 1901 in Chikago als Sproß einer aus Deutschland zugewanderten jüdischen Familie zur Welt gekommen. Im Zweiten Weltkrieg kommandierte er im Range eines Brigadegenerals eine Artilleriebrigade auf dem asiatischen Kriegsschauplatz. Nach 1945 wirkte er als Präsident einer Reklame- und Propaganda-Firma, die sein Vater geschaffen hatte, und er amtierte als Vorsitzender der »Jewish War Veterans«.

Der jüdische Sportlehrer **Ralph Klein** trainierte von 1983 bis 1987 die bundesdeutsche Basketball-Nationalmannschaft. Er war 1931 in Berlin geboren worden. Sein Vater kam im Todeslager Auschwitz um. Bruder und Schwester überlebten das KZ. Mit seiner Mutter ging Klein 1950 nach Israel. Dort wurde er zu einem der erfolgreichsten Sportler des Landes. Mit der israelischen Basketballmannschaft errang er manchen internationalen Sieg. Als er 1983 seinen Dienst in Deutschland antrat, schlug ihm in Israel Haß entgegen. Er berichtete: »Man hat mich einen Verräter genannt, eine Sitzung der Knesset einberufen und mir erklärt, nie mehr dürfe ich die israelische Nationalmannschaft betreuen.« Doch er wolle nichts von Haß wissen: »Ich bin ein Mensch, der nach vorn schaut.« Er glaube, so fuhr er fort, daß die Deutschen dabei seien, ihren nationalen Stolz wiederzufinden.

Zu den bedeutendsten jüdischen Orchesterleitern des 20. Jahrhunderts gehörte **Otto Klemperer** (geboren 1885 in Breslau, gestorben 1973 in Zürich). Er trat 1919 zum katholischen Glauben über. Besonders wurde er von Gustav Mahler gefördert. Klemperer übernahm 1917 den Posten des Kapellmeisters am Kölner Opernhaus und wurde 1924 Generalmusikdirektor in Wiesbaden. Von 1931 bis 1933 leitete er die Berliner Krolloper. Er profilierte sich als »Avantgardist« und »Entromantisierer« und setzte sich für die Neutöner ein. In der amerikanischen Emigration leitete er das Exilantenorchester der New School for Social Research und die Philharmoniker in Los Angeles. 1947 kehrte er nach Europa zurück und übernahm 1950 die Stabführung bei den Londoner Philharmonikern. 1970 erwarb er die israelische Staatsbürgerschaft. Sein Sohn Werner Klemperer ist Schauspieler in den USA. In der Dauerserie »Hogan's Heroes«, in der clevere GIs brutale und idiotische Wehrmachtsoldaten immer wieder aufs neue überlisten, verkörperte er einen deutschen Offizier und bekam dafür zweimal den US-Fernsehpreis »Emmy«.

Der Literaturwissenschaftler **Victor Klemperer**, geboren 1881 in Landsberg an der Warthe, war Sohn eines jüdischen Predigers, wurde jedoch christlich getauft. Von 1920 bis 1935 lehrte er an der Technischen Hochschule Dresden. Im Kriege wurde er als ungelernter Hilfsarbeiter dienstverpflichtet. Nach 1945 stieg er in der DDR zum Präsidiumsmitglied des »Kulturbundes«, SED-Abgeordneten der Volkskammer, Mitglied des Rechtsausschusses der Volkskammer, Vorstandsmitglied der Vereinigung der Verfolgten des Naziregimes und des Komitees der Antifaschistischen Widerstandskämpfer, Mitglied des Ausschusses für Volksbildung und Kultur der Volkskammer, Mitglied der Akademie der Wissenschaften, Träger des »Vaterländischen Verdienstordens« und des DDR-»Nationalpreises« auf. Er starb 1960 in Dresden.

Auf Geheiß des Kaisers von Österreich erhielt der Bankier Gustav Klemperer im Jahre 1910 den Adel und hieß fortan **Gustav Klemperer Edler von Klemenau**. Er war 1852 in Prag geboren worden. Ab 1890 saß er in der Führung der Dresdner Bank, deren Aufsichtsrat er ab 1925 vorstand. Er engagierte sich insbesondere in der sächsischen Industrie und im böhmischen Bergbau. Von 1899 bis 1918 wirkte er als österreichischer Generalkonsul in Dresden. Er starb 1926 in der sächsischen Hauptstadt.

Viktor Klemperer Edler von Klemenau (Adelstitel ab 1910) wurde 1876 in Dresden als Sohn des Bankiers Gustav Klemperer geboren. Er wirkte seit 1904 führend in der Dresdner Bank und bekleidete eine Fülle von Aufsichtsratsmandaten von Unternehmen der Textil- und Maschinenindustrie, der Binnenschiffahrt, von Papier- und Zigarettenfabriken. Ab 1918 amtierte er als österreichischer Vizekonsul in Dresden. 1939 emigrierte er nach Südrhodesien. Dort, in Bulawayo, starb er 1943.

1928 endete die politische Karriere des französischen Politikers jüdischer Herkunft **Lucien Klotz**, als er wegen Betrugs zu Gefängnis auf Bewährung verurteilt wurde. Er starb zwei Jahre später in Paris, wo er 1868 auf die Welt gekommen war. Von 1898 bis 1922 gehörte er der Nationalversammlung an. 1910/11 und 1917 bis 1920 amtierte er als Finanzminister. In seinen 1924 erschienenen Memoiren nahm er gegen antideutsche Greuellügen Stellung. Beispiel aus seiner Zeit als Chef der französischen Zensur im 1. Weltkrieg: »Eines abends zeigte man mir einen Korrekturbogen des ›Figaro‹, in dem zwei Wissenschaftler von Ruf die Behauptung aufgestellt und durch ihre Unterschrift erhärtet hatten, daß sie mit eigenen Augen etwa hundert Kinder gesehen hätten, deren Hände von den Deutschen abgehackt worden waren. Trotz des Zeugnisses dieser Wissenschaftler hegte ich Zweifel an der Wahrheit des Berichtes und verbot, ihn zu veröffentlichen. Als der Herausgeber des ›Figaro‹ mir deswegen seine Entrüstung ausdrückte, erklärte ich mich bereit, im Beisein des amerikanischen Botschafters die Angelegenheit zu untersuchen, die wohl die ganze Welt aufrühren würde. Ich verlangte aber, daß der Name des Ortes, wo diese Nachforschungen stattfinden sollten, von den beiden Wissenschaftlern angegeben werde. Ich warte heute noch auf ihre Antwort oder ihren Besuch.«

Seinem Nachnamen alle Ehre machte der jüdische Biochemiker **Aaron Klug** mit bahnbrechenden Erkenntnissen über die dreidimensionale Strukturanalyse von Molekülen. Dafür erhielt er 1982 den Chemie-Nobelpreis. 1988 machte die englische Queen ihn zum Ritter des Empire. Der nachmalige Sir Aaron war 1926 im südafrikanischen Johannesburg zur Welt gekommen. Ab 1962 lehrte er Molekularbiologie an der Universität von Cambridge.

Durch US-amerikanische Fernsehserien, die auch auf dem hiesigen Bildschirm liefen, ist der Schauspieler **Jack Klugman** in Deutschland bekannt geworden. Von 1970 bis 1975 spielte er mit dem (ebenfalls jüdischen) Jack Lemmon in der Serie »Ein verrücktes Paar«, von 1976 bis 1982 mimte er einen Polizeiarzt in der Krimireihe »Quincy«. Klugman, geboren 1922 in Philadelphia, debütierte 1949 am Broadway und hatte 1956 sein Filmdebüt (»Timetable«). Er wirkte in zahlreichen Spiel- und Fernsehfilmen mit.

Die Mutter des 1913 in München geborenen Verlegers **Albrecht Knaus** war eine geborene Gramich-Mendelssohn. Er selbst zählt den berühmten jüdischen Schriftsteller Moses Mendelssohn zu seinen Vorfahren. Albrecht Knaus promovierte im Dritten Reich zum Dr.phil., war ab 1939 Lektor beim Piper-Verlag, übersetzte englische Bücher ins Deutsche und diente in der Deutschen Wehrmacht. Ab 1945 wirkte er bei Radio München und im US-lizenzierten Umerziehungsblatt »Neue Zeitung«. Von 1967 bis 1977 fungierte er als Verlagsleiter bei Hoffmann und Campe; 1978 gründete er seinen Albrecht-Knaus-Verlag.

Der kommunistische Journalist und Funktionär **Hans Knodt**, der - wie Abertausende aus dem Judentum stammende Genossen - dem stalinistischen Terror zum Opfer fiel, war mütterlicherseits (Salomone Alken) jüdischer Herkunft. Er kam 1900 in Essen zur Welt. 1919 wurde er KPD-Genosse, 1924 Chefredakteur der kommunistischen »Arbeiter-Zeitung« (Frankfurt am Main), dann der »Sächsischen Arbeiter-Zeitung« (Leipzig). Ab 1928 war er Chef des KP-Organs »Sozialistische Republik« (Köln), ab 1932 Redakteur des Zentralorgans »Rote Fahne« (Berlin). Von 1933 bis 1935 leitete er die Herausgabe der »Roten Fahne« im Saargebiet. 1935 wurde er nach Moskau gerufen. Er arbeitete fortan für Stalins Komintern. 1937 wurde er verhaftet. Seine Spur verliert sich im Archipel Gulag.

Alfred A. Knopf, der 1892 in New York als Sproß einer osteuropäischen jüdischen Einwandererfamilie zur Welt kam, entwickelte sich zu einem der bedeutendsten Verleger Nordamerikas. 1915 gründete er den nach ihm benannten New Yorker Verlag. Er führte u.a. die Werke Ehrenburgs, Freuds, Friedells, Kafkas und Kessels in den USA ein, förderte aber auch Hamsun und Mencken. Von 1924 bis 1932 gab er den »American Mercury« heraus.

In keiner anderen Stadt der Welt leben auch nur annähernd so viele Juden wie in New York; Schätzungen schwanken zwischen anderthalb und drei Millionen. Von 1978 bis 1990 regierte dort der jüdische Bürgermeister **Edward Koch** (Demokratische Partei). Er war 1924 in Brooklyn zur Welt gekommen und hatte von 1943 bis 1946 bei der US-Armee gedient. 1966 zog der Jurist in den Stadtrat ein; zwölf Jahre später wurde er erstmals zum Stadtoberhaupt gewählt. Den Bankrott des total überschuldeten New York, das jährlich Abermilliarden Dollar Subventionen aus dem US-Bundeshaushalt verschlingt, verhinderte Koch durch radikale Sparmaßnahmen, so daß die Unterschicht weiter verelendete. 1988 machte er den Vorschlag, die überfüllten Gefängnisse dadurch zu entlasten, daß man die US-Stationierungstruppen in der Bundesrepublik mit

Alfred KERR

Hermann KESTEN

Jan KIEPURA

Egon Erwin KISCH

Ephraim KISHON

Henry KISSINGER

Otto KLEMPERER

Jack KLUGMAN

Edward KOCH

Sträflingen verstärkt. Koch galt zuerst als Linksliberaler; seine Wiederwahl sicherte er sich aber mit »Law and Order«-Parolen. Zuletzt trat er dafür ein, Kriminellen die Prügelstrafe zu verabreichen. Zur Begründung sagte er, sein Vater habe ihn selbst ja auch erfolgreich mit dem Riemen erzogen.

Wohin antisemitischer Wahn im Zeichen des Nationalsozialismus führen konnte, zeigt das Beispiel des Notars und Justizrates **Arthur Kochmann**. Er kam 1864 im oberschlesischen Gleiwitz zur Welt. Mehr als 30 Jahre wirkte er als Stadtverordneter, 25 Jahre als unbesoldeter Stadtrat seiner Geburtsstadt. Ab 1919 saß er für die DDP im Preußischen Landtag. Engagiert stritt er für den Verbleib ganz Oberschlesiens beim Deutschen Reich. Er wurde von bewaffneten Polen aus Oberschlesien vertrieben und erhielt nach seiner Rückkehr die Ehrenbürgerschaft von Gleiwitz, dessen Synagogengemeinde er vorstand. Nach 1933 war er Mitglied in der Reichsvertretung der Juden. Zur Kriegszeit wurde der hochbetagte, im Kampf um das Selbstbestimmungsrecht Oberschlesiens verdiente Mann nach Auschwitz gebracht, wo er 1943 sterben mußte.

Als »kernnationalen Mann, der heute den Nachstellungen des sogenannten Verfassungsschutzes als angeblicher Rechtsradikaler ausgesetzt wäre« charakterisierte die »Deutsche National-Zeitung« den Politiker **Erich Koch-Weser**. Er kam 1875 in Bremerhaven zur Welt. Sein nichtjüdischer Vater war Oberlehrer, seine Mutter eine geborene Lewenstein. Koch-Weser wirkte in der Kaiserzeit als nationalliberaler Bürgermeister von Delmenhorst, dann bis 1919 als OB von Kassel. Er gründete und führte die DDP. In der Weimarer Nationalversammlung war er an der Ausarbeitung der Verfassung mit ihrem großdeutschen Bekenntnis beteiligt. Von 1919 bis 1921 war er Reichsinnenminister, zeitweise auch Vizekanzler. 1928/29 wirkte er als Reichsjustizminister. Die Revision der Diktate von Versailles und Saint-Germain war ihm ein Hauptanliegen. Nachdem er mit der von ihm geschaffenen Deutschen Staatspartei 1930 Schiffbruch erlitten hatte, zog er sich aus der Politik weitgehend zurück. Reichspräsident von Hindenburg untersagte es 1933, ihm aufgrund des sogenannten Arierparagraphen die Zulassung als Rechtsanwalt zu entziehen, handele es sich bei ihm doch um einen »sehr verdienstvollen, nationalgesinnten Mann«. Ab 1934 lebte Koch-Weser meist in der von ihm schon 1932 mitgegründeten deutschen Siedlung Rolandia (Brasilien), besuchte aber Deutschland in der Folgezeit häufiger. Mehrfach intervenierte er gegen antideutsche Haßpredigten anderer Emigranten oder der alliierten Propaganda. 1942 entwarf er eine Reichsverfassung für die Zeit nach Hitler: Den Einfluß der Parteien, deren Versagen seines Erachtens am Untergang der Weimarer Republik schuld war, wollte er zugunsten einer berufsständischen Ordnung und eines noch stärkeren Reichspräsidenten eindämmen; Schwarz-Weiß-Rot sollte Reichsflagge werden; Österreich sollte beim Reiche bleiben. Koch-Weser starb 1944 in Fazenda Janeta (brasilianischer Bundesstaat Paraná).

Der Vater der Literatin **Helga Königsdorf**, die 1938 in Gera zur Welt kam, war ein jüdischer Fabrikbesitzer. Sie brachte es in der DDR zur Mathematik-Professorin an einem Ostberliner Forschungsinstitut. 1978 erschien ihr erstes schriftstellerisches Werk. Das DDR-Schriftstellerlexikon bescheinigte der eifrigen SED-Genossin: »Sie gestaltet mit emanzipatorischem Engagement Probleme weiblicher Identitätssuche im sozialistischen Alltag.« Noch zwei Wochen nach dem Fall der Mauer forderte sie im SED-Zentralorgan »Neues Deutschland«: »Der

Partei eine Chance geben« und rief dazu auf, »etwas von den Wertvorstellungen, mit denen wir einst angetreten sind, zu bewahren«. Zur Zeit der Honecker-Diktatur hatte sie u.a. den Heinrich-Heine-Preis der DDR-Akademie der Künste erhalten. 1990 bekundete sie: »Deutschland einig Vaterland, denk ich an dich in der Nacht, bin ich um den Schlaf gebracht.«

Der Schriftsteller **Arthur Koestler**, Sohn eines jüdischen Kaufmanns aus Ungarn, kam 1905 in Budapest zur Welt und beging 1983 in London Selbstmord. Sein Wiener Ingenieurstudium brach er ab. Er ging als begeisterter Zionist nach Palästina. Dort schlug er sich als Landstreicher und Limonadenverkäufer durch; auch half er beim Aufbau eines Kibbuz. Ab 1930 wirkte er als Nahostkorrespondent des Ullstein-Verlages. Ein Jahr später war er für den Kommunismus entflammt, so daß er sich der KP anschloß. 1932/33 hielt er sich in Stalins Reich auf. Im Spanischen Bürgerkrieg wurde er von den Franco-Truppen als Agent verhaftet und zum Tode verurteilt, dann aber im Austausch nach Frankreich entlassen. Ab 1940 lebte er in England. Er war nun bereits aus der KP ausgetreten und löste sich in den folgenden Jahren völlig vom Kommunismus. Seine Erzählung »Darkness at Noon« handelt von den brutalen Schauprozessen unter Stalin: Ein unschuldiger Funktionär gesteht seine »Verbrechen« ein, »um der Sache zu dienen«, und wird hingerichtet. 1948 wurde Koestler britischer Staatsbürger.

Im galizischen Chociemierz kam 1908 **Leo Kofler** zur Welt. Ab 1930 wirkte er an der sozialdemokratischen Bildungszentrale in Wien, danach an der Universität der österreichischen Hauptstadt. 1938 emigrierte er in die Schweiz. 1947 schloß er sich in der Sowjetzone Deutschlands der SED an. Er avancierte zum Philosophieprofessor an

der Universität Halle, zum Direktor des Instituts für Historischen Materialismus und gab das marxistische Grundlagenwerk »Zur Geschichte der bürgerlichen Gesellschaft« heraus. Dann geriet er in Trotzkismus-Verdacht. Er begab sich 1952 in die Bundesrepublik, wo er in den 60er Jahren als Soziologieprofessor an der Ruhr-Universität Bochum las.

Fürsterzbischof war in Österreich der Ehrentitel der elf sogenannten alten Bischöfe, deren Sprengel schon vor der Regierung Maria Theresias existierten und die auch Sitz im Herrenhaus hatten; diesen Ehrentitel führten bis 1918 auch der Erzbischof von Gran (Esztergom) und der Erzbischof von Breslau. Über den Professor für Kirchenrecht **Theodor Kohn**, der von 1892 bis 1903 als Fürsterzbischof im nordmährischen Olmütz amtierte, schreibt das »Lexikon des Judentums«: »Sohn getaufter jüdischer Bürger, wegen seiner Strenge gefürchtet, stiftete sein Vermögen der Universität Brünn.« Kohn war 1845 im mährischen Breznitz zur Welt gekommen; er starb 1915 auf Schloß Ehrenhausen in der Steiermark. Er hatte in Olmütz deutsche und in Kremsier tschechische Katholikentage eingeführt.

Theodore (»Teddy«) Kollek amtierte von 1965 bis 1993 als Bürgermeister von Jerusalem. »Ein Leben für Jerusalem« lautet auch der Titel seiner Erinnerungen. Er kam 1911 in Wien (nach anderen Quellen in Nagyvaszony bei Budapest) zur Welt. Sein Vater war Mitarbeiter der Rothschild-Bank in Wien. Schon als Jugendlicher engagierte sich Kollek für die zionistische Bewegung (»Blau-Weiß«). 1934 ging er nach Palästina. Er war von der zionistischen Führung damit beauftragt, möglichst viele jüdische Einwanderer nach Palästina zu bringen. Er war daran beteiligt, mehreren Tausend Juden aus Hitlers Machtbereich die Einwanderung zu ermöglichen. Ab 1942 war er im Auftrage der Jewish Agency auch mit der Beschaffung von Waffen für die zionistische Untergrundarmee Haganah beschäftigt; außerdem war er Verbindungsmann zu jüdischen Partisanenbewegungen in Europa. Ab 1950 wirkte er als Botschafter in den USA, von 1952 bis 1963 als Generaldirektor des Büros des Ministerpräsidenten Ben-Gurion.

Als Wegbereiter der Lokalanästhesie in der Medizin wirkte der Arzt jüdischer Herkunft **Karl Koller**. Er wurde 1857 im westböhmischen Schüttenhofen geboren und wendete 1884 in Wien als erster Kokain zur Betäubung eines Patienten bei einer Augenoperation an. 1888 wanderte er nach US-Amerika aus, dessen Staatsbürgerschaft er 1902 annahm. Er eröffnete eine Arztpraxis in New York. Dort starb er 1944.

In Prag kam 1892 der langjährige KP-Chefideologe der CSSR, **Ern(e)st Kolman**, zur Welt. Sein Bruder war Mitbegründer der tschechischen KP und kam in Stalins Gulag ums Leben. Ernst Kolman geriet als k.u.k. Soldat in russische Gefangenschaft, ließ sich für den Bolschewismus gewinnen und befehligte die 5. Rote Armee in Sibirien gegen die antikommunistischen »Weißen«. 1922 wurde er von der Moskauer Führung zur Bolschewisierung Deutschlands abkommandiert. Er flog auf, bekam von der Justiz der Weimarer Republik 5 Jahre Haft und wurde ein halbes Jahr später gegen deutsche Kriegsgefangene, die sich immer noch in Rußland befanden, ausgetauscht. In Moskau trat er in die Dienste der Komintern Stalins. 1945 war er kommunistischer Propagandachef der Tschechoslowakei. 1948 geriet er in den Sog der »Säuberungen«, kam aber mit drei Jahren Haft davon. Danach wirkte er als führender Ideologe des Prager KP-Regimes. 1976 ging er ins westliche Exil. Er starb 1979 in Stockholm.

Über das Ende der Schriftstellerin **Gertrud Sara Kolmar** heißt es z.B. in Braunecks »Autorenlexikon«: »Wird zur Zwangsarbeit herangezogen, 1943 verschleppt. Seitdem verschollen.« In anderen Quellen wird als genauer Todesort das Schreckenslager Auschwitz angegeben. Die Dichterin hieß eigentlich Gertrud Chodziesner und war 1894 als Tochter eines bekannten Strafverteidigers in Berlin zur Welt gekommen. 1917 trat sie mit ersten Gedichten öffentlich in Erscheinung. Das »Neue Lexikon des Judentums« schreibt: »Aus ihrem Werk spricht ein starkes jüdisches Selbstbewußtsein.« Ihre bekanntesten Werke konnten noch im Dritten Reich erscheinen: »Preußische Wappen« (1934) und »Die Frau und die Tiere« (1938).

In seinem Buch »Schalom Libertad« berichtet der jüdische Historiker Arno Lustiger über **Michail Kolzow**, er sei »neben Radek der einflußreichste sowjetische Schriftsteller« gewesen, und: »Man sagte ihm nach, daß er einen direkten Draht zu Stalin hatte.« Was ihm aber letztlich auch nicht viel nützte. Er wurde 1942 nach vier Jahren Haft im Gulag umgebracht - wie auch seine Lebensgefährtin, die deutsche Gutsbesitzerstochter und Schriftstellerin Maria Osten. Kolzow hieß eigentlich Fridland und war 1898 in Kiew geboren worden. Ab 1917 kämpfte er für die Rote Armee. 1921 gehörte er zu Trotzkis Truppen, die den Matrosenaufstand in Kronstadt niederwarfen. Anschließend war er bolschewistischer Spitzenjournalist, der u.a. den Kurs der »Prawda« mitbestimmte. »Er gehörte in Spanien (während des Bürgerkrieges) zu den wichtigsten und einflußreichsten ausländischen Journalisten« (Lustiger). Seine Spanienreportagen erschienen in Moskau als Buch; der Journalist Krakow in Hemingways »Wem die Stunde schlägt« ist niemand anderes als Kolzow-Fridland. Vor seiner Verhaftung hatte er zahlreiche hohe Sowjetauszeichnungen, darunter den Leninorden, erhalten.

Waclaw Komar (geboren 1909 in Warschau, gestorben 1972 dortselbst) war neben Mate Zalka und Manfred Stern der dritte jüdische Brigadegeneral im Spanischen Bürgerkrieg. Er führte die 129. Internationale Brigade; Kommissar der Truppe war der polnische Jude Maciej Techniczek. Komar war bereits als Halbwüchsiger Kommunist geworden. 1927 ging er in die Sowjetunion. In der Spätphase der Weimarer Republik betätigte er sich in Stalins Auftrag im KPD-Apparat, dann gehörte er der Führung der polnischen Kommunisten an. 1939 meldete sich Komar zu den auf französischer Seite kämpfenden Polen. Er geriet in deutsche Kriegsgefangenschaft, in der er bis 1945 blieb. Danach wurde er Chef der rotpolnischen Spionage im Westen und Mitglied des ZK. 1953 wurde er, unter »Zionismus-Verdacht« stehend, für einige Zeit aus dem Verkehr gezogen. Nach Rehabilitierung wurde er Kommandeur des »Korps für innere Sicherheit«, das Deutsche und Dissidenten im polnischen Machtbereich brutal unterdrückte. Komars Chef war der ebenfalls jüdische stellvertretende Verteidigungsminister Polens, Juliusz Hibner.

Beim Einmarsch der Roten Armee 1944/45 in Ostpreußen wurde Sowjetmajor **Lew Kopelew** Augenzeuge schrecklicher Verbrechen an Deutschen. Er versuchte, die von Stalins Einpeitscher Ehrenburg aufgehetzten Rotarmisten zu mäßigen und stellte sich schützend vor deutsche Frauen und Kinder. Wegen »bürgerlich-humanistischer Propaganda des Mitleids mit dem Feind« mußte er fast ein Jahrzehnt in Gefängnis und Gulag zubringen. Über seine Erlebnisse legte er in »Aufbewahren für alle Zeit« (1976) Zeugnis ab. Kopelew kam 1912 als Sproß einer jüdischen Familie in Kiew zur Welt. Er studierte Deutsch, promovierte 1941 in Moskau über Schiller und wurde maßgeblicher Funktionär der sowjetischen

»Theatergesellschaft«. Nach dem Angriff der Wehrmacht, Juni 1941, meldete er sich als begeisterter Sowjetkommunist zur Roten Armee. Unter Chruschtschow wurde er rehabilitiert, doch sein Einsatz für Dissidenten brachte ihm unter Breschnjews Herrschaft erneut Verfolgung ein. Im November 1980 emigrierte er in die Bundesrepublik, in der er seither lebt und publiziert. Als Sowjetmajor hatte er an der Nation zweifelnden deutschen Kriegsgefangenen gesagt: »Wenn ich Deutscher wäre, würde ich gerade jetzt ganz besonders meine Zugehörigkeit zum tragischen Schicksal meiner Heimat bekräftigen. Man kann sich nicht von seiner Nation lossagen, wie man sich auch nicht von sich selbst lossagen kann, nicht aus sich herausspringen kann.«

Als Landgerichtsdirektor in Karlsruhe (ab 1946), Präsident des Verwaltungsgerichtshofes in Mannheim (ab 1949) und Präsident des Staatsgerichtshofes von Baden-Württemberg (ab 1955) hatte der Jurist jüdischer Abstammung **Walther Koransky** erheblichen Einfluß auf das Rechtswesen der jungen Bundesrepublik Deutschland. Er war 1889 in Karlsruhe geboren worden, promovierte zum Dr.jur. und leistete ab 1914 Kriegsdienst an der Front. 1921 wurde er Staatsanwalt, 1923 Richter in Karlsruhe. Von 1938 bis 1946 lebte er in den Niederlanden. Walter Koransky starb 1963 in Berlin.

»Er hatte bei allen Terrortaten der Stasi die Finger im Spiel«, heißt es im Lexikon »Prominente ohne Maske - DDR« über **Robert Korb** (geboren 1900 in Bodenbach/Böhmen, gestorben 1972 in Ostberlin). Er war Mitbegründer der KP der Tschechoslowakei, Kommissar der Roten im Spanischen Bürgerkrieg und Führungsmann von Stalins Komintern. Nach Kriegsende war er an der Vertreibung der Sudetendeutschen beteiligt; 1946 führte er die Entfernung der deutschen kommunistischen Kader, die noch im Sudetenland ausgeharrt hatten, durch. In der DDR wurde Korb ZK-Presseleiter, dann Chef der Agitprop-Abteilung, 1955 Oberstleutnant im Stasi-Ministerium und stellvertretender Leiter der »Hauptverwaltung Aufklärung« (Spionage), 1959 Leiter der Zentralen Informationsgruppe im Ministerium für Staatssicherheit sowie des Informationsbüros bei Stasi-Minister Mielke. 1962 erfolgte seine Beförderung zum Generalmajor.

Das Schicksal des jüdischen Pädagogen **Janusz Korczak** (eigentlich hieß er Henryk Goldszmit bzw. Goldschmidt) wurde in Medien und in der Literatur häufig dargestellt und muß jeden anständigen Menschen zutiefst berühren. Er kam 1878 in Warschau als Sproß einer »assimilierten wohlhabenden Familie« (»Neues Lexikon des Judentums«) zur Welt. Er verfaßte Märchenbücher für Kinder, hielt sich in den 30er Jahren zeitweise in Palästina auf, diente 1939 in der polnischen Armee und war bis 1942 Leiter eines jüdischen Waisenhauses in Warschau. Freiwillig, so wird berichtet, habe er 1942 den Transport der Waisenkinder in das Schreckenslager Treblinka begleitet, wo er umkam. 1972 wurde Korczak postum der Friedenspreis des Deutschen Buchhandels verliehen. Die bekannteste literarische Bewältigung des Themas stammt von Erwin Sylvanus, der das in 15 Sprachen übersetzte, in 120 Inszenierungen gegebene und auch verfilmte KZ-Drama »Korczak und die Kinder« schrieb. Im Dritten Reich allerdings hatte Sylvanus systemkonforme Werke wie »Der ewige Krieg« geschaffen.

Einer der bedeutendsten Regisseure und Produzenten der Filmgeschichte, sowohl was den Erfolg seiner Streifen als auch was die Größenordnung seiner Pleiten angeht, war **Alexander Korda**. Er kam 1893 im ungarischen Turkeve zur Welt, hieß eigentlich Sándor Kellner und war getaufter Jude. 1914 machte er in Budapest die »Corvin Studios« auf. 1919 setzte er sich aus dem revolutionsgeschüttelten Land nach Wien bzw. Berlin ab, wo er weitere Streifen produzierte. 1932 tauchte er in England auf, wo er zu einem der größten Filmbosse aufstieg und auf Geheiß der Krone geadelt wurde. 1939 allerdings machte sein Denham-Studio nach gewagten Spekulationen von Sir Alexander Pleite. Korda verschwand für einige Jahre in die USA. Zuvor hatte er sich in die von Chaplin gegründete Gesellschaft United Artists eingekauft und Chaplin angestachelt, den Film »The Great Dictator« herzustellen. Wieder in England, ging Korda 1954 mit seiner Produktionsfirma British Lion, die er mit MGM-Hilfe geschaffen hatte, Bankrott. Der Verlust für den englischen Steuerzahler (die Regierung hatte subventioniert) betrug 3 Millionen Pfund Sterling. Korda starb 1956 in London. Er war in erster Ehe mit der jüdischen Schauspielerin Maria Korda geborene Farkas verheiratet.

»Ich sage es trotz meiner rassischen Verteufelung durch Hitler und seine besessenen Kumpane ohne Vorbehalt und Einschränkung: Ich fühle mich deutsch, was meinem uneingeschränkten Bekenntnis zu Österreich keinen Abbruch tut.« Dieses klare Wort stammt aus den 1981 erschienenen Lebenserinnerungen des langjährigen sozialdemokratischen Bürgermeisters von Linz an der Donau, **Ernst Koref**. 1965 schrieb er im SPÖ-Organ »Die Zukunft«: »Sagen wir es klipp und klar: Wir sind deutsche Österreicher, und spielen wir nicht weiterhin aus Opportunitätsgründen Verstecken.« Koref war 1891 als Sohn eines jüdischen Bahnbeamten und einer nichtjüdischen Bauerntochter in Linz zur Welt gekommen. Er wurde im Ersten Weltkrieg wegen Tapferkeit ausgezeichnet und wirkte später als Gymnasialdirektor. Zu seinen Schülern gehörte Ernst Kaltenbrunner, der 1944 für rasche Freilassung des nach dem 20. Juli inhaftierten Koref sorgte. Zehn Jahre zuvor war Koref als sozialdemokratischer Parlamentarier in Wien von den Austrofaschisten in Haft genommen worden. Nach 1945 wandte er sich gegen überzogene NS-»Bewältigung« und nahm scharf gegen antideutsche Kollektivbezichtigungen Stellung. Von 1945 bis 1962 war er Linzer Bürgermeister, bis 1957 gehörte er dem Wiener Parlament an und von 1958 bis 1965 war er Mitglied des österreichischen Bundesrates. Bundespräsident Kirchschläger nannte ihn anläßlich seines 95. Geburtstages einen »Lehrmeister der Demokraten und des echten Patriotismus«. Kreisky schrieb in seinen Lebenserinnerungen über ihn: »Wie wunderbar ginge es in der Politik zu, wenn dort nur solche Charaktere auftreten würden.« Dr. Koref starb im 98. Lebensjahre 1988 in seiner Geburts- und Heimatstadt Linz.

Eigentlich hieß der Publizist **Kurt Korff** Karfunkel mit Nachnamen. Er kam 1876 im schlesischen Jägerndorf zur Welt und starb in der amerikanischen Emigration (New York 1938). Karfunkel-Korff begann als Reporter beim jüdischen Ullstein-Verlag in Berlin. Dort stieg er 1905 zum Chefredakteur der auflagenstarken »Berliner Illustrirten« (damals noch ohne »e«) auf. 1911 übernahm er die Chefredaktion von Ullsteins »Dame«. 1933 ging er nach Wien, 1935 in die USA. Dort war er Berater des »Zeitungskönigs« Luce, der das »Amerikanische Jahrhundert« ausgerufen hatte, bei der Planung des Magazins »Life«.

Stalin ließ nicht nur ungezählte kommunistische Spitzenfunktionäre jüdischer Herkunft liquidieren, er lieferte auch führende jüdische Kommunisten Hitler ans Messer. Dieses Schicksal traf beispielsweise **Franz Koritschoner**, dessen Mutter eine geborene Brandeis war. Er wurde 1937 während der »Säuberungen« in Moskau festgenommen, im April 1941 an die Gestapo ausgeliefert und im Juni 1941 im Lager Auschwitz erschossen. Koritschoner stammte aus Wien, wo er 1892 geboren wurde. 1915 war er Mitbegründer des parakommunistischen »Aktionskomitees der Linksradikalen«. Er stand in engem Kontakt mit Lenin in Zürich. Ende 1918 trat er mit seinen Leuten der KPÖ bei, nachdem er Anfang des Jahres die österreichischen Streikbewegungen initiiert hatte. Er bekleidete hohe Ämter in der KPÖ und war Abgesandter von Stalins Komintern. Ab 1926 lebte er in Moskau.

Im 1935 in der Reichshauptstadt Berlin erschienenen Lexikon »Wer ist's« von Degener wurde der Physiker **Arthur Korn** als »Erfinder der elektrischen Fernphotographie (Bildtelegraphie)« gewürdigt. Das Nachschlagewerk fuhr fort: »Die wichtigsten von Korn zuerst gelösten Probleme sind: Ausdehnung der Lösungsmethode von C. Neumann und Schwarz in der Potentialtheorie auf beliebige stetig gekrümmte Fläche, analoge Ausdehnung der Poincaréschen Existenzbeweise für die harmonische Funktion und die Entwickelbarkeit beliebiger Funktionen von bestimmten Stetigkeitseigenschaften neben den harmonischen Funktionen, allgemeine Lösung des Hauptproblems der Elastizitätstheorie.« Korn war 1870 in Breslau zur Welt gekommen. Er lehrte ab 1903 als Professor in München und danach bis 1939 in Berlin. Dann war er am Stevens Institute of Technology in Hoboken (USA) tätig. Er starb Ende 1945 in Jersey City/New Jersey.

1959 erhielt der Biochemiker **Arthur Kornberg** mit seinem Forschungskollegen Ochoa den Nobelpreis für Medizin. Damit wurde gewürdigt, daß es unter Kornbergs Leitung gelungen war, ein DNS-synthetisierendes Enzym, die »Kornberg-Polymerase«, zu isolieren. Der Wissenschaftler stammt aus New York – Brooklyn, wo er 1918 zur Welt kam. Nach Forschungstätigkeiten unter anderem am New Yorker University College of Medicine wurde er 1959 Leiter der biochemischen Abteilung an der Stanford Universität in Palo Alto/Kalifornien.

Der Komponist **Erich Wolfgang Korngold** kam 1897 im mährischen Brünn als Sohn des Musikkritikers Julius Leopold Korngold (1860-1945), des späteren Nachfolgers Hanslicks bei der »Neuen Freien Presse« (Wien), zur Welt. Er wurde von Zemlinsky ausgebildet und von Bruno Walter (Schlesinger) sowie Max Reinhardt (Goldmann) gefördert. 1920 wurde sein bekanntestes Werk, die Oper »Die tote Stadt«, in Hamburg und Köln uraufgeführt. 1934 kam er aus Österreich auf Initiative Reinhardts nach Hollywood. Dort schuf er für die Warner Brothers (Gebrüder Eichelbaum) Filmmusiken. 1943 wurde Korngold US-Staatsbürger. Er starb 1957 in Hollywood. Der Komponist, der mit der jüdischen Enkelin des einstigen Wiener Burgtheater-Direktors Adolf Ritter von Sonnenthal verheiratet war, stand in der Tradition der Spätromantiker. Modernistische Zerstörung des tonalen Systems lehnte er entschieden ab.

Der Schauspieler und Theaterregisseur **Fritz Kortner** (geboren 1892 in Wien, gestorben 1970 in München) hieß bis zu seinem 18. Lebensjahr Fritz Nathan Kohn. Er war der Sohn des Uhrmachers und Juwelenhändlers Juda Jakob Kohn. Kortner wurde von den jüdischen Theaterchefs Holländer, Viertel, Barnowsky, Jessner und Reinhardt gefördert und stieg zu einem der bekanntesten Darsteller expressionistischer Art auf. Zur Hitlerzeit emigrierte er nach England, dann nach Amerika, wo er in Hollywood Rollen weit unter seinem künstlerischen Niveau annahm (beispielsweise in »The Strange Death of Adolf Hitler«, 1943). Er wurde US-Staatsbürger. Im Jahr 1948 kam er nach

Deutschland zurück, wo er fortan als ein bei Darstellern und Intendanten wegen Exzentrik gefürchteter Theaterregisseur wirkte. Über den 1971 posthum erschienenen zweiten Teil seiner Erinnerungen schrieb der Publizist Friedrich Stern, es handele sich um »ein erschütterndes Dokument menschlicher Qual, unbewältigten übermäßigen Leidens an der Welt, der Gegenwart, dem Mitmenschen, der Heimat und dem geliebten Beruf, ein Zeugnis der Selbstzerstörung und tragischen Untergangs, in dem kaum ein Licht leuchtet und kein Trost sich findet«.

Über Jahrzehnte war **Genrich Abramowitsch Koslow** (geboren 1901 in Wilna, gestorben 1981 in Moskau) der führende Ökonom der Sowjetunion. Als glühender Bolschewist hatte er sich 1920 der KPdSU angeschlossen. Er studierte an der ökonomischen Abteilung des »Instituts der Roten Professur«, arbeitete ab 1928 bei der Staatlichen Planungskommission mit, war von 1931 bis 1934 leitender Mitarbeiter der sowjetischen Staatsbank und danach führend im Parteiapparat tätig. 1946 übernahm er den Lehrstuhl für Politische Ökonomie an der Parteihochschule beim ZK der KPdSU. Unter anderem gab er das vierbändige Lehrbuch »Politische Ökonomie« (Moskau 1970-1973) heraus.

1988 starb im kalifornischen Camarillo der Filmregisseur und Drehbuchautor **Henry Koster**. Er war 1905 in Berlin unter dem Namen Hermann Kosterlitz zur Welt gekommen. Ab 1926 arbeitete er bei der Ufa. 1932 inszenierte er seinen ersten Film (»Abenteuer einer schönen Frau« mit Lil Dagover). 1936 ging er nach Hollywood. Der erfolgreichste seiner dort entstandenen Filme war »Mein Freund Harvey« mit James Stewart in der Rolle eines Mannes, der sich einen gewaltigen weißen Hasen einbildet. 1953 drehte Kosterlitz-Koster »Das Gewand«, einen Kolossalfilm über das anti-

Erich KOCH-WESER   Arthur KOESTLER   Theodor KOLLEK

Lew KOPELEW   Janusz KORCZAK   Ernst KOREF

Arthur KORN   Fritz KORTNER   André KOSTOLANY

ke Rom. Es war der erste Streifen im Breitwand-Verfahren nach Cinemascope.

Als »Guru der Spekulanten« ist der aus Ungarn stammende jüdische Börsianer **André Kostolany** bekanntgeworden. Er kam entweder 1900, 1906 oder 1908 in Budapest zur Welt (die Quellen streiten sich). Sein Vater war der Industrielle Louis Kostolany. Sohn André ging in den 30er Jahren an die Pariser Börse. 1940 verließ er Frankreich und machte an der Wall Street in New York die »G. Ballai & Cie. Financing Company« auf, die er bis 1950 führte. Dann kehrte er nach Europa zurück. Zu den bekanntesten Büchern des Spekulanten-Gurus gehören »Der Friede, den der Dollar bringt« und »Geld - das große Abenteuer«. Nach eigenem Bekunden fühlt sich der Ritter der französischen Ehrenlegion in Paris ebenso zuhause wie in New York, Berlin, Wien oder Zürich.

Eine der »wichtigsten und markantesten Gestalten des jüdischen Widerstandes in Osteuropa« war, so der jüdische Historiker Lustiger in seinem Buch »Zum Kampf auf Leben und Tod!«, **Abba Kowner**. Er kam 1918 in Sewastopol auf der Krim zur Welt, lebte aber mit seiner Familie in Wilna, wo er sich den Linkszionisten (»Haschomer Hazair«) anschloß. Lustiger: »Drei Wochen vor der Wannsee-Konferenz verfaßte und verkündete er den berühmten Aufruf vom 1. Januar 1942 (›Laßt uns nicht wie Schafe zur Schlachtbank gehen‹), in welchem zum ersten Mal intuitiv, ohne dokumentarische Beweise, die Massenmorde durch die Einsatzgruppen als Teil des Planes zur Ermordung aller Juden interpretiert werden.« Als Partisanenchef stand Kowner an der Spitze des Bataillons ›Nekome« (Rache). Nach dem Krieg betrieb er die Fluchtorganisation »Bricha«, die laut Lustiger Hunderttausende von Juden nach Palästina brachte. Bei einem Palästinaaufenthalt wurde er von den Briten für einige Zeit inhaftiert. 1947 gehör-

te Kowner der »Givati-Brigade« in Nahost an. 1961 trat er als Zeuge im Eichmann-Prozeß auf. 1970 wurde er Vorsitzender des israelischen Schriftstellerverbandes. Er starb 1988.

Der Schriftsteller **Siegfried Kracauer** (geboren 1889 in Frankfurt am Main, gestorben 1966 in New York) wird als einer der bedeutendsten Filmsachverständigen bezeichnet. In der US-Emigration entstand sein Hauptwerk »From Caligari to Hitler. A psychologigal history of the German film«. Eigentlich wollte er Architekt werden, zum Dr.phil. promovierte er 1915 in Berlin mit einer Arbeit über Schmiedekunst seit dem 17. Jahrhundert. Ab 1920 war er Redakteur bzw. Korrespondent der »Frankfurter Zeitung«. 1933 ging er nach Frankreich, 1941 als Rockefeller-Stipendiat in die USA, deren Staatsbürgerschaft er 1946 erhielt. Er war im Kriege und ab 1950 als Mitarbeiter der »Voice of America« für die US-Propaganda aktiv. Er prägte den Begriff der »Zerstreuungsfabrik«, mit deren Hilfe die herrschende Schicht die Bürger in die Irre leite.

Der Hollywood-Produzent und -Regisseur **Stanley Kramer** kam 1913 in New York zur Welt. Er begann 1934 als Schnittmeister bei MGM. Im Kriege drehte er Ausbildungsfilme für die US-Army. Ab 1948 wirkte er als Produzent. Besonderen Erfolg hatte er mit »High Noon« (»Zwölf Uhr mittags«) unter Zinnemanns Regie. 1961 ließ er »Das Urteil von Nürnberg« über das Tribunal der Sieger in Szene setzen. Zu weiteren bekannten Streifen aus seiner Produktion zählen »Oklahoma Crude« und »Its a Mad, Mad, Mad, Mad World«.

Karl Kraus (geboren 1874 im böhmischen Gitschin, gestorben 1936 in Wien) war einer der sprachgewaltigsten Literaten und Polemiker jüdischer Abstammung. Der Sohn eines Papiergroßhändlers »stand dem Judentum abwechselnd feindlich, negativ und indifferent gegenüber« (»Lexikon des Judentums«). Die israelitische Kultusgemeinde verließ er 1897. 1911 trat er der katholischen Kirche bei, die er aber ein Dutzend Jahre später wieder verließ. In der von ihm gegründeten und geführten Wiener Zeitschrift »Die Fackel«, die von 1899 bis 1934 erschien, überzog er auch jüdische Intellektuelle wie Harden, Kerr und Salten mit beißenden Tiraden, Hohn und Spott. 1898 hatte er die radikal-antizionistische Schrift »Eine Krone für Zion« veröffentlicht. Sein Hauptwerk, das zukunftspessimistische »Die letzten Tage der Menschheit«, erschien 1922. Er prangerte besonders die Rolle der Presse als Kriegshetzer an. Kraus stand politisch zunächst weit links und entwickelte zum Schluß Sympathien für den Austrofaschismus. Ein heutiger Hauptvorwurf lautet, er habe »zum Nationalsozialismus geschwiegen«.

Zu den bedeutendsten jüdischen Völkerkundlern zählte **Friedrich Salomo Krauss**. Er kam 1859 im slawonischen Pozega zur Welt und starb 1938 in Wien. Er wirkte von 1914 bis 1919 als Direktor der Kriegsinvalidenschule Wien und war über Jahre Herausgeber der »Monatsschrift für Völkerkunde« sowie der »Folklore-Jahrbücher«. Außerdem fungierte er als Sekretär der Israelitischen Allianz in der österreichischen Hauptstadt. Er wird als einer der besten Kenner südslawischer Volksüberlieferung bezeichnet, war aber auch Experte auf anderen Gebieten. So schrieb er ein Buch über »Das Geschlechtsleben der Japaner« (1911) und eine »Geschichte des Mieders« (1927).

Die Eltern des kommunistischen Funktionärs und Journalisten **Georg Krausz**, geboren 1894 in Humene/Slowakei, waren Juden österreichisch-ungarischer Staatsangehörigkeit. Krausz war für Bela Kuns Rätediktatur aktiv und flüchtete nach deren Niederschlagung nach Prag. Dort avancierte er

zum Mitglied des ZK der KPC. Später in Deutschland wurde er Chefredakteur verschiedener KPD-Blätter. Nach 1933 setzte er seine stalinistischen Aktivitäten im Untergrund fort; 1936 ging er der Gestapo ins Netz. Nach dem Einmarsch der Sowjets mußte er 1945 im KZ Buchenwald bleiben. Man hatte ihn im Verdacht, in den 30er Jahren »Saboteur« gewesen zu sein. Nach seiner Rehabilitierung machte er SED-Karriere, u.a. als Auslandskorrespondent des Zentralorgans »Neues Deutschland« und als Chef des »Verbandes der deutschen Presse« der DDR (1957 bis 1967). Dekoriert mit dem höchsten Orden des SED-Regimes, dem Karl-Marx-Orden, lebte er in den 70er Jahren als »Parteiveteran« in Ostberlin.

Für seinen Beitrag zur Aufklärung des Zitronensäurezyklus wurde **Hans Adolf Krebs** 1953 mit dem Medizin/Physiologie-Nobelpreis geehrt. Fünf Jahre später schlug ihn die Queen zum Ritter. Sir Hans Adolf hatte Ehrenprofessuren u.a. in Jerusalem und Ostberlin und wurde in Westdeutschland Ritter des Ordens pour le mérite, Friedensklasse. Er starb 1981 in Oxford. Zur Welt gekommen war er 1900 in Hildesheim. Von 1926 bis 1931 wirkte er als Assistent von Otto H. Warburg am Kaiser-Wilhelm-Institut für Biologie. 1933 ging er nach England, dessen Staatsbürgerschaft er 1939 annahm. Ab 1945 lehrte er an der Universität Sheffield, ab 1954 in Oxford.

Jakow Kreiser (Jahrgang 1905) war als Armeegeneral der ranghöchste Jude der sowjetischen Streitkräfte des Marschall Stalin. Die von ihm befehligte 5. Armee war an der Verteidigung Moskaus und Stalingrads sowie am Ansturm auf Ost- und Mitteleuropa 1944/45 maßgeblich beteiligt. Die Stalin-Propaganda feierte ihn als »Befreier der Krim« (deren krimtatarische Einwohner die »Befreiung« in Form der Holocaust-Deportation erlebten). 1945 nahm Kreiser die Kapitulation der Wehrmacht an der Kurland-Front entgegen. Er wurde fünfmal mit dem Lenin-Orden dekoriert und war »Held der Sowjetunion«. Er starb 1969.

Bruno Kreisky (geboren 1911 in Wien, gestorben 1990 dortselbst) war jüdisch von Herkunft, nicht von Religion (ohne Konfession). Nach eigenem Zeugnis entstammte er einer deutschdenkenden großbürgerlichen Familie. Seine Eltern fühlten sich, wie er schrieb, als Deutschböhmen. Zwei Oheime Kreiskys gehörten schlagenden Studentenverbindungen an; der Reichsratsabgeordnete Joseph Neuwirth, Kandidat für den Posten des Finanzministers unter Kaiser Franz Joseph, war sein Großonkel. Früh schloß sich Kreisky der sozialistischen Bewegung an. 1936 wurde er im Zeichen des Austrofaschismus wegen Hochverrats verurteilt. Das Los vieler österreichischer Nationalsozialisten teilend, mußte er (für 22 Monate) ins Gefängnis. Seine letzte Prüfung an der Wiener rechtswissenschaftlichen Fakultät legte er noch nach dem Anschluß 1938 ab. Dann ging er in die schwedische Emigration. Nach dem Krieg nach Wien zurückgekehrt, stieg er rasch in der Politik der Alpenrepublik auf. Als Staatssekretär im Außenamt hatte er Anteil am Zustandekommen des Staatsvertrages 1955, der Österreich um den Preis des Anschlußverzichts an Deutschland die Befreiung von Siegerbesatzung brachte. Von 1959 bis 1966 war Kreisky Außenminister. Er unterstützte die Selbstbestimmungsaktivisten in Südtirol. 1967 wählte ihn die SPÖ zum Parteichef. Er führte die österreichischen Sozialdemokraten zur absoluten Mehrheit der Wählerstimmen. Von 1970 bis 1983 war er Bundeskanzler. Er wies den seines Erachtens anmaßend auftretenden »Nazi-Jäger« Wiesenthal in die Schranken, dem er vorhielt, »von Haß diktiert« zu sein, »gefährliche G'schaftlhuberei« zu betreiben und mit »Mafia-Methoden« zu arbeiten. Meinungsumfragen zeigten, daß Wiesenthal in dieser Kontroverse nur 3 Prozent der Österreicher auf seiner Seite hatte. Kreisky setzte sich für das Selbstbestimmungsrecht der Palästinenser ein, was ihm zionistischen Zorn einbrachte. Er lehnte radikale NS-Bewältigung nach bundesdeutschem Vorbild ab, bemühte sich um Abwehr gewaltiger Wiedergutmachungsforderungen und sorgte für ein Ende der »Kriegsverbrecherprozesse«. Den Versuch des Jüdischen Weltkongresses, Waldheims Wahl zu verhindern, nannte Kreisky eine »niederträchtige Einmischung in die Angelegenheiten Österreichs«. Die »National-Zeitung« betitelte ihren Nachruf auf ihn mit der Schlagzeile »Die 1 vor vielen Nullen«.

Einer der begnadetsten Geigenspieler jüdischer Herkunft war **Fritz Kreisler**. Er kam 1875 in Wien als Sohn einer nichtjüdischen Mutter und eines jüdischen Zoologen zur Welt. 1889 absolvierte er mit dem Pianisten Moritz Rosenthal, der ihn in Amerika einführte, eine erfolgreiche US-Tournee. Von 1915 bis 1925 und ab 1939 lebte Kreisler in den USA; im Ersten Weltkrieg war er dort Beschimpfungen aus antideutschen Motiven ausgesetzt. Er war vom jüdischen zum katholischen Glauben übergetreten. Furore machten seine angeblichen Entdeckungen von Manuskripten alter Meister, von denen er später zugab, daß es sich um eigene Kompositionen handelte. Kreisler starb 1962 in New York.

Mit Nummern wie »Lieder zum Fürchten« oder »Geh'n ma Taubn vergiften im Park« ist der jüdische Kabarettist **Georg Kreisler** (geboren 1922 in Wien) bekannt geworden. Als Amerika-Emigrant war er ab 1938 Barmusiker und ab 1942 US-Truppenbetreuer. Er nahm die US-Staatsbürgerschaft an und wirkte zeitweise in Hollywood. 1955 kehrte er nach Wien zurück, von wo aus er häufig nach München oder Berlin abstach. Kreisler entlarvt angeblich »die Spießbürgerwelt und deren politischen

Siegfried KRACAUER

Karl KRAUS

Hans Adolf KREBS

Bruno KREISKY

Fritz KREISLER

Georg KREISLER

Simon KRIWOSCHEIN

Bela KUN

Günter KUNERT

Horizont«; sein Publikum rekrutiert sich hauptsächlich aus der linken Schickeria-Bourgeoisie. Er schrieb ein Bühnenstück »Hölle auf Erden«, bekundete in einem seiner Programme »Ich weiß nicht, was soll ich bedeuten« und »bezog sich in seinen ›Nichtarischen Liedern‹ (1967) auf die jiddische Welt mit ihrem Witz und ihrer Melancholie, die ihn seinerseits auszeichnen« (»Neues Lexikon des Judentums«).

Der wohl bekannteste jüdische Violonist der Nachkriegsgeneration ist **Gidon Markowitsch Kremer**. Er kam 1947 in Riga zur Welt und wurde von Oistrach ausgebildet. 1970 debütierte er im Westen (Wien). Besonders engagiert er sich für Komponisten der jede Musiktradition sprengenden »Moderne« wie zum Beispiel Henze und Stockhausen. 1981 gründete er ein in Medien als »besonders progressiv« gelobtes Kammermusikfestival in Lockenhaus.

An der Spitze der Sowjettruppen, die 1945 Berlin einnahmen, womit der Schrecken des Krieges für die Bewohner der Reichshauptstadt vorbei war, die Schrecken der »Befreiung« aber begannen (mindestens 100 000 Frauen und Mädchen wurden, vergewaltigt), stand der General der Roten Armee **Simon Kriwoschein**. Er kam 1899 in Woronesch als Sohn eines jüdischen Uhrmachers zur Welt und diente ab 1918 als Freiwilliger in der Roten Armee. Im Spanischen Bürgerkrieg befehligte er als Abgesandter Stalins die 80. Panzerbrigade der republikanischen Armee. Im Range eines Brigadegenerals rückte Kriwoschein mit einer Panzerbrigade am 17. September 1939 aufgrund des Hitler-Stalin-Paktes ins östliche polnische Staatsgebiet ein. Der jüdische Historiker Arno Lustiger berichtet folgende »Ironie des Schicksals«: »Die gemeinsame deutsch-sowjetische Militärparade am 21. September 1939 in Brest-Litowsk wurde von den Generalen Guderian und Kri-

woschein abgenommen. Anschließend besuchte der Wehrmachtsgeneral den sowjetischen Bündniskameraden in dessen Hauptquartier.« Im Sommer 1944 übernahm Kriwoschein den Befehl über das 1. Rotgarde-Panzerkorps. Ende Januar 1945 eroberte die 219. Panzerbrigade unter General Weinrub (auch er ein jüdischer »Held der Sowjetunion«) Küstrin. Einige Wochen später begann der Angriff des Generals Kriwoschein und seines Untergebenen Weinrub auf die deutsche Reichshauptstadt. Mit Dekret Stalins vom 29. Mai 1945 wurde dem Generalleutnant der Panzertruppe Kriwoschein »wegen seines Mutes bei der Eroberung von Berlin« der Titel »Held der Sowjetunion« verliehen. Kriwoschein veröffentlichte seine apologetischen Erinnerungen in drei Bänden. Er starb 1978 in Moskau.

Der christlich getaufte jüdische Flugpionier **Robert Kronfeld** (geboren 1903 in Wien), errang zahlreiche Segelflug-Weltrekorde. 1929 wurde er mit dem Adlerschild des Deutschen Reiches ausgezeichnet. 1931 überflog er als erster den Ärmelkanal im motorlosen Flug. 1939 ging er aus Österreich nach England. Dort wirkte er als Fluglehrer. 1948 stürzte er tödlich ab.

Zwei Herkunftsjuden bestimmten wesentlich die Wirtschaftspolitik der DDR: Die langjährige Notenbankchefin Wittkowski und ihr Polit-Intimus **Jürgen Kuczynski** (geboren 1904 in Elberfeld). Sein Vater war der Linkspublizist René Kuczynski, sein Großvater der Bankier Wilhelm Kuczynski. Jürgen Kuczynski trat zur Weimarer Zeit der stalinistischen KPD bei und wurde Redakteur der »Roten Fahne«. Noch bis 1934 konnte seine »Finanzpolitische Korrespondenz« erscheinen. Dann ging er nach Moskau und England. Er zählte zur Führung der Exil-KPD. Ab 1944 gehörte er dem Stab der US-Behörde für Strategische Bombardierungen an. Kuczynski brachte es zum Oberstleutnant der US-Army. Die Sowjets ernannten ihn in der SBZ zum Präsidenten der Zentralverwaltung der Finanzen. In der DDR stand er dem »Deutschen Wirtschaftsinstitut« und dem »Institut für Wirtschaftsgeschichte« vor. 1964 tauchte er als »Gutachter« der Anklage beim Frankfurter Auschwitz-Prozeß auf. Gysi holte ihn 1989 in den PDS-Beraterstab. Kuczynskis Schwester Ruth Werner zählte zu Stalins Top-Agenten und versuchte sich in der DDR als Autorin von Kinderbüchern.

Der Publizist **René Kuczynski**, Vater des kommunistischen Chefideologen Jürgen Kuczynski, kam 1876 in Berlin als Sohn eines Bankiers zur Welt und starb 1947 in London. Hauptamtlich war er 1904/05 Direktor des Statistischen Amtes von Elberfeld, 1906-21 des gleichen Amtes in Berlin Schöneberg. Er gab ab 1919 die »Finanzpolitische Korrespondenz« in Berlin heraus. 1926 war der politisch extrem links engagierte jüdische Publizist Gründer und Vorsitzender des »Ausschusses zur Durchführung des Volksentscheides für die entschädigungslose Enteignung der Fürsten« (sogenannter Kuczynski-Ausschuß). Nach der NS-Machtübernahme emigrierte er nach London, wo er einen »Initiativausschuß für die Einheit der deutschen Emigranten« leitete. Ab 1944 gehörte er dem Präsidium der von Stalinisten durchsetzten Emigranten-Bewegung FDB an.

Ein Chef der Partisanenbewegung in ganz Südfrankreich war im Zweiten Weltkrieg der aus Schönau in Oberbayern stammende **Norbert Kugler** (Jahrgang 1906). 1933 verließ er Deutschland, 1936 war er einer der ersten roten Freiwilligen im Spanischen Bürgerkrieg. Er diente als Stabsoffizier der 45. Division der Republikaner. Nach der deutschen Besetzung Frankreichs kommandierte er zunächst die Partisanenbewegung FTP-MOI in den Provinzen Rhône, Isère und Savoyen, bevor er 1943 ein Führer der Untergrundkämpfer im Süden Frankreichs wurde. Auch seine Frau, die aus Lodz stammende Mira Bromer, saß im Oberkommando der Partisanen. Nach 1945 ging Kugler in die DDR. Dort wäre er um ein Haar Opfer der »Säuberungen« geworden. Doch er kam mit einer Haftstrafe davon. Er starb 1982 in Ostberlin.

Leopold Kulcsar, geboren 1900 in Wien, stieß 1918 mit der Gruppe der Linksradikalen um Franz Koritschoner zur KPÖ. Es wird berichtet, daß er in Ungarn wegen maßgeblicher Beteiligung an der Rätediktatur Bela Kuns zum Tode verurteilt, aber durch Intervention des Wiener Polizeipräsidenten Johannes Schober, des nachmaligen österreichischen Kanzlers (eines angeheirateten Onkels von Kulcsars Frau Ilse, geborene Pollak), gerettet worden sei. Leopold Kulcsar bekleidete hohe Posten in der KPÖ und in Stalins Komintern. 1937 war er Pressechef der spanischen Botschaft in Prag und für den Geheimdienst der spanischen Republik tätig. Das »Biographische Handbuch der deutschsprachigen Emigration« schreibt: »1937 war er wahrscheinlich maßgeblich an Verhaftung und Verschleppung von Kurt Landau durch spanische Geheimpolizei und Vertreter der GPU (sowjetische Geheimpolizei) in Spanien beteiligt.« Der linke KPD-Dissident Landau ist seitdem verschollen. Über die Umstände des frühen Todes von Kulcsar (er starb im Januar 1938 in Paris) ist nichts herauszufinden.

Die erste Diktatur in Mitteleuropa im 20. Jahrhundert etablierte im März 1919 der Kommunistenführer aus jüdischer Familie **Bela Kun** in Ungarn. Rund ein halbes Jahr führte er mit brutalem Terror die von ihm proklamierte »Ungarische Räterepublik«. In dieser Zeit erklärte er auch der Tschechoslowakei den Krieg. Kuns Terror-Regime stachelte nicht nur die Bolschewistenfurcht an, sondern gab dem Antisemitismus erheblichen Auftrieb. Kun war 1886 im siebenbürgischen Szilagycseh als Sohn eines jüdischen Dorfnotars zur Welt gekommen. Als k.u.k. Soldat geriet er in russische Gefangenschaft, wo er sich zum Bolschewismus bekehren ließ. Er wurde Rotarmist und gründete in Moskau die ungarische KP. Nach Befreiung Ungarns von seiner Diktatur durch Horthy flüchtete Kun über Österreich in die Sowjetunion. Dort war er in Stalins Komintern dafür zuständig, die kommunistischen Unruhen im Deutschen Reich und Österreich zu schüren. Kun geriet ins Räderwerk der »Säuberungen«, wurde verhaftet und kam 1937 (vielleicht aber auch 1939) im Archipel Gulag um.

Weil seine Mutter Jüdin war, blieben **Günter Kunert** (geboren 1929 in Berlin) unter Hitler weiterführende Schulen versperrt, und er mußte nicht zum letzten militärischen Aufgebot (»wehruntüchtig«). 1949 trat er der SED bei. Als Literat wurde er von Johannes R. Becher entdeckt und von Brecht gefördert. In den 60er Jahren ging er zunehmend auf Distanz zu den Herrschenden in Ostberlin. Nach der Besetzung der CSSR erklärte er den Parteiaustritt. 1977 konnte er in die Bundesrepublik überwechseln. Kunert hat sich immer wieder der »Bewältigung« des längst toten NS-Regimes gewidmet. 1948 allerdings brachte er zu Papier: »Frage einen Milchhändler in Paris: Was bist Du? Er wird sagen: Ich bin ein Franzose. Frage einen Zeitungsverkäufer in New York: Was bist Du? Er wird sagen: Ich bin ein Amerikaner. Frage einen Schiffer in Amsterdam: Was bist Du? Er wird sagen: Ich bin ein Niederländer. Frage einen Bürger in Berlin: Was bist Du? Er wird sagen: Ich bin Oberpostausträgeranwärter. Das ist zum Lachen? Nein. Zum Weinen.« Am liebsten, so sagte er in den 80er Jahren, würde er in einem Berlin leben, in dem die Zeit 1929 stehengeblieben ist.

Chef der von seinem Vater gegründeten größten Ostseereederei war bis zur NS-Zeit der jüdische Unternehmer **Arthur Kunstmann**, geboren 1871 in Swinemünde. Nachdem er die Reederei hatte verkaufen müssen (»Arisierung«), emigrierte er 1936 nach England. Er starb 1940 in London. Über die gesellschaftliche Stellung, die großbürgerliche Juden damals erreichten, gibt ein Blick in das »Reichshandbuch der Deutschen Gesellschaft« von 1930 Auskunft. Über Kunstmann heißt es u.a.: »Er ist Ehrensenator der Universität Greifswald, Ehrenmitglied der Geographischen Gesellschaft der Universität Greifswald, Präsidialmitglied des Verbandes Deutscher Reeder, Vorstandsmitglied des Vereins der Freunde und Förderer der Universität Greifswald, des Vereins Stettiner Reeder, des Vereins der Stettiner Schiffsmakler, des Schutzvereins der Schiffs-Reeder, -Makler und -Agenten, des Deutschen Nautischen Vereins, der See-Berufsgenossenschaft, der Invaliden-, Witwen- und Waisen-Versicherungskasse der See-Berufsgenossenschaft, der See-Krankenkasse, des Deutsch-Finnischen Vereins, Mitglied des geschäftsführenden Vorstandes des Deutschen Schulschiff-Vereins, des Reichswasserstraßen-Beirats, des Reichs-Versicherungsamtes, des Kuratoriums der Staatlichen Höheren Maschinenbau-Schiffsingenieur- und Seemaschinistenschule zu Stettin, der Eisbrecher-Kommission, des Hafenausschusses und der Fachkommission für Seeschiffahrt der Industrie- und Handelskammer, Aufsichtsratmitglied der Deutschen Schiff- und Maschinenbau AG (Deschimag) Bremen, der Stettiner Oderwerke AG für Schiff- und Maschinenbau, der Ippen-Linie Reederei AG Hamburg-Stettin, Träger des EK II. Klasse, des Preußischen Verdienstkreuzes für Kriegshilfe, der Preußischen Roten Kreuz-Medaille III. Klasse, des Friedrich-August-Kreuzes II. Klasse von Oldenburg, des Ritterkreuzes I. Klasse des hessischen Ordens von Brabant, des Schaumburg-Lippischen Ehrenkreuzes mit der Krone des Fürstlich Schaumburg-Lippischen Hausordens, des Fürstlich Lippischen Verdienstkreuzes am weißen Bande.«

Hans Lachmann, 1885 in Berlin geborener Sohn des Metallgroßhändlers Georg Lachmann, führte 1911 die Tochter und Alleinerbin des jüdischen Großverlegers Rudolf Mosse, Felicia Mosse, heim und nannte sich fortan **Hans Lachmann-Mosse**. Als er 1930 alleiniger Chef des Presseimperiums wurde, war das Unternehmen durch Wirtschaftskrise und heftige interne Fehden mit dem Generalbevollmächtigten Carbe erheblich geschwächt. Hinzu kamen gewagte Immobiliengeschäfte im In- und Ausland. Im Februar 1933 mußte das Haus Mosse Konkurs anmelden. Lachmann-Mosse ging 1935 nach Paris, 1940 in die USA, wo er sich als Kunstmäzen zeigte. Er starb 1944 im kalifornischen Oakland. 1922 hatte er in Berlin die »Allgemeine Zeitung des Judentums« herausgegeben; außerdem gehörte er dem Vorstand der jüdischen Reformgemeinde in der Reichshauptstadt an.

Zu den jüdischen Einwanderern, die in Hollywood groß herauskamen, gehörte **Carl Laemmle**. 1867 in Laupheim geboren, ging er als 17jähriger in die USA. 1909 gründete er eine eigene Film-Produktionsgesellschaft, die ab 1912 »Universal Pictures« hieß und der er bis 1936, als er von seinen Geldgebern der Finanzwelt geschaßt wurde, präsidierte. Als Boß der Firma folgte ihm sein Sohn Carl Laemmle jr., wie überhaupt die von Laemmle senior betriebene Vettern-

wirtschaft in Hollywood legendär wurde. Der Literat Ogden Nash reimte hierzu: »Uncle Carl Laemmle has a very large faemmle.« Der von ihm besonders geförderte (ebenfalls jüdische) Filmregisseur William Wyler beispielsweise war sein Neffe. Zu den bekanntesten Laemmle-Produktionen zählten »Im Westen nichts Neues« und »Der Glöckner von Notre Dame«. Carl Laemmle senior starb 1939 in Hollywood.

Einer der einflußreichsten Juden in der Geschichte Brasiliens war **Horacio Lafer**. Er wurde 1900 in Sao Paulo geboren. Als Präsident der »Irmaos Klabin & Cia« (Zellulose) hatte er erheblichen Einfluß auf Wirtschaft und Politik Lateinamerikas. 1929 wurde er brasilianischer Delegierter beim Völkerbund in Genf. 1951 avancierte er zum Finanzminister Brasiliens, daran anschließend zum Gouverneur der Weltbank. Er betätigte sich aktiv in der jüdischen Gemeindearbeit. Nebenher war er Präsident des Kunstmuseums in Sao Paulo. Lafer starb 1965 in Paris.

Der langjährige Bürgermeister von New York und engagierte Verfechter einer Beteiligung der USA am Zweiten Weltkrieg auf der Seite der Feinde Deutschlands, **Fiorello Henry La Guardia**, war Halbjude. Seine Mutter hieß Irene Coen und kam aus Italien. Von 1923 bis 1933 war La Guardia, den man in Anspielung auf seinen Vornamen und seine Statur »little flower« nannte, Kongreßabgeordneter. Von 1934 bis 1945 amtierte er als Bürgermeister von New York, der Stadt mit der größten jüdischen Gemeinde der Welt. Unter ihm wurde 1938 eine neue Stadtverfassung eingeführt. La Guardia arbeitete eng mit dem Führer der amerikanischen Juden, Rabbi Wise, zusammen. 1946 wurde er als Nachfolger Herbert H. Lehmans Direktor der »UNRRA«, der UNO-Flüchtlingsorganisation. Von La Guardia stammt das einprägsame Wort: »Erst muß man die Tatsachen haben, bevor man sie je nach Bedarf entstellen kann.« Er starb 1947 in New York.

1974 wurde **Schlomo Lahat**, Politiker des nationalistischen israelischen Likud-Blocks, zum Bürgermeister von Tel Aviv-Jaffa gewählt. Eigentlich heißt er Salo Lindner. Er kam 1927 als Sohn eines Textilhändlers zur Welt. 1933 wanderte die Familie nach Palästina aus. Lindner-Lahat schloß sich der zionistischen Untergrundarmee Haganah an und diente im Unabhängigkeitskrieg 1948 als Brigadekommandeur. 1967 war er Chef der ersten Panzerbrigade, die den Suezkanal erreichte. Bei Zahal, den israelischen Streitkräften, hat er den Rang eines Generalmajors.

Nach der Machtübernahme Hitlers und bis zu seiner Emigration nach Amerika 1938 war **Hans Lamm** (geboren 1913 in München) in der Sozialabteilung der Münchner jüdischen Gemeinde tätig, und er studierte an der Lehranstalt für die Wissenschaft des Judentums in Berlin. 1945 kehrte er im Auftrag der Zionistischen Internationale (Claims Conference) nach Deutschland zurück. Er war Dolmetscher beim Nürnberger Siegertribunal und am Gerichtshof für Wiedergutmachungsklagen. Von 1970 bis 1985 amtierte er als Präsident der Israelitischen Kultusgemeinde München. Er gehörte dem Vorstand der Deutsch-Israelischen Gesellschaft an und saß im Direktorium des Zentralrats der Juden in Deutschland. In »Karl Marx und das Judentum« wies er auf linken Antisemitismus hin. Er starb 1985 in München.

Sowohl im weltweit aktiven jüdischen Logenbund B'nai B'rith als auch in der internationalen Freimaurerei spielte der jüdische Jurist **Josef Michael Lamm** eine herausragende Rolle. Das »Biographische Handbuch der deutschsprachigen Emigration« notiert in seinem Lebenslauf: »1961 bis 1963 Präsident von B'nai B'rith Israel, 1965 bis 1971 Vizepräsident der B'nai B'rith-Weltorganisation, 1963 bis 1965 Großmeister der Freimaurer, 1971-1972 Grand Commander Scottish Rite.« Lamm kam 1899 im galizischen Wydorwka zur Welt. 1921 promovierte er an der Wiener Universität. Früh war er Aktivist der zionistischen »Poale Zion«-Bewegung; an der Wiener Universität gehörte er zu den Gründern des »Jüdischen Studentenausschusses Judaea«. Krankheitsbedingt wurde er nach kurzer Haft im Lager Dachau 1938 entlassen. Anfang 1939 ging er nach Palästina. In Israel wirkte er als Staatsanwalt und Richter. Lamm starb 1976 in Tel Aviv.

Der Bankier **Eugen Landau** verzichtete nicht nur auf die Führung des seinem Vater, Jacob Landau, verliehenen Adelstitels, sondern lehnte aus jüdischem Selbstbewußtsein heraus auch die Taufe ab. Als Major d.R. erreichte er im deutschen Kaiserreich einen militärischen Rang wie kein anderer Nichtgetaufter. Landau, der 1852 in Breslau zur Welt gekommen war, gehörte zu den Mitgründern von Rathenaus AEG. Er führte die Berliner Schultheiß-Brauerei, die damals größte Brauerei der Welt, war zwei Jahrzehnte lang Aufsichtsratsvorsitzender der Nationalbank für Deutschland und der Berliner Hotelgesellschaft. Bei der Commerzbank war er stellvertretender Aufsichtsratchef. Er wirkte führend im »Hilfsverein der deutschen Juden« und fungierte als Präsident des »Pro-Palästina-Komitees«. 1935 starb er in Berlin.

Als Sohn eines Weinhändlers kam 1903 in Wien der kommunistische Politiker **Kurt Landau** zur Welt. 1921 trat er der KPÖ bei, aus der er als Anhänger und enger Mitarbeiter Leo Trotzkis 1926 verbannt wurde. In der Folgezeit gründete er mehrere kommunistische Splittergruppierungen. 1931 überwarf er sich auch mit Trotzki. 1936 ging er nach Spanien, wo er Chef der Koordinationsstelle der marxistischen POUM-Bewegung für ausländische Journalisten und zur Eingliederung ausländischer Freiwilliger in die bewaffnete POUM-Miliz wurde. In heftige Auseinandersetzungen geriet er mit Willy Brandt (dem nachmaligen SPD-Vorsitzenden und Bundeskanzler), der - wie auch Max Diamant - für eine »Volksfront« von Sozialisten und Kommunisten eintrat. Die POUM wurde von den Stalinisten weitgehend zerschlagen, viele ihrer Führer auf Moskauer Geheiß liquidiert, wobei Stalins Botschafter in Spanien, Rosenberg, eine zentrale Rolle spielte. Im September 1937 ging auch Landau Agenten von Stalins Geheimpolizei GPU ins Netz. Seitdem ist er verschollen. Wahrscheinlich wurde er »durch Genickschuß erledigt«.

Als einer der bedeutendsten Physiker dieses Jahrhunderts gilt **Lew Dawidowitsch Landau**. Er war auch für Stalin so wichtig, daß er sämtliche »Säuberungen« überstehen konnte. »Der Mann, der nicht sterben durfte«, lautet der Titel einer Landau-Biographie. Der Physiker kam 1908 in Baku zur Welt. 1935 wurde er Professor an der Gorki-Universität Charkow, 1937 an der Moskauer Universität. Ab 1946 gehörte er der Akademie der Wissenschaften der Sowjetunion an. Für seine Theorie der »Quantenflüssigkeiten« wurde Landau 1962 mit dem Physik-Nobelpreis ausgezeichnet. Den Stalinpreis, erhielt er dreimal. Er starb 1968 in Moskau.

Nach seiner Entführung aus Argentinien wurde Adolf Eichmann, der einstige »Judenreferent« im Dritten Reich, vom 2. April bis 11. Dezember 1961 in Israel vor Gericht gestellt und unter dem Vorwurf, hauptverantwortlich für die Deportation von drei Millionen Juden gewesen zu sein, zum Tode verurteilt und hingerichtet. Das Verfahren erregte weltweit Aufsehen. Auch das bis dahin der Weltöffentlichkeit kaum bekannte KZ Auschwitz war nun fast jedermann geläufig. Den Vorsitz beim Eichmann-Prozeß führte **Moshe Landau**. Er war 1912 in Danzig zur Welt gekommen und 1933 als glühender Zionist nach Palästina ausgewandert. Zunächst war er dort Rechtsanwalt, ab 1940 Richter. Seit 1953 gehörte er dem Obersten Gerichtshof an. 1980 wurde er Präsident des israelischen Höchstgerichts.

»Zusammen mit Siegfried Moses war er einer der Hauptinitiatoren der Wiedergutmachung«, schreibt das »Biographische Handbuch der deutschsprachigen Emigration« über **Georg Landauer**. Er wurde 1895 in Köln geboren und starb 1954 in New York. Als Student war er linkszionistisch aktiv, wobei er eng mit Chaim Arlosoroff zusammenarbeitete. 1933 war er Mitgründer der Reichsvertretung der Juden. 1934 ging er nach Palästina. Dort wirkte er von 1934 bis zu seinem Tode als Chef des Zentralbüros der Jewish Agency für die Ansiedlung von Juden aus dem Deutschen Reich und Österreich. Außerdem war er Schatzmeister der »Jugend-Allijah«, der für die Zuwanderung junger Juden zuständigen Organisation. Schon 1943 regte er mit Moses die Erhebung von Wiedergutmachungsansprüchen an die Deutschen an; bei den Juden habe es sich um eine mit den Deutschen im Kriegszustand befindliche Nation gehandelt, die ebenso Reparationen beanspruchen könne wie andere Siegernationen, war die Argumentation. 1946/47 leitete Landauer das Münchner Büro der Jewish Agency.

Nach Sowjetvorbild (Sowjet = Räte) wurde 1919 in München von Linksradikalen und Anarchisten eine »Räterepublik« ausgerufen, vor der die von der gewählten Volksvertretung bestätigte sozialdemokratische Regierung nach Bamberg floh. Unter der Räteherrschaft kam es zu furchtbaren Exzessen gegen Andersdenkende. Dem

Münchner Sowjet gehörte als »Volksbeauftragter für Volksaufklärung« der Literat **Gustav Landauer**, geboren 1870 in Karlsruhe, an. Er war eine Zentralfigur des Anarchismus in Deutschland und hatte 1906 einen »Sozialistischen Bund« geschaffen. In jüdischen Quellen heißt es über Landauer, er habe »sein sozialistisches Engagement als wesentliches Merkmal seines Judentums begriffen«. Er wurde am 1. Mai 1919 von in München einrückenden Regierungstruppen, Soldaten des Freikorps Epp, erschossen.

An vorderster Front im Kampf, der darauf abzielte, Henry Ford in die Knie zu zwingen, stand in Amerika **Isaac Landman**. Der Autoindustrielle Ford hatte sich scharf gegen seines Erachtens zu großen jüdischen Einfluß gewandt und das Buch »Der internationale Jude« veröffentlicht. Die von Landman und anderen Juden initiierte Gegenkampagne hatte Erfolg: Ford machte einen Rückzieher. Landman war 1880 in Sudilkov/Rußland zur Welt gekommen. Als 10jähriger ging er mit den Eltern in die USA. Er redigierte das jüdische Organ »American Hebrew« und wirkte von 1940 bis 1944 als Chefredakteur der »Jewish Encyclopaedia«. Dem Zionismus stand er distanziert gegenüber. Er trat für jüdische Siedlungen im US-Bundesstaat Utah ein. Er starb 1946 in Star Lake/US-Bundesstaat New York.

An ihrer scharfen Verurteilung des Hitler-Regimes läßt die jüdische Schriftstellerin **Salcia Landmann** keinen Zweifel aufkommen. Doch mahnt sie die Deutschen, nicht alles in den Schatten von Auschwitz zu stellen. Die »kollektive Bußbereitschaft wegen Auschwitz« schreibt sie, berge in Deutschland »schon lange massenpsychotische Elemente«, sei also bereits krankhaft. Salcia Landmann kam 1911 im ukrainischen Zolkiew als Tochter der jüdischen Familie Passweg zur Welt. Sie promovierte 1939 in Basel und heiratete im selben Jahr den jüdischen Hochschullehrer Professor Michael Landmann. Frau Landmann trat mit philosophischen Werken in Erscheinung, aber auch mit Sammlungen wie »Jüdische Anekdoten und Sprichwörter«. 1967 sorgte sie nicht allein des Buchtitels wegen mit ihrem Werk »Die Juden als Rasse« für Aufregung. Darin verwahrte sie sich gegen die »Tabuisierung des Rassebegriffes« und wies auf die dominierende Rolle des Ererbten auch bei Völkern hin. Schließlich habe kein geringerer als der englisch-jüdische Staatsmann Disraeli den Satz geprägt: »Die Rassenfrage ist der Schlüssel zur Weltgeschichte.« Landmann warnte davor, daß bei den Deutschen »das schlechte Gewissen Blüten treibt«. Die Scham über Hitler lähme die Kritikfähigkeit der Deutschen auch gegenüber Juden. Doch: »Die Zeit wird die Maße zurechtrücken.« Schon in den 70ern, besonders deutlich aber Anfang der 90er Jahre nahm Salcia Landmann gegen weiteren Massenzustrom von Ausländern nach Mitteleuropa Stellung. Das deutsche Asylrecht nannte sie »entartet«. Sie schrieb: »Daß die heutigen Deutschen sich einreden, sie schuldeten diesen Milliardentribut an die ›Asylanten‹, die obendrein oft genug ihre Sozialhilfe betrügerisch mehrfach kassieren und durch kriminelles Verhalten ganze Stadtviertel verunsichern, dem Andenken der gemordeten Juden, grenzt an Aberwitz.« 1994 sprach sie sich in der Schweiz gegen eine die Meinungsfreiheit gängelnde »Antirassismus-Gesetzgebung« aus.

Als Vertreter des rechten Parteiflügels war der sozialdemokratische Politiker **Otto Landsberg** extremen Roten der Weimarer Republik verhaßt. Friedrich Stampfer schrieb: »Den radikalen Linken war er wegen seiner betont nationalen Haltung während des Krieges umso verdächtiger.« Weil er Ebert den Rücken bei der Abwehr der Bolschewisierung Deutschlands stärkte,

Arthur KUNSTMANN

Fiorello LAGUARDIA

Hans LAMM

Lew Dawidowitsch
LANDAU

Gustav LANDAUER

Salcia LANDMANN

Karl LANDSTEINER

Fritz LANG

Alexander LANGER

nannten ihn die Kommunisten »Mephisto der Revolution«. Landsberg kam 1869 im oberschlesischen Rybnik als Sohn eines jüdischen Landarztes zur Welt. 1890 schloß er sich der SPD an. Als Rechtsanwalt vertrat er u.a. Friedrich Ebert. 1912 wurde er Mitglied des Reichstages und 1918 des Rates der Volksbeauftragten (zuständig für Finanzen und Justiz). 1919 fungierte er kurzfristig als Reichsjustizminister. Aus Protest gegen das Versailler Diktat der Sieger trat er zurück. Er hatte der deutschen Delegation in Versailles angehört. Von 1920 bis 1924 wirkte er als deutscher Gesandter in Brüssel, anschließend bis 1933 als Reichstagsabgeordneter. Den Krieg überstand er als Emigrant in Holland. Danach trat er nur noch publizistisch in Erscheinung. Landsberg starb 1957 in Baarn bei Utrecht. »Trotz seiner lebenslänglichen Distanz zum religiösen Judentum engagierte er sich als Gründungsmitglied des Vereins zur Abwehr des Antisemitismus.« (Benz/Graml, »Biographisches Lexikon zur Weimarer Republik«).

Der Chemiker **Rolf Landsberg** kam 1920 in Berlin zur Welt. Sein Vater war der Architekt Max Landsberg, der seit 1939 in England lebende Mathematiker Peter Theodor(e) Landsberg sein Bruder. Nach Hitlers Machtübernahme gingen die Landsbergs in die englische Emigration. 1940 wurde Rolf Landsberg in Kanada interniert; dort schloß er sich der stalinistischen KP an. 1947 wechselte er von der britischen in die sowjetische Zone Deutschlands und wirkte an der Errichtung der kommunistischen Diktatur in Mitteldeutschland mit. 1962 wurde er Rektor der TH für Chemie in Leuna-Merseburg, 1964 Professor mit Lehrstuhl an der Humboldt-Universität (Ostberlin), wo er auch als Mitglied der SED-Leitung wirkte. 1985 erhielt er auf Geheiß Honeckers den »Vaterländischen Verdienstorden«.

1933 beging in Berlin der jüdische Literat **Artur Landsberger** Selbstmord. Er hatte sich in seinen Werken dem Satanismus gewidmet. Er war 1876 in der Reichshauptstadt geboren worden und von Beruf Rechtsanwalt. 1907 gehörte er zu den Gründern des »Morgen«. Er verfaßte unter anderem einen »Berliner Roman« in sieben Bänden, schrieb »Raffke & Cie« (1924), »Berlin ohne Juden« (1926), »Die Unterwelt von Berlin« (1929; verfaßt mit Max Alsberg) sowie - zu seinem bevorzugten Thema - »Wie Satan starb« (1919) und »Gott Satan oder Das Ende des Christentums?« (1923).

Der jüdische Zahnarzt **Richard Landsberger** wird als Begründer der Kieferorthopädie bezeichnet, trug jedenfalls wesentlich zur modernen Zahnheilkunde bei. Er kam 1864 in Darmstadt zur Welt, promovierte an der Universität Berlin, amtierte als Vorsitzender der Gesellschaft für Zahnheilkunde und trat mit zahlreichen Fachpublikationen in Erscheinung. Er starb 1939 in Berlin.

»Er war einer der ersten, der den deutschen Staub von seinen Füßen schüttelte«, schrieb der jüdische »Aufbau« (New York) über **Fritz Landshoff** (geboren 1901 in Berlin, gestorben 1988 in Haarlem/Niederlande). Ab 1927 war er Mitinhaber des Verlages Gustav Kiepenheuer in Potsdam. 1933 ging er nach Holland, 1940 nach England, 1941 in die USA. In Amerika gründete er mit Gottfried Beermann-Fischer die »L.B. Fischer Publishing Corp.«. Später wurde er Vizechef der Harry Abrams Inc., des einflußreichen New Yorker Kunstverlages.

Als bedeutendsten Marx-Forscher unserer Zeit (»major modern interpreter of Karl Marx«) charakterisiert das »Internationale Handbuch der deutschsprachigen Emigration« den Politologen **Siegfried Landshut**, der 1897 in Straßburg zur Welt kam und 1968 in Hamburg starb. Ab 1926 wirkte er als Assistent von Albrecht Mendelssohn-Bartholdy am Institut für Auswärtige Politik in Hamburg; dann assistierte er Eduard

Heimann an der Hamburger Universität. 1932 brachte Landshut die Frühschriften des Karl Marx in zwei Bänden heraus. 1933 ging er nach Palästina. Ab 1940 war er im britischen Hauptquartier des Nahen Ostens tätig, vor allem für die Rundfunkpropaganda zuständig. 1945 bis 1948 war er mit der »kulturellen Betreuung« (sprich Reeducation) der in Nordafrika und Nahost kriegsgefangenen Deutschen beauftragt. Ab 1951 lehrte er als Professor für Politische Wissenschaften an der Hamburger Universität.

Karl Landsteiner, christlich getaufter Serologe aus jüdischer Familie, wurde 1930 für seinen wesentlichen Anteil an der Entdeckung der Blutgruppen mit dem Medizin/Physiologie-Nobelpreis geehrt. Er war 1868 in Baden bei Wien geboren worden. Ab 1908 wirkte er als Professor in Wien. 1919 ging er nach Holland, später in die USA, wo er von 1922 bis 1943 am New Yorker Rockefeller-Institut für Medizin tätig war. 1940 gelang unter seiner Leitung die Entdeckung des Rhesusfaktors. Er starb 1943 in New York.

Nach der NS-Machtübernahme bot Dr. Goebbels dem damals noch mit der nationalsozialistisch gesinnten Schriftstellerin Thea von Harbou (die sämtliche Drehbücher seiner erfolgreichen Filme zur Weimarer Zeit verfaßt hatte) verheirateten, 1890 als Sohn einer jüdischen Mutter (Paula Schlesinger) in Wien geborenen Regisseur **Fritz Lang** an, Reichsfilmintendant zu werden. Lang ging darauf nicht ein, sondern begab sich über Frankreich nach Hollywood. Dort inszenierte er Streifen wie »Hangmen also die« (ein »Anti-Nazi-Thriller«) oder »Rache für Jesse James« (über Revolverhelden im Wilden Westen). Lang, christlich getauft, begann als Postkartenmaler. Gefördert von Erich Pommer gab er 1919 sein Regiedebüt mit dem Film »Halbblut«. Er wurde zum »Bahnbrecher des Monumentalfilmes« bei der Ufa. Zu nennen sind vor

allem seine kolossale Verfilmung des Nibelungen-Liedes (1923/24), der für damalige Verhältnisse unglaublich aufwendige Streifen »Metropolis«, der 1926 beinahe zum Bankrott der Ufa geführt hätte, und »Die Frau im Mond« (1929). Bekannt wurden auch Langs Filme über den »Superverbrecher Dr. Mabuse« und der eindringliche Kriminalstreifen »M-Eine Stadt sucht einen Mörder« (1931) mit dem als psychopathischer Kindermörder überzeugenden Peter Lorre. In Hollywood wurde Lang von Selznick eingeführt; MGM nahm ihn unter Vertrag. 1936 gründete er in Amerika eine »Anti-Nazi-Liga«. 1956 kehrte er für eine Zeitlang nach Deutschland zurück, wo er - nach einer Anfang der 20er Jahre entstandenen Vorlage von Thea von Harbou - »Der Tiger von Eschnapur« und »Das indische Grabmal« sowie einen weiteren »Mabuse«-Film auf die Leinwand bannte. Er starb 1976 in Los Angeles.

Nicht weniger als fünfundzwanzig Nachkriegszeitungen in Deutschland, darunter die »Süddeutsche Zeitung« (deren erste Ausgaben mit den umgeschmolzenen Druckstöcken des »Völkischen Beobachters« gefertigt wurden) hat **Ernst Langendorf** ins Leben gerufen. Er war von 1945 bis 1949 als Chef der Presseabteilung in der US-Militärregierung von Bayern zuständig für Zeitungs-Lizenzierung. Um eine gründliche »Umerziehung« der Deutschen sicherzustellen, setzte der jüdische Remigrant häufig einstige NS-Trommler ein, die nun ebenso fanatisch den neuen Herren dienten. Langendorf, geboren 1907 in Rod a.d. Weil im Taunus, gehörte in Weimarer Zeit dem Reichsausschuß der Sozialistischen Arbeiterjugend (SAJ) an und war 1933 nach Frankreich emigriert. 1941 ging er in die USA, wo er zum führenden Psychokrieger in der Propaganda avancierte. Am 30. April 1945 soll er in seinem Jeep den Münchner Marienplatz »erobert« haben.

Später wirkte er als Direktor am US-Propagandasender »Radio Free Europe« (München) und ab 1954 als stellvertretender Chef des Münchner Presse-Klubs. Er starb 1989 in München.

1995 verübte **Alexander Langer** nahe seinem Wohnsitz bei Florenz Selbstmord. Der linke Politiker war 1946 als Sohn eines jüdischen Arztes zur Welt gekommen. Auf der Liste »Neue Linke« gelangte er 1978 in den Bozener Landtag; später war er Mitbegründer der Grünen in Südtirol. Als »Abgeordneter von Nordostitalien« gelangte er 1989 ins Europäische Parlament, wo er zum stellvertretenden Vorsitzenden der grünen Fraktion aufstieg. Wiederholt weigerte er sich, bei Volkszählungen in Südtirol anzugeben, ob er deutsch, italienisch oder etwas anderes sei. Er bezeichnete sich als »Weltbürger«. Die Bundessprecherin der Grünen Österreichs, Petrovic, schrieb in einem Nachruf, Langer habe sich »um das multikulturelle Zusammenleben in Südtirol verdient gemacht«. Als radikaler Feind der deutschen Rechten fand sich Langer auch zu Anti-DVU-Kundgebungen in Passau ein.

1990 emigrierte die israelische Juristin **Felicia Langer**, die fünf Jahre zuvor mit dem »alternativen Nobelpreis« ausgezeichnet worden war, nach Deutschland. Sie war in Israel, wo sie sich viele Jahre als Rechtsanwältin für gefolterte Palästinenser eingesetzt hatte, vor Mordkommandos fanatischer Zionisten nicht mehr sicher. Und auch in der Bundesrepublik schlägt ihr Haß entgegen, weil sie auf israelische Menschenrechtsverletzungen hingewiesen hat. Sie berichtet: »Ich werde von Mitgliedern der jüdischen Gemeinden deshalb angegriffen.« Dabei betont Felicia Langer stets, daß sie sich als israelische Patriotin fühle. Gerade weil sie ihr Land liebe, setze sie sich für die Gerechtigkeit ein. Sie kam 1930 in Tarnow/Polen zur Welt. Nach dem Einmarsch der Deutschen floh die Familie in den Osten. Ihr Vater kam 1944 in der Sowjetunion um. Ihr Mann Moshe, den sie 1947 heiratete, hatte einen Leidensweg durch fünf nationalsozialistische KZ antreten müssen. Mehrfach hat sich die jüdische Juristin und Publizistin (1995 erschien ihr Buch »Brücke der Träume«) gegen den »betrügerischen Mißbrauch der Schuldgefühle der Deutschen« gewandt; israelische Politiker würden den Holocaust der Nazis als »Deckmantel für die eigene Politik benutzen«. Warum sie gerade ins deutsche Exil gegangen ist, erklärte sie wie folgt: »Ich habe mich bewußt für Deutschland entschieden, weil ich verstanden habe, wie brutal und raffiniert Israel die Schuld der Deutschen ausnutzt.«

Nachdem er ein Hoch auf Frankreich und die Kommunistische Partei ausgebracht und geschrien hatte: »Tod den Boches!« (»Tod den deutschen Schweinen!«), wurde am 23. Juli 1943 der von einem französischen Gericht wegen Sprengstoffverbrechen zum Tode verurteilte **Marcel Langer** in Anwesenheit eines Rabbiners im Gefängnis von Toulouse hingerichtet. Er hatte zur obersten Führung der Partisanenbewegung gehört und die 35. Brigade der Résistance gegründet und befehligt. Der jüdische Historiker Arno Lustiger schreibt: »Die 35. Brigade verbreitete Furcht und Schrecken unter den Gestapo-Schergen, Kollaborateuren und Spitzeln. Sie fügte der deutschen Kriegsmaschinerie in Frankreich schwerste Schäden zu. Unzählige Züge wurden entgleist und in die Luft gesprengt, Wehrmachtkasernen angegriffen (u.a. eine der kollaborierenden russischen Wlassow-Armee).« Langer war 1903 in Auschwitz zur Welt gekommen. Nach einem Palästina-Aufenthalt kam er 1931 nach Frankreich, wo er Aktivist der stalinistischen KP wurde. Im Spanischen Bürgerkrieg war er Offizier der Roten.

Die Schriftstellerin **Elisabeth Langgässer** war Halbjüdin. Sie kam 1899 in Alzey (Rheinhessen) zur Welt und starb 1950 in Rheinzabern. Die Tochter eines Architekten und jüdischen Konvertiten lebte ab 1929 als freie Schriftstellerin; 1936 heiratete sie den katholischen Philosophen W. Hoffmann. 1944 wurde sie in einer Fabrik dienstverpflichtet. Im Vordergrund ihres Schaffens stand die Beschäftigung mit der Heilslehre Jesu Christi, zu der sie sich bekannte. In ihrem Hauptwerk »Das unauslöschliche Siegel« (1946) wandelt ein Jude als Sünder durch die Welt, bis er durch das Christentum erlöst wird. Ihre Tochter, die israelische Journalistin Cordelia Edvardson, die von den Deutschen als einem »Volk von Verbrechern« schreibt, wurde 1929 als Kind einer unehelichen Beziehung Elisabeth Langgässers mit einem Juden geboren.

Der Mediziner **Leopold Langstein** (Jahrgang 1876) promovierte 1901 in seiner Geburtsstadt Wien und war ab 1909 Professor für Kinderheilkunde an der Berliner Universität. 1919 wurde er Direktor des Kaiserin-Auguste-Viktoria-Hauses, der Reichsanstalt zur Bekämpfung der Säuglings- und Kindersterblichkeit. Er gab die »Zeitschrift für Kinderheilkunde« und die »Enzyklopädie der klinischen Medizin« heraus. Er starb 1933 in Berlin.

Eigentlich hieß der 1896 in Charkow geborene Literat **Leo Lania** Lazar Hermann. 1904 kam er nach Wien, wo er sich 1919 der KPÖ anschloß. Im selben Jahr wirkte er für Bela Kuns Rätediktatur in Ungarn (sein Bruder Schura Hermann war Verbindungsmann der KPÖ zu Kun). Aus Protest gegen den Ausschluß Paul Levis verließ Lania die KPÖ 1921, blieb aber prokommunistisch aktiv. 1923 soll er sich, als italienischer Faschist getarnt, Zugang zu Adolf Hitler verschafft haben; er veröffentlichte darüber einen sensationell aufgemachten Bericht. Mit dem Parakommunisten Piscator eröffnete Lania in Berlin das »Politische Zeittheater«. Auch arbeitete er mit Reinhardt, Kortner und Brecht zusammen. Er emigrierte zur NS-Zeit nach Wien, dann nach Paris und in die USA, wo er im Krieg in der Rundfunkpropaganda mitmischte (Deckname »Ferdinand Czernin«). Im Auftrage von US-Behörden hielt er nach 1945 in der Bundesrepublik Vorträge; dann ließ er sich wieder in Deutschland nieder. Er starb 1961 in München.

Der US-amerikanische Mafia-Experte Joe Dorigo berichtet in seiner Geschichte der »ehrenwerten Gesellschaft«: »Die aus Osteuropa entflohenen Juden zählten zur ersten großen Einwanderungswelle in Amerika, und daher rekrutierte sich eine frühe Generation von Bandenführern sowie einige der angeheuerten Schläger, die sogenannten ›enforcer‹, hauptsächlich aus Männern und Jugendlichen jüdischer Herkunft.« Die größte Machtentfaltung erreichte die »Kosher Nostra«, als sie sich in den 20er und 30er Jahren mit der von Mussolini aus Italien vertriebenen »Cosa Nostra« verbündete. In dieser Zeit stiegen jüdische Gangster wie Louis »Lepke« Buchalter, »Dutch« Schultz Flegenheimer und »Bugsy« Siegel auf. Zentralfigur war **Meyer Lansky**, der Finanzführer der »Kosher Nostra«. Er war 1902 als Maier Suchowljansky in Weißrußland zur Welt gekommen und arbeitete sich in den USA vom mittellosen Einwandererkind zum schwerreichen Verbrecher empor. Vor allem machte er mit Schmuggel, Spielhöllen, Rotlichtkneipen und Börsenmanipulationen seine Millionen. Sein enger Kumpan war der aus Italien nach Amerika gekommene Mafia-Chef Lucky Luciano. Trotz zahlloser Untaten blieben beide in Freiheit. Was nicht zuletzt damit zusammenhing, daß sie sich während des Zweiten Weltkrieges zur Kooperation mit der US-Regierung bereitfanden. Cosa Nostra und

Kosher Nostra machten Jagd auf Prodeutsche und fingierten Attentate, die man »Nazis« in die Schuhe schob (zum Beispiel den Anschlag auf die »Normandie« im Hafen von New York), um die US-Öffentlichkeit »fit for war« zu machen. Die Verbrecher erstickten zudem Streiks in kriegswichtigen Industrien im Keime. Luciano war auch bei der alliierten Landung auf Sizilien und in Süditalien mit seinen Kumpanen behilflich. Die Gegenleistung bestand darin, daß die US-Army alle von Mussolini eingesperrten Mafiosi freiließ und der Mafia die alte Macht in Süditalien zurückgab. Meyer Lansky wollte seinen Lebensabend in Israel verbringen. Doch in diesem Sonderfall lehnten die israelischen Behörden ab, die ansonsten gehalten sind, jedem Juden Einlaß zu gewähren. Der Boß der Kosher Nostra starb 1983 in Miami.

Der zionistische Publizist und Regisseur **Claude Lanzmann** kam 1925 in Paris zur Welt. Im Zweiten Weltkrieg war er in der Untergrundbewegung gegen die deutsche Besatzungsmacht und gegen französische Kollaborateure aktiv. In der Nachkriegszeit avancierte er zum Lektor der Freien Universität Berlin. 1952 begann seine enge Zusammenarbeit mit Sartre. Seit 1970 wirkt Lanzmann hauptsächlich als Filmemacher. Er schuf einige Streifen zur Verherrlichung Israels und der israelischen Armee. 1985 drehte er einen neuneinhalbstündigen Film »Shoah« über die Judenverfolgung unter Hitler. Lanzmann erläuterte, der Grundgedanke seines Werkes sei es, »die Distanz zwischen Vergangenheit und Gegenwart aufzuheben, so daß man vollkommen vergißt, daß seit 1942 schon 43 Jahre vergangen sind«. »Shoah« war vom Westdeutschen Rundfunk mitfinanziert worden. Laut »Israel Nachrichten« vom 13. Mai 1986 wurde Lanzman von seiner Freundin Simone de Beauvoir, der ehemaligen Sartre-Gefährtin,

wie folgt charakterisiert: »Er war ein solch stolzer und bewußter Jude, daß er die Gojim haßte und bekannte: ›Unaufhörlich hätte ich Lust zu töten‹.« Gojim ist ein jüdisches Wort für Nichtjuden.

Mehrfach hat sich der jüdische Theologe und Schriftsteller **Pinchas Lapide** (geboren 1922 in Wien) mäßigend eingeschaltet, wenn Extremankläger des deutschen Volkes den Bogen überspannten. So erklärte er beispielsweise 1985 bei der Diskussion um den Besuch von US-Präsident Reagan auf dem Soldatenfriedhof Bitburg, auf dem auch Waffen-SS-Soldaten begraben liegen: »Beim Eichmann-Prozeß in Jerusalem anno 1961 ist eindeutig festgestellt worden, daß die Waffen-SS nichts mit den Konzentrationslagern zu tun hatte, sondern als Kampftruppe innerhalb der Wehrmacht operierte ... Als Opfer der fast 2000jährigen ungerechten Kollektivbeschuldigung am Tode Jesu sollten wir Juden uns jedweder Pauschalanklage enthalten ... Also sollten wir endlich die Blickwende fertigbringen von den Schmerzen der Vergangenheit, die in unser aller Herzen weiterleben, in die Zukunft hinein.« Lapide war 1940 nach Palästina emigriert und hatte als Offizier der Jüdischen Brigade in der britischen Armee gedient. In den 50er Jahren war er im israelischen diplomatischen Dienst. Er lehrt als Gastprofessor an den Universitäten Göttingen, Tübingen und Bern.

Adolf L'Arronge, der wahrscheinlich eigentlich Aronsohn hieß, kam 1838 in Hamburg zur Welt und starb 1908 in Kreuzlingen im Kanton Thurgau. Zunächst versuchte er sich als Dirigent, dann gab er in Berlin eine »Gerichtszeitung« heraus. 1874 avancierte er zum Intendanten des Lobe-Theaters in der Reichshauptstadt. Mit Barnay gründete er 1883 das Deutsche Theater in Berlin, dessen Leitung er 1894 an Otto Brahm abtrat, dem wiederum 1905 Max Reinhardt folgte. L'Arronge schrieb einige Singspiele und Possen.

Die kommunistische Literatin **Berta Lask** kam 1878 im galizischen Wadowitz als Tochter eines Papierfabrikanten zur Welt. Verheiratet war sie mit dem jüdischen Nervenarzt Louis Jacobson, der 1936 ins Reich Stalins ging. In Weimarer Zeit wirkte KPD-Mitglied Berta Lask als rote Agitprop-Schriftstellerin; sie zählte zu den Mitgründern des stalinistischen »Bund Proletarisch-Revolutionärer Schriftsteller« (BPRS). Sie verfaßte u.a. Kinderbücher über den »guten Onkel Stalin« in der »paradiesischen UdSSR«. Ab 1933 hielt sie sich in der Sowjetunion auf, wo sie im Kriege über Rundfunk deutsche Soldaten zur Sabotage und Fahnenflucht aufrief. 1953 tauchte sie in der DDR auf, wo sie im Sinne der SED-Machthaber publizierte. In ihrem autobiographischen Spätwerk »Stille und Sturm« schildert sie die »Höherentwicklung« einer jüdischen Kapitalistentochter zur Kommunistin. Sie starb 1967 in Berlin.

Der 1880 in Freiburg im Breisgau geborene Kaufmann **Albert Davis Lasker** brachte es in den USA zum Chef der weltweit größten Werbefirma (»Lord & Thomas Advertising Agency«, Chikago). Er gehörte zum engsten Beraterstab des US-Präsidenten Harding, des Gegners und Nachfolgers Wilsons 1920. In dessen Auftrag war Lasker mit der Reorganisation der US-Schiffahrtsbehörde beschäftigt. Als Mäzen trat er u.a. durch die Stiftung des Hebrew Union College in Chikago in Erscheinung; er schuf auch eine große Gemäldesammlung. Lasker starb 1952 in New York.

»Meister der psychologischen Spielführung« wurde **Emanuel Lasker** genannt. Er kam 1868 im brandenburgischen Berlinchen zur Welt und starb 1941 in New York. Von Haus aus Mathematiker, errang er 1894 die Weltmeisterschaft im Schachspiel, die er bis 1921 verteidigte, als er von Capablanca besiegt wurde. 1935 emigrierte er aus Berlin nach New York. Er schrieb Lehrbücher des Schachspiels und 1940 in der amerikanischen Emigration das Werk »The community of the future«.

Die Schriftstellerin **Else Lasker-Schüler** kam 1869 als Tochter eines Bankiers und Enkelin eines Rabbiners unter dem Namen Elisabeth Schüler in Wuppertal auf die Welt. Sie gilt als eine der bedeutendsten expressionistischen Lyrikerinnen, deren Werk von tiefer jüdischer Mystik (»Hebräische Balladen«) erfüllt sei. P. Hille beschrieb sie als »schwarzen Schwan Israels«. Nach einem von Max Reinhardt geförderten Bohemienne-Leben in Berlin und München ging sie 1933 in die Schweiz, 1937 nach Palästina. Sie starb, geistig umnachtet, 1945 in Jerusalem. Von ihr stammten »Der Wunderrabbiner von Barcelona« und »Das Hebräerland«. In erster Ehe war sie mit dem Arzt Berthold Lasker verheiratet; in zweiter Ehe von 1901 bis 1911 mit dem Publizisten Herwarth Walden (eigentlich Lewin), der 1941 in einem Gefängnis Stalins umkam.

»Aus liberaler jüdischer Großkaufmannsfamilie stammend, gehörte er zu den das britische Geistesleben seiner Zeit bestimmenden Köpfen«, heißt es in Meyers Enzyklopädischem Lexikon über **Harold J. Laski**. Er war ab 1926 Professor an der Londoner School of Economics, führte von 1945 bis 1947 als Nachfolger Attlees die britische Labour-Party und war von 1946 bis 1948 Chef der Fabian-Sociey, des mächtigen Zusammenschlusses etablierter Linksideologen. Laski, geboren 1893 in Manchester, starb 1950 in London. Sein Bruder Neville Laski stand von 1933 bis 1940 als Präsident des Board of Deputies of British Jews an der Spitze der Judenheit des Empire.

Zum »Chief Justice«, zum Richter des Obersten Bundesgerichts Kanadas, stieg als erster Jude 1970 **Bora Laskin** auf. Er war 1912 in Fort William/Provinz Ontario zur

Welt gekommen. Ab 1940 lehrte er als Rechtsprofessor an der Universität Toronto. 1953 wurde er Präsident der kanadischen Vereinigung der Rechtslehrer. Über viele Jahre gehörte er dem Vorstand des kanadischen Jewish Commitee an. Er starb 1984 in Ottawa.

Als ein »Vater Hollywoods« ist **Jesse Louis Lasky** (geboren 1880 in San Franzisko, gestorben 1958 in Beverly Hills) bezeichnet worden. Er begann als Impresario beim Varieté und gründete mit seinem Schwager Samuel Goldfis(c)h (dem späteren Sam Goldwyn) 1913 eine Filmgesellschaft. 1916 tat er sich mit Adolph Zukors »Famous Players« zusammen. Daraus ging 1927 die Produktionsfirma »Paramount« hervor, in deren Leitung Lasky bis zu einer Reihe von Finanzskandalen 1931/32 saß. Auch danach war er als führender Produzent Hollywoods aktiv. Zu seinen »Geschöpfen« gehören Stars wie Harold Lloyd oder Gloria Swanson. Seine Lebenserinnerungen heißen »I Blow My Own Horn«.

Am meisten ist Rabbiner **Israel Meir Lau** nach eigenem Bekunden auf sein »weltweites Wirken für die jüdische Weltanschauung« stolz. Lau fungiert als Chef-Rabbiner Israels mit Sitz in Jerusalem und spielt damit eine Führungsrolle in der Judenheit der ganzen Welt. Er kam 1937 in Piotrkov/Polen als Rabbinersohn zur Welt. 1945 ging er nach Palästina. 1979 wurde er Oberrabbiner in Netanya, 1983 rückte er ins oberste Rabbinat zu Jerusalem auf. Er wirkt u.a. im »Weltzentrum Jad Vaschem« und im »Council of Human Genetics« mit. Unablässig mahnt er zur Bewahrung jüdischer Identität; er warnt vor Mischehen mit Nichtjuden und fordert zu jüdischem Kindersegen auf. Er selbst ist Vater von acht Kindern.

Wie T. Nowakowski schrieb, handele es sich bei dem Schriftsteller **Gabriel Laub** um

eine »Mischung von Schwejk und Wunderrabbi«. Der jüdische Satiriker lebt, aus der Tschechei gekommen, seit 1968 in der Bundesrepublik Deutschland. Er erblickte 1928 in Bochnia/Polen das Licht der Welt. Von 1939 bis 1946 befand er sich mit der Familie im sowjetischen Exil. Von 1946 bis 1968 lebte er in Prag, wo er Journalistik studierte und als Reporter, Kritiker, Feuilletonist und Redakteur tätig war. Er übersetzte Werke von Vaclav Havel. Im »Neuen Lexikon des Judentums« heißt es über Laub: »Die ersten Worte der Kindheit waren polnisch, die ersten entzifferten Buchstaben hebräisch, die Sprache des Journalisten bis zur Emigration war tschechisch, die Sprache des Satirikers und Aphoristikers ist seither deutsch.«

Zur »Kosmetik-Königin« stieg in den Vereinigten Staaten von Amerika die aus der k.u.k. Monarchie mit ihren Eltern eingewanderte **Estée Lauder** (vermutlich Jahrgang 1908) auf. Ihr eigentlicher Name war Josephine Esty Mentzer. Von einem Onkel namens John Schotz übernahm sie das Rezept für eine Gesichtscreme und legte damit den Grundstein ihres Kosmetik-Imperiums. Ihr 1944 in New York geborener Sohn Ronald Lauder trat mit seinem Bruder Leonard als Teilhaber in das Unternehmen ein. In den 80er Jahren avancierte Ronald Lauder zum stellvertretenden Verteidigungsminister der USA und zum Botschafter in Wien.

1956 wurde **Hersch Lauterpacht** von der englischen Königin zum Ritter geschlagen. 59 Jahre zuvor war Sir Hersch im jüdischen Schtetl von Zolkiew bei Lemberg zur Welt gekommen. Nachdem er mit der Familie in England eingewandert war, studierte er Rechtswissenschaften. Von 1938 bis 1955 lehrte er Völkerrecht an der Universität von Cambridge. Von 1935 bis 1955 gab er die Rechtssammlung »Oppenheim's international Law« heraus. Am Ende seiner Laufbahn

Felicia LANGER

Elisabeth LANGGÄSSER

Meyer LANSKY

Emanuel LASKER

Elisabeth LASKER-SCHÜLER
(Totenmaske)

Gabriel LAUB

Daliah LAVI

Moritz LAZARUS

Jeshajahu LEIBOWITZ

wirkte er als Richter am internationalen Gerichtshof im Haag. Er starb 1960 in London.

»Ich liebe dieses Land wie eine Mutter ihr Kind«. Mit diesem Wort bekennt sich die Schauspielerin, Sängerin und Tänzerin **Daliah Lavi**, die eigentlich Lewinburg heißt, zu Israel. Sie kam 1942 in Haifa zur Welt. Ihr Vater stammt aus Rußland und soll Partisan gewesen sein, die Mutter kommt aus Breslau. Für das Schaugeschäft wurde Daliah Lavi von dem ebenfalls jüdischen Hollywood-Mimen und Produzenten Kirk Douglas entdeckt. Als sie 1986 in Joachim Fuchsbergers »Talkshow« mit dem Titel »Heut' abend« zu Gast war, rief sie die Deutschen zu Nationalstolz auf: »Ich bin Jüdin und aus Israel. Deshalb fühle ich es: Vielleicht soll ich der Mensch sein zu sagen, daß die jungen Leute in Deutschland sehr stolz sein sollen. Sie sollen nicht mit Schuld heranwachsen. Man soll nicht durchs Leben gehen mit Schuldgefühl. Man kann nicht bauen mit Schuld. Die jungen Leute in Deutschland sollten ihr Land lieben und stolz sein. Nur das kann Glück bringen.«

In Israel lieferte sich **Pinhas Lavon** über viele Jahre einen erbitterten Kampf vor und hinter den Kulissen mit Ben-Gurion, der ihn schließlich im Ringen um die Macht bezwang. Lavon war 1904 in Kopycincy (Galizien) auf die Welt gekommen. 1929 wanderte er in Palästina ein. 1935 wurde er Generalsekretär der zionistischen Sozialisten (Mapai). 1950/51 amtierte er als israelischer Landwirtschaftsminister, 1952 bis 1955 als Verteidigungsminister und von 1956 bis 1961 als Generalsekretär der Histradut, der israelischen Gewerkschaftsbewegung. Er starb 1976 in Tel Aviv.

Die in Wien 1887 geborene kommunistische Schriftstellerin aus jüdischer Familie **Auguste Lazar** wirkte ab 1920 in Dresden. 1939 setzte sie sich aus Deutschland nach England ab, wo sie sich als Putzfrau durchgeschlagen haben soll. 1949 tauchte sie in der stalinisierten DDR auf und wurde engagierte SED-Genossin. Zur Indoktrination der jungen Generation schrieb sie Romane wie »Jura in der Leninhütte«. Sie erhielt u.a. den »Vaterländischen Verdienstorden« und den DDR-»Nationalpreis«. Sie starb 1970 in Dresden.

Eigentlich war der bekannte jüdische Soziologe und Meinungsforscher **Paul Felix Lazarsfeld** (geboren 1901 in Wien, gestorben 1976 in New York) Mathematiker. Er schloß sich linken politischen Gruppen an wie zum Beispiel der SDAP und gründete in Wien die »Wirtschaftspsychologische Forschungsstelle«. 1933 ging er mit einem Stipendium der Rockefeller-Stiftung in die USA. 1934 wurde er Direktor des »Institute for Social Research« der Universität Columbia (New York), 1940 lehrte er dort im Range eines Professors. Im Kriege wirkte er für die US-amerikanische Propaganda. 1967 übernahm er eine Gastprofessur an der Pariser Sorbonne.

Zweimal bereits ist **Moritz Lazarus** aus etablierten deutschen Lexika verschwunden: Unter Hitler, weil er Jude war, und neuerdings in der Bundesrepublik, weil er als Begründer der Völkerpsychologie, die von Herders Idee des »Volksgeistes« ausging, nicht zum heutigen Zeitgeist paßt. Lazarus kam 1824 in Filehne/Posen zur Welt und starb 1903 in Meran. Mit seinem ebenfalls jüdischen Schwager Steinthal gründete er 1859 die »Zeitschrift für Völkerpsychologie«. Lazarus war auch eine einflußreiche Persönlichkeit im jüdischen Geistesleben seiner Zeit. Er gehörte 1872 zu den Gründern der Hochschule für die Wissenschaft des Judentums in Berlin. Als seine Lebensaufgabe betrachtete er es nach eigenem Bekunden, »die innige Verschmelzung von deutschem und jüdischem Geist« zu fördern. Eine Zeitlang fungierte er als Dekan und Rektor der Universität Bern in der Schweiz.

Für seine bahnbrechenden Forschungen zur geschlechtlichen Fortpflanzung von Bakterien wurde der Mikrobiologe und Genetiker **Joshua Lederberg** 1958 mit dem Nobelpreis für Physiologie/Medizin geehrt. Geboren 1925 in Montclair/US-Bundesstaat New Jersey, lehrte er von 1954 bis 1959 als Professor an der Universität von Wisconsin in Madison. Von 1959 bis 1978 wirkte er als Professor an der Stanford-Universität in Palo Alto. 1978 wurde er Präsident der Rockefeller Universität/New York.

Unmittelbar nach der NS-Machtübernahme begann in den USA der Aufbau der New School for Social Research, eines Auffangbeckens für aus Deutschland emigrierte (meist jüdische) Geisteswissenschaftler vornehmlich des linken Spektrums. Den finanziellen Grundstock legte ein jüdischer US-Ölindustrieller, Hiram Halle. Maßgeblicher Mann dieser New School und Dekan einer Fakultät, die auch »Universität im Exil« genannt wurde, war der Volkswirtschaftler **Emil Lederer**, der 1882 in Pilsen zur Welt gekommen war. Der Marxist und SPD-Genosse hatte bis 1933 in Berlin gelehrt und war dann über Japan in die USA gekommen. Er starb 1939 in New York.

Mit seinen (jüdischen) Forscherkollegen Melvin Schwartz und Jack Steinberger erhielt der Atomwissenschaftler **Leon Max Lederman** 1988 den Nobelpreis für Physik. Gewürdigt wurden damit die richtungweisenden Forschungen der drei Professoren über subatomare Partikelchen. Lederman kam 1922 in New York zur Welt. 1958 wurde er Professor an der Columbia-Universität und 1979 Direktor des nach einem der Väter der Atombombe, Enrico Fermi, benannten »Fermi National Accelerator Laboratory« in Batavia/US-Bundesstaat Illinois.

Erheblichen Einfluß auf die angloamerikanische Filmpropaganda im Zweiten Weltkrieg hatte der jüdische Werbefachmann und Kunsthändler **John Lefebre**, dessen eigentlicher Vorname Hans Joachim lautete. Er kam 1905 als Kaufmannssohn in Berlin zur Welt und engagierte sich früh in der zionistischen Bewegung »Blau-Weiß«. Ab 1925 arbeitete er als Werbeleiter in der Berliner Zweigniederlassung der Hollywoodfirma MGM. Außerdem war er als Linksjournalist tätig. 1936 verließ er seinen MGM-Posten in der Reichshauptstadt und ging in die USA. Von 1942 bis 1945 leitete er die alliierte Filmabteilung für Psychologische Kriegsführung mit Sitz in London und das »Büro für Nachrichtenkontrolle« (Office of Information Control) in New York. Nach dem Kriege war er für die Filmproduktionsfirma 20th Century Fox aktiv (von 1950 bis 1959 als deren Generaldirektor für Europa mit Zentrale in Paris). 1960 gründete er die »Lefebre-Gallery für moderne Kunst« in New York.

Herbert H. Lehman wurde 1878 in New York als Sohn des aus Franken eingewanderten Henry (Heinrich) Lehman(n) geboren. Lehman senior hatte u.a. als Baumwollhändler in den Südstaaten ein Vermögen gemacht. Sohn Herbert dirigierte das New Yorker Bankhaus Lehman Brothers und hatte vor wie hinter den Kulissen mächtigen politischen Einfluß in Amerika. Von 1928 bis 1946 amtierte er als Gouverneur des Staates New York, von 1949 bis 1957 als Senator. Er war einer der engsten Berater des Präsidenten F.D. Roosevelt, dessen erfolgreiche Wahl- und Wiederwahlkampagnen er als Hauptfinanzier bestritt. Lehman war auch ein »Kopf« der sogenannten New Deal-Politik Roosevelts. Außerdem betätigte er sich führend im American Jewish Committee. Er fungierte als erster Direktor der Flüchtlingsorganisation der UNO, »UNRA«. Lehman starb 1963 in New York.

»Als General ›Voja Todorovic‹ ging der einzige überlebende jüdische ›Nationalheld Jugoslawiens‹, der populäre Kriegsheld und Träger vieler Auszeichnungen in Pension«, schreibt der jüdische Historiker Arno Lustiger über den Partisanenführer **Samuel Lehrer**. Der war 1914 in Mostar als Sohn eines aus Lemberg stammenden Juden geboren worden. Er schloß sich den Stalinisten Jugoslawiens an und ging 1936 als Rotbrigadist nach Spanien. Dort diente er in der vom polnisch-jüdischen General Waclaw Komar befehligten 129. Internationalen Brigade. Aus französischer Internierung flüchtete er nach Deutschland, wo er in Espenheim bei Leipzig ein illegales Lagerkomitee unter jugoslawischen Zwangsarbeitern organisiert haben soll. Dann ging er in sein Ursprungsland und wurde einer der Hauptleute der Partisanenbewegung. Er erreichte den Rang eines Generalobersten.

»Die Auserwähltheit Israels als ethische Verpflichtung« lautet der Titel eines 1959 erschienenen Hauptwerkes des Publizisten und Romanisten **Cuno Lehrmann** (geboren 1905 in Stryzow, gestorben 1977 in Würzburg). Er studierte in Berlin und Würzburg und habilitierte sich 1938 in Lausanne. Von 1949 bis 1958 amtierte er als Rabbiner in Luxemburg. 1958 bis 1960 war er Dozent in Israel, dann wurde er Rabbiner in Berlin und 1967 Professor der romanischen Philologie an der Universität Würzburg.

Als Richter am Bundesverfassungsgericht in Karlsruhe und Autor eines viel beachteten Grundgesetz-Kommentars hatte **Gerhard Leibholz** wesentlichen Einfluß auf das Rechtswesen der Bundesrepublik Deutschland in den ersten Jahrzehnten ihres Bestehens. 20 Jahre, von 1951 bis 1971, wirkte er am Höchstgericht der zweiten deutschen Republik. Er starb 1982 in Göttingen. Leibholz war 1901 in Berlin zur Welt gekommen, 1926 heiratete er Sabine Bonhoeffer, die Schwester Dietrich Bonhoeffers. Er wurde Amts- und Landrichter. Ab 1929 lehrte er an der Universität Greifswald, ab 1931 in Göttingen. 1935 erfolgte seine Frühpensionierung wegen jüdischer Herkunft. 1938 ging er über die Schweiz nach Großbritannien. 1945 wurde er zur Umerziehung deutscher Kriegsgefangener eingesetzt.

Der Hochschullehrer und Funktionär **Eberhard Leibnitz** (geboren 1910 in Hannover, gestorben 1986 in Ostberlin) promovierte 1933 zum Dr.-Ing., wurde dann Assistent am Institut für Technische Chemie in Berlin und wirkte anschließend als Chemiker in der Lackindustrie. In der DDR avancierte er zum Chemie-Professor und (1955) zum Rektor der Technischen Hochschule Leuna-Merseburg. 1966 stieg er zum Leiter des Forschungsbereichs Chemie der DDR-Akademie der Wissenschaft, 1971 zum Präsidenten der Gesellschaft »Urania« zur Verbreitung des roten Atheismus auf. Er wurde mit »Nationalpreis« und »Vaterländischem Verdienstorden« in Gold dekoriert. In SED-Nachrufen hieß es, er sei »wahrer Humanist« und »Aktivist der ersten Stunde« gewesen.

Der 1994 verstorbene Professor Dr. **Jeshajahu Leibowitz** war als Chemiker und Neurophysiologe wie auch als Philosoph eine Koryphäe. Und er war ein nationalbewußter Israeli. Gerade deshalb zog er den Schluß, daß die Juden mit Arabern und Deutschen gerecht ins reine kommen sollten. Er wandte sich scharf sowohl gegen die Unterdrückung der Palästinenser (»die Mentalität, die die Vernichtungslager ermöglichte, gibt es auch bei uns«) wie gegen die Verdammung des deutschen Volkes wegen Hitler und Auschwitz. Man müsse überdies verstehen, daß die Hitlerzeit für die Mehrheit der Deutschen Geschichte sei, die keine aktuelle Bedeutung besitze. Leibowitz kam 1903 in Riga als Sproß einer Zionistenfamilie zur Welt. Er studierte in Deutschland, war an der Kaiser-Wilhelm-Akademie in Berlin tätig, promovierte 1934 in Basel und wanderte dann nach Palästina aus, wo er an der Hebräischen Universität Jerusalem lehrte. Er wandte sich gegen antideutsche Kollektivbezichtigungen: Alle Theorien, die behaupten, der Nazismus sei eine konsequente Fortentwicklung der deutschen Geschichte, seien einfach falsch. Dafür prangerte Leibowitz die seines Erachtens »jahrtausendealte antisemitische Tradition des Christentums« an. Ein Mann wie Adolf Eichmann sei das »Produkt eines Christentums, dessen gesamtes Streben auf die Vernichtung des Judentums abzielte«. Kaum weniger scharf verriß Leibowitz die von Freud begründete Psychoanalyse. Sie sei »hauptsächlich eine jüdische Möglichkeit, Geld zu verdienen«. Die Psychoanalyse sei »ganz sicher in jüdischen Händen« und habe viel zum Unheil der heutigen Zeit mit ihrem »destruktiven Charakter« in einer »Welt, die in Unzucht ertrinkt«, beigetragen.

Bruno Walter stand der Karriere des Dirigenten **Erich Leinsdorf** Pate, dessen eigentlicher Name Landau lautete. Landau-Leinsdorf kam 1912 in Wien zur Welt. Von Bruno Walter eingeführt, übernahm er ab 1934 Dirigate bei den Salzburger Festspielen. Toscanini verschaffte ihm 1937 einen Dirigentenposten an der Metropolitan Opera in New York. Dort leitete Leinsdorf 1938 die amerikanische Erstaufführung von Richard Wagners »Die Walküre«. Von 1943 bis 1956 stand Leinsdorf an der Spitze der Orchester in Cleveland und Rochester sowie der New York City Opera. 1962 übernahm er als Nachfolger von Charles Munch die Bostoner Sinfoniker. Er starb 1993 in Zürich.

»Er kommt von den Nazis nicht los«, schrieb die »Allgemeine Jüdische Wochen-

zeitung« über **Erwin Leiser**. Gemeint war des Regisseurs permanente Beschäftigung mit dem 1945 untergegangenen Nationalsozialismus. Über dieses Thema drehte er Streifen wie »Mein Kampf« (1960), »Eichmann und das Dritte Reich« (1961, als Begleitfilm zum Eichmann-Prozeß in Israel), »Deutschland erwache« (1968), »Die Mitläufer« (1985). Leiser kam 1923 in Berlin zur Welt. Sein Vater war Rechtsanwalt, seine Mutter eine geborene Rosenthal und Jüdin. 1939 wanderte der Regisseur nach Schweden aus, dessen Staatsbürgerschaft er später annahm. 1962 siedelte er sich in der Schweiz an. Von 1966 bis 1969 hatte er die Schlüsselstellung eines Direktors der Deutschen Film- und Fernsehakademie.

Der Vater der sozialdemokratischen Politikerin **Eva Leithäuser** (geboren 1925 in Berlin) war der Professor an der Technischen Hochschule der Reichshauptstadt, Gustav Engelbert Leithäuser. Er hatte im Kriege 1914-1918 die Funkaufklärung durch Funkrichtungsmessungen organisiert. Die Mutter war jüdischer Herkunft. Deshalb erhielt Tochter Eva im Dritten Reich nach dem Abitur keine Studienerlaubnis. In der Bundesrepublik stieg sie bei der Post zur Ministerialdirigentin im Bonner Ministerium auf. Von 1979 bis 1986 amtierte sie als sozialdemokratische Justizsenatorin in Hamburg. Sie erwies sich als Verfechterin der »weichen Welle« gegen Schwerverbrecher. Nach einer Reihe von Skandalen in der Haftanstalt Fuhlsbüttel (»Santa Fu«) trat sie zurück.

337 mal in den Jahren 1955 bis 1989 ließ **Robert Lembke** seine Gäste in der gleichnamigen TV-Sendereihe fragen: »Was bin ich?« Was er aber selbst war, daraus machte er in der Öffentlichkeit viele Jahrzehnte ein Geheimnis: Er war 1913 als Sohn des jüdischen Geschäftsmannes Weichselbaum in München geboren worden. Die Eltern lie-

ßen sich scheiden, als er fünf Jahre alt war. Er bekam den Namen der Mutter; aus Robert Weichselbaum wurde Robert Lembke. Seiner satirisch bissigen Art gemäß, begann Lembke als Mitarbeiter beim »Simplicissimus«. Bis 1935 arbeitete er für den Mosse-Verlag, dann wurde er Angestellter der IG Farben. Sein leiblicher Vater emigrierte 1936 nach England. Nach Kriegsende begann Lembke beim US-Besatzungsblatt »Neue Zeitung«. 1949 bis 1960 wirkte er als Chefredakteur bzw. Fernsehdirektor beim Bayerischen Rundfunk, dann fungierte er als ARD-Programm-Koordinator. Von 1969 bis 1972 war er Geschäftsführer des Deutschen Olympia-Zentrums und verantwortlich für die Fernsehübertragung der Münchner Olympischen Spiele. Er starb 1989 in München.

Als US-Präsident George Bush zu seinem ersten Besuch in die unabhängige Ukraine kam und auch die jüdische Gedenkstätte Babi Jar besuchte, sprach **Jack Lemmon** dort ein jüdisches Totengebet. Der Schauspieler, der eigentlich Jack Uhler heißt und 1925 in Boston/Massachussetts zur Welt gekommen ist, begann beim Varieté. Er erzielte 1953 am Broadway die Aufmerksamkeit von Kritikern. 1954 hatte er sein Hollywood-Debüt in einem Film des jüdischen Regisseurs George Cukor. Lemmon wurde hauptsächlich als Komödiant eingesetzt, zum Beispiel in »Manche mögen's heiß« (1959) oder »Ein seltsames Paar« (1968, mit Matthau als Partner). Zweimal wurde er mit dem »Oscar« ausgezeichnet.

Eigentlich hieß der Komponist **Erwin Lendvai** (geboren 1882 in Budapest, gestorben 1949 in London) Loewenfeld. 1906 kam er nach Deutschland, wo er u.a. am Klindworth-Scharwenka-Konservatorium in Berlin lehrte und Mitarbeiter der »Sozialistischen Monatshefte« war. 1933 kehrte er nach Ungarn zurück, 1938 ging er nach

England. Sein bekanntestes Werk ist die Oper »Elga« (uraufgeführt in Berlin 1914). Außerdem ist er mit Männerchören hervorgetreten.

Der wahre Name der Schauspielerin und Sängerin **Lotte Lenya**, die 1898 in Wien geboren wurde, lautete Karoline Wilhelmine Blamauer. Angeblich trat sie als Kind im Zirkus als Seiltänzerin auf. Entscheidend gefördert wurde ihre Karriere in Weimarer Zeit von dem semikommunistischen Komponisten Kurt Weill, den sie 1926 in erster Ehe heiratete, und dem Berliner Theatermogul Leopold Jessner. U.a. trat sie in der Welturaufführung von Brecht/Weills »Dreigroschenoper« auf. Nach der NS-Machtübernahme ging sie über die Schweiz nach Frankreich, dann, 1935, auf Einladung Max Reinhardts in die USA. 1943 wurde sie US-Staatsbürgerin. 1964 hatte sie einen Auftritt im »James Bond«-Film »Liebesgrüße aus Moskau«, in dem sie als Mörderin mit Giftstachel überzeugte. Sie starb 1981 in New York.

In »Deutschland ohne Juden« schreibt Bernt Engelmann: »Dem Führer zuliebe drückte man auf dem Gebiet der Operette, der Filmmusik und des Schlagers hie und da ein Auge zu, denn Hitlers Lieblingsoperette war beispielsweise ›Die lustige Witwe‹ und stammte von Franz Lehar, der mit einer Jüdin verheiratet war, sowie von den jüdischen Librettisten **Viktor Leon** und Leo Stein.« Der eigentliche Name Leons lautete Hirschfeld. Er kam 1858 im ungarischen Szenitz zur Welt. Zunächst trat er als Schauspieler auf. Dann hatte er als Dramaturg an Wiener Theatern einigen Erfolg. Auch der Text zu »Land des Lächelns« (1929) stammt von ihm. Außerdem schuf er einige Schauspiele. Leon-Hirschfeld starb 1940 in Wien.

Der Schriftsteller **Rudolf Leonhard** (geboren 1889 in Lissa/Posen, gestorben 1953 in Ostberlin) war Sproß einer jüdischen Familie. Als roter Aktivist beteiligte er sich 1918 an den Novemberunruhen. In Weimarer Zeit begründete er das linke Theater »Die Tribüne« und wurde KP-Genosse. Nach Hitlers Machtübernahme ging er nach Paris, wo er die marxistischen Emigranten mit dem Aufruf ansporante: »Bildet die deutsche Volksfront« (Dezember 1936). Im Kriege wurde er zunächst von den Franzosen interniert; er flüchtete und schloß sich der Partisanenbewegung an. 1950 kam er in die stalinisierte DDR und wurde Mitglied des dortigen Schriftstellerverbandes. Er starb Ende 1953 in Ostberlin. Er war mit der Publizistin Susanne Leonhard verheiratet. Der Politikwissenschaftler und Ost-Experte Wolfgang Leonhard, der Ende der 40er Jahre vom Osten in den Westen wechselte, ist sein Sohn.

Für seine »Input-Output«-Theorien erhielt der Nationalökonom **Wassily Leontief** im Jahre 1973 den Nobelpreis für Wirtschaftswissenschaften. Er kam 1906 in Sankt Petersburg auf die Welt und emigrierte in den 20er Jahren nach Deutschland. 1928 promovierte er an der Berliner Universität, anschließend war er am Institut für Weltwirtschaft in Kiel tätig. 1931 ging er in die USA. Von 1964 bis 1975 lehrte er als Professor an der Harvard-Universität (Massachussetts). 1972 war er Berater des Präsidentschaftskandidaten George McGovern. 1980 wurde er Berater der UNO für »Entwicklungsprogramme«.

Der einer jüdischen Familie entstammende Schriftsteller **Franz Leschnitzer** veröffentlichte 1963 seine Lebenserinnerungen unter dem Titel »Wahlheimat Sowjetunion - Stadien und Studien eines deutschen Intellektuellen«. Er war 1905 in Posen geboren worden und hatte sich zur Weimarer Zeit den Kommunisten angeschlossen; zudem wirkte er führend im kommunistischen »Bund Proletarisch-Revolutionärer Schriftsteller« mit. 1933 ging er nach Moskau, wo er das stalinistische Blatt »Internationale Literatur« herausgab und im Kriege versuchte, unter deutschen Gefangenen kommunistische Kader zu rekrutieren. 1959 tauchte er in der DDR auf. Dort betätigte er sich als SED-Propagandist und Übersetzer von Sowjetliteratur ins Deutsche. Er starb 1967 in Ostberlin.

Zwischen wildem jüdischem Selbsthaß, wie er in seinem »Tagebuch einer Jüdin« zum Ausdruck kommt, und fanatischem Zionismus schwankte der Literat **Theodor Lessing**. Der Sohn der haßerfüllten Ehe eines Arztes mit einer Bankierstochter kam 1872 in Hannover zur Welt. Er schloß sich dem Kreis um Stefan George an und war mit Ludwig Klages befreundet. 1893 wechselte er von der jüdischen zur evangelischen Glaubensgemeinschaft, um im Jahre 1900 wieder Mitglied der jüdischen Gemeinde zu werden. Zur Weimarer Zeit lehrte er bis 1926 an der TH Hannover. Unter erheblichem öffentlichen Druck mußte er sein Amt quittieren, nachdem er einerseits um Nachsicht für den perversen Massenmörder Haarmann geworben, andererseits den Reichspräsidenten von Hindenburg mit Schimpfkanonaden bedacht hatte. Er ging 1933 nach Marienbad, wo er von Tätern, die vermutlich aus der örtlichen NS-Szene stammten, erschossen wurde. Er schrieb u.a. »Die verfluchte Kultur« (1921), »Der jüdische Selbsthaß« (1930) und »Deutschland und die Juden« (1933).

Über das Verfolgtenschicksal des Schriftstellers und Malers **Carlo Levi** unter Mussolini weiß »Knaurs Lexikon der Weltliteratur« (herausgegeben von Diether Krywalski): »Da er sich nicht mit dem Faschismus einlassen wollte, mußte er sich in ein einfaches Dorf zurückziehen.« In anderen Lebensbeschreibungen Levis kann man erfahren, daß er zur Kriegszeit in Paris im Untergrund aktiv gewesen sei. Der Literat war 1902 in Turin zur Welt gekommen. Sein Erstlingsroman »Christus kam nur bis Eboli« wurde in der Nachkriegszeit von der Kritik begeistert aufgenommen. Als rabiater Deutschenfeind zeigte er sich in seinem 1959 erschienenen Reisebericht »Die doppelte Nacht der Linden«. 1963 und 1968 wurde Levi zum Senator gewählt. Ein weiteres bekanntes Buch von ihm trägt den Titel »Tutto il miele è finito« (deutsch: »Aller Honig geht zu Ende«). Er starb 1975 in Rom.

Das Gebot »Ehrt eure deutschen Meister!« wurde in vorbildlicher Weise von **Hermann Levi** befolgt, dem aus jüdischer Familie stammenden Dirigenten, der 1839 in Gießen zur Welt kam. Schon als junger Mann entflammte er für die Werke Richard Wagners, in dessen engeren Kreis er schließlich aufgenommen wurde. Levi wirkte als Hofkapellmeister des Bayernkönigs Ludwig II. 1882 übernahm er in Bayreuth das Dirigat der Uraufführung von Wagners wohl tiefstem Werk, dem Bühnenweihfestspiel »Parsifal«. Hermann Levi, der auch als Übersetzer italienischer Mozart-Libretti ins Deutsche hervortrat, starb 1900 in München.

Im Fieberwahn stürzte sich 1930 in Berlin der einstige KPD-Chef und Liebhaber von Rosa Luxemburg, **Paul Levi**, aus dem Fenster in den Tod. Der Fabrikantensohn (sein Vater war Vorsitzender der örtlichen jüdischen Gemeinde) war 1883 in Hechingen zur Welt gekommen. Er schloß sich der SPD an. Als Rechtsanwalt verteidigte er u.a. Rosa Luxemburg, deren politischer wie auch privater Freund er wurde. 1916 ging Levi in die Schweiz, wo er in engem Kontakt zu Lenin stand. 1918/19 gehörte er zu den Gründern von »Spartakus« und KPD. 1920/21 war er KPD-Vorsitzender, geriet dann aber über taktische Fragen mit den Genossen in Streit. 1922 kehrte er mit den Anhängern einer parakommunistischen Splittergruppe, die er gegründet hatte, zur SPD zurück. Von 1920 bis 1930 war er Reichstagsabgeordneter. Er gab das Blatt »Sozialistische Politik und Wissenschaft« (die »Levi-Korrespondenz«) heraus. »Privat blieb er bei seinem großbürgerlichen Lebensstil, bekannt war seine Vasensammlung« (Hermann Weber in: »Biographisches Lexikon zur Weimarer Republik«).

»Wir kämpfen, um uns vor den Deutschen zu retten, um uns zu rächen, um den Weg freizukämpfen, vor allem aber, verzeih' das große Wort, unserer Würde wegen.« Mit diesem Anspruch trat der Literat **Primo Levi** auf. Er kam 1919 in Turin zur Welt, schloß 1941 ein Chemiestudium ab, war 1943 als Partisanenhauptmann aktiv, wurde gefangengenommen und nach Auschwitz deportiert. Er überlebte das schreckliche Lager und kam im Oktober 1945 zurück nach Italien. Dort wirkte er als Direktor einer Chemiefabrik in Turin und als Literat mit dem Zentralthema Auschwitz. 1987 verübte er in Turin Selbstmord.

Werner Levie, geboren 1903 in Berlin, trat zur Weimarer Zeit als Journalist bei Ullstein und als Gründer und Leiter der »Berliner Jüdischen Zeitung« in Erscheinung. 1933 wurde er Verwaltungsdirektor des Jüdischen Kulturbundes. Hierbei handelte es sich um eine von der NS-Führung unterstützte Organisation, der 1425 ausübende jüdische Künstler im Deutschen Reich angehörten (Stand 1937). Bei den Veranstaltungen des Kulturbundes wurden allein in der Spielzeit 1934/35 fast eine halbe Million Besucher gezählt. 1938 trat Levie an die Spitze des Kulturbundes. Die Weiterführung machte er nach der schrecklichen »Reichskristallnacht« davon abhängig, daß alle Künstler des Bundes freigelassen würden; die NS-Führung kam der Forderung nach. 1939 ging Levie nach Holland, wo er unter deutscher Besatzung von 1940-42 eine

Robert LEMBKE

Jack LEMMON

Lotte LENYA

Theodor LESSING

Hermann LEVI

Primo LEVI

Eugen LEVINÉ

Theodor LEWALD

Kurt LEWIN

dem Kulturbund ähnliche jüdische Organisation führte. 1943 wurde er ins Lager Westerbork gebracht und 1944 nach Bergen-Belsen, wo er seine Ausreisegenehmigung nach Palästina einer anderen Familie abtrat. Auf dem Weg nach Theresienstadt wurde der Zug, in dem sich Levie befand, mehrfach bombardiert. Flecktyphus brach aus. Levie starb an der Seuche zwei Wochen nach dem 8. Mai 1945.

August Levin, geboren 1895 im pommerschen Loritz, wandte sich früh von der jüdischen Glaubensgemeinschaft ab und kam 1923 nach einem Zwischenspiel bei der USPD zur KPD. Sie vertrat er als Abgeordneter im Pommerschen Provinziallandtag. 1933 entwich er aus dem NS-Lager Papenburg nach Holland. Im Spanischen Bürgerkrieg war der Stalinist Offizier der Kaderabteilung bei den internationalen Brigaden und Kommissar in der XIII. Rotbrigade. Im Zweiten Weltkrieg organisierte er im Auftrage Stalins den Heckenschützenkampf gegen die Deutschen in Holland. 1953, gleich nach Niederschlagung des Volksaufstandes am 17. Juni, kam Levin in die DDR mit dem Auftrag Moskaus, die bolschewistische Ordnung wiederherstellen zu helfen. Für sein Lebenswerk wurde er von der Ostberliner Führung mit hohen Auszeichnungen bedacht.

Das »Neue Lexikon des Judentums« rechnet es dem Philosophen **Emmanuel Lévinas** (geboren 1906 in Kaunas/Litauen) hoch an, daß durch ihn »ehemalige jüdische Linksintellektuelle wie Benny Lévy, B.-H. Lévy, Alain Finkielkraut u.a. zu den jüdischen Quellen zurückgefunden« hätten. Lévinas, der bei seinem Studium in Freiburg im Breisgau vor allem bei Husserl und Heidegger hörte, »führte die Phänomenologie in Frankreich ein«, wie allgemein betont wird. 1939 diente er in der französischen Armee und geriet in deutsche Kriegsgefangenschaft. Ab 1947 war er Rektor der Jüdischen Schule der weltweit wirkenden »Alliance Israélite Universelle« mit Sitz in Paris. 1957 trat er auch in die Dienste des Jüdischen Weltkongresses. 1962 wurde er Professor an der Sorbonne. Er starb 1995 in Paris.

Während sich in Rußland 1917 und in Ungarn 1919 rätekommunistische Diktaturen etablieren konnten, wurde der dritte Versuch dieser Art, die Münchner Räterepublik aus Anarchisten, Radikalsozialisten und Kommunisten, durch die von der rechtmäßigen sozialdemokratischen Regierung in Bayern herbeigerufenen Truppen (meist Freikorps) 1919 im Keim erstickt. An der Spitze der Münchner Räterepublik, die mit Terror gegen Dissidenten vorging, die Pressefreiheit ausschaltete und Massenmord an Geiseln verübte, stand der Berufsrevolutionär **Eugen Leviné** (eigentlich Nissen-Berg). Er war 1883 in St. Petersburg als Sohn reichgewordener jüdischer Eltern zur Welt gekommen. 1905 nahm er an der russischen Revolution teil. Danach tauchte er in Berlin auf und arbeitete beim SPD-»Vorwärts« sowie bei der »Roten Fahne« mit. Im März 1919 war er Münchens KP-Führer. Er riß die Macht in der Münchner Räterepublik an sich und ließ eine Rote Armee rekrutieren. Nach dem Einmarsch der Regierungstruppen wurde er am 5. Juni 1919 nach einem Standgerichtsverfahren erschossen.

Der Dirigent und Pianist **James Levine** kam 1943 in Cincinnati/Ohio als Sproß einer jüdischen Einwandererfamilie auf die Welt. Er wurde als »Wunderkind« am Klavier gefeiert. Von 1964 bis 1970 assistierte er seinem Mentor, dem (gleichfalls jüdischen) Dirigenten George Szell, in Cleveland. Seit 1975 tritt Levine regelmäßig bei den Salzburger Festspielen in Erscheinung. 1982 gab er sein Debüt in Bayreuth. Er ist künstlerischer Leiter der Metropolitan Opera New York und hat die Stabführung bei den Chikagoer Sinfonikern.

1978 brachte **Charles Levinson** mit »Wodka-Cola« ein bemerkenswertes Buch heraus. Es beschrieb das »Netz der Finanzspinnen« in Ost und West. Ziel sei die »One World« in der Hand von Bossen internationaler Vereinigungen wie der Trilateralen Kommission, den Bilderbergern, dem Council on Foreign Relations, die von Superkapitalisten wie den Rockefellers und Rothschilds geführt werden. Levinson hatte Einblick gewonnen nicht nur als Aufsichtsrat der deutschen Niederlassung des Chemie-Riesen DuPont DeNemours (dirigiert von der Familie Bronfman), sondern auch als Generalsekretär der internationalen Vereinigung der Chemiearbeiter von 1978 bis 1983. Der Gewerkschafter und Publizist war 1919 im kanadischen Ottawa zur Welt gekommen. Im Zweiten Weltkrieg hatte er in der kanadischen Luftwaffe gedient. Ab 1955 lebt er in der Schweiz. Von 1964 bis 1984 gehörte er dem Direktorium der internationalen ORT-Vereinigung zur Förderung der jüdischen Emigration nach Israel an.

Der jüdische Geistliche **Nathan Peter Levinson** kam 1921 in Berlin auf die Welt. Er emigrierte mit der Familie nach Amerika und wirkte ab 1950 als Rabbiner in Alabama. Von 1953 bis 1955 war er Rabbiner sowohl im westlichen wie im östlichen Teil Berlins. Anschließend betreute er jüdische Soldaten der amerikanischen Luftwaffe. 1964 wurde er Landesrabbiner von Baden und jüdischer Geistlicher in Hamburg. Er bekleidet maßgebliche Posten in der B'nai B'rith-Loge. Nach eigenem Bekunden erfüllt es ihn mit besonderem Stolz, »daß ich 1953 die Juden Ostdeutschlands aufgefordert habe, in den Westen zu gehen, was viele befolgten; das war die Zeit stalinistischer antijüdischer Unterdrückung im Ostblock«. 1990 empörte er sich über die Sympathien deutscher Christen für den Palästinenser-

aufstand in den von Israel besetzten Gebieten, die »Intifada«.

Als einer der bedeutendsten Ethnologen des 20. Jahrhunderts wird **Claude Levi-Strauss** bezeichnet. 1908 in Brüssel geboren, wurde er 1935 Dozent für Soziologie an der Universität São Paulo in Brasilien. 1941 ging er in die Vereinigten Staaten von Amerika. Von 1959 bis 1982 war er Professor für Sozialanthropologie in Paris. 1973 wurde er Mitglied der Académie française. Hauptsächlich befaßte er sich mit Mythenforschung. Er schrieb u.a. »Rasse und Geschichte« (1952) und »Das wilde Denken« (1962).

Daß der kommunistische Spitzenfunktionär **Alfred Levy** bei der deutschen Besatzung der Tschechei umgekommen sei, wie von der roten Propaganda verbreitet wurde, ist fraglich. Wahrscheinlich wurde er auf Geheiß Stalins verhaftet und ist im Gulag umgekommen. Levy wurde 1885 in Hamburg als Kaufmannssohn geboren. Über die SPD kam er 1917 zur USPD und dann, 1920, zur KPD, die er bis 1927 in der Hamburger Bürgerschaft vertrat. Als Hauptbetreiber des sogenannten Hamburger Oktoberaufstandes wurde er zu vier Jahren Festung verurteilt, doch schon bald darauf amnestiert. Nachdem er sich zeitweise wegen taktischer Differenzen von der KPD getrennt hatte, wurde er um 1930 wieder für sie aktiv. Das NS-Regime nahm ihn als hochrangigen Stalinisten in Haft, aus der er entweichen konnte. 1937 ging er nach Prag, wo sich bald darauf seine Spur verliert.

Maßgeblichen Einfluß im Saargebiet hatte zur Zeit der französischen Besatzung ab 1945 der jüdische Jurist **Alfred Levy** (geboren 1888 in Fraulautern an der Saar, gestorben 1962 in Saarbrücken). Er wirkte ab 1946 als Landgerichtsdirektor in Saarbrücken, anschließend bis 1953 als Senatspräsident des Oberlandesgerichtes in Saarbrükken. 1947 war er von der französischen Militärregierung in die saarländische Verfassungskommission delegiert worden. Er war Vorsitzender der Synagogengemeinde Saar und auch im überregionalen jüdischen Verbandswesen aktiv. Der Sohn eines Viehhändlers hatte 1935, als die Saar zurück an Deutschland kam, den Posten eines Hilfsrichters beim Obersten Gerichtshof Saarlouis erreicht. Dann ging er nach Luxemburg. Von 1940 bis 1946 lebte er in Südfrankreich. Seine deutschen Ruhegehaltsbezüge liefen bemerkenswerterweise bis Dezember 1940 weiter.

Wie Alfred Levy war auch **Charles Levy** ein maßgeblicher Mann im Saarland zur Zeit der französischen Besatzung nach dem Zweiten Weltkrieg. Er wirkte führend in der »Mouvement pour la Libération de la Sarre«, die den Anschluß an Frankreich propagierte, und war als französischer Offizier (Commandant) in der Militärregierung Chef des Justizwesens. Später praktizierte er als Rechtsanwalt in Saarbrücken. 1968 siedelte der Ritter der französischen Ehrenlegion wieder nach Paris über, um dort seinen Lebensabend zu verbringen. Er starb 1977 in der französischen Hauptstadt. Charles (eigentlich Karl) Levy war als Sohn eines jüdischen Metzgers 1887 in Illingen an der Saar zur Welt gekommen. Ab 1924 war er Rechtsanwalt in Saarbrücken. 1935 verschwand er nach Frankreich, wo er im Kriege der Partisanenbewegung angehörte.

Gustav Levy war neben Alfred und Charles Levy der dritte Träger dieses Namens, der im französisch besetzten Saargebiet nach 1945 eine Schlüsselrolle spielte. Er war 1886 in Saarbrücken als Fabrikantensohn geboren worden. Bis zur Wiedervereinigung 1935 war er im Saargebiet als Anwalt tätig, dann emigrierte er nach Frankreich. An die Saar zurückgekehrt, wurde er 1947 im Auftrage der Franzosen Mitglied der

Verfassungskommission und des Verfassungsausschusses. Er gehörte dem Saarländischen Landtag bis 1952 an und trat dort als Verfechter eines Anschlusses an Frankreich in Erscheinung. Deshalb verließ er 1950 die deutschorientierte Demokratische Partei Saar. 1955 wurde Gustav Levy 1. Vizepräsident der Europa-Union Saar. Außerdem war er Präsident der Christlich-Jüdischen Arbeitsgemeinschaft des Saarlandes.

Zu den ungezählten Juden, die dem Grauen von Auschwitz zum Opfer fielen, gehörte **Kurt Levy**. Er kam 1898 in Guben zur Welt. Im Ersten Weltkrieg war er Frontsoldat in deutscher Uniform und erhielt das EK I. Bis zum Berufsverbot 1938 war er Rechtsanwalt am Kammergericht. Nach Lagerhaft in Sachsenhausen wurde er 1939 Dezernent bei der Reichsvereinigung der Juden in Deutschland, als deren letzter Vorsitzender er amtierte, bis er 1943 mit seiner Familie nach Theresienstadt deportiert wurde. 1944 mußte er mit Frau und zwei Kindern ins Todeslager Auschwitz, wo er vermutlich noch im Verlaufe desselben Jahres ums Leben kam.

Wilhelm von Levy war ein Neffe des Barons Moritz von Hirsch auf Gereuth aus jener jüdischen Familie, die zu Hofbankiers der bayerischen Wittelsbacher aufgestiegen waren. Levy kam 1861 in Bonn zur Welt. Er wurde einer der wichtigsten Finanzberater des italienischen Königs Viktor Emanuel III., der ihn adelte. Zur Hitlerzeit soll Levy sich verborgen haben. Das »Lexikon des Judentums« berichtet, er habe sein Vermögen zur Bekämpfung des Antisemitismus gestiftet. Er starb 1947 in Arma di Taggia bei San Remo.

Der jüdische Soziologe und Völkerkundler **Lucien Lévy-Bruhl**, der 1857 in Paris zur Welt kam und 1939 dort starb, unterschied streng zwischen von ihm so genannten »primitiven« und »zivilisatorischen« Kulturen. Der Titel seines 1922 erschienenen Hauptwerkes lautet »Die geistige Welt der Primitiven«. Als Lévy-Bruhls Gedanken in Frankreich blühten, beherrschte Paris ein weltweites Imperium von annähernd 20 Millionen Quadratkilometern Ausdehnung mit zahlreichen »primitiven« Völkern, die zu beherrschen französische Machthaber sich auserwählt dünkten. Der Soziologe und Ethnologe war 1895 Dozent an der Sorbonne geworden und erhielt dort 1908 eine Professur. Mit Durkheims Neffen Marcel Mauss schuf Lévy-Bruhl das Pariser »Institut d' Ethnologie«.

Als Mitbegründerin der weiblichen Berufsberatung in Deutschland und Mitschöpferin der hiesigen Frauenbewegung gilt die Journalistin **Josephine Levy-Rathenau.** Sie kam 1877 in Berlin als Nichte des Großindustriellen Emil Rathenau zur Welt. Verheiratet war sie mit dem Erfinder Max Levy. Nach Kriegsausbruch 1914 organisierte sie den Nationalen Frauendienst im Deutschen Reich. Sie wirkte als Redakteurin an Frauenblättern und schrieb u.a. das Buch »Die deutsche Frau im Beruf«. Sie starb 1921 in Berlin.

Als Präsident des Organisationskomitees für die Olympischen Spiele 1936 hatte **Theodor Lewald** großen Anteil am Erfolg des von aller Welt wegen meisterhafter Organisation und beeindruckender Gestaltung bewunderten sportlichen Großereignisses in der Reichshauptstadt. Der halbjüdische Lewald war 1860 in Berlin zur Welt gekommen. Er war ein Neffe der Schriftstellerin Fanny Lewald (1811-1889). 1904 fungierte er als Reichskommissar für die deutschen Belange bei der Weltausstellung in Saint Louis, wo »Made in Germany« alle Rekorde brach. 1919 übernahm er den Vorsitz im Reichsausschuß für Leibesübungen. 1920 gründete er mit dem nichtjüdischen Carl Diem die Deutsche Hochschule für Leibesübungen. 1921 wurde Lewald Bevollmäch-

tigter für die Verhandlungen mit Warschau über Oberschlesien. Mit aller Kraft bemühte er sich, das Land beim Deutschen Reich zu halten. 1925 erschien Lewalds glühend patriotische Schrift »Sport, deutsche Wirtschaft und Volksgesundheit«. Von 1925 bis 1938 vertrat er das deutsche NOK im IOC. Dann ging er in den Ruhestand. Er starb 1947 in Berlin.

Von 1963 bis 1969, als Werner Nachmann den Posten übernahm, amtierte **Herbert Lewin** als Vorsitzender des Direktoriums des Zentralrats der Juden in Deutschland. Dem Gremium gehörte er als Mitglied bis 1979 an. Er war 1899 in Schwarzenau, Bezirk Bromberg, zur Welt gekommen. Er praktizierte als Frauenarzt in Berlin und war in der Reichshauptstadt sowie in Köln von 1933 bis 1941 Dozent an jüdischen Krankenhäusern. Von 1941 bis 1945 war er in nationalsozialistischer Lagerhaft. Von 1949 bis 1967 wirkte Lewin als Chefarzt der Offenbacher Frauenklinik. 1955 wurde er Präsident des Landesverbandes Hessen der jüdischen Gemeinde. Maßgebliche Positionen hatte er auch beim Keren Hajessod, dem jüdischen Fonds zur Förderung der Auswanderung nach Israel. Er starb 1982 in Wiesbaden.

Maßgeblicher Hintermann der US-Pläne zur »Umerziehung« der Deutschen war der Psychologe **Kurt Zadek Lewin.** Im Lexikon »Vorsicht Fälschung« heißt es: »Im Frühjahr 1945 hielt das ›Joint Committee on Postwar Planning‹, das von den psychologischen und psychiatrischen Fachverbänden der USA getragen wurde, eine wegweisende Tagung zur Umerziehung Deutschlands ab. ›Committee‹-Wortführer war der aus der Provinz Posen stammende Emigrant Kurt Lewin, dem es um die ›Änderung des deutschen Volkscharakters‹ ging.« Lewin war 1890 in Mogilno/Posen zur Welt gekommen. In Weimarer Zeit lehrte er Psychologie an der Universität Berlin und war als Autor für semi- und parakommunistische Theatergruppen aktiv. 1933 setzte er sich nach Amerika ab. Dort lehrte er als Professor für Kinderpsychologie u.a. in Berkeley und am Massachusetts Institute of Technology. Er starb 1947 in Newtonville/Mass.

Nach seiner Rückkehr aus der amerikanischen Emigration stieg der Jurist **Erich Lewinski** (geboren 1899 in Goldap/Ostpreußen, gestorben 1956 in Kassel) in Bundesdeutschland zunächst zum Landgerichtsdirektor, dann zum Landgerichtspräsidenten (1949-1956) in Kassel auf. In Weimarer Zeit war er Rechtsanwalt und Aktivist des Internationalen Sozialistischen Kampfbundes (ISK). 1933 emigrierte er über Zürich nach Frankreich. In Paris betrieb er ein Vegetarier-Restaurant. Die Erlöse dienten der Finanzierung der ISK-Exilgruppe. 1941 gelangte er in die USA. Dort saß er im Vorstand des »German-American Council for the Liberation of Germany from Nazism« unter Führung Grzesinskis.

Der Publizist **Richard Lewinsohn** (er wurde 1894 in Graudenz geboren und starb 1968 während einer Reise in Madrid) war eigentlich Arzt. 1926 wurde er Chef des Wirtschaftsteils des einflußreichen Berliner Tageblattes »Vossische Zeitung«. Unter dem Pseudonym »Morus« schrieb er in der linken »Weltbühne«. 1933 leitete er das Pariser Büro des Verlages Ullstein. 1940 ging er nach Brasilien. Dort stieg er zum einflußreichen Finanzberater der Regierung auf. 1952 kam er wieder nach Frankreich, das ihn zum Ritter der Ehrenlegion schlug. Lewinsohn schrieb u.a. »Jüdische Weltfinanz?« (1925), »Eine Weltgeschichte der Sexualität« (1956) und »Skandale, die die Welt bewegten« (1967).

Der Politiker **David Lewis** kam als Kind 1921 aus Polen ins nordamerikanische Kanada. Er war 1909 in Svisloc geboren worden. In Kanada schlug er die Laufbahn eines Juristen ein und wurde Rechtsanwalt. 1958 gehörte er zu den Mitbegründern der New Democratic Party, Kanadas Sozialdemokraten, die er als Abgeordneter im Bundesparlament vertrat und denen er von 1971 bis 1974 als Parteichef vorstand. Er starb 1981 in Ottawa. Seine Memoiren heißen »The Good Fight«.

Der US-amerikanische Filmschauspieler **Jerry Lewis**, geboren 1926 in Newark/Bundesstaat New Jersey, heißt eigentlich Joseph Levitch. Seine Eltern traten in Nachtclubs auf. Dort begann auch seine Karriere. Von 1947 bis 1957 bildete er mit dem Schauspieler und Sänger Dean Martin (eigentlich Dino Crocetti) ein erfolgreiches Komiker-Duo. Die beiden wurden vom Produzenten Hal B. Wallis in insgesamt 16 gemeinsamen Filmen eingesetzt. Fortan trat Lewis als Alleinunterhalter, auch im Fernsehen, in Erscheinung. Er bekennt sich mit Stolz zu seinem Judentum.

Richard Lichtheim kam 1885 in Berlin als Sohn eines Getreidehändlers zur Welt. Ab 1905 wirkte er aktiv in der zionistischen Bewegung. Ab 1911 war er Redakteur des zionistischen Zentralorgans in Deutschland, »Die Welt«. 1915/16 erwirkte er eine Anweisung des Berliner Auswärtigen Amtes an das deutsche Konsulat in der Türkei, jüdische Einwanderung im damals türkisch beherrschten Palästina zu unterstützen. Von 1917 bis 1920 war er Präsident der Zionistischen Vereinigung für Deutschland. 1919 gehörte er der zionistischen Delegation in Versailles an. Mitte der 20er Jahre ging er zu den radikalen Zionisten-Revisionisten des Wladimir Jabotinsky über. 1933 gründete er mit Meir Grossmann die »Jüdische Staatspartei« in Berlin. 1934 wanderte er nach Palästina aus. Er soll 1942 der erste gewesen sein, der über den Holocaust - im Sinne von Massenmord an Juden im NS-

Machtbereich - in Israel berichtete (zur Kriegszeit war er Vertreter der Jewish Agency in Genf). Lichtheim starb 1963 in Jerusalem.

Aus dem galizischen Burstyn stammte der jüdische Geistliche **Isaak Lichtigfeld** (Jahrgang 1894). In Weimarer Zeit wirkte er als Generalsekretär der jüdischen Weltorganisation »Agendas Jisroel«, und er gründete in Düsseldorf eine Talmud-Thora-Schule. 1933 ging er nach England, wo er als Rabbiner in London wirkte und Oberhaupt der jüdischen Orthodoxen wurde. 1954 trat er seinen Dienst als Landesrabbiner von Hessen an. Er gründete und leitete die Konferenz der Rabbiner in Deutschland. Er starb 1967 in Frankfurt am Main.

Der Physiker **Robert von Lieben** (geboren 1878 in Wien, gestorben 1913 dortselbst) war maßgeblich am raschen Aufschwung der Funk- und Radiotechnik beteiligt. Er entwickelte die nach ihm benannte Röhre. Der Gelehrte jüdischer Herkunft ließ sich die ihm in Zusammenarbeit mit E. Reiß und S. Strauß gelungene bahnbrechende Erfindung 1906 und 1910 patentieren.

Trotz des grassierenden Antisemitismus in Polen konnte der Politiker **Herman Lieberman** eine Schlüsselposition in Warschau erreichen. Er war 1870 im galizischen Drohobycz zur Welt gekommen. Von 1911 bis 1930 saß er als sozialistischer Abgeordneter im polnischen Parlament, dem Sejm. Er hatte entscheidenden Anteil an der Ausarbeitung der polnischen Verfassung und war ein Führer der Opposition gegen Pilsudski. Dieser Marschall und Politiker war bestrebt, im Interesse Polens einen Ausgleich mit Deutschland herzustellen. Pilsudski hatte mit Hitler bereits einen entsprechenden Vertrag abgeschlossen, als er 1935 starb. Seine Nachfolger wechselten ins antideutsche Lager, was Liebermans Wunsch entsprach. Er wirkte in der Kriegszeit als Mitglied der

polnischen Exilregierung (Justizminister) in London. Er starb 1941 in der englischen Hauptstadt.

»Wenn ich mich durch mein ganzes Leben als Deutscher gefühlt habe, war meine Zugehörigkeit zum Judentum nicht minder stark in mir lebendig.« Dieses Bekenntnis stammte von dem berühmten impressionistischen Maler **Max Liebermann** (geboren 1847 in Berlin, gestorben 1935 dortselbst). Der Sohn eines Tuchfabrikanten gründete 1898 die Berliner Sezession. Im selben Jahr wurde er Mitglied der königlich-preußischen Akademie der Künste und zum Professor ernannt. Er glänzte besonders als Porträtist. Er wurde in den Orden Pour le mérite (Friedensklasse) aufgenommen und erhielt u.a. den Adlerschild des Deutschen Reiches sowie die Ehrenbürgerschaft der Reichshauptstadt. Dekadenten Modernismus lehnte er ab. Er bekundete: »Jede Renaissance in der Kunst kann sich nur auf dem Boden des Naturalismus vollziehen.« Nach der NS-Machtübernahme trat er von seinem Amt als Präsident der Preußischen Akademie der Künste zurück.

Der Komponist und Intendant **Rolf Liebermann**, geboren 1910 in Zürich, ist ein Großneffe des Malers Max Liebermann. Er komponierte das Kampflied der roten Internationalen Brigaden im Spanischen Bürgerkrieg. Von 1950 bis 1957 war er Musikleiter beim Schweizer Sender Beromünster. Von 1959 bis 1973 und von 1985 bis 1988 wirkte er als Intendant der Hamburger Staatsoper. In der Zwischenzeit war er Generalintendant der Pariser Opernhäuser. Ein besonderes Anliegen war es ihm stets, die sogenannte Avantgarde zu fördern. In seinen eigenen Werken vermischt Liebermann Zwölftonmusik mit Jazz.

Kommunistenführer **Karl Liebknecht** erklärte im Januar 1919 die sozialdemokratische Reichsregierung Ebert/Scheidemann für abgesetzt und wollte mit Rosa Luxemburg die Macht in Deutschland an sich reißen. In Berlin tobten Straßenkämpfe zwischen Rotarmisten und Antikommunisten. Der Versuch, Deutschland nach russischem oder ungarischem Vorbild zu bolschewisieren, wurde abgewehrt, Liebknecht zusammen mit Rosa Luxemburg erschossen. Linkspublizist Bernt Engelmann: »Den Mord planten und befahlen einige Offiziere der Gardekavallerieschützendivision, darunter zwei jüdischer Herkunft, Liepmann und Grabowsky.« Hinter dem Aufruf »Tötet Liebknecht!« habe das jüdische Hauptvorstandsmitglied der Deutschnationalen Volkspartei, Konsul Salomon Marx, gestanden, fährt Engelmann fort. Karl Liebknecht war der Sohn des SPD-Mitbegründers Wilhelm Liebknecht und dessen jüdischer Frau Natalia geborene Reh. 1900 schloß er sich der SPD an, für die er 1912 in den Reichstag kam. Auch wirkte er als Präsident der »Sozialistischen Jugendinternationale«. 1914/15 gründete er die »Gruppe Internationale« (»Spartakus«). Er stimmte gegen die Kriegskredite und verbreitete, während Deutschland an allen Fronten schwer zu kämpfen hatte, Aufrufe wie: »Der Hauptfeind steht im eigenen Lande«. Die SPD schloß ihn deshalb aus der Fraktion aus. 1916 wurde er wegen Hochverrats zu vier Jahren Zuchthaus verurteilt. Im Oktober 1918 erfolgte seine vorzeitige Freilassung. Am 9. November 1918 proklamierte er ohne jede demokratische Legitimation Deutschland zur »Freien Sozialistischen Republik«. Dann begründete er mit Rosa Luxemburg die KPD und wollte das Reich handstreichartig in einen Sowjetstaat umwandeln, was Eberts Truppen verhinderten.

Der Jurist und Politiker **Ralph Liebler**, Jahrgang 1901, wirkte in Weimarer Zeit als Rechtsanwalt und als Funktionsträger der liberalen DDP. Wegen seiner jüdischen Herkunft wurde er 1944 eingesperrt. 1945 trat er der sowjetzonalen LDP bei, die er von 1946

bis 1950 im Sächsischen Landtag vertrat. Er brachte es zum Landtagsvizepräsidenten und Fraktionsvorsitzenden. Außerdem gehörte er der Volkskammer in Ostberlin an. Von 1950 bis 1952 amtierte er als Justizminister in Thüringen sowie als stellvertretender thüringischer Landesvorsitzender der »Gesellschaft für Deutsch-Sowjetische Freundschaft«. Er starb 1953.

Zu den tadellos vaterländischen Persönlichkeiten der deutschen Geschichte zählte der Jurist und Verleger **Otto Liebmann**, 1865 in Mainz geborener (getaufter) Sproß einer jüdischen Familie. Er wirkte als Schriftführer der Rechtsabteilung der Reichsdeutschen Waffenbrüderlichen Vereinigung und als Erster Schriftführer des Freien Vaterländischen Vereins. Mit Professor Laband, Reichsgerichtsrat Stenglein und Rechtsanwalt Staub gründete er 1896 die »Deutsche Juristenzeitung«, deren Chef er bis 1933 war. Zuvor, 1890, hatte er den »Verlag für Rechts- und Staatswissenschaften Otto Liebmann« in Berlin geschaffen. Er starb 1942 in der Reichshauptstadt.

Als »führender Komponist der europäischen Avantgarde« gilt **György Ligeti**, geboren 1923 in Dicsöszentmarton (Siebenbürgen). Sein Vater mußte im Lager Bergen-Belsen sterben, seine Mutter überlebte Auschwitz. Er selbst diente ab 1944 in der ungarischen Armee. Er studierte nach Kriegsende in Budapest u.a. bei Ferenc Farkar Komposition und Musiktheorie. Nach der Niederschlagung des Ungarnaufstandes 1956 emigrierte er nach Wien. Er erwarb die österreichische Staatsbürgerschaft. Längere Zeit war er an Stockhausens WDR-Studio für elektronische Musik in Köln tätig. Von 1973 bis zu seiner Emeritierung 1989 leitete er als Professor eine Kompositionsklasse an der Hamburger Musikhochschule. 1992 trat er aus Protest gegen die Aufnahme von »Leuten, die im SED-Staat entweder Macht

Jerry LEWIS

Max LIEBERMANN

Rolf LIEBERMANN

Karl LIEBKNECHT

György LIGETI

Otto LIMAN VON SANDERS

Walter LIPPMAN

Joachim LIPSCHITZ

Maxim LITWINOW

ausgeübt oder als Opportunisten daran teilgenommen haben«, aus der Berliner Akademie der Künste aus.

Der Mann, den man später den »Löwen von Gallipoli« nannte, **Otto Liman von Sanders**, kam 1855 im pommerschen Schwessin bei Stolp zur Welt. Sein Vater war getaufter Gutsbesitzer jüdischer Abkunft, seine Mutter Nichtjüdin. Als 18jähriger trat er ins preußische Heer ein, 1887 kam er zum Generalstab. 1911 wurde er Inspekteur der 4. Kavalleriedivision, dann Führer der 22. Infanteriedivision. 1913 wurde Liman Leiter der deutschen Militärmission in der Türkei; im selben Jahr erhielt er den Adel. Er reorganisierte die türkische Armee. 1914/15 warb er für die deutsch-türkische Waffenbrüderschaft; die Türkei trat an Deutschlands Seite in den Krieg ein. Von Februar 1915 bis Januar 1916 schlugen die Türken unter seiner Führung die alliierten Invasoren an den Dardanellen zurück. Der (nichtjüdische) deutsche Admiral Souchon wehrte zur See englische und französische Durchbruchversuche ab. Besonders erbittert waren die Kämpfe auf der Halbinsel Gallipoli. Als Nachfolger Falkenhayns übernahm Liman von Sanders 1918 die türkische Heeresgruppe Palästina. 1929 verstarb er in München.

Die Werke des Schriftstellers **Jakov Lind** »kreisen vor allem um die Existenzbedingungen als Jude und Außenseiter« (»Neues Lexikon des Judentums«). Er kam 1927 in Wien als Sohn eines Händlers namens Simon Landwirt zur Welt. Es wird berichtet, er habe das Dritte Reich unter falschem Namen als Binnenschiffer auf dem Rhein überstanden. Nach 1945 lebte er einige Jahre in Israel. 1954 emigrierte er von dort nach London. Er hatte Erfolg mit meist satirisch-grotesken Erzählungen. Bekannt geworden ist beispielsweise sein Band mit gesammelten Kurzgeschichten, »Eine Seele aus Holz«.

Als er von 1933 bis 1945 Berufsverbot hatte, baute der Schauspieler und Theaterleiter **Gustav Lindemann** in Düsseldorf das Archiv des dortigen Schauspielhauses (Dumont-Lindemann-Archiv) auf. Nach Kriegsende war er Mitbegründer und Vorsitzender der »Arbeitsgemeinschaft kultureller Organisationen der Stadt Düsseldorf«. Er starb 1960 in der NRW-Landeshauptstadt. Zur Welt gekommen war er 1872 in Danzig. Mit seiner Frau, Louise Dumont, gründete Lindemann 1904 das Düsseldorfer Schauspielhaus, das er 1920 bis 1933 und von 1945 bis 1950 leitete. Aus dem Ensemble gingen Prominente wie Gustaf Gründgens und Paul Henckels hervor (der halbjüdische Mime, der zum meistbeschäftigten Filmschauspieler des Dritten Reiches avancierte).

Als Richter und Senatspräsident am Oberverwaltungsgericht Berlin von 1928 bis 1933, Herausgeber des »Reichs- und Preußischen Verwaltungsblattes« und Mitherausgeber der »Deutschen Juristenzeitung« hatte **Heinrich Lindenau** wichtige Funktionen im Rechtswesen der Weimarer Republik. Er war 1872 in Berlin als Sohn eines Fabrikbesitzers jüdischer Herkunft geboren und getauft worden. 1907 begann er im Verwaltungsdienst der Polizei. Er amtierte auch als Obmann des Deutschen Bühnenschiedsgerichts. Lindenau starb im Kriegsjahr 1942 im Jüdischen Krankenhaus zu Berlin.

Als Wegbahner der »Pop-Art« gilt der jüdische Maler **Richard Lindner**. Er kam 1901 in Hamburg zur Welt und starb 1978 in New York. 1933 emigrierte er nach Paris, 1941 nach New York, wo er Freundschaft mit Wilhelm Reich und Albert Einstein schloß und als Illustrator für Blätter wie »Fortune«, »Vogue«, »Harper's«, »Bazaar« usw. wirkte sowie am »Pratt-Institute« unterrichtete. 1948 nahm er die US-Staatsbürgerschaft an, 1965 wurde er Gastdozent an der Hochschule für bildende Künste in Hamburg. Robert Darmstaedters »Künstler-Lexikon« findet, seine »aggressive Darstellungsweise gliederpuppenartiger Frauen- und Männerfiguren im Stile entindividualisierter Larven« beinhalte »ein gut Stück Zeitkritik«.

Eigentlich hieß der Regisseur und Theaterleiter **Leopold Lindtberg** (geboren 1902 in Wien, gestorben 1984 in Sils-Maria/Schweiz) Lemberger. 1924 gab er sein Debüt als Schauspieler in Dieterles expressionistischem »Dramatischen Theater« in Berlin. Er wurde insbesondere von Jessner und Piscator gefördert, an dessen Bühne er als Regisseur wirkte. 1933 bis 1945 arbeitete Lindtberg am Züricher Schauspielhaus. Dort inszenierte er die Uraufführungen des »Professor Mamlock« von Friedrich Wolf und von Brechts »Mutter Courage«. 1934/35 war er Gastregisseur am Habima-Theater, Tel Aviv. 1965 bis 1968 amtierte er als Direktor des Schauspielhauses Zürich.

Sol Linowitz, geboren 1913 in Trenton/US-Bundesstaat New Jersey, bekleidete ab den 60er Jahren, als er in die Chefetage von Rank Xerox kam und zum persönlichen Berater des Präsidenten Lyndon B. Johnson avancierte, amerikanische Einflußposten in Politik und Wirtschaft. Als Diplomat war er 1977/78 wesentlich an den neuen Panamakanal-Verträgen beteiligt; 1981 wurde er Präsidentenberater für »Mittel-Ost« (im deutschen Sprachgebrauch Nahost). Linowitz saß in Leitungsgremien führender Unternehmen, zum Beispiel in der Direktion von Pan Am, gehört dem hinter den Kulissen mächtigen Council on Foreign Relations (CFR) an und spielt eine aktive Rolle im öffentlichen jüdischen Leben der USA.

Thomas Mann wurde nicht nur von seiner Frau und Tochter jüdisch beeinflußt, sondern hatte auch in seinem engeren Kreis

mehrere jüdische Intellektuelle um sich. Vor allem ist der 1883 im elsässischen Mülhausen geborene **Ferdinand Lion** zu nennen. 1917 traf dieser Literat das erste Mal mit Mann zusammen. Fortan erschien er wie der Schatten des deutschen Literaturnobelpreisträgers. In der gemeinsamen Schweizer Emigration redigierte Lion die von Thomas Mann herausgegebene Zeitschrift »Maß und Wert«. Er veröffentlichte etliche Schriften über Mann und verfaßte auch das Libretto zu Hindemiths Oper »Cardillac«. Er starb 1965 in Kilchberg in der Schweiz.

Als »Hauptvertreter des Kubismus in der Plastik« wird **Jacques Lipchitz** gefeiert. Er kam 1891 in Druskeniki (Litauen) als Jakoff Lipschitz Welt. Ab 1909 wirkte er in Frankreich. 1922 schloß er sich einer »avantgardistischen« Künstlergruppe namens »L'Esprit nouveau« an. Von 1941 bis 1946 hielt er sich in Amerika (New York) auf. Dann kehrte er nach Frankreich zurück. Er schuf kubistische bzw. abstrakte Kolosse, die oft mit dicken Tauen gefesselt wurden. Lipchitz starb 1973 auf Capri.

Richard Lipinski war Politiker aus der stattlichen Zahl jüdischer Reichstagsabgeordneter der Kaiserzeit und der Weimarer Republik. Er saß für die Sozialdemokratie von 1903 bis 1907 und von 1920 bis 1933 im Hohen Haus. Er war 1867 in Danzig zur Welt gekommen und hatte ab 1891 als Redakteur der Leipziger Volkszeitung (SPD) gewirkt. 1897 gründete er den Zentralverband der Handlungsgehilfen (später Zentralverband der Angestellten). 1918/19 und von 1920 bis 1923 amtierte er als Innenminister von Sachsen. In dieser Zeit gab es vergebliche kommunistische Versuche, das Land Sachsen mit Gewalt zu bolschewisieren. Nach der NS-Machtübernahme saß Lipinski zeitweise in Haft. Er starb 1936 in Bennewitz bei Torgau.

Zusammen mit Hans Krebs erhielt der Biochemiker **Fritz Albert Lipmann** 1953 den Physiologie/Medizin-Nobelpreis. Er war 1899 in Königsberg zur Welt gekommen. Er verließ Weimar-Deutschland 1932 und ging nach Dänemark ans Biologische Institut Carlsberg. 1939 wanderte er in die USA weiter, deren Staatsbürgerschaft er 1944 annahm. Ab 1949 lehrte er als Professor an der Harvard Medica School in Boston, von 1957 bis 1969 an der Rockefeller-Universität, New York. Als seine größte Leistung wird die Entdeckung des Koenzyms A angesehen. Er starb 1986 in Poughkeepsie/New York.

Der Industrielle und Chemiker **Edmund von Lippmann** wird wegen seiner Forschungsergebnisse als »Begründer der modernen deutschen Zuckerindustrie« bezeichnet. Der Sohn eines Zuckerfabrikanten promovierte 1878 in Heidelberg und lehrte von 1916 bis 1933 als Professor in Halle. Er schrieb die Geschichte des Zuckers und der Rübe seit den ältesten Zeiten und verfaßte Bücher über Alchimie. Er war 1857 in Wien geboren worden und starb 1940 in Halle.

Gabriel Lippmann, Physiker aus jüdischer Familie, erblickte 1845 in Hollerich/Luxemburg das Licht der Welt. Ab 1883 lehrte er als Professor an der Pariser Sorbonne, wo er 1886 Direktor des physikalischen Laboratoriums wurde. Er entwickelte ein Verfahren zur Fotografie in natürlichen Farben unter Ausnutzung der Interferenz stehender Lichtwellen, deren Existenz dadurch bewiesen wurde. 1908 wurde er mit dem Nobelpreis für Physik geehrt. Er starb bei einer Seereise 1921.

Auschwitz-Überlebender **Heinz Lippmann**, Jahrgang 1922, schloß sich nach seiner Befreiung 1945 der KPD an. In der Sowjetzone war er Mitbegründer der FDJ. Von 1951 bis zu seiner Flucht in den Westen, 1953, war er Honeckers Stellvertreter als FDJ-Vorsitzender. In der Bundesrepublik Deutschland war Lippmann publizistisch

tätig. 1971 erschien seine Honecker-Biographie. Über die Stimmung nach Moskaus Wiedervereinigungs-Angebot von 1952 schreibt er: »Von Hans Rosenberg und Richard Stahlmann, den Leitern des illegalen Verbindungsapparates in der Bundesrepublik, hatte ich erfahren, daß ein ZK-Sonderstab sich bereits mit Plänen beschäftigte, wie die SED am wirkungsvollsten in die Illegalität geführt werden könne. Immer wenn Honecker schlecht gelaunt ins Büro kam, hieß es, er habe geträumt, Adenauer sei zurückgetreten. Nur Adenauer garantiere mit einiger Sicherheit - das war damals die dominierende Auffassung-, daß dieses sowjetische Angebot abgelehnt werde. Der Kelch ging an der SED vorüber.« Lippmann starb 1974.

Julius Lippmann, evangelisch getaufter, 1864 in Danzig geborener Sohn einer jüdischen Familie, wirkte ab 1900 als Stadtverordneter in Stettin und von 1908 bis 1918 als Abgeordneter des Preußischen Landtags, zuletzt als stellvertretender Fraktionsvorsitzender der Fortschrittlichen Volkspartei. 1919 war er für die DDP Mitglied der Weimarer Nationalversammlung. Von 1919 bis 1930 wirkte er als Oberpräsident der Provinz Pommern. Er starb 1934 in Berlin.

Als Direktor des Deutschen Instituts für Filmkunde von 1959 bis zu seinem Tod (Mainz 1966) bekleidete der jüdische Filmhistoriker **Max Lippmann** eine wichtige Funktion in der bundesdeutschen Gesellschaft. Außerdem saß er im Vorstand der Gesellschaft für Christlich-Jüdische Zusammenarbeit. Von 1954 bis 1958 hatte er die SPD im Hessischen Landtag vertreten, ab 1950 war er Mitglied der Film-Selbstkontrolle. Er schrieb u.a. über »Die Darstellung des jüdischen Menschen im Film«. Lippmann war 1906 in Posen zur Welt gekommen. Er wirkte zur Weimarer Zeit als Kommentator des Breslauer Rundfunks. 1933 ging er nach Prag, 1938 nach Paris, 1939 nach London, 1941 nach Nordafrika. 1945 kam er nach Deutschland zurück.

»Erst wenn die Kriegspropaganda der Sieger Eingang in die Geschichtsbücher der Besiegten gefunden hat und von nachfolgenden Generationen geglaubt wird, kann die Umerziehung wirklich als gelungen angesehen werden.« Diese Feststellung, die sich auf Deutschland bezog, stammte von einem der einflußreichsten US-amerikanischen Journalisten, **Walter Lippmann**. Wie schon in den Jahrzehnten zuvor, so war er auch nach 1945 »die führende Stimme des politischen Journalismus in Amerika« (»Frankfurter Allgemeine« über Lippmann). Er kam 1889 in New York zur Welt. Im Ersten Weltkrieg wirkte er als stellvertretender Staatssekretär im US-Verteidigungsministerium. Er war einer der engsten Mitarbeiter von Oberst Mandel House, der (ebenfalls jüdischen) »grauen Eminenz« der amerikanischen Politik unter Präsident Wilson. Lippmann war Mitverfasser von Wilsons berühmten »Vierzehn Punkten«. Seit den 20er Jahren war er der einflußreichste Meinungsmacher der US-Ostküste. Seine Kommentare wurden von mehr als zweihundert Zeitungen gedruckt. Im Mai 1940 rief er dazu auf, in den Krieg gegen Deutschland und seine Verbündeten einzutreten »um die europäische Wirtschaft und Kultur zu retten«. Trotzdem bezog Lippmann, der 1974 in New York starb, oft gerade von Juden heftige Schelte. Rabbi Dr. Leo Trepp beispielsweise schreibt in »Die amerikanischen Juden«: »Es gab allerdings auch Juden, die von Selbsthaß gequält wurden ... Walter Lippmann, welcher als der bedeutendste Journalist der ersten Hälfte des 20. Jahrhunderts gilt, schämte sich seines Judentums sehr.«

Über das Schicksal von **Joachim Lipschitz** (geboren 1918 in Berlin) zur Hitlerzeit heißt es in Koschs »Biographischem Staatshandbuch«: »Vor 1933 Mitglied des Jungbanners Schwarz-Rot-Gold, dann aus politischen und rassischen Gründen wiederholt Verfolgungsmaßnahmen ausgesetzt, seit 1939 im Arbeits- und Heeresdienst, 1942 wegen Verlustes des linken Armes entlassen.« Lipschitz zog 1951 als SPD-Mandatar in das Berliner Abgeordnetenhaus ein und wirkte ab 1955 als Innensenator. Er ging nicht nur besonders scharf gegen die politische Rechte vor; »in sein Ressort fiel das Entschädigungsamt, wo er sich mit Energie und Objektivität der Interessen der jüdischen NS-Opfer annahm« (»Lexikon des Judentums«). Insgesamt sind in den 50 Jahren seit Kriegsende annähernd siebenhunderttausend Wiedergutmachungsanträge allein von Berliner NS-Geschädigten gestellt worden; nur ein geringer Bruchteil wurde abgelehnt. Lipschitz erhielt den »Heinrich-Stahl-Preis« für besondere Verdienste um die jüdische Gemeinde. Er starb 1961 in Berlin.

Im Dritten Reich war **Ernst Lissauer** (geboren 1882 in Berlin, gestorben 1937 in Wien) verfemt, weil er jüdisch war. In Bundesdeutschland wollen Etablierte mit ihm nichts zu tun haben, weil viele seiner Dichtungen und Schriften betont vaterländisch und deutschnational waren. Besonders im Ersten Weltkrieg hatte er seinen patriotischen Gefühlen freien Lauf gelassen. Er verfaßte u.a. den »Haßgesang gegen England«. Vaterländisch geprägt war sein Lyrikband »Achtzehnhundertdreizehn« (1913), das Schauspiel »Yorck« (1921) und das Drama »Luther und Thomas Müntzer« (1929). In seinem Spätwerk stand die Religion im Mittelpunkt. Lissauer wünschte die Assimilation: »Nur zweierlei ist möglich: entweder auswandern oder Deutsche werden. Dann aber: sich eingraben, einwurzeln mit aller Kraft, mit allen Muskeln sich zum Deutschen erziehen, die Sache der Deutschen zu der eigenen machen.« Bei Literaten wie Kerr und Tucholsky fand er »charakteristische Mängel des Judentums«.

Auf den sowjetjüdischen Maler, Architekten und Fotografen **Elieser (»El«) Lissitzky** werden wahre Hymnen gesungen: Er sei der »Begründer des Suprematismus«, »einer der wichtigsten Repräsentanten der russischen Avantgarde«, »Hauptmeister der abstrakten Kunst«, »Pionier der Fotomontage« usw. Er kam 1890 in Potschinok bei Smolensk zur Welt und studierte in Darmstadt. 1919 wurde er Professor an der (bolschewisierten) Kunstschule Witebsk. In den 20er Jahren hielt er sich oft in Deutschland auf, wo er Kontakt zu den Hauptvertretern des »Bauhauses« unterhielt (die meist ebenfalls jüdisch waren). In die inzwischen stalinisierte Sowjetunion zurückgekehrt, spielte er ab Ende der 20er Jahre eine führende Rolle im staatlichen Kunstbetrieb. 1931 wurde er mit der Gestaltung des Moskauer »Kulturparkes Gorki« beauftragt. Er starb 1941 in Moskau.

Vater des 1905 in Halle geborenen Schauspielers und Theaterdirektors **Heinz Wolfgang Litten** war der Rechtsprofessor Fritz Julius Litten (1873-1939), sein Großvater war Oberhaupt der jüdischen Gemeinde in Königsberg. Seine Mutter verfaßte in der englischen Emigration »A Mother Fights Hitler« und starb 1953 als SED-Genossin in Ostberlin. Heinz Wolfgang Litten war bis 1933 Theaterdirektor in Chemnitz. Dann wirkte er als Fotograf in Berlin. 1938 ging er mit der Mutter in die Schweiz, später nach England. Er diente in der britischen Armee und war 1945 Mitglied einer US-Propagandaeinheit in Luxemburg. 1946 kam er in die Sowjetzone, wo er sich u.a. als Mitarbeiter der DDR-Filmpropaganda in die Dienste der Machthaber stellte. 1955 nahm er sich in Ostberlin das Leben. Margot Amalie Löwenberg (genannt »Mowgli«), mit der er von 1940 bis 1945 verheiratet war, wirkte als Schauspielerin und starb Anfang der 70er Jahre in Ostberlin.

Der Regisseur **Anatole Litvak** kam 1902 in Kiew zur Welt und starb 1974 in Neuilly-sur-Seine. Er begann an den Leningrader Filmstudios und emigrierte 1925 nach Deutschland. Dort hatte er bei der Ufa Erfolg mit Streifen, in denen Lilian Harvey, Jan Kiepura und andere Größen der Leinwand mitwirkten. Ab 1932/33 drehte er Filme in Frankreich und England, ab 1937 - für die Warner Brothers - in Hollywood. Der 1939 aufgeführte Streifen »Confession of a Nazi Spy« war »der erste amerikanische Film, der sich explizit mit den Nazis auseinandersetzte« (»rororo Film-Lexikon«). Mit Frank Capra inszenierte er die Propagandaserie »Why We Fight«. Er trug im Krieg die Uniform eines Offiziers der US-Air Force. Auch als Hitler schon längst tot war, wurde er von Litvak auf Zelluloid weiter bekämpft. Zum Beispiel im Streifen »Decision Before Dawn« (1961) oder im Film »Die Nacht der Generale« (1967), nach dem Roman des zum Extrembewältiger verwandelten NS-Führungsoffiziers Kirst. Litvaks skrupellose Geschäftsmethoden waren branchenbekannt.

»Diese drei Söhne Israels werden sich vereinigen, um den tollen Nazidiktator zum Teufel zu schicken. Dann werden die Juden Halleluja singen.« So hieß es im »American Hebrew« am 3. Juni 1938. Mit den »drei Söhnen Israels« meinte das jüdische Blatt Léon Blum (Frankreich), Leslie Hore-Belisha (England) und **Maxim Litwinow** (Sowjetunion). Der hieß eigentlich Meier Henoch Wallach-Finkelstein und war 1876 in Bialystok als Sproß einer zu Reichtum gelangten jüdischen Familie aus dem Polnischen zur Welt gekommen. Ab 1899 betätigte er sich aktiv für die Sozialdemokraten. 1902 ging er über die Schweiz ins englische Exil, wo er den Waffenschmuggel für die

Umstürzler in Rußland organisierte. Als hoher Bolschewistenfunktionär kam er nach Lenins Machtergreifung nach Moskau. Von 1930 bis 1939 wirkte er als Außenminister. Auf dem Höhepunkt des Stalin-Terrors gelang ihm die diplomatische Anerkennung der Sowjetunion durch die US-Regierung Roosevelt (1933) und der Abschluß des sowjetisch-französischen Paktes von 1935. Als Gegner einer Vereinbarung mit den Deutschen trat er 1939/40 in den Hintergrund. 1941 bis 1946 war er stellvertretender Außenminister, 1941 bis 1943 gleichzeitig Botschafter in Washington mit Kontakten zu maßgeblichen jüdischen Kreisen Nordamerikas. Nach dem Krieg fiel er bei Stalin in Ungnade. Er starb eines (wahrscheinlich) natürlichen Todes 1951 in Moskau.

Harold Lloyd war ein weltbekannter jüdischer Spaßmacher der Leinwand. Er kam 1893 in Burchard/Nebraska zur Welt. 1913 debütierte er in Hollywood. 1914 gründete er mit dem Filmmogul Hal Roach die Produktionsfirma »Rolin«. Lloyd begann als Charlie-Chaplin-Imitation »Willi Work«. Später karikierte er den »typischen Durchschnittsamerikaner und dessen Tugenden wie Ehrlichkeit und Fleiß«, wie es in Film-Fachbüchern heißt. Das Filmlexikon von Liz-Anne Bawden notiert über den Mimen: »Lloyd war ein tüchtiger Geschäftsmann - wie Chaplin behielt er die Rechte an seinen Filmen - und besaß bei seinem Tod eines der größten Grundstücke in Hollywood. Er engagierte sich für die Republikanische Partei in Kalifornien und war Präsident der Shriners, eines Freimaurerordens.« Harold Lloyd starb 1971 in Hollywood.

Das Bankhaus Kuhn, Loeb & Co. entwickelte sich zu einem der einflußreichsten Unternehmen in der Geschichte Amerikas. In Politik und Wirtschaft der Neuen Welt geschah kaum etwas von Bedeutung, ohne daß der Wallstreet-Riese seine Finger im Spiel gehabt hätte. Um das judenfeindliche russische Kaisertum zu stürzen, finanzierte die Bank den Krieg der Japaner gegen die Russen 1905, die Revolution in Rußland im selben Jahr und verhalf auch den Bolschewisten zu großen Finanzmitteln. Mitgründer des Bankhauses war der 1828 in Worms geborene Weinhändlersohn **Salomon Loeb**. Er kam 1849 in die USA (wo aus Salomon »Solomon« wurde) und gründete in Cincinatti, das als Zentrale des Schweinehandels »Porkopolis« genannt wurde, mit seinem Vetter Abraham Kuhn eine Großschneiderei für Herrenhosen. 1862 siedelte das Unternehmen nach New York über. Man tat sich mit weiteren jüdischen Verwandten wie den Wolffs und Netters zusammen und verwandelte die Textilfirma in ein Investmentunternehmen an der Wallstreet. Loeb betrieb eine ausgebuffte Heiratspolitik. Er war Schwiegervater der jüdischen Großbankiers Jacob H. Schiff und Paul M. Warburg. Solomon Loeb starb 1903 in New York.

In der englischen Emigration entpuppte sich der Bankier und Politiker aus jüdischer Familie **Walter Loeb** (geboren 1895 in Mannheim, gestorben 1948 in London) als einer der radikalsten antideutschen Einpeitscher. 1940 aus Amsterdam, wo er sich seit 1933 aufgehalten hatte, in London angekommen, trat er in enge Beziehungen zu Lord Vansittart, einem extremen Deutschenfeind, der aufrief, die Deutschen rasch und gründlich zu »erledigen«, da sie »wie Würgevögel« seien, die ihre Opfer lebendigen Leibes aufspießen. Loeb wirkte führend in Vansittarts »Fight for Freedom«-Bewegung mit und gab mit Curt Geyer eine Hetzschrift gegen den jüdischen Verleger Gollancz heraus, der sich gegen antideutschen Haß ausgesprochen hatte (»Gollancz in German Wonderland«, 1942). Die SPD schloß Loeb daraufhin aus. Kaufmannssohn

Walter Loeb hatte im Ersten Weltkrieg in der Reichssackstelle, Berlin, begonnen, war dann in die Textilbranche eingestiegen und zählte schließlich zu den bedeutendsten Bankiers in Weimarer Zeit. Er war u.a. Präsident der Thüringischen Staatsbank (Weimar) und Gründer der Bank für Goldkredit AG, der ersten Aktiengesellschaft auf Goldbasis nach der Inflation. Für die SPD saß er in der Stadtverordnetenversammlung von Frankfurt am Main.

Der Schriftsteller **Fritz Loehner** mußte im furchtbaren KZ Auschwitz sterben (1942). Er war 1883 im böhmischen Wildenschwert zur Welt gekommen. Zunächst trat er als Satiriker in Erscheinung (»Getaufte und Baldgetaufte«, erschienen 1908; »Israeliten und andere Antisemiten«, veröffentlicht 1909). Dann machte er mit Lyrik-Bänden wie »Ecce ego« (1920) auf sich aufmerksam. Schließlich lieferte er Textbücher zu bekannten Operetten, zum Beispiel zu Franz Lehárs »Friederike« und »Land des Lächelns« und zu Paul Abrahams »Ball im Savoy«. Der Text der Schlager »Gern hab ich die Frau'n geküßt« und »Dein ist mein ganzes Herz« stammt von ihm. Loehner (der unter dem Pseudonym »Beda« schrieb) war konsequenter Gegner der Juden-Assimilation. 1938 kam er ins Lager Buchenwald, wo er das »Buchenwaldlied« schrieb, anschließend nach Auschwitz.

Der Philosoph und Publizist **Franz Loeser** (geboren 1924 in Breslau, gestorben 1990 in Bergheim-Kenten) war Sohn eines jüdischen Rechtsanwalts und kam als Kind nach England. Im Zweiten Weltkrieg kämpfte er in alliierter Uniform gegen Deutschland. 1945 zog er als US-Besatzer in Hiroschima ein. Als McCarthy in den USA gegen Kommunisten vorging, setzte sich Loeser in die DDR ab. Dort wurde er unter dem Patronat von Rabbinersohn Albert Norden Professor für »sozialistische Ethik«, Parteisekretär

und Funktionsträger verschiedener Organisationen; so gehörte er zum Beispiel dem Präsidium des sogenannten Friedensrates an. 1983 blieb er während einer Vortragsreise in den USA. Bald darauf veröffentlichte er »Die unglaubwürdige Gesellschaft«, seine »Abrechnung mit der SED«. Im Gegensatz zum damals in der Bundesrepublik herrschenden Separatismus setzte sich Loeser in dem Werk für die deutsche Einheit ein. An das deutsche Volk appellierte er, »endlich die Minderwertigkeitskomplexe zu überwinden«. Die bundesrepublikanische etablierte Presse verwarf seine Wiedervereinigungs-Vorstellungen als »völlig utopisch«.

Aus dem elsässischen Judentum gingen zahlreiche Personen hervor, die in Frankreich in höchste Ämter und Positionen gelangten. Zu ihnen gehörte **Louis Loew**. Er kam 1828 in Straßburg zur Welt, avancierte zum führenden Juristen Frankreichs und wurde 1894 Präsident des Pariser Kassationsgerichtshofes, der obersten Berufungsinstanz. Das »Lexikon des Judentums« schreibt über Loews Rolle in der Dreyfus-Affäre: »Zunächst von Alfred Dreyfus' Schuld überzeugt, danach mutiger Verteidiger seiner Unschuld.« Loew starb 1917 in Paris.

Als er seinen ersten Film (»Die vier apokalyptischen Reiter«) produzierte, war **Marcus Loew** (geboren 1870 in New York) noch ein »Nobody« in Hollywood. Doch als er mit »Ben Hur« einen der aufwendigsten Streifen der Filmgeschichte in Szene setzen ließ, war er zum Zelluloid-Zaren aufgestiegen. Loew begann 1899 mit dem systematischen Aufkauf von Filmtheatern. In Kooperation mit den ebenfalls jüdischen Geschäftsleuten Nicholas Schenck und Adolph Zukor entstand eine Theaterkette quer über die USA. 1920 kaufte Loew die Produktionsgesellschaft »Metro« und organisierte ihre Fusion mit den Firmen der jüdischen Hollywood-Mogule Goldwyn und Mayer. Damit war er der »Vater« von Metro-Goldwyn-Mayer (MGM), eines Branchenriesen in Hollywood. Loew starb 1927 in Glen Cove (New York).

Rudolf Löw, der sich in Palästina Rafael Lev nannte, kam 1891 in Wien zur Welt. Im Ersten Weltkrieg war er k.u.k. Hauptmann, dann schloß er sich der SDAP Österreichs an und wurde Offizier im Republikanischen Schutzbund. Er stieg in die oberste militärische Leitung des Schutzbundes auf und war Schatzmeister der Organisation. Außerdem wirkte er als verantwortlicher Redakteur des Schutzbund-Organs »Der Kämpfer«. Vor Ausbruch der Kämpfe von 1934 war Löw Hauptbevollmächtigter für Waffen- und Munitionseinkäufe der militanten Roten. 1935 wurde er im Schutzbundprozeß zu 12 Jahren schwerem Kerker verurteilt, doch schon acht Monate später amnestiert. Ab 1938 wirkte er als Ausbilder der zionistischen Untergrundarmee Haganah in Palästina. Die Briten verhafteten ihn und verurteilten ihn zu 10 Jahren Zuchthaus. Diesmal kam er nach etwas mehr als einem Jahr Haft durch Amnestie frei. Nun avancierte er zum Chef der Haganah-Ausbildungsabteilung. Nach der Staatsgründung Israels organisierte Löw-Lev das israelische Heeresarchiv im Auftrage Ben-Gurions. Er starb 1961 in Tel Aviv.

Mit »My Fair Lady« gelang dem Musical-Komponisten **Frederick Loewe** 1956 der große Wurf. Auch der zwei Jahre später entstandene Musicalfilm »Gigi«, zu dem er die Noten geschrieben hatte, war ein internationaler Erfolg. Loewe war 1904 in Wien zur Welt gekommen. Eigentlich hieß er Fritz Löwe. Er war der Sohn des österreichischen Sängers Edmund Löwe. Ausgebildet wurde Fritz Löwe u.a. von Reznicek. In der Reichshauptstadt hatte er 1919 als 15jähri-ger mit dem Gassenhauer »Kathrin, du hast die schönsten Beine von Berlin« Aufsehen erregt. 1924 kam er in die USA, wo er als Barpianist begann und auch Preisboxer gewesen sein soll. Loewe starb 1988 in Palm Springs/Kalifornien.

Hubertus Prinz zu Löwenstein, geboren 1906 auf Schloß Schönwörth nahe Kufstein, entstammte väterlicherseits einem alten mit den Wittelsbachern verwandten Geschlecht; seine Mutter Constance de Worms entsproß einer in England baronisierten jüdischen Familie. In Weimarer Zeit war Löwenstein journalistisch tätig und Jugendführer im Reichsbanner Schwarz-Rot-Gold. Er wirkte für die Zentrumspartei und fungierte als Chef des Republikanischen Studentenbundes in Berlin. In der amerikanischen Emigration lehrte er an US- und kanadischen Universitäten. Energisch wandte er sich gegen antideutschen Haß gewisser Emigrantenkreise und gegen Vernichtungspläne wie dem des Henry Morgenthau jr. 1946 kam er nach Deutschland zurück. Hier gründete er die »Deutsche Aktion«, deren Ziel »die Erneuerung des Reichsgedankens« war. 1950/51 kämpfte er für die Rückkehr des englisch besetzten Helgoland nach Deutschland. Mit einer Gruppe wagemutiger Studenten besetzte er das als Bombentestgebiet mißbrauchte Eiland. Danach stritt er aktiv für die Wiedervereinigung mit dem Saarland. Er vertrat die damals noch schwarzweißrot drapierte nationalliberale FDP im Bundestag und war zeitweise Mitglied der rechten Deutschen Partei (DP). Er starb 1984 in Bonn.

Gründer der marxistischen »Kinderfreundebewegung«, aus der »Die Falken« hervorgingen, war **Kurt Löwenstein** (geboren 1885 in Bleckede an der Elbe, gestorben 1939 in Paris). Der Händlersohn besuchte zunächst das Orthodoxe Rabbinerseminar in Berlin, brach jedoch die Ausbildung zum jüdischen Geistlichen ab. 1918 war er Soldatensowjet und USPD-Aktivist. 1922 ging er zur SPD, die er von 1920 bis 1933 im Deutschen Reichstag vertrat. Er gehörte dem »Reichsausschuß für sozialistische Bildungsarbeit« an und saß im Vorstand des Sozialistischen Kulturbundes«. 1933 ging er nach Prag, 1934 nach Paris. Dort organisierte er die »Sozialistische Erziehungs-Internationale« (SEI). Er veranstaltete sogenannte »Kinderrepubliken« in Frankreich, England und Belgien. Außerdem war er im Exil ständiger Mitarbeiter der »Jüdischen Welt-Rundschau«.

Gründer und langjähriger Vorsitzender des Reichsbundes jüdischer Frontsoldaten war der 1879 in Aachen geborene **Leo Löwenstein**. Als Wissenschaftler erwarb er 25 Reichspatente. Die Entdeckung des Schallmeßverfahrens durch ihn brachte der deutschen Artillerie im Ersten Weltkrieg unschätzbare Vorteile. Als Abteilungsleiter im preußischen Kriegsministerium nach 1918 leistete er auf dem Gebiet gelenkter Raketen Pionierarbeit. Der 1919 von ihm gegründete und fortan geleitete »Deutsch-Vaterländische Bund jüdischer Frontsoldaten« war bis zur Auflösung 1939 eine patriotische Vertretung jüdischer Frontsoldaten mit bis zu 40 000 Mitgliedern. 1932 gab Löwenstein ein Buch mit den Namen der 12 000 gefallenen deutschen Juden heraus, das den böswilligen Unfug widerlegte, »die Juden« hätten sich feige gedrückt. Vergebens versuchte Löwenstein, antisemitischen und antideutschen Haß zu mäßigen. Weder konnte sein Appell an Hitler (»Wir haben den heißen Wunsch, unsere ganze Kraft für den nationalen Aufbau Deutschlands einzusetzen«) grundsätzlich etwas an der Judenfeindschaft des NS-Führers ändern, noch brachten Löwensteins Appelle zur Mäßigung antideutsche jüdische Haßprediger im Ausland zur Vernunft. 1943 mußte der Patriot mit seiner

Frau ins Ghettolager Theresienstadt. In der Nachkriegszeit wohnte er wieder in Berlin. Dann ging er zu seiner in Schweden lebenden Tochter. Er wollte in seine Geburtsstadt Aachen zurückkehren, doch starb er 1956 bei einem Besuch in Israel.

1891 kam in Burgdorf/Niedersachsen **Paul Loewenstein**, einer der wichtigsten Juristen der jungen Bundesrepublik Deutschland, zur Welt. Von 1925 bis 1933 amtierte er als Landgerichtsrat in Bochum und Hamm. Nach der NS-Machtübernahme wanderte er nach Palästina aus. Von 1940 bis 1948 war er dort in der britischen Mandatsverwaltung tätig. Nach Deutschland zurückgekehrt, avancierte er 1950 zum Landgerichtsdirektor und 1957 zum Senatspräsidenten in Düsseldorf. Er saß zudem im Vorstand der Synagogengemeinde Düsseldorf und der »Freunde der Hebräischen Universität«. Er starb 1966 in der NRW-Landeshauptstadt.

Fritz Löwenthal, geboren 1888 in München, schloß sich 1927 der stalinistischen KPD an. 1930 wurde er kommunistischer Reichstagsabgeordneter. Nach der NS-Machtübernahme emigrierte er über Paris und Amsterdam ins Reich Stalins. Nach Kriegsende tauchte er in der Sowjetischen Besatzungszone Deutschlands auf und leitete als SED-Genosse die Aufsichtsabteilung der Zentralen Justizverwaltung. 1947 kam er in den Westen und trat der SPD bei. Als einer der ersten wies er auf das Gulag-Schicksal vieler (oft jüdischer) KPD-Genossen hin (»Ihr Schicksal in der Sowjetunion. Deutsche Kommunisten als Opfer des NKWD«). 1948/49 saß Löwenthal für die Sozialdemokraten im Parlamentarischen Rat. Dann überwarf er sich mit SPD-Führer Schumacher. Bis zu seinem Tode (1956 in Westberlin) war er dann nur noch publizistisch tätig.

Nur wenige Fernsehjournalisten tanzten in den 70er Jahren aus der »linksprogressiven« Reihe. Zu ihnen zählte **Gerhard Löwenthal**, Moderator des »ZDF-Magazins« von 1969 bis 1987. Er bekämpfte die von ihm als Verrat an den Deutschen jenseits von Elbe und Werra empfundene »neue Ostpolitik« Brandts und wies unbeirrt auf die Gefahren kommunistischer Aggressivität hin. Trotz seiner Herkunft wurde er deshalb als »Rechtsradikaler« und »Faschist« bezeichnet. Löwenthal war 1922 in Berlin als Sohn eines jüdischen Fabrikanten und einer zum jüdischen Glauben konvertierten evangelischen Christin geboren worden. Sein Vater war deutschnational und mit dem EK I ausgezeichneter Frontkämpfer des Ersten Weltkrieges. Nach Kriegsausbruch 1939 war Löwenthal mit seinem Vater zeitweise in Lagerhaft; auf Fürsprache eines einflußreichen Freundes, dessen Identität Löwenthal nicht lüftet, kamen die beiden frei. Er arbeitete ab 1942 in einer Berliner jüdischen Werkstatt für Brillen und optische Geräte. 1945 begann er als Journalist beim Rias, 1951 wurde er stellvertretender Rias-Programmdirektor. 1948 hatte er zu den Mitgründern der FU Berlin gehört. Ab 1963 war Löwenthal beim ZDF. 1995 wandte er sich dagegen, rechte und nationaldenkende Deutsche mit der »Auschwitzkeule« niederzuprügeln. Wer sich »offen und uneingeschränkt zu einem gesunden Nationalbewußtsein« und »Stolz auf sein Vaterland« bekenne, dürfe »nicht verteufelt und mit der Auschwitz-Keule erschlagen werden«. Er selbst, so betonte Löwenthal, bekenne sich als deutscher Patriot. Der verstorbene langjährige Bundesminister Ernst Lemmer war sein Schwiegervater.

Zunächst war **Richard Löwenthal** (geboren 1908 in Berlin, gestorben 1991 dortselbst) ein großes Vorbild der 68er APO. Als er jedoch merkte, in welches totalitäre Fahrwasser die Bewegung geriet, grenzte er sich schroff von ihr ab. 1970 gründete er den »Bund Freiheit der Wissenschaft«, der von

links als »semifaschistisch« beschimpft wurde. Löwenthal hatte in Weimarer Zeit der KP-Studentenbewegung angehört, wurde 1929 jedoch aus der KPD ausgeschlossen. 1935 gelangte er über die Tschechei nach England. Dort wirkte er als Redakteur der »Reports from Inside Germany« und ab 1940 als Mitarbeiter des »Senders der Europäischen Revolution«, der zum Umsturz in Deutschland aufrief. Ab 1942 war Löwenthal für die Nachrichtenagentur »Reuter« tätig. 1945 schloß er sich der SPD an, 1947 wurde er britischer Staatsbürger. Von 1961 bis 1974 lehrte er als Professor am Otto-Suhr-Institut, Berlin; außerdem las er als Gastprofessor an der Universität Tel Aviv.

Der Pharmakologe **Otto Loewi**, Nobelpreisträger des Jahres 1936, kam 1873 in Frankfurt am Main als Sohn eines jüdischen Weinhändlers zur Welt. Ab 1909 lehrte er als Professor für Physiologie und Pharmakologie in Graz. 1921 wies er die chemische Übertragung der Nervenimpulse auf die Organe nach. 1938 wanderte er in die Vereinigten Staaten von Amerika aus. Er lehrte u.a. an der New Yorker Universität. 1961 starb er in New York. Er nahm auch starken Anteil am jüdischen Leben. Unter anderem gehörte er der B'nai B'rith-Loge an.

Die Absage an die christliche Heilsgewißheit stand im Zentrum der Arbeit des Philosophen **Karl Löwith** (geboren 1897 in München, gestorben 1973 in Heidelberg). Er war mütterlicherseits jüdischer Herkunft und wurde protestantisch getauft. Er studierte bei Husserl und Heidegger. 1934 emigrierte er aus Deutschland ins faschistische Italien, wo er bis 1936 an der Universität Rom tätig war. Von 1936 bis 1941 wirkte er als Professor an der Kaiserlich-Japanischen Reichsuniversität Sendai. Aus Protest gegen Japans Bündnis mit Deutschland ging er 1941 in die USA, wo er eine Professur in

Harvard erhielt und ab 1949 an der New School for Social Research wirkte. Von 1952 bis 1964 war er Professor an der Universität Heidelberg.

»Häßlichkeit verkauft sich schlecht«. Diesen Titel eines Buches aus seiner Feder, das 1951 erschien, gab **Raymond Loewy** als seine Parole aus. Er gilt als »Wegbereiter des modernen Industriedesigns«. 1893 in Paris zur Welt gekommen, emigrierte er schon 1919 in die USA. Dort begann er als Schaufensterdekorateur. Im Laufe der Jahrzehnte etablierte er sich als führender Gestalter für Industrieprodukte. In seiner Werkstatt entstanden unter anderem die Symbole von »Shell«, von Rosenthal-Porzellan und der Zigarettenmarke »Lucky Strike«. Loewy starb 1986 in Monaco.

Als »Begründer der Kriminalanthropologie« wird der Mediziner **Cesare Lombroso** angesehen, der 1836 als Sproß einer jüdischen Familie in Verona geboren wurde. 1862 wurde er Direktor einer Nervenheilanstalt. Ab 1867 war er Psychiatrie-Professor in Pavia, ab 1876 in Turin. Seine Kernthese lautete, die Anlage zum Verbrechen sei angeboren und vererbbar (»geborener Verbrecher«); Kriminelle seien wie Kranke zu behandeln. Er schrieb u.a. »Der Verbrecher in anthropologischer, ärztlicher und juristischer Beziehung« (1876), »Genie und Irrsinn« (1864) und »Der weiße und der farbige Mensch« (1871). Lombroso starb 1909 in Turin. In »Der politische Verbrecher und die Revolutionen« (1891) hatte er geschrieben, der »Haß der Europäer auf ihre jüdischen Landsleute« erkläre sich »aus der Rassenfremdheit«.

Eigentlich hieß der Schauspieler **Peter Lorre** Laszlo Löwenstein. Er kam 1904 im slowakischen Rosenberg zur Welt. Über Wien und Breslau ging er 1929 nach Berlin, wo er von Brecht gefördert wurde. In Fritz Langs »M - Eine Stadt sucht einen Mörder«

überzeugte er als perverser Kindermörder, so daß er lange Zeit als Idealbesetzung für zwielichtige Schurken galt. Nach 1933 ging er über Frankreich und England nach Amerika. In Hollywood mimte er u.a. den japanischen Detektiv »Mr. Moto«. 1942 wirkte er als Ganove »Ugarte« in Curtiz' »Casablanca« mit. Als Produzent in den USA gescheitert, kam er nach Deutschland, wo er mit einem Film »zur Bewältigung der Nazizeit« (Titel: »Der Verlorene«) ins Nachkriegsgeschäft einsteigen wollte. Der Besuch in den Kinos war so katastrophal, daß Lorre enttäuscht abermals nach Amerika emigrierte, wo er noch in einigen Streifen wie »Der grauenvolle Mister X« oder »Ruhe sanft GmbH« eingesetzt wurde und 1964 in Hollywood verschied.

Salomon Abramowitsch Losowski, stellvertretender Außenminister der Sowjetunion ab 1939, organisierte im Zweiten Weltkrieg im Auftrage Stalins das »Jüdische Antifaschistische Komitee«. Es sollte nicht nur die Juden des sowjetischen Machtbereichs, sondern sie weltweit für die Unterstützung Stalins im Kampf gegen die Deutschen gewinnen. Besonders in Amerika wurde die Werbetrommel gerührt. Der jüdische Historiker Arno Lustiger über das Ende vom Lied: »Im Winter 1948/49 wurde die gesamte Führung des Komitees verhaftet; einschließlich des Altbolschewiken und treuen Stalindieners Losowski. Die vom Obersten Gericht gefällten Urteile (25 Jahre Gulag) wurden von Stalin in Todesstrafen umgewandelt und Losowski mit seinen Schicksalsgefährten am 12. August 1952 liquidiert«. Er war 1878 unter dem Namen Drisdo zur Welt gekommen und als sozialistischer Agitator nach der Revolution von 1905 verbannt worden. 1917 zurückgekehrt, hatte er in hohen Funktionen als Bolschewistenführer gedient.

Der Schriftsteller und Theaterdirektor **Ernst Lothar** kam 1890 in Brünn unter dem

Harold LLOYD

Walter LOEB

Frederick LOEWE

Leo LÖWENSTEIN

Gerhard LÖWENTHAL

Raymond LOEWY

Peter LORRE

Otto LUBARSCH

Ernst LUBITSCH

Namen Lothar Müller zur Welt. Ab 1925 wirkte er als Kritiker der »Neuen Freien Presse« in Wien. Er arbeitete eng mit Max Reinhardt zusammen. Von 1935 bis 1938 war er unter Reinhardt Direktor des Theaters in der Josefstadt Wien. 1938 ging er nach Frankreich, 1939 in die USA, wo er in der Kriegspropaganda mitwirkte. 1948 kehrte er nach Österreich zurück. Er fungierte als Direktor der Salzburger Festspiele und des Wiener Burgtheaters. Lothar, Freimaurer von hohen Graden, schrieb »Der Engel mit der Posaune« und »Das Wunder des Überlebens«. In zweiter Ehe war er mit der Schauspielerin Adrienne Gessner verheiratet. Er starb 1974 in Wien.

Im Alter von (vermutlich) 64 Jahren starb 1992 der mysteriöse Journalist und Nachrichtendienstler Vitaly Levin, der sich **Victor Louis** nannte. Mit KGB-Protektion stieg er zum maßgeblichen Sowjet-Journalisten auf, der über ungewöhnlich gute Beziehungen zu westlichen Kreisen verfügte. Über ihn gelangten Nachrichten aus Moskau in den Westen, welche die Sowjetführung offiziell nicht bekanntgeben mochte. Im New Yorker jüdischen Blatt »Aufbau« hieß es: »Er sondiert, wenn Moskau nicht bereit ist, Berufsdiplomaten einzusetzen.« Er schaffte es auch, in westlichen Medien Einfluß zu gewinnen. Seine Artikel erschienen in zahlreichen westlichen Zeitungen; er war Korrespondent des »Sunday Express«. Levin-Louis, der zur Stalinzeit einige Jahre im Gulag eingesperrt gewesen sein soll, bewohnte eine große Datscha in Moskau-Peredelkino und hatte ein Zweithaus in einem Londoner Nobelviertel.

Seit 1980 ist **Bernard Lown** Präsident der »Internationalen Ärztevereinigung zur Verhütung eines Atomkrieges« (»International Physicians for Prevention of Nuclear War«). Er kam 1921 im litauischen Utena als Sproß einer jüdischen Familie zur Welt, die

1935 in die Vereinigten Staaten von Amerika auswanderte. Lown studierte Medizin und wurde zum Kardiologen ausgebildet. Er lehrt seit 1974 an der Harvard School of Public Health, wo er das kardiologische Forschungslabor leitet.

Professor Dr. **Otto Lubarsch**, 1860 in Berlin geborener Sproß einer jüdischen Bankiersfamilie und bedeutender Anatom, war so deutschnational, daß er - bezogen auf das heutige politische Spektrum - rechts der »Rechtsradikalen« stünde. Er war aktiv in der Deutschen Kolonialgesellschaft, dem Flotten- und dem Ostmarkenverein, zählte zu den Mitbegründern des Alldeutschen Verbandes und sprach ein maßgebliches Wort in der Deutschnationalen Volkspartei (DNVP). Er half, die sogenannte Harzburger Front einzufädeln (das Bündnis der Deutschnationalen mit der Hitlerbewegung) und hat, so schreibt Professor Rudolf Nissen in seinen Erinnerungen, 1933 den »Tag von Potsdam« (Hitler und Hindenburg in der Garnisonkirche) »noch mit Genugtuung erlebt«, bevor er kurz darauf in Berlin starb. Lubarsch, »von betont antijüdischer Haltung« (»Lexikon des Judentums«) war unbestrittenermaßen einer der genialsten Anatomen und wird von Fachleuten in einem Atemzug mit Virchow genannt. Auch international war der Mediziner hoch geachtet. Er hatte Margarete Freiin von Hanstein geehelicht; sein Sohn Heinz-Adalbert war als 21jähriger Frontsoldat 1917 für Deutschland gefallen.

1976 starb **Zivia Lubetkin** in dem von ihr und ihrem Mann gegründeten »Kibbuz der Ghettokämpfer« in Israel. Sie war Jahrgang 1914 und stammte aus dem östlichen Polen. Unter deutscher Besatzung gehörte sie zu den Gründern des »Antifaschistischen Blocks«, wirkte als Mitglied des Jüdischen Nationalkomitees und war als Kommandomitglied der jüdischen Kampforganisation »ZOB« im Warschauer Ghetto eine Zentralfigur der Partisanenbewegung. Vor dem Kriege war sie Aktivistin und Führerin der linkszionistischen Jugendorganisation »Dror« gewesen. Im August 1944 beteiligte sie sich am polnischen Aufstand in Warschau. Nach dem Krieg organisierte sie die illegale Einwanderung von Juden aus Polen nach Palästina, wo sie sich 1946 niederließ.

Zum Beraterstab des amerikanischen Kriegspräsidenten Franklin Delano Roosevelt und zu den Hauptvertretern der Wirtschaftspolitik des »New Deal« gehörte der Nationalökonom aus jüdischer Familie, **Isador Lubin** (geboren 1896 in Worcester/Massachusetts). Er lehrte an der Michigan-, dann an der Rutgers- und der Vanderbilt-Universität sowie an der »Brookings-Institution« in Washington. Ab 1959 fungierte er als Direktor der »Palestine Economic Corporation«.

Unter »Lubitsch-Touch« verstehen Cineasten eine frivole Anspielung im Film. Benannt ist dieser »Touch« nach dem Regisseur **Ernst Lubitsch**. Er kam 1892 in Berlin auf die Welt und debütierte 1911 als Schauspieler bei Max Reinhardt. Ab 1914 führte er Regie im Film. Er zeigte in seinen ersten Streifen Komödien um einen kleinen jüdischen Krämer namens Meyer, den er selbst darstellte. Mit »Die Augen der Mumie Ma« hatte Lubitsch einen ersten größeren Erfolg; »Madame Dubarry« mit Pola Negri brachte den Durchbruch. Ab 1922 wirkte er in Hollywood. »Ninotschka« (1939) ist der bekannteste von ihm inszenierte Film. In »Sein oder Nichtsein« (1942) trug er seinen Teil zur antideutschen Kriegspropaganda bei. Lubitsch, dem man einen »Ehren-Oscar« verliehen hatte und nach dem ein Preis für Filmkomödien benannt ist, starb 1947 in Hollywood.

Vater des Literaten **Emil Ludwig** (geboren 1881 in Breslau, gestorben 1948 in Moscia bei Ancona in der Schweiz) war ein Augenarzt namens Hermann Cohn, der sich 1883 den Nachnamen Ludwig zulegte. Nach eigenen Angaben ließ sich Emil Ludwig 1902 taufen, gab jedoch 1922 das Christentum öffentlich auf, um gegen den »flagranten Antisemitismus in Deutschland« zu protestieren und »nicht als Überläufer zu gelten«. Ab 1906 hielt er sich im Tessin auf; 1932 wurde er Schweizer Staatsbüger. Ab 1914 schrieb er für führende Zeitungen in Deutschland (»Berliner Tageblatt«, »Vossische« usw.). Auch der »Weltbühne« lieh er seine Feder. Er war glühender Zionist, konnte aber ähnlich starke nationale Empfindungen unter Deutschen nicht ertragen. In »Juli 1914« unternahm er eine »Neuinterpretation der Kriegsschuldfrage«, die das nationale Deutschland ebenso empörte wie seine schmähende Hindenburg-Biographie von 1934. In »Der Mord in Davos« rechtfertigte er den Gustloff-Mörder Frankfurter. Von 1940 bis 1945 lebte Ludwig in den USA, wo er seinen Deutschenhaß zum Exzeß trieb. Er forderte: »Dieses zweitklassige Volk muß gedemütigt werden.« 1945 kehrte er in die Schweiz zurück.

1885 wurde einem jüdischen Bankier, der eigentlich Josef Löwinger hieß, sich dann aber von Lukacz nennen konnte, der Knabe György geboren. Dieser wurde als **Georg Lukacs** zu einem der einflußreichsten marxistischen Ideologen. György-Georg Lukacs verließ 1911 die jüdische Religionsgemeinschaft und orientierte sich nun an Karl Marx und Moses Hess. 1919 wirkte er als stellvertretender Volkskommissar für Erziehung in der ungarischen Sowjetrepublik unter Bela Kuns Führung; außerdem war er Kommissar der 5. Roten Division. Nach Niederwerfung der Räterepublik flüchtete er nach Wien und Berlin, wo er maßgeblicher KP-Publizist war. Von 1929 bis 1944 hielt er sich in Moskau auf. Zahlreiche Hymnen auf Stalin aus seiner Feder sind überliefert. Von 1945 bis 1958 lehrte er als Professor an der Universität Budapest. 1956 war er Minister für Volksbildung in der Regierung Nagy, die durch den Einmarsch der Sowjets beseitigt wurde. Lukacs wurde für einige Zeit nach Rumänien deportiert. Ihm gelang es, den Kopf aus der Schlinge zu ziehen und sich mit den Machthabern in Budapest auszusöhnen. Er starb 1971 in der ungarischen Hauptstadt.

1969 erhielt der jüdische Bakteriologe **Salvador Luria** zusammen mit M. Delbrück und A. Hershey den Nobelpreis für Medizin. Damit wurden seine Erkenntnisse über den Vermehrungsmechanismus der Viren und deren genetische Struktur geehrt. Luria kam 1912 in Turin zur Welt. 1940 emigrierte er nach Amerika, 1947 wurde er US-Staatsbürger. Ab 1959 lehrte er am Massachusetts Institute of Technology in Boston.

Ranan Raymond Lurie stand sogar schon im »Guiness-Buch der Rekorde«: als meistgedruckter Zeitungskarikaturist der Welt. Er kam 1932 im ägyptischen Port Said als Sohn jüdischer Eltern zur Welt. Als Major der Fallschirmjäger nahm er seinen Abschied von den israelischen Streitkräften. Er kam 1968 in die USA, deren Staatsbürgerschaft er 1974 erwarb. Er arbeitete bzw. arbeitet für zahlreiche maßgebliche Presseorgane rund um die Erde, zum Beispiel für »US-News & World Report«, »The Times«, »Newsweek«, »New York Times«, »Die Welt«, »Life Magazine«, für führende Blätter sogar Japans und natürlich Israels.

Die jüdische Familie Lustiger stammt aus Bendzien in Polen. Ihr berühmtester Sproß ist Jean-Marie (ursprünglich Aron) Lustiger, Kardinal in Paris. Dessen Vetter, der Publizist und Verbandsfunktionär **Arno Lustiger**, Jahrgang 1924, steht seit Jahren an der Spitze der Zionistischen Organisation in Deutschland (ZOD) und gehört dem Vorstand der von ihm nach Kriegsende mitbegründeten jüdischen Gemeinde in Frankfurt

am Main an. Der Überlebende der Konzentrationslager Auschwitz und Buchenwald hat zwei Bücher verfaßt, die den bewaffneten Kampf von Juden gegen Hitler schildern, wobei auch Partisanen als »heldenhaft« erscheinen: »Schalom Libertad« (1989) über Juden im Spanischen Bürgerkrieg und »Zum Kampf auf Leben und Tod!« (1994) mit dem Untertitel »Vom Widerstand der Juden 1933-1945«. 1994 brachte er das einst von den sowjetjüdischen Propagandisten Ilja Ehrenburg und Wassili Grossman erstellte »Schwarzbuch über die Massenvernichtungen der Juden in der Sowjetunion« neu heraus. Enthalten sind maßlose Übertreibungen tatsächlichen Unrechts und haarsträubende antideutsche Erfindungen.

»Ich bin als Jude geboren und werde als Jude sterben. Als ich Christ wurde, habe ich nicht aufgehört, das zu sein, wozu meine Eltern mich gemacht haben.« Dieses Bekenntnis stammt vom Erzbischof von Paris, Kardinal **Jean Marie Lustiger**. Er kam 1926 in Paris als Sohn jüdischer Einwanderer aus dem Polnischen zur Welt und heißt eigentlich Aron mit Vornamen. Sein Vater war Strickwarenhändler, sein Großvater Rabbiner. Zur Hitlerzeit studierte er in Heidelberg. 1941, in der Zeit der deutschen Besatzung Frankreichs, ließ er sich katholisch taufen und nahm den Vornamen Jean Marie an. Seine Mutter mußte in Auschwitz sterben. Sein Vetter Arno Lustiger wirkt als Publizist und Zeitgeschichtler sowie Vorsitzender der Zionisten in Deutschland. Als Erzbischof steht Jean Marie Lustiger seit 1981 rund 100 Gemeinden, 800 Priestern, 1100 Ordensleuten und sechs Millionen Gläubigen vor. Als er 1995 Israel besuchte, gab es heftige Proteste strenggläubiger Juden unter Führung des Oberrabbiners Lau gegen den Konvertiten.

Am 15. Januar 1919 spürten Soldaten der von Friedrich Ebert (SPD) gegen die kommunistischen Umstürzler in Berlin zu Hilfe gerufenen Truppen die roten Anführer **Rosa Luxemburg**, Karl Liebknecht und Wilhelm Pieck in deren Versteck auf. Nur Pieck wurde nicht erschossen; er avancierte später zum brutalen stalinistischen Diktator der DDR. Was im Zuge einer Luxemburg-Verherrlichung vergessen wird: Ihr Umsturzversuch Anfang 1919 in Berlin richtete sich keineswegs gegen irgendwelche »Rechten« oder »Faschisten«, sondern gegen die Regierung der demokratischen Sozialisten Ebert und Scheidemann. Sie sollte so beseitigt werden, wie Lenin die Kerenski-Regierung beseitigt hatte. Rosa Luxemburg, eine der radikalsten marxistischen Agitatoren, hatte aufgefordert, die Gegner »wie Thor mit dem Hammer zu zerschmettern«. Sie gab die Parole aus: »Dem Feind den Daumen aufs Auge und die Knie auf die Brust!« Vor allem predigte sie 1918/19 den erbarmungslosen Kampf gegen die Sozialdemokratie, von der sie sich gelöst und aus deren radikalsten Elementen sie die KPD geformt hatte. Rosa Luxemburg war nach amtlichen Angaben 1870, nach ihrer eigenen Behauptung 1871 in Zamosc im damaligen Russisch-Polen geboren worden. Sie entstammte einer zu Reichtum gelangten jüdischen Händlerfamilie. Der ebenfalls jüdische Jogiches führte sie nicht nur in den Marxismus ein, sondern wurde auch ihr intimer Freund. Ab 1898 wirkte sie in Deutschland; die deutsche Staatsbürgerschaft erschwindelte sie sich mit einer Scheinehe. 1905/1906 war sie als Umstürzlerin in Warschau erfolglos aktiv. Dann lehrte sie Marxismus an der SPD-Parteischule in Berlin. Wie es jedem in allen Ländern der Welt ergeht, der in Kriegszeiten zu Sabotage aufruft und eine zusätzliche Front in der Heimat eröffnen will, wurde auch sie nach Ausbruch des Ersten Weltkrieges in Haft genommen. 1917 gründete sie mit Liebknecht den Spartakusbund als Sammelbecken der Extremisten in der linksradikalen SPD-Abspaltung USPD. Daraus entstand unter ihrer Leitung Ende 1918 die KPD. Als sie nach der Macht in Deutschland greifen wollte, widerfuhr ihr das Schicksal, das vielhunderttausendfach den Gegnern des Kommunismus geblüht hätte, hätte die KPD 1919 ihr Ziel, die »Diktatur des Proletariats«, erreicht.

Einer der mächtigsten Politiker Italiens Ende des 19., Anfang des 20. Jahrhunderts stammte aus jüdischer Familie. Es war **Luigi Luzatti**. Er kam 1841 in Venedig zur Welt und starb 1927 in Rom. Ab 1863 wirkte er als Dozent für Nationalökonomie in Mailand und Padua, 1895 wurde er Professor in Rom. Seit 1870 gehörte er dem italienischen Parlament als Abgeordneter an. Zwischen 1891 und 1911 saß er in der Regierung, abwechselnd als Schatz-, Landwirtschafts- und Finanzminister, schließlich auch als Ministerpräsident.

Der 1902 in Ainay le Château geborene Biologe **André Lwoff** wurde 1965 zusammen mit F. Jacob und J. Monod mit dem Nobelpreis für Medizin/Physiologie für seine Forschungen auf dem Gebiet der Anpassung ausgezeichnet. Er lehrte bis zum Einmarsch der deutschen Wehrmacht 1940 am Pariser Institute Pasteur und soll dann als Untergrundkämpfer der Résistance aktiv gewesen sein. 1959 wurde er Professor an der Sorbonne, 1968 Leiter des Krebsforschungsinstitutes in Villejuif.

Der Dirigent **Lorin Maazel** kam 1930 in Neuilly-sur-Seine bei Paris als Sproß einer aus Rußland zugewanderten jüdischen Familie zur Welt. Unter dem Patronat Toscaninis begann er als »Wunderkind« seine Karriere in Amerika. 1960 stand er erstmals in Bayreuth am Pult. Er dirigierte den »Lohengrin«. 1965 bis 1971 wirkte er als Generalmusikdirektor der Deutschen Oper Berlin; von 1965 bis 1975 oblag ihm die Stabführung beim dortigen Radio-Sinfonie-Orchester. In den 70er Jahren war er Chef des Cleveland Orchestra und des Orchestre National de France. Von 1982 bis 1984 wirkte er als Direktor der Wiener Staatsoper. 1988 übernahm er die Pittsburgher Sinfoniker. Nach der Maueröffnung führte er auf dem Potsdamer Platz in Berlin Mahlers »Auferstehungssymphonie« auf. Bei dieser Gelegenheit sagte er: »Den Fall der Mauer haben wir mit einem Glas Champagner gefeiert. Die Berliner können sich gar nicht vorstellen, wie sehr die Ausländer sich freuen. Wir erleben die Wiedergeburt eines Zentrums.« Verheiratet ist er mit der Schauspielerin Dietlinde Turban, die mit dem halbjüdischen deutschen Literaturnobelpreisträger Paul von Heyse verwandt ist.

Eine zentrale Rolle im amerikanischen Judentum spielte über viele Jahre **Julian William Mack**. Der Jurist und Politiker kam 1866 in San Franzisko zur Welt und starb 1943 in New York. Er studierte in Leipzig und Berlin. Ab 1903 amtierte er als Richter in Chikago; später wurde er Professor an der Northwestern-University und an der Chikagoer Universität. Ab 1918 wirkte er als erster Präsident des American Jewish Congress, und im selben Jahre wurde er Chef der Zionistischen Organisation der USA. Er führte die jüdische Delegation bei den Friedensverhandlungen in Versailles. 1936 wurde er Ehrenpräsident des Jüdischen Weltkongresses.

Kurt Maetzig kam 1911 in Berlin als Sohn des nachmaligen Chefs der »Feka-Film GmbH«, Robert Maetzig, zur Welt. Trotz jüdischer Herkunft promovierte er 1935 an der Technischen Hochschule München. Dann betrieb er mit seiner Frau ein Forschungslaboratorium. Bis 1945 wirkte er als Mitarbeiter der »Filmentwicklungs- und Kopieranstalt« (Feka) seines Vaters. Nach Kriegsende schloß sich Kurt Maetzig der SED an und wurde Mitbegründer der DDR-Filmgesellschaft Defa. Er schuf die Wochenschau »Der Augenzeuge«. Als Regisseur setzte er u.a. die Streifen »Immer bereit«, »Ernst Thälmann - Führer seiner Klasse« und »Septemberliebe« (zur Anklage von Westflüchtlingen) in Szene. Von 1955 bis 1964 war er Rektor der Hochschule für Filmkunst in Potsdam-Babelsberg, ab 1973 Präsident der Zentralen Arbeitsgemeinschaft für Filmklubs beim Kulturministerium. Er erhielt den »Vaterländischen Verdienstorden« in Gold und viermal den DDR-»Nationalpreis«.

Bei **Gustav Mahler** gehen die jüdischen Meinungen weit auseinander. Das »Lexikon des Judentums« schreibt: »Nach Herkunft, Temperament und seelischer Verfassung wurzelte er tief im Judentum.« Im »Neuen Lexikon des Judentums« aber heißt es: »Von ›Jüdischkeit‹ kann in seiner Musik keine Rede sein.« Mahler, 1860 im mährischen Kalischt als Sohn eines Kleinwarenhändlers geboren, trat 1897 zum Katholizismus über, weil er sonst schlechtere Aussichten gehabt hätte, den Kapellmeisterposten an der Wiener Hofoper zu erringen, auf den er nach entsprechenden Funktionen in Prag, Budapest und Hamburg (mit Erfolg) spekulierte. Später avancierte das Genie zum Direktor der Hofoper und zum Leiter der Wiener Philharmoniker. Mahler starb 1911 in Wien. Der ebenfalls jüdische Komponist Ernst Krenek war sein Schwiegersohn. Als Dirigent begeisterte Mahler viele Zeitgenossen, als Komponist aber wurde er wenig beachtet. Erst in den 50er Jahren wurde eine »Mahler-Welle« in Gang gesetzt, woran u.a. Leonard Bernstein maßgeblich beteiligt war. Nun wurde Mahler als »Vollender der sinfonischen Tradition des 19. Jahrhunderts« gefeiert.

Die Meinungen über den US-amerikanischen Schriftsteller jüdischer Abkunft (die Familie stammt aus Deutschland), **Norman Mailer**, geboren 1923 in Long Beach/US-Bundesstaat New Jersey, gehen weit auseinander: Dem Lexikon »Prominente ohne Maske international« fallen vor allem seine »legendären Alkoholexzesse« ein, während Sinclair Lewis in ihm den »größten Schriftsteller, den seine Generation hervorbrachte« erblickte; ein Mailer-Biograph nannte ihn »das Energiezentrum unserer Zeit«, während er von der US-amerikanischen Emanzenbewegung wegen »Sexismus« zum »Schwein des Jahres« gekürt wurde. »Die Nackten und die Toten« (1948) und »Gefangen im Sexus« (1971) sind die bekanntesten Werke des zweifachen Pulitzer-Preisträgers, der zeitweise dem US-Pen-Club präsidierte und 1969 mit seiner Kandidatur zum Oberbürgermeister von New York scheiterte.

In ihrem Buch »Das Geheimlabor des KGB« (aus dem Russischen übersetzt 1993 in Berlin erschienen) schlagen der russische Oberst und Mitarbeiter der Militärstaatsanwaltschaft in Moskau, Wladimir Bobrenjow, und der russische Publizist Waleri Rjasanzew eine der dunkelsten Seiten bolschewistischer Herrschaft in der Sowjetunion auf: Auf Befehl von Geheimdienstchef Berija wurde 1938 in Moskau ein Geheimlabor eingerichtet, in dem Gifte (auch Giftgase wie Zyklon B), entwickelt zur Ermordung politisch Unliebsamer, an Menschen ausprobiert wurden. Der Testraum hieß »die Kammer«. Bei den Opfern handelte es sich um Dissidenten und Kriegsgefangene. Leiter des Laboratoriums war Dr. **Grigori Moissejewitsch Mairanowski**. Bis zu Stalins Tod wurden unter seiner Führung immer neue Giftstoffe hergestellt und an Menschen ausprobiert. Unter dem Vorwurf, ein »jüdischer Nationalist« zu sein, mußte Mai-

ranowski in den 50er Jahren ins Gefängnis. Nach seiner Freilassung arbeitete er bis zu seinem Tode (1964) als Leiter eines biochemischen Laboratoriums. In seinem 1995 herausgekommenen Buch »Das Geheime wird offenbar - Moskauer Archive erzählen« bestätigt Professor Dr. Michael Voslensky die Berichte über die grausigen Experimente Mairanowskis. Ferner bekräftigt Voslensky (der bis 1972 Mitglied der Akademie der Wissenschaften der UdSSR war und dann in den Westen emigrierte), daß es sowjetische Massenvergasungs-Verbrechen schon in den 30er Jahren gab: »Vergasungswagen waren keine deutsche Erfindung, sondern eine sowjetische ... Der Erfinder war ein gewisser Berg, Leiter der Wirtschaftsabteilung des NKWD (Stalins Geheimdienst) für Moskau und das Gebiet um Moskau.«

Iwan Michailowitsch Maisky zählte zu den führenden Bolschewisten jüdischer Herkunft, die sämtliche »Säuberungen« überstanden. Er wurde 1884 in Kirillow bei Wologda geboren und starb 1975 vermutlich in Moskau. Als sozialistischer Umstürzler im Zarenreich floh er nach Deutschland und studierte in München. 1918 kehrte er nach Rußland zurück. Im Auftrage Lenins war er maßgeblich an der Errichtung der sowjetmongolischen Republik 1919/20 beteiligt. Alle Widerstände im mongolischen Volk wurden gnadenlos gebrochen. Von 1932 bis 1943 wirkte Maisky als Stalins Botschafter in London, 1937 bis 1939 zugleich als Völkerbund-Delegierter. Er war Anhänger von Litwinows Kurs der »kollektiven Sicherheit« (statt Bündnis mit den Deutschen gegen die Westmächte, Zusammenschluß mit den Westmächten gegen Deutschland). Von 1943 bis 1946 amtierte er als stellvertretender Außenminister. Dann wurde er Mitglied der Akademie der Wissenschaft. 1964/65 erschienen in Moskau in zwei Bänden seine

»Memoiren eines sowjetischen Botschafters«.

In den Werken des Schriftstellers **Bernard Malamud** kann es geschehen, daß selbst der Schlemihl zum Helden wird. Jedenfalls stehen jüdische Figuren stets im Zentrum der Erzählungen. Malamud kam 1914 in New York-Brooklyn als Sohn einer Einwandererfamilie aus Rußland zur Welt und starb 1986 in New York. Ab 1961 war er Lehrer am Bennington College (Vermont). Er wirkte von 1979 bis 1981 als Präsident des Pen-Clubs der USA und wurde mit dem Pulitzer-Preis sowie dem Orden der B'nai B'rith-Loge geehrt. Seine bekanntesten Werke sind »Der Fixer«, »Idiots first« und »God's Grace« (seine letzte Arbeit, eine apokalyptische Untergangsvision).

Der einflußreiche Politiker **Arthur Mancroft**, der 1877 im englischen Norwich geboren wurde und 1942 in London starb, hieß eigentlich Arthur Michael Samuel. 1912/13 amtierte er als Bürgermeister seiner Geburtsstadt. Von 1918 bis 1937 vertrat er die Torys im Unterhaus zu London. Er bekleidete hohe Ämter im Kriegs-, Außen- und Handelsministerium. Von 1932 bis 1937 fungierte er als Außenminister. Der englische König erhob ihn zum Baron (Freiherrn). Sein Sohn war der Industrielle und Politiker Stormont Mancroft.

Ernest Mandel, Oberhaupt der Trotzkistischen Internationale, kam 1923 in Frankfurt am Main zur Welt. Als Kind ging er mit der Familie nach Antwerpen. Er bezeichnete sich als »flämischen Internationalisten jüdischer Herkunft«. Im Zweiten Weltkrieg im trotzkistischen Untergrund aktiv, wurde er gestellt und in deutsche Lager deportiert. 1970 erhielt er eine Professur an der Universität Brüssel, 1972 promovierte er an der Freien Universität Berlin. Mandel, der die Zerschlagung der parlamentarischen Demokratien im Rahmen einer Weltrevolution im Sinne des Leo Trotzki (Bronstein) propa-

gierte, hatte von 1972 bis 1980 Einreiseverbot in die Bundesrepublik. 1977 nahm ihn der bundesdeutsche Pen-Club demonstrativ in seine Reihen auf. Mandel war Herausgeber der Zeitschrift »La Gauche« und Chef eines »Internationalen Forschungsinstitutes zur Förderung des wissenschaftlichen und demokratischen Sozialismus«. Er starb 1995 in München.

Dem innerfranzösischen Machtkampf fiel **Georges Mandel** zum Opfer. Nach dem Einmarsch der Deutschen war er nach Marokko geflüchtet. Er wurde dort verhaftet und 1944 von Milizionären Darlans erschossen. Mandel hieß in Wahrheit Louis Rothschild. Er war 1885 in Chatou (Yvelin) zur Welt gekommen. Er zählte zu den einflußreichsten Ratgebern eines der erbarmungslosesten Deutschenfeinde: Georges Clémenceau. Von 1919 bis 1924 und von 1928 bis 1930 war Rothschild-Mandel Abgeordneter der Französischen Nationalversammlung. Von 1938 bis 1940 wirkte er als Kolonialminister und 1940 einige Monate als Innenminister.

»Obwohl Jude, waren seine Literatur und seine Mentalität dem Judentum fremd. Er gilt als Repräsentant des jüdischen Selbsthasses.« So geht das »Neue Lexikon des Judentums« mit **Ossip Emiljewitsch Mandelstam** ins Gericht. Er war einer der bedeutendsten osteuropäischen Schriftsteller aus dem Judentum. 1938 kam er in Wladiwostok in Gulag-Haft um. Er war 1891 in Warschau zur Welt gekommen und hatte in Paris und Heidelberg studiert. Ab 1920 wieder in Rußland, wurde er 1930 erstmals verhaftet. Sein letztes publiziertes Werk erschien 1932. 1938 wurde er erneut verhaftet und in den sowjetischen Fernen Osten deportiert.

Itzik Manger war einer der bekanntesten jiddischen Dichter. 1901 in Czernowitz geboren, war er eigentlich Schneider von Beruf. Ab den zwanziger Jahren trat er als

György LUKACZ

Rosa LUXEMBURG

Lorin MAAZEL

Gustav MAHLER

Norman MAILER

Ernest MANDEL

OSSIP MANDELSTAM

Erika MANN

Golo MANN

Schriftsteller in Erscheinung. Ab 1940 lebte er in London, ab 1951 in New York und ab 1967 bis zu seinem Tode (1969) in Gedera/Israel. Er schrieb u.a. »Shternoyfn Dakh« (1929) und »Chumesh Lider« (1935).

Herman Jacob Mankiewicz (geboren 1897 in New York, gestorben 1953 in Hollywood) war der Sohn des aus Berlin nach Amerika ausgewanderten Sprachwissenschaftlers Frank Mankiewicz und Bruder des Hollywood-Regisseurs Joseph L. Mankiewicz. Er begann als Reporter und Theaterkritiker der »New York Times« und des »New Yorker«. Dann wurde er Theaterdirektor am Broadway und Filmproduzent in Hollywood. Er verfaßte mit Orson Welles das Drehbuch zum 1942 entstandenen Film »Citizen Kane«, der zwar beim Publikum durchfiel, von der Kritik aber zu den »10 besten Filmen aller Zeiten« gerechnet wird. Für die Mitarbeit an dem Streifen erhielt Mankiewicz einen »Oscar«.

Der Kolossalstreifen »Cleopatra« (1962; mit Richard Burton, Rex Harrison und Elizabeth Taylor in den Hauptrollen) ist der bekannteste Film des Regisseurs **Joseph L. Mankiewicz**. Er kam 1909 in Wiles Barre (US-Bundesstaat Kalifornien) als Sohn eines aus Deutschland eingewanderten Juden zur Welt. Ab 1920 hielt er sich als Korrespondent der »Chicago Tribune« in Berlin auf, wo er auch als Übersetzer für die Ufa wirkte. Wieder in Amerika, betätigte er sich als Drehbuchautor und Produzent bei MGM. Sein erster Film als Regisseur war der von Lubitsch produzierte »Dragonwyck« (1945). Der Literat und Produzent Herman Jacob Mankiewicz war sein Bruder.

Paul Mankiewitz aus jüdischer Familie, der 1858 im thüringischen Mühlhausen zur Welt kam, fungierte über Jahrzehnte als Direktor der Dresdner Bank und beeinflußte wesentlich die deutsche Industrie. Neben vielen anderen Mandaten war er Vorsitzender des Aufsichtsrates des Norddeutschen

Lloyd. Er liquidierte den Fürstentrust. Er starb 1924 auf seinem brandenburgischen Gut in Selchow.

1993 kam heraus, daß Thomas Manns älteste Tochter, **Erika Mann**, ab 1940 im Auftrage des FBI Hitleremigranten bespitzelt hatte. Wie Alexander Stephan, Literaturwissenschaftler der Universität Florida, der als erster die FBI-Geheimakten studieren durfte, bekanntgab, scheute sich Erika Mann nicht einmal, einen Emigranten anzuschwärzen, weil er als Jude nach Amerika einreisen durfte, obwohl er gar keiner war. Unfaßbarerweise bespitzelte sie sogar den eigenen Vater. Erika Mann, geboren 1905 in München, gestorben 1969 in Zürich, entsproß der Ehe Thomas Manns mit der aus jüdischer Familie stammenden Katja Pringsheim und war von 1925 bis 1928 mit Gustaf Gründgens verheiratet, über den sie wegen seiner der Damenwelt abgewandten Neigungen in ihren Briefen Hohn und Spott goß. Wie ihren 1985 erschienenen Briefen weiter zu entnehmen ist, war sie es, die ihren ursprünglich extrem deutschnationalen Vater, dessen Buch »Leiden und Größe der Meister« noch 1935 in Berlin erschienen war, zum endgültigen Bruch mit Deutschland und zum Verbleib in der Emigration anstachelte. Im Spanischen Bürgerkrieg betrieb sie Propaganda für die Roten. 1944 folgte sie in der Etappe den US-Invasionstruppen, um die Weltöffentlichkeit »über die Barbareien der Deutschen aufzuklären«. Daß die US-Air Force damals in der Normandie erstmals in der Geschichte Napalm einsetzte und ähnliche »Vorkommnisse« auf amerikanischer Seite, ließ sie in ihren Berichten weg. Nach Kriegsende zog Erika Mann in US-Uniform »siegreich« in Deutschland ein. Ab 1952 lebte sie »herrisch wie eine Amazonenkönigin« (Reich-Ranikki) in der Schweiz.

1994 starb in Leverkusen **Golo (eigentlich Angelus Gottfried) Mann**, 1909 in

München geborener Sohn des Literaturnobelpreisträgers Thomas Mann und dessen jüdischer Frau Katja geborene Pringsheim. Golo Mann war 1933 aus Deutschland exiliert und kam 1945 als US-Umerzieher zurück. Einst Leitbild der Linksbourgeoisie in Deutschland, eckte der Historiker und Publizist seit den 70er Jahren immer häufiger an. Er forderte eine schärfere Gangart gegen roten RAF-Terror, machte sich für die Begrenzung des Asylantenzustroms stark, wetterte gegen allzu linke »Rahmenrichtlinien« deutscher Kultusminister und empfahl sogar - zum Entsetzen seiner Jünger -, die NS-Bewältigung endlich als abgeschlossen zu betrachten. Dem Bundespräsidenten von Weizsäcker riet er von einem weiteren »Bußgang nach Polen« anläßlich des 50. Jahrestages des Kriegsausbruchs 1989 ab. Im selben Jahr bezeichnete Mann die Begründer der »Frankfurter Schule«, Adorno und Horkheimer, als »Lumpen«, die ihn als angeblich »heimlichen Antisemiten« beim damaligen hessischen Kultusminister angeschwärzt hätten, damit er keinen Lehrstuhl in Frankfurt erhalte.

Der zwischen Rückkehr ins Deutsche Reich und endgültiger Emigration vor Hitler schwankende Thomas Mann wurde in seiner Entscheidung, außerhalb Deutschlands zu bleiben, ganz wesentlich von seiner Frau **Katja Mann** bestärkt. Sie war 1883 in München als Tochter des jüdischen Mathematikprofessors Alfred Pringsheim zur Welt gekommen. 1905 heiratete sie den nichtjüdischen Thomas Mann, dem sie sechs Kinder gebar, darunter den Historiker Golo Mann, den Literaten Klaus Mann und die Schriftstellerin Erika Mann. Seit 1933 lebten die Manns in der Schweiz, ab 1938 in den USA (deren Staatsbürger sie 1944 wurden) und ab 1954 wieder in der Eidgenossenschaft. Katja Mann veröffentlichte 1952 ihren »Lebensbericht«. 1974 erschienen »Meine ungeschriebenen Memoiren«, eine Sammlung von Interviews. Sie starb 1980 in Kilchberg bei Zürich.

Klaus Mann kam 1906 in München als ältester Sohn des Dichters Thomas Mann und dessen jüdischer Frau Katja geborene Pringsheim zur Welt. In Weimarer Zeit begann sein Wirken als Literat. 1933 ging er in die Emigration (Amsterdam, Zürich, Prag, Paris). 1934 nahm er an Stalins Moskauer Schriftsteller-Kongreß teil, ohne irgendeinen Protest gegen Gulagterror oder Genickschußmassaker zu erheben. 1935 unterschrieb Mann den Emigrantenaufruf gegen die Wiedervereinigung der Saar mit Deutschland, 1936 den Pariser Appell zur Bildung einer »Volksfront« aus Sozialisten und Kommunisten. 1938 war er Berichterstatter im Spanischen Bürgerkrieg auf der Seite der Roten. Von 1942 bis 1945 diente er in der US-Armee und schrieb Beiträge für das Propagandablatt »Stars and Stripes«. Als Besatzungsoffizier kam er nach 1945 nach Deutschland. Nach schweren Auseinandersetzungen mit homosexuellen Freunden und Rauschgiftorgien nahm er sich 1949 in Cannes das Leben. Sein bekanntestes Werk ist der Roman »Mephisto«, in dem er seinen zeitweiligen Schwager Gustaf Gründgens schmähte.

Der jiddische Literat **Mendel Mann** soll zu jenen Rotarmisten gehört haben, die Berlin erstürmten und Hitlers verkohlten Leichnam fanden. Über seine Taten berichtete Mann in der Trilogie »Vor den Toren Moskaus«, »An der Weichsel« und »Der Fall von Berlin«, für die er nach Ansicht des jüdischen Publizisten Arno Lustiger »den Nobelpreis verdient hätte«. Mann kam 1916 in Warschau zur Welt. Aus deutscher Kriegsgefangenschaft gelang ihm 1940 die Flucht. Im Sommer 1941 meldete er sich freiwillig zu Stalins Roter Armee. Nach Ende des Zweiten Weltkrieges machte er mit dem ungebrochenen polnischen Antisemitismus Bekanntschaft. Nach den judenfeindlichen Ausschreitungen von Kielce am 4. Juli 1946 (42 Tote) emigrierte er nach Deutschland. Dort erschien seine Gedichtsammlung »Das Erbe« (Regensburg 1947). Bald darauf ging er nach Israel »in ein kleines verlassenes arabisches Dorf bei Jaffa«, wie Lustiger notiert (ohne allerdings den Grund für die Verlassenheit zu erläutern). Doch auch in Israel wurde Mann nicht heimisch. Er wanderte nach Frankreich weiter, wo sein Werk von Manès Sperber betreut wurde. Er starb 1975 in Paris.

Michael Thomas Mann kam 1919 in München als Sohn des Dichters Thomas Mann und dessen jüdischer Frau Katja geborene Pringsheim auf die Welt. Er emigrierte 1933 in die Schweiz, 1938 in die Vereinigten Staaten von Amerika. Dort wurde er Mitglied des Sinfonieorchesters San Franzisko und trat als Solist (Viola) auf. Später wandte er sich hauptberuflich der deutschen Literatur zu. In den 60er Jahren bekleidete er Lehrämter für deutsche Literatur in Amerika. Er veröffentlichte u.a. Abhandlungen über Heinrich Heine und das Buch »Schuld und Segen im Werk Thomas Manns« (1975). Er starb 1977 im kalifornischen Orinda.

Eine »Seinsverbundenheit des Denkens« und die Vorstellung von einer »geplanten Freiheit der Gesellschaft durch rational handelnde Eliten« stehen im Zentrum der Philosophie, die der Soziologe **Karl Mannheim** entworfen hat. Er kam 1893 in Budapest zur Welt, studierte u.a. in Berlin, Freiburg im Breisgau und Heidelberg und promovierte 1918 in Ungarns Hauptstadt. Ab 1930 lehrte er Soziologie an der Universität von Frankfurt am Main. 1933 wanderte er über Holland nach England aus. Dort wirkte er als Professor an der School of Economics und an der Universität London. Er starb 1947 in London.

Gefördert von den jüdischen Theatermächtigen Jessner und Bab, machte die jüdische Schauspielerin **Lucie Mannheim** (geboren 1899 in Berlin, gestorben 1976 in Braunlage) in Weimarer Zeit in Berlin Karriere. Sie trat u.a. an der »Volksbühne« auf. 1933 ging sie in die CSR, 1934 nach London. Sie wirkte in der Emigration auch in Filmen mit (z.B. unter der Regie Hitchcocks) und war ab 1940 bei der BBC als Propagandasprecherin beschäftigt. Ab 1947 trat sie wieder in Deutschland auf. 1954 spielte sie eine Hauptrolle in dem Film »Die Stadt ist voller Geheimnisse«.

Nachkomme einer jüdischen Familie war der 1880 in München geborene Maler **Franz Marc**. Er war deutscher Patriot. Nach Kriegsausbruch 1914 meldete er sich freiwillig zu den deutschen Fahnen. Er zeichnete sich als tapferer Frontsoldat aus und fiel als Offizier am 4. März 1916 vor Verdun. Fanatisch antisemitischen Nationalsozialisten galt sein Werk als »entartet«. Doch zur NS-Zeit wurde in Büchern und Zeitschriften auch für ihn Stellung bezogen (seine »Briefe aus dem Felde« erschienen 1940). 1937 waren seine Werke in der Ausstellung »Entartete Kunst« gezeigt worden. Dagegen erhob sich Protest, besonders vom deutschen Offiziersverband und von Frontkämpfern. Daraufhin wurden Marcs Werke aus der Ausstellung genommen. Sein berühmtestes Werk, »Der Turm der blauen Pferde«, gilt seit 1945 als verschollen. Es fiel wahrscheinlich dem größten Kunstraub der Menschheitsgeschichte, verübt 1945 in Deutschland von den Siegern in Ost und West, zum Opfer.

Eigentlich heißt der Pantomime **Marcel Marceau** (geboren 1923 in Straßburg) Marcel Mangel. Sein Vater, ein jüdischer Metzger, soll 1940 als Geisel von den Deutschen erschossen worden sein. Über den Pantomimen selbst wird verbreitet, er habe 1944 in den Reihen der Partisanenbewegung gestanden. In der Nachkriegszeit war er zunächst Kupferbeschläger und Vasenmaler. Dann verschafften Gönner ihm eine Ausbildung am Pariser Sarah-Bernhardt-Theater. Er wurde, wie man häufig liest, »der bedeutendste Pantomime des 20. Jahrhunderts«. Seine Figur »Bip« ist – nach Marceaus eigenem Zeugnis – dem »Tramp« Chaplins nachgebildet. 1978 eröffnete Marceau eine »Mimodrama-Schule«.

Dem Chemiker **Willy Marckwald** gelang es 1898 als erstem, Polonium von der Pechblende zu trennen. Der richtungweisende Wissenschaftler war 1864 in Jakobskirch bei Glogau in Schlesien geboren worden. Ab 1899 lehrte er als Professor an der Universität Berlin. Von 1928 bis 1931 amtierte er als Präsident der Deutschen Chemischen Gesellschaft. 1936 wanderte er nach Brasilien aus. Er starb 1950 in der von deutschen Emigranten geschaffenen brasilianischen Siedlung Rolandia.

Hitlers Bestreben nach der Machtübernahme 1933 war es, rasch möglichst viele Juden loszuwerden. Die Zionistische Internationale wollte ebenso rasch möglichst viele Juden nach Palästina bringen. Daraus ergaben sich Anknüpfungspunkte. Das »Biographische Handbuch der deutschsprachigen Emigration« berichtet über **Ernst Marcus**, der dabei eine Schlüsselposition hatte: »1933 bis 1939 stellvertretender Leiter von ›Paltreu‹, die Auswanderung nach Palästina durch Verrechnung mit deutschen Exporten finanzierte; enge Beziehungen zur deutschen Regierung, insbesondere zum Auswärtigen Amt und Wirtschaftsministerium, zur deutschen Industrie, sowie zu zionistischen Organisationen.« Marcus war 1900 in Berlin zur Welt gekommen. Er wirkte in Weimarer Zeit für Banken und Wirtschaftsverbände und war Redakteur der »Zeitschrift für Völkerrecht«. Von 1939 bis 1951 lebte er in Palästina bzw. Israel. Dann kehrte er nach Deutschland zurück und arbeitete hauptsächlich publizistisch. 1952 wurde er Vorsitzender des Fördervereins der Hamburger Sinfoniker. Er starb 1973 in Hamburg.

Voll Zorn über die mangelnde Bereitschaft der Arbeiter, ihm und seinesgleichen zu folgen, erklärte **Herbert Marcuse** (geboren 1898 in Berlin) die Arbeiterklasse für »revolutionär impotent«. Als er 1979 in Starnberg gestorben war, wurde bei seiner Beerdigung Kaddisch gesprochen, das traditionelle jüdische Totengebet. Marcuse entstammte einem linksbourgeoisen Elternhaus; sein Vater war wohlhabender Makler. 1917 schloß sich der Junior der SPD an, 1918 war er Soldatensowjet in Berlin. Nach Studium und Promotion wurde er am Frankfurter Institut für Sozialforschung, der »Marxburg«, tätig. 1934 emigrierte er in die USA. Dort lehrte er an der New School for Social Research und an der jüdischen Kaderschmiede Nordamerikas, der Brandeis-Universität. 1942 wurde Marcuse Mitarbeiter des US-Geheimdienstes. In den 60er Jahren erhielt er eine Gastprofessur an der Universität von Frankfurt am Main. Mit Horkheimer und Adorno war er der dritte Mentor der sogenannten »Frankfurter Schule«, also des Versuchs, Marx mit Freud zu koppeln. Das Trio wurde von der 68er APO-Bewegung vergöttert. Die linke Verwandlung der Bundesrepublik geht wesentlich auf Marcuse zurück.

Der Literat **Ludwig Marcuse** erblickte 1894 in Berlin das Licht der Welt. In Weimarer Zeit war er Kunstkritiker u.a. bei der »Vossischen« und beim »Berliner Tageblatt«, später beim »Frankfurter General-Anzeiger«. 1933 ging er nach Paris. 1936/37 hielt er sich in Begleitung Feuchtwangers in der Sowjetunion auf und diente als Aushängeschild der Stalin-Propaganda. Aus Frankreich emigrierte er 1938 in die USA. Dort lehrte er Philosophie an der Universität Berkeley und beschäftigte sich in Schriften mit Fragen wie: »Was Nietzsche a Nazi?« (1944). 1963 kam Marcuse nach Deutschland zurück. Er starb 1971 in München. Er schrieb u.a. Biographien Börnes, Heines und Freuds, veröffentlichte eine »Philosophie des Glücks - von Hiob bis Freud« (1949) und die »Obszöne Geschichte einer Entrüstung« (1962).

Wie Magnus Hirschfeld, so galt auch **Max Marcuse** (geboren 1877 in Berlin) als führender »Sexforscher«. Von 1908 bis 1915 gab er das Periodikum »Sexualprobleme« heraus und von 1914 bis 1932 die »Zeitschrift für Sexualwissenschaft«. Außerdem veröffentlichte er ab 1918 »Abhandlungen auf dem Gebiet der Sexualforschung«. 1933 ging er nach Palästina. Er war Vorsitzender einer »Internationalen Sexualforschungs-Gesellschaft«. Er starb (vermutlich 1962) in Tel Aviv. Zu seinen Publikationen gehört ein »Handwörterbuch der Sexualwissenschaft«, ein »ABC-Führer durch Sexualität und Erotik« sowie eine besonders bemerkenswerte Schrift von 1920: »Über die Fruchtbarkeit der christlich-jüdischen Mischehe«. Jochanaan Meroz, der langjährige Botschafter Israels in Bonn, ist ein Sohn von Max Marcuse.

Sonja Margolina kam 1951 in Moskau zur Welt. Seit 1986 lebt sie als freie Publizistin in Deutschland. Im Oktober 1991 wurde sie in Klagenfurt mit dem Preis des Landes Kärnten für internationale Publizistik (für einen Text über den Moskauer Putschversuch vom August 1991) ausgezeichnet. Margolina widmete ihr 1992 in München erschienenes Werk »Das Ende der Lügen« über die Rolle von Juden in der Sowjetunion »meinem Vater, der Kommunist und Jude war«. Sie verurteilt den verbrecherischen NS-Antisemitismus, doch mahnt sie gewisse jüdische Kreise, statt immer nur anzuklagen auch einmal in eigener Sache zu »bewältigen«, vor allem bezüglich der Beteiligung von Bolschewisten jüdischer Herkunft am Terror der roten Diktatoren. Auch in der jüdischen Geschichte gibt es nach Margolinas Ansicht »Seiten, die man nicht aufschlägt, ohne zu erbeben«. Ferner wendet

sich die jüdische Publizistin gegen die »Tabuisierung jeder ernsthaften Kritik an der jüdischen Politik, an jüdischen Interessen und Positionen«. Sie klagt »Berufsphilosemiten« an, »die sich als moralische Wächter« verstünden. Dahinter stecke weiter nichts als das Interesse, Handlungsspielraum in Politik, Öffentlichkeit und Kultur zu bewahren. »Der Philosemitismus alimentiert heute eine intellektuelle und kulturelle Produktion, die unter normalen marktwirtschaftlichen Bedingungen wenig Chancen hätte.« Eine Privilegierung der jüdischen Gemeinschaft sei abzulehnen, fährt Margolina in ihrem Buch fort. Und sie wendet sich gegen »eine Politik mit dem schlechten deutschen Gewissen«.

Daß die USA grundsätzlich »gerechte Kriege« führen und sich »stets als Angegriffene nur gewehrt« haben, ist hinlänglich bekannt. Nicht anders war es auch 1893, als ein Krieg zwischen den USA und Spanien um die Vorherrschaft in der Karibik tobte. Es begann mit der Explosion des US-Schlachtschiffes »Maine« im Hafen von Havanna auf Kuba. Kapitän des Schiffes und Leiter der Untersuchungskommission, die die angeblich »eindeutige Schuld der Spanier« am Explosionsverbrechen »amtlich feststellte«, war **Adolph Marix**. Er hatte 1848 in Dresden als Sproß einer jüdischen Sippe das Licht der Welt erblickt. Die Familie emigrierte nach Amerika. Adolph Marix diente ab 1868 bei der US-Marine. Weil mit der »Maine«-Explosion alles so reibungslos geklappt hatte (der US-»Verteidigungskrieg« gegen die Spanier konnte beginnen; die Karibik wurde Washington endgültig untertan), stieg Marix in der Hierarchie weiter auf. 1908 wurde er von US-Präsident Taft zum ersten jüdischen Konteradmiral Amerikas ernannt. Marix starb 1919 in Gloucester/US-Bundesstaat Massachusetts.

Als **Erich Markowitsch** (geboren 1913 in Berlin) 1965 als Zeuge der Anklage im

Auschwitz-Prozeß von Frankfurt am Main auftrat, beantragte Verteidiger Laternser vergebens dessen Festnahme wegen Mittäterschaft an zahlreichen DDR-Verbrechen. Denn Markowitsch - schon als Jugendlicher in der stalinistischen KPD engagiert - hatte seine Befreiung aus Auschwitz (wo er im Industriekomplex der IG Farben arbeiten mußte) genutzt, um an führender Stelle die kommunistische Diktatur in Mitteldeutschland zu etablieren und zu festigen. Er wirkte zunächst als Chef einer Polizeischule, dann als Direktor des VEB »Eisenhüttenkombinat J.W. Stalin«, zog in die Volkskammer ein, wo er Mitglied des Haushalts- und Finanzausschusses wurde und rückte schließlich in den Ministerrat auf. Zudem saß er in der Zentralleitung des »Komitees der Antifaschistischen Widerstandskämpfer«. 1975 erhielt er aus den Händen Honeckers die höchste DDR-Auszeichnung, den Karl-Marx-Orden.

1884 wanderte ein jüdischer Trödler aus dem Polnischen nach England aus. Vier Jahre später wurde ihm in Leeds ein Sohn, **Simon Marks**, geboren, der schließlich von der englischen Krone zum Ritter geschlagen und zum Baron erhoben wurde, nachdem er es zum Kaufhauskönig der Insel gebracht hatte. Simon Marks entwickelte mit seinem Schwager, Israel M. Sieff, das vom Vater gegründete Warenhaus Marks & Spencer zu einem Konzern mit 240 Filialen weiter. 1944 wurde er »Sir«, später sogar Lord. Er war glühender Zionist, enger Freund Chaim Weizmanns und hatte Anteil am Zustandekommen der prozionistischen Balfour-Erklärung Englands. Marks gehörte ab 1936 dem zum Kampf gegen Hitler drängenden »World Council for German Jewry« an. Er saß in den Vorständen zahlreicher bedeutender Unternehmen, z.B. bei BOAC. Er starb 1964 in London.

Der Jurist und zionistische Politiker **Louis Marshall** war Jahrgang 1856 und stammte aus Syracuse (New York). Die Familie war aus Deutschland emigriert. 1894 trat er in die jüdische Anwaltskanzlei Guggenheim und Untermeyer ein. Er stieg zu einem maßgeblichen Politiker der Republikanischen Partei auf. Von 1912 bis 1919 wirkte Marshall als Präsident des American Jewish Committee. Er gehörte der jüdischen Delegation in Versailles an. Er war der eigentliche Hintermann der Kampagne, die den judengegnerischen Autoindustriellen Henry Ford in die Knie zwang. Marshall wirkte als Präsident des »Reformtempels Emanu-El« in New York, war Aufsichtsrat des Jewish Theological Seminary und Mitbegründer der Jewish Agency. Daß er das Judentum als für Fremde strikt geschlossene Gesellschaft wünschte, hinderte ihn nicht, die Öffnung der weißen Gesellschaft Nordamerikas für die Schwarzen zu fordern und somit als Sachwalter der Neger zu erscheinen. Louis Marshall starb 1929 in Zürich.

Nicht nur zahlreiche Führer der (kommunistischen) Bolschewisten, sondern auch der (sozialistisch/sozialdemokratischen) Menschewisten in Rußland waren jüdisch. Zu ihnen zählte **Leo Martow**, der in Wahrheit Julij Ossipowitsch Zederbaum hieß. Er war ein Enkel des hebräischen und jiddischen Literaten Alexander Zederbaum (1816-1893), des Herausgebers des »Jiddische Folksblatt« (St. Petersburg), und kam 1873 in Konstantinopel, dem türkischen Istanbul, zur Welt. Als Student war er bereits aufrührerisch aktiv. 1896 wurde er mit Lenin verhaftet und für drei Jahre verbannt. In jener Zeit war er Vorkämpfer des marxistisch-jüdischen »Bund«. Nach seiner Beteiligung an der Revolution 1905 lebte er als Emigrant in der Schweiz. 1917 kehrte er ins revolutionäre Rußland zurück. Alexander Solschenizyn berichtet: »1920 fährt er mit Lenins Erlaubnis nach Deutschland, wo er den ›Sozialistischen Kurier‹ herausgibt und an der Neugründung der II. Internationale beteiligt ist. Seine Devise: ›Für die Diktatur des Proletariats, aber ohne Terror.‹ Er stirbt an Rachentuberkulose (Schönau/Baden 1923).«

Der ehemalige sozialdemokratische Reichstagsabgeordnete jüdischer Herkunft **Ludwig Marum** wurde am 29. März 1934 im Konzentrationslager Kieslau bei Bruchsal erhängt aufgefunden. Offiziell hieß es, er habe Selbstmord begangen. 1948 verurteilte das Landgericht Karlsruhe einen ehemaligen Wachmann des Lagers wegen des Vorwurfs, Marum erdrosselt zu haben, zu lebenslanger Haft. Der Angeklagte behauptete, auf Befehl »von ganz oben, aus Berlin« gehandelt zu haben. Marum war 1882 im pfälzischen Frankenthal geboren worden. Er ging dem Rechtsanwaltsberuf in Karlsruhe nach und schloß sich der SPD an. Ab 1914 saß er im Badischen Landtag, 1918/19 war er badischer Justizminister. Reichstagsabgeordneter wurde er 1930.

Seit den 60er Jahren versucht man, weitgehend vergebens, die **Marx Brothers** mit ihrer »typisch anarchischen Komik«, ihrem »einzigartig, anarchistisch-chaotischem Comedy-Stil«, ihrem »scharf-bissigen Getto-Humor« (Kritikerstimmen) auch in Europa, insbesondere in Deutschland, populär zu machen. Groucho (1895-1977), der eigentlich Julius hieß, war der Kopf der brüderlichen Truppe. Chicos wahrer Name war Leonard; er lebte von 1891 bis 1961. Harpo (1893-1964) hieß in Wahrheit Adolph und Zeppo (1901-1979) Herbert. Sie entsprossen einer aus Deutschland zugewanderten Familie und traten mit der Mutter, Minnie Marx, schon als Kinder in Kneipen und Varietés auf. Zunächst nannten sie sich »The Four Nightingales«. In den 50er Jahren lösten sie ihre Schauspielergemeinschaft auf.

Über den jüdischen Verbandsfunktionär und Publizisten **Karl Marx** (geboren 1897 in Saarlouis, gestorben 1966 in Ebersteinburg) schreibt das »Biographische Handbuch der deutschsprachigen Emigration«: »Als führender publizistischer Vertreter des deutschen Judentums nach 1945 trat er gegen die Kollektivschuldthese und für diplomatische Beziehungen zwischen der Bundesrepublik und Israel ein.« Im Vergleich zu manchen jüdischen Funktionären nach ihm, die sich ständig ins Rampenlicht stellen und lautstark tatsächliche oder angebliche Ansprüche anmelden, war Marx gemäßigt und zurückhaltend. Er kam ursprünglich aus der nationalen Jugendbewegung und hatte 1913 am Treffen auf dem Hohen Meißner teilgenommen. Im Ersten Weltkrieg diente er als Frontsoldat (EK I). In Weimarer Zeit betätigte er sich als Journalist und Funktionär der DDP. 1933 ging er ins Saargebiet, später nach London, 1946 gründete er ein jüdisches Blatt in Düsseldorf, aus dem sich die »Allgemeine Jüdische Wochenzeitung« entwickelte, deren langjähriger Verleger und Chefredakteur er war. Er war Gründer und Chef der Zionistischen Organisation in Deutschland.

Arkadij Maslow (eigentlich Isaak Tschemerinskij) wurde 1941 in der kubanischen Emigration von sowjetischen Agenten ermordet. Er war 1891 in Elisabethgrad/Südrußland zur Welt gekommen. Ab 1912 lebte er in Deutschland. Nach dem Ersten Weltkrieg schloß er sich der KPD an. Zeitweise bildete er mit seiner Frau, Ruth Fischer, und Werner Scholem die Spitze der Partei. 1926 wurde er als »Linksabweichler« ausgeschlossen. Er betätigte sich in verschiedenen kommunistischen Splittergruppen. Nach der NS-Machtübernahme ging er nach Frankreich, wo er die »Gruppe Internationale« gründete und führte (ab 1934: »Internationale Kommunisten Deutschlands«). In Moskau wurde er bei den Schauprozessen als »Agent« bezeichnet. 1940 flüchtete er mit Ruth Fischer nach Südfrankreich, dann ging er - wegen Verweigerung

Franz MARC

Marcel MARCEAU

Herbert MARCUSE

Karl MARX

Fritzi MASSARY

Walter MATTHAU

Robert MAXWELL

Hans MAYER

Helene MAYER

des US-Visums - nach Kuba, wo ihn bald darauf das Schicksal ereilte.

In Zusammenarbeit mit Leo Fall und Oscar Straus, gefördert von Bruno Walter und seit 1918 verheiratet mit dem bekannten jüdischen Mimen Max Pallenberg, kam die Schauspielerin und Sängerin **Fritzi Massary** (geboren 1882 in Wien als Friederike Masareck) in Berlin groß heraus. In der Presse wurde die Sopranistin sogar als »Kaiserin von Berlin« gefeiert. 1933 ging sie mit Pallenberg nach Wien, später nach London und nach Hollywood. Der Literat Bruno Frank war ihr Schwiegersohn. Sie starb 1969 in Beverly Hills/Kalifornien.

Matuschanskayasky lautet der eigentliche Name des US-Schauspielers **Walter Matthau**, der 1920 in New York als Sohn jüdischer Einwanderer aus Rußland zur Welt kam. Zunächst wirkte er als Eisverkäufer, dann tingelte er mit jiddischen Theatergruppen durchs Land. Im Zweiten Weltkrieg war er bei der US-Luftwaffe. Nach 1945 ließ er sich am »Dramatic Workshop« der New School for Social Research in New York ausbilden. 1948 hatte er sein Broadway-Debüt. International bekannt wurde er in Filmen des (ebenfalls jüdischen) Regisseurs Billy Wilder. Er spielte auch unter der Regie von Saks und Polanski. Für seine Mitwirkung in »Der Glückspilz« bekam er den »Nebenrollen-Oscar«. Als Spielleiter (1960 Regiedebüt mit der »Gangster Story«) konnte er sich nicht durchsetzen. Mehrfach machte seine ausgeprägte Spielsucht Schlagzeilen, die ihn an den Rand des finanziellen Ruins brachte. Rabbi Leo Trepp berichtet in seinem Buch »Die amerikanischen Juden«: »Um den Blicken der Neugierigen zu entgehen, haben die Schauspieler auf die Initiative von Walter Matthau in Hollywood ihre eigene Synagoge gegründet.«

Antonio M. Maura y Montaner (geboren 1853 in Palma/Mallorca, gestorben 1925 in Torrelodones bei Madrid) gehörte über lange Zeit zu den die spanische Politik bestimmenden Gestalten. 1892 bis 1895 amtierte er als Kolonialminister, 1897 als Justizminister. 1901 wechselte er von den Liberalen zu den Konservativen. 1903/04, 1909 und 1921 bis 1923 wirkte er als Ministerpräsident in Madrid. 1904 schloß er mit Frankreich den Marokko-Vertrag ab, 1909 warf er die Anarchisten-Diktatur in Barcelona nieder. Maura war ein »Chueta« (»Speckesser«). Das ist die Bezeichnung für jene Marranen (getaufte Juden; von »marrana«, Sau), die als »Juden-Christen« Ende des 17. Jahrhunderts auf den Balearen wiederentdeckt wurden. Trotz christlicher Taufe pflegten sie teilweise jüdische Gebräuche. Blasco Ibanez berichtete über sie in seinem Roman »Die Toten befehlen«. Im »Lexikon des Judentums« heißt es über die Chuetas: »Der Versuch einer Umsiedlung nach Israel scheiterte 1966 an der Schwierigkeit ihrer Eingliederung und Eingewöhnung in das Leben des jungen Staates.«

Über den Schriftsteller **Max Maurey** heißt es im »Lexikon des Judentums«: »Die Vichy-Regierung entzog ihm zunächst die Bürgerrechte, gab sie ihm aber wegen seiner Verdienste um die französische Literatur 1942 zurück.« Maurey kam 1868 in Paris zur Welt. Er gründete das Théâtre des Capucines und leitete das Théâtre du Grand Guignol in der französischen Hauptstadt. Zu seinen Hauptwerken zählen die satirischen Einakter »Asile de nuit« (1904) und »Le faiseur du monstre« (1935) . Er starb 1947 in Paris.

Mit biographischen Romanen und sarkastischen völkerpsychologischen Skizzen ist der Schriftsteller **André Maurois** in Erscheinung getreten. Geboren wurde er 1885 in Elbeuf (Normandie); er starb 1967 in Neuilly-sur-Seine. Sein eigentlicher Name lautete Emile Herzog. Im Ersten Weltkrieg war er Dolmetscher im britischen Hauptquartier. 1938 wurde er in die Académie française aufgenommen. Er verfaßte u.a. Werke über Disraeli, Proust und George Sand.

»Es war eine Lust zu leben, während Bismarck die Welt zu regieren schien«, schrieb der Literat und Philosoph **Fritz Mauthner**. Er war 1849 im böhmischen Horschitz als Sproß einer jüdischen Textilhändlerfamilie zur Welt gekommen und starb 1923 in Meersburg am Bodensee. Ab 1876 lebte er in Berlin. Bekannt wurde er durch die Romane »Der neue Ahasver« (1882) und »Xanthippe« (1884). Im »Neuen Lexikon des Judentums« heißt es über ihn: »Der Bismarck-Verehrer befürwortete die vollständige Assimilation der Juden (›Judentaufe‹, 1912). Sein Verhältnis zum Judentum blieb, trotz der Freundschaft zu G. Landauer und M. Buber, zeitlebens von Distanz, ja Ablehnung geprägt.«

1992 ging der Großverleger **Robert Maxwell** - mit seiner Luxusyacht auf hoher See befindlich - über Bord. Über die Trauerfeier in Jerusalem berichtete das Mitteilungsblatt der Israelitischen Kultusgemeinden in Bayern: »Eine Beisetzung dieser Art, der Israels Staatsführung beiwohnte und in der Staatspräsident Chaim Herzog den Aufstieg des einst bettelarmen Holocaust-Waisen zu einer ›geradezu mythologischen Figur‹ gewürdigt hatte, war bisher lediglich Führern des jüdischen Staates vorbehalten.« Maxwells enger Freund Ehud Olmert, der israelische Gesundheitsminister, habe am Grabe gesagt: »Bob, Du bist jetzt da, wo Du hingehörst.« Wenig später flog auf, daß Maxwell einer der abgefeimtesten Großgauner des 20. Jahrhunderts gewesen war. Um seine kriminellen Aktivitäten zu finanzieren, hatte er sogar die Pensionskasse seiner Mitarbeiter ausgeraubt und für die barmherzige Mutter Teresa bestimmte Spendengelder gestohlen. Sein Presseimperium war mit 9 Milliarden Mark Schulden praktisch bankrott. Unmittelbar vor dem Sturz über

die Reling seiner Yacht war Maxwell vom jüdischen US-Publizisten und Pulitzerpreisträger Hersh als Mitarbeiter des israelischen Geheimdienstes Mossad mit Verwicklung in zahlreiche internationale Affären »geoutet« worden. Die Gerüchte, sein Selbstmord sei nur fingiert gewesen, verstummen nicht. Maxwell war Jahrgang 1923 und stammte aus den Karpaten (Selo Slotina). Er hieß eigentlich Jan Ludvik Hoch und wollte Rabbi werden. 1939 ging er nach Frankreich, dann nach England. Am 10. November 1991 schrieb die »Welt am Sonntag«, er müsse als Offizier in britischer Uniform ein »wahrer Wüterich« gewesen sein: »Er tötete vor den Augen seiner Leute einen deutschen Bürgermeister, der ihm gerade seine Gemeinde übergeben hatte.« Als Presseoffizier der Besatzer in Berlin gelang es Maxwell, unveröffentlichte Manuskripte eines deutschen Wissenschaftsverlages »billig zu erwerben«. Der Grundstock seines eigenen Verlagshauses war geschaffen. Nach Kauf der Mirror-Gruppe 1984 war er einer der größten Pressemagnaten der Welt. Er stand viele Jahre in Kontakt mit Honecker, dessen Erinnerungen er herausgab. Mit PDS-Schützenhilfe kaufte er sich in den Pressemarkt der neuen Bundesländer ein. Maxwell haßte nach eigenem Bekunden die Steuer und die Deutschen.

»The Screen's Greatest Poet« - »Der größte Dichter des Films«. So lautet der Titel des Buches von Frank Daugherty über **Carl Mayer** (geboren 1894 in Graz, gestorben 1944 in London). Mayer war zunächst als Maler und Schauspieler erfolglos. Dann schaffte er den Durchbruch mit dem Drehbuch zum Stummfilm »Das Kabinett des Dr. Caligari« (1919), das er mit Hans Janowitz verfaßte. In der Folgezeit schrieb er weitere erfolgreiche Stummfilm-Skripte, zum Beispiel für die Regisseure Jessner und Czinner. Er arbeitete eng mit dem gleichfalls jüdischen Kameramann Karl Freund (»entfesselte Kamera«) zusammen. 1932 verließ Mayer Weimar-Deutschland und ging nach England. Seine dort entstandenen Drehbücher verfilmte niemand.

Als Mitbegründer der Historiographic der deutschen Arbeiterbewegung gilt **Gustav Mayer**. Er kam 1871 im brandenburgischen Prenzlau zur Welt und starb 1948 in London. Ab 1896 war er Korrespondent der »Frankfurter Zeitung« in den Niederlanden und Belgien. Ab 1906 lebte er in Berlin als freier Publizist. 1922 ernannte man ihn an der Berliner Universität zum »Professor für Geschichte der Demokratie, des Sozialismus und der politischen Parteien«. 1933 setzte er sich nach England ab. Unter anderem verfaßte er eine Engels-Biografie und gab die nachgelassene Briefe Lassalles heraus. Außerdem beschäftigt er sich in einer 1939 in London erschienenen Abhandlung mit dem Beziehungsgeflecht zwischen »Judenemanzipation« und Sozialismus: »Early German Socialism and Jewish Emancipation«.

»Ein Deutscher auf Widerruf«, lautet der Titel der Lebenserinnerungen des Literaturwissenschaftlers **Hans Mayer**, der 1907 in Köln zur Welt kam. Er ist »bewußter Jude und distanzierter Deutscher« (»Allgemeine Jüdische«). In Weimarer Zeit schrieb er für Organe wie »Der Rote Kämpfer« und schloß sich der KPD-Absplitterung KPDO an. In der Emigration wirkte er für die Pariser Zweigstelle der »Marxburg«, des Instituts für Sozialforschung (vormals Frankfurt am Main). In der Schweiz mußte er für einige Zeit in die Internierung. 1946 übertrugen ihm die US-Besatzer die Chefredaktion von Radio Frankfurt (Hessischer Rundfunk). Von 1948 bis 1963 wirkte Mayer als ein von Lukacs geprägter Literaturprofessor in Leipzig; von Ulbricht bekam er den Nationalpreis. Als er nach 23 Jahren Bundesrepublik und USA 1986 erstmals wieder - auf offizielle Einladung - in die DDR kam, sagte

er in Ostberlin: »Ich bin immer noch - und betone es ausdrücklich immer wieder - Marxist und finde nach wie vor, daß keine Rede davon sein kann, daß die wichtigsten Grundgedanken des Marxismus durch die Entwicklung widerlegt seien.« 1978 hatte Mayer über »Mein Judentum« publiziert.

»Blonde He« - so wurde die Fechtmeisterin **Helene Mayer** genannt, die 1910 in Offenbach als Tochter eines jüdischen Arztes und einer nichtjüdischen Mutter auf die Welt kam. Als 17jährige holte sie für Deutschland eine Olympische Goldmedaille. Über viele Jahre war sie Weltmeisterin im Fechten. 1932 ging sie zum Studium nach Kalifornien. 1936 startete sie bei den Berliner Olympischen Spielen abermals für Deutschland und errang Silber. Auf der Siegertreppe erwies sie den »Deutschen Gruß«. Danach ging sie in die USA zurück, deren Staatsbürgerschaft sie annahm. Sie wurde Dozentin für Staatswissenschaften an der Universität Berkeley. Nach dem Kriege kam sie heim nach Deutschland. Sie verstarb 1953, keine 43 Jahre alt, in Heidelberg.

Als die jüdische Momme Mayer 1885 im Ghetto des weißrussischen Minsk ihrem Mann, einem Schrotthändler, einen Knaben gebar, war kaum vorauszusehen, daß aus diesem dereinst einer der mächtigsten Hollywood-Bosse werden sollte: **Louis Burt Mayer**. Als Zweijähriger kam er mit den Eltern nach Amerika. Zunächst war auch Jung-Louis in Sachen Alteisen aktiv. Dann stieg er um und wurde Filmvorführer. Für 600 Dollar kaufte er ein Kino in Boston und stürzte sich ins Verleihgeschäft. Ein Vermögen machte er, als er die Vertriebsrechte des Films »The Birth of a Nation« (1915) für Neu-England erwarb. Mit Marcus Loew und Samuel Goldfish-Goldwyn gründete er 1924 »Metro-Goldwyn-Mayer«. 27 Jahre war er MGM-Produktionschef. Liz-Anne Bowden schreibt in ihrem Film-Lexikon: »Er war ein engagierter Republikaner und jahrelang der größte Geldverdiener der USA. Das Studio leitete er mit patriarchalischer Autorität.« Mayer starb 1957 in Los Angeles. Filmhistoriker Rudolf Arnheim: »Ohne Übertreibung darf man behaupten, daß die amerikanische Filmindustrie ein Werk der im vorigen Jahrhundert über den Ozean eingewanderten Ostjuden ist. Dieselben Männer, die seither als Leiter weltberühmter Firmen über Riesenkapitalien und Armeen von Menschen geboten haben, Zukor, Lasky, Goldwyn, Mayer, Warner, Schenck, Fox, Loew, haben mit ihren armseligen Spargroschen in einer Seitenstraße begonnen.«

Walter Mehring, geboren 1896 in Berlin, machte in Weimarer Zeit als Gründer semikommunistischer Kabaretts und Mitschöpfer der »Dada«-Bewegung von sich reden. Besonders seine Stücke »Der Kaufmann von Berlin« (1929) und »Müller, die Chronik einer deutschen Sippe« (1935) wurden von vielen als unverschämte Beleidigung des deutschen Volkes empfunden. In der französischen Emigration ab 1933 arbeitete Mehring, der auch in jiddischer Sprache schrieb, mit Stalins Propagandisten Münzenberg in der »antifaschistischen Aufklärungsarbeit« zusammen. Dem französischen Internierungslager entronnen, kam Mehring 1941 in die USA, wo er für MGM ebenso erfolglos tätig war wie mit der Arbeit in Europa nach seiner Rückkehr (1953). Beachtung fand noch sein 1965 erschienenes »Kleines Lumpenbrevier«. 1981 starb er in Zürich.

Julius Meier wurde 1930 in Oregon der erste jüdische Gouverneur der Vereinigten Staaten von Amerika. Sein Vater Abraham war ein Krämer, der aus Europa in die USA emigriert war. 1874 kam Julius Meier in Portland/Oregon zur Welt. Aus dem Kramladen des Vaters machte er die Kaufhauskette »Meier & Frank«. Das »Lexikon des Judentums« lobt, Meier habe »im jüdischen Leben Oregons an führender Stelle« gestanden. Der Warenhausboß und Gouverneur starb 1937 bei Corbett in Oregon.

Einer der Führungsköpfe der deutschen Wirtschaft in Weimarer Zeit war **Wilhelm Meinhardt** (geboren 1872 in Schwedt an der Oder als Sohn des Tabakfabrikanten Simon Meinhardt), der seinen Vornamen später in »William« anglisierte. Er studierte Rechtswissenschaft und trat 1914 in den Vorstand der »Auer-Gesellschaft Deutsche Gasglühlicht AG« ein. Ab 1919 war er Vorsitzender des Direktoriums der neugegründeten Osram GmbH in Berlin. Er saß im Vorstand des Vereins Berliner Kaufleute und Industrieller und war Vorsitzender des Aufsichtsrates u.a. der Hotelbetriebs AG Berlin, der Vereinigten Lausitzer Gaswerke AG, der Wolfram-Lampen AG Augsburg, der Charlottenburger Wasser- und Industriewerke AG und der Darmstädter und Nationalbank KG (Danat-Bank), deren Zusammenbruch die krisengeschüttelte Weimarer Republik beinahe zum Einsturz brachte. 1933 ging Meinhardt nach England, wo er 1955 in London starb.

Israelischer Staatsbürger kann nur werden, wer nach intensiver Abstammungsprüfung zweifelsfrei als rein jüdisch gilt. Dieses strenge Gesetz geht auf die langjährige sozialistische Regierungschefin **Golda Meir** zurück. Der jüdische Publizist Amos Elon berichtet in seinem Buch »Die Israelis - Gründer und Söhne«: »Ministerpräsidentin Golda Meir, die niemals observante (strenggläubige) Jüdin war, drängte das israelische Parlament im März 1970, die talmudische Definition in das Staatsgesetz aufzunehmen. ›Im 20. Jahrhundert‹, sagte sie, ›werden wir den Gebetsschal und die Gebetsriemen nicht wegwerfen.‹ Der Staat dürfe nicht zu ›Mischheiraten‹ zwischen Juden und Nichtjuden ermutigen.« Golda Meirs Begründung sei nicht religiöser, sondern nationaler Natur gewesen, fährt Elon fort. Sie habe argumentiert: »Mischehen zwischen Juden und Nichtjuden würden die Existenz des jüdischen Volkes gefährden.« Golda Meir war 1898 in Kiew unter dem Namen Mabowitz zur Welt gekommen. 1906 emigrierte sie in die USA. 1917 heiratete sie den aktiven Zionisten Morris Meyerson. 1921 begaben sich die beiden nach Palästina. Ab Ende der 20er Jahre spielte sie eine führende Rolle in der Zionistischen Internationale. So gehörte sie dem Zionistischen Weltkongreß und dem Exekutivrat der Jewish Agency an, deren Vorsitz sie 1946 übernahm, 1948/49 war sie Israels Gesandte in der Sowjetunion, 1949 bis 1956 amtierte sie als Arbeitsministerin, von 1956 bis 1966 als Außenministerin und von 1969 bis 1974 hatte sie als Ministerpräsidentin den nahöstlichen jüdischen Staat politisch fest in der Hand. Jeden arabischen Widerstand in den besetzten Gebieten ließ sie gnadenlos brechen. Die Erinnerungen der »Mutter Israels« tragen den Titel »Mein Leben für mein Land«. Golda Meir verschied 1978 in Jerusalem.

Die bedeutende Atomforscherin **Lise Meitner** (geboren 1878 in Wien, gestorben 1968 in Cambridge/England) war protestantisch getauft, doch von Herkunft Jüdin. Ab 1907 war sie Mitarbeiterin von Otto Hahn. 1918 begann ihre Arbeit am Kaiser-Wilhelm-Institut in Berlin. 1923 wurde sie Professorin der Berliner Universität. 1935 erschien ihr mit M. Delbrück verfaßtes Grundlagenwerk »Der Aufbau des Atomkerns«. 1938 mußte sie den Dienst am Kaiser-Wilhelm-Institut quittieren. Sie ging über Dänemark, wo sie bei Niels Bohr zu Gast war, nach Schweden, dessen Staatsbürgerschaft sie 1946 annahm. Ab 1961 lebte die unverheiratet gebliebene Meitner bei ihrem Neffen Otto Frisch in England. 1966 wurde sie mit dem nach Atombombenvater Fermi benannten Preis ausgezeichnet.

Bis ihn der englische König zum Lord **Alfred Melchett** auserwählte, hieß dieser jüdische Großunternehmer und Politiker Alfred Mond. Er war 1868 in Farnworth/England geboren worden. Seine Imperial Chemical Industries Ltd., gegründet von seinem aus Kassel stammenden Vater Ludwig Mond, zählte zu den größten Konzernen des Empire. Mond-Melchett trat zunächst als liberaler, dann als konservativer Politiker auf. 1921 brachte er es zum Wohlfahrtsminister im Vereinigten Königreich. Als begeisterter Anhänger der Herzl-Bewegung war er einer der Hauptfinanziers der Zionistischen Internationale. Er starb 1930 in London. Sein Sohn Henry erbte das Imperium.

Henry Melchett (geboren 1898 in London, gestorben 1949 in Miami Beach/Florida) folgte seinem Vater Alfred Melchett (alias Mond) in der Führung des Chemie-Multis Imperial Chemical Industries. Wie sein Vater trat auch er in unterschiedlichem politischen Gewande auf (ab 1923 saß er für die Liberalen im Unterhaus, ab 1929 für die Konservativen). Und wie der Senior war auch er glühender Zionist, ein bestimmender Mann in der Jewish Agency. Die Mutter der Lordschaft war Christin, infolgedessen sei er christlich erzogen worden, heißt es. Doch - wie das »Lexikon des Judentums« schreibt - angeblich »im Angesicht des aufziehenden Nationalsozialismus« seien er und seine Schwester, die Marchioness Reading, 1932 zum religiösen Judentum zurückgekehrt.

Carl Melchior, geboren 1871, trat 1902 als Syndikus in das jüdische Bankhaus M.M. Warburg ein, dessen Mitinhaber er 1917 wurde. Außerdem fungierte er als Mitglied des Verwaltungsrates und stellvertretender Vorsitzender der Bank für Internationalen Zahlungsausgleich in Basel. Er war als Finanzfachmann Mitglied der deutschen Kommissionen bei den internationalen Verhandlungen in Brest-Litowsk und Spa 1918, in Versailles 1919, Genua 1922 und bei der Reparationskonferenz von Paris. Sein Ziel sei gewesen, »Deutschland von der Reparationslast zu befreien«, heißt es bei Tetzlaff (»2000 Kurzbiographien«). Melchior starb 1933.

Zu den bedeutendsten Schriftstellern, die der jiddische Kulturkreis hervorgebracht hat, zählt **Mosher Sefarim Mendele**, den man den »Sejde« (Großvater, Ahn) der jiddischen Literatur nennt oder auch »Mendele der Wanderbuchhändler«. Er kam 1835 im weißrussischen Kopyl auf die Welt. Sein eigentlicher Name lautete Schalom Jakob Abramowitz. Seine Hauptwerke sind »Fischke der Krummer« (1869) und »Die Klatsche« (1873). 1917 starb er in Odessa.

»Er machte sich alle modernen Konstruktionsweisen zu eigen, ohne aber den Stilwillen zu monumentaler Größe zu verleugnen«, heißt es in Robert Darmstaedters »Künstlerlexikon« über den Architekten **Erich Mendelsohn** (geboren 1887 in Allenstein, gestorben 1953 in San Franzisko). Er war Hauptvertreter der »funktionellen Bauweise«, die mit allen Traditionen und jeder nationalen Eigenart brach. 1924 gehörte er zu den Mitbegründern der Künstlervereinigung »Der Ring«. In den 20er Jahren war er mehrmals in der Sowjetunion; er beteiligte sich auch am Bau des »Sowjetpalastes« in Moskau. Nach einem USA-Besuch brachte er 1926 einen Amerika-Bildband mit einer Hymne auf die dortigen Großstädte heraus. 1933 ging er nach England, 1934 nach Palästina, 1941 in die USA. Er baute u.a. den Einstein-Turm bei Potsdam, das Kaufhaus Schocken in Stuttgart, die Hebräische Universität in Jerusalem, etliche Synagogen (vor allem in den USA) und die Villen des jüdischen Kaufhauskönigs Schocken sowie des langjährigen Oberhauptes der Zionistischen Internationale, Chaim Weizmann, in Palästina.

Aus einer der berühmtesten jüdischen Familien Deutschlands stammte der Bankherr **Franz von Mendelssohn**, der 1865 in Berlin geboren wurde und dort 1935 starb. Er leitete das 1795 gegründete Bankhaus Mendelssohn & Co. 1902 wurde er im »Kollegium der Ältesten der Kaufmannschaft von Berlin« aufgenommen, dessen Präsident schon sein Urgroßvater war. Kaiser Wilhelm II. berief Franz von Mendelssohn 1913 ins Preußische Herrenhaus. 1914 wurde der christlich getaufte Bankherr Präsident der Handelskammer, 1921 Präsident des Deutschen Industrie- und Handelstages, 1931 zugleich Präsident der Internationalen Handelskammer. Bernt Engelmann erinnert in »Deutschland ohne Juden« daran, wie es mit den Mendelssohns in Berlin einst begonnen hatte: »An einem denkwürdigen Tage des Jahres 1743 wurde ein blasser, kleiner und verwachsener Junge aus Dessau durch das Rosenthaler Tor nach Berlin eingelassen - von einem bezopften Wachtposten, der in sein Journal zunächst die genaue Anzahl Rindvieh und Schweine notierte, die an jenem Tage in die Stadt getrieben worden waren, und erst diesem Eintrag hinzufügte: ›1 Jude‹ nämlich Moses Mendelssohn.« Es handelte sich bei dem »Neuberliner« um den berühmten jüdischen Philosophen.

In Frankreich legte der Literat **Peter de Mendelssohn** demonstrativ das deutsche »von« ab und nahm das französische Adelsprädikat an. Er war 1908 in München zur Welt gekommen. Ab 1927 hielt er sich überwiegend in London, ab Ende 1929 in Paris auf (1930 erschien seine Schrift »Fertig mit Berlin«). 1934 ging er nach Österreich, 1936 nach England. Wirkte er bis zum Kriegsausbruch in erster Linie als Zeitungskorrespondent, so trat er dann in die Dienste des englischen Propagandaministeriums. Als Siegeroffizier kehrte er nach Deutschland zurück, war Berichterstatter beim Nürnberger Tribunal und Pressechef der britischen Kontrollkommission. Er gründete Blätter wie den Berliner »Tagesspiegel« und »Die Welt«, für die er Umerziehungslizenzen an kollaborationswillige Deutsche vergab. Von 1949 bis 1970 lebte er wieder in England und betätigte sich publizistisch. 1970 tauchte er in der Bundesrepublik auf und wurde hier Vizepräsident des Pen-Clubs sowie Präsident der Deutschen Akademie für Sprache und Dichtung. Von 1936 bis 1970 war er mit der Schriftstellerin Hilde Spiel verheiratet. Er starb 1982 in München.

Das »Internationale Biographische Handbuch der deutschsprachigen Emigration« beschreibt den Rechtsprofessor und Enkelsohn des berühmten Komponisten, **Albrecht Mendelssohn-Bartholdy**, als einen der aktivsten Verfechter von Deutschlands Unschuld am Ausbruch des Ersten Weltkrieges (»one of the most active upholders of Germany's innocence for the outbreak of World War I«). Er verband dieses Engagement unermüdlich mit der Forderung nach gerechter Revision des Versailler Diktates. Albrecht Mendelssohn-Bartholdy war 1874 im badischen Karlsruhe auf die Welt gekommen. Ab 1905 lehrte er an der Universität Hamburg, wo er das Institut für Auswärtige Politik gründete. 1919 beauftragte ihn Friedrich Ebert mit der Veröffentlichung der Akten des deutschen Auswärtigen Amtes bis zur Kriegszeit, um Deutschland zu entlasten. Mendelssohn-Bartholdy war auch Mitglied des Internationalen Gerichtshofes im Haag. 1933 ging er nach England. Er starb 1936 in Oxford.

Der sephardischen Rabbinerfamilie Mendes entstammte der Politiker **Pierre Isaak Mendès-France**, der über Jahrzehnte die französische Politik mitbestimmte. Er kam 1907 in Paris auf die Welt, wurde radikalsozialistischer Bürgermeister von Louviers und amtierte von 1938 bis zur deutschen Besetzung als Unterstaatssekretär. Über Marokko entwich er nach Großbritannien, wo er sich de Gaulle anschloß. Es wird berichtet, daß er Bomberpilot gewesen sei. Im Exilkabinett de Gaulles war er Finanz-, dann Wirtschaftsminister. Ab 1947 fungierte er als Gouverneur des Internationalen Währungsfonds. 1954/55 war er französischer Premier und Außenminister. Sein Versuch, in dieser Zeit das Saargebiet Deutschland für immer zu entreißen, scheiterte an der Volksabstimmung 1955. Ab 1956 diente er noch für einige Zeit als Minister ohne Geschäftsbereich. In den 60er Jahren begann seine Zusammenarbeit mit Mitterrand, den er fortan aktiv unterstützte. Mendès starb 1982 in Paris.

Die Mutter des Literaten **Wolfgang Menge**, der 1924 in Berlin das Licht der Welt erblickte, war eine Jüdin aus Rumänien. Er legte zur nationalsozialistischen Zeit in Berlin das Abitur ab und diente dann in der Wehrmacht. In der Bundesrepublik avancierte er zum erfolgreichen Drehbuchautor für Kriminalfilme (»Stahlnetz« usw.), zum »Talkmaster« im Fernsehen und zum Erfinder von TV-Gestalten (»Ekel Alfred« und »Motzki«). 1991 wurde ein Film über die Atombombe nach einem Menge-Drehbuch produziert. In diesem Zusammenhang verstieg sich der Literat dazu, die hauptsächlich von jüdischen Wissenschaftlern gebaute Hiroschima-Bombe auch noch auf deutsches Schuldkonto zu schreiben. Er verbreitete: »Die amerikanische Bombe, die über Hiroschima abgeworfen wurde, ist nur gebaut worden, weil man vor der deutschen Bombe Angst hatte. Der Abwurf hatte dann zwar andere Ursachen, aber im Grunde ist das auch unsere Bombe. Ohne die Deutschen hätte es diese Bombe nicht gegeben. Vielleicht gar keine.«

Jehudi Menuhin, der weltberühmte Geiger und Dirigent, kam 1916 in New York als Sohn des jüdischen Publizisten und Philosophen sowie späteren kulturpolitischen Ressortleiters der »Deutschen Natio-

Golda MEIR

Lise MEITNER

Erich MENDELSOHN

Pierre MENDÈS-FRANCE

Wolfgang MENGE

Jehudi MENUHIN

Mosche MENUHIN

Wsewolod MEYERHOLD

Inge MEYSEL

nal-Zeitung«, Mosche Menuhin, zur Welt. Er hat immer wieder betont, daß er dem Vater seine Karriere verdanke. Als »Wunderkind« ging der Knabe Jehudi auf Welttournee. Nach Kriegsende reichte er den Deutschen die Hand zur Versöhnung. Besonders setzte er sich für Furtwängler ein, der nach 1945 verfemt wurde, weil er vor 1945 nicht verfemt worden war. Als einer der ersten international berühmten jüdischen Künstler trat Jehudi Menuhin in Nachkriegsdeutschland auf. 1982 wurde er Chefdirigent des Royal Philharmonic Orchestra in London. Die Queen adelte ihn. Menuhin geht scharf mit Israels Menschenrechtsverletzungen ins Gericht: »Die Regierung spielt die Rolle von Leuten, die Lebensraum gewinnen wollten. Viele Juden in Israel betrachten die West Bank wie Hitler die Ukraine.« Zu den deutschen Ereignissen von 1989/90 äußerte er: »Außerordentlich, daß Deutschland endlich vereinigt und die Geschichte korrigiert worden ist. Ich bin überwältigt«.

Als **Mosche Menuhin**, der bedeutende jüdische Publizist und Kulturphilosoph, 1982 in Kalifornien starb, schrieb die »Deutsche National-Zeitung«: »Als Mitarbeiter und kulturpolitischer Ressortleiter unserer Zeitung hat Dr. Menuhin bleibenden Anteil am Aufstieg unseres Blattes. Unser großer Freund wird uns stets Ansporn und Verpflichtung sein.« Mosche Menuhin kam 1893 in Rußland als Sproß einer berühmten Rabbinerfamilie zur Welt. Er wanderte nach Palästina aus, geriet jedoch dort in scharfen Widerspruch zur zionistischen Führung, deren Kurs er nicht nur weltanschaulich, sondern auch wegen der Mißachtung der Rechte der palästinensischen Araber ablehnte. Er emigrierte nach Amerika. 1965 erschien seine bedeutendste Schrift, »The Decadence of Judaism«. Menuhin stemmte sich antideutscher Hetze entgegen und nahm das deutsche Volk gegen Kollektivbe-

zichtigungen in Schutz. Ab 1967 bis zu seinem Tode wirkte er anderthalb Jahrzehnte als Mitarbeiter der »Deutschen National-Zeitung«. 1968 bis 1970 war er kulturpolitischer Chef des Blattes, gab dieses Amt jedoch auf, da ihm der Kurs der Zeitung »gegenüber Israel und dem Zionismus nicht kämpferisch genug, sondern zu kompromißbereit« erschien. Davon bleibe aber, so bekundete er, die »unverbrüchliche, persönliche Freundschaft« zum »National-Zeitungs«-Herausgeber Dr. Frey unberührt. Von Mosche Menuhin stammt das Wort: »Ich bin bewußter Jude, der für sein Volk und für den historischen prophetischen Judaismus, der vom Verfall bedroht ist, leidet. Ich ziehe meinen Hut vor Dr. Frey wegen der provokativen Art, in der er sich auf seine Hinterbeine stellt und all jene, die mit der Ehre und der Selbstachtung des neuen Deutschland spielen, herausfordert.« Menuhins 1981 verstorbene Tochter Hepzibah war eine weltweit gefeierte Pianistin, sein Sohn Sir Jehudi Menuhin ist einer der bedeutendsten Violinvirtuosen.

Paul Merker (geboren 1894 in Oberlößnitz bei Dresden, gestorben 1969 in Eichwalde bei Berlin) schloß sich 1920 der KPD an. Er stieg zu einem Führer ihres schwerbewaffneten Militärapparates auf, der die Weimarer Republik gewaltsam beseitigen sollte. Dann amtierte er als Reichsleiter der »Revolutionären Gewerkschaftsorganisation« (RGO), der stalinistischen Kadertruppe in den Betrieben. Nach einem Amerikaaufenthalt von 1931 bis 1933 und Untergrundarbeit im Deutschen Reich ab 1933 ging er 1935 nach Frankreich. 1936 wurde er auf Stalins Geheiß Nachfolger des späteren SPD-Politikers Wehner als Führer der »Abschnittsleitung Nord« in Kopenhagen. Im mexikanischen Exil organisierte Merker die stalinistisch geführte »Bewegung Freies Deutschland.« 1946 tauchte er in der Sowjetzone Deutschlands auf, wurde SED-

Politbüromitglied und Staatssekretär. Als »Agent des Imperialismus und Zionismus« wurde er 1952 zu acht Jahren Zuchthaus verurteilt, 1956 haftentlassen, später rehabilitiert. Er starb mit dem Vaterländischen Verdienstorden der DDR dekoriert. 1974 brachte das SED-Regime posthum eine Briefmarke ihm zu Ehren heraus.

Von 1974 bis 1981 war **Jochanaan Meroz** Botschafter des Staates Israel in der Bundesrepublik Deutschland. Eigentlich heißt er Hans Marcuse. Er kam 1920 in Berlin als Sohn des »Sexologen« Max Marcuse zur Welt. 1933 ging die Familie nach Palästina. Seit Anfang der 50er Jahre wirkt Marcuse-Meroz als israelischer Diplomat. Er war u.a. Botschaftsrat in Washington ab 1954 und 1959/60 Chef der israelischen Gesandtschaft in Köln (wo damals an der Synagoge eine hauptsächlich östlich gesteuerte antisemitische Hakenkreuz-Schmierwelle begann, die antideutschen Kräften Wasser auf die Mühlen gab). In den 60er Jahren amtierte Meroz als israelischer Botschafter in Paris.

Richard Merton (geboren 1881 in Frankfurt am Main, gestorben 1960 dortselbst) war Sohn des nach England ausgewanderten Gründers der »Metallgesellschaft«, Wilhelm (William) Merton (1848-1916). Er führte die Metallgesellschaft, eines der wichtigsten Industrieunternehmen des Deutschen Reiches, seit 1917, nachdem ein älterer Bruder als Soldat gefallen war. Richard Merton engagierte sich für Stresemanns Deutsche Volkspartei, die er ab 1928 im Frankfurter Römer und ab 1932 im Deutschen Reichstag vertrat. Die Abgeordneten der DVP stimmten 1933 dem Ermächtigungsgesetz für Hitler zu. Nach der NS-Machtübernahme blieb Merton Chef der Metallgesellschaft; auch gab es keinen Vermögensentzug wie bei anderen jüdischen Industriellen. 1939 aber emigrierte er nach England. Nach dem Krieg kehrte er zurück,

wurde Aufsichtsratsvorsitzender des Konzerns und wirkte als Adenauer-Berater. Merton war mit Elisabeth Prinzessin zu Löwenstein-Wertheim-Freudenberg, verwitwete Sayn-Wittgenstein-Berleburg, verheiratet. Sein Stiefsohn Casimir Prinz Sayn-Wittgenstein-Berleburg gehörte nach 1945 dem Vorstand der Metallgesellschaft an.

Walter Henry Merton, Bruder von Richard Merton, kam 1879 in Frankfurt am Main zur Welt und starb 1975 in Lugano in der Schweiz. Er wurde 1908 Aufsichtsratsmitglied der von seinem Vater gegründeten Metallgesellschaft und 1910 Chef ihrer Berliner Niederlassung. Von 1914 bis 1937 war er Mitglied des Verwaltungsrates der Berliner Handelsgesellschaft. Im Ersten Weltkrieg hatte er im Range eines Rittmeisters als Adjutant des Generals Hans von Seeckt, des späteren Schöpfers der Reichswehr, gedient. Im »Biographischen Handbuch der deutschsprachigen Emigration« heißt es über Walter Henry Merton u.a.: »Nach 1933 Organisator der ersten deutschen Walfangexpedition zur Sicherstellung der künftigen Fettversorgung des Deutschen Reiches.« Nach der furchtbaren »Reichskristallnacht« mußte er für einige Zeit ins Lager Buchenwald. 1939 ging er in die Niederlande. »Biographisches Handbuch«: Im Zweiten Weltkrieg durch einen SS-Offizier vor der Deportation bewahrt.« Nach 1945 kam er für eine Zeitlang nach Deutschland zurück, ließ sich dann aber in der Schweiz nieder.

Halbjüdisch war der Bakteriologe **Ilja Metschnikoff**, der 1908 mit Paul Ehrlich den Medizinnobelpreis erhielt. Er war 1845 in Iwanowka bei Charkow geboren worden. Ab 1870 lehrte er in Odessa, nach seiner Emigration ab 1890 am Pariser Pasteur-Institut. Vor allem arbeitete er über Toxine und Antitoxine (Giftstoffe und Gegengifte). Ihm gelangen bahnbrechende Erkenntnisse zur Phagozytose durch Leukozyten. Er starb 1916 in Paris.

»Thank God for Senator Metzenbaum!« schlagzeilte einmal die »Washington Post«, das Zentralorgan der Mächtigen der US-Ostküste. Der jüdische US-Politiker **Howard Metzenbaum** aus Cleveland (Jahrgang 1917) gab sich stets als Vorkämpfer der »Fortschrittlichen«. Zugleich war er eng mit Großkapital und Hochfinanz der USA verstrickt; er wirkte u.a. für den Multi ITT. Ab 1975 vertrat Metzenbaum den Staat Ohio im US-amerikanischen Senat. Er erhielt von Medien den Beinamen »Der Tiger von Ohio«. Er setzte sich für die (vom Rabbinat für das Judentum schärfstens abgelehnte) »freie Abtreibung« ein, bemühte sich um »verschärfte Schußwaffenkontrolle« (mit der Folge, daß Obrigkeit und Verbrechertum hochrüsten, das Volk aber entwaffnet ist) und profilierte sich als einer der eifrigsten Israel-Lobbyisten in Washington. Gegen Reagans Besuch in Bitburg 1985 legte er schärfsten Protest ein. Isaac Meyer Wise, der einstige Führer des amerikanischen Judentums, war Metzenbaums Onkel.

Der jüdisch-kommunistische Komponist **Ernst Hermann Meyer** (geboren 1905 in Berlin) gab der Menschheit Werke, »die das Leben reicher und schöner machen« (SED-Zentralorgan »Neues Deutschland«); zum Beispiel den Massenchor »Dank Euch, Ihr Sowjetsoldaten«, das Stück »Radio Moskau ruft« oder die Kantate »Des Sieges Gewißheit«. Anläßlich seines 80. Geburtstages gelobte Meyer, der sich 1930 der KPD angeschlossen hatte und damals als Chefredakteur des stalinistischen Organs »Kampfmusik« wirkte, der »großartigen sozialistischen Sache der DDR« treu zu bleiben. Nachdem er 1948 aus der englischen Emigration in die Sowjetzone gekommen war, avancierte er zum Musikprofessor an der Ostberliner Universität, zum Präsidenten des DDR-Musikrates, dann zum Vizepräsidenten der DDR-Akademie der Künste, zum Chef des Verbandes der Komponisten und Musik-

wissenschaftler und zum SED-ZK-Mitglied. Er erhielt sämtliche hohen Orden und Ehrenzeichen der DDR.

Zu den zahlreichen Reichstagsabgeordneten der Kaiserzeit und der Weimarer Republik, die jüdischer Herkunft waren, gehörte **Oscar Meyer**. Er wurde 1876 in Berlin geboren und amtierte von 1904 bis 1933 als Syndikus der Industrie- und Handelskammer Berlin. Von 1915 bis 1918 vertrat er die Fortschrittliche Volkspartei im Preußischen Landtag. 1919 bis 1921 war er Mitglied der Preußischen Verfassunggebenden Landesversammlung für die DDP und Parlamentarischer Staatssekretär im preußischen Innenministerium. Im Reichstag saß er für die DDP bzw. die Deutsche Staatspartei von 1924 bis 1930. 1933 ging er in die Schweiz, 1940 nach Amerika. Er starb 1961 in Oakland/Kalifornien.

Der Biochemiker **Otto Fritz Meyerhof**, geboren 1884 in Hannover, war Sohn eines jüdischen Händlers. Von 1924 bis 1938 leitete er ein Kaiser-Wilhelm-Institut für Physiologie, nachdem er 1923 mit Archibald Vivian Hill den Nobelpreis für Medizin-Physiologie erhalten hatte (für die Entdeckung energetisch wichtiger Reaktionsketten). 1938 ging er nach Paris, 1940 emigrierte er nach den Vereinigten Staaten von Amerika. Er las an der Universität von Pennsylvanien in Philadelphia. Dort starb er 1951.

Ungezählte Künstler jüdischer Abstammung fielen Stalin zum Opfer. Zu ihnen gehörte der Regisseur und Schauspieler **Wsewolod Emiljewitsch Meyerhold**. Er kam 1874 in Moskau unter dem Namen Karl Theodor Kasimir Meiergold zur Welt. Stanislawsky war sein Lehrer. 1920 wurde Meyerhold Leiter des Volkskommissariats (Ministerium) für Erziehung. Im selben Jahr wurde das nach ihm benannte Meyerhold-Theater eröffnet. Ende der 30er Jahre wurde er im Zuge von Stalins »Säuberungen« verhaftet. Seine Spur verliert sich 1940; entweder wurde er in Moskau per Genickschuß liquidiert oder im Gulag umgebracht. Auch seine Frau, Zinaida Reich, wurde von den Bolschewisten ermordet.

Rosa Meyer-Leviné, geboren 1890 in Grodek bei Bialystok, entstammte einer Rabbinerfamilie aus Rußland. Als Mitglied des jüdischen Theaters »Habimah« kam sie nach Wien. Von dort aus ging sie nach Deutschland, wo sie den Kommunisten Eugen Leviné kennenlernte, den sie 1915 heiratete. Leviné wurde Führer der bayerischen Räterepublik und 1919 erschossen. Lenin gewährte seiner Frau Rosa eine lebenslängliche Rente des Sowjetstaates. Später verband sie sich mit dem KP-Führer Ernst Meyer. 1930/31 hielt sie sich in Moskau auf. 1933 tauchte sie in Paris auf, von wo aus sie Verbindung zu Trotzki aufnahm. Ab 1934 lebte sie in London. Dort trat sie als »unabhängige linkssozialistische Publizistin« in Erscheinung. Sie starb 1979 in Englands Hauptstadt.

Den ihr von Medien verliehenen Titel »Mutter der Nation« kann die Schauspielerin **Inge Meysel** nicht leiden. 1995 erklärte sie dem Magazin der »Süddeutschen Zeitung«: »Ach was, Mutter der Nation! Ich habe doch nie geworfen. Und wenn da etwas aus mir rausgekommen wäre, so wäre es sicher nicht deutsch gewesen.« Die Mimin kam 1910 in Berlin zur Welt, »und wie ein echter Wiener zumindest eine böhmische Großmutter haben muß, ist sie als echte Berlinerin das Kind eines jüdischen Vaters aus Breslau« (so die zionistische »Illustrierte Neue Welt« über Meysel, den »couragierten weiblichen Spitzbub«). Ihr Vater war Tabakwarenhändler. Inge Meysel ging als Schauspielerin bei Lucie Höflich in die Lehre und hatte ab 1931 ein Engagement am Schauspielhaus Leipzig. Als Halbjüdin habe sie »automatisch« nach 1933 Berufsverbot erhalten, heißt es, obwohl etliche halbjüdische Schauspielerinnen und Schauspieler

auch im Dritten Reich Karriere gemacht haben. Zur Hitlerzeit absolvierte sie eine Ausbildung als Technische Zeichnerin; im Kriege war sie Telefonistin bei Fichtel & Sachs und Schrägbandnäherin für Fallschirme. Protegiert von Käutner, konnte sie nach 1945 eine Erfolgskarriere am Theater, vor allem aber als Fernsehschauspielerin starten. Sie war mit dem 1965 gestorbenen Regisseur John Olden verheiratet (der aus Wien stammte und als englischer Theateroffizier bei Kriegsende wieder bei den Deutschen auftauchte), bekannte sich aber mit Beginn der 90er Jahre auch zu ihren »lesbischen Liebesbeziehungen«. Sie gibt sich seit den 70er Jahren ein »fortschrittliches Image«, äußerte Bewunderung für Rosa Luxemburg und Bertolt Brecht und bezeichnete die »Marseillaise« als ihre Lieblingsweise. Auch von Rückschlägen ließ sie sich nicht beirren. So meldete »Frau im Spiegel« 1990 unter der Schlagzeile »Konkurs mit Knoblauch«: »Monatelang hatte Inge Meysel mit Knoblauch geworben, doch das war ein Flop. Erst jetzt erfuhr die Schauspielerin, daß die Firma in Berlin längst Konkurs angemeldet hatte.«

In bemerkenswertem Tempo brachte der jüdische Großkaufmann **Jakob Michael** (geboren 1894 in Frankfurt am Main, gestorben 1979 in New York) zur Weimarer Zeit Unternehmen an Unternehmen unter seine Kontrolle. Im väterlichen Betrieb, der Radium - und Uranium-Gesellschaft Elieser J. Michael, ausgebildet und mit der »Industrie- und Privatbank AG« kooperierend, erwarb er u.a. die Immobilienfirma Terra AG Berlin, die Maschinen- und Chemiefabrik Michael Industrie AG, die Textil-Kredit AG und die bedeutendsten Anteile der Emil Köster AG, dem Dachkonzern der Kaufhauskette Defaka. Michael trat als Förderer jüdischer Einrichtungen in Erscheinung. Das »Jüdische Hilfswerk« in Berlin ging auf ihn zurück. 1931 verließ er Weimar-

Deutschland in Richtung Niederlande. 1939 wanderte er in die USA ein, wo er als Investment-Unternehmer aktiv wurde.

Der Jurist **Robert Michaelis** wurde - aus der Emigration zurückgekehrt - ein maßgeblicher Mann des bundesdeutschen Rechtswesens. Zuletzt amtierte er als Landgerichtsdirektor in Mainz. Er war 1903 in Berlin zur Welt gekommen. 1939 emigrierte er nach Schanghai. Dort wirkte er als Vorsitzender der Vereinigung emigrierter Rechtsanwälte. Das »Biographische Handbuch der deutschsprachigen Emigration« berichtet: »Er war der einzige deutsche Rechtsanwalt, der aufgrund chinesischer Sprachkenntnisse vor einheimischen Gerichten plädierte.« Michaelis starb 1973 in Mainz.

»Er stand dem jüdischen Leben fern«, heißt es im »Lexikon des Judentums« über den Physiker **Albert Abraham Michelson**. 1852 in Strelno/Posen geboren, kam er mit den Eltern 1855 in die USA. Von 1882 bis 1889 lehrte er als Professor an der Universität Cleveland/Ohio, ab 1892 an der Universität von Chikago. Nach allgemeiner Darstellung schuf er die Basis für Einsteins Relativitätstheorie. 1907 erhielt Michelson den Physik-Nobelpreis. Er starb 1931 in Pasadena/Kalifornien.

»Français de Provence, de religion israélite.« So lautete die Selbstauskunft des Komponisten **Darius Milhaud** (geboren 1892 in Aix-en-Provence, gestorben 1974 in Genf). Das »Lexikon des Judentums« findet: »Große Teile seines Schaffens sind jüdisch bedingt.« 1940 emigrierte er aus Frankreich in die USA. Er wurde Professor am Mills College in Oakland/Kalifornien. Nach dem Krieg lebte er abwechselnd in Frankreich und Amerika. Er komponierte u.a. eine 1954 in Jerusalem anläßlich der 3000-Jahr-Feier der Stadt uraufgeführte Oper »David«, schuf das Konzertstück »Ode pour Jerusalem«, brachte »Service

sacré« (für die Synagoge) und »Poèmes juifs« zu Notenpapier.

Der Vater des 1915 in New York geborenen US-Schriftstellers und Vizepräsidenten des internationalen Pen-Clubs, **Arthur Miller**, hieß Isidor Mahler und war ein jüdischer Einwanderer aus der k.u.k. Monarchie. Mahler-Miller wirkte ab 1938 als Redakteur und geriet in der McCarthy-Zeit in Kommunismus-Verdacht. Von 1956 bis zur Scheidung 1961 war er mit der Schauspielerin Marilyn Monroe verheiratet, die deswegen bei Rabbi Goldberg in New York zum Judentum konvertierte. Nach ihrem Selbstmord schlachtete Miller die gescheiterte Beziehung für sein Broadway-Drama »Nach dem Sündenfall« aus. 1992 sagte der Literat: »Mein Großvater sprach ein Deutsch, das in der Gegend von Krakau gesprochen wurde und in Wien, wo er eine Zeitlang gelebt hat. Er war sehr deutsch. Er hatte einen kleinen Bart und imitierte Kaiser Franz Joseph. Das Deutsche lag bei uns sozusagen in der Luft. Als ich vor Jahren zum erstenmal nach Wien kam, hatte ich das Gefühl, schon einmal dort gewesen zu sein. Ich kannte den Klang der Sprache. Sie dürfen nicht vergessen: Deutschland war vor dem Ersten Weltkrieg der Höhepunkt der Kultur.«

In der Auflistung »jüdischer Politiker und Staatsmänner, soweit sie außerhalb Israels als Gestalter politischer Bewegungen oder als Kabinetts- und Parlamentsmitglieder Bedeutung erlangten«, verzeichnet das von jüdischen Forschern herausgegebene »Lexikon des Judentums« auch **Alexandre Millerand**. Er kam 1859 in Paris zur Welt und zog 1885 als sozialistischer Abgeordneter ins Parlament ein. Er wurde 1899 als Handelsminister unter Waldeck-Rousseau erstes sozialistisches Mitglied einer bürgerlichen französischen Regierung. Die Sozialisten schlossen ihn 1905 aus. Er wurde enger Mitarbeiter Clemenceaus, des radikal deutschfeindlichen französischen Führers. 1912/13 und 1914/15 war Millerand Kriegsminister, 1919/20 Generalkommissar für Elsaß-Lothringen. 1920 wirkte er als Ministerpräsident und Außenminister (er war mitverantwortlich für die antideutschen Siegerdiktate) und anschließend bis 1924 als Staatspräsident. Millerand, der als Wortführer der Chauvinisten auftrat, ließ Aufstände in den Kolonien niederschlagen und 1923 das Ruhrgebiet besetzen. Er starb 1943 in Versailles.

»Er entspricht der Traumvorstellung des Elite-Franzosen«, schrieb die »FAZ« 1991 über den 1954 geborenen Zahnarztsohn, Industriemanager und Publizisten **Alain Minc**. Das Blatt fuhr fort: »Wie die Brüder Attali (Präsident der neuen Europabank, Präsident der Air France) und der Generalsekretär der kommunistischen Gewerkschaft CGT, Henri Krasucki, stammt Minc von jüdischen Eltern. Sie sind von Polen nach Frankreich gekommen.« In seinem Buch »Die Wiedergeburt des Nationalismus« (deutsch 1992) notierte er: »Nation und Nationalismus sind also wieder da. Wer hätte das geglaubt? Alles drängte zum Internationalismus. Die Nation war zum veralteten Appendix geworden. Die Nation wird ihre Rechte wieder beanspruchen und wieder zum natürlichen Horizont der Politik. Die Wiedergeburt des Nationalismus ist eine Gewißheit.« In seinem Buch »La Grande Illusion« (1989) sagte er voraus, daß die Deutschen sich vom Westen lösen und »nach Osten abdriften« werden. 1994 entwickelte er die Vision: »Eines Tages werden die Russen den Deutschen Ostpreußen anbieten.« Allerdings seien sich die Deutschen »ihrer politischen Potenz immer noch nicht bewußt«.

Hilary Minc war einer der Hauptverantwortlichen für den Vertreibungsterror gegen Deutsche im polnischen Machtbereich

nach Ende des Zweiten Weltkrieges. Er hatte 1905 in Warschau als Sohn einer reichen jüdischen Familie das Licht der Welt erblickt. 1928 wurde er Funktionär der stalinistischen KP Polens. 1939 exilierte er in die Sowjetunion, wo er seine Karriere als einer der Hauptleute der Partisanen im Zweiten Weltkrieg begann. 1944 rückte er als Politoffizier Stalins in Polen ein. 1945 avancierte er zum Handelsminister in Warschau. Er trieb zu erbarmungsloser Härte gegen die Deutschen an. 1949 wurde er Vorsitzender der Staatlichen Planungskommission und von 1952 bis 1956 amtierte er als Erster Stellvertretender Ministerpräsident. Dann wurde er als »doktrinärer Stalinist« aus allen Ämtern entfernt. Er starb 1974 in Warschau.

Der Mathematiker jüdischer Abkunft **Hermann Minkowski** schuf die mathematischen Grundlagen der speziellen Relativitätstheorie. Er war 1864 in Alexotas nahe Kauen/Kowno geboren worden und starb 1909 in Göttingen. Er lehrte in Königsberg, Zürich und Göttingen. Sein Bruder war der Internist Oskar Minkowski (1858-1931), der entscheidend zur Erkenntnis des Zusammenhangs zwischen Bauchspeicheldrüse und Zuckerkrankheit beitrug.

Zeit seines Lebens war der französische Sozialistenführer aus jüdischer Familie, **Jules Moch**, ein scharfer Gegner Deutschlands. Er kam 1893 in Paris zur Welt. 1928 zog er als sozialistischer Abgeordneter in die Nationalversammlung ein. Er war eng mit Léon Blum befreundet. 1938 wurde Moch Minister für öffentliche Arbeiten. Im Zweiten Weltkrieg schloß er sich der Untergrundbewegung an. Von 1945 bis 1951 saß er nacheinander als Minister für Verkehr, Inneres und Verteidigung in der französischen Regierung. Er widersetzte sich entschieden jeder Nachsicht gegenüber den Deutschen und wollte auch die deutsche Wiederbewaffnung unbedingt verhindern. Bis 1960 war er in diplomatischer Mission

Frankreichs bei der UNO tätig, bis 1967 gehörte er dem Parlament in Paris an.

Der jüdische Maler und Bildhauer **Amadeo Modigliani**, Hauptvertreter der sogenannten Ecole de Paris, fiel 1920 mit seiner Frau Jeanne Hébuterne ständigen Alkohol- und Drogenexzessen zum Opfer, die er als »Bewußtseinserweiterung« interpretiert hatte. Er starb unter entsetzlichen Qualen in Paris. Zur Welt gekommen war er 1884 in Livorno. 1906 emigrierte er nach Frankreich. Dort gehörte er zum Kreis um die Modernisten Picasso, Max Jacob und André Salomon.

Der Chemiker **Henri Moissan** (geboren 1852 in Paris, gestorben 1907 dortselbst) war halbjüdisch. Er gilt als einer der bedeutendsten Fluor-Forscher. Ab 1900 lehrte er als Professor an der Pariser Sorbonne. 1906 wurde er mit dem Nobelpreis für Chemie ausgezeichnet. Daß es ihm gelungen sei, in einem von ihm konstruierten Elektro-Ofen »künstliche Diamanten« zu fabrizieren, wird von der Fachwelt heute als Schwindel gewertet.

Über den Schriftsteller **Ferenc Molnar** schreibt das »Neue Lexikon des Judentums«: »In vielen seiner Werke geht es um die Assimilationsproblematik von ungarischen Juden, die während des Prozesses der Anpassung an ihre Umwelt zu lächerlichen Figuren werden.« Molnar, der in Wirklichkeit Franz Neumann hieß, wurde 1878 in Budapest geboren. Seine erste Novelle »Die hungrige Stadt« (1900) spielt im jüdischen Viertel der ungarischen Hauptstadt. Molnar-Neumann diente im Ersten Weltkrieg als k.u.k. Kriegsberichter, emigrierte 1930 in die Schweiz und 1940 aus der Eidgenossenschaft nach Amerika. Er starb 1952 in New York. Die Bühnenstücke »Der Teufel« und »Liliom« sind seine bekanntesten Werke.

In ihren Lebenserinnerungen schildert Golda Meir, wie sie als israelische Botschafterin in Moskau 1948 die Frau des sowjetischen Außenministers, **Paulina Molotowa**, traf, die sich ihr als »jüdische Momme« offenbarte. Ein Jahr später schickte Stalin die Molotowa in den Archipel Gulag. Der hohe Posten ihres Mannes nutzte ihr nichts. Sie kam erst nach Stalins Tod frei. Paulina Molotowa war 1894 in Rostow geboren worden. Ihr Mädchenname lautete Perlmutter. 1920 heiratete sie den Bolschewistenfunktionär Wjatscheslaw Skrjabin, der sich Molotow (»der Hammer«) nannte und später Ministerpräsident sowie Außenminister der UdSSR wurde. In den 30er Jahre gehörte Molotowa-Perlmutter der sowjetischen Regierung als Volkskommissarin (Ministerin) für kosmetische Industrie und Fischereiwesen an. Sie starb 1970 in Moskau.

Laut »Neuem Lexikon des Judentums« sah Martin Buber, der mit ihm eng befreundet war, im Werk des Dichters **Alfred Mombert** »die Urkonzeption der Welt als Schöpfung realisiert«. Brauneck schreibt in seinem »Autorenlexikon«: »Mombert intendierte mit seinen Dichtungen ein Œuvre, das die dichterische Existenz in der Gesamtheit ihrer irdischen Erfahrungen bezeugte und einen autonomen Kosmos bildete.« Was das auch heißen mag - gewiß war Mombert ein Wegbereiter des Expressionismus. 1872 in Karlsruhe geboren, war er zunächst Rechtsanwalt, um sich 1906 in Heidelberg als freier Schriftsteller niederzulassen. 1928 wurde er in die Preußische Akademie der Wissenschaft aufgenommen (Ausschluß 1933). Bis 1940 konnte er verhältnismäßig unbeeinträchtigt in Heidelberg leben, dann mußte er ins Lager Gurs (Südfrankreich). Auf Bitten eines Freundes, des Schweizer Industriellen Hans Reinhart, wurde er freigelassen und kam 1941 in die Schweiz. 1942 starb er in Winterthur. Von Mombert stammen u.a. »Der Held der Erde«, »Der himmlische Zecher«, »Die Blüte des Chaos«.

Darius MILHAUD

Arthur MILLER

Alexandre MILLERAND

Paulina MOLOTOW

Jacques MONOD

Marilyn MONROE

Pierre MONTEUX

Alberto MORAVIA

Salomon MOREL

Der Journalist **Jakob Moneta** kam 1914 im ostgalizischen Blasow als Sohn eines Textilhändlers zur Welt. Nach einem der zahlreichen Judenpogrome in Polen emigrierte die Familie, wie Hunderttausende Ostjuden, 1919 nach Deutschland. Moneta machte 1933 in Köln Abitur (zuvor hatte er sich dem Sozialistischen Jugendverband Deutschlands angeschlossen) und siedelte Ende jenes Jahres nach Palästina über. Dort lebte er in einem Kibbuz und war Angehöriger der Untergrundarmee Haganah. Die britische Mandatsmacht hielt ihn von 1939 bis 1941 in Haft. Danach beschäftigte sie ihn als Zahlmeister (»Regimental Paymaster of the Middle East«). Später wurde er Mitarbeiter der französischen Nachrichtenagentur AFP. 1948 emigrierte er aus Palästina nach Frankreich und kurz darauf nach Westdeutschland. Er wurde Redakteur der »Rheinischen Zeitung«, Mitarbeiter im SPD-Auslandsreferat, Angehöriger des Auswärtigen Dienstes (Sozialreferent bei der Botschaft in Paris) und fungierte von 1962 bis 1978 als Chefredakteur von »Metall«, des Organs der Industriegewerkschaft Metall.

Wie zahlreiche andere jüdische wissenschaftliche Koryphäen unterschrieb auch **Jacques Monod** Anfang der 70er Jahre einen Protest gegen die linke Unterdrückung erbbiologischer Forschung und Erkenntnisse. Der Biochemiker war 1910 in Paris geboren worden; seine jüdische Mutter kam aus Amerika. Ab 1941 lehrte Monod am Pariser Pasteur-Institut. Dann soll er im Widerstand aktiv gewesen sein. 1959 erhielt er eine Professur an der Sorbonne. 1965 wurde er mit dem Nobelpreis für Medizin/Physiologie geehrt. 1971 avancierte er zum Direktor des Institutes Pasteur. Monod starb 1976 in Cannes. Zu den bedeutendsten Leistungen des Vererbungsforschers zählt die Entdeckung der von Genen gesteuerten Enzymsynthese in Viren. Seine bekannteste Schrift trägt den Titel »Zufall und Notwendigkeit« (erschienen 1970).

1962 beging die Hollywood-Mimin **Marilyn Monroe** im kalifornischen Brentwood Selbstmord. Ihrem dritten Ehemann, dem Schriftsteller Arthur Miller, zuliebe war sie bei Rabbi Goldberg in New York zum Judentum konvertiert. Eigentlich hieß sie Norma Jean Mortenson. Sie kam 1926 als Waisenkind in Los Angeles zur Welt. Im Krieg arbeitete sie in einer Munitionsfabrik. Ab 1943 stellte sie sich als »Pin-up-Girl« zur Verfügung. Die Bosse der Filmgesellschaft Fox wurden auf sie aufmerksam und engagierten sie 1946 für Hollywood. Ausgebildet wurde sie dafür an Strasbergs »Actor's Studio«, wo sie auch Miller kennenlernte. Marilyn Monroe avancierte zum »Sexstar«. Gerüchte und Erzählungen über Liebschaften, darunter mit dem Präsidenten Kennedy, sind Legion. 1960 ließ sie sich von Miller scheiden. Von Hollywood zermürbt, nahm sie schließlich eine Überdosis Schlaftabletten. Miller schlachtete die gescheiterte Beziehung zu einem erfolgreichen Bühnenstück aus.

Der eigentliche Name der einflußreichen jüdischen Familie Montagu lautete Samuel. 1879 kam in Clifton ein Sproß dieser Bankierssippe zur Welt, der es zu einem maßgeblichen Politiker in London brachte: **Edwin Samuel Montagu**. Er stieg zum Privatsekretär des britischen Premiers Asquith auf, eines der entschlossensten Verfechters britischer Imperialpolitik. Unter Asquith wurde Montagu 1910 Munitionsminister, was er bis 1922 blieb. Auch wirkte er als Unterstaatssekretär bzw. Staatssekretär für Indien. Er war Mitverfasser einer indischen Scheinverfassung, die den wahren Status des Subkontinents als Kolonie verschleiern sollte. Den Zionismus soll Edwin Samuel Montagu abgelehnt haben. Er starb 1924 in London.

Ewen Edward Montagu aus der Familie Samuel hatte als Geheimdienstchef im Zweiten Weltkrieg eine Schlüsselfunktion in London. Er hatte 1901 in der britischen Hauptstadt als Sohn des Bankiers Louis Samuel Montagu (Lord Swaythling) und dessen Gattin Gladis Goldsmid das Licht der Welt erblickt. Ewen Edward Montagu amtierte nicht nur als Präsident der Anglo-Jewish Association, sondern war im Kriege auch Leiter des britischen Geheimdienstes NID 17 M, zuständig u.a. für die Desinformation der Feindseite. Nach 1945 amtierte er als »Judge Advocate of the Fleet« und als Präsident der »United Synagogues«, einer der größten jüdischen Organisationen des Empire. Er starb 1985 in London. Der Filmproduzent Ivor Montagu war sein Bruder.

Seit seiner Jugendzeit trat der 1904 geborene Regisseur und Produzent **Ivor Montagu**, Sohn des Lord Swaythling-Montagu (eigentlich: Samuel), eines der reichsten Bankherren des Empire, als Kommunist auf. Mit seinem Freund und Genossen Sidney Bernstein gründete er 1925 in London die »Film Society«, die hauptsächlich sowjetische Streifen zur Aufführung brachte. In den 30er Jahren arbeitete Montagu in Hollywood mit Eisenstein zusammen (darüber schrieb er das Buch »With Eisenstein in Hollywood«), dann war er für eine Zeitlang Assistent Hitchcocks. Was er beim Meister des Thrillers und Gruselfilms gelernt hatte, konnte Montagu als Mitarbeiter der antideutschen Propaganda im Zweiten Weltkrieg gleich in die Praxis umsetzen. Nach 1945 wirkte er hauptsächlich als Publizist und war Mitarbeiter der »Ealin Studios«.

Der jüdische Bankherr **Louis Samuel Montagu**, Gründer und Leiter des Geldhauses Samuel Montagu & Co. (London), hatte kaum zu überschätzenden Einfluß auf die britische Wirtschafts-, Finanz-, Innen- und Imperialpolitik. Er war 1832 in Liverpool zur Welt gekommen. Von 1885 bis 1900 saß er für die Liberalen im Unterhaus. 1894 erklärte ihn der englische König zum »Ersten Baron Swaythling«. Der Bankier war »einer der Führer der englischen Juden in der 2. Hälfte des 19. Jahrhunderts« (»Neues Lexikon des Judentums«). Er setzte durch, daß jüdische Einwanderer großzügiger aufgenommen wurden, finanzierte die nationaljüdisch ausgerichtete »Chowewe Zion«, drängte - obwohl dem Zionismus distanziert gegenüberstehend - den türkischen Sultan Abdul-Hamid, jüdische Ansiedlungen in Palästina zuzulassen. Samuel Montagu starb 1911 in London. Ewen Edward Montagu, der Geheimdienstchef, und Ivor Montagu, der kommunistische Filmproduzent und Publizist, waren seine Söhne.

Die in England zu Reichtum und Einfluß gelangte, aus Italien zugewanderte jüdische Familie Montefiore stellte zahlreiche Prominente, z.B. **Claude Montefiore** (geboren 1858 in London, gestorben 1939 dortselbst). Er war Führer des englischen Reformjudentums, Chef der Anglo-Jewish Association und ab 1926 Präsident des Weltverbandes für das liberale Judentum. Sein Sohn Leonard (1889-1961) übernahm von ihm die Führung der Anglo-Jewish Association. Claudes Großonkel, Moses Montefiore (geboren 1784 in Livorno, gestorben 1885 im Alter von 101 Jahren in Ramsgate), wurde mit Börsenspekulationen in England reich, amtierte als Sheriff von London und wurde als erster Jude von der englischen Krone baronisiert. Hugh Montefiore, Neffe des Claude Montefiore, kam 1920 in London zur Welt, trat 1938 zur anglikanischen Kirche über, lehrte Neues Testament in Cambridge und wurde 1970 anglikanischer Bischof von Cambridge.

Zu den bedeutendsten jüdischen Orchesterleitern dieses Jahrhunderts zählte **Pierre Monteux**. 1875 kam er in Paris zur Welt. Nach einem längeren Amerikaaufenthalt (Boston) kehrte er 1920 nach Paris zurück, wo er 1929 Gründer und bis 1936 Leiter des Orchestre Symphonique de Paris war. Dann ging er nach Amerika zurück. Dort führte er bis 1952 das San Francisco Symphony Orchestra. Ab 1961 hatte er die Stabführung bei den Londoner Sinfonikern. Er starb 1964 in Hancock/US-Bundesstaat Maine.

In Manfred Barthels »Lexikon der Pseudonyme« heißt es: »**Alberto Moravia** = Alberto Pinkerle (auch Picherle). Daß der aus einer mährischen Familie stammende, deutschsprechende Schriftsteller sich ein Pseudonym zulegte, ist verständlich, besonders für deutschsprachige Leser.« Der Literat kam 1907 in Rom zur Welt. Zur Kriegszeit war er italienischer Auslandskorrespondent, bis er »Schreibverbot durch die Faschisten« auferlegt bekommen haben soll. Von 1959 bis 1962 wirkte er als Vorsitzender des Internationalen Pen-Clubs. In den 80er Jahren gelangte er auf der Liste der italienischen Kommunisten ins Europaparlament. Er war von 1941 bis 1961 mit seiner Berufskollegin Elsa Morante verheiratet und starb 1990 in Rom. Im Zentrum seines Schaffens stand »freizügige Erotik«. Zu seinen Hauptwerken gehören: »Adriane - ein römisches Mädchen« (1947), »Die Verachtung« (1954) und »Inzest« (1965).

In seinem 1993 in New York erschienenen Buch »An Eye for an Eye« (Auge um Auge) weist der jüdische US-Publizist John Sack auf das KZ-Massenverbrechen an Deutschen im polnischen Machtbereich nach 1945 hin. Als besonders grausamer Folterer und Mörder wird **Salomon (Schlomo) Morel** entlarvt, der das zum Auschwitz-Komplex gehörende rotpolnische KZ Schwientochlowitz (Swientochlowice) in Oberschlesien als Kommandant führte. Morel war im Kriege Partisan, leitete später die Gefängnisse von Oppeln und Kattowitz, stieg zum Oberst auf und setzte sich 1992 nach Israel ab, als die polnische Staatsanwaltschaft gegen ihn wegen Verbrechen an

polnischen Staatsbürgern zu ermitteln begann, die er in der Nachkriegsära ebenfalls begangen hatte. Bei Sack erfährt man von schier unglaublichen Marterungen und grauenhaften Ermordungen Deutscher, die auf Geheiß des Morel geschahen oder die er persönlich vornahm. Die »Spezialität« des rotpolnischen KZ-Kommandanten habe darin bestanden, mit einem schweren Schemel wie besessen deutschen Gefangenen den Schädel einzuschlagen und dabei zu schreien, die Nazis hätten seine Eltern vergast (die in Wahrheit polnischen Antisemiten zum Opfer gefallen waren). Nach Sacks Recherchen waren damals viele der höheren Chargen im polnischen KZ-System Oberschlesiens, zu dem auch das berüchtigte Lager Lamsdorf zählte, jüdisch. Schwientochlowitz, so Sack, sei »bei weitem nicht das einzige Lager unter jüdischer Leitung« gewesen, und: »Es war nicht einmal das schlimmste.« Als oberster rotpolnischer KZ-Leiter habe ein Chaim Studniberg gewirkt; er lebte bis 1987 unter anderem Namen in Tel Aviv, verkündete in Israel die Philosophie: »Nur ein toter Araber ist ein guter Araber« und rief beim Einmarsch der israelischen Armee in den Libanon aus: »Wir haben die Endlösung für das Araberproblem gefunden.«

Die Mutter des Volkswirtschaftlers **Oskar Morgenstern** (geboren 1902 in Görlitz, gestorben 1977 in Princeton/US-Bundesstaat New Jersey), Margarete Teichler, soll angeblich die Enkelin des deutschen Kaisers Friedrich III. gewesen sein. Sein Vater war jüdischer Geschäftsmann. Morgenstern leitete von 1931 bis 1938 das Institut für Konjunkturforschung in Wien. Dann begab er sich in die USA, wo er u.a. in Princeton lehrte. Er gilt neben John von Neumann als Begründer der sogenannten Spieltheorie und trat auch als Experte für Atomenergie in Erscheinung.

Als Direktor des »Center for the Study of American Foreign Policy and Military

Policy« ab 1950, Lehrer an der New School for Social Research sowie in Harvard, Berkeley und Laramie und Mitglied des hinter den Kulissen wirkenden Council on Foreign Relations (CFR) hatte **Hans Joachim Morgenthau** beachtlichen Einfluß in US-amerikanischen »Denkfabriken«. Die USA sollten nach seiner Meinung in der künftigen globalen Ordnung den entscheidenden Part als »Hüter internationaler Regeln« spielen. Morgenthau war 1904 in Coburg zur Welt gekommen. 1932 verließ er Weimar-Deutschland und ging in die Schweiz, 1935 nach Spanien, 1937 in die USA. Er starb 1980 in New York.

Als er 1856 in Mannheim zur Welt kam, hieß **Henry Morgenthau senior** (der Vater des Schöpfers des berühmten antideutschen Vernichtungsplans) noch Heinrich mit Vornamen. 1865 ging er mit den jüdischen Eltern in die USA. Als Geschäftsmann (Schreibmaschinen, Lebensversicherungen) machte er ein Vermögen. Er gehörte zu den Hauptsponsoren Woodrow Wilsons und später F.D. Roosevelts. 1913 ernannte ihn Präsident Wilson zum Botschafter am Hofe des türkischen Sultans. Morgenthau senior sondierte in dieser Eigenschaft für die zionistischen Interessen in Palästina und ließ zur Untermauerung der antideutschen Propaganda im Ersten Weltkrieg einen gefälschten Bericht über einen angeblichen geheimen »Kronrat« des Kaisers zur Kriegsverschwörung verbreiten. Die Folgen waren mit denen der »Protokolle der Weisen von Zion« vergleichbar. Der Haß gegen die Deutschen steigerte sich bis zum Exzeß. Morgenthau senior ging 1916 in diplomatischer Mission von der Türkei nach Mexiko (das zu dieser Zeit durch eine militärische »Strafexpedition« der US-Army diszipliniert wurde). Er war Mitglied der US-Delegation in Versailles, wo sein Freund, der damalige amerikanische Unterstaatssekretär und spätere Präsident Franklin D. Roosevelt, »Hang the

Kaiser!« forderte und wurde 1923 Vorsitzender der Völkerbundskommission für die Umsiedlung der kleinasiatischen Griechen. Den Zionismus soll er als »Niederlage und keine Lösung der jüdischen Idee« bezeichnet haben. Seine Erinnerungen trugen den Titel »My Trip around the World«. Er starb 1946 in New York.

Der US-jüdische Politiker **Henry Morgenthau jr.** entwarf unter der Schlagzeile »Germany is Our Problem« im Kriege »den ungeheuerlichsten Massenmordplan, der je von menschlicher Rachewollust und Barbarei erdacht wurde« (so der US-Professor Austin J. App). Selbst US-Kriegsminister Stimson, ein hartgesottener Politiker und geschworener Feind NS-Deutschlands, war erschrocken über das »wild gewordene Semitentum« seines Kabinettskollegen. Stimson schätzte die Zahl der Todesopfer bei Durchführung des Planes auf 30 Millionen. US-Außenminister Cordell Hull rechnete vor, der Morgenthau-Plan werde rund 40 Prozent der deutschen Bevölkerung vernichten. Kern des Planes war die Zerstörung der deutschen Industrie, also der Lebensgrundlage des Gros der deutschen Bevölkerung, die Zerstückelung des Reiches und die Abtrennung großer Gebietsteile. Roosevelt und Churchill stimmten dem Morgenthau-Plan bei ihrer Konferenz in Quebec 1944 grundsätzlich zu. Die Verwirklichung des Ansinnens wurde erst gestoppt, als der kalte Krieg ausbrach und man westlicherseits befürchtete, ohne »deutsches Bollwerk« von Stalin überrollt zu werden. Henry Morgenthau jr. war 1891 in New York als Sohn des aus Mannheim stammenden US-Bankiers und Diplomaten Henry Morgenthau senior zur Welt gekommen. 1916 heiratete er die Nichte des späteren New Yorker Gouverneurs und Finanziers Franklin D. Roosevelts, Herbert H. Lehmann. Er gelangte in den engsten Kreis um »FDR« und war 1933 ein Wegbereiter von dessen »New Deal«.

Von 1934 bis 1945 wirkte Morgenthau jr. als US-Finanzminister. Unter anderem fädelte er das Leih- und Pachtsystem ein, mit dem die »neutralen« USA Deutschlands Kriegsgegner in größtem Umfange unterstützten. Bei Kriegsende initiierte er die Weltbank und die Konferenz von Bretton Woods über die künftige Weltfinanzordnung. Er war führender Bruder der jüdischen B'nai B'rith-Logenvereinigung, wurde 1947 Chef der vereinigten US-jüdischen Organisationen und stand 1951 bis 1954 der US-Finanz- und Entwicklungsbehörde für Israel (Israel Bond Drive) vor. Henry Morgenthau jr. starb 1967 in Poughkeepsie/Bundesstaat New York.

Dem radikalen Deutschenfeind Henry Morgenthau jr. und seiner Frau Elinor geb. Fatman wurde 1917 in New York ein Sohn geboren: **Henry Morgenthau jr. II.** (in den USA wird in solchen Fällen nach Monarchenart römisch numeriert). Er war auch Großneffe des Bankbosses Herbert H. Lehman und trug im Zweiten Weltkrieg die Uniform der US-Army. Nach 1945 stieg er ins Fernsehgeschäft ein. Von 1955 bis 1977 war er Chefproduzent des TV-Senders WGBH (Boston). Auch hat er als Autor, Produzent und Direktor für die großen überregionalen Anstalten wie NBC, CBS und ABC gewirkt. Bestimmenden Einfluß übte er zudem aus als Vizepräsident des »Eleanor-Roosevelt-Instituts«, als Direktor des Morse Communication Center an der Brandeis-Universität und als hochgradiges Mitglied des jüdischen B'nai B'rith-Bundes.

Chef des »Holocaust Memorial Committee«, das 1994 in New York den Grundstein für ein kolossales, Deutschland anklagendes Holocaust-Museum in New York legte, ist **Robert M. Morgenthau**, ein 1919 in New York geborener Sohn von Henry M. Morgenthau jr. Sein Vater verfaßte den berüchtigten Morgenthau-Plan zur Vernichtung von mindestens 30 Millionen Deutschen. Robert M. Morgenthau ist maßgeblicher Politiker der Demokratischen Partei und fungierte bis zu seiner Pensionierung als New Yorker Staatsanwalt. Er ist in zahlreichen jüdischen Gruppen aktiv. Sein Bruder Henry Morgenthau jr. II (geboren 1917) wirkt als Fernseh-Produzent und TV-Autor und ist führendes Mitglied der jüdischen B'nai B'rith-Logenvereinigung.

Der Maler **Louis Morris**, der eigentlich Bernstein hieß, wird als einer der bedeutendsten modernen Künstler der USA bezeichnet. Er kam 1912 in Baltimore/Maryland zur Welt. Er ging bei Pollock in die Lehre und übernahm von Helen Frankenthaler die Methode, Farbe auf eine Sackleinwand zu schütten. Er gilt als Begründer der »Farbfeldmalerei« (»Color Field Painting«). Er unterrichtete am »Workshop Center« in Silver Spring und starb 1962 in Washington D.C.

Auf höchst unterschiedlichen »Hochzeiten« vermochte **Boris Morros** zu »tanzen«. Er kam 1895 in St. Petersburg zur Welt und war dort zunächst als Kapellmeister tätig. Auf undurchsichtigem Wege kam er über Baku und Kairo 1922 in die Vereinigten Staaten von Amerika. Dort war er ab 1926 als Produzent für die Filmgesellschaft Paramount aktiv. Von 1933 bis 1947 stand er im sowjetischen Spionagedienst. Wann er sich »umdrehen« ließ, ist nicht durchgesickert. Jedenfalls spitzelte er schließlich für US-Bundesbehörden wie z.B. das FBI. Seine Memoiren tragen den Titel »My Ten Years as a Counterspy«. Er starb 1963 in New York.

Der sozialdemokratische Politiker **Julius Moses** mußte als alter Mann zwangsweise ins Ghetto Theresienstadt, wo er 1942 74jährig starb. Er stammte aus Posen und war Jahrgang 1868. Zunächst gab er ein jüdisches Organ, die »GAJ«, heraus und betätigte sich als sozialistischer Zionist. Dann wies er seine Genossen an, der SPD beizutreten und dort Einflußposten zu gewinnen. Mit einem Zwischenspiel bei der linksradikalen Abspaltung USPD war er von 1920 bis 1932 sozialdemokratisches Reichstagsmitglied. Er war Sprecher in Gesundheitsfragen (auch Herausgeber der Zeitschrift »Der Kassenarzt«) und gehörte dem SPD-Parteivorstand an.

Der Jurist **Siegfried Moses** (geboren 1887 in Lautenburg, gestorben 1974 in Tel Aviv) hatte entscheidenden Anteil an der Einfädelung deutscher Wiedergutmachungsleistungen für Juden und Israel, die seit 1945 - in Kaufkraft der 90er Jahre - bereits rund 250 bis 300 Milliarden Mark ausmachen. Von 1933 bis 1936 wirkte Moses, der schon als Jugendlicher glühender Zionist und in den 20er Jahren Kaufhausdirektor bei Schocken war, als Vorsitzender der Zionistischen Vereinigung für Deutschland. Außerdem war er 1933 Mitbegründer und bis 1937 stellvertretender Vorsitzender der Reichsvertretung der Juden Deutschlands. In Absprache mit dem NS-Regime wurden Auswanderung und Vermögenstransfer von Juden nach Palästina organisiert. 1937 wanderte auch Moses nach Palästina aus, wo er zunächst die Weichen für die Wiedergutmachung stellte und dann von 1949 bis 1961 als Chef des Rechnungshofes im Range eines Ministers amtierte. 1957 wurde er Präsident des »Council of Jews from Germany« und des Leo-Baeck-Institutes. Die israelische Professorin Nana Sagi berichtet in ihrem Buch »Wiedergutmachung für Israel«: »Seiner (Moses') Ansicht nach mußte ein legaler Rahmen geschaffen werden, der auch für politische Zwecke genutzt werden konnte. Die Juden, die nach 1933 aus Deutschland geflohen waren, sollten als eine im Krieg mit dem Reich befindliche Nation betrachtet werden, und als solche wären sie zu Reparationen berechtigt wie alle anderen Nationen, die gegen Hitler kämpften. Der Verband mitteleuropäischer Einwanderer übernahm Dr. Moses' Empfehlungen.« In der Resolution vom 27. Oktober 1944 in bezug auf jüdische Probleme nach dem Krieg hieß es: »Jüdische Ansprüche auf Entschädigung müssen auf Anerkennung der Tatsache beruhen, daß die Juden einer seit 1933 (!) mit Deutschland im Krieg befindlichen Nation angehören.«

Ernst Mosevius (geboren 1894 in Berlin, gestorben 1974 in New York) war sowohl in Deutschland wie auch in der amerikanischen Emigration ein führender Mann des mächtigen jüdischen B'nai B'rith-Logenbundes. Er wirkte zeitweise als Präsident der »Deutschen Reichsloge« des B'nai B'rith mit Zentrale in Berlin, und in Amerika war er Präsident der »Leo Baeck-Loge« des B'nai B'rith in New York. Bis 1935 stand Mosevius an der Spitze der Israelitischen Union, die vor allem in Deutschland eingewanderte Juden aus Osteuropa betreute. Von 1935 bis 1941 amtierte er als Leiter der Fürsorge und Paßstelle sowie als Referent für Wanderfürsorge der Jüdischen Gemeinde Berlin. Dann wanderte er in die USA aus, wo er beruflich als Psychotherapeut und Lehrer an jüdischen Schulen wirkte.

Wie ungezählten anderen Bühnenkünstlern jüdischer Herkunft, so ebnete Max Reinhardt (recte Goldmann) auch der Schauspielerin **Grete Mosheim** in Weimarer Zeit den Weg. Sie war 1905 in Berlin als Tochter eines jüdischen Arztes zur Welt gekommen (die Mutter war Nichtjüdin) und erhielt am Deutschen Theater ihr erstes Engagement. 1934 ging sie nach England, wo sie den jüdischen US-Eisenbahnkönig Howard Gould kennenlernte. Die Ehe mit ihm zerbrach 1946 wie zuvor ihre Ehe mit dem Schauspieler Oskar Homolka. 1951 heiratete sie den »Times«-Publizisten Cooper. Nach dem Kriege trat sie auch wieder in Deutschland auf. »Vor allem brillierte sie in morbid-fragilen Frauenrollen des modernen Theaters«, heißt es im Munzinger-Archiv.

Rudolf Mosse zählte zu den Pressezaren des Kaiserreiches und der Weimarer Republik. 1843 in Grätz (Posen) zur Welt gekommen, war der Sohn eines jüdischen Arztes ursprünglich Buchhändler von Beruf. 1867 gründete er die »Annoncen-Expedition und Verlags-Buchhandlung Mosse«. Mit Georg Davidsohn hob er 1872 das »Berliner Tageblatt« aus der Taufe, ein zwar meist defizitäres, aber im Bürgertum stark meinungsbildendes Organ. 1889 schuf Mosse die »Berliner Morgenzeitung«, 1904 kaufte er die »Berliner Volkszeitung«. Weitere Tageblätter, Magazine, Illustrierte kamen hinzu. Mosse gehörte dem Vorstand der jüdischen Gemeinde Berlin an; er war Vorsitzender der Jüdischen Reformgemeinde. Ihm gehörte auch die »Allgemeine Zeitung des Judentums«. Er starb 1920 in Schenkendorf bei Königs Wusterhausen. Daß sein Konzern »von den Nazis zwangsweise arisiert« wurde, ist insofern unzutreffend, als das Haus Mosse ab 1930 durch Wirtschaftskrise und gewagte Spekulationen, aber auch infolge interner Auseinandersetzungen in akute Schwierigkeiten geriet, die 1932/33 zum Bankrott führten.

Walther von Mossner, geboren 1846 in Berlin als Sohn des jüdischen Bankiers Jakob Mossner (der dem späteren Kaiser Wilhelm I. im Revolutionsjahr 1848 finanziell geholfen hatte), wurde Offizier der Königshusaren und erhielt für seine Leistungen in der Schlacht bei Königgrätz 1866 den Roten Adlerorden mit Schwertern. Ab 1892 diente er als Flügeladjutant Wilhelms II. 1899 wurde er Kommandeur der Garde-Kavallerie-Division und Generalleutnant mit dem Titel Exzellenz. Von 1903 bis 1910 amtierte er als Gouverneur von Straßburg. Im Ersten Weltkrieg war er stellvertretender Kommandierender General. Er wurde vom Kaiser in den erblichen Adel erhoben. Im Herbst 1918 erhielt er als letzter preußischer General den Schwarzen Adlerorden. Er starb 1932 in Heidelberg.

Der Regisseur **Imo Moszkowicz** zählt zu den meistbeschäftigten Theater- und Fernseh-Spielleitern der Bundesrepublik. Er kam 1925 als Sohn eines Schusters im westfälischen Ahlen zur Welt, besuchte die Jüdische Mittelschule in Hamm und die Schauspielschule Düsseldorf. Er debütierte an der Jungen Bühne Warendorf und am Westfalentheater Gütersloh. Als Jude mußte er ins KZ. Nach der Rückkehr aus Auschwitz war er zunächst in Südamerika tätig. Wieder in der Bundesrepublik, begann er als Regieassistent bei Fritz Kortner. Neben seiner Tätigkeit für Theater und Film hat er vor allem zahlreiche Fernseharbeiten geliefert, z.B. »Mein Freund Harvey«, »Der Ritter von der traurigen Gestalt«, »Esther in Israel« (mit Esther Ofarim) und Folgen von Serien wie »Graf Yoster gibt sich die Ehre« mit Lukas Ammann und Wolfgang Völz (der eigentlich Treppengeländer heißt) in den Hauptrollen.

Eine Art Ephraim Kishon der deutschen Kaiserzeit und der Weimarer Republik war **Alexander Moszkowski**. Er war Jahrgang 1851 und stammte aus dem polnischen Pilitza. In Berlin wurde er zum bekanntesten jüdischen Satiriker und literarischen Possenreißer Deutschlands. Von 1887 bis 1928 gab er die »Lustigen Blätter« heraus. Das Witzblatt war von Otto Eysler gegründet worden. Außerdem brachte Moszkowski Witzesammlungen wie »Die meschuggene Ente« heraus. Von ihm stammen die Bücher »Der dümmste Kerl der Welt«, »Die Welt von der Kehrseite« und »Der jüdische Witz«. Er starb 1934 in Berlin.

Wo immer Anarchisten an die Macht kamen, beispielsweise 1909 in Katalonien, oder Kommunisten die Regierung übernahmen, z.B. nach dem Ersten Weltkrieg in Ungarn und Rußland, übten sie grausamen Massenterror aus. **Erich Mühsam** wollte beide Bewegungen, Anarchismus und Kommunismus, zusammenführen. Der Literat kam 1878 in Berlin zur Welt und gab radikal-anarchistische Zeitungen wie »Kain« heraus. Als Freund und Schüler Landauers war er 1918/19 Mitglied der Münchner Räteregierung, die Meinungsdiktatur und Geiselmord zu verantworten hatte. Mühsam wurde zu 15 Jahren Festung verurteilt, doch schon 1924 amnestiert. Nun trat er in seinem Blatt »Fanal« für einen Anarchokommunismus ein, der die Weimarer Republik beseitigen und sogar die Weltherrschaft antreten sollte. Mühsam wurde aktiv für die »Rote Hilfe« und setzte sich insbesondere für Max Hölz ein, der in Mitteldeutschland den bewaffneten Kampf der Roten gegen die Weimarer Demokratie angeführt hatte. Der 1933 verhaftete Mühsam wurde 1934 im Lager Oranienburg ums Leben gebracht.

Der jüdische Kommunist **Wilhelm (Willi) Münzenberg**, geboren 1889 in Erfurt, war Chef aller KPD-Propagandamedien in der Weimarer Zeit. Die Auflagen der von seinem Konzern herausgegebenen Schriften gingen in die Millionen; er leitete auch eine Filmgesellschaft. Er hatte von 1910 bis 1918 in der Schweiz gelebt und dort Lenin kennengelernt, für den er sich begeisterte. Nach dem Ersten Weltkrieg schloß sich Münzenberg der KPD an. Er wurde Mitgründer der Komintern und der »Internationalen Arbeiterhilfe«. Von 1924 bis 1933 vertrat er die KPD im Reichstag. 1933 ging er nach Frankreich und organisierte von dort aus die stalinistische Propaganda gegen Deutschland. Etwa 1937 begann seine Abwendung vom Stalinismus; im März 1939 verließ er die KPD. Damit war er nach Moskauer Lesart vogelfrei. Nach Ausbruch des Krieges wurde er - wie alle aus Deutschland stammenden Hitlerflüchtlinge - als »unsicheres Element« in ein französisches KZ gebracht. Über sein Ende besteht keine Gewißheit; sein Leichnam wurde im Oktober 1940 bei Lyon entdeckt. Sehr wahrscheinlich fiel er einem Mordkommando Stalins zum Opfer.

Als »Vorkämpfer gegen den Antisemitismus im Heer« gilt der jüdische Politiker **Otto Mugdan**, der 1862 in Breslau geboren wurde und 1925 in Berlin starb. Er praktizierte ab 1885 als Arzt in Berlin. 1900 ließ er sich evangelisch taufen. 1903 bis 1911 saß er zunächst für die Freisinnigen, dann für die Fortschrittliche Volkspartei im Deutschen Reichstag; von 1912 bis 1918 war er Abgeordneter des Preußischen Landtages. Von ihm stammten viel beachtete Kommentare zum Krankenversicherungsgesetz und zum Gewerbeunfallgesetz.

Ein in Hollywood oft zu diagnostizierender Cäsarenwahn brach auch beim jüdischen Mimen **Paul Muni** aus. Liz-Anne Bawden schreibt in ihrem »Filmlexikon«, daß etliche Filme Munis erheblich unter der von ihm selbst am engagiertesten vertretenen Erkenntnis litten, er sei einer der virtuosesten Schauspieler des amerikanischen Films; »seine Manierismen beeinträchtigten seine Leistungen«. Muni hieß eigentlich Friedrich Meyer Weisenfreund und war 1897 in Lemberg auf die Welt gekommen. Mit den Eltern nach Amerika emigriert, begann er an jiddischen Theatern in New York. Die Gebrüder Eichelbaum (Warner) vermittelten ihm zwei lukrative Filmrollen: Als Verbrecher Al Capone in Howard Hawks »Scarface« und als Kettensträfling in Le Roys »I Am a Fugitive from a Chain Gang«. Später mimte Muni-Weisenfreund Emile Zola und den Wohltäter der Menschheit Louis Pasteur (dafür erhielt er den »Oscar«). Er starb 1967 in Hollywood.

Auch nach 1933 gab es Ansatzpunkte für eine dauerhafte deutsch-jüdische Kooperation. Rabbiner **Esra Munk** war damals durchaus kein Einzelgänger, als er sich im Prinzip mit dem Nationalsozialismus einverstanden erklärte, »natürlich ohne seine antisemitische Komponente«. Der jüdische Geistliche fuhr fort: »Ohne den Antisemitismus würde der Nationalsozialismus in den überlieferungstreuen Juden seine treuesten Anhänger finden.« Selbst ein Mann wie Bernard Baruch äußerte, er wäre möglicherweise Hitler-Anhänger geworden, hätte es nicht dessen radikalen Antisemitismus gegeben. Munk war 1867 in Altona zur Welt gekommen. Er wirkte in Berlin von 1900 bis 1938 als Rabbiner bei der Gemeinde Adass Jisroel. Er galt als Führer der jüdischen Orthodoxie, war Berater der preußischen Regierung in jüdisch-religiösen Fragen, Mitgründer des Bundes jüdischer Akademiker und des Reichsbundes gesetzestreuer jüdischer Gemeinden. Außerdem stand er der »Reichszentrale für Schächtangelegenheiten« (Berlin) vor. 1924 gab er das Buch »Gefälschte Talmudzitate« heraus. 1938 ging er nach Jerusalem, wo er zwei Jahre später starb.

N

Eigentlich hieß der jüdische Geschichtswissenschaftler **Shlomo Na'Aman** Hans Salomon Goldreich. Er kam unter diesem Namen 1912 in Essen auf die Welt. Früh schloß er sich der zionistischen Bewegung an. 1932 verließ er Weimar-Deutschland und ging nach Palästina, wo er an Kibbuz-Schulen lehrte. Von 1962 bis 1980 wirkte er als Professor für Sozialgeschichte in Tel Aviv. Gastprofessuren führten ihn nach Hannover und Münster. Mit W. Grab war er maßgeblich am Aufbau des »Instituts für deutsche Geschichte« der Universität Tel Aviv beteiligt. Er schrieb u.a. »Ferdinand Lassalle. Deutscher und Jude« (1968).

Der Unternehmer und Verbandsfunktionär **Otto Nachmann**, Vater des langjährigen Vorsitzenden des Zentralrats der Juden in Deutschland und Wiedergutmachungsbetrügers Werner Nachmann, war Jahrgang 1893 und betrieb in Weimarer Zeit einen Altkleiderverwertungs-Betrieb in Baden. Nach 1933 mußte er im Rahmen der sogenannten Arisierung das Unternehmen verkaufen. Den Krieg überstand er in Frankreich. 1945 kehrte er nach Baden zurück und eröffnete seine Lumpensortieranstalt und Altkleiderverwertung neu. Er wurde Präsident des Fachverbandes für Abfallstoffe und Mitglied des Oberrates der Israeliten Badens. Für seine Verdienste um das Allgemeinwohl wurde er mit dem Bundesverdienstkreuz ausgezeichnet. 1961 starb er.

Als der 1925 in Karlsruhe geborene, 1938 nach Frankreich emigrierte, 1945 als französischer Feldwebel zurückgekehrte Chef des Zentralrates der Juden in Deutschland von 1969 bis zu seinem Tode sowie hochrangige Funktionär der Zionistischen Internationale und stellvertretende ZDF-Vorsitzende **Werner Nachmann** 1988 gestorben war, versammelte sich an seinem Grabe die gesamte Bonner Prominenz. Bundespräsident von Weizsäcker trauerte »um eine herausragende Persönlichkeit und einen Humanisten, dessen Vermächtnis uns alle verpflichtet«. Bundesratspräsident Ernst Albrecht betonte: »Sein aufrichtiger Charakter hat ihm große Anerkennung gebracht.« Und Kanzler Kohl sagte der Nation per Direktübertragung der Trauerzeremonie im Fernsehen: »Werner Nachmann hat sich um unser Vaterland verdient gemacht. Er war eine moralische Autorität.« Von da an allerdings dauerte es nur wenige Wochen, bis Nachmanns Nachfolger als Chef des jüdischen Zentralrates, Galinski, die Meldung bestätigen mußte, daß sein Vorgänger ein Wiedergutmachungsbetrüger größten Stils gewesen war. Nachmann hatte Millionenbeträge aus der deutschen Steuerkasse, gezahlt für NS-Opfer, in seine bankrottreifen Unternehmungen, vor allem in seine marode Lumpensortieranstalt, gesteckt, mit dem Geld aber auch Politiker und Journalisten gefügig gemacht. Der Schaden wurde auf mindestens 30 Millionen Mark geschätzt. Die Gaunereien waren möglich geworden, weil CDU-Mitglied Nachmann über beste Beziehungen in allen etablierten Parteien verfügte (Bonn hatte ihm sogar einen Diplomatenpaß zur Verfügung gestellt) und weil keine Behörde es gewagt hatte, sein anrüchiges Finanzgebaren unter die Lupe zu nehmen. Die Steuerfahndung war auf höheren Befehl zurückgepfiffen worden, und der Rechnungshof durfte den Zentralrat der Juden ohnehin nicht prüfen. Bei vielen Gelegenheiten, so auch als Redner beim Deutschen Katholikentag 1980, hatte Nachmann, Träger des Großen Bundesverdienstkreuzes mit Stern und Schulterband, die Deutschen ermahnt, »Schuld zu bekennen« und dafür »geradezustehen«.

Als führender Mann der US-amerikanischen Notenbank hatte **Marcus Nadler** aus Campelung in Österreich (Jahrgang 1895) Einfluß auf das amerikanische und internationale Finanzwesen der 20er Jahre, das 1929 beim Börsenkrach kollabierte. Nadler war als k.u.k. Soldat im Ersten Weltkrieg in russische Gefangenschaft geraten. Über Sibirien gelangte er 1920 in die USA. Schon vier Jahre später war er nach sagenhafter Karriere Direktor der Auslandsabteilung des Federal Reserve Board, der US-Notenbank. Später lehrte er an der Universität New York Volkswirtschaft und bildete zahlreiche US-amerikanische Nationalökonomen aus. Er starb 1965 in New York. Er schrieb u.a. »The Money Market« und »People's Capitalism«.

Der jüdische Theaterintendant **Ivan Nagel** hat vor allem in den 70er Jahren entscheidend zur linken Umpolung des bundesdeutschen Bühnenwesens beigetragen. Er war 1931 in Budapest als Sohn eines Textilfabrikanten auf die Welt gekommen. 1948 emigrierte er in die Schweiz. In den 50er Jahren ging er bei Adorno auf der »Marxburg« in Frankfurt am Main in die Lehre. 1958 erwarb er die deutsche Staatsbürgerschaft. Von 1972 bis 1979 war er Intendant des Deutschen Schauspielhauses in Hamburg, wo er eng mit Peter Zadek zusammenarbeitete und Regisseure wie Claus Peymann förderte. 1980 wurde er »Kulturkorrespondent« der »Frankfurter Allgemeinen« in New York, 1985 Schauspielintendant in Stuttgart und 1988 Professor für »Ästhetik und Darstellende Kunst« in Berlin.

Die »Botwin«-Kompanie war 1937 die erste eigenständige jüdische Einheit der Internationalen Brigaden im Spanischen Bürgerkrieg, in dem Zehntausende Juden auf der Seite der Roten kämpften. Gegründet wurde sie auf Initiative des jüdisch-kommunistischen **Albert Nahumi-Weitz**, der 1909 im ukrainischen Kamienic Podolski geboren worden war. Nach 1918 entlud sich in der Ukraine antijüdischer Haß in Pogromen, die durch die Beteiligung jüdischer Bolschewisten an roten Greueln zusätzlich angestachelt wurden. Nahumi-Weitz emigrierte nach Palästina und schloß sich dort der KP an. Mehrmals wurde er von der britischen Mandatsmacht in Haft genommen. 1932 entwich er nach Frankreich. Dort war er KPF-Beauftragter für die jüdische Jugend und gründete das Zentralkomitee der Vereinigten Sozialistischen Jüdischen Jugend. Im Spanischen Bürgerkrieg war er Freiwilliger der Internationalen XI. Brigade. Er kam 1937 bei den Kämpfen an der Madrider Front um.

Fritz Naphtali aus Berlin (Jahrgang 1891), der später in Israel seinen Vornamen in »Peretz« verwandelte, war in Weimarer

Zeit Mitarbeiter der »Vossischen Zeitung«, der »Berliner Morgenpost« und der »Frankfurter Zeitung« sowie Chef der von der SPD und dem Allgemeinen Deutschen Gewerkschaftsbund getragenen »Forschungsstelle für Wirtschaftspolitik«. In Palästina ab 1933 wurde er Dozent an der Technischen Hochschule Haifa, hochrangiger Gewerkschaftsfunktionär und 1949 Parlamentsabgeordneter (Berater Ben-Gurions). Zeitweise diente er als Landwirtschafts- bzw. Wohlfahrtsminister. Er starb 1961 in Tel Aviv.

Unter den Kommunisten wurde **Shak Primo Natan** (geboren 1902, gestorben 1974) zur Schlüsselfigur im bulgarischen Machtgefüge der Nachkriegszeit. Als Mitglied der »Vaterländischen Front« leitete er die Abteilung Agitation und Propaganda, dann die Presse und Propaganda des KP-Zentralkomitees. Außerdem wirkte er als stellvertretender Vorsitzender des »Komitees für Wissenschaft, Kunst und Kultur«. Er war Direktor des Instituts für Wirtschaftswissenschaften an der bulgarischen Akademie der Wissenschaften und Rektor der Hochschule für Ökonomie in Sofia, die den Namen von Karl Marx trug.

Der US-Politiker **Edgar Nathan** (geboren 1891 in New York, gestorben 1965 dortselbst) bezeichnete sich als Nachkomme der ersten jüdischen Siedler in New York. Er war Vetter von Benjamin Cardozo und Emma Lazarus. Von 1942 bis 1946 amtierte der Republikaner als Bürgermeister von Manhattan. 1946 wurde er Oberrichter des Staates New York. Außerdem wirkte der selbstbewußte Jude als Präsident der »Congregation Shearith Israel«, der ältesten jüdischen Gemeinde der USA.

Nach der italienischen Staatsgründung, der gewaltsamen Brechung der weltlichen Macht des Papsttums im Kirchenstaatsgebiet und der Aufhebung des Ghettos von Rom (1867) strömten Juden in großer Zahl in italienische Führungsämter. Einer von ihnen war **Ernesto Nathan** (geboren 1845 in London, gestorben 1921 in Rom). Sein politischer Mentor war Giuseppe Manzini. Nathan wurde Senator und amtierte von 1907 bis 1913 als Bürgermeister der italienischen Hauptstadt Rom.

Der kommunistische Jurist und Staatsfunktionär **Hans Nathan** kam 1900 in Görlitz zur Welt. In Weimarer Zeit war er bei der Deutschen Staatspartei und wirkte als Rechtsanwalt. 1933 ging er nach Prag, wo er die »Neue Weltbühne« herausgab. In der englischen Emigration ab 1939 schloß er sich der stalinistischen KPD an. 1946 in Ostberlin wurde er Mitarbeiter der »Zentralverwaltung für Justiz«. Von 1949 bis 1952 wirkte er als Leiter der Abteilung Gesetzgebung des DDR-Justizministeriums sowie als Präsident des Justizprüfungsamtes. Euphemistisch heißt es im »Biographischen Handbuch der deutschsprachigen Emigration«, er sei in der DDR »maßgeblich an der Umgestaltung des Rechtssystems beteiligt« gewesen. 1952/53 war er Chefredakteur des Blattes »Neue Justiz«, danach Professor an der Humboldt-Universität, Direktor des dortigen Instituts für Zivilrecht und Dekan der Juristischen Fakultät. Er starb 1971 hochdekoriert in Ostberlin.

Nach dem Zweiten Weltkrieg stieg die Zahl englischer Kabinettsmitglieder jüdischer Abkunft, die schon vorher beachtlich hoch war, noch einmal erheblich an. Zu diesem Kreis gehörte **Harry Louis Nathan**, der 1889 in London das Licht der Welt erblickte. Zunächst trat er als liberaler, dann als Labour-Politiker auf. Ab 1937 gehörte er dem Unterhaus an. Von 1946 bis 1948 amtierte er als Minister für zivile Luftfahrt. Von 1950 bis 1961 stand er als Präsident der jüdischen Sportvereinigung Makkabi vor. Die britische Krone deklarierte ihn zum Lord. Rgt. Hon. Harry Louis Nathan verschied 1963 in London.

Henry MORGENTHAU jr.

Siegfried MOSES

Rudolf MOSSE

Erich MÜHSAM

Willi MÜNZENBERG

Werner NACHMANN

Bernard NATHANSON

Max NAUMANN
als kgl. bayer. Leutnant

Josef NEUBERGER

Matthew Nathan (geboren 1862 in London, gestorben 1939 dortselbst) bekleidete im Vereinigten Königreich nicht nur hohe Regierungsposten, zum Beispiel im Innenministerium. Er brachte es auch zum ersten jüdischen Gouverneur der britischen Krone. In dieser Funktion verwaltete er ab 1898 nacheinander Sierra Leone, die Goldküste, Hongkong, Natal und Queensland. Der König adelte ihn »für die Verdienste um das Empire«. Nathan war fortan Sir Matthew.

Paul Nathan (geboren 1857 in Berlin, gestorben 1927 dortselbst) war ab 1900 Berliner Stadtverordneter der Fortschrittlichen Volkspartei, später der Sozialdemokraten. Mit Theodor Barth gab er bis 1907 die »Nation«, Organ des Freisinns, heraus. Nathan war Mitbegründer und Geschäftsführer des »Hilfsvereins der deutschen Juden« und leitete das »Komitee zur Abwehr antisemitischer Angriffe«. Er publizierte über »Die Kriminalität der Juden in Deutschland«, »Die Juden als Soldaten« (jeweils 1896) und »Das Problem der Ostjuden« (1926). 1911 schrieb Nathan an seinen Freund Aldenhofen über Erfahrungen und Eindrücke im Berliner Parlament: »In diesem Communal-Tümpel sind das lebendigste Element noch die Juden - beinahe das einzig lebendige Element; sie führen die Socialdemokratie, sie führen die kleine Schaar, die modernen Ideen zugänglich ist; sie führen den satten Bourgeois, der dann eines Tages sich darüber empören wird, daß er nicht genug Energie entwickelt hat, um seine Dummheiten selbst zu vollführen. Gestern kämpften in einer sehr wichtigen Angelegenheit acht Juden gegen einander und nicht ein Christ - nicht einer - ergriff das Wort. Und da soll es möglich sein in Deutschland Politik zu treiben. Ein Judenreich ginge zu Grunde, weil jeder Itzig sich einbilden würde, regieren zu können; und bei uns will Schulze & Müller nichts besseres als regiert werden vom Jun-

ker, vom Pfaffen und im Notfall vom Juden. Es ist ein sehr komisches Geschäft diesen Deutschen, der sich sehr wohl fühlt, solange zu peitschen, bis er sich nicht mehr wohl fühlt und gegen irgendjemand wild wird, gewöhnlich gegen den Falschen, und am häufigsten nur von heute bis übermorgen. Nun sehen Sie, daß auch ich meinen vergnüglichen Ärger habe.«

Bernard Nathanson entstammt einer aus Deutschland in die USA eingewanderten jüdischen Familie. Einige Zeit leitete er jene US-amerikanische Frauenklinik, in der die meisten Kinder abgetrieben werden (New York). Er stellte sich an die Spitze der »Liberalisierungsbewegung«. 1968 gründete er die Vereinigung für die Aufhebung des Abtreibungsgesetzes (»Aktionsliga für das Recht auf Schwangerschaftsabbruch«). Rund zehn Jahre später waren die Ziele seiner Gruppe weitgehend erreicht, vor allem auch infolge eines »Liberalisierungs«-Spruchs des Obersten US-Gerichtshofes. In der Bundesrepublik Deutschland wurde diese als »Fortschritt« bezeichnete Politik kopiert. Mitte der 70er Jahre wurde Nathanson Chef der Geburtshilfeabteilung eines großen Krankenhauses von New York und wandelte sich zum engagierten Lebensschützer. Nun »outete« er in Schriften und Interviews Manipulationsmethoden der Pro-Abtreibungsbewegung. Unter seiner Leitung entstand der Anti-Abtreibungs-Film »Der stumme Schrei«.

Der Jurist **Max Naumann**, geboren 1875 in Berlin, diente im Ersten Weltkrieg als Major und gründete 1929 den »Verband nationaldeutscher Juden« mit rund dreieinhalbtausend Mitgliedern, den er bis 1936 führte. Die Organisation wollte jene sammeln, »die bei offenem Bekenntnis ihrer Abstammung sich mit deutscher Kultur und deutschem Wesen unauflöslich verwachsen fühlen« und denen - so Naumann - »im Sinne des Nationalliedes Deutschland wirklich über alles geht.« Die aus dem Osten zugewanderten Juden wollte er als »schädlich für den deutschen Volkskörper« abgeschoben wissen. Linkspublizist Engelmann charakterisiert Naumann als »weit rechtsstehend«. Mit seiner Willensbekundung von 1934, am »nationalen Aufbau des Deutschen Reiches mitwirken« zu wollen, handelte sich der deutsch-vaterländisch gesinnte Naumann den Haß fanatisch antideutscher jüdischer Kreise ein, ohne jedoch Hitlers Antisemitismus mäßigen zu können. Er starb 1939 in Berlin.

»1957 ernannte ihn David Ben-Gurion zu einem ›Weisen von Israel‹« heißt es im »Neuen Lexikon des Judentums« über den Theologen und Publizisten **André Neher**, der 1913 im elsässischen Obernheim zur Welt gekommen war und 1988 in Jerusalem starb. Er sei zum »geistigen und philosophischen Lehrer einer ganzen Generation jüdischer Intellektueller« geworden, fährt das Lexikon fort. Neher, der ab 1967 an der Hebräischen Universität Jerusalem lehrte, war vor allem beeinflußt von der Gedankenwelt des Rabbi Juda Löw ben Bezalel, des »Maharal von Prag«. Über ihn weiß das Nachschlagewerk: »Er betonte die Einzigartigkeit Israels und die Hoffnung auf Rückführung der Exilanten.« Der Legende nach war Rabbi Löw der Schöpfer des Golem, eines aus Lehm geformten, zum Koloß wachsenden stummen künstlichen Menschen.

Der Bakteriologe **Max Neißer** (geboren 1869 im schlesischen Liegnitz, gestorben 1938 in Frankfurt am Main) war seit 1914 Professor an der Frankfurter Universität. Im Ersten Weltkrieg diente er als Korpshygieniker des Preußischen Gardekorps. 1921/22 war er Rektor der Universität Frankfurt, bis 1933 amtierte er als Direktor des dortigen Hygiene-Instituts. Er war Mitbegründer der Deutschen Gesellschaft zur Bekämpfung von Geschlechtskrankheiten

und hatte in dieser Funktion Einfluß auf die Gesetzgebung des Reiches (Meldepflicht ansteckender venerischer Krankheiten). Nach Neißer ist die Färbung der Diphteriebakterien benannt.

Als Nachfahr von Moses Mendelssohn und der Jente von Hameln wird der Philosoph **Leonard Nelson** in Biographien vorgestellt. Er wurde 1882 in Berlin geboren, war Sohn eines Anwaltes und getauft. Ab 1919 lehrte er als Professor an der Universität Göttingen. Er wird als »Lehrmeister des liberalen Sozialismus« bezeichnet und wirkte stark auf Weltanschauung und Politik der Sozialdemokraten. 1926 gründete er den »Internationalen Sozialistischen Kampfbund«. Ein Jahr später starb er in Melsungen.

Als »Meister der Berliner Kleinkunstbühnen« galt der Komponist, Pianist und Kabarettist **Rudolf Nelson**, der eigentlich Lewysohn hieß und 1878 in Berlin auf die Welt kam. Er gründete in der Reichshauptstadt Kabaretts wie das »Chat Noir«, war Manager am »Metropol« und führte von 1919 bis 1933 das »Rudolf-Nelson-Theater«, wo auch die nur mit Bananen bekleidete Josephine Baker auftrat. Über die Schweiz kam er 1934 nach Holland. Dort schuf er mit Werner Levie und seinem Sohn, dem Pianisten und Komponisten Herbert Nelson, zur Zeit der deutschen Besetzung der Niederlande das Jüdische Theater, das von der NS-Führung geduldet wurde. Dann leitete Rudolf Nelson die Aufführung jüdischer Revuen und Theaterstücke im Konzentrationslager Westerbork. 1949 kehrte er nach Berlin zurück, wo er 1960 starb. Einige seiner vielen hundert Lieder wurden zu Schlagern, beispielsweise »Wenn du meine Tante siehst«.

Josef Neuberger, geboren 1902 in Antwerpen, mußte bei Kriegsausbruch 1914 Belgien verlassen und wurde nach Deutschland abgeschoben. Früh schloß er sich der zionistischen Jugendbewegung »Blau-Weiß« an und war Mitbegründer der links-zionistischen »Poale Zion« in Deutschland. 1920 wurde er SPD-Mitglied. 1926 veröffentlichte er die Schrift »Die Sowjetverfassung«. 1928 kam sein Buch »Die Hauptwanderungen der Juden seit 1914« heraus. Nach Hitlers Machtantritt ging er über Holland nach Palästina. Nach 1945 zurückgekehrt, stieg er in den Zentralrat der Juden in Deutschland auf, führte die Düsseldorfer jüdische Gemeinde, war Delegierter bei den Tagungen des Jüdischen Weltkongresses, trat als führender Wiedergutmachungsanwalt in Erscheinung, vertrat im Auftrage des jüdischen Zentralrates die Nebenklage bei großen KZ-Verfahren (z.B. Treblinka-Prozeß, Sobibor-Prozeß), wurde 1959 SPD-Landtagsabgeordneter und -Rechtsexperte und amtierte von 1966 bis 1972 als NRW-Justizminister. Während er sonst das Strafrecht »liberalisierte«, war er bei der juristischen NS-Bewältigung absolut für Härte. Zuletzt lehrte er an der Gesamthochschule Wuppertal. Er starb 1977 in Düsseldorf.

Richard L. Neuberger, Sohn einer jüdischen Einwandererfamilie aus Deutschland, stieg zum einflußreichen US-Politiker auf. Geboren 1912 in Portland/Oregon (wo er 1960 auch starb), wirkte er zunächst als Journalist. Von 1939 bis 1954 war er Korrespondent der »New York Times«. Von 1956 bis 1960 war er Senator von Oregon in Washington. Er schrieb u.a. »Our promised Land« (1938) und »Adventures in Politics« (1954).

Der 1922 im polnischen Zdunska-Wola geborene jüdische Geistliche **Isaac Neuman** hat nach eigenen Angaben 10 nationalsozialistische Konzentrationslager überstanden. Seit 1950 lebt er in den USA. Er war Rabbiner in Alabama, Panama, Labrador und auf den Azoren. 1987 wurde er Rabbiner in Ostberlin (der erste seit zwanzig Jahren). Zu dieser Zeit bemühte sich Honecker um Reputation bei einflußreichen Juden Amerikas. Doch schon nach nur acht Monaten Dienst verließ Neuman Ostberlin, weil dort »erschreckender Antisemitismus« herrsche. Das SED-Zentralorgan »Neues Deutschland« beispielsweise sei mit seinen israelkritischen und pro-palästinensischen Artikeln vergleichbar dem »Völkischen Beobachter«. Sprecher der mit der SED verbundenen jüdischen Gemeinde Ostberlins konterten, Neuman sei ein »Hollywood-Rabbi« und habe sich ohnehin kaum um seine Aufgaben gekümmert.

Franz Leopold Neumann wirkte an den Anklageschriften des Nürnberger Siegertribunals mit, hatte als Roosevelts Deutschlandexperte Pläne zur »Entnazifizierung« und »Umerziehung« der Deutschen entworfen, gilt als Vater der Freien Universität Berlin und als Begründer der westdeutschen politischen Wissenschaften nach 1945. 1900 war er im oberschlesischen Kattowitz zur Welt gekommen. In Weimarer Zeit begann er als Assistent von Hugo Sinzheimer. Er war Rechtsanwalt in Berlin, schloß sich der SPD an und wirkte an der Berliner Hochschule für Politik. Ab 1933 lehrte er an der Londoner School of Economics. Weil ihm die englische Gesellschaft borniert erschien, ging er 1936 in die USA, wo er fand, daß Deutschland weniger antisemitisch sei als Amerika. Unter anderem arbeitete er bei Horkheimer am Institute for Social Research. Neumann starb 1954 an den Folgen eines Autounfalls im schweizerischen Visp.

Als KPD-Führer **Heinz Neumann**, 1902 in Berlin geborener Sohn eines jüdischen Getreidehändlers, 1930 die für alle Genossen verbindliche Parole ausgab: »Schlagt die Faschisten, wo ihr sie trefft«, wird er kaum geahnt haben, daß er einige Jahre später nicht etwa durch »Faschisten«, sondern auf Geheiß seines verehrten Führers Stalin liquidiert werden würde. Neumann, »Prototyp des intellektuellen Berufsrevolutionärs« (»Biographisches Handbuch der deutschsprachigen Emigration«), war seit Anfang der 20er Jahre führender Funktionär der KPD. Im Auftrage der Komintern beteiligte er sich 1927 am kommunistischen Umsturzversuch in China, wo er sich den schmückenden Beinamen »Henker von Kanton« einhandelte. Wieder in Deutschland, wurde er Chef des Zentralorgans »Rote Fahne« und KPD-Reichstagsabgeordneter. In der Endphase von Weimar führte er die Partei gemeinsam mit Thälmann, wurde aber 1932 weitgehend ausgebootet. 1933 in die Schweiz geflüchtet, konnte er 1935 in die Sowjetunion ausreisen, wo er 1937 im Zuge der »Säuberungen« für alle Ewigkeit im Gulag verschwand. In erster Ehe war er mit einer Luise Rothschild, in zweiter mit der Publizistin Margarete Buber-Neumann verheiratet.

Robert Neumann, geboren 1897 in Wien, bankrottierte 1925 mit seiner Importfirma. Daraufhin verlegte er sich auf die Schriftstellerei und hatte schon bald einigen Erfolg als Satiriker und Novellist. 1934 ging er nach England, dessen Staatsbürgerschaft er erwarb. Von 1941 bis 1945 war er in der Rundfunkpropaganda Sefton Delmers bei der BBC eingesetzt. Ab 1959 lebte er in der Schweiz. Er starb 1975 in Locarno. Zu den bekanntesten Werken des Literaten, der zeitweise als Vizepräsident des internationalen Pen-Clubs amtierte und mit der Schriftstellerin Franziska (»Rolly«) Becker verheiratet war, zählen die Publikationen »An den Wassern von Babylon«, »Mit fremden Federn« und »Unter falscher Flagge«.

Als Sohn des jüdischen Textilgroßkaufmanns Leopold Neumeyer kam 1867 in München **Alfred Neumeyer** zur Welt. Er war Staatsanwalt in Kempten, Landshut, München und Augsburg, wurde 1918 Richter am OLG München und amtierte von 1929 bis 1933 als Richter am bayerischen

Obersten Landesgericht. Er war u.a. mit der Revision der Judengesetze in Bayern im Auftrag des Kultusministeriums beschäftigt. 1933 spielte er eine Hauptrolle bei der Gründung der jüdischen Reichsvertretung, deren Vorstand er fortan angehörte. Bis zum Kriegsjahr 1941 amtierte er als Vorsitzender des Verbandes der Bayerischen Israelitischen Gemeinden und der jüdischen Gemeinde München. Dann emigrierte er nach Südamerika, wo sein Sohn in der Colonia Avigdor (Argentinien) eine Farm betrieb. Dort starb Alfred Neumeyer 1944. Sein Bruder war der Rechtsprofessor Karl Neumeyer.

Der Kunsthistoriker und Schriftsteller jüdischer Herkunft **Fred Neumeyer** (geboren 1901 in München, gestorben 1973 in Oakland/Kalifornien) schloß sich als Jugendlicher der bündischen Bewegung an. 1919/20 war er als Mitglied des Freikorps Epp u.a. an der Niederwerfung der roten bayerischen Sowjetrepublik beteiligt. Von 1930 bis 1933 wirkte er als Direktor der Presseabteilung des Berliner Nationalmuseums. Bis zur Emigration 1935 lehrte er als Privatdozent an der Universität Berlin Kunstgeschichte. In den USA wurde er Direktor der Kunstgalerie des Mills College in Oakland sowie Professor in Berkeley, Harvard und an der Stanford Universität. Nach 1945 hielt er Gastvorlesungen in Heidelberg und an der FU Berlin. In Weimarer Zeit hatte er Gedichte unter dem Titel »Ausrast und Wanderschaft« (1925) und ein Drama »Die Herde sucht« (1932) veröffentlicht. 1934 erschien in Frankfurt am Main seine Novelle »Nourraine, der Geschichtenerzähler«.

Louise Nevelson (Jahrgang 1899), aus Kiew stammende US-Künstlerin, gilt als »bedeutendste Neodadaistin« in der Bildhauerei. Sie kam als Kind mit den jüdischen Eltern nach Amerika. Seit Ende der 30er Jahre war sie in New York tätig, nachdem sie zuvor Hans Hofmann in München und Diego Rivera in Mexiko assistiert hatte. Ihre Spezialität war es, aus Abfallhaufen Bretter und Balken zusammenzustellen oder aneinanderzuleimen und dann mit Farbe zu überstreichen (»Reliefmontagen«). Ihr berühmtestes Werk befindet sich im New Yorker Jewish Museum und heißt »Hommage to 6 000 000«. Sie starb 1988 in New York.

Rabbi Leo Trepp schreibt in seinem Buch zum Thema amerikanische Juden über den Hollywood-Schauspieler **Paul Newman** »Er möchte als Jude anerkannt werden.« Doch so sehr sich Newman auch anstrengt, beispielsweise durch massive Spenden an jüdische, insbesondere zionistische Organisationen aus den Erträgen seiner Salatsaucen- und Essiggurken-Firma »Newman's Own« er kann den entscheidenden »Geburtsfehler« nicht wettmachen: Zwar war sein Vater, nicht aber seine Mutter jüdisch. Und nach altjüdischer Überlieferung, der Halacha, ist richtiger Jude nur, wer eine jüdische Mutter hat. »Ich bewunderte meinen Vater. Er war Jude, aus Deutschland eingewandert«, sagte Newman, der 1925 in Cleveland/Ohio zur Welt kam, 1991 in einem Interview. Doch, so fuhr er fort: »Unsere Beziehung krankte zeitlebens daran, daß er mich nicht für ebenbürtig hielt.« Paul Newman wurde nach Rückkehr aus dem Kriegsdienst in Strasbergs Schauspielschule ausgebildet. 1954 gab er sein Filmdebüt in Hollywood. Für seine Rolle in »Die Farbe des Goldes« erhielt er den »Oscar«.

Unter dem Namen Rudolf Neumann kam 1904 in Berlin der spätere **Randolph Henry Newman** zur Welt. Sein Vater, Salomon Neumann, war Justizrat. Neumann-Newman studierte in Berlin und war ab 1927 Assistent an der dortigen Universität; dann wurde er Wirtschaftsberater für Aktiengesellschaften. 1932 verließ er mit seiner Frau und Kollegin Eva (geborene Feilchenfeld) Weimar-Deutschland und ging in die

Niederlande. 1937 promovierte er in Basel, 1939 emigrierte er aus der Schweiz in die USA, wo er wieder als Anwalt in der Wirtschaft tätig war. Den weiteren Weg beschreibt das »Biographische Handbuch der deutschsprachigen Emigration«: »Spezialist für Wiedergutmachungsangelegenheiten; 1946 bis 1948 Ankläger für das US-Kriegsministerium beim Nürnberger Kriegsverbrecherprozeß, 1950 bis 1953 beim US-Oberkommando in Deutschland als Leiter des IG Farben-Kontrollbüros.« Neumann-Newman war begeisterter Sammler aller Unterlagen von und über Friedrich Nietzsche. 1960 gab er ein »Wunderlichstes Buch der Bücher« heraus. Er starb 1975 in New York.

1932 diagnostizierte der Psychiater **William G. Niederland**: »Nervosität: Jedermanns Krankheit« (Titel einer seiner Buchveröffentlichungen). In den letzten Jahrzehnten kümmert er sich neben seinen fortdauernden Sperma-Forschungen (seine Dissertation von 1930 betraf den »Forensischen Sperma-Nachweis«) vor allem um das »Survivor-Syndrom«. Das ist eine Gemütskrankheit jüdischer KZ-Überlebender, die sich - so Niederland - unter anderem wie folgt manifestiere: »Ängste, wenn mitten in New York ein uniformierter Polizist auftaucht oder wenn der Milchmann morgens klingelt.« Sogar in den Nachfahren der KZ-Überlebenden wirke dieses Syndrom fort. Bei den Deutschen erkennt Niederland eine menschenfresserhafte »Holocaust-Mentalität« seit Jahrhunderten: Im 30jährigen Krieg habe es Kannibalismus bei den Deutschen gegeben, und 1932 habe er die »braunen Horden« brüllen hören: »Wenn das Judenblut vom Messer spritzt, schmeckt's nochmal so gut.« Der Forscher schlußfolgert: »Es scheint, als habe sich vom 30jährigen Krieg bis heute unbewußt eine bestimmte Prägung erhalten, die von Generation zu Generation weitergegeben worden ist.« Der

Psychiater war 1904 im ostpreußischen Schippenbeil unter dem Namen Wilhelm Niederland als Sohn des Rabbi Abraham Niederland aus Litauen geboren worden. Er war in einer Privatklinik am Bodensee tätig und ging 1934 ins faschistische Italien, wo er u.a. an der Universität Genua wirkte, eine Privatpraxis in Mailand unterhielt und 1936 die Zeitschrift »Rubrica Medica« gründete, die er bis 1939, als er nach Amerika verschwand, leitete. In New York wirkte er fortan als Psychiater. Er ist als Gutachter in vielen Wiedergutmachungsprozessen (wegen des »Survivor-Syndroms«) in Erscheinung getreten.

David K. Niles kam 1890 in Boston als Sohn eines jüdischen Schneiders aus Rußland auf die Welt. Er stieg zu einem führenden Politiker der US-amerikanischen Demokratischen Partei auf, gehörte zu den eifrigsten Verfechtern des »New Deal« und war Mitglied im Beraterstab des Kriegspräsidenten Franklin D. Roosevelt. Besonders eng arbeitete er mit Roosevelts Vertrauensmann Harry Hopkins zusammen. Auch unter Truman galt Niles als einer der einflußreichsten Präsidenten-Berater. Er starb 1952 in Boston.

Wie seine Tochter, die Theologin Dorothee Sölle, betont, war der Rechtsgelehrte **Hans Carl Nipperdey** »nichtarischer Abstammung«. Ihr Vater habe überdies »die Nazis gehaßt und seine Kinder gelehrt, sie zu hassen«. Nipperdey kam 1895 in Bad Berka zur Welt und starb 1968 in Köln. Ab 1924 lehrte er als Rechtsprofessor in Jena, ab 1925 war er Professor an der Universität Köln, was er auch zur nationalsozialistischen Zeit blieb. Er war führender Arbeitsrechtler sowohl vor wie auch nach 1933. 1934 kam sein maßgeblicher Kommentar zum »Gesetz zur Ordnung der nationalen Arbeit« heraus. Auch in der dritten Auflage (1939) wurde darin das »Führerprinzip in der Betriebsgemeinschaft« hervorgehoben.

Als Mitglied der Akademie für Deutsches Recht arbeitete Nipperdey an den nationalsozialistischen Gesetzesentwürfen mit. Von 1954 bis 1963 amtierte er als erster Präsident des Bundesarbeitsgerichtes.

Auch der Träger des Medizin/Physiologie-Nobelpreises des Jahres 1968, **Marshall Warren Nirenberg** (geboren 1927 in New York), entstammt einer jüdischen Familie. Ab 1957 war er an den National Institutes of Health (NIH) in Bethesda tätig. 1962 wurde er dort Chef der Abteilung für biochemische Genetik. Er leistete Pionierarbeit in der Erbforschung und hatte Anteil an der Entzifferung des genetischen Codes.

Zu den radikalsten antideutschen Einpeitschern im Zweiten Weltkrieg zählte der 1906 in London geborene Jurist und Publizist **Louis Nizer**. Er war Prominentenanwalt und bekleidete seit den 30er Jahren Führungsämter in jüdischen Organisationen, zum Beispiel dem United Jewish Appeal. 1944 erschien sein Buch »What to do with Germany?« Darin stellte er fest: »Wo die Deutschen hintraten, starb die Kultur ab.« Die Deutschen seien »eine Nation von Verbrechern«. Nizer weiter: »Die Verantwortung fällt nicht nur auf den jeweiligen Führer zurück, ob es sich nun um Karl den Großen, Barbarossa, den Großen Kurfürsten, Friedrich den Großen, Bismarck, den Kaiser oder Hitler handelt. Das deutsche Volk ist verantwortlich.« Als »Gegenmaßnahmen« schlug er u.a. Massenexekutionen, Konzentrationslager, Demontagen und die radikale Umerziehung des Restes der Deutschen vor. US-Präsident Roosevelt ließ das Nizer-Werk an seine Kabinettsmitglieder mit wohlwollender Empfehlung verteilen, Eisenhower gab es allen seinen Offizieren weiter, Truman sagte: »Jeder Amerikaner sollte es lesen.« Nizer blieb auch 1945 seinem antideutschen Haß treu, wurde preisgekrönter Literat und trat als »moderner Maler« in Erscheinung.

Auch der bedeutende jüdische Mathematiker **Fritz Alexander Noether**, Sohn des richtungsweisenden Mathematikprofessors Max Noether (1844-1921), fiel dem Terror Stalins zum Opfer. 1934 in die Sowjetunion emigriert und ab 1937 an der Universität Tomsk lehrend, wurde er unter dem Vorwurf, »Spion« zu sein, 1939 festgenommen. Seither ist er verschollen. Noether war 1884 in Erlangen geboren worden. Ab 1911 wirkte er als Dozent in Karlsruhe, ab 1918 als Professor in Breslau, ab 1922 an der TH Karlsruhe. Sein Spezialgebiet war die angewandte Mathematik, insbesondere die Turbulenztheorie. Die Mathematikerin Emmy Noether war seine Schwester, der Statistik-Professor Gottfried Emanuel Noether sein Sohn.

Der Literat **Chaim (eigentlich Hans) Noll** kam 1954 als Sohn des jüdisch-kommunistischen Funktionärs und Schriftstellers Dieter Noll in Ostberlin zur Welt. Er trat 1974 der SED bei, war Meisterschüler für Grafik der DDR-Akademie der Künste und konnte nach Psychiatrierung 1984 mit Behördengenehmigung in den Westen wechseln. Hier trat er zunächst als Linksintellektuellen-Kritiker auf, der in konservativen Blättern wie dem »Deutschland-Magazin« die »Wahrheit über die DDR« verbreitete. 1989 erhielt er einen Forschungsauftrag der FU über »deutsch-deutsche Literaturbeziehungen«. Nach der Wiedervereinigung und seiner Verwandlung von Hans in Chaim zog er alle Register antideutscher Propaganda. In seinen 1992 erschienenen »Nachtgedanken über Deutschland« bricht er den Stab über die Deutschen: »Unterhalb der dünnen Schicht einer späten Kultur lebt das Gros der Nation bis heute in seinen vorrömischen, von Alraunen und Hexenzauber durchgeisterten Dämmergefühlen, jeden Tag zur Jagd auf Ausländer, Asylanten, vielleicht bald wieder Juden bereit.« Chaim Nolls abschließender »Nachtgedan-

ke«: »Möge Euch nie das Geld ausgehen, Deutsche, damit niemand erfahre, wie verdorben Ihr seid!«

Jörg von Uthmann schreibt in seinem Buch »Doppelgänger, du bleicher Geselle - Zur Pathologie des deutsch-jüdischen Verhältnisses«: »Erstaunlicherweise fand die verhängnisvolle Rassenlehre auch unter den Juden begeisterte Anhänger: Der Soziologe Gumplowicz sprach als erster vom ›Rassenkampf‹; **Max Nordau** widmete dem Problem der ›Entartung‹ einen zweibändigen Wälzer. Disraeli nannte Blut und Rasse die beiden entscheidenden Faktoren der Weltgeschichte. Auch Martin Buber behauptete: ›Die tiefsten Schichten unseres Wesens sind vom Blut bestimmt.‹ Ernst Bloch schlug sogar vor, dem Nationalsozialismus eine jüdische Rassenideologie entgegenzusetzen.« Nordau war 1849 in Budapest zur Welt gekommen und hieß eigentlich Max Simon Südfeld. Er war Arzt in Österreich. Ab 1880 wirkte er als Korrespondent der Wiener »Neuen Freien Presse« in Paris. Ab 1896 war er Mitkämpfer Herzls. Er übernahm nach dessen Tod die Führung der Zionistischen Weltkongresse. Sein oben erwähntes Werk »Entartung« erschien 1892/93. Nordau starb 1923 in Paris.

Der sowjetische KGB und die DDR-Stasi fingierten zahlreiche »neonazistische« und »antisemitische« Aktionen in der Bundesrepublik, um die Rechten zu belasten, Westdeutschland international madig zu machen und selber in bestem »antifaschistischem« Lichte zu stehen. Der deutsch-jüdische Professor Michael Wolffsohn enthüllt in seinem 1995 erschienenen Buch »Die Deutschland-Akte«: »Der strategische Kopf der antisemitischen Inszenierungen in und für Westdeutschland war Rabbinersohn **Albert Norden**. Das haben die Protokolle des Politbüros dokumentiert.« Es war derselbe Norden, der als SED-Propagandachef als erster die These von der Existenz zweier deutscher Nationen, einer kapitalistischen und einer sozialistischen, aufgestellt hatte und der den Schießbefehl vor Grenzern mit den Worten rechtfertigte: »Ihr schießt nicht auf Brüder und Schwestern, wenn Ihr mit der Waffe den Grenzverletzer zum Halten bringt, sondern auf Verräter.« Norden kam 1904 im oberschlesischen Myslowitz auf die Welt. 1921 wurde er Herausgeber der »Rundbriefe der radikalsozialistischen jüdischen Jugend«. Er avancierte zum hochrangigen KPD-Funktionär und Propagandisten des Stalinismus. Im französischen und amerikanischen Exil setzte er seine kommunistische Propagandaarbeit fort. 1946 kehrte er nach Deutschland zurück. Er wurde in der SBZ bzw. DDR Chef der Agitationskommission des SED-Politbüros und beherrschte schließlich ab den 60er Jahren den gesamten Propaganda- und Medienapparat der DDR. Erst kurz vor seinem Tode (er starb 1982 in Ostberlin) schied er aus Politbüro und ZK aus. Er war über viele Jahre auch Mitglied des »Nationalen Verteidigungsrates« und des Staatsrates und erhielt sämtliche hohen SED-Orden und Ehrenzeichen.

Der jüdische Schriftsteller und Bildhauer **Alfred Nossig** kam 1943 im Warschauer Ghetto ums Leben. Er wurde, wie das »Lexikon des Judentums« berichtet, »von jüdischen Widerstandskämpfern wegen angeblicher Spitzeltätigkeit für die Nationalsozialisten erschossen«. Nossig war Zionist, aber Gegner Herzls. Er stammte aus Lemberg, wo er 1864 geboren wurde. 1902 gründete er eine »Gesellschaft für jüdische Statistik« in Berlin, und 1928 hob er eine »Jüdische Friedensbewegung« aus der Taufe. Als Bildhauer bevorzugte er jüdische Motive. Wäre er von der SS erschossen worden, wäre er weltberühmt.

Nathan Notowicz machte als Musikpädagoge und Verbandsfunktionärin in der Sowjetzone und dann in der DDR Karriere: Er wurde Professor für Musikgeschichte und Prorektor der Hochschule für Musik in Ostberlin, Generalsekretär des »Verbandes deutscher Komponisten und Musikwissenschaftler«, SED-Sekretär des Musikrates der DDR und Präsidiumsmitglied des »Kulturbundes zur demokratischen Erneuerung Deutschlands«. Er erhielt den »Staatspreis für künstlerisches Volksschaffen« und den »Vaterländischen Verdienstorden« in Silber. Notowicz war 1911 in Düsseldorf als Sproß einer aus Galizien emigrierten Familie zur Welt gekommen. Er wurde Lehrer für Musiktheorie am Konservatorium Düsseldorf und folgte 1933 seiner Familie, die schon im Jahr zuvor in die Niederlande weitergewandert war. Im Zweiten Weltkrieg soll er in Holland für die Stalinisten illegal tätig gewesen sein. Nach Kriegsende tauchte er in der Sowjetischen Besatzungszone Deutschlands auf.

Rabbiner **Max Nussbaum** kam 1910 in Suczava (Bukowina/Buchenland) zur Welt und starb 1974 in Hollywood (Kalifornien). 1933 promovierte er in Würzburg, 1934 bestand er am Jüdisch-Theologischen Seminar zu Breslau das Rabbinerexamen. Er veröffentlichte in dieser Zeit die Schriften »Jehuda Halevis Philosophie des Nationalismus« und »Kantianismus und Marxismus in der Sozialphilosophie Max Adlers« (beide 1934 veröffentlicht). Von 1935 bis 1940 wirkte er als Rabbiner der Berliner Jüdischen Gemeinde. Dann ging er in die USA, wo er zum Vizepräsidenten des Amerikanischen Jüdischen Kongresses, zum Präsidenten der Zionistischen Organisation Amerikas und zum offiziellen Vertreter der amerikanischen Juden bei der Amtseinsetzung des Präsidenten Johnson nach Kennedys Ermordung aufstieg. Mehr als drei Jahrzehnte, von 1942 bis zu seinem Tode, wirkte Nussbaum als Rabbiner im Temple Israel von Hollywood. Ihm oblag damit auch die geistliche Betreuung der dortigen jüdischen Filmprominenz. Nach Angaben des jüdischen Regisseurs

Steven Spielberg besteht die Einwohnerschaft Hollywoods zu 80 Prozent aus Juden.

Zum Mediengewaltigen Amerikas stieg **Adolph S. Ochs**, Sohn einer aus Fürth eingewanderten jüdischen Familie, auf. Er kam 1858 in Cincinnati zur Welt und begann als Zeitungsjunge in Knoxville/Tennessee. 1877 begründete er den »Daily Dispatch« in Chattanooga und wurde Chef der dortigen »Times«. 1896 erwarb er die konkursgegangene »New York Times«; er entwickelte sie mit harschen Geschäftsmethoden zu einem Blatt, das wie kaum ein anderes Einfluß auf die kulturelle, wirtschaftliche und politische Entwicklung in den USA nimmt. Ochs starb 1935 in New York. Hays Sulzberger, der ihm als Verleger der »New York Times« folgte, war sein Schwiegersohn; Isaac M. Wise, ein Führer des amerikanischen Judentums, war sein Schwiegervater. Überhaupt spielten sich die jüdischen Bosse in Amerika die Bälle zu. Rabbi Professor Dr. Leo Trepp schreibt in »Die amerikanischen Juden - Profil einer Gemeinschaft«: »Diese erfolgreichen Juden - Bankiers wie Joseph Seligman, Marcus Goldman (Goldman, Sachs & Co.) und Salomon Loeb, Warenhausbesitzer wie Lyman Gustavus Bloomingdale, Lazarus Straus, William Filene Gimbel, Julius Rosenwald (Sears Roebuck), Kleiderfabrikanten wie Levi Strauss, Hart, Schaffner & Mars, Zeitungsverleger wie Adolf Ochs (›New York Times‹) - waren eng miteinander verbunden und fühlten sich der amerikanischen wie der jüdischen Gemeinschaft verpflichtet.«

1987 zog die israelische Staatsbürgerin **Jutta Oesterle-Schwerin** für die Grünen in den Deutschen Bundestag ein. Sie nahm sich hauptsächlich der sogenannten Liberalisierung des Schwangerschaftsabbruchs an. Sie hält »unerwünschtes Zellgewebe im Körper der Frau« für einen treffenderen Ausdruck als »ungeborenes Leben«. Sie war 1941 in Jerusalem zur Welt gekommen und verbrachte Kindheit und Jugend in Palästina bzw. Israel. Im Alter von 21 Jahren tauchte sie in der Bundesrepublik auf und nahm zusätzlich deren Staatsbürgerschaft an, obzwar sie sich in Deutschland nach eigenem Bekunden gleich »vierfach diskriminiert« fühlt: »Als Frau, Jüdin, Linke und Lesbierin.«

Esther Ofarim, geboren 1941 in Zafed/Palästina, heißt eigentlich Esther Zaied-Halevy. Mit ihrem Mann Abraham Reichstadt (»Abi Ofarim«) bildete sie in den 60er Jahren ein erfolgreiches Gesangsduo. Wie die »Israel Nachrichten« berichteten, seien die beiden in Israel damals boykottiert worden, weil sie in Deutschland lebten; »ihre Lieder durften nicht gespielt werden«. Anfang der 70er Jahre trennten sich die beiden. Esther heiratete den 16 Jahre jüngeren Sohn des langjährigen WDR-Intendanten von Sell (laut israelischen Medien ist er Sohn einer jüdischen Mutter) und versuchte 1988 vergeblich ein »Comeback«. »Sie fühlt zu Israel eine starke Beziehung« (»Allgemeine Jüdische Wochenzeitung«) und bekundete 1995: »Auf der ganzen Welt zeichnet sich ein Wiedererwachen des Faschismus ab.« »Abi«, der schon als Jugendlicher kriminell in Erscheinung getreten war (»Ich stahl so ziemlich alles«), versumpfte in den 70er Jahren im Rauschgift. Seine Münchner Wohnung wurde ein berüchtigtes Drogenzentrum.

David Fjodorowitsch Oistrach zählt zu den bedeutendsten jüdischen Virtuosen in der Musik des zwanzigsten Jahrhunderts. Er wurde 1908 in Odessa am Schwarzen Meer - damals ein Zentrum des osteuropäischen Judentums - geboren und starb 1974 in Amsterdam. Er lehrte ab 1934 am Moskauer Konservatorium. Er war nicht nur in der Sowjetunion erfolgreich, sondern auch auf Tourneen, die ihn fast durch die ganze Welt führten. Oft trat er im Duo mit seinem Sohn Igor Oistrach (geboren 1931 in Odessa) auf. David Oistrach brachte etliche Werke Prokofjews, Schostakowitschs und Chatschaturjans zur Uraufführung.

Max Ophüls, 1902 in Saarbrücken geborener Vater des Regisseurs Marcel Ophuls, hieß eigentlich Max Oppenheimer. Er begann als Schauspieler und gab 1923 in Dortmund sein Debüt als Regisseur. Ende der 20er Jahre wurde er Filmassistent von Litvak, 1930 übernahm er seine erste Filmregie (»Dann schon lieber Lebertran«). Erfolgreich war sein Opernfilm »Die verkaufte Braut« (1932). 1933 verließ er Deutschland und hielt sich fortan meist in Frankreich auf, drehte aber auch in Mussolinis Italien (»La Signore di tutti«, 1934). 1941 ging Ophüls, der mit Colpet ein Radio-Drama mit dem Titel »Die Sieben Verbrechen des Adolf Hitler« inszeniert hatte, nach Amerika. 1949 kehrte er nach Frankreich zurück. Sein Spätwerk »Lola Montez« (1955) war erfolgreich. Ophüls-Oppenheimer starb 1957 in Hamburg. Seine Memoiren heißen »Spiel im Dasein«.

Weil er es wagte, zweimal zeitgeschichtliche Themen nonkonform darzustellen, bekam der Regisseur **Marcel Ophuls** (1927 in Frankfurt am Main geboren; Sohn des Regisseurs Max Ophüls-Oppenheimer, mit dem er das Emigrantenschicksal teilte) erhebliche Scherereien. Das französische Fernsehen weigerte sich, seine Dokumentation über die bereitwillige massenhafte Kollaboration in Frankreich unter deutscher Besetzung (»Le Chagrin et la Pitié«, 1969) auszustrahlen. Wie es ihm im zweiten Falle

erging, schildert die Filmhistorikerin Liz-Anne Bawden in ihrem Filmlexikon: »In dem Dokumentarfilm ›The Memory of Justice‹ (1975) untersucht er das Klima und die Voraussetzungen der Nürnberger Prozesse. Der Film wurde wegen seiner Parallelisierung der dabei abgehandelten Kriegsverbrechen mit denen von Dresden, Hiroshima, Algerien und Vietnam von seinen Produzenten unterdrückt und in einer ohne seine Zustimmung erstellten Fassung vertrieben.« Ophuls war bei Litvak und seinem Vater in die Lehre gegangen. Er arbeitet auch für deutsche Fernsehanstalten.

Der Literat **Edward Philipps Oppenheim**, der 1866 in London geboren wurde, entstammte einer aus Deutschland zugewanderten Familie. Bekannt wurden vor allem seine Kriminal- und Detektivromane. Im Ersten und Zweiten Weltkrieg diente er als Spitzel des britischen Geheimdienstes. Aus dem deutschbesetzten Frankreich soll ihm 1940 eine abenteuerliche Flucht geglückt sein. Das »Lexikon des Judentums« schreibt zu seinem 1908 (!) erschienenen Thriller »The Great Secret«, darin sei »die Voraussage des 2. Weltkriegs« enthalten gewesen. Oppenheim starb 1946 in St. Peter Port auf der Insel Guernsey.

Die Erfolgsgeschichte des Diamantenkönigs **Ern(e)st Oppenheimer** begann im hessischen Friedberg, wo er 1880 als Sohn eines fliegenden Zigarrenhändlers zur Welt kam. 1902 ging er nach Südafrika. Dort wurde er Freund und Kompagnon des britischen Imperialisten Cecil Rhodes. Nach dessen Tod wurde Oppenheimer Chef des von Rhodes geschaffenen Diamantenkonzerns. Diese »Anglo-American Corporation of South Africa« entwickelte sich zum Giganten in der Edelstein-Branche. Seit Oppenheimer 1929 auch Präsident der »De Beers Corporation« wurde, kontrollierte er weite Bereiche des Welt-Diamantenhandels. In der Firmenleitung folgte ihm nach seinem

Tode Sohn Harry. Ernest Oppenheimer war auch politisch aktiv: Von 1912 bis 1915 amtierte er als Bürgermeister von Kimberley, von 1924 bis 1938 saß er als Parteigänger des proenglischen Jan Smuts im südafrikanischen Parlament. Er starb 1957 in Johannesburg.

Das 1934 in Berlin erschienene »Philo-Lexikon - Handbuch des jüdischen Wissens« war ein bis dahin einzigartig faktenreiches Nachschlagewerk zum Judentum. Es erreichte in den folgenden NS-Jahren beim jüdischen »Philo-Verlag« in Berlin vier Auflagen. Chefredakteur des Lexikons war Hans Oppenheimer, der sich später in der US-Emigration **John F. Oppenheimer** nannte. Geboren 1904 in Fürth, war er zunächst als Apotheker, dann als Bankangestellter tätig, bis er Journalist bei Ullstein wurde. Bis er 1938 über die Niederlande in die USA ging, war er Korrespondent von AP sowie der Jüdischen Telegraphen-Agentur in Berlin, und er bekleidete leitende Funktionen in jüdischen Vereinigungen. 1938 erschien in Berlin sein »Philo-Atlas - Handbuch für jüdische Auswanderer«. In den USA gehörte Oppenheimer dem Vorstand des jüdischen »New World Club« an. 1967 brachte er das »Lexikon des Judentums« heraus, dessen Grundlage das »Philo-Lexikon« von 1934 war. Oppenheimer starb 1985 in Santa Barbara/Kalifornien.

Zu den Vätern der Atombombe, die nach 1945 durch ihre Unterschrift unter pazifistischen Papieren Entlastung von der Verantwortung für die Entwicklung des furchtbarsten modernen Massenvernichtungsmittels erreichen wollten, gehörte **Robert Oppenheimer**. Er kam 1904 in New York zur Welt und starb 1967 in Princeton/New Jersey. Sein Vater war Textilhändler; die Familie wanderte aus Deutschland in die USA ein. Oppenheimer promovierte 1927 bei Max Born in Göttingen, wurde 1929 Professor in Berkely und war 1943 Gründer und Leiter des »Project Manhattan« in Los Alamos (Bau der Atombombe). Er geriet in der McCarthy-Zeit in Kommunismus-Verdacht, wurde aber später wieder einflußreicher Wirtschafts- und Regierungsberater. 1994 beschuldigte ihn der Ex-General des sowjetischen Geheimdienstes KGB, Sudoplatow, Atomgeheimnisse an Stalin verraten zu haben. Nach 1993 publizierten Ermittlungen des US-Historikers Professor Frederick Witte hat es in den 40er Jahren ein Bündnis zwischen Stalins KGB und Zionisten gegeben. Zu der Vereinbarung habe gehört, daß Moskau Unterstützung bei der Schaffung des Staates Israel gewährt, wenn die andere Seite Stalin in Sachen Atombombe hilft.

Ein aus Deutschland stammender Jude war nach dem Zweiten Weltkrieg im Auftrage der US-Besatzungsmacht hauptverantwortlich für die »Umgestaltung« des japanischen Rechtswesens im Sinne der Sieger. Es handelte sich um **Alfred C. Oppler**, geboren 1893 im elsässischen Diedenhofen. Als Hitler an die Macht kam, war er Richter am Oberverwaltungsgericht und Vizepräsident des preußischen Dienststrafhofes in Berlin. 1933 wurde er als Regierungsrat bei der Bezirksregierung Köln weiterbeschäftigt. Nach der Entlassung 1935 betrieb er ein Sprachstudium an der Auslandshochschule Berlin. Frankreich verweigerte ihm 1938/39 die Aufnahme, weil er sich 1918 als Elsässer für die deutsche Staatsangehörigkeit entschieden hatte. 1939 gelangte er in die USA, wo er zunächst Gelegenheitsarbeiter, dann Deutschlehrer bei »Berlitz« und schließlich Dozent an der Harvard-Universität war. Von 1946 bis 1952 war er bei der US-Besatzungsbehörde in Japan tätig, vor allem als Leiter der Gerichts- und Rechtsabteilung. Hier initiierte und überwachte er die »Reformen« gemäß der den Japanern auferlegten neuen Verfassung. Danach wirkte er beim US-Armeekommando in Tokio.

Paul NEWMAN   Max NORDAU   Albert NORDEN

Esther und Abi OFARIM   David OISTRACH   Max OPHÜLS

J. Robert OPPENHEIMER   William PALEY   Max PALLENBERG

Maßgeblichen Anteil an der Durchsetzung jüdischer Wiedergutmachungsforderungen nach 1945 hatte der Jurist **Friedrich Oppler** (geboren 1888 in Oppeln/Oberschlesien, gestorben 1966 in Berlin). Im Ersten Weltkrieg leitete der Sohn eines jüdischen Kaufmanns die Abteilung für Kartoffelversorgung beim Berliner Magistrat. Dann trat er in den Justizdienst ein. 1934 entlassen, war er hernach als Makler aktiv. Den Krieg verbrachte er als Ladenbesitzer in Rio de Janeiro. 1952 nach Berlin zurückgekehrt, avancierte er zum Landgerichtsrat, zum Landgerichtsdirektor und Vorsitzenden einer Wiedergutmachungskammer. 1948 erschien aus seiner Feder »Judenfrage und die Welt von heute«. 1966 brachte er die Schrift »Das falsche Tabu. Betrachtungen über das deutsch-jüdische Problem« heraus.

Benno Orenstein (geboren 1851 in Posen, gestorben 1926 in Berlin) gründete 1876 zusammen mit seinem jüdischen Freund Arthur Koppel das bald darauf in Deutschland führende Baumaschinenunternehmen Orenstein & Koppel (ursprünglich Vertrieb von Lokomotiven und deren Zubehör). 1897 wurde die Firma Aktiengesellschaft. Orenstein blieb Generaldirektor bis zu seinem Tode. Als sein Sohn Alfred dann die Firma übernahm, war Orenstein & Koppel weltweit engagiert.

Jenö Blau kam 1899 in Budapest zur Welt. Später nannte er sich **Eugene Ormandy** und wurde ein bekannter Dirigent. Blau-Ormandy emigrierte 1921 aus Ungarn nach Amerika. In New York war er zunächst als Klavierspieler im Kino tätig. 1927 wurde er US-Staatsbürger. 1931 übernahm er das Dirigat des Sinfonie-Orchesters Minneapolis. Als Kompagnon Stokowskis leitete er ab 1936 das Philadelphia Orchestra. 1950 debütierte er an der »Met«. 1952 wurde er Musiklehrer an der Universität Michigan. Der jüdische »Aufbau« (New York) schrieb über den Dirigenten, der 1985 in Philadelphia starb: »Fürwahr ein Prinz Eugen unter den Männern, die statt eines Schwertes einen Taktstock in Händen schwingen, um Sieg auf Sieg zu erringen.«

Der Schriftsteller **Max Osborn** (geboren 1870 in Köln, gestorben 1946 in New York), Sohn eines jüdischen Bankiers, war ab 1900 Literaturchef der Berliner »Nationalzeitung«. Bis 1933 wirkte er als führender Mitarbeiter der »Vossischen«, zeitweise auch als Präsident des »Verbandes deutscher Kunstkritiker«. 1933 war er Mitbegründer und bis 1938 Mitarbeiter des jüdischen »Kulturbundes« im Deutschen Reich. Dann ging er nach Frankreich, 1941 in die USA. Er veröffentlichte sowohl in der Weimarer Zeit als auch unter den Nationalsozialisten und in der Emigration gehaltvolle Bücher über Kunst. Sein Sohn war der Pianist Franz Joachim Osborn (1905-1955).

Richard Oswald, der bekannte Regisseur, hieß eigentlich Ornstein mit Familiennamen. Er kam 1880 in Wien zur Welt und starb 1963 in Düsseldorf. Er begann nach 1918 mit Sexfilmen, die als »Aufklärungsfilme« firmierten, z.B. »Prostitution«, »Anders als die Anderen«, »Sündige Eltern«. Später inszenierte er Streifen wie »Antisemiten« und »Dreyfus«. Erfolgreich waren »Alraune« (1930) und die erste Verfilmung von Zuckmayers »Hauptmann von Köpenick« (1931). Ab 1933 wirkte Oswald in England, wo der Josef-Schmidt-Film »Ein Lied geht um die Welt« unter seiner Regie entstand, ab 1935 in Frankreich und ab 1938 in den USA, wo er u.a. mit dem Gruselfilm »The Isle of Missing Men« in Erscheinung trat. Oswald gilt als Entdecker von Conrad Veidt und Wilhelm Dieterle.

Als die weltliche Macht des Papstes in Italien weitgehend gebrochen war und sich die Ghettos öffneten, strömten Juden in gesellschaftliche Führungsstellen. Zu Beginn des 20. Jahrhunderts dann waren die Juden Italiens »in hohem Maße akkulturiert und integriert« (»Neues Lexikon des Judentums«). Als erster Jude gelangte **Giuseppe Ottolenghi** (geboren 1838 in Sabbionetta, gestorben 1904 in Turin) in den italienischen Generalstab. 1902/03 amtierte er als italienischer Kriegsminister.

1953 erhielt die Partisanin »Mara«, die eigentlich **Esther Ovadia** geheißen hatte, auf Titos Befehl posthum den Titel »Nationalheldin Jugoslawiens«. Der jüdische Publizist Arno Lustiger notiert: »Sie war der Stolz der Juden von Makedonien und von ganz Jugoslawien.« Weiter berichtet Lustiger über die Ovadia, die 1922 im mazedonischen Bitolj geboren worden war und zur Führung der Partisanenbewegung in Jugoslawien gehört hatte, sie sei an »dreißig bewaffneten Operationen beteiligt« gewesen. Man erfährt bei Lustiger u.a. folgende Taten der »Nationalheldin«: »Am 8. Januar 1944 griff die erste Brigade die Deutschen in Puschtany an. Das Unternehmen war sehr erfolgreich. Hunderte von Deutschen wurden getötet oder verwundet ... Am 11. Januar 1944 wurde bei Oschin eine deutsche Kolonne aus dem Hinterhalt angegriffen. 15 Deutsche fielen ... Am 18. Januar 1944 gerieten drei deutsche Kolonnen in einen Hinterhalt der Partisanen. Die Deutschen mußten 23 Tote zurücklassen.« Im August 1944 wurde Esther Ovadia nahe ihrer Geburtsstadt bei der Abwehr eines Überfalls ihrer Heckenschützeneinheit tödlich verletzt.

Der weltumspannende jüdische Bund B'nai B'rith hat kaum zu überschätzenden Einfluß. Er wurde im 19. Jahrhundert in den USA von Einwanderern aus Deutschland ins Leben gerufen und wird heute auf mehrere Hunderttausend Logenmitglieder geschätzt. Ein maßgeblicher Mann dieser Organisation war **Arthur Owen**, der bis 1948 den Namen Offenstadt trug. Er war 1901 in Fürth geboren worden und bis 1933 als Teilhaber der Lederwarenfabrik Heinrich Wassermann jr. geschäftlich tätig. 1925 schloß er sich B'nai B'rith an. 1933 ging er nach England, wo er zunächst in der Exportwirtschaft, dann als Mitgründer und Direktor des Verlages »Vision Press Ltd.« in Erscheinung trat. Sechs Jahre war er Vizepräsident der »Grand Lodge of Great Britain and Ireland« von B'nai B'rith, danach Ehrenpräsident. 1964 wurde er Chef der Leo-Baeck-Loge dieses jüdischen Bundes. Er starb 1976 in London.

Wie kaum ein anderer Medienboß bestimmte **William Paley** (geboren 1901 in Chikago) über Jahrzehnte das Meinungsklima in den Vereinigten Staaten von Amerika. Der Sohn eines jüdischen Zigarrenhändlers wurde 1928 Präsident des »Columbia Broadcasting System« (CBS) und amtierte ab 1946 als Chef des CBS-Verwaltungsrates. Die CBS war 1928 als Zusammenschluß von 16 privaten Rundfunkgesellschaften gegründet worden. Sie gehört zu den größten Betreibern von Fernseh- und Rundfunksendern in Nordamerika. Paley, stets für jüdische (speziell israelische) Interessen aktiv, hatte lange Zeit dem Direktorium der New Yorker Philharmoniker und des Museums für Moderne Kunst in New York angehört. Er starb 1990 in New York.

Wie es bei vielen jüdischen Vertretern der Schauspielkunst der Fall war, so verdankte auch **Max Pallenberg** (geboren 1877 in Wien) seine Karriere als erfolgreicher Mime dem die Bühnen beherrschenden jüdischen Theaterleiter Max Reinhardt (eigentlich Goldmann). Der Sohn eines galizischen Händlers wurde von Reinhardt 1911 entdeckt und 1914 aus Österreich nach Berlin engagiert. Unter anderem gab Pallenberg den »Schwejk« in der Berliner Uraufführung des Hašek-Stückes von 1928. Er starb bei einem Flugzeugabsturz nahe Karlsbad 1934. Verheiratet war er in zweiter Ehe mit der Mimin Fritzi Massary.

Als **Lilli Palmer** ist die 1914 in Posen geborene jüdische Schauspielerin Lilli Marie Peiser bekanntgeworden. Sie ging bei Lucie Höflich in die Schule und gab 1932 in der »Eisernen Jungfrau« in Berlin ihr Debüt. 1933 ging sie nach Frankreich, wo sie in Nachtklubs auftrat. Alexander Korda holte sie 1935 nach England. Dort spielte sie u.a. in Hitchcocks »Geheimagenten« mit. 1946 zog sie mit ihrem zweiten Mann, dem Schauspieler Rex Harrison, nach Amerika. 1950 debütierte sie als »Geliebte Hexe« am Broadway. 1957 erfolgte die Scheidung von Harrison. Ab 1960 lebte sie überwiegend in der Schweiz. Zu ihren bekanntesten deutschen Filmen nach 1945 zählt »Mädchen in Uniform«, in dem sie an der Seite Therese Giehses mimte. 1978 hatte Lilli Palmer noch einen Auftritt in dem »Nazi-Thriller« mit dem Titel »The Boys from Brazil«, einer abstrusen Dr. Mengele-»Story«. Sie starb 1986 in Los Angeles.

Im nationalsozialistischen Deutschland unterhielt die Zionistische Internationale, geduldet und gefördert vom Hitlerregime, bis in die Kriegszeit hinein das »Palästina-Amt« für jüdische Auswanderung nach Nahost. Maßgeblicher Mann dieses Amtes war als Abteilungsleiter bis zu seiner Auswanderung nach Palästina (1939) der Journalist **Jacob Erwin Palmon**, der in Wahrheit Pollack hieß. Er war 1911 in Berlin auf die Welt gekommen. Nach dem Jura-Studium wurde er 1933 Schriftführer der Zionistischen Vereinigung. In Palästina bzw. Israel wirkte Palmon-Pollack als Chefredakteur der deutschsprachigen Tageszeitung »Jediot Hajom«. Später war er Auslandskorrespondent israelischer Blätter, u.a. in Deutschland, Australien und Argentinien. 1974 übernahm er als Chefredakteur die Führung der nunmehr einzigen deutschsprachigen jüdischen Tageszeitung der Welt, der »Israel Nachrichten« (Tel Aviv). Er starb 1977 in Tel Aviv.

In Wahrheit hieß der kommunistische Kabarettist, der sich **Peter Pan** nannte, Alfred Nathan. Er kam 1909 in Berlin auf die Welt. Ab Ende der 20er Jahre trat er in der Reichshauptstadt als Spaßmacher auf. Eine Studienreise in Stalins Sowjetunion festigte seinen Glauben an den Kommunismus. 1933 ging er nach Frankreich. Es heißt, er habe dort zur deutschen Besatzungszeit »die Nazis genarrt« und sei in der Organisation Todt »untergeschlüpft«. 1943 soll er sich nach Spanien abgesetzt und dort als »französischer Chansonnier« aufgetreten sein. 1957 tauchte er in der DDR auf. Dort brachte er es zu einem - im Sinne der Herrschenden agitierenden - führenden Kabarettisten. 1962 erschienen in Leipzig seine Memoiren unter dem Titel »Lachen - trotz Tod und Teufel«. Sein bekanntestes Kabarett-Programm hieß »Schmocks höhnende Wochenschau«. Nathan-Pan starb 1976 in Ostberlin.

Bertha Pappenheim (geboren 1859 in Wien) war Nachfahrin der bekannten jüdischen Kauffrau und Literatin Glückel von Hameln (1646-1724), deren Memoiren sie aus dem Jiddischen ins Deutsche übersetzte. 1904 gründete Pappenheim den Jüdischen Frauenbund. Sie hatte auch Verdienste um die Schaffung der Zentralwohlfahrtsstelle der deutschen Juden (1917). Sie starb 1936 in Neu-Isenburg. Sie war die »Anna O.«, deren Krankheitsgeschichte Sigmund Freud den Anstoß zu seiner Lehre der Psychoanalyse gegeben hat. Die Bundespost gab 1954 eine Gedenkbriefmarke für Bertha Pappenheim heraus.

Das »Neue Lexikon des Judentums« notiert über den 1890 in Moskau geborenen Schriftsteller **Boris Leonidowitsch Pasternak**: »Er entfernte sich früh geistig vom Judentum und geriet unter starken Einfluß des russisch-orthodoxen Mystizismus.« Der Literat war ein Sohn des jüdischen Malers Leonid Pasternak, der 1862 in Odessa geboren worden war, ab 1921 in Berlin lebte, dann nach England weiterwanderte und 1945 in Oxford starb. Boris Pasternak studierte ab 1912 unter anderem beim jüdischen Philosophen H. Cohen in Marburg. Auf dem Höhepunkt des stalinistischen Terrors verfaßte Pasternak Hymnen auf den Diktator im Kreml. In seinem Zyklus »Zwei Dichtungen« hieß es, Stalins Taten seien »wie der Erdenball so groß«. Stalin, »das Genie der Tat«, lasse den Dichter »die ganze Größe fühlen«. Pasternaks bekanntester Roman ist »Doktor Schiwago«, für den er 1958 den (von ihm aus Rücksicht auf den Kreml verweigerten) Nobelpreis erhielt und der im Westen verfilmt wurde. Der Schriftsteller starb 1960 in Peredelkino bei Moskau.

Der jüdische Publizist **Arnold Paucker** kam 1921 in Berlin zur Welt, schloß sich früh der zionistischen Jugendbewegung an und wanderte 1936 nach Palästina aus. Im Zweiten Weltkrieg diente er in der britischen Armee. Nach 1945 hielt er sich in Italien, Amerika und Großbritannien auf, wo er Fahrräder verkaufte. In den letzten Jahren ist er in Deutschland mit zeitgeschichtlichen Publikationen in Erscheinung getreten, nachdem er in den 60er Jahren zum Direktor des Londoner Leo-Baeck-Instituts zur Erforschung der Geschichte der deutschen Juden avanciert war. Schwerpunkt seiner Arbeit ist der bewaffnete jüdische Kampf gegen Hitler. Er wehrt sich gegen die Behauptung von »jüdischer Passivität«. Es sei auch völlig falsch anzunehmen, »daß 1933 ein völlig ahnungsloses Judentum von

seinen unerbittlichen Gegnern einfach überrumpelt wurde«, heißt es in der 1989 erschienenen Schrift Pauckers »Jüdischer Widerstand in Deutschland« (herausgegeben von der Westberliner »Gedenkstätte Deutscher Widerstand«). Es sei »erwiesen, daß jüdische Organisationen den Nazis in den Jahren vor der Machtübernahme erbitterten Widerstand geleistet haben«. Da dieser Kampf »verschleiert« geführt worden sei, hätten deutsche Historiker davon kaum Notiz genommen. Bereits drei Jahre vor der NS-Machtübernahme, 1930, sei jüdischerseits klar gewesen, »daß es für Juden nur eine totale Abwehr des Faschismus geben konnte«. Es dürfe auch nicht vergessen werden, daß ein erheblicher Teil der Kämpfer in den Internationalen Brigaden des Spanischen Bürgerkriegs Juden gewesen seien. Auch bei den Untergrundbewegungen des Zweiten Weltkrieges habe es einen hohen Anteil Juden gegeben. »Sie waren im französischen Maquis, in den Garibaldi- und Matteotti-Brigaden Norditaliens und bei Titos Partisanen.« Vor allem aber auch bei den Partisanen der Sowjetunion. Paucker weiter: »Ungefähr 1,6 Millionen Juden kämpften gegen Hitlerdeutschland. Über eine halbe Million Juden dienten in der Roten Armee, mindestens 700 000 in den Armeen der beiden großen westlichen Alliierten.« Paucker hält fest: »Eine ganze Generation deutscher Juden kämpfte an allen Fronten gegen den Faschismus.«

1952 endete die kommunistische Karriere von **Anna Pauker** in Rumänien abrupt, weil man sie des Zionismus bezichtigte. Sie kam als eine der wenigen, die dieses Verdikt traf, mit dem Leben davon und war bis zu ihrem Tode 1960 - zur Bibliothekarin degradiert - in Bukarest tätig. Sie war 1893 unter ihrem Mädchennamen Rabinsohn in Codaesti an der Moldau zur Welt gekommen. Ihr Vater wirkte als Rabbiner. Sie heiratete den österreichischen Trotzkisten Marcel

Pauker. Als Hebräisch-Lehrerin an einer jüdischen Schule tätig, schloß sie sich 1920 den Kommunisten an. 1936 wurde sie von den rumänischen Machthabern wegen kommunistischer Umsturzaktivitäten festgenommen und 1941 im Austausch gegen inhaftierte Rumänen nach Moskau entlassen. Im Troß der Roten Armee kehrte sie 1944 nach Rumänien zurück und stieg dort ins Politbüro auf. Als stellvertretende Außenministerin von 1947 bis 1952 und stellvertretende Ministerpräsidentin ab 1949 erwarb sie sich den Beinamen »Stalins Statthalterin«, was sie allerdings nicht vor dem Sturz bewahrte. Der jüdische SED-Führer Herbert Grünstein war ihr Schwiegersohn.

Der Physiker und Mitbegründer der modernen Quantentheorie, **Wolfgang Pauli** (geboren 1900 in Wien, gestorben 1958 in Zürich), entstammte väterlicherseits der jüdischen Buchhändler- und Verlegerfamilie Pascheles (Prag). Er lehrte von 1926 bis 1928 an der Universität Hamburg und verließ dann Weimar-Deutschland, um fortan in Zürich zu unterrichten. 1935 emigrierte er aus der Schweiz nach Amerika. Er wurde Professor in Princeton. 1945 erhielt Pauli den Physik-Nobelpreis.

Als »größte Ballerina der Welt« wird verschiedentlich die einer russischen Rabbinerfamilie entstammende Ballettänzerin **Anna Pawlowa** bezeichnet. Geboren 1881 in St. Petersburg, kam sie als Zehnjährige auf die kaiserliche Ballettschule der damaligen russischen Hauptstadt. 1906 war sie Primaballerina am Petersburger Marientheater. 1909 wurde sie Mitglied von Diaghilews »Ballets Russes«. Sie ging auf Tourneen, die sie rund um den Globus führten. Besonders beeindruckte sie als »sterbender Schwan«. Sie starb 1931 im Haag.

Auch der jüdische Physiker **Rudolf Peierls** (geboren 1907 in Berlin) war ein Vater der Atombombe. Von 1943 bis 1945 wirkte er am entsprechenden US-Forschungsinstitut in Los Alamos führend mit. Peierls lebte bereits in den 20er Jahren außerhalb des Deutschen Reiches (Schweiz, Italien, England). Von 1933 bis 1935 lehrte er in Manchester und Cambridge, von 1937 bis 1963 (mit Unterbrechungen für seine Atombomben-Arbeit zur Kriegszeit) in Birmingham, von 1963 bis 1974 in Oxford. Die Queen adelte ihn. 1963 erhielt Sir Rudolf in Deutschland die Max-Planck-Medaille.

Kein Gemeinwesen ist hochgerüsteter (einschließlich atomarer Bewaffnung, die offiziell allerdings nicht bestätigt wird) als der nahöstliche jüdische Staat. Und pro Kopf der Bevölkerung ist Israel der größte Waffenexporteur der Erde. Die Grundlagen für diese Militarisierung schuf **Schimon Peres**, über viele Jahre der wichtigste Waffenbeschaffer Israels und später mehrfach Regierungschef. Er kam 1923 im weißrussischen Woloschin als Simon Persky zur Welt. 1934 ging er mit den Eltern nach Palästina. Ab 1940 diente er in der zionistischen Untergrundarmee Haganah. Sein Vater geriet als britischer Soldat in deutsche Gefangenschaft und kam 1945 heim nach Israel. In den 50er und 60er Jahren war Peres für Waffenbeschaffung zuständig. In Europa war er damit bei de Gaulle, dann hauptsächlich in Bonn, besonders bei Minister Strauß, erfolgreich. Diese Art der deutschen »Wiedergutmachung« in Form von geschenkten Waffen und Militärtechnik im Milliardenwert vollzog sich hinter den Kulissen und ohne Einschaltung von Öffentlichkeit oder Parlament. Von 1974 bis 1977 war Peres Verteidigungsminister. Von 1984 bis 1986 wirkte er als Ministerpräsident (in dieser Eigenschaft erklärte er die Vier-Kinder-Ehe zur nationalen Pflicht). Anschließend amtierte er bis 1988 als Außenminister, sodann als Finanzminister und ab 1992 abermals als Außenminister. Nach der Ermordung Rabins durch einen fanatischen Juden im November 1995 übernahm er erneut die Amtsgeschäfte des Ministerpräsidenten.

Auf Drängen gerechtdenkender Amerikaner stellte ein Untersuchungsausschuß des US-Senates Anfang der 50er Jahre fest, daß deutschen Soldaten der Waffen-SS unter furchtbaren Folterungen »Geständnisse« über angebliche Kriegsverbrechen abgepreßt worden waren. In fast allen Fällen hatte man den Opfern die Hoden zerquetscht. Einer der führenden US-amerikanischen psychologischen »Vernehmungsspezialisten« beim »Malmedy-Prozeß« gegen Waffen-SS-Soldaten war **William R. Perl**. Er erhielt den bezeichnenden Spitznamen »Folterknecht«. Er war 1906 in Prag zur Welt gekommen und in den 30er Jahren im Auftrage der Zionistischen Internationale für die jüdische Auswanderung nach Palästina aktiv (»Neues Zionistisches Umsiedlungszentrum«, Wien). Da er auch illegale Einwanderung organisierte, setzten ihn die Briten auf ihre Fahndungsliste. Im Zweiten Weltkrieg diente er als »Psychologe« in der US-Armee. Als solcher war er auch bei Tribunalen gegen deutsche Soldaten aktiv. 1961 tauchte er als »Beobachter« beim Eichmann-Prozeß auf. Er erhielt u.a. den Wiesenthal-Preis und die Jabotinsky-Medaille. Seit Anfang der 70er Jahre war er für die militante jüdische »Verteidigungsliga« in den USA aktiv. Ein US-Gericht verurteilte ihn 1978 zu zwei Jahren Gefängnis auf Bewährung, weil er einen Attentäter angestiftet hatte, auf die Privatwohnung eines sowjetischen Botschaftsangehörigen zu schießen - »aus Protest gegen die Behandlung von Juden in der Sowjetunion, die nach Israel auswandern wollen«.

Als Begründer der »Gestalt-Therapie« in der Psychoanalyse der Freud-Richtung gilt **Frederick S. Perls**. Als er dem aus Mähren stammenden Händler Nathan in Berlin geboren wurde, hieß er allerdings noch Fritz mit Vornamen. Er war Schüler von Freud.

Er wurde ausgebildet von Karen Horney, der ab 1932 in den USA wirkenden Psychotherapeutin und Mutter der Schauspielerin Brigitte Horney, und von Wilhelm Reich. 1933 wanderte Perls nach Südafrika aus, 1946 ging er in die USA. In New York gründete er 1952 das »Institut für Gestalt-Therapie«. Er starb 1970 in Vancouver/Kanada.

Der Biochemiker **Max Ferdinand Perutz**, geboren 1914 in Wien, emigrierte schon zwei Jahre vor dem NS-Anschluß Österreichs nach England. Dort arbeitete er am Forschungsinstitut für Molekularbiologie in Cambridge. Im Zweiten Weltkrieg trat er in die Dienste des britischen Oberkommandos. 1947 wurde er Direktor des Medizinischen Forschungsrates der Universität Cambridge. 1962 erhielt er den Chemie-Nobelpreis für die Strukturanalyse des Hämoglobinmoleküls.

Halbjüdisch war der langjährige Erste Bürgermeister Hamburgs, **Carl Wilhelm Petersen** (geboren 1868 in Hamburg, gestorben 1933 dortselbst). Seine Mutter entstammte einer Bankiersfamilie; sein nichtjüdischer Großvater Karl Petersen (1809 - 1892) war Vorkämpfer der deutschen Reichseinheit und mehrfach Bürgermeister der Hansestadt. Carl Wilhelm Petersen, seit 1899 Mitglied der Hamburger Bürgerschaft und seit 1918 Senator, wirkte von 1919 bis 1924 in der Nachfolge Friedrich Naumanns als Vorsitzender der DDP. 1919/20 gehörte er der Deutschen Nationalversammlung an und sprach sich für ein Großdeutschland mit Österreich aus. Als Abgeordneter des Reichstages von 1920 bis 1924 war er Vorsitzender des Untersuchungsausschusses für die Schuldfragen des Weltkrieges und setzte sich vehement für einen Freispruch für Deutschland ein. Von 1923 bis 1928 und von 1932 bis März 1933 wirkte er als Erster Bürgermeister Hamburgs, zeitweise auch als Mitglied des Staatsgerichtshofes des Deutschen Reiches.

Als »Vorläufer der heutigen Kinetik«, »bedeutendster Meister des Konstruktivismus«, »russischer Avantgardist« usw. wird der Maler und Plastiker **Antoine (Anton) Pevsner** (geboren 1866 in Orel, gestorben 1962 in Paris) bezeichnet. Eigentlich hieß er Nathan Borisowitsch Pevsner; der Bildhauer Naum Gabo war sein Bruder. 1911 ging Pevsner nach Paris, wo er mit Modigliani zusammenarbeitete. Von 1917 bis 1923 war er Professor am sowjetischen Kunstinstitut. Dann tauchte er wieder in der französischen Hauptstadt auf und blieb dort. Nach dem Zweiten Weltkrieg war er Mitgründer der modernistischen Künstlergruppe »Réalités Nouvelles«.

Hans Pfeffermann, 1914 in Berlin geborener Sohn eines Chemie-Industriellen, wirkte nach dem Zweiten Weltkrieg als Direktor des »International Rescue and Relief Committee« in Genf, später als Abteilungsleiter beim Europarat in Straßburg. Er hatte von 1935 bis 1939 in Paris gelebt und war dann in die Schweiz gegangen. Er ist ein Enkelsohn des deutschnationalen Präsidenten des Reichstages (1871-1874) und Reichsgerichtes (1879-1891), Eduard von Simson.

Unter den Partisanen Titos befanden sich nach Angaben des jüdischen Publizisten Arno Lustiger (»Zum Kampf auf Leben und Tod!«) 4700 Juden, die namentlich bekannt sind. Insgesamt dürften es aber wesentlich mehr gewesen sein. An zehn Juden wurde der höchste Tito-Orden (»Nationalheld Jugoslawiens«) verliehen. Auch der Organisator des Partisanenkampfes in Jugoslawien, **Moise (Moscha) Pijade** (geboren 1890 in Belgrad, gestorben 1957 in Paris), war jüdisch. Lustiger schreibt über ihn: »Einer der Mitgründer der Tito-Partisanen war Moscha Pijade. Er saß wegen kommunistischer Tätigkeit über 16 Jahre in Gefängnissen, wo er ›Das Kapital‹ von Marx ins Serbische übersetzte. Er organisierte die Partisanen, verfaßte das › Manifest von Fotscha‹ ,

die Verfassung des Widerstandes, und war engster Mitkämpfer Titos.« Nach 1945 stieg Pijade zum Präsidenten der jugoslawischen Teilrepublik Serbien und des jugoslawischen Parlamentes auf. 1969 weihte Tito für ihn ein Denkmal in Belgrad ein. Pijade war für Hunderttausende Morde des Tito-Regimes mitverantwortlich.

Sowohl dem jüdischen Forscher Djerassi als auch seinem Abstammungsgenossen **Gregory Pincus** wird nachgesagt, Vater der Antibaby-Pille zu sein. Pincus stammte aus einer osteuropäischen Einwandererfamilie und kam 1903 in Woodbine/US-Bundesstaat New Jersey zur Welt. Er wirkte als Direktor der Laboratorien der Worcester Foundation for Experimental Biology in Boston, wo er die Abteilungen für Genetik und Hormonforschung leitete. Mit seinen Kollegen M.C. Chang und John Rock entwickelte er dort empfängnisverhütende Präparate. Pincus starb 1967 in Boston.

Als »bedeutendster zeitgenössischer Dramatiker Englands« wird verschiedentlich **Harold Pinter** (geboren 1930 in London) bezeichnet. Der »Meister der schwarzen Komödie«, dessen Spezialität das sogenannte absurde Theater ist, begann als Schauspieler unter dem Namen David Baron. Dann stieg er auf das Abfassen von absurden Stücken um. Gerühmt wird, seine Stücke seien eine »sinnentleerte Welt voller geheimnisvoll-unheimlicher Bedrohungen mit Angst- und Existenznöten«. 1973 wurde Pinter stellvertretender Intendant des Englischen Nationaltheaters in London. Sein bekanntestes Stück heißt »Geburtstagsfeier« und stammt von 1958. Erfolgreich war auch sein Werk »Betrogen« (1979).

Die Pirbrights hießen eigentlich Worms. Die eng mit den Rothschilds verwandte Sippe wanderte aus Österreich kommend in England ein. Einer der bekanntesten Vertreter war **Henry Pirbright** (geboren 1840 in

Lili PALMER

Boris PASTERNAK

Anna PAUKER

Schimon PERES

William R. PERL

Gregory PINCUS

Harold PINTER

Roman POLANSKI

Alfred POLGAR

London, gestorben 1903 in Guildford/Surrey). Er nahm nicht nur Einfluß auf das Finanzwesen des Empire, sondern schaltete sich auch aktiv in die englische Politik ein. Von 1890 bis 1895 vertrat er die Konservativen im Unterhaus. Von 1888 bis 1892 hatte er als Unterstaatssekretär für Kolonien eine Schlüsselstellung. Er wirkte zur gleichen Zeit auch als Präsident der Anglo-Jewish Association. 1895 wurde er zum Sir.

Marranen (span. »marranos«, abgeleitet von »marrana«, »Sau«) ist der in Spanien seit dem 16. Jahrhundert gebräuchliche Begriff für getaufte Juden, die häufig insgeheim ihrem jüdischen Glauben weiter anhingen. Aus marranischer Familie stammte der Maler **Camille Pissarro**, der als ein Hauptmeister des französischen Impressionismus gilt. Er kam 1830 auf St. Thomas (Westindische Inseln) zur Welt und starb 1903 in Paris. Zunächst arbeitete er für den Vater auf den Antillen, der Großhändler im transatlantischen Warenverkehr war. Camille Pissarro trat vor allem mit Landschaften, Städteszenen und Porträts hervor.

Erheblichen juristischen und politischen Einfluß übte in Westdeutschland nach 1945 **Nora Platiel** aus. 1949 aus der schweizerischen Emigration zurückgekehrt, wurde sie 1951 Direktorin am Oberlandesgericht Frankfurt am Main und gehörte über Jahre dem Hessischen Staatsgerichtshof an. Von 1954 bis 1966 vertrat sie die SPD im Hessischen Landtag. Sie war 1896 in Bochum als Nora Block zur Welt gekommen. In Weimarer Zeit wirkte sie als Rechtsanwältin. 1933 ging sie nach Frankreich, wo sie in der »Roten Hilfe« mitwirkte, für die »Cahiers Juifs« schrieb und aktiv in der Pariser Gruppe des »internationalen Sozialistischen Kampfbundes« war. Nach Kriegsausbruch 1939 internierten die französischen Behörden sie im KZ Gurs. Von dort gelang ihr die Flucht in die Schweiz. Nora Platiel starb 1979 in Kassel.

Über den Schriftsteller **Max Plaut** (geboren 1901 in Sorau/Schlesien, gestorben 1974 in Hamburg) heißt es im »Biographischen Handbuch der deutschsprachigen Emigration«: »1944 Emigration nach Palästina im Austausch von 200 Juden gegen in Palästina (Sarona) ansässige Mitglieder der deutschen Templerkolonie.« Daß sich zur Kriegszeit nicht wesentlich mehr Juden durch solche Austauschaktionen retten konnten, lag an England, das weitergehende deutsche Angebote ausschlug. Plaut kam aus der deutsch-jüdischen Jugendbewegung. Bis 1943 lebte er als führender jüdischer Funktionär in Hamburg. Dann wurde er interniert. In der Nachkriegszeit emigrierte er aus Israel über England nach Deutschland zurück. Besonders aufschlußreich ist seine 1944 erschienene Schrift »Die Situation der Juden in Deutschland 1933-1944«.

»Vater« der ersten DDR-Verfassung von 1948/49 war der jüdische Rechtswissenschaftler und Staatsfunktionär **Karl Polak** (geboren 1905 in Westerstede bei Oldenburg, gestorben 1963 in Ostberlin). In der Moskauer Emigration ab 1933 gehörte er Stalins Kommission zur Ausarbeitung einer Verfassung der Sowjetunion an. Als Sekretär des Generalstaatsanwalts Andrej Januarewitsch Wyschinski war Polak wesentlich an den grausamen Schautribunalen Stalins beteiligt. 1946 tauchte er in Ostberlin auf. Er wurde Professor (Staatsrecht, Staatslehre, Völkerrecht) an der Universität Leipzig, war SED-Volkskammermitglied, wirkte ab 1957 als stellvertretender Vorsitzender des Rechtsausschusses der Volkskammer, gehörte ab 1960 dem Staatsrat der DDR an und war einer der engsten Berater Ulbrichts. 1957 veröffentlichte Polak die Schrift »Die Demokratie der Arbeiter- und Bauernmacht«. Er trug die »Medaille für Kämpfer gegen den Faschismus« und den »Vaterländischen Verdienstorden«.

Der 1933 in Paris geborene Regisseur **Roman Polanski** entstammt einer jüdischen Familie aus Polen, die Ende der 30er Jahre aus Frankreich nach Galizien zurückkehrte. Nach Ausbildung an der polnischen Filmhochschule in Lodz drehte er Filme zunächst in Polen, dann in England, Italien, Frankreich und den USA. In erster Ehe war er mit der polnischen Schauspielerin Kwiatkowski verheiratet, die sich später als Barbara Lass mit dem deutschen Mimen Karlheinz Böhm verband. Polanskis zweite Frau, die US-Schauspielerin Sharon Tate, fiel 1969 als Schwangere dem grauenhaften Ritualmord einer Satanssekte in Hollywood zum Opfer. Polanski selbst bekennt, er habe die »Grenze zwischen ordentlichen Bürgern und dem Abschaum über Nacht überschritten«. Als er 1977 wegen Vergewaltigung einer 13jährigen in den USA vor Gericht stand, sagte sein Verteidiger, die Tat sei als Reaktion auf Polanskis Leiden als naziverfolgter Jude zu deuten. Kurz vor der Urteilsverkündung setzte sich der Regisseur nach Frankreich ab. Zu seinen bekanntesten Streifen zählt der Film »Ekel«.

Als Schriftsteller nannte sich **Alfred Polgar** Archibald Douglas, doch eigentlich hieß er Alfred Polak. Er kam 1873 in Wien zur Welt und starb 1955 in Zürich. Zunächst in Wien, dann ab 1925 in Berlin wirkte er als Linksjournalist und Theaterkritiker. 1933 ging er nach Österreich zurück. Nach dem NS-Anschluß begab er sich in die Schweiz, dann nach Frankreich und 1940 in die USA, wo er für MGM schrieb. Ab 1952 hielt er sich meist wieder in Europa auf. Man nennt ihn einen »Meister der Kleinprosa«. Polak-Polgar-Douglas schrieb unter anderem »Der Quell des Übels« (1908), »Geschichten ohne Moral« (1943) und »Begegnung im Zwielicht« (1951). Die Akademie für Sprache und Dichtung in Darmstadt verleiht seit 1965 den »Alfred-Polgar-Preis«.

Als führender Antisemitismusforscher gilt **Leon Poliakov**. Er kam 1910 in St. Petersburg als Sohn des Wladimir Poliakov und seiner Frau Fanny geborene Friedmann zur Welt. Seit 1928 lebt er in Frankreich (Staatsbürgerschaft 1947). Er war zunächst Journalist und diente im Zweiten Weltkrieg in der französischen Armee. 1945 war er Mitbegründer und bis 1954 Leiter des Pariser »Centre de Documentation Juive Contemporaire«. Er ist Verfasser einer achtbändigen »Geschichte des Antisemitismus«, hat mit seinem ebenfalls jüdischen Kollegen Joseph Wulf ein dreibändiges Werk über die Juden im Dritten Reich sowie Hitlers »Diener und Denker« verfaßt und machte sich 1968 auf die Spur des Antisemitismus - »Von Voltaire zu Wagner« (Buchtitel).

Gleich siebenmal wurde 1985 der Streifen »Jenseits von Afrika«, ein Film des Regisseurs **Sydney Pollack**, mit dem »Oscar« ausgezeichnet. Auch Pollacks »Tootsie« mit Dustin Hoffman wird als »Meisterwerk« bezeichnet. Der Regisseur kam 1934 in Lafayette (US-Bundesstaat Indiana) zur Welt. Er begann erfolglos als Schauspieler und arbeitet seit 1965 als Spielfilmleiter. Mit »Die Skalpjäger« (1967) und »Nur Pferden gibt man den Gnadenschuß« (1969) setzte er sich in Hollywood durch.

Der jüdische Literat **Walther Pollatschek** kam 1901 im hessischen Neu-Isenburg auf die Welt. In Weimarer Zeit war er linker Theaterkritiker. Die Emigration führte ihn nach Spanien, Frankreich und in die Schweiz. 1945 begann er beim US-Lizenzblatt »Frankfurter Rundschau«, 1950 wechselte er in die stalinisierte DDR. Er avancierte dort zum führenden Theaterkritiker und Schriftsteller. Er leitete das Friedrich-Wolf-Archiv der Akademie der Künste in Ostberlin und war auch Herausgeber der Wolf-Werke. Mit Kinderbüchern wie »Die Aufbaubande« oder »Thälmann-Pionier« wollte er Kinder und Jugendliche kommunistisch beeinflussen. Er schrieb Biographien über Friedrich Wolf und Heinrich Heine. 1975 starb er in Ostberlin.

Wegen der eindeutig marxistischen Ausrichtung nannte man das 1923 in Frankfurt am Main gegründete Institut für Sozialforschung »Die Marxburg«. Die drei Schöpfer der Einrichtung, Max Horkheimer, dessen enger Freund **Friedrich Pollock** und Felix Weil, sowie fast sämtliche führenden Mitarbeiter der »Marxburg« waren jüdisch. Pollock, geboren 1894 in Stuttgart, ging 1933 in die Emigration und setzte mit Unterstützung amerikanisch-jüdischer Finanzkreise das Sozialforschungsinstitut in New York fort. 1940 wurde er US-Staatsbürger. 1950 kehrte er als Professor nach Frankfurt am Main zurück, wo auch die »Marxburg« wieder etabliert wurde. Der von Pollock wesentlich beeinflußten »Frankfurter Schule« entstammt eine ganze Generation sogenannter progressiver Linksintellektueller der Bundesrepublik; die 1968er Apo ließ sich von den Chefs der »Marxburg« leiten. Friedrich Pollock starb 1970 in Montagnola/Tessin.

Der einflußreiche US-Kunstkritiker H. Rosenberg prägte für das Schaffen seines Günstlings **Jackson Pollock** das Wort »Action Painting«. Pollock, geboren 1912 in Cody/Bundesstaat Wyoming, lebte und wirkte ab 1935 in New York. Seine Kunst bestand darin, gewaltige Leinwände mit Farbe zu betropfen (»Drippingmethode«) und dazu skurrile Bewegungen zu verrichten, die angeblich den Tänzen der Navajo-Indianer nachempfunden waren. Vielen Kritikern gilt Pollock als »einer der größten amerikanischen Kunstschaffenden«. Er starb 1956 in East Hampton (New York) an den Folgen eines Autounfalls.

Der jüdische Filmproduzent **Erich Pommer**, geboren 1889 in Hildesheim, verließ Deutschland insgesamt viermal: Zur

Kaiserzeit 1907, um in Frankreich zu wirken, aus Weimar-Deutschland ging er 1926 fort, um Hollywood-Karriere zu machen, NS-Deutschland verließ er 1933 in Richtung England und USA, und endgültig emigrierte er aus Bundesdeutschland (1956), nachdem er mit einer eigenen Produktionsfirma Schiffbruch erlitten hatte. 1966 starb er in Hollywood. Nach der ersten Emigration aus Frankreich zurückgekehrt, hatte er 1913 in Berlin eine Produktionsgesellschaft gegründet, die 1921 mit der Ufa fusionierte. Pommer wirkte fortan als Ufa-Produktionsleiter. Unter seiner Finanzführung entstanden in Weimarer Zeit bekannte Streifen wie »Dr. Mabuse«, »Dr. Caligari«, »Der blaue Engel«, »Nibelungen«, »Der Kongreß tanzt«, »Bomben auf Monte Carlo«, »Die 3 von der Tankstelle«. Zur Hitlerzeit wirkte er in Amerika für Paramount und wurde US-Staatsbürger. Von 1946 bis 1949 war er in US-Uniform oberster amerikanischer Filmzensor in Deutschland (»Production Controll-Officer«).

Die Philosophie des 1994 in Croydon bei London gestorbenen **Karl Raimund Popper** richtet sich gegen die Verkündung »absoluter Wahrheiten« und mahnt zur Schaffung einer »offenen Gesellschaft«. Popper war 1902 in Wien als Sohn einer zum Protestantismus übergetretenen jüdischen Familie geboren worden. In den 20er Jahren war er Mitarbeiter Alfred Adlers. 1937 folgte er einem Ruf des Canterbury Colleges in Neuseeland. Von 1949 bis 1969 lehrte er an der Universität London. Die Queen schlug ihn 1964 zum Ritter. Sir Karl gilt als Begründer des kritischen Rationalismus. Sein Hauptwerk trägt den Titel »Die offene Gesellschaft und ihre Feinde«.

Zu den führenden Wirtschaftskapitänen Deutschlands in der Kaiserzeit und der Weimarer Republik gehörte der Industrielle **Max von der Porten** (geboren 1879 in Hamburg, gestorben 1943 in den USA).

Erich POMMER

Karl Raimund POPPER

Cole PORTER

Neil POSTMAN

Hugo PREUSS

André PREVIN

Marcel PROUST

Joseph PULITZER

Reinhard Georg QUAATZ

1912 wurde er Vorstandsmitglied der Otavi-Minen- und Eisenbahngesellschaft Berlin (hauptsächlich in Deutsch-Südwestafrika tätig). Im Ersten Weltkrieg war er u.a. Referent für Metallwirtschaft im preußischen Kriegsministerium und Staatskommissar für Kriegsmetall. 1920 wurde er Generaldirektor der Vereinigten Aluminium-Werke AG, eines der größten Unternehmen des Deutschen Reiches. Er gehörte rund fünfzig Vorständen und Aufsichtsräten, oft als Vorsitzender oder Vizechef, an (darunter der Metallgesellschaft). Er stand dem »Gesamtausschuß zur Wahrung der Interessen der deutschen Metallwirtschaft« vor. Im Zeichen sich steigernden Antisemitismus verließ er Deutschland und ging nach 1933 nach Amerika.

Im »Musik-Lexikon« von Reiner E. Moritz heißt es über **Cole A. Porter**: »Aus wohlhabenden Verhältnissen kommend, konnte er nach eigenen Vorstellungen arbeiten und seinem Publikum jene elegante Welt vermitteln, in der er selbst zu Hause war. Zur Entwicklung der Form des Musicals hat er nichts beigetragen.« Porter, der 1893 in Peru/US-Bundesstaat Indiana zur Welt kam, war neben Jerome Kern, Frederick Loewe und Richard Rodgers der erfolgreichste jüdisch-amerikanische Musical-Komponist. 1916 wurde sein erstes Singspiel, »See America first«, uraufgeführt. Ein Welterfolg wurde »Kiss me Kate« (1948). Porter schuf auch Filmmusiken für Hollywood. Seine Stücke »Begin the Beguine« und »Night and Day« sind Evergreens. Er starb 1964 in Santa Monica/Kalifornien.

Der Literat und Pädagoge **Neil Postman** (geboren 1931 in New York) wurde 1959 Professor an der New York University of Communications, Arts and Sciences. In den 60er Jahren propagierte er »subversive Erziehung«, seit den Achtzigern verkündet er: »Erziehen heißt bewahren.« Sein interessantestes Werk (»Das Verschwinden der Kind-

heit«) beschäftigt sich mit dem Einfluß elektronischer Medien auf den Nachwuchs. Über die Deutschen urteilt er: »Es gibt bei den Deutschen einen uralten Hang zur Barbarei, der der Weltzivilisation teuer zu stehen kam und seinen jüngsten und abscheulichsten Ausdruck in Auschwitz gefunden hat.« Auch deutsche Genies wie Luther, Nietzsche, Wagner seien »von dunklen, unheimlichen Trieben umwölkt« gewesen.

Als »Tabubrecher«, der z.B. Rauschgiftsucht und Sexualität in Hollywood »thematisiert« habe, gilt Regisseur **Otto Preminger** (geboren 1906 in Wien, gestorben 1986 in New York). Er war Schüler, Assistent und Günstling von Max Reinhardt, dessen Nachfolger er als Leiter des Theaters in der Josefstadt zu Wien 1933 wurde. 1935 emigrierte er aus Österreich in die USA. Dort war er zunächst für die 20th Century Fox tätig und trat als Nazi-Darsteller in Erscheinung. Später gründete er eine eigene Produktionsgesellschaft. Preminger, der 1931 mit dem Streifen »Die große Liebe« als Filmregisseur debütiert hatte, setzte in Amerika u.a. folgende bekannte Filme in Szene: »Stalag« (1953), »Fluß ohne Wiederkehr« (1954), »Der Mann mit dem goldenen Arm« (1955), »Anatomie eines Mordes« (1959), »Exodus« (1960). Spätere Filme waren »geprägt vom verzweifelten Bemühen, den kommerziellen Erfolg, der ihn verlassen hatte, wieder herbeizuzwingen; dabei beging er den Fehler, mit spektakulären Themen und Mitteln provozieren zu wollen wie einst, ohne zu merken, daß es inzwischen ganz anderer Dinge bedurfte, um ein Publikum zu schockieren« (»rororo-Filmlexikon«).

Der Staatsrechtler **Hugo Preuß** wurde 1860 in Berlin als Sohn eines jüdischen Kaufmanns geboren. Er lehrte als Professor in der Reichshauptstadt und fühlte sich insbesondere dem Gedankengut des preußischen Reformers und nationalfreiheitlichen

Staatsmannes Freiherr vom Stein verpflichtet. Von Hugo Preuß' patriotischer Grundeinstellung zeugen seine Werke wie z.B. »Das deutsche Volk und die Politik« (1915), »Obrigkeitsstaat und großdeutscher Gedanke« (1916), »Der deutsche Nationalstaat« (1924). 1918 wirkte er als Innenstaatssekretär, 1919 kurzzeitig als Reichsinnenminister. Aus Protest gegen das Versailler Diktat der Sieger trat er zurück. Vor allem empörte ihn das Siegerverbot des Anschlusses Österreichs an Deutschland. Preuß zählte zu den Mitbegründern der DDP. Er arbeitete einen Verfassungsentwurf aus, von dem vieles in die Weimarer Reichsverfassung und manches ins Grundgesetz der Bundesrepublik Deutschland einfloß. Sein Wunsch jedoch, die Zentralgewalt in Berlin auf Kosten der Länder zu stärken, wurde verworfen. Hugo Preuß starb 1925 in Berlin.

Der Karriere des Dirigenten, Pianisten und Komponisten **André Previn** standen die jüdischen Meister Monteux und Castelnuovo-Tedesco Pate. Previn heißt eigentlich Andreas Ludwig Priwin und kam 1929 in Berlin zur Welt. 1938 ging die Familie nach Frankreich, dann in die USA. 1943 wurde Priwin-Previn US-Staatsbürger. Er wurde von MGM unter Vertrag genommen und schrieb die Musik zu zahlreichen Hollywood-Filmen. 1969 wurde er Dirigent der Londoner Sinfoniker, 1975 des Pittsburgher Sinfonie-Orchesters, 1985 übernahm er das Dirigat beim Royal Philharmonic Orchestra (London) und ein Jahr später die Leitung der Philharmoniker von Los Angeles. Zeitweise war er mit der Schauspielerin Mia Farrow verheiratet.

Alfred Pringsheim, Schwiegervater von Thomas Mann, kam 1850 im schlesischen Ohlau zur Welt und wurde christlich getauft. Sein Vater war der jüdische Industrielle Rudolf Pringsheim (1821-1901), der ab den 1840er Jahren das Eisenbahnsystem im oberschlesischen Industriegebiet aufbaute; sein Onkel Fedor Pringsheim (1828-1910) wirkte als Präsident des schlesischen Bankvereins, war Mitbegründer und Chef zahlreicher großer Industrieunternehmen sowie jahrzehntelang Vorsteher der Breslauer Synagogengemeinde. Alfred Pringsheim wirkte von 1886 bis zur Pensionierung 1922 als Mathematikprofessor in München, wobei er sich besonders um die Funktionentheorie verdient machte. 1939 erteilten ihm die deutschen Behörden die Erlaubnis zur Emigration in die Schweiz. Er starb 1941 in Zürich. Pringsheim ist auch als Kunstsammler bekanntgeworden. Sein Spezialgebiet waren Fayencen.

Die Mutter des Literaten **Marcel Proust** (geboren 1871 in Paris, gestorben 1922 dortselbst) war eine geborene Weil und Jüdin, der Vater Arzt. In begüterten Verhältnissen großgeworden, führte Proust ein Bohemien-Leben in der französischen Oberschicht. Exzentrik, Hypersensibilität und ein chronisches Asthmaleiden trieben ihn in einen schall- und lichtisolierten, abgeschotteten Raum, in dem er sein mehrbändiges Hauptwerk »Auf der Suche nach der verlorenen Zeit« (1913-1927) - darin besonders aufschlußreich der Band »Sodom und Gomorrha« - schrieb. Weltanschaulich richtete sich Proust an Bergson aus.

Stifter des nach ihm benannten Presse-Preises sowie Gründer einer der wichtigsten journalistischen Ausbildungsstätten Amerikas, der »Pulitzer-School« (Columbia-Universität, New York), war **Joseph Pulitzer**. Er kam 1847 im ungarischen Makó als Sohn eines jüdischen Getreidehändlers zur Welt. Bei der französischen Fremdenlegion kam er nicht unter, deshalb ließ er sich 1864 in Hamburg von einem Werber für die US-Nordstaatenarmee anheuern. »Er erlebte als ›Jude Joe‹ mit auffallender Nase und zu Spott herausforderndem Adamsapfel ein ziemlich entwürdigendes Soldatenjahr« (Thorwald, »Das Gewürz«). Sein Aufstieg zum Pressemagnaten begann, als er 1878 den bankrotten »St.-Louis Dispatch« übernahm. Als Pulitzer 1911 in Charleston starb, war er Herr über einen der weltweit größten Pressekonzerne. Er gilt neben Hearst als Begründer des US-Boulevardjournalismus (»Yellow Journalism«). Politisch war er auch aktiv: Er saß im Parlament von Missouri und war demokratisches Mitglied des Repräsentantenhauses in Washington.

Zu den profiliertesten deutschnationalen Politikern der Weimarer Zeit gehörte **Reinhold Georg Quaatz** (geboren 1876 in Berlin, gestorben 1953 dortselbst). Der Sohn eines Gymnasialdirektors und dessen jüdischer Frau war bis 1919 als Jurist im preußischen Staatsdienst beschäftigt, ging dann in die freie Wirtschaft und betätigte sich als Rechtsanwalt in der Reichshauptstadt. Von 1920 bis 1924 saß er für die DVP, von 1924 bis 1933 für die Deutschnationale Volkspartei (DNVP) im Deutschen Reichstag und galt als Vertrauensmann von Parteichef Hugenberg. Er zählte zu jenen Reichstagsabgeordneten jüdischer Herkunft, die 1933 dem Ermächtigungsgesetz zustimmten. Bis 1933 gehörte Quaatz dem Aufsichtsrat der Dresdner Bank, bis 1936 dem Aufsichtsrat der Deutschen Hypothekenbank an. Obwohl er sich ab 1935 für die Bekennende Kirche engagierte und trotz seiner jüdischen Abkunft blieb er im Dritten Reich, abgesehen von einer Hausdurchsuchung und einem Gestapo-Verhör 1944, unbehelligt. Er schrieb u.a. »Der nationale Gedanke und die

Eisenbahnen« (1911), »Der Franzoseneinbruch« (1923) und »Vereinigte Staaten von Europa?« (1930).

Mitbegründer der modernen Rechtsvergleichung war der Zivilrechtler jüdischer Abkunft **Ernst Rabel**. Er wurde 1874 in Wien geboren und starb 1955 in Zürich. Er gehörte von 1925 bis 1928 dem Internationalen Gerichtshof im Haag an, war von 1926 bis 1937 Rechtsprofessor in Berlin (wo er das Kaiser-Wilhelm-Institut für ausländisches und internationales Privatrecht leitete), gab seit 1927 die »Zeitschrift für ausländisches und internationales Privatrecht« heraus, emigrierte in die USA und lehrte dort an der Universität Ann Arbor. Nach 1945 war er Professor an den Universitäten Tübingen und Westberlin.

Als **Isidor Isaac Rabi** 1898 im galizischen Schtetl Rymanow zur Welt kam, war kaum vorauszusehen, daß er eines Tages in Amerika einer der Väter der Atombombe werden würde. Als Kleinkind emigrierte er mit den Eltern in die USA. In den 20er Jahren studierte er in Deutschland. Von 1933 bis 1967 lehrte er Physik an der New Yorker Columbia-Universität. Ab 1943 wirkte er maßgeblich am US-amerikanischen Atombombenprojekt in Los Alamos mit. 1944 wurde er mit dem Nobelpreis für Physik ausgezeichnet. In den 50er Jahren amtierte er als Vorsitzender des wissenschaftlichen Beraterkomitees des Präsidenten Eisenhower. Rabi starb 1988 in New York.

In mehreren Kabinetten war **Izhak Rabin** an vielen Beschlüssen der israelischen Regierung beteiligt, als besonders gefährlich empfundene Feinde gewaltsam zu beseitigen. Nur wenige Tage nach den unter seiner Führung abgesegneten tödlichen Geheimdienstschüssen auf einen Führer der palästinensischen Hamas-Bewegung wurde Rabin im November 1995 selber von einem Attentäter niedergestreckt. Seinem radikalzionistischen Mörder kamen bereits die geringen Zugeständnisse an die Palästinenser, für die Rabin in aller Welt als Friedensfürst gefeiert wurde und sogar den Nobelpreis erhielt, als gemeiner Verrat an der jüdischen Sache vor. Rabin, geboren 1922 in Jerusalem, hatte ab 1941 in der militanten zionistischen Untergrundbewegung »Palmach« (»Stoßtruppen«) gewirkt, weshalb ihn die britische Mandatsmacht 1946 inhaftierte. Im Unabhängigkeitskrieg 1948/49 war er Brigadekommandeur, im Sechstagekrieg 1967 Generalstabschef. Nach Rückkehr vom Botschafterposten in Washington wurde er 1974 als Nachfolger Golda Meirs Chef der Mapai-Partei. Von 1974 bis 1977 wirkte er erstmals als Ministerpräsident, von 1984 bis 1990 war er Verteidigungsminister, ab 1992 bis zu den Todesschüssen in Jerusalem 1995 erneut Regierungschef. Die »Deutsche National-Zeitung« würdigte ihn in ihrem Nachruf als »eine mit allen Fasern seines Herzens der eigenen Nation verhaftete Persönlichkeit«.

Nachman Rachmilewitz war einer von drei Juden in der ersten litauischen Regierung. Er wirkte von 1920 bis 1925 als stellvertretender Finanzminister Litauens und gründete die Zentralbank des baltischen Staates. Außerdem amtierte er als Präsident des Jüdischen Nationalrates in Litauen. Er war 1876 in Volkovysk/Weißrußland geboren worden. Er hatte in Deutschland studiert und seinen Dr.phil. gemacht. Von 1905 bis 1920 betätigte er sich als Großhändler für Papierholz in Wilna. 1925 kam er erneut nach Deutschland, wo er kaufmännisch tätig war und Vizepräsident des streng orthodoxen Weltverbandes für Sabbathschutz Schomrei Schabbos wurde; auch gehörte er dem Vorstand der Berliner Adass Jisroel-Gemeinde an. Der Steuerhinterziehung beschuldigt, ging er 1934 in die Tschechei, dann nach Palästina, wo er als litauischer Generalkonsul auftrat. Er betrieb dort ein »Import-Export-Geschäft« und starb 1942 in Tel Aviv.

Der journalistisch wohl befähigste führende Bolschewist war **Karl Bernhardowitsch Radek**, der eigentlich Sobelsohn hieß und 1885 in Lemberg als Sproß einer jüdischen Familie auf die Welt kam. 1904 wurde er Sozialdemokrat. Im Schweizer Exil ab 1914 lernte er Lenin kennen und wurden dessen »liebster Verbündeter« (Solschenizyn). Mit Lenin reiste er im »verplombten Waggon« 1917 durch Deutschland nach Rußland, wo er führend am bolschewistischen Umsturz beteiligt war. 1918 und 1923 entsandte Lenin Radek-Sobelsohn nach Deutschland, um es reif für die rote Revolution zu machen. Der raffinierte Propagandist gab nationalkommunistische Parolen aus; u.a. ehrte er ausdrücklich den nationalistischen Ruhrkämpfer Albert Leo Schlageter. Welches Ende Radek nahm, schildert Solschenizyn wie folgt: »Als Anhänger Trotzkis verliert er seine politischen Posten und wird in den Ural verbannt. In den dreißiger Jahren führt er als ›Iswestija‹-Redakteur noch immer die beste Feder in der sowjetischen Presse. Er belastet die Angeklagten des Schauprozesses von 1937, wird im Rahmen der großen Säuberungen selbst zu 10 Jahren Gefängnis verurteilt und stirbt im Kerker unter ungeklärten Umständen.«

Gideon Raffel heißt eigentlich Gerhard Ruffer und kam 1913 in Berlin zur Welt. 1934 wanderte er nach Palästina aus. 1945 gehörte er zum zionistischen Führungskader um Ben-Gurion, der in München zur entscheidenden Vorkonferenz zur Gründung des Staates Israel zusammentrat. Auch war Raffel-Ruffer maßgeblich an Vorbereitung und Durchführung der sogenannten Kriegsverbrecherprozesse beteiligt. Als Diplomat des nahöstlichen jüdischen Staates wirkte er bei der UNO (Chefdelegierter Israels), als Staatssekretär im Außenministerium, als Botschafter in Brüssel, Luxemburg, bei der Europäischen Gemeinschaft und in London. Seit seiner Pensionierung ist er vorwiegend publizistisch tätig. Aufsehen erregte er mit Beiträgen u.a. für die Springer-Presse, in denen er beispielsweise behauptete, im KZ Dachau seien »über 200 000 vergast worden« (obwohl auch jüdische Koryphäen der Holocaust-Forschung Massenvergasungen in diesem Lager dementiert haben).

Eigentlich hieß der Schauspieler und Theaterdirektor **Emil Rameau** Emil Pulvermacher. Er kam 1878 in Berlin zur Welt und starb dortselbst 1957. Er trat zunächst in Bromberg und Posen auf und machte dann - gefördert von den bedeutenden jüdischen Theatermanagern der Reichshauptstadt - Karriere in Berlin. Er gehörte zu den engsten Mitarbeitern Jessners und Reinhardts. 1932/33 war er Direktor der Komischen Oper, Berlin. Die Emigration ab 1933 führte ihn in die Schweiz, nach England und schließlich in die USA, wo er in einigen Hollywood-Filmen auftrat. Ab 1951 war er wieder in Deutschland und leitete das Schiller- und das Schloßpark-Theater in Berlin.

Der Psychoanalytiker **Otto Rank**, Schüler und enger Freund von Sigmund Freud, hieß eigentlich Rosenfeld. Er kam 1884 in Wien zur Welt und starb 1939 in New York. Ab 1919 leitete er den von ihm gegründeten Wiener Psychoanalytischen Verlag. Nach dem Österreich-Anschluß ging er nach Amerika. Er schrieb unter anderem »Trauma der Geburt« und »Geburt als stärkste traumatische Lebenserfahrung«.

Mitja Samuel Rapoport kam 1912 im ukrainischen Woloczysk zur Welt. Er studierte in Wien und schloß sich der stalinistischen KPÖ an. 1936 ging er in die USA, wo er bis 1950 als Biochemiker tätig war. Nach einem Zwischenaufenthalt in Wien ging er in die DDR. Von 1952 bis zur Emeritierung 1978 hatte er eine Professur mit Lehrstuhl für Physiologische Chemie an der Ostberliner Humboldt-Universität. Er bekleidete als SED-Genosse hohe Posten in der DDR-Gesellschaft. Auch war er Mitglied der »Staatlichen Kommission zur Gestaltung eines einheitlichen sozialistischen Bildungssystems« (ab 1963). Er wurde u.a. mit »Vaterländischem Verdienstorden« und »Nationalpreis« dekoriert.

Der Industrielle **Emil Rathenau** hatte Anteil daran, daß Deutschland eine weltweit führende Stellung in der Elektroindustrie erobern konnte. Er wirkte dabei mit, die Glühlampe, das Telefon und das Aluminium in Deutschland einzuführen und gründete 1883 die nach dem berühmten (antisemitischen) amerikanischen Erfinder benannte »Deutsche Edison-Gesellschaft«, aus der 1887 die »Allgemeine Elektrizitätsgesellschaft« (AEG) hervorging. Emil Rathenau, der 1838 in Berlin geboren worden war und 1915 in der Reichshauptstadt starb, war im Besitz der europäischen Edison-Patente, mit denen er zum Multimillionär wurde. Er war der Vater des nachmaligen Reichsaußenministers Walter Rathenau.

»Er war seiner Gesinnung nach ein Nationalist und glühender Patriot«, schrieb Linksliterat Bernt Engelmann in seinem Buch »Deutschland ohne Juden« über **Walther Rathenau**. Das erscheint überzogen. Doch fraglos würden die Reden und Schriften des einstigen reichsdeutschen Außenministers und Freimaurers von hohen Graden heute als »nationalistisch« und »rechtsextremistisch« im sogenannten Verfassungsschutzbericht stehen. Walther Rathenau kam 1867 als Sohn des »Kaiserjuden« und Industriellen (AEG), Emil Rathenau, zur Welt, dessen Unternehmen er nach dem Tod des Seniors führte. Im Ersten Weltkrieg leitete er die Rohstoffabteilung im preußischen Kriegsministerium. Er neigte den Zielen der »Alldeutschen« zu und plädierte dafür, die Militärs Hindenburg und Ludendorff mit fast unumschränkter Macht auszustatten. 1918 beschwor er die Führung, den Krieg nicht aufzugeben, sondern einen Volkssturm in den Kampf gegen den inneren und äußeren Feind zu werfen. Als DDP-Minister für Wiederaufbau in der jungen Weimarer Republik trat Rathenau aus Protest gegen das Versailler Diktat zurück. Als Außenminister schloß er den Vertrag von Rapallo mit Sowjetrußland, um den Würgegriff der Westmächte zu lockern. Gleichwohl war er stets ein entschiedener Verfechter einer deutschen Westbindung. Am 24. Juni 1922 fiel Rathenau in Berlin einem Attentat vermutlich extrem rechter Eiferer zum Opfer, die ihn als »Erfüllungspolitiker« haßten. Andererseits wird gemutmaßt, das Attentat sei von international Mächtigen eingefädelt worden, bei denen Rathenau in Ungnade gefallen sei. Die Todesschützen kamen bei einem Schußwechsel mit der Polizei ums Leben. In seiner Schrift »Höre Israel« von 1897 hatte sich Rathenau zum Assimilationsjudentum bekannt. In seinen 1902 in Leipzig erschienenen »Impressionen« prophezeite er Unheil wegen des wachsenden Zustroms von Juden aus dem Osten und gebrauchte dabei die häufig zitierte Wendung: »Auf märkischem Sand eine asiatische Horde.«

Im 19. Jahrhundert besetzten zahlreiche Juden in Frankreich Schlüsselpositionen, wenn auch der jüdische Einfluß noch nicht so ausgeprägt war wie im 20. Jahrhundert. **David Raynal**, geboren 1841 in Paris, trat als engagierter Anhänger Gambettas, des (ebenfalls jüdischen) maßgeblichen Mannes der französischen Politik nach Ende des zweiten napoleonischen Kaiserreiches, in Erscheinung. Von 1879 bis 1897 war er Mitglied der Französischen Nationalversammlung. Er amtierte u.a. als Minister für Öffentliche Arbeiten und als Innenminister. Die letzten Jahre seines Lebens (er starb 1903 in Paris) war er Senator.

Adam Rayski kam 1914 in Bialystok auf die Welt. Früh schloß er sich den Stalinisten an. 1932 emigrierte er aus Polen nach Frankreich. Dort wurde er führender KPF-Genosse und Redakteur des Parteiorgans »L'Humanité«. Zur Zeit der deutschen Besatzung übernahm er die Aufgabe, alle Zweige des jüdischen kommunistischen Widerstandes zu leiten und zu koordinieren. Die Partisanenbewegung in Frankreich war in weiten Teilen jüdisch. 1949 nach Polen zurückgekehrt, wurde er Chef des gesamten Presse- und Verlagswesens im Rang eines Staatssekretärs. 1957 tauchte er wieder in Frankreich auf, wo er zwei Jahre später wegen Spionage zu sieben Jahren Gefängnis verurteilt wurde. Er wurde nach der Haftentlassung Vorsitzender von »Amilar«, dem Veteranenverband jüdischer Partisanen in Frankreich, und gilt als »Historiker des Widerstandes«. Josef Finkelstein-Lewartowski, der im Krieg den »antifaschistischen Block« im Warschauer Ghetto gegründet hatte, war sein Onkel.

Die einflußreiche Reading-Sippe, die in England in höchste Staatsämter aufrückte, stammte ursprünglich aus Deutschland. Der eigentliche Familienname lautete Isaaks (Isaacs). **Gerald Rufus Reading** (geboren 1899 in London, gestorben 1960 dortselbst), ein Sohn des Rufus Daniel Reading, diente im Zweiten Weltkrieg als britischer Brigadegeneral. 1950 wechselte er von den Liberalen zu den Konservativen. Er wirkte in den 50er Jahren als Unterstaatssekretär und

Staatsminister im britischen Auswärtigen Amt. Zeitweise führte er die Jewish Colonization Association.

Der aus Deutschland zugewanderten jüdisch-englischen Familie Isaacs entsproß **Rufus Daniel Reading**, der 1860 in London das Licht der Welt erblickte. Von 1910 bis 1913 amtierte er als britischer Generalstaatsanwalt. 1913 wurde er vom König geadelt. Von 1913 bis 1921 war er Lord-Oberrichter. Als Vizekönig von Indien in den Jahren 1921 bis 1926 war er scharfer Gegner der für indische Unabhängigkeit kämpfenden Volksführer Bose und Gandhi. 1931 war Isaacs-Reading für ein halbes Jahr englischer Außenminister. Er starb 1935 in London. Der Politiker Gerald Rufus Reading war sein Sohn.

Väterlicherseits ist der Sänger **Ivan Rebroff**, der 1931 in Berlin als Hans Rippert geboren wurde, jüdischer Herkunft. Seine Mutter war eine deutsche Lehrerin aus Rußland. Anfang der 50er Jahre siedelte Rippert-Rebroff mit seiner Mutter aus der DDR in die Bundesrepublik Deutschland über. Der Durchbruch gelang ihm in der Rolle des jüdischen Milchmanns »Tevje« in der verdeutschten Fassung des Musicals »Anatevka«. Vorwiegend tritt er als Interpret russischer Volksmusik in entsprechender Kleidung auf.

Joseph Redlich aus jüdischer Familie, christlich getauft, war Jahrgang 1869 und stammte aus dem mährischen Göding. 1906 wurde er Rechtsprofessor in Wien. Von 1906 bis 1918 wirkte er als mährischer Landtags- und Reichsratsabgeordneter der Deutschen Fortschrittspartei. 1918 und 1931 war er für jeweils einige Monate österreichischer Finanzminister. Von 1926 bis 1935 lehrte er vergleichende Rechtswissenschaft an der Harvard-Universität in Cambridge (USA). Er schrieb u.a. »Das österreichische Staats- und Reichsproblem« (1920-1926). Er starb 1936 in Wien.

Die im französischen Raum bekannte Sängerin und Nachtclub-Betreiberin **Régine** kam 1929 in Etterbeck (Belgisch-Flandern) als Regina Zylberberg zur Welt. Sie war Tochter einer aus Polen zugewanderten jüdischen Familie. Im Krieg soll sie sich vor den deutschen Besatzern in einem Kloster versteckt haben. In den 60er und 70er Jahren eröffnete sie eine Reihe von Nachtklubs in Frankreich, Spanien, Brasilien und den USA, die als »Treffpunkte des internationalen Jet-Set« gelten.

Der halbjüdische Literat **Hans (»José«) Rehfisch**, geboren 1891 in Berlin, brach in Weimarer Zeit seine Laufbahn als Jurist ab und ging zum Theater. Er brachte es zum Ko-Direktor am Berliner Zentraltheater des roten Erwin Piscator. 1933 ging Rehfisch nach Wien, 1938 nach England. Dort wirkte er nach Internierung 1940 in der BBC-Kriegspropaganda. 1945 begab er sich nach Amerika. Er dozierte an der New School for Social Research in New York. 1947 weilte er für einige Zeit in Palästina, hielt es dort aber nicht aus. 1950 tauchte er wieder in Deutschland auf. Hier fungierte er als GEMA-Präsident. Sein bekanntestes Werk ist die Tragikomödie »Wer weint um Jukkenack?«; er schrieb auch ein Drama »Die Affäre Dreyfus«. Rehfisch starb 1960 im schweizerischen Schuls.

Unter dem Patronat seines Lehrers Darius Milhaud und gefördert von der Rokkefeller-Stiftung, dem Guggenheim-Fonds und der Koussevitzky-Foundation konnte **Steve Reich**, geboren 1936 in New York, zu einem der bekanntesten zeitgenössischen Komponisten aufsteigen. Man bezeichnet seine Art der Tonschöpfung als »Minimalmusic«. Er verbindet beispielsweise afrikanische Trommelrhythmen mit jüdischem Synagogen-Gesang. 1984 wurde das als besonders bedeutend angekündigte Reich-Werk »The Desert Music« (Wüstenmusik) in Köln uraufgeführt.

Isidor Isaac RABI

Jitzhak RABIN

Karl RADEK

Emil RATHENAU

Walther RATHENAU

Gerald Rufus READING

Paul REICHMANN

Marcel REICH-RANICKI

Benno REIFENBERG

Mit seiner Lehre, einer Mischung aus Ideen von Freud und Marx, fand der Psychoanalytiker **Wilhelm Reich** viel Zustimmung bei den linksbourgeoisen »1968ern«, die ihn posthum auf ihren Schild hoben. Der Meister selbst war 1957 im Gefängnis von Lewisburg (USA), inhaftiert wegen Drogenbesitzes und Betrugs, gestorben. Reich war Jahrgang 1897 und im galizischen Dobrzcynica als Sohn eines Geschäftsmannes zur Welt gekommen. In Wien war er in den 20er Jahren Mitarbeiter Freuds. 1928 schloß er sich der stalinistischen KPD an. Im selben Jahr gründete er seine »Sozialistische Gesellschaft für Sexualberatung und Sexualforschung« in Wien. 1930 folgte in Berlin sein »Deutscher Reichsverband für proletarische Sexualpolitik«. Die Emigration nach Hitlers Machtantritt führte ihn über Dänemark, Schweden und Norwegen 1939 nach Amerika. Dort war er zunächst an der New School for Social Research (New York) tätig. Dann gründete er ein eigenes Institut für Sex und Klassenkampf. Er schrieb u.a. »Die Funktion des Orgasmus« (1927) und »Die sexuelle Revolution« (1945).

Als **Gustav Reicher** 1938 in Moskau liquidiert wurde, traf ihn dasselbe Schicksal, das er zuvor vielen (auch jüdischen) Genossen durch Denunziation als Komintern-Spitzel bereitet hatte. Er war 1900 in Polen zur Welt gekommen. Nach 1918 hatte er Führungsposten sowohl in der KPD als auch in der polnischen KP. Meist war er in Oberschlesien aktiv. Ab 1933 war er Komintern-Ausbilder in Moskau. 1937 schickte ihn Stalin nach Spanien. Mit dem Sowjet-Botschafter in Madrid, Rosenberg, sorgte Reicher für gnadenlose »Säuberungen«, denen ungezählte Marxisten aller Schattierungen zum Opfer fielen. Aufschlußreich ist folgender Bericht des jüdischen Historikers Lustiger über Reichers Auftreten im Spanischen Bürgerkrieg: »Er pflegte den polnischen Freiwilligen ein

Schuldgefühl wegen der Untaten ihrer Vorfahren, der Freiwilligen in der napoleonischen Armee im Spanienfeldzug 1808, einzuimpfen.« Bei Juden unter den polnischen Freiwilligen klappte der Bewältigungstrick nicht. Einer entgegnete ihm klipp und klar: »Als Jude habe ich hier in Spanien nichts zu bereuen.« Anfang 1938 wurde Reicher nach Moskau zurückbefohlen, wo das Genickschußkommando schon auf ihn wartete.

»In Kanada gilt: Reich, superreich, Reichmann«, schrieb das Nachrichtenmagazin »US News«. Gemeint war der jüdische Unternehmer **Paul Reichmann** mit seinen Brüdern Albert und Ralph. Bis ihr Konzern von der Rezession Anfang der 90er Jahre schwer getroffen wurde, kontrollierten die Reichmanns den größten privaten Immobilienbesitz an den Küsten des Atlantiks. Auch der Ölkonzern Gulf Canada hört auf ihr Kommando. Paul Reichmann erblickte 1931 in Wien als Sohn eines Eierverkäufers das Licht der Welt. 1938 ging die Familie mit Zwischenstation Tanger, wo Vater Samuel als Geldwechsler wirkte, nach Kanada. Dort baute man mit riskanten Finanztransaktionen und rüden Geschäftsmethoden einen der größten Baukonzerne der Welt auf. Mit dem Erwerb von acht Hochhäusern in New York 1976 begannen die Reichmanns, ein Wolkenkratzer-Imperium zu errichten. Die Reichmann Brothers sind streng orthodoxe Juden. Sie gehören zu den größten privaten Geldgebern Israels.

Seit Jahrzehnten schwingt »Literaturpapst« **Marcel Reich-Ranicki** seinen Krummstab über dem neudeutschen Bildungsbürgertum. Er hat sich auch als gestrenger Mahner zur ewigen deutschen Vergangenheitsbewältigung wegen Hitler hervorgetan. Seinen Begriff von Pressefreiheit brachte er schon 1965 zum Ausdruck, als er durch Eingabe an den Präsidenten des Bundestages, den später über seinen Wiedergutmachungsskandal gestrauchelten Gerstenmaier, das Verbot der »Deutschen National-Zeitung« verlangte. Als es aber 1994 um die Bewältigung in seiner eigenen Sache ging, reagierte Reich-Ranicki aggressiv: »Warum sollte ich als Jude der deutschen Öffentlichkeit Rechenschaft schuldig sein?« Aufgeflogen war, daß er nach 1945 im kommunistischen Polen nicht nur über »Stalins geniale Worte« geschrieben und, ganz im Sinne der Ostpropaganda, das meiste an der bundesdeutschen Literatur als hitleristisch verdammt hatte, sondern auch Geheimdiensthauptmann war und als Vizechef eines Dezernats im Warschauer Sicherheitsministerium dem stalinistischen Regime gedient hatte. Kritische Fragen über seine Verstrickung in den rotpolnischen Terror wurden abgeblockt. Nicht zuletzt solidarisierte sich das »Auschwitz-Komitee« mit ihm, das seine Kritiker in Antisemitismus-Nähe rückte, die daraufhin eingeschüchtert schwiegen. Der Literaturpapst konnte sein Pontifikat bald darauf ungestört fortsetzen. Reich-Ranicki, Jahrgang 1920, stammt aus dem polnischen Wloclawek. Wie damals Hunderttausende Ostjuden kam auch seine Familie 1929 ins Deutsche Reich. Er machte 1938 in Berlin Abitur, wurde dann aber wieder nach Polen abgeschoben. Die Kriegszeit hat er im Untergrund gelebt, zeitweise als Aktivist der jüdischen Partisanengruppe ZOB. 1958 wechselte er von Polen in die Bundesrepublik. Hier war er zunächst bei der »Zeit«, dann von 1973 bis 1988 als Literaturchef bei der »Frankfurter Allgemeinen« tätig. Seit den 80er Jahren ist er Dauergast im deutschen Fernsehen.

Der Biochemiker **Tadeusz Reichstein** kam 1897 im polnischen Wloclawek zur Welt. 1908 emigrierte er mit den jüdischen Eltern in die Schweiz. 1934 wurde er Professor der Organischen Chemie an der Baseler Universität (bis 1967). Er arbeitete vor allem über Kaffee-Aroma und herzaktive Glykoside. Für die Isolierung der Hormone der Nebenniere wurde er 1950 mit dem Nobelpreis für Physiologie/Medizin ausgezeichnet.

Aus politischen und rassischen Gründen setzte sich die Familie des Literaten **Fred Reichwald** (Jahrgang 1921) 1933 aus Deutschland ab. Sie hielt sich fortan u.a. in England, Australien und Indien auf. 1941 wurde Reichwald Mitglied der stalinistischen Exil-KPD. Nach 1945 tauchte er in der Sowjetischen Besatzungszone, der nachmaligen DDR, auf. Dort war er als linientreuer Dramatiker und als Autor für Fernseh- und Bühnenstücke aktiv. Für sein Wirken »der sozialistischen Moral entsprechend« (offizielle Begründung) wurde ihm u.a. der »Nationalpreis« verliehen. Er starb 1963 in Ostberlin.

Der Fernsehreporter **Marcel Reif** kam 1949 im schlesischen Waldenburg auf die Welt. Als Siebenjähriger verließ er mit den Eltern (sein Vater war Jude) den polnischen Machtbereich in Richtung Israel. Klein-Marcel soll in einem Internat in Jaffa von belgischen Mönchen unterrichtet worden sein. Nach zwei Jahren Israel emigrierten die Reifs nach der Bundesrepublik Deutschland. 1974 heuerte Marcel Reif beim ZDF an und machte dort Karriere. Heimisch scheint sich Reif, von dem sein Kollege Bela Rethy findet, er sei »nicht sehr deutsch im Denken«, in Deutschland nicht zu fühlen. Dem TV-Magazin des »stern« gegenüber räumte er »unumwunden ein, daß er lieber in Mailand, New York oder Los Angeles leben würde«.

Als Mitherausgeber der Halbmonatsschrift »Die Gegenwart« von 1945 bis 1958 und der »Frankfurter Allgemeinen Zeitung« von 1958 bis 1966 bestimmte **Benno Reifenberg** das westdeutsche Meinungsklima entscheidend mit. 1970 starb er in Kronberg/Taunus. Zur Welt gekommen war er 1892 im rheinischen Oberkassel (heute ein Teil Düsseldorfs). Obwohl er Halbjude war, konnte er nach der NS-Machtübernahme bis zur kriegsbedingten Schließung des Blattes (1943) Schriftleiter der politischen Redaktion der »Frankfurter Zeitung« bleiben. Danach war er bis Kriegsende Mitarbeiter eines medizinischen Instituts.

Zu den deutschen Bundesstaaten, die nach dem Untergang des Kaiserreiches 1918 von Politikern jüdischer Abkunft geführt wurden, zählte Mecklenburg-Schwerin. Dort regierte 1920/21 als Ministerpräsident der 1867 in Berlin geborene **Hermann Reincke-Bloch**. Er hatte ab 1901 als Professor der Geschichte an der Universität Rostock gelehrt. Als Hauptmann der Reserve aus dem Ersten Weltkrieg zurückgekehrt, wurde er führender Mann der Deutschen Volkspartei (DVP), die nach heutigem bundesdeutschen Maßstab »rechtsextremistisch« war und damals als »Mitte-Rechts« galt. 1922/23 wirkte Reincke-Bloch als Unterrichtsminister in Mecklenburg-Schwerin. Später war er Präsident des Deutschen Historikertages und Vorsitzender der internationalen Kommission für die Bibliographie der historischen Wissenschaft. Stets war er darauf bedacht, Schuldzuweisungen gegen Deutschland entschlossen abzuwehren. Er starb 1928 in Breslau.

Wie ein Theatermogul herrschte in den ersten Jahrzehnten des 20. Säkulums **Max Reinhardt** über das deutsche Bühnenwesen in Wien und Berlin. Hunderte Theaterschaffende - viele davon jüdisch - verdanken ihm den erfolgreichen Start ihrer Karrieren. Reinhardt, der eigentlich Goldmann hieß, kam 1873 in Baden bei Wien als Sohn eines jüdischen Fabrikanten zur Welt. Als Schauspieler begann er 1894 unter dem jüdischen Theaterleiter Otto Brahm am Deutschen Theater in Berlin, dessen Direktor Reinhardt ein gutes Jahrzehnt später wurde. 1915 übernahm er die Leitung der Berliner Volksbühne, 1919 wurde er Chef des Großen Schauspielhauses in Berlin. 1920 war er Mit-

begründer der Salzburger Festspiele. 1923 wurde er Chef des Theaters in der Josefstadt Wien. In Österreichs Hauptstadt eröffnete er eine Regieschule. Reinhardt führte seine Theater im Stile eines Konzernmanagers. Die Weltwirtschaftskrise brachte ihn an den Rand des Bankrotts. 1933 verließ er wegen Hitlers Diktatur das Deutsche Reich und ging wieder nach Österreich. Ab 1937 hielt er sich in den USA auf, wo er eine Schauspielschule in Hollywood gründete, aber weitgehend einflußlos 1943 in Hollywood starb.

Gerald Reitlinger (geboren 1900 in London, gestorben 1978 dortselbst) galt als führender Historiker der nationalsozialistischen Judenverfolgung. Eigentlich war er Kunstmaler. Ab 1927 gab er in England das Blatt »Zeichnen und Malen« heraus. In den 30er Jahren war er Teilnehmer archäologischer Expeditionen nach Asien. Er schrieb eine »Archäologie des Kunstgeschmacks«. Nach 1945 verwandelte er sich in einen Holocaust-Experten. 1953 kam das als Standardwerk geltende Buch aus seiner Feder »The Final Solution« heraus.

Der jüdische Jurist **Max Rheinstein** (geboren 1899 in Bad Kreuznach, gestorben 1977 in Schwarzach im Pongau/Österreich) war Dozent für Rechtsvergleichung am Kaiser-Wilhelm-Institut in Berlin. 1933 emigrierte er in die USA. Dort lehrte er die Rechte an der Universität Chikago. In der Bundesrepublik hatte er einen Lehrstuhl in Frankfurt am Main (ab 1951) und in Freiburg im Breisgau (ab 1962). 1945/46 gehörte er dem Stab der US-Militärregierung im besetzten Deutschland an. Hier wandte er sich gegen antideutschen Haß und gegen die Durchführung des Morgenthau-Planes. Die Rechte der Besatzungsmächte seien nicht unbegrenzt, formulierte er in seiner Grundsatzschrift »The legal Status of Occupied Germany«. Es gebe eine Anzahl unveräußerlicher Rechte, die auch durch das Völkerrecht garantiert seien; keine Besatzungsmacht dürfe daran rütteln. Die Besatzungsmächte hätten sich »äußerster Mäßigung« zu befleißigen. Rheinstein forderte zur Bewahrung der Grundlagen der deutschen Wirtschaft und der Identität der Deutschen auf. Er hatte damit Anteil an der Überwindung des Morgenthau-Ungeistes in der US-Politik.

Abraham A. Ribicoff, Jude aus New Britain im US-Bundesstaat Connecticut (Jahrgang 1910), kam in der amerikanischen Politik groß heraus. Nach juristischer Ausbildung amtierte er von 1941 bis 1947 als Richter. Dann zog er ins Repräsentantenhaus zu Washington ein. Von 1955 bis 1961 fungierte er als Gouverneur von Connecticut. 1961/62 war er Erziehungs- und Gesundheitsminister unter Präsident John F. Kennedy. Von 1963 bis 1981 wirkte Ribicoff als Senator von Connecticut.

1989 brachte sich der in den 70er Jahren bekanntgewesene Fernsehunterhalter und Schauspieler **Ilja Richter** durch das zusammen mit seiner Mutter, der Mimin Eva Eppens, verfaßte Buch »Der deutsche Jude« in der Öffentlichkeit wieder in Erinnerung. Richter, geboren 1952 in Berlin, hatte zwanzig Jahre zuvor als Präsentator von Musiksendungen im Fernsehen begonnen. In 133 Folgen wurde die von ihm moderierte »Popmusik«-Serie »Disco« ausgestrahlt. Auch in Kinostücken und als Schlagersänger (»Schokolade, Pfefferminz, Saure Drops«, »Tra la la humpa bum bing«) trat er in Erscheinung. In den 80er Jahren versuchte er sich als Linksjournalist zu profilieren; er schrieb u.a. für die »tageszeitung«.

Wie von manch anderem, so wird auch von **Gerhardt Riegner** (geboren 1911 in Berlin) behauptet, er sei der erste gewesen, der 1942 Holocaust-Nachrichten aus Osteuropa an die Regierungen der Westmächte und die Führung der Zionistischen Internationale weitergeleitet habe. Allen Darstellungen ist gemeinsam, daß die Berichte über Massenvernichtungen von Juden (z.B. durch giftige Gase) von den westlichen Regierungen zunächst nicht für bare Münze genommen wurden und auch bei der zionistischen Führung auf Zurückhaltung stießen. Riegner war 1933 aus Deutschland nach Frankreich und ein Jahr später in die Schweiz gegangen, wo er Funktionär des Jüdischen Weltkongresses wurde. Von 1948 bis 1965 gehörte er dem Welt-Exekutivausschuß des Kongresses an.

Rabbiner **Martin Riesenburger** kam 1896 in Berlin zur Welt. Er wirkte ab 1933 als Prediger und Seelsorger des Altersheimes der jüdischen Gemeinde in der Großen Hamburger Straße zu Berlin. 1939 erfolgte seine Ordination als Rabbiner in der Reichshauptstadt. Nach 1945 war er maßgeblich am Neuaufbau der jüdischen Gemeinde Berlins beteiligt. 1953 wurde er Vorsitzender der jüdischen Gemeinde von Groß-Berlin mit Sitz im Ostteil der Stadt und zugleich Landesrabbiner. Er veröffentlichte die Schrift »Das Licht verlöschte nicht« und wurde auf Ulbrichts Geheiß mit dem »Vaterländischen Verdienstorden« in Gold und Silber dekoriert. Riesenburger verschied 1965 in Ostberlin.

Literat **Curt Riess** (geboren 1902 in Würzburg, gestorben 1993 in Scheuren/Kanton Zürich) kam als Sohn eines Bernhard Stainam zur Welt, der 1912 starb, und wurde von seinem Stiefvater Carl Riess adoptiert. In Weimarer Zeit arbeitete er für Zeitungen wie das »12-Uhr-Blatt« und das »Berliner Tageblatt«. Nach Hitlers Machtübernahme ging er in die USA. Im Zweiten Weltkrieg war er US-Propagandist in Eisenhowers Hauptquartier; er schrieb u.a. »The Nazis go to Underground«. Seit Anfang der 50er Jahre lebte er in der Schweiz. Er schuf zahlreiche Bücher mit radikalumerzieherischer Tendenz, z.B. Biographien über Dr. Goebbels und Gustaf Gründgens, aber auch

Unterhaltungsbücher wie »Erotica! Erotica!« und das Drehbuch zum Film »Roman eines Frauenarztes«. Die von ihm verfaßte Biographie über den ehemaligen NS-Filmstar Heidemarie Hatheyer, mit der er ab 1952 in dritter Ehe verheiratet war, trägt den Titel »Die Frau mit den 100 Gesichtern«.

Hans Eduard Riesser (geboren 1887 in Frankfurt am Main, gestorben 1969 in New York) war der Sohn des nationalliberalen Politikers Jakob Riesser. Er studierte Rechtswissenschaft, promovierte zum Dr. jur. und trat nach Teilnahme am Ersten Weltkrieg in den diplomatischen Dienst ein (Tätigkeit in Oslo, Washington, Riga). In der nationalsozialistischen Zeit hielt er sich in Frankreich und in der Schweiz auf. Nach dem Zweiten Weltkrieg war er der erste deutsche Generalkonsul in New York. Außerdem wirkte er als ständiger Beobachter bei den Vereinten Nationen.

Gabriel Riesser (1806-1863), genannt »Anwalt der deutschen Juden«, war in Hamburg der erste jüdische Richter in Deutschland, und er wirkte als Vizepräsident des großdeutschen Paulskirchenparlamentes in Frankfurt am Main 1848/49. Sein Neffe war **Jakob Riesser** (geboren 1853 in Frankfurt am Main, gestorben 1932 in Berlin), ein deutsch-patriotisch gesinnter Jurist, Wirtschaftsmanager und Politiker. Er war von 1885 bis 1905 Vorstandsmitglied der Darmstädter Bank, gründete und führte ab 1901 den Zentralverband des Bankgewerbes sowie ab 1909 den Hansabund für Deutschlands »wirtschaftliche Weltmachtstellung« und lehrte ab 1906 als Professor für Handelsrecht an der Universität Berlin. Ab 1916 vertrat er die Nationalliberale Partei, ab 1919 die Deutsche Volkspartei im Deutschen Reichstag, dessen Vizepräsident er sieben Jahre war.

1995 wurde der jüdische Politiker und Jurist **Malcolm Rifkind** britischer Außenminister. In deutschen Medien hieß es, ihm werde im allgemeinen das »britische Fingerspitzengefühl« zugeschrieben, das der Außenamts-Posten in London erfordere. Rifkind kam 1946 in Edinburgh/Schottland zur Welt. Er ist Anwalt von Beruf. Von 1983 bis 1986 wirkte der Tory-Politiker als Staatssekretär im Londoner Foreign Office. Dann war er bis 1992 unter Frau Thatcher Schottland- bzw. Verkehrsminister. 1992 übernahm er als Minister das Verteidigungsressort.

In den 80er Jahren machte der US-Milliardär **Meshulam Riklis** durch seine Ehe mit der dreieinhalb Jahrzehnte jüngeren exzentrischen Popsängerin Pia Zadora Furore. Riklis war 1922 in Odessa geboren worden. Als Kind kam er mit den Eltern nach Palästina. 1947 ging er in die USA. Den Grundstein seines Vermögens legte er mit Börsenspekulationen. Er erwarb Warenhäuser, Kosmetik-Konzerne, Fabriken für Damenunterwäsche usw. Wie er es schaffte, bei spröden Bankern Geld für seine halsbrecherischen Finanzaktionen lockerzumachen, schildert Publizist Thorwald in seinem Buch über die amerikanischen Juden: »Er ging zu angelsächsischen Bankiers, und Biographen berichten, daß er deren Gewohnheit, Kreditverlängerungen und neue Kredite zu verweigern, mit der psychologisch ingeniösen Eingangserklärung begegnete: ›Ich weiß, daß Sie Antisemit sind.‹ Er rührte damit an die tiefer liegenden Gewissensschichten.« Den großen Sprung machte Riklis, als er 1968 dem »Getränkekönig« Lewis Rosenstiel, der als Schnapsbrenner in den USA begonnen hatte und zur Prohibitionszeit reich geworden war, den Shenley-Konzern abkaufte.

Als führender »Nazi-Jäger« trat in den Vereinigten Staaten von Amerika **Louis Rittenberg** auf. Er war 1892 im ungarischen Tiszanjak zur Welt gekommen und 1906 mit den Eltern nach den USA emigriert. Ab 1921 war er führender Mitarbeiter des

»American Hebrew«, eines der wichtigsten jüdischen Presseorgane Nordamerikas. 1939 wurde er Chefredakteur der »Universal Jewish Encyclopaedia«. Unermüdlich war er seit den 30er Jahren darum bemüht, »Nazi-Aktivitäten« und -»Verschwörungen« in den USA zu »enthüllen«. Diese Nazijagd nahm besonders im Zweiten Weltkrieg psychotische Formen an, da man allenthalben »Nazi-Spione« und »Fünfte Kolonnen« zu entdecken glaubte. Mit der Kampagne wurden vor allem jene Kräfte mundtot gemacht, die Amerika aus dem Zweiten Weltkrieg heraushalten wollten. Rittenberg starb 1962 in New York.

Der wahre Name des bolschewistischen Propagandisten und Historikers **David Borissowitsch Rjasanow**, der 1870 in Odessa zur Welt kam, lautete Goldenbach. Schon als 17jähriger war er umstürzlerisch aktiv. Er war »beinahe der erste Marxist von Odessa«, wie Solschenizyn schreibt. Er emigrierte nach England, wo er bis dahin unveröffentlichte Werke von Marx und Engels herausbrachte, und verfaßte eine Geschichte der ersten Internationale. 1917 kehrte er nach Rußland zurück, beteiligte sich maßgeblich an der Bolschewisierung des Geisteslebens, gründete das »Marx-Engels-Institut« und wurde dessen erster Direktor. 1931 geriet er in den Strudel der »Säuberungen«. Er wurde aus der Partei entfernt und nach Sibirien verbannt. 1938 kam er im Gulag um.

Erheblichen Einfluß auf die sogenannten Bildungsreformen in der Bundesrepublik der 60er und 70er Jahre hatte der Erziehungswissenschaftler **Saul Benjamin Robinsohn** (geboren 1916 in Berlin, gestorben 1972 in Westberlin). Der Sohn des jüdischen Literaten und Hebraisten Abraham Robinsohn, der 1933 mit der Familie nach Palästina ausgewandert war, wurde 1959 Direktor des UNESCO-Instituts für Pädagogik in Hamburg. Von 1962 bis 1972 amtierte er als Direktor des Max-Planck-Instituts für Erziehung in Berlin. Besonders in dieser Funktion schaltete er sich aktiv in die »Reformen« ein und prägte den Umbruch im Bildungswesen der Bundesrepublik mit. Sein jüdisches Hauptwerk erschien 1946: »Shlomo ibn Vega. Shevet Yehuda«.

In Wahrheit hieß **Edward G. Robinson**, bekannter Gangster-Darsteller im Hollywood-Film, Emanuel Goldenberg. Er kam 1893 in Bukarest zur Welt und emigrierte 1903 mit den Eltern nach Amerika. In zahlreichen Filmen, meist produziert von den Gebrüdern Eichelbaum (Warner Brothers), mimte er den miesen Ganoven: »Der kleine Cäsar«, »Der letzte Gangster«, »Vier Leichen auf Abwegen«, »Schakale der Unterwelt«, »Blutige Straße« usw. In »Die Zehn Gebote« (1956) gab er einen hebräischen Verräter. 1939 wirkte er in dem antideutschen Propagandastreifen »Ich war ein Spion der Nazis« unter der Regie von Litvak mit. Das Lexikon »Who's Who in World Jewry« meldete in seiner Ausgabe von 1973, Robinson habe im 2. Weltkrieg im Auftrage des US-Propagandaamtes Rundfunkappelle in neun europäischen Sprachen an Untergrundkämpfer gerichtet. Nach 1945 hatte er sich für seine KP-Sympathien zu rechtfertigen. Später bekam er einen »Ehren-Oscar«. Robinson starb 1973 in Los Angeles.

In seinem Buch »Das jüdische Paradox« berichtet der langjährige Führer der Zionistischen Internationale, Nahum Goldmann: »Während des Krieges hatte der Jüdische Weltkongreß in New York ein Institut für jüdische Angelegenheiten geschaffen, dessen Sitz heute in London ist. Seine Leiter waren zwei bedeutende litauische Juden, Jacob und **Nehemiah Robinson**. Nach ihren Plänen wurden zwei absolut revolutionäre Ideen entwickelt: Das Nürnberger Gericht und die deutsche Wiedergutmachung ... Wir hatten große Mühe, die Alliierten vom Kriegsverbrechertribunal zu überzeugen:

Die Engländer waren eher dagegen, die Franzosen desinteressiert. Wir hatten endlich Erfolg, weil es Robinson gelang, den Richter am Obersten amerikanischen Gerichtshof, Robert Jackson, zu überzeugen.« Nehemiah Robinson war 1898 im litauischen Vistyten geboren worden und starb 1964 in Lakewood/US-Bundesstaat New Jersey. Er war aktiv im Jüdischen Weltkongreß. In der Nachkriegszeit war er Direktor von dessen Institute of Jewish Affairs und in der zur Durchsetzung der Wiedergutmachung geschaffenen Organisation Conference on Jewish Material Claims against Germany. Im »Lexikon des Judentums« heißt es über ihn: »Spezialkenner der Wiedergutmachung, federführend in den Verhandlungen mit den Regierungen in Bonn und Wien nach dem Zweiten Weltkrieg; Autorität auf dem Gebiet der Kriegsverbrechen.«

Roda Roda nannte sich der Literat Sándor Friedrich (in Wahrheit Ladislaus) Rosenfeld; auch trat er als »Aaba Aaba« in Erscheinung. Roda-Roda-Aaba-Aaba-Rosenfeld kam 1872 im ungarischen Puszta Zdenci zur Welt. Anfang des Jahrhunderts war er Journalist, vor allem »Simplicissimus«-Mitarbeiter. Im Ersten Weltkrieg betrieb er Propaganda im Pressequartier des österreichischen Oberkommandos; 1917 erschien seine Schrift »Russenjagd«. In den 20er Jahren ging er nach Berlin, wo er sich als Linksjournalist u.a. bei der »Weltbühne« betätigte. Über Österreich (1933) und die Schweiz (1938) ging er 1940 in die USA. Der Literat verspottete in Werken wie »Der Schlangenbiß«, »Gift und Galle«, »Roda Roda und die 40 Schurken« die Traditionen des Habsburgerreiches; er wird als »größter Satiriker der Endzeit der Donaumonarchie« bezeichnet. Er hatte eine Elsbeth Freifrau von Zeppelin geborene Leuckfeld von Weyen heimgeführt. Er starb 1945 in New York.

Eigentlich hieß der kommunistische Regisseur und Staatsfunktionär **Hans Rudolf Rodenberg** (geboren 1895 in Lübbekke/Westfalen, gestorben 1978 in Ostberlin) Rosenberg. Sein Vater, Nathan Rosenberg, war Zigarrenhändler. Rodenberg wurde von Reinhardt und Moissi ausgebildet. 1918 gehörte er dem Kölner Soldatensowjet an. 1926 wurde er Mitglied der KPÖ, bald darauf auch der KPD. 1932 verließ er Weimar-Deutschland und ging in Stalins Reich, wo er Propaganda über Radio Moskau betrieb. Er arbeitete führend an sowjetischen Plänen für die Besatzungszeit in Deutschland mit. 1948 tauchte er in der Sowjetzone auf. Er wurde in der DDR Oberreferent für Theaterwesen (1948), Mitglied des Zentralvorstandes der »Gesellschaft für Deutsch-Sowjetische Freundschaft« (1949), Intendant des »Theaters der Freundschaft« (1949), Mitglied der Berliner SED-Leitung (1950), Mitglied des ZK der SED (1954), Direktor der Defa-Studios für Spielfilme (1955), Professor und Dekan an der Hochschule für Filmkunst in Babelsberg (1957), Kulturberater des SED-Politbüros (1957), Vizepräsident der »Gesellschaft für kulturelle Beziehungen mit dem Ausland« (1959), stellvertretender Kulturminister (1960), Mitglied des Staatsrates (1960), Mitglied der Volkskammer (1963), stellvertretender Vorsitzender des Volkskammerausschusses für Kultur (1965), Vorstandsmitglied des Verbandes der Film- und Fernsehschaffenden der DDR (1967), Vizepräsident der DDR-Akademie der Künste (1969). Er erhielt sämtliche hohen Orden des SED-Regimes. In zweiter Ehe war er mit Ilse Rodenberg geborene Weintraut-Rinka verheiratet, die ebenfalls Theaterleiterin war und maßgebliche Partei- und Staatsämter in der DDR bekleidete.

Der Publizist **Julius Rodenberg**, der eigentlich Levy hieß, kam 1831 in Rodenberg/Grafschaft Schaumburg zur Welt und

Max REINHARDT

Ilja RICHTER

Malcolm RIFKIND

Edward G. ROBINSON

RODA RODA

Rolf RODENSTOCK

Richard RODGERS

Petr ROMAN

Ludwig ROSENBERG

starb 1914 in Berlin. Nach »Wanderjahren«, die ihn durch England, Belgien, Holland, Dänemark, Italien und die Schweiz führten, ließ er sich 1859 in Berlin als Literat und Journalist nieder. Von 1867 bis 1874 war er Mitherausgeber der Zeitschrift »Der Salon«. 1874 gründete er die »Deutsche Rundschau«, die zum Forum u.a. nationalliberaler Politiker und Publizisten wurde.

Der Brillenfabrikant **Rolf Rodenstock**, geboren 1917 in München, ist mütterlicherseits jüdischer Herkunft. Von 1937 bis 1942 diente er im Arbeitsdienst und in der Wehrmacht. Dann wurde er freigestellt und trat 1943 in die Leitung der Optischen Werke seines Vaters ein; 1944 promovierte er zum Dr.rer.pol. 1953, nach dem Tode des Vaters, wurde er Chef des Unternehmens. 1977 übernahm er den stellvertretenden Vorsitz der Gesellschafterversammlung der »Frankfurter Allgemeinen Zeitung«. Von 1978 bis 1984 war er Präsident des Bundesverbandes der Deutschen Industrie. Er ist Träger des Großen Verdienstkreuzes mit Stern und Schulterband des Verdienstordens der Bundesrepublik Deutschland und der Goldmedaille des jüdischen Logenbundes B'nai B'rith, die ihm 1984 verliehen wurde.

Wie Jerome Kern, Frederick Loewe und Cole Porter war auch der amerikanische Musical-Komponist **Richard Rodgers** Jude. Er erblickte 1902 in New York das Licht der Welt. 1919/20 begann seine enge Zusammenarbeit mit dem Texter und Manager Oscar Hammerstein II. »Connecticut-Yankee« war 1927 Rodgers' erster Broadway-Erfolg. Seine bekanntesten Musicals sind: »Oklahoma!« (1943), »South Pacific« (1949) und »The King and I« (1951). Der Komponist starb 1979 in New York.

Zur Führungsgilde der Psychoanalytischen Internationale gehörte **Geza Roheim**. Geboren 1891 in Budapest, studierte er Geographie und Völkerkunde in Leipzig und Berlin. Zum Psychoanalytiker im Sinne Freuds bildeten ihn S. Ferenczi und V. Kovacs aus. Roheim, der in den 20er und 30er Jahren das Leben australischer, melanesischer und amerikanischer Ureinwohner auf ausgedehnten Reisen erkundete, wollte auch die Ethnologie der Freudschen Psychoanalyse unterwerfen. 1938 emigrierte er aus Ungarn nach den USA. Er starb 1953 in New York.

Der österreichische Graf Coudenhove-Kalergi, Begründer der »Paneuropa-Bewegung«, stellte sich eine »eurasische« Mischgesellschaft als Ideal vor, in der Juden eine herausragende Rolle spielen sollten. Er selbst hatte eine asiatische Mutter und war seit 1915 mit einer jüdischen Schauspielerin, **Ida Roland**, verheiratet. Über sie notiert das »Internationale Handbuch der deutschsprachigen Emigration«: »Erotic interpretations of great roles shocked audiences.« Ida Roland war 1881 in Wien unter dem Namen Klausner zur Welt gekommen. Ihre Karriere wurde von Max Reinhardt und dem Theaterleiter Eugen Robert (der in Wahrheit Weiß hieß) gefördert, der ihr Ehemann war, bevor sie sich dem Grafen Coudenhove-Kalergi zuwandte. 1938 emigrierte sie mit dem Paneuropa-Vordenker in die Schweiz, 1940 in die USA. 1946 kam sie in die Eidgenossenschaft zurück. Sie starb dort, in Nyon, 1951.

Am Sturz Ceausescus 1989 in Rumänien waren nicht nur viele der dort lebenden Zigeuner beteiligt, die die vom Diktator verfügte Abschottung des Landes brechen wollten, um sich auf den Weg nach Mittel- und Westeuropa machen zu können. Auch maßgebliche jüdische Kreise Rumäniens hielten die Zeit für gekommen, den Diktator zu erledigen. Am Sturze Ceausescus nahm **Petr Roman**, geboren 1946 in Bukarest, teil. Sein Großvater Friedländer war Rabbiner in Transsylvanien. Roman wirkte als Direktor am Hydraulik-Institut der Universität Bukarest. Nachdem Ceausescu hingerichtet worden war, amtierte Roman von 1989 bis 1991 als Ministerpräsident Rumäniens.

Bei Schloß Hamborn nahe Paderborn fiel Ende März 1945 der Kommandant der 3. US-Panzerdivision, General **Maurice Rose**. Mit der (inzwischen auch von der amerikanischen Militärgeschichtsschreibung als falsch eingestandenen) Behauptung, der General sei Opfer eines Partisanenanschlags deutscher »Nazi-Werwölfe« geworden, wurde furchtbare Rache genommen. Am 4. April 1992 berichtete das Lokalblatt »Paderborner Zeitung«: »In wilder Wut erschossen die Amerikaner insgesamt 110 unbeteiligte gefangene deutsche Soldaten. Hitlerjungen waren darunter und ältere Männer des Volkssturmes. Hinter dem Friedhof in Etteln kamen 27 um. Durch Genickschuß, berichten Augenzeugen. 18 weitere Leichen wurden in Dörenhagen hinter einer Hecke gefunden, erschlagen! Man ließ die Leichen der Deutschen tagelang liegen. Die Amerikaner gestatteten deutschen Zivilisten nicht, die Toten zu begraben.« Rose war 1899 in Middleton/Connecticut als Sohn des Rabbi Samuel Rose zur Welt gekommen. Er wurde Berufssoldat und befehligte ab 1943 die 3. PD der Amerikaner. Er kämpfte in Afrika und auf Sizilien und soll am 13. Dezember 1944 der erste alliierte General auf reichsdeutschem Boden (Roetgen) gewesen sein.

Friedrich Rosen, geboren 1856 in Leipzig als Sohn des nachmaligen kaiserlichen Generalkonsuls Dr. Georg Rosen, wirkte von Mai bis Oktober 1921 als Außenminister des Deutschen Reiches. In dieser Zeit schloß er den Sonderfrieden mit den USA ab. Rosen war Halbjude und einer der bedeutendsten deutschen Orientalisten. Zur Kaiserzeit bekleidete er diplomatische Posten des Deutschen Reiches in Beirut, Teheran, Bagdad, Abessinien, Tanger; zeitweise war er deutscher Konsul in Jerusalem. Ab 1916 wirkte er als Gesandter im Haag und hatte Anteil an der Bewahrung der niederländischen Neutralität im Ersten Weltkrieg. In seine Gesandtschaftszeit fiel der Übertritt Kaiser Wilhelms II. ins niederländische Exil. Nach 1921 widmete sich Rosen seiner publizistischen Arbeit. Als patriotisch gesinnter Mann übersetzte er das gegen die antideutsche Kriegsschuldlüge gerichtete Buch von Frederick Bausmann (»Let France explain«) ins Spanische und verfaßte dazu ein kompetentes Vorwort. Rosen starb 1935 in Peking, wo sein Sohn, der spätere bundesdeutsche Botschafter Georg Rosen, deutscher Legationssekretär war.

Palästina als jüdisches Siedlungsgebiet war lange Zeit umstritten. Herzl selbst konnte sich auch Uganda vorstellen, der US-Diplomat Joe Kennedy (Vater des Präsidenten John F. Kennedy) war ebenfalls für Afrika, die Hitlerregierung dachte an Madagaskar, amerikanisch-jüdische Geschäftsleute finanzierten jüdische Siedlungsgebiete in Utah, Stalin richtete Birobidschan an der Grenze zu China als Judengebiet ein. Über **Josef Rosen** berichtet das »Lexikon des Judentums«: »Er überwachte als Direktor des ›Agro-Joint‹ die Ansiedlung von 250 000 Juden in der Ukraine und auf der Krim 1924 bis 1937 sowie eines kleineren Projektes (Sosua-Siedlung) in der Dominikanischen Republik.« Der erwähnte ›Agro-Joint‹ war eine 1924 entstandene jüdische Gesellschaft, finanziert u.a. von den Warburgs. Hauptberuflich war Rosen, der 1876 in Moskau geboren worden war und seit 1903 in den USA lebte, Agronom. Er züchtete einen nach ihm benannten Winter-Roggen. Er starb 1949 in New York.

Pinchas Rosen (geboren 1887 in Berlin, gestorben 1978 bei Tel Aviv), der »Vater der israelischen Verfassung«, hieß eigentlich Felix Rosenblüth. 1911 war er Mitbegründer des jüdischen Bundes »Blau-Weiß«. Von 1920 bis 1923 führte er die Zionistische Organisation in Deutschland. Ab 1926 war er Mitglied der Zionistischen Exekutive mit

Sitz in London. 1931 ging er nach Palästina, wo er Chef der jüdischen Einwandererorganisation war. Er hatte nicht nur entscheidenden Anteil an der Ausarbeitung der israelischen Verfassung, sondern war auch Chef des Obersten Gerichtes und von 1948 bis 1961 Justizminister.

Ungeklärt ist das Schicksal des jüdischen Kommunisten **Kurt Rosenbaum**. Er kam 1896 in Lippstadt zur Welt. Er gab als Beruf Handlungsgehilfe an, als er 1924 im Wahlkreis Westfalen-Süd für die KPD in den Deutschen Reichstag einzog. Später war er (bis 1928) KPD-Vertreter des Wahlkreises Merseburg im Reichstag. Bis 1937 ist er in Leipzig nachweisbar. In der von der Bonner »Kommission für die Geschichte des Parlamentarismus« herausgegebenen Dokumentation über die Reichstagsabgeordneten heißt es über ihn: »Rosenbaum, jüdischer Herkunft, ist wahrscheinlich emigriert oder in einem KZ umgekommen.«

Als »Vater der litauischen Verfassung« wird der jüdische Jurist **Simon Rosenbaum** bezeichnet. Er kam 1859 in Pinsk zur Welt und betätigte sich aktiv in der jüdischen Chowewe-Zion-Bewegung (übersetzt: »Liebe zu Zion«), die von den Rothschilds finanziert wurde. Rosenbaum wurde Mitglied der russischen Duma, war maßgeblicher Rechtsberater der litauischen Regierung nach der Unabhängigkeit des Landes und vertrat die litauische Judenheit bei Zionistenkongressen. Ab 1924 lebte er in Palästina, nominell als litauischer Konsul. Er starb 1935 in Tel Aviv.

Arthur Rosenberg (geboren 1889 in Berlin, gestorben 1943 in New York) kam aus der jüdischen Jugendbewegung, trat im Ersten Weltkrieg als »engagierter Monarchist« im deutschen Kriegspresseamt in Erscheinung, schloß sich 1920 der USPD und 1920 der KPD an, die er von 1924 bis 1928 im Deutschen Reichstag als Abgeordneter

vertrat. Dann verkrachte er sich mit den Kommunisten. 1932 publizierte er eine »Geschichte des Bolschewismus von Marx bis zur Gegenwart«. 1933 ging er in die Schweiz, 1934 nach England, 1938 in die USA, wo er als Geschichtsprofessor in New York lehrte.

Julius Rosenberg endete 1953 mit seiner Frau Ethel geborene Greenglas auf dem elektrischen Stuhl der US-amerikanischen Haftanstalt »Sing-Sing«. Die beiden waren 1951 vom US-Bundesgericht (unter Vorsitz des jüdischen Richters Irving Kaufman) wegen Spionage zugunsten der Sowjetunion zum Tode verurteilt worden. Die Rosenbergs standen an der Spitze eines Spionagerings, der das Atombombengeheimnis an Stalin verraten hatte. Nach KGB-Enthüllungen der 80er und 90er Jahre sollen auch Väter der Atombombe wie John Oppenheimer und Niels Bohr in ein Komplott zugunsten Stalins verwickelt gewesen sein. Als Hauptbelastungszeuge gegen die Rosenbergs trat damals David Greenglas, der Bruder der Angeklagten, in Erscheinung. Eine (hauptsächlich kommunistisch gesteuerte) weltweite Kampagne für die Begnadigung der Rosenbergs war vergebens. Julius Rosenberg war 1918 in New York als Sproß einer aus Deutschland zugewanderten jüdischen Familie geboren worden.

Leib Rosenberg (geboren 1907 in Warschau, gestorben 1985 in München) war nach Kriegsende für die Versorgung jener Juden tätig, die sich zu Hunderttausenden - meist als sogenannte »Displaced Persons« (»DPs«) - im geschlagenen und besetzten Deutschland aufhielten. Später trat er in den Dienst der Israelitischen Kultusgemeinde München und stand an der Spitze der dortigen »Chewra Kaddischa« (hebräisch, »Heilige Vereinigung«), der für Bestattung gemäß jüdischem Ritual zuständigen Beerdigungsbrüderschaft. Auch wirkte er als langjähriger Generalsekretär der Zionistischen Organisation in Deutschland (ZOD). Sein 1946 in Lodz geborener Sohn Godel Rosenberg ist als Pressesprecher der Partei schon in Strauß' Zeiten zum maßgeblichen CSU-Funktionsträger aufgestiegen und gehört dem Vorstand der Israelitischen Kultusgemeinde München an.

Als Vorsitzender des Deutschen Gewerkschaftbundes (DGB) von 1962 bis 1969 bekleidete **Ludwig Rosenberg** ein maßgebliches Amt in Politik und Gesellschaft der Bundesrepublik Deutschland. Er war 1903 in Berlin als Sohn eines jüdischen Kaufmanns geboren worden, der ein Konfektionsgeschäft betrieb. 1923 trat er der SPD bei, 1928 wurde er hauptamtlicher Funktionär des DGB-Vorläufers ADGB. Ab 1933 war er in der englischen Emigration. 1940 mußte er ins Internierungslager auf der Insel Man. Auf seine Zuverlässigkeit geprüft, war er später im Kriege zuständig für die Vermittlung von Emigranten in die britische Kriegsindustrie. Nach seiner Rückkehr wurde er 1950 Chef der Auslandsabteilung des DGB. Ab 1954 stand er dem Wirtschaftsreferat des DGB vor. 1959 wurde er Vizevorsitzender, 1962 Chef des DGB. Er starb 1977 in Düsseldorf.

Marcel Rosenberg war einer der wenigen führenden jüdischen Bolschewisten, die sich keinen Tarnnamen zulegten. Er war sowjetischer Vertreter beim Völkerbund in Genf und kam als Stalins Botschafter ins republikanische Spanien. Mit seiner Beihilfe verschob der rote Staatschef Largo Caballero 1936 den spanischen Staatsschatz (fünfhundertzehn Tonnen Gold) an Stalin nach Moskau. Außerdem war Rosenberg als Botschafter in Madrid in zahlreiche Liquidierungen verstrickt, denen nicht nur Vertreter der Rechten und der Mitte in Spanien zum Opfer fielen, sondern auch Marxisten aller Schattierungen. Über Rosenbergs Ende berichtet der jüdische Historiker Lustiger in »Schalom Libertad«: »1937 wurde er nach Moskau zurückberufen und an einem unbekannten Ort zu unbekannter Zeit umgebracht ... Seine Lobreden auf Stalin konnten sein Schicksal nicht beeinflussen. Rosenbergs Nachfolger als sowjetischer Botschafter war Leon Gaikis, auch er ein Jude. Er teilte Rosenbergs Schicksal und verschwand bei den ›Säuberungen‹ .«

Der 1877 in Marienwerder als Fabrikantensohn geborene **Kurt Rosenfeld** vertrat als Rechtsanwalt u.a. Rosa Luxemburg, Kurt Eisner und Carl von Ossietzky. 1918/19 amtierte er, inzwischen Führer der semikommunistischen USPD, als preußischer Justizminister. Von 1920 bis 1932 war er USPD-, dann SPD-Reichstagsabgeordneter. Er gehörte auch dem sozialdemokratischen Parteivorstand an. Da ihm die SPD nicht links genug war, gründete er 1931 die Sozialistische Arbeiterpartei (SAP), deren Programm dem kommunistischen ähnlich war. Willy Brandt (damals noch Frahm) schloß sich der bei Wahlen erfolglosen SAP an. 1933 verließ Rosenfeld Deutschland. In den USA war er Mitherausgeber des Emigrantenblattes »The German-American«. Er starb 1943 in New York.

Samuel Rosenman (geboren 1896 im texanischen San Antonio) war Abgeordneter und Richter in New York. Ab 1929, als »FDR« noch Gouverneur war, wirkte er als einflußreicher Ratgeber Franklin Delano Roosevelts, dem er während dessen Zeit als US-Präsident 1933 bis 1945 viele Reden schrieb. Rosenman gehörte nach 1945 auch dem Beraterstab des Präsidenten Truman an, büßte aber im kalten Krieg an Einfluß ein. 1952 schrieb er »Working with Roosevelt«. In seinem Buch »Das jüdische Paradox« schildert der langjährige Führer des Weltzionismus, Nahum Goldmann, folgende Szene, die sich vor Roosevelts Landsitz abspielte: »Das Auto hielt vor der Terrasse, und bei unserem Anblick sagte Roosevelt: ›Sieh an, Rosenman, Stephen Wise (Führer des amerikanischen Judentums) und Goldmann bei einer Diskussion. Macht nur weiter, Sam wird mir Montag sagen, was ich zu tun habe.‹ Sein Wagen fuhr an, und Roosevelt ließ noch einmal halten, um uns zu sagen: ›Könnt Ihr Euch vorstellen, was Goebbels dafür gäbe, ein Foto dieser Szene zu bekommen: Der Präsident der Vereinigten Staaten empfängt Verhaltensmaßregeln von den drei Weisen von Zion.‹ «

Der jüdische US-Offizier **Kurt Rosenow** war von 1947 bis 1953 Direktor des Berlin Document Center, in dem die Amerikaner Millionen Aktenblätter der NSDAP und ihrer Organisationen unter Verschluß hielten. Nach Belieben konnten mit diesen Unterlagen Karrieren in Deutschland aufgebaut und zerstört, Personen bedroht und diszipliniert werden. Bis zum Eintritt des Ruhestandes wirkte Rosenow als US-Offizier in Niedersachsen. Er war 1905 in Berlin zur Welt gekommen und zunächst aktiv in der bündischen Jugend (Bund der Reichspfadfinder, Bund nationaldeutscher Juden). 1931 schloß er sich der Konservativen Volkspartei an. Nach 1933 war er Angestellter in einer Rechtsanwaltskanzlei. 1939 ging er nach England, 1940 in die USA.

Der Jurist und Politiker **Eduard Rosenthal** kam 1853 in Würzburg zur Welt und starb 1926 in Jena. Er war christlich getauft. Ab 1896 lehrte er als Professor in Jena öffentliches Recht. Ab 1909 war er nationalliberales Mitglied des Landtages von Sachsen-Weimar (ab 1918 DDP). Er war wesentlich am Entwurf der Verfassungen von Sachsen-Weimar und von Thüringen beteiligt. 1920 bis 1925 war er thüringischer Landtagsabgeordneter. 1926 starb er in Jena, dessen Ehrenbürger er war.

Der als Fernseh-Unterhalter »Hänschen« bei »Dalli-Dalli« bekanntgewordene

Hans Günter Rosenthal (geboren 1925 in Berlin, gestorben 1987 dortselbst) wurde in der Hitlerzeit für die Auswanderung nach Palästina in einer vom NS-Staat und von Zionisten gemeinsam betriebenen Lehranstalt landwirtschaftlich ausgebildet. Im Zweiten Weltkrieg mußte er Zwangsarbeit leisten; ab 1943 lebte er verborgen in einer Berliner Gartenlaube. 1945 begann er beim Sender Rias Berlin, wo er von 1962 bis 1980 als Unterhaltungschef wirkte. Dann stieg er auch als Privatproduzent ins TV-Geschäft ein. Bis 1984 gehörte Rosenthal dem Direktorium des Zentralrats der Juden in Deutschland an, wurde aber intern attackiert, weil seine Kinder (er war mit einer Nichtjüdin verheiratet) »nicht jüdisch erzogen« würden. Traudl Rosenthal, die Witwe, berichtete 1995, wie sie das Kriegsende vor 50 Jahren erlebt hatte: »Ich war mit meiner Mutter und meiner Schwester auf dem Weg nach Berlin. Wir hatten wahnsinnige Angst vor den Russen. Meine Mutter war gerade zwei Tage zuvor vergewaltigt worden.«

Philip Rosenthal (geboren 1916 in Berlin) aus der berühmten Porzellanfabrikantenfamilie war zunächst von der NS-Bewegung begeistert. Er wurde sogar HJ-Führer auf unterer Ebene. Doch der NS-Antisemitismus war stärker. Der Vater schickte ihn 1934 nach England. 1939 meldete sich Philip Rosenthal zur französischen Fremdenlegion, die ihn in die Wüste schickte (Nordafrika). Nach Haft wegen Fluchtversuchs aus der Legion gelangte er zu den Briten, die ihn unter dem Decknamen »Mr. Rossiter« bei ihrem Propaganda-»Soldatensender Calais« einsetzten. 1948 bekam Rosenthal als Wiedergutmachung 1 Million Mark und 11 % der Rosenthal-Aktien. Von 1958 bis 1981 war er Vorstandsvorsitzender des Unternehmens, des weltgrößten Porzellanherstellers. Dann wirkte er als Chef des Aufsichtsrates. Rosenthal vertrat die SPD von 1969 bis 1983 im Deutschen Bundestag. 1970/71 amtierte er als Parlamentarischer Staatssekretär im Wirtschaftsministerium. Zeitweise saß er im Fraktionsvorstand der Sozialdemokraten.

Samuel Rosenwald kam 1854 aus Bünde in Westfalen nach Amerika, um dem Wehrdienst zu entgehen und in der Neuen Welt sein Glück zu machen. 1862 wurde ihm in Springfield/Illinois ein Sohn, **Julius Rosenwald**, geboren. Dieser betrieb mit Bruder Morris und Vetter Julius Weil einen Kleiderladen und machte 1895 den »Fang« seines Lebens: Für einen Spottpreis erwarb er das von der Rezession betroffene Versandhaus Sears, Roebuck & Co. 1910 wurde er Präsident des Unternehmens, das sich zu einem der größten US-Konzerne entwickelte. Rosenwald war Gegner des Palästina-Zionismus. Er finanzierte u.a. jüdische Siedlungen auf der Krim und in der Ukraine. Wie es heißt, habe er 1920 die Encyclopaedia Britannica vor dem finanziellen Zusammenbruch bewahrt. Er starb 1932 in Chikago.

Über **Franz Rosenzweig** (geboren 1886 in Kassel, gestorben 1929 in Frankfurt am Main) schreibt das »Neue Lexikon des Judentums«: »Er wollte sich 1913 taufen lassen, entschied sich dann aber bewußt für das Judentum und wurde Schüler von H. Cohen.« Ab Anfang der 20er Jahre eng mit Martin Buber verbunden, gründete Rosenzweig das »Freie Jüdische Lehrhaus« in Frankfurt am Main. Vor allem ging es ihm um die Pflege der jüdischen Tradition und um die Bewahrung jüdischer Identität. Bei Tetzlaff (»2000 Kurzbiographien«) heißt es: »Er verstand das jüdische Volk als außergeschichtliche Größe.« Als sein Hauptwerk gilt »Der Stern der Erlösung« (1921). Seit 1968 wird eine »Buber-Rosenzweig-Medaille« an Personen verliehen, die sich um seine Anliegen verdient gemacht haben.

Kurz nach dem Fall der Berliner Mauer sagte die Fernsehjournalistin **Lea Rosh**, geboren 1936 in Berlin: »Ich fände 80 Millionen wiedervereinigte Deutsche furchtbar. Nehmen wir die Teilung doch als Bürde der Geschichte hin.« Bald darauf erhielt sie den Galinski-Preis, und 1991 wurde sie Chefin des NDR-Funkhauses Hannover. U.a. verfügte sie ein Verbot der Ausstrahlung des »faschistoiden« Niedersachsenliedes, das schon vor der NS-Machtübernahme gebräuchlich war, in welchem nichts von Hitler o.ä. vorkommt und das in einer Strophe den germanischen Freiheitskampf gegen das römische Imperium, in dessen Nachfolge sich ja gerade die Faschisten wähnten, besingt. Eigentlich heißt die TV-Journalistin Edith Rohs. Sie judaisierte ihren Namen als 18jährige (1954), »um ein politisches Signal zu setzen« und »um festzustellen, was man in Deutschland für Erfahrungen macht, für eine Jüdin gehalten zu werden«. Edith ist germanischen Ursprungs und bedeutet »Besitz«, »Kampf«. Ottos des Großen Gemahlin hieß so; die Katholiken verehren am 16. September die heilige Edith. Lea ist hebräisch und bedeutet »Wildkuh« oder »die, die sich umsonst müht«. Gemäß Altem Testament ehelichte Jakob Lea »mit den trüben Augen« im verschleierten Zustande, wobei er irrtümlich annahm, es handele sich um ihre schöne Schwester Rahel. Über Roshs Vater heißt es, er sei als Wehrmachtsoldat verschollen; in anderen Quellen steht, er sei »1944 in Polen umgekommen«. Mütterlicherseits ist sie jüdischer Herkunft; ihr Großvater Max Garrison war Sänger in Wien und soll - nach ihren Angaben - auch an der New Yorker Met aufgetreten sein. Als Jüdin - so sagt sie - fühle sie sich nicht, doch für Israel empfindet sie »viel mehr als nur Sympathie«. Angesichts irakischer Raketen auf Israel im Golfkrieg äußerte sie: »Mir ist jetzt so, als würden wir da sitzen und alle angegriffen.« In Lebensgefahr schwebte sie zur Kriegszeit zweimal durch die alliierten Bombenangriffe auf Berlin, vor denen sie durch die Kinderlandverschikkung nach Schlesien gerettet wurde und durch die Gewaltorgien in Schlesien eingedrungener, von Ehrenburg aufgehetzter Rotarmisten. Nach ihrer Verwandlung in Lea machte Rosh beim Berliner RIAS Karriere. Zuerst war sie Mode-Reporterin. 1968 wurde sie SPD-Mitglied. Seit den 70er Jahren dreht sie hauptsächlich Filme zur »Bewältigung der Nazizeit«. Kabarettist Harald Schmidt fand, daß es bei ihr »nach Betroffenheit riecht«.

Heinrich Rosin war 1904 der erste sich zum religiösen Judentum bekennende Rektor einer deutschen Universität (Freiburg/Breisgau). Geboren 1855 in Breslau, lehrte er ab 1883 als Staatsrechtler an der Freiburger Hochschule. Von 1890 bis 1908 war er Mitglied des Oberrates der Israeliten Badens. 1906 entwarf er ein Gesetz für die israelitischen Religionsgemeinschaften in Preußen. Er starb 1927 in Freiburg.

Filmregisseur **Robert Rossen** (geboren 1908 in New York, gestorben 1966 dortselbst) entstammte einer Rabbinerfamilie aus Rußland. Zuerst als Schauspieler in Hollywood aktiv, profilierte er sich mit »sozialkritischen« Gangsterfilmen, die von den Gebrüdern Eichelbaum (Warner Bros.) produziert wurden. 1947 kam er auf Veranlassung von Harry Cohn zur Produktionsgesellschaft Columbia. Eine Zeitlang hatte er Schwierigkeiten mit dem »Ausschuß zur Ermittlung unamerikanischer Aktivitäten« wegen seiner KP-Sympathien. Zu Rossens bekanntesten Filmen gehören »Body and Soul«, »All the King's Men«, »The Hustler« und »Alexander the Great« (mit Richard Burton in der Hauptrolle).

Als Sproß einer reichen jüdischen Familie kam 1908 in Beirut **Alfred Rossi** zur Welt. Die Sippe wanderte nach Tunesien weiter, wo Jung-Alfred zionistischer Aktivist wurde. Nach Frankreichs Niederlage 1940 wurde er Chef der gegen Pétain kämpfenden Untergrundbewegung in Tunesien.

Später ließ er sich auf Malta zu einem »englischen Spezialagenten« ausbilden. Er leitete Sabotageakte hinter den Linien des Deutschen Afrikakorps und kommandierte aus dem Hinterhalt Überfälle auf die Rommel-Truppe. Dann wurde er als englischer Spitzel nach Sizilien gebracht. Dort nahmen ihn die faschistischen Behörden gefangen. Nach mißglückter Flucht erschoß man ihn 1943.

Walt Whitman Rostow, geboren 1916 in New York, entstammt einer Rabbinerfamilie aus Rußland. Sein Bruder Eugene Victor Rostow wirkte als Dekan der juristischen Fakultät der Yale-Universität und war Staatssekretär im US-Außenministerium. Walt Whitman Rostow gilt nicht nur als führender Volkswirtschaftler der USA, sondern war auch einflußreicher Berater der Präsidenten Kennedy und Johnson. U.a. amtierte er von 1961 bis 1966 als Chef des Politischen Planungsrates im State Department. 1945/46 hatte er die »deutsch-österreichische Wirtschaftsabteilung« im US-Außenministerium geleitet. Die Kernthese Rostows lautet, daß Kriege »letzlich aus der Existenz und Anerkennung der nationalen Unabhängigkeit entstehen«. Ohne nationale Souveränitäten würde es auch keine Kriege geben. Ein globales Gefüge solle entstehen, das den Frieden garantiere und die Nationen in Schach halte. Nach Rostows Philosophie aber kann der Krieg durchaus benutzt werden, um die Menschheit »zum Glück« zu bringen. So riet er zum Beispiel im Vietnamkrieg zu verschärftem US-Einsatz.

Der Schriftsteller **Joseph Roth**, der 1894 im ostgalizischen Szwaby (Schwabendorf) bei Brody geboren wurde und 1939 in Paris seiner Trunksucht erlag, »entwickelte Distanzliebe zum Judentum« (»Neues Lexikon des Judentums«). In vielen seiner Werke stehen jüdische Themen im Zentrum, z.B. in »Juden auf Wanderschaft« (1927) oder in »Hiob« (1930; Konfrontation zwischen Ostjuden und angepaßten Juden). Nach

Sam ROSENMAN   Hans ROSENTHAL   Philip ROSENTHAL

Lea ROSH   Joseph ROTH   Edmond de ROTHSCHILD

Guy de ROTHSCHILD   Artur RUBINSTEIN   Helena RUBINSTEIN

Rückkehr aus dem k.u.k. Kriegsdienst 1918 hatte Roth als Linksjournalist in Prag, Berlin und Wien gewirkt. Ein Korrespondentenbesuch in Moskau 1926 im Auftrage der »Frankfurter Zeitung« kühlte seine prokommunistische Leidenschaft ab. 1938 ging er nach Frankreich, wo seine seelische Zerrüttung zu Alkoholexzessen führte, die ihn letztlich umbrachten. Als Meisterwerke Roths gelten »Hotel Savoy« (1924), »Radetzkymarsch« (1932), »Die Kapuzinergruft« (1939) und »Die Legende vom heiligen Trinker« (1939). Auch schrieb er »Der Antichrist« (1934) und »Leviathan« (posthum erschienen).

Als »enfant terrible des US-Literaturbetriebs« wird **Philip Milton Roth** bezeichnet, der 1933 in Newark/US-Bundesstaat New Jersey zur Welt gekommen ist. 1956 wurde er Literaturdozent der Universität Chikago. Seit den 60er Jahren lehrt er in Princeton. Er wurde von der Guggenheim- und Rockefeller-Stiftung gefördert. Der Jewish Book Council Amerikas verlieh ihm seinen »Daroff-Preis«. 1969 gab es eine Zeitlang Schwierigkeiten für Roth. Er wurde des jüdischen Selbsthasses und eines perfiden Antisemitismus bezichtigt, weil er in seinem Roman »Portnoys Beschwerden« gewisse von ihm als »jüdische Schwächen« empfundene Erscheinungen karikiert hatte. Versöhnen konnte er die veröffentlichte Meinung drei Jahre später mit seiner Nixon-Satire »Trick E. Dixon«.

Bis zum Ersten Weltkrieg war **William Rothenstein**, geboren 1872 im englischen Bradford, als Landschaftsmaler tätig. Dann entdeckte man sein Talent für Soldaten- und Schlachtendarstellungen. Er wirkte sowohl im Ersten wie im Zweiten Weltkrieg als offizieller Kriegsmaler der britischen und kanadischen Armee. Sir (seit 1931) William porträtierte auch die politische und militärische Führung des Empire. Für das Londo-

ner Parlamentsgebäude schuf er kolossale Wandgemälde. Er starb 1945 in Far Oakridge/Gloucestershire.

Der Historiker **Hans Rothfels** (geboren 1891 in Kassel, gestorben 1976 in Tübingen) ließ sich 1910 protestantisch taufen, wurde als Kriegsfreiwilliger schwer verwundet, promovierte 1918 über Clausewitz, stritt als Professor der Geschichte in Königsberg/Pr. gegen die antideutsche Kriegsschuldlüge und veröffentlichte noch in der NS-Zeit Bücher wie »Ostraum, Preußentum, Reichsgedanke« (1935). Zwangsemeritiert und mit Publikationsverbot belegt, verließ er Deutschland und ging 1939 nach England, zwei Jahre später nach Amerika. 1951 erhielt er einen Lehrstuhl in Tübingen. Er war Mitbegründer und von 1952 bis 1976 Mitherausgeber der »Vierteljahreshefte für Zeitgeschichte«. In den 50er Jahren war Rothfels, der sich schwerpunktmäßig der Erforschung des deutschen Widerstandes gegen Hitler widmete, Mitherausgeber der mehrbändigen Dokumentation über Vertreibungsverbrechen an Deutschen.

Ahnherr der weitverzweigten Rothschild-Sippe war Meyer Amschel Rothschild (1743-1812) aus Frankfurt am Main. Seine fünf Söhne setzten sich in verschiedenen Ländern fest, bis das Haus im 19. Jahrhundert das gesamte abendländische Geldwesen maßgeblich bestimmte und auch ungeheure politische Macht auf sich konzentrierte. **David René James de Rothschild** (geboren 1942 in New York) gehört zu den Bankherren der jüdischen Sippe aus der jüngeren Generation. Er wurde 1982 Generaldirektor der Bank Paris-Orleans. In den 70er und 80er Jahren übernahm er eine Vielzahl von wirtschaftlichen Einflußpositionen. Er präsidiert auch der »Fondation du Judaïsme Français« und dem »Fonds Social Juif Unifié«. Sein Vater ist Baron Guy de Rothschild.

Der 1926 in Paris geborene **Edmond de Rothschild** erbte 1957 von seinem Vater, dem Pariser Bankherrn und Senator Maurice de Rothschild, umgerechnet ca. eine Milliarde Mark, die der Senior in der Emigration vor Hitler an den Börsen von New York und London gemacht hatte. Edmond de Rothschild kaufte sich in Öl-, Tourismus- und Immobilienfirmen ein. Vor allem aber wurde er zweitgrößter Aktionär des Diamantenkonzerns der Familie Oppenheimer (Südafrika). Baron Edmond gilt als einer der größten Mäzene des Zionismus und des Staates Israel. Unter anderem zeichnet er verantwortlich für die israelischen Anleihen in Europa.

Guy de Rothschild (geboren 1909 in Paris) ist ein Ururenkel des Stammvaters Meyer Amschel Rothschild. Im Zweiten Weltkrieg setzte er sich zuerst nach England ab. Die französische Vichy-Regierung beschlagnahmte 1940 die Besitztümer der Rothschilds. Ab 1941 hielt sich Baron Guy in den USA auf. 1944 kehrte er im Troß de Gaulles nach Frankreich zurück. 1949 wurde er Chef der Rothschild-Bank, der größten Privatbank in Frankreich. Sein wichtigster nichtjüdischer Mitarbeiter war Georges Pompidou, der es später zum Präsidenten der Französischen Republik brachte. Aus Protest gegen die Verstaatlichung seiner Bank unter Mitterrand emigrierte Guy de Rothschild erneut aus Frankreich. Der sozialistische Präsident hatte die Nationalisierung des Geldinstitutes verfügt. Doch wenig später schon erhielt Rothschild die offizielle Erlaubnis, in Paris seine Bank neu zu gründen. Zum Konzern, den er dirigiert, gehören u.a. der Rohstoff-Multi Rio Tinto Zink Company und die Holding Imétal (Uran usw.).

Hans Rothschild, Sproß einer jüdischen Familie, studierte Rechtswissenschaft in Wien, soll Husarenoberleutnant der k.u.k. Armee gewesen sein, schloß sich in der Tschechoslowakei (er lebte als Rechtsanwalt in Reichenberg/Sudetenland) der KPC an und emigrierte 1938 nach Großbritannien. Dort machte er bei der KP-Gruppe um Gustav Beuer mit, die für die »Endlösung« des Problems der Sudetendeutschen durch Vertreibung eintrat. In der Sowjetzone bzw. DDR wurde Rothschild maßgeblicher Mann des SED-»Rechtswesens«. Er diente als Staatsanwalt am Oberlandesgericht Dresden und rückte schließlich zum Richter am Obersten Gericht der DDR auf.

Der Zoologe und zionistische Politiker **Lionel Walter Rothschild** (geboren 1868, gestorben 1937) entstammte dem englischen Zweig des Clans. Er war Sohn des Bankiers Nathaniel Mayer Rothschild, der 1885 als Baron erstes jüdisches Mitglied des Oberhauses in der Geschichte Englands geworden war. Als Mitglied der Führung der Zionistischen Internationale war er offizieller Empfänger des Briefes von Außenminister Lord Balfour vom 2. November 1917. Darin hieß es, die britische Regierung betrachte »die Schaffung einer nationalen Heimstätte in Palästina für das jüdische Volk mit Wohlwollen« und werde »die größten Anstrengungen machen, um die Erreichung dieses Ziels zu unterstützen«. Chaim Weizmann, Chef der zionistischen Weltbewegung und eng mit den Rothschilds verbunden, wirkte zu jener Zeit als Berater Lord Balfours.

Louis Nathaniel de Rothschild (geboren 1882, gestorben 1955 in Montego Bay auf Jamaika) übernahm 1911 die Interessen der Familie Rothschild in Österreich, wozu u.a. die Österreichische Creditanstalt für Handel und Gewerbe sowie Aktienmehrheiten von Textil-, Eisen- und chemischen Gesellschaften und Bergwerken, Beteiligungen an Finanzprojekten in Südosteuropa und landwirtschaftlicher und städtischer Grundbesitz gehörten. 1931 brach die Creditanstalt zusammen. 1936/37 übertrug

Louis Nathaniel das Gros des übrigen Besitzes durch Schweizer und holländische Mittelsmänner auf die Alliance Insurance Co., eine Tochtergesellschaft der britischen Rothschild-Familie. 1938 soll dem von der NS-Regierung inhaftierten Louis Nathaniel von Göring und Himmler die Preisgabe des österreichischen Besitzes der Familie abgepreßt worden sein. Rothschild ging 1939 über die Schweiz in die USA, wo er Großgrundbesitzer in Vermont wurde. Er starb auf einer Reise in die Karibik.

Philippe de Rothschild aus dem französischen Zweig der Sippe kam 1902 in Paris auf die Welt. 1924 gründete er in der französischen Hauptstadt das »Pigalle«-Theater. In den 30er Jahren wurde er als Filmproduzent und Kunstsammler aktiv. 1940 setzte er sich nach England ab, nachdem er im Widerstand tätig gewesen sein soll (wofür er später dekoriert wurde) und aus Vichy-Haft entkommen war. Nach dem Zweiten Weltkrieg wirkte er wieder in Frankreich. Berühmt ist sein Weingut (»Mouton-Rothschild«). Er ließ Etiketten für seine Flaschen u.a. von Picasso und Warhol gestalten. Er starb 1988 in Paris.

»Einer der größten Experten der Welt auf dem Gebiet des militärischen Nachrichtendienstes.« So soll US-Präsident Truman **Victor Rothschild**, den 1910 geborenen Urururenkel des Begründers der Finanzdynastie aus Frankfurt am Main, charakterisiert haben, dessen Großvater Nathaniel der erste jüdische Baron in England war. Victor Rothschild organisierte im Zweiten Weltkrieg ein Spionagenetz. Nach 1945 wirkte er als Zoologe in Cambridge, als Direktor der staatlichen britischen Luftfahrtgesellschaft BOAC, als führender Mann bei BBC, als Vorstandsmitglied der Royal Dutch-Shell usw. Er wurde zu den engsten Beratern des Premier Heath gezählt und war Labour-

Lord im Oberhaus. Seine Schwester, Miriam Lane, gilt als Koryphäe der Parasitenkunde.

Siegmund Rotstein machte nach seiner Befreiung aus Theresienstadt 1945 in der DDR Karriere. Er wurde Manager des Centrum-Warenhauses in Chemnitz (Karl-Marx-Stadt) und war dort auch Chef der jüdischen Gemeinde. 1968 stieg er zum Vizepräsidenten des Verbandes der Jüdischen Gemeinden in der DDR auf. 1988 trat er die Nachfolge des verstorbenen Aris als Präsident der DDR-Gemeindejuden an. In zahlreichen Verlautbarungen gab er sich linientreu und der SED ergeben. Kurz vor dem DDR-Zusammenbruch betonte er öffentlich, in der DDR könnten sich »die Juden sicher fühlen«, es werde ihnen »volle Religionsfreiheit« gewährt und sie könnten »stets die Hilfe des Staates in Anspruch« nehmen, wofür er Honecker Dank aussprach.

Paul Hindemith, der berühmte deutsche Komponist, war mit einer Jüdin verheiratet. Sein Schwiegervater, **Ludwig Rottenberg**, war ebenfalls Tonsetzer und Dirigent. Er kam 1864 in Czernowitz in der Bukowina zur Welt, studierte und promovierte in Wien, war viele Jahre am Opernhaus von Frankfurt/Main tätig und komponierte eine Oper (»Die Geschwister«, 1916), zahlreiche Lieder, Kammermusik, Klaviervariationen und eine Violinsonate. Rottenberg starb 1932 in Frankfurt.

Der amerikanisch-jüdische Staatswissenschaftler und Politiker **Leo Stanton Rowe** kam 1871 in McGregor/US-Bundesstaat Iowa zur Welt. Er studierte und promovierte (1892) in Halle. Wieder in den Vereinigten Staaten, profilierte er sich als Südamerika-Experte. Schließlich leitete er die Südamerika-Abteilung des US-amerikanischen Auswärtigen Amtes. Zeitweise fungierte er als stellvertretender Finanzminister in Washington. Von 1902 bis 1930 wirkte Rowe als Präsident der US-amerikanischen

Akademie der Politischen und Gesellschaftswissenschaften. 1920 wurde er Direktor der Pan American Union. Er starb 1946 in Washington D.C. an den Folgen eines Autounfalls.

Der jüdischen Familie Ichak entstammte die kommunistische Publizistin und Funktionärin **Frida Rubiner**, die 1879 in Mariampol/Russisch-Polen geboren wurde und 1952 in Moskau starb. Sie wurde enge Mitarbeiterin Lenins in dessen Schweizer Exil. 1919 war sie führendes Mitglied der Münchner Räterepublik (Tarnname Friedjung). Später wirkte sie als KPÖ-Journalistin und KPD-Ausbilderin. Ab 1930 war sie in der Sowjetunion, wo sie ranghohe Komintern-Funktionärin wurde. Im Krieg war sie Politkommissarin bei der Roten Armee und »Antifa« Lehrerin kriegsgefangener Deutscher. Stalin beauftragte sie, im Rahmen des sogenannten »Nationalkomitees Freies Deutschland« einen Plan zur Bolschewisierung des Bildungswesens der Deutschen zu entwerfen. Ab 1946 wirkte sie in der Sowjetzone bzw. DDR. Sie wurde Dekan der Fakultät für »Grundfragen des Marxismus« an der SED-Parteihochschule »Karl Marx«. Sie war mit dem jüdischen Schriftsteller Ludwig Rubiner (1881-1920) verheiratet.

Der Pianist **Artur Rubinstein**, mit dem Komponisten Anton Rubinstein nicht verwandt, weigerte sich nicht erst seit Hitler, sondern schon seit dem Ersten Weltkrieg, »wegen der in Belgien abgehackten Kinderhände« in Deutschland aufzutreten. Das tat seiner hymnischen Verehrung in Medien der Bundesrepublik keinen Abbruch, die ihn sogar »Klavier-Gott« nannten. Rubinstein war 1887 in Lodz zur Welt gekommen. Ausgebildet wurde er u.a. von Max Bruch. Als »Wunderkind« debütierte er im Alter von 12 Jahren in Berlin. Den Durchbruch schaffte er in den 20er Jahren in den USA. 1946 wurde er US-Staatsbürger. Sein Schaffen ist auf zahlreichen Schallplattenaufnahmen dokumentiert. Er verschied 1982 in Genf.

Einer der größten Kosmetik-Konzerne der Welt hat seinen Namen von der Gründerin, der jüdischen Geschäftsfrau **Helena Rubinstein**. Sie kam 1882 als Tochter eines Kaufmanns in Krakau zur Welt. Anfang des 20. Jahrhunderts lebte sie bei Verwandten in Australien. Dort eröffnete sie einen kleinen Laden für Gesichtscreme; die Grundlage für den »Helena-Rubinstein«-Konzern war geschaffen. Sie eröffnete Schönheitssalons in London und Paris und siedelte 1915 mit dem Hauptsitz des Unternehmens in die USA über. Als sie 1965 in New York starb, galt sie als eine der größten Mäzene des Zionismus.

Für einige Zeit stand **Jack Ruby** im Rampenlicht der Weltöffentlichkeit. Er war 1911 als Jakob Rubinstein in Chikago zur Welt gekommen und betätigte sich als Betreiber eines obskuren Nachtlokals. Am 24. November 1963 erschoß er in aller Öffentlichkeit den des Mordes am US-Präsidenten John F. Kennedy verdächtigten Lee Harvey Oswald. Wahre Motive, eventuelle Hintermänner und Hintergründe blieben im Dunkeln. In erster Instanz verurteilte man Ruby-Rubinstein zum Tode. Er starb »plötzlich und unerwartet« 1967 in Dallas im Gefängnis, als die Berufung gegen das Urteil noch schwebte.

Der Flugzeug- und Motorenkonstrukteur **Edmund Rumpler** kam 1872 in Wien zur Welt. 1902 schuf er bei den Adler-Werken in Frankfurt am Main den ersten deutschen Motor mit gesteuertem Saugventil. 1908 gründete er die »E. Rumpler Luftfahrzeugbau«, die erste Flugzeugfabrik des Deutschen Reiches. Dort entstanden 1912 das erste Kabinenflugzeug und das erste deutsche Zweimotoren-Flugzeug. Im selben Jahr wurde unter Rumplers Führung der erste Flugmotor mit acht Zylindern in V-Form geschaffen. Im Ersten Weltkrieg bauten die Rumpler-Werke das erfolgreichste Aufklärungs-Flugzeug, die »Rumpler-Taube« (eine Konstruktion des Ingenieurs Etrich). 1921 stellte Rumpler einen Stromlinien-Pkw mit Heckmotor und Schwingachse, das »Tropfen-Auto«, vor. In ihrer Serie »Große jüdische Deutsche« schrieb die National-Zeitung: »Rumpler war zeitlebens ein vaterländisch gesinnter Deutscher. Von Deportation und KZ blieb er im Dritten Reich Gott sei Dank verschont. Er verstarb 1940 im mecklenburgischen Neu-Tollow bei Wismar.«

»Er gilt als Vater der zionistischen Palästinakolonisation, war Mitgründer der Stadt Tel Aviv und förderte die ländliche Siedlung in der Art der Kibbuzim«, heißt es bei Tetzlaff (»2000 Kurzbiographien bedeutender deutscher Juden«) über **Arthur Ruppin.** Der ehemalige preußische Assessor, geboren 1876 in Rawitsch/Posen, hatte 1905 in Berlin die »Zeitschrift für Demographie und Statistik der Juden« gegründet. 1907 kam er nach Palästina und eröffnete dort das für Einwanderung von Juden zuständige Palästinaamt, das er fortan leitete. Vergebens plädierte er dafür, Palästina gemeinsam mit den Arabern weiterzuentwickeln und einen gerechten Ausgleich mit ihnen anzustreben. Enttäuscht zog er sich aus der Politik zurück und lehrte ab 1926 Soziologie an der Hebräischen Universität. Er starb 1943 in Jerusalem.

Der eigentliche Name des in Rußland wirkenden Schriftstellers **Anatoli Naumowitsch Rybakow** (geboren 1911 im ukrainischen Tschernigow) lautet Aronow. Unter Stalin war er hochgeehrt. 1950 beispielsweise wurde er mit dem »Stalinpreis Zweiter Klasse« ausgezeichnet. Als Stalin tot war und seine Nachfolger im Kreml ihn verdammten, legte auch Rybakow-Aronow eine »Abrechnung mit Stalin« vor (»Jahre des Terrors«). Auch als sich unter Gorbatschow die Verhältnisse in Sowjetrußland

grundsätzlich veränderten, schaffte der Literat den Anschluß: 1989 wurde er Gründungspräsident des Pen-Clubs in Moskau.

1992 wurde der international aktive Waffenhändler **François Saar-Demichel** erschossen in seiner Pariser Luxuswohnung aufgefunden. Offiziell wurde Selbstmord als Todesursache angegeben. Eigentlich hieß er Franz Saar. Er war 1910 in Dubrovnik zur Welt gekommen. »Als Gänseleber-Händler getarnt«, so heißt es, sei er im Zweiten Weltkrieg in Frankreich im Partisaneneinsatz gegen die Deutschen gewesen. Nach 1945 stieg er zum stellvertretenden französischen Geheimdienstchef für Mitteleuropa auf. Nach Angaben des französischen Publizisten Pierre Péan stand er im Solde des sowjetischen KGB. In den 60er Jahren galt er als Berater und Finanzier de Gaulles, und er nahm im sowjetisch-französischen Handel eine Schlüsselstellung ein. Schließlich brachte es Saar-Demichel zum Generalbevollmächtigten der französischen Waffenhandels-Zentrale. Mit den Provisionen wurde er zum Multimillionär. Zu seinem Tode schrieb »Profil« (Wien): »Er pflegte enge Kontakte mit Österreichs dealender Militaro-Prominenz, etwa dem durch Suizid aus dem Leben geschiedenen Verteidigungsminister Karl Lützgendorf und dem 1990 unter mysteriösen Umständen verstorbenen Waffenhändler Alois Weichselbaumer. Selbstverständlich war er auch mit Udo Proksch (Fall Lucona) bestens bekannt.«

Annähernd fünf Jahrzehnte, von 1907 bis zu seinem Tode 1952 (er starb in Bethesda/Maryland), war **Adolph Sabath** Abgeordneter der Demokratischen Partei in Washington und hatte erheblichen Einfluß auf die US-Politik. Er war 1866 im böhmischen Zabori zur Welt gekommen und 1881 mit der Familie in Amerika eingewandert. Dort schlug er die Laufbahn eines Juristen ein. Unter Präsident Wilson war er leitend im Foreign Office Committee tätig und galt als Vorkämpfer des Völkerbundes (dem die USA wegen des Isolationismus nach dem Ersten Weltkrieg jedoch nicht beitraten). Unter Präsident Roosevelt war Sabath in Washington Chef des »House Rule Committees« und engagierter Verfechter des »New Deal«. Er war hochgradiges Mitglied des jüdischen Logenbundes B'nai B'rith.

Andrej Sacharow kam 1921 als Sproß einer jüdischen Familie in Moskau zur Welt. In den 40er und 50er Jahren war er zunächst unter Kapitza und Jaffa, dann als Sekretär von Lew Landau, schließlich als kongenialer Kollege Tamms führend am sowjetischen Atombombenprojekt beteiligt. Er gilt als Vater der sowjetischen Wasserstoffbombe und erhielt dafür höchste Auszeichnungen. Ab Ende der 60er Jahre trat er als Dissident in Erscheinung. 1970 gründete er das »Komitee für Menschenrechte« in Moskau. Er wurde verfolgt und verfemt, schließlich nach Gorki verbannt. Der 1975 mit dem Friedensnobelpreis ausgezeichnete Sacharow setzte sich nicht zuletzt für die unterdrückten Deutschen in der Sowjetunion ein. Deren Lage, so sagte er, sei nicht mit derjenigen ausreisewilliger Juden zu vergleichen. Im Unterschied zu den Juden mit ihrer »internationalen Unterstützung« stünden die Deutschen allein da. In seinem 1975 erschienenen Buch »Mein Land und die Welt« klagte er aus diesem Grunde bundesdeutsche Ignoranz an: »Hier tragen die gesellschaftlichen Organisationen und die Politiker der Bundesrepublik Deutschland ein großes Maß an Schuld.« Andrej Sacharow starb 1989 in Moskau.

1993 starb der Jurist **Hans Sachs**, bekanntgeworden durch die Fernseh-Ratesendung »Was bin ich?« unter Leitung von Robert Lembke (Weichselbaum). Sachs war 1912 in Aschaffenburg zur Welt gekommen. Wegen jüdischer Abstammung galt er im 3. Reich als »Mischling ersten Grades«. Das KZ blieb ihm erspart. Nach 1945 war er Beauftragter des bayerischen Staatsministeriums für Entnazifizierung und nahm in dieser Funktion auch am Wilhelmstraßenprozeß gegen den Staatssekretär im Außenministerium zur Hitlerzeit, Ernst von Weizsäcker, den Vater des späteren Bundespräsidenten, teil. Dann stieg Sachs zum Leitenden Oberstaatsanwalt auf und war schließlich Chef der Staatsanwaltschaft Nürnberg-Fürth. Auch wirkte er im »Weißen Ring«, der Hilfsorganisation für Verbrechensopfer. Sachs war stark für Israel engagiert; während des Golfkrieges beispielsweise nahm er an pro-israelischen Demonstrationen teil.

Im »Neuen Lexikon des Judentums« heißt es, **Nelly Sachs** sei »neben Paul Celan die eigentliche Dichterin der Shoa«, also des jüdischen Leides unter Hitler, gewesen. Nelly (ursprünglich Leonie) Sachs kam 1891 in Berlin als Tochter eines jüdischen Fabrikanten zur Welt. Ihre Lyrik wurde zuerst von der »Vossischen Zeitung« bekanntgemacht (1929). 1940 emigrierte sie nach Schweden, dessen Staatsbürgerschaft sie annahm. Es wird berichtet, daß sie einen psychischen Zusammenbruch nach einem Deutschlandbesuch 1960 erlitten habe. Sie wurde u.a. mit dem Friedenspreis des Deutschen Buchhandels (1965) geehrt. Die Stadt Dortmund stiftete einen nach ihr benannten Preis, der ihr auch als erster verliehen wurde. 1966 bekam sie den Literatur-Nobelpreis. Ihre Werke sind bestimmt von einer auf altjüdischem Chassidismus fußenden Mystik. Davon zeugt insbesondere ihr Mysterienspiel »Eli«. Sie starb 1970 in Stockholm.

In seinem 1993 in New York erschienenen Buch »An Eye for an Eye« enthüllte US-Publizist **John Sack** das Marterschicksal Hunderttausender Deutscher in polnischen KZs der Nachkriegszeit. Dabei verschwieg er nicht, daß es eine starke jüdische Beteiligung an den Verbrechen gab. So war ein Chaim Studniberg der Chef des rotpolnischen KZ-Systems für Deutsche, und als Folterer und Mörder trat nicht zuletzt Salomon (Schlomo) Morel hervor, der Kommandant des zum KZ-Komplex Auschwitz gehörenden Lagers Schwientochlowitz in Oberschlesien. Sowohl Studniberg als auch Morel setzten sich später nach Israel ab. Die deutsche Übersetzung von Sacks Buch erschien 1995 erst nach heftigen Widerständen. Etablierte deutsche Medien warfen Sack »Antisemitismus« und »Schützenhilfe für Rechtsextremisten« vor. Der Piper-Verlag ließ die bereits gedruckten Exemplare der Übersetzung nach massivem Druck einstampfen. Es war, so schrieb die »National-Zeitung«, die »erste gegen einen jüdischen Autoren gerichtete Büchervernichtung in Deutschland seit der NS-Zeit«. John Sack ist der Sohn einer jüdischen Familie, die aus Krakau stammt und Anfang des 20. Jahrhunderts in die USA auswanderte. Er kam 1930 in New York zur Welt. Der »Journalist von außergewöhnlicher Integrität und Unerschrockenheit« (so das amerikanische Nachrichtenmagazin »The Nation«) wirkte für zahlreiche etablierte Blätter der USA und als Mitarbeiter von Fernsehsendern wie CBS. In den 70er Jahren waren seine Vietnam-Bücher Bestseller. Mitte der 80er Jahre stieß er auf das verheimlichte Kapitel polnischer KZ-Verbrechen an Deutschen nach dem Zweiten Weltkrieg. Er recherchierte sieben Jahre lang, befragte Opfer, Täter und Zeugen, bewältigte bis dahin nie gesichtete

oder ausgewertete Dokumente und brachte schließlich »An Eye for an Eye« heraus.

»Memoiren eines Moralisten« nannte der Literat **Hans Sahl**, der sich früher als »Trödler des Unbegreiflichen« charakterisiert hatte, seine Lebenserinnerungen. Er war 1902 in Dresden zur Welt gekommen und starb 1993 in Tübingen. Der Bankierssohn war zur Weimarer Zeit Theater- und Filmkritiker des »Berliner Börsen-Courier«. In der französischen Emigration schloß er sich dem von Moskau gelenkten »Schutzverband deutscher Schriftsteller« an, ging aber nach Stalins Pakt mit Hitler 1939 enttäuscht auf Distanz zur Sowjetunion. Ab 1941 lebte Sahl in New York; sein letztes Lebensjahrfünft verbrachte er in Tübingen. Er ist auch als Übersetzer (Wilder, Williams, Osborne usw.) in Erscheinung getreten.

Als »erfolgreichster amerikanischer Erzähler der 50er Jahre« gilt **Jerome David Salinger** (geboren 1919 in New York), dessen Vater Jude war und dessen Mutter aus Irland stammte. Er diente als Offizier im Zweiten Weltkrieg und arbeitete ab 1949 für den »New Yorker«. Er veröffentlichte Kurzgeschichten im Stile Hemingways, dem er auch persönlich verbunden war. Sein bekanntestes Werk ist »Der Fänger im Roggen« (1951 erschienen) über die pubertäre Zwiespältigkeit eines 16jährigen. Die Geschichte wurde in den 60er Jahren zur Pflichtlektüre an deutschen Gymnasien. Salinger aber wandte sich dem Zen-Buddhismus zu und verschwand von der literarischen Bildfläche.

Der jüdische Politiker und Unternehmer Sir (seit 1933) **Isidore Salmon**, 1876 in London zur Welt gekommen, war Chef der gesamten britischen Truppenversorgung sowohl im Ersten wie auch im Zweiten Weltkrieg. Begonnen hatte sein Aufstieg 1904, als er Direktor der J. Lyons & Co.-Restaurants

Edmund RUMPLER

François SAAR-DEMICHEL

Andrej SACHAROW

Hans SACHS

John SACK

Felix SALTEN

Jitzhak SCHAMIR

Mosche SCHARETT

Max SCHELER

in England wurde. Von 1907 bis 1925 gehörte er dem Londoner Stadtrat an, von 1921 bis 1941 war er Chef des Labour-Exchange in London, danach Abgeordneter der Konservativen im Parlament. Sir Isidore, der 1941 in London starb, hatte über viele Jahre führend in der jüdischen Dachorganisation Englands, dem Board of Deputies of British Jews, gewirkt.

Aristide Briand hat **Erich Salomon** »le roi des indiscrets« genannt. Typisch für die Arbeit des »Königs der Indiskreten« war sein 1931 erschienener Bildband »Berühmte Zeitgenossen in unbewachten Augenblikken«. Der Bildpublizist kam 1886 in Berlin als Sohn eines jüdischen Bankiers zur Welt. Ab 1925 wirkte er für Ullstein; er war auch für englische, französische und US-amerikanische Blätter mit der Kamera unterwegs. 1934 ging er in die Niederlande. Von dort aus wurde er 1943 nach Theresienstadt deportiert. Dann schaffte man ihn ins furchtbare Lager Auschwitz, wo er 1944 sterben mußte.

Der Bankier **Walter Salomon** kam 1906 in Hamburg zur Welt. Er absolvierte eine Banklehre und trat dann ins Bankhaus des Vaters ein. 1937 emigrierte er nach London, wo er ein eigenes Geldinstitut gründete. Nach 1945 übernahm er die Bank Lea Brothers, die er fortan als Präsident führte. Er zählte zu den einflußreichsten Bankiers Englands und gehörte dem engsten Beraterstab der Premierministerin Thatcher an. 1979 wurde er mit dem Bundesverdienstkreuz Erster Klasse dekoriert, 1982 von der Queen geadelt. Sir Walter starb 1987 in London.

Einer der ersten Juden, die es auf dem Fünften Kontinent zu einem bedeutenden gesellschaftlichen Machthaber brachten, war **Julian Emanuel Salomons**. Er kam 1834 im englischen Birmingham zur Welt, wurde Jurist und ging dann nach Australien,

wo er als englischer Kronanwalt wirkte und schließlich zum Oberrichter aufstieg. Außerdem saß er im Parlament für Neu-Südwales. Der englische König adelte ihn. Sir Julian, stets aktiv im jüdischen Leben, starb 1909 in Sydney.

Der Schriftsteller **Felix Salten**, geboren 1869 in Budapest, hieß eigentlich Siegmund Salzmann. Er entstammte einer Rabbinerfamilie. Er begann als Theaterkritiker der Wiener Presse und schloß Freundschaft sowohl mit Hugo von Hofmannsthal als auch mit Theodor Herzl, der ihn für den Zionismus erwärmte. Das »Neue Lexikon des Judentums« berichtet: »Als Präsident des Wiener Pen-Zentrums stimmte Salten 1933 auf der internationalen Tagung in Ragusa (Dubrovnik) der Verurteilung Deutschlands wegen der Bücherverbrennung aus Rücksicht auf nationalsozialistische Mitglieder nicht zu.« 1938 begab er sich in die USA. Ab 1939 lebte er in der Schweiz. Am bekanntesten sind seine Kinderbücher über die Abenteuer des Rehs »Bambi« (von Walt Disney als Zeichentrickfilm gestaltet). Salten schrieb auch das prozionistische Palästinabuch »Neue Menschen auf alter Erde« (1925). Er starb 1945 in Zürich.

Herbert Louis Samuel kam 1870 in Liverpool zur Welt. 1916 avancierte der enge Freund des Zionistenführers Chaim Weizmann zum britischen Innenminister und war bemüht, das Kabinett auf prozionistischen Kurs zu bringen, was 1917 mit der Balfour-Deklaration (»jüdische Heimstatt in Palästina«) auch gelang. Von 1920 bis 1925 wirkte Samuel als britischer Hochkommissar in Palästina. Zwar blieb er dem Zionismus treu, doch wurde er wegen der Begrenzung jüdischer Einwanderung und seiner Zustimmung zur Ernennung Hadschi Amin al-Husseinis zum Großmufti von Jerusalem zionistischerseits scharf angegriffen. 1931/32 amtierte er erneut als Innenminister. Bis 1935 war er Fraktionschef der Liberalen im Parlament. Von 1936 bis 1939 fungierte er als Vorsitzender des Council for German Jewry. Der englische König machte ihn zum »1. Viscount«. Bis zu seinem Tode 1963 in London hatte Samuel kaum zu überschätzenden Einfluß als »Elder Statesman« in Großbritannien.

Der Nationalökonom **Paul Antony Samuelson** kam 1915 in Gary/US-Bundesstaat Indiana als Sohn polnisch-jüdischer Einwanderer zur Welt. Von 1940 bis 1986 lehrte er am Massachusetts Institute of Technology (MIT). Im Zweiten Weltkrieg war er Mitarbeiter im Strahlungslabor des MIT (Flug- und Raketenkontrolle) und Fachberater im US-Amt für Kriegsproduktion. Von 1945 bis 1952 und von 1961 bis 1986 gehörte er dem Beraterstab des US-Finanzministeriums und des Präsidenten an. Von 1965 bis 1986 hatte er überdies leitende Funktionen im US-amerikanischen Notenbank-System (Federal Reserve Board). 1970 wurde er mit dem im Jahr zuvor geschaffenen Nobelpreis für Wirtschaftswissenschaften ausgezeichnet, 1971 erhielt er den Albert-Einstein-Gedächtnispreis.

Der Dirigent **Kurt Sanderling** aus Arys in Ostpreußen (Jahrgang 1912) studierte bei Kurt Bendix in Berlin und war zur Zeit der NS-Machtübernahme Assistent an der Städtischen Oper der Reichshauptstadt. Er verlor den Posten 1933, ging 1935 in die Schweiz und kam ein Jahr später mit Hilfe seiner Tante Rahel Strassberg in die Sowjetunion. Dort wurde er Konzertmeister beim Moskauer Rundfunk. Von 1941 bis 1960 war er mit Mrawinski Leiter der Leningrader Philharmoniker. Von 1960 bis 1977 wirkte er als Chefdirigent des Städtischen Ostberliner Sinfonieorchesters. Zwischen 1964 und 1967 hatte er die Stabführung bei der Dresdner Staatskapelle. Er erhielt die höchste DDR-Auszeichnung, den Karl-

Marx-Orden. Sein Onkel war der jüdische Ökonom und Bankier Leo Grebler.

Mussolini, der Gründer des Faschismus, hatte zahlreiche jüdische Weggefährten, die zum Teil sogar noch nach Erlaß antisemitischer Gesetze in Italien an der Spitze von Staat, Gesellschaft und Bewegung blieben. Die Schriftstellerin **Margherita Sarfatti** (geboren 1883 in Venedig, gestorben 1961 in Como) arbeitete mit Mussolini schon eng zusammen, als er noch führender Sozialist war. Sie folgte ihm in den Faschismus. Sie wirkte als Redakteurin des Duce-treuen Blattes »Il Popola d'Italia« und bis 1938 als Chefredakteurin der Monatsschrift »Gerarchia«. 1925 hatte sie eine hymnische Mussolini-Biographie veröffentlicht.

Jahrzehntelang war **David Sarnoff**, geboren 1891 in Uzlian bei Minsk, einer der einflußreichsten Medienbosse der USA. Er begann als Morsetelegraphist für Marconi in New York und soll 1912 den ersten SOS-Ruf der »Titanic« aufgefangen haben. 1921 wurde er Generaldirektor der Radio Corporation of America (RCA). Von 1930 bis 1965 dirigierte er zunächst als Vizepräsident, dann als Präsident die RCA. 1953 übernahm er zusätzlich die Präsidentschaft bei der Fernsehgesellschaft NBC. Die Medienmacht vererbte er seinem Sohn Robert Sarnoff, der sein Nachfolger als RCA-Chef wurde.

Auch die verzweifelten Versuche des jüdischen Staatssekretärs im deutschen Reichsfinanzministerium von 1929 bis 1932, **Hans Schaeffer**, die Alliierten in ihrer drakonischen Politik gegen Deutschland zu mäßigen, schlugen fehl. Die Sieger blieben hart: Deutschlands Wirtschaft ging zugrunde, Hitler kam an die Macht. Hans Schaeffer war 1886 in Breslau als Sohn eines Brauereimaschinenfabrikanten geboren worden. Nach Rückkehr aus dem Felde trat er 1919 ins Reichswirtschaftsministerium ein. Nach seinem Ausscheiden aus dem Amt des Finanzstaatssekretärs war er Generaldirektor bei Ullstein. 1936 ging er nach Schweden, wo er eine führende Funktion beim dortigen Zündholzkonzern einnahm. Adenauer bemühte sich vergeblich, ihn in den 50er Jahren als Staatssekretär ins Bundeswirtschaftsministerium nach Bonn zu holen. Schaeffer starb 1967 im schwedischen Jönköping.

Als israelischer Ministerpräsident vertrat **Jitzhak Schamir** die Ansicht, die Deutschen seien »für alle Zeit« für Hitler verantwortlich. Als er aber in der Führung der »Irgun Zwai Leumi« (»Lechi«) saß, unterbreitete diese Nationale Militärorganisation der Radikalzionisten 1941 Hitler ein Bündnisangebot: Wenn der NS-Führer bereit sei, die Bildung eines araberfreien Judenstaates in Palästina zu unterstützen, wolle man Seite an Seite mit ihm gegen die Briten kämpfen. Das Bündnis scheiterte nicht etwa an Schamir, sondern an Hitler, der das Ansinnen verwarf. Schamir heißt eigentlich Jagermützen (polonisiert Jezernitzky) und kam 1914 in Ruzinoy/Russisch-Polen zur Welt. Seinen Alias-Namen legte er sich erst in Palästina zu (Schamir hieß der sagenhafte Wurm, mit dem Salomo beim Tempelbau die Steine sprengte). Jagermützen-Schamirs Vater war Vorsitzender der jüdischen Gemeinde von Ruzinoy und wurde im Zweiten Weltkrieg von polnischen Antisemiten erschlagen. Schamir wurde in der radikalen jüdischen »Beitar« aktiv und ging 1935 als fanatischer Zionist nach Palästina. Dort wurde er führender Mann der oben erwähnten »Lechi«, dann der »Stern-Bande«. Nach Sterns Tod rückte er an dessen Stelle als Führer des radikalzionistischen Terrors. Sein Ziel war es, Englands Macht in Palästina zu brechen und die Araber auszutreiben. Auf das Konto der von Schamir geführten Gruppe gingen u.a. die Morde am britischen Kolonialminister Lord Moyne und am UNO-Friedensvermittler Graf Bernadotte. Daß die Stern-Bande auch keine Scheu hatte, jüdische

Menschenleben bei Terrorakten zu vernichten, zeigte der Bombenanschlag auf das Jerusalemer King-David-Hotel mit annähernd 100 Toten. Hinzu kamen zahlreiche Terrorakte gegen Araber. 1946 geriet Schamir, von den Briten als »Top-Terrorist« gesucht, in Haft, konnte aber entweichen. Nach Gründung Israels wurde er Chef der Europa-Abteilung des israelischen Geheimdienstes Mossad. 1970 tat er sich mit Begin, seinem alten Bekannten aus gemeinsamen Kampftagen, zusammen. Von 1977 bis 1980 amtierte Schamir als Präsident der Knesset. Von 1980 bis 1988 war er Außenminister, 1983/84 zusätzlich Regierungschef. Von 1986 bis 1990 wirkte er - alternierend mit Peres - abermals als Ministerpräsident. Als eines seiner Ziele verkündete Schamir: »Die Palästinenser sollen Todesangst haben.«

»Israels heiliger Terror« lautet der Titel der von Livia Rokach veröffentlichten Tagebücher des israelischen Politikers **Mosche Scharett**, der ein Arrangement mit den Arabern anstrebte, aber von den Verfechtern eines gnadenlos harten Kurses ausgeschaltet wurde. Das Vorwort zum Buch verfaßte Professor Noam Chomsky. Scharett, geboren 1894 im ukrainischen Cherson und gestorben 1965 in Jerusalem, hieß eigentlich Schertok. 1906 kam er mit den Eltern ins gelobte Land der Zionisten. Er stieg nach dem Ersten Weltkrieg zum maßgeblichen Funktionsträger der Jewish Agency auf und war 1948 Mitunterzeichner der israelischen Unabhängigkeitserklärung. Von 1948 bis 1956 wirkte er als erster Außenminister des nahöstlichen jüdischen Staates. 1952 unterzeichnete er für Israel das Wiedergutmachungsabkommen mit der Bundesrepublik. Von 1953 bis 1955 löste er Ben-Gurion als Ministerpräsident ab.

»Warrior« (Krieger) lautet der Titel der 1989 erschienenen Memoiren von **Ariel Scharon**. Er kam 1928 in Moschav K'far Malal bei Tel Aviv zur Welt. Seine Eltern hießen noch Scheinermann, seine Mutter soll als Hebamme in Brest-Litowsk Menachem Begin auf die Welt geholt haben. Seit Anfang der 40er Jahre wirkte Scharon in radikal-militanten zionistischen Gruppen mit. In den 50er Jahren kommandierte er die »Einheit 101«, auf deren Konto u.a. das Massaker an Arabern in Quibya ging. Den von ihm in den Kriegen von 1956 und 1967 geführten Kampftruppen wurde nachgesagt, daß sie keine Gefangenen machen. Von fanatischen Anhängern ließ er sich als »König von Israel« feiern. 1973 gelangte er in die Knesset. 1977 wurde er Landwirtschafts-, 1981 Verteidigungsminister. Er war die treibende Kraft der israelischen Libanon-Invasion 1982. Sogar ein offizieller israelischer Untersuchungsbericht machte ihn für das Massaker von Sabra und Schatila mitverantwortlich. Trotzdem blieb Scharon auch in den folgenden Jahren Mitglied des Kabinetts abwechselnd als Minister ohne Geschäftsbereich, Handels- und Industrieminister sowie Wohnungsbauminister.

Salman Schasar (geboren 1889 in Mir/Weißrußland, gestorben 1974 in Jerusalem) hieß eigentlich Schneur Salman Rubaschow. 1905 schloß er sich in Weißrußland der linkszionistischen Bewegung Poale Zion an. 1914 emigrierte er nach Deutschland, wo er Redakteur der zionistischen »Jüdischen Rundschau« war. Ab 1924 in Palästina, zählte er zu den Mitbegründern der sozialistischen Mapai-Bewegung und fungierte als Chefredakteur des Zionistenblattes »Dawar«. Bei der Gründung des Staates Israel spielte er eine wichtige Rolle. Danach amtierte er als Erziehungsminister (1948-50) und als führender Mann (ab 1956 Chef der Exekutive) der Jewish Agency. 1963 bis 1973 war er Staatspräsident Israels.

Der 1905 in Hohensalza/Posen geborene Kaufmannssohn **Hans Schaul** beeinflußte als Chefredakteur des SED-Ideologieblattes »Einheit« maßgeblich die weltanschauliche Ausrichtung der DDR. Er hatte in Weimarer Zeit als Anwalt in Berlin gewirkt und war dann nach Frankreich emigriert. Im Spanischen Bürgerkrieg kämpfte er für die Stalinisierung der Iberischen Halbinsel. Aus französischer Internierung konnte er in die Sowjetunion ausreisen, wo er »Antifa«-Schulen für deutsche Kriegsgefangene leitete. 1951 wurde er Ökonomieprofessor in Berlin-Karlshorst, um dann zur »Einheit« zu wechseln. Er wurde mit sämtlichen hohen SED-Auszeichnungen bedacht.

Mit an Sicherheit grenzender Wahrscheinlichkeit fiel auch **Julius Schaxel**, geboren 1887 in Augsburg, den stalinistischen »Säuberungen« zum Opfer. Im »Biographischen Handbuch der deutschsprachigen Emigration« heißt es, er sei 1943 in Moskau gestorben »under obscure circumstances«. Schaxel hatte ab 1916 als Biologie-Professor in Jena gelehrt. 1919 schloß er sich der KPD an. Im roten thüringischen Volksfrontregime 1923 amtierte er als Erziehungsminister. Nach Sturz der Roten durch die Reichsregierung ging er für ein Jahr ins sowjetische Exil. 1933 verließ er Deutschland über die Schweiz abermals in Richtung Sowjetunion. In Moskau gab er das Buch »Leninismus und Biologie« heraus. 1937 wurden er und seine Frau erstmals verhaftet, doch wieder freigelassen. Im Krieg betrieb er Propaganda für Stalins »Nationalkomitee Freies Deutschland«.

Die Juristin **Erna Scheffler** (Mädchenname Friedenthal) kam 1893 in Breslau auf die Welt. Sie war mit dem späteren Bundesrichter Georg Scheffler verheiratet. 1925 eröffnete sie eine Anwaltspraxis in Berlin. Ab 1930 wirkte sie als Amts-, später als Landrichterin in der Reichshauptstadt. 1933 mußte sie als Halbjüdin den Dienst quittieren. Nach 1945 amtierte sie als Landgerichtsdirektorin in Berlin und als Verwaltungsgerichts-Chefin in Düsseldorf. Von 1951 bis 1963 gehörte sie als Richterin des

Karlsruher Bundesverfassungsgerichts dem höchsten bundesdeutschen Rechtsprechungsorgan an. Zeitweise war sie auch Vorsitzende des Bundes Deutscher Akademikerinnen. Sie starb 1983 in London.

»Das Judentum betrachtete er in allen seinen Wandlungen als eine ›selbstgerechte Sklavenreligion‹«, schilt das »Neue Lexikon des Judentums« den Philosophen **Max Scheler**, dessen Vater Protestant, dessen Mutter aber orthodox-jüdisch war. 1874 in München geboren, wurde Scheler im jüdischen Glauben der Mutter erzogen, trat jedoch 1899 zum Katholizismus über. Als Philosoph schwankte er zwischen Eucken, Husserl, Spinoza und Bergson. 1915 brachte er eine glühend patriotische Schrift »Der Genius des Krieges und der Deutsche Krieg« heraus. 1917/18 war er im Auftrage des Auswärtigen Amtes in Holland und Österreich aktiv, um eine mitteleuropäische Kampf- und Schicksalsgemeinschaft zu propagieren. Politisch engagierte er sich für das Zentrum. Er wurde 1919 Professor in Köln und erhielt in seinem Todesjahr (er starb 1928 in Frankfurt am Main) eine Professur in Frankfurt. Gelegentlich wird er als »katholischer Nietzsche« bezeichnet.

1892 kam **Joseph M. Schenck** aus dem russischen Rybinsk (Jahrgang 1877) mit seiner Verwandtschaft in die USA. Mit Bruder Nicholas betrieb er Rummelplätze und kooperierte dann mit den Filmmanagern Marcus Loew und Selznick. 1925 wurde Schenck Präsident der United Artists. 1933 gründete er mit Zanuck die 20th Century Pictures, die er mit der Fox Film zur 20th Century Fox Film Corp. vereinigte. Nach einer Bestechungsaffäre war er für einige Jahre an den Rand gedrängt. Ende der 40er Jahre feierte er Rehabilitierung und Comeback. Zur Verwertung des neuen Breitwandverfahrens im Film gründete er 1953 mit Mike Todd (Avram Goldbogen) die »Magna Theater- und Produktionsgesell-

schaft«. Er starb 1961 im kalifornischen Beverly Hills.

Auch **Nicholas M. Schenck**, 1881 im russischen Rybinsk zur Welt gekommener und seit 1892 in den USA lebender Bruder von Joseph M. Schenck, wurde erfolgreicher Filmmagnat in Hollywood. Er stieg als Kompagnon von Marcus Loew ins Filmgeschäft ein und wirkte 1927 als Präsident, ab 1955 als Aufsichtsratschef der »Loew's Incorporated«. Vor allem hatte er großen Einfluß auf das Produktionsprogramm von Metro-Goldwyn-Mayer. Im »rororo-Filmlexikon« heißt es über seine Funktion im MGM-Getriebe: »Er wählte die Filme aus, die er als akzeptabel für die Kinos des Konzerns erachtete. Kraft seiner Position kontrollierte er auch die geschäftliche Seite der Studioaktivitäten.« Nicholas Schenck starb 1969 in Miami Beach.

Einer jüdischen Einwandererfamilie entstammte **Harry Scherman**, der in Amerika erfolgreicher Verleger wurde. Er erblickte 1887 im kanadischen Montreal das Licht der Welt. Ab 1889 lebten die Schermans in den USA. 1926 begründete er den »Book of the Month-Club« in New York, dessen Präsident er ab 1931 war. Es handelte sich um den lange Zeit größten Buchclub der Welt. Scherman starb 1969 in New York.

Zerrissenheit zwischen Deutsch-, Franzosen- und Judentum kommt im Werke des Schriftstellers **René Schickele** zum Ausdruck. Er wurde 1883 im elsässischen Oberehnheim geboren. Seine Mutter hatte die französische, der Vater die deutsche Staatsangehörigkeit. 1902 war René Schickele Mitbegründer des expressionistischen Blattes »Der Stürmer« (ab 1903 »Der Kerker«). Zeitweise wirkte er als Journalist in Paris, dann als Chefredakteur der »Straßburger Neuen Zeitung«. 1914 emigrierte er in die Schweiz, wo er das expressionistische Sprachrohr »Weiße Blätter« herausgab.

1920 kam er ins Elsaß zurück, fand dort aber keine Ruhe, sondern wanderte nach Südfrankreich an die Riviera weiter. Er starb 1949 in Vence bei Nizza. Das Drama »Hans im Schnakenloch«, der Roman »Der Fremde« und die Essay-Sammlung »Schreie auf dem Boulevard« sind die bekanntesten Werke dieses Wortführers eines kosmopolitischen Expressionismus.

1847 wurde der orthodox-jüdischen Familie Schiff in Frankfurt am Main ein Sohn namens Jakob Heinrich geboren. Aus dem Knaben, der 1865 mit der Sippe nach Amerika emigrierte, wurde einer der mächtigsten Juden der Weltgeschichte: **Jacob Henry Schiff**. Den Aufstieg zum Mega-Bankier schaffte er u.a. durch die Heirat mit der Tochter von Solomon Loeb vom Bankhaus Kuhn, Loeb & Co., dessen Chef er 1885 wurde. Rabbi Trepp berichtet in seinem Buch »Die amerikanischen Juden«: »Jacob Schiff finanzierte Industrie-Unternehmen wie American Telephone and Telegraph, Westinghouse, U.S. Rubber und Anaconda, eine Kupfergrube, Eisenbahngesellschaften wie Union Pacific, gewährte hohe Darlehen an Länder wie China und unterstützte Japan im Krieg gegen das judenfeindliche Rußland.« Nachdem Präsident Taft nicht dazu bewegt werden konnte, Krieg gegen Rußland zu führen, finanzierten Schiff und andere jüdische US-Großbanker die Bolschewisten, um das verhaßte Zarentum zu beseitigen. Walter Görlitz berichtet in »Geldgeber der Macht«: »Vor allem Leo-Bronstein-Trotzki erfreute sich des Wohlwollens und auch finanzieller Unterstützung durch jene Wallstreetmagnaten, die man in New York die ›Deutschen Herzoge‹ nannte, durch Jakob Schiff und die Inhaber des Bankhauses Kuhn, Loeb & Co., Bankherren deutsch-jüdischer Herkunft.« Auch in Amerika war Schiff bemüht; jeden Ansatz dessen niederzukämpfen, was er als Antisemitismus empfand. Rabbi Trepp berichtet, daß 1908 der New Yorker Polizeipräsident Theodore Bingham Juden für 50 % der in der Stadt begangenen Verbrechen verantwortlich gemacht habe, woraufhin er von Schiff zur Rücknahme dieser Behauptung gezwungen worden sei. »Schiff wurde zum allgemein anerkannten Führer und Anwalt der Juden«, schreibt Trepp weiter. Und: »Am Sabbat betätigte er sich nicht geschäftlich, sondern fuhr statt dessen in seiner Kutsche durch den Central Park, um so sein Judentum öffentlich zu demonstrieren.« Schiff gründete bzw. finanzierte zahlreiche jüdische Einrichtungen und Organisationen, z.B. das Semitische Museum der Harvard-Universität und das American Jewish Committee. Er starb 1920 in New York.

Der Journalist **Victor Schiff** (geboren 1895 in Paris, gestorben 1953 in Rom) war k.u.k. Soldat im Ersten Weltkrieg, trat 1917 in Berlin der SPD bei, war Mitglied der deutschen Delegation in Versailles 1919, redigierte dann den außenpolitischen Teil des SPD-Organs »Vorwärts«, emigrierte erst nach Frankreich, 1940 nach England und war nach dem Krieg Korrespondent in Italien. Über seine Aktivitäten im Exil schreibt das »Handbuch der deutschsprachigen Emigration«: »Wortführer des ›sozialpatriotischen‹ Flügels gegen einen Diktatfrieden und für Revision des Versailler Vertrages als Kriegsziel des deutschen Exils, Betonung der Mitverantwortlichkeit des Auslands am Aufkommen des NS in Deutschland, scharfer Gegner der Kollektivschuldthese ... Ab Ende 1942 Befürworter eines Bündnisses des befreiten Deutschlands mit der UdSSR zur Abwehr eines Zwangsfriedens mit Gebietsabtrennungen durch die Westmächte. September 1943 Anschluß an kommunistisch gesteuerten FDB. Vergebliche Bemühungen um Zurückweisung polnischer Gebietsansprüche durch FDB. Februar 1944 Austritt unter Protest gegen neuen ›Super-›Vansittartismus‹ der KPD. Rückkehr zur

SPD.« 1943 erschien seine Schrift »Der Weg zum neuen Deutschland«.

Eugen Schiffer war Sohn eines jüdischen Kaufmanns und kam 1860 in Breslau zur Welt. Zunächst war er Richter. Als Nationalliberaler gehörte er ab 1903 dem Preußischen Abgeordnetenhaus, ab 1911 dem Reichstag an. 1917 wurde er Unterstaatssekretär im Reichsschatzamt. Von 1919 bis 1924 war er DDP-Fraktionschef im Reichstag. Dem Kabinett Scheidemann (SPD) gehörte er als Reichsfinanzminister, dem Kabinett Bauer (SPD) als Justizminister und Vizekanzler, dem Kabinett Wirth (Zentrum) ebenfalls als Justizminister an. 1921/22 war er Reichskommissar für Oberschlesien. Ab 1924 wirkte er als Rechtsberater des Bankhauses Mendelssohn & Co. Die NS-Zeit überstand er in Berlin, zuletzt 1945 als »geschützter Jude« im Altenheim der Jüdischen Gemeinde. 1945 war er Mitbegründer der LDPD in der Sowjetzone. Von 1945 bis 1948 war er Leiter der Zentralverwaltung der Justiz, eine Art Justizministerium der Sowjetischen Besatzungszone. Dann ging er nach Westberlin, wo 1951 seine Memoiren »Ein Leben für den Liberalismus« erschienen und er 1954 starb.

Richard Schifter (geboren 1923 in Wien) kam 1938 mit seiner Familie in die USA. Er begann als Botenjunge und trat 1943 in den Nachrichtendienst der US-Army ein. Später stieg er in den Vorstand des American Jewish Committee auf und wurde Vorsitzender des jüdischen »Instituts für Sicherheitsfragen« in Washington. Seit 1980 ist er im Vorstand des US-Holocaust-Rates. Unter Präsident Reagan avancierte er zum stellvertretenden Leiter der US-Delegation im Weltsicherheitsrat und zum Staatssekretär für Menschenrechtsfragen.

Zu den Radikalzionisten, die führend in Israels Politik tätig sind, gehört **Dov Schilanski**. Er ist Jahrgang 1924 und stammt aus Litauen. Zur Kriegszeit war er nach eigenen Angaben im KZ Dachau. Doch er war nicht nur unter Hitler, sondern auch unter Ben-Gurion inhaftiert: 1952, sieben Jahre nach seiner Einwanderung in Palästina, fand er sich mit einer Bombe im Gepäck am israelischen Außenministerium ein, um gegen die Aufnahme diplomatischer Beziehungen zur Bundesrepublik zu »demonstrieren«. Dafür erhielt er eine Haftstrafe von 21 Monaten. 1988 wurde Schilanski zum Präsidenten des israelischen Parlamentes, der Knesset, gewählt. Sofort stellte er klar: »Ich bin nicht bereit, einem Deutschen die Hand zu reichen oder deutschen Boden zu betreten.«

Der jüdische Schauspieler **Rudolf Schildkraut** (geboren 1862 in Konstantinopel/Istanbul, gestorben 1930 in Hollywood) trat zunächst in Wien und Hamburg auf, bis ihn Max Reinhardt 1905 ans Berliner Deutsche Theater holte. 1920 ging Schildkraut in die USA, wo er vor allem am jiddischen »People's Theater« wirkte und auch einige Filmrollen bekam. Berühmt wurden seine Darstellungen des Totengräbers (»Hamlet«) und des Teufels (»Faust«), vor allem aber sein Shylock (»Kaufmann von Venedig«). Kortner schwärmte, dieser »levantinische Urjude« gebe den Shylock als »weichen Dulder des Unrechts, bis es unerträglich geworden war«, dann aber breche bei ihm »Brachialgewalt und Wüstenwildheit« aus.

Zweimal (in den 30er und 50er Jahren) bemühte sich der Bankier **Frederic Schlachter** (er hatte seinen eigentlichen Vornamen Friedrich Wilhelm französisiert) an prominenter Stelle darum, daß das Saarland Deutschland endgültig entrissen wird. Beide Male scheiterte sein Bestreben an Volksabstimmungen, so daß er sich erbost nach Frankreich zurückzog. Schlachter war 1892 in Kirn an der Nahe als Sohn eines jüdischen Händlers geboren worden. Als Mitstreiter des Separatisten Johannes Hoffmann (JoHo) und Chef der Saarhandelsbank Saarbrücken kämpfte er 1935 vehe-

René SCHICKELE   Jakob SCHIFF   Rudolf SCHILDKRAUT

Arthur M. SCHLESINGER   James R. SCHLESINGER   Joseph SCHMIDT

Arthur SCHNITZLER   Salmann SCHOCKEN   Arnold SCHÖNBERG

ment gegen den Anschluß. Nach 1945 war er Leiter der französischen »Entnazifizierung« an der Saar, Generaldirektor der Saar-Vermögenskontrolle, Präsident der Industrie- und Handelskammer und Aufseher über das Funk- und Pressewesen. Abermals scheiterten er und »JoHo« am Wiedervereinigungswillen der deutschen Bevölkerung.

Der Publizist **William S. Schlamm** (eigentlicher Vorname Wilhelm Siegmund), der 1904 im galizischen Przemysl zur Welt kam und 1978 in Salzburg starb, wandelte sich vom parakommunistischen Journalisten der Weimarer Zeit und Emigration zum »politisch weit rechts stehenden« (Bernt Engelmann) »Nationalisten des roll back« (Walter Tetzlaff) in der Bundesrepublik der 60er und 70er Jahre. Er hatte als Redakteur der »Roten Fahne« in Wien begonnen, war in der tschechischen Emigration Chef der »Neuen Weltbühne«, avancierte in den USA ab 1938 zum Assistenten des »Time«- und »Life«-Herausgebers Henry R. Luce, kam 1949 als US-Korrespondent nach Europa (hielt sich fortan meist in der Schweiz auf) und rückte in der Folgezeit immer weiter von links ab. Er rief zur entschlossenen Abwehr jeder kommunistischen Regung auf, mahnte die Deutschen, den nationalen Minderwertigkeitskomplex zu überwinden, schrieb das aufschlußreiche Buch »Wer ist Jude?« (1964) und gab ab 1972 die »Zeitbühne« heraus, die bei Linken unter »Faschismus«-Verdacht stand.

1992 wurde auf einem jüdischen Friedhof im Rheinland **Josef Schleifstein** zu Grabe getragen. »Wir trauern um unseren Lehrer«, bekundete das »Institut für Marxistische Studien« in Frankfurt am Main. Schleifstein, geboren 1915 in Lodz als Sohn eines Händlers, kam mit seiner Familie als Kind nach Deutschland und schloß sich schon als 16jähriger den Kommunisten an. 1933 war er Funktionär der KPD-Studentenorganisation. Wegen kommunistischer

Umsturzarbeit wurde er zu 21 Monaten Gefängnis verurteilt, 1935 freigelassen und nach Polen abgeschoben. Später war er Führungsmitglied der Exil-KPD in England. In der britischen Besatzungszone Deutschlands leitete er die Presse- und Propagandaabteilung des KPD-Vorstandes. 1951 wechselte er in die DDR, wo er zum Direktor des »Instituts für Philosophie« avancierte und als einer der Chefideologen galt. 1968 kam er wieder in die Bundesrepublik, wurde DKP-Vorstandsmitglied und Gründer sowie Leiter des erwähnten marxistischen Instituts in Frankfurt.

Arthur M. (Meier) Schlesinger, geboren 1917 in Columbus (US-Bundestaat Ohio), gilt als »großer alter Mann« der Geschichtsforschung in den USA. Der Sohn des gleichnamigen Historikers und Harvard-Professors erhielt 1954 einen Lehrstuhl an der Harvard-Universität. Er trat als Roosevelt-Biograph hervor und fungierte als Berater des Präsidenten John F. Kennedy. Ab 1966 lehrte er an der City-Universität von New York. Er enthüllte, daß Kennedy 1961 Chruschtschow signalisiert hatte, daß die USA nichts gegen die Errichtung einer Mauer in Berlin unternehmen würden. Eine US-Truppeneinheit sei nach Beginn des Mauerbaus nicht etwa deshalb nach Westberlin entsandt worden, um den Sowjets zu widerstehen, sondern weil Washington einen Aufstand in der DDR befürchtet habe, der auf den Westen übergreifen könnte, berichtete Schlesinger. Der Historiker, der 1946 und 1966 mit dem Pulitzerpreis geehrt wurde, kritisierte scharf die US-Kriege in Vietnam und am Golf.

Der Politiker und Wirtschaftswissenschaftler **James R. Schlesinger** kam 1929 in New York zur Welt. Er studierte in Harvard und lehrte ab 1955 an der Universität von Virginia. Er trat in die RAND-Corporation ein und wurde dort 1969 Direktor der Abteilung für Strategische Studien. 1970 berief

ihn Präsident Nixon zum Leiter der Atom-
energiekommission. 1973 wirkte Schlesinger kurzzeitig als CIA-Chef, dann bis 1975
als US-Verteidigungsminister. 1976 gehörte
er zum Stab des Präsidentschaftskandidaten
Carter, der ihn nach seiner Wahl ins Weiße
Haus 1977 zum Energieminister machte.
1979 schied Schlesinger endgültig aus der
Regierung aus.

Der 1925 in London geborene Regisseur
John Richard Schlesinger begann 1958 bei
der BBC und inszenierte 1962 seinen ersten
Kinofilm (»A Kind of Loving«). Seit 1969
wirkt er in den USA. Sein »Sunday, Bloody
Sunday« (1971) war »eine oberflächliche
Darstellung eines sexuellen Dreiecksver-
hältnisses«, allerdings »bestach eine brillan-
te Bar-Mizwa-Feier« (Bawden, »Filmlexikon«). Bar Mizwa ist eine Art jüdischer Ein-
segnung. Besonderen Erfolg hatte Schlesinger mit Dustin Hoffman als Hauptdarsteller
seiner Filme. Für »Asphalt Cowboys« gab
es einen »Oscar«. »Marathon Man« ist ein
»Nazi-Thriller«, in dem ein jüdischer Held
(Hoffman) den bösen Deutschen bezwingt.
Gelegentlich trat Schlesinger als Regisseur
bei den Salzburger Festspielen auf.

Als er 1971 in Ostberlin starb, widmete
ihm das SED-ZK einen ergreifenden Nachruf. Zuvor war er noch mit dem »Vaterländischen Verdienstorden« ausgezeichnet
worden: **Josef Schlesinger** aus dem nieder-
österreichischen Gänserndorf (Jahrgang
1902). Er war hochrangiger KPÖ-Genosse
in den 30er Jahren und wirkte zur Kriegszeit
für Stalins Propagandatruppe KFDW in
Frankreich (Aufruf an deutsche Soldaten
zur Fahnenflucht und Sabotage). 1946
tauchte Schlesinger in Ostberlin auf, wurde
stellvertretender Chefredakteur des »Antifa«-Organs »Die Tat« und Pressechef des
SED-Zentralkomitees. Ab 1963 gehörte er
der für innerparteiliche »Säuberung« zuständigen »Zentralen Revisionskommission« der SED an.

Therese Schlesinger kam 1863 in Wien
als Tochter des Fabrikanten Eckstein zur
Welt. Ihr Bruder war der sozialistische
Theoretiker und Publizist Gustav Eckstein
(1875-1916). Sie schloß sich 1897 der SDAP
an und war 1901 Mitgründerin des »Vereins
sozialdemokratischer Frauen und Mädchen«. Als Journalistin schrieb sie unter anderem für das sozialdemokratische Frau-
enorgan »Die Unzufriedene«. 1916 übernahm sie die Führung des »Vereins Karl
Marx«. 1919/20 war sie Mitglied der Konstituierenden Nationalversammlung in Wien,
1920 bis 1923 Abgeordnete zum Nationalrat, 1923 bis 1930 Mitglied des Bundesrates.
Sie arbeitete mit Friedrich Adler und Otto
Bauer zusammen. 1926 formulierte sie den
Frauenteil des Linzer Programms der österreichischen Sozialdemokraten. 1939 emigrierte sie nach Frankreich, wo sie ein Jahr
später in Blois an der Loire starb.

Der kommunistische Soziologe und
Ehemann der ebenfalls jüdischen Literatin
Anna Seghers, **Johann Lorenz Schmidt**,
hieß in Wahrheit Laszlo Radvanyi. Er kam
1900 in Ungarn auf die Welt, schloß sich
1925 in Deutschland der KPD an, leitete
deren »Marxistische Arbeiterschule« in Berlin und gab das Blatt »Der Marxist« heraus.
1933 ging er nach Frankreich, 1941 nach
Mexiko. 1947 tauchte er in der Sowjetzone
auf. Er wurde in Ostberlin Professor
für Imperialismusprobleme, 1961 Präsident
der Deutsch-Lateinamerikanischen Gesellschaft der DDR und schließlich 1. stellvertretender Direktor des Instituts für Politische Ökonomie der Ostberliner Humboldt-
Universität. Er verschied 1978.

»Ein Lied geht um die Welt« - mit diesem Gesangsstück ist **Joseph Schmidt** berühmt geworden. Er stammte aus Davideny
(Bukowina/Buchenland), war Jahrgang
1904 und sang zunächst in der Synagoge.
1928 debütierte er als Tenor in Berlin. Eine
Karriere auf der Opernbühne blieb dem

Künstler wegen seines kleinen Wuchses versperrt. Dafür kam er über das Radio groß heraus. Dann erhielt er auch Rollen im Film (»Ein Lied geht um die Welt«, Berlin 1931; »Heut ist der schönste Tag in meinem Leben«, Wien 1936). Nach der NS-Machtübernahme ging Schmidt nach Österreich; sein Versuch, 1937 wieder im Deutschen Reich künstlerisch Fuß zu fassen und sich niederzulassen, scheiterte am antisemitischen Irrsinn der Herrschenden. 1938 ging er nach Belgien, dann nach Südfrankreich. 1940 kam er über die grüne Grenze in die Schweiz. Er wurde in das Internierungslager der Eidgenossen in Girenbad bei Hinwil (Kanton Zürich) geschafft. Dort erkrankte er schwer; seine Schmerzen in der Herzgegend wurden als »Simulation« abgetan. Nur 38 Jahre alt starb der begnadete Sänger am 14. November 1942 im erwähnten Schweizer Lager.

1994 starb in New York Rabbi **Menachem Mendel Schneersohn**, »Wegweiser und Lehrer für Juden in aller Welt« (»Allgemeine Jüdische«, Bonn). Er war Oberhaupt der orthodoxen jüdischen Lubawitsch-Bewegung mit weltweit rund einer Viertelmillion Anhängern. Seine Getreuen waren davon überzeugt, daß er Wunder bewirken könne und sich als Messias der Juden offenbaren werde. Schneersohn forderte die Abkehr von jeder Assimilation; sein Leitbild war der »identitätsstarke Jude, der in der Thora verwurzelt ist«. Er war 1902 in Nikolajew/Ukraine zur Welt gekommen, studierte in Berlin und Paris und kam 1941 in die USA. Die Hochburg der Lubawitsch-Bewegung ist New York-Brooklyn. 1991 gab es dort tagelange Straßenschlachten zwischen Juden und Schwarzen.

Der Komponist **Alfred Schnittke**, geboren 1934 in Engels (wolgadeutsche Sowjetrepublik), gehörte bis 1980 der jüdischen Religionsgemeinschaft an und trat dann zum Katholizismus über. Sein Vater war der jüdische Journalist Harry Schnittke (1914-1974), der seit 1926 in der UdSSR lebte und 1946 bis 1948 sowjetischer Presseoffizier in Wien war, seine Mutter die katholische wolgadeutsche Lehrerin und Journalistin Maria Vogel (1910-1972). Schnittke studierte am Moskauer Konservatorium und ging bei Herscovici (recte Herschkowitz) in die Lehre. Er komponierte die Musik zu mehr als 60 Filmen und ist auch mit Orchesterwerken wie z.B. Sinfonien in Erscheinung getreten. Wegbereiter seines Schaffens im Westen war Gidon Kremer. 1992 wurde in Amsterdam seine erste Oper uraufgeführt (»Leben mit einem Idioten«). Schnittke lebt abwechselnd in Moskau und Hamburg. 1990 erhielt er die deutsche Staatsangehörigkeit.

Arthur Schnitzler war, wie Hugo von Hofmannsthal schrieb, »ein Kind der oberen Bourgeoisie und des endenden 19. Jahrhunderts«. Bei Tetzlaff (»2000 Kurzbiographien bedeutender deutscher Juden«) heißt es über den 1862 in Wien geborenen und 1931 dortselbst gestorbenen Schriftsteller: »War zuerst Arzt wie sein Vater, ein getaufter Professor, was sich u.a. in dem Dekadenz-Schauspiel ›Anatols Größenwahn‹ (1893) niederschlug. Er wandelte auf den Spuren Sigmund Freuds.« Seine Werke »Reigen« (1900) und »Fräulein Else« (1924) stellten »freizügig« die Geschlechtlichkeit in den Vordergrund. »Der Weg ins Freie« (1908) setzte sich mit dem Zionismus auseinander. In der Komödie »Professor Bernhardi« (1912) ficht der jüdische Titelheld gegen »katholischen Klerikalismus«. Schnitzler schrieb auch historische Dramen wie »Der grüne Kakadu« (über die französische Revolution) und Novellen wie »Flucht in die Finsternis« (1931, sein letztes Werk).

Der Industrielle **David Schnur** war zur Weimarer Zeit ein »Zigarettenkönig« in Deutschland. 1882 im galizischen Baranow geboren, übernahm er 1903 die Leitung der Zigarettenfabrik seiner Familie »Karmitri«.

Ab Anfang der 20er Jahre saß er in der Leitung der von ihm mitgegründeten Reemtsma AG (Hamburg), die durch zahlreiche Fusionen zum marktbeherrschenden Konzern mit etwa zwei Dritteln Anteil an der deutschen Tabakindustrie wurde. Schnur gehörte etlichen Aufsichtsräten an und war türkischer Wahlkonsul in Berlin. Nach Hitlers Machtübernahme ging er in die USA, wo er 1948 in New York starb. Sein Sohn war der Jurist und führende Zionist Dr. Harry C. Schnur.

»Er hat nicht nur praktisch die Idee des Warenhauses verwirklicht, sondern sie auch theoretisch begründet und ist durch Schriften und Vorträge, in denen er die Grundfragen des Warenhauswesens erörtert hat, hervorgetreten«, berichtete das 1930 erschienene »Reichshandbuch« über den Großkaufmann **Salmann Schocken**. 1877 in Margonin/Posen zur Welt gekommen, begann er als Wäschehändler. Mit seinen Brüdern Julius und Simon gründete er 1901 in Zwickau die Warenhauskette Schocken, die 1933 über 30 Filialen unterhielt. 1931 gründete er den bis 1938 in Berlin existierenden Schocken-Verlag, der u.a. Kafkas Werke herausbrachte. Als glühender Zionist ging Schocken 1934 nach Palästina, wo er als Präsident der Hebräischen Universität Jerusalem wirkte. Nach dem Krieg hielt er sich häufig in den USA auf, wo er die »Schocken-Books Inc.« gründete. Seine »Merkur«-Warenhäuser verkaufte er 1953 an Helmut Horten. Die größte private Judaica-Sammlung hinterlassend, starb Salmann Schocken 1959 im schweizerischen Pontresina.

»Ich habe eine Entdeckung gemacht, durch welche die Vorherrschaft der deutschen Musik für die nächsten hundert Jahre gesichert ist«, soll **Arnold Schönberg** (geboren 1874 in Wien, gestorben 1951 in Los Angeles) nach seinem Entwurf der die tonalen Regeln der abendländischen Musik sprengenden Zwölftontechnik (Dodeka-

phonie) ausgerufen haben. Der Sohn des aus dem Osten nach Wien zugewanderten jüdischen Schuhhändlers Samuel Schönberg wirkte ab 1925 als Leiter der Meisterklasse für Komposition an der Preußischen Akademie der Künste in Berlin. Nach Hitlers Machtübernahme ging er über Frankreich in die USA, deren Staatsbürgerschaft er 1940 annahm und wo er 1942 eine »Ode an Napoleon« komponierte. Schönberg wechselte die Religion mehrfach. Ursprünglich jüdisch, trat er 1921 zum Katholizismus über, dann wurde er Protestant, um 1933 wieder der jüdischen Gemeinde beizutreten. Im »Lexikon des Judentums« heißt es: »Seine Werke zeigen stark jüdischen Einschlag.« Die Oper »Moses und Aron« gehört zu seinen bekanntesten Schöpfungen. Er war Schwager des Komponisten Alexander von Zemlinsky und Schwiegervater des Tonsetzers Luigi Nono.

Der Publizist **Franz Schoenberner** (geboren 1892 in Berlin, gestorben 1970 in Teaneck/US-Bundesstaat New Jersey) war von 1929 bis 1933 Chefredakteur des Satireblattes »Simplicissimus«. Dann ging er ins französische Exil, wo er 1940 ins Internierungslager kam. 1941 emigrierte er in die USA. Er war im Office of War Information (OWI) für die amerikanische Kriegspropaganda tätig. Nach 1945 erwarb er die US-Staatsbürgerschaft. Er schrieb für zahlreiche Zeitungen und veröffentlichte politische und zeitgeschichtliche Bücher. Ab 1951 war er infolge eines Unfalls an den Rollstuhl gefesselt.

Über das Nachkriegswirken des zionistischen Juristen und Verbandsfunktionärs **Herbert S. Schoenfeldt** heißt es im »Handbuch der deutschsprachigen Emigration«: »Mitarbeiter bei Voruntersuchungen für die Kriegsverbrecherprozesse, Mitwirkung an Nürnberger Prozessen, Sekretär und Vertreter der Conference on Jewish Material Claims against Germany, führte Verhandlungen mit der deutschen Bundesregierung über die Wiedergutmachungsgesetzgebung, Mitinitiator des Entschädigungsgesetzes von 1956.« Schoenfeldt (eigentlich Schönfeldt) war 1895 im pommerschen Landeck als Sohn eines Getreidehändlers und dessen Frau, einer geborenen Baruch, zur Welt gekommen. In den 20er und 30er Jahren wirkte er als Rechtsberater des Bankhauses Mendelssohn & Co. 1939 ging er nach Frankreich, 1940 über Spanien und Portugal in die USA. Er verschied 1956 in Bonn.

Als Professor **Hans-Joachim Schoeps** 1980 in Erlangen verstorben war, hieß es im Nachruf der »Deutschen National-Zeitung«: »Dem Juden Schoeps blieb es vorbehalten, deutsches Lebensrecht in einer Zeit zu vertreten, in der Deutsche zunehmend dazu übergingen, ihr eigenes Volk zu verleugnen.« Der deutsch, vor allem aber preußisch gesinnte Jude war 1909 in Berlin zur Welt gekommen. Sein Vater, der 1942 im Ghettolager Theresienstadt 78jährig verstorbene Oberstabsarzt Dr. Julius Schoeps, war laut »Biographischem Handbuch der deutschsprachigen Emigration« ein »deutscher Nationalist«. Hans-Joachim Schoeps engagierte sich zu Weimarer Zeit in der deutschnationalen Jugendbewegung. Mit dem »Deutschen Vortrupp - Gefolgschaft deutscher Juden«, gegründet 1933, versuchte er, dem patriotisch empfindenden Judentum in Deutschland einen Raum zum Überleben und die Chance zum Mitgestalten der neuen Ordnung zu verschaffen, was an NS-Antisemiten scheiterte, aber auch vom Zionismus strikt bekämpft wurde. Schoeps wirkte 1937/38 als Lehrer am jüdischen Gymnasium Wien und ging einen Monat nach der schrecklichen »Reichskristallnacht« nach Schweden. Nach Kriegsende zurückgekehrt, lehnte er das Angebot der US-Besatzer ab, als Lizenzträger eines Umerziehungsblattes zu wirken. Begründung: »Ich möchte kein Quisling der Amerikaner werden.« 1947 habilitierte sich Schoeps an

der Universität Marburg. Von 1950 bis zu seiner Emeritierung lehrte er Religions- und Geistesgeschichte an der Universität Erlangen. Er verwahrte sich gegen antideutsche Kollektivbezichtigungen und trat für die Ehrenrettung Preußens ein. 1972 erschien sein besonders aufschlußreiches Buch »Bereit für Deutschland! Der Patriotismus deutscher Juden und der Nationalsozialismus«. Professor Schoeps starb neun Jahre vor dem Fall der Berliner Mauer. In seinen Lebenserinnerungen hatte er als seinen größten Wunsch bekannt: »Daß ich gern noch einmal durch Potsdams Straßen gehen und das alte Glockenspiel der Garnisonkirche wieder hören möchte oder auf der Marienburg stehen, um den schwarzen Adler und unsere Fahne mit den zwei Farben im Winde flattern zu sehen, unter denen schon die Ordensritter Preußens für das Reich erstritten haben.«

Der 1942 zur Zeit der Emigration seiner Eltern im schwedischen Djursholm geborene Politologe **Julius H. Schoeps** hat von der preußisch-konservativen und nationalpatriotisch-deutschen Gesinnung seines Vaters, des berühmten Historikers und Philosophen Hans-Joachim Schoeps, nichts bewahrt. Schoeps jr. lehrt seit 1974 an der Universität/Gesamthochschule Duisburg. Er ist Direktor des »Salomon-Ludwig-Steinheim-Instituts für deutsch-jüdische Geschichte«, wirkt seit 1980 als Mitherausgeber der Briefe und Tagebücher Theodor Herzls, war in den 80er Jahren führend in der »Deutschjüdischen Schulbuchkommission« aktiv und gab 1992 das faktenreiche, doch sehr tendenziöse »Neue Lexikon des Judentums« heraus.

Der 1897 in Berlin als Gerhard Scholem geborene jüdische Religionshistoriker **Gerschom Scholem**, Sohn des Verlegers Arthur Scholem, ging als überzeugter Zionist 1923 nach Palästina. Er lehrte von 1933 bis 1965 jüdische Mystik und Kabbala an der Hebräischen Universität Jerusalem. Von 1968 bis 1974 amtierte er als Präsident der israelischen Akademie der Wissenschaften. Er starb 1982 in Jerusalem. Seine Mutter war die Schriftstellerin Betty Scholem geborene Hirsch (1866-1946), sein Bruder der Kommunistenführer Werner Scholem.

Mitte der 20er Jahre war **Werner Scholem**, der Bruder des jüdischen Kabbala-Forschers und maßgeblichen Zionisten Gerschom Scholem, zusammen mit der ebenfalls jüdischen Ruth Fischer der eigentliche Führer der KPD. Er war 1895 in Berlin zur Welt gekommen. Sein Vater war der Verleger Arthur Scholem, seine Mutter die Schriftstellerin Betty Scholem geborene Hirsch. Zunächst war auch Werner Scholem Zionist. 1913 ging er zur SPD, dann zur USPD, 1920 zur KPD. Er saß von 1921 bis 1924 im Preußischen Landtag und von 1924 bis 1928 im Reichstag, wo er sich besonders für ostjüdische Einwanderer engagierte. Nach Ruth Fischers Entmachtung wurde auch er 1926 aus der KPD ausgeschlossen. Er gründete den »Leninbund«. 1933 verhaftet, wurde Werner Scholem 1935 vom Volksgerichtshof vom Hochverrats-Vorwurf freigesprochen, mußte jedoch weiter in »Schutzhaft« bleiben. Im KZ Buchenwald trat er als Inhaftiertensprecher auf, wurde aber sowohl von jüdischer als auch von kommunistischer Seite stark angefeindet (Vorwurf des Renegatentums). 1940 wurde er im Lager Buchenwald erschossen.

Eigentlich hieß der Schriftsteller **Scholem Alejchem** Schalom Rabinowicz; sein Literatenname bedeutet: »Friede sei mit Euch«. Er kam 1859 im ukrainischen Perejaslaw zur Welt. Ab 1880 wirkte er als Rabbiner in Lubny. Er schrieb Beiträge in russisch-jiddischen Blättern, vor allem in dem in St. Petersburg erscheinenden »Dos Yidische Folksblat«. 1905 emigrierte er aus dem von Revolution und Pogrom gezeichneten Rußland nach Amerika. Er machte

häufig Abstecher in westeuropäische Länder. Zu seinen bekannten Werken gehören »Menachem Mendel, der Spekulant« und sein postum erschienener Novellenband »Schwer zu sein ein Jud«. Durch die Musical-Fassung »Anatevka« (Broadway, 1964) wurde sein »Tewje, der Milchmann« weltbekannt. Scholem Alejchem starb 1916 in New York.

»Aufsteiger mit einem Hauch Internationalität« - so charakterisierte der Wiener »Kurier« 1990 den bis dahin parteilosen und nunmehr der SPÖ angehörenden neuen Minister für Unterricht und Kunst, **Rudolf Scholten** (geboren 1955 in Wien). Er war nach einem Lehrjahr an der Wall Street 1984 Mitglied des Mitarbeiterstabes des nachmaligen Kanzlers Vranitzky geworden und 1988 zum »linksfortschrittlichen« Generalsekretär des österreichischen Bundestheaterverbandes avanciert. Auch als Unterrichts- und Kunstminister trat er als Verfechter linker Positionen auf. Auf heftigen Protest stieß seine Anordnung, die Namen der Weltkriegsgenerale Phleps und Löhr von der Gedenktafel der Kapelle in der Wiener Hofburg entfernen zu lassen. Nach den Nationalratswahlen 1994 wurde Scholten Minister für Wissenschaft, Forschung und Kunst. Sein Vater Gerhard Scholten (Jahrgang 1923) entstammte einer böhmischen Industriellenfamilie jüdischer Herkunft. In seinen 1988 erschienenen Erinnerungen schilderte er, wie er sich als ehemaliger Auschwitz-Häftling am 8. Mai 1945 mit Recht befreit fühlte, doch bald darauf Opfer des antideutschen Wahns im tschechischen Machtbereich wurde und ins KZ Modrany bei Prag geschafft wurde. »Da waren ja die Nazis nicht viel ärger gewesen«, beschreibt Scholten senior seine damaligen Gefühle, und er fährt fort: »All der Jubel, die Freude, das Glück und die Hoffnung, die ich bei der Befreiung im Januar 1945 empfunden hatte, dies alles war nichts anderes für mich als eine einzige riesengroße Enttäuschung geworden.« Nur günstigen Schicksalsfügungen verdankte Scholten senior sein Überleben im Sieger-KZ und damit Scholten junior sein Leben.

Der aus Wien stammende jüdische Industrielle **Frank Schon** (Jahrgang 1912) wurde vom englischen König geadelt und 1976 sogar mit der Pairswürde versehen. Seitdem ist er Lord Schon Whitehaven Cumbria. Er hatte in Wien und Prag studiert und Böhmen 1939 in Richtung England verlassen. Dort machte er eine sagenhafte Karriere in der Industrie, die ihn u.a. an die Spitze von Unternehmen wie Marchov Products Ltd., Solway Chemicals Ltd., Northern Gas Board führte. Er gelangte auch in zahlreiche gesellschaftliche Schlüsselstellungen, beispielsweise in den Vorstand der Universität von Newcastle.

Unter den - nach Schätzungen des jüdischen Historikers Professor Julius Epstein mindestens anderthalb Millionen - jüdischen Opfern des Stalinismus befand sich auch Rabbiner **Moses Schorr**. Er kam 1874 in Przemysl zur Welt, studierte in Wien und Berlin und war Mitbegründer des 1928 in Warschau eröffneten »Instituts für die Wissenschaft des Judentums«, an dem er als Professor lehrte. Von 1936 bis 1939 war er polnischer Senator. Schließlich wurde er Oberrabbiner in Polen und Chef der polnischen »Hilfsaktion für jüdische Flüchtlinge aus Deutschland«. Moses Schorr wurde auf Geheiß Stalins verschleppt und kam 1941 im Gulag-KZ Pisty (Usbekistan) ums Leben.

Der Hochschullehrer **Rudolf Schottländer** (geboren 1900 in Berlin, gestorben 1988 in Ostberlin), mit einer Nichtjüdin in »privilegierter Mischehe« verheiratet, überstand das Dritte Reich als Krankenpfleger und Arbeiter in einer Munitionsfabrik. Einmal entging er der Festnahme, weil er die Gestapo in ein literarisches Streitgespräch zu verwickeln vermochte, berichtete die

»Allgemeine Jüdische«. »Mit einem Glücksgefühl sondergleichen« sah er die Sieger 1945 einmarschieren. Nur einmal, von 1945 bis 1948, fühlte er sich mit der Gesellschaft in Deutschland nach eigenem Bekunden »ausgesöhnt«. Er wirkte bis 1960 als Lateinlehrer in Westberlin, wurde auf Geheiß des SPD-Senats wegen kommunistischer Aktivitäten dienstentlassen und ging nach dem Bau der Mauer in die DDR. Fortan lehrte er an der Humboldt-Universität. Im Nachruf der linken »tageszeitung« hieß es: »Mit ihm schied ein für die Staatsgewalten unberechenbares Ferment der politischen Auseinandersetzung.« Seine Memoiren heißen: »Trotz allem ein Deutscher«.

Abraham Schrameck war in der Zwischenkriegszeit einer der mächtigsten Politiker in Frankreich. Er kam 1867 in Saint Etienne zur Welt und starb 1948 in Paris. Zunächst amtierte er als Präfekt des Rhône-Departements. Dann war er Generalgouverneur der französischen Kolonie Madagaskar. Von 1920 bis 1940 fungierte er als Senator in Paris. Unter Ministerpräsident Painlevé war er 1925 Innenminister, anschließend Justizminister.

Hans Schrecker, Jahrgang 1899, war zunächst Zionist, wechselte dann aber zum Stalinismus. Ab 1928 war er Redakteur beim KPD-Zentralorgan »Rote Fahne«, ab 1932 ZK-Mitarbeiter. Er emigrierte nach Frankreich, Skandinavien, England, wo er die kommunistische »Freie Tribüne« redigierte. 1946 tauchte er in Ostberlin auf. Er wirkte als Chefredakteur des SED-Organs »Zeit im Bild«, war Sekretär für Agitation bei der sächsischen SED-Führung, fungierte als Chef der »Leipziger Volkszeitung« und war auch bei der »Lausitzer Rundschau« leitend aktiv. Ab Ende der 60er Jahre war er Kommentator des außenpolitischen SED-Blattes »horizont«. Er erhielt u.a. den »Vaterländischen Verdienstorden«.

Hans-Joachim SCHOEPS

Rudolf SCHOLTEN

Wolfgang SCHRÖDER

Wilhelm Wolfgang SCHÜTZ

Maurice SCHUMANN

Samuel SCHWARZBARD

Leopold SCHWARZSCHILD

Anna SEGHERS

Peter SELLERS

Einige tausend deutsche Parlamentarier aller politischen Couleur, vom Reichstagsabgeordneten bis zum kommunalen Mandatar, fielen dem Terror der Sieger von 1945 zum Opfer. Darunter auch zahlreiche Volksvertreter jüdischer Herkunft. Ingenieur **Franz Schreiber**, geboren 1897 in Weseritz/Bezirk Plan (Böhmen), gehörte von 1935 bis 1938 dem ČSR-Parlament in Prag als deutscher Abgeordneter an. Trotz seiner jüdischen Herkunft konnte er aufgrund eines Führererlasses vom 1. Mai 1941 NS-Parteigenosse werden. Er wurde am 8. Juni 1945 durch die tschechische Polizei verhaftet, im Prozeß gegen die Abgeordneten und Senatoren der Sudetendeutschen Partei (SdP) am 15. Februar 1947 zum Tode verurteilt und dann hingerichtet.

Die Jüdin **Adele Schreiber-Krieger**, geboren 1872 in Wien, schloß sich um die Jahrhundertwende der SPD an und war in der Frauenarbeit der Sozialistischen Internationale aktiv. Von 1920 bis 1924 und von 1928 bis 1932 saß sie für die Sozialdemokraten im Deutschen Reichstag, wo sie dem bevölkerungspolitischen Ausschuß vorstand. 1933 verschwand sie in die Schweiz, 1939 ging sie nach England. Dort schloß sie sich dem KPD-gesteuerten »Initiativausschuß für die Einheit der deutschen Emigration« an, weshalb sie aus der SPD ausgeschlossen wurde. 1944/45 war sie im britischen Auftrag mit Umerziehungsversuchen bei deutschen Kriegsgefangenen beschäftigt. Ab 1947 lebte sie in der Schweiz, wo sie als Vizepräsidentin einer »International Women Alliance« amtierte. Sie starb 1957 in Zürich.

Der mütterlicherseits jüdische Komponist **Franz Schreker** war zwar den Neutönern gegenüber aufgeschlossen, bewahrte aber selbst die Tonalität in seinem der Spätromantik zuzurechnenden Werk. Er kam 1878 in Monaco zur Welt. Von 1911 bis 1920 leitete er den von ihm gegründeten Philharmonischen Chor in Wien. Von 1920 bis 1932 war er Direktor der Musikhochschule Berlin. Beispielhaft für sein umfangreiches Schaffen seien erwähnt die sinfonische Ouvertüre »Ekkehard« des Jahres 1902 und die Opern »Die Gezeichneten« und »Der singende Teufel«. Der Tonschöpfer starb 1934 in Berlin.

»Obwohl meine Mutter Jüdin war, unterschrieb ich, daß ich rein arisch sei«, berichtete der Wirtschaftsjournalist **Wolfgang Schröder** über die Hitlerzeit. Wegen schweren Gelenkrheumatismus aus der Wehrmacht 1941 vorzeitig entlassen, absolvierte er im Kriege eine kaufmännische Lehre. Schröder war 1922 im westfälischen Münster als Sohn des Dirigenten Kurt Schröder und der Opernsängerin Nanny Schröder zur Welt gekommen. Nach 1945 studierte er Musik und Wirtschaftswissenschaften. Nach verschiedenen Stationen als Wirtschaftspublizist moderierte er von 1967 bis 1983 als Chefredakteur das ZDF-Magazin »Bilanz«. Die Anwerbung ausländischer Arbeitnehmer hielt er für falsch: »Ich bin bekannt dafür, daß ich alles andere als ein Nationalist bin. Nur stelle ich fest, daß die deutschen Unternehmer, die in den fünfziger Jahren die damalige Bundesregierung unter Druck gesetzt haben, Gastarbeiter in großer Zahl hereinzuholen anstatt zu automatisieren, die schlechteste Entscheidung der Nachkriegszeit im ökonomischen Bereich herbeigeführt haben.« Schröder starb 1987 in Bad Mergentheim.

Im Sinne einer immer stärkeren »Anerkennung der Realitäten« wirkte ausgerechnet der langjährige Vorsitzende des »Kuratoriums unteilbares Deutschland«, **Wilhelm Wolfgang Schütz**. Dieser Kurs führte über seinen Verzicht auf die Sudeten- und die Oder-Neiße-Gebiete schließlich zum demonstrativen Eintritt Schütz' in die SPD 1972 aus Solidarität mit Brandts Ostpolitik, einschließlich Anerkennung der DDR als »zweiter deutscher Staat«. Fabrikantensohn

Schütz hatte 1934 in Heidelberg promoviert und sich zunächst als Dichter versucht; noch im selben Jahre erschien sein Gedichtband »Lieder des Wetterleuchtens«. In der englischen Emigration ab 1935 schrieb er u.a. für »Die Zukunft« des Kommunisten Münzenberg. Im Kriege wirkte er für die britische Propaganda. 1951 kehrte er nach Deutschland zurück und wurde Berater im Gesamtdeutschen Ministerium. Von 1954 bis 1972 stand er dem »Kuratorium unteilbares Deutschland« vor. Seither ist er nur publizistisch tätig.

Der Politiker **Maurice Schumann** (geboren 1911 in Paris) aus jüdischer Familie wurde katholisch getauft. Von 1932 bis 1940 wirkte er als Journalist bei der Nachrichtenagentur Agence Havas. Er gehörte zum engen Kreis de Gaulles und wurde 1945 Vorsitzender, 1949 Generalsekretär der gaullistischen MRP (bis 1965). Danach gehörte er der UDR an. Er zerstritt sich mit de Gaulle, weil er dessen Konzept eines »Europa der Vaterländer« statt eines Euro-Staates nicht akzeptieren mochte. Deshalb trat Schumann von seinem Amt als Raumordnungsminister, das er ab 1962 bekleidete, zurück. 1967/68 fungierte er als Wissenschaftsminister, 1968/69 als Sozialminister, 1969 bis 1973 unter Präsident Pompidou als Außenminister. 1974 wurde er Senator und Mitglied der Académie française.

Der in den Vereinigten Staaten von Amerika in der Branche tonangebende Simon & Schuster-Verlag ist eine Gründung der Juden Richard Leo Simon (1899-1960) und **Max Lincoln Schuster**. Die beiden hoben das Verlagshaus im Jahre 1924 aus der Taufe. Später breitete sich das Unternehmen mit den »Pocket Books« auch auf dem nordamerikanischen Taschenbuchmarkt aus. Schuster war 1897 in Kalusz/Galizien zur Welt gekommen. Als Kind wanderte er mit der Familie in Amerika ein. Er begann als Mitarbeiter der »New York

Evening World« und des »Boston Evening Transcript«, bevor er mit Simon die Verlagspartnerschaft einging. Schuster starb 1970 in New York.

Das 1803 gegründete jüdische Bankhaus Bleichröder spielte zur Bismarck-Zeit eine besondere Rolle: Der Eiserne Kanzler bediente sich der Bleichröder-Bank zur Finanzierung einiger seiner preußischen bzw. reichsdeutschen politischen Unternehmungen. Der 1867 in Berlin geborene, christlich getaufte Bankherr **Paul von Schwabach**, der einer jüdischen Familie entstammte, wurde Mitinhaber des Geldinstitutes und übernahm 1912 die alleinige Führung der Bleichröder-Bank. Den Adelstitel bekam er ein Jahr später. Schwabach gehörte dem Zentralausschuß der Reichsbank an und »spielte eine hervorragende Rolle im diplomatischen Leben Berlins« (Tetzlaff, »2000 Kurzbiographien«). Er starb 1938 in der Reichshauptstadt.

Der Jurist **Carl Walter Schwarz**, geboren 1906 in Berlin, gilt als bedeutender jüdischer Fachmann auf dem Gebiet der Wiedergutmachung. Er emigrierte 1933 nach Frankreich, 1938 nach Palästina, war im Krieg beim RAF-Nachrichtendienst und kam 1950 im Auftrage der Zionistischen Internationale (Jewish Agency) nach Westdeutschland, wo er als Rechtsberater in Wiedergutmachungsfragen auftrat, bis 1968 eine Anwaltspraxis für Wiedergutmachungsangelegenheiten in Berlin betrieb und Redakteur der Fachzeitschrift »Rechtsprechung zum Wiedergutmachungsrecht« war. 1969 ging er in die Schweiz. 1983 schätzte er im zionistischen »Aufbau« (New York) das Gesamtvolumen der Wiedergutmachung zurückhaltend auf 85 Milliarden Mark. Dem seien weitere »Elemente der Wiedergutmachung« (»sehr beträchtliche Summen«) hinzuzurechnen. »Man wird dann nicht weit von 100 Milliarden Mark entfernt sein.« In Kaufkraft der 90er Jahre liegt das Gesamtvolumen der Wiedergutmachung bei zumindest 250 Milliarden Mark. Insgesamt wurden fast 6 Millionen Wiedergutmachungsanträge wegen NS-Verfolgung gestellt. Nach Schwarz' Ansicht waren solche gewaltigen Summen, war sogar die Wiedergutmachung an sich nicht zwangsläufig, sondern ein spezielles Entgegenkommen des Kanzlers Adenauer, der die Grundlage zum gesamten Komplex schuf. Schwarz: »Es ist schwer sich vorzustellen, daß es eine Macht auf der Welt gegeben hätte, die imstande gewesen wäre, den Deutschen in der Bundesrepublik die Leistungen abzuzwingen, die sie in nunmehr zwei Generationen erbracht haben.« Als die Journalistin von Westernhagen (Tochter eines SS-Offiziers) die deutschen Wiedergutmachungsleistungen als einen »Klacks« bezeichnet und behauptet hatte, viele Antragsteller seien »Erniedrigungen ausgesetzt« gewesen, meldete sich Schwarz in der Zeitschrift »Juristische Schulung« (Juni 1986) zu Wort und stellte klar: »Kein Verfolgter ist jemals erniedrigt worden, es sei denn, er hätte sich selbst erniedrigt und mißbräuchlich Leistungen erschlichen. Dies ist vielfach geschehen, und die dabei zu Tage getretene kriminelle Energie und Phantasie waren bemerkenswert.«

Zu den international renommierten Dirigenten, die für den 1933 in Kooperation mit NS-Behörden von prominenten Juden gegründeten jüdischen »Kulturbund« wirkten, zählte neben Joseph Rosenstock und Wilhelm Steinberg **Rudolf Schwarz**. Zu den rund eintausendfünfhundert ausübenden Künstlern des Kulturbundes gehörten (Stand 1937) 78 Opernsänger, 119 Opernsängerinnen, 100 Konzertsänger, 148 Konzertsängerinnen und 174 Instrumentalisten. Es handelte sich dabei ausschließlich um Juden. Die NS-Behörden wollten auch Halb- und Vierteljuden zulassen, was aber die jüdische Leitung des Bundes ablehnte. Schwarz war 1905 in Wien zur Welt gekom-

men und wirkte in Weimarer Zeit u.a. als Opernkapellmeister in Düsseldorf und Karlsruhe. Musikalischer Leiter des Jüdischen Kulturbundes in Berlin war er von 1936 bis 1941. 1943 mußte er ins Lager Bergen-Belsen. Nach dem Krieg war er in England tätig, u.a. beim Orchester in Birmingham und bei den Sinfonikern der BBC.

Zu den bekannten jüdischen Attentätern wie zum Beispiel Cohen Blind (Bismarck), Frankfurter (Gustloff), Grynszpan (vom Rath), Ruby (Oswald), Baruch Goldstein (Hebron, 1994), Amir (Rabin) usw. gehört **Samuel Schwarzbard**. Er kam 1886 in Rußland zur Welt und war Uhrmacher von Beruf. Über seine Eltern heißt es, sie seien nach dem Ersten Weltkrieg Opfer eines Pogroms in der Ukraine geworden. »Aus Rache« dafür erschoß Schwarzbard 1926 in Paris den ukrainischen Politiker Petljura. Dieser Führer der ukrainischen Nationalbewegung hatte 1919/20 als Präsident der kurzzeitig unabhängigen Ukraine amtiert und mußte nach der bolschewistischen Annexion seines Landes in die französische Emigration gehen. Nach einem »Sensationsprozeß« wurde der Petljura-Attentäter von der französischen Justiz freigesprochen. Von vielen Juden wurde Schwarzbard wie ein Held gefeiert. Er starb 1938 in Paris. Seine Gebeine wurden 1968 nach Israel überführt und dort nach alter jüdischer Sitte beigesetzt.

Isaak Ignaz Schwarzbart kam 1888 in Chrzanow bei Krakau auf die Welt. Er schloß sich der sozialistischen Bewegung an und wurde zugleich führender Zionist Polens. 1931 gründete er die »Weltunion der Allgemeinen Zionisten«. Von 1936 bis 1938 gehörte er dem Sejm an. Von 1940 bis 1945 war er Mitglied der polnischen Exilregierung; zugleich stieg er in die Führung der Zionistischen Internationale auf (World Jewish Congress). Er starb 1961 in New York.

1991 beantragte die CDU im Frankfurter Römer, »dem Sohn unserer Stadt **Leo-**

pold **Schwarzschild** ein dauerndes Ehrenzeichen zu setzen«. Eine Straße sei nach ihm zu benennen und eine Ausstellung zu seinen Ehren zu veranstalten. Der 1891 in der Mainmetropole als Sohn des Händlers Aaron Moses Schwarzschild geborene Literat war in Weimarer Zeit ein Hauptrepräsentant der linksbourgeoisen Publizistik gewesen. 1933 emigrierte er über Österreich nach Frankreich, 1940 in die USA. Er war einer der radikalsten antideutschen Exilanten und agitierte im Stile des Deutschenhassers Lord Vansittart. Das »Biographische Handbuch der deutschsprachigen Emigration« schreibt: »Er vertrat in der Deutschlandfrage weitgehend ›vansittartistische‹ Positionen und forderte strikte Kontrollmaßnahmen gegen einen künftigen deutschen Staat.« Schwarzschild war der erste, der das Wort »Reeducation« als Bezeichnung für die »erforderliche Behandlung« der Deutschen nach ihrer künftigen totalen Niederlage benutzte. »Webster's Dictionary« definierte »Reeducation« wie folgt: »Erziehung einer geistig behinderten, neurotischen oder geistig gestörten Person.« Schwarzschild starb 1950 in Santa Margherita/Italien (vermutlich Selbstmord).

Die jüdische Publizistin **Rosika Schwimmer** (geboren 1877 in Budapest, gestorben 1948 in New York) trat als Frauenrechtlerin und Pazifistin in Erscheinung. Sie setzte sich für das Friedensschiff »Oscar II« ein, das der amerikanische Autoindustrielle Henry Ford gechartert hatte, um die Kriegführenden in Europa zu Friedensverhandlungen zu bewegen (Deutschland reagierte positiv; die Entente lehnte ab). Nach dem Krieg gehörte Schwimmer Graf Julius Karolyis erstem ungarischen Kabinett an. 1921 flüchtete sie vor Bela Kuns roter Diktatur in die USA. Wegen ihres Radikalpazifismus (Ablehnung jedes Wehrdienstes, für Abschaffung sämtlicher bewaffneter Verteidigung) verweigerte man ihr dort die Staatsbürgerschaft. Sie starb 1948 in New York.

Der Physiker **Julian Seymour Schwinger** (geboren 1918 in New York) lehrte von 1945 bis 1972 an der Harvard-Universität, danach an der University of California in Los Angeles. Für seine Methode der Berechnung des anomalen magnetischen Moments der Elektronen erhielt er mit Feynman (einem der jüdischen Väter der Atombombe) und S. Tomonaga 1965 den Physik-Nobelpreis. Schwinger arbeitete auch über die Quantenfeldtheorie.

Der jüdische Kaufmann **Siegfried Seelig** war »Schrottkönig« der Weimarer Zeit und der Bundesrepublik. Geboren 1895 in Büfelsborn bei Darmstadt, ging er bei J. Adler jun. in Frankfurt am Main, der größten europäischen Schrotthandelsgesellschaft, in die Lehre. 1919 wurde er Prokurist der Schrotthandelsgesellschaft Albert Sonnenberg in Düsseldorf. Dann übernahm er die Einkaufsdirektion für Schrott im Phönix-Konzern. Ab 1925 war er Schrotteinkaufsdirektor der Vereinigten Stahlwerke. Von 1935 bis 1945 lebte er in Frankreich und Belgien. Nach dem Krieg zurückgekehrt, war er Schrott-Chef der Handelsunion AG und zweiter Vorsitzender der Düsseldorfer Synagogengemeinde. 1951 bestellte ihn der Bundeswirtschaftsminister zum Generalbevollmächtigten für Schrottfragen. Seelig starb 1964 in Düsseldorf.

Die von Hollywood verfilmte Rührgeschichte »Love Story« und das Drehbuch für den »Beatles«-Film »Yellow Submarine« sind die bekanntesten Werke des Schriftstellers **Erich Wolf Segal**. Er kam 1937 in New York als Sohn eines Rabbiners zur Welt. Die Vorfahren stammten aus Deutschland. Segal, Philologe von Beruf, erhielt Gastprofessuren an den Universitäten München und Tel Aviv.

Der jüdisch-kommunistische Biologe **Jakob Segal** erregte in den 80er Jahren Aufsehen, als er behauptete, das Aids-Virus sei einem US-amerikanischen Labor zur Herstellung biologischer Massenvernichtungswaffen entwichen. Segal ist Jahrgang 1911 und stammt aus St. Petersburg. Er studierte in Deutschland und schloß sich der KPD an. Im Zweiten Weltkrieg war er für den französischen Untergrund aktiv. 1945 kam er nach Westdeutschland, 1952 wechselte er in die stalinisierte DDR. Dort wurde er Biologie-Professor an der Ostberliner Humboldt-Universität. Er leitete das Institut für Genetische Biologie und versuchte in seiner Schrift »Die dialektische Methode in der Biologie«, die moderne Wissenschaft mit dem Marxismus zu kreuzen.

Die 1900 in Mainz geborene und 1983 in Ostberlin gestorbene Literatin **Anna Seghers** war die Tochter des jüdischen Antiquitätenhändlers Isidor Reiling. Verheiratet war sie mit dem aus Ungarn stammenden marxistischen Literaten Laszlo Radvanyi. Ihr Pseudonym »Seghers« entlehnte sie einer niederländischen Graphikerfamilie des Barock, deren Namen ihr begegnete, als sie 1924 über das Thema »Juden und Judentum im Werk Rembrandts« promovierte. 1929 trat sie der stalinistischen KPD bei und dem ebenfalls moskaugelenkten »Bund Proletarisch-Revolutionärer Schriftsteller«. »Der Kommunismus mit seinem Emanzipationsversprechen schien ihr die Rettung vor dem Antisemitismus«, philosophiert das »Neue Lexikon des Judentums«. Nach 1933 emigrierte sie über Frankreich und Spanien nach Mexiko, wo sie weiter stalinistische Propaganda betrieb und ihren antideutschen Roman »Das siebte Kreuz« veröffentlichte (er wurde 1944 im Rahmen der US-Psycho-Kriegführung vom Thriller-Spezialisten Fred Zinnemann verfilmt). 1947 kam sie in die stalinisierte Sowjetzone und hatte maßgeblichen Anteil an der gnadenlosen Gleichschaltung des kulturellen Lebens Mitteldeutschlands. Von 1950 bis

1978 wirkte sie als Präsidentin, dann bis zu ihrem Tode als Ehrenpräsidentin des DDR-Schriftstellerverbandes. Stets verhielt sie sich unterwürfig. So gelobte sie, »Stalin, dem Genius des Friedens, die Treue zu halten«, und als sie 1956 Nachricht vom Aufstand in Budapest erhielt, rief sie aus: »Seit gestern tobt der weiße Terror in Ungarn.« Es sei »wie damals nach dem Franco-Putsch«. Einstige enge Freunde und Genossen, die - wie Janka - vor Tribunale gestellt wurden, ließ sie im Stich. Sie gehörte auch dem moskaugesteuerten »Weltfriedensrat« als Präsidentin an. Von den Sowjets erhielt sie den Stalinpreis; Ulbricht und Honecker verliehen ihr sämtliche hohen DDR-Orden. Über 180 öffentliche DDR-Einrichtungen wurden nach ihr benannt. Klaus Gysi, der sie bespitzelte, schrieb 1958 in einem Geheimbericht: »Anna Seghers ist lange in der Partei. Sie kam 1946 aus Mexiko aus der Emigration, und es war anfangs sehr schwierig für sie, da sie einige Vorbehalte gegenüber der deutschen Parteiführung hatte. Der Grund dafür ist, daß sie Jüdin ist und gegen die Deutschen eine gewisse Abneigung hatte.«

Emilio Segré war ein weiterer jüdischer Vater der Atombombe. 1905 in Tivoli bei Rom als Industriellensohn zur Welt gekommen, machte er seinen Doktor bei Enrico Fermi und war dann dessen Assistent. Bis 1938 lehrte Segré als Professor der Physik in Rom und Palermo, dann emigrierte er nach Amerika. 1944 wurde er US-Staatsbürger. Zu dieser Zeit arbeitete er an prominenter Stelle am »Manhattan-Projekt« (Atombombe) in Los Alamos. Von 1946 bis 1972 las er an der Universität Berkeley. 1959 wurde der Atombomben-Bauer mit dem Nobelpreis für Physik geehrt. Er starb 1989 im kalifornischen Lafayette.

Als »Inspektor Clouseau« in den »Rosaroter Panther«-Filmen der 70er Jahre wurde der jüdische Komiker **Peter Sellers** (geboren 1925 in Southsea/England, gestorben 1980 in London) international bekannt. Er ist jüdisch-portugiesischer Abkunft. Der eigentliche Name der Familie lautet Manduzza. Er diente im Krieg bei der Royal Air Force und war danach Stimmenimitator beim Rundfunk und Clown im Varieté. In Kubriks »Lolita« war er ebenso zu sehen wie in »The Ladykillers«. Ab 1958 drehte er auch in Amerika. Sein letzter Film (1980) war »Das boshafte Spiel des Dr. Fu Man Chu«.

1902 kam **David O. Selznick** in Pittsburgh als Sohn eines vom Diamentenhandel ins Filmgeschäft übergewechselten Unternehmers zur Welt. 1927 wurde er Produzent bei Paramount. 1930 heiratete er die Tochter des Hollywood-Zaren Louis B. Mayer. 1933 wurde er Vizepräsident von MGM. 1940 gründete er die »Selznick Productions«. Er stand der Karriere von Regisseuren wie Cukor und Vidor Pate. Sein erster großer Erfolg als Produzent war »King Kong« (1933) über ein gewaltiges Affenmonstrum. Im Krieg ließ er die Deutschen als Ungeheuer auftreten. Das mit Abstand größte Geschäft machte er mit dem Oscar-prämierten Streifen »Vom Winde verweht«. Selznick starb 1965 in Hollywood. Sein Bruder Myron Selznick begründete den Einfluß des Agententums im Hollywood-Management.

Antonie (»Toni«) Sender, führende sozialdemokratische Politikerin der Weimarer Zeit, kam 1888 in Biebrich am Rhein zur Welt. Ihr Vater war Vorsteher der jüdischen Gemeinde Wiesbadens. Ab 1906 (mit einer USPD-Unterbrechung von 1917 bis 1922) war sie bei der SPD aktiv. 1918/19 gehörte sie dem Arbeiter- und Soldatenrat von Frankfurt am Main an. Von 1919 bis 1933 war sie Mitglied der Weimarer Nationalversammlung bzw. des Deutschen Reichstages. Über die Tschechoslowakei und Belgien ging sie zur Hitlerzeit in die amerikanische Emigration. Dort war sie in führender Stel-

lung für die Gewerkschaftsbewegung AFL-CIO tätig. Sie wurde Vertreterin der »Freien Gewerkschaften« bei der UNO. In den letzten Lebensjahren wandte sie sich verstärkt dem jüdischen Glauben zu. Sie starb 1964 in New York.

Sowohl in den 30er wie auch in den 50er Jahren kämpfte der jüdische Jurist und Politiker **Walter Sender** (geboren 1885 in Tholey, gestorben 1961 in Saarbrücken) gegen die Wiedervereinigung des Saargebietes mit Deutschland. Beide Male scheiterten seine Aktivitäten am Volkswillen. Beim ersten Mal war er SPS-Fraktionsvorsitzender und einer der Wortführer der Anti-Anschluß-Bewegung. Das zweite Mal (die Hitlerzeit hatte er in Frankreich verbracht) trat er als Mitbegründer und Chef zunächst des »Mouvement pour la Libération de la Sarre« (MLS), dann des »Mouvement pour le Rattachement de la Sarre à la France« (MRS) in Erscheinung. Beide Organisationen wollten den Anschluß des Saargebietes an Frankreich. 1957 bemühte er sich als Rechtsanwalt vergeblich, die Gültigkeit des KPD-Verbotes im Saarland durch das Bundesverfassungsgericht aufheben zu lassen.

In Israel ist ein Kibbuz nach **Enzo Sereni** benannt. Der kam 1905 in Rom zur Welt. Sein Vater soll Leibarzt des italienischen Königs gewesen sein. Als Jugendlicher wurde Sereni zionistischer Aktivist. 1927 wanderte er nach Palästina aus. Nach Hitlers Machtübernahme kam er ins Deutsche Reich, um die Auswanderung deutscher Juden in Zusammenarbeit mit den NS-Behörden zu organisieren. Er wirkte im Palästinaamt der Jewish Agency in Berlin. Die Zahl der jüdischen Jugendlichen, die durch seine Vermittlung aus Hitlers Machtbereich nach Palästina kommen konnten, wird auf 15 000 geschätzt. Es hätten wesentlich mehr sein können, wären die Briten zu großzügiger Aufnahme bereit gewesen. Ab 1940 stand Sereni in den Diensten des britischen Geheimdienstes. In Bagdad soll er mit Mosche Dajan zusammengetroffen sein. Auch stieg er in der Führung der Zionistischen Weltorganisation auf. 1944 wurde er bei einer Geheimdienst-Mission in der Gegend von Ferrara ertappt. Er kam ins KZ Dachau, gehörte dem illegalen Lagerkomitee an und wurde Ende 1944 erschossen.

Der geniale **Rudolf Serkin** (geboren 1903 in Eger/Böhmen, gestorben 1991 in Guilford/USA) war Sohn eines jüdischen Sängers aus Rußland, wurde als Klavierspieler von dem Pianisten Alfred Grünfeld entdeckt, debütierte 1915 mit Mendelssohns 1. Klavierkonzert, war Schüler von Arnold Schönberg und Schwiegersohn des ebenfalls jüdischen Violinisten und Komponisten Adolf Busch. 1927 verließ er Weimar-Deutschland und siedelte sich in der Schweiz an. 1933 wanderte er in die USA weiter. Dort wurde er von Toscanini und Horowitz gefördert. 1968 wurde Serkin Direktor am Curtis Institute of Music (Philadelphia). Außerdem war er Chef der Young Audience Inc., der größten Agentur für junge Musiker in Amerika.

Die kommunistische Funktionärin **Ruth Seydewitz** kam 1905 in Oppeln/Oberschlesien als Tochter eines Bauchladenbesitzers namens Levy zur Welt. Zu ihrem 80. Geburtstag schrieb »Neues Deutschland«: »Umgeben von Knöpfen, Bändern und Spitzen wuchs sie auf.« Ab 1929 leitete sie die »Marxistische Verlagsgesellschaft« in Berlin, ab 1931 war sie Chefredakteurin der Zeitung »Der Klassenkampf-Marxistische Blätter«. 1933 ging sie in die CSR, 1940 nach Schweden, wo sie Mitglied der stalinistischen KPD wurde. In der Sowjetzone bzw. DDR war sie Mitgründerin des »Demokratischen Frauenbundes«, Mitglied der SED-Leitung im DDR-Schriftstellerverband, Vorstandsmitglied der »Gesellschaft für Deutsch-Sowjetische Freundschaft«, des »Kulturbundes zur demokrati-

schen Erneuerung« usw. 1985 bekundete sie ihr »Glück, daß ich in einer Gesellschaft leben kann, in der ich die Möglichkeit habe, bis zu meinem letzten Atemzug das Dasein mitzugestalten«. Verheiratet war sie mit dem einstigen SAP-Führer und späteren SED-Ministerpräsidenten von Sachsen, Max Seydewitz. Die beiden brachten 1956 das Buch »Der Antisemitismus in Westdeutschland« heraus.

Der israelische Manager und Diplomat **Felix Elieser Shinnar** kam 1905 in Stuttgart unter dem Namen Schneebalg zur Welt. 1927 machte er seinen Dr.jur. in Heidelberg. 1934 ging er nach Palästina. Dort war er Geschäftsführer zionistischer Organe. 1952 wirkte er als stellvertretender Leiter der israelischen Delegation bei den Wiedergutmachungs-Gesprächen mit Bonn. Von 1953 bis 1966 amtierte er als Leiter der israelischen Vertretung in Köln im Range eines Botschafters mit besonderer Vollmacht. »Er war zuständig für den Ankauf von deutschen Waren mit Wiedergutmachungsgeldern im Wert von über 800 Millionen Dollar« (»Biographisches Handbuch der deutschsprachigen Emigration«). Wieder in Israel, war er führend in der Wirtschaft tätig.

Im Alter von 102 Jahren verschied 1986 in London **Emanuel Shinwell**, der 1884 in der englischen Hauptstadt zur Welt gekommen war. Sein Vater, ein Schneider, stammte aus Polen. Jung-Emanuel beschloß, Politiker zu werden, »weil ich keinen Job hatte«. Er wurde auf dem linken Flügel der Labour-Party aktiv. 1922 zog er ins Unterhaus ein, als erster jüdischer Abgeordneter von Labour, wie es allgemein heißt. 1924 wurde er Bergwerksminister, 1945 Energieminister, 1950 Verteidigungsminister. Ab 1964 amtierte er für einige Zeit als Labour-Fraktionschef. 1970 zog er als Baron Shinwell of Easington ins Oberhaus ein, nachdem die Queen ihm die Pairswürde verliehen hatte.

Regisseur **Don Siegel**, geboren 1912 in Chikago, begann 1933 als Bibliotheksgehilfe bei den Brüdern Eichelbaum (Warner Bros.) und inszenierte im Auftrage der US-Propaganda »Dokumentarfilme« wie »Hitler Lives?« (1945). Die dabei gesammelten Erfahrungen konnte er als Horror- und Thrillerspezialist der 50er und 60er Jahre gut verwenden. Neben »The Killers« war »The Invasion of the Body Snatchers« damals sein größter Erfolg. Es ist die Geschichte außerirdischer Parasiten, die den Menschen die Persönlichkeit rauben, sie aber physisch normal erscheinen lassen. Später drehte Siegel Liebesfilme mit Elvis Presley und »Actionstreifen« mit Richard Widmark, Steve McQueen und Clint Eastwood. Der Regisseur starb 1991 in Nipomo/Kalifornien.

Eigentlich hieß die Filmschauspielerin **Simone Signoret** Kaminker. Sie kam 1921 in Wiesbaden als Tochter eines aus Polen stammenden jüdischen Beamten zur Welt, der für die französische Besatzungsmacht in Deutschland tätig war. Der Vater emigrierte 1940 mit de Gaulle und war 1945 Chefdolmetscher bei der UNO. Simone Kaminker-Signoret debütierte 1941 im deutschbesetzten Frankreich im Film (wie auch ihr späterer Mann, der Schauspieler Yves Montand, der eigentlich Livi hieß, zur Zeit der deutschen Besatzung groß herauskam). 1958 erhielt Simone Signoret als erste nichtamerikanische Mimin den »Oscar«. Hatte sie vornehmlich mit Dirnenrollen begonnen, so mimte sie in ihrem letzten erfolgreichen Streifen, »Madame Rosa« (1977), eine Bordellvorsteherin. Über Jahrzehnte betrieb das Paar Montand-Signoret parakommunistische Propaganda. In der letzten Zeit jedoch wandten sich die beiden schroff davon ab und riefen zum Widerstand gegen den (siecher werdenden) Kommunismus auf. Simone Signoret starb 1985 in Paris.

Alphons Silbermann, 1909 in Köln geborener Sohn eines jüdischen Kaufmanns, promovierte 1934 bei Kelsen und wanderte bald darauf über Holland und Frankreich nach Australien aus. Dort begann er mit einer Bulettenbraterei und brachte es schließlich zum »Hamburger-King« von Sydney. Plötzlich jedoch wechselte er wieder den Kontinent und ging 1953 nach Frankreich, wo er als Musiksoziologe auftrat. In den 60er Jahren kam er nach Deutschland zurück. Er lehrte »Massenkommunikation« an der Universität Köln bis 1974 und las danach als »Vorurteilsforscher« in Bordeaux. In mehreren Studien schlug er wegen angeblich weit verbreitetem Antisemitismus in Deutschland Alarm. Als Dauergast in »Talkshows« fing er Anfang der 90er Jahre damit an, sich bei jeder Gelegenheit als Homosexueller zu »outen« (»Das hat der liebe Gott so gewollt«). Laut »Stern« ist er geprägt von der Angst, die jüdische Gemeinde in der Bundesrepublik könne untergehen, »wenn die Juden nicht begreifen, daß sie militant zu sein haben«. Zur Wiedervereinigung 1990 fiel ihm der Kommentar ein: »Provinzieller Mief. Und jetzt kommt noch der Mief aus dem Osten dazu. Un-er-träg-lich!«

1954 wartete der jüdische Historiker **Edmund Silberner** (geboren 1910 im polnischen Boryslaw) mit dem interessanten Buch »Sozialisten zur Judenfrage« auf: Der Nachweis wird geführt, daß Theoretiker und Führer der Linken, nicht zuletzt Karl Marx, antijüdische Hetze betrieben haben. Silberner hatte in Wien studiert und in Genf promoviert. 1941 ging er aus der Schweiz nach Amerika. Er war von 1946 bis 1950 Professor in Princeton. 1951 begann sein Wirken an der Hebräischen Universität von Jerusalem. Er gab den Briefwechsel von Moses Hess (über den er auch eine Biographie verfaßte) heraus. 1976 publizierte Silberner ein Buch über den antipreußischen jüdischen Politiker Johann Jacoby (1805-1877).

Jüdische Historiker wie Arnold Paucker und Arno Lustiger betonen, daß der jüdische Kampf gegen Hitler schon vor Kriegsausbruch 1939 begann. Boykottmaßnahmen gegen das nationalsozialistische Reich waren Teil des Kampfes. Eine führende Rolle bei der Organisierung solcher Boykottaktionen in den USA ab 1933 spielte der Rabbiner und Politiker **Abba Hillel Silver**. Er war 1893 im litauischen Sirvintos geboren worden. Sein Vater war Rabbi Moses Silber, der 1902 mit der Familie nach New York gekommen war und dort die Jungzionistische Vereinigung gegründet hatte. Abba Hillel Silver wirkte ab 1917 als jüdischer Geistlicher am Tempel Tiefereth Israel in Cleveland. 1938 wurde er Chef des United Jewish Appeal, ab 1947 fungierte er als Vorsitzender des amerikanischen Zweiges der Jewish Agency. Außerdem wirkte er über viele Jahre als Präsident der Zionist Organization of America und der Central Conference of American Rabbis. Er starb 1963 in Cleveland.

Paul Silverberg, 1876 in Bedburg bei Köln geborener, evangelisch getaufter Sohn des jüdischen Fabrikanten Adolf Silverberg, war ein bedeutender deutscher Industrieller der Kaiserzeit und der Weimarer Republik. Der promovierte Jurist und Frontsoldat des Ersten Weltkrieges wirkte unter anderem als Generaldirektor der Rheinischen Braunkohlenwerke sowie als stellvertretender Vorsitzender des Reichsverbandes der Deutschen Industrie. Auch war er Aufsichtsratsvorsitzender der Dortmunder Harpener Bergbau AG, stellvertretender Aufsichtsratchef der Rheinisch-Westfälischen Elektrizitätswerke (RWE), und er saß in den Führungsgremien von Deutscher Bank und Reichsbank. 1926 trat er der rechtsliberalen Deutschen Volkspartei (DVP) Stresemanns bei. Silverberg war Initiator der Osthilfe zur Unterstützung der durch polnischen Imperialismus in Mitleidenschaft gezogenen deutschen Ostgebiete. Seit Sommer 1932 setzte sich der deutschjüdische Industrielle für Hitlers Kanzlerschaft ein, nachdem zwanzig sozialdemokratisch bzw. bürgerlich geführte Regierungen der Weimarer Republik die hauptsächlich durch Siegerwillkür verursachten schwerwiegenden Probleme nicht in den Griff bekommen hatten. Silverberg begrüßte die Machtübernahme Hitlers u.a. in seiner Rede vor der Industrie- und Handelskammer Köln am 13. März 1933. Wegen einer Krise seiner Unternehmungen und angesichts antijüdischer Maßnahmen der NS-Machthaber wich er später in die Schweiz aus, »ohne freilich dem Hitler-Regime seine Loyalität aufzukündigen« (Benz/Graml, »Biographisches Lexikon zur Weimarer Republik«). Er habe »wesentliche Elemente der nationalsozialistischen Politik gerechtfertigt«, heißt es im »Lexikon der deutschen Geschichte«, herausgegeben von Taddey, und habe auch nach 1945 »in seinen veralteten politischen und insbesondere antisozialistischen Vorstellungen aus den ersten Jahren der Weimarer Republik verharrt«. Die Bitte Adenauers, wieder in der rheinisch-westfälischen Industrie aktiv zu werden, lehnte Silverberg ab. Er starb 1959 im schweizerischen Lugano.

Das »Neue Lexikon des Judentums« kreidet es dem christlich getauften Soziologen jüdischer Herkunft, **Georg Simmel**, an, daß er den jüdischen Glauben, wie er im AT überliefert wird, in seinem Werke »Die Religion« aus dem Jahre 1906 als »überholte Volksreligion ohne ideellen Wert« dargestellt habe. Simmel kam 1858 in Berlin zur Welt, wo er ab 1901 lehrte. 1914 wurde er Professor an der Straßburger Kaiser-Wilhelm-Universität. Im Ersten Weltkrieg verfaßte er glühend deutsch-patriotische Schriften. Martin Buber ging bei ihm in die Lehre. Simmel starb 1918 in Straßburg.

Nachdem der Literat **Johannes Mario Simmel** über seine Werke zur »Bewältigung« der Hitlerzeit bekundet hatte: »Ich darf so sehr ins eigene Nest scheißen, wie mir zumute ist«, und nachdem er mehrfach das Verbot der »National-Zeitung« gefordert hatte (»eine Schande, daß sie gedruckt werden darf«), hieß es in einer Replik des von Dr. Frey herausgegebenen Münchner Blattes: »Niemand als Simmel symbolisiert mehr den Auf- bzw. Abstieg - je nach Geschmack - der deutschen Literatur von der Blubo (Blut und Boden)- zur BluBu (Blut und Busen)-Dichtung. Unaufhörlich mixt er in seinen von Massenmedien kräftig geförderten Büchern Sex & Crime mit Vergangenheitsbewältigung.« Simmel fühlt sich ständig von »Nazis« und »Neonazis« bedroht. Der »Nazi-Ungeist« hat, so meint er, »seit 1945 fast ungehindert weitergewirkt«; auch in den Familien. Der Nationalsozialismus sei »eine Pest, die Generationen überspringt«. Simmel kam 1924 in Wien als Sohn eines Juden zur Welt, der zur Hitlerzeit nach England auswanderte und dort starb. Der Filius aber blieb im 1938 angeschlossenen Wien, »legte bereits als 17jähriger seinen ersten Novellenband ›Begegnung im Nebel‹ vor« (»Munzinger-Archiv«), machte an einem Wiener Realgymnasium sein Abitur, wurde dann zum Chemieingenieur ausgebildet und war ab 1943, vom Dienst an der Front befreit, in einem kriegswichtigen Betrieb als Chemiker tätig. 1945 wurde er Dolmetscher der US-Besatzer in Wien. Nachdem er sich von einer schweren Alkoholsucht einigermaßen erholt hatte, begann Simmel als Verfasser von Illustriertengeschichten, bevor er sich zum Bestsellerautor mauserte.

Felix Simon war Inhaber der nationalliberalen »Königsberger Allgemeinen Zeitung«. Er ehelichte Therese Sonnemann, die Tochter von Leopold Sonnemann, dem Gründer und Inhaber der »Frankfurter Zei-

tung«. Der Ehe entsproß **Kurt Simon**, der 1881 in Börnicke bei Nauen das Licht der Welt erblickte. Er wirkte als Verleger der einflußreichen »Frankfurter Zeitung« und Besitzer der Frankfurter Societätsdruckerei von 1907 bis 1933. Außerdem amtierte er als Präsident des Verbandes deutscher Zeitungsverleger und des Reichsverbandes der deutschen Zeitschriftenverleger. 1933 ging er nach Amerika. Nach Kriegsende wurde ihm der Besitz in Deutschland rückerstattet. Er starb 1957 in New York.

Eduard von Simson (1810-1899) aus jüdischer Familie führte 1848 und 1870 die Kaiserdeputationen der deutschen Volksvertretungen, die den preußischen Königen die Kaiserkrone offerierten, und er war erster Reichstagspräsident sowie Reichsgerichtspräsident. Sein Enkel, **Ernst von Simson** (geboren 1876 in Berlin, gestorben 1941 in Oxford), wurde evangelisch getauft. 1904 trat er in den Justizdienst des Reiches. 1919 wurde er Leiter der Rechtsabteilung im Auswärtigen Amt Berlin. 1921/22 fungierte er als Staatssekretär. Bis 1938 saß er in den Leitungsgremien führender deutscher Wirtschaftsunternehmen (Agfa, IG Farben) und des Reichsverbandes der deutschen Industrie. Dann emigrierte er nach England.

In seinen letzten Lebensjahren verurteilte der jüdische Schriftsteller und Literaturnobelpreisträger des Jahres 1978, **Isaak Bashevis Singer**, radikal den dekadenten westlichen »way of life«: »Ich erwarte nicht mehr viel von der menschlichen Kultur. Warum? Weil wir in einer Phase des kulturellen Chaos und Verfalls leben.« Singer kam 1904 in Radzymin bei Warschau zur Welt. Sein Vater war Rabbiner, sein Bruder der jiddische Schriftsteller Israel Jehoschua Singer. Der nachmalige Nobelpreisträger kam 1935 in die USA und wurde 1943 deren Staatsbürger. Er hatte zuvor das Warschauer Rabbinerseminar besucht und eines seiner Hauptwerke »Der sotn in Goray« (»Der Satan in Goraj«) veröffentlicht. Meist schrieb Singer in jiddischer Sprache über jüdische Themen. Motive der jüdischen Mystik (Kabbala) bestimmten sein Werk. Er starb 1991 in Miami/Florida.

Kurt Singer, Nervenarzt, Publizist, Theaterleiter und Musiker, kam 1885 im westpreußischen Berent als Rabbinersohn zur Welt. Ab 1912 leitete er den Ärztechor und das Ärzteorchester in Berlin. Von 1927 bis 1933 war er Intendant der Städtischen Oper der Reichshauptstadt. 1933 gründete er den Jüdischen Kulturbund, Berlin. Von 1936 bis 1938 stand er an der Spitze des Reichsverbandes der jüdischen Kulturbünde mit rund 70 000 Mitgliedern. 1938 besuchte er die USA und blieb bei der Rückkehr in Europa in den Niederlanden. Dort wurde er nach dem deutschen Einmarsch interniert. Er starb 1944 im Lager Theresienstadt.

Paul Singer wird oft als der neben August Bebel bedeutendste Sozialdemokrat der Kaiserzeit bezeichnet. Trotz seines radikalsozialistischen Auftretens war er nicht nur als Unternehmer »Kapitalist«, sondern blieb auch zeitlebens Mitglied der jüdischen Gemeinde. Er kam 1844 in Berlin als Kaufmannssohn zur Welt. 1869 gründete er eine Fabrik für Damenmäntel (Gebrüder Singer, Berlin) und war auch Mitbegründer der Sozialdemokratischen Deutschen Arbeiterpartei in Eisenach. 1884 schuf er das »Berliner Volksblatt« (den Vorläufer des »Vorwärts«), das in einem ihm gehörenden Verlag erschien. Von 1883 bis zu seinem Tod war er Chef der SPD-Fraktion in der Berliner Stadtverordnetenversammlung. Ab 1884 gehörte er dem Deutschen Reichstag an. Er starb 1911 in Berlin.

Rudolf Singer bekleidete in der DDR Schlüsselpositionen. Er leitete den »Freiheitssender 904«, stieg 1963 zum Chef der Agitprop-Abteilung des SED-ZK auf, gehörte dem Zentralkomitee ab 1966 als Voll-

mitglied an, wurde 1966 Nachfolger des (ebenfalls aus jüdischer Familie stammenden) Hermann Axen als Chefredakteur des »Neuen Deutschland« und avancierte 1971 zum Chef des Staatlichen Rundfunkkomitees. Er erhielt sämtliche hohen Orden des DDR-Regimes. Als er 1980 in Ostberlin starb, würdigte Honecker in ihm einen »hervorragenden Agitatoren und Propagandisten«. Singer war 1915 in Hamburg zur Welt gekommen. Als 17jähriger schloß er sich den Kommunisten an. Das NS-Regime verurteilte ihn wegen kommunistischer Untergrundarbeit zu zweieinhalb Jahren Haft. Nach der Entlassung ging er in die Schweiz, wo man ihn bis 1944 internierte. Nach Kriegsende wurde er KPD-Führer in Nordbayern und Chefredakteur des KPD-Organs »Freies Volk«. 1950 verschwand er in Richtung DDR.

Grigori Jewsejewitsch Sinowjew war über viele Jahre einer der ranghöchsten Funktionsträger im Moskauer bolschewistischen Machtapparat. Beinahe wäre er nach Lenins Tod Führer der Sowjetunion geworden, als er mit Stalin und Kamenew ein Führungstriumvirat in der UdSSR bildete. Doch Stalin schaltete ihn und Kamenew aus. 1927 wurde Sinowjew als »Trotzkist« aus der Partei verstoßen. 1936 erfolgte seine Hinrichtung in Moskau. Solschenizyn berichtet: »Es existieren Zeugenaussagen, denen zufolge Sinowjew dem Führer des Exekutionskommandos, um Gnade flehend, die Stiefel geküßt haben soll.« Eigentlich hieß Sinowjew Hirsch Apfelbaum. Er war 1883 in Jelisawetgrad (später: Kirowograd) zur Welt gekommen, hatte sich 1903 den Sozialdemokraten angeschlossen, lernte im Schweizer Exil Lenin kennen, kehrte mit ihm zur Bolschewisierung Rußlands zurück und war von 1917 bis 1924 Vorsitzender des Petrograder Sowjets. Von 1919 bis 1926 war er Führer der Kommunistischen Internationale (Komintern). Ab 1921 saß er im Polit-

David O. SELZNICK

Simone SIGNORET

Alphons SILBERMANN

Paul SILVERBERG

Johannes Mario SIMMEL

Isaac Bashevis SINGER

Grigorij J. SINOWJEW

Rudolf SLANSKY

Joe SLOVO

büro. 1923 weilte er für einige Zeit in Deutschland, um es reif für die bolschewistische Revolution zu machen. Doch die Deutschen erwiesen sich dagegen als resistent.

Der »Hofgeismarer Kreis« war in Weimarer Zeit eine Gesprächsrunde überwiegend jüngerer sozialdemokratischer Intellektueller, die einen Brückenschlag zwischen nationalem und sozialistischem Gedankengut wünschten. Zu den Vordenkern des Kreises zählten auch zwei jüdische Professoren: Hermann Heller und **Hugo Daniel Sinzheimer**, der einen deutschrechtlichen Genossenschaftsgedanken vertrat. Er war als Sohn eines jüdischen Kleiderfabrikanten 1875 in Worms zur Welt gekommen. Zur Kaiserzeit gehörte er der Nationalsozialen Partei an, 1919 war er SPD-Abgeordneter der Weimarer Nationalversammlung und 1920 des Reichstages. Er widersprach der These von deutscher Kriegsschuld und setzte sich für die Vereinigung der Republiken von Weimar und Wien zu Großdeutschland ein. Er lehrte bis 1933 an der Universität Frankfurt am Main und galt als bedeutender Arbeitsrechtler. Nach der NS-Machtübernahme ging er in die Niederlande, von wo aus er im Kriege ins Ghettolager Theresienstadt deportiert wurde. Er überlebte seine Befreiung nur um wenige Monate und starb im September 1945 in Bloemendaal/Holland.

Der Regisseur **Robert Siodmak** kam 1900 in Shelby/US-Bundesstaat Tennessee zur Welt. Sein Vater handelte in Amerika mit Pelzen. Er wuchs in Dresden auf (in Europa war der Senior Lebensmittelhändler) und begann Ende der 20er Jahre bei der Ufa. 1933, noch vor der NS-Machtübernahme, ging er nach Frankreich. 1939 wanderte er nach Amerika weiter. Dort prägte er die »schwarze Serie« von Hollywood-Kriminalfilmen. In den USA wegen prokommunistischer Aktivitäten an den Pranger gestellt, emigrierte Siodmak 1953 aus Amerika

zurück nach Deutschland. Hier hatte er mit zwei Karl May-Verfilmungen (»Schatz der Azteken«, »Pyramide des Sonnengottes«) und mit der filmischen Inszenierung von Dahns »Kampf um Rom« einigen Erfolg. Als bedeutendste Siodmak-Werke gelten »Die Wendeltreppe«, »The Killers« (deutsch »Rächer der Unterwelt«), »Die Ratten« und »Nachts, wenn der Teufel kam«. Er starb 1973 in Locarno.

Der tschechische Kommunistenführer **Rudolf Slansky**, geboren 1901 bei Pilsen, hieß eigentlich Rudolf Salzmann. 1921 schloß er sich der KPC an. 1926 wurde er Chef des neuen Zentralorgans »Rude Pravo«. Ab 1929 saß er im ZK und im Präsidium der Partei. In Moskau war er 1938 bis 1944 Chef der exiltschechischen KP. Ab 1945 wirkte er als KP-Generalsekretär und Vizepräsident der Tschechoslowakei in Prag. Maßgeblich war er am kommunistischen Umsturz 1948 beteiligt. Er trug nicht nur Mitverantwortung für die Vertreibungsverbrechen an Sudetendeutschen, sondern auch für brutalen Bolschewisierungsterror in der Tschechei und in der Slowakei. 1951 wurde er unter dem Vorwurf, ein Spion des Westens und des Zionismus zu sein, in Haft genommen und zum Tode verurteilt. Die Hinrichtung fand 1952 in Prag statt. Fast alle der im »Slansky-Prozeß« zum Tode verurteilten KPC-Führer waren jüdischer Herkunft.

Als einziger Nichtschwarzer stieg **Joe Slovo** (geboren 1926) zur Zeit des Kampfes gegen das »Apartheid-Regime« in die Führung des südafrikanischen ANC auf. Der »Sohn bolschewistischer litauischer Juden« (»Frankfurter Allgemeine Zeitung«) wirkte über Jahrzehnte als Generalsekretär der illegalen KP Südafrikas. Er baute die militante Umsturzbewegung »Umkonto We Sizwe« auf und wirkte bis 1987 teils im Exil als Chef des bewaffneten ANC-Flügels. 1986 schloß er in Ostberlin mit dem in der SED-Führung für außenpolitische Kontakte zuständigen Hermann Axen ein »Abkommen über weitere Zusammenarbeit«.

Der spätere Oberbefehlshaber der sowjetischen Luftwaffe, **Jakob Wladimirowitsch Smuschkewitsch**, kam 1902 im litauischen Rakischki als Sohn eines Schneiders zur Welt. Seine Muttersprache war das Jiddische. Ab 1919 wirkte er als Politkommissar in der Roten Armee. 1936 bis 1938 war Smuschkewitsch im Auftrage Stalins Oberbefehlshaber der republikanischen Luftwaffe im Spanischen Bürgerkrieg (Deckname General »Douglas«). Zurück in Moskau wurde er von Stalin persönlich mit dem Lenin-Orden ausgezeichnet und zum »Helden der Sowjetunion« erklärt. Er übernahm den Oberbefehl der Luftwaffe im Fernen Osten, die sich 1939 Gefechte mit den Japanern lieferte und wurde am 11. September 1939 Oberbefehlshaber der sowjetischen Luftwaffe. In dieser Funktion trug er die Verantwortung für den Terrorschlag gegen Helsinki zu Beginn des sowjetischen Überfalls auf Finnland. Später übernahm er auch den Oberbefehl über die Sowjetflotte. Im Zuge der »Säuberungen« wurde Smuschkewitsch am 7. Juni 1941 verhaftet und am 28. Oktober 1941 per Genickschuß erledigt.

Stalin ließ weitaus mehr Kommunisten umbringen als alle antikommunistischen Diktatoren zusammengenommen, einschließlich Hitler. Auch **Grigorij I. Sokolnikow**, geboren 1888 in Poltavskaja (Ukraine), fiel dem despotischen Kreml-Herrscher zum Opfer. Sokolnikow stammte aus einer jüdischen Familie. Er schloß sich den Bolschewisten an und war Mitglied der sowjetischen Delegation bei den Friedensverhandlungen mit den Deutschen 1918 in Brest-Litowsk. Von 1921 bis 1926 wirkte er als sowjetischer Finanzminister, von 1929 bis 1933 als Botschafter in London. Wieder in Moskau, wurde er stellvertretender Volks-

kommissar (Minister) »für die Belange der kommunistischen Zentralkomitees«. 1936 erfolgte seine Verhaftung im Zuge der sogenannten Säuberungen. 1937 wurde er als »Trotzkist« zu 10 Jahren Haft verurteilt. Seitdem ist er im Gulag verschollen.

Der Publizist **Nahum Sokolow**, in den 30er Jahren Führer der Zionistischen Internationale, kam 1861 im polnischen Wyszogrod zur Welt. Nach Herzls Tod wurde er Generalsekretär der Zionistischen Organisation. Er redigierte auch das Zentralorgan der Zionisten, »Die Welt«, und das von ihm gegründete Blatt »Haolam«. Im Ersten Weltkrieg emigrierte er nach England. Dort arbeitete er eng mit Weizmann zusammen und hatte Einfluß auf die Entstehung der prozionistischen englischen »Balfour-Deklaration«. Von 1931 bis 1935 amtierte Sokolow als Präsident der Zionistischen Weltorganisation. Die damalige NS-Politik, soweit sie auf Trennung von Deutschtum- und Judentum bedacht war und der Auswanderung möglichst vieler Juden nach Palästina diente, war im Sinne führender Zionisten. Sokolow hatte 1921 eine »Geschichte des Zionismus« veröffentlicht. Er starb 1937 in London.

Der Bankier **Georg Adolf Solmssen**, geboren 1869 in Berlin, war, wie das »Lexikon des Judentums« schreibt, »nach einer Amerikareise überzeugt, daß der Schmelztiegel keine Lösung der Judenfrage darstelle«. Er habe »die Wahl gesehen zwischen Zionismus, den er ablehnte, und völliger Assimilation, die er bejahte«. Solmssen war ein Sohn des Bankiers Adolph Salomonsohn (1851-1927). Er nahm in den 1890er Jahren das Christentum und den anderen Namen an. 1904 wurde er Direktor der väterlichen Discontogesellschaft, die 1929 mit der Deutschen Bank fusionierte. Danach war er mit Oscar Wassermann Inhaber der Deutschen Bank und Discontogesellschaft. Solmssen präsidierte dem Zentralverband des deutschen Bankgewerbes und hatte eine Fülle von Aufsichtsratsposten, zum Beispiel bei der Lufthansa. Politisch betätigte er sich bei der Konservativen Volkspartei. 1934 ging er in die Schweiz. Er starb 1957 in Lugano.

Eine Art Außenminister des »Boards of Delegates of American Israelites«, eines ersten Zusammenschlusses jüdischer Gemeinden und Vereinigungen in den USA, war **Adolphus Simeon Solomons** (geboren 1826 in New York, gestorben 1910 in Washington). Er vertrat die Interessen des jüdischen US-Zentralrates als Lobbyist in der Bundeshauptstadt. Außerdem war er führender Mann der Baron-de-Hirsch-Stiftung und der von Paris aus wirkenden »Alliance Israélite«. Solomons war offizieller Vertreter des US-amerikanischen Judentums bei der Amtseinführung von zwölf Präsidenten in Washington zwischen 1861 und 1909.

Als »Begründer der neoklassischen Wachstumstheorie« wird der Wirtschaftswissenschaftler **Robert Merton Solow** (geboren 1924 in New York-Brooklyn) bezeichnet. Er lehrte ab 1958 als Professor am Massachusetts Institute of Technology (MIT) und war Berater des Präsidenten Kennedy. Als siebenter Jude nach Samuelson (1970), Kuznets (1971), Kantorowitsch (1975), Friedman (1976), Simon (1978) und Modigliani (1985) erhielt er 1987 den 1969 erstmals vergebenen Nobelpreis für Wirtschaftswissenschaften.

Juden hatten nach der - nicht zuletzt durch deutsche Freikorps erkämpften - Unabhängigkeit der baltischen Staaten besonders in Litauen einen starken Einfluß auf Politik, Wirtschaft und Gesellschaft. **Max Soloweitschik** beispielsweise, geboren 1883 in Kaunas, fungierte von 1919 bis 1922 als Minister für jüdische Angelegenheiten in der litauischen Regierung. Von 1923 bis 1933 lebte der glühende Zionist in Berlin, um dann nach Palästina auszuwandern. Er

wirkte auch als Redakteur der Encyclopaedia Judaica. Er starb 1959 in Jerusalem.

Der Dirigent **Georg (eigentlich: György) Solti** kam 1912 in Budapest auf die Welt. Er war Schüler Bartoks und assistierte 1936/37 Toscanini bei den Salzburger Festspielen. 1939 ging Solti in die Schweiz. Nach Kriegsende war er neben Menuhin einer der ersten jüdischen Großen der Musik, die dem deutschen Volke die Hand zur Versöhnung reichten. Er wirkte ab 1946 an der Münchner Oper. 1947 übernahm er das Dirigat des London Philharmonic Orchestra. Von 1952 bis 1961 war er General-Musikdirektor in Frankfurt am Main. Von 1961 bis 1971 leitete er die Londoner Covent Garden Opera. Die englische Königin erhob ihn 1969 in den Ritterstand. Sir Georg hatte in den folgenden Jahren die Stabführung bei den Chikagoer Sinfonikern, beim Orchestre de Paris, an der Pariser Oper und dann erneut bei den Londoner Philharmonikern. 1983 debütierte er mit dem »Ring« in Bayreuth. 1987 nahm er es als erster der international bedeutenden Dirigenten in Angriff, sämtliche Wagner-Opern als Zyklus auf Tonträger einzuspielen.

Der jüdische Nationalökonom **Felix Somary** (geboren 1881 in Wien, gestorben 1956 in Zürich) leitete im Ersten Weltkrieg mit dem späteren Reichsbankpräsidenten Hjalmar Schacht die Finanzen im deutschbesetzten Belgien. Ab 1919 wirkte er als Bankier in Zürich. Er war an den Pariser Beratungen zum Young-Plan (1929-30) über die deutschen Reparationsleistungen beteiligt. Die Sieger setzten durch, daß Deutschland siebenunddreißig Jahre lang über zwei Milliarden Reichsmark per anno Tribut zu leisten habe. Das Deutschland erniedrigende Abkommen versetzte der Weimarer Republik einen schweren Schlag. Somary schrieb »Bankpolitik« (1915) und »End the Crisis« (1933). Er starb 1956 in Zürich.

Zu den bedeutendsten Physikern des 20. Jahrhunderts zählt **Arnold Sommerfeld** (geboren 1868 in Königsberg/Pr., gestorben 1951 in München). Unter anderem stellte er die Theorie des Kreisels auf und baute die Quanten- und Atomtheorie entscheidend auf. Die meisten bedeutenden Physiker der Moderne gingen durch seine Schule. Sommerfeld, aus der jüdischen Religionsgemeinschaft ausgetreten, lehrte ab 1897 in Clausthal-Zellerfeld, ab 1900 in Aachen und von 1906 bis zum Ruhestand 1938 in München. Er emigrierte nicht. Sein Werk »Atombau und Spektrallinien« (1919-29) war für Jahrzehnte ein Standardwerk der Atomphysik. Ab 1942 wurden in Deutschland seine »Vorlesungen über theoretische Physik« gedruckt herausgegeben. 1968 wurde sein Briefwechsel mit Einstein publiziert.

Als »große Tageszeitung der demokratischen Linken« wird in Koschs »Biographischem Staatshandbuch« die 1856 von dem jüdischen Verleger **Leopold Sonnemann** als »Frankfurter Handelszeitung« begründete »Frankfurter Zeitung« bezeichnet. »Im Widerstreit mit Bismarck und durch weltweite Beziehungen« habe das Blatt internationales Ansehen erworben. Sonnemann, geboren 1831 in Höchberg bei Würzburg, war ab 1867 Alleinbesitzer der »Frankfurter Zeitung«, die so stark wie kein anderes Organ auf das linksliberale Bürgertum wirkte. Von 1871 bis 1876 und 1878 bis 1884 vertrat Sonnemann die linksliberale Deutsche Volkspartei im Deutschen Reichstag. Er starb 1909 in Frankfurt am Main.

Als Architekt der sogenannten Entspannungspolitik der 70er und 80er Jahre gilt **Helmut Sonnenfeldt**. Ziel dieses »kalten Realisten« (»Frankfurter Allgemeine«) war die Sicherung des Status quo einschließlich der deutschen und europäischen Teilung. Sonnenfeldt war 1926 in Berlin zur Welt gekommen. Er verließ das Deutsche Reich mit den Eltern im Jahre 1938. Ab 1944 dien-te er in der US-Armee. Ab 1952 war er Mitarbeiter des Auswärtigen Amtes in Washington. 1966 wurde er Chef der Forschungsabteilung für die Sowjetunion. Kissinger berief ihn 1969 in den Nationalen Sicherheitsrat, dem er bis 1974 angehörte. Seither ist Sonnenfeldt hauptsächlich publizistisch tätig. Er gehört dem einflußreichen Council on Foreign Relations (CFR) an und wirkt aktiv im American Jewish Committee mit.

Der kommunistisch-jüdische Literat **Hugo Sonnenschein**, der Auschwitz überlebt hatte, kam 1953 im berüchtigten Foltergefängnis der kommunistischen Machthaber, Prag-Pankraz, zu Tode. Er war im Zuge des Slansky-Prozesses zu 20 Jahren Zwangsarbeit verurteilt worden. Sonnenschein, 1890 in Mähren geboren, lebte ab 1908 in Wien. Er trat unter dem Pseudonym »Sonka« als expressionistischer Schriftsteller in Erscheinung und schloß sich der KPÖ an. 1920 nahm er am ersten Komintern-Kongreß in Moskau teil. 1927 wurde er als Trotzkist aus der KP entfernt. 1934 wies ihn Österreich in die CSR aus. Die Gestapo-Haft in Prag-Pankraz 1940 überstand er, auch die Haft im KZ Auschwitz von 1943 bis 1945. Nach der Befreiung ging er für kurze Zeit nach Moskau, um dann wieder in Prag aufzutauchen, wo ihn sein eingangs geschildertes Schicksal ereilte.

Eine erhebliche Zahl italienischer Juden stieg nach der Brechung der weltlichen Macht des Papsttums im Kirchenstaat und der Aufhebung des jüdischen Ghettos in Rom in Leitungsfunktionen von Wirtschaft, Politik und Gesellschaft auf. Zu ihnen zählte **Sidney Sonnino**. Er kam 1847 in Florenz als Sproß einer jüdischen Familie zur Welt und wurde christlich getauft. Von 1893 bis 1896 amtierte er als italienischer Finanzminister. Von 1914 bis 1919 war er Außenminister. In dieser Zeit vollzog sich der italienische Frontwechsel im Ersten Weltkrieg: Um das

Versprechen territorialen Zugewinns (z.B. Südtirol) scherte Rom aus dem Bündnis mit Berlin und Wien aus und schloß sich der Entente an. Später fungierte Sonnino als Senator. Er starb 1922 in Rom.

»König der Spekulanten«, »Goldfinger«, »begnadeter Abzocker« - mit solchen und ähnlichen Beinamen ist der Börsianer **George Soros** bedacht worden. Weil er »selbstlos« und »von dem Ideal einer offenen Gesellschaft gemäß Sir Karl Popper beseelt«, Osteuropa mit einem Netz von Stiftungen überzogen hat, nennt man ihn auch einen Philanthropen. Soros kam 1930 in Budapest als Sohn einer jüdischen Familie zur Welt, die 1947 aus dem stalinisierten Ungarn nach England emigrierte. Er soll sich als Kellner das Studium an der Londoner School of Economics verdient haben. Er ging bei Spekulanten in der Londoner City und in der Wall Street in die Lehre und machte sich 1969 selbständig. Mitte der 90er Jahre wird sein Vermögen auf mehrere Milliarden Mark geschätzt; er beeinflußt die Börsen und die Kurse der Währungen erheblich. Den Nationalismus empfindet der philanthropische »Goldfinger« als größte Gefahr.

Führender Kopf der Anarchistischen Internationale war der Literat **Augustin Souchy**. Er kam 1892 im oberschlesischen Ratibor zur Welt. Gustav Landauer war sein anarchistischer Lehrmeister. Um dem Wehrdienst zu entgehen, hielt sich Souchy im Ersten Weltkrieg in Schweden auf. 1919 kam er nach Deutschland zurück und arbeitete für die von Moskau gelenkte Komintern. 1936 war er einer von 10 000 bis 15 000 Juden (die Schätzungen schwanken), die auf der Seite der Roten im Spanischen Bürgerkrieg kämpften. Nach der Niederlage der Stalinisten und Anarchisten in Spanien setzte er sich nach Südamerika ab. Dann lebte er eine Zeitlang in einem zionistischen Kibbuz in Nahost. Er avancierte zum Bildungsexperten des Internationalen Arbeitsamtes in Genf und trat seit den 60er Jahren in Bundesdeutschland publizistisch in Erscheinung. Er starb 1984. Seine Lebenserinnerungen erschienen 1977 und tragen den Titel »Vorsicht: Anarchist!«

Seit 1980 ist der jüdische US-Politiker **Arlen Specter** (geboren 1930 in Wichita/Bundesstaat Kansas) Senator von Pennsylvanien. Er diente von 1950 bis 1953 im Korea-Krieg als Soldat der US-Luftwaffe und war später Distriktsanwalt in Philadelphia. Im Senat zu Washington stand er u.a. dem Ausschuß für Jugendstrafrecht vor. In den 80er Jahren engagierte er sich vor allem für die Juden in der Sowjetunion. 1995 meldete er seine Kandidatur zum Amt des US-Präsidenten an.

Manès Sperber zählte zu den jüdischen Literaten, die sich - ursprünglich vom Kommunismus begeistert - in entschlossene Antikommunisten verwandelten. Er kam 1905 im galizischen Zablotow zur Welt. Sein Vater war Rabbiner. 1916 flüchtete die Familie vor polnischem und ukrainischem Antisemitismus nach Wien. Dort wurde Sperber Schüler von Alfred Adler. 1927 schloß er sich den Kommunisten an. Er wurde KPD-Funktionär in Berlin mit enger Bindung zu Stalins Komintern. 1933 begab er sich nach Frankreich, 1940 (nach dem Bruch mit den Kommunisten) in die Schweiz. Ab 1945 lebte er in Paris, wo er 1984 starb. 1961 erschien sein Lebensbericht »Wie eine Träne im Ozean«. Im Spätwerk »All das Vergangene« legte Sperber von seiner Hinwendung zur jüdischen chassidischen Tradition Zeugnis ab. 1983 erhielt er den Friedenspreis des Deutschen Buchhandels.

Samuel »Sam« Spiegel aus dem galizischen Jaroslau (Jahrgang 1904) wurde in Hollywood zu einem der erfolgreichsten Filmproduzenten. »African Queen«, »Die Brücke am Kwai«, »Faust im Nacken«, »Nacht der Generale« lauten Titel einiger der bekanntesten der von ihm produzierten

Streifen. Insgesamt wurden Filme seiner Firma mit drei Dutzend »Oscars« ausgezeichnet. Die Erfolgsstory begann, als Spiegel 1927 als Tuchhändler in die USA kam. Bald sattelte er um und trat in die Dienste von MGM. Von 1930 bis 1933 war er Vertreter der Filmfirma »Universal« in Berlin. Danach hielt er sich in Österreich, Frankreich und England auf. 1939 wieder in den USA, begann er unter dem Namen »S.P. Eagle« als Produzent. 1947 gründete er die »Horizon Pictures«. Er starb 1985 auf der karibischen Insel St. Martin.

Die Schriftstellerin **Hilde Spiel** kam 1911 in Wien als Kind christlich getaufter, ursprünglich der jüdischen Religionsgemeinschaft angehöriger Eltern zur Welt. 1936 verließ sie Österreich und ging zu ihrem ersten Mann, dem Literaten Peter de Mendelssohn (mit dem sie bis 1970 verheiratet war), nach England. Sie nahm die britische Staatsbürgerschaft an und war im Kriege für die BBC-Propaganda aktiv. In den ersten Nachkriegsjahren war sie Korrespondentin englischer Blätter in Berlin. 1963 remigrierte sie aus England nach Wien. Sie wurde Professorin ehrenhalber und Generalsekretärin des österreichischen Pen-Zentrums. Sie starb 1990 in Wien. Das jüdische Schicksal spielt in ihren Werken eine zentrale Rolle. U.a. verfaßte sie eine Biographie der Fanny von Arnstein.

Dem Hollywood-Regisseur und Produzenten **Steven Spielberg**, geboren 1947 in Cincinnati/Ohio, wird nachgesagt, er habe den besten »Riecher«, wie man die eigenen Filme am gewinnträchtigsten verkauft. Unmittelbar bevor er nach einer Reihe erfolgreicher Horrorfilme mit Meeresungeheuern (»Der weiße Hai«), Urweltdrachen (»Jurassic Park«) und Mörderspinnen (»Arachnophobia«) mit dem Film »Schindlers Liste« ins »Shoah Business« einstieg (Kommerzialisierung des Unrechts der NS-Judenverfolgung), meldeten jüdische Medien weltweit,

zum Beispiel die »Allgemeine Jüdische Wochenzeitung« (Bonn), Anfang 1992: »Wie jetzt bekannt wurde, hat der berühmte amerikanische Filmregisseur Steven Spielberg mit seiner Frau (der Schauspielerin Kate Capshow) zum Judentum zurückgefunden. Wie der Regisseur vor der Presse bekanntgab, habe er sich entschlossen, fortan Schabbat zu feiern, Kerzen anzuzünden, einen koscheren Haushalt zu führen und eine eigene Chala am Freitag zu backen. Spielberg fügte hinzu, er fühle sich jetzt als Teil einer großen Tradition und dieses möchte er auch seinen Kindern vermitteln. Sein nächstes Projekt heißt ›Schindlers Liste‹ und handelt vom Holocaust.« Spielberg ist einer der erfolgreichsten Hollywood-Bosse aller Zeiten. Der Regisseur und Produzent, dessen Familie aus Deutschland kam und der als Spielleiter von TV-Serien wie »The Psychiatrists« und »Columbo« in den 70er Jahren begann, machte 1994/95 mit einem »Mega-Deal« Schlagzeilen: Es ging um seine Schützenhilfe beim Einstieg des Spirituosen- und Chemiemilliardärs sowie Chefs des Jüdischen Weltkongresses, Edgar M. Bronfman, in das Hollywood-Geschäft. Dem Vernehmen nach wollen sich die beiden den Film-Markt teilen. Nach Spielbergs Angaben sind 80 Prozent der Bewohner Hollywoods jüdisch.

Der Pädagoge **Arthur Spier**, geboren 1898 in Ballenstedt/Anhalt, studierte bei E. Hildesheimer in Berlin und Cohn in Marburg. 1926 wurde er Direktor der Talmud-Thora-Schule in Hamburg. Wie es mit ihm weiterging, schildert das »Neue Lexikon des Judentums« mit folgenden Worten: »Von der Gestapo beauftragt, organisierte er 1938/39 gemeinsam mit englischen Hilfsorganisationen und der jüdischen Gemeinde Stockholm Ausreisetransporte für bedrohte jüdische Kinder. 1940 von der Gestapo zum ›Leiter des gesamten jüdischen Schulwesens im Reich‹ ernannt, erhielt Spier den Befehl, in Polen ein jüdisches Unterrichtswerk zu errichten. Als er dafür in den USA Geld beschaffen sollte, blieb er in New York.« Dort wurde Spier Leiter der Judenschule des »Jewish Center« und gründete die »Manhattan Day School«. Er starb 1985 in New York.

Mit dem Fernsehratespiel »Wer dreimal lügt« ist der Schauspieler und Regisseur **Wolfgang Spier** bundesweit bekanntgeworden. Er kam 1920 in Frankfurt am Main als Sohn eines Psychologen zur Welt. Als Halbjude durfte er nicht Medizin studieren und auch nicht als Wehrmachtsoldat dienen. Stattdessen studierte er im Kriege Wirtschaftswissenschaften, brach dieses Studium aber ab, machte eine Banklehre und war bis Kriegsende als Bankangestellter tätig. Nach 1945 begann er als Kabarettist. Mit Eberhard Fechner gründete er den »Theaterclub im British Centre« von Berlin. Als Regisseur setzte er sich besonders für die Stücke Harold Pinters (absurdes Theater) ein.

Die 1906 in Hamburg geborene Schauspielerin **Camilla Spira**, Tochter eines jüdischen Mimen, studierte bei Max Reinhardt in Berlin und bekam von ihm die ersten Engagements. Zur nationalsozialistischen Zeit war sie für den jüdischen Kulturbund aktiv. Als sie im Krieg im NS-Lager Westerbork (Niederlande) interniert war, gehörte sie zum KZ-Ensemble, das u.a. Theaterstükke und Revuen aufführte. Nach 1945 war sie wieder am Theater, aber auch im Film aktiv. Man sah sie in den Streifen »Die lustigen Weiber von Windsor«, »Pension Schöller«, »Roman eines Frauenarztes«, »Himmel ohne Sterne«, »Des Teufels General«. In Westberlin erhielt sie den Titel »Staatsschauspielerin«. Das Ostberliner »Theaterlexikon« fand: »Als Vertreterin guter bürgerlicher Tradition spielte sie im Theater der Nachkriegszeit beim Wiederaufbau eines antifaschistischen und humanistischen Theaters eine wichtige Rolle, ebenso im

Film.« Die Schauspielerin Stefanie (»Steffie«) Spira ist ihre Schwester.

Stefanie (»Steffie«) Spira kam 1908 in Wien als Tochter des jüdischen Schauspielers Fritz (eigentlich Jakob) Spira und als Schwester der Mimin Camilla Spira zur Welt. Zur Weimarer Zeit trat sie im Deutschen Reich in roten Agitprop-Ensembles auf und schloß sich der stalinistischen KPD an. 1933 ging sie nach Frankreich, 1941 nach Mexiko, wo sie »Kulturdirektorin« des kommunistisch infiltrierten »Heinrich-Heine-Clubs« wurde. 1947 tauchte sie in Ostberlin auf. Sie wurde häufig an DDR-Theatern, im Kino und im Fernsehen als Schauspielerin eingesetzt. Ihre Beurteilung im DDR-Theaterlexikon: »Sie ist eine frühzeitig sozialistisch überzeugte Schauspielerin, die im Exil ihren antifaschistischen Kampf fortsetzte und einen wichtigen Beitrag zum Aufbau eines demokratischen und später des sozialistischen Theaters leistete; setzte sich für sozialistische und besonders sowjetische Dramatik ein.« Stefanie Spira hatte 1926 den kommunistischen Schauspieler und Dramaturgen Günther Ruschin geheilicht. Sie starb 1995 in Berlin.

Der Psychoanalytiker **René Spitz** (geboren 1887 in Wien, gestorben 1974 in Genf, nach anderen Quellen in Denver/Colorado) hatte mit seinen Lehren über Kinder- und Jugendtherapie erheblichen Einfluß auf die sogenannte moderne Pädagogik. Er arbeitete in Budapest mit Sándor Ferenczi zusammen und ging bei Freud in Wien in die Lehre. 1933 war er zuerst in Wien, dann in Paris tätig, wo er bis 1938 blieb. Fortan wirkte er in den USA. Er lehrte und praktizierte am Mount Sinai Hospital und am Psychoanalytischen Institut New York sowie als Professor in Denver. Seinen Lebensabend verbrachte er in der Schweiz.

Daniel Spoerri ist Schöpfer der »Eat-Art«: Vergammelte Essensreste, Zigarettenstummel usw. werden befestigt und als

Jakob M. SMUSCHKEWITSCH

Georg SOLTI

George SOROS

Manès SPERBER

Sam SPIEGEL

Steven SPIELBERG

Camilla SPIRA 1938 im
jüdischen Kulturbund

Friedrich STAMPFER

Rod STEIGER

Kunstwerk an die Wand gehängt. Der »Objektkünstler«, der als »bedeutendster Vertreter des Neodadaismus« bezeichnet wird, kam 1930 in Galatz/Rumänien als Daniel Isaak Feinstein zur Welt. Eigentlich soll er Tänzer gewesen sein. Ab 1942 hielt er sich in der Schweiz auf. 1968 schuf er in Düsseldorf die »Eat Art Galerie«. 1977 wurde er Professor an der Fachhochschule für Kunst und Design in Köln. 1983 erhielt er eine Professur an der Münchner Kunstakademie.

Die Verlagsbuchhandlung Julius Springer (Berlin) war einer der renommiertesten Verlage für naturwissenschaftliche Fachliteratur. **Bernhard Springer**, Enkelsohn des Verlagsgründers Julius Springer, kam 1907 in Berlin zur Welt. Von 1932 bis 1938 war er führend im Verlagshaus der Familie in Berlin tätig. 1938 mußte das Unternehmen wegen der jüdischen Herkunft der Eigentümer verkauft werden. Bernhard Springer ging in die USA. Im Kriege diente er in der amerikanischen Armee. 1950 gründete und bis zu seinem Tode leitete er den medizinischen und psychologischen Fachverlag Springer Publishing Co., New York. Er starb 1970 in New York.

Friedrich Stampfer galt als »graue Eminenz« der SPD-Reichstagsfraktion, der er von 1920 bis 1933 angehörte. Er schrieb Otto Wels' bekannte Rede gegen Hitlers Ermächtigungsgesetz 1933. Stampfer kam 1874 in Brünn/Mähren zur Welt und redigierte ab 1902 sozialdemokratische Zeitungen. 1916 wurde er »Vorwärts«-Chefredakteur. Aus Protest gegen das Siegerdiktat (er gehörte der deutschen Versailler Delegation an) legte er die Chefredaktion des SPD-Organs 1919 für einige Zeit nieder, nahm sie dann aber wieder auf. Er hatte im Ersten Weltkrieg für sozialdemokratische Vaterlandstreue plädiert. »Ende März 1933 reiste Stampfer in Abstimmung mit Hermann Göring nach Österreich und in die CSR, um auf Deutschlandberichte der dortigen sozialde-

mokratischen Presse im Interesse eines Wiedererscheinens der SPD-Blätter mäßigend Einfluß zu nehmen«, schreibt das Biographische Emigranten-Handbuch. Stampfer gab von 1933 bis 1938 in Prag, danach in Paris den »Neuen Vorwärts« heraus. 1940 emigrierte er in die USA. Er wies Kollektivbezichtigungen des deutschen Volkes zurück und wurde von radikal antideutschen Kräften der Emigration und des Auslands als »Nationalist« bezeichnet. Unter Berufung auf das Souveränitäts- und Selbstbestimmungsrecht der Atlantik-Charta wandte er sich scharf gegen die Abtrennung deutscher Gebiete vom Reich, gegen »Bevölkerungstransfer« und vor allem gegen den Morgenthau-Plan. Als der extrem antideutsche Lord Vansittart vom deutschen Volk »kniefällige Abbitte als Zeichen einer moralischen Umorientierung« verlangte, antwortete Stampfer: »Auf die Knie, wir? Nach Ihnen, Lord Vansittart, nach Ihnen!« 1947 gehörte er zu den Unterzeichnern der »Erklärung sozialdemokratischer Emigranten in den Vereinigten Staaten von Amerika«: Für Beteiligung einer deutschen Zentralregierung an Friedensverhandlungen, für Entlassung aller Kriegsgefangenen, gegen weitere Demontage, gegen Fortbestand der Besetzung Deutschlands, gegen Gebietsabtrennung und Vertreibung. 1948 kam Stampfer nach Deutschland zurück, ohne jedoch größeren politischen Einfluß zu gewinnen. Er dozierte an der »Akademie der Arbeit« in Frankfurt am Main und gab eine »Stampfer-Korrespondenz« heraus. Er starb 1957 in Kronberg/Taunus.

Der Kabarettist und Theaterleiter **Otto Stark** kam 1922 in Wien zur Welt. Seine Eltern stammten aus dem Galizischen. Er war Hutmacher von Beruf. In der englischen Emigration (ab 1938) gehörte er dem Kabarett »Das Laterndl« an und betrieb Propaganda »gegen Nazideutschland«. Von Wien aus wechselte er 1949 in die stalinisierte SBZ. In der DDR wurde er eifriger SED-Genosse, Gründer des kommunistischen Kabaretts »Herkulessäule« in Dresden und 1968 Chef des bekanntesten DDR-Kabaretts, der Ostberliner »Distel«. Er gehörte dem Präsidium der Theaterschaffenden der DDR an und wurde 1981 von Honecker mit dem »Nationalpreis« erster Klasse dekoriert.

Eigentlich hieß der hochrangige Bolschewisten-Funktionär **Hans Stauer** (Jahrgang 1901) Berman-Jurin Konon. Er hielt sich seit Mitte der 20er Jahre in Stalins Auftrag in Deutschland auf, um es reif für die bolschewistische Machtübernahme zu machen. Er war Agitprop-Chef der KPD-Bezirksleitung Berlin-Brandenburg und damit direkter Widersacher von Dr. Goebbels, der sich jedoch als besserer Propagandist erwies und dem es gelang, zahlreiche Kommunisten auf seine Seite zu ziehen. Nach der NS-Machtübernahme ging Konon-Stauer zurück in die Sowjetunion und war dort im Komintern-Apparat tätig. Im Zuge der »Säuberungen« wurde er verhaftet, eines im Auftrage Trotzkis versuchten Attentats auf Stalin bezichtigt, als Mitangeklagter Sinowjews im ersten Moskauer Schauprozeß 1936 zum Tode verurteilt und schließlich erschossen.

In Werken wie »Hitler as Frankenstein« (London 1933), »The Second World War« (New York 1934), »The Bloody Record of Nazi Atrocities« (New York 1944) agitierte **Johannes Steel** nicht nur gegen das NS-Regime, sondern richtete auch Kollektivschuld-Anklagen gegen das deutsche Volk, das er als verdorben und minderwertig darstellte. Genaue Lebensdaten und exakter Lebensweg des Hetzers sind unbekannt. Er kam wohl 1908 in Elberfeld als Rechtsanwaltssohn unter dem Namen Herbert Stahl zur Welt. Er betätigte sich als Journalist in Weimarer Zeit. 1934 kam er über die Niederlande in die USA. Dort arbeitete er u.a.

für die »New York Post« und für den Rundfunk. Er gab sich als adeliger ehemaliger SPD-Abgeordneter des Preußischen Landtages namens Johannes Herbert von Stahl aus. Wo er nach dem Krieg geblieben ist, konnte nicht ermittelt werden.

Der Schauspieler **Rod(ney) Steiger** kam 1925 in West Hampton (New York) auf die Welt. Er wurde an der New School for Social Research und in Strasbergs Schauspielschule ausgebildet. 1951 gab er unter der Regie von Fred Zinnemann in »Teresa« sein Filmdebüt. Meist spielte er Schurken, zum Beispiel in »Die Faust im Nacken«, »Doktor Schiwago«, »Der Pfandleiher«. In »Waterloo« unter Bondartschuks Regie war er Napoleon. Er brachte es auf Zelluloid zu Mussolini, ja sogar zu Rudolf Hess. Steiger, verheiratet mit Claire Bloom, bekam für seine Darstellung eines negerhassenden weißen Sheriffs im Film »In der Hitze der Nacht« (1967; Regie: Norman Jewison) einen »Oscar«. 1981 wurde er mit dem Preis des Filmfestivals von Montreal ausgezeichnet für seine überzeugende Leistung in dem von Regisseur Jeremy Paul Kagan inszenierten Streifen »Der Auserwählte«.

Die jüdischen Ansichten über die Theologin und Philosophin **Edith Stein** gehen auseinander. Während sie im »Lexikon des Judentums« von John R. Oppenheimer eher positiv gewürdigt und ihr angerechnet wird: »Sie identifizierte sich trotz Übertritts zum katholischen Glauben mit Juden und Judentum«, fällt die Bewertung im »Neuen Lexikon des Judentums« (Julius H. Schoeps) erheblich schlechter aus: »Sie deutete Judenverfolgung zum Teil mit dem christlichen Gemeinplatz von der ›Selbstverfluchung‹ des jüdischen Volkes.« Als der katholische Orden, dem sie angehört hatte (Karmeliterinnen), Anfang der 90er Jahre ihr zu Ehren auf dem Gedenkgelände von Auschwitz eine kleine Kapelle errichten wollte, gab es jüdischerseits einen Sturm der Entrüstung;

sogar von einer drohenden »Entweihung« der Gedenkstätte Auschwitz war die Rede. Edith Stein war 1891 in Breslau als Tochter eines Holzhändlers geboren worden. Sie war Schülerin Husserls. 1922 trat sie zum katholischen Glauben über und wurde zur Schwester Teresia Benedicta a Cruce. 1933 wurde sie wegen jüdischer Herkunft als Dozentin am Deutschen Institut für wissenschaftliche Pädagogik in Münster/Westfalen entlassen. Sie soll Papst Pius XI. vergebens zu einer Enzyklika gegen die NS-Judenverfolgung aufgefordert haben. Bis 1938 war sie Ordensschwester im Karmeliter-Kloster Köln-Lindenthal, danach in einem Kloster in den Niederlanden. 1942 erfolgte ihre Deportation (die Schweiz hatte sie nicht aufgenommen). Noch im selben Jahr mußte sie im schrecklichen Todeslager Auschwitz ihr Leben lassen. Papst Johannes Paul II. sprach sie 1987 selig.

Die aus begüterter deutsch-jüdischer Familie stammende Literatin **Gertrude Stein** wurde 1874 in Allegheny/US-Bundesstaat Pennsylvanien geboren. Sie wuchs in Österreich auf, ging in die USA zurück und emigrierte von dort 1902 mit ihrer Lebensgefährtin Alice B. Toklas nach Frankreich. Ihr Pariser Salon war in den 20er und 30er Jahren Treffpunkt der internationalen Schickeria. Mit ihren Brüdern Leo und Michael und dessen Frau Sarah förderte sie Modernisten wie Matisse, Bracque, vor allem aber Picasso, als dessen Entdeckerin sie gilt. In ihren literarischen Arbeiten war sie von Bergsons Philosophie beeinflußt. Sie wirkte stark auf Hemingway und Dos Passos sowie auf andere Literaten der sogenannten »lost generation« (ein Ausdruck, der von ihr geprägt wurde). Sie starb 1946 in Neuilly bei Paris.

Der Dirigent **William Steinberg**, dessen eigentlicher Vorname Hans-Wilhelm lautete, kam 1899 in Köln zur Welt und starb 1978 in New York. Sein Vater war Textilhändler. Als Musiker wurde er von Otto Klemperer entdeckt und von Alexander Zemlinsky gefördert. Ab 1929 wirkte Steinberg als Generalmusikdirektor der Frankfurter Oper. Von 1933 bis 1936 war er für den jüdischen Kulturbund in Deutschland tätig. Dann ging er nach Palästina, wo er das Palästina-Orchester gründete, das hauptsächlich von Juden aus Deutschland gebildet wurde. Später war er Toscaninis Stellvertreter beim NBC-Sinfonie-Orchester und von 1952 bis 1976 Chef der Pittsburgher Sinfoniker. Gastdirigate führten ihn um die ganze Welt, häufig auch nach Deutschland. Seine Stieftochter, die Literatin Silvia Tennenbaum, schrieb den Roman »Rachel, The Rabbi's Wife«.

Jack Steinberger, 1988 mit dem Nobelpreis für seine Neutrino-Strahlenforschung ausgezeichneter Physiker, kam 1921 in Bad Kissingen als Sohn eines jüdischen Synagogensängers zur Welt. 1934 wanderte er in die USA aus. Von 1950 bis 1971 lehrte er an der Columbia-Universität New York. Von 1969 bis 1972 war er Direktor am Europäischen Kernforschungszentrum (»CERN«) in Genf. 1986 erhielt er eine Professur in Pisa.

Der Wirtschaftswissenschaftler **Nathan Steinberger**, geboren 1910 in Berlin, schloß sich zur Weimarer Zeit den Stalinisten an und ging 1932 in die Sowjetunion. Dort war er als »wissenschaftlicher Berater« der Komintern tätig. 1937 geriet er ins Räderwerk der »Säuberungen«. Erst nach Stalins Tod, 1953, kam er aus dem Gulag frei. 1955 siedelte er in die DDR über. Dort war er Mitherausgeber der »Sowjetwissenschaftlichen und Gesellschaftlichen Beiträge«, die sechsmal im Jahr die wesentlichen ideologischen Vorgaben Moskaus in deutscher Sprache brachten.

Das Wiener »Dokumentationszentrum des österreichischen Widerstandes« ist eine Schaltstelle immerwährender NS-»Bewältigung« und wird im politischen Tageskampf gegen alle Rechten eingesetzt. Gründer und von 1959 bis 1983 leitender Mann dieses »Archivs« war **Herbert Steiner** (geboren 1923 in Wien). Er schloß sich als Jugendlicher den illegalen Kommunisten in Österreich an (KJVÖ). 1939 ging er nach London. 1940/41 war er auf der Insel Man interniert. Von 1941 bis 1945 wirkte er als Sekretär der kommunistisch beherrschten Bewegung »Young Austria in Great Britain«. Er wirkte in der BBC-Propaganda mit und amtierte von 1943 bis 1945 als Sekretär der Propaganda-Kommission des von Stalinisten geleiteten »Weltjugendrates«. Nach Wien Ende 1945 zurückgekehrt, wurde er KPÖ-Aktivist. Von 1946 bis 1952 fungierte er als Bundessekretär der »Freien österreichischen Jugend«. Steiner ist Mitarbeiter am Institut für Zeitgeschichte (Wien) und organisiert »Internationale Tagungen der Historiker der Arbeiterbewegung« in Linz.

Der US-amerikanische Jurist und Diplomat **Lawrence A. Steinhardt** (geboren 1892 in New York) zählte zu den maßgeblichen antideutschen Einpeitschern in Washington. Er war zunächst in der Anwaltskanzlei seines Onkels Samuel Untermeyer tätig, der 1933 den »Heiligen Krieg« gegen Deutschland ausgerufen hatte und Gründer eines insgeheim von reichen Juden finanzierten »Anti-Nazi-Weltrates« war. F.D. Roosevelt ernannte Steinhardt 1933 zum Botschafter in Stockholm, anschließend zum US-Vertreter in Peru. Von 1939 bis 1941 war er Botschafter in Moskau. Die US-Botschaft in der Sowjethauptstadt war durch Herwarth von Bittenfeld frühzeitig über den Hitler-Stalin-Pakt unterrichtet, unterließ aber - damit Warschau nicht doch noch gegenüber Berlin einlenkte - jede Warnung an die Polen. Von 1942 bis 1945 wirkte Steinhardt als US-Botschafter in Istanbul und sabotierte alle deutschen Friedensfühler, die über die Türkei ausgestreckt wurden (auch die des Ex-Kanzlers von Papen und die des wider-

ständlerischen Canaris). 1945 bis 1948 war Steinhardt Botschafter in Prag, dann - bis ihn 1948 der Tod in Ottawa bei einem Flugzeugunglück ereilte - kurzzeitig noch in Kanada.

1968 meldete die Nachrichtenagentur »Reuter«, auf Verlangen des jüdischen Gemeindechefs in Meran, **Federico Kurt Steinhaus**, seien in Südtirol 50 Stück Wehrmachtseife beschlagnahmt worden. Steinhaus hatte behauptet, es handele sich um Seife, hergestellt aus den sterblichen Hüllen gemordeter Juden. Tatsächlich aber war alles nur die Neuauflage des auch von den maßgeblichen jüdischen Holocaustforschern längst widerlegten Greuelmärchens, die Deutschen hätten Juden zu Seife eingekocht. Steinhaus, geboren 1937, ist nicht nur umtriebiger Geschäftsmann (»Alligator«-Lederwaren), sondern auch als »Moralwächter« aktiv. Er gehört der Führung der Israelisch-Italienischen Gesellschaft und des Jüdischen Weltkongresses an. Er hat eine »Geschichte der Juden in Spanien« und eine »Geschichte des Arabisch-Jüdischen Konflikts« herausgegeben.

Der kommunistische Funktionär und Schriftsteller (»Das Judenkloster«, »Der arme Hiob«) **Peter Alfons Steiniger** kam 1904 in Berlin zur Welt und starb 1980 in Ostberlin. Als Literat war er zunächst auch im NS-Staat tätig. 1936 erschien sein Roman »Heinrich der Löwe«, 1937 die Erzählung »Im Schatten Gottes« (beide vom Berliner Herbig-Verlag herausgebracht). 1938 ging Steiniger in die CSR. Nach 1945 trat er in der Sowjetzone der SED bei. Von 1947 bis 1952 amtierte er als Präsident der SED-Verwaltungsakademie Forst-Zinna. 1950 übernahm er die Direktion des Instituts für Völkerrecht an der Ostberliner Universität. Ab 1955 wirkte er als Präsident der »Liga für die Vereinten Nationen« und ab 1965 als Vizepräsident der »Gesellschaft für Völkerrecht«. Unter anderem wurde er mit dem

DDR-»Vaterländischen Verdienstorden« in Gold dekoriert.

Als Chefredakteur des zionistisch geprägten Emigrantenblattes »Aufbau« (New York) von 1965 bis 1984 war **Hans Steinitz** unermüdlich um »Aufklärung der Weltöffentlichkeit« bemüht. Israels Annexionen erschienen ihm als Notwehrmaßnahmen. Dafür klagte er umso heftiger an, daß die Deutschen viele Jahrzehnte zuvor unter Hitler die Weltherrschaft angestrebt hätten. Zum Beispiel behauptete er, der NS-Führer habe geplant, das südliche Brasilien im Falle eines Sieges dem Deutschen Reich anzugliedern. Steinitz kam 1912 in Berlin zur Welt. 1933 emigrierte er in die Schweiz, dann nach Frankreich. Nach Kriegsausbruch 1940 ging er wieder zu den Eidgenossen, die ihn von 1942 bis 1944 internierten. Ab 1947 weilte er in den USA. Von Bonn erhielt er das Große Bundesverdienstkreuz.

Wolfgang Steinitz (geboren 1905 in Breslau, gestorben 1967 in Ostberlin) war ab 1927 für die KPD aktiv. 1934 ging er in Stalins Reich. Dort lehrte er als Linguist an der Universität Leningrad. Zur Kriegszeit half er bei der Organisierung der Exil-KPD in Schweden. In der DDR wurde er Professor für finnisch-ugrische Sprachen an der Ostberliner Universität, Chef der »Gesellschaft für Deutsch-Sowjetische Freundschaft« in Ostberlin und Vizepräsident der DDR-Akademie der Wissenschaften. Von 1954 bis 1958 gehörte er dem SED-ZK an. Er erhielt den »Nationalpreis«. Er gab u.a. »Deutsche Volkslieder demokratischen Charakters aus sechs Jahrhunderten« (Ostberlin 1954/55) heraus.

Als Schöpfer der jüdischen Bibliographie und Mitbegründer, wenn nicht gar Vater der Wissenschaft vom Judentum wird **Moritz Steinschneider** bezeichnet. Er kam 1816 im mährischen Proßnitz zur Welt und starb 1907 in Berlin, wo er ab 1845 gelebt hatte. Ab 1858 gab er die Zeitschrift »Hebräische Bibliographie« (»ha-Maskir«) heraus. Von 1869 bis 1890 war er Direktor der jüdischen Mädchenschule in Berlin.

Avraham Stern, geboren 1907 im ostpreußischen Suwalki, gehörte zu den radikalsten und militantesten Zionistenführern. Nach Einwanderung in Palästina schloß er sich 1929 der zionistischen Untergrundarmee Haganah an. 1937 war er Mitgründer der terroristischen Vereinigung »Irgun Zwai Leumi«, die später vom nachmaligen israelischen Ministerpräsidenten Begin geführt wurde. Weil Haganah und Irgun im Zweiten Weltkrieg bereit waren, mit der britischen Mandatsmacht in Palästina Kompromisse zu schließen, Stern aber bedingungslos die Vertreibung von Engländern und Arabern anstrebte, gründete der Extremzionist die »Lohame Cherut Israel« (abgekürzt »Lechi«), die den Terror zum Exzeß steigerte. »Er fiel als Lechi-Märtyrer«, heißt es euphemistisch im »Lexikon des Judentums«. Weil er sich der Festnahme widersetzte, wurde er 1942 in Tel Aviv von britischer Polizei erschossen. In Sterns »Lechi« wirkte auch der spätere israelische Ministerpräsident Schamir mit.

Der Professor für europäische Geschichte an der New Yorker Columbia-Universität **Fritz Stern** hielt 1987 auf Einladung des damaligen Bundestagspräsidenten Jenninger (CDU) die offizielle Rede zum Jahrestag des 17. Juni-Aufstandes. Unter dem Beifall der Bonner Abgeordneten behauptete er, der Volksaufstand sei gar keine Erhebung für die deutsche Einheit gewesen. »Gefahren« würden von einem wiedervereinigten Deutschland ausgehen, betonte er, denn »antiwestliche Instinkte« würden in den Deutschen »nisten«. Die Deutschen könnten einem »verlockenden Ostwind« erliegen. Er mahnte im Bundestag das deutsche Volk, der »politischen Kultur der USA« stets zu folgen. Bei anderer Gelegenheit hatte er die Bonner Westbindung als »Erlösung von deutscher Größe« bezeichnet. Stern war 1926 in Breslau zur Welt gekommen. 1938 ging er mit den Eltern in die USA, deren Staatsbürgerschaft er 1947 annahm. Neben seiner Lehrtätigkeit an der New Yorker Universität ist er Mitglied des hinter den Kulissen wirkenden einflußreichen Council on Foreign Relations (CFR), genannt »Politbüro des Kapitalismus«.

Grigorij Stern, der später an der Spitze der sowjetischen Streitkräfte stand, kam 1900 in Smela bei Tscherkassy zur Welt. 1919 meldete er sich freiwillig zur Roten Armee und wurde bald darauf Polit-Kommissar. 1937/38 war er als oberster sowjetischer Militärberater Chef aller im Spanischen Bürgerkrieg eingesetzten Rotarmisten und KP-»Zivilisten«. Dann wurde er sowjetischer Oberbefehlshaber in Fernost in den Kämpfen mit den Japanern. Beim sowjetischen Überfall auf Finnland befehligte er die 8. Armee. 1940 wurde er einer von vier Generalobersten der Sowjetunion. Auch avancierte er zum ZK-Mitglied der KPdSU. 1941 noch zum Chef der sowjetischen Luftabwehr ernannt, geriet er in den Strudel der stalinistischen »Säuberungen«. Genaue Daten seiner Verhaftung und Liquidierung sind nicht bekannt. Wahrscheinlich wurde er 1942 umgebracht.

Hans Stern wird zu den »Top Four« der internationalen Juweliere gerechnet. Vom Nobelviertel Rio de Janeiros (Ipanema) aus dirigiert er ein weltweites Edelstein-Imperium. Über den Brillantenboy von Ipanema heißt es z.B., »daß mehr als die Hälfte aller auf der Erde verarbeiteten Aquamarine, Topase, Amethyste und Turmaline durch Sterns Schleifereien, Steinlabors und Schmuckwerkstätten gehen« (»Berliner Morgenpost«). Er kam 1922 in Essen zur Welt. 1939 wanderte die jüdische Familie nach Brasilien aus, wo sie ein Exportgeschäft für Halbedelsteine eröffnete. Erzählt wird, Hans Stern habe den Grundstein zu

seinem Vermögen durch den Verkauf eines alten, aus Deutschland mitgebrachten Akkordeons gelegt. Den Durchbruch schaffte er, als er Anfang der 50er Jahre mit dem nikaraguanischen Diktator Somoza Edelstein-Deals abschloß.

Wegen der nun schon über ein halbes Jahrhundert zurückliegenden Hitlerzeit verweigert der jüdische Geiger **Isaac Stern** immer noch jeden Auftritt in Deutschland. Er kam 1920 im ukrainischen Kremnietz zur Welt. Mit den Eltern emigrierte er 1921 nach den USA. Dort wurde er von den jüdischen Musikern Louis Persnger und Naoum Blinder entdeckt und gefördert. Als Knabe debütierte er mit dem Sinfonieorchester San Franzisko. Im Krieg war er auf Grönland und auf den Azoren für die US-Truppenbetreuung tätig. Seit 1964 leitet er die »American-Israel Cultural Foundation«. Er stand der Karriere jüdischer Virtuosen wie Perlman, Zukerman und Mintz Pate. Stern ist glühender Zionist. In den Kriegen gegen die Araber betätigte er sich für die israelische Truppenbetreuung.

Jacques Stern, geboren 1882 in Paris, gehörte in den 20er und 30er Jahren zu den jüdischen Mächtigen der französischen Politik. Ab 1914 war er Mitglied der Deputiertenkammer in Paris. Ab 1928 amtierte er als Unterstaatssekretär des Marineamtes. 1935/36 war er Minister für die Kolonien und für die Handelsmarine. Ab 1942 lebte er in den Vereinigten Staaten von Amerika. Er verübte 1949 in New York Selbstmord.

Die 1907 im südfranzösischen Bedous geborene Literatin **Jeanne Stern** hatte zur Weimarer Zeit in Deutschland den ebenfalls jüdischen KP-Studentenführer Kurt Stern geheiratet. Das Paar verließ Deutschland nach der NS-Machtübernahme. In Frankreich wurde Jeanne Stern KPF-Mitglied. Im Spanischen Bürgerkrieg war sie propagandistisch für die Stalinisierung der Iberischen Halbinsel tätig. Im Zweiten Weltkrieg wiegelte sie die mexikanische Öffentlichkeit gegen Deutschland auf (»El Libro Negro: El Terror Nazi en Europa«). 1947 tauchte sie in der Sowjetzone Deutschlands auf. Sie lehrte französische Literatur an der Ostberliner Universität und avancierte zum Präsidiumsmitglied des Pen-Zentrums der DDR. Als linientreue Literatin fertigte sie zusammen mit Kurt Stern Drehbücher von »Antifa«-Streifen wie »Das verurteilte Dorf«. Den DDR-»Nationalpreis« erhielt sie in den 50er Jahren zweimal. 1983 verlieh Honecker ihr den »Vaterländischen Verdienstorden« in Gold.

Einer wohlhabenden jüdischen Familie entstammend, kam **Kurt Stern** 1907 in Berlin zur Welt. 1927 trat er der KPD bei, 1930 wurde er Reichsleiter der stalinistischen »Kommunistischen Studentenfraktion«. 1933 verschwand er mit seiner Frau, der Literatin Jeanne Stern, nach Frankreich. Im Spanischen Bürgerkrieg war er Politkommissar der XI. Internationalen Brigade. 1939/40 war er in Frankreich interniert. Dann agitierte er für den Kommunismus in Mexiko. In der DDR avancierte er zum führenden Funktionär des »Kulturbundes zur demokratischen Erneuerung«, zum Vorstandsmitglied des Schriftstellerverbandes und zum Präsidiumsmitglied der Deutsch-Französischen Gesellschaft. Er erhielt den »Nationalpreis«, den »Weltfriedenspreis«, den »Vaterländischen Verdienstorden«. Mit seiner Frau schuf er u.a. Drehbücher für SED-Propagandafilme.

Leo Stern (geboren 1901 im galizischen Woloka) brachte es - wie seine Brüder Manfred Stern und Wolf Stern - weit in der kommunistischen Hierarchie. Er hieß eigentlich Jonas Leib mit Vornamen. 1921 schloß er sich der KPÖ an. Nach den Februarkämpfen 1934 war er in Österreich interniert; er ging anschließend in Stalins Reich. Er kämpfte als Rotbrigadist in Spanien. 1940 wurde er Professor der Moskauer Lomo-nossow-Universität. Ab 1942 war er für die bolschewistische Umerziehung deutscher Kriegsgefangener zuständig. 1945 bekleidete er den Rang eines Obersten der Roten Armee. Er war Dolmetscher von Marschall Tolbuchin bei dessen Gesprächen mit dem österreichischen Sozialistenführer Karl Renner. 1946 wurde Stern Direktor des »Institutes für Wissenschaft und Kunst« in Wien. 1950 ging er in die stalinisierte DDR. Dort wurde er Ordinarius für Neuere Geschichte sowie Rektor an der Luther-Universität Halle-Wittenberg, hochrangiger SED-Funktionär, Direktor der Forschungsstelle für Geschichte und Vorsitzender der DDR-Sektion der »Gemeinsamen Historikerkommission DDR-UdSSR«. Er wurde mit sämtlichen hohen Orden des SED-Regimes dekoriert.

Manfred Stern, 1896 im galizischen Woloka geborener Bruder von Leo und Wolf Stern, war »berufsmäßiger Experte der Weltrevolution«, wie der jüdische Publizist Arno Lustiger schreibt. Als k.u.k. Soldat geriet er 1915 in russische Gefangenschaft. Er schloß sich den Bolschewisten an. Im Krieg gegen die »Weißen« war er Offizier der Roten Armee in Fernost. Dann wurde er als Militärexperte der Komintern ausgebildet. 1921 zog er die Fäden beim roten Umsturzversuch in Mitteldeutschland, ebenso 1923 beim sogenannten Hamburger Aufstand. Sein Ziel war die Beseitigung der Weimarer Republik zugunsten eines Sowjetdeutschland. Ab 1927 war Manfred Stern sowjetischer Militärberater bei den chinesischen Kommunisten. Im Spanischen Bürgerkrieg kommandierte er unter dem Tarnnamen »General Emilio Kleber« die XI. Internationale Brigade. Ehrenburg & Co. feierten ihn als »Verteidiger von Madrid«. Wieder in der Sowjetunion, wurde Manfred Stern nach 1937 Opfer der stalinistischen »Säuberungen«. Lustiger: »Er ist nie rehabilitiert worden und verschwand im schwarzen Loch der sowjetischen Geschichtsschreibung.«

Michael Stern, einer der bedeutendsten Strafverteidiger der zweiten österreichischen Republik, kam 1897 in Wiener Neustadt zur Welt. Im Ersten Weltkrieg zeichnete er sich als Frontsoldat besonders in den Isonzoschlachten aus. Er eröffnete danach in Wien eine Rechtsanwaltspraxis. Nach dem Österreich-Anschluß 1938 wurde er wegen der NS-Rassengesetze vom Rechtsanwalt zum Rechtskonsulenten zurückgestuft. Nach 1945 nahm Stern gegen die Hetzjagd auf »Ehemalige« Stellung und beschäftigte in seiner Kanzlei 19 Juristen, die als ehemalige Nationalsozialisten nicht mehr im öffentlichen Dienst tätig sein durften. In den 60er Jahren trat Stern als Verteidiger Südtiroler Selbstbestimmungsaktivisten in Erscheinung. Nach den von ihm erreichten Freisprüchen schrieb ihm Nordtirols Landeshauptmann (Ministerpräsident) Eduard Wallnöfer: »Sie haben mehreren unserer Landsleute wertvolle Rechtshilfe geleistet. Eine angebotene Entschädigung für diesen Rechtsbeistand haben sie immer wieder abgelehnt. Es ist mir ein aufrichtiges Bedürfnis, Ihnen daher auf diesem Wege für ihre so wertvollen Dienste Dank auszusprechen. Dafür fühle ich mich persönlich und auch im Namen des Landes Tirol verpflichtet«. Stern machte mit glänzenden Plädoyers und spektakulären Freisprüchen Furore. In der »Deutschen National-Zeitung« hieß es über ihn: »Dr. Frey und dessen Zeitungen war der Jurist aus jüdischer Familie stets ein umsichtiger und hilfreicher Beistand in schwierigen Verfahren in Österreich, aber auch in der Bundesrepublik Deutschland.« 1984 brachte die »National-Zeitung« ein Interview mit Stern, in welchem er »die Haltung der Südtiroler« als besonders beeindruckend schilderte und sich für die deutsche Einheit aussprach, während fast die gesamte »Elite« der Bundesrepublik die

Wiedervereinigung bereits abgeschrieben hatte. Als 84jähriger brachte Stern seine Lebenserinnerungen »Es kann nicht immer Freispruch sein« heraus. Er starb 1989 in Wien.

Für seine Atomforschungen, besonders für die Bestimmung des magnetischen Moments des Protons, wurde der Physiker **Otto Stern** 1943 mit dem Nobelpreis ausgezeichnet. Er war 1888 in Sohrau in der Niederlausitz zur Welt gekommen. Ab 1921 lehrte er an der Universität Rostock, ab 1923 an der Universität Hamburg. 1933 ging er in die Vereinigten Staaten von Amerika, wo er u.a. am Carnegie Institute of Technology wirkte. Er starb 1969 in Berkeley.

Auch der jüdische Kommunist **Paul Stern** fiel den stalinistischen »Säuberern« zum Opfer. Er war im Jahre 1900 unter dem Namen Laszlo Csillag in Ungarn zur Welt gekommen. Er beteiligte sich 1919 aktiv an der Räterevolution und war Funktionär der roten Diktatur Bela Kuns. Nach der Niederschlagung der ungarischen Sowjetrepublik emigrierte er nach Wien, wo er in der KPÖ-Hierarchie aufstieg. 1933 ging er in die Sowjetunion, wo er u.a. die »Deutsche Zentral-Zeitung« redigierte. Im Februar 1938 wurde er verhaftet. Seine Spur verliert sich im Archipel Gulag.

Als Leiter des Lehrstuhls für »Dialektischen und Historischen Materialismus« an der SED-Parteihochschule »Karl Marx« von 1946 bis zu seinem Tode (Ostberlin 1958) war **Viktor Stern** der Chefideologe des Kommunismus in Mitteldeutschland. Er stammte aus Mähren und war Jahrgang 1885. 1918 trat er der KPÖ, 1920 der KPD bei. In Wien übernahm er im Komintern-Auftrag die Chefredaktion des KPÖ-Zentralorgans »Rote Fahne«. In den 20er Jahren war er zudem Politbüro-Mitglied der KP der Tschechoslowakei, die er zeitweise im Prager Parlament vertrat. In den 30er Jahren lehrte er an Komintern-Schulen in Moskau.

Während des Krieges fungierte ausgerechnet er als Chefredakteur des »Christlichen Senders« (Moskau), der christlich motivierte deutsche Soldaten zu Fahnenflucht und Sabotage aufrief. Außerdem war er Mitarbeiter des »Sudetendeutschen Freiheitssenders« von Leopold Grünwald. Ab 1946 wirkte Stern in Ostberlin, um dort die ideologischen Weichen zu stellen. Sein Hauptwerk hieß »Stalin als Philosoph«. Sein Bruder war der führende KP-Politiker in der Tschechei, Immanuel Stern.

Der Psychologe **William Stern**, Vater des Schriftstellers Günther Anders, kam 1871 in Berlin auf die Welt. Er gründete in der Reichshauptstadt das Institut für Angewandte Psychologie. Ab 1916 lehrte er als Professor in Hamburg. 1931 wurde er Präsident der Deutschen Gesellschaft für Psychologie. 1933 ging er in die Niederlande, 1934 wanderte er in die USA weiter. Dort las er u.a. an der Harvard-Universität. Er starb 1938 in Durham/North Carolina. Schwerpunkt seiner Arbeit war die Intelligenzforschung. Er prägte den Begriff vom »IQ« und gilt als Begründer der differentiellen Psychologie.

Wolf Stern (geboren 1898 in Woloka/Galizien, gestorben 1961 in Ostberlin) war Bruder der bolschewistischen Offiziere und Aktivisten Leo und Manfred Stern. Er schloß sich der KPÖ an und kam 1936 nach Spanien, um als Rotbrigadist für die Stalinisierung des Landes zu kämpfen. Danach ging er nach Moskau, wo er Offizier der Roten Armee wurde. Im Zweiten Weltkrieg rief er als Propagandist des sogenannten Nationalkomitees Freies Deutschland die Wehrmachtsoldaten zu Fahnenflucht und Sabotage auf. In der DDR brachte er es zum Oberst der Nationalen Volksarmee und zum Chef des Instituts für Deutsche Militärgeschichte. Er publizierte Bücher zur Verherrlichung der Roten Armee. Er wurde von Stalin und Ulbricht mit zahlreichen Orden dekoriert.

Der jüdische Komponist und Orchesterleiter **Erich Sternberg** kam 1898 in Berlin zur Welt. 1932 ging er als überzeugter Zionist nach Palästina. Er lehrte am Konservatorium in Tel Aviv. 1936 gründete er das spätere Israelische Philharmonische Orchester. Er starb 1974 in Tel Aviv. In den meisten seiner Werke geht es um jüdische Themen und Motive. So schrieb er beispielsweise die Musikstücke »Die zwölf Stämme Israels« (1942) und »Höre Israel« (1948).

Der Regisseur **Josef von Sternberg**, »Entdecker« von Marlene Dietrich, hieß in Wahrheit Jonas Sternberg. Falsch wie der Adelstitel war auch seine Behauptung, er habe die Drehbücher seiner Filme selbst geschrieben und die Kamera geführt. Sternberg, 1894 in Wien geboren, ging 1908 in die USA. 1927 hatte er mit dem Film »Underworld« (»Unterwelt«) einen ersten Erfolg. Auf Veranlassung Erich Pommers kam er 1929 nach Berlin, um »Der blaue Engel« nach Heinrich Mann »Professor Unrat« mit Marlene Dietrich in der Hauptrolle zu drehen. Über das Ende der »Erfolgsstory« Sternbergs berichtet die Filmhistorikerin Liz-Anne Bawden, er habe sich »mit dem Flair einer vage perversen Erotik umgeben« und »eine Pose egoistischer Arroganz kultiviert, die in seinem Umgang im Atelier deutlich faschistische Züge trug«; er sei »von der Paramount gefeuert« worden, »als die Einspielergebnisse seiner Filme so schlecht wurden, daß niemand mehr seine Arroganz ertragen wollte«. Seinen letzten Film »Anatahan« (13 Männer mit einer Frau im Urwald) drehte er 1953 in Japan. Sternberg verschied 1969 in Hollywood.

Rudolf (»Rudi«) Sternberg wurde 1917 in Breslau geboren und starb 1978 auf Teneriffa als Baron Plurenden of Plurenden Manor. Jung-Rudi ging bei der Mantelfabrik

Leopold Berman in Breslau in die Lehre. 1935 wanderte er mit der Familie nach England aus. Er diente im Zweiten Weltkrieg in der britischen Armee. Nach 1945 vollbrachte er einen steilen Aufstieg bei der Sterling Group, London (Kunststoffe, Papier, Düngemittel), deren Chef er 1968 wurde. Als Präsident des »British Agricultural Export Council« in den 70er Jahren war Sir Rudi (den Ritterschlag hatte er 1970 empfangen) besonders im Ostblockhandel aktiv. Als einer der größten Geldgeber der Labour-Partei gewann er das besondere Zutrauen des Labour-Führers und Premierministers Harold Wilson. Die Queen machte Sternberg 1975 zum Baron.

»Er ist heute der am meisten gespielte deutsche Dramatiker seiner Generation«, heißt es in Manfred Braunecks »Autorenlexikon deutschsprachiger Literatur des 20. Jahrhunderts« über den zeitlebens an Geistes- und Gemütskrankheiten leidenden Literaten **Carl Sternheim**. Er war 1878 in Leipzig als Sohn eines jüdischen Bankiers und einer nichtjüdischen Ballettänzerin zur Welt gekommen. Über seinen Vater soll Sternheim entfernt mit Heine verwandt gewesen sein. Der Schriftsteller führte seit Anfang des 20. Jahrhunderts ein unstetes Leben mit häufig wechselndem Aufenthaltsort (Berlin, München, Weimar, Belgien, Schweiz, Niederlande usw.). 1930 blieb er in Brüssel. Bis 1934 war er in dritter Ehe mit Pamela Wedekind, der Tochter von Frank Wedekind, verheiratet. 1934 scheiterte er beim Versuch, sich in London zu etablieren. Nach Angaben des »Biographischen Handbuchs der Emigration« wurde er in Belgien zur Zeit der deutschen Besatzung von der italienischen Botschaft und vom deutschen General von Falkenhausen geschützt. Sternheim starb 1942 in Brüssel. Seine bekanntesten Bühnenstücke sind »Die Hose« und »Der Snob«. Wegen Dekadenz und Verhöhnung der Wilhelminischen Zeit sind seine

Dramen bei der heutigen Kunst-Schickeria so beliebt.

In der englischen Emigration entwikkelte der jüdische Publizist **Edgar Stern-Rubarth** (geboren 1883 in Frankfurt am Main, gestorben 1972 in London) einen Plan zur endgültigen Zertrümmerung Preußens, das die »Wiege des deutschen Militarismus« und dessen Osten ohnehin »eigentlich slawisch« sei. 1963 erhielt er das Große Bundesverdienstkreuz der Bundesrepublik Deutschland. Er hatte in Weimarer Zeit als Chefredakteur im Ullstein-Verlag gewirkt und dann das halbamtliche Wolffsche Telegraphen-Büro dirigiert. Im Auftrage der Reichsregierung gab er die »Deutsche diplomatisch-politische Korrespondenz« heraus. 1936 emigrierte er nach England, wobei ihm Hjalmar Schacht beim Vermögenstransfer half. Nach Internierung in England 1939/40 wirkte Stern-Rubarth aktiv in der britischen Kriegspropaganda mit. Nach 1945 betätigte er sich als England-Korrespondent westdeutscher Zeitungen, beispielsweise des »Rheinischen Merkur«, und er war Mitarbeiter der deutschen Botschaft in London.

Leopold Stokowski gehörte zu den bekanntesten jüdischen Dirigenten des 20. Jahrhunderts. Er kam 1882 in London auf die Welt und lebte ab 1905 vorwiegend in den USA. 1912 übernahm er die Stabführung des Philadelphia Orchestra. Gemeinsam mit Toscanini war er ab 1942 Chef des NBC Sinfonie-Orchesters. 1962 gründete er das American Symphony Orchestra. Ab 1970 leitete er die Londoner Sinfoniker. Er verantwortete sämtliche amerikanische Erstaufführungen der Orchesterwerke Arnold Schönbergs. Stokowski starb 1977 in Nether Wallop/Hampshire (England).

Morgenthau und seine Geistesverwandten wollten Deutschland 1945 endgültig vernichten. Andere Juden in Amerika waren strikt dagegen. Über **Gustav Stolper** heißt es im »Biographischen Handbuch der deutschsprachigen Emigration«: »Seine Thesen über die künftige Rolle eines wirtschaftlich entwickelten Deutschlands als antikommunistisches Bollwerk trugen zur Revision der amerikanischen Politik bei.« Er gehörte der Delegation des ehemaligen US-Präsidenten Hoover an, die Deutschland 1947 besuchte und deren Bericht über das deutsche Elend die amerikanische Öffentlichkeit beeindruckte. Stolper war 1888 in Wien auf die Welt gekommen. Ab 1925 wirkte er als Volkswirtschaftsexperte in Berlin. 1926 gründete er das Fachblatt »Deutscher Volkswirt«. Von 1930 bis 1932 war er MdR der Deutschen Staatspartei. 1933 emigrierte er in die USA. Er schrieb an Hjalmar Schacht: »Ich werde mich niemals als Emigrant, sondern stets als deutscher Bürger fühlen.« In Amerika war er als Berater in der Finanzwirtschaft tätig. Er starb 1947 in New York.

Die von **Lee Strasberg** gegründete und jahrzehntelang geführte Theaterschule in New York ist eine zentrale Kaderschmiede für den nordamerikanischen Bühnen- und Filmnachwuchs. Wer Karriere machen will, muß sie durchlaufen haben. Die ganze Garde berühmter Hollywood-Mimen wie Marlon Brando, Paul Newman, James Dean, Marilyn Monroe usw. ist durch Strasbergs Schule gegangen. Seine Schauspielpädagogik geht von jüdischer Tradition und von der Lehre Stanislawskis aus. Strasberg kam 1901 im galizischen Budzanow zur Welt. 1909 wanderte er mit den Eltern in die USA ein. 1930 gründete er das »Group-Theatre« in New York und 1947 mit Elia Kazan, Robert Lewis und Cheryl Crawford dortselbst das »Actor's Studio«. Lee Strasberg starb 1982 in New York. Seine Tochter Susan spielte 1955 im Film »Tagebuch der Anne Frank« die Titelrolle.

Eine zentrale Rolle bei den Bemühungen, das Saarland nach 1945 endgültig Deutschland zu entreißen, spielte **Emil Straus**. Er kam 1899 als Sohn eines jüdischen Händlers im pfälzischen Göllheim zur Welt. Schon 1934/35 agitierte er im Saargebiet für die Anschluß-Gegner. Nach dem deutschen Abstimmungssieg ging er nach Frankreich, wo er im Zweiten Weltkrieg Offizier der Partisanenbewegung war. Nach 1945 zählte er zum engsten Kreis um den Separatistenführer an der Saar, Johannes Hoffmann (»JoHo«). Von 1947 bis 1951 amtierte Straus als Minister für Kultus, Unterricht und Volksbildung im Kabinett Hoffmann. Er wollte die »pénétration culturelle«, die Französisierung im gesamten Bildungswesen. Er vertrat Hoffmanns »Christliche Volkspartei« (CVP) im Landtag. Nach dem Scheitern seiner Bestrebungen durch den Volkswillen (Abstimmung 1955) verschwand Straus endgültig aus dem Saarland, das er 1952 bis 1955 noch als »Gesandter« in Paris vertreten hatte. Er ließ sich in Nizza nieder, wo er in den 80er Jahren starb.

Eigentlich schrieb sich der jüdische Komponist **Oscar Straus** mit doppeltem »s«. Angeblich ist er von Antisemiten gezwungen worden, ein »s« zu streichen, damit er nicht wie ein Sproß der Familien gleichnamiger deutscher Komponisten erscheine. Wahr ist jedenfalls, daß Straus(s) 1870 in Wien zur Welt kam und 1895 Kapellmeister in Brünn wurde. Später ging er nach Teplitz und Berlin. Zunächst komponierte er Parodie-Versuche auf Wagner-Opern im Stile eines Jacques Offenbach (»Die lustigen Nibelungen«). Dann wandte er sich der Operette zu. Hier hatte er vor allem mit »Ein Walzertraum« (1907) Erfolg. Es folgten musikalische Bühnenwerke wie »Der tapfere Soldat«, »Die Perlen der Cleopatra«, »Eine Frau, die weiß, was sie will«. 1938 emigrierte Straus über Paris nach Hollywood. 1948 kam er nach Österreich zurück. Dort trat er noch mit der Musik zu Ophüls' Film »Der Reigen« (nach Schnitz-

Edith STEIN

Wilhelm STEINBERG

Avraham STERN

Michael STERN

Josef »von« STERNBERG

Leopold STOKOWSKI

Lee STRASBERG

Levi STRAUSS

Meryl STREEP

ler) in Erscheinung. Oscar Straus verschied 1954 in Bad Ischl.

Lazarus Straus, jüdischer Hausierer aus dem Rheinpfälzischen, wanderte mit seiner Familie in die USA ein. Sein Sohn Isidor Straus wurde ein amerikanischer »Warenhauskönig«, sein anderer Sohn **Oscar Salomon Straus** (geboren 1850 in Otterberg/Rheinpfalz, gestorben 1926 in New York) brachte es 1906 zum ersten jüdischen Kabinettsmitglied der US-amerikanischen Regierung. Als Präsident Theodore Roosevelt ihn damals zum Minister berief, soll er dies mit den Worten begründet haben: »Damit die Welt sieht, was wir in den USA von den Juden halten.« Zuvor, ab 1887, hatte Oscar Salomon Straus als Gesandter in der Türkei gewirkt, wobei er sich bei der Hohen Pforte besonders für die palästinensischen Juden engagierte. Rabbi Trepp berichtet über Straus' weiteren Lebensweg: »Von Theodore Roosevelt zum Handelsminister berufen, kämpfte er um seiner europäischen Glaubensbrüder willen darum, keine Einwanderungsbeschränkungen in den USA einzuführen. Als er 1912 für das Amt des Gouverneurs des Staates New York kandidierte, fiel er durch.«

Von 1982 bis 1990 war der Historiker und Rabbiner **Herbert Arthur Strauss**, geboren 1918 in Würzburg, Direktor des Berliner »Zentrums für Antisemitismusforschung«, wobei er sein besonderes Augenmerk auf die »antijüdische Tradition des Christentums« richtete. Nach seinem Selbstverständnis haben Menschen wie er die Rolle von »Wachhunden«. Strauss schloß 1942 seine Studien an der von Rabbiner Leo Baeck geleiteten Hochschule für die Wissenschaft des Judentums in Berlin ab. Dort wurde er zur Kriegszeit auch zum Rabbiner und Religionslehrer ausgebildet. Danach soll er in Berlin als Straßenfeger zum Einsatz gekommen und später aus Gestapo-Haft in die Schweiz entkommen

sein. Die Eidgenossen internierten ihn zunächst. Ab 1946 lebte er in den USA. Er lehrte u.a. an der New School for Social Research und war 1972 Mitbegründer sowie fortan Direktor der amerikanischen Forschungsstelle für jüdische Einwanderung (»Research Foundation for Jewish Immigration«). Anfang der 80er Jahre verlegte er sein Betätigungsfeld wieder nach Deutschland.

Als erster Jude brachte es **Joseph Strauss** in den Vereinigten Staaten von Amerika zum Admiral der Asien-Flotte. Er war 1861 in Mount Morris (New York) geboren worden. Im Ersten Weltkrieg war er Kapitän des US-Schlachtkreuzers »Nevada«, der Minen in der Nordsee und im Ärmelkanal legte, um Deutschland von lebenswichtigen Verbindungen über das Meer abzuschneiden. Strauss starb 1948 in Bethesda/US-Bundesstaat Maryland.

Als Vater der »Politischen Philosophie« wird **Leo Strauss** apostrophiert. Er kam 1899 im hessischen Kirchhain als Sproß einer jüdischen Familie zur Welt und starb 1973 in Annapolis/US-Bundesstaat Maryland. Ab 1925 wirkte er als Mitarbeiter der Akademie für die Wissenschaft des Judentums in Berlin. 1932 verließ er Weimar-Deutschland und ging nach Frankreich, dann nach England, schließlich in die USA. Ab 1939 lehrte er als Professor an der hauptsächlich von jüdischen Emigranten gegründeten und betriebenen New School for Social Research (New York). 1944 erwarb er die US-Staatsbürgerschaft. Ab 1949 las er an der Universität Chikago, ab 1969 am St. John's College in Annapolis. Krohn schreibt in seiner Ausarbeitung »Wissenschaft im Exil«: »Strauss wurde mit seiner antimodernistischen Geschichtsphilosophie, die alle aufklärerischen Traditionen als modernen Destruktionismus verwarf und sich raunend nur an eine kleine Elite Gleichgesinnter richten wollte, zum gefeierten Guru der amerikanischen Konservativen, der seiner wachsenden Schülerschar die antiegalitäre Botschaft von der Unmöglichkeit einer gerechten Gesellschaft einimpfte.«

1850 kam ein 20jähriger jüdischer Hausierer namens **Levi Strauss** aus Bayern nach Amerika. Zunächst betrieb er dort einen Bauchladen mit Knöpfen, Garn und Nadeln. Wie es weiter ging, schildert Rabbi Trepp in seinem Buch über die amerikanischen Juden so: »Er hatte eine Schiffsladung Zelttuch und eine Nietenmaschine nach San Francisco gebracht, um dort Zelte für Goldsucher herzustellen, doch war er zu spät gekommen, der ›gold rush‹ war vorbei. Kurz entschlossen stellte er sich auf die Fabrikation von Hosen um, den weltbekannten Levi's-Jeans«. 1853 gründete er die Firma Levi Strauss & Co. und eröffnete die Großproduktion von Arbeitshosen. Er starb 1907. Levi-Jeans gelten als Symbol des »american way of life.« Heute stecken mehr junge Deutsche in der Kluft dieses amerikanischen Konzerns als früher in der Uniform von HJ oder FDJ.

Eigentlich lautete der Familienname des amerikanischen Bankiers und Politikers **Lewis Strauss** (geboren 1896 in Charleston) Lichtenstein. Seine Eltern waren aus Deutschland nach Amerika ausgewandert. Von 1929 bis 1947 betätigte sich Strauss-Lichtenstein in führender Position beim jüdischen Bankhaus Kuhn, Loeb & Co. Er wirkte überdies als Finanzberater der Familie Rockefeller und als führender Zionist Amerikas. So saß er beispielsweise im Vorstand der 1929 von Louis Brandeis gegründeten zionistischen »Palestine Economic Group«. Im Zweiten Weltkrieg bekleidete Strauss den Rang eines Konteradmirals der US Navy, und er amtierte als Chefassistent des US-Marineministers. Von 1953 bis 1958 stand er der US-Atomenergie-Behörde vor. 1958/59 war er Handelsminister. Über Jahrzehnte wirkte Lewis Strauss als Präsident

der jüdischen Gemeinde Temple Emanu-El in New York.

Der Literat **Ludwig Strauss** aus Aachen (Jahrgang 1882) war Schwiegersohn von Martin Buber; er hatte dessen Tochter Eva heimgeführt. Strauss wirkte ab 1929 als Literaturhistoriker an der Technischen Hochschule Aachen. Er schrieb hauptsächlich für die Blätter »Jüdische Rundschau«, »Der Jude« und »Die Kreatur«. 1933 erschien in Hamburg seine Gedichtsammlung »Nachtwache«, zwei Jahre später kam in der Reichshauptstadt Berlin sein lyrischer Band »Land Israel« heraus. Gleich danach wanderte der begeisterte Zionist nach Israel aus, wo er Literaturdozent in Jerusalem wurde. Ihm wird bescheinigt, eine »Synthese deutscher, jiddischer und hebräischer Elemente« versucht zu haben. Angebote der TH Aachen zur Rückkehr nach 1945 schlug er kategorisch aus. Ludwig Strauss starb 1953 in Jerusalem.

Der US-amerikanische Film - und Fernsehschauspieler **Peter Strauss** kam 1947 als Sohn eines jüdischen Weinhändlers aus Duisburg zur Welt. International bekannt wurde der Mime durch Mitwirkung in Hollywood-Streifen wie »Masada« (Verherrlichung des Widerstandes der alten Juden gegen die Römer) und »Das Wiegenlied vom Totschlag«. Bundesdeutsche Medien rühmen vor allem »seine dunklen, sanften Augen, seine aristokratische Nase« (»Bild am Sonntag«); er sei »ein Typ für die romantische Mondnacht«.

Als **Robert S. Strauss** 1991 im Auftrage des Präsidenten Bush neuer US-Botschafter in Moskau wurde, schrieb die »Allgemeine Jüdische« (Bonn): »Als Verkörperung des Kapitalismus ist der neue Botschafter ein geradezu idealer Mittler zwischen amerikanischen Firmen, Investoren und den Russen. Als Jude wird Bob Strauss ein Bindeglied zwischen dem amerikanischen und dem sowjetischen Judentum sein.« Strauss war

1918 im texanischen Lockhart zur Welt ge-kommen. Nach dem Studium der Rechte war er beim FBI (Spionageabwehr) tätig. Von 1972 bis 1977 war er Chef der Demo-kratischen Partei. 1979 managte er die Kam-pagne zur Wiederwahl Carters als US-Präsi-dent. Einige Zeit später sagte der gescheiter-te Carter mit bitterer Ironie: »Bob Strauss ist ein sehr loyaler Freund. Er ließ nach meiner Niederlage eine ganze Woche verfließen, bis er mit Ronald Reagan dinierte.« In den 80er Jahren war Strauss Wall Street-Anwalt. Mit Präsident Bush und dessen Außenminister Baker war er aus den Tagen bekannt, als man in Texas gemeinsam Millionendeals mit Öl machte.

Der Jurist **Walter Strauss** (geboren 1900 in Berlin, gestorben 1976 in Baldham/Ober-bayern) war Sohn des bedeutenden Interni-sten Hermann Strauss, nach dem das Berli-ner Jüdische Krankenhaus benannt ist. Er war zur Weimarer Zeit Richter und Referent im Reichswirtschaftsministerium. Nach der NS-Machtübernahme war er Mitarbeiter bei Rechtsanwälten und Schiffsagenturen. Ab 1946 diente er als Staatssekretär in Hes-sen, ab 1949 als Leiter des Rechtsamtes der Vereinigten Wirtschaftsgebiete (Bundesre-publik). Als Christdemokrat gehörte er dem Parlamentarischen Rat an. Von 1949 bis 1963 war er Staatssekretär im Bonner Justiz-ministerium, anschließend Richter am Eu-ropäischen Gerichtshof in Luxemburg.

Die Hollywood-Schauspielerin **Meryl (eigentlich Marie Louise) Streep** kam 1949 in Basking Ridge (US-Bundesstaat New Jer-sey) als Tochter einer holländisch-spani-schen Judenfamilie zur Welt. 1975 debütier-te sie am Broadway. 1977 trat sie in »Die langweiligste Saison« unter der Regie Zin-nemanns erstmals im Film auf. Der Durch-bruch im internationalen Geschäft gelang ihr 1978 als Hauptdarstellerin der mehrtei-ligen Fernsehserie »Holocaust«, durch die im Stile der amerikanischen »Soap Operas« das jüdische Leiden in der Hitlerepoche kom-merzialisiert wurde. In der Folgezeit erhielt sie zahlreiche Filmrollen und wurde mehr-fach mit dem »Oscar« ausgezeichnet.

»Zur Ehre ihrer jüdischen Herkunft produzierte sie aus eigenen Mitteln (1984) den Film ›Yentl‹, in dem sie die Hauptrolle spielte«, notiert Rabbiner Prof. Dr. Leo Trepp mit großem Wohlwollen über die Schauspielerin, Sängerin und Produzentin **Barbra Streisand**. Ihre Vorfahren kamen aus Deutschland in die USA; sie wurde 1942 in New York-Brooklyn geboren. Zuerst wirkte sie als Barsängerin in Nachtclubs. Gefördert von Broadway-Impresarios, stieg sie in den 60er Jahren zum Bühnenstar auf und wurde auch in Hollywood erfolgreich. 1970 erklärten US-Medien sie zur »Schau-spielerin des Jahrzehnts«. Ende der 80er Jahre hieß es in Medien, die geplante Ehe mit dem Schauspieler Don Johnson (»Miami Vice«) sei geplatzt, weil sich ihr Auserwähl-ter nicht nach jüdischem Ritual beschneiden lassen wollte. 1994 meldete die »Deutsche Wochen-Zeitung«: »Konzerte in Deutsch-land lehnt sie strikt ab. Begründung: ›Das sind alles Nazis‹.«

Josef Streit, geboren 1911 im böhmi-schen Friedrichswalde, war von 1962 bis 1981 Generalstaatsanwalt der DDR. Als oberster Ankläger und Chef sämtlicher Staatsanwaltschaften saß er in einer Schlüs-selstellung des kommunistischen Regimes. Das politische DDR-Strafrecht wurde im wesentlichen von ihm geformt. Er lieferte auch »Beweismaterial« zur Verurteilung an-geblicher deutscher Kriegsverbrecher in den Westen. Als er 1987 in Ostberlin gestorben war, würdigte ihn das »Neue Deutschland« als »konsequenten demokratischen Erneue-rer der Justiz«, während die »Deutsche Na-tional-Zeitung« ihn »Einpeitscher einer zu-tiefst verbrecherischen Justiz« nannte. Streit hatte sich 1925 der tschechischen KP-Ju-gend, 1930 der KPC angeschlossen. Die

Kriegszeit überstand er in den Lagern Dachau und Mauthausen. Nach einem »Volksrichterlehrgang« begann seine DDR-Karriere. Bevor er oberster DDR-Ankläger wurde, war er ab 1953 Leiter der Rechtsabteilung beim ZK der SED.

Käte Kleefeld, die Frau des Reichsaußenministers zur Weimarer Zeit, Gustav Stresemann, war jüdischer Herkunft. Aus der Ehe ging der Orchesterleiter und Publizist **Wolfgang Stresemann** hervor. Er kam 1904 in Dresden zur Welt. Er studierte in Weimarer Zeit Rechtswissenschaften und Musik und wirkte kurzfristig als Sekretär seines Vaters. Bis zur Emigration nach Amerika 1939 war er in Deutschland als Barpianist und Komponist tätig. In den USA arbeitete er als Kapellmeister und Musikkritiker. 1955 remigrierte er nach Deutschland, wo er zunächst Intendant des Radio-Sinfonie-Orchesters Berlin, dann Intendant der Berliner Philharmoniker wurde. 1979 erschien sein Buch »Mein Vater Gustav Stresemann«.

Der Schauspieler und Regisseur, der sich **Erich von Stroheim** nannte, 1885 in Wien zur Welt kam und 1957 in Maurepas bei Paris starb, entstammte keineswegs, wie er nach seiner Ankunft in Amerika 1906 verbreitete, einem alten Adelsgeschlecht. Weder war seine Mutter Hofdame der Kaiserin noch war sein Vater Kavallerieoffizier, was er behauptet hatte. In Wahrheit entstammte er einer jüdischen Familie aus Schlesien, sein Vater war fliegender Händler mit Hüten und er selbst, Erich Oskar Stroheim, hatte Österreich als Deserteur der k.u.k. Armee verlassen. Ab 1914 war Stroheim beim US-Film tätig. 1916 überzeugte er als Pharisäer in dem Streifen »Intoleranz«. Im Ersten Weltkrieg begann seine Karriere als Darsteller des deutschen »Schweinehund« in Uniform, den er in zahlreichen Filmen gab. Ab den 20er Jahren inszenierte er eigene Filme, z.B. »Gier«. In den 30er und 40er Jahren war er wieder hauptsächlich der »böse Deutsche«, meist »Offizier«. In Billy Wilders »Fünf Gräber bis Kairo« (1943) versuchte er Rommel lächerlich zu machen. Ab 1946 lebte Stroheim in Frankreich.

Rabbinersohn **Heinrich Süsskind**, geboren 1895 im galizischen Kolomea, stieg in der kommunistischen Hierarchie rasch auf und stürzte jäh ab. 1936 wurde er in Moskau zusammen mit Bela Kun verhaftet. Er ist im Archipel Gulag verschollen. Nach abgebrochenem Studium der evangelischen Theologie hatte er sich 1919 in Berlin der KPD angeschlossen. Ab Ende 1921 war er Chefredakteur des KP-Zentralorgans »Die Rote Fahne«. Ein Jahr später wurde er aus Deutschland ausgewiesen. Doch schon 1923 tauchte er wieder im Deutschen Reich auf und übernahm erneut die Chefredaktion der »Roten Fahne«. 1928 verlor er infolge einer parteiinternen Auseinandersetzung die KP-Ämter. 1933 emigrierte er nach Moskau, wo er bei der Komintern tätig war, bis man ihn in die Vernichtungslager Stalins verschleppte.

Vor allem als Verleger und Herausgeber der »New York Times« von 1935 bis 1961 und als Direktor der Nachrichtenagentur Associated Press von 1943 bis 1952 prägte **Arthur Hays Sulzberger** die veröffentlichte Meinung der USA. Er war 1891 in New York als Sproß einer aus dem badischen Heidelsheim nach Amerika ausgewanderten jüdischen Familie zur Welt gekommen, die in den USA im Baumwollgeschäft tätig war. Zunächst war er im Unternehmen des Vaters, Cyrus Leopold Sulzberger, aktiv, der in führender Stellung dem American Jewish Committee angehörte. 1917 heiratete Arthur Hays Sulzberger die Tochter des »New York Times«-Präsidenten Adolph Simon Ochs, Iphigenie. 1919 trat er in die Verlagsleitung des Unternehmens seines Schwiegervaters ein, den er 1935 schließlich beerbte. Unter Sulzbergers Führung drängte die »New York Times« zum Krieg gegen

Deutschland und zu einer unbedingt Israel-treuen amerikanischen Politik. Infolge schwerer Erkrankung gab er den »Times«-Chefsessel 1961 an seinen Schwiegersohn Orville Dreyfoos ab, dem 1963 sein Sohn Arthur Ochs Sulzberger folgte. Arthur Hays Sulzberger starb 1968 in New York.

Italo Svevo gilt als Schöpfer des italienischen psychoanalytischen Romans im Geiste des Sigmund Freud. Eigentlich hieß der Literat Hektor Aron Schmitz und entstammte einer aus dem Rheinland kommenden jüdischen Familie. Geboren wurde er 1861 in Triest; er starb 1928 in Motta di Livenza an den Folgen eines Autounfalls. Svevo-Schmitz ging in Deutschland zur Schule und war Angestellter der Berliner Union-Bank in Triest. Als Schriftsteller war er gut bekannt mit James Joyce. Aus Svevos Feder stammen drei Romane und einige Theaterstücke.

Hauptverantwortlich für den Terror in der ersten Phase der Bolschewistenherrschaft in Rußland war **Jakob M. Swerdlow**, geboren 1885 in Nischni Nowgorod. Er amtierte als nominelles Staatsoberhaupt der Sowjets und verkündete, so seine eigenen Worte, »erbarmungslosen Massenterror gegen die Feinde der Revolution«. Er gab den Befehl zur Ausrottung der kaiserlichen Familie, einschließlich der Kinder. Wegen seiner umstürzlerischen Aktivitäten war er zur Zarenzeit zweimal nach Sibirien verbannt worden. Nach seinem frühen Tod (er starb 1919 in Krakau) entstand ein roter Kult um seine Person. Gerd Koenen schreibt in seinem Buch »Die großen Gesänge« (über Führerkulte im 20. Jahrhundert): »Der stalinistische ähnelt dem antiken Götterhimmel. Jeder von Stalins Gefährten steht für eine besondere Eigenschaft seines Regimes oder für eine bestimmte Seite der revolutionären Geschichte. Auf den Historienbildern müssen sie manchmal retroaktiv den Part eines in Ungnade Gefallenen oder Ermordeten

aus Lenins Garde einnehmen. Einige längst Verstorbene müssen auf den Gemälden der 30er Jahre sogar noch posthum die Rolle fiktiver Platzhalter spielen - so der früh verstorbene Swerdlow, der auf den Revolutions-Gemälden stets den Platz an der Seite Lenins und Stalins optisch zu füllen hat, den eigentlich Trotzki einzunehmen gehabt hätte. Dafür werden Swerdlows Physiognomie sogar übertrieben jüdische Züge beigelegt.«

George Szell, dessen eigentlicher Vorname Györgi lautete, war einer der bedeutendsten jüdischen Dirigenten des 20. Jahrhunderts. Er wurde 1897 in Budapest geboren und starb 1970 in Cleveland/US-Bundesstaat Ohio. 1914 gab er nach dem Musikstudium in Wien und Leipzig in Berlin sein Konzertdebüt als Pianist. 1927 wurde er Professor an der Musikhochschule Berlin. Von 1929 bis 1937 wirkte er als Generalmusikdirektor der Deutschen Oper Prag. In den USA hatte er ab 1939 die Stabführung u.a. der NBC-Sinfoniker, der New Yorker Philharmoniker und des Cleveland-Orchestra. Auch trat er in der Nachkriegszeit als Dirigent bei den Salzburger Festspielen auf.

Der Physiker **Leo Szilard** gehörte zu den jüdischen Vätern der Atombombe. Er kam 1898 in Budapest auf die Welt. Von 1925 bis 1932 war er Privatdozent in Berlin. 1933 ging er nach Großbritannien, 1938 in die Vereinigten Staaten von Amerika. Mit Eugen Wigner stachelte er noch vor Ausbruch des Zweiten Weltkrieges Albert Einstein an, US-Präsident Roosevelt zum Bau der Atombombe zu bewegen. Am 2. August 1939 richtete Einstein seinen entsprechenden Brief ans Weiße Haus. Ab 1942 hatte Szilard eine führende Stellung in Los Alamos beim »Manhattan-Project« (Bau der Atombombe). Nach Deutschlands Niederlage trat Szilard als Unterzeichner pazifistischer Resolutionen in Erscheinung. Er starb 1964 in La Jolla/Kalifornien.

Der Psychotherapeut **Leopold Szondi**, geboren 1893 in Neutra (Slowakei), wird als Begründer der »Schicksalsanalyse« bezeichnet. Er bemühte sich um eine Synthese von Psychoanalyse und Erbforschung. Von 1927 bis 1941 lehrte er als Professor an der Hochschule für Heilpädagogik in Budapest. 1944 kam er über das Lager Bergen-Belsen in die Schweiz. Seit 1962 lehrte er an der Universität Zürich. Er starb 1977. Seine Hauptwerke sind »Triebdiagnostik« (1947), »Kain. Gestalten des Bösen« (1968) und »Moses. Antwort auf Kain« (1973). Nach ihm ist ein Test benannt, der der Diagnose der Triebstruktur einschließlich krankhafter Störungen dient. Sein Sohn war der Literaturhistoriker Peter Szondi (Professor an der FU Berlin), der 1971 Selbstmord beging.

T

George Tabori gehört zur unübersehbaren Schar Kunstschaffender, für die auch über ein halbes Jahrhundert nach Hitlers Tod die NS-»Bewältigung« die Hauptsache ist. Der Literat und Theaterleiter kam 1914 in Budapest auf die Welt, war 1932/33 Student und Koch in Berlin, ging dann nach Ungarn zurück, emigrierte 1937 nach London, verdingte sich dem britischen Nachrichtendienst, wirkte in den ersten Kriegsjahren in Nahost, u.a. als britischer Geheimdienstoffizier in Jerusalem, und machte dann bei der BBC-Propaganda mit. 1947 wanderte er nach Amerika aus. Dort arbeitete er mit Brecht zusammen. Seine Erfahrungen bei der antideutschen BBC-Propaganda konnte er als Drehbuchautor für die Thriller-Spezialisten Hitchcock und Litvak verwenden. Zeitweise lehrte er an Strasbergs

»Actor's Studio« in New York. 1970 kam er nach Deutschland. Hier leitete er das Bremer »Theaterlabor« und die Münchner »Kammerspiele«. 1987 stieg er zum Intendanten des Wiener Schauspielhauses auf (bis 1990). Dann wirkte er am »Theater im Kreis« der österreichischen Hauptstadt. Zu seinen bekanntesten Theaterstücken zählen »Die Kannibalen« (KZler haben einen gekochten Mithäftling zu verzehren), »Mein Kampf«, »Masada« (nach Flavius Josephus) und das autobiographische Bühnenwerk »Peepshow«. Über eine »Peepshow«-Inszenierung berichtete der »Stern« wie folgt: »Kalauer wechseln mit beklemmenden KZ-Visionen. Da wird ein Fötus mit der Stuhlkante bearbeitet und ein Penis aus Teig beknabbert, da wird gezeugt und gestorben, und alles verweht in einem riesigen Furz - zwei Windmaschinen blasen eine Wolke weißer Blätter ins Parkett.«

Arno Lustiger, der Berichterstatter vom jüdischen Untergrundkampf gegen die Deutschen im Zweiten Weltkrieg, nennt **Leon Tadscher** (geboren 1903 in Sofia) »eine der hervorragenden, allgemein bekannten und verehrten Gestalten des Widerstandes in Bulgarien«. Er habe »eine der ersten Widerstandszellen des Landes organisiert« und sei »Bulgariens Widerstandskämpfer der ersten Stunde« gewesen. Tadscher war 1922 nach Palästina gegangen, wurde aber wegen seiner kommunistischen Aktivitäten von der britischen Mandatspolizei 1934 des Landes verwiesen. Wie Tadschers Heldentaten beschaffen waren, schildert Lustiger an folgendem Beispiel: »1941 entgleiste er einen deutschen Militärzug; dieser Sabotageakt fügte den Nazis große Verluste an Menschen und Material zu.« Bei dem Versuch, Benzinvorräte der Wehrmacht anzuzünden, wurde er ertappt und im November 1941 im bulgarischen Russe öffentlich gehängt.

Eigentlich heißt der jüdische Komponist **Josef Tal**, geboren 1910 in Pinne bei Posen, Grünthal. Der Rabbinersohn studierte an der Berliner Hochschule für Musik und ging 1934 als glühender Zionist nach Palästina. Dort war er Mitbegründer des Palästina-Orchesters, aus dem sich später die Israelischen Philharmoniker entwickelten. In den 50er Jahren wandte er sich der elektronischen Musik zu. Von 1965 bis 1971 lehrte er an der Hebräischen Universität Jerusalem. Jüdische Themen stehen im Mittelpunkt seines Schaffens. Er schrieb eine Oper »Massada«, ein Ballett »Exodus« und ein Oratorium »Moses Tod«.

Neben Landau gilt **Igor Jewgenewitsch Tamm** als bedeutendster Physiker und Atomforscher der Sowjetunion. Er kam 1895 in Wladiwostok zur Welt. Er studierte in Edinburgh und kehrte nach der bolschewistischen Machtübernahme nach Rußland zurück. 1930 wurde er Professor für theoretische Physik in Moskau. 1953 stieg er zum Mitglied der Akademie der Wissenschaften auf. Von ihm stammen bedeutende Arbeiten zur Quantentheorie und ihren Anwendungen. Für die theoretische Erklärung des Tscherenkow-Effekts wurde er 1958 mit J.M. Frank und P.A. Tscherenkow mit dem Physik-Nobelpreis ausgezeichnet. Tamm starb 1971 in Moskau.

1992 starb in New York Rabbiner **Marc Herman Tanenbaum**, der »Vater des modernen christlich-jüdischen Dialogs« (»Allgemeine Jüdische Wochenzeitung«). Er war 1925 in Baltimore als Sohn eines aus Rußland in die USA eingewanderten Lebensmittelhändlers zur Welt gekommen. Als einziger Rabbiner nahm er als Beobachter am Zweiten Vatikanischen Konzil teil. Bei der amerikanischen Sektion des Jüdischen Weltkongresses diente er als Leiter der Abteilung »Internationale Beziehungen«. Die Filmwirtschaft beriet er bei Produktionen wie »Holocaust«. Rabbi Tanenbaum organisier-

te internationale Proteste gegen die angeblich antisemitischen Festspiele von Oberammergau. 1985 teilte er dem schockierten US-Publikum in der jüdischen Zeitschrift »B'nai B'rith-Messenger« mit, in der Bundesrepublik würden Veteranen der Waffen-SS mit Tiger-Panzern aus alten Wehrmachtbeständen zu ihren Treffen zusammenkommen.

Als besonderes Verdienst wird heutzutage dem Literaten **Max Tau** angerechnet, daß er kommunistische Schriftsteller wie Johannes R. Becher und Lion Feuchtwanger in Skandinavien bekanntgemacht hat, vor allem, daß er dort für die Verbreitung der Werke von Thomas Mann sorgte. Tau kam 1897 im oberschlesischen Beuthen zur Welt. In Weimarer Zeit war er Cheflektor des jüdischen Verlags Bruno Cassirer und, bis zu seiner Emigration 1938, Mitarbeiter der »Frankfurter Zeitung«. Fortan hielt er sich, mit einer schwedischen Unterbrechung von 1942 bis 1945, in Norwegen auf. Im Nachkriegsdeutschland förderte Tau vor allem Karrieren von Publizisten, die im nationalsozialistischen Sinne geschrieben hatten und nunmehr Radikal-»Bewältigung« (allerdings nicht in eigener Sache) betrieben, wie z.B. Kirst und Koeppen. Tau wurde mit zahlreichen bundesdeutschen Ehrungen bedacht. Er war ersterTräger des Friedenspreises des Deutschen Buchhandels und des Literaturpreises der deutschen Freimaurer. Er starb 1976 in Oslo.

Richard Tauber war der bekannteste jüdische Opernsänger der ersten Hälfte des 20. Jahrhunderts. Er kam 1892 in Linz als Ernst Seiffert (nach anderen Angaben als Richard Denemy) zur Welt. Sein Vater wurde später Generaldirektor des Städtischen Theaters Chemnitz. In Chemnitz debütierte Richard Tauber 1913 als Opernsänger. 1919 ging er an die Berliner Staatsoper. 1924 begann seine Zusammenarbeit mit Franz Lehàr. Ab 1925 wirkte Tauber hauptsächlich

Barbra STREISAND

Erich »von« STROHEIM
als Rommel-Imitation

Jakob SWERDLOW

Leo SZILARD

George TABORI

Max TAU

Richard TAUBER

Elizabeth TAYLOR

Edward TELLER

an der Staatsoper Wien. 1930 gründete er die
»Richard Tauber Tonfilm GmbH«. Er wirkte in mehreren Spielfilmen mit. 1938 emigrierte der Sänger nach London. Dort starb
er 1948.

Als der Philosoph und Religionssoziolo-
ge **Jakob Taubes** 1987 in Westberlin gestorben war, würdigte man ihn in Medien als
»Wegbereiter einer linken politischen Theologie«. Er war 1923 in Wien als Rabbinersohn zur Welt gekommen. Nach der Auswanderung nach Palästina wurde er 1949
Professor an der Hebräischen Universität
Jerusalem. 1959 emigrierte er nach Amerika
und las an der New Yorker Columbia-Universität. Ab 1966 leitete er das Institut für
Judaistik an der Freien Universität Berlin.
Sein Hauptwerk, erschienen 1947, heißt
»Abendländische Eschatologie«.

Der jüdische Industrielle **Charles William Taussig** (geboren 1896 in New York,
gestorben 1948 in Bay Shore, Long Island)
machte in Amerika mit Sirup Millionen. Seit
Anfang der 30er Jahre gehörte er zum
Freundeskreis Franklin Delano Roosevelts.
Er zählte zu den sechs engsten Beratern
(»Brain Trust«) Roosevelts in dessen Zeit als
US-Präsident 1933-1945. Außerdem war er
führender Vertreter der Wirtschaftsphiloso-
phie des »New Deal«. Er gehörte der US-
Delegation bei der UNO-Gründungsver-
sammlung an. Er schrieb »Rum, Romance
and Rebellion«.

Als Hauptvertreter einer mit allen Traditionen brechenden »funktionalen Bauweise« tat sich der Architekt **Bruno Taut** (geboren 1880 in Königsberg) hervor. Ab der
Jahrhundertwende war er hauptsächlich in
Berlin tätig. Um dem Wehrdienst zu entgehen, trat er 1914 in einen Hungerstreik. Er
kam in eine Munitionsfabrik. 1919 gründete
er die linke Künstlervereinigung »Gläserne
Kette«. Von 1921 bis 1924 war er Stadtbaumeister in Magdeburg. In Berlin baute er die
Vorstadtsiedlung »Onkel Toms Hütte«

(Zehlendorf). Er gehörte der probolschewi-
stischen »Gesellschaft der Freunde des
Neuen Rußland« an, besuchte mehrfach die
Sowjetunion und errichtete für die dortigen
Herrschenden Repräsentationsbauten. 1933
ging er über Moskau nach Japan. 1936 wurde er Professor an der türkischen Kunstakademie. Er starb 1938 in Istanbul. Sein Bruder Max Taut (1884-1967), ebenfalls Bau-
meister, wirkte zuletzt als Chef der Archi-
tekturabteilung an der Hochschule für Bildende Künste in Berlin.

Die 1932 in London geborene und 1939
mit ihren Eltern aus England nach Amerika
emigrierte Schauspielerin **Elizabeth Taylor**
begann als Kinderstar in »Lassie«-Filmen,
erreichte als »Cleopatra« den Höhepunkt
ihres Filmruhmes und überzeugte zuletzt
1994 als Schwiegermutter von Fred Feuerstein in der Verfilmung der Trickserie. Daß
sie jüdisch von Geburt sei, ist nicht belegt.
Vielmehr trifft wohl die in Biographien verbreitete Version zu, daß sie wegen ihres ersten Mannes, Eddie Fisher, zum Judentum
konvertierte. Zeitweise war sie auch mit
dem Rabbinersohn und Filmproduzenten
Mike Todd (Avrom Goldbogen) verehelicht. Die Vorsitzende der US-Aidsstiftung
(»Safer Sex«) war insgesamt achtmal verheiratet und lieferte der Regenbogenpresse mit
immer neuen »Liebesaffären« Schlagzeilen.
Sie ist glühende Zionistin, und die »Bild«-
Zeitung meldete: »Liz als bewußte Jüdin ist
beständig für das Simon-Wiesenthal-Center
aktiv.«

Der Jurist **Jakob Teitel**, geboren 1850 in
Tschory Ostrow, stieg zur Zarenzeit in
höchste Ämter Rußlands auf. Auch gehörte
er zum Kreis um Maxim Gorki. Zunächst
sympathisierte Teitel mit Lenin. Nach der
bolschewistischen Machtübernahme aber
emigrierte er nach Deutschland, wo er den
»Verband russischer Juden« leitete. 1933
ging er nach Frankreich. Er starb 1940 in
Paris. Daß sein Aufstieg im russischen Kai-

serreich ein Sonderfall und er dort der einzige jüdische Richter gewesen sei, wie oft behauptet wird, trifft nicht zu. Thorwald berichtet über die zweite Hälfte des 19. Jahrhunderts in Rußland: »Die Zahl der jüdischen Schüler an Gymnasien erhöhte sich um das beinahe Fünfzigfache. 1863 waren 13 % der Schüler höherer russischer Lehranstalten jüdisch, was rund dem dreifachen Anteil der Juden an der russischen Bevölkerung entsprach ... Männer wie Jakob Teitel, Passower, Kupernik oder Werblowski wurden bedeutende Vorsitzende des Obersten Gerichtshofes, und andere Juristen wie Utin, Trachtenberg oder Dumaschewski arbeiteten nach 1860 in einer Kommission für eine zaristische Justizreform im Zarenreich.« Auch junge jüdische Händler und Hausierer hätten damals in Rußland »ihre eigenen Erfolgsgeschichten geschrieben«.

Als Chef des »Verfassungsschutzes« in Nordrhein-Westfalen von 1949 bis 1960 zog **Fritz Tejessy** (geboren 1895 in Brünn, gestorben 1964 in Bonn) geheimdienstliche Fäden in der Bundesrepublik. Sein Mentor in Weimarer Zeit war Albert Grzesinski, der ihn in das preußische Innenministerium berief. Vorher hatte Tejessy als Redakteur von SPD-Zeitungen gearbeitet. Er wurde unter Grzesinskis Patronat Chef der Personal- und Disziplinarabteilung im Innenministerium sowie Chefredakteur des Blattes »Die Polizei«. Er verfügte ein Berufsverbot für Nationalsozialisten im öffentlichen Dienst Preußens. 1933 ging er in die Tschechei. Seine geplante Auswanderung nach Palästina scheiterte an britischen Zuzugsbeschränkungen. 1938 begab sich Tejessy nach Schweden, 1941 über die Sowjetunion in die USA, wo er mit dem ebenfalls emigrierten Grzesinski im Vorstand des »German-American Council for the Liberation of Germany« und der »Association of Free Germans« wirkte. 1949 remigrierte er nach Deutschland.

Edward Teller, geboren 1908 in Budapest als Sohn eines jüdischen Rechtsanwalts, war nicht nur maßgeblich am Bau der US-Atombombe beteiligt, sondern gilt auch als Vater der nach 1945 unter seiner Leitung auf dem Bikini-Atoll erstmals gezündeten Wasserstoffbombe. Teller studierte bei Max Born und promovierte 1930 bei Heisenberg. 1933 ging er nach Dänemark, wo er mit Niels Bohr zusammenarbeitete. Über England kam er 1935 in die USA. Er lehrte zunächst an der George-Washington-Universität. Im Krieg war er einer der Hauptbeteiligten des »Project Manhattan« (Bau der Atombombe). Danach entwickelte er an der Universität Chikago die Grundlagen zum Bau der Wasserstoffbombe. In den 80er Jahren trat Teller als Berater des Präsidenten Reagan für Weltraumwaffen (»SDI«) in Erscheinung. Er riet zur Anschaffung von Laser-Raketen. Zuvor hatte er größere Aktienpakete eines hauptsächlich mit der Entwicklung von Laser-Technik beschäftigten Industrieunternehmens erworben.

Hollywood-Filmboß **Irving Thalberg** (geboren 1899 in Brooklyn, gestorben 1936 in Hollywood) war das Vorbild des »letzten Tycoon« in Fitzgeralds gleichnamigem Roman, der 1976 von Elia Kazan verfilmt wurde. Thalberg begann als Gehilfe Karl Laemmles. 1924 stieg er bei MGM ein. Als Produktionsleiter von Metro-Goldwyn-Mayer war er der eigentliche Herrscher der Studios. Er verfügte über weitgehende Vollmachten und konnte fast nach freiem Belieben in die Arbeit auch renommiertester Regisseure eingreifen. Unter seiner Führung entstanden Filme wie »Grand Hotel«, »Meuterei auf der Bounty« oder »Romeo und Julia«. In seinen letzten Lebensjahren entmachtete ihn MGM-Chef Louis B. Mayer zugunsten seines Schwiegersohns David O. Selznick, der gleichberechtigter Produktionsleiter wurde.

Nach 1945 verboten die Alliierten dem jüdischen Publizisten **August Thalheimer**, aus seinem kubanischen Exil nach Deutschland zurückzukehren. Hintergrund: Er rief die deutsche Arbeiterschaft auf, gegen die Fremdbesatzung zu rebellieren und einen eigenen deutschen Weg zum Sozialismus zu beschreiten, jenseits der Modelle westlicher oder östlicher Sieger. Thalheimer starb 1948 in Havanna. Zur Welt gekommen war er 1884 als Kaufmannssohn im württembergischen Affaltrach. Zunächst wirkte er als Chefredakteur sozialdemokratischer Blätter. Ab 1914 gehörte er dem Kreis um Rosa Luxemburg an. Nach dem Ersten Weltkrieg war er zeitweise Chefredakteur des KPD-Zentralorgans »Die Rote Fahne«. Er galt als Chefideologe der Kommunisten. Ab 1924 lebte er für einige Jahre in der Sowjetunion, wo er Funktionär der Komintern wurde. Da er sich dem Moskauer Diktat nicht beugen wollte, wurde er 1928 aus der KPD ausgeschlossen. Er gründete eine »KPD(Opposition)«. Nach der NS-Machtübernahme ging er nach Frankreich, 1941 nach Kuba.

Die Sexualität war für den jüdischen Arzt und Publizisten **Felix Theilhaber** ein Hauptthema. Er kam 1884 in Bamberg zur Welt und starb 1956 in Tel Aviv. Sein eigentlicher Vorname lautete Aaron. Er war ab 1910 als Hautarzt in Berlin tätig und gab dort die zionistische Monatszeitung »Palästina« sowie die »Beiträge zur Sexualreform« heraus. Ab 1935 lebte er als Arzt und Publizist in Palästina. Neben Büchern über die Geschlechtlichkeit (»Goethe, Sexus und Eros« usw.) veröffentlichte er vor allem Werke zu jüdischen Themen: »Der Untergang der deutschen Juden« (1911; eine Warnung vor jüdischem Geburtenrückgang), »Die Schädigung der Rasse durch soziales und wirtschaftliches Aufsteigen, bewiesen an den Berliner Juden« (1914), »Die Juden und der Weltkrieg« (1916), »Jüdische Flieger im Kriege« (1919), »Schicksal und Leistung.

Juden in der deutschen Forschung und Technik« (1931), »Geschichte des jüdischen Volkes« (1936), »Judenschicksal. Acht Biographien« (1948).

»Essays über den Zionismus und das Verhältnis des Weltjudentums zur nichtjüdischen Umwelt« nennt das »Lexikon des Judentums« als Hauptwerke des Politikers und Publizisten **Osias Thon** (geboren 1870 in Lemberg, gestorben 1936 in Krakau). Der Sohn des Rabbiners Moses Thon und Bruder des führenden Zionisten Jacob Jochanan Thon, des Präsidenten des jüdischen Nationalrates, studierte in Berlin an der Hochschule für die Wissenschaft des Judentums. Ab 1897 wirkte er als Oberrabbiner in Krakau. Er galt als zionistischer Führer der galizischen Judenheit. Er gehörte der jüdischen Delegation in Versailles an und zog 1919 in den Sejm, das polnische Parlament, ein.

Georg Tietz (geboren 1889 in Gera, gestorben 1953 in München), Sohn des Gründers der Warenhauskette Tietz, wurde 1917 Teilhaber des Konzerns Hermann Tietz, der 17 Kaufhäuser betrieb. Das »Biographische Handbuch der deutschsprachigen Emigration« berichtet: »Expansion mit starker Verschuldung. Anfang 1933 finanzielle Schwierigkeiten als Folge von Wirtschaftskrise und nationalsozialistischem Boykott. Sommer 1933 von Nationalsozialisten im Interesse der Arbeitsplatzsicherung tolerierte Konsolidierung. Mit Unterstützung der öffentlichen Akzept- und Garantiebank und unter Beteiligung von Handels- und Kreditbanken Gründung der Hertie-Kaufhaus-Beteiligungs GmbH.« Im August 1934 schied Georg Tietz aus der Geschäftsführung aus. 1936 ging er nach Ungarn, anschließend nach Jugoslawien und Liechtenstein. Ab 1940 hielt er sich in Amerika auf.

Die später unter dem Namen »Hertie« oder »Kaufhof« firmierenden Kaufhaus-Ketten wurden begründet von den jüdischen Warenhausunternehmern Hermann und Oskar Tietz. In Weimarer Zeit wurde der größere Teil des Kaufhaus-Konzerns von **Alfred Leonhard Tietz** (geboren 1883 in Stralsund, gestorben 1941 in Jerusalem) geführt, der sich auch aktiv in zionistischen Organisationen betätigte. Er war von 1919 bis 1933 allein zeichnungsberechtigtes Vorstandsmitglied und Generaldirektor der Leonhard Tietz GmbH und Gründer wie auch Chef der Einheitspreis-Handelsgesellschaft. Er dirigierte ein Imperium von annähernd 50 Filialen mit über 15 000 Angestellten, das bei den Banken überdurchschnittlich hoch verschuldet war und durch die Weltwirtschaftskrise 1929 erschüttert wurde. Die Kündigung der Bankkredite 1933 gab Tietz den Rest. Er verkaufte das Unternehmen im Rahmen der sogenannten »Arisierung«, ging 1934 in die Niederlande und 1940 nach Palästina.

Der jüdische Kaufmann **Oskar Tietz**, geboren 1858 in Birnbaum (Posen), gründete mit seinem Onkel Hermann 1882 im thüringischen Gera ein Geschäft, das Weißwäsche zu Billigpreisen anbot. Daraus entwickelte sich ein Warenhaus-Unternehmen mit zahlreichen Filialen in Deutschland. Die Familie Tietz gründete und übernahm auch Textilfabriken. Ein Zweig wurde zur Leonhard Tietz AG, ein anderer zur Hermann Tietz AG (später »Kaufhof« bzw. »Hertie«). Oskar Tietz war Mitbegründer des »Hilfsvereins der deutschen Juden«. Er starb 1928 in Berlin.

B'nai B'rith (auch Bne-Briss geschrieben) heißt »Söhne des Bundes«. Der »Unabhängige Orden B'nai B'rith« wurde 1843 in New York von Auswanderern aus Deutschland gegründet, »mit einem Ritual, das dem der Freimaurer ähnelt« (»Lexikon des Judentums«). Die Zahl der Logenmitglieder liegt nach seriösen Schätzungen derzeit bei weltweit zwischen 400 000 und 500 000. Die B'nai B'rith-Logen in Deutschland wurden

über Jahrzehnte von **Berthold Timmendorfer** geführt. Er kam 1853 im oberschlesischen Rosdzin zur Welt und war Geheimer Justizrat. Von 1898 bis 1924 amtierte er als Großpräsident der jüdischen Geheimgesellschaft in Deutschland. Von 1924 bis zu seinem Tode (Berlin 1931) war er Ehrenpräsident der deutschen Großloge von B'nai B'rith.

Trotz mehrerer Pleiten und Konkurse schaffte der Filmproduzent **Mike Todd**, geboren 1907 in Minneapolis, in Hollywood immer wieder den Aufstieg. Eigentlich hieß er Avrom Hirsch Goldbogen; sein Vater war Rabbiner in Polen. Ab 1953 betrieb Todd-Goldbogen die Kinokette »Magna-Theaters« und eine Gesellschaft »Magna-Productions«. Seine erfolgreichste Produktion war der Film »In 80 Tagen um die Welt«. Er war einer von zahlreichen Ehemännern der Schauspielerin Elizabeth Taylor. Er kam 1958 bei Albuquerque (Neu Mexiko) infolge Flugzeugabsturzes ums Leben. An Bord der Todesmaschine saß auch sein Biograph Art Cohn. Dessen Buch »The Nine Lives of Mike Todd« erschien posthum 1959.

Heinrich Toeplitz, geboren 1914 in Berlin, promovierte 1937 in Breslau zum Doktor der Rechte und wurde im Zweiten Weltkrieg wegen seiner jüdischen Herkunft nicht an die Front geschickt, sondern zum Einsatz in der Organisation Todt herangezogen. In der DDR stieg er in das Präsidium der gleichgeschalteten CDU auf. Bis 1960 war er Staatssekretär im DDR-Justizministerium. Danach amtierte er bis 1988 als Nachfolger des einstigen nationalsozialistischen Kriegsgerichtsrates Kurt Schumann als Präsident des Obersten Gerichtes der DDR. Damit war er »ein Hauptverantwortlicher des Justizterrors« (»Prominente ohne Maske DDR«). Zudem wirkte Toeplitz von 1954 bis 1986 als Mitglied des Verfassungs- und Rechtsausschusses der Volkskammer, ab 1962 als Präsident der DDR-Juristenvereinigung, ab 1971 als Vorstandsmitglied der »Gesellschaft für Deutsch-Sowjetische Freundschaft«, ab 1975 als Vizepräsident der »Liga für Völkerfreundschaft« und ab 1953 als Präsidiumsmitglied des »Komitees der Antifaschistischen Widerstandskämpfer«. Seine Frau Ruth war Mitglied im Vorstand des »Demokratischen Frauenbundes« der DDR.

Ernst Toller, 1893 in Samotschin/Posen zur Welt gekommener Händlersohn, gehörte nach dem Ersten Weltkrieg zur Führung der Münchner Räterepublik, die Deutschland dasselbe Schicksal bereiten wollte wie Lenin Rußland. Vor allem rekrutierte Toller eine Rote Armee, als deren Kommandeur er auftrat. Nach Niederschlagung dieses Versuches, Deutschland zu bolschewisieren, durch Regierungstruppen und Freikorps in SPD-Eberts Auftrag, mußte er fünf Jahre Festungshaft absitzen. Wieder in Freiheit, agitierte er unvermindert für den Kommunismus und ließ sich auch durch längere Besuche im Reiche Stalins nicht in seiner Begeisterung für den Bolschewismus abkühlen. 1933 ging Toller in die Schweizer Emigration, wo er eng mit dem extrem deutschfeindlichen Emil Ludwig zusammenarbeitete. 1936 wanderte Toller weiter in die USA. In einem schweren Anfall von Depression verübte er 1939 in New York Selbstmord.

Der Schriftsteller und Zeichner **Roland Topor** wird als »Meister des schwarzen Humors« bezeichnet. Der »Spiegel« würdigte die »trotzige Lust, mit der Topor die Fassade der Wohlanständigkeit mit Scheiße bekleckert«. Der Kunstschaffende kam 1938 in Paris als Sproß einer aus dem Polnischen zugewanderten Familie zur Welt. Abram Topor, ein Vertreter der »naiven Malerei«, war sein Vater. Roland Topors Philosophie lautet: »Die meisten Menschen hinterlassen nichts als Fäkalien.« Deshalb befaßt er sich schwerpunktmäßig damit. 1994 berichtete die »Deutsche Wochen-Zeitung« über eine

Topor-Würdigung des Fernsehsenders »Arte«: »Man konnte in dem Film des Meisters Schaffen in allen Einzelheiten bewundern: Vom Phallus, der ins Gigantische wächst und seinen eigenen Herrn erwürgt, über Würmer, die unter abgehobenen Bauchdecken hervorquellen, bis zur ›Kultszene‹, wie Topor vor einem dampfenden Hundehaufen steht.« Der Künstler, der sich rühmt, in der Klomuschel zu baden, machte auch mit der Abbildung eines gekreuzigten Säuglings in Windeln Furore. Sein Roman »Der Mieter« wurde von Polanski verfilmt. Topors Erinnerungen tragen den Titel: »Memoiren eines alten Arschlochs«.

»Ich wußte, daß ich Jude war. Ich habe Hitler dazu nicht gebraucht.« Dieses Bekenntnis stammt vom Schriftsteller **Friedrich Torberg** (geboren 1908 in Wien, gestorben 1979 dortselbst), der eigentlich Kantor hieß. Ab 1923 lebte er in Prag; er erwarb die CSR-Staatsbürgerschaft. Er schrieb als Theaterkritiker für linke und linksliberale Blätter. 1938 ging er nach Frankreich, wo er sich zur tschechischen Exilarmee meldete. 1940 flüchtete er über Spanien und Portugal nach Amerika. Dort war er u.a. für Hollywood (Warner Brothers) tätig. 1951 kam er nach Wien. Dort leitete er die Kulturzeitschrift »Forum«. Torberg trat nach 1945 als Antikommunist auf, schrieb aber hauptsächlich über jüdische Themen. Sein »Mein ist die Rache« (erschienen in Amerika 1943) gilt als einer der ersten Romane über NS-KZs. Unter dem Titel »Golems Wiederkehr« erschienen Anekdoten aus seiner Feder. Er übersetzte jüdische Schriftsteller wie z.B. Kishon ins Deutsche.

Als einer der bekanntesten Strafverteidiger Frankreichs galt zu seiner Zeit der Jude **Henry Torrés** (geboren 1891 in Les Andelys, gestorben 1966 in Paris). Nach Kriegsdienst 1914-1918 (er wurde nach eigenen Angaben sechsundzwanzigmal verwundet) war er für die Sozialisten aktiv, die er von

1932 bis 1936 in der Pariser Nationalversammlung vertrat. Vor allem trat er als Verteidiger der jüdischen Attentäter Samuel Schwarzbard (der in Paris den ukrainischen Exilpräsidenten Petljura ermordet hatte) und Herschel Grynszpan (sein Mord an vom Rath 1938 löste die »Reichskristallnacht« aus) in Erscheinung. Im Falle Schwarzbard setzte Torrés einen Freispruch durch; bei Grynszpan verzögerte er das Verfahren so lange, bis der Kriegsausbruch die Aburteilung unmöglich machte. Nach Rückkehr aus dem amerikanischen Exil war Torrés von 1948 bis 1958 Senator als Parteigänger de Gaulles. Von 1956 bis 1958 wirkte er als Richter am Obersten Gerichtshof Frankreichs.

Henryk Torunczyk (geboren 1909 in Wloclawek, gestorben 1966) war schon als Jugendlicher Kommunist und wurde wegen KP-Umtrieben unehrenhaft aus der polnischen Armee entlassen. Ab 1936 kämpfte er als Rotbrigadist für die Stalinisierung Spaniens. Er wirkte als Stabschef der Dombrowski-Brigade und führte zum Schluß als Kommandant die »Agrupacion Internacional«, ein letztes Aufgebot der Roten, das sich 1939 nach Frankreich flüchtete. Bis 1943 saß Torunczyk in Afrika in französischer Internierung. Von den Alliierten befreit, ging er in die Sowjetunion und wurde dann im polnischen Partisanenstab aktiv. Ab Ende des Krieges stand er an der Spitze einer rotpolnischen »Armee für innere Sicherheit«. Sie war Teil des erbarmungslosen Terrorsystems gegen Deutsche und gegen Andersdenkende im polnischen Machtbereich. Ab 1950 diente Torunczyk als Generaldirektor des Ministeriums für Leichtindustrie. »Er schuftete sich buchstäblich für die polnische Wirtschaft zu Tode«, schreibt der jüdische Partisanen-Historiker Arno Lustiger zornig.

Franz Königsberger war der eigentliche Name des 1915 im oberschlesischen Beuthen geborenen Historikers **Jacob Toury**. Er studierte 1934/35 am Jüdischen Theologischen Seminar in Breslau und ging dann als Zionist nach Palästina. Er lehrte am Technion in Haifa, an der Hebräischen Universität Jerusalem und an der Universität Tel Aviv. 1966 erschien in deutscher Übersetzung sein besonders aufschlußreiches Werk über »Die politischen Orientierungen der Juden in Deutschland von Jena bis Weimar«. Im Vorwort betonte er, daß auch Getaufte, die ihre jüdische Abstammung nicht verleugneten, in dem Buch mitbehandelt würden. Begründung: »Das ist nicht nur dadurch gerechtfertigt, daß viele Nichtjuden ebenso wie nicht wenige Juden sie weiterhin als Juden betrachteten, sondern auch durch die Beobachtung, daß Denken und Handeln vieler Renegaten natürlicherweise von ihrer Herkunft mitbeeinflußt wurden.«

»Ich sehe die ganze Welt als ein einziges Land an«, lautet die Philosophie des Unternehmers **Jack Tramiel**. Er kam 1929 in Lodz zur Welt, mußte im Kriege in einem Lager bei Hannover für die Continental Gummiwerke arbeiten, wanderte nach Kriegsende nach den USA aus, begann mit einem kleinen Krämerladen in der Bronx von New York, stieg in Kanada in die Büromaschinen-Branche ein und erwarb 1984 die Videospiel- und Heimcomputer-Firma »Atari«, eine Tochter des US-Multis Warner (Eichelbaum)-Communications. Jack Tramiels Branchen-Spitzname lautet »the Survivor« (»der Überlebende«).

Klaus Traube kam 1928 als Sohn eines jüdischen Zahnarztes in Hannover zur Welt. Gegen Kriegsende mußte er ins Lager Lenne. Im Gegensatz zu vielen anderen, die über brutale Stalinisten als Führer der Hierarchien in KZs berichten, spricht Traube von den Kommunisten als »den einzigen, die sich freundlich meiner Mutter und mir gegenüber erwiesen«. Nach 1945 war Traube für den Jugendverband der stalinistischen

KPD aktiv. Nach Promotion zum Dr.Ing. wurde er führender Atom-Manager bei AEG-Telefunken, bei General Dynamics (USA) und bei der Interatom, wo er für den Schnellen Brüter von Kalkar zuständig war. In den 70er Jahren profilierte er sich als führender Kritiker der Atomenergie. 1977 wurde publik, daß Traube wegen falschen Verdachts (Kontakte zu Terroristen) vom Verfassungsschutzamt abgehört worden war. Der Skandal führte zum Rücktritt des Bundesinnenministers Maihofer. Traube lehrte ab 1980 an der TH Berlin, dann an der Kasseler Gesamthochschule. 1990 wurde er Direktor des »Instituts für Kommunale Energiewirtschaft und Energiepolitik« der Universität Bremen.

Daß Hitlers entsetzlicher Antisemitismus »typisch deutsch« gewesen sei, ist schon deshalb zu relativieren, da der Judenhaß des NS-Führers nicht zuletzt von einem Franzosen (de Gobineau), einem Engländer (H.St. Chamberlain) und von zwei Juden (Otto Weininger und **Arthur Trebitsch**) angestachelt wurde. Trebitsch kam 1880 in Wien als Industriellensohn zur Welt. Das »Lexikon des Judentums« nennt ihn einen »jüdischen Judenhasser«, und selbst dem scharf antisemitischen Publizisten Jonak von Freyenwald (»Jüdische Bekenntnisse aus allen Zeiten und Ländern«) erschien Trebitsch als »radikaler (!) Antisemit«. In Schriften wie »Deutscher Geist oder Judentum« (1921) und »Arische Wirtschaftsordnung« (1925) suchte Trebitsch, »die teuflische Zielstrebigkeit«, den »verbrecherischen Vernichtungswillen Zions« zu »entlarven«. Er warf Juden vor, sie würden »Rasseneinheit« praktizieren, anderen jedoch Rassenvermischung predigen, auf die Bewahrung der eigenen Leibesfrucht bedacht sein, den anderen aber Abtreibung aufschwatzen usw. Der »aus dem Ghetto hervorgebrochene Geist der Judenschaft« sei »als Schweinerei zu empfinden«, riet Trebitsch den »arischen« Völkern. In seinem Werk »Deutscher Geist oder Judentum« hieß es: »Der deutsche Mensch wird es sein, auf dessen Vernichtung das Judentum es abgesehen hat und haben muß zur Errichtung seiner Weltherrschaft, und der deutsche Mensch wird es sein, der, sehend gemacht und den Feind nunmehr wahrhaft erkennend, dieser Weltherrschaft doch noch ein unerwartetes Ende bereiten wird.« Nicht von ungefähr also schreibt ein Sachkenner wie Jörg von Uthmann: »Einer der Kronzeugen Hitlers für die angebliche jüdische Weltverschwörung war der Wiener Jude Arthur Trebitsch.« Trebitsch war davon überzeugt, daß ihn die »Führung Zions« zum Tode verurteilt habe und wahrscheinlich mit Giftgas ermorden wolle. Als er 1927 in Eggersdorf bei Graz starb (laut ärztlicher Diagnose an Tuberkulose), war er bis zum letzten Atemzug überzeugt, einem Giftanschlag zum Opfer gefallen zu sein. Der jüdische Schriftsteller Siegfried Trebitsch war sein Stiefbruder.

»Durch langfristige Erziehung der Sehgewohnheiten kann Publikum dazu gebracht werden, im Laufe der Zeit das Richtige zu denken«, zitierte die Fernseh-Illustrierte »Hörzu« die in »atemberaubendem Deutsch« vorgetragene Grundüberzeugung des Film- und TV-Produzenten **Gyula Trebitsch**. Er kam 1914 in Budapest zur Welt. 1932 trat er als Gehilfe in die Dienste der ungarischen Zweigstelle der Ufa. 1936 wurde er Mitinhaber der Budapester Produktionsgesellschaft »Objektiv-Film«. Im Kriege war er zunächst beim jüdischen Arbeitsdienst Ungarns eingesetzt, dann in deutschen Lagern eingesperrt. Seine Eltern überlebten mit Hilfe Wallenbergs und wanderten nach Israel aus. Nach Kriegsende erhielt Trebitsch eine britische Kino-Lizenz im besetzten Deutschland. 1947 gründete er die »Real-Film«. U.a. half er dem wegen des Zusammenbruchs seiner eigenen Filmfirma

August THALHEIMER

Ernst TOLLER

Roland TOPOR

Friedrich TORBERG

Gyula TREBITSCH

Leopold TREPPER

Leo TROTZKI

Kurt TUCHOLSKY

Franz ULLSTEIN

und Geldansprüchen seiner ersten (jüdischen) Frau bankrott gegangenen Heinz Rühmann und auch Hans Albers wieder zu Rollen in Filmen, die für Trebitsch Goldgruben wurden. 1960 gründete der Produzent das »Studio Hamburg«, das sich zu einer der größten Fernsehproduktionsstätten Europas entwickelte. Seine 1949 geborene Tochter Katharina Trebitsch ist ebenfalls als Unternehmerin in der Film- und Fernsehbranche aktiv.

Siegfried Trebitsch (geboren 1869 in Wien, gestorben 1956 in Zürich), der Stiefbruder des radikal-antisemitischen jüdischen Literaten Arthur Trebitsch, wurde christlich getauft und diente als k.u.k. Offizier. Nach der Jahrhundertwende trat er als Romancier und Erzähler in Erscheinung. Zu seinen bekanntesten Werken zählen »Weltuntergang«, »Mord im Nebel«, »Die Last des Blutes« und »Die Rache ist mein« (letztgenannte Novelle erschien 1934 in Berlin). Besondere Verdienste erwarb er sich durch Übersetzung und Herausgabe zahlreicher Werke George Bernard Shaws. Trebitsch ging 1938 nach Frankreich, 1940 in die Schweiz.

Eine atemberaubende Karriere vollbrachte **Ignatz Trebitsch-Lincoln**. Er hieß eigentlich Abraham Schwarz und kam 1879 in Budapest zur Welt. Er wurde christlich getauft und betätigte sich in der protestantischen Judenmission in England und Kanada, was ihm Haß jüdischer Kreise einhandelte. 1910 wurde er ins englische Unterhaus gewählt. Wegen des Vorwurfs der Urkundenfälschung verurteilte ihn ein englisches Gericht zu drei Jahren Gefängnis. 1920 wirkte Trebitsch-Lincoln als Pressesprecher der Kapp-Putschisten in Deutschland. Er nahm auch am Marsch Hitlers, Ludendorffs und ihrer Getreuen zur Feldherrnhalle teil. Dann emigrierte er nach China, wo er Buddhist geworden sein soll. Sein Sohn wurde 1925 in England hingerichtet, weil er angeblich einen Barmixer ermordet hatte. In Fernost betrieb Trebitsch-Lincoln projapanische Propaganda. Der Publizist Jörg von Uthmann berichtet: »Als er 1943 in Schanghai starb, widmete ihm der ›Völkische Beobachter‹, dessen Erwerb durch die NSDAP er seinerzeit mitfinanziert hatte, einen respektvollen Nachruf.«

Mit dem 1991 erschienenen Buch »Die amerikanischen Juden« hat **Leo Trepp** (geboren 1913 in Mainz) ein aufschlußreiches Werk über Weg und Wesen des Judentums in den USA vorgelegt. Daß Juden dort außerordentlich einflußreich sind und daß es Grenzen der Meinungsfreiheit in den USA gibt, zeigt folgende Schilderung Trepps: »Antisemitische Äußerungen eines Kandidaten würden sein Ende bedeuten. Als der ehemalige Gouverneur von Texas, John Connaly, 1979 als Kandidat für das Amt des Präsidenten Israel für den Ölmangel verantwortlich machen wollte, brach seine Kandidatur sofort zusammen.« Trepp, Sohn eines Papierhändlers, wurde nach seinem Examen am Berliner Rabbinerseminar 1936 Landesrabbiner von Oldenburg. 1937 gründete er die jüdische Volkshochschule in Oldenburg. Nach der »Reichskristallnacht« 1938 mußte er ins Lager Sachsenhausen, kam aber auf Bitten des englischen Oberrabbiners wieder frei. Trepp emigrierte nach England, 1940 in die USA. 1951 wurde er Professor am kalifornischen Napa College. Er lehrt Judaistik an der Universität Mainz.

Leopold Trepper, geboren 1904 in Neumarkt (Nowy Targ/Galizien), gestorben 1982 in Jerusalem, war Organisator und Chef der größten Verräterorganisation des Zweiten Weltkrieges, der für Stalin arbeitenden »Roten Kapelle«. Die Funker der Agentenorganisation sendeten über 1500 Funksprüche an die Moskauer Zentrale mit streng geheimen Informationen über die deutsche Wehrmacht. Dieser Verrat trug dazu bei, daß Stalin ganz Osteuropa erobern

und bis nach Mitteleuropa vordringen konnte. Trepper hatte sich als Jugendlicher der linkszionistischen Bewegung in Polen angeschlossen. Nach zeitweiser Inhaftierung ging er 1925 nach Palästina, wo er Funktionär der dortigen KP wurde. Die Briten verwiesen ihn des Landes. Von 1932 bis 1935 besuchte Trepper die KPdSU-Parteihochschule in Moskau. Ab 1938 war er Chef des sowjetischen Geheimdienstes für Westeuropa mit Zentralstellen in Brüssel und in der Schweiz. Er baute die »Rote Kapelle« auf. 1942 wurde er von der Gestapo verhaftet. Er soll zum Schein in deutscher Haft die Fronten gewechselt haben und auf diese Weise der Hinrichtung entgangen sein. 1943 gelang es ihm, in den französischen Untergrund abzutauchen. 1945 wurde er von den Sowjets verhaftet und unter dem Verdacht, »Gestapo-Spitzel« gewesen zu sein, annähernd 10 Jahre in Haft gehalten. Nach Stalins Tod erfolgte seine Freilassung. Fortan war er als KP-Publizist in Polen aktiv. Im »Großen Lexikon des Dritten Reiches« heißt es: »Er fühlte sich in Polen durch antisemitische Stimmungen so unter Druck gesetzt, daß er schließlich 1975 nach Jerusalem emigrierte.« Die von Trepper gesteuerten Verratshandlungen haben nach zurückhaltenden Schätzungen einer Viertelmillion deutscher Soldaten das Leben gekostet.

Der Journalist **Georg Stefan Troller** kam 1921 in Wien als Sohn eines Pelzwarengroßhändlers zur Welt. 1938 ging er ins Exil, zunächst nach Prag und Wien, 1941 in die USA. Dort war er in der Juwelenbranche tätig. Von 1943 bis 1946 trug er die Uniform der US-Army. Er kam als Umerzieher ins besetzte Deutschland, hielt sich von 1949 bis 1953 im Auftrage der US-Propaganda in Paris auf und arbeitete seither als einflußreicher Meinungsmacher hauptsächlich für den WDR, für das ZDF und den ORF.

Leib Davidowitsch Bronstein war der wahre Name des Bolschewistenführers **Leo Trotzki**, des Co-Diktators Lenins nach der Oktoberrevolution in Rußland, Schöpfers der Roten Armee und eigentlichen Begründers des Archipel Gulag. Auf sein Geheiß wurden im Juni 1918 die ersten KZs Europas im 20. Jahrhundert errichtet, die »konzentrazionnyie lagerja« für »Parasiten« und »antibolschewistische Elemente«. Bronstein-Trotzki, geboren 1879 vermutlich im ukrainischen Iwanowka (Gouvernement Cherson), schloß sich der sozialdemokratischen Bewegung in Rußland an und beteiligte sich an der Revolution 1905. Zwischen 1907 und 1917 war er im Exil. Mit Lenin gründete er den Bolschewismus. In Amerika beschaffte er Gelder für den Sturz des russischen Kaisertums. Publizist Walter Görlitz schreibt: »Vor allem Trotzki erfreute sich des Wohlwollens und auch finanzieller Unterstützung durch die Wallstreetmagnaten Jakob Schiff und die Inhaber des Bankhauses Kuhn, Loeb & Co., Bankherren deutsch-jüdischer Herkunft. Das Zarentum verabscheuten sie als Regime, unter dem Judenpogrome zur Regel geworden waren.« Im Gegensatz zu Lenin wollte Trotzki 1917/18 den Krieg gegen Deutschland fortsetzen. Nach Lenins Tod unterlag er Stalin im Machtkampf. Er wurde aus der Partei verstoßen, ging ins Exil und begründete die »IV. Internationale« (Trotzkismus). Während Stalin propagierte, zunächst müsse »der Sozialismus« in der UdSSR vollends siegen, hatte Trotzki die »permanente Revolution« auf seine Fahne geschrieben. Er verlangte eine aktive weltrevolutionäre Politik. 1940 wurde er in seinem mexikanischen Exilort Coyoacan von einem Agenten Stalins, Ramon Mercader, mit einem Eispickel erschlagen. Mercader saß 20 Jahre in mexikanischer Haft, ging dann in die UdSSR und wurde dort mit dem Lenin-Orden dekoriert sowie zum »Helden der Sowjetunion« erklärt. Ende der 80er Jahre meldeten jüdische Presseorgane, daß Trotzkis Verwandtschaft in Israel lebe. Ein Großneffe sei prominenter Vertreter der radikalen Siedlerbewegung, die ein »araberfreies« Großisrael anstrebt.

Die militante zionistische Jugendorganisation »Beitar« ist nach **Joseph Trumpeldor** benannt. »Beitar« ist das Kurzwort für »Brit Trumpeldor« (»Trumpeldor-Bund«). Der jüdische Politiker und Militär kam 1880 in Pjatigorsk/Rußland auf die Welt. Er soll nach der Jahrhundertwende der erste jüdische Offizier in der russischen Armee gewesen sein. Im Ersten Weltkrieg schuf er mit Jabotinsky die jüdische Legion »Zion Mule Corps«. 1917 sympathisierte er mit den Bolschewisten. Er wurde Chef der militanten jüdischen »Hechaluz«-Organisation im Sowjetstaat. 1919 ging er nach Palästina, wo er Führer der jüdischen »Abwehr« gegen die Araber wurde. 1920 wurde er nahe Tel Hay (Palästina) bei einem Schußwechsel tödlich verletzt.

Als »Panzergeneral, der nie eine Schlacht verlor« rühmte die Stalin-Propaganda **Iwan D. Tscherniakowsky**. Er kam 1906 in Kiew als Sohn einer jüdischen Familie zur Welt und überstand alle »Säuberungen« Stalins im Militärapparat der UdSSR unbeschadet. Er brachte es zum Marschall der Sowjetunion und war Befehlshaber der Rotarmisten, die als erste auf reichsdeutsches Gebiet gelangten. Es kam zu entsetzlichen Massakern an der Zivilbevölkerung. Tscherniakowsky fiel im April 1945 bei Mehlsack/Ostpreußen. Nach ihm wurde auf Stalins Geheiß Insterburg Tscherniachowsk genannt.

Die Publizistin **Barbara Wertheim Tuchman** (geboren 1912 in New York, gestorben 1989 in Greenwich/Connecticut) war eine Enkelin von Henry Morgenthau senior und Nichte von Henry Morgenthau junior. Im Spanischen Bürgerkrieg war sie Berichterstatterin für »The Nation«. Im Zweiten Weltkrieg wirkte sie in der US-Propaganda (»Office of War Information«, Washington) mit. Ihr bekanntestes Werk »The

Guns of August 1914« schildert detailliert, wie die Einkreisung Deutschlands vor Ausbruch des Ersten Weltkrieges von langer Hand vorbereitet wurde und wie die späteren Alliierten schon Jahre vor 1914 verabredet hatten, Deutschland militärisch niederzuwerfen. Sie erhielt für das Werk den Pulitzer-Preis.

Viele gängige Darstellungen über den Literaten **Kurt Tucholsky**, der 1890 in Berlin als Bankierssohn zur Welt kam, entsprechen nicht der Wahrheit. So wurde er beispielsweise nicht »1933 von den Nazis vertrieben«, sondern lebte schon seit 1924 im Ausland, zunächst in Paris, ab 1929 in Schweden. Daß für seinen Selbstmord 1935 in Hindas bei Göteborg die zwei Jahre zuvor verfügte Aberkennung der deutschen Staatsbürgerschaft maßgeblich gewesen sei, ist unhaltbar, da er ohnehin Deutschland und den Deutschen kaum emotional verbunden war; er litt vielmehr an schweren Depressionen und einer wild schmerzenden chronischen Siebbeinvereiterung. Daß er ein stets geradliniger Verfechter des Linksliberalismus gewesen sei, ist auch nicht durch Fakten gedeckt: Im Ersten Weltkrieg brachte er als Propagandist im Stabe der Fliegerschule Ost (Kurland) chauvinistisch geprägte Durchhalteaufrufe zu Papier; im Auftrage der Reichsregierung nach 1918 in Oberschlesien publizistisch tätig, rief er im Kampfblatt »Pieron« auf: »Schlagt die polnischen Hexen!« In Weimarer Zeit schrieb er nicht nur für die »Weltbühne«, sondern auch für das Zentralorgan der Stalinisten, »Die Rote Fahne«, und er setzte sich für eine Reichspräsidentschaft Ernst Thälmanns ein, der Deutschland dem Sowjetreich anschließen wollte. Tucholsky überschüttete nicht nur Deutschland und die Deutschen mit Hohn und Spott (»Dieses Deutschtum ist unerträglich«), er wünschte auch Andersdenkenden und sogar ihren Kindern den qualvollen Vergasungstod (Aufruf »Möge das Gas in Eure Spielstuben schleichen«; »Weltbühne«, 30/1927), bezeichnete politische Gegner als Tiere (Broschüre »Tiere sehen dich an«) und verlor sich zu antisemitischen Exzessen: Den Juden sei das Bankkonto lieber als die Religion, außerdem seien sie feige; Hitler habe »das Judentum besiegt, wie es das verdient«. 1911 hatte er die jüdische Religionsgemeinschaft verlassen. Kurz vor seinem Tode aber schrieb er: »Ich bin aus dem Judentum ausgetreten, und ich weiß, daß man das gar nicht kann.« Der jüdische Publizist Rabbiner Dr. Joachim Prinz schrieb: »Mit Recht hat man den Kaffeehaus-Juden Heimatlosigkeit vorgeworfen. Dieser Tucholsky und seine hundert Nachfahren hatten die Achtung vor ihrer eigenen jüdischen Nationalität verloren. Deshalb fehlte es ihnen oft an Achtung vor den Kräften der anderen Nationen.«

In Wahrheit hieß der Schriftsteller **Tristan Tzara** Samuel (»Sami«) Rosenstein. Er kam 1896 im rumänischen Moinesti zur Welt und starb 1963 in Paris. Ab 1916 lebte er in der Schweiz, wo er einer der Väter der »Dada«-Bewegung wurde. »Radikale Ablehnung gesellschaftlicher, moralischer und sprachlicher Normen« kam, so heißt es in »Knaurs Lexikon der Weltliteratur«, in seinem Werk zum Ausdruck. 1919 ging Tzara-Rosenstein nach Paris und sattelte dort auf den Surrealismus um. Zur Zeit der deutschen Besatzung soll er in der Widerstandsbewegung aktiv gewesen sein. Er schrieb u.a. »Der auserwählte Mensch« (1931).

Robert Ulich, geboren 1890 in Riedemühl/Bayern, war in zweiter Ehe mit Elsa Brandström (1888-1948) verheiratet, die sich um die Betreuung deutscher Kriegsgefangener des Ersten Weltkrieges verdient gemacht hatte (»Engel von Sibirien«). Sie war Schwedin und nichtjüdisch. Beider Sohn Eckhardt fiel im Zweiten Weltkrieg als US-Soldat. Robert Ulich war zur Weimarer Zeit aktiv in sozialistischen Zirkeln. 1928 wurde er Honorarprofessor der TH Dresden. Ab 1930 lehrte er Geschichte der Erziehung und Philosophie in den USA, hauptsächlich in Harvard. 1970 kam er nach Deutschland zurück. Er starb 1977 in Stuttgart.

»Das Haus Ullstein konnte um 1928 mit Stolz darauf hinweisen, jeder siebente Deutsche lese regelmäßig eines seiner Presse-Erzeugnisse«, schreibt Engelmann in »Deutschland ohne Juden«. Stammvater der Verlegersippe war der 1793 geborene Heinrich Ullstein, der in Fürth einen Papierhandel betrieb. Verlagsgründer war Leopold Ullstein (1826-1899). Dessen ältester Sohn, **Franz Edgar Ullstein**, kam 1868 in Berlin zur Welt. Er trat 1894 in das Unternehmen des Vaters ein, wurde 1897 Teilhaber, fungierte als Verwaltungschef des Zeitungsverlages und war von 1921 bis 1934 Vorstandschef. Neben dem Ullstein-Buchverlag (einschließlich des 1919 gegründeten Propyläen-Verlages) gehörten u.a. folgende Zeitungen und Zeitschriften zum Konzern: »Vossische Zeitung«, »BZ am Mittag«, »Berliner Morgenpost«, »Berliner Allgemeine Zeitung«, »Berliner Montagspost«, »Die Grüne Post«, »Wohnungstausch«, »Berliner Illustrirte Zeitung«, »Blatt der Hausfrau«, »Dame«, »Zeitbilder«, »Uhu«, »Koralle«, »Der heitere Fridolin«, »Querschnitt«, »Bauwelt«, »Deutsches Bauwesen«, »Verkehrstechnik«, »Deutsche Immobilienzeitung«, »Berliner Handelsregister«, »Unterrichtsführer«, »ABC-Fahrplan«, »Musik für Alle«, »Tausend Worte«. 1934 mußte Ullstein das Unternehmen im Zuge der sogenannten Arisierung verkaufen. Bis 1938 lebte er im Ruhestand in Berlin, dann emigrierte er nach den USA. Dort stand er in Kontakt mit der Gruppe um Hubertus Prinz zu Löwenstein. Er starb 1945 in New York.

Frederick (eigentlich Friedrich) Ullstein (geboren 1909 in Berlin, gestorben 1988 in London) war ein Enkel des Verlagsgründers Leopold Ullstein und Sohn des Verlegers Hermann Ullstein. 1930 wurde er Teilhaber des Ullstein-Verlages, eines der größten Pressekonzerne Europas. Nach »Arisierung« des Unternehmens durch Verkauf 1933/34 leitete er den Familienbesitz Rittergut Warnsdorf in Brandenburg. 1936 ging er nach Großbritannien. Er diente ab 1940 in der britischen Armee. Nach 1945 erhielt die Familie den Besitz in Deutschland zurück. Frederick Ullstein übernahm mit zwei Brüdern die Führung, konnte aber nicht an die Erfolge der Kaiserzeit und in der Weimarer Republik anknüpfen. 1960 verkaufte er an Axel Springer, emigrierte abermals nach England und führte dort den Verlag Aldus Books.

Der 1901 in Breslau geborene jüdische Verbandsfunktionär **Franz Unikower** war zur Weimarer Zeit Rechtsanwalt, Sozialdemokrat und aktiv in der Betreuung der massenhaft aus dem Osten nach Deutschland einwandernden Juden. Er überlebte die Kriegszeit im Lager Auschwitz. 1947 gründete er die jüdische Landesgemeinde Mecklenburg. 1956 kam er in die Bundesrepublik. Er war maßgeblich am finanziellen Vergleich zwischen ehemaligen jüdischen Zwangsarbeitern und dem IG Farbenkonzern beteiligt. Wie viele Millionen Mark gezahlt wurden, blieb geheim. Unikower wirkte als Justitiar des Landesverbandes Hessen der jüdischen Gemeinden, als Rundfunkrat des Hessischen Rundfunks, als Mitglied des jüdischen Zentralrates sowie der »Freiwilligen Selbstkontrolle« (FSK) der Filmwirtschaft und als jüdischer Vertreter in der »Bundesprüfstelle für jugendge-

fährdende Schriften«. 1958 gründete er eine »Auschwitz-Gruppe« von Überlebenden des Konzentrationslagers.

1933 rief der einflußreiche jüdische Jurist und Politiker **Samuel Untermeyer** (geboren 1858 in Lynchburg/Virginia, gestorben 1940 in New York) zum »heiligen Krieg« gegen Deutschland auf. Dieser Krieg, so sagte er gemäß Berichterstattung der »New York Times« vom 7. August 1933, müsse »unablässig« geführt werden bis zur Bezwingung des »mittelalterlichen Hitlerdeutschland«. Es gehe nicht nur um die Juden, die »die Aristokraten der Welt« seien und alle ihre Peiniger überlebt hätten. Es sei »ein heiliger Krieg, in den wir um der Menschheit willen jetzt eingetreten sind«. Der Hitleremigrant Monsignore Emanuel Reichenberger, der in den USA gegen antideutschen Haß aufbegehrte, schrieb: »Es führt ein gerader Weg von Untermeyer zu Morgenthau.« Samuel Untermeyer war nach dem Ersten Weltkrieg wesentlich an der Schaffung des US-amerikanischen Federal Reserve Systems beteiligt (die Banken statt der Volksvertretung übernahmen nun die währungs- und finanzpolitische Kontrolle). Er engagierte sich für den Zionismus und wirkte entscheidend daran mit, den US-Automobilindustriellen Henry Ford zu zwingen, öffentlich seinen antijüdischen Thesen abzuschwören. Untermeyer war Präsident der »International Jewish Economic Federation to Combat the Hitlerite Oppression of Jews«. 1936 gründete er mit dem Präsidenten des Internationalen Gewerkschaftsbundes, Sir Walter Critine, den »Anti-Nazi-Weltrat«. Der Publizist Dirk Bavendamm berichtet darüber in seinem Buch »Roosevelts Weg zum Krieg«: »Diese Organisation wurde auf englischer Seite über den geheimen Jewish Defence Fund finanziert und blieb durch ein Gesetz den Blicken der Öffentlichkeit verborgen. ... Untermeyer stand Franklin Delano Roosevelt so nahe, daß sein Neffe Lawrence Steinhardt im Herbst 1938 als Nachfolger des Präsidenten-Freundes Joseph Davies neuer US-Botschafter in Moskau wurde. Nach den Usancen der amerikanischen Politik werden mit so wichtigen Posten in der Regel nur die engsten Freunde des Präsidenten bechrt.«

Als radikal antideutsch erwies sich **Jerzy Urban** (geboren 1934 in Lodz) besonders in seiner Zeit als Informationsminister und Regierungssprecher der kommunistischen Jaruzelski-Junta in Polen ab 1981. Die Existenz einer deutschen Minderheit im polnischen Machtbereich leugnete er ebenso wie er Vertreibungsverbrechen an Deutschen bestritt. Eigentlich heißt er Urbach. Er entstammt einer jüdischen Händlerfamilie. Anfang der 90er Jahre machten seine Aktivitäten als Verleger von Sex-Blättern Schlagzeilen. Von Urban-Urbach stammt die Bekundung: »Ich fühle mich zu keinem Prozentsatz als Jude. Ich habe keine Bindung zu diesen Leuten.«

Das Hauptwerk des US-jüdischen Literaten **Leon Marcus Uris**, der 1958 erschienene und später auch verfilmte Roman »Exodus«, ist eine Hymne auf das jüdische Volk, insbesondere aber auf Israel. Uris war 1924 in Baltimore zur Welt gekommen. Im Zweiten Weltkrieg diente er in der US-Marine. Auch in seinen anderen Romanen geht es hauptsächlich um jüdische Themen. »Mila 18« beispielsweise behandelt den Warschauer Ghettoaufstand. Bekannt sind ferner Uris' Werke »Armageddon« und »Topas«.

»Nicht zu Unrecht identifizierte man den Bolschewismus mit den Juden«, schreibt der jüdische Publizist Arno Lustiger. Von den acht Mitgliedern des bolschewistischen »Revolutionären Kriegsrates« seien fünf Juden gewesen (Trotzki, Skljanskij, Gussjew, Kamenew und Unschlicht); das erste Staatsoberhaupt der Sowjetunion sei »der Jude Jakob Swerdlow« gewesen.

Lustiger weiter: »Drei von fünf Mitgliedern des ›Komitees zur revolutionären Verteidigung Petrograds‹ waren Juden: Uritzkij, Goldstein und Drabkin. Vorsitzender des Sowjets dort war Trotzki, später Sinowjew und Uritzkij, alles Juden.« Der von Lustiger erwähnte **Moissej Solomonowitsch Uritzkij** (oft auch Urizki geschrieben) war Jahrgang 1873 und entstammte einer jüdisch-tscherkessischen Kaufmannsfamilie. Er schloß sich den Sozialdemokraten an, aus denen die gesamte bolschewistische Führung hervorging. In der Emigration war er Gefolgsmann Trotzkis und Verbindungsmann des Finanziers der Revolution, Israel Lazarewitsch Helphand alias Parvus. Als Kommissar der Verfassungsgebenden Versammlung löste Uritzkij die russische Volksvertretung gewaltsam auf. Über seinen weiteren Weg berichtet Alexander Solschenizyn: »1918 Chef der Petrograder Tscheka und mitverantwortlich für die Schreckensherrschaft in der von den Bolschewiki besiegten Hauptstadt. Wurde von dem jungen Sozialrevolutionär Kanegisser ermordet (1918).«

Vaterländisch war die Schriftstellerin **Else Ury** gesinnt, die 1877 in Berlin als Tochter eines jüdischen Tabakwarenhändlers zur Welt kam und insbesondere mit ihren »Nesthäkchen«-Geschichten berühmt wurde. 1993 schrieb das in New York erscheinende jüdische Wochenblatt »Aufbau« über ihren »starken Patriotismus und Nationalismus«, die vor allem in den Erzählungen »Lieb Heimatland«, »Flüchtlingskinder« und »Nesthäkchen und der Weltkrieg« hervorgetreten seien. In der Ury-Biographie »Nesthäkchen kommt ins KZ« diagnostiziert die Publizistin Marianne Brentzel sogar »Hitlergläubigkeit« bei der Kinderbuchautorin aus jüdischer Familie. Über Else Urys Schicksal im Kriege schrieb der erwähnte »Aufbau«: »Sie wurde am 12. Januar 1943 nach Auschwitz deportiert. Trotz intensiver Nachforschungen konnte nichts über ihren weiteren Verbleib oder ihr Ende ermittelt werden.« Die Alliierten setzten zahlreiche Werke von Else Ury auf ihren Verbots-Index (»Liste der auszusondernden Literatur«) wegen »nationalsozialistischen und militaristischen Charakters.«

Der Philosoph **Emil Utitz** kam 1883 in Prag zur Welt, trat als junger Mann aus der jüdischen Glaubensgemeinschaft aus, näherte sich ihr später aber wieder an. Er gehörte zum Kreis um Franz Kafka. 1925 wurde er Professor in Halle, 1934 in Prag. Von 1924 bis 1930 gab er die »Jahrbücher für Charakterologie« heraus. Von 1942 bis 1945 mußte er in Theresienstadt leben. Nach 1945 war er in der Sowjetischen Besatzungszone bzw. DDR tätig. Er bekannte sich dort zum orthodoxen Marxismus und wirkte als linientreuer Publizist. Er starb 1956 in Jena.

Joseph Pawlowitsch Utkin (geboren 1903, umgekommen bei einem Flugzeugabsturz 1944) war schon als Halbwüchsiger für linksradikale Umsturzgruppen in Rußland aktiv. Er schloß sich den Bolschewisten an und diente als Rotarmist im Kampf gegen die Weißgardisten. Im Zweiten Weltkrieg war er führender Kriegsberichter der Stalin-Propaganda. Er verfaßte Romane und Gedichte zur Verherrlichung der Roten Armee und der Partisanen. Seine »Geschichte von dem rotköpfigen Motele« spielt in einem jüdischen Schtetl.

Der Journalist **Friedrich Uttlitz** kam 1920 in Wien zur Welt. 1931 ging er mit den Eltern nach Prag, woher sein Vater stammte. Er erwarb 1936 die CSR-Staatsbürgerschaft. 1939 emigrierte er nach Palästina. Als Offizier der CSR-Exilarmee kam er 1945 nach Prag zurück. Er wurde Redakteur der Nachrichtenagentur »Ceteka« und leitete die deutschsprachigen Sendungen von Radio Prag. 1968 emigrierte er in die Bundesrepublik. Er wurde Mitarbeiter der Gesellschaft für auswärtige Politik, der Friedrich Ebert-Stiftung und der »Allgemeinen Jüdischen Wochenzeitung«. Er nahm die deutsche Staatsbürgerschaft an.

Eigentlich hieß die Kabarettistin **Rosa Valetti** Rosa Vallentin. Sie kam 1878 in Berlin zur Welt und wurde von Max Reinhardt in die Szene eingeführt. In den 20er Jahren gründete sie in der Reichshauptstadt Links-Kabaretts wie »Café Größenwahn«, »Die Rampe«, »Cabaret Larifari«. Sie arbeitete eng mit Friedrich Holländer und Walter Mehring zusammen. 1933 ging sie nach Wien. Dann trat sie mit hebräischen Liedern in Palästina auf. Sie starb 1937 in Wien. Ihr Sohn Hermann Vallentin war ebenfalls roter Kabarettist.

Der Schauspieler **Conrad Veidt**, »Schurke vom Dienst« im Film der Weimarer Zeit, hieß eigentlich Weidt. Er kam 1893 in Berlin zur Welt. Max Reinhardt verhalf ihm zum Start seiner Karriere. 1916 debütierte Veidt im Film, wo er fortan meist miese Verbrecher und perverse Kretins zu mimen hatte. 1919 gab er sein Regiedebüt mit dem Film »Wahnsinn«. Von 1927 bis 1930 wirkte er in Hollywood. 1933 ging er nach England, wo er u.a. in den Filmen »The Wandering Jew« und »Jew Süss« mitwirkte. Ab 1940 war er erneut in Amerika. Dort gab er in mehreren Filmen (»Nazi-Agent«, »Casablanca« usw.) den »bösen Deutschen«. Er starb 1943 in Hollywood.

Der Mädchenname der Politikerin **Simone Veil** lautet Jacob. Sie kam 1927 in Nizza als Tochter eines jüdischen Architekten zur Welt und heiratete 1946 den nachmaligen Generaldirektor der Fluggesellschaft U.T.A., André Veil. Sie wurde

Samuel UNTERMEYER

Leon URIS

Moissej URITZKIJ

Simone VEIL

George WALD

Herwarth WALDEN

Raoul WALLENBERG

Bruno WALTER

Otto H. WARBURG

1944 aus Südfrankreich ins KZ Auschwitz deportiert (1980 wurde bekannt, daß sie im Auschwitz-Museum lange Zeit als Vergasungsopfer verzeichnet gewesen ist) und befand sich bei Kriegsende im Lager Bergen-Belsen. Ab 1957 war sie im französischen Justizministerium tätig. Von 1974 bis 1978 amtierte die »Giscardistin« als Gesundheitsministerin. Sie setzte die weitgehende Freigabe der Abtreibung durch. Von 1979 bis 1981 wirkte sie als Präsidentin des Europa-Parlamentes, 1984 wurde sie Vorsitzende der liberalen Fraktion im Straßburger Abgeordnetenhaus.

»Seine pro-deutsche Haltung und Unterstützung des Horthy-Regimes setzten ihn starken Angriffen aus«, schreibt das »Lexikon des Judentums« über den jüdischen Journalisten und Politiker **Josef Veszi**. Er kam 1858 in Arad zur Welt und starb 1939 in Budapest. Als Vertreter der Liberalen hatte er von 1899 bis 1905 dem ungarischen Parlament angehört. Nach dem Ersten Weltkrieg war er Ungarns Abgesandter beim Völkerbund. Außerdem wirkte er in der Zwischenkriegszeit als Chefredakteur der Tageszeitungen »Budapesti Naplo«, »Budapester Presse« und des »Pester Lloyd«.

Zu den zahlreichen Literaten jüdischer Herkunft, die ungeachtet des Mauermords und Stasiterrors SED-Propaganda betrieben, gehörte **Walter Victor** (geboren 1895 in Bad Oeynhausen, gestorben 1971 in Bad Berka/Thüringen). Der Sohn eines Ziegelhändlers war in Weimarer Zeit SPD-Redakteur beim »Sächsischen Volksblatt«), arbeitete auch für die »Weltbühne« und fungierte bis 1934 als Feuilleton-Chef des Berliner »8-Uhr Abendblattes«. Die Emigration führte ihn in die Schweiz, nach Luxemburg, Frankreich und 1940 in die USA, wo er für das jüdische Verlagshaus Knopf arbeitete und im kommunistisch beherrschten »Komitee Freies Deutschland« wirkte. 1947

schloß er sich in der Sowjetzone der SED an. Er kam in den Vorstand des DDR-Schriftstellerverbandes und wurde Herausgeber der Ostberliner »Lesebücher für unsere Zeit«. Er erhielt u.a. den DDR-»Nationalpreis«. Von Victor stammten Werke wie »Goethe und Hitler« (1936) und »Würdigung für Albert Einstein« (1939). 1953 brachte er eine Marx-Biographie heraus. Eine Zeitlang war er mit der linken Literatin Maria Gleit (recte: Gleitsmann) verheiratet, der Verfasserin des Buches »Roman eines Warenhausmädchens«.

Der Möbelhändler Salomon Viertel kam aus Galizien nach Wien. Dort wurde ihm 1885 ein Sohn, **Berthold Viertel**, geboren. Er entwickelte sich zu einem der führenden Linksliteraten im Deutschen Reich. Gefördert von Max Reinhardt, war er auch als Bühnenleiter und Regisseur aktiv. 1925 ging Viertel mit seinen Theaterunternehmungen in Berlin bankrott. Ab 1928 wirkte er hauptsächlich in Hollywood. Dort war sein Haus eine Anlaufstelle vor allem linker Emigranten aus Deutschland. Er war Mitbegründer des parakommunistischen Aurora-Verlages (New York) und für US-Filmgesellschaften wie der 20th Fox im Kriege als Drehbuchautor und Regisseur in der Propaganda gegen Deutschland aktiv. Ab 1949 arbeitete er mit Brecht am (Ost-)Berliner Ensemble. 1951 wurde er Regisseur am Burgtheater in Wien. Er starb 1953 in der österreichischen Hauptstadt.

Hedwig Wachenheim (geboren 1891 in Mannheim, gestorben 1969 in Hannover) schloß sich 1914 der SPD an. In Weimarer Zeit war sie leitende Funktionärin der »Arbeiterwohlfahrt« und Chefredakteurin des gleichnamigen Zentralorgans dieser Bewegung. Von 1928 bis 1933 gehörte sie dem Preußischen Landtag an. Über Paris, Italien und England kam sie 1935 nach New York. In der US-Emigration stand sie der Gruppe um Grzesinski nahe. Das »Biographische Lexikon der deutschsprachigen Emigration« schreibt über ihre Zielsetzung: »Für kontrollierte völlige Entwaffnung Deutschlands, jedoch gegen Teilung und willkürliche Gebietsabtrennung.« 1945 kam sie im Troß der US-Army für einige Zeit nach Deutschland zurück. Später arbeitete sie an der Universität Berkeley. Sie starb in Deutschland während einer Besuchsreise. Posthum erschienen ihre Erinnerungen »Vom Großbürgertum zur Sozialdemokratie. Memoiren einer Reformistin«.

»Mein Leben mit den Mikroben« lautet der Titel der Erinnerungen des Bakterienforschers **Selman Abraham Waksman**. Er kam 1888 im ukrainischen Priluki zur Welt und starb 1973 in Hyannis/US-Bundesstaat Massachusetts. Ab 1910 lebte er in den USA, deren Staatsbürgerschaft er 1916 erwarb. 1949 übernahm er die Leitung des Instituts für Mikrobiologie der amerikanischen Rutgers-Universität. Unter seiner Leitung gelang die Isolierung des Streptomyzin. Dafür erhielt Waksman im Jahre 1952 den Nobelpreis für Medizin/Physiologie. Später war er entscheidend an der Isolierung des Neomyzin beteiligt.

Jakob Walcher, geboren 1887 im württembergischen Wain, war nach Kriegsende 1918 führender Spartakist, Mitglied des Stuttgarter Sowjets und Mitbegründer der KPD. Ab 1921 gehörte er dem ZK der Kommunisten an. Er wurde 1928 ausgeschlossen, weil er gegen KP-Führer Thälmann gemeutert hatte. Er trat der »KPD-Opposition« bei und wirkte dann in der parakommunistischen SAP, deren Programm er mitformulierte. Er emigrierte in der Hitlerzeit nach

Frankreich und wurde dort bei Kriegsausbruch interniert. 1941 tauchte er in New York auf, 1946 kam er in die Sowjetzone. Er schloß sich der SED an und fungierte von 1946 bis 1949 als Chefredakteur der kommunistischen »Tribüne« (Ostberlin). Von 1951 bis 1956 war er aus der SED verbannt. Wie eine Wiedergutmachung erschien 1967 die Verleihung des »Vaterländischen Verdienstordens« in Gold an ihn. Drei Jahre später starb er.

Der jüdische Biochemiker **George Wald** kam 1906 in New York auf die Welt. Ab 1935 lehrte er an der Harvard Universität. Ihm gelang unter anderem die Entdeckung der Netzhautpigmente. Für seine Untersuchungen der Primärprozesse im Auge bekam er mit R.A. Granit und H.K. Hartline 1967 den Physiologie/Medizin-Nobelpreis. 1978 hielt Wald beim Treffen der Nobelpreisträger in Lindau einen Vortrag, der von fast allen Medien totgeschwiegen wurde. Auszug: »Ich glaube nicht, daß in der westlichen Welt die Regierungen wirklich regieren. Ich glaube, sie dienen als Handlanger großer finanzieller und industrieller Mächte. Es gibt Dutzende multinationaler, transnationaler Riesen, die größten Konzentrationen der Macht und des Reichtums, die es jemals in der menschlichen Geschichte gegeben hat. Das sind nicht Geschäftsunternehmen, das sind Weltmächte. Haben sie militärische Macht? Natürlich, sie haben unsere militärische Macht. Haben sie Informations- und Überwachungssysteme? Natürlich. Bei den Amerikanern FBI und CIA. Haben sie Kontroll- und Lenkungssysteme? Natürlich. Sie haben unsere Regierungen.«

Auch der Publizist **Herwarth Walden** (geboren 1878 in Berlin), der eigentlich Georg Lewin hieß, fiel dem kommunistischen Terror zum Opfer. Er kam 1941 im sowjetischen Zuchthaus Saratow um. Linksjournalist Walden-Lewin gründete 1904 in Berlin den »Verein für Kunst«. 1910 initiierte er die Gründung des »avantgardistischen« Kulturblattes »Der Sturm« zur Förderung moderner Kulturschaffender. 1910/11 war er mit der jüdischen Literatin Else Lasker-Schüler verehelicht. 1919 schloß sich Walden der KPD an. 1931 verließ er Weimar-Deutschland und ging in die Sowjetunion. Dort lehrte er ab 1932 als Dozent am Fremdsprachenistitut in Moskau. Auch war er für den »Deutschen Staatsverlag« in Engels, der Hauptstadt der sowjetdeutschen Wolgarepublik, aktiv. Im März 1941 wurde er verhaftet.

»Im letzten Reichstag des kaiserlichen Deutschland saßen zwei Ungetaufte auf den Bänken bürgerlicher Parteien, Dr. Ludwig Haas und Dr. **Felix Waldstein**, die als Kandidaten der seit 1910 in der Fortschrittlichen Volkspartei vereinten Linksliberalen gewählt wurden«, schreibt Toury in seinem Buch »Die politischen Orientierungen der Juden in Deutschland«. Der Jurist Felix David Waldstein war 1865 in Gnesen (Posen) auf die Welt gekommen. Ab 1908 vertrat er die Fortschrittliche Volkspartei im Preußischen Landtag, ab 1912 im Reichstag. Für die DDP saß er von 1919 bis 1924 in der Nationalversammlung bzw. im Reichstag. Er war »aktiv in der Abwehr des Antisemitismus«, wie es in jüdischen Quellen heißt, und führend im Centralverein deutscher Staatsbürger jüdischen Glaubens tätig. 1939 emigrierte er nach England. Er starb 1943 in London.

Der jüdische Bankier **Ernst Wallach** (geboren 1876 in Berlin) gehörte zu den Unterzeichnern des Aufrufs »Wir 565 000 deutschen Juden legen feierliche Verwahrung ein gegen eine zügellose Greuelpropaganda gegen Deutschland«. Der Aufruf erschien am 30. März 1933 im Organ des Centralvereins deutscher Staatsbürger jüdischen Glaubens. Es war ein vergeblicher Versuch, antideutsche Hetze im Ausland und antijüdischen

Extremismus der Nationalsozialisten zu zügeln. Wallach war seit 1910 Teilhaber der Privatbank A. Falkenburger & Co. in Berlin. Von 1921 bis 1933 war er Seniorchef von Goldschmidt-Rothschild & Co in Berlin. Außerdem wirkte er als Aufsichtsratsmitglied der Dresdner Bank und zahlreicher Industrie- und Handelsunternehmen. Bis 1937 war er stellvertretender Vorsitzender des Centralvereins deutscher Staatsbürger jüdischen Glaubens. 1938 emigrierte er nach New York, wo er im folgenden Jahr starb.

Otto Wallach, einer der bedeutendsten deutschen Wissenschaftler jüdischer Herkunft, wurde 1847 in Ostpreußens Hauptstadt Königsberg geboren und starb 1931 in Göttingen. Der Schüler Liebigs lehrte ab 1876 an der Universität Bonn und war ab 1889 Professor in Göttingen, wo er als Direktor des chemischen Instituts der Universität wirkte. 1910 erhielt der Mitschöpfer der deutschen und internationalen Parfümindustrie für seine bahnbrechenden Forschungen über ätherische Öle und Riechstoffe den Chemie-Nobelpreis.

Der Journalist **Ernst Wallenberg** (geboren 1878 in Berlin, gestorben 1948 in New York) entstammte einer Danziger Rabbinerfamilie und war eigentlich Zahnarzt von Beruf. 1903 wurde er Mitarbeiter des Ullstein-Verlages. Im Ersten Weltkrieg wirkte er als Presseoffizier und Herausgeber der »Wilnaer Zeitung« im deutschbesetzten Litauen. Ab 1922 war er Chefredakteur der Auslandsausgabe der »Vossischen«, ab 1925 Chefredakteur der Berliner »BZ am Mittag«. Mit »Tempo« brachte er ein Boulevard- und Sensationsblatt neuen Stils auf den Markt. 1938 emigrierte er über Italien nach Amerika. Er starb 1948 in New York. Der Journalist Hans Wallenberg (1907-1977) war sein Sohn.

In die Fußstapfen seines Vaters, des Ullstein-Redakteurs Ernst Wallenberg, trat zur Weimarer Zeit der Journalist **Hans Wallen-**

berg (geboren 1907 in Berlin). Er wirkte hauptsächlich bei Ullstein-Blättern und war nach der NS-Machtübernahme bis 1937 in einer jüdischen Buchdruckerei Berlins beschäftigt. Dann ging er über Prag nach New York. Er wurde US-Staatsbürger und erreichte 1945 in der US-Armee den Rang eines Majors. Nach Kriegsende kam er mit Umerziehungsauftrag nach Deutschland. Er wirkte als Chef der »Allgemeinen Zeitung« und der »Neuen Zeitung«, der wichtigsten Blätter der amerikanischen Militärdiktatoren im besetzten Deutschland. Später war er für den Axel Springer-Verlag tätig, u.a. als geschäftsführender Redakteur der »Welt«, Direktor der von Springer gekauften Verlage »Ullstein« und »Propyläen« und persönlicher Berater des Verlegers. Wallenberg war auch Gründungsmitglied der »Gesellschaft für ein jüdisches Museum« (Berlin). Er starb 1977 in Westberlin.

Der schwedische Diplomat **Raoul Wallenberg**, geboren 1912 in Stockholm, war väterlicherseits jüdischer Herkunft. Sein Großonkel, Knut Agaton Wallenberg (1853-1938), führte die Stockholm Enskilda Bank auf den Weg zum bedeutendsten Geldinstitut Schwedens; als schwedischer Außenminister von 1914 bis 1917 trat er für strikte Neutralität ein. Raoul Wallenberg war schwedischer Vertreter bei der Horthy-Regierung in Ungarn. Er war maßgeblich daran beteiligt, Abertausende Juden des Landes vor der Deportation zu bewahren. Seit er Marschall Malinowsky, den sowjetischen »Befreier« von Budapest, am 16. Januar 1945 aufsuchte, fehlte von ihm jede Spur. Vermutlich ist er im Archipel Gulag umgekommen. Auf Initiative des jüdischen Kongreßabgeordneten Tom Lantos wurde Wallenberg als dritter Ausländer nach Lafayette und Churchill zum US-Ehrenbürger erklärt.

Kaum zu überschätzenden Einfluß übte **Henry C. Wallich** als Chef der US-amerika-

nischen Notenbank von 1974 bis zu seinem Tode 1988 in McLean bei Washington aus. Er war 1914 in Berlin als Heinrich Wallich zur Welt gekommen. Sein Großvater war Direktor der Deutschen Bank, sein Vater Paul Wallich leitete in der Reichshauptstadt die Privatbank J. Dreyfus & Co. 1933 ging Henry-Heinrich Wallich nach England. Er wirkte später als Exportkaufmann in Argentinien, als Börsenmakler in New York und als Professor für Wirtschaftswissenschaften an der Yale-Universität. Er galt als enger Vertrauter und Berater des US-Präsidenten Eisenhower.

Eigentlich hieß der berühmte Dirigent **Bruno Walter** Bruno Walter Schlesinger. Er kam 1876 in Berlin als Sohn eines jüdischen Ladenbesitzers zur Welt. Zum Durchbruch verhalf dem jungen Schlesinger der ebenfalls jüdische Dirigent und Komponist Gustav Mahler, der ihn 1901 an die Wiener Hofoper holte. Von 1913 bis 1922 wirkte Walter als Generalmusikdirektor am Münchner Nationaltheater. 1925 wurde er Generalmusikdirektor der Städtischen Oper Berlin. Von 1929 bis 1933 leitete er das Leipziger Gewandhausorchester. 1933 ging er nach Österreich. Dort war er bis 1938 Direktor der Wiener Staatsoper. 1938 emigrierte er nach Frankreich, dann in die USA, deren Staatsbürgerschaft er annahm. Ab 1948 gastierte er wieder in Europa. Bruno Walter starb 1962 in Beverly Hills/Kalifornien. Er war zeitlebens eng mit Thomas Mann befreundet.

Der 1917 in Wien geborene Schriftsteller **Fred Wander** hat nach eigenen Angaben in den 30er Jahren ein Vagabundenleben in ganz Europa geführt. In Frankreich sei er 1939 verhaftet und später an Deutschland ausgeliefert worden. Er überlebte die Lager Auschwitz und Buchenwald (die ab 1945 von den Siegern fortbetrieben wurden). In der ersten Nachkriegszeit hielt sich Wander in Österreich auf und war dort KPÖ-Aktivist. 1958 ging er in die DDR, wo er sich als linientreuer Schriftsteller, Dramatiker und Feuilletonist betätigte. Er erhielt von den SED-Machthabern u.a. den Heinrich-Heine-Preis. Auch seine Frau Maxie Wander (1933-1977) war DDR-Literatin. Sie schrieb u.a. »Lob des Knoblauchs«.

Begründer der Bankierssippe Warburg war ein gewisser Simon von Kassel. Der ging um 1500 mit einem bischöflichen Schutzbrief als Geldwechsler und Pfandleiher in das westfälische Städtchen Warburg, nach der sich die Familie benannte. **Felix Moritz Warburg** kam 1871 als einer von fünf Söhnen des Bankherrn Moritz Warburg in Hamburg zur Welt. 1894 ging er in die USA, heiratete dort die Tochter des jüdischen Bankiers Jacob H. Schiff und wurde Teilhaber des Bankhauses Kuhn, Loeb & Co. Warburg war hochrangiger Funktionsträger der Zionistischen Internationale. Um das russische Kaisertum zu beseitigen, finanzierte er die Bolschewisten. Eine enge Freundschaft verband ihn mit dem Zionistenführer Chaim Weizmann. Von 1914 bis 1932 amtierte Warburg als Vorsitzender des American Jewish Joint, ab 1929 als Chef der Jewish Agency. Er starb 1937 in New York als einer der einflußreichsten Vertreter der US-Hochfinanz. Seine Enkelin Felicia heiratete den Sohn des einstigen US-Präsidenten, Franklin Delano Roosevelt jr.

Während Hindenburg und Ludendorff wegen der ernsten Lage 1918 dazu rieten, den Krieg zu beenden, waren einflußreiche jüdische Prominente im Deutschen Reich für die Fortsetzung des Kampfes: Walther Rathenau, der nachmalige Reichsaußenminister, wollte einen Volkssturm mobilisieren, und Großbankier **Max Moritz Warburg** beschwor die Oberste Heeresleitung: »Kämpfen Sie weiter! Ich beschwöre Sie: Machen Sie jetzt nicht Schluß!« Der Kaiser hörte auf Hindenburg und Ludendorff, nicht auf Rathenau und Warburg. Max Moritz Warburg, 1867 in Hamburg geborener Sohn des Großbankiers Moritz Warburg, ging bei den Londoner Rothschilds in die Lehre. 1893 wurde er Teilhaber des Bankhauses seiner Familie. Enge Freundschaft verband ihn mit dem jüdischen Großreeder Albert Ballin (Hamburg) und mit dem ebenfalls jüdischen Großbankier Sir Ernest Cassel (London). Seine Brüder waren Spitzenbanker in New York. Von 1903 bis 1919 war Warburg Abgeordneter der Deutschen Volkspartei in der Hamburger Bürgerschaft. 1919 gehörte er der deutschen Delegation in Versailles an. Vergeblich bemühte er sich um Milderung des drakonischen Siegerdiktates. Er prophezeite: »Die Aufrechterhaltung der Versailler finanziellen Bestimmungen wird den Ruin des deutschen Wirtschaftslebens mit Naturnotwendigkeit zur Folge haben.« Von 1924 bis 1933 gehörte er dem Generalrat der Deutschen Reichsbank an. 1938 ging er nach Amerika, wo er eine eigene Bank gründete und sich um Finanzierung jüdischer Auswanderung aus Deutschland kümmerte. Max Moritz Warburg starb 1946 in New York.

1970 starb in Westberlin der Biochemiker **Otto Heinrich Warburg**. Er war 1883 in Freiburg/Br. als Sohn des Physikers jüdischer Herkunft, Emil Warburg, zur Welt gekommen, der zu den Mitbegründern der quantitativen Photochemie zählte und 1931 verstarb. Otto H. Warburg, der im Ersten Weltkrieg als Garde-Kavallerieleutnant d.Res. gedient hatte, erhielt 1931 den Medizin/Physiologie-Nobelpreis. Zu seinen richtungweisenden Leistungen gehören die Entdeckung des Koenzyms der Atmungskette, die ihm mit W. Christian gelang, sowie die Entwicklung der Atmungstheorie der Krebsentstehung. 1931 wurde er Direktor des Kaiser-Wilhelm-Instituts für Zellphysiologie, was er trotz seiner jüdischen Herkunft auch in der Hitlerzeit blieb. 1944 wurde er erneut für den Nobelpreis nominiert.

Auch in der Nachkriegsepoche wurde der geniale Wissenschaftler mit zahlreichen Auszeichnungen geehrt. 1963 erhielt er die Ehrenbürgerwürde Berlins.

Paul Moritz Warburg (geboren 1868 in Hamburg, gestorben 1932 in New York) war einer von fünf Söhnen des Hamburger Großbankiers Moritz Warburg. 1902 kam er nach New York, wo er die Tochter des Bankiers Salomon Loeb, Teilhaber des mächtigen Bankhauses Kuhn, Loeb & Co., heiratete. Sein Bruder Felix Moritz Warburg hatte acht Jahre zuvor die Tochter des US-jüdischen Bankbosses Jacob H. Schiff heimgeführt. Unter Federführung des Mandel House war Paul Moritz Warburg maßgeblich an der Schaffung des US-amerikanischen Federal Reserve Systems (Notenbanksystem) beteiligt: Nun bestimmte nicht mehr die Volksvertretung, sondern ein Konsortium von Großbanken über die Leitlinien der Währungs- und Finanzpolitik der USA. Es war »die Machtübernahme der Hochfinanz« (Joachim Fernau). Von US-Präsident Wilson wurde Warburg zum Vorstandsmitglied des Federal Reserve Board ernannt.

1887 verließ Benjamin Eichelbaum Polen und war als Schuhhändler in Amerika und England aktiv. In London kam 1892 sein Sohn Jakob zur Welt. Der wurde unter dem Namen **Jack Warner** einer der einflußreichsten Hollywood-Bosse. Mit seinen Brüdern Samuel, Harry und Albert schuf er 1918 die Produktionsfirma Warner Brothers, nachdem er sich zunächst in Amerika wenig erfolgreich als Händler mit koscherem Fleisch versucht hatte. Der erste größere Streifen der Warner-Eichelbaums war »My Four Years in Germany« (1918), eine primitiv-antideutsche Inszenierung der Erzählungen des einstigen US-Botschafters in Berlin, James W. Gerard. 1927 brachten Warner Bros. den ersten Tonfilm in den USA auf den Markt (»The Jazz Singer« mit dem jüdischen Sänger Al Jolson). Kassenschlager der Warners waren die Filme mit dem deutschen Schäferhund »Rin Tin Tin« in der Hauptrolle. Im Zweiten Weltkrieg produzierten Jack & Co. die antideutsche Propagandaserie »Why We Fight«. Sie stellten den Stalin verherrlichenden Streifen »Mission to Moscow« und den antideutschen Film »Casablanca« (beides unter der Regie von Michael Curtiz) her. Jack Warner, der 1978 in Los Angeles starb, stand u.a. den Karrieren von Humphrey Bogart, Bette Davis und Edward G. Robinson Pate.

Zu den einflußreichsten Bankherren der Weimarer Zeit gehörte **Oskar Wassermann** (geboren 1869 in Bamberg, gestorben 1934 in Garmisch). Er begann in der (1775 gegründeten) Familienbank zu Bamberg und stieg 1912 in die Deutsche Bank und Discontogesellschaft ein, deren Börsendirektor und Vorstandsmitglied er bis 1933 war. U.a. fungierte er als Vorsitzender des Aufsichtsrates der Bank für Industriewerte, der Kali-Chemie und des Salzbergwerks Neu-Staßfurt, als stellvertretender Vorsitzender des Aufsichtsrates der Niederlausitzer Kohlenwerke, Mitglied des Aufsichtsrates der Hirsch Kupfer- und Messingwerke, des Norddeutschen Lloyd, der Stettiner Chamottefabrik, der Svenska Tändsticker Aktiebolaget und des Wiener Bank-Vereins, als Vorsitzender des Grubenvorstandes der Gewerkschaft Deutschland, stellvertretender Vorsitzender des Vorstandes des Zentralverbandes des Deutschen Bank- und Bankiersgewerbes und Mitglied des Generalrates der Reichsbank. Vor allem schlug sein Herz für die zionistische Sache. Er war 1922 Gründer und dann langjähriger Leiter des Palastina-Aufbau-Fonds »Keren Hajessod« sowie 1929 Mitbegründer der Jewish Agency Palestine.

Berta Wiener hieß die kommunistische Literatin **Berta Waterstradt** wirklich. Sie kam 1907 in Kattowitz/Oberschlesien als

Tochter eines Kurzwarenhändlers zur Welt. In der Weimarer Zeit war sie für die stalinistische KPD aktiv. Ihre Beiträge erschienen in zahlreichen KP-Organen. 1934 kam sie aus englischer Emigration zurück ins Deutsche Reich. Sie soll dann zweieinhalb Jahre in NS-Haft und nach ihrer Freilassung im Untergrund an Widerstandshandlungen beteiligt gewesen sein. 1944/45 war sie in einem deutschen Rüstungsbetrieb beschäftigt. In der DDR avancierte sie zur Rundfunk-Dramaturgin und Drehbuchverfasserin für Film und Fernsehen. Eines ihrer Stücke hieß »Sind wir nicht alle Opfer des Faschismus?« Sie wurde aktive SED-Genossin und u.a. mit dem »Nationalpreis« sowie der »Clara-Zetkin-Medaille« geehrt. Als die SED-Herrschaft untergegangen war, soll sie erwogen haben, ihr SED-Parteibuch »aus Zorn und Resignation hinzuschmeißen«. Am 8. Mai 1990 zog sie sich tödliche Verletzungen bei einem Sturz im Treppenhaus ihrer Wohnung in Ostberlin zu.

Halbjüdisch war der Schriftsteller **Frank Wedekind**, der eigentlich Benjamin Franklin mit Vornamen hieß, 1864 in Hannover zur Welt kam und dessen Vater Linksliberaler in der Frankfurter Paulskirchenversammlung war. Er brach sein Jurastudium ab und begann als Werbechef für Maggi-Würfel. Ab 1901 wirkte er am Münchner Kabarett »Die Elf Scharfrichter«. Zum Durchbruch verhalf ihm Max Reinhardt, der 1904 sein Bühnenstück »Frühlings Erwachen« uraufführte. Auch Herwarth Walden und Karl Kraus setzten sich für Wedekind ein. Der Literat, Verfasser von Stücken wie »Lulu« und »Die Büchse der Pandora«, verherrlichte in seinen Werken ein »freies Triebleben«. Deutschen Patriotismus verspottete er, doch auch deutsche Vergötzung des Ausländischen. Er reimte: »Respekt genießt in Deutschland nur der Fremde,/ob er aus Franken ob aus Engeland;/die Männer lecken ihm die weiße Hand, /die Frauen

küssen ihm das weiße Hemde./Du bist ein Deutscher? Du trägst Jägerwäsche?/Erlaub mir, daß ich dir den Buckel dresche.« Wedekind starb 1918 in München.

»Es ist schade, daß 1969 statt des einstigen hohen Wirtschaftsmanagers und Juristen des Dritten Reiches Gustav Heinemann nicht der Hitleremigrant aus jüdischer Familie **Herbert Weichmann** Bundespräsident geworden ist«, fand die »Deutsche National-Zeitung«. Denn vom patriotischen Standpunkt aus schneide Weichmann bedeutend besser ab als Heinemann. Im »Neuen Lexikon des Judentums« heißt es: »Weichmann lehnte die wiederholt angebotene Kandidatur für das Bundespräsidentenamt ab. Er glaubte, als Jude in diesem Amt innenpolitisch sowie in den Beziehungen zur arabischen Welt Belastungen hervorzurufen.« Weichmann, geboren 1896 in Landsberg/Oberschlesien, schloß sich 1920 den Sozialdemokraten an und wurde Repräsentant von deren nichtmarxistischem, patriotischen Flügel. 1932/33 war er persönlicher Referent des preußischen Ministerpäsidenten Otto Braun. Die Hitlerzeit verbrachte er in der französischen, dann in der amerikanischen Emigration. Er schrieb im Exil von der »Notwendigkeit, eine Politik der Atomisierung Deutschlands aufzugeben« und dem »Erfordernis, Morgenthau entgegenzutreten«. Aus der Emigration zurück, wurde er Präsident des Hamburger Rechnungshofes, 1957 Finanzsenator und 1965 Erster Bürgermeister der Hansestadt (bis 1971). Er verurteilte den APO-Linksradikalismus, rief dazu auf, »das Bewußtsein, eine Nation zu sein«, im gespaltenen Deutschland wachzuhalten, wies auf historische Tatsachen hin, die ansonsten verschwiegen werden, z.B. daß die Weimarer Republik »letztlich durch langjähriges Unverständnis der Siegermächte des 1. Weltkrieges zu Tode gekommen« sei, mahnte zur Mäßigung bei der »Vergangenheitsbewältigung« (»12 Jahre eines ver-

Paul WARBURG

Jack WARNER

Frank WEDEKIND

Herbert WEICHMANN

Arthur Georg WEIDENFELD

Helene WEIGEL

Simone WEIL

Kurt WEILL

Arthur Freiherr von
WEINBERG

brecherischen Regimes dürfen nicht zum ewigen Maßstab eines Volkes werden«) und forderte anläßlich der Einweihung der KZ-Gedenkstätte Neuengamme: »Uns, die wir überlebt haben, bleibt die Lehre, nicht ewig zu hassen, nicht ewig zurückzublicken und uns dadurch selbst zum Gefangenen unserer Vergangenheit zu machen. Wir sollten nicht danach trachten, das verständliche Wundgefühl der Opfer bis in das dritte und vierte Geschlecht fortwirken zu lassen.« Vom Glauben an eine Weltbeglückung durch den 8. Mai 1945 war er weit entfernt: »Die Welt ist seither nicht besser geworden, sondern ganz im Gegenteil.« Im Jahre vor seinem Tode (er starb 1983 in Hamburg) hielt Weichmann die 17. Juni-Ansprache vor den Bundestagsabgeordneten. Er mahnte, das Ziel der deutschen Einheit nie aus dem Auge zu verlieren und warnte vor dem Verfall von Werten wie Familie und Nation, da sonst Zustände wie im alten Rom drohen würden »mit seinem Mangel an weiterführender moralischer Kraft.«

Arthur Georg Weidenfeld, geboren 1919 in Wien als Bankierssohn, kam 1938 nach England und war dort im Kriege für den BBC-Abhördienst und für die britische Radiopropaganda tätig. 1948 gründete er mit dem Diplomatensohn Nicolson die Londoner Firma »Weidenfeld & Nicolson«, die einer der weltweit größten Verlage wurde. 1949/50 weilte Weidenfeld als Kabinettschef von Chaim Weizmann in Israel. Mehreren Politikern in England gewährte er entscheidende Hilfestellung für ihre Karrieren, zum Beispiel Harold Wilson, dessen erstes Buch im Verlag Weidenfeld & Nicolson erschien. Auf Wilsons Vorschlag machte die Queen den jüdischen Verleger 1969 zum »Sir« und verlieh ihm 1976 die Pairswürde (Lord Weidenfeld of Chelsea). Weidenfelds Verlagsprogramm war stets besonders vielfältig. Bei ihm erschienen die Erinnerungen von Karl Dönitz ebenso wie die Memoiren

beispielsweise von Ben-Gurion oder Golda Meir. 1993 riet er: »In mancher Hinsicht ist es heilsam für Deutschland, einen gemäßigten Nationalismus zu pflegen, der die positiven Züge der deutschen Geschichte und Kultur betont.«

Als »Der rote Tänzer« ist der Choreograph **Jean (eigentlich Hans) Weidt** bekanntgeworden. So lautet auch der Titel der Memoiren dieses 1904 in Hamburg als Sohn eines Kaffeerösters geborenen Kommunisten. Zur Weimarer Zeit gründete er in Berlin die bolschewistische Agitprop-Truppe »Die Roten Tänzer«. Er wurde KPD-Aktivist. Nach Hitlers Machtübernahme wirkte er in Moskau und Paris. 1940/41 war er in Algerien interniert. Später soll er in einem Pionierkorps der Briten in Nordafrika gedient haben. Ende der 40er Jahre kam er in die stalinisierte DDR. Dort gründete er diverse Ensembles und leitete bis 1984 in Ostberlin die »Stunde des Tanzes«. Unter anderem wurde er mit dem »Vaterländischen Verdienstorden« der DDR in Gold (1979) ausgezeichnet. Er starb 1989 in Ostberlin.

»Sein Bekenntnis zur österreichischen Republik hinderte ›Österreichs Kulturpapst‹ keineswegs daran, sich stets dem deutschen Kulturraum verbunden zu fühlen«, schrieb die »Deutsche National-Zeitung« über **Hans Weigel** (geboren 1908 in Wien, gestorben 1991 dortselbst). Der junge Weigel war ab 1928 in Berlin, ab 1933 in Wien journalistisch tätig. Die Anschlußjahre 1938 bis 1945 verbrachte er in der Schweiz, um dann nach Wien zurückzukehren. Er profilierte sich als Literat und Kritiker, als Polemiker gegen neumodische Linke, als Übersetzer und als Librettist von Benatzky und Stolz. In seinem Buch »Das Land der Deutschen mit der Seele suchend« schrieb Weigel zum großdeutschen Bekenntnis der Österreichischen Nationalversammlung 1918, daß auch er mit Ja gestimmt hätte; 1938 sei er beim Anschluß »gerührt gewesen«. Über die weitere Entwicklung damals notierte er: »Auf Deutschlands Auferstehung zu hoffen, war ein Gebot der Vernunft. Leider war die Vernunft spärlich, auch bei den westlichen Siegesanwärtern.« In seinem 1990 erschienenen Buch »Das Scheuklappen-Syndrom« schilderte Weigel Erlebnisse zur »Befreiungszeit 1945«: »Ich konnte es nicht glauben, daß Hitler mit seinen antibolschewistischen Haßtiraden recht haben sollte. Und ich kam nach Wien und hörte schon auf dem Weg vom Westen in den Osten schreckliche Berichte von Reisenden und Flüchtlingen, dann in Wien authentisch von Gewährsleuten, die verläßlich waren. Es war ein schmerzliches Umdenken. Da ich nun zu der Ansicht gelangt war, daß der Bolschewismus eine ebensolche Gefahr für die gesittete Welt war wie der Nationalsozialismus, fühlte ich mich veranlaßt, gegen den Stalinismus aufzutreten.« Über die Zustände im Prager Machtbereich nach der »Befreiung« 1945 notierte Weigel: »Was sich abgespielt hatte, muß als Pogrom bezeichnet werden. Wahllos ging es im Stil des Naziterrors mit umgekehrtem Vorzeichen gegen alles, was deutsch sprach, auch gegen Sozialdemokraten, auch gegen Juden, gegen jung und alt, Austreibung im Stil der türkischen Vernichtung des armenischen Volkes.«

Brechts Gefährtin **Helene Weigel** kam 1900 in Wien als Tochter des aus Mähren zugezogenen Händlers Siegfried Weigl (ohne »e«) und dessen jüdischer Frau Leopoldine geborene Polak zur Welt. Ihrer Karriere als Schauspielerin standen nach 1918 die jüdischen Theatermogule Reinhardt und Jessner Pate. Letzterer engagierte sie 1922 am Berliner Staatstheater. 1929 heiratete sie Bertolt Brecht. Das Paar betrieb kommunistische Propaganda und ging 1933 ins Exil. Den Krieg überdauerten die beiden in Amerika. 1948 gründete das Paar in Ostberlin das »Berliner Ensemble«, das Helene Weigel bis

zu ihrem Tode (1971 in Ostberlin) leitete und das für die SED ein kulturelles Aushängeschild war. In der Beileidsbekundung zu Stalins Tod, unterschrieben vom Ehepaar Brecht/Weigel, hieß es 1953: »Wir Kunstschaffenden Deutschlands haben in Stalin unseren großen Lehrer verloren, den besten Freund unseres Volkes. Wir geloben, in unserer Arbeit die Lehren Stalins zu verwirklichen und ihm, dem Genius des Friedens, die Treue zu halten.« Laut DDR-Theaterlexikon hat Helene Weigel »Höhepunkte der sozialistischen, realistischen Schauspielkunst« gesetzt.

Jüdischerseits wird der Philosophin **Simone Weil**, nicht zuletzt wegen ihres Werkes »Israel und die Heiden« (1940-1942), »heftiger Antijudaismus« vorgeworfen; ihre Hinwendung zum Christentum (ohne daß sie offiziell konvertierte) wird als »Sündenfall« betrachtet. Simone Weil kam 1909 in Paris als Tochter einer großbürgerlichen jüdischen Familie zur Welt. Ab 1931 lehrte sie an einem Mädchenlyzeum. Im Spanischen Bürgerkrieg betrieb sie Propaganda für die Rotrepublikaner. 1938 hatte sie ein mystisches Christuserlebnis. Fortan fühlte sie sich der Lehre des Nazareners verpflichtet. Sie entwickelte ein Gesellschaftsmodell auf christlicher Grundlage, jenseits von Marxismus und Kapitalismus. 1942 ging sie nach New York, dann nach England, wo sie zur Gefolgschaft de Gaulles gehörte. In radikaler Selbstentsagung und Askese erlitt sie 1943 im englischen Ashford den Hungertod.

Wortführer der antideutschen Kräfte in Elsaß-Lothringen waren die jüdischen Politiker Daniel Blumenthal und **Georges Weill**. Jacob Toury berichtet in »Die politischen Orientierungen der Juden in Deutschland«: »Die beiden elsaß-lothringischen Politiker Daniel Blumenthal von der süddeutschen Volkspartei und der Sozialdemokrat Georges Weill machten bei Ausbruch des Weltkrieges (1914) von sich reden, als sie ihrer deutschfeindlichen Gesinnung durch Überschreiten der französischen Grenze Ausdruck gaben.« Weill war 1882 in Straßburg geboren worden. Ab 1905 war er als Redakteur in der Hauptstadt des Elsaß und in Nürnberg tätig. 1910 kam er in den Deutschen Reichstag. Nachdem er sich 1914 in Paris etabliert hatte, konnte er 1924 und 1932 jeweils für vier Jahre in die französische Deputiertenkammer einziehen. Zur Zeit der deutschen Besatzung Frankreichs lebte er in Algier. Er starb 1970 in Paris.

Der jüdische Komponist **Kurt Weill** ist vor allem mit seiner Musik zu Stücken des Kommunisten Bert Brecht bekanntgeworden (»Dreigroschenoper« usw.). Weill kam 1900 in Dessau als Sohn eines jüdischen Kantors zur Welt, der Synagogengesänge komponierte. Ab Anfang der 20er Jahre wirkte er in Berlin. Dort heiratete er 1925 die Schauspielerin Lotte Lenya. Bald darauf begann seine Partnerschaft mit Brecht. 1933 emigrierte er nach Paris, dann nach London. 1935 kam er in die USA, deren Staatsbürger er 1943 wurde. Für sein alttestamentarisches Musikdrama »The Eternal Road« schrieb Werfel das Libretto; Max Reinhardt besorgte die Inszenierung am Broadway. In der amerikanischen Emigration komponierte Weill auch Musicals wie »Knickerbocker Holiday«. Er starb 1950 in New York.

Arthur Bernhard Freiherr von Weinberg, geboren 1860 in Frankfurt am Main als Sohn Bernhard Otto Weinbergs, des Inhabers der Farbstoff-Firma Leopold Casella & Co, war ein bedeutender Chemiker und Chemiefabrikant. Er veröffentlichte zahlreiche richtungweisende wissenschaftliche Schriften und wurde dafür vom Kaiser und von Reichspräsident von Hindenburg ausgezeichnet. Nach Rückkehr aus dem Kriegsdienst 1918 (er war für Tapferkeit ausgezeichnet worden) bekleidete Freiherr von Weinberg hohe Ämter in der deutschen Industrie, Gesellschaft und Wissenschaft. Auch unterhielt er einen der berühmtesten Reitställe Deutschlands. 1937 gewann sein Pferd »Blasius« mit dem Jockey Held das »Braune Band«. Nach 1945 wurde von Weinberg posthum vorgeworfen, daß er nach der NS-Machtübernahme in Deutschland geblieben war und sogar in vielen Fragen mit der Regierung übereinstimmte. Ein Fotodokument zeigt, wie er eine Betriebsversammlung mit dem Deutschen Gruß schloß; anschließend ließ er die Nationalhymne intonieren. Seine kernnationale Einstellung bewahrte ihn nicht davor, 1939 ins Ghettolager Theresienstadt verbracht zu werden. Dort stellte man ihm ein chemisches Labor zur Verfügung, in dem er für die IG Farben forschte. Er starb zur Kriegszeit 1943 in Theresienstadt eines natürlichen Todes. Sein Bruder Carl Freiherr von Weinberg (1861-1943) war ebenfalls vaterländisch gesinnt, Teilhaber der Leopold Casella & Co. und einer der erfolgreichsten Pferdezüchter Deutschlands. 1939 ging er nach Italien. Meldungen, er sei 1943 von deutschen Soldaten ermordet worden, trat 1990 sein Patenkind (dessen Mutter die Stieftochter Arthur Bernhard von Weinbergs war) entgegen: »Carl von Weinberg ist nicht in Italien von deutschen Soldaten ermordet worden. Vielmehr ist er dort, unter schwierigen Umständen lebend, eines natürlichen Todes gestorben.«

»Er errang sich selbst unter zynischen Wall-Street-Wölfen den geachteten bis gefürchteten Beinamen ›Mr. Wall Street‹«, heißt es in Thorwalds Buch über die Juden in Amerika, »Das Gewürz«. Gemeint ist der Bankier **Sidney J. Weinberg** (geboren 1891 in New York, gestorben 1969 dortselbst). Er entstammte einer aus Deutschland in Amerika eingewanderten Familie. Als junger Mann stieg er in das jüdische Bankhaus Goldman, Sachs & Co. an der Wall Street ein. Auf dem Höhepunkt seiner Macht saß er in den Vorständen von rund drei Dutzend führender amerikanischer Konzerne wie General Electric, Ford, Sears-Roebuck, B.F. Goodrich, Continental. Er galt als Vertrauter und enger Ratgeber der Präsidenten F.D. Roosevelt, Truman, Eisenhower, Kennedy und Johnson.

Für seine richtungsweisenden Forschungen zur Elementarteilchenphysik erhielt der Wissenschaftler **Steven Weinberg** 1979 den Physik-Nobelpreis. Er war 1933 in New York zur Welt gekommen. Ab 1960 lehrte er an der Universität Berkeley, ab 1969 war er Professor in Harvard. Seit 1983 liest er an der Universität von Texas in Austin.

Als »eigentlicher Bezwinger« der Sowjetunion ist **Caspar Willard Weinberger**, geboren 1917 in San Franzisko, bezeichnet worden. In seiner Zeit als Verteidigungsminister der USA (1980 bis 1987 unter Präsident Reagan) erreichte der Rüstungsetat Amerikas schwindelnde Höhen. Weinberger dehnte das Wettrüsten auf den Weltraum aus (SDI) und betrieb den Bau der von Samuel Cohen konstruierten Neutronenbombe. Der Versuch der Sowjets, bei diesen extremen Rüstungsanstrengungen mitzuhalten, trug zum ökonomischen Kollaps der UdSSR bei (allerdings wuchsen auch die US-Staatsschulden in astronomische Höhen). Weinberger hatte im Zweiten Weltkrieg als Soldat der US-Army gedient. 1947 eröffnete er eine Anwaltspraxis. 1952 schloß er sich den Republikanern in Kalifornien an. Er wurde enger Weggefährte Ronald Reagans, der ihn als kalifornischer Gouverneur 1968 ins dortige Finanzministerium berief. 1973 bis 1975 wirkte Weinberger als Gesundheits- und Sozialminister.

Im »Neuen Lexikon des Judentums« heißt es über den Schriftsteller **Otto Weininger**, er habe zum »Kampf der Arier gegen das Judentum« aufgerufen, welches für ihn »Inbegriff des unsittlichen Materialismus« gewesen sei. Weininger habe »auf Adolf Hitler gewirkt«. In der Tat findet man im Werke des Literaten, der 1880 in Wien als Sohn eines jüdischen Goldschmieds zur Welt kam, judenfeindliche Darlegungen, wie sie kaum radikaler von Hitler formuliert wurden. Dies gilt insbesondere für sein Hauptwerk, das 1903 veröffentlichte Buch »Geschlecht und Charakter«, das binnen zweier Jahrzehnte achtundzwanzig Auflagen erlebte und 1953 auch auf hebräisch herauskam. Es ist laut »Neuem Lexikon des Judentums« ein »faschistisches Kultbuch«. Ein Jahr vor Erstveröffentlichung des Werkes hatte Weininger promoviert und war zum Protestantismus übergewechselt. Dem »echten Juden«, so schrieb er, gebreche es an »jener inneren Vornehmheit, welche Würde des eigenen und Achtung des fremden Ich zur Folge hat«. In »Geschlecht und Charakter« heißt es, »der Jude« sei »stets lüsterner, geiler« als der »arische Mann«, jedoch im Grunde »weniger potent« und »sicherlich aller großen Lust weniger fähig«. Zum Thema jüdischer Selbsthaß notierte Weininger: »Die allerschärfsten Antisemiten sind unter den Juden zu finden. Denn der Mensch haßt nur, durch wen er sich unangenehm an sich selbst erinnert fühlt.« Und er fuhr fort: »Im aggressiven Antisemitismus wird man immer selbst gewisse jüdische Eigenschaften wahrnehmen.« Über den Tod Weiningers berichtet der Publizist Jörg von Uthmann: »Er erschoß sich aus Abscheu vor seiner jüdischen Herkunft dreiundzwanzigjährig im Sterbezimmer Beethovens (1903, Wien).«

Nachdem der Großunternehmer **Arnold Weinstock** 1980 von der englischen Krone zum Baron of Bowden erhoben worden war, schlagzeilte die »Allgemeine Jüdische Wochenzeitung« (Bonn): »Im britischen Oberhaus sitzen jetzt 45 jüdische Lords und Ladies.« Weiter im Text der jüdischen Zeitung: »Sie sitzen als Gleiche unter Gleichen gemeinsam mit den Erzbischöfen und Bischöfen der Church of England, mit den Herzögen aus der königlichen Familie, mit den Söhnen der alten Adelsfamilien, mit dem Premier Duke des Königreiches, dem römisch-katholischen Herzog von Norfolk und mit vielen hervorragenden Persönlichkeiten. Ein einzigartiger Prozeß, der im Sinne völliger Gleichberechtigung und Integration wirkt, ohne Verlust besonderer Eigenschaften, die wichtig und teuer sind.« Weinstock war 1924 in London als Sohn eines aus dem Polnischen zugewanderten jüdischen Schneiders zur Welt gekommen. Er heiratete die Tochter des Radioproduzenten Michael Sobell und trat in dessen Unternehmen ein. Bald avancierte er zum Geschäftsführer. 1963 wurde er Chef der General Electric Company und damit einer der einflußreichsten Wirtschaftsbosse Englands.

Der kommunistische Literat **Franz Carl Weiskopf** kam 1900 in Prag zur Welt und starb 1955 in Ostberlin. Ab 1921 wirkte er für die KP der Tschechoslowakei. 1930 tauchte er als stalinistischer Propagandist in Berlin auf, wo er u.a. beim Zentralorgan »Die Rote Fahne« arbeitete. 1931 gab er mit Ernst Glaeser das Buch »Der Staat ohne Arbeitslose«, eine Hymne auf Stalins Sowjetunion, heraus. Nach der NS-Machtübernahme wurde er in die CSR ausgewiesen. Den Zweiten Weltkrieg überstand er in Amerika, wo er 1944 zu den Gründern des kommunistischen Aurora-Verlages in New York gehörte. Von 1947 bis 1953 stand er im diplomatischen Dienst der kommunistischen Prager Machthaber. Dann ging er in die DDR, wo er u.a. das linientreue Blatt »Neue Deutsche Literatur« herausgab. Die SED benannte einen Literaturpreis nach ihm.

»Er intervenierte bei Hitler gegen seine Ausbürgerung unter Hinweis auf nationale Verdienste bei der Bekämpfung des Kommunismus.« Das notiert das »Biographische Handbuch der deutschsprachigen Emigrati-

on« über den Ministerialbeamten und Politiker **Robert Weisman** (geboren 1869 in Frankfurt am Main, gestorben 1942 in New York). Der Schwiegervater des Literaten Alfred Kerr wurde zur Kaiserzeit Erster Staatsanwalt in der Politischen Abteilung der Berliner Strafverfolgungsbehörde. 1918/19 war die Aufrechterhaltung der öffentlichen Ordnung in der Reichshauptstadt seine Aufgabe. 1920 wurde er preußischer Staatskommissar für öffentliche Ordnung, 1932 Staatssekretär im Preußischen Staatsministerium. Er war »Zentrum«-Mitglied, galt aber als enger Vertrauter des preußischen SPD-Ministerpräsidenten Otto Braun. 1932 (nach dem sogenannten »Preußenschlag«) ließ er sich in den Ruhestand versetzen. 1933 ging er über Prag und die Schweiz nach Frankreich, 1941 nach Amerika. Sein Sohn Gert Whitman (1903-1970) war nach 1945 Berater des US-Generals McCloy im besetzten Deutschland und später Europa-Repräsentant des Bankhauses Kuhn, Loeb & Co.

Bevorzugte Zielscheibe im agitatorischen Kampf des Dr. Goebbels in Berlin war der jüdische Vize-Polizeipräsident **Bernhard Weiß**, der vom NS-Propagandisten grundsätzlich nur als »Isidor« bezeichnet wurde. Goebbels kreidete ihm u.a. brutale Härte bei Polizeieinsätzen gegen Nationalsozialisten, Korruption und Begünstigung der ostjüdischen Einwanderung an. Bernhard Weiß war 1880 in Berlin zur Welt gekommen. 1916 trat er in die Politische Abteilung des Polizeipräsidiums der Reichshauptstadt ein. Er war der erste ungetaufte Jude im höheren preußischen Verwaltungsdienst. Ab 1927 amtierte er als Vize-Chef der Berliner Polizei. 1932 wurde er nach dem »Preußenschlag« entlassen. 1933 ging er über Prag nach England, wo er in London ein Papierwarengeschäft betrieb und 1951 starb.

Weil er ständige NS-»Bewältigung« betrieb, wurde der kommunistische Literat

Peter Weiss (geboren 1916 in Nowawes bei Berlin, gestorben 1982 in Stockholm) auch in Bundesdeutschland hoch geehrt. Er war der Sohn eines jüdischen Textilhändlers. Die Emigration ab 1934 führte ihn nach England, in die Tschechoslowakei, die Schweiz und schließlich 1939 nach Schweden, wo er blieb, die Staatsbürgerschaft annahm und sich der KP anschloß. Seine dreibändige »Ästhetik des Widerstandes« verherrlicht den Lebensweg eines Kommunisten. Weiss' »Die Ermittlung« ist ein »szenisches Oratorium in elf Gesängen«, beginnend mit dem »Gesang von der Rampe« und endend mit dem »Gesang von den Feueröfen«. Als der Literat gestorben war, rief ihm das SED-Zentralorgan »Neues Deutschland« nach: »Wir haben einen Freund und Genossen verloren.«

Der jüdische Physiker **Victor Friedrich Weisskopf**, geboren 1908 in Wien, gehörte ab 1943 zum Stab des Atombombenprojektes der USA in Los Alamos. Er war in Göttingen promoviert worden und hatte sich 1934 in die Schweiz begeben. 1937 kam er nach Amerika. Ab 1946 lehrte er als Professor am Massachusetts Institute of Technology (M.I.T.). 1961 bis 1965 war er Generaldirektor des Europäischen Kernforschungszentrums, CERN. 1978 wurde dieser Vater der Atombombe mit dem deutschen Pour le Mérite, Friedensklasse, ausgezeichnet.

1994 meldete die »Deutsche National-Zeitung«: »Im ersten größeren Pressegespräch nach seiner Wahl zum Bundespräsidenten hat sich Roman Herzog gegen Nationalgefühl und Nationalstolz gewandt. Dies könne heutzutage kein Motiv mehr sein. Mit dieser Ansicht allerdings steht er unter den insgesamt 192 Staatsoberhäuptern der Erde allein. Auch Israels Präsident **Ezer Weizman** sieht die Dinge anders. In seinem jüngsten Grußwort an die jüdischen Gemeinden im Ausland bekundet er Nationalstolz. Er mahnt zur nationalen Solidarität und fordert auf, die ›jüdische Identität‹ zu

bewahren.« Weizman (mit einem »n«), Neffe des jahrzehntelangen Zionistenführers Chaim Weizmann (mit zwei »n«), kam 1924 in Tel Aviv zur Welt. Im Zweiten Weltkrieg diente er als Pilot der britischen RAF. 1958 bis 1966 war er Israels Luftwaffenchef, 1966 bis 1969 stellvertretender Generalstabschef. 1969/70 wirkte er als Verkehrsminister, 1977 bis 1980 als Verteidigungsminister und 1984 bis 1988 als Minister für besondere Aufgaben. 1993 erfolgte seine Wahl zum Staatspräsidenten durch die Knesset. 1995 appellierte er an die Juden in Israel, der »Amerikanisierung« zu wehren und sich mehr der jüdischen Wurzeln zu besinnen. Bei seinem Besuch in der Bundesrepublik 1996 forderte er die hiesigen Juden auf, Deutschland in Richtung Israel zu verlassen.

»Er war zweifellos Führer und erster Sprecher des Weltjudentums. Juden in der ganzen Welt sahen in ihm den König der Juden.« So schrieb die langjährige israelische Ministerpräsidentin Golda Meir in ihren Memoiren über den Zionistenführer **Chaim Weizmann**. Er war 1874 in Motyli bei Pinsk (Weißrußland) als Sohn eines Holzhändlers auf die Welt gekommen. Er studierte Chemie in Berlin und Freiburg im Breisgau. Ab 1903 dozierte er an der Universität Manchester. Im Ersten Weltkrieg war er führend in der englischen Kriegswirtschaft tätig, wirkte u.a. als Direktor der Sprengstoff-Laboratorien der Admiralität. 1917 hatte er maßgeblichen Anteil am Zustandekommen der »Balfour-Deklaration«, in der sich London bereitfand, eine »jüdische Heimstatt in Palästina« zu unterstützen. 1918 gehörte Weizmann zu den Mitbegründern der Hebräischen Universität Jerusalem. 1919 war er Führer der zionistischen Delegation bei den Friedensverhandlungen in Versailles. 1920 bis 1931 und 1935 bis 1946 amtierte er als Präsident der Zionistischen Weltorganisation. Ab 1929 war er zusätzlich Chef der Jewish Agency. Drei Tage vor Kriegsausbruch, am 29. August 1939, versicherte »der König der Juden« der britischen Regierung, daß »wir Juden an der Seite Großbritanniens stehen und für die Demokratie kämpfen werden; aus diesem Grunde stellen wir uns in den kleinsten und größten Dingen unter die zusammenfassende Leitung der britischen Regierung«. Dazu erklärte der israelische Richter Halevy beim Eichmann-Prozeß 1961: »Es gab tatsächlich eine Erklärung von Professor Chaim Weizmann aus dem Jahre 1939, die man als Kriegserklärung des Judentums an Deutschland verstehen konnte.« 1948 proklamierte Weizmann, der engen Kontakt zu US-Präsident Truman unterhielt und auch Stalins Unterstützung erreicht hatte, den Staat Israel. Von 1948 bis zu seinem Tode (1952 im israelischen Rehowot) war er als Präsident erstes Oberhaupt des nahöstlichen jüdischen Staates.

»Tragt ihn mit Stolz, den gelben Fleck!« schrieb der jüdische Publizist **Robert Weltsch** (geboren 1891 in Prag, gestorben 1982 in Jerusalem) im Leitartikel der Berliner »Jüdischen Rundschau« vom 1. April 1933. Damit wollte er zum Erwachen des jüdischen Nationalbewußtseins im zionistischen Sinne beitragen. Weltsch war von 1919 bis 1938 Chefredakteur der zionistischen »Jüdischen Rundschau« im Deutschen Reich. Er propagierte einen jüdischen National-Sozialismus: »Der wahre Sozialist muß notwendig national sein. Denn der wesentliche Zusammenhang der Menschen ist der der inneren, blutbestimmten, mythosbestimmten Verbundenheit, vor deren Geheimnis der wahre Sozialist sich ehrfurchtsvoll beugen muß.« 1939 ging er nach Palästina und 1946 nach London, wo er Herausgeber der Jahrbücher des Leo Baeck-Institutes war.

Der 1890 in Prag als Kaufmannssohn geborene **Franz Werfel** zählte zu jenen prominenten Juden, die sich mit den Nationalsozialisten arrangieren wollten, von diesen je-

doch zurückgestoßen wurden. Im 1985 erschienenen Buch »Ich hatte einst ein schönes Vaterland - Deutsche Literatur im Exil 1933-1945« der Emigrantenforscher Hans-Albert Walter und Günter Ochs heißt es über Werfel: »1933 trotz seiner Bereitschaft, eine Loyalitätserklärung für die Hitlerregierung zu unterzeichnen, Ausschluß aus der Sektion Dichtkunst der Preußischen Akademie der Künste.« Werfel, der nach dem Kriegsdienst 1918 als Lektor des Leipziger Kurt-Wolff-Verlages wirkte und sich als Schriftsteller in expressionistischen Werken stark von katholischer Frömmigkeit beeinflussen ließ, kehrte nach dem Anschluß 1938 von einem Italienaufenthalt nicht mehr nach Wien zurück. Er emigrierte nach Frankreich und 1940 weiter in die USA. Er starb 1945 in Beverly Hills/Kalifornien. Er war ab 1929 mit Alma Mahler, der Witwe Gustav Mahlers, verheiratet.

Der eigentliche Name der kommunistischen Agentin und Literatin **Ruth Werner**, geboren 1907 in Berlin, lautete Ursula Kuczynski. Schon als 17jährige wurde sie in der KPD aktiv. In den 30er und 40er Jahren war sie als Agentin Stalins in China, Polen, der Schweiz und England tätig. Als Oberst der Roten Armee kam sie 1950 in die DDR. Dort wurde sie Abteilungsleiterin im »Amt für Information« und in der »Kammer für Außenhandel«, zwei Schaltstellen der Spionage. Dann verlegte sie sich auf die Schriftstellerei. Ihr Buch »Sonjas Rapport« wurde von der DDR-Defa verfilmt. »Sonja« (so ihr Deckname als Agentin) wurde von Moskau mit dem Rotbannerorden, von den SED-Machthabern mit dem »Nationalpreis« und dem Karl-Marx-Orden dekoriert. 1989 berief Gysi sie zusammen mit ihrem Bruder, dem langjährigen DDR-Chefökonomen Jürgen Kuczynski, in den PDS-»Ältestenrat«.

In Wahrheit hieß der amerikanische Schriftsteller **Nathanel West**, der 1902 in

Caspar WEINBERGER   Bernhard WEISS   Ezer WEIZMAN

Chaim WEIZMANN   Franz WERFEL   Norbert WIENER

Elie WIESEL   Simon WIESENTHAL   Billy WILDER

New York zur Welt kam und 1940 bei El Centro in Kalifornien infolge eines Autounfalls starb, Nathan Wallenstein Weinstein. Er war zunächst als Journalist tätig und begann ab 1935 als Drehbuchautor in Hollywood. Als sein Hauptwerk gilt »Schreiben Sie Miß Lonelyhearts« (1933). Bekannt ist auch sein »Tag der Heuschrecke« (1939). 1975 verfilmte der ebenfalls jüdische Regisseur John Schlesinger Wests Hollywood-Roman »The Day of the Locust«.

Als »Hohepriesterin des Intimverkehrs« (»Der Spiegel«) und »Sex-Päpstin« wird die jüdische Publizistin **Ruth Westheimer** bezeichnet. Sie kam 1928 in Wiesenfeld bei Lohr in Niederfranken als Karola Siegel zur Welt. 1939 ging sie mit der Familie in die Schweiz. Als glühende Zionistin siedelte sie 1945 nach Palästina über. Dort soll die kleinwüchsige Publizistin aktiv am Kampf der zionistischen Untergrundarmee Haganah teilgenommen haben und im Krieg 1948 verwundet worden sein. 1952 emigrierte sie aus Israel nach Frankreich. 1956 kam sie in die USA, wo sie zunächst an der New School for Social Research wirkte. Seit den 60er Jahren tritt sie als »Expertin« für Sex-Fragen hervor. Sie leitet entsprechende Sendungen in Funk und Fernsehen (»Sexually Speaking«) und verfaßt »Sex-Kolumnen«, die in zahlreichen US-Zeitungen erscheinen.

Der jüdische Naturwissenschaftler **Wladimir Josifowitsch Wexler** (geboren 1907 in Schitomir, gestorben 1966 in Moskau) gehörte zu den bedeutendsten Kernphysikern der Sowjetunion. Von 1936 bis 1956 war er am Physikalischen Institut der Akademie der Wissenschaften in Moskau tätig. Danach fungierte er als Direktor des Hochenergie-Laboratoriums in Dubna. Er hatte entscheidenden Anteil am Bau von Synchrotrons und an der Entwicklung des Smokatrons (Teilchenbeschleunigers). Für seine Atomforschungen wurde er u.a. mit dem Leninpreis (1959) geehrt.

Harry Dexter White (geboren 1892 in Boston), dessen Vater ein litauischer Jude namens Weiß war, gehörte über viele Jahre zu den Drahtziehern hinter den Kulissen Washingtons. Als enger Mitarbeiter von Henry Morgenthau jr. wurde er 1943 verantwortlich für die Kontrolle aller wirtschaftlichen und finanziellen Belange des US-Finanzministeriums. Er war der eigentliche »Kopf« der internationalen Konferenz von Bretton Woods 1944, galt als »Vater der Weltbank« und war 1946/47 Direktor des Internationalen Währungsfonds (IWF). Er hatte Pläne für eine Weltwährung »Unitas« ausgearbeitet. Im Februar 1945 wurde er stellvertretender US-Finanzminister. Er hatte entscheidenden Anteil am Morgenthau-Plan zur endgültigen Zerstörung des Deutschen Reiches. 1947/48 sikkerten Meldungen durch, daß gegen ihn wegen landesverräterischer Verschwörung zugunsten der Sowjetunion ermittelt werde. »Plötzlich und unerwartet« erlag er 1948 in Fitzwilliam einem Herzinfarkt. Andere Ermittlungen ergaben Gifttod. Die Leichenfeier fand im Temple Israel zu Boston statt.

Der eigentliche Name des Publizisten **Henk Wielek** (geboren 1912 in Köln) lautet Willy Kweksilber. Zur Weimarer Zeit war er für marxistische Zeitungen aktiv. 1933 ging er in die Niederlande. Er gehörte zum Kreis um das linke deutsche Exilorgan »Freie Presse«. Nach der deutschen Besetzung der Niederlande tauchte er unter, wurde jedoch aufgespürt und mußte 1943/44 im Lager Westerbork zubringen. Nach 1945 war er als freier Publizist in Holland tätig. 1973 zog er für die Sozialdemokraten in den niederländischen Senat ein. Außerdem wirkte er viele Jahre als Vorstandsmitglied des niederländischen Pen-Zentrums.

Der kommunistische Literat **Paul Wiens** wurde 1922 in Königsberg/Pr. geboren und starb 1982 in Ostberlin. 1933 ging er wegen jüdischer Herkunft mit der Familie ins Exil.

1943 tauchte er in Wien auf, wurde festgenommen und soll in einem SS-Zwangserziehungsheim untergebracht worden sein. Dort will er sich »zum Marxisten gewandelt« haben. In der DDR wurde er SED-Genosse. Von 1963 bis 1969 amtierte er als Vorsitzender des Schriftstellerverbandes in Ostberlin, von 1977 bis zu seinem Tode als Vizepräsident des DDR-Kulturbundes. 1982 wurde er zusätzlich Chefredakteur der SED-Literaturzeitschrift »Sinn und Form«. Wiens verfaßte in den 50er Jahren Hymnen auf Stalin. 1961 schrieb er das Drehbuch zum Film »Und deine Liebe auch«, der 1962 uraufgeführt wurde und den Bau der Berliner Mauer verherrlichte. Er wurde u.a. mit dem »Vaterländischen Verdienstorden« und dem Heinrich-Heine-Preis dekoriert.

»Jeder Jude hat irgendwann in seinem Leben einen kräftigen Haß gegen das festzulegen, was der Deutsche verkörpert und gegen das, was im Deutschen fortbesteht«, schrieb der Literat **Elie (eigentlich Elieser) Wiesel** in seinem Buch »Legends of Our Time«. Er kam 1928 im transsylvanischen Signet als Sproß einer streng chassidischen Judenfamilie zur Welt. 1944 erfolgte seine Deportation ins KZ Auschwitz. Er überlebte auch das Lager Buchenwald. Nach seiner Befreiung war er im militanten zionistischen Untergrund in Palästina gegen Briten und Araber aktiv. 1956 blieb er, als Korrespondent zionistischer Blätter nach Amerika entsandt, in New York. Unermüdlich klagt er wegen des zur Hitlerzeit an Juden verübten verbrecherischen Unrechts an. Gegen US-Präsident Reagans Kranzniederlegung auf dem deutschen Soldatenfriedhof Bitburg 1985 lief er wie auch gegen andere Gesten der Versöhnung Sturm. Der für einen Ausgleich mit den Palästinensern engagierte israelische Publizist Uri Avnery fragte den 1986 mit dem Friedensnobelpreis ausgezeichneten Israel-Lobbyisten: »Sind Sie nicht ein erstaunlich stiller Jude, wenn es um die Tragödie der Palästinenser geht, Elie Wiesel?«

Der jüdische Publizist **Leon Wieseltier** kam 1952 in New York-Brooklyn zur Welt. Er machte an der Harvard Universität seinen M.A., wirkt im einflußreichen Council on Foreign Relations (CFR) mit und ist Funktionsträger des American Jewish Congress. Außerdem führt er als Feuilletonchef der »New Republic« ein gewichtiges Wort in der US-Meinungsindustrie. 1993 schrieb er: »Was die Vernichtung der Juden in Europa angeht, so sind die Juden in Amerika zu geräuschvoll. Sie brauchen das Thema zu sehr.« In diesem Zusammenhang zitierte Wieseltier einen der Hauptfinanziers des »Simon-Wiesenthal-Center« in Los Angeles, der ihm »die Spielregeln« wie folgt erklärt habe: »Israel, jüdische Erziehung und all die anderen bekannten Stichworte scheinen nicht mehr überzeugend genug, um die Juden zur Solidarität anzuspornen. Nur der Holocaust funktioniert.«

Simon Wiesenthal ist in Medien als »James Bond der Juden« bezeichnet worden. Seine Arbeit besteht darin, von seinem Wiener Büro aus hauptsächlich mit US-amerikanischer und israelischer Schützenhilfe Behörden und Regierungen in aller Welt unter Druck zu setzen. Sein Ziel ist es, inzwischen durchschnittlich 80- bis 90jährige Männer aufzuspüren und aburteilen zu lassen, die von ihm bezichtigt werden, vor über einem halben Jahrhundert an nationalsozialistischen Verbrechen gegen Juden beteiligt gewesen zu sein. Rund 1200 Personen soll der »Nazijäger« auf diese Weise schon »zur Strecke gebracht« haben. Nach Sichtung von Stasi-Akten teilte er 1994 mit, daß ihm nunmehr Hinweise auf noch mehr Greise vorlägen, die zu jagen seien. Im Fall Eichmann, der oft als besonders glänzender Jagderfolg Wiesenthals dargestellt wird, war er allerdings nur Randfigur. Wiesenthal, 1908 im galizischen Buczacz als Händlersohn zur Welt gekommen, war in den 30er Jahren bei einer Lemberger Baufirma beschäftigt. Von 1941 bis 1945 befand er sich in KZ-Haft. Nach Kriegsende war er im Auftrag der US-Besatzer auf »Nazijagd«. Mit seinem 1947 in Linz gegründeten »Dokumentationszentrum« erlitt er Schiffbruch; 1954 emigrierte er aus Österreich nach Israel. Die Furore um den Eichmann-Prozeß 1960/61 weckte in ihm die Lust, erneut auf »Nazi-Jagd« zu gehen. 1961 machte er sein »Dokumentationszentrum« in Wien auf. Er ist auch publizistisch in Erscheinung getreten. 1946 veröffentlichte er sein als Dokumentation bezeichnetes Werk »Mauthausen« mit »Totenbettgeständnissen« des KZ-Kommandanten Franz Ziereis, denen zufolge allein in der Anstalt Hartheim bei Linz 4 Millionen Menschen vergast worden seien. Wiesenthal hat nach eigenen Angaben 12 NS-KZs durchlaufen müssen, in denen er bald einhundert Familienangehörige verloren habe. 1984 wartete der »Nazijäger« in seinem Buch »Segel der Hoffnung« mit der Enthüllung auf, daß Kolumbus, der Entdecker Amerikas, »in Wahrheit Jude gewesen« sei. Österreichs Kanzler Gorbach, der unter Hitler im KZ saß, warf Wiesenthal vor, alte Wunden aufzureißen. Kanzler Kreisky, der einstige jüdische Hitleremigrant, sprach Wiesenthal das Recht ab, als moralische Autorität aufzutreten. Sein Wirken sei vielmehr »von Haß diktiert«, eine »gefährliche G'schaftlhuberei«. Wiesenthal bediene sich »mafia-ähnlicher Methoden«, fuhr Kreisky fort. Meinungsumfragen zeigten, daß in dieser Kontroverse nur drei Prozent der Österreicher hinter Wiesenthal standen.

1995 starb der Physik-Nobelpreisträger des Jahres 1963, **Eugene Paul Wigner**. Er war ein Vater der Atombombe und hatte Albert Einstein noch vor Kriegsausbruch 1939 veranlaßt, den US-Präsidenten Roosevelt zum Bau dieses Massenvernichtungsmittels aufzufordern. Wigner war 1902 in Budapest zur Welt gekommen. Von 1928 bis 1933 lehrte er an der Technischen Hochschule Berlin. Dann ging er in die USA, deren Staatsbürgerschaft er 1937 erwarb. Von 1938 bis 1971 war er Professor in Princeton. Er stellte die Theorie der Neutronenabsorption auf, die für den Atombombenbau von entscheidendem Belang war. Nach 1945 war Wigner in maßgeblicher Stellung bei der US-Atomenergiebehörde tätig. 1958 brachte er eine »Einführung in die Kernphysik« heraus.

Billy Wilder (wahrer Vorname: Samuel), mit mehreren »Oscars« prämierter Hollywood-Regisseur, kam 1906 im galizischen Sucha auf die Welt. Er versuchte sich in Wien und Berlin als Journalist und Drehbuchautor. 1933 ging er nach Paris, 1934 in die USA. Lubitsch half ihm in Hollywood auf die Beine. Im Kriege drehte Wilder den antideutschen, Feldmarschall Rommel verhöhnenden Streifen »Fünf Gräber bis Kairo«. Als Angehöriger der »Psychological Warfare Division« im Range eines US-Colonel kam er 1945 ins geschlagene Deutschland. Er war an der Herstellung des KZ-Filmes »Todesmühlen« und weiterer Streifen beteiligt, die der »Umerziehung« der Deutschen dienen sollten und dies oft schon allein deshalb nicht erreichen konnten, weil die enthaltenen Fälschungen allzu offenkundig waren. Wilder gilt als Komödienspezialist in Hollywood. Der Lustfilm »Manche mögen's heiß« zählt zu seinen erfolgreichsten Streifen. Im Bereich der Kriminalfilme wird »Zeugin der Anklage« mit Marlene Dietrich und Charles Laughton als seine beste Arbeit gewertet.

An der Seite von Mel Brooks und Woody Allen wurde der Schauspieler, Autor und Regisseur **Gene Wilder**, der in Wahrheit Jerry Silberman heißt, zur Hollywood-Größe. Der Sohn einer osteuropäischen jüdischen Einwandererfamilie kam 1935 in Milwaukee zur Welt. 1967 gab er in »Bonnie & Clyde«

sein Filmdebüt. Die bekanntesten Filme, in denen er mitwirkte, waren »Frühstück für Hitler«, »Frankenstein jr.« und »Was Sie schon immer über Sex wissen wollten«.

Wolf Wilenski (genannt »Wulfke«) war einer der auf Stalins Geheiß zu »Helden der Sowjetunion« erklärten Juden. Geboren 1919 in Kaunas/Litauen, hatte sich Wilenski der linkszionistischen »Haschomer Hazair« angeschlossen. Ab 1942 diente er in der bolschewistischen Litauischen Division, die zu 80 Prozent aus Juden bestand und 1944 Litauen »befreite«. Für seine Verdienste um den Vorstoß der Roten Armee nach Westen erhielt »Wulfke« am 24. März 1945 den Ehrentitel »Held der Sowjetunion«. Der jüdische Historiker Lustiger schreibt: »Er war dafür bekannt, daß er mit seinen Soldaten jiddisch sprach und mit ihnen jiddische Volkslieder zu singen pflegte.« Nach 1945 absolvierte er die Frunse-Militärakademie in Moskau und wurde Sowjetkommandant von Kaunas/Kowno. Außerdem wirkte er als Dekan der militärwissenschaftlichen Fakultät der Wilnaer Universität. 1983 emigrierte er nach Israel, wo er zum General d.R. ernannt wurde und einige Jahre später starb.

Der Chemiker **Richard Willstätter** wurde als Sproß einer deutschjüdischen Familie 1872 in Karlsruhe geboren. Er lehrte als Professor in München, Zürich und Berlin, wo er auch Direktor des Kaiser-Wilhelm-Instituts für Chemie war, und dann wieder in München. Für seine Forschungen über die Anthozyane und die Synthetisierung des Chlorophylls wurde er 1915 mit dem Nobelpreis ausgezeichnet. 1924 wurde er in den Orden Pour le mérite (Friedensklasse) aufgenommen. Im Ersten Weltkrieg hatte er unter Leitung des deutsch-patriotischen Wissenschaftlers jüdischer Herkunft, Professor Fritz Haber, an der Entwicklung der deutschen Abwehr des von Frankreich eröffneten Gaskrieges gearbeitet. Willstätter

war an der Entwicklung verbesserter Gasmasken beteiligt. Trotz Fürsprache bedeutender Persönlichkeiten wie etwa Carl Boschs und ungeachtet seiner Verdienste blieb Professor Willstätter von fanatisch antisemitischem Ungeist in der Hitlerzeit nicht verschont. Er emigrierte 1939 in die Schweiz und starb 1942 in Muralto bei Locarno.

Einer der Chefideologen von KPD und SED war **Joseph Winternitz**. Er kam 1896 in London als Sohn des jüdischen Indologen Professor Moritz Winternitz zur Welt. Er wuchs in Prag auf, wo der Vater an der Deutschen Universität lehrte. Schon als Student wurde er bei den Kommunisten aktiv. In den 20er Jahren leitete er die Agitprop-Abteilung des ZK der KPD. 1934 ging er nach Prag zurück. 1939 emigrierte er nach England. Er spielte eine Hauptrolle beim Machtkampf in der Exil-KPD und verhalf Ulbricht zum Durchbruch. 1948 kam Winternitz nach Ostberlin, um die Stalinisierung Mitteldeutschlands zu überwachen. »Von Stalin lernen« lautete die von ihm ausgegebene Parole. Er wurde Chef des Ostberliner Marx-Engels-Institutes. Aufgrund interner Auseinandersetzungen ging er 1951 zu seiner in England lebenden Familie zurück. Das ZK der SED widmete ihm, als er ein Jahr später in London gestorben war, einen ehrenden Nachruf mit der Einschränkung, daß er »von gewissen Schwankungen nicht ganz frei« gewesen sei.

Er gilt als »Vater des Zionismus in Amerika«, wird im »Lexikon des Judentums« als »einflußreichster amerikanischer Jude seiner Zeit« charakterisiert, und Präsident Franklin Delano Roosevelt nannte ihn, Samuel Rosenman und Nahum Goldman »die Weisen von Zion«: **Stephen Samuel Wise**. Er kam 1874 in Budapest als Rabbinersohn auf die Welt. 1882 wanderte die Familie in Amerika ein. Schon vor dem Ersten

Weltkrieg spielte er eine entscheidende Rolle im US-Judentum. Er saß im Beraterstab des US-Präsidenten Wilson, hatte Anteil am Entstehen der prozionistischen Balfour-Deklaration Englands, war 1918/19 Mitglied der zionistischen Delegation in Versailles, gründete 1922 das Jewish Institute of Religion in New York (wichtigste Rabbinerschule im zionistischen Sinne) und amtierte von 1936 bis zu seinem Tode (New York 1949) als Präsident des Jüdischen Weltkongresses. Er rief schon 1933 zum Kampf und Boykott gegen das nationalsozialistische Deutschland auf und drängte seinen Freund Roosevelt erfolgreich zur US-Kriegsbeteiligung.

Der Schauspieler, Regisseur und Theaterleiter **Fritz Wisten** (geboren 1890 in Wien, gestorben 1962 in Ost-Berlin) besuchte die Akademie für Musik und Darstellende Kunst seiner Geburtsstadt und war dann als Schauspieler u.a. in Berlin tätig. Auch als Regisseur trat er in Erscheinung. Von 1938 bis 1941 leitete er den Jüdischen Kulturbund, in dem mit Billigung der NS-Behörden jüdische Künstler für ein jüdisches Publikum wirkten. Bis zum Kriegsende lebte Wisten in Berlin, wo er sich zum Schluß verborgen halten mußte. 1946 wurde er Intendant der Ostberliner Volksbühne und des Theaters am Schiffbauerdamm. Die DDR-Machthaber zeichneten ihn u.a. mit ihrem »Nationalpreis« und dem »Vaterländischen Verdienstorden« in Silber aus.

Das Wirtschaftssystem der DDR wurde wesentlich von den jüdischen SED-Funktionären Jürgen Kuczynski und **Margarete Wittkowski** geprägt. Sie war von 1951 bis 1954 Präsidentin der DDR-Konsumgenossenschaft, von 1961 bis 1967 stellvertretende Vorsitzende des Ministerrates (verantwortlich für Handel, Versorgung, Landwirtschaft) und von 1967 bis kurz vor ihrem Tode (sie starb 1974 auf einer Reise in Singen/Baden-Württemberg) Präsidentin der DDR-Notenbank. Sie war 1910 in Posen als Tochter eines Händlers zur Welt gekommen. Zunächst war sie in der zionistischen Jugendbewegung aktiv, dann stieß sie als Studentin in Berlin zum Stalinismus und schloß sich der KPD an. 1933 ging sie über die Schweiz nach England, wo sie es zur Sekretärin des britischen KP-Führers Harry Pollitt brachte, mit dem sie die Bewegung »Hände weg von der Sowjetunion« gründete. 1946 kam sie in die Sowjetzone Deutschlands.

Louis de Wohl (sein eigentlicher Name soll Ludwig von Wohl gewesen sein) leitete im Zweiten Weltkrieg in London ein »Psychological Research Bureau«. Diese Forschungsstelle im Rahmen der Psychologischen Kriegsführung der Alliierten hatte vor allem die Aufgabe, »Hitlers Handlungen aufgrund seiner astrologischen Neigungen vorauszubestimmen«, wie das »Internationale Handbuch der deutschsprachigen Emigration« erläutert. Wohl war 1903 in Berlin zur Welt gekommen. Er war Requisitengehilfe bei der Ufa und schneiderte Filmkostüme. Dann begann er eine Karriere als freier Schriftsteller. 1935 kam er über Wien nach England. In der britischen Armee bekleidete er zuletzt den Rang eines Majors. Ab 1949 lebte er überwiegend in den USA. Er starb 1961 in Luzern. Er schrieb Romane über katholische Heilige. Seine gesammelten Novellen tragen den Titel »Satan in Verkleidung«.

Der Schauspieler **Adolf Wohlbrück** kam 1900 (nach anderen Angaben 1896) in Wien als Sohn eines gleichnamigen jüdischen Clowns zur Welt. Max Reinhardt gewährte dem 16jährigen ein Stipendium an seiner Schauspielschule. 1925 debütierte Wohlbrück im Streifen »Der Fluch der bösen Tat« im reichsdeutschen Film. Er wirkte u.a. in den erfolgreichen Produktionen »Viktor und Viktoria« (1933), »Der Student von Prag« (1935) und »Der Kurier des Zaren« (1936) mit. Dann ging er nach England, wo er, nunmehr unter dem Namen Anton Walbrook, in den Filmen »Victoria die Große« und »Die Ratte« eingesetzt wurde. Anschließend wirkte er in Hollywood. Nach 1945 kam er nach Europa zurück. 1947 wurde er britischer Staatsbürger. 1958 trat er in dem englischen Film »I Accuse« über den Fall Dreyfus auf. Wohlbrück starb 1967 in Garatshausen am Starnberger See.

Albert Wojnilower, wegen seiner skeptischen Prognosen zum Kursverlauf »Dr. Death« genannt, ist einer der einflußreichsten Börsianer an der Wall Street. Die »Welt am Sonntag« bezeichnete ihn und seine (ebenfalls jüdischen) Börsenkollegen Joe Granville und Henry Kaufman als »die drei Männer, die die Kurse an der Wall Street beherrschen«. Seine Familie hieß, als sie 1914 aus Galizien nach Wien kam, noch Voyniloveh. Der nachmalige Börsenboß wurde 1930 in Wien geboren. 1939 gelangten die Voyniloveh-Wojnilower in die USA. Albert Wojnilower war längere Zeit für die US-Notenbank tätig. Dann trat er in die Dienste von Geldinstituten wie der First Boston Corporation. Unter Gerald Ford gehörte er dem Beraterstab des Präsidenten an.

»Für diejenigen unter uns, welche die ereignisvollen Jahre des letzten Krieges in der Sowjetunion erlebten, war Stalin inmitten des Wirbelsturms der Fels, an den wir uns hielten. Stalin - das ist ein Heldenleben. Stalin - das ist einer der größten Geister der Menschheitsgeschichte!« Diese Hymne auf den Sowjetdiktator stammt vom jüdisch-kommunistischen Literaten **Friedrich Wolf** (geboren 1888 in Neuwied/Rheinland, gestorben 1953 in Lehnitz bei Berlin), der als Vater des langjährigen Stasi-Chefs Markus Wolf und des DDR-Kulturbundpräsidenten Konrad Wolf so etwas wie der Begründer einer SED-Dynastie war. Friedrich Wolf de-

sertierte 1918 als Soldat und wurde roter Soldatensowjet in Dresden, wo er als Führer der militanten kommunistischen »Proletarischen Hundertschaft« auftrat. 1928 wurde er, inzwischen als Arzt in Stuttgart tätig, Mitglied der stalinistischen KPD. Vor allem engagierte er sich in der Bewegung gegen den § 218. Diesem Kampf war auch sein Drama »Cyankali« gewidmet. 1931 wurde er als Arzt wegen § 218 verhaftet, nach einer internationalen kommunistischen Kampagne jedoch wieder auf freien Fuß gesetzt. 1933 verließ er Deutschland und ging in Stalins Reich. 1934 wurde am jiddischen Kaminski-Theater (Warschau) sein »Antifa«-Hauptwerk »Mamlock« uraufgeführt. 1939 wurde er bei einer Propagandatour in Frankreich interniert, 1941 aufgrund des Hitler-Stalin-Paktes in die Sowjetunion entlassen. Er wurde Sowjetbürger und begründete das »Nationalkomitee Freies Deutschland« mit. Nach Kriegsende tauchte er in der Sowjetischen Besatzungszone auf. Er übernahm die Führung des »Bundes Deutscher Volksbühnen«. 1950/51 wirkte er als erster DDR-Botschafter in Polen. Friedrich Wolf erhielt von Ulbricht sämtliche hohen Orden des SED-Regimes, darunter zweimal den »Nationalpreis«. 1973 erschien zum 20. Todestag des Literaten eine DDR-Briefmarke mit seinem Konterfei.

Schon als 14jährige schloß sich **Hanna Wolf** (geboren 1908 in Berlin) der kommunistischen Bewegung an. 1933 emigrierte sie in die Sowjetunion. Dort leitete sie »antifaschistische« Lehrgänge für deutsche Kriegsgefangene in Krasnogorsk. In der DDR avancierte sie u.a. zur Direktorin der SED-Parteihochschule »Karl Marx«, zum SED-ZK-Mitglied, zur Schriftleiterin des Ideologieblattes »Einheit«, zum Präsidiumsmitglied der »Gesellschaft zur Verbreitung wissenschaftlicher Kenntnisse« und zur Professorin der Karl-Marx-Universität Leipzig. Sie erhielt zweimal (1965 und 1978) die höchste SED-Auszeichnung, den »Karl-Marx-Orden«.

Konrad Wolf kam 1925 in Hechingen als Sohn des kommunistisch-jüdischen Literaten Friedrich Wolf zur Welt. Der langjährige Stasi-Chef Markus Wolf ist sein Bruder. Nach der Emigration der Familie in die Sowjetunion wurde Kolja Friedrichowitsch (wie er dort genannt wurde) Darsteller in bolschewistischen Propagandafilmen und Offizier der Roten Armee. Als solcher kam er 1945 nach Berlin. Als sowjetischer Kontrolloffizier in Sachsen-Anhalt hatte er maßgeblichen Anteil an der erbarmungslosen Stalinisierung Mitteldeutschlands. In den 50er Jahren avancierte er, nach Ausbildung an der Moskauer Filmhochschule, zum wichtigsten DDR-Regisseur. Von 1965 bis zu seinem Tode 1982 in Ostberlin war er Präsident der DDR-Akademie der Künste. 1981 rückte er ins SED-Zentralkomitee auf. Bei dieser Gelegenheit verkündete er: »Nur die Macht der Arbeiterklasse und ihrer Partei, der SED, gewährleistet die Freiheit des Volkes zur Gestaltung menschenwürdiger Lebensbedingungen für alle Bürger und die Freiheit der Persönlichkeit.«

»Er ist der Typ des im Hintergrund stehenden Funktionärs, der alles, was die anderen Genossen ernst nehmen, wofür sie kämpfen, wovon sie begeistert sind, nur als eine große Schachpartie ansieht.« So charakterisiert Professor Wolfgang Leonhard den ihm noch aus einstigen gemeinsamen SED-Tagen bekannten **Markus Wolf** (genannt »Mischa«). Der kam 1923 im württembergischen Hechingen als Sohn des kommunistisch-jüdischen Literaten Friedrich Wolf zur Welt. Ab 1934 lebte die Familie in der Sowjetunion. Im Zweiten Weltkrieg begann Markus Wolfs Agentenlaufbahn. U.a. wirkte er in Stalins Auftrag in Fernost und hatte Kontakte zum Landesverräter Richard Sorge. 1945 kam Wolf als sowjetischer Staats-

bürger im Troß der Roten Armee nach Berlin. Dort war er als sowjetischer Kontrolloffizier an der Stalinisierung beteiligt. Im Auftrage Stalins wohnte er dem sogenannten Kriegsverbrecherprozeß in Nürnberg bei. Ab Anfang der 50er Jahre hatte er entscheidenden Anteil am Aufbau des Stasi-Terrorsystems. Von 1958 bis 1987 amtierte er, zuletzt im Range eines Generaloberst, als Leiter der Hauptverwaltung »Aufklärung« (Spionage) im Ministerium für Staatssicherheit und als Stellvertreter des Stasi-Ministers Erich Mielke. »Meine Tätigkeit hat dazu beigetragen, den Frieden in Europa zu sichern«, lautet einer seiner Rechtfertigungsversuche. Nach der Wende in der DDR gelang es ihm, unbestraft davonzukommen. Gysi holte ihn in den SED-PDS-Beraterstab, CDU-Innenminister Diestel umwarb ihn als Regierungsmitarbeiter, Buchkonzerne nahmen ihn als Autor unter Vertrag, das Strafverfahren gegen ihn wurde niedergeschlagen, er tritt in Fernseh-»Talk Shows« auf und wird von zahlreichen Medien als ganz normales Mitglied des bundesdeutschen »Jet Set« behandelt. Ausgerechnet er wirft dem deutschen Volk in seinem Buch »Die Troika« vor, sich nach 1945 nicht klar genug zur »Schuld« bekannt zu haben. Als 1989 die Wiedervereinigung zwischen Bundesrepublik und DDR bevorstand, wandte sich Wolf gegen die »Wiedervereinigungsoperette« und warnte vor »großdeutschen Träumereien«.

Die Psychotherapeutin **Charlotte Wolff** beschäftigte sich in ihren Werken nicht nur mit dem »Lesen aus der Hand« und der Freudschen Deutung von Gesten, sondern auch schwerpunktmäßig mit der »Psychologie der lesbischen Liebe« (1973) und mit »Bisexualität« (1979). Sie behauptet: »Bisexualität ist angeboren. Heterosexualität entsteht aus gesellschaftlichem Druck.« Wolff kam 1904 in Riesenburg bei Danzig als

Stephen WISE

Fritz WISTEN

Adolf WOHLBRÜCK

Friedrich WOLF

Konrad WOLF

Markus WOLF

Theodor WOLFF

Michael WOLFFSOHN

Karl WOLFSKEHL

Tochter eines jüdischen Getreidehändlers zur Welt. 1933 ging sie nach Frankreich, 1936 nach England, dessen Staatsbürgerschaft sie 1947 annahm. In London betrieb sie über viele Jahre eine psychotherapeutische Praxis.

Ernst Wolff (geboren 1877 in Berlin, gestorben 1959 in Tübingen) war bis 1933 Vorsitzender der Berliner Anwaltskammer und der Vereinigung der deutschen Kammervorstände sowie stellvertretender Vorsitzender der großen juristischen Prüfungskommission für das Assessorexamen. Nach Verhängung des Berufsverbotes emigrierte er 1939 nach London. Im Exil arbeitete er Pläne für die Rechtsordnung in einem besiegten Deutschland aus, und er konzipierte deutsche Wiedergutmachungsgesetze. 1948 wurde er zum Präsidenten des Obersten Gerichtshofes für die britische Zone in Köln berufen. Ab 1950 lehrte er als Professor in Köln ausländisches und internationales Recht. Von 1950 bis 1957 war er Vorsitzender der Kommission zur Reform des Zivilgerichtsverfahrens. 1951 präsidierte er dem 39. Deutschen Juristentag in Stuttgart. Wolff veröffentlichte einen »Kommentar zum Versailler Vertrag« (1921), schrieb eine Biographie Eduard von Simsons, seines Großvaters mütterlicherseits (1929) und brachte 1952 die Studie »Bürgerliches Recht und Prozeßrecht in Wechselwirkung« heraus.

Die sozialdemokratische Politikerin und Publizistin **Jeanette Wolff** geborene Cohen kam 1888 im westfälischen Bocholt zur Welt. 1905 schloß sie sich der SPD an. Ab 1920 gehörte sie dem Vorstand des Centralvereins deutscher Staatsbürger jüdischen Glaubens an. Nach der NS-Machtübernahme kam sie für einige Zeit in »Schutzhaft«; 1942 schaffte man sie ins Ghetto von Riga. Nach dem Krieg war sie Stadtverordnete in Berlin. Von 1952 bis 1961 saß sie für die SPD im Deutschen Bundestag. Auch fungierte sie

als Vorsitzende des Jüdischen Frauenbundes in Deutschland. 1946 hatte sie das Buch »Sadismus oder Wahnsinn. Erlebnisse in deutschen KZ« veröffentlicht. Sie starb 1976 in Westberlin.

Der jüdische Verleger **Kurt Wolff** kam 1887 in Bonn auf die Welt und starb 1963 in Ludwigshafen. 1908 wurde er Teilhaber des Rowohlt-Verlages. 1913 gründete er in Leipzig den Kurt-Wolff-Verlag. Das Haus förderte insbesondere den Expressionismus. Wolff unterstützte vor allem Literaten wie Kraus und Werfel. 1924 übernahm er auch den florentinischen Kunstverlag Pantheon. 1933 emigrierte Wolff nach England, wo er - wie fast alle Hitler-Flüchtlinge - nach Kriegsausbruch in einem Lager interniert wurde. 1941 wanderte er nach Amerika weiter. In New York gründete er den Verlag Pantheon Book. Ab 1951 lebte er in der Schweiz. 1949 brachte er das Buch »Tausend Jahre deutscher Dichtung« heraus.

Im September 1943 starb im jüdischen Israelitischen Krankenhaus von Berlin-Moabit nach einer Operation der Publizist **Theodor Wolff**. Er war 1868 in Berlin zur Welt gekommen. Er wirkte als »einer der einflußreichsten Redakteure der Kaiserzeit« (Jacob Toury) und bestimmte die veröffentlichte deutsche Meinung auch in der Weimarer Ära entscheidend mit. Ab 1887 arbeitete er für den Mosse-Verlag. Von 1906 bis 1933 war er Chefredakteur des »Berliner Tageblatts«. 1918 gehörte er zu den Gründern der DDP, die er 1926 aus Protest gegen das Schmutz- und Schundgesetz, das er als Zensur empfand, wieder verließ. Er gehörte zum Beraterstab Stresemanns und Brünings. 1933 ging er nach Österreich, später nach Frankreich, wo er das »Pariser Tageblatt« gründete. Anfang 1943 wurde er von den Italienern in Südfrankreich festgenommen und ausgeliefert. Ein von bundesdeutschen

Verlegern vergebener Preis ist nach ihm benannt.

Der jüdische Nationalistenführer **David Wolffsohn** kam 1856 in Dorbiany (Litauen) zur Welt und starb 1914 in Homburg. Er absolvierte die Talmud-Thora-Schule des Rabbiners Isaak Rülf, eines Vordenkers des Zionismus. Ab 1888 lebte er in Köln. 1896 gründete Wolffsohn die »National-Jüdische Vereinigung«. In Abstimmung mit Theodor Herzl baute er die zionistische Bewegung in Deutschland auf. Er gründete und führte die »Jüdische Kolonialbank«. 1905 wurde er als Nachfolger Herzls Präsident der Zionistischen Organisation.

Als »deutsch-jüdischer Patriot« will sich der Geschichts- und Politikwissenschaftler **Michael Wolffsohn** verstanden wissen. Er kam 1947 in Tel Aviv als Sproß einer bedeutenden, aus Deutschland stammenden Kaufmannsfamilie zur Welt, die 1954 remigrierte. 1981 wurde er Professor für Neuere Geschichte an der Münchner Bundeswehrhochschule. Er rät zur Mäßigung bei der NS-»Bewältigung«, wendet sich sowohl gegen Kollektivbezichtigungen wie gegen nationale Minderwertigkeitskomplexe der Deutschen und verurteilt den Einsatz der »Auschwitz-Keule« als moralisierendes Totschlagsinstrument in der aktuellen Diskussion. Nichtsdestotrotz steht er dem rechten politischen Lager in Deutschland feindlich gegenüber. Dem Antisemitismus will er u.a. damit begegnen, daß er die Behauptung von »jüdischer Weltmacht« als reine Einbildung zu widerlegen trachtet. 1995 erschien sein Buch »Die Deutschland-Akte«. Darin dokumentiert er das willfährige Verhalten prominenter »Herkunftsjuden« im SED-System, deckt auf, in welchem Ausmaß die Stasi des Markus Wolf »Antisemitismus« im Westen fingierte, und enthüllt PDS-Gysis Versuche, mit Hilfe des Jüdi-

schen Weltkongresses die Wiedervereinigung 1989/90 zu sabotieren.

»Deutscher Gau hat mich geboren/ Deutsches Brot mich speiste gar./ Deutschen Rheines Reben goren/ Mir im Blut eintausend Jahr«, reimte **Karl Wolfskehl** 1934, als er bereits emigriert war. Und 1946 bezeichnete er sich als »Mitwalter, Mithüter des deutschen Geistes«. In Tetzlaffs »2000 Kurzbiographien bedeutender deutscher Juden« wird die Haltung des Literaten wie folgt beschrieben: »Obwohl Zionist, bekannte er sich noch im Exil zum Deutschtum.« Wolfskehl, geboren 1869 in Darmstadt, entstammte einer in Deutschland alteingesessenen jüdischen Familie; sein Vater war Bankier und nationalliberaler Vizepräsident des Hessischen Landtages. Karl Wolfskehl gehörte dem Kreis um Stefan George an, mit dem zusammen er das dreibändige Werk »Deutsche Dichtung« herausgab. Besonders verdient machte sich Wolfskehl als Übersetzer alt- und mittelhochdeutscher Dichtkunst. 1933 emigrierte er in die Schweiz, dann nach Italien, 1938 schließlich nach Neuseeland, wo er 1948 in Bayswater/Auckland starb.

Leone Wollemberg, geboren 1859 in Padua, stieg in die politische Führung Italiens auf. Von 1892 bis 1913 war er Parlamentsabgeordneter in Rom. 1901 wurde er italienischer Finanzminister. Von 1913 bis 1932 wirkte er als Senator. Er wird als Gegner des Faschismus charakterisiert. Wollemberg starb 1932 in Loreggia.

Die (verfilmten) Romane »Die Caine war ihr Schicksal« und »Feuersturm« sind die bekanntesten Werke des US-jüdischen Schriftstellers **Herman Wouk**. Er kam 1915 in New York zur Welt. Die Familie war Anfang des 20. Jahrhunderts aus Rußland in Amerika eingewandert. Wouk betätigte sich in den 30er Jahren hauptsächlich als Verfasser von Rundfunkkomödien. Ab 1942 diente er in der US-Marine. 1952 erhielt er für »Die Caine war ihr Schicksal« den Pulitzer-Preis. »Feuersturm« erzählt von jüdischen Helden und deutschen Schurken in der Hitlerzeit. Er schrieb auch den Roman »Der Enkel des Rabbi«. Wouks Sohn ist Offizier der israelischen Streitkräfte.

Martin Wronsky, geboren 1877 in Berlin, diente als aktiver preußischer Offizier, Rittmeister, und im Ersten Weltkrieg im Range eines Majors als Adjutant im Großen Hauptquartier. 1919 trat er in die Deutsche Luft-Reederei ein, 1923 wurde er Direktor der Deutschen Lufthansa AG. In schwieriger Zeit (Beschränkung der deutschen Luftfahrt durch das Versailler Diktat) war er entscheidend an internationalen Erfolgen der Lufthansa beteiligt. Nach der NS-Machtübernahme mußte Wronsky wegen jüdischer Herkunft seinen Führungsposten bei der Lufthansa 1936 räumen; er blieb allerdings Aufsichtsrat des Unternehmens. Über sein Nachkriegsschicksal hieß es in einer 1986 erschienenen Lufthansa-Jubiläumsschrift: »Wronsky schied bald wieder aus dem Lufthansa-Nachfolgeunternehmen Hansa Reise und Verkehr GmbH aus, nachdem die Amerikaner entdeckt hatten, daß er der NSDAP angehört hatte. Wohl, um sich nicht neuen Demütigungen auszusetzen, wählte er 1946 in Berlin den Freitod.«

Spekulationen, die einstige sozialdemokratische Reichstagsabgeordnete jüdischer Herkunft **Mathilde Wurm** sei 1935 in London von NS-Agenten vergiftet worden, wurden von Scotland Yard dementiert. Sie hatte gemeinsam mit der Ex-Frau Walter Fabians, Dora Fabian, aus persönlichen Motiven den Freitod gewählt. Mathilde Wurm war 1874 in Frankfurt am Main zur Welt gekommen. Sie war verheiratet mit dem sozialdemokratischen Publizisten und Politiker aus jüdischer Familie, Emanuel Wurm (1857-1920). Von 1920 bis 1933 war sie Reichstagsabgeordnete, zuerst der USPD, dann der SPD. Sie machte sich insbesondere für die Rechte der massenhaft eingewanderten Ostjuden stark. Ab 1924 war sie Vorsitzende der Reichskonferenz der »Internationalen Arbeiterhilfe« (IAH). Außerdem betätigte sie sich als Schriftleiterin des Blattes »Klassenkampf«. 1933 ging sie nach England.

»Seine Bücher, Pamphlete und Hilfsaktionen zugunsten der Untergrundkirche in den kommunistisch regierten Ländern sind bei den Kirchenleitungen in der Bundesrepublik weithin auf Mißtrauen und Ablehnung gestoßen. Andererseits beträgt die Weltauflage seines Buches ›Gefoltert für Christus‹ mehr als eine Million Exemplare.« So stand es 1969 in einem Gutachten des Bundesinstituts für ostwissenschaftliche Studien über **Richard Wurmbrand**. Er war 1909 in Bukarest als Sohn jüdischer Eltern zur Welt gekommen und hatte sich als 27jähriger zum evangelischen Christentum bekannt. Er wurde Pfarrer. Seine Familie hatte unter Hitlers antisemitischem Terror schwer zu leiden; mehrere Angehörige kamen ums Leben. Nach 1945 geriet Wurmbrand als Dissident mit den kommunistischen Herrschenden in Konflikt. Vierzehn Jahre mußte er in rumänischen Gefängnissen zubringen. 1965 wurde er freigekauft. Er emigrierte in die USA. Dort gründete er die Internationale Christliche Mission, die sich besonders um die verfolgte Christenheit im Ostblock bemühte. Die deutsche Hilfsaktion Märtyrerkirche schloß sich ihm an. Ungeachtet seines tiefen christlichen Empfindens hat Wurmbrand nie seine jüdischen Wurzeln vergessen, und er setzte sich auch für Deutschlands Rechte ein. In einem Interview mit der »Deutschen National-Zeitung« erklärte er 1986: »Die Juden haben 2000 Jahre lang nie ihre Hoffnung aufgegeben, ihr Vaterland zurückzubekommen.

Herman WOUK

Martin WRONSKY

Peter ZADEK

Ludwig Lazarus ZAMENHOF

Clara ZETKIN

Fred ZINNEMANN

Carl ZUCKMAYER

Arnold ZWEIG

Stefan ZWEIG

Wenn die Deutschen ebenso beharrlich sein werden, werden sie auch ihr Vaterland zurückbekommen.« Abschließend sagte der Pfarrer in diesem Gespräch: »Möge Gott nicht die Bundesrepublik, sondern Deutschland segnen und die Hoffnung, daß Deutschland wieder Deutschland sein wird. Wenn ich Dein vergäße, Schlesien, Pommern, wenn ich Dein vergäße, Danzig und Memel, wenn ich Dein vergäße, jeden Ort, der einmal deutsch war, dann verdorre meine Hand. Möge Gott uns ein solches Deutschland geben.«

worden war. Yourgrau war 1908 im oberschlesischen Kattowitz zur Welt gekommen. In Weimarer Zeit war er für linksextreme Gruppen, vor allem für die SAP, aktiv. 1933 ging er nach Polen, wurde aber von dort ausgewiesen. Auch Lettland mußte er nach einer behördlichen Ausweisungsverfügung verlassen. Er wanderte nach Palästina weiter, wo das eingangs geschilderte Attentat passierte. 1944 war er für die britische Propaganda von Kairo aus aktiv. 1949 bis 1959 hielt er sich als Dozent in Südafrika auf, dann wurde er Professor in Denver, wo er 1979 starb.

Abraham Schalom Yahuda war von 1915 bis 1922 an der Universität Madrid der »erste jüdische Professor seit der Austreibung der Juden 1492« (»Lexikon des Judentums«). Er war 1877 in Jerusalem zur Welt gekommen, galt als bedeutender Orientalist und als Autorität für arabische Texte. 1897 nahm er am ersten Zionisten-Kongreß teil. 1905 bis 1915 dozierte er an der jüdischen Lehranstalt in Berlin. Nach seiner Zeit in Spanien wirkte er in Oxford und Cambridge, an der Hebräischen Universität Jerusalem und in Kairo, schließlich an der New School for Social Research in New York. 1942 erschien sein Werk »Über Freuds Moses«. Er starb 1951 in New Haven/US-Bundesstaat Connecticut.

Durch einen Bombenanschlag vernichteten Radikalzionisten 1943 den Verlag des jüdischen Publizisten **Wolfgang Yourgrau** in Palästina. Er hatte sich mit dem nichtzionistischen und deutschsprachigen linken Wochenblatt »Orient« unbeliebt gemacht, das von ihm und Arnold Zweig gegründet

Peter Max Zadek, geboren 1926 in Berlin, ging mit den Eltern 1933 nach England, wo er 1947 als Regisseur debütierte. 1959 remigrierte er nach Deutschland. 1962 wurde er Schauspieldirektor in Bremen, 1972 Intendant in Bochum. Er profilierte sich mit zahlreichen Skandal-Inszenierungen als »Progressiver«. Auch arbeitete er mit dem Schlagersänger Udo Lindenberg für dessen »Dröhnland Rock-Revue« zusammen. Von 1985 bis 1989 wirkte Zadek als Intendant am Deutschen Schauspielhaus in Hamburg, von 1992 bis 1995 war er Co-Direktor des einst von Brecht geschaffenen Berliner Ensembles. Von ihm stammt die Erkenntnis: »Diese Juden in Israel hätten nicht die Probleme, die sie haben, auch nicht die psychologischen, wenn nicht die Juden von den Deutschen, sondern die Deutschen von den Juden ausgerottet worden wären.« Es bestehe die Pflicht der Deutschen, den Juden »auf jede mögliche und unmögliche Weise zu helfen«.

Durch Granateinschlag an der Front bei Huesca wurde 1937 der sowjetjüdische Kommandeur der roten XII. Brigade im Spanischen Bürgerkrieg, General **Mate Zalka**, getötet. Er trug den Tarnnamen »General Lukacs«. In Wahrheit aber war er der 1896 im ungarischen Matolcs zur Welt gekommene Bela Frankl. Als k.u.k. Soldat geriet er 1916 in russische Kriegsgefangenschaft, wo er sich den Bolschewisten anschloß. 1919/20 organisierte er im westlichen Sibirien den bolschewistischen Partisanenkampf gegen die Weißgardisten des Admirals Koltschak. 1925 gründete Frankl-Zalka das »Theater der Revolution« in Moskau, dessen Direktor er bis 1928 blieb. Dann bekleidete er wichtige Posten beim ZK der KPdSU und war auch Mitglied des Zentralbüros des von Moskau gelenkten »Internationalen Verbandes der revolutionären Schriftsteller«. 1936 wurde er von Stalin nach Spanien geschickt.

Eigentlich hieß der rotpolnische Politiker und Ideologe **Roman Zambrowski**, der 1909 in Warschau zur Welt kam, Ruben Nußbaum. Der Rabbinersohn schloß sich als 16jähriger den Kommunisten an. 1939 wurde er in der Sowjetunion Politkommissar der auf Stalins Geheiß aufgestellten »Polnischen Legion«. Nachdem Zambrowski-Nußbaum am Ende des Zweiten Weltkrieges im Troß der Roten Armee in Polen eingezogen war, avancierte er in Warschau zum kommunistischen Chefideologen. Er trug Mitverantwortung für die Vertreibungsverbrechen an Deutschen. Von 1952 bis 1956 amtierte er als Minister für Staatskontrolle. Im Zuge der antijüdischen Empörung, die damals durch ganz Polen ging, wurde er entmachtet. Er starb 1977 in Warschau.

Erfinder der unter dem Namen »Esperanto« bekanntgewordenen, von ihrem Schöpfer »Lingvo Internacia« genannten künstlichen »Weltsprache« war der jüdische Augenarzt und Publizist **Ludwik Lazarus Zamenhof**. Er schrieb unter dem Pseudonym »Esperanto«, was in seiner Kunstsprache »der Hoffende« bedeutet. Zamenhof kam 1859 in Bialystok zur Welt, wo ihm 1967 ein Denkmal geweiht wurde. Er praktizierte als Augenarzt in Warschau. 1887 erschien sein Lehrbuch »Lingvo Internacia«. Er starb 1917 in der polnischen Hauptstadt. Obwohl von der UNESCO in den 50er Jahren offiziell anerkannt, konnte sich Zamenhofs »Esperanto« gegenüber den Nationalsprachen ebensowenig durchsetzen wie andere künstliche kosmopolitische Sprachen.

Mit seinem 1909 uraufgeführten Drama »The Melting Pot« (»Der Schmelztiegel«) gab der Literat **Israel Zangwill** den Verfechtern einer Vermischung der Völker und Rassen das seither häufig verwendete Codewort für ihre Bestrebungen. Für seine eigene, die jüdische Gemeinschaft allerdings zog Zangwill Vermischung keineswegs in Betracht. Er war auf strenge Unterscheidung von den übrigen Völkern und auf Bewahrung jüdischer Identität bedacht. Der Schriftsteller war 1864 in London als Sohn des aus Lettland zugewanderten Glasers Moses Zangwill zur Welt gekommen. Den Durchbruch als Literat schaffte er mit seinem Werk »The King of the Schnorrers«. Zangwill war fanatischer Zionist, also Verfechter der Idee, daß die Juden auf eigenem Gebiet unter sich bleiben mögen. Er gründete und führte die »Jewish Territorial Organization«, die u.a. einige tausend aus Osteuropa stammende Juden im texanischen Galveston ansiedelte. Israel Zangwill, der als »Charles Dickens der anglojüdischen Welt« gefeiert wurde, starb 1926 im englischen Midhurst/Sussex.

Der Komponist und Dirigent jüdischer Herkunft **Alexander von Zemlinsky**, Schwager Arnold Schönbergs, kam 1871 in Wien zur Welt. Mit Schönberg gründete er

1904 die »Vereinigung schaffender Ton-künstler«, deren Ehrenpräsident Gustav Mahler war. Ab 1907 wirkte von Zemlinsky als Kapellmeister an der Wiener Volksoper. 1911 wurde er Leiter der Oper am Deutsch-en Landestheater Prag. Auf Veranlassung Otto Klemperers kam er 1927 als Kapell-meister an die Berliner Kroll-Oper. 1933 ging Zemlinsky wieder nach Wien. Er un-ternahm ausgedehnte Konzerttourneen, die ihn auch in die Sowjetunion führten. 1938 wanderte er nach Amerika aus. Er starb 1942 in Larchmont (New York).

Die (mütterlicherseits jüdische) Kom-munistin **Clara Zetkin** wurde nach ihrem Tode 1933 in Archangelkoje bei Moskau auf Stalins Geheiß an der Kremlmauer beige-setzt. Sie lebte seit Mitte der 20er Jahre über-wiegend in Moskau. 1932 schickte Stalin sie noch einmal nach Berlin, wo sie in ihrer Rede als Alterspräsidentin des Deutschen Reichstages im Auftrage des Gulag-Dikta-tors »mit den Nationalsozialisten abrechne-te«. Clara Zetkin geborene Eißner (ihre Mutter hieß Josephine Vitale) kam 1857 im sächsischen Wiederau zur Welt. Ab 1878 war sie für die SPD aktiv, in deren Vorstand sie einzog. Von 1882 bis 1890 lebte sie in Frankreich und in der Schweiz. Dort lernte sie den linken russischen Revolutionär Os-sip Zetkin kennen, den sie heiratete, der aber bereits 1889 starb. Ab 1891 war sie Heraus-geberin des SPD-Blattes »Gleichheit«. 1916 gründete sie an der Seite Rosa Luxemburgs den Spartakusbund, ab 1919 gehörte sie der Führung der KPD an, für die sie von 1920 bis 1933 Reichstagsmitglied war. 1921 wur-de sie Präsidiumsmitglied der Komintern und Vorsitzende des kommunistischen »In-ternationalen Frauensekretariats«, 1925 Vorsitzende der »Internationalen Roten Hilfe«. Ihr Sohn Maxim Zetkin (1883-1965) war in der DDR hoher Staatsfunktionär.

Literat **Max Zimmering** kam 1909 in Dresden als Sohn eines Uhrmachers zur Welt. Zunächst war er in jüdischen Jugend-gruppen (Kadimah usw.) aktiv. 1929 schloß er sich der stalinistischen KPD an. Die Emi-gration führte ihn über Frankreich, Palästi-na, die CSR (1935 erschien in Prag sein Buch »So ist Palästina«) nach England. Dort blieb er bis 1946. Er gehörte im Exil dem Vorstand des parakommunistischen FDKB an. In der Sowjetzone wurde er SED-Mitglied und in der DDR SED-Abgeordneter des Bezirks-tages Dresden. 1959 avancierte er zum Di-rektor des DDR-Literaturinstituts »Johan-nes R. Becher«. 1963 wurde er Kandidat des ZK. Außerdem fungierte er zeitweise als Er-ster Sekretär des DDR-Schriftstellerverban-des. Er schuf zahlreiche Agitprop-Gedichte zur Verherrlichung der kommunistischen Bewegung und ihrer Führer, die von Kom-ponisten wie Eisler und Dessau vertont wurden. Mit DDR-Orden hochdekoriert, starb Zimmering 1973 in Dresden.

Der bekannteste Film des jüdischen Re-gisseurs **Fred Zinnemann** (geboren 1907 in Wien) ist der von Stanley Kramer produ-zierte Wildweststreifen »12 Uhr mittags« (1952), der angeblich eine »antifaschistische Parabel« sein soll, tatsächlich aber amerika-nisches Sheriff-Heldentum verherrlicht. Zinnemann kam Ende der 20er Jahre nach Amerika. Er begann als Statist in Holly-wood und wurde 1937 als Regieassistent von MGM unter Vertrag genommen. Sein erster abendfüllender Film war der Krimi-nalstreifen »Eyes in the Night« (1942). Mit »Das siebente Kreuz« (1944 nach dem Ro-man der Stalinistin Anna Seghers entstan-den) und »Die Gezeichneten« (1947) ver-suchte Zinnemann, Kapital aus dem KZ-Thema zu schlagen. Für »Verdammt in alle Ewigkeit« (1953) bekam er einen »Oscar«.

Der Verleger **Paul Zsolnay** kam 1895 in Budapest zur Welt. 1923 gründete er in Wien den nach ihm benannten Verlag für zeitgenössische belletristische Literatur. Er brachte auch englische und US-amerikanische sowie sowjetische Autoren, oft jüdischer Herkunft, in ersten deutschen Übersetzungen heraus. 1938 ging Zsolnay nach England und betrieb dort den Verlag »Star Editions«. 1946 kehrte er nach Wien zurück und baute die Zsolnay-Verlag GmbH mit Filialen in Hamburg, Paris und London wieder auf. Er starb 1961 in der österreichischen Hauptstadt.

Der geniale Geigenvirtuose **Pinchas Zuckermann** wurde 1948 in Tel Aviv geboren. Auf Veranlassung von Isaac Stern erhielt er 1962 ein Stipendium an der Juillard School in New York. Auch Leonard Bernstein förderte ihn. Zuckermann debütierte 1963 als Solist in New York. 1967 errang er den Sieg beim Leventritt-Wettbewerb und erzielte damit den Durchbruch. 1974 debütierte er als Dirigent. Er hat die US-amerikanische Staatsbürgerschaft angenommen.

Jizhak Zuckermann (genannt »Antek«) gehörte zur Führung der jüdischen Partisanenbewegung im deutschbesetzten Polen. Er kam 1915 in Wilna zur Welt. 1938 wurde er Generalsekretär der vereinigten linkszionistischen Jugendbewegungen (»Dror Hechaluz«) in Polen. Nach dem Einmarsch der Deutschen flüchtete er nach Osten. Der jüdische Publizist Lustiger berichtet: »Auf Anweisung der Weltzentrale seiner Bewegung kehrte er nach Warschau zurück, wo er zu einem anerkannten Führer der Untergrundaktivitäten wurde. Er organisierte die gesamte Infrastruktur des Untergrundes.« Er war Mitbegründer des »Antifaschistischen Blocks« und einer der Anführer der jüdischen Partisanenorganisation »ZOB«.

Beim Aufstand im Warschauer Ghetto war er Stellvertreter des Aufstandsführers Anielewicz. Nach der Niederschlagung der Erhebung organisierte »Antek« den Rückzug der Kämpfer durch die Kanalisation. Beim polnischen Aufstand in Warschau 1944 kommandierte er eine Einheit jüdischer Kämpfer. Nach 1945 organisierte er die jüdische Auswanderung aus Polen. 1947 ging er nach Palästina, wo er den Kibbuz der Ghettokämpfer gründete und 1981 starb.

Der Literat **Carl Zuckmayer** kam 1896 in Nackenheim (Rheinhessen) als Sohn eines Flaschenkapselfabrikanten und dessen jüdischer Ehefrau Amalie geborene Goldschmidt zur Welt. Max Reinhardt verhalf ihm in Weimarer Zeit zum Durchbruch. Erfolgreich war besonders sein Stück »Der fröhliche Weinberg«. Politisch engagierte sich Zuckmayer auf dem äußersten linken Flügel der »Eisernen Front«. Über die Schweiz und Kuba kam er 1939 in die USA. Dort wirkte er für die Warner Brothers. 1946/47 war er Kunst- und Theateroffizier der US-Army in der Amerikanischen Besatzungszone Deutschlands. In den 50er Jahren ließ er sich in der Schweiz nieder. In zweiter Ehe war er mit der Literatin Alice Frank geborene von Herdan verheiratet. Der Schriftsteller starb 1977 in Visp im Schweizer Wallis. Sein bekanntestes Stück zur »Bewältigung Hitlers«, »Des Teufels General« (ein Drama um Ernst Udet), war im Kriege entstanden.

Im Alter von 103 Jahren starb 1976 in Hollywood **Adolph Zukor**, der mehr als fünf Jahrzehnte weite Teile der amerikanischen Filmwirtschaft kontrolliert hatte. Er war 1872 im ungarischen Ricse zur Welt gekommen. Mit den Eltern wanderte er 1888 nach den USA aus. Zunächst betätigte er sich als Pelz- und Fellhändler. Kurz nach der Jahrhundertwende erwarb er sein erstes Kino, 1904 erstand er ein Lichtspielhaus in New York, wo er sich fortan etablierte. 1912 gründete er die »Famous Player Film Corporation«, deren Präsident er blieb, als sie sich unter seiner Mitwirkung 1917 in die Produktionsgesellschaft »Paramount« verwandelte. Zukor gilt als eigentlicher Schöpfer des »Starsystems« von Hollywood. Zahlreiche weltbekannte Leinwandmimen verdanken ihm ihre Karrieren, zum Beispiel Douglas Fairbanks, Rodolfo Valentino, Roscoe (»Fatty«) Arbuckle, Gloria Swanson, Mary Pickford, Adolphe Menjou.

Als der Schriftsteller **Arnold Zweig** (nicht verwandt mit Stefan Zweig) 1968 in Ostberlin gestorben war, hieß es im SED-Zentralorgan, seine Heimat sei die kommunistische Bewegung gewesen, betonte hingegen das Zionistenblatt »Jedioth Chadasboth«, er habe »seiner Sehnsucht nach dem schönen Israel noch kurz vor dem Tode Ausdruck verliehen«, und hieß es originellerweise in Springers »Welt«, er sei »einer der treuesten Söhne des deutschen Bürgertums« gewesen. Zweig war 1887 im niederschlesischen Groß-Glogau als Sproß einer Familie zur Welt gekommen, die vor polnischem Antisemitismus nach Deutschland emigriert war. In Weimarer Zeit war er für marxistische und zionistische Organe aktiv. Nach Hitlers Machtantritt emigrierte er über mehrere Zwischenstationen nach Palästina, wo er mit den Zionisten in Konflikt geriet. Die Emigrantenforscher Hans-Albert Walter und Günter Ochs berichten: »Wegen des zionistischen Nationalismus Pläne zur Weiterwanderung in die USA, am Geldmangel gescheitert; 1942 wegen einer in deutscher Sprache gehaltenen Rede von rechtsradikalen Zionisten in Tel Aviv tätlich angegriffen.« In der Sowjetzone bzw. DDR bewahrte Zweig kommunistische Linientreue. Er wirkte u.a. als Präsident der Akademie der Künste und als Volkskammer-Abgeordneter. Er erhielt von den Sowjets den Leninpreis und von Ulbricht den »Nationalpreis«. Zum 70. Geburtstag des Kreml-Diktators sang er: Um Stalins Größe zu beschreiben »verläßt uns die Fähigkeit zu sprachschöpferischen Einfällen. Wir sagen einfach: Genosse J.W. Stalin und drükken mit dieser Schlichtheit und inneren Wärme aus, daß das Genie des Aufbauens und des unermüdlichen Einsatzes von Wachsamkeit, Mut und Menschenhilfe von den Eigenschaftswörtern nicht getroffen wird, mit denen unsere Sprache zu spielen gewohnt ist«. Als das »Genie des Aufbauens«, der »Vormann der Völker, Perikles gleich, dem Lenker Athens« (Zweig an anderer Stelle über Stalin) gestorben war, hielt der Literat eine Rede, die in dem Satz gipfelte: »An jeder mächtigen Eiche könnte das dankbare deutsche Volk ein Bild seines Befreiers befestigen! Ruhe in Frieden, Josef Stalin!«

Der nicht mit Arnold Zweig verwandte, 1881 in Wien als Sohn eines jüdischen Textilfabrikanten aus Böhmen geborene begnadete Schriftsteller **Stefan Zweig** unterschied zwischen »wurzellosen« Literaten, die unter den jüdischen Intellektuellen häufig seien und ein »Kulturjudentum« vertreten würden, welches »fast nie künstlerisch nahrhaft« sei und solchen Juden, die »in Abgeschlossenheit ihre eigene Art und damit die schöpferische Tradition bewahrt« hätten. Er selbst war zwischen beiden Positionen hin- und hergerissen. In jungen Jahren für den Zionismus entflammt, wirkte er später im Sinne eines kosmopolitischen Pazifismus. Bis 1934 lebte er in Salzburg. Dann wanderte er über London und New York nach Brasilien aus. Bekannt wurde er u.a. mit Novellen wie »Verwirrung der Gefühle«, seinem Hauptwerk »Sternstunden der Menschheit« und dem Libretto zu

Richard Strauss' Oper »Die schweigsame Frau«. »Durch die langen Jahre heimatlosen Wanderns erschöpft« (wie er im letzten Brief seine Lebensmüdigkeit erklärte), nahm er sich 1942 in Petropolis, einem Stadtteil von Rio de Janeiro, mit seiner Frau Lotte Altmann das Leben. Sein Tod war auch eine Anklage gegen den verdammenswerten, fanatischen NS-Antisemitismus.